法 学 阶 梯
INSTITUTIONES | 普通高等教育**法学规划教材**

刑事诉讼法学

Criminal Procedure Law

| 第五版 |

主 编 | 樊崇义

撰稿人 | 樊崇义 左卫民 谢佑平
以撰写章节先后为序 | 顾永忠 万 毅 李思远

法律出版社

——北 京——

始创于1954年

出版说明

法律出版社在其奋进发展的六十年光辉历程中，秉精诚之心，集全社之力，服务于我国法学教育事业，致力于法学教材出版。尤其在改革开放三十余年间，本社以“传播法律信息，推进法制进程，积累法律文化，弘扬法治精神”为宗旨，协同司法部法学教材编辑部，规划并组织出版了国家“八五”“九五”期间的法学规划教材，为我国改革开放之初的法学教育和法治建设做出了开创性贡献；进入21世纪之后，法律出版社又根据教育部的部署和指导，相继规划并组织出版了“十五”、“十一五”和“十二五”法学规划教材，为我国法学教育事业的发展与改革付出了艰辛努力。

承蒙法学教育领域专家作者的信任，以及广大法律院校师生的支持，法律出版社经过三十年的发展与积累，相继出版各类法学教材达四百余种。在学科范围方面，完成以法学核心课程为重心，涉及法学诸学科的“全品种”横向结构；在培养层次方面，健全以本科教育为根本，兼顾职业教育和研究生教育的“多层次”纵向结构，进而打造“法律版”法学教科书体系，以期更好地为法学教育服务，为法治建设贡献绵薄之力。

近年来，法律出版社应因法学教育的发展变化，在教材编写体例及系列安排方面做出相应调整。在教材编写体例方面，结合当前教学实际与培养方案，将系统、全面的理论知识讲授与灵活、丰富的法律实践和能力训练相结合，倡导教材内容差异化，增加教材可读性，以期更好地培养法科学生的思维能力和法学素养。在教材系列安排方面，全力推进新品教材编写与注重既有教材修订相结合，根据教材风格与特色进行适当的套系整合，集中现有的国家级规划教材和在编的规划教材，形成以“普通高等教育法学规划教材”为名的全新教材系列。

本系列教材多为出版多年并广受好评的经典教科书。此次全新推出，既是向长期以来关心支持法学教育出版事业的专家作者的崇高致敬，也是法律出版社为中国当代法学教育事业发展拳拳努力之情的真诚表达。法律出版社将以高度的精品意识和质量标准，不断丰富、完善本系列教材的结构和内容；除教材文本之外，还将配有多层次、多形式的教辅材料，更好地为广大师生服务。

“好书，同好老师和好学生分享”，法律出版社愿与法律共同体诸同仁，分享好书，分享智识，分享法治进程中的点点滴滴！

法律出版社　谨识
2014年10月

作者简介

（以撰写章节先后为序）

樊崇义 河南省内乡县人，1940年出生，中共党员。1999年享有国务院"政府特殊津贴"；2009年入选首批"当代中国法学名家"，后又被评为我国"百名法学家"。中国政法大学一级教授、博士研究生导师，中国政法大学国家法律援助研究院名誉院长；教育部人文社科重点研究基地中国政法大学诉讼法学研究中心首任主任，中国政法大学诉讼法学研究院首任院长、名誉院长。学术专著30多部，论文300多篇；主持完成国家社科重点课题、最高检重点课题及联合国项目等。北京师范大学特聘京师首席专家；中央党校、国家检察官学院、国家法官学院兼职教授。兼任中国刑诉法学会、中国监狱学会顾问，中国警察协会学术委员；最高检、司法部专家咨询委员，公安部特邀执法监督员。曾兼任教育部法学教育委员；中国行为法学会、中国检察学会副会长等职务。率先从诉讼原理、诉讼认识论高度探索刑事诉讼哲理思维。其中，法律真实理论促进了我国刑事司法理念和证明标准的现代转型；侦查讯问录音录像制度实证研究成果被2012年修订的刑事诉讼法吸收，为我国司法改革作出了重要贡献。

左卫民 1964年生，四川成都人，法学博士。现任四川大学法学院院长、法学院教授、博士生导师，教育部"长江学者奖励计划"特聘教授，中组部、人社部"国家高层次人才特殊支持计划领军人才"，第四届全国十大杰出青年法学家，四川省社会科学重点研究基地纠纷解决与司法改革研究中心主任，四川大学实证法律研究所所长，四川大学法学院大数据与人工智能法律研究中心主任，兼任中国法学会理事，中国刑事诉讼法学研究会副会长，四川省法学会副会长，最高人民检察院专家咨询委员，四川省委、省政府法律顾问等职。代表作有：《现实与理想：关于中国刑事诉讼的思考》《刑事诉讼的中国图景》《刑事诉讼运行机制实证研究》《中国基层纠纷解决研究》《刑事诉讼的理念》等。

谢佑平 1964年生，湖南宁乡人，法学博士。现任湖南大学特聘教授、博士生导师；兼任中国刑事诉讼法学会副会长，最高人民检察院专家咨询委员会委员，中国政法大学、华东政法大学兼职教授。代表作有：《刑事程序法哲学》《刑事诉讼模式与精神》《社会秩序与律师职业》等。

顾永忠 1956年生，河北阜平人，法学博士。现任中国政法大学国家法律援助研究院首席专家、教授、博士生导师；兼任中国刑事诉讼法学研究会副会长、中华全国律师协会刑事业务委员会副主任。代表作有：《刑事上诉程序研究》《刑事辩护的国际标准与中国实践》《刑事诉讼程序分流的国际趋势与中国实践》等。

万　毅　1975年生，重庆北碚人，法学博士。四川大学法学院教授、博士生导师；兼任中国检察学研究会常务理事、中国刑事诉讼法学研究会理事、华东政法大学兼职教授、国家检察官学院兼职教授、最高人民检察院检察理论研究所兼职研究员。代表作有：《隐形刑事诉讼法研究》、《微观刑事诉讼法学》以及《检察官肖像》等。

李思远　1986年生，河南漯河人，法学博士。现为上海大学法学院讲师，在《华东政法大学学报》《苏州大学学报》《证据科学》《中国司法鉴定》《人民检察》《检察日报》《人民法院报》等期刊报纸上发表论文多篇。

第五版说明

2018年《监察法》的颁布实施和《刑事诉讼法》的修改,为改革和完善国家监察体制提供了法律依据,进一步适应了我国正在进行的监察体制以及司法体制改革的需要,检察机关的职能得到调整,同时首次将缺席审判制度纳入立法,可以说是我国刑事诉讼制度的创新。在总结了试点经验的基础之上,此次《刑事诉讼法》的修改明确了刑事案件认罪认罚可以依法从宽处理的原则,完善了刑事案件认罪认罚从宽的程序规定,增加了速裁程序。此外,此次《刑事诉讼法》修改的26项决定中,有7项涉及辩护律师的相关内容,称得上是“完善律师制度的新措施”。鉴于此,我们组织本书的原班人马对教材进行了修订。

本书在修订的过程中,既立足于研究我国刑事诉讼领域的最新内容,也对国外的先进制度理念进行了借鉴吸收;既不照搬照抄他人,也反映了时代的成果。在编写的体例和内容的创新方面,我们仍旧严格遵循刑事诉讼规律,同时按照部门法学哲理化的思维,促使刑事诉讼法学研究方法走向多元和理性,在讲清刑事诉讼基本概念、基本知识和基本程序的基础上,尽量把理念、原理以及原则、行为、效力等问题阐释清楚。同时,在结构上按照诉讼的主体、客体、行为这一哲理化的思路,进行设计和编排。

与前几版教材相比,本次修订不仅在内容上进行了增补和完善,在技术手段上也有所创新,对于书中的一些热点问题,我们设计了二维码标识,读者在学习的过程中如果有兴趣,只需要拿起手机“扫一扫”,相应的电子资源便一目了然,这就是电子信息化时代给我们带来的便利。

本书具体撰稿分工如下(以撰写章节先后为序):

樊崇义:第一章(第四节除外),第六章,第七章,第八章,第十一章,第十二章;
左卫民:第一章第四节,第二章,第十六章(第四节除外);
谢佑平:第三章,第四章(第三节除外),第五章,第十五章;
顾永忠:第十章,第十八章;
万　毅:第四章(第三节),第九章,第十三章,第十九章,第二十章(第四节除外);
李思远:第十四章,第十六章(第四节),第十七章,第二十章(第四节)。

在这次修订工作中,李思远博士兼任秘书,付梓编审工作,致谢!

作　者
2020年3月

第四版说明

随着2012年《刑事诉讼法》的修改和相关司法解释的颁布，以及十八届四中全会依法治国决定的提出，我国的刑事司法体制改革向更深层次推进，人权司法保障的完善、以审判为中心诉讼制度改革的提出、刑事证据规则体系初现雏形等，都为我国刑事诉讼制度的发展注入了新的内容。鉴于此，我们组织本书的原班人马对教材进行了修订。

本书在修订的过程中，既立足于研究我国刑事诉讼领域的最新内容，也对国外的先进制度理念进行了借鉴吸收；既不照搬照抄他人，也反映了时代的成果。在编写的体例和内容的创新方面，我们仍旧严格遵循刑事诉讼规律，同时按照部门法学哲理化的思维，促使刑事诉讼法学研究方法走向多元和理性，在讲清刑事诉讼基本概念、基本知识和基本程序的基础上，尽量把理念、原理以及原则、行为、效力等问题阐释清楚。同时，在结构上按照诉讼的主体、客体、行为这一哲理化的思路，进行设计和编排。

与前几版教材相比，本次修订不仅在内容上进行了增补和完善，在技术手段上也有所创新，对于书中的一些热点问题，我们设计了二维码标识，读者在学习的过程中如果有兴趣，只需要拿起手机“扫一扫”，相应的电子资源便一目了然，这就是电子信息化时代给我们带来的便利。

本书具体撰稿分工如下（以撰写章节先后为序）：

樊崇义：第一章（第四节除外），第六章，第九章，第十章；
左卫民：第一章第四节，第二章，第十三章；
谢佑平：第三章，第四章（第三节除外），第五章，第十二章；
顾永忠：第八章，第十四章；
万　毅：第四章第三节，第七章，第十一章，第十五章，第十六章。

在这次修订工作中，博士生李思远兼任秘书，付梓编审工作，致谢！

作　者
2016年3月

第三版说明

根据2012年《刑事诉讼法》修改的决定,我们在前一版的基础上,对本书进行了修改和补充,尤其是对刑事诉讼法修改决定中的重点、难点和争议之点,均予解读并阐释。

本书的编写体例和内容,是根据教育部关于普通高等教育国家级规划教材的编写要求而撰稿的,在充分调查研究和听取同行专家的意见后编写而成的,既认真地总结和吸收了数种教材的经验,又参考了国内外最新研究成果。

编写时,尽力遵循科学发展观,严格按照刑事诉讼规律,做到内容新颖,既不照搬照抄他人,又反映时代成果。尤其是近年来我国刑事诉讼法学界的学术研究呈现繁荣局面,热点频出,争鸣热烈,对于一些诉讼理论研究和司法实务的认识不断深化。对于正在活跃进行的局面,本教材尽力加以反映,以扩大学生的知识面和研究能力。在编写的体例和内容的创新方面,是按照部门法学哲理化的思维,促使刑事诉讼法学不断迈向理性,在讲清刑事诉讼基本概念、基本知识和基本程序的基础上,尽量在理念、原理以及原则、行为、效力等问题上阐释清楚。同时,在结构上按照诉讼的主体、客体、行为这一哲理化的思路,进行设计和编排。因此,我们认为,同以往的教材相比,本教材在质量和层次上都有所提升,或曰"升级"。但是,这些做法,只能是一种尝试,肯定有不足之处,恳请读者批评指正!

具体撰稿分工如下(以撰写章节先后为序):

樊崇义:第一章,第六章,第九章,第十章;
左卫民:第二章,第七章,第十四章;
谢佑平:第三章,第五章,第十二章;
顾永忠:第四章,第十三章;
万　毅:第八章,第十一章,第十五章,第十六章。

作　者
2013年2月

第二版说明

《刑事诉讼法学》自2004年10月出版发行以来，得到了广大读者的支持和关爱，许多读者来信给予肯定，也有读者提出了一些修改意见。近年来，我国社会、经济、思想等各个方面都在发生深刻的变化，刑事诉讼法学的研究呈现出繁荣景象，各种学术观点的争鸣，可谓"百花齐放"。1996年《刑事诉讼法》的修改已经过去十多年了，为适应社会的变化与转型，《刑事诉讼法》的再修改势在必行，目前该工作正在紧张地进行；我国新《律师法》也已于2008年6月1日生效；党的十七大报告将我国民主与法治建设提到了一个新的高度，优化司法职权配置，规范司法行为，贯彻落实宽严相济的刑事政策，保持社会稳定，已成为我国社会发展与司法改革的主旋律。为适应诸多情势的发展，我们在初版的基础上，对本教材进行了修订，从结构到内容都作出了重大的修改与调整。

本书是根据教育部关于普通高等教育国家级规划教材的编写要求而撰稿的。其体例和内容均在充分调查研究并听取同行专家的意见后确定；同时，还认真总结和吸收了数家教材的经验，参考了国内外最新的研究成果。本书编写的过程中，我们尽力遵循科学发展观，做到符合刑事诉讼的规律，体例严谨，内容新颖，既不照搬照抄他人，又反映时代成果。尤其是，近年来我国刑事诉讼法学界的学术研究热点频出，争鸣热烈，对于一些诉讼理论的研究和司法实务的认识也不断深化，本书将对此活跃局面尽力加以反映，以扩大读者的知识面和研究能力。

在编写体例和内容的创新方面，仍按照部门法学哲理化的思维，促使刑事诉讼法学不断迈向理性。在厘清刑事诉讼法基本概念、基本知识和基本程序的基础上，尽量将理念、原理以及原则、行为、效力等问题阐释清楚。在结构上，则按照诉讼的主体、客体、行为这一逻辑思路进行设计与编排。这些做法，都是又一次的尝试，水平所限，不足之处在所难免，恳请读者批评指正！

全书提纲由作者全体会议讨论，撰稿后由主编樊崇义教授统审定稿。本书撰稿分工如下（以撰写章节先后为序）：

樊崇义：第一章，第六章，第九章，第十章；
左卫民：第二章，第七章，第十四章；
谢佑平：第三章，第五章，第十二章；
顾永忠：第四章第三节，第十三章；
万　毅：第四章第一、二节，第八章，第十一章，第十五章。

作　者
2009年2月

本书常用法律文件及缩略语

1.《宪法》	《中华人民共和国宪法》
2.《刑法》	《中华人民共和国刑法》
3.《刑事诉讼法》	《中华人民共和国刑事诉讼法》
4.《监察法》	《中华人民共和国监察法》
5.《人民法院组织法》	《中华人民共和国人民法院组织法》
6.《人民检察院组织法》	《中华人民共和国人民检察院组织法》
7.《监狱法》	《中华人民共和国监狱法》
8.《律师法》	《中华人民共和国律师法》
9. 六机关《规定》	最高人民法院、最高人民检察院、公安部、国家安全部、司法部、全国人大常委会法制工作委员会《关于刑事诉讼法实施中若干问题的规定》
10. 最高人民法院《刑诉法解释》	最高人民法院关于执行《中华人民共和国刑事诉讼法》若干问题的解释
11. 最高人民检察院《刑诉规则》	最高人民检察院《人民检察院刑事诉讼规则》
12. 公安部《刑事案件程序规定》	公安部《公安机关办理刑事案件程序规定》

目　录

第一章　刑事诉讼法概述

导　读

刑事诉讼是在国家专门机关的主持和相关诉讼参与人的参加下，查明犯罪事实、追究和惩罚犯罪、保障人权的活动。刑事诉讼法是关于刑事诉讼程序的法律规范的总和，我国的刑事诉讼法是指国家制定的调整公安机关（含国家安全机关等）、人民检察院、人民法院、监狱等机关，以及当事人和其他诉讼参与人刑事诉讼活动的法律规范。刑事诉讼法同宪法、刑法以及相邻诉讼法之间的关系，也是本章学习的重点。此外，就刑事诉讼法学的研究对象而言，包括刑事诉讼法律规范、刑事诉讼理论与刑事诉讼实务。

第一节　刑事诉讼

一、诉讼

诉讼，从文字意义上讲，[1]指以言词表现的纷争。这种言词纷争的现象，在形式上是两相争执，在内容上是争执的起因及各自的主张和理由。“诉”是告知，是倾诉，亦即诉说、控诉、控告的意思。“讼”是言词争论、争辩的意思。“诉讼”则是诉的行为和讼的现象的结合，就是告于司法机关以争辩是非曲直。在中国古代，争讼被称为“讼”“狱讼”“诉讼”。《论语·颜渊》：“听讼，吾犹人也。”《周礼·地官·大司徒》：“凡万民之不服而有狱讼者与有地治者，听而断之。”[2]

“诉讼”一词用在法律上，一般认为最早见于元代的《大元通制》。在诉与讼的活动中，诉是形式，讼是内容。没有诉，言词纷争只能是讼，而不是诉讼；没有讼，也就没有可诉的内容，没有争议的起因和各自的主张。那么向谁诉呢？向听讼之人，向能够听断是非曲直之人。这些听讼之人，在无阶级社会要由群居之长、氏族首领或者公推为好、众望所归的人来担任。在阶级社会里则是由国家的司法官和法庭来担任。法庭作为国家机器的重要组成部分，通过运用国家的权威和强制力，代表国家主持裁判有争议的事项，所以诉讼又俗称为“打官司”。由此可

---

〔1〕“诉，告也”，“讼，争也”。（汉）许慎：《说文解字》，第56页。

〔2〕“争罪曰狱，争财曰讼。”《后汉书·陈宠传》：“西州豪右并兼，吏多奸贪，诉讼日百数。”

见,诉讼的构成必须具备控方(原告)、被控方(被告)、听讼方(法官)三方。换句话说,诉讼是一种"三方组合",原告、被告在法律上处于平等地位,而法官居于其间,踞于其上,作为权威的仲裁者解决他们的争议和冲突。根据诉与讼的含义和诉讼的构成要件,诉讼的一般定义应为:诉讼是讼争的一方或双方将致讼的原因、内容、主张及理由告知、倾诉于听讼之人,以求讼的息解的活动。从社会学的角度看,"诉讼"概念代表的是一种解决社会冲突的法律机制,是国家司法机关在当事人和其他诉讼参与人的参加下,依照法定程序解决成为案件的社会冲突的活动。在英语中,"诉讼"的词语表达方式为"Procedure",其原意是指办事的过程、手续和程序,并没有诉讼的意思;诉讼法是"Procedural Law",也可以称为程序法。我国法律之所以采取"诉讼法"的名称,是由于在清末变法的时候受日本的影响,日本在学习西方法制的时候将"Procedural Law"译为诉讼法。

诉讼的产生是社会生产力发展的必然结果。随着生产力的不断提高,产品的不断增多,私有制、阶级、国家的出现,部落、氏族及其制度的解体,"这种自然发生的共同体的权力一定要被打破,而且也确实被打破了……揭开了新的、文明的阶级社会;最卑鄙的手段——偷窃、暴力、欺诈、背信——毁坏了古老的没有阶级的氏族制度,把它引向崩溃"[3]。

人类进入阶级社会以后的诉讼已经带有尖锐的阶级色彩,传统的习俗、部落首领的威望、舆论的力量已经无足轻重,只有国家动用强制力,按照已经上升为统治阶级的人们的意志才能调整人们之间的争端与纠纷。也就是说,当社会关系中的不同主体基于不同的利益要求而发生社会冲突,这种冲突不能或不宜通过自行和解、第三者调解甚至国家管理机关的行政性处理等方式解决,需要交付法律解决机制作出法律评判时,就产生了诉讼。因此,对于阶级社会中的诉讼,应概括为:诉讼是国家司法机关按照统治阶级的意志解决讼争的活动。根据我国现阶段的社会性质,我国的诉讼是指在国家司法机关的主持下,在当事人和其他诉讼参与人的参加下,依法解决讼争的全部活动。

为了便于研究诉讼活动的客观规律和指导诉讼活动的进行,人们根据不同的标准,对诉讼进行了各种划分。在诉讼法学界以及司法实践中,划分标准各有不同。有的是以国家的历史类型为标准加以划分的,有的是以解决诉讼的程序特征为标准加以划分的,更多的学者是以解决讼争的内容为标准进行划分的,等等。按照国家的历史类型,诉讼可以分为奴隶制国家诉讼、封建制国家诉讼、资本主义国家诉讼和社会主义国家诉讼;按照诉讼程序的特征,诉讼可以划分为控告式(或曰弹劾式)诉讼、纠问式(或曰审问式)诉讼和混合式(或曰审问辩论式)诉讼。近现代西方国家的诉讼形式又有当事人主义和职权主义之划分。"二战"以后,当事人主义和职权主义两种诉讼程序相互吸收,取长补短,相互融合,尤其是大陆法系各国,对当事人主义诉讼程序的吸收,已成为一种普遍性的趋势。按照诉讼的任务和诉讼法律关系构成的不同,诉讼可以划分为刑事诉讼、民事诉讼和行政诉讼。

二、刑事诉讼

刑事诉讼是指在国家专门机关的主持和相关诉讼参与人的参加下,查明犯罪事实、追究和惩罚犯罪、保障人权的活动。在我国,刑事诉讼是指公安机关、人民检察院、人民法院在当事人及其他诉讼参与人的参加下,依照法律规定的程序,查证、核实犯罪嫌疑人、被告人是否实施了

---

[3] 《马克思恩格斯选集》(第4卷),人民出版社1972年版,第94页。

犯罪，是否应当受到刑罚的处罚以及应当受到何种刑罚处罚，并保障无罪的人不受刑事追究的活动。

刑事诉讼有广义和狭义的区分。广义的刑事诉讼，是指国家为实现刑罚权的全部诉讼行为。就诉讼活动的主体而言，包括国家的公安机关（包括安全机关、军队保卫部门等）、人民检察院、人民法院、监狱等执行机关，以及当事人和其他诉讼参与人；就其诉讼行为和程序而言，包括立案、侦查、起诉、审判、执行等。狭义的刑事诉讼专指审判程序，即公诉人提起公诉或自诉人提起自诉以后，人民法院与控、辩双方以及控、辩双方相互之间的诉讼行为。它不包括审判前的立案、侦查和审查起诉程序以及生效裁判的执行程序。近代和现代的刑事诉讼，一般都是指广义的刑事诉讼，尤其是对刑事诉讼的功能，更应从广义上去认识。这是人类社会在市场经济、民主政治、法治和人权保障等方面发展的客观需要。

由于刑事诉讼是一种以诉讼为主要内容的特殊的国家活动，所以它同其他国家活动相比，有着自己的特点：（1）刑事诉讼必须由法定的专门机关主持进行，其他国家机关无权进行。根据我国宪法和法律的规定，我国刑事诉讼中的专门机关是指公安机关（包括国家安全机关、军队保卫部门、中国海警局和监狱）〔4〕、人民检察院、人民法院和监狱（包括看守所）。只有这些机关才能依法分别行使国家的侦查权、检察权、审判权和执行权，只有它们才能依法进行刑事诉讼。（2）刑事诉讼活动必须是在当事人和其他诉讼参与人的参加下进行。因为它是一种诉讼行为，不是一般的行政活动，如果没有当事人和其他诉讼参与人参加，专门机关也就无从主持进行诉讼活动。所以，在刑事诉讼中，除了要有公安机关、人民检察院和人民法院、犯罪嫌疑人、被告人等基本的参与人外，还要有被害人、辩护人、诉讼代理人、附带民事诉讼原告、被告和证人、鉴定人等参加诉讼。这样才能惩罚犯罪、保障无辜，维护犯罪嫌疑人、被告人、被害人以及其他诉讼参与人的合法权利，保证实现刑事诉讼的任务。另外，当事人和其他诉讼参与人的参与程度也是诉讼民主的重要标志。（3）刑事诉讼活动必须依法进行。刑事诉讼以惩罚犯罪和保障无罪的人不受刑事追究为目的，关系到国家的安全和社会的稳定，关系到公民的人身权利、财产权利、民主权利甚至生命权利。由于刑事诉讼涉及的利益的重大性及诉讼针对的社会冲突的尖锐性，它比一般的行政活动要更严格和程式化，即必须严格依照刑事诉讼法规定的程序和方式进行，刑事诉讼法所规定的程序、方法和法律手续，是司法机关和诉讼参与人进行刑事诉讼的依据和行为准则，只有依法进行的刑事诉讼，才能具有法律效力。同时，刑事诉讼从立案到执行，自始至终既有明确的阶段性，又有逐步发展的连续性，每个阶段有其特定的任务和程序，前一阶段是后一阶段的前提，只有完成前一阶段的任务才能进入下一阶段，而且各个阶段又相互联结，一环紧扣一环，环环都必须依法进行，不允许司法工作人员〔5〕滥用职权，必须严格依法办案，对于违反法定诉讼程序和方式的，应当依法予以纠正，造成严重后果的，有关人员应当承担法律责任，以保证案件得到及时、准确的处理。（4）刑事诉讼活动的内容是解决被告人或犯罪嫌疑人是否犯罪，犯了什么罪，是否应当受到刑事处罚，以及处以什么样的刑罚的依据。它是贯彻落实国家刑罚权，解决被告人定罪量刑问题的一项特定的国家活动。由于

---

〔4〕 2018年《刑事诉讼法》第4条规定："国家安全机关依照法律规定，办理危害国家安全的刑事案件，行使与公安机关相同的职权。"第308条规定："军队保卫部门对军队内部发生的刑事案件行使侦查权。中国海警局履行海上维权执法职责，对海上发生的刑事案件行使侦查权。对罪犯在监狱内犯罪的案件由监狱进行侦查。军队保卫部门、中国海警局、监狱办理刑事案件，适用本法的有关规定。"

〔5〕 根据《刑法》第94条的规定，本书所称"司法工作人员"，是指有侦查、检察、审判、监管职责的工作人员。

这项活动的特定性、严重性和严肃性,所以,必须准确地进行,正确地适用法律。(5)刑事诉讼是在特定的诉讼形式(或曰诉讼模式、诉讼结构)下进行的。在人类历史上,不同的社会阶段,不同的历史时期,不同的诉讼制度,有不同的诉讼形式。与一般的行政活动或其他国家活动相比,刑事诉讼对诉讼形式的要求特别严格,只有科学化、民主化的诉讼形式,才能保证诉讼的顺利进行。随着我国市场经济的发展、民主与法制进程的逐步深入展开,刑事诉讼模式包括审判方式在内正在发生深刻的变革。(6)刑事诉讼的目的是准确、及时、合法地揭露、证实犯罪,依法惩罚犯罪,同时保障无罪的人不受刑事追究,以最终维护社会主义法制,保护公民的人身权利、民主权利和其他权利,保障社会主义经济建设顺利进行。

第二节 刑事诉讼法

一、刑事诉讼法的概念

刑事诉讼法是国家的基本部门法之一。它是关于刑事诉讼程序的法律规范的总和,即有关刑事诉讼活动的进行、诉讼的方式、内容及其效力的各项规定的总称。在我国,刑事诉讼法是指国家制定的调整公安机关(含国家安全机关等)、人民检察院、人民法院、监狱等机关,以及当事人和其他诉讼参与人刑事诉讼活动的法律规范。

根据法律的内容,国家的法律大体上可分为实体法与程序法两大类。刑事诉讼法属于程序法。根据程序法的特征,要求刑事诉讼法的内容必须具有可操作性、应用性和实用性的特点。基于程序法的这一特征,“它以确定刑罚权之有无及其范围为目的,系一种行法法”,[6]刑事诉讼法作为主持刑事诉讼的专门机关和诉讼参与人必须遵守的行为规则,其调整对象是刑事诉讼活动。作为刑事诉讼活动的行为主体——专门机关和诉讼参与人,在诉讼活动中应该做什么,不应该做什么,应当享有的诉讼权利是什么,法定的诉讼义务是什么,应当以何种方式来进行诉讼,等等,这些问题形成了一系列比较复杂的刑事诉讼法律关系,刑事诉讼法把复杂的刑事诉讼法律关系规定下来,成为每一诉讼主体行为的规则,任何一个专门机关及其案件承办人,任何一个诉讼参与人,都必须严格遵守,不得违反。否则,就不能保证刑事诉讼的正确进行,甚至会导致一定的法律后果,形成冤假错案,无法实现刑事诉讼的任务。

刑事诉讼法的内容一般包括:(1)规定公安机关、国家安全机关、人民检察院、人民法院在刑事诉讼各个阶段的职责、权限,以及它们相互之间的诉讼法律关系;(2)规定公安机关、国家安全机关、人民检察院、人民法院进行刑事诉讼应当遵守的原则、制度、程序和方法;(3)规定公安机关、国家安全机关、人民检察院、人民法院在刑事诉讼过程中调查、收集证据,审查、核实运用证据,查明案件事实的基本规则;(4)规定刑事诉讼中强制措施的种类以及适用的对象、条件和程序;(5)规定当事人和其他诉讼参与人参加刑事诉讼活动的原则、程序和权利、义务;(6)规定刑事诉讼各个阶段的任务、程序和进行的方法,以及适用的法律文书;(7)规定监督、检查刑

---

〔6〕 林山田:《刑事诉讼法》,台北,三民书局1990年版,第7页。即实行法律之法。

事诉讼活动是否正确、合法,以及纠正错误的原则、程序和方法等。

二、刑事诉讼法的渊源

在法理学中,法律渊源是指法律的具体表现形式。故刑事诉讼法的渊源又可称为刑事诉讼法的表现形式,它是指刑事诉讼法律规范的存在形式或载体。关于刑事诉讼法的渊源,可以从广义和狭义两个方面去理解。狭义的刑事诉讼法,仅指国家最高权力机关制定的一部比较系统、全面的成文刑事诉讼法典。广义的刑事诉讼法,是指一切与刑事诉讼程序有关的法律规范。包括:(1)宪法。刑事诉讼法是根据宪法制定的,宪法所规定的一些带有根本性的国家制度、原则,公民的权利、义务,都是制定刑事诉讼法的依据,宪法中的许多条文所规定的内容,就是刑事诉讼法的内容。例如,公开审判、被告人有权获得辩护等。(2)刑事诉讼法典,即《刑事诉讼法》。(3)国家立法机关制定的其他法律、法令中有关刑事诉讼程序的规定。如《人民法院组织法》《人民检察院组织法》《安全法》《监狱法》《律师法》等。(4)国家立法机关就刑事诉讼程序有关问题所作的决定或补充规定。如中华人民共和国第六届全国人民代表大会常务委员会第二次会议于1983年9月2日通过的《关于国家安全机关行使公安机关的侦查、拘留、预审和执行逮捕的职权的决定》等。(5)司法解释。最高人民法院和最高人民检察院就人民法院审判工作和人民检察工作中,如何具体运用法律、法令问题所作的解释、通知、批复等,比较重要的如最高人民法院《刑诉法解释》,最高人民检察院颁布的《刑诉规则》等。(6)有关部门联合发布的关于刑事诉讼法实施的规定。如1998年1月19日制定的六机关《规定》。(7)国务院及其主管部门为了执行国家法律、法令而颁布的行政法规中的有关刑事诉讼程序的规定,或就本部门业务工作中与刑事诉讼有关的问题所作的规定。如公安部发布的《刑事案件程序规定》等。(8)地方国家权力机关所颁布的地方性法规中有关刑事诉讼程序的规定及其所作的解释。(9)有关国际条约。凡我国缔结或加入的国际条约,经过全国人大常委会批准后,其中与刑事诉讼有关的内容,均为我国刑事诉讼法的渊源,应当得到遵守和执行。例如,联合国《世界人权宣言》、《联合国少年司法最低限度标准规则》(《北京规则》)、《禁止酷刑和其他残忍、不人道或有辱人格的待遇或处罚公约》等。我国政府已签署尚待批准的联合国《公民权利和政治权利国际公约》,待全国人大常委会批准后,其中有关刑事诉讼准则的条款,将成为我国刑事诉讼法的重要渊源之一。

第三节　刑事诉讼法的效力

一、刑事诉讼法效力的概念

对法律效力的理解通常有两种:第一种是泛指法律约束力,无论是规范性法律文件还是非规范性法律文件,都具有法律约束力,二者的区别在于规范性法律文件具有普遍约束力,而非规范性法律文件不具有普遍约束力;第二种是指法律的生效范围,即法律对什么人、什么事、在什么地方和在什么时间适用的效力。正确理解法律的效力范围,是适用和实现法律的重要条件。

刑事诉讼法的效力,在法律效力的第一种意义上,是指刑事诉讼法的约束力问题,刑事诉讼法具有普遍约束力;在法律的效力的第二种意义上,是指刑事诉讼法律规范的生效范围,即刑事诉讼法律规范在什么时间、什么地方、对什么人具有法律上的约束力的问题。换言之,刑事诉讼的效力,是指刑事诉讼法发生作用的范围,即对什么人、什么事,在一定的空间和时间范围内发生作用。

本节所指的刑事诉讼法的效力,是对刑事诉讼法的生效范围而言的。

根据刑事诉讼法生效的不同情况,可以将刑事诉讼法的效力分为对人的效力、对时间的效力以及对空间的效力三个方面。

二、刑事诉讼法对人的效力范围

刑事诉讼法对人的效力,是指刑事诉讼法适用于哪些人。中国刑事诉讼法以属地主义为基础,即凡是在中华人民共和国领域内进行刑事诉讼的一切人,无论是本国人还是外国人或者无国籍人,刑事诉讼法都具有同样的法律效力。根据刑事诉讼法的规定,对人的效力主要包括两个方面:

第一,对中国公民的法律效力。凡是具有中华人民共和国国籍的人,都是中国公民。中国公民犯罪,无论其在国内还是国外,需要追究刑事责任的,一般都要适用我国刑事诉讼法。

第二,对外国人或者无国籍人的法律效力。外国人或者无国籍人对中华人民共和国或者中国公民犯罪,需要追究刑事责任的,在许多情况下也要适用我国刑事诉讼法。刑事诉讼法对于一国领域内的一切人均具有法律效力,这是国家主权在刑事诉讼中的体现。主权是国家的根本属性,是一个国家独立自主地处理对内对外事务的最高权力。国家的司法权是该国主权的组成部分和具体表现形式。根据国际准则,一个主权国家有权对所有在其境内的外国人或无国籍人适用该国的法律和法令,并依法对其进行刑事追诉活动。我国是一个独立自主的主权国家,对于在我国境内涉嫌犯罪的外国人适用我国刑事诉讼法,这是国家主权原则的必然要求。因此,对于在我国境内涉嫌触犯刑事法律的外国人,侦查机关对其进行调查、讯问及采取强制措施,检察机关对其提起公诉,法院对其进行审判,执行机关依法执行刑罚,均应严格遵照我国刑事诉讼法规定的程序进行,而不适用该外国人本国的刑事诉讼法。我国宪法和法律不承认外国在我国领域内拥有所谓的“领事裁判权”或“治外法权”。我国《刑事诉讼法》第 17 条第 2 款规定:“对于享有外交特权和豁免权的外国人犯罪应当追究刑事责任的,通过外交途径解决。”这一规定确立了有关刑事诉讼法关于人的效力原则的一个例外。根据这一规定,那些享有外交特权和豁免权的外国人在我国领域内涉嫌犯罪的,我国司法机关不能像对其他外国人那样直接进行侦查、起诉和审判,而是应通过外交途径予以解决。

三、刑事诉讼法的时间效力

刑事诉讼法的时间效力,是指刑事诉讼法何时生效,何时效力终止,以及对其生效之前的事件和行为有无溯及力的问题。

法律的生效时间,一般有以下几种:(1)自法律公布之日起生效;(2)由该法律具体规定其生效时间;(3)规定法律公布后满一定期限起生效。

法律的失效时间有以下几种:(1)新法公布施行之后,旧法即失效;(2)新法取代旧法,同时在新法中明文宣布旧法作废;(3)法律本身规定了有效期间,期满即失效;(4)由有关机关颁发专门的决定宣布废除某法的,从宣布废除之日起,该法失效。

按照一般的原则,新法颁布之后,一般只适用于生效之后的事件与行为,不适用于生效前的事件和行为,也即法律不溯及既往。例如,美国1787年《宪法》第1条第9款规定,"追溯既往的法律不得通过"。法国《人权宣言》第8条规定,"除非根据在犯法前已经公布的且系依法施行的法律以外,不得处罚任何人"。1804年《法国民法典》第2条规定:"法律仅仅适用于将来,没有溯及力。"如今这一原则已经成为各国法律所普遍遵循的原则。

当然这一原则也并非绝对的,比如,我国刑法采取了从旧兼从轻的原则。现行刑事诉讼法于1979年7月1日由第五届全国人大二次会议通过,并于1996年3月17日由第八届全国人大四次会议以《关于修改〈中华人民共和国刑事诉讼法〉的决定》第一次修正,2012年3月14日由第十一届全国人大五次会议审议通过进行了第二次修正,2018年10月26日第十三届全国人民代表大会常务委员会第六次会议审议通过进行了第三次修正,在《全国人民代表大会常务委员会关于修改〈中华人民共和国刑事诉讼法〉的决定》中规定自公布之日起施行,从而以决定的形式明确了修正后的刑事诉讼法的生效时间。

在修正后的刑事诉讼法正式实施后,侦查人员、检察人员和审判人员进行刑事诉讼活动依据新法还是旧法的问题,与刑事诉讼法的时间效力密切相关。对于这一问题,不能简单地说依新法还是旧法,而应分为几种形式加以解决:

1. 如果在修正后的刑事诉讼法生效以前,公安司法机关依照旧法所进行的刑事诉讼活动已经终结,如法院已经对刑事案件作出了终审裁判的,被判决有罪的被告人也已被执行刑罚完毕,那么修正后的刑事诉讼法对此案的处理就不再具有法律效力。换言之,修正后的刑事诉讼法的效力不及于在其实施以前开始的刑事诉讼活动。

2. 如果刑事案件发生在修正后的刑事诉讼法生效之后,公安司法机关对该案件的侦查、起诉、审判和交付执行等诉讼活动均应依照新法的规定进行,原法不再对其具有法律效力。

3. 如果在原刑事诉讼法失效以前,公安司法机关已对某一刑事案件开始了侦查、起诉或审判活动,而在修正后的刑事诉讼法正式实施以后,对同一案件所进行的刑事诉讼活动仍未终结的,对公安司法机关已依旧法进行完毕的诉讼活动,应承认其有效性,不再依照新法重新开始和进行;但对于未进行完毕的诉讼活动,则不再适用旧法,而是依照修正后的刑事诉讼法的规定进行。

四、刑事诉讼法的空间效力

刑事诉讼法的空间效力,是指刑事诉讼法在哪些地域范围内发生效力。在这一问题上,各国法学理论普遍承认"属地主义"原则,即一国刑事诉讼法的效力范围及于该国的全部领域之内,对于在本国领域内发生的一切刑事案件,本国司法机关均享有司法管辖权。

根据国际法,一国的领域主要是指一国的领土、领空和领水。在一国领土、领空和领水范围内发生的刑事案件,该国司法机关有权依照本国刑事诉讼法规定的程序进行追诉、审判和执行刑罚。同时,根据有关国际准则和惯例,一国的航空器、航天器、船舶、舰只等无论驶向何处或停驻在何国领域之内,均视为一国领土的延伸,该航空器、航天器、船舶、舰只等的所属国对发生在航空器、船舶或舰只之内的刑事案件均有司法管辖权。此外,一国驻外使领馆也属于延伸意义的“领土”范围,对发生在使领馆内的犯罪行为,该国享有司法管辖权。

刑事诉讼法是我国基本法之一,适用于中华人民共和国管辖范围所及全部领域,包括领陆、领水、领空。此外,还包括延伸领土,即驻外使领馆和在领土外的我国船舶和飞机。

此外,《刑事诉讼法》第 18 条规定:“根据中华人民共和国缔结或者参加的国际条约,或者按照互惠原则,我国司法机关和外国司法机关可以相互请求刑事司法协助。”根据这一规定,我国司法机关开展国际刑事司法协助的前提是,我国与有关国家缔结或参加了有关国际公约,或者订立有双边司法协助协定。只有具备了这一前提,我国司法机关才可以协助有关国家进行特定的司法行为,如对逃匿于我国的外国犯罪嫌疑人调查取证、执行逮捕、引渡回国等。同时,我国司法机关也可以请求外国司法机关对逃离我国领域的犯罪嫌疑人、被告人执行逮捕、调查取证或将其引渡回我国。刑事司法协助制度有助于在一定程度上克服刑事诉讼法在空间效力方面的局限性。

第四节　刑事诉讼法与宪法、相邻部门法的关系

一、刑事诉讼法与宪法的关系

宪法是国家的根本大法,规定了我国的社会制度、经济制度、政治制度、国家机构及其活动原则、公民的基本权利和义务,具有至高无上的法律效力。各个部门法的规定,均须依据宪法,而不得与宪法相抵触。《刑事诉讼法》第 1 条明确指出:“根据宪法,制定本法。”因此,刑事诉讼法是以宪法为根据而制定的国家基本法之一,刑事诉讼法与宪法的关系是“子法”与“母法”的关系,刑事诉讼法又有“小宪法”之称。刑事诉讼法规定的内容,务必符合宪法的基本原则及其所规定的刑事司法制度、组织和原则。例如,我国《宪法》第 37 条规定:“中华人民共和国公民的人身自由不受侵犯。任何公民,非经人民检察院批准或者决定或者人民法院决定,并由公安机关执行,不受逮捕。”根据这一规定,国家行使逮捕权而逮捕、拘禁任何一个公民,由于涉及人身自由的权利,刑事诉讼法必须规定批准逮捕犯罪嫌疑人的条件、程序及具体手续,对宪法所规定的拘捕犯罪嫌疑人的原则加以具体化。因此,刑事诉讼法是实现宪法保障人身自由功能的有效手段,《宪法》和 2012 年修改的《刑事诉讼法》都明确规定了“尊重和保障人权”,从这个层面上来讲,刑事诉讼法又是人权保障法。对于这种密切的关系可比喻为刑事诉讼法是宪法的“测震仪”,有学者更认为“刑事诉讼法为实用之宪法”。[7] 再如,我国《宪法》第 131 条规定:“人民法院依照法律规定独立行使审判权,不受行政机关、社会团体和个人的干涉。”人民法院依法独立行使审判权,是我国一项重要的宪法原则,只有在刑事审判中加以贯彻实施,刑事案件的裁判才能客观公正,案件的质量才能得以保证。作为人民法院的法官,当然要以宪法为根据,排除一切干扰,代表人民法院独立行使审判权,不畏权势,不徇私情,秉公执法,这是我国宪法和刑事诉讼法的一项重要原则。因此,2012 年修正后的《刑事诉讼法》,对人民法院依照法律

〔7〕 林山田:《刑事诉讼法》,台北,三民书局 1990 年版,第 8 页。

独立行使审判权的原则,作了补充规定。

我国宪法所规定的政治制度和政治体制,决定了刑事诉讼法的指导思想、任务、基本原则和诉讼程序。不同的政治制度和政治体制,有着不同的刑事诉讼法。封建集权独裁制和资本主义社会的自由民主制两种制度下的刑事诉讼法的内容和程序,有着明显的区别,例如,以封建集权独裁制为国体的刑事诉讼法视刑事被告人为追诉的客体,剥夺了被告人的辩护权;以自由民主制为国体的刑事诉讼法,把被告人从客体的地位变成刑事诉讼的主体,赋予刑事被告人一系列诉讼权利,尤其是英美法系,非常注重保护犯罪嫌疑人和被告人的合法权益。同样,具有中国特色的社会主义的宪法所制定的人民民主专政的政治体制,为刑事诉讼中的各个诉讼主体的民主权利和义务奠定了基础,提供了法律依据。

总之,刑事诉讼法与宪法有着极其密切的关系,宪法是制定刑事诉讼法的根据,刑事诉讼法是宪法所规定的政治制度和政治体制的具体体现。

二、刑事诉讼法与刑法的关系

刑事诉讼法和刑法都是国家追究犯罪和惩罚犯罪的重要工具。刑法是实体法,是规定什么行为构成犯罪,应当如何处以刑罚的法律。刑事诉讼法是程序法,从所规定的诉讼程序上保证实体法的贯彻实施,它规定公、检、法机关应当按照怎样的步骤、原则和方法追究和惩罚犯罪。刑法是刑事诉讼进行的内容和实体上的依据,刑事诉讼法是刑法正确实施的保证。二者是相互依存、密不可分、缺一不可的。马克思在论述“德国莱茵省议会关于盗窃林木法”的辩论时,对程序法和实体法两者的关系作了精辟的说明。他指出:“审判程序和法二者的关系如此密切,就像植物的外形和植物的联系,动物的外形和血肉的联系一样。审判程序和法律应该具有同样的精神,因为审判程序只是法律的生命形式,因而也是法律内部生命的表现。”[8]这一论述非常清楚地说明了程序法和实体法的统一,说明刑事诉讼法与刑法之间是形式与内容的统一,也是方法和任务的统一。刑事诉讼对刑事案件的处理,既要有刑法作为定罪量刑的依据,又要有刑事诉讼法来保证刑法的正确实施。刑法所规定的内容,只有通过刑事诉讼程序才能正确地实施,如果没有刑事诉讼法在司法程序上予以保证,刑法所规定的一切内容就成了一纸空文,无法实施。同样,如果没有刑法作为刑事诉讼的内容和标准,刑事诉讼法的一切规定也就失去了目的和意义。

从我国和外国刑事诉讼法与刑法产生及形成的历史中,也可以看到二者的密切关系。在当今各国法律中,刑事诉讼法与刑法各自独立成为一个法典,但并非自古以来就是这样。在我国,古代刑法与刑事诉讼法是规定在一起的。例如,公元前407年李悝所著的《法经》6篇,其第3篇“囚法”,后代一直沿用,并加以增订,如魏律除囚律之外,又增告劾律;梁律则改囚律为击讯律与断狱律;北齐则改告劾律为斗讼律,并废击讯律;周律则又恢复之,并改告劾律为告言律,使其与断狱律,并置于律之末;隋之开皇律则称斗讼(含告言与击讯)与断狱,唐律随之;至明朝,即将诉讼与断狱列入刑律之中,清律亦同。[9]

同样,在日耳曼法系中,最早的“帝国刑法典”,即1532年的卡尔五世大帝刑事法院法,也是同时规定实体法与程序法。演变至今,许多国家立法体例上实体法与程序法分开制定,但并

---

〔8〕《马克思恩格斯选集》(第1卷),人民出版社1972年版,第178页。

〔9〕徐朝阳主编:《中国诉讼法溯源》,台北,商务印书馆1973年版,第2~3页。

不能分得很清楚,在实体法中可能具有程序法性质的规定。有些国家的刑事法律,仍然融实体法与程序法为一体,如《加拿大刑法典》。

刑事诉讼法除了发挥着贯彻落实刑法实施的作用以外,还有其独立的品格和价值。从刑事诉讼法的价值和作用来看,传统的关于刑事诉讼法与刑法关系的论述认为,我国《刑事诉讼法》第1条规定了"为了保证刑法的正确实施……"那么刑法就是内容和目的,刑事诉讼法是形式和手段。我们认为,传统的观点有着程序工具主义的倾向,该观点强调只是刑事诉讼法的"工具"价值,没有认识到刑事诉讼法与刑法之间的同等关系,更没有认识到刑事诉讼法独立的价值和作用,刑事诉讼法不仅具有保障刑法实施的作用,还有着民主、法治、人权保障等品格和价值。例如,有的日本学者认为,"实体法和形式法如同一辆车的两个轮子,对诉讼都起作用,在它们之间不可能存在主从关系"。实体法与程序法在理论上应当是相互依赖、相互渗透、相辅相成的关系,因此应当坚持刑事实体法与刑事程序法并重的思维,正确处理刑事诉讼法与刑法的关系。

三、刑事诉讼法与监察法的关系

为了深化国家监察体制改革,加强对所有行使公权力的公职人员的监督,实现国家监察全面覆盖,深入开展反腐败工作,推进国家治理体系和治理能力现代化,2018年3月20日,十三届全国人大一次会议审议通过了《监察法》。《监察法》的出台,反映了党的十八大以来深化国家监察体制改革的成果,贯彻了党的十九大关于健全党和国家监督体系的部署,是党的政策通过国家法律得到充分体现的重要成果,体现了党和人民的共同意志,是反腐败领域党的纪律与国家法律的有机结合和高度统一。

从立法位阶上来看,监察法属于基本法,其法律效力位于根本法之下,但高于行政法规、地方性法规和行政规章。从立法内容上来看,监察法涉及监察机关及其职责、监察范围和管辖、监察权限、监察程序、反腐败国际合作、对监察机关和监察人员的监督以及法律责任等事项,基本上覆盖了国家监察体制的机构、职能、职权职责、工作程序和机制、法律监督等各个方面。[10]相对于其他国家机构组织法来说,监察法作为由全国人大审议通过的基本法,是调整国家监察领域各种社会关系的综合性法律,包含了实体法与程序法、组织法与职权法等监察法律制度,对于各级国家监察机关来说,无论是组建监察机关,还是依法开展监察活动,都要遵循监察法。

监察法是党和国家深化依法治国、打击腐败犯罪而制定的法律,同为基本法,刑事诉讼法与监察法虽然在立法有着同等位阶,但从立法内容上来看,二者是并列的关系。有观点认为,"监察机关的职务犯罪调查活动是一种独立于刑事诉讼法之外的特殊追诉活动,不适用刑事诉讼法的相关规定"。监察机关依据《监察法》开展监察活动,并不受到《刑事诉讼法》的调整,因此,"两法"存在"制度分离"的关系。但2018年《刑事诉讼法》的修改,有6项涉及《监察法》与《刑事诉讼法》衔接的问题,除其中一项调整了监察机关对职务犯罪的侦查权限以外,其余5项

---

〔10〕 莫纪宏:《准确把握监察法的属性》,载《中国纪检监察》2018年第7期。

旨在解决“两法”的程序衔接问题。[11] 这足以说明，虽然《监察法》与《刑事诉讼法》是两部相对独立的立法，但在衔接的过程中，“两法”存在密切的联系。

四、刑事诉讼法与民事诉讼法和行政诉讼法的关系

三个诉讼法同是程序法，都是为实体法的正确实施服务的。因此，三个诉讼法中规定的许多诉讼原则、制度和程序，都是相同的。例如，司法机关依法独立行使职权原则，以事实为根据、以法律为准绳原则，公开审判原则，两审终审制度，使用本民族语言文字进行诉讼原则，合议庭制度，回避制度，审判监督程序等。但是，由于三大诉讼法所要保证实施的实体法是不同的，所以它们各自要解决的实体问题的性质不同：刑事诉讼法所要解决的问题是刑事被告人是否犯罪及其应否负刑事责任的问题，民事诉讼法所要解决的是当事人之间民事权利义务的纠纷与争议的问题，行政诉讼法所要解决的是维护和监督行政机关依法行政，保护公民和法人组织的合法权益的问题。三大诉讼法的任务、目的的差异，使它们在诉讼原则、制度和程序方面，又有许多不同。例如，民事诉讼法规定有调解原则，而刑事诉讼法规定只有自诉案件才可以调解，行政诉讼法则规定不适用调解；在证据种类方面，民事诉讼法与行政诉讼法规定有当事人陈述，而刑事诉讼法规定有被告人供述与辩解；在证明责任方面，刑事诉讼法规定被告人原则上不负证明责任，而民事诉讼法规定当事人对自己主张的事实要负举证责任，行政诉讼法规定被告方原则上要负举证责任；主持诉讼的专门机关，刑事诉讼除了法院之外，还有公安机关、国家安全机关和人民检察院，民事、行政诉讼主要是人民法院；在诉讼程序上，刑事诉讼有侦查阶段，还有专门限制人身自由的强制措施，民事诉讼法规定有特别程序、督促程序、公示催告程序及破产还债程序，行政诉讼法规定特定情况下提起行政诉讼需要先经过行政复议；在诉讼的结果上，刑事责任与民事责任和行政处罚的差别就更大了。

第五节　刑事诉讼法学的研究对象和方法

界定刑事诉讼法学的研究对象必须注意两个问题：首先，要从理论上明确确认刑事诉讼法学是法学中的一门独立学科。作为一门学科，刑事诉讼法有它独有的理论基础、研究领域和对象。那种认为刑事诉讼法只是一个办案手续问题，办几件案子就清楚的认识是错误的。其次，要正确区分刑事诉讼法典和刑事诉讼法学，二者既有联系又有区别。刑事诉讼法典是刑事诉讼法律部门比较集中、系统的法律文件，它所调整的对象是刑事诉讼活动，为刑事诉讼主体的诉讼行为提供原则、制度和程序上的依据，它的体例、内容、文字要精确、明白、通俗和便于实行，其全部内容都是刑事诉讼法学的主要研究对象；刑事诉讼法学的主要内容和任务不仅在于

---

〔11〕 这5项主要是指《全国人民代表大会常务委员会关于修改〈中华人民共和国刑事诉讼法〉的决定》中第5项在许可会见相关规定中删除了“贪污贿赂案件”，第6项在监视居住的相关规定中删除了“贪污贿赂案件”，第8项修改了刑事诉讼法关于“侦查”的概念，第10项在技术侦查的相关规定中，删除了“贪污贿赂案件”，第12项规定了“退回补充调查”和强制措施的衔接。

说明和解释有关刑事诉讼的各种法律规范,而且还在于探讨和揭示刑事诉讼现象的本质和规律以及外部联系,并以此指导刑事诉讼的立法和司法实践,因此,它的内容、体系应当更加广泛、开放,更加符合科学的原理。刑事诉讼法学的研究对象可概括为以下四个方面:

一、刑事诉讼法律规范

刑事诉讼法律规范作为研究对象,是从广义的刑事诉讼法的概念理解的。其中,最主要的内容是《刑事诉讼法》。另外,与刑事诉讼有关的全国人大常委会的决议、命令、通知,以及全国最高司法机关的司法解释、国务院主管部门颁行的法规、条例中与刑事诉讼有关的内容,都属于刑事诉讼法学研究的范围。

对刑事诉讼法律规范的研究,要科学准确地释明法律条文的含义,全面完整地理解和掌握刑事诉讼法典各部分之间的联系,法典与其他有关刑事诉讼法律规范之间的联系,以及研究制定的背景、依据、实践和存在的不足,只有这样才能在实践中正确地执行刑事诉讼法律规范,并对其不足之处进行修正和完善。

二、刑事诉讼理论

刑事诉讼法学作为一门学科,有它自己的发展历史和理论体系,在其发展过程中,形成了不同的学派和众多的学说。从哲学、社会学、价值论以及信息工程、控制论等角度来讲,刑事诉讼法学都有比较深远和广阔的研究领域。我国学者关于刑事诉讼法哲学以及刑事诉讼原理的研究就是一个例证。关于刑事诉讼原理方面的研究,主要包括刑事诉讼的主体、目的、价值、结构、职能、法律关系、控告与辩护、法律监督、系统工程、证据理论,以及与刑事诉讼的国际准则的协调问题,等等。这些理论和学说都是我国学者长期研究的智慧结晶和实际经验的总结。深入研究刑事诉讼理论,尤其是刑事诉讼法学本身的一些优秀成果和新的理论,研究它们产生的历史背景和内容以及对立法、司法的影响和指导作用,对我国法学理论的繁荣是不可缺少的,更重要的是为我国民主与法治的进程提供科学根据,特别是对《刑事诉讼法》的修正与完善有着重要的现实意义,为其奠定理论基础。因此,只有更好地学习和研究本学科前人的优秀研究成果,才能更好地发展刑事诉讼法学,使这门学科走向新的繁荣。

三、刑事诉讼实务

刑事诉讼法学属于应用学科,实践性很强,所以,在研究刑事诉讼法律规范和刑事诉讼理论的同时,必须向实践学习。要深入研究司法机关同刑事犯罪作斗争的实际情况,要着眼于刑事诉讼的各个阶段的实施情况,要研究执法环境,注意执行中出现的新情况、新问题,不断总结诉讼实务中成功的经验和做法。只有深入司法实践,科学地总结实践经验,才能制定符合实践需要的法律,并通过时间来检验制定的法律是否合理,及时发现问题,提出立法上的建议以解决问题。刑事诉讼法本身就是一门实践性和操作性都很强的学科,只有运用于司法实践,才能发挥出其应有的服务于实践的作用,否则就会成为苍白无力的教条。尤其是当前我国处于从计划经济体制转向市场经济机制的历史时期,为适应发展了的形势,研究刑事诉讼法学领域中出现的新问题、新情况,特别是如何以马列主义、毛泽东思想、邓小平理论和“三个代表”的重要思想为指针,健全、完善和发展具有中国特色的刑事诉讼制度,是摆在我国诉讼法学界面前的一个重要课题。

四、刑事诉讼研究方法

研究刑事诉讼法学首先要坚持理论联系实际的方法，无论是进行理论研究还是进行实务探索，都离不开其产生的客观条件，世界各国的情况均不相同，对于刑事诉讼法学的研究要坚持从中国的实际出发，去研究中国刑事诉讼中的基本证据、基本理论、基本程序问题，才能得出合理的、符合中国国情的结论。其次，要以这种思维的研究方法为指导，如同其他社会科学一样，刑事诉讼法学的研究也应当坚持辩证唯物主义的世界观，具体而言，应当坚持辩证唯物主义的认识论、价值论以及人本论，以哲理化的思维为指导，在进行刑事诉讼法学研究的过程中，不仅要了解法律是如何规定的，还要从理性的角度思考为什么这样规定。最后，要加强实证研究的研究方法，对每一项制度和规定在实践中的现状和问题，都要从实证的角度出发，找出解决问题的途径与方法。此外，研究刑事诉讼法学，还应当坚持历史分析、比较借鉴、体系研究等方法。

思考题

1. 什么是刑事诉讼？刑事诉讼有哪些特点？
2. 简述刑事诉讼法的渊源。
3. 简述刑事诉讼法的效力。
4. 试述刑事诉讼法与宪法、刑法、监察法的关系。
5. 刑事诉讼法学的研究对象有哪些？
6. 刑事诉讼法学应当坚持哪些研究方法？

第二章　刑事诉讼制度的历史沿革

导　读

西方中世纪以前的欧洲刑事诉讼制度通常被称为弹劾式诉讼模式，13～16世纪欧陆的刑事诉讼制度则被称为纠问式诉讼模式；近现代以来，西方逐渐演化出职权主义诉讼、对抗制诉讼、混合式诉讼三大模式。中国古代刑事诉讼制度有其独有特征，近现代经历清末刑事诉讼的立法改革及中华民国时期刑事诉讼制度的发展，初步确立了职权主义诉讼模式。中华人民共和国成立后，全国人民代表大会于1979年制定了《刑事诉讼法》，1996年、2012年和2018年先后进行了三次修改。

第一节　西方刑事诉讼制度的沿革

一、西方古代刑事诉讼制度概述

人类社会自从有了纠纷，就产生了解决纠纷的方式。在原始社会，不存在近现代意义上的法，调整氏族成员行为的规范是风俗习惯，因此也就没有严格意义上的司法。在人类社会的发展过程中，基于惩罚、遏制犯罪的需要而逐渐形成了刑事实体法和程序法，总体上而言，实体法和程序法是同步产生的。[1] 在法制文明史上，不同的历史时期存在不同的刑事诉讼模式，即使在同一历史时期，不同地区和国家的刑事诉讼模式也不尽相同。通常，中世纪以前的欧洲刑事诉讼制度被称为“弹劾式诉讼模式”，而13～16世纪欧洲大陆各国的刑事诉讼制度被称为“纠问式诉讼模式”。

（一）弹劾式诉讼模式

所谓弹劾式诉讼模式，就是个人享有控告犯罪的绝对权利，国家审判机关不主动追究犯罪，而是以居中裁判者的身份处理刑事案件的一种诉讼模式。弹劾式诉讼模式是人类放弃原始的血亲复仇制度以后建立的第一种诉讼模式，形成并发展于古罗马王政时期和共和国早期、古日耳曼和英国的早期。

古代罗马人在法律的划分、法律的一般理论和实施等方面做出了杰出的贡献。现今可考

〔1〕 陈光中、王万华：《论程序法与实体法的关系》，载陈光中、江伟主编：《诉讼法论丛》（第1卷），法律出版社1998年版，第3页。

证的最初的罗马成文法典《十二铜表法》颁行于古罗马社会的过渡期，其诸法合体、民刑不分、实体法与程序法共存。《十二铜表法》共有105条，其第一表共9条，是关于法庭对诉讼当事人进行传唤的规定；第二表共4条，是关于诉讼中审问的规定。[2] 对《十二铜表法》中有关诉讼程序的规定加以考察发现，虽然早期的古罗马并不严格区分刑事诉讼和民事诉讼，然而在当时已经出现"公犯"与"私犯"之分，包含了三种诉讼类型：私犯之诉、申诉制度、刑事法庭审判程序。从诉讼模式的角度分析，它们都属于弹劾式诉讼。[3]

继罗马法之后，公元5～9世纪的欧洲又形成了日耳曼法。日耳曼法是在日耳曼国家中适用于日耳曼人的一系列法典的总称，伴随着日耳曼民族创建国家的过程而不断发展演进。与古罗马基本相同，古日耳曼将多数在今天看来是犯罪的行为仅仅视为一种侵害个人利益或被害者血族团体的侵权行为。无论是侵权案件还是刑事案件，均由原告一人或其血亲数人提出诉讼，传唤被告到庭，遵循习惯上相传的特定用语，由双方当事人通过宣誓和辅助宣誓或者神判的方式判断是非曲直，与会的自由民用长矛相击表示赞成或用嘘声表示反对来解决纠纷。至于纠纷的实质结果，只能取决于当事人自身，而部族法院或百户法院的主要任务不是通过自身力量去发现案件真实，而只是决定通过何种手段或方式解决纠纷。古日耳曼的诉讼模式在本质上亦属于弹劾式诉讼。

在欧洲国家中，英国刑事诉讼的发展具有自己独特的一面，但其刑事诉讼最初的模式也是弹劾式。盎格鲁—撒克逊人入侵不列颠时，将整个部落、连同他们的习惯、法律和政府组织移入英国。[4] 盎格鲁—撒克逊时期的基本价值观念、诉讼模式与古日耳曼基本相同，即对侵害行为当事人可以复仇或实施私诉，对案件事实不明的判断主要借助于神明的启示，裁判者并不主动地干预程序，而是消极中立地听审。各个法庭的审判程序与欧洲大陆同时期的审判程序基本一样，而且各级法院的审判程序也都大同小异，基本上分为四个步骤，即原告起诉、被告应诉、验证和宣判。

综上所述，弹劾式诉讼模式的主要特征是：

第一，国家没有专门的追诉犯罪的机关，刑事诉讼遵循严格意义上的"不告不理"原则。如《萨利克法典》第3条规定："凡传唤别人到法庭者，应偕同证人，一同到被传唤人家，如本人不在，应使其妻子或其他家属通知他本人，前赴法庭。"对犯罪的控诉由公民个人承担，没有原告也就没有法官。在弹劾式诉讼中，犯罪行为被视为侵犯私人权益的违法行为，因而在制度上并不区分民事诉讼与刑事诉讼。诉讼的功能被单纯地认定为仲裁私人纠纷、消弭权益冲突，因此，原被告的诉讼地位基本相同。

第二，作为负责裁判的第三方，法院或其他裁判机构只是对当事人控辩的争议予以仲裁，而不负有积极主动地调查事实的责任。由于国家初生，社会控制能力尚弱，公共权力对社会冲突的介入并不深入，诉讼基本上仍然被视为私人间的纠纷。"国家承认受到损害的人有获得正义的权利，但当时还仅限于对私人之间的复仇加以疏导，限于对复仇规定某些大致的规则，提供不持偏见的'裁判员'，以监督复仇活动的进行，使之符合这些规则。"[5]

---

[2] 《十二铜表法》条文见《世界著名法典汉译丛书》，法律出版社2000年版。

[3] 汪海燕：《刑事诉讼模式的演进》，中国人民公安大学出版社2004年版，第35页。

[4] 何勤华：《英国法律发达史》，法律出版社1999年版，第4页。Frederick G. Kempin Jr., *Historical Introduction to Anglo－American Law in a Nutshell*, West Group Publishing, 2001, p. 7.

[5] [法]卡斯东·斯特法尼等：《法国刑事诉讼法精义》，罗结珍译，中国政法大学出版社1998年版，第65页。

第三,对诉讼争议的解决往往通过带有浓厚宗教色彩的宣誓、神明裁判、决斗等方式来进行。例如,7 世纪末西萨克斯王国的《伊尼法典》第 35 条规定,杀死一个强盗的人可以宣誓他杀死的是强盗。[6] 又如,日耳曼民族的神明裁判方法以水审、火审为主要形式。

(二)纠问式诉讼模式

纠问式诉讼是继弹劾式诉讼之后出现的又一种刑事诉讼模式,它产生于罗马帝制时期,盛行于中世纪时期的欧洲大陆各国。英国当时的诉讼模式是一个例外,除了在其特设的星座法院实行过纠问式诉讼以外,一般仍沿用了古代弹劾式诉讼模式,直到向当事人主义诉讼模式的转变。

所谓纠问式诉讼模式,是指国家司法机关对犯罪行为,无论是否有被害人控告,均依职权主动进行追究和审判的一种诉讼模式。德意志帝国 1532 年颁布的《卡洛琳娜刑事法典》(Carolinian Code)和法国 1539 年的《法兰索瓦一世令》所规定的刑事诉讼程序就是典型的纠问式程序。随着欧洲各国政治、经济、文化(尤其是宗教文化)的发展,以及普通民众对于犯罪观念的转变,弹劾式诉讼越来越不利于刑事纠纷的有效解决,并逐渐淡出欧洲大陆各国,而纠问式诉讼模式则得以形成与发展。纠问式诉讼模式的产生与以下三个因素有着十分密切的关系:

首先,教会法奠定了欧洲大陆中后期纠问式刑事诉讼模式的基础。经过宗教改革而建立起来的教会法首先确立了旨在查明事实真相、有效镇压宗教异端势力的纠问式程序,这对世俗法院刑事诉讼制度的改革产生了很大的影响。如教会法修改刑事诉讼的起诉方式为三种:控告、告发、纠问。依据良心和理性的司法调查程序不仅废除了神示证据制度,而且与盖然性真理的概念以及关联性、实质性原则的发展相关,各种规则也因此被精心设计出来。[7]

其次,各国相继确立了专制主义的政治体制,从而要求建立一种旨在有效镇压犯罪、维护统治秩序的刑事诉讼程序。纠问式诉讼是适应王权不断加强、统治者对被统治阶级的镇压日益残酷的需要而产生的,是专制集权在诉讼中的表现,也必然伴随秘密审判和刑讯逼供的产生与盛行。

最后,人们对犯罪行为本身性质的认识发生了巨大的变化。许多过去被视为侵犯私人利益的行为,逐渐被认为是对社会公共利益,乃至整个政权统治秩序的危害行为,因此国家积极主动地承担起追诉犯罪的责任,以免因被害人过分关注个人利益而使公共利益得不到保护。其中,最明显的标志就是检察制度的确立,这使国家控诉制度更趋完备,如 14 世纪中叶,法国刑事诉讼最终确立了国王检察官,从这一时期起,独立于任何私人而发动控诉的职责落在了国王检察官的身上。[8]

纠问式诉讼模式具有以下几个基本特征:

第一,法官依职权主动追究犯罪,遵循“不告而理”的原则。原告不再是权益受到侵害的公民个人,而由法院代表国家对危害公共秩序和君主利益、侵犯公民权利的犯罪人追究刑事责任,法院集追诉权与审判权于一身。在具体案件中,法院一般主动指派专门官员对犯罪行为进行调查,以确定犯罪行为是否发生以及被告人是否实施了犯罪行为。这种国家追诉原则的确

---

〔6〕 由嵘:《日耳曼法简介》,法律出版社 1987 年版,第 88 ~ 89 页。

〔7〕 [美]哈罗德·J. 伯尔曼:《法律与革命——西方法律传统的形成》,贺卫方等译,中国大百科全书出版社 1993 年版,第 304 页。

〔8〕 [法]卡斯东·斯特法尼等:《法国刑事诉讼法精义》(上),罗结珍译,中国政法大学出版社 1998 年版,第 68 页。

立，是人类刑事诉讼制度的一个重大进步，并为现代公诉制度的产生奠定了基础。

第二，被告人处于诉讼客体的地位。在纠问式诉讼中，刑讯是整个诉讼过程的中心环节，被告人只是被追究、被审问的对象。他不是拥有诉讼权利的独立一方，没有反驳、辩护的权利，只有招供的义务，只能被动地接受讯问，承担证明自己无罪的责任。如欧洲 13 世纪建立的宗教裁判所，就实行极端残忍的审判制度，对被告人实行秘密的审判，控告人及证人是谁，一律对被告人保密，并且以严刑拷打作为获取证据的主要手段。

第三，侦查和审判都秘密进行，实行间接的书面审理方式。在纠问式诉讼中，法官可以自行决定开始刑事诉讼活动，有权对被告人甚至证人实行秘密的讯问。一般由几个机构或官员主导进行并经过若干诉讼环节，后一机构或官员以前一程序产生的卷宗材料为根据进行诉讼活动，法院最终所作的裁决以调查官事先已制作好的书面卷宗为根据。因此，所谓的开庭审判，仅仅是让被告人对已准备好的控诉材料进行供认和作出判决而已，整个诉讼过程都是秘密和书面的。

第四，实行法定证据制度，口供是证据之王。法定证据制度是指一切证据的证明力及其大小，都由法律事先加以规定，法官只能机械地适用，而不得自由地评判和取舍。法定证据制度将口供奉为证据之王。被告人口供，被认为是全部证据中最有价值和最完全的证据，对案件的判决起决定性的作用。因此，为获得被告人口供，侦查人员和审判人员不惜采用一切办法来获取这种“证据之王”，刑讯逼供成为这一诉讼模式下各国普遍采用的方法。

二、西方近现代刑事诉讼制度的演进

纠问式诉讼与日益集中的王权相匹配。随着历史的发展，特别是资本主义的兴起，专制政治体制、法律制度以及与之相适应的思想观念都遭遇了挑战。在十七八世纪，卢梭、孟德斯鸠、洛克等启蒙思想家提出的“天赋人权”“主权在民”“三权分立”等理论，奠定了西方政治法律制度的理论基础。贝卡利亚在《论犯罪与刑罚》一书中，系统地提出了现代刑事法律的基本原则，即罪刑法定原则、罪刑相适应原则、无罪推定原则等，并主张废除刑讯逼供。新兴的资产阶级倡导的“自由”、“理性”和“良心”等思想，直接影响刑事诉讼制度的历史演进。从直观上看，纠问式诉讼模式是被启蒙运动摧毁的。纠问式诉讼模式的秘密性、法定证据的非理性、惨无人道的刑讯逼供、被告人的辩护权消失殆尽等特征最终沦为查明案件事实真相的依据，必然与启蒙运动高扬理性、人性旗帜，反对神权与专制，提倡自由与平等的基本理念产生尖锐的冲突。这种冲突的结局使纠问式诉讼淡出历史舞台，并逐渐演化为职权主义诉讼、对抗制诉讼、混合式诉讼三大诉讼模式。这三种模式都强调刑事诉讼中国家权力的合法行使及公民权利的保障，其差异在于国家与被刑事追究者在权力与权利的配置上的不均。一般而言，职权主义倾向于国家权力的有效行使，当事人主义则倾向于公民权利的保障，而混合式诉讼则介于两者之间，力求实现权力制约与权利保障的动态平衡。

（一）职权主义诉讼模式

职权主义诉讼模式，又称非对抗或审问式诉讼模式。这种诉讼模式比较注重发挥司法机关在刑事诉讼中的职权作用，特别强调法官在庭审中的主导地位，以大陆法系国家法国、德国为代表。

在法国，包括废除刑讯在内的改革措施在 1789 年革命前即已实施。革命爆发后，欧洲大陆各国便开始了大规模的刑事司法改革。这种改革的主要特点是在纠问式程序中,注入了大量英国诉讼制度的因素,从而创造一种新的诉讼制度。这种诉讼模式经过了初次转型以及转型失败后的再选择,最终确立为职权主义诉讼模式。改革的成果在1808年颁布的《法国刑事诉讼法典》中得到了体现。

欧洲大陆其他国家刑事诉讼模式的转型历程与法国基本相同。在法国颁布1539年敕令的时候,德国在同时期制定了《卡洛琳娜刑事法典》,该法典也是纠问式诉讼的典型代表。法国资产阶级革命后的刑事诉讼改革传到了不同的国家。在1848年法国革命风潮的席卷下,德国很多州都对刑事诉讼程序法律进行了改革,成为1877年德国刑事诉讼法典的基础。新法典奠定的诉讼模式与法国相同,均为职权主义诉讼模式。

职权主义诉讼模式的主要特点是:

第一,侦查机关享有广泛的权力,在刑事诉讼中居重要地位。在职权主义诉讼模式下,侦查机关不仅有权采取广泛的一般性诉讼手段调查犯罪,还可以采取一系列强制性的侦查手段,直接控制犯罪嫌疑人和了解与犯罪有关的情况。另外,侦查机关在行使侦查权时较少地受到限制,有相对较多的自由裁量权,如一般侦查手段完全由侦查机关自行决定,只有直接剥夺人身自由的强制措施,如逮捕、羁押须由法官批准;秘密侦查手段通常由侦查机关自行决定,无须申报检察官或法官;羁押期限一般随案件的进展弹性而定;侦查机关对侦查手段的种类、采取的时间、地点有权选择等。例如,《法国刑事诉讼法典》规定:侦查程序一律秘密进行。法律授权一切负责公诉和预审的机关,包括司法警察、共和国检察官、预审法官以及其他辅助人员,为查明犯罪可以进行一切必要的调查、预侦、搜查、扣押等措施,可以询问证人,讯问犯罪嫌疑人、被告人。

第二,起诉程序中实行起诉法定主义,即强调起诉机关依职权和责任提起公诉,检察官对是否起诉一般无自由裁量权。通常情况下,只要证据充分,检察机关就必须起诉,以有效实现国家的刑罚权。

第三,法官是整个庭审活动的中心。在职权主义诉讼模式中,法官在庭审中起主导作用,掌握诉讼的主动权,当事人则处于受支配的地位。法官可以依职权主动讯问被告人、询问证人,可以采取一切必要的证明方法,有权对当事人及其他诉讼参与人的申请作出决定,等等。

第四,被告人的权利受到一定程度的限制。以侦查程序为例,职权主义诉讼模式不承认双方当事人平等的诉讼地位,认为侦查是警察和检察官单方面的职权行为,被告人负有忍受国家侦查机关侦讯的义务。虽然其也允许律师在侦查程序中参与诉讼,但不承认律师有完整的调查取证权,被告人认为有能够证明自己无罪或罪轻的证据,只能请求侦查机关代为收集。同时,对被告人采取强制措施之前,一般不需要取得法官的令状。

(二)对抗制诉讼模式

对抗制诉讼模式,又称当事人主义诉讼模式。这种诉讼模式比较强调当事人在诉讼中的主体地位,使他们在诉讼中对抗检控方,法官只起居中裁断的作用,以英国、美国为代表。

英国早期实行弹劾式诉讼模式。从诉讼的起源和其他诸多因素,如政治结构、经济结构等方面的影响来看,英国和其他欧洲国家没有明显的区别。然而,到了中世纪的中后期,英国的刑事诉讼模式却走上了与其他欧洲国家截然不同的道路。通过分析英国刑事诉讼12世纪到19世纪的发展脉络,可以看出在诺曼征服以后的一段时间里,特别是神示证据制度废除之前,英国刑事诉讼模式在很大程度上保留了弹劾式的特征。在欧洲其他国家刑事程序纠问化进程的同一时期，英国由于加强了对王权的限制，特别是1696年颁布的《叛逆罪审判法》，取消了此前禁止辩护律师参与事实调查的规则，引入了允许叛逆罪的被告人在审判中以及审前获得律师帮助的改革措施，制约了纠问因素过强的发展态势，从而最终导致了英国刑事诉讼从弹劾式转变到对抗制的诉讼模式。除了都铎王朝时期星座法院实行过纠问式外，英国并没有走上纠问式的道路。在资产阶级革命之后，英国同样没有也不可能走向职权主义诉讼模式。整体来看，对抗制诉讼模式在英国的形成，是由于社会情势的变化，包括法官在内的制度构建者们力图实现控、辩双方力量和利益平衡的结果。对抗制诉讼模式得以推进的一个决定性因素，是其进展的步伐相对缓慢。这一蹑足前行的特点麻痹了法官，使其抱持放任态度，直到律师们的地位牢固确立。[9] 在法国大革命之后，英国对抗制反而成为欧洲大陆改革的摹本。独立战争后，美国也继承并进一步“深化”了英国的对抗制。[10]

美国刑事诉讼程序是对抗制最典型的代表。美国对抗制诉讼模式的形成虽然是多种原因共同作用的结果，但英国法的影响无疑是其重要的一个因素。作为英国的殖民地，英王室的特许状不仅明确规定殖民地的法律不得与英国法相抵触，还强调所有殖民者及其后代都将享有英国人的权利。从第一部弗吉尼亚宪章（1606年）颁布时起，殖民地居民就得到这样一种保证——殖民地居民享有“所有的自由权、公民权和豁免权……就全部的目的和意图而言，他们就像出生并始终居住在这个英格兰王国一样”。[11] 在殖民地居民带到这个新世界的所有权利当中，最为重要的权利是：对他们的审判只能依据普通法。虽然英国法对美国法有决定性的影响，但殖民地的特殊情况决定了美国的法律，特别是其早期的一些法律不同于其宗主国。尤其是独立战争之后，美国的宪法与法律受自然法、社会契约论及分权理论的影响，在刑事诉讼中强调国家权力的制约与公民权利的保障。国家权力的行使必须遵循正当程序，有关被告人的诉讼权利则上升到宪法的高度予以保障和救济。

对抗制诉讼模式的主要特点是：

第一，在侦查程序中，加强对犯罪嫌疑人的权利保护。不仅强调警察机关要依法采取逮捕、搜查和讯问等侦查行为，还注重对犯罪嫌疑人权利的保障，使犯罪嫌疑人具有对抗侦查机关各种手段的能力。强制侦查行为的进行必须遵循“司法令状原则”，即凡采取限制或剥夺人身自由、财产权利的强制措施，必须取得法官签署的许可令状。执行逮捕后应无必要延迟地将犯罪嫌疑人、被告人带至签发逮捕证的法官面前接受聆讯，除法律有明确规定的以外，应当允许被告人交付保释。被告人有权保持沉默，有权自被传讯或逮捕时起即获得律师的帮助，形成对犯罪的侦查和辩护调查同时展开并相互监督的格局。

第二，在起诉程序中遵循起诉便宜主义。对抗制诉讼赋予检察机关较大的自由裁量权，允许检察机关在法律规定的范围内，不拘泥于法律的一般规定，在决定是否起诉时可根据案件的具体情况，包括证据的分量、罪行的性质、被告人的性格以及其他可以采取的补救办法在内的各种因素，本着公平、正义的理念，或提起公诉，或不提起公诉；在起诉之后，经被害人同意，也可以撤回指控。

---

〔9〕［美］兰博约：《对抗式刑事审判的起源》，王志强译，复旦大学出版社2010年版，第259页。

〔10〕汪海燕：《刑事诉讼模式的演进》，中国人民公安大学出版社2004年版，第185页。

〔11〕［美］伯纳德·施瓦茨：《美国法律史》，王军译，中国政法大学出版社1990年版，第12页。

第三,双方当事人的抗辩集中体现在审判程序中。法庭审判活动以控辩双方的积极活动为核心内容,庭审前控方只将起诉状移送法院,避免法官在庭审前形成主观臆断。控方负有证明被告人有罪的举证责任,辩方可反驳控方的证据和主张,双方在地位平等的基础上按交叉方式对证人进行质证、争辩,然后作出终结性辩论。法官的作用是消极居中公断,与控辩双方保持同等距离。

(三)混合式诉讼模式

混合式诉讼模式,又称折中主义诉讼。这一诉讼模式兼采职权主义诉讼模式与对抗制诉讼模式的因素而形成,主要代表国家是日本和意大利。

以日本为例,日本刑事诉讼模式的发展可分为三个时期。第一个时期产生于七八世纪,后一直延续到1868年的明治维新时期。在此期间,中华法系对日本法制的建设与发展产生了重大的影响,形成了纠问式诉讼模式。第二个时期是从明治维新到第二次世界大战结束。明治维新时期的政府借助律令制度逐渐完善刑事法律制度。但在此后不久,日本开始西化,特别是对欧洲大陆法系的法国、德国产生了浓厚的兴趣,逐渐确立了国家起诉主义、不告不理原则、自由心证主义、严禁拷问、保护辩护权等诉讼原则和制度。这一时期是职权主义诉讼模式的形成与发展时期。第三个时期是第二次世界大战以后,由于美国对日本实行监管,从而使日本的法制建设发生了巨大变化。在美国的直接干预下,1946年日本开始制定《日本国宪法》,该法中的许多规定、原则都直接反映出英美法系的法律特点。在刑事诉讼法律中表现为:强调了司法独立和司法监督,扩大了司法审查的范围,并将刑事诉讼法中的一些重要原则、权利、制度宪法化,从而更加强调对公民基本诉讼权利的有效保障。例如,规定了使用强制措施和对犯罪嫌疑人的财产进行处分时必须坚持令状主义;承认被告人在诉讼活动中享有沉默权;禁止拷问和残酷虐待的刑罚;保障辩护权,反对自我归罪;限制口供的证明能力,确立一事不再理原则等。1948年7月,日本制定了第二次世界大战后首部《刑事诉讼法典》。这部法典既体现了美国刑事诉讼的正当程序思想,也在很大程度上糅合了日本传统,保留了旧刑事诉讼法中的一些内容。在诉讼理念上,其突出反映了立法者力图将实体真实与程序正当有机结合的倾向;在诉讼结构上,直接反映了对抗制诉讼模式与职权主义诉讼模式相结合的特点,形成了混合式诉讼模式。

混合式诉讼模式的主要特点是:

第一,坚持实体真实与程序正当的统一。例如,《日本刑事诉讼法》第1条规定:"本法的目的是维护公共福祉与保护个人的基本人权,同时查明事实真相、迅速地适用刑罚令。"关于刑事诉讼法的目的,该法主要强调两点:其一,保护基本人权与查明案件真相即发现实体性真实;其二,恰当适用刑罚令。前者是关于刑事程序过程自身的价值问题,后者是通过刑事程序应该实现的价值问题。过去,前者被称为"刑事司法中的正义"问题,后者被称为"通过刑事司法形成的正义"问题。[12]

第二,强调诉讼中的对抗,在诉讼中注重发挥控辩双方的积极性。混合式诉讼模式注重双方的平等对抗。在法庭调查中,当事人可以平等地请求调查证据,并采用交叉询问的方式。证据调查完毕后,再由双方当事人就事实及法律的适用进行辩论。整个审判程序主要是由当事

---

〔12〕 [日]田口守一:《刑事诉讼法》,刘迪等译,法律出版社2000年版,第8~9页。

人双方在攻击和防御中推进与完成的。例如,《日本刑事诉讼法》第304条规定:“审判长和审判员,应首先询问证人、鉴定人、翻译人;检察官、被告人或辩护人,可以于前款询问完毕后,告知审判长,询问证人、鉴定人或翻译人,如果是出于检察官、被告人或辩护人的请求时,应由提出请求的人首先询问。”法院认为适当时,得征询检察官、被告人及辩护人的意见,变更前两项询问的顺序。

第三,保留一定程度的职权主义因素。在法庭上,法官的中立地位没有被完全确立,法官仍具有调查取证权,证据调查以法官询问证人为主,而不是以控辩双方的对质以及证人的出庭为主。在法庭调查过程中,法律既赋予被告人消极的沉默权,但同时又赋予法官积极的询问权。犯罪嫌疑人、被告人享有广泛的诉讼权利,有些权利甚至被上升为宪法基本权利予以高度保护和救济,但对权利的限制内容也相对较多,强调刑事诉讼中对事实真相的追求。如日本在侦查阶段对犯罪嫌疑人保释的限制、得到辩护人帮助的限制、辩护人与被羁押的被疑人交流上的限制,等等。

混合式诉讼是在原有的职权主义诉讼模式的基础上,大力吸收对抗制诉讼的积极因素的结果。它试图以折中方式结合职权主义诉讼和对抗制诉讼之长,既强化对人权的保障,又注重发现案件真实和提高效率。这种结合最终为许多国家刑事诉讼的发展提供了新的可供借鉴的典范。

需要注意的是,我国通行的刑事诉讼法学理论曾经认为,职权主义诉讼模式与对抗制诉讼模式是两种完全不同的诉讼形态。由于不同的司法传统和社会文化背景,职权主义诉讼与对抗制诉讼在指导程序构造的价值理念和具体的程序架构上,存在重大差异:前者注重犯罪控制,而后者更为强调人权保障。我国理论界长期以来对于职权主义诉讼模式一直存在一种偏见或者说误读,认为职权主义诉讼是一种注重犯罪控制的制度模式,在人权保障与犯罪控制两大价值目标之间,更倾向于犯罪控制,甚至为此不惜在一定程度上牺牲对公民的人权保障。其重要论据就是,一方面,为了保证国家追究犯罪任务的实现,职权主义诉讼制度赋予国家在侦查中以较大权力,而相应限制公民权利,例如,不愿赋予被追诉人以沉默权,刑事诉讼审前程序中缺乏司法审查机制等;另一方面,在审判中则由法官主导诉讼,法官不是消极中立的仲裁者,而是积极主动的事实调查者。

然而,必须指出的是,这种见解的根据不足。在人权保障优先的理念指引下,赋予被追诉人沉默权以及在审前程序中确立司法审查机制,已是现代刑事诉讼制度包括职权主义诉讼制度的普适性特征。在此问题上,职权主义与当事人主义的侦查构造并无二致。那种认为沉默权和司法审查机制是当事人主义诉讼所特有的,并以此作为职权主义诉讼与对抗制诉讼区别要点的观点,是值得商榷的。至于法官在审判中的地位和作用差异,我们更有理由视其为一种技术性差异。因为职权主义诉讼的“积极中立”和对抗制诉讼的“消极中立”,虽然在法官中立的技术形式上略有不同,但是就其保障审判职能中立、公正的实质效果来看,则是基本相同的。所以,尽管职权主义诉讼与对抗制诉讼之间在具体制度设计上存在一些差异,但是这种差异更多的是一种技术层面上的差异,而非价值观念上的根本分歧。而且即便是技术层面上的差异,也往往只是形式上的不同,从实质效果来看也是殊途同归。[13]

此外,由于当今两大法系国家刑事诉讼出现了一定程度的融合趋势,很难将一个国家的刑

〔13〕 左卫民、万毅:《我国刑事诉讼制度改革若干基本理论问题研究》,载《中国法学》2003年第4期。

事诉讼模式冠以严格的职权主义或对抗制。例如,法国刑事诉讼模式既保留了一些纠问式的因素,同时也增加了诸多体现人权保障和规范权力的内容,为犯罪嫌疑人、被告人提供了与国家追诉机关对抗的可能,因此,法国的刑事诉讼可以被称为混合式诉讼模式;另一方面,经过最终选择后的法国刑事诉讼无论是审前程序还是审判程序都是以职权为基调的,正因如此,大家习惯将其称为职权主义诉讼模式。其实,从诉讼目的和具体的诉讼制度考察,无论是被称为对抗式的英国刑事诉讼模式,还是被称为职权主义的法国刑事诉讼模式,都有社会控制与权力规范、人权保障的内容,因此将二者称为混合式诉讼也未必不妥。[14]

第二节 中国刑事诉讼制度的沿革

一、中国古代刑事诉讼制度的产生与发展

中国古代法律制度被称为"中华法系",在世界法律制度中独树一帜,并对亚洲其他一些国家的法律制度产生了深远的影响。中国是一个法律起源早,诉讼历史很长的国家,早在距今约5000年前的黄帝时代就存在法律,4500年前的尧舜时期就产生了诉讼。[15] 我国古代法典诸法合体,没有区分刑事法和民事法,也没有严格区分实体法和程序法。相对于惩治犯罪的成文法典,有关诉讼程序的法律规则出现得较晚。但根据《周礼》记载,周朝的诉讼已有刑事与民事之分,一般称刑事诉讼为"狱",称民事诉讼为"讼"。周朝断狱实行两造审理、五听狱讼制度并采用人证、书证等证据种类。到了战国时期,魏人李悝著《法经》六篇,后被魏文侯采纳为魏国法典。这是我国古代第一部比较系统的刑事法典,该法分六篇,其中的"囚法""捕法"两篇属于刑事诉讼法的规定。商鞅对李悝的《法经》加以完善形成《秦律》。自隋唐以来,中国古代律令中开始有较完备、较系统的诉讼程序规范。如隋朝《开皇律》第八卷"斗讼",第十二卷"断狱"等明确规定了刑讯、听审等程序,后为唐律采纳。《唐律疏议》中有关诉讼程序的规范集中确立在"斗讼""捕亡""断狱"篇中,这些规范后为宋、元、明、清等历代律令所沿袭,而没有发生太大的变化。

中国古代刑事诉讼制度经历了从夏商到明清近四千年的演变和发展,与古代社会政治、经济、文化等方面的状况相适应,形成了独具特色的中华法系刑事诉讼特征。具体而言,这些特征主要表现为:

第一,司法与行政不分。中国古代没有形成司法权独立于行政权的局面,司法机构一般同时为行政机构。刑事案件的审理机关一般为各级衙门。各级地方衙门既是地方的行政部门,又是地方的审判机关。

第二,程序法与实体法不分,刑事诉讼与民事诉讼差异不大。中国古代的律令没有严格的实体法和程序法之分,有关诉讼程序的规范一般都与实体法律规范同时规定在法律之中。同时,中国古代的实体法大都具有以刑为主、刑民结合的特征,即以定罪、判刑等刑事手段来调整

---

〔14〕 汪海燕:《刑事诉讼模式的演进》,中国人民公安大学出版社2004年版,第157~158页。

〔15〕 茅彭年:《中国刑事司法制度》,法律出版社2001年版,第17页。

绝大多数社会关系。例如,根据唐以后各代律令中的"户婚"篇或"户"律,对于田、宅、钱、粮、家庭婚姻关系等纠纷的解决,一般都通过科以刑罚的方式解决。《唐律疏议》中的"祖父母、父母在,子孙别籍异财"的行为规定为"十恶"中的不孝,处以"徒三年"的刑罚等。加之,古代官吏深受儒家为主导的传统文化的熏陶,在诉讼中关于民事纠纷和刑事犯罪上的定性存在较大的随意性和武断性,因此,形成了刑事诉讼与民事诉讼交错发展,刑事案件与民事案件在诉讼程序上没有太大差异的局面。

第三,裁判与追诉职能不分。我国历代王朝没有出现类似检察机关行使追诉权的公诉制度。对公诉活动的提起,主要是由司法官吏依职权主动代表国家追究犯罪。司法官吏既是追诉主体,同时又是裁判者。一旦发现犯罪,不管是被害人控告的,还是司法官吏主动追究的,都必须依职权对被告人进行刑讯并收集证据,并负责对案件进行审理、判决。司法官吏的权力行使通常较少受到限制,这与我国历史上的专制统治和司法与行政不分的体制相适应。

第四,刑讯具有法定性。在古代中国,刑讯是合法的诉讼方式。《汉书·张汤传》:"讯鞫论报。"颜师古注:"讯,考问也。"《汉书·王子侯表·安檀侯福》:"讯未竟。"颜师古注:"讯为考问之。""考",后世作"拷",与"掠""榜"等皆为刑讯的方式。可见,在古代中国,讯问就是拷问,就是刑讯。当时,刑讯作为合法的讯问方式,被普遍使用。只有针对特殊的被告人,法律才规定不许使用刑讯。刑讯的直接目的是以施刑的方法获取证明被告有罪或无罪的口供,在客观效果上,刑讯也成为炫耀封建皇权的一种重要形式。秦代《封诊式·治狱》说:"治狱,能以书从迹其言,毋治谅(掠)而得人请(情)为上,治谅(掠)为下,有恐为败。"不用刑讯而能证实被告有罪或无罪是最好的审案方法,其次是使用刑讯的方法,最差的审案方法是不仅刑讯,而且还要使用恐怖的手段。这种恐怖手段下的审案,是审不出实情的,所以是失败的审案方法。《封诊式》否定了使用恐怖手段的审案方法,但肯定了刑讯的有效性和合法性。可以说,正是秦代法律对刑讯的肯定,使刑讯成为秦汉及以后历代审案者迫使诉讼当事人"辞服"的主要手段。

总体上,中国古代刑事诉讼为纠问式诉讼模式。没有设立专门的控诉机关,也没有实行不告不理原则,审判机关依职权主动追究犯罪,承审官通常集侦查、控诉、审判于一身,原告、被告以及其他诉讼参与人没有诉讼主体地位,诉讼权利缺失,被告人基本上没有诉讼权利,属于被追查、拷问的对象。诉讼中重视口供,以口供作为定案的主要依据,为获取口供,立法者、司法者都视刑讯为必要的诉讼手段,在法律中加以明确具体的规定,在司法实践中也广泛适用,甚至成为诉讼活动的中心环节。

二、中国近现代刑事诉讼制度的演进与变革

(一)清末的刑事诉讼立法活动

中国古代的法律,采取"诸法合体,刑民不分,实体法与程序法融为一体"的立法形式,通常都是以刑法为主线,将刑事法律与民事法律、实体法与程序法混杂在一起。20世纪以前,历朝历代从来没有制定过专门的诉讼法,更没有颁布过一部单独的诉讼法典。直到清朝末年,任命沈家本为"修订法律大臣",才开始学习和引进西方国家的法律,制定了《大清刑事民事诉讼法草案》及相辅而行的《法院编制法草案》。

《大清刑事民事诉讼法草案》分五章,共260条,首次规定了律师制度,主张取消刑讯逼供,实行公开审判制度,庭审采用英美的对抗式诉讼和陪审制度,是中国第一部具有近代精神的诉讼法典草案。虽然该草案由于种种原因没有施行,但法律的颁布标志着我国第一次打破"诸法

合律”的格局,开始制定单独的诉讼法。

1906 年,为适应各级审判厅开办的需要,清政府颁布了《大理院审判编制草案》,确立了大理院、京师高等审判厅、京师地方审判厅等的建制职权、审判原则和审判制度。1907 年,《各级审判厅试办章程》颁行,该法分五章,共 120 条,概括规定了《法院编制法草案》和《大清刑事民事诉讼法草案》的主要内容。1908 年,清政府将刑部改为法部、大理寺改为大理院,专司审判。1909 年,沈家本主持草拟了《法院编制法》,确立了司法独立原则,强调各审判衙门“独立执行”司法权,并于各级审判厅内设立了检察厅。同年,沈家本在修订法律馆主持编纂《刑事诉讼律》(六编,共 515 条),但未及颁行,清朝灭亡。

清末刑事诉讼的立法尝试是清政府自上而下进行的法律改革,其历史局限性十分明显。但这次改革第一次结束了沿袭达数千年之久的中国古代刑事诉讼制度,打破了传统的立法体例,确认了一些体现资产阶级民主、自由和平等观念的诉讼原则和制度,如确立审判公开、控审分离、直接言词原则和辩护制度等。这些诉讼原则和制度的确立,向中国封建的专制主义和特权、宗法等制度发出挑战,为后来中国刑事诉讼制度的改革和发展奠定了基础。总体而言,清末刑事诉讼改制初步确立了职权主义诉讼模式。

近代刑事诉讼模式只有两种,即以英美为代表的对抗制和以法德为代表的职权主义。这也意味着清末纠问式的转型有两种选择。由于大陆法系国家职权主义诉讼模式与中国传统的政治法律文化存在天然的联系,所以在这次修订法律的过程中,虽然也吸收了一些英美对抗制的积极因素,但主要是以大陆法系的职权主义诉讼模式为蓝本。此外,与欧洲大陆各国相比,中国的纠问式诉讼起源更早,存续时间更长,影响更为深远。传统的生产方式和高度集权的政治体制,形成了民众信赖权力、淡漠权利的心理。传统儒家思想的天然保守性,加上诉讼模式的转型几乎完全是在外力作用下完成,在体制上与传统制度藕断丝连,因此,这一时期诉讼模式由纠问式向职权主义的转型并不彻底。

(二)中华民国时期刑事诉讼制度的发展

中华民国分为三个时期:南京临时政府时期(1912 年 1 ~ 3 月)、北洋政府时期(1912 ~ 1928 年)、国民党政府时期(1927 ~ 1949 年)。

1912 年成立的南京临时政府相继颁布了《中华民国临时政府组织大纲》和《中华民国临时约法》。这两部法律确立了一些刑事诉讼制度和原则,如法律面前人人平等、公开审判、法官独立审判、职权主义,等等。1912 年 4 月,北洋政府成立,暂时沿用了清末制定的《刑事诉讼法律草案》中的“管辖”“回避”各章和《各级审判厅试办章程》中的有关规定。1921 年北洋政府颁布了《刑事诉讼条例》,1922 年 1 月全面施行。上述文件确立了对于符合起诉条件的犯罪行为检察官必须起诉的法定起诉原则;规定了简易程序;同时确立了辩护制度,规定法政学校毕业并经考试合格者才能充任律师,对管辖、诉状的程式和诉讼费用等也做了原则性的规定。

国民党政府执政期间,立法院颁布了《中华民国刑事诉讼法》和《中华民国刑事诉讼法施行法》,与刑法同时施行。这部法律以德、日当时的刑事诉讼法为蓝本,并于次年公布,该法在中国内地一直沿用到 1949 年。

综观清末以后到中华人民共和国成立之前的刑事诉讼程序的规定,总体上延续了沈家本修律时期所确立的诉讼结构,即依然采行职权主义的诉讼模式。从形式上看,无论是南京临时政府,还是北洋政府,抑或是武汉、南京国民政府,他们标榜所谓的民主、共和,在宪法中,也都或多或少赋予人民以权利，包括在刑事诉讼中获得辩护的权利、接受公开审判的权利、不受司法机关或其他机关非法侵犯的权利等，这些反映在刑事诉讼结构中必然体现出职权主义诉讼模式的特征。此外，从法律继承的角度看，南京临时政府、北洋政府及国民党政府均继承清末制度，尤其大力吸收德、日等大陆法系国家的刑事诉讼制度，这也决定了其所构建的刑事诉讼结构与清末没有实质性的区别。

三、中华人民共和国刑事诉讼法的制定与修改

中华人民共和国刑事诉讼制度起源于中国新民主主义革命时期，其发展历程与中国新民主主义革命和社会主义革命的发展历程相一致。早在第一次国内革命战争时期，在中国共产党领导的工人和农民革命运动中，就出现了人民司法机关的雏形。第二次国内革命战争时期，中华苏维埃共和国工农民主政府发布了《处理反革命案件和建立司法程序的训令》（第六号）和《裁判部暂行组织及裁判条例》。其中有关刑事诉讼程序方面的规定，如公开审判、辩护制度、上诉制度、回避制度、死刑制度、执行制度等，形成了我国社会主义刑事诉讼法的雏形。抗日战争时期，各抗日根据地的民主政权，在不断总结人民司法工作经验的基础上，逐渐形成了我国民主革命时期刑事诉讼的基本原则和基本制度。在解放战争时期，这些刑事诉讼原则和制度除在全国更大范围内得到实施以外，还得到了一些发展和完善，其中有些还成为后来制定《中华人民共和国刑事诉讼法》的基础。

（一）中华人民共和国成立初期颁布的刑事诉讼法

中华人民共和国成立初期，中央人民政府制定公布了《中华人民共和国法院暂行组织条例》、《中央人民政府最高检察署暂行组织条例》和《地方各级人民检察署组织暂行通则》。这些条例和法规确立了法院和检察署的职权、组织原则和组织形式，规定检察署是国家的法律监督机关，还确立了公开审判、以民族语言文字进行诉讼等诉讼原则以及回避、辩护、陪审等诉讼制度。1954 年 9 月，第一届全国人民代表大会第一次会议在制定颁布宪法的同时，制定颁布了《中华人民共和国人民法院组织法》和《中华人民共和国人民检察院组织法》，同年 12 月颁布了《中华人民共和国拘留逮捕条例》。与此同时，我国于 1954 年拟定了《中华人民共和国刑事诉讼条例》（草案）。1957 年 5 月，由最高人民法院主持起草的《中华人民共和国刑事诉讼法草案（草稿）》完成，分七篇，共 325 条。1963 年 4 月，由中央政法小组主持完成了《中华人民共和国刑事诉讼法草案（初稿）》，共 200 条，但这一法律起草活动随着“极左”思潮的日益加剧而被迫停止，一直未能颁布并予以实施。

（二）《刑事诉讼法》的制定

1976 年 10 月，“文化大革命”结束，刑事诉讼法的制定重获契机。1979 年 2 月成立的全国人大常委会法制工作委员会在 1963 年初稿的基础上，起草了新的《刑事诉讼法草案》，该草案继承了此前法律起草已经取得的成果，又在进一步总结了正反两方面经验的基础上加以完善。1979 年 6 月，《刑事诉讼法草案》修正第二稿提请第五届全国人民代表大会第二次会议审议，于 1979 年 7 月 1 日正式通过，同年 7 月 7 日公布，自 1980 年 1 月 1 日起施行。

1979 年《刑事诉讼法》是中华人民共和国第一部刑事诉讼法。实践证明，它是我国新民主主义革命时期，特别是中华人民共和国成立以来刑事诉讼实践和刑事诉讼立法经验的科学总结，它的实施对于惩治犯罪，维护社会治安，保障公民的合法权利和完善社会主义法制发挥了

重要作用。这部刑事诉讼法典分为总则和分则两部分,共四编十七章,164 条。该部刑事诉讼法典基本上采用大陆法系国家职权主义诉讼模式,规定的刑事诉讼程序和原则主要有:公安机关、人民检察院、人民法院在刑事诉讼中应该分工负责、互相配合、互相制约;以事实为依据,以法律为准绳;公民在适用法律上一律平等;司法机关独立行使职权原则和被告人有权获得辩护原则。同时,还确立了回避、两审终审和审判监督等各项诉讼制度。

《刑事诉讼法》实施后,全国人民代表大会常务委员会进行了若干修改、补充,形成的主要法律法规有:《全国人民代表大会常务委员会关于迅速审判严重危害社会治安的犯罪分子的程序的决定》《全国人民代表大会常务委员会关于国家安全机关行使公安机关的侦查、拘留、预审和执行逮捕职权的决定》《全国人民代表大会常务委员会关于刑事办案期限的补充规定》等,其中一些法律在 1996 年修正刑事诉讼法的决定中被废止。

(三)《刑事诉讼法》的第一次修改

改革开放以来,随着我国社会主义市场经济体制的建立和社会主义民主和法制建设的不断发展,以及社会情况特别是与犯罪作斗争的形势发生的变化,对进一步保障公民的合法权益,保证司法公正提出了更高的要求。刑事诉讼法作为我国较早颁布的基本法律之一,受其制定时特定历史条件的限制,其本身存在的不足日益显露出来,如法律规定过于粗疏,可操作性差;法律本身与其他现行法律的一些规定不协调;与世界各国刑事诉讼制度变革的共同趋势不协调;等等。这些都需要对刑事诉讼法进行补充修改。自 1993 年开始,全国人大常委会法制工作委员会对刑事诉讼法实施的情况和问题进行了调查研究,广泛听取政法各部门和法律专家、律师的修改意见,拟定了刑事诉讼法修正案(草案),经委员长会议决定,提请第八届全国人大常委会第十七次会议初步审议。会后,进一步征求意见,根据常委会委员的审议意见和各方面的意见,法制工作委员会对修正案草案进行了修改,经第八届全国人大常委会第十八次会议再行审议后,又提交第八届全国人大第四次会议进行了审议,并根据代表的意见作进一步修改,最终于 1996 年 3 月 17 日正式通过了《全国人民代表大会关于修改〈中华人民共和国刑事诉讼法〉的决定》,于 1997 年 1 月 1 日起施行。

相对于原刑事诉讼法,这次修正涉及刑事诉讼的各个环节,主要内容包括:加强对犯罪嫌疑人、被告人诉讼权利的保护,对刑事强制措施等进行了较大修改;完善刑事辩护制度,在诉讼程序的各个环节强化律师的辩护功能;加强对被害人合法权益的保护,赋予被害人当事人的诉讼地位,并扩大其享有的诉讼权利;改革庭审方式,吸收对抗制诉讼的合理格局;吸收无罪推定的合理内核,通过完善各项具体制度平等武装控辩双方,取消免予起诉制度;增设简易程序;增设人民检察院依法对刑事诉讼实行法律监督的原则,加强对刑事诉讼各个环节的监督;等等。

相对于 1979 年的《刑事诉讼法》,1996 年修正后的《刑事诉讼法》取得了很大的进步,反映了我国改革开放以来立法、司法领域发生的观念变化。它不仅为实现司法公正提供了重要的立法保障,同时也促进了程序公正意识和保障人权观念在司法人员及社会公众中的普及和提高。

从诉讼模式来看,我国 1979 年《刑事诉讼法》更加强调职权因素,权力因素在诉讼实践中更为活跃,如审判权的泛行政化,控诉权更为强大;相对而言,犯罪嫌疑人、被告人主体地位则趋于弱化。因此,诸多学者将这一时期我国的刑事诉讼定位于强职权主义诉讼模式。修正后的刑事诉讼法,借鉴吸收外国的有益经验,采纳一些国际公认的刑事司法准则,力图弱化刑事诉讼中的权力因素，加强权利保障。伴随我国政治经济领域发生的重大变化，思想认识领域发生的重大变革，强职权主义诉讼开始向混合式诉讼模式转型。

(四)《刑事诉讼法》的第二次修改

由于受法律传统、政治体制、思想观念以及其他因素的影响，1996 年修正后的《刑事诉讼法》并没有彻底改变原来的诉讼模式，在十余年的实践过程中，一些潜在的问题与缺陷不断暴露出来。与此同时，随着我国经济社会快速发展，在刑事犯罪方面也出现了新的情况，在惩罚犯罪工作中面临许多新的情况，存在一些迫切需要解决的问题，特别是伴随诸多冤假错案的曝光，刑讯逼供等严重侵犯犯罪嫌疑人、被告人权利的行为亟须在制度层面予以遏制。随着国家民主法制建设的推进和人民群众法制观念的增强，"尊重和保障人权"被我国宪法确立为一项重要原则，对维护司法公正和保护公民权利提出了更高要求。适时修改刑事诉讼法，着力保障公共安全，着力化解社会矛盾，解决人民群众反映强烈、影响社会和谐稳定的突出问题，对于加强和创新社会管理，维护社会和谐稳定具有重要的意义。

资料：时任全国人民代表大会常务委员会副委员长王兆国："关于《中华人民共和国刑事诉讼法修正案(草案)》的说明——2012 年 3 月 8 日在第十一届全国人民代表大会第五次会议上。"

按照全国人大常委会的工作安排，全国人大常委会法工委从 2009 年年初开始着手刑事诉讼法修改方案的研究起草工作。在多次听取全国人大代表和各方面意见的基础上，经多次与中央政法机关和有关单位共同研究，形成了刑事诉讼法修正案草案稿。2011 年 8 月，第十一届全国人大常委会第二十二次会议对刑事诉讼法修正案草案进行了初次审议，并在会后将草案通过互联网公布向社会征求意见。2011 年 12 月，常委会第二十四次会议对刑事诉讼法修正案草案进行了再次审议。2012 年 3 月 14 日，十一届全国人大五次会议审议通过了《全国人民代表大会关于修改〈中华人民共和国刑事诉讼法〉的决定》，此次修正增加了 65 个条文，总共涉及 110 个条文，将"尊重和保障人权"写入了刑事诉讼法，对证据排除制度、辩护制度、强制措施制度、侦查程序、审判程序、执行程序等进行了完善，并设立了未成年人刑事案件程序，当事人和解的公诉案件程序，犯罪嫌疑人、被告人逃匿、死亡案件违法所得的没收程序，依法不负刑事责任的精神病人的强制医疗程序等特别程序，以立法的形式体现了近十几年来刑事司法改革的成果，在更高层次和水平上实现了控制犯罪与保障人权的平衡、司法公正与司法效率的统一。

(五)《中华人民共和国刑事诉讼法》的第三次修改

根据 2018 年 10 月 26 日第十三届全国人民代表大会常务委员会第六次会议《关于修改〈中华人民共和国刑事诉讼法〉的决定》第三次修正的《中华人民共和国刑事诉讼法》，与前两次全面修改相比，2018 年修改《刑事诉讼法》是一次部分性的、有限的、应急性的修改，主要是为应对司法改革的迫切需要，可以说是一次"针对性"修法。《宪法》第 67 条为全国人大常委会修改《刑事诉讼法》这一基本法提供了法律依据。[16] 这次修改对进一步完善中国特色刑事

〔16〕《宪法》第 67 条规定："全国人民代表大会常务委员会行使下列职权：……(三)在全国人民代表大会闭会期间，对全国人民代表大会制定的法律进行部分补充和修改，但是不得同该法律的基本原则相抵触……"

诉讼制度,推进国家治理体系和治理能力现代化具有十分重要的意义。

2018 年《关于修改〈中华人民共和国刑事诉讼法〉的决定》共 26 条,刑事诉讼法的条文由 2012 年修改后的 290 条增加至 308 条,主要包括以下五个方面内容:

一是调整了检察职能,为改革和完善国家监察体制提供了法律依据。《刑事诉讼法》修改决定删去原《刑事诉讼法》第 18 条规定的由人民检察院管辖的"贪污贿赂犯罪、国家工作人员的渎职犯罪",转隶为国家监察委管辖。2018 年修改的《人民检察院组织法》第 20 条规定,"人民检察院行使下列职权:(一)依照法律规定对有关刑事案件行使侦查权",所以 2018 年修改后的《刑事诉讼法》第 19 条规定,"人民检察院在对诉讼活动实行法律监督中发现的司法工作人员利用职权实施的非法拘禁、刑讯逼供、非法搜查等侵犯公民权利、损害司法公正的犯罪,可以由人民检察院立案侦查。对于公安机关管辖的国家机关工作人员利用职权实施的重大犯罪案件,需要由人民检察院直接受理的时候,经省级以上人民检察院决定,可以由人民检察院立案侦查"。

二是建构了缺席审判制度。《刑事诉讼法》修改决定第二十五项专章规定缺席审判制度,缺席审判的范围严格限制在贪污贿赂犯罪、危害国家安全犯罪和恐怖活动犯罪,并附了三个不可缺少的条件:(1)犯罪嫌疑人、被告人已经在境外;(2)危害国家安全犯罪和恐怖活动犯罪的案件必须经最高人民检察院批准;(3)案件事实已经查清,证据确实、充分。此外,《刑事诉讼法》修改决定第二十五项还增加了对被告人患有严重疾病中止审理 6 个月后仍无法出庭,被告人及其法定代理人、近亲属申请或者同意恢复审理的,人民法院可以在被告人不出庭的情况下缺席审理,依法作出判决。

三是总结了试点经验,规定认罪认罚从宽程序和速裁程序。《刑事诉讼法》修改决定深化了司法体制改革密切相关的内容,在总结认罪认罚从宽制度和速裁程序试点工作经验的基础上,将在司法实践中行之有效的经验上升为法律。〔17〕 修改后的刑事诉讼法明确了刑事案件认罪认罚可以依法从宽处理的原则,完善了刑事案件认罪认罚从宽的程序规定,增加了速裁程序,加强了对犯罪嫌疑人、被告人的权利保障。

四是增加了完善律师制度的新措施。辩护制度的发达水平是衡量一个国家刑事法治发展状况的"试金石",甚至可以说,人类刑事诉讼进化的历史在很大程度上可以被看作辩护权不断发展与完善的进程,2018 年《刑事诉讼法》修改决定中有 7 项涉及辩护律师的相关内容,分别是修改决定的第三、四、五、十四、十五、二十一、二十五项,值班律师制度也被写入《刑事诉讼法》中。

五是关于《刑事诉讼法》与其他部门法相衔接的有关问题。此次《刑事诉讼法》修改坚持立足国情和实际,合理借鉴国外相关制度有益经验,处理好《刑事诉讼法》与《监察法》、《刑法》、《律师法》、《公证法》等法律的衔接,在刑罚执行、中国海警可行使侦查权、违规律师的惩戒、调整审判组织人员组合等问题上,都作出了新规定。〔18〕

思考题

1. 西方近现代以来的刑事诉讼制度发展出几种诉讼模式,其基本特征是什么?

---

〔17〕 2018 年 10 月 26 日,十三届全国人大常委会第六次会议闭幕后,全国人大常委会办公厅举行新闻发布会,全国人大常委会法工委刑法室主任王爱立就修改后的刑事诉讼法的相关问题回答记者提问。

〔18〕 樊崇义:《2018 年〈刑事诉讼法〉最新修改解读》,载《中国法律评论》2018 年第 6 期。

2. 中国古代刑事诉讼制度有何特点？
3. 2012年《刑事诉讼法》修改的背景是什么？
4. 2018年《刑事诉讼法》修改的主要内容有哪些？

第三章　刑事诉讼基本理论范畴

导　读

刑事诉讼法，俗称小宪法，涉及一个国家惩罚犯罪和保障人权的一系列制度设计和价值追求，有自身独特的逻辑体系和基本原理。了解刑事诉讼基本理论范畴，是正确把握刑事诉讼法各项制度基本内容的基础。为此，本章系统介绍了刑事诉讼的目的、价值、认识、结构、职能、法律关系和阶段。

第一节　刑事诉讼的目的

一、刑事诉讼目的的概念

刑事诉讼的目的是指国家进行刑事诉讼活动所要预期达到的理想目标。刑事诉讼是控、辩、审三方共同活动的过程，各方在诉讼中有不同的利益追求，国家根据占社会主导地位的价值观念对诉讼各方的直接利益及其所反映的潜在利益进行权衡，使各方在诉讼中的活动受到统一的目的制约，任何一方都不得毫无限制地追求本方的利益，为自己的诉讼需要而不择手段。因此，刑事诉讼目的与控、辩、审中某一方参加刑事诉讼的目的是不同的。

刑事诉讼目的是整个刑事程序的灵魂，目的不同，表明在刑事诉讼中保护的利益侧重点不同，体现出国家与个人之间法律上的相互关系不同。早期的刑事诉讼以被害人的意志决定是否提起诉讼，诉讼结果中宣布对犯罪的处罚几乎以补偿被害人为唯一目的，反映了当时人们对于犯罪危害性的认识仍停留在原始的阶段，以为犯罪主要是对被害人个人利益的侵犯，补偿被害人的诉讼目的反映了对于被害人利益的重点保护。在封建专制制度下，以君主为核心的国家利益占据绝对优势地位，其他所有社会成员在与国家的关系上都是君主的臣民和奴仆，任何触犯封建君主利益的行为，必然要受到严惩。处于这种价值观念支配之下的纠问式刑事诉讼自然以惩罚犯罪为唯一目的，诉讼中被告人只是被追究、被拷问的对象，谈不上什么权利。资产阶级革命胜利后，以三权分立和国民主权原则为基础，建立了分权制衡的民主宪政体制，国家与个人之间的关系发生了质的变化。从国家方面来看，既有依据宪法和法律管理社会、处罚犯罪的权力，又有尊重法治和个人基本人权的义务；从个人方面来看，既是国家管理的对象，有遵守国家法律的义务，又是相对于国家而存在的社会生活的主体，依法享有不受国家权力侵犯的各项权利和自由。这种基于政治国家与市民社会的分离而产生的国家与个人之间的必经程序,同时也是保障个人基本人权的重要程序,刑事诉讼的目的由纠问式刑事程序中惩罚犯罪的单一目的,转变为惩罚犯罪与保障人权并行的双重目的。这种双重性要求国家司法机关在公正地惩罚犯罪的同时,还应当注意遵守正当、合法的程序,防止公民的权利和自由受到非法或不当的侵害。因此追求惩罚犯罪与保障人权的统一,成为现代各国刑事诉讼的共同目的。

二、关于惩罚犯罪及其实现

犯罪,即刑事侵害或冲突,是统治阶级根据自己的利益和意志拟定出来的概念,它是一种存在于阶级社会中、对统治秩序和社会关系有着直接侵害和威胁的、最为严重的权益冲突。犯罪是阶级社会的一种特有现象,自从有了私有制、阶级和国家,也就有了犯罪概念和犯罪现象。这正如马克思所说:“犯罪——孤立的个人反对统治关系的斗争,和法一样,也不是随心所欲地产生的。相反,犯罪和现行的统治都产生于相同的条件。”[1]因此,当统治阶级意识到犯罪不仅仅是冲突主体之间的权利义务纠纷,而直接与统治秩序和社会生活密切相关时,对冲突进行有效控制就成为关系统治者根本利益的重大问题。无论是马克思主义的阶级专政工具论,还是社会契约论均认为犯罪是对社会公共秩序的严重破坏,而不主要是对被害人个人利益的侵犯;国家既然是社会公共利益的代表者,就有责任保护社会成员不受犯罪行为侵害,在发生犯罪时,国家有义务采取法律允许的手段及时查获犯罪人,并使之受到应得的惩罚,以恢复法律程序,预防社会再次受到犯罪的侵害,同时满足被害人和社会公众的泄愤心理。在这个意义上,可以说,惩罚犯罪作为刑事诉讼的目的是国家实现阶级统治职能与公共管理职能的需要。国家通过行使刑罚权实现惩罚犯罪。刑罚权作为一种公权,现代国家严格禁止私人自行动用,刑事诉讼则是国家司法机关为实现这一权力而进行的专门活动。除刑事诉讼活动以外,其他任何国家活动都不能直接使用刑罚,都没有运用刑罚手段的权力。

在刑事诉讼中,司法机关根据法律规定的职权,办理刑事案件,分别行使侦查、起诉、审判等权力,对犯罪进行追究,其根本目的是确定被告人的行为是否构成犯罪,应否判处刑罚及判处何种刑罚。为了实现国家惩罚犯罪和刑事案件的解决符合统治阶级利益的需要,国家总是根据形势的变化制定出符合自身利益的诉讼程序,用法律加以规范,作为法定规则指导和制约诉讼活动的进行。

首先,赋予侦查、起诉机关足够的权力、人力和合法强制手段,用于收集罪证、查获罪犯,并以国家追诉作为刑事起诉的基本原则,保证控诉方有充分的举证能力和获得有罪判决所必要的有罪证据。

其次,在不损害程序公正的前提下,赋予法院或者经过法院批准的侦查、起诉机关采取羁押、搜查、扣押、鉴定、监听、邮检等诉讼强制措施的权力,对犯罪嫌疑人和被告人的人身自由和财产加以限制,防止其逃避或妨碍国家刑罚权的确定和实现。

最后,规定有利于国家查明犯罪事实的证据法则,为国家证实犯罪、惩罚犯罪提供事实上的便利条件,如尽可能少地限制证据能力,允许法官和陪审员自由判断证据的证明力,允许法官依职权调查证据,英美法系甚至允许以被告人在法庭上的口供(有罪答辩)作为有罪判决的唯一证据,等等。

---

[1] 《马克思恩格斯选集》(第3卷),人民出版社1960年版,第379页。

三、关于保障人权及其实现

保障人权作为刑事诉讼的目的,是近代以来人权理论和国民主权的政治原则发展的结果。在古代社会,由于观念上肯定国家权力本位,认为国家权力与个人权利相比,国家权力是根本也是目的,因而主张国家权力至上,个人权利必须服从国家权力。在这种国家权力本位主义观念的影响下,国家权力存在的唯一目的就是维护公共或集体的利益。为了有效维护公共、集体的利益,国家权力的行使几乎不受任何限制,可以任意限制或剥夺个人的权利;反之,个人的权利则毫无尊严和保障可言,只能永远匍匐于国家权力之下,当个人权利与公共、集体利益发生冲突时,个人权利只能无条件地服从公共、集体利益的需要。

近代以来,经过资产阶级启蒙思想的洗礼,人们才意识到:国家权力与个人权利相比,国家权力本身并不能成为目的,个人权利才是基础和本源,国家权力只是保障个人权利得以实现的工具或曰手段,国家权力存在的唯一合法性,就在于为个人权利提供保护,因此,国家权力的行使应当以保障个人权利为宗旨,而不能反过来任意侵凌个人权利。同时在政治国家与市民社会相分离的现代社会结构中,每个人作为平等的社会主体,在私法自治领域拥有不受公权侵犯的基本权利和自由,即使出于保护社会公共利益的需要也不得侵犯个人作为人而应有的基本人权;相反,以国家名义出现的政府必须在代表市民意志的法律授权范围内并在合理的限度内依照法律事先规定的程序行使权力,为实现刑罚权而采取的任何措施必须受到法律的严格限制,政府在推进刑事诉讼的每个环节上都必须有法律上的根据和理由。不仅如此,现代民主宪政除要求政府权力以及以此权力为后盾的强制手段受到节制并承诺不侵犯个人权利外,还要求政府积极创造条件,采取有效措施,为个人基本人权的实现提供切实的保障。正如德国法学家黑塞所言:“在现代社会,人权已经不能仅仅理解为个人不受国家干预的自由的范围,人权的实现在很大程度上以国家的保障为前提……国家对于国民人权的实现负有积极采取各种措施加以保障的义务。”〔2〕在宪法上具有独立地位的司法机关更要在刑事诉讼中担当个人权利的维护者,对政府为追究犯罪、惩罚犯罪而采取的各项强制措施的合法性和合理性进行司法审查,使刑罚权的实现过程及刑罚权本身都符合法律规定的全部公正性要求。在这个意义上,也可以说,刑事诉讼法是保障个人基本人权不受政府非法的或者无理侵犯的制度。

从程序上看,刑事诉讼中所谓保障人权,主要有三层含义:一是保障任何公民不因政府非法强制而沦为犯罪嫌疑人或被告人,即保障个人免受无根据的或者非法的刑事追究;二是保障犯罪嫌疑人和被告人在整个刑事诉讼过程中受到公正的待遇,既要保证无罪的人尽早脱离追究程序,又要使有罪的人的合法权益得到适当的维护;三是保障被依法认定有罪的被告人受到公正的、人道的刑罚处罚,禁止酷刑和其他不人道的刑罚或非刑罚制裁。

需要强调的是,刑事诉讼中保障人权的核心是保障犯罪嫌疑人、被告人的权利和自由,但绝不仅仅是保障犯罪嫌疑人、被告人的权利和自由,而是通过保障犯罪嫌疑人、被告人的权利和自由来捍卫和保障全体公民的个人权利。刑事诉讼以保障人权为目的来捍卫和保障全体公民的个人权利,其根本意义在于,面对以保护公共利益的名义提出刑事指控的强大政府,任何受到指控的个人都有充分的条件对抗非法迫害和专横武断的追诉,使政府在宪法和法律授权的范围内采取可能损害个人权益的追诉行动。政府与个人在反映国民意志的民主宪法和法律

---

〔2〕 转引自[日]芦部信喜:《司法形态与人权》,东京大学出版社1983年版,第135页。

面前是平等的，个人有权维护自己的合法权利是被告人权利和自由的逻辑起点。

从内容上看，刑事诉讼中所保障的人权涉及实体性权利和程序性权利。其中，实体性权利包括生命权、人身自由权、人格权、平等权、私生活秘密权、住宅权、财产权、言论自由权等；程序权利即宪法和法律赋予个人用以保护实体性权利、对抗政府非法或无理侵权的基本诉讼手段。程序性权利是实现实体性权利在刑事诉讼程序中的延伸，又具有相对独立性，其目的是维护实体性权利；而实体性权利在刑事诉讼程序中的实现，有赖于程序性权利的行使。在刑事诉讼中只有保障实体性权利和程序性权利完整地行使，并使两者相适应、相协调，才能实现刑事诉讼保障人权的目的。

（一）犯罪嫌疑人、被告人的人权保障

犯罪嫌疑人和被告人是刑事诉讼中的中心人物，刑事诉讼中的一切活动都是围绕确定犯罪嫌疑人和被告人的刑事责任展开的。为此，法律一方面应要求专门机关不得滥用权力，另一方面还应赋予犯罪嫌疑人、被告人为维护其实体性权利不受非法侵害所需的程序性权利。具体而言包括：

第一，通过赋予犯罪嫌疑人和被告人的各种程序性权利，确保个人的诉讼主体地位，把个人在社会中的主体地位延伸到刑事诉讼中。其中，程序法定主义、无罪推定原则、沉默权或不受强迫自证其罪的权利和辩护权（特别是对控方证人的反对发问权和以国家强制力传唤本方证人的权利）以及接受公正审判的权利，是被追诉者主体地位的基本标志，也是捍卫个人基本人权不受政府非法侵犯的核心武器。就这一点而言，个人在现代社会中的地位直接影响到犯罪嫌疑人、被告人在刑事诉讼中的地位，后者只不过是前者在诉讼中的表现而已。

第二，对侦查、起诉权力的行使以及各种具体强制措施的条件、期限、程序以法律的形式明确限定，对政府可以在刑事诉讼中动用的权力加以严格限制。如强制侦查法定原则、司法令状主义、适用强制措施的比例原则（合理性原则或适当性原则）、违法收集证据的排除规则、对公诉权的司法审查和民众审查、控方证明责任的履行必须达到排除合理怀疑的程度、一事不再理原则等，无一不体现出限制诉讼中的政府权力的精神。但这些限制权力的原则和措施的落实程度却与政府在政治、经济、社会生活中相对于个人的现实地位有密切的关系，一个缺乏民主基础的政府对于这些原则和措施即使在法律上给予承认，在现实社会中也不会认真去执行。

第三，以控、审分离和不告不理原则等手段限制审查权的启动，实行审判中心主义，以审判程序对政府的强制权力的行使进行终局性的审查，并通过人事、财政等资源配置措施和法律职业的专门培训程序以及辩论、公开、陪审或参审、言词直接原则等广泛的系统化、制度化的措施，保证司法的独立性、公正性和权威性。

（二）刑事被害人的人权保障

在诉讼民主和保障人权的价值中，必须既重视被追诉人的权利保护，又重视被害人的权利保护。在犯罪日益猖獗和个人权利日益凸显的双重背景下，重视被害人的权利保护更为必要，能更加全面地体现刑事司法的公正和社会秩序的稳定。联合国大会 1985 年通过的《为罪行和滥用权力行为受害者取得公理的基本原则宣言》（以下简称《宣言》），以联合国文书的形式集中规定了保障罪行受害者的基本原则。这表明，加强对刑事被害人权益的保障，已成为世界各国的一项共识。其具体内容包括：

第一，取得公理和公平待遇。这是关于被害人保障的原则性规定，内容为：对罪行受害者应给予同情并尊重他们的尊严;使受害者能迅速、公平、便利地得到补救;受害者有获知有关信息、参与诉讼和提出有关主张的权利;尽可能为受害者提供便利,保护其隐私,并确保他们及其家属和为他们作证的证人的安全。

第二,赔偿。在案件处理中解决好对被害人的赔偿问题,不仅可以维护被害人的利益,使财产蒙受损失的被害人得以正常生活和进行生产,而且对某些案件而言,还可能修复或缓和被犯罪破坏了的被告人与被害人之间的关系,有利于维护社会秩序的稳定。《宣言》关于赔偿的规定,有两个显著的特点:一是应负赔偿责任的主体较为广泛且明确;二是赔偿的范围广泛、方式多样。

第三,补偿。为使不能从加害人或应负责任的人那里得到赔偿或不能得到充分赔偿的被害人的损害得到弥补,《宣言》规定了由国家补偿被害人的原则。当无法从犯罪或其他来源得到充分的补偿时,会员国应设法向下列人等提供金钱上的补偿:遭受严重罪行造成的重大身体伤害或身心健康损害的受害者;由于这种受害情况致使受害者死亡或身心残障,其家属、特别是受扶养人。

第四,援助。关于援助受害者,《宣言》规定了以下原则:应在整个法律过程中向受害者提供适当的援助;受害者应从政府、自愿机构、社区方面及地方途径获得必要的物质、医疗、心理及社会援助。应使受害者知道并能利用这些服务和援助;应对警察、司法、医疗保健及其他有关人员进行培训,以确保适当和迅速的援助;向受害者提供服务及援助时,应注意那些具有特殊需要的受害者。

此外,在刑事诉讼过程中,除犯罪嫌疑人、被告人的人权和刑事被害人的人权保障外,当然也涉及其他诉讼参与人的权利保障。其他诉讼参与人,是指除当事人以外的诉讼参与人。他们在刑事诉讼中同样依法享有为参加诉讼活动所必需的诉讼权利,但一般来说,与犯罪嫌疑人、被告人、刑事被害人相比,刑事诉讼涉及其自身的实体性权利并不那么重大。

四、惩罚犯罪与保障人权的辩证关系

刑事诉讼中,惩罚犯罪与保障人权的关系是对立统一的。在以民主主义为基础的现代法治社会中,由于政府权力本身就是以保障个人权益为存在依据的,惩罚犯罪与保障人权作为刑事诉讼的双重目的从根本上说是一致的。政府依法追究犯罪,虽直接出于维护法律秩序、保护社会公共利益的需要,但同时也是每一个社会成员谋求生存和幸福的安全保障,即使是确定无疑的罪犯,也不可能放弃国家的司法保护而容忍他人侵害其合法权益;同样,保障人权虽然核心是保障犯罪嫌疑人和被告人个人的合法权益不受政府的非法侵犯,但同时也是民主政府赖以存在的合理根据,只要是承认人民主权原则的法治国家,就不可能在惩罚犯罪的过程中完全忽视个人的基本人权。因此,采取民主宪政体制的现代各国,无论其实现民主的具体形式以及民主程度如何,无不在刑事诉讼中追求惩罚犯罪与保障人权的尽可能统一。

从理论上看,惩罚犯罪与保障人权应当并重,任何一方都没有优越于另一方的理性根据。片面强调惩罚犯罪,轻视或者忽视人权保障,必然导致政府权力恶性膨胀、任意拘捕、无理追诉和不公正的审判,甚至不经任何程序非法剥夺个人的自由、财产乃至生命。反之,片面强调保障人权,轻视惩罚犯罪,过分限制政府的权力,势必导致犯罪活动猖獗,社会不得安宁,个人的权利最终还是得不到保障。只有把惩罚犯罪与保障人权紧密结合起来,对二者同等看待,才能在政府权力与个人权利之间达到平衡,使刑事诉讼的过程和结果既符合政府所代表的公共利

益需要又能满足个人作为社会生活的主体所应该享受的宪法和法律保护的基本权利需求,使立足于个人自由、平等地追求幸福权利的民主法治社会能够持久地存在和发展下去。

但在现实的刑事诉讼中,惩罚犯罪与保障人权却总是表现出明显的对立。产生对立的原因主要在于特定时空条件下政府与个人在刑事诉讼中所追求的利益的冲突。从惩罚犯罪方面看,政府能够用于证实、惩罚犯罪的人力、物力的有限性,代表国家执行职务的侦查、起诉和审判人员的素质和相应的技术手段的有限性,以及犯罪的复杂性和新型化,加之有关惩罚犯罪的立法和刑事政策并不总能够反映多数社会成员的正当要求,使得政府在实现惩罚犯罪的目的过程中,不可避免地会出现一些违章越轨甚至侵犯人权的行为,或者通过修改刑事政策,采取某些限制个人权利的措施,从而导致个人在刑事诉讼中地位低下、待遇恶化,使司法工作质量降低,错案相对增加。

从保障人权方面看,受经济发达程度、政治民主化程度、法治化程度、社会多元化程度等各种因素的影响,立法上所承认的个人权利(法定权利)在范围上一般总是少于个人相对于政府的正当权益(应有权利),而且法定权利在实际落实过程中又会受到一定的“折扣”。法定权利与应有权利、应有权利与实有权利之间客观存在的差距,使得个人在刑事诉讼中的行为不可避免地会超越法定的界限,甚至利用法定权利为自己开脱罪责。同时,国家也不可能完全杜绝侦查、起诉和审判人员在刑事诉讼中侵犯个人的权利的行为,而这些行为和法律上的不足又反过来刺激个人采取更极端的手段来破坏现有的法治秩序或诉讼规则,增加惩罚犯罪的压力或阻碍惩罚犯罪目的的实现。为了充分尊重个人的基本人权,维护政府的民主根基,立法和司法机关往往不得不默认个人的某些阻碍或逃避追究的行为,放弃对部分犯罪的惩罚,或者对政府公职人员侵犯个人权利的行为采取极为严厉的制裁措施,导致已经受到追究的犯罪分子“合法”地被宣告无罪或从轻发落。这样就自然影响了惩罚犯罪目的的完全实现。

惩罚犯罪与保障人权双重目的的对立,要求立法机关和司法机关本着利益权衡的原则进行极为慎重的政策选择,虽然任何选择的结果都不可避免地要付出不愉快的代价,但这是现实社会的必然要求。至于如何选择,各国学者意见不一,有主张惩罚犯罪优先者,认为在刑事诉讼过程中,可以为了最大限度地实现惩罚犯罪的目的而限制个人权利,甚至即使非法损害个人的基本人权,只要惩罚犯罪的利益确实需要,在诉讼范围内也可默认;也有提倡保障人权优先者,认为个人的基本人权是政府惩罚犯罪时所不可逾越的最后一道防线,为了保障个人的基本人权,即使放纵了少部分犯罪,也在所不惜。然而从法律实证主义的角度来考察,除极权主义国家以及法西斯统治的短暂时期外,现代社会没有哪个国家在刑事诉讼目的的选择上采取极端的态度;相反,近代以来的刑事诉讼发展史却表明,各国对于惩罚犯罪与保障人权关系的处理,大体上都采取了一种“折中”的立场,即在充分肯定和锐意追求一方面目的的同时,对于另一方面的目的也给予不同程度的关注。不同国家对于政府与个人之间利益冲突的政策选择既受到政治、经济、文化条件的制约,又受到历史传统尤其是社会主流价值观念的影响;即使在同一国家,由于不同时期的政治、经济、文化条件、社会治安状况以及社会价值观念的变化,立法和司法机关对于刑事诉讼双重目的的追求,也处于不断变化的过程之中。可以说,刑事诉讼中惩罚犯罪与保障人权的双重目的在本质上的静态统一,总是通过立法和司法机关在特定条件下的不同选择所反映出的动态对立而实现的。

当然,立法机关关于诉讼目的的政策选择以及司法机关对于该目的实现过程中遇到的具体问题所作的裁量决定,并不是没有基准的“钟摆式”摇动,虽然特定的国家可能针对特定犯罪或者特定时期的犯罪状况采取一定的偏向于惩罚犯罪的措施,如法国、英国关于打击恐怖犯罪的特别程序规定、美国对于保释制度的修改和重罪被告人羁押条件的放宽等,但就世界范围内刑事诉讼制度发展的整体趋势来看,在惩罚犯罪过程中进一步尊重个人的正当权益,不断扩大和切实保障犯罪嫌疑人和被告人的法定权利,仍是中外学者公认的国际性趋势,以最小限度地侵害人权的代价,收到最大限度地惩罚犯罪的效果,是各国刑事诉讼制度发展过程中所孜孜以求的理想。

第二节 刑事诉讼的价值

刑事诉讼价值是指人们据以评价和判断一项刑事诉讼程序是否正当、合理的伦理标准,也是刑事诉讼程序在其具体运作过程中所要实现的伦理目标。[3] 在我国关于刑事诉讼的价值,理论上一直存在目的价值观和过程价值观两种迥然对立的观念。

一、目的价值观

首先,应当承认,早期的诉讼价值理论渊源于一般法律价值理论,并力图与法律学界关于法律价值的已有研究成果保持一致。站在法哲学的角度,法的价值一般被认为是法律作为客体对于主体——人的意义,是法律作为客体对于人的需要的满足。在这一视角下,一些诉讼法学者按照法理学界的通识将诉讼的价值定义为,“诉讼活动通过满足社会及其成员的需要而对国家和社会所具有的效用和意义”。显然,这一定义是一般意义上的价值概念在诉讼领域的直接套用。

根据不同学者的归纳,秩序、安全、正义、自由和效益等价值纷纷被以不同的标准加以排列、组合,作为诉讼价值进入诉讼法学研究领域。如有学者认为,刑事诉讼对国家、社会及其一般成员的功能、效用和意义以及后者对前者的需求,都是多层次、多方面的。与此相适应,国家、社会及其一般成员通过诉讼便形成了多层次、多方面的价值关系。概括而言,刑事诉讼的法律价值大体包括秩序、公正(或曰公平、正义等)、效益诸项内容。该观点认为,尽管秩序、公正、效益这些内容也是其他法律的价值,但刑事诉讼满足国家、社会及其一般成员对秩序、公正、效益的需要,是通过处理刑事案件来实现的,这一点与其他法律价值是不同的。

也有学者将公正、效率与效益并列为刑事诉讼的三大价值目标,认为公正、效率与效益是当代统治阶级进行刑事诉讼所要满足的需要,是刑事诉讼目的中惩罚犯罪与保障人权的具体体现。

还有学者认为,自由与安全才是在刑事程序设计与操作中相冲突的两项基本诉讼价值。正是对这两种价值的追求构成了整个现代刑事诉讼实践的基本内容。根据这种观点,公正、效率虽是刑事诉讼的价值目标,但是却是居于自由、安全之下的次级价值目标,公正是自由价值的内涵之一,而效率则是安全价值的必然要求。

---

〔3〕 樊崇义主编:《刑事诉讼法学》,中国政法大学出版社1996年版,第30页。

在民事诉讼领域，也有学者认为，公正、效率、效益是诉讼程序的三大价值目标，这三大价值目标具有各自特定的含义和要求，同时三者之间又具有密不可分的联系，三者互相包容，公正应当是讲究效率、追求效益的公正，效率应当是在公正的基础上并符合效益原则的效率，效益应当是既有效率又符合公正的效益。也有学者认为，行政诉讼的价值构成则包括效益、秩序、公正和自由。

上述观点的共同之处在于，都将诉讼所追求的社会理想和实体目的——不管是自由和安全，还是秩序、公正和效益——视为是诉讼的价值，由于这一观点主要是从诉讼制度想要实现目的的角度来认识诉讼的价值，因此，我们称为目的价值观。目的价值观的理论优势在于，将自由、秩序、效益等作为诉讼的价值目标，揭示了诉讼制度的实体目的和社会理想，从而也揭示了诉讼制度存在的正当性和合法性根基，这是因为，从根本上讲，自由、秩序等价值是人类社会存续、发展的最基本需要，国家设立诉讼制度的最原始动机就是解决社会生活中的各种纠纷，维护社会的秩序与安全，进而确保公民的个人自由，因此，将自由、秩序等作为诉讼的价值目标充分体现了诉讼制度对人的这种基本需要的满足，揭示了诉讼制度存在的正当基础和终极目的就是保障自由、维护秩序；同时，自由、秩序等价值作为诉讼制度的理想，也为诉讼制度自身的发展提供了目标和导向，成为推动诉讼制度朝着这一终极目标发展、完善的不竭动力。

但是，人作为一种复杂的社会主体，其需求具有多样性，这就决定了诉讼的价值不可能表现为单一的目的价值，而是一个内涵丰富的多元价值系统，本身包括了不同层级的子系统，仅仅将诉讼的价值归纳为目的价值这一层面，对诉讼价值的认识显然是过于狭窄了。从主体需求的角度而言，人民对诉讼的期望（或者说需要）不仅是获得最终的胜诉，更希望获得一个“满意”的判决，因此，诉讼的价值不仅体现在通过查明案件真相、发现实体真实，即满足人民自由和秩序的需要，更重要的是从心理或行动上解决纠纷，而这就要求纠纷解决的过程必须保持一定程度的形式合理性，如刑事程序本身的组织结构必须具有中立性、平等性、公开性等。诉讼除了目的意义上的自由、秩序价值外，还必须具备一种形式价值，即诉讼程序本身必须具备形式理性，保持中立、平等、公开和参与性，这些形式价值实际上也是对人的需要的满足，因此也应当是构成诉讼价值系统的重要组成部分，诉讼的价值体系应当是一个由目的价值系统和形式价值系统共同构成的多元价值体系。而对此，目的价值观的理论阐释是无能为力的。

二、过程价值观

从理论谱系上看，过程价值观是在反思目的价值观的理论缺陷的基础上产生的，并逐渐成为我国诉讼理论界目前的通说。针对目的价值观的不足，我国有学者提出，从目的价值的角度界定诉讼的价值，容易导致程序对实体的从属和附庸，“那种将程序看作刑事实体的附庸的观点，没有看到程序是以实效性的权威决定着刑事实体的现实形态。程序不是刑事实体的影子，而是可以使刑事实体美化或丑化的独立的力量。从实效性的角度看，程序比刑事实体能更直接触动社会的神经，能更直接地体现刑事诉讼活动是公正、正义的，还是偏私、罪恶的。只有对程序达到具有独立人格的理解，对程序问题的讨论，才能有‘堂堂男儿’的自信，刑事程序的理论才能在刑事实体理论面前抬起头来，寻求有历史感的独立意义”。〔4〕

这是我国学者关于诉讼目的价值理论的最早反思，它提出了关注诉讼程序价值或曰过程

〔4〕　袁冰红：《刑事程序的魅力》，载《中外法学》1990年第6期。

价值的理论先声。

有学者在此基础上进一步挖掘了目的价值观的哲学认识论根源,认为将诉讼价值定位为自由和秩序等价值是因为没有对诉讼中的价值问题做出具体的和有针对性的探讨,而这是由于我国长期以来片面重视哲学认识论、忽视哲学伦理学的结果,这种将价值定位于认识论上的主体与客体之间关系的观念,只能推导出"价值就是有用性"的结论。而有用性又可以称为实用性、工具性或者功利性,以此为基础来分析法律价值问题,所得出的结论将永远不会摆脱功利主义、实用主义甚至工具主义的束缚。为此,该观点主张摆脱认识论束缚,从哲学伦理学即道德评价的角度来认识刑事诉讼的价值。

具体而言,从哲学伦理学的角度看来,价值也就是所谓的"善",是人们值得追求和向往的"善"。在伦理学上,"善"是一个最普通的褒义形容词,意为一种高尚的、至少是令人满意的品质的存在,它们或者本身是值得羡慕的,或者对于某种目的来说是有用的。显然,伦理学意义上的价值可以被区分为工具价值与固有价值两个方面,也就是"作为方法的善"和"作为目的的善"。

据此,人们对诉讼程序的评价,也就是与一般意义上的价值评价一样,可以有两项独立的价值标准:一是外在价值或者工具价值,也就是诉讼程序对于实现某一外在目标而言是否有用或者富有意义;二是内在价值或者固有价值,也就是该项程序本身是否具有独立的内在优秀品质。诉讼的价值应当是一种过程价值。作为一种过程价值,诉讼价值不是指什么抽象的安全、自由、秩序和正义价值,而包含着诉讼的内在价值(或公正价值)与功利价值(或工具价值)两个方面。为实现其内在价值,诉讼程序在设计上必须符合特定的伦理价值标准,具有特定的内在优秀品质。而为实现其功利价值或工具价值,诉讼程序在设计上还必须考虑如何对实体法的正确实施具有积极的效用和保障意义。

上述观点的共同之处在于,强调程序除了具有促成结果公正的工具性价值之外,程序过程本身也具有某种独立的内在优秀品质,因此,称为过程价值观。过程价值观的提出具有重要的理论意义,它突破了传统的目的价值观的窠臼,揭示了诉讼法作为一种程序性法律在价值追求上与实体性法律的区别与独特性。由于过程价值本质上属于一种形式价值,因此,过程价值观实际上是主张诉讼法作为一种程序法除了目的性价值的追求之外,本身的结构和组织也体现着一种形式性价值。这就为我们全面认识诉讼的价值体系提供了全新的视角。

诉讼的目的价值与形式价值,也即是实体公正与程序公正之间,在解决纠纷这一前提下,具有功能一致性,两者都服务于解决纠纷这一目的,只是各自的着眼点不同(实体公正着眼于在行动层面上解决纠纷,而程序公正立足于从心理层面解决纠纷),因此,追求实体公正与遵循程序公正,两者并不矛盾,且追求实体公正往往要以遵循程序公正为前提。但是,这并不意味着我们就是在主张一种"兼顾论"或"平衡论",对于目的价值和形式价值,不作任何区分对待。实际上,由于目的价值与形式价值,也就是实体公正与程序公正之间内在规定性的不同以及资源的有限性,在两种价值实现过程中,难免产生冲突,出现难以兼顾的情况,那么,在这种情况下,就面临如何进行价值选择的问题。

我们认为,基于目的价值与形式价值、实体公正与程序公正两种价值各自的内在属性,在两者发生冲突的情况下,应当坚持程序优先的价值选择方案,即在无法兼顾实体公正与程序公正的前提下,程序公正的实现具有优先性,有限的资源配置应当首先致力于实现程序公正。这是因为,案件事实的复杂性、可塑性以及法律适用的不确定性,都决定了实体公正内涵的不确定性,而程序本身的自治性、形式性、刚性和安定性能够最大限度地保证程序公正内涵的确定性。在通过程序公正能够实现实体公正,也就是两者不矛盾、不冲突的情形下,实体公正的不确定性因为程序公正的确定性而得以缩减、吸收,所以一般不致面临正当性质疑,但是,在两者发生分离、产生直接冲突的情况下,实体公正内涵不确定性的弊端,就充分暴露出来了,内涵不确定的实体公正对于司法或诉讼这一功能有限的社会纠纷解决机制来讲,就显得有些虚无缥缈、无法追寻;与之形成鲜明对比的是,内涵确定的程序公正却是真实、触手可及的。在这种情况下,如果仍然放弃现实的程序公正的目标,而致力于虚无缥缈的实体公正的实现,不但是资源的浪费,而且会导致司法裁判的结果面临来自当事人以及社会公众的正当性质疑,这显然不符合诉讼机制解决纠纷这一根本目的。因此,在实体公正与程序公正发生冲突而难以兼顾的情形下,坚持程序优先,是唯一现实、可行的价值选择方案。

第三节　刑事诉讼的认识

一、刑事诉讼认识主体

诉讼是国家司法机关在当事人和其他诉讼参与人的参加下,参照法律规定的程序处理案件的活动,是一种多方参与的活动。由于诉讼各方与案件的利害关系的不同,决定了其认识的出发点不同,因而,不同的诉讼主体,就会形成多个不同的诉讼认识,然而诉讼认识的目的是调适与消除冲突,因此在众多的不同认识中,只有中立的裁判者对案件事实的认识才具有决定性的意义;尽管其他诉讼主体对案件事实的认识也构成诉讼认识的某些方面,但他们的认识必须通过对裁判者的作用,才能对案件的最终裁决产生现实的影响,在这个意义上,可以说,诉讼认识就是指裁判者在诉讼认识活动中对案件事实的认识活动。

二、刑事诉讼认识对象

任何一种认识都有自己的对象,否则,它就会失去自身的存在合理性。刑事诉讼认识也是如此,从一定意义上讲,刑事诉讼是为了解决纠纷和冲突而存在的,只有在解决冲突和纠纷的过程中正确认识和合理处分纠纷事实,刑事诉讼才有其存在的价值。

在刑事诉讼过程中,诉讼认识的对象是犯罪事实。犯罪事实,是指通过侦查、起诉、审判等活动所要解决的问题,它是刑事诉讼认识作用的对象。犯罪事实是刑事诉讼产生的前提;如果没有犯罪事实,就无所谓刑事诉讼,也就无所谓诉讼认识;在已经开始的刑事诉讼活动中,如果被告人的行为不构成犯罪,刑事诉讼便应当终结,作出撤销案件、不起诉等处理。因此,某一冲突事实,是否属于刑事侵害、是否构成犯罪,是刑事诉讼认识活动必须解决的首要问题。

三、辩证唯物主义认识论与刑事诉讼

辩证唯物主义认识论认为,世界是物质的,意识是对物质的反映,物质第一性,意识第二性,物质决定意识,人具有主观能动性,人的认识可以正确反映客观世界。可以看出辩证唯物

主义认识论由三个部分构成:一是决定论,即物质第一性,意识第二性,物质决定意识;二是反映论,即意识是对物质的反映;三是可知论,即人的认识可以正确反映客观世界。

探讨刑事诉讼过程中的诉讼认识就是考察辩证唯物主义认识论对刑事诉讼的影响。辩证唯物主义认为,世界是可知的,人的思维是至上的,能够认识客观世界的一切事物和现象。这种可知论在刑事诉讼中的主要体现,就在于认为任何案件事实在理论上都是可以认识和查明的。

我国现行刑事诉讼法中的许多规定,都体现了辩证唯物主义认识论中的可知论的思想。例如,法律规定司法行政人员办案必须忠于事实真相,证据必须查证属实,定罪依据必须是案件事实清楚,证据确实、充分等。这些实际上将案件事实看作一种客观存在,认为刑事诉讼主体应该并能够揭示案件真实。但需要说明的是,辩证唯物主义的可知论是相对的。在《反杜林论》一书中,针对杜林关于最后的终结的真理、思维的至上性、认识的绝对可靠性等论述,恩格斯精辟地指出:“思维的至上性是在一系列非常不至上的思维着的人们中实现的;拥有无条件的真理权的那种认识是在一系列相对谬误中实现的;二者都只有通过人类生活的无限延续才能完全实现。”另外,恩格斯还指出:“一方面,人的思维的性质必然被看做是绝对的;另一方面,人的思维又是在完全有限地思维着的个人中实现的。这个矛盾只有在无限的前进过程中,在至少对我们来说实际上是无止境的人类世代更迭中才能得到解决。从这个意义来说,人的思维是至上的,同样又是不至上的,它的认识能力是无限的,同样又是有限的。按它的本性、使命、可能和历史的终极目的来说,是至上的和无限当然的;按它的个别实现和每次的实现来说,又是不至上的和有限的。”〔5〕也就是说,从终结意义上、从人类整体上讲人具有无限的认识能力,人的认识可以达到绝对真实,但从人们对具体事物的认识来看,从认识的每一个阶段来看,绝对真实是不可能的,在这个意义上,真实是相对的,如团藤重光教授认为,“真正绝对的真实,只有在神的世界才可能存在,在人的世界中,真实毕竟不过是相对的。诉讼领域中的真实当然也不例外”。〔6〕 这些反映了人类认识能力的无限性和有限性、绝对真理和相对真理的对立统一的关系。同时也决定了刑事诉讼过程中诉讼主体对案件事实认识的相对性,可以从以下方面加以分析:

首先,刑事诉讼认识是一种历史认识,诉讼认识的目的是确定案件事实。但是,作为事后事实,案件事实已经成为过去,对它,裁判者不能通过感知的方式从经验上加以直接把握。因此,在本质上,诉讼认识属于对历史事实的认识。时间不能逆转性决定了法律上的案件事实不可能确切或完全重现过去。任何一个法官对既存的案件事实不可能有机会再看到或亲历,这就是诉讼认识这一概念产生的原因。正如 Radin 所说,确定事实是法律遇到的永久的、不可解决的问题之一,因为“事件是独一无二的,想象的或模拟的重建都不可能确切地重现过去”。当案件被提交到司法机关那里的时候,能作为案件事实的犯罪过程早已成为过去。在绝大多数情况下,这些事实既不能重演,也无法通过实验去验证。侦查和审理,只能是在事后的回忆、描述、收集证据的基础上联想、推论。认识的方式、方法虽然经过人类无数次的经验已被证明是正确的,但却仍然不能保证认识到的都是真实的。

其次,刑事诉讼认识是一种具体的认识,具有阶段性的特点。司法机构设置的目的在于使公民能行使司法救济权,任何一个法律上的争议出现以后,一旦诉诸法律,便要求法官或法院

---

〔5〕《马克思恩格斯选集》(第3卷),人民出版社1972年版,第126页。

〔6〕[日]团藤重光:《刑事诉讼中的主体性理论》,载《法学家》1988年第4期。

必须在法定的时限内作出一个公正、及时的判决。这与自然世界中对未知课题的探索有原则的区别。科学家对自然课题的研究，为得出正确的结论可以毕其一生，而法官则不能无限期地研究案件，审理和判决越及时，就越能使犯罪嫌疑人和被告人尽早结束为不确定的命运过长等待而带来的痛苦。因而各国的刑事诉讼法都有诉讼中各种程序的期间方面的规定。所以在一个有限的时间段里，根本不要指望每一次认识都是正确的，也不要指望每次都能认识一切，如果为了追求对案件事实所谓绝对真实的认识而使刑事诉讼旷日持久，不受法定期间限制，不仅严重侵犯了被告人和嫌疑人的人权，就连刑事诉讼本身也没有存在的必要了。因为"拖延不决就是拒绝判决"，这是更大的司法不公。在及时裁判和终结性原则约束下，诉讼认识必须在一定时间内对案件争议的历史事实做出确定性结论。然而，人类的生命是有限的，决定了人对无限的客观世界的认识也是有限的。人类在个体有限的生命时空中对无限的客观世界的探索必然是有限的、相对的。因此，这项要求明显超出了人类的实际能力。一方面，在裁判当时，裁判者对证据是否已经穷尽无法知晓，在现在看来已经确证无疑的结论可能会因新证据的出现而变更，甚至被彻底推翻；另一方面，基于人类认识能力的局限，即使这种建立在不完全证据基础上的认识，仍然可能出现半信半疑的认识状态。面对客观存在的认识局限，现代证明制度在"求真"的大前提下，不得不做出了一系列无奈的妥协性选择。例如，默认法庭在不存在合理怀疑状态下做出裁判的正当性，并附以必要的纠错制度；在诉讼认识只能达到半信半疑状态时，借助证明责任制度强行在当事人之间进行风险分配；借助推定等法律手段进行法律上的拟制，人为地确立特定事实间的因果关系；在民事诉讼中，策略性地放弃对纠纷事实原貌的探寻，"除证据之外"，尚得以全辩论意旨作为认定事实之基础。〔7〕 因此，法律上证据在大多数案件中被用作了盖然性裁决的根据。这种法律上的优势证据本身不可能强调其绝对真实、完全正确。

最后，刑事诉讼认识只要求查明案件事实的特定内容，具有特定的目的和范围，案件审理的目的就是确认犯罪嫌疑人和被告是否犯罪，犯了什么罪，应当给予相应的什么刑罚。任何一个犯罪过程，都可以用诸多事实情境、细节来描绘和表明，但并非每一个事实特征都是犯罪构成要件的事实。凡是与解决犯罪或非犯罪有关的事实都是刑事诉讼的认识对象，至于其他一些事实，则是无关紧要的。同时，证据的合法性要求使得任何证据和事实均需经过法定程序予以发现并符合法定形式，才能产生法律后果，作为判决的依据。因此，诉讼中再现的只是具有法律意义上的事实、法律加以规范的事实，而非原始状态的事实。因此这些因素决定了刑事诉讼认识只要求查明案件事实的特定内容，受特定的目的和范围的制约。同时，在一定程度上，也决定了刑事诉讼过程中诉讼主体对案件事实认识的相对性，这也是"法律真实"的证明标准产生的哲理基础。

第四节　刑事诉讼的结构

刑事诉讼的结构是指控诉、辩护和审判三方在刑事诉讼过程中的法律地位及其相互关系。

〔7〕 黄东熊：《刑事诉讼法》，台北，三民书局1999年增订二版，第363页。

它是刑事诉讼中的基本格局,反映了刑事诉讼中控诉、辩护、审判三方的不同地位以及国家权力与个人权利之间的关系,对于刑事诉讼的进程和结局起着决定性的影响和作用。

刑事诉讼结构又称刑事诉讼构造、刑事诉讼形式或刑事诉讼模式。刑事诉讼结构有横向结构和纵向结构之分。前者是指控诉、辩护和审判三方在侦查、起诉、审判等主要诉讼阶段中的组合方式和相互关系;后者是指控诉、辩护和审判三方在整个刑事诉讼过程中的地位和相互关系。

刑事诉讼的结构受到刑事诉讼目的的制约和影响。立法者总是基于一定的刑事诉讼目的的需要,设计适合于该目的实现的诉讼结构。刑事诉讼结构是实现刑事诉讼目的的手段和方式。但是刑事诉讼目的不是决定刑事诉讼结构的唯一因素,目的观基本相同的不同国家的刑事诉讼,在结构上仍然可能会有较大的差别。由于国家利益的需要和文化传统的不同,资本主义国家的刑事诉讼基本结构也存在差异,有英美法系当事人主义模式、大陆法系职权主义模式和日本法当事人主义模式之分。比较这些模式的特点、内容和成因,探讨它们的发展趋势,对于开阔刑事审判理论研究视野和借鉴有益经验完善我国刑事审判模式都有重要意义。

一、英美法系当事人主义刑事诉讼

英美法系当事人主义刑事诉讼,也称辩论主义诉讼。其主要内容是:检察官和被告人作为当事人参加诉讼,双方处于对等的诉讼地位;原告行使控诉权,被告行使辩护权,原告、被告双方当事人各为自己的诉讼主张陈述理由,并为此自由立证和辩论;法官的职责是居中聆听,一般不直接诘问,不直接调查证据,在形式上起公断作用;法官听取原告、被告双方当事人的陈述和辩论后,就双方提供的事实和理由在自由心证的原则下确定案件真实,作出案件判决。

英美法系当事人主义刑事诉讼主要有以下四个特点:

第一,强化被告一方的诉讼地位和诉讼能力,强调侦控机关与被告人双方地位的平等性、对抗性。在英美法系国家,侦查主要由警察机关进行,但在刑事诉讼立法和理论上,一般不把警察的侦查活动纳入刑事诉讼范畴。刑事诉讼通常从逮捕或传讯嫌疑人开始。在侦查中,被告人针对讯问有保持沉默的权利,侦查机关在开始审讯时必须告知嫌疑人有权保持沉默。被告人一旦行使该项权利,审讯即应停止。同时,被告人有权获得律师帮助,允许被告人聘请律师辩护,维护合法权益。除特定情况外,被告人在侦讯过程中有权获得保释,以此作为被告人进行充分辩护的准备机会。为了防止警察机关滥用侦查权力、侵犯人权,法官对侦查活动有权进行监督和制约,在逮捕、搜查、扣押等强制侦查手段和窃听、监控等秘密侦查手段的采用上,法官拥有广泛的控制和决定权。所有这一切,目的都在于提高被告人的诉讼地位,维护其合法权益,增强其防御手段和能力。

第二,在坚持公诉制度为主的情况下,采用多样化起诉方式。在英国,检察官、警察、政府机关、地方机构和公民个人都有刑事案件起诉权,公诉与自诉方式并存。正如英国著名大法官丹宁勋爵所说:"如果法律要得到遵守,正义要得到伸张,法院就必须允许他的私人利益和权利受到犯罪分子非法行为侵害的情况下,以自己的身份亲自对犯罪分子进行起诉。"在美国,没有自诉制度,刑事案件由检察官起诉和大陪审团起诉。陪审制度,是从公民中产生预审员参与法院审判案件的制度,类似预审制度,盛行于11世纪以后的英国,美国沿用了这一制度。美国的大陪审团主要负责审查起诉,小陪审团主要参与案件的法庭审理。大陪审团对案件是否起诉的审议是秘密进行的。被告人及其律师均无权出席大陪审团的审议会议。所以,在美国刑事诉讼中有两种起诉方式:一是由检察官直接向法院提起诉讼;二是由检察官草拟起诉书后,连同有罪证据一并提交大陪审团,经大陪审团审查表决通过后向法院提起诉讼。无论采取哪种形式起诉的案件,在法院开庭审理阶段,一律由检察官代表政府出席法庭支持公诉,在法庭上与被告人的律师进行辩论,维护起诉,并询问证人,出示证据,揭露和证实犯罪。

第三,在法庭审判中,强调控、辩双方诉讼地位的平等性。在刑事诉讼中,审判活动主要在双方当事人之间通过辩论展开,法官一般不主动进行调查,在形式上只起居中公断作用。当事人主义审判,也称为辩论式审判,控、辩双方在审判中的活动是主动和积极的。双方当事人享有同等的诉讼权利,法官在审判中也可以追求和保障控、辩双方诉讼地位和权利的衡平。由于法庭审判主要是在当事人之间通过辩论进行,因而法官的作用是消极、被动的,收集证据、询问证人、质证等活动,被视为当事人之间的事情;双方当事人也有义务向法庭提供各自所了解的案件事实及证据。

第四,整个诉讼程序规范、严密,注重诉讼程序的遵守。在实行当事人主义诉讼制度的国家,普遍重视程序法,强调正当程序的恪守。法律对当事人双方的诉讼权利也规定得十分详细,警察、检察官和法官不得阻碍或限制当事人诉讼权利的行使。英美国家推崇"正当法律程序"。为了保证刑事诉讼两造对抗性的真正实现,政府和司法当局必须首先遵守诉讼程序才可以采取反对被告人的行为,不允许国家在违反正当法律程序的情况下赢得诉讼,哪怕胜诉本身代表着实现正义。因此,证据规则在当事人主义诉讼模式中占有重要地位。证据法的内容包括构成证据的标准、证据的种类、证人的资格及审查、证据的采纳、非法取得证据的排除、举证责任的承担,等等。

二、大陆法系职权主义刑事诉讼

大陆法系职权主义诉讼,也被称为审问主义诉讼,实行于法国、德国等国家。其主要内容是:大多数或全部刑事案件由检察机关代表国家提起公诉,检察机关一致依职权主动追究犯罪,法院为了查清案件事实也要主动调查收集证据和讯问被告人;注重发挥侦查机关、检察机关、法院在刑事诉讼中的职权作用,特别是法官在审判中的主动指挥作用,而不强调当事人在诉讼中的积极性;在庭审中,双方当事人虽然也采取平等对抗原则进行活动,但都缺乏主动性,都要服从和听命于法官的指挥。

大陆法系职权主义刑事诉讼主要有以下四个特点:

第一,侦查机关依职权主动追究犯罪,拥有广泛的侦查手段,被告人在侦查阶段的诉讼权利受到局限。在大陆法系国家,为了收集证据,揭露犯罪事实,查明和证实犯罪人,法律通常授予侦查机关(主要是警察机关)较大的权力。一方面,侦查机关有权采取广泛的一般性诉讼手段调查犯罪,如讯问被告人、询问证人、勘验、检查、鉴定、侦查实验、对质和辨认等;另一方面,侦查机关可以采取一系列强制性侦查手段,如拘传、拘留、逮捕、搜查、查封、扣押和通缉等。此外,侦查机关还可以采取一定的秘密侦查手段,如秘密搜查、监视、邮件检查等。侦查机关行使侦查职权有较大的自由,一般由侦查机关根据案件的需要决定。嫌疑人在受讯问的方式、受羁押的期限、沉默权的享有等方面,也与当事人主义刑事诉讼有较大区别。

第二,坚持公诉为主的情况下,允许自诉形式的存在。在刑事案件的起诉方式上,大陆法系国家一般实行公诉为主、自诉为辅的原则。法国是最早产生检察制度的国家,也是大陆法系国家的检察制度的发源地。早在12世纪末,法国就出现了类似检察官的"国王代理人",有权为维护国王的利益参加诉讼活动。到了13世纪中叶,这种代理人制度进一步扩大,开始了对刑事案件的起诉活动。14世纪,法国建立了检察机关,在国家体制中正式确立了检察制度。检察机关的主要职责是对刑事案件进行起诉。警察对犯罪侦查所得到的证据材料,都应提交检察官,由检察官决定是否起诉。法国的检察制度,对大陆法系其他国家有深刻影响,奥地利、德国等相继依照法国的做法设置检察机关作为公诉机构,同时,大陆法系国家一般都允许被害人自行向法院起诉。自诉案件一般都属于轻微的刑事案件。检察机关也可以根据自诉人的意愿代理起诉。

第三,审判中,法官以积极姿态出现,主持和指挥审判活动。在大陆法系国家,法官依职权主动调查收集证据,决定案件审讯的范围、方式和证据的取舍。为了查明案件真相,法院可以依职权主动采用足以证明一切事实真相的证据,以及对作出裁判必要的一切证明方法。法官要主动地对被告人和证人进行讯问,提出证词的矛盾点、征询鉴定人的意见,向双方展示有关文件和证据;被告人也可以在法庭上申请新的证据和传唤新的证人,但必须经过法官许可。法庭调查与法庭辩论在程序上截然分开,不存在程序上不明晰的情况。法庭调查的主要程序是宣读起诉书、审问被告人、调查和核实证据。法庭调查完毕后开始法庭辩论,辩论时首先由检察官发言,然后是被告人辩护,检察官与被告人交叉辩论。在整个庭审中,法官不是消极地任凭双方提证和辩论,而是始终处于主持审判的地位,在审判中起主导作用。

第四,就整个诉讼程序考察,职权主义刑事诉讼注重积极惩罚追求实体真实。在大陆法系国家,为了有效地打击和控制犯罪,维护社会公共利益与安全,司法机关享有与犯罪作斗争的强大职权和能动性,特别注重发挥司法机关在刑事诉讼中惩治犯罪的功能。基于对查清案件真实情况从而有效打击犯罪的需要,对可能采取的侦查、审判手段的限制较少;虽然也有诉讼程序对被告个人权利的保护,但这种程序往往缺乏刚性,约束力不强,被告人抵抗不正当控诉的程序措施缺乏有效保障,因而出现重目的、轻手段,重实体、轻程序的现象。

三、日本当事人主义刑事诉讼

日本是一个实行君主立宪制的资本主义国家。在明治维新前,日本的刑事诉讼制度受中国唐朝封建司法制度的影响较深。明治维新后,日本仿效德国法律制度制定了《狱庭规则》《法庭断狱则例》《治罪法》等刑事诉讼法律,形成了具有大陆法系职权主义特点的刑事诉讼模式。第二次世界大战后,为了适应政治、经济发展的需要,日本又在很大程度上借鉴、吸收了英美法系当事人主义刑事诉讼的内容,对自己的刑事诉讼模式进行了改良,形成了集两大法系诉讼制度特色于一身的日本式当事人主义刑事诉讼。

这种模式的主要内容是:侦查活动由警察机关负责进行,侦查机关拥有广泛、强大的侦查力量和手段;侦查中注意对被告人合法权利的程序保护;审判由法官主持和指挥,法官可依职权主动调查证据;注重发挥双方当事人的积极性,审判活动通过双方当事人平等地辩论而展开。

日本当事人主义刑事诉讼主要有以下三个特点:

第一,侦查机关享有为查明案件真实情况应有的足够的权力和手段,同时也注意保障被告人的合法权利。在日本,警察机关的侦查是不公开进行的。为收集证据,查明事实,警察机关有权采用拘传、搜查、扣押等强制性手段。侦查权力的广泛性和行使权力的自由性与大陆法系国家差别不大。但是,在逮捕权的行使上有自身的特点。《日本刑事诉讼法》第199条第2款规定:“审判官在认为有充分理由足以怀疑被怀疑人曾经犯过罪时,根据检察官或司法警察官员的请求,签发逮捕票。”可见,决定逮捕权由法院掌握。在侦查阶段,被嫌疑人享有相当于英美法系国家被嫌疑人所拥有的诉讼权利,如被嫌疑人有权聘请律师、有权保持沉默、有权被保释,等等。

第二,具有独特的起诉制度。日本起诉制度的主要内容可以概括为:(1)实行起诉垄断主义。即检察机关是唯一的刑事案件的起诉机构,没有自诉制度。即使被害人提出控告,也必须由检察官起诉,法院概不受理被害人的自诉。(2)实行起诉状一本主义。即提起公诉时检察官只交给法院一本起诉状,而不移送案件和证据材料。其目的是减少法院在审判前的先入为主,调动法官和双方当事人在庭审中的能动性和积极性。(3)实行缓诉制度。对于犯罪事实已经成立,但情节比较轻微的犯罪,可以暂缓起诉,将犯罪分子放在社会上通过家庭、学校等帮助其矫正恶习。如果在缓诉期间恶习不改,检察机关可以将其再行起诉而不受时间限制。(4)实行“检察审查会”制度。为了防止检察官主观臆断,滥用不起诉决定权和缓诉决定权,确保起诉质量,实行检察审查制,由“检察审查会”负责监督检察官行使起诉权是否正确。

第三,审判中,既注重发挥当事人双方的积极性,又强调法官的能动作用。在日本,刑事审判采用英美法系刑事诉讼模式中的辩论对抗制形式,双方当事人享有充分平等的诉讼权利,一切证明有罪无罪、此罪彼罪、罪轻罪重的证据材料,均由检察官与被告人及其律师在法庭上当庭列举出示和辩论。在审判中,双方当事人为了证明自己的诉讼主张要积极主动地举证和交叉询问,证据调查完毕后,双方有权就案件事实和适用法律问题展开辩论。在这一系列活动中,法官不像英美法系国家法官一样处于消极被动地位;相反,他们借鉴大陆法系国家的做法,审判活动由法官主持,法官在审判中始终占有主导地位,必要时,法官可以依职权主动调查、收集和审查判断证据。

第五节　刑事诉讼的职能

刑事诉讼的职能是指刑事诉讼主体为了实现特定的目的,在刑事诉讼过程中所具有的功能和作用。根据诉讼主体的不同,在我国刑事诉讼中,刑事诉讼职能可以分为以下几类:公安机关的侦查职能,人民检察院的起诉职能和法律监督职能,人民法院的审判职能,犯罪嫌疑人、被告人及其辩护人的辩护职能,被害人的控告职能,自诉人的起诉职能,其他诉讼参与人的协助诉讼职能,执行机关的执行职能等。

在现代刑事诉讼中,由于控诉与审判的分离、被告人获得为自己辩护的权利,形成了控、辩、审三方组合的“三角结构”,所以在上述诉讼职能中,控诉职能、辩护职能和审判职能构成三种基本诉讼职能共存的格局,离开这三项职能,诉讼活动就无法进行,其他的职能则是非基本诉讼职能,是为基本职能服务的。

一、关于刑事诉讼职能的不同学说

对刑事诉讼职能的划分,我国理论界颇有分歧,比较典型的观点包括:“三职能说”、“四职能说”、“五职能说”以及“七职能说”等。

第一,“三职能说”。主张刑事诉讼由三种基本职能,即控诉、辩护和审判构成。控诉职能是向法院起诉并出庭支持控诉,要求追究被告人因其犯罪行为所应承担的刑事责任,由国家追诉机关和被害人行使;辩护职能相对于控诉职能,是指提出对被控诉人有利的事实和理由,维护被控诉人的合法权益,由犯罪嫌疑人、被告人行使,辩护人协助其行使;审判职能则是指通过审理确定被告人是否犯有被指控的罪行和应否处以刑罚以及处以何种刑罚,由法院行使。控诉、辩护、审判三种基本职能相互联系、彼此制约,构成了刑事诉讼活动的主要内容。“三职能说”是传统诉讼理论的通说,根据这种观点,由于侦查是公诉的必要准备,是诉讼活动的组成部分,非经侦查,便无从确定应否起诉,因此从广义上可以将侦查视为行使控诉职能。据此,侦查职能是从属于控诉职能的,本身并不具有独立性。“三职能说”是审判中心主义理念的体现,其对诉讼构造的考察、分析,主要是站在审判中心主义的立场上,从审判程序这一角度对诉讼构造进行横向考察的结果。

第二,“四职能说”。有学者在传统的“三职能说”的基础上,提出刑事诉讼职能应当区分为控诉、辩护、审判和监督四项职能,俗称“四职能说”。

第三,“五职能说”。有学者在传统的“三职能说”的基础上,将监督和协助司法也作为刑事诉讼的职能之一,从而形成“五职能说”。

第四,“七职能说”。该观点认为,刑事诉讼职能应当包括侦查、控诉、辩护、审判、执行、协助司法、诉讼监督。该观点认为,传统的“三职能说”是以狭义刑事诉讼为基础的,有其理论缺陷,对刑事诉讼职能的确定与划分应当考虑以下几个方面的因素:(1)由于司法领域分工越来越细,分权学说的影响、人权思想的发达以及适应同犯罪作斗争的需要,诉讼职能在不断分化、发展并不断整合,传统的审判中心主义已为诉讼阶段论所取代,刑事诉讼的程序、阶段增多,向前延伸,因此诉讼职能的划分应当反映和展现从立案到执行各个阶段程序中所有主持或参加诉讼活动的主体的全部诉讼活动,而不能仅从刑事诉讼系统中的一个或几个阶段的诉讼活动来进行职能的划分。(2)某一机关或者诉讼参与人的活动能否归纳为一种独立的职能,应当从其担负的功能、作用、独立的权利义务及相应的程序保障综合进行考察,如果他们的功能是特定的,无法为其他职能所包容、替代,就应当认定为一种独立的职能。(3)我国司法制度的重要特点之一就在于检察机关不仅仅是公诉机关,而且还要对刑事诉讼活动是否合法进行监督。因此,刑事诉讼职能应当包括诉讼监督、执行、协助司法等职能。[8]

二、刑事诉讼职能的历史演变

控、辩、审三种诉讼职能的发展和完善经历了相当漫长的历史过程。在奴隶制时代,基本不分刑民诉讼,程序上采弹劾式,即使是法律昌明的古罗马国家,在共和国后期亦未设立控诉犯罪的专门机关,起诉权由公民自由行使。法院采取“不告不理”原则,被告人可以与原告人平等辩论。这种程序虽然形式上类似于现代刑事诉讼,但其实质意义却相去甚远。

在封建君主专制时代,各国主要推行纠问程序,实行国家主动追诉原则,在诉讼中,法官是唯一享有各种权力的人,并集审判职能与控诉职能于一身,不仅有权进行审判,而且有权进行侦查和追诉,被告人在诉讼中只是被拷问、被追究的对象,只负有供述的义务而无辩护的权利,

---

〔8〕 樊崇义主编:《刑事诉讼法学》,中国政法大学出版社1996年版,第39页。

审判机关可以用强制方法逼取其供述。可见,在纠问式刑事程序中,控、审职能不分,不存在辩护职能。我国封建时代由行政长官兼理的刑事程序中,亦大体如此。

14 世纪初,法国建立检察制度,检察官以国家公诉人身份参加诉讼,使控、审两种职能实现初步的分离,在一定程度上起到了防止国家权力滥用和保障司法公平的作用。其后,随着资产阶级革命的胜利,个人独立、自由、民主的呼声高涨,限制国家权力和保障人权的理论被引入刑事诉讼,从而确立了控、审职能分离原则以及被告人的辩护权,律师辩护制度也相继发达起来,以使控、辩双方攻防力量基本平衡。至此,在刑事诉讼中,控诉权主要由检察官行使,辩护权由被告人在辩护人的协助下行使,审判权由法官独立行使,形成了现代刑事诉讼的基本格局。

控、辩、审三大诉讼职能是相互联系、相互制约、缺一不可的,但审判始终是刑事诉讼的中心。控诉是审判的前提和根据,审判必须限定在控诉的事实和被告人范围内;审判是控诉的法律结果,控诉如果没有审判支持也就毫无意义;辩护必然针对控诉进行,对控诉成立起制衡作用;在审判中必须保障被告人的辩护权,没有辩护的控诉和审判是纠问式的、武断专横的诉讼;辩护则促进审判的民主和公正。控诉、审判和辩护共同构成刑事诉讼活动的主要内容,确保刑事诉讼目的的实现。

三、基本诉讼职能

(一)控诉职能

控诉职能是指向法院揭露、证实犯罪并要求法院对被告人确定刑罚权的职能。控诉职能的存在主要是基于国家惩罚犯罪的客观要求。因为无论是依据国家本质的社会契约说还是阶级斗争的工具说,犯罪都是对于现存社会关系的最强烈的蔑视和背叛,是对国家所保护的社会秩序和公共利益的侵犯,而不仅仅是对个人利益的侵犯,因而国家有义务在出现犯罪时通过侦查、起诉等官方职权活动进行追究。控诉职能与审判职能的分离则主要是为了革除控、审不分的纠问式刑事程序的弊端,保证审判程序的公正,保障个人相对于政府的基本权利和自由,防止司法专断。

(二)辩护职能

辩护职能是指针对犯罪嫌疑或指控进行反驳,说明犯罪嫌疑或指控不存在、不成立,要求宣布犯罪嫌疑人、被告人无罪、罪轻或者从轻、减轻、免除刑罚处罚的职能。辩护职能的产生和发展是多重价值理念结合起来、相互补充、相互作用的结果,人权、民主思想的传播、程序公正观念的进化以及宪政制度的建立,是产生辩护职能的决定性因素,无罪推定原则和诉讼主体论、律师制度的不断发展以及现代诉讼结构科学性的要求则对辩护职能的日益强化发挥了直接的促进作用。

与控诉职能不同的是,辩护职能是主体通过行使辩护权的方式实现的。而辩护权是主体的一种基本诉讼权利,而非义务,被告人可以任何合法的方式行使,也可以自由放弃,并不因此而产生相应的法律责任。所以辩护职能的实现与否及实现程度主要取决于被告人基于诉讼构造和实际需要所能做出的个人决定,但国家刑事程序的民主化程度以及免费法律援助制度的完善程度对于被告人辩护权的保障也有相当重要的影响。

辩护职能的直接受益者是被告人(包括犯罪嫌疑人),因此其执行主体首先是被告人。但考虑到被告人的个人情况以及诉讼制度民主化的要求,现代国家普遍赋予被告人接受辩护人帮助的权利,在法律规定的特定案件中,甚至要求必须有辩护人参加诉讼。因此,辩护人虽然不是刑事诉讼主体,但他对于辩护职能的执行具有非常重要的作用,是协助被告人执行辩护职能的重要主体。辩护制度的发达程度是一个国家刑事诉讼制度以至于整个法律制度民主程度的重要标志之一。

(三)审判职能

审判职能是指通过审理确定被告人是否犯有被指控的罪行和应否处以刑罚以及处以何种刑罚的职能。审判职能存在的理论依据有二:其一,基于公正处理刑事案件的需要。从某种意义上说,刑事诉讼是代表政治国家的强大政府与代表市民社会的个体之间的烈度最强的一种社会冲突,为了公正地解决这一冲突,现代国家一致规定由独立性、中立性和公正性受到宪法和法律严格保障的法院从第三者的立场出发,以普遍适用的法律规则来解决这一冲突,以使其结果为争讼双方和平接受。其二,基于权力运行的科学要求。现代各国政治体制设计的通行观念在于,权力必须得到有效的控制,以保障民主及个人的基本人权,为此要求权力分开行使、相互制衡,以免权力被滥用。在这种思想指导下,审判权从行政权中分离出来,并受到各种制度化的保障。这种分离不仅可以防止权力运行过程中可能出现的异化,对司法公正的实现也大有裨益。

一般说来,审判职能是由法院承担,法院是世界各国公认的行使审判权的唯一主体。审判职能是通过法院的审理行为和裁判行为实现的。

其一,审理行为。审理行为包括法官的庭前行为,法庭调查行为,收集、判断证据行为等。法官通过上述审理行为,把握案件事实情况,决定证据的取舍,形成坚定的内心确信,为裁判行为奠定坚实的基础。

其二,裁判行为。裁判行为是审理行为的结果和归宿。在案件事实清楚、证据确实充分的基础上,法官选择适合于本案的法律,据此作出对案件的处理决定。

第六节 刑事诉讼的法律关系

一、刑事诉讼法律关系概述

刑事诉讼,是国家实现其刑罚权的活动。统治阶级为了维护阶级利益和统治秩序,将侵害其阶级利益和统治秩序最为严重的行为规定为犯罪,并通过刑事诉讼活动将其揭露、证实和惩罚,以实现其阶级意志。刑事诉讼活动具有极其鲜明的阶级性和强制性,历来都由统治阶级用法律对其主体、职权、原则、程序、制度等加以确认或规范。国家司法机关、当事人和其他诉讼参与人在进行刑事诉讼活动时都必须严格遵守的法律规范,就是刑事诉讼法。法律的操作和运行,必然会产生出与之相适应的法律关系。“法律关系是由法律规定和调整的社会关系”;“某种社会关系之所以能成为法律关系,必须有规定和调整这种社会关系的法律存在”。[9] 因

〔9〕 孙国华:《法学基础理论》,法律出版社1982年版,第295页。

此,自刑事诉讼法产生之日起,刑事诉讼法律关系便客观存在了。刑事诉讼法律关系,就是指刑事诉讼法规范和调整的司法机关与诉讼参与人之间的权利义务关系。

二、刑事诉讼法律关系构成

任何法律关系的构成,都离不开主体、内容和客体三要素,刑事诉讼法律关系也不例外。但由于法律关系所依据的法律规范不同,决定了每一法律关系的三要素都有不同的内容。刑事诉讼法律关系是以刑事诉讼法为存在前提的,因而其主体、内容和客体也有其自身特点。

(一)主体

刑事诉讼法律关系的主体,是刑事诉讼权利义务的承担者。凡在刑事诉讼中享有诉讼权利和承担诉讼义务的机关和个人,都属刑事诉讼法律关系主体范畴。从刑事诉讼过程看,诉讼活动和诉讼法律关系都发生于司法机关之间、司法机关与诉讼参与人之间以及诉讼参与人之间,因此,司法机关和诉讼参与人都是刑事诉讼法律关系的主体。

能够在刑事诉讼中引起刑事诉讼法律关系产生、变更或终结的主体有:

1. 司法机关

任何刑事诉讼活动,都是在司法机关主持和指导下进行的,司法机关在刑事诉讼中占有主导地位,当事人和其他诉讼参与人的诉讼活动,只有得到司法机关的许可和认同,才能产生相应的法律后果。因此,司法机关是当然的诉讼法律关系主体。揭露犯罪、证实犯罪和惩罚犯罪,是国家赋予司法机关的职责。只要有犯罪事实发生,需要追究刑事责任,司法机关就有权力和责任启动刑事诉讼程序,运用国家刑罚权,惩罚犯罪,保护合法权益不受侵犯。

刑事诉讼程序的开始,意味着司法机关之间、司法机关与诉讼参与人之间诉讼法律关系的实际存在。在刑事诉讼法律关系中,司法机关不但享有广泛的权力,如侦查权、起诉权、审判权等,同时,也承担有相应的义务,即保障诉讼参与人依法行使诉讼权利的义务。

在我国,司法机关指公安机关、人民检察院和人民法院。根据我国刑事诉讼法的规定,公安机关负责刑事案件的侦查和预审,人民检察院负责批准逮捕、检察(包括侦查)和提起公诉,人民法院负责审判,三机关在刑事诉讼中承担着重要的诉讼职能,他们的诉讼活动在不同阶段和程度上决定着诉讼的产生、发展、运行方向和结局,因此,都是刑事诉讼法律关系的主体。

在实行"三权分立"的西方国家,司法机关主要指法院。承担侦查任务的警察机关和负责起诉的检察官都被排除在司法机关的范畴之外,侦查和起诉都被视为审判的前期准备工作,目的在于查明案件事实,抓获犯罪嫌疑人,对犯罪嫌疑人形成控诉,提请法院审判。刑事诉讼活动是在法院接受起诉后开始的,因此,法院的审判活动才是真正的刑事诉讼活动;法院在刑事诉讼法律关系中居主导地位。起诉者,如检察官、陪审团,虽然在刑事诉讼活动中要承担权利义务,也是诉讼法律关系的主体,但他们是不能与法院相提并论的。

2. 当事人

当事人,是指与案件事实和诉讼结果有切身利害关系,在诉讼中处于原告和被告地位的诉讼参与人。在刑事诉讼中,当事人地位的确定,意味着在司法机关和当事人之间诉讼法律关系的发生。处于原告和被告地位的任何一方当事人,在诉讼中所进行的起诉、举证、答辩、辩护等活动,都要遵守刑事诉讼法的规定,受刑事诉讼法调整。

当事人由于与案件事实和诉讼结果有最直接的利害关系,决定了其在刑事诉讼法律关系中不同于其他诉讼参与人的特殊地位。处于对峙状态的当事人双方,所面临的直接的实际需要,是获得诉讼过程中的一系列相应手段,能动地、积极地在诉讼过程中反映自己的要求,从而获得有利于自己的诉讼结果。

传统刑事诉讼理论认为,控诉、辩护和审判是刑事诉讼的三大基本职能。独立承担诉讼职能的机关和个人,表明其在刑事诉讼中诉讼地位的重要性。当事人是在刑事诉讼中承担有控诉(自诉案件被害人)和辩护职能的主体,享有广泛的诉讼权利。当事人的诉讼行为,在有些情况下可以决定刑事诉讼的发生、发展、运行方向和终结。这是其他诉讼参与人所不具有的诉讼权利和地位。

在国外,通常意义上的当事人主要是指检察官、自诉人和被告人。但在我国,根据《刑事诉讼法》第108条的规定,“当事人”是指被害人、自诉人、犯罪嫌疑人、被告人、附带民事诉讼的原告人和被告人。他们都是案件结果的承担者,为了维护自己的合法权益,他们都要借助于司法机关和其他诉讼参与人之间的诉讼法律关系,运用各种必需的诉讼手段,能动地进行诉讼。当然,随着2012年《刑事诉讼法》的修正,增设了四种特别程序,相应地,我国刑事诉讼法上的“当事人”概念的外延有所变化,至少,犯罪嫌疑人、被告人逃匿、死亡案件违法所得的没收程序中的“其他利害关系人”,以及依法不负刑事责任的精神病人的强制医疗程序中的“依法不负刑事责任的精神病人”,因为与案件结果存在利害关系且都在一定程度上行使了辩护权和辩护职能,都应当列入“当事人”的范畴。

3. 其他诉讼参与人

其他诉讼参与人,指除当事人以外的诉讼参与人,根据我国《刑事诉讼法》第108条的规定,“其他诉讼参与人”是指辩护人、代理人、证人、鉴定人和翻译人员等。他们在刑事诉讼中不是独立执行诉讼职能的诉讼主体,但他们在刑事诉讼中同样依法享有保障其参加诉讼活动所必需的诉讼权利,同样承担相应的诉讼义务。在2012年《刑事诉讼法》的修正中,又有一些新的诉讼角色进入刑事诉讼法,成为诉讼参与人,例如,2012年《刑事诉讼法》第192条规定:“公诉人、当事人和辩护人、诉讼代理人可以申请法庭通知有专门知识的人出庭,就鉴定人作出的鉴定意见提出意见。”该条规定确立了专家辅助人制度,相应地,专家辅助人也应成为其他诉讼参与人之一。此外,未成年人刑事案件诉讼程序中依法参与程序的“合适成年人”,也是其他诉讼参与人之一。

在刑事诉讼中,其他诉讼参与人之间一般不存在诉讼法律关系。他们都是具有相对独立性的诉讼参与人,彼此之间没有权利义务关系。其他诉讼参与人之所以是刑事诉讼法律关系主体,主要是因为他们分别与司法机关或当事人发生权利义务关系。其他诉讼参与人都不是诉讼职能的独立承担者,他们参加诉讼的目的,都是协助司法机关或当事人查明案件事实,维护合法权益,使案件得以正确处理。

最后,应当指出的是,诉讼法律关系主体与诉讼主体是有区别的。司法机关、当事人和其他诉讼参与人都是刑事诉讼法律关系主体,但并不都是刑事诉讼主体。刑事诉讼主体,必须在刑事诉讼中承担控诉、辩护、审判或监督职能,主要指司法机关和自诉人、被告人。

(二)内容

刑事诉讼法律关系的内容,系指刑事诉讼法律关系主体之间形成的权利义务关系。在一个具体的诉讼过程中,存在许多的诉讼法律关系,它们的内容因诉讼法律关系主体的不同而不同。

1. 司法机关之间的诉讼权利义务关系

司法机关是刑事诉讼中侦查、控诉和审判职能的承担者。司法机关的任务，就在于追究犯罪、惩罚犯罪、维护社会秩序的健康发展。刑事司法任务的完成，是以司法机关享有相应职权，具有必要诉讼手段为条件的。在刑事诉讼中，司法机关进行侦查，提起公诉，开展审判等，都是其依法行使职权的表现，一个机关依法行使自己的职权，具有绝对的法律效力，另一个机关不能干涉或无视其法律效果。刑事诉讼活动，就是在司法机关分别依法行使其职权的过程中发生和发展直至终结的。因此，司法机关之间的诉讼权利义务关系，是以司法职权为基础的，具有浓烈的权力色彩。在诉讼权利与司法职权的关系上，当事人和其他诉讼参与人的诉讼权利是司法机关职权配置和运作的目的和界限；国家司法机关职权的行使，只有为了保障诉讼主体权利的实现，协调权利之间的冲突，制止权利之间的相互侵犯，维护权利的衡平，才是合法的和正当的。因此，司法职权与诉讼权利之间存在不可分割的联系，在刑事诉讼中，司法机关是通过相互间结成的权利义务关系来实现其司法职能和价值目的的。

2. 司法机关同诉讼参与人之间的诉讼权利义务关系

司法机关依照法定程序揭露犯罪、证实犯罪和惩罚犯罪的活动，是在诉讼参与人的参加下进行的，如果没有诉讼参与人，刑事诉讼活动便无从展开。在刑事诉讼中，为了保障诉讼活动的顺利进行，以法律为手段在司法机关与诉讼参与人之间设定有明确、具体的权利义务关系。司法机关和诉讼参与人都不能超越权利、滥用或者放弃义务、推卸责任。

当事人是在刑事诉讼中处于原告人或者被告人的地位关系并同案件结局有直接利害关系的人。司法机关同当事人之间的权利义务是刑事诉讼中最基本的法律关系，在刑事诉讼法律体系中占主导地位，其他主体之间的诉讼法律关系都依这一关系而产生，并为之服务。可以说，如果没有诉讼当事人，就不可能有刑事诉讼；尤其是被告人，刑事诉讼活动正是围绕被告人犯罪行为的有无、轻重以及如何负担刑事责任而进行的。当事人在刑事诉讼中的重要地位，决定了他们与司法机关之间权利义务关系的特殊性：司法机关每一项诉讼权利的行使，都造成当事人必须承担相应的义务；每一诉讼义务的履行，都是为了保障当事人某项诉讼权利的行使。

在刑事诉讼中，其他诉讼参与人起着协助司法机关查明案件事实的作用。要准确、及时地查明案情，客观公正地处理案件，离不开其他诉讼参与人所进行的辩护、代理、证明、鉴定和翻译等活动。其他诉讼参与人在刑事诉讼中的活动内容和范围，体现于法律所界定的司法机关与其他诉讼参与人权利义务关系之中。例如，在我国刑事诉讼中，其他诉讼参与人作为诉讼法律关系的主体，在各个诉讼阶段中分别与公、检、法机关发生诉讼上的权利义务关系。他们的刑事诉讼权利受到司法机关的尊重和保护，履行诉讼义务受到司法机关的监督。他们有权用本民族语言文字进行诉讼；有权对司法人员侵犯其诉讼权利和人身侮辱的行为提出控告。特定的诉讼参与人还有特定的诉讼权利，如被害人如果不服检察机关不起诉的决定可以申诉；被害人有权提起附带民事诉讼；法定代理人享有当事人的部分诉讼权利；等等。同时，他们在诉讼中都必须接受司法机关合法的传唤，对司法机关的讯问应如实陈述；不得伪造、隐匿或毁灭证据；不得违反刑事诉讼程序和法庭秩序；等等。

3. 诉讼参与人之间的诉讼权利义务关系

在刑事诉讼中，诉讼参与人之间存在诉讼权利义务关系，虽然是个别现象，但也是不容忽视的。例如，当事人在庭审中向证人、鉴定人发问，发问是当事人的权利，回答提问则是证人、鉴定人的义务。又如,被告人委托辩护人为其辩护,辩护人接受委托进入诉讼,便产生了被告人同辩护人在诉讼上的权利义务关系。在审判过程中,辩护人有义务为被告人进行辩护并负责到底,除遇到特殊情况,不能拒绝辩护;而被告人则有权拒绝辩护人继续为其辩护,也有权另行委托辩护人。代理人在委托范围内进行的诉讼行为与自诉人亲自进行的诉讼行为具有同等的法律效力,但代理人超越代理权限的行为,自诉人则有权予以否认,司法机关则要认定为无效。自诉人也可以撤销委托而另行委托其他人代理诉讼。诉讼参与人之间在诉讼上的权利义务关系,同其他诉讼法律主体间的权利义务关系一样,都受到司法机关的依法保障。

(三)客体

刑事诉讼活动,实质上是刑事诉讼主体通过享有权利和承担义务能动地认识刑事诉讼法律关系客体并最终对之作出处理的过程。客体,是任何法律关系的要素之一。刑事诉讼法律关系的客体,就是刑事诉讼法律关系主体权利义务所指向的对象和作用的目标,即案件事实和被告人的刑事责任。

查清案件事实,确定被告人的刑事责任,是刑事诉讼活动所要解决的根本问题。刑事诉讼法律关系产生后,一切主体所进行的诉讼行为,无一不是围绕案件事实和被告人的刑事责任问题而展开的。司法机关决定立案,开始刑事诉讼,表明有犯罪事实发生,且需要追究刑事责任;收集证据,听取被告人的供述和辩解,询问证人,勘验、检查、搜查、扣押和鉴定,是为了查明案件事实的各种情节,为确定被告人行为的性质和刑事责任奠定基础;开展审判、审查、核对证据,听取控、辩双方的意见,是为了最终达成案件事实的认定和处理,确定被告人刑事责任的有无和大小。上述诉讼过程作为一个整体,是在刑事诉讼法律关系主体行使诉讼权利和履行诉讼义务的前提下完成的。诉讼法律关系各个主体行使权利、履行义务的共同指向和一致目标,都在于求得案件事实清楚、证据确实充分以及在此基础上确定被告人的刑事责任,实现案件处理的准确无误。在刑事诉讼法律关系体系中,各主体的诉讼权利义务关系只有内容上的差异,没有指向上的不同。因此,刑事诉讼法律关系的客体,是案件事实和被告人的刑事责任。

在刑事司法实践中,可能出现刑事诉讼法律关系的主体违反法律规定、超越诉讼权利、滥用诉讼手段、推卸诉讼义务等现象,从而导致诉讼行为的错误。例如,司法机关因主客观原因出现的认识错误、判断失误、结论偏差;证人隐匿、伪造证据、逃避作证义务;被告人隐瞒事实真相、虚构事实情节;鉴定结论失真;被告人陈述真假参半;等等。这些都使诉讼权利义务关系处于不正常状态。但是,应当看到,这些错误的诉讼行为,归根结底,也都是围绕案件事实和被告人刑事责任而进行的;诉讼法律关系主体滥用诉讼权利或推卸诉讼义务所指向的,仍然是案件事实和被告人刑事责任,即客体。

三、刑事诉讼法律关系的意义

刑事诉讼法律关系,与刑事司法实践有着紧密的联系。诉讼活动导致刑事诉讼法律关系的产生和终结,刑事诉讼法律关系反过来又制约着诉讼活动,任何诉讼活动都必须以刑事诉讼法律关系的内容为依据。因此,刑事诉讼法律关系对于刑事司法理论和实践,均具有重要指导意义。具体来说,其意义主要表现在:

(一)对诉讼主体的意义

诉讼主体权利义务的实现,是以刑事诉讼法律为保障的。在刑事诉讼中,司法机关和诉讼参与人都是权利义务关系的主体,在依法行使权利和履行义务时,都必须严格遵守法律。刑事诉讼法律关系内容的实现,有利于促使司法机关严格依法办事,保护诉讼参与人尤其是被告人的合法权益。刑事诉讼法律关系诉讼参与人被视为在诉讼权利义务关系上与司法机关平等的主体,从而进一步明确了诉讼参与人在刑事诉讼中的法律地位,正确处理司法机关与诉讼参与人的关系,是顺利进行刑事诉讼活动的前提。被告人不是刑事诉讼客体,而是诉讼主体,享有广泛的诉讼权利。因此,实现刑事诉讼法律关系的内容,可以促使司法机关在刑事诉讼中切实保障诉讼参与人依法行使诉讼权利,防止和避免对被告人辩护权的侵害,维护其合法权益。

(二)对诉讼制度的意义

刑事诉讼法律关系的有效运作,可以促使司法机关和诉讼参与人的权利义务明确、具体,有利于实现诉讼民主化和法制化。诉讼法律关系清晰地表明了主体在刑事诉讼活动中的行为自由限度和义务承担,要求各主体必须在刑事诉讼法律规范范围内进行诉讼活动,依照法定程序行使自己的诉讼权利,履行自己的诉讼义务。现代刑事诉讼,不仅要求保护受到犯罪行为侵害的实体权益,维护社会秩序,而且要求诉讼活动本身也是有章可循,有法可依的权利保障机制,不允许侵害当事人和其他诉讼参与人依法享有的诉讼权利。回避制度、公开审判制度、无罪推定原则、两审终审制度、被告人有权获得辩护等制度,是诉讼民主的要求和体现,其目的在于保证诉讼活动自身的权利义务机制能够得以正常运转。正确认识刑事诉讼法律关系内容,切实维护其效力,无疑有利于促使刑事诉讼活动各项原则、制度的贯彻实施,使刑事诉讼活动走上民主化、法制化道路。

(三)对诉讼过程的意义

刑事诉讼法律关系制约着整个刑事诉讼过程,使刑事诉讼活动有秩序、有组织地进行;刑事诉讼的产生、发展及运行方向,同刑事诉讼法律关系具有密切联系:“刑事诉讼活动的内部形式就是刑事诉讼法律关系,在这些关系范围内,并借助于这些关系,进行刑事诉讼活动,不论案件进行到哪个阶段,对任何案件进行的活动都一定具有刑事诉讼法律关系的形式。”[10]由于诉讼活动受诉讼法律关系的制约,从而使每一诉讼活动按照法律的规定相互衔接,形成完整的诉讼过程。现代刑事诉讼活动是在分工、合作、制衡的基础上建立起来的,具有阶段性和连续性的特点。各诉讼阶段能否有机地联结,关系到整个刑事诉讼活动的目标能否顺利实现。实现各诉讼行为、诉讼阶段的相互协调和统一,是提高刑事司法效率的重要环节。实践证明,这正是刑事诉讼法律关系的固有功能。

第七节　刑事诉讼的阶段

刑事诉讼阶段是指刑事诉讼过程中,按照法定的顺序、步骤进行的相对独立而又互相联系的各个部分。在刑事诉讼中,司法机关追究犯罪、惩罚犯罪的活动,不是由一个机关的一次活

---

〔10〕［苏］蒂里切夫等编著:《苏维埃刑事诉讼》,法律出版社 1984 年版。

动所能完成的,必须经过若干机构一系列的持续活动,这是现代社会诉讼民主性和科学性的要求,这一过程的具体表现形式在不同类型的国家虽有差异,但总体上都呈现出阶段性和程序性的特点。刑事诉讼从开始到终结,是一个有秩序、分阶段而又前后连贯、逐渐发展的法律适用过程,具有严格的法律性质,必须依照法定程序和步骤,有秩序地进行。

一、刑事诉讼阶段的历史演变

在奴隶制时期,刑事诉讼普遍实行“不告不理”的原则,国家不设立专门的起诉机构,一切案件都由被害人或者代理人作为原告向法院直接提出控诉,只有当原告起诉后,法院才受理并进行审判;如果没有原告,法院便不主动追究犯罪。因此,诉讼始于被害人或者代理人的告诉,诉讼的进行建立在告诉人的积极行为之上。例如,公元5世纪至8世纪,欧洲法兰克王国的刑事诉讼,完全采取自诉原则,控告犯罪,通知被告人到庭受审等,都是被害人及其亲属的事情,取决于原告人的意愿和诉讼行为。在刑事审判中,案件的审理者一般只起仲裁作用。法官既不积极地收集、审查和判断证据,也不分析案情的客观实际,而是由当事人自己收集和提供证据,法官在当事人双方的陈述、举证和辩论后,利用宗教、迷信手段和当事人双方的身体力量,作为评判案件是非曲直的标准。因此,在这一历史时期,诉讼阶段的划分并不十分明确。

到了纠问式刑事诉讼盛行的封建社会前期,法官开始集侦查、起诉、审判等诉讼职能于一身,没有专门的侦查和起诉机关,起诉权和审判权是合二为一的,法官具有揭发和惩罚犯罪的权力,只要发现犯罪,不论是否有受害人控告,法官都可以根据职权主动发动诉讼,开展审判。在这种情况下,侦查、起诉、审判等诉讼阶段均不能独立存在。自14世纪始,欧洲法兰克王国设立了检察官,侦查权、起诉权从审判权中分离,由检察官行使,形成了公诉制的雏形。后经十八九世纪的司法改革,欧洲大陆各国相继确立了国家追诉的原则,这样刑事诉讼程序就明显划分为侦查和审判两大阶段。

在现代刑事诉讼活动中,根据参加诉讼的机关和人员、实行诉讼行为的方式、诉讼过程的特定阶段的直接任务、诉讼法律关系的特性以及诉讼的总结性文件等因素,刑事诉讼程序基本上可以划分为侦查、起诉、审判、执行等主要的诉讼阶段。刑事诉讼一般要经过侦查、起诉、一审、二审、再审、执行等诉讼阶段,每一阶段都有一系列具体程序,司法机关和诉讼参与人都不得违反、超越或颠倒。可以看出,在刑事诉讼中,惩罚犯罪必须严格按照法定的阶段进行。

二、刑事诉讼阶段与刑事诉讼目的的关系

刑事诉讼阶段的合理划分,是确保刑事诉讼目的得以顺利实现的保障。经过合理划分所确定的诉讼阶段是国家专门机关必经且须依次、有序进行的环节。前一阶段成功地进行标志着诉讼的阶段性目标得以实现,从而为后一阶段的开始创造了前提条件。如果国家专门机关不合理地跳跃某一必经的特定诉讼阶段,将导致以下各个诉讼阶段的任务难以实现,以至于对刑事诉讼目的的实现带来消极的影响。[11]

---

〔11〕　樊崇义主编:《刑事诉讼法学》,中国政法大学出版社1996年版,第42页。

三、审判中心说与诉讼阶段论

刑事诉讼各个阶段既相对独立,又紧密联系。不同诉讼阶段的直接任务集中反映了立法者对该诉讼阶段作用与功能的期待。侦查阶段的直接任务主要是收集证据、抓获犯罪嫌疑人。起诉阶段的主要任务是对侦查终结移送起诉的案件进行审查,确定是否将犯罪嫌疑人交付审判的问题。审判阶段是整个刑事诉讼的中心阶段。在此阶段中,将集中并最终确定对被告人的定罪量刑问题。

在刑事诉讼中各阶段的关系上,理论上一直存在"审判中心主义"和"诉讼阶段论"两种观点。"审判中心主义"就是指整个刑事诉讼过程都应该以审判为中心,为审判服务。审判中心主义本质就是树立司法审判的权威,保持控辩双方地位和权利平等。审判中心主义是近现代国家刑事诉讼中普遍认同的一项基本原则,它是司法最终解决原则在刑事诉讼中的具体表现。具体来说,审判中心主义有两层含义:一是在整个刑事程序中,审判程序是中心,只有在审判阶段才能最终决定特定被告人的刑事责任问题,侦查、起诉、预审等程序中主管机关对于犯罪嫌疑人罪责的认定仅具有程序内的意义,对外不产生有罪的法律效果。二是在全部审判程序当中,第一审法庭审判是中心,其他审判程序都是以第一审程序为基础和前提的,既不能代替第一审程序,也不能完全重复第一审的工作。"诉讼阶段论"则是针对侦查、起诉以及法律监督等职能在中国刑事诉讼制度中重要性的认识,认为中国刑事诉讼结构不同于西方的审判中心论,因为侦查、起诉与审判是处于平行地位的"三道工序"。它们对于刑事诉讼目的的实现起到同等重要的作用,它们在刑事诉讼过程中的地位并无位阶之分。

当前,我国正在着手建立以审判为中心的诉讼制度,该制度的建立,有利于使我国的刑事司法符合人类司法的共同规律。以审判为中心,是指整个诉讼制度和诉讼活动围绕审判而建构和展开,审判对案件事实认定、证据采信、法律适用、作出裁决起决定性和最终性作用。构建以审判为中心的诉讼制度,就是要打破刑事诉讼的"阶段论""流水线"等传统观念和习惯做法,以及由此带来的"侦查中(重)心"问题。建立以审判为中心的诉讼制度,不仅是对公、检、法三司法机关之间司法职权配置的改革,也是对法院内部优化司法职能的要求。科学界定各种权力和职能的地位作用,即促进法院职能的分化与转变,确立法院内部权力运行的审判中心化,积极推进法院内部审判权力运行的去行政化。

首先,法院应以发挥审判职能、行使司法审判权为中心,审判是法院的基本职能,是第一要务,其他职能包括内部行政事务管理职能只能是辅助性、服务性职能,应围绕审判来开展。外部社会化职能更不能影响和妨碍审判职能的正常发挥。司法必须遵循司法规律,应当主要在司法审判职能内能动,而非超越职能的"盲动""乱动"。

其次,司法审判权力的运行,应去除行政化。以审判为中心,就意味着以司法审判权运行为中心,意味着以行使审判权的法官为主体,突出其主体地位和独立性,实行"谁办案,谁负责""让审理者裁判,由裁判者负责"。院长、庭长要回归审判职能,法官要回归本职工作,只有参与审判组织、参与审理活动,法官才享有审判权,才能作出司法裁判。

最后,实现法院内部各种权力和职能的分化与分离。一是审判管理权、审判监督权与审判权相分离,给审判管理权、监督权列出权力清单,将其"装进制度的笼子"。二是全面推动司法人员分类管理,构建以法官序列为核心,司法辅助人员为辅助、为服务的管理体系,突出法官的核心地位和作用。三是将行政事务管理权与司法审判活动分离,行政事务和人员单独序列管理,其职能只能是服务审判,而不能限制,甚至影响审判。审判职能与司法辅助职能要主次分清,而不能主次不分或主次颠倒,本末倒置。

思考题

1. 刑事诉讼基本理论范畴对于学习刑事诉讼法有什么指导意义?
2. 如何理解刑事诉讼法惩罚犯罪与保障人权的关系?
3. 用刑事诉讼结构原理分析我国的现行刑事诉讼结构。
4. 用刑事诉讼基本理论,论证我国建立以审判为中心诉讼制度的意义。

第四章　刑事诉讼的基本原则

导　读

刑事诉讼法的基本原则,是贯穿于刑事诉讼全过程,对刑事诉讼法的制定和实施具有普遍指导意义和规范作用的、国家专门机关和诉讼参与人在进行或参与刑事诉讼时必须遵循的行为准则,具有规范性、根本性、普适性等特征。了解刑事诉讼法的基本原则,是正确运用刑事诉讼法各项制度的前提。本章在系统介绍国际上通行的刑事诉讼法原则基础上,对我国现行刑事诉讼法基本原则进行了阐述。

第一节　刑事诉讼基本原则概述

从汉语的词源上看,“原”本是“源”的古字,含有根本、推求、察究、原来、起初之意。《实用大字典》将“原”字解释为:“源,本也;推其本也。”而“则”字,则一直含有规则之意。古汉语中本无“原则”一词,在近代白话文运动中,将“原”与“则”结合在一起,形成了所谓“根本规则、行为准则”的意项。在现代汉语中,“原则”一词,根据《辞海》的解释,指的是“观察问题、处理问题的准绳”,《现代汉语词典》的解释是“说话或行事所依据的法则或标准”。可见,“原则”一词最基本的语义是指人类行为的普遍准则。据此,所谓刑事诉讼的基本原则,就是指贯穿于刑事诉讼全过程,对刑事诉讼法的制定和实施具有普遍指导意义和规范作用的、国家专门机关和诉讼参与人在进行或参与刑事诉讼时必须遵循的行为准则。

从刑事诉讼基本原则的概念出发,我们认为,刑事诉讼基本原则应当具有以下几项特征:规范性、根本性、普适性。

1. 规范性

所谓刑事诉讼基本原则的规范性,是指刑事诉讼法基本原则对刑事诉讼活动的进行,对国家专门机关和诉讼参与人具有法律拘束力。就原则而言,它不具有规范的形式,但却具有规范的内容。这就是说,法律原则虽然在形式上与一般法律规范(规则)有所区别,但它同样具有规范的效力,对其调整对象具有法律拘束力。刑事诉讼基本原则作为刑事诉讼法律规范体系的一部分,规范性当然是其基本属性。正是由于这种规范性,使得法律原则与其他法律规则一样成为人们进行法律行为的准则和法官制作裁判的直接或间接依据。

刑事诉讼法基本原则是否具有规范性,涉及西方法哲学史上一个长期争议的话题,即法的模式(要素)问题。所谓法的模式,是解释法律由何种要素组成时所使用的概念,即法究竟是由哪些要素组成的。在西方法学史上,关于法律规则以外的原则、道德等是否应当构成法的要素,曾经发生过激烈的争论,主要存在"命令"模式论、"律令—技术—理想"模式论、"规则"模式论等观点。这些观点对法的要素做出了各自的概括和归纳,但是都存在许多模糊和不精确之处。但是,从现代社会法学派代表人物庞德的"律令—技术—理想"模式论到新自然法学派代表人物德沃金的"规则—政策—原则"模式论,法律原则均被视为法律规范体系的有机组成部分,是法官司法能动主义的体现。现在学术界比较通行的观点是"规则—原则—概念"模式论,即认为法的要素应当是由法律概念、法律规则和法律原则所组成,其中,法律原则也被视为是法律规范体系的基本构成要素之一。据此分析,刑事诉讼法也应当是一个由刑事诉讼法律规则为主体的,辅之以原则、概念等基本成分的规范体系,刑事诉讼基本原则是刑事诉讼法律规范体系不可分割的组成部分。既然刑事诉讼基本原则是刑事诉讼法律规范体系的一部分,当然就具有规范性特点,它对参加刑事诉讼的相关主体均具有规范作用和法律拘束力。在刑事诉讼过程中,当事人以及其他诉讼参与人如果违背刑事诉讼基本原则,将会遭到法律制裁。同样,对于国家专门机关来说,不仅必须遵守刑事诉讼法的各项程序规则,也必须遵循刑事诉讼基本原则。

进一步分析,刑事诉讼法基本原则的规范作用主要通过以下两种途径得以发挥:

一是在法律有明文规定的情况下,与普通条文一样被适用。从世界各国的立法来看,许多国家在其宪法或刑事诉讼法中对一些刑事诉讼基本原则作出了明确的规定,从而使刑事诉讼基本原则具有了明确的规范形式,可以直接为法官在制作裁判时所援用。这种刑事诉讼法基本原则的法律效力是毫无疑问的。例如,我国澳门特别行政区《刑事诉讼法典》第 178 条(适当及适度原则)规定:"一、具体采用之强制措施及财产担保措施,对于有关情况所须之防范要求应属适当,且对于犯罪之严重性及预料可科处之制裁应属适度。二、强制措施及财产担保措施之执行,不应妨碍与有关情况所需之防范要求不相抵触之基本权利之行使。三、仅当其他强制措施明显不适当或不足够时,方得采用羁押措施。"这一条款是关于比例原则的规定,由于立法上对这一原则作了明确规定,从而使这一原则具有了直接的司法裁判功能。在司法实践中,如果法官认为检控机关有违背此项原则的行为的,可以直接依据该条款作出裁判。再如,许多国家在其宪法或刑事诉讼法中明确规定了无罪推定原则,司法官即可直接援引该原则解决"疑罪"的处理问题。在美国,法官直接依据宪法或宪法修正案中规定的刑事诉讼基本原则裁判案件已经是美国司法的一项传统和特色。

二是在法律没有明文规定的情况下发挥规范作用。在这种情况下,刑事诉讼的基本原则主要是为解释刑事诉讼法条文提供依据以及补充法律漏洞。刑事诉讼法并非总是明确地规定了刑事诉讼的基本原则,更为通常的情况是刑事诉讼法并未对刑事诉讼的基本原则作出明确的规定,那么在法律没有明文规定的情形下,刑事诉讼的基本原则是否仍然具有规范性,具有法律拘束力呢?对此,学者之间存在不同的看法。有学者认为,刑事诉讼的基本原则产生法律效力,以宪法和法律明确规定为前提,如果刑事诉讼法对此没有明确规定,则只是一种思想和理论原则,其规范作用也就无从发挥。这其实是一种简单的法律证实主义思想。针对此,德国学者约阿希姆·赫尔曼曾经指出,刑事诉讼法也并非总是明确地规定了刑事诉讼的基本原则,而刑事诉讼的基本原则也并非是些具体的、可以以总结法从中直接获得裁判的法律规定。对于刑事诉讼基本原则,我们往往应当视其是指定方向、但保留余地的"最优化规定"。他举例证明说,中国《刑事诉讼法》(修改前《刑事诉讼法》——笔者注)第46条第2句规定,不允许仅仅依据被告人供述而判他有罪。在《德国刑事诉讼法典》中,我们读不到类似的规定。由于德国刑事诉讼法中缺少明确禁止只信口供的规定,中国读者也许就可能认为在德国刑事诉讼程序中口供完全足以作为有罪判决的基础。其实不然。对德国法官来讲,"查明实体法事实真相"的刑事诉讼基本原则,是标准性的指导原则。所以,只要无其他的证据可供审查供认的真伪性,德国法官对供认的处理,在结果上与中国法官一样,不会因此而判决有罪。这说明,尽管德国刑事诉讼法并未对该项原则作出规定,但该项原则仍然对法院认定证据、作出判决具有规范、约束作用,刑事诉讼基本原则的规范作用的发挥并不以刑事诉讼法明文规定为前提。[1] 日本当代著名学者铃木茂嗣也指出,在日本,有疑点视为被告人有利的原则,现行法没有明文规定。可是,不会有人去怀疑这个原则,因为这是理所当然的事情。[2] 在司法实践中,尽管法无明文规定,但法官毫不犹豫会按照该原则作出判决,以通过刑事诉讼基本原则的运用来弥补法律的漏洞。我国澳门特别行政区《刑事诉讼法典》第4条(漏洞之填补)明确规定:"如出现未有规定之情况,而本法典之规定亦不能类推适用,则遵守与刑事诉讼程序相协调之民事诉讼程序规定;如无此等规定,则适用刑事诉讼程序之一般原则。"这里的"刑事诉讼程序之一般原则"就是指刑事诉讼的基本原则。我国澳门特别行政区《刑事诉讼法典》第4条关于适用刑事诉讼程序一般原则来弥补立法漏洞的规定,实际上是一种授权性规定,它明确赋予了刑事诉讼法基本原则在补充法律漏洞时的法律效力。这表明:即使法律文本没有明文规定,刑事诉讼的基本原则一样具有规范效力和法律拘束力。

例如,某检察院的反贪部门以涉嫌受贿为由拘留了一名嫌疑人,但在拘留期限届满后,并未能查获足够的证据提请逮捕,因此检察院只能选择"放人"。然而,该反贪部门的侦查人员又不"甘心",因为,根据现有的证据和以往的经验判断,该嫌疑人犯罪的可能性极大,只是苦于拘留的期限太短,无法展开更为充分的侦讯以查获更多的证据,因此,侦查人员试图再次拘留该嫌疑人,以便有更多的时间收集证据。但是,他们又担心以同一案由重复拘留嫌疑人会违反刑事诉讼法有关拘留的规定,然而,他们翻遍了刑事诉讼法的有关条文,并没有找到禁止以同一案由重复拘留嫌疑人的明文规定。那么,在刑事诉讼法没有明文禁止的情况下以同一案由重复拘留犯罪嫌疑人是否合法呢?尽管现行刑事诉讼法对此没有明确的规定,但由于这一做法违背了侦查中的案件单位原则这一公理性原则,因而仍然构成非法拘留。所谓案件单位原则,是指侦查行为的实施必须以案件为单位和单元展开,对同一案件禁止重复侦查、禁止另案侦查。案件单位原则是一事不再理原则在侦查阶段的重要体现。这表明,尽管刑事诉讼法没有明文规定,但刑事诉讼法的一些公理性原则仍然具有法律拘束力。

2. 根本性

所谓刑事诉讼基本原则的根本性特征,是指刑事诉讼基本原则在刑事诉讼法律规范体系中处于根本性规范的地位。刑事诉讼基本原则的这种根本性地位体现在:刑事诉讼基本原则作为一种法律原则,构成了刑事诉讼法其他程序规则的原理、基础和出发点。刑事诉讼基本原则的根本性特征决定了其必然具有效力贯穿上的始终性,即刑事诉讼基本原则应当贯穿

---

[1] 参见[德]约·阿希姆·赫尔曼:《德国刑事诉讼法典》中译本"引言",载《德国刑事诉讼法典》,李昌珂译,中国政法大学出版社1995年版。

[2] 参见[日]铃木茂嗣:《日本刑事诉讼法的特色及解释上的诸问题》,载[日]西原春夫主编:《日本刑事法的形成与特色》,李海东等译,中国法律出版社、日本国成文堂1997年联合出版,第53页。

于刑事诉讼的全过程:从微观上看,刑事诉讼基本原则贯穿于从侦查、控诉直至审判的刑事诉讼各阶段;从宏观上看,则贯穿于刑事诉讼法从制定到实施的全过程,体现在立法、守法、司法诸环节。它既是立法者在制定刑事诉讼法时必须参照的标准,同时也是国家专门机关和诉讼参与人进行刑事诉讼时必须遵循的行为准则,更是司法机关裁判案件时的依据和准则。

刑事诉讼基本原则内容的根本性,来源于刑事诉讼基本原则对刑事诉讼基本价值的直接承载和体现。正是由于刑事诉讼基本原则直接体现了刑事诉讼的基本价值目标,它才构成了刑事诉讼程序规则的基础和本原。刑事诉讼的基本价值是指刑事诉讼法欲实现的各项伦理目标,如正义、秩序、自由、效率等。作为相对抽象的伦理目标,法律价值要作用于刑事诉讼法的运作过程,必须借助一定的媒介,而这一媒介首先就是刑事诉讼基本原则。针对性和刚性极强的程序规则是无力承载极度抽象的价值目标的,而作为一套根本性规范,刑事诉讼基本原则往往直接体现了刑事诉讼法的价值追求,例如,审判中立、控审分离原则就直接体现了对程序正义价值的追求,而诉讼及时原则就明显是效率价值的体现。在这一点上,刑事诉讼基本原则区别于具体的程序规则。程序规则对刑事诉讼法的价值目标的体现是间接的,它通过服务于法律原则而间接体现刑事诉讼的基本价值目标。这是因为,程序规则是依据刑事诉讼基本原则而制定的,两者处于不同的层级。程序规则是刑事诉讼基本原则内容的体现和具体化,它与刑事诉讼的基本价值目标之间是一种间接的联系。因此,考察一项程序规则或制度的价值取向,必须将其与相关的原则相联系,才有助于我们廓清认识。例如,单纯谈赋予犯罪嫌疑人沉默权,尚难以明确其真正的价值目标究竟何指,但是一旦将其与无罪推定原则联系起来,则其保障人权、自由价值的功能就极为明显了。

刑事诉讼基本原则在内容上的根本性使其成为刑事诉讼的基本原理,构成了程序规则的基础和本原。具体而言,在立法层面上,程序规则的制定必须以刑事诉讼基本原则为出发点,不得违背刑事诉讼基本原则的内容和精神;而在司法层面上,司法机关在审理案件时,也必须依据刑事诉讼基本原则对所适用的法律条文进行解释,如果遇到有相反含义时,应当采纳符合刑事诉讼基本原则的含义。法律解释的方法多种多样,但是不论采用何种解释方法,解释的结果都不能违背刑事诉讼的基本原则。

同时,刑事诉讼基本原则的根本性特征也使刑事诉讼基本原则相对于程序规则在刑事诉讼法律规范体系中处于更加稳定的状态。一项程序规则往往可多次增删变化,但一项刑事诉讼基本原则却能在一定历史阶段内长期保持相对的稳定性。例如,现代控辩式诉讼模式所采用的审判中立、控辩平等等诉讼原则,早在古罗马法时期即已存在并延续至今。这是因为刑事诉讼基本原则的内容具有根本性,它直接体现着刑事诉讼的基本价值目标,而刑事诉讼的基本价值目标是与人类社会发展的整个历史阶段的总体政治和经济、文化以及道德目标体系相联系和协调的,基于维护人类社会自身存续和发展的需要,它不可能轻易发生变更。如现代刑事诉讼法的价值目标是保障人权和惩罚犯罪的统一,它与现代法治国家的政治民主结构和目标是相关的,在该政治体制内它不可能轻易改变。

3. 普适性

刑事诉讼基本原则作为刑事诉讼机制内在规律和特质的反映,具有公理性意义,它超越了具体的国与国、人与人之间的差别而在世界范围内具有普遍适用性。例如,各国虽然社会政治、经济、文化背景不同,但都在一定程度上贯彻了程序法定、司法审查、控审分离、审判中立、控辩平等原则。这说明刑事诉讼基本原则是一种具有公理性和普适性的法律原则。

但需注意的是,刑事诉讼基本原则的公理性和普适性并不否认其包容性,刑事诉讼基本原则仍然可能存在因时空、人文背景所带来的内容上的差异。即刑事诉讼基本原则在反映刑事诉讼发展的普遍规律的同时,也将反映特定国家在特定历史时期的社会文化和价值取向。这种价值的相对性,使得刑事诉讼基本原则在保持基本的质的规定性的同时,在具体适用上也表现出相当程度的包容性与伸缩度。例如,对于无罪推定原则,不同国家的重视程度可能不同,在不同国家存在强势和和弱势的不同表述。再如,对于一事不再理原则的精神,各国都是予以贯彻和承认的,但在具体内容上,即究竟“一事”是指“同一事实”还是“同一罪名”,各国则有不同的规定。

另外,这种普适性的相对化,也使得在各国刑事诉讼基本原则的体系中,除了具有公理性的原则之外,还存在一些政策性原则。这些政策性原则反映了该国在该历史时期的社会政治、经济和文化状况。在这方面,英美与大陆两大法系的差别是个典型例证。由于社会文化背景和历史传统上的差异,以及所要面对的政治、经济问题的不同,英美法国家与欧洲大陆法国家形成了两套不同的刑事诉讼模式,即英美法国家的当事人主义诉讼模式与大陆法国家的职权主义诉讼模式,这两大诉讼模式之间在拥有一些共性的同时,也存在诸多程序构造和运作上的差异。就程序推进而言,英美法国家实行当事人主导原则,即程序由当事人双方来主导、推进,法官在诉讼中保持中立;而大陆法国家则实行职权主导原则,由国家司法机关的职权调查活动来主导和推进诉讼。这样,当事人主导原则和职权进行原则就构成了两大法系各自的政策性原则,而非公理性原则。我国具有自己独特的政治、经济状况,因此,我国刑事诉讼基本原则体系中也有反映这种特色的政策性原则,例如,公、检、法三机关分工负责、互相配合、互相制约原则,就是我国刑事诉讼基本原则体系中的一项政策性原则。作为对我国当前犯罪追究体制的反映,三机关分工负责、互相配合、互相制约原则是中华人民共和国成立以来刑事司法经验的总结和积累,是我国当前刑事司法政策的体现。因为公、检、法机关之间的关系完全可以以另外的不同方式予以构建,而我国根据当前社会发展的需要以及总体政治经济状况选择了以配合制约作为这种互动关系的基础,这种选择本身就是一种政治目标或政治决定,是一种政策调整的结果,具有较强的针对性,是对我国当前社会状况和问题的反映。

第二节　刑事诉讼的公理性原则

从现代法治国家的刑事诉讼立法和司法实践来看,普遍遵循着一些公理性的诉讼原则。这些公理性原则是对刑事诉讼这一以解决犯罪者刑事责任为内容的社会冲突解决机制内在规律的揭示,反映了当代人类社会对刑事诉讼目的和价值的理解与追求,表征着人类刑事诉讼制度的民主与文明化进程,部分内容值得我国借鉴。

一、程序法定原则

程序法定原则,也称为法制国家程序原则、程序法制原则,其基本含义是指国家刑事司法机关的职权及其追究犯罪、惩罚犯罪的程序,都只能由作为国民代表集合体的立法机关所制定的法律来加以明确规定,刑事诉讼法没有明确赋予的职权,司法机关不得行使,司法机关也不得违背刑事诉讼法所明确设定的程序规则而任意决定诉讼的进程。换言之,刑事诉讼程序的规则只能由立法加以规定,因此只能具有立法的性质,其他任何机关、团体或个人,以其他任何形式对刑事诉讼程序规则作出规定,都只能被视为是对程序法定原则的背离,其合法性都值得质疑。根据程序法定原则的要求,为了有效抑制国家刑事司法权的膨胀和扩张,保障涉讼的犯罪嫌疑人、被告人的权利,凡是涉及国家司法机关的职权配置和犯罪嫌疑人、被告人重大权益保障的事项,都应当由立法机关通过法律的形式加以明确规定,而不能由其他机关、团体或个人以其他任何形式作出规定,司法机关也不能通过制定司法解释的形式变相进行"二次立法"。作为宪法层面的法定原则的重要内容,程序法定原则与实体刑法上的"罪刑法定"原则遥相对应,成为刑事立法与司法的指导性原则之一。正是在此意义上,我们认为用"程序法定"一语更能直观地反映出程序法与实体法的紧密联系。

程序法定原则的提出,是近代以来国家主权原理转换的结果。在封建专制时期,崇尚的是"君主主权",因此,国家的一切事务都由君主及其代理人来管理,国民只是被管理的对象而非管理的主体。国民没有管理国家事务的权利,当然也就没有办法保护自身权益。近代以来,资产阶级革命打破了封建的君主神话,确认人民才是国家主权的主体,由此实现了由"君主主权"向"人民主权"过渡的国家主权原理的转换。根据"人民主权"的原理,逻辑上必然延伸出这样一个结论:既然国家主权属于人民,那么人民就应当家作主、管理国家的事务,就有权决定关系到自身利益的重大事务。刑事诉讼以惩罚犯罪分子和保障无辜的人不受刑事追究为目的,不仅涉及国家的稳定和社会的秩序,而且关系到公民的人身自由、财产安全等重大权益,因此,进行刑事诉讼的程序规则应当由国民代表的集合体——立法机关通过立法的形式来加以规定。在此意义上,可以说,程序法定原则是"人民主权"观念的具体化、制度化。在人民主权的政治原则日益得到尊重的现代社会,程序法定已经成为一项为世界各国所普遍接纳和遵行的法律原则。有些国家甚至将程序法定原则提升为一项宪法性原则,如《法国宪法》第 34 条规定:只有经议会表决通过的法律才能规定有关刑事诉讼的各项规则。《日本国宪法》第 31 条也规定:"任何人,未经法律规定的程序,不得剥夺其生命、自由或者科处其他刑罚。"按照这一规定的要求,刑事诉讼程序不仅在内容上,而且在形式上也都应当通过国家立法机构制定的法律来规定。

在现代法治国家的视野内,程序法定原则具有通过立法权来制约司法权的分权制衡意义,且程序法定原则的确立有利于形成"以权力制约权力"和"以权利制约权力"的机制:一方面,程序法定原则的提出,实际上是主张通过由立法机关制定的法律来明确规定国家司法机关的权限及其追究犯罪、惩罚犯罪的程序,以防止司法权与立法权合而为一,导致司法机关滥用职权、专权擅断,侵害公民的生命和自由权利。因为如果由司法机关自行制定刑事诉讼的程序规则,那么司法机关必然会利用这一权力从有利于自己追诉和审判的角度来设计刑事诉讼的程序规则,从而造成刑事司法权的过度膨胀和扩张,侵犯犯罪嫌疑人、被告人的人权。因此,制定刑事诉讼程序规则的权力必须由相对中立的立法机关来掌握,司法机关不得僭越。另一方面,程序法定原则除了要求法律必须明确规定刑事司法机关的权限以外，还要求法律明确规定犯罪嫌疑人、被告人在刑事诉讼中所享有的基本权利，这同样是基于限制国家刑事司法权力、保障公民个人权利的现实考虑。因为，个人权利与国家权力之间从来都是一种此消彼长的零和关系。国家权力扩张，个人权利必定相应地缩减，而个人权利的扩展，也必然导致国家权力的相应缩减。这样，通过伸张个人权利来抑制国家权力的过度扩张就是另一条有效制约国家权力的途径。根据程序法定原则的要求，法律应当明确规定犯罪嫌疑人、被告人在诉讼中所享有的基本权利，这实际上就是赋予了犯罪嫌疑人、被告人与国家司法机关相抗衡的手段。犯罪嫌疑人、被告人可以凭借法律所赋予的权利来抵御国家刑事司法权的侵犯，从而形成一种“以权利制约权力”的权力制衡机制，有效地约束和限制国家司法机关的权力扩张，防止司法机关滥用权力、侵犯公民人权。例如，赋予犯罪嫌疑人、被告人反对强迫自证其罪的特权，就可以在一定程度上防止刑讯逼供这一违法现象的发生；而立法上确立非法证据排除规则，就可以有效抑制侦查机关的违法搜查、扣押行为。正是在这个意义上，我们说，刑事诉讼法不仅是一部惩罚法，更是一部保障法，它不仅赋予检察院、警察机关和法院追究、惩罚犯罪所必须具备的职权，而且还赋予犯罪嫌疑人、被告人借以自保的权利。因此，现代意义上的刑事诉讼法又被称为犯罪嫌疑人、被告人的“权利宣言”“圣经”。从内容上看，世界各国刑事诉讼法典的规定大体上都可以划分为两部分：一部分是关于国家司法机关职权的规定，另一部分则是关于犯罪嫌疑人、被告人及其他诉讼参加人员权利的规定。这种“权力—权利”的刑事诉讼立法格局正是对现代刑事诉讼法人权保障功能的最好诠释。例如，德国刑事诉讼法不仅对检察院、警察机关和法院的权力、权限作出了规定，还对被指控人和其他参加刑事程序的人员所享有的权利作出了明确规定，这就使被指控人和其他诉讼参加人获得了抵御国家司法权力的侵犯并借以自保的手段，从而有利于制约国家司法机关的权力、维护犯罪嫌疑人、被告人的人权。

二、司法审查原则

司法审查原则的含义是指未经法院的司法审查，任何人不得被剥夺生命、自由或者科处其他刑罚；未经法院审查，不得对公民实施逮捕、羁押等强制措施以及其他强制性侦查措施。司法审查原则在某些国家的理论和立法上又被称为正当程序原则，也是一项贯穿于刑事诉讼全过程的指导性原则。司法审查原则在控诉阶段的表现是侦控机关的强制处分措施必须经过法院的审批，即实行司法令状主义；司法审查原则在审判阶段的表现是只有法院才能拥有定罪量刑权，其他机关不得剥夺公民的生命、自由或者科处其他刑罚及保安处分。

司法审查原则实质上是主张“司法至上”，其思想基础和法理依据是近代以来十分流行的自然法理论。根据自然法则论的观点，个人权利并非国家赐予的礼物，它们是固有的、先在的，个人权利先于国家而存在，国家必须尊重和保护这些先在的权利。因此，虽然基于保障社会秩序和安全的需要，国家权力有其存在的合法性，在必要的情况下，允许国家权力强制性侵犯公民的权利，但是由于国家权力具有扩张的本性，为防止国家权力过度扩张导致对公民个人权利的侵害，一方面必须对强大的国家权力实行分立，另一方面当公民权利受到国家权力的侵犯时，有权获得公正和有效的司法救济，即由法院对国家权力行使的合法性进行司法审查。这一思想为现代法治国家所吸收，成为调整国家与公民之间关系的一般准则。刑事诉讼是以解决国家与公民之间的权益冲突为使命的诉讼形式，在刑事诉讼中集中体现了公民的个人权利与国家权力的紧张冲突与衡平关系。在刑事诉讼程序中，作为国家利益代表的刑事追诉机关，代表国家行使强大的刑事追诉权。由于国家权力本身的特质,刑事追诉机关行使侦查权与控诉权时往往伴随着一定的强制性,从而对犯罪嫌疑人、被告人的个人权利构成威胁。虽然基于保障法秩序的需要,允许刑事追诉机关对公民采取强制性侦控手段,但为了防止侦控机关滥用强制权、非法侵犯公民的权利,必须给予犯罪嫌疑人、被告人向中立的法院要求审查的权利,由法院对刑事追诉机关权力行使的合法性进行审查。刑事追诉机关对公民的重大权益进行强制性处分,必须由法院经过正当的法律程序加以审查后才能作出;未经法院的审查,不得对任何人剥夺生命、自由或者科处其他刑罚;未经法院审查,不得对公民实施逮捕、羁押等强制措施以及其他强制性侦查措施。从而以这种方式,使公民在国家的强制权面前得到有效的法律保护,这便是刑事诉讼中的司法审查原则。

司法审查原则的产生与西方国家传统中的"正当程序"观念密不可分。"正当程序"的概念可以上溯到1215年的英国《自由大宪章》,其最初的含义是指刑事诉讼必须采取正式的起诉方式并保障被告接受陪审裁判的权利。后来其适用的范围不断扩大,最后发展为在广义上剥夺某个人利益时必须保障他享有被告知和陈述自己意见并得到倾听的权利,从而成为英美法中人权保障的根本原则。此后随着两大法系的日渐融合,正当程序观念的某些思想也逐渐为大陆法系所采纳。正当程序观念的核心思想是"以程序制约权力",要求国家机关在处分公民权益时必须遵循正当、合法的程序进行,以防止国家权力的恣意、专断。根据正当程序观念,在刑事诉讼中,作为国家利益代表的侦查和控诉机关必须遵循法定的刑事诉讼程序展开追诉活动,在涉及被告人的权益处分时,侦控机关不能单方面决定,而必须经过法院的司法审查程序后才能做出决定。因为,只有在司法审查程序的介入下,被告人才能获得向中立的法官陈述自己的意见及得到倾听的机会。从世界各主要国家的刑事诉讼立法来看,司法审查原则已经成为一项得到普遍遵循的法律原则,更多的国家将司法审查原则提升至宪法层面加以保障。例如,《德国基本法》第19条第4款规定:"其权利受到公共权力侵犯的任何人,都可以要求法院对侵犯进行审查。"《日本国宪法》第31条也规定:"任何人,未经法律规定的程序,不得剥夺其生命、自由或者科处其他刑罚。"同法第33条及第35条规定,没有法官签发的令状,原则上任何人均不得被逮捕,也不得侵入、搜查以及扣押任何人的住所、文件以及所有物品。从刑事诉讼制度发展的世界性趋势来看,司法审查原则已经成为一项刑事诉讼国际准则,《公民权利和政治权利国际公约》第6条规定:"未经合格法庭最后判决,不得执行死刑刑罚。"第9条规定:"对任何人不得加以逮捕或拘禁,除非依照法律所规定的根据和程序,任何人不得被剥夺自由。任何因刑事指控被逮捕或拘禁被剥夺自由的人,有资格向法院提起诉讼,以便法庭能不拖延地决定拘禁他是否合法以及拘禁不合法时命令予以释放。"《联合国人权委员会关于公正审判和补救权利的宣言》(草案)第34条规定:"任何人只能基于合理的理由和按照由合格当局签发的令状才能加以羁押。"第38条规定:"任何国家应当确保建立人身保护令程序或近似的程序、制度。"

三、控审分离原则

控审分离原则涉及控诉和审判两大诉讼职能的配置。从内容上看,控审分离原则具有结构和程序两方面的意义。结构意义上的控审分离,指的是作为两种功能不同的诉讼职能,控诉职能与审判职能应当由不同的国家机构分别承担。其基本要求就是实现机构设置上和人员组织上的审、检分离,即检察院作为专门的国家控诉机关独立于作为审判机关的法院;检察官也不得同时在法院兼任审判法官。但需注意的是,审检分离并不意味着一定要实现审检分署,而是要求检察院在组织体制和工作业务上与法院相分离。程序意义上的控审分离原则,则是指程序启动上的“不告不理”以及程序运作中的“诉审(对象)同一”。所谓不告不理,是指刑事审判程序在启动上必须以承担控诉职能的检察机关或自诉人提起控诉为前提,法官“无权自行受理刑事案件,必须等待检察院提起公诉”。检察院不提起控诉,法院就不能展开审判。法院主动追究被告人的刑事责任、自诉自审或者不诉而审,都是与不告不理原则相背离的,是控审职能不分的表现。而所谓诉审(对象)同一,是指在刑事审判过程中,法院审判的对象必须与检察院起诉指控的对象保持同一,法院只能在检察院起诉指控的对象范围内进行审判,对于检察院未指控的被告人及其罪行,法院无权进行审理和判决。即使法院在审判过程中发现检察院起诉指控的对象有错漏,也不能脱离检察院起诉指控的被告人或其罪行而另行审理和判决。

控审分离原则是对现代刑事诉讼职权配置基本原理的反映。刑事诉讼本质上是国家实现刑罚权的专门性活动。国家设立刑事诉讼的最初动机就是通过国家权力的介入来查明案件的事实真相、惩罚犯罪、维护社会的秩序与安全。作为一种国家活动,国家权力在刑事诉讼中的作用广泛而深刻。从刑事司法权力体系的结构来看,刑事侦查权、刑事控诉权与刑事审判权本质上都是一种国家权力,在这一点上,可以说三种权力具有同质性。刑事侦查权、刑事控诉权、刑事审判权之间的同质性,使得这三项权力之间具有天然的亲合性,也为三权的集中、合一提供了基础。集中性是权力的本性,任何权力都趋向于通过扩张而膨胀成为不受制约的专断权力,刑事司法权也不例外。因此,在封建专制时期,与政治上的高度集权相适应,在刑事司法领域也出现了刑事司法权力高度集中的司法集权现象。封建社会盛行纠问式诉讼模式,纠问式诉讼模式的典型特征就是将社会利益放在个人利益之前。为了防止因为过分尊重个人权利而无法实现追究和惩罚犯罪分子的任务,纠问式诉讼模式赋予国家追诉机关强大的追诉权,被告人的个人权利则被彻底牺牲。在纠问式诉讼模式中,“任何法官都是检察官”,法官集侦查、控诉、审判三权于一身,在自侦自查的基础上自诉自审,导致严重的控审职能不分。在权力高度集中的法官面前,被告人毫无权利可言,只是法官工作的客体、追诉的对象。

正是基于对纠问式诉讼模式的深刻反思,随着近代资产阶级革命的胜利,西方各国逐渐建立起一种以分权制衡为基础的宪政制度,国家权力的结构原则由此发生了根本性变革:权力分立取代了权力集中,司法权从行政权中独立出来成为国家权力的一部分。立法权、行政权和司法权被分配由不同的国家机关行使,并且相互监督和制约,以避免滥用权力,保护公民的个人权利。同时,在司法权力系统内部,刑事司法权力的配置也从集中走向分立,国家专门设立检察院承担控诉职能,而让法院专司审判之责;控诉只能由检察院提起,法院不得主动开启审判程序;法院的审判对象必须与检察院起诉指控的对象保持同一性,检察院未起诉指控的被告人和罪行,法院不得径行审理。由此实现了控诉与审判职能的分离与制衡。控审分离的诉讼架构为辩护职能的产生提供了空间,被告人的诉讼主体地位得到确认,辩护职能得以确立,以控、辩、审三大诉讼职能良性互动为基础的现代刑事诉讼结构得以塑成,而控审分离原则也成为现代刑事诉讼的基本结构特征和组合原理。从世界各国的立法规定来看,控审分离原则已经得到普遍的认同与遵循。例如,《德国刑事诉讼法典》第 155 条(调查范围)第 1 款明确规定:“法院的调查与裁判,只能延伸到起诉书中写明的行为和以诉讼指控的人员。”《日本刑事诉讼法典》第 249 条(公诉效力所及于人的范围)也规定:“公诉,对检察官指定的被告人以外的人,不发生效力。”我国澳门特别行政区《刑事诉讼法典》第 340 条(控诉书或起诉书中所描述事实之实质变更)第 1 款规定:“如在听证过程中得出结果,使人有依据怀疑发生一些事实,其系在起诉书中未描述,又或无起诉时,在控诉书中未描述,而对起诉书或控诉书中所描述之事实构成实质变更者,则主持审判之法官将该等事实告知检察院,该告知之效力等同于提出检举,以便检察院就新事实进行追诉;在正进行之诉讼程序之判罪上,不得考虑该等事实。”这说明审判法院的审理范围不得逾越控诉或起诉所划定的标的,法官在庭审中即使发现了检察院未予指控的新事实,也不能就该新事实进行审判,而只能将新事实告知检察院。由检察院就新事实进行追诉后,法官才能加以审理、判决。同法第355条第1款c项还规定,法院的刑事判决书中应当指出根据起诉书,或无起诉书时,根据控诉书对嫌犯归责之犯罪。这说明审判法院在制作刑事判决书时只能就检察院起诉书中指控的犯罪事实作出判决,而不能对检察院未指控的犯罪事实作出判决。在一些国际法律文件中,控审分离原则也得到了体现,例如,《欧洲人权公约》第6-1条规定:任何人都享有其诉讼案件由独立的、公正的法院公平审理之权利。刑事案件中提出的任何控告是否有依据均应由法院决定之。欧洲的学者认为这一规定包含了“职能分开”的原则:负责进行追诉的司法官(检察官)完全被排除出审判法院;同时,同一人在同一案件中不得既行使预审职能,又行使审判职能。《公民权利和政治权利国际公约》第14条第1项规定:“所有的人在法庭和裁判面前一律平等。在判定时,对任何人提出的任何刑事指控或确定他在一件诉讼案中权利、义务时,人人有资格由一个依法设立的、合格的、独立的和无偏无倚的法庭进行公正的和公开的审讯。”这里的“无偏无倚的法庭”被认为只能是实现了控审职能分离的公正法庭。《关于检察官作用的准则》中第10条明确规定,检察官的职责应与司法职能严格分开。《世界刑法学协会第十五届代表大会关于刑事诉讼法中的人权问题的决议》(以下简称《决议》)第4条宣称:在审理和判决时,无罪推定原则要求法官对诉讼双方公正不倚。为了使这种公正确实存在,必须严格区分起诉职能与审判职能。因此负责判决的法官必须是未参与预审的法官。最可取的办法是:负责判决的法官不应与接受对嫌疑人的起诉的法官为同一人。这是对结构意义上的控审分离原则的规定。《决议》第7条规定:“在确定刑罚时,法庭不得将被告人未经审判正式认定的其他罪行考虑在内。”这就明确规定了应当遵守程序意义上的诉审同一。

四、审判中立原则

审判中立原则,是指审判机关作为裁判者应当在诉讼过程中与纠纷的双方当事人保持同等的距离,对双方采取不偏不倚的态度和行为。审判者的中立地位不仅体现在庭审阶段,而且体现在审前程序阶段。联系前面指出的司法审查原则,在侦查程序中,法官进行司法审查时,也应当保持客观中立的地位。有学者主张提司法独立原则,但我们认为,司法独立实际上是审判中立原则的一项制度保障,确立司法独立原则,最终目的仍可归结为确保法官在诉讼中的中立性。因此,我们主张以审判中立原则而非司法独立作为刑事诉讼基本原则的内容。

审判中立原则的形成是诉讼机制自身特性的内在反映。诉讼本质上是一种三方组合,根据审判中心主义的要求,法官作为纠纷的权威解决者,处于控、辩、审三角结构的中心位置,在控辩两造平等对抗的基础上,作为审判者的法官居于其间、踞于其上,中立听证、消极裁判。许多国家的宪法都有关于“人人有权由一个依法设立的、独立的、无偏倚的法庭进行公正和公开的审判”的规定,这便是关于审判中立原则的立法表述。《公民权利和政治权利国际公约》第14条也规定,在判定对任何人提出的任何刑事指控或确定他在一件诉讼案件中的权利和义务时,人人有资格由一个依法设立的合格的、独立的、无偏倚的法庭进行公正的和公开的审讯。

尽管审判中立原则作为诉讼机制的基本组合原理和结构原则,对于维持诉讼机制的结构平衡和功能履行具有重要意义,但由于司法内外因素的影响,审判中立原则本身又是非常脆弱的。因此,为维护诉讼机制的正常运作,必须建立相应的保障机制,确保审判的中立性。

首先,必须实现司法独立。由于司法权在国家权力体系中处于易受侵犯的弱势地位,因而必须采取措施改善司法权的处境。司法权借以自保的手段便是通过权力的分立与制衡,来实现司法独立。具体而言,国家司法审判权应交由法院行使,立法机关、行政机关不得行使审判权;法官独立行使审判权,不受其他机关、团体和个人的干涉、影响和控制;法官依法行使审判权,法官只服从法律。司法独立作为保证司法稳定性与公正性的必要措施,为现代国家的宪法和法律所普遍确认,已成为现代法治国家所遵循的一项基本法治原则。但是,作为一项抽象的法律原则,司法独立原则要产生预期的效果,还有赖于相关保障措施的建立。其中包括:(1)资源保障。即司法机关应享有充足的资源。司法机关只有获得充足的司法资源后,才能确保自身的存在和职责的履行。司法机关只有在司法资源的配置上不依赖于立法机关和行政机关,才能独立自主地行使职权。(2)资质保障。司法的功能对司法人员的技术能力和人格品行提出了较高的要求。一方面,在技术能力上,法官必须受过适当的法律训练并且精通法律、熟悉业务;另一方面,在人格品性上,法官应当正直无私、自觉抵制各种干扰,恪守中立。这就需要加强对法官的甄选和培训。(3)身份保障。即司法人员应当享有保障其独立性所需的职业条件。一是法官任期固定。不可随意更换、调任法官,除非法官不称职或行为不端以致不适于继续任职,否则不得将法官停职或撤职。二是法官优薪制。法官应享有与他的地位、尊严和职务责任相适应的薪金和退休金。三是法官晋升制。法官的晋升应以其能力、操守和经验为基础。四是法院内部事务自主。法院向属下的法官分配案件等内部事务,应由法院自主,行政机关不得干预。五是司法人员的纪律惩戒应遵循公正的程序。对法官的任意惩戒将严重影响法官独立,因而对法官的惩戒必须遵循公正程序进行。(4)权利保障。即司法人员应当享有维护司法独立性所必需的相关权利。一是司法人员应当享有言论自由和结社自由。法官在审判中言论自由是法官依据自身的心证和判断作出判决的前提,只要无损于法官的职业尊严和独立性,法官的言论自由权应当得到保障。同时,法官还有权通过组织和参加法官社团组织的形式来增强整体的抗干扰能力,以维护自身独立和权益。在法官的诸项权利中,法官组织和参加法官同业公会等法官社团的自由尤其应当受到重视和保护,因为法官同业公会等法官社团的存在可以形成整体的权威,是抵抗其他国家权力对司法权的干扰、保持司法独立性的有效手段。二是司法人员应享有民事司法赦免权。司法判决的结果关系亘大,因而法官职业承受着巨大的外在和内在压力,如果法官因为怕担责任而"总是用颤抖的双手去作出判决",那么这种判决的独立性和公正性就难以保证。因此必须为法官设置相应的减压机制,以消除法官怕担责任的顾虑,这主要是要赋予法官民事司法豁免权。

其次,建立程序保障机制。如果说确立分权制衡机制,实现司法独立,其目的是使法官独立于外部势力的干扰,那么建立程序保障机制则旨在使法官独立于自我的偏好与偏见等内部因素的干扰,以确保法官在诉讼程序中不预断、不偏听,始终保持客观中立的立场。应当说,诉讼程序中的诸多程序原则与制度设计都与此有关,主要包括:(1)管辖制度。案件管辖权,就是具体的审判权,司法独立必然要求管辖独立,而管辖独立就是要求必须普遍地和事前地对每一个刑事案件确定出拥有审判权的法院:一方面,管辖权必须法定,即不得有目的地任命法官去审决特定案件,对此应通过设立明确的法定管辖权原则予以规范;另一方面,合议庭一旦组成,就不可变更,即通过"合议庭的不可变动性"来摆脱政府对有管辖权法院的控制。管辖独立的目的是防止行政机关借具体案件的分配干预法院具体审判权的运作,妨碍司法独立。(2)回避制度。回避制度的基本内容是要求法官与案件有利益牵涉时,不得担任本案的审判官和裁判者。现代心理学的研究早已表明,利益牵涉将影响裁判者作出决定时的客观公正性。回避制度设立的目的就旨在保证法官与案件利益无涉,防止法官在审判中因利益牵涉而丧失裁判者的中立性。“利益牵涉应当回避”是一项古老的诉讼原则,早在古罗马时期的“自然正义”原则中就明确规定:“任何人不得作为自己案件的法官。”(3)合议制和陪审制。合议制和陪审制实际上是一种集体决策机制,而集体决策机制的一个突出优势就在于可以避免个人决策的片面性。合议制的设立,一方面,可以通过法官集体审理的方式增强法官抗干扰的能力;另一方面,也可以避免因个别法官个人的偏好与偏见而影响审判的中立性、公正性。陪审员参与诉讼的制度设置,则被认为是具有真正意义上的独立性,因为对法官独立性的保障不过在于保证法官不受外来影响,但难以确保法官不受职业潜意识的影响。这是因为,一方面,法官作为职业法律工作者,容易因为职业原因形成一定的潜意识,例如刑事法官往往具有较强的追诉倾向(这在大陆法系国家中更为常见),这种倾向使法官有时难以作出公正、合理的判决。而实行陪审制,由毫无司法经历的普通人进行审判,就可以避免这种潜意识干扰;而且普通人比法官更接近日常生活,更了解普通人的经历,因而往往能够作出更合理的判决。另一方面,法官具有法律工作者、国家公务员和一定社会阶层成员的三重身份,这就使法官在诉讼中尤其是在政治性诉讼中尤其容易受到这一身份的影响,而陪审员作为民间力量则不存在这一问题。这说明,陪审制的设立有利于防止法官的职业偏见和可能的政治偏袒。

五、控辩平等原则

作为与审判中立相对应的一项诉讼原则,确立控辩平等原则的目的在于正确定位控辩双方在诉讼中的地位和作用。根据控辩平等原则的要求,代表国家追诉的侦控机关与作为个人应诉的犯罪嫌疑人、被告人之间应当在地位平等、权利对等的基础上,展开对抗求证活动。控辩平等包括“平等武装”和“平等保护”两方面的要求。

“平等武装”(equality of arms)要求在立法层面赋予控辩双方平等的诉讼权利和攻防手段,以保障双方平等参与诉讼并最终赢得胜诉的机会和能力。“平等武装”意味着刑事诉讼法应当为控辩双方提供对等的攻防手段,这就要求刑事诉讼法赋予侦控机关和被追诉人对等的诉讼权利和义务,以使控辩双方能够真正平等、有效地参与诉讼,促进纠纷的解决。具体而言,基于平等武装的要求,既然侦控机关作为控诉方享有攻击性权力即控诉权,那么,犯罪嫌疑人、被告人也应当享有与之相对应的防御性权利,即应诉权。控诉权与应诉权,本质上都是一种诉权,即请求法院对纠纷予以裁判的权利。被告人的应诉权可以消极的方式行使,也可以积极的方式行使。前者即为沉默权,犯罪嫌疑人、被告人在诉讼中有权保持沉默;后者则为辩护权,犯罪嫌疑人、被告人在诉讼中可以积极地展开调查、取证以及辩论。因此,沉默权也可以称为消极的应诉权,辩护权也可以称为积极的应诉权。既然控诉权与应诉权在本质上都是一种诉权,那么,作为权利主体的控辩双方在诉讼中的地位就应当是完全平等的。

必须指出的是,平等武装并不仅仅满足于追求形式上的平等,而是要寻求一种实质意义上的平等。考虑到控辩双方在力量上的现实差距,仅仅赋予被追诉人应诉权是难以真正实现控辩双方的地位平等的,因此,必须在权利义务的分配上适当地向被追诉方倾斜,赋予被追诉方抵御控诉权侵犯并借以自保的一些特权。从现代各国的刑事诉讼立法来看,一般都赋予被追诉方以下诉讼特权:(1)无罪推定。即被告人受无罪推定的保护,不承担证明自己无罪的责任,证明被告人有罪的责任应由检控方来承担。这是通过使控方承担更多的诉讼义务、减轻辩方责任的方式来平衡控辩双方在力量上的差距。(2)控方在庭前单方开示证据。有的国家(如英国)长期以来要求控诉方在庭审前向辩护方公开出示其所收集、调查到的证据,而辩护方除极少数情况以外,并不承担这种开示责任。控方在庭前单向开示证据,实际上使辩方得以利用控方的资源。这是因为,较之辩护方,控诉方在资源上具有压倒性优势,为避免使其不公平地处于审判上的有利地位,辩护方在审判阶段应得到某些手段上的补偿,以实现控辩双方的平等武装。(3)非法证据排除规则。即侦控机关非法获取的证据不能用来指控被告人。这是通过对控方证据调查手段的限制和约束,来平衡控辩双方之间在调查取证能力上的差距。

如果说平等武装为实现控辩平等创造了均等的机会和条件,那么其真正实现还有赖于法官对控辩双方提供平等的保护。因为"平等武装"实际上是一项立法原则,而在立法层面上赋予控辩双方对等的攻防手段,只能为双方调查取证和展开辩论提供相对平等的机会。被告是否被判有罪,最终还得取决于法官对双方提供的意见和证据的关注和采信程度,因此,实现控辩平等还需要在司法层面强调法官对双方的对等保护。

由于在诉讼结构中,法官作为纠纷的裁判者是适用法律的主体,因此而成为法律的化身,控辩平等实际上在很大程度上是控辩双方在法官面前的平等,是要求法官在诉讼中保持客观中立、不偏不倚地对待控辩双方,对控辩双方加以平等的保护。具体而言,裁判者在诉讼中应当尽力抑制自己的偏见,并给予双方平等参与诉讼的机会。对于控辩双方向法庭提供的意见和证据,法官应当加以同等的关注和评断,并要在充分考虑控辩双方意见的基础之上才能形成最后的判决。根据古罗马时期指导诉讼进行的"自然正义"原则:一方面,任何人不得作为自己案件的法官;另一方面,应当听取双方当事人的意见。后者就是对"平等保护"原则的直接阐述,这表明"平等保护"历来是程序公正理念的源泉。美国学者戈尔丁也指出,"纠纷解决者不应有支持或反对某一方的偏见",是衡量程序公正性的基本标准。具体而言,平等保护包括以下含义:(1)法官应当给予控辩双方参与诉讼的同等机会。控辩双方有权在相同的时间内出示证据;控辩双方的证人在所有程序事项上应受平等对待。(2)法官对于控辩双方所出示的证据和提供的意见,应当予以同等关注,法官所制作的判决应当是在充分考虑控辩双方的意见的基础之上而形成的。

六、无罪推定原则

无罪推定原则的基本含义是指在刑事诉讼中,任何受到刑事追诉的人在未经司法程序最终判决为有罪之前,都应被推定为无罪之人。无罪推定原则的基本价值取向在于保护犯罪嫌疑人、被告人在诉讼中的合法权益,保障其在诉讼构造中的诉讼主体地位,使其能运用以辩护权为核心的各项诉讼权利与拥有强大追诉能力的国家追诉机关相抗衡,并借以自保。从更深层次看,无罪推定原则的确立是由西方民主法治国家的性质决定的。西方民主法治国家与封建国家的一个重要区别就在于前者更注重对公民人权的保障,而对公民人权的保障是通过对国家权力的限制来实现的。在刑事司法领域,则奉行这样的逻辑起点:刑事诉讼对于法治国家的守法公民来说实际上是一项沉重的负担,公民在涉讼期间,将丧失相关生活权益。虽说作为公民有配合司法的义务,但是为保障公民权益,防止随意追诉定罪的"警察国家"的出现,国家在决定追诉时仍然必须谨慎,必须要有合理的理由才能对公民展开追诉,提出控告就应当确认已经实行了某种犯罪,确认这一犯罪当归咎于某具体的个人。这就要求承担追诉职能的国家公诉机关必须有一定的证据来指证被告人,并获得法院判决的支持,而在这之前,所有公民在法律上都被推定为是无罪的,被追诉人本身并不承担证明自己无罪的责任。如果国家追诉机关不能证实被追诉人所犯罪行的真实性,那么,被追诉人无罪的“法律推定”就会转换为无罪的“事实认定”,公民有权恢复其本来的生活状态。

19世纪中叶,意大利刑法学家贝卡利亚在其名著《犯罪与刑罚》中首先提出了“无罪推定”的口号,他号召:“在没有作出有罪判决以前,任何人都不能被称为罪犯。”此后,这一主张逐渐为众人所接受,成为资产阶级质疑封建司法乃至封建政权本身合法性的重要武器。随着资产阶级政权的建立,无罪推定原则逐渐得到世界各国的普遍承认。1789年法国《人权宣言》正式将这一原则用法典的形式固定下来,其第9条规定:“任何人在其未被宣告为犯罪以前应被推定为无罪。”1958年10月的法国宪法中庄严重申了这一宣言的各项原则。其他国家的立法也相继确立了这一原则。鉴于无罪推定原则对于保障公民权益的重要性,各国往往将其作为宪法性原则而加以规定。随着刑事诉讼国际准则的建立,无罪推定原则也逐渐成为一项重要的刑事司法国际准则。1950年签署的《欧洲保护人权与基本自由公约》中规定:“任何受指控犯罪的人,在未依法确定其有罪之前,推定其无罪。”

无罪推定原则实际上是关于被追诉人在诉讼中的法律地位的一种法律推定,这种推定主要是解决证明责任分配的问题,具体而言:

其一,反对强迫自证其罪。从逻辑上说,既然被追诉人已经被推定为是无罪之人,那么他在诉讼中的法律地位就已经确定,他也就没有再提出证据来证明自己无罪的义务。相反,提出控告就应当证明已经实施了某种犯罪。既然控诉方对被追诉人提出了指控,质疑其无罪的地位,那么控诉方就应当提供相应的证据来对其指控之事实加以证实。在这个意义上,提出证据的责任或者说行为意义上的证明责任首先应当由控诉方承担。据此,在诉讼中,原则上应当由控诉方提供证据来证明其所指控的犯罪事实成立,被追诉人在诉讼中不承担证明自己无罪的责任。既然如此,被追诉人也就没有义务在针对其进行的查找证据的活动中予以合作,他可以在诉讼过程中保持沉默,也可以明确表示拒绝陈述,即被追诉人在诉讼中享有反对强迫自证其罪的特权或者说沉默权:不能强迫被追诉人陈述与案情有关的事实;不能因为被追诉人保持沉默或拒绝陈述就认定其有罪或得出对其不利的评断和结论。

其二,疑问有利于被告。被追诉人在诉讼中的无罪地位是一种法律推定,而法律推定是可以通过控诉方的反证活动来加以推翻的。如果控诉方的反证能够证明被追诉人是有罪的,那么,这种法律拟定就将被推翻,无罪将转化为有罪。但是,如果控诉方不能完全证实指控事实的真实性,出现事实真相真伪不明时,就无法推翻这种法律上的推定,那么这种法律上的无罪推定就将转化为事实上的无罪认定,承担裁判职能的法官就应当作出对被追诉人有利的判决,即“疑问有利于被告”。疑问有利于被告,是控诉方承担结果意义上的证明责任的体现。根据疑问有利于被告人的原则,当法官对于被告人是否实施了指控的犯罪行为出现疑问时,就应当直接宣告被告人无罪,此即“疑罪从无”。

但在某些情况下,法官虽然不能肯定被告人实施的是何种犯罪行为,但是法官相信,被告人实施了数个可能的犯罪行为中的一种。例如,在被告人处发现一被从物主处盗窃的首饰。该受盗窃罪指控的被告人辩解说,首饰是他从一陌生人处买来的;购买赃物符合买赃罪的犯罪构成要件;且不可能对犯罪事实作出其他解释,被告人要么实施了盗窃行为,要么实施了买赃行为。在这种情形下，如果适用“疑罪从无”，那么被告人既不得因盗窃，也不得因买赃而受到裁判，而是应当宣告其无罪(因为就盗窃和窝赃这两个行为本身而言，没有哪一个行为得到证实)。但是这样一来又明显违背了有罪必罚的公正原则，因为不管怎么说，已经得到证实的是，被告人一定实施了上述两个犯罪行为之一。在这种情况下，为了避免不正确的无罪宣告，在特定条件下允许法官选择适用较轻之法律，这就是“择一认定”。所谓择一认定，是指法官虽然可以肯定被告人实施了某个犯罪行为，但不能肯定在数个犯罪行为中被告人究竟实施的是哪一个犯罪行为，因此，法官只能从中选择较轻的罪名作出判决。择一认定并不违背“疑问有利于被告人”原则，反而是对该原则的贯彻和遵循，因为，“疑问有利于被告人”不仅意味着“疑罪从无”，在一定意义上也包含着“疑罪从轻”的要求。在择一认定的情形中，被告人有罪是确凿无疑的，只是对于究竟应该定何罪，法官还心存疑虑，于是，法官对被告人选择适用较轻的罪名，它排除了被告人因严重罪行而被判刑的可能性。这仍然体现了“疑问有利于被告”的精神。

据此，“疑问有利于被告人”，不仅意味着在出现罪与非罪时，应当判决被告人无罪，即“疑罪从无”；也包含着在出现此罪与彼罪之间的疑问，需要进行“择一认定”时，判决被告人轻罪的要求，即“疑罪从轻”。对于有学者直接将“疑问有利于被告”原则表述为“疑罪从无”的观点，我们认为是不够准确的。

七、辩护原则

犯罪嫌疑人、被告人有权为自己进行辩护是现代刑事诉讼的基本特征。刑事辩护权是犯罪嫌疑人、被告人在诉讼中的基本权利。犯罪嫌疑人、被告人不仅在审判阶段，而且在侦查、控诉阶段均可以行使辩护权。

从广义上说，辩护权是人类反抗压迫权的重要内容之一。根据近代西方的自然法思想和社会契约理论，人人享有某些不可剥夺的天赋人权，如自由、财产、安全和反抗压迫等，这些最基本的人权在人类社会的各个领域中都应该得到尊重和体现，包括在诉讼领域之中。辩护权正是反抗压迫权在刑事诉讼领域的延伸和体现。刑事诉讼在本质上是发生于国家与个人之间的一种权益冲突，被告人因为其犯罪行为侵犯了国家的统治秩序，而可能遭到国家的刑事处罚。国家通过其代表——检控机关对被追诉人提起公诉来追究其刑事责任，实现国家刑罚权。由于刑事诉讼的目的指向被追诉人刑事责任的认定和国家刑罚权的实现，其结果可能导致对被追诉人动用严厉的刑事处罚措施，从而会危及被追诉人的财产和人身等权利，甚至是生命权，因此，被追诉人会本能地运用一切合法的手段对检控机关的指控予以抵抗，以替自己开脱罪责。在这个意义上，可以说，刑事辩护权的产生是对控诉的回应，这是刑事辩护权得以产生的社会心理基础。

对当事人诉讼参与权的保障是刑事辩护权存在的又一理论基石。与政治生活层面的国民主权观念相适应，现代刑事诉讼也兴起了诉讼主体性理念，开始注重对当事人诉讼参与权的保障。诉讼程序的设计和运作被认为应当以保障当事人富有影响地参与诉讼活动为价值目标。在刑事诉讼中，对当事人尤其是被追诉人诉讼参与权的保障具有更为重大的意义，因为刑事诉讼以惩罚犯罪分子和保障无辜的人不受刑事追究为目的，不仅涉及国家的稳定和社会的秩序，而且关系到公民的人身自由、财产安全甚至生命等重大权益，因此，在程序上必须确保被追诉人能够有效地参与刑事诉讼过程。刑事辩护权正是被追诉人参与刑事诉讼的重要途径和形式。被追诉人只有通过对辩护权的充分行使，才能真正有效地参与刑事诉讼过程，并最终影响到法院作出关系其自身利益的判决。同时也正是在这一参与过程之中,被追诉人的人格尊严才能真正得到重视,诉讼的主体性才得以凸显。

从技术层面上讲,辩护权能的设置也是基于对刑事诉讼机制特性的理性分析。在这方面,辩证法思想的贯彻运用为辩护权能的产生提供了认识论基础。作为一项社会解纷机制,刑事诉讼对纠纷的解决必须以查明案件事实真相为前提,因为只有在查明案件事实真相的基础之上,作为裁判者的法官才能提出相对公正的纠纷解决方案,才能让当事人双方真正从心理上接受法院的判决,从而有利于纠纷的一次性解决。刑事控诉虽然是由作为国家公诉机关的检察院所提起的,但是受诉讼地位以及认识能力的局限,检察院不可能提交关于案件的全部证据和事实。如果法官仅凭控诉方所提供的证据和意见,就认定被追诉人有罪,理由显然不够充分,难以保证判决结果的正确性。基于此,刑事诉讼程序在结构上必须为控诉方设置对立面。通过对立面的设置以及控辩双方对话、交流机制的建立,使问题从正反两个方面得到充分反映,从而为法官判决提供充足的决策依据。刑事诉讼程序的理想结构应当是:控辩双方围绕争点对抗求证、推动诉讼的进展,而作为中立的裁判者、决策者的法官在综合控辩双方所提供的证据和意见的基础上,斟酌、权衡后作出最终判决。可以说,辩护权的产生是辩证法思想对刑事诉讼这一国家活动的具体指导和运用。

刑事辩护制度的产生最早可溯源至古罗马时代。在古罗马帝国实行的弹劾式诉讼模式下,就已经存在刑事辩护制度的历史雏形。在弹劾式诉讼模式下,被追诉人的辩护权得到了充分的尊重和保障。在古罗马时期,被追诉人不仅有权自行辩护,而且还可以聘请"辩护士"即早期的律师为自己代理。但在封建纠问式诉讼模式下,被追诉人仅仅被视为法官的工作对象、发现事实真相的工具,完全沦落为诉讼的客体,因此根本不会考虑到保护被追诉人的利益。在诉讼中,被追诉人毫无权利可言:他没有辩护的权利,仅有招供的义务。纠问式诉讼模式所导致的必然是刑事辩护无用论,辩护被视为犯罪者的无理抵赖,而辩护人被视为"帮助囚犯无理抵赖的最好工具",甚至被认为是犯罪的包庇者。

近代以来,在资产阶级取得革命胜利以后,统治者调整了统治策略,以民主、平等、人权等价值理念对纠问式诉讼模式进行了根本改造,在实现了控、审职能分离的基础上塑造了现代意义上的控辩式诉讼模式。与纠问式诉讼模式根本不同的是,控辩式诉讼模式是一种以人权保障为目标指向的诉讼模式,它强调司法的正义性。而司法正义的实现不仅需要追究、惩罚犯罪,而且需要对被追究者的权利加以保障。控辩式诉讼模式以无罪推定为观念前提。根据这一观念,被追诉人在未经法院判决为有罪之前均应被视为是无罪之人,它同普通公民在权利的享有与保障方面不应有所区别。同时,由于控辩诉讼模式实现了控诉职能与辩护职能的分离,被追诉人所面对的不再是高度集中的刑事司法权,被追诉人与作为国家代表的控诉机关在法律地位上趋于平等。由此,被追诉人彻底摆脱了纠问式诉讼模式下充当诉讼客体的地位和角色,而成为享有完整权利的诉讼主体。从逻辑上说,既然被追诉人被视为刑事诉讼的主体,当然就有必要保障与其地位相应的权益,为此,必须赋予被追诉人为自己进行辩护的权利。在控辩式诉讼模式下,辩护对于被追诉人来说,不再是一种义务而是一项权利,被追诉人可以据此替自己辩解。由此,刑事辩护制度得以重生。

根据辩护原则的要求:(1)被追诉人享有自行辩护权。既然刑事辩护权是一种反射性权利,它是基于被追诉人受到刑事指控这一特定事实而产生,那么作为被追诉者的本人当然就享有自行辩护的权利。(2)被追诉人有获得律师帮助的权利。由被追诉人亲自行使辩护权有着主观与客观方面的诸多现实障碍。从主观方面说,被追诉人不是法律专家,对法律条文及法律精神的把握存在现实困难,也缺乏应付诉讼的专门知识和技巧,因而难以展开有效的辩解和反驳;另外,被追诉人在涉讼期间人身自由往往会遭到限制,无法进行充分有效的调查取证活动,难以收集到辩护所需的相关证据和事实。鉴于被追诉人进行自行辩护的现实障碍,他有权获得来自私人法律专家——律师的帮助。具体而言:一是被追诉人应当享有完整、平等地获得律师帮助的权利。被追诉人在刑事诉讼的各个阶段都有权获得律师的帮助。二是被追诉人与律师的会见交流权应当得到充分保障。一方面,被追诉人应有充分的时间和便利选任律师并与其选任的律师联络;另一方面,被追诉人与其律师会见联络的秘密性应受尊重,以保证被追诉人在毫无心理障碍的情况下与其律师交流案情和意见。(3)被追诉人有获得刑事司法援助的权利。由于律师职业本身并没有实现国家垄断,而律师职业本身又兼具商业性特点,因此,律师所提供的法律服务可能根据市场规律进行资源配置,从而造成在聘请律师上的贫富差剧,即富人有钱聘请能力强的律师,穷人则只能聘请能力差的律师甚至根本无力聘请律师为其辩护。这种在获得律师帮助的能力上的差别,违背了现代法律的平等精神。因此,近现代国家纷纷通过设立法律援助制度来加以平衡,即通过为无力聘请律师的被追诉人指定辩护律师为其提供免费的法律援助。

八、参与原则

在现代社会,公众对政治生活的广泛参与已被视为现代民主社会的一项制度性优势和结构特征。它根源于这样一个心理学事实,即随着人类文明的进步和人们自由权利的扩展,人们越来越不愿意受到他人的控制或限制,哪怕这种控制或限制对其本人来说是有利的,而是希望能够由自己掌握自己的命运,自己管理自己的生活。这种新自由主义思潮在政治生活领域中的表现就是公众从未如此迫切地希望参与国家政治事务的管理。作为对这一思潮的回应,政治参与权已经被现代法治国家普遍认同为公民的一项基本政治权利。而对公民参与权的保障,也成为衡量一个国家民主化程度的重要标尺。诉讼从来就是一个国家政治状况的“反光镜”,政治领域的观念变革和制度变迁必然映射于诉讼程序之上。近代以来,为了与政治领域的民主化趋势相适应,在诉讼领域也兴起了司法民主化的潮流。司法民主化,首先意味着对当事人参与权的保障,而保障当事人参与权的观念基础是诉讼主体性理念。根据诉讼主体性理念,当事人不再被视为诉讼程序的客体,而被视为积极参与诉讼程序的、享有各种程序权利和义务的主体,诉讼程序的设计和运作必须保障当事人能够富有影响地参与法院解决纠纷的活动。

在近现代刑事诉讼理论和立法中,当事人均被视为推进诉讼的主体。因此,参与原则首先就意味着当事人对诉讼的参与。据此,我们可以知道,当事人在参与诉讼中享有以下几方面的权利:(1)知情权。由于当事人参与诉讼的最终目的在于参与司法决策的作出,所以他首先应当知晓相关案件情况,包括被控罪名以及案件处理的信息。又因为决策的作出依赖于对相关信息的掌握,而信息只能通过对话交流而知晓。因此,知情权与参与权紧密相连,是当事人行使参与权的前提。需要指出的是,由于刑事诉讼中同样存在“信息偏在”的问题,即犯罪嫌疑人、被告人在刑事诉讼的信息交流机制中处于弱势地位,其获取信息的渠道存在天然的不足。因此,刑事诉讼尤其注重的是对被追诉人知情权的保障。犯罪嫌疑人、被告人享有知情权,也就意味着国家司法机关承担着告知义务:一方面,承担控诉职能(包括作为控诉准备的侦查职能)的警察机关、检察院应当向当事人开示或者告知控方所掌握的关于案件的相关信息。从各国的规定来看,都赋予警察机关、检察院告知犯罪嫌疑人、被告人案件信息的义务。在这方面,最典型的是控诉方承担的证据开示义务。另一方面,作为中立裁判者的法院也应当向当事人及时通报案件的相关信息。(2)在场权。当事人对诉讼的参与首先表现在当事人在诉讼中有权在场见证诉讼的过程。这一原则也被表述为直接在场原则。在场原则要求庭审必须在有当事人(控辩双方)在场的情况下进行。除了法律有特别规定的情形以外,当事人不在场时,不得进行法庭审理,否则审判活动将归于无效。(3)诉权。当事人在场见证仅仅表明当事人在形式上参与了诉讼,如果当事人不能有效影响法院判决的作出,那么他实际上仍然被排斥于司法对话机制之外。因此,当事人对诉讼的参与不仅是指形式上的参与,更重要的是实质上的参与。所谓实质的参与,是指当事人应当能够参与司法决策的作出,影响法院判决的形成。当事人对诉讼的实质参与主要是通过诉权的行使来实现的,即辩护方享有应诉权,与控方一样可以在法庭上陈述、向证人发问、有权举证及质证等,以此最终影响法院判决的作出。

另外,基于司法公正和司法民主化的要求,也需要普通公民积极参与诉讼的过程。我国刑事诉讼法中强调的依靠群众实际上就是普通公民参与诉讼的一种形式。普通公民参与诉讼与当事人参与诉讼的性质不完全相同,如果说当事人参与诉讼是当事人的一项基本权利,那么公民参与诉讼则更多地体现为权利和义务的统一。公民参与诉讼有两种形式:一种是作为辅助者参与司法,例如作为证人;另一种是作为决策者参与司法,例如作为陪审员。两种参与形式的内涵及所导致的相关权利义务要求是完全不同的。但是,综合起来看,公民参与诉讼有以下途径和形式:(1)协助司法。从国家司法机关的角度说,受主客观条件的局限,国家司法机关打击犯罪的能力是有限的。在许多情况下,国家司法机关必须借助普通公民的力量才能实现打击、惩罚犯罪的任务。从普通公民的角度说,作为社会的一分子,他们不仅有守法的义务,也有积极保障国家法律实施的义务。因此,公民在一定程度上有配合司法机关打击犯罪,维护社会秩序与安全的义务。普通公民协助司法表现在:一是充当控告人,检举犯罪;二是充当证人,出庭作证;三是配合侦查,打击犯罪。(2)见证司法。为保证司法过程的公开性和公正性,在某些情况下,需要公民作为见证人参与司法过程。在侦查阶段,采用强制侦查措施如搜查、扣押时,往往需要有公民作为见证人在场。(3)决策司法。决策司法是指普通公民直接作为裁判者审理、判决案件。这主要是指陪审制度。(4)监督司法。这里的监督,不是广义上的社会监督,而是指公民依据法律规定对司法进行的一种法律监督。在这方面,日本的检察审查会制度最为典型。

九、及时性原则

所谓及时性原则,是指现代刑事诉讼应当以正当、迅速解决刑事案件为目的,不仅要求查明案件的事实真相,惩罚犯罪和保障人权,而且要求迅速、及时地执行刑事程序,使案件在合理的时间内得到解决,以实现诉讼的高效化。一方面,及时性原则反对拖延,要求参与诉讼的各方积极推进刑事程序,诉讼应当在必要且合理的时间内终结,不得无故拖延、稽误;另一方面,及时性原则也反对草率,强调诉讼的及时性,并不是一味求快,因为人们都不希望在无充足时间收集信息并思考其意义的情况下草率作出判决。及时性原则强调整个刑事诉讼程序运转的高效性,一是为了及时查明案件事实真相,二是为了减轻讼累,保障公民的基本人权,同时,也有利于实现诉讼的经济。及时性原则要求控制诉讼期间、提升诉讼节奏以及简化诉讼程序。也有学者用诉讼迅速原则来表述这一原则。

刑事诉讼本质上是国家追究犯罪、惩罚犯罪，实现国家刑罚权的专门性活动。国家设立刑事诉讼程序的最原始动机，就是查明案件的事实真相、正确适用刑法，以实现国家刑罚权，维护社会的秩序与安全。因此，刑罚权能否实现以及实现效果的好坏就成为评价刑事诉讼程序科学性的重要标准。从逻辑上说，刑罚权的正确实现，以国家司法机关查明案件真相、发现实体真实为前提。然而从刑事诉讼机制自身的特性来分析，由于时间的不可逆性，刑事诉讼查明案件真相，发现实体真实的过程实际上是一个对历史性事件作回溯证明的艰难历程。作为裁判者的法官并不能亲眼目睹案件的真实发生过程，他只能通过证据的演示来推断案情经过，证据成为法官与案件事实之间的唯一联结点，也是法官查明案情的唯一凭据。但是，作为案情记录的证据本身却具有易灭失的特性，随着时间的流逝，有的痕迹物证可能灭失，证人对案情的记忆也可能淡化。诉讼的迟延进行将导致案情模糊、真相不明。在案件真相无法查明的情况下，国家刑罚权的正确实现当然也就无从谈起。因此，只有在案发之后，迅速、及时地启动并推进刑事诉讼程序，才能查明真相，惩罚犯罪。另外，刑罚权实现效果的好坏又与人们的主观感受直接相关。而现代心理学的研究已经揭示：制裁的节律直接关系到制裁的效果。冲突行为对行为责任者的制裁过程越短，制裁所产生的威慑功能就越强烈。因此，迅速、及时地推进刑事诉讼程序是促进刑罚良好实施的前提和保障。对此，意大利刑法学家贝卡利亚早在 19 世纪就曾经作出过评论。

此外，及时性原则的确立也是基于对刑事诉讼人权保障价值目标的遵从。尽管刑事诉讼具有保障国家刑罚权实现的功能，但这并不意味着刑事诉讼仅仅是保障国家刑罚权实现的工具。作为国家法律体系的一部分，刑事诉讼的根本目的在于实现社会正义，而社会正义的实现不仅表现为对社会整体利益的保障即打击犯罪、惩罚犯罪，维护社会的秩序和安全，而且也体现在对个人利益的保障，保障犯罪人的合法权益也是社会正义的应有内容。现代刑事诉讼不仅承担着打击犯罪、惩罚犯罪的职能，也负担着保障人权的使命；除了要实现对犯罪人的惩罚外，保障嫌疑人和被告人的人权也是现代刑事诉讼追求的基本价值目标。而要保障嫌疑人和被告人的权利，就必须迅速、及时地执行刑事诉讼程序，防止诉讼无故拖延。这是因为，参与刑事诉讼，对犯罪嫌疑人、被告人来说，实际上是一种负担。在刑事诉讼进行期间，嫌疑人、被告人的正常生活状态将遭到破坏，其人身可能被羁押、财产可能被扣押、人格名誉也将遭受贬损；同时由于在最终判决尚未作出以前，嫌疑人、被告人的法律地位始终处于不确定的状态，因此嫌疑人、被告人及其家人将难以安排生活，相关生活权益的损失在所难免。刑事诉讼持续的时间越长，嫌疑人和被告人的诉讼负担就越重，其相关权益的损失也就越大。只有加快诉讼进行的节奏、缩短诉讼周期，才能保障嫌疑人和被告人的权益。在现代民主法治国家，及时性原则已经被视为现代刑事诉讼立法的一项法治原则而得到普遍的认同和遵从，《日本刑事诉讼法典》第 1 条（本法的目的）即规定："本法以在刑事案件上，于维护公共福利和保障个人基本人权的同时，明确案件的事实真相，正当而迅速地适用刑罚法令为目的。"在刑事诉讼法基本原则的宪法化趋势的背景下，有的国家将及时性原则上升为了一项宪法原则，如《美国宪法修正案》第 6 条规定："在一切刑事诉讼中，被告人得享受下列权利：……予以迅速地公开审判。"加拿大宪法性质的《权利和自由宪章》第 11 条规定："任何被控诉的人有权在合理的时间内受审。"《日本国宪法》第 37 条也有类似的规定。不仅如此，从现代刑事诉讼制度发展的世界性趋势来看，及时性原则已经在一些国际性公约中得到肯认而被接纳为一项刑事司法国际准则，如 1976 年 1 月 3 日生效的《公民权利和政治权利国际公约》第 14 条第 3 款即规定："审判被控刑事罪时，被告一律有权平等享有下列最低限度之保障:立即受审,不得无故稽误。”在一些区域性国际法律文件中,及时性原则也得到充分反映,如《欧洲人权公约》第6-1条规定:“任何人都享有其诉讼案件在合理期限内得到审理的权利。”这表明:及时性原则的贯彻与否,已经成为衡量一个国家刑事诉讼程序科学性与民主性,甚至是一个国家民主、法治、人权状况的重要标准。

从世界各国的立法规定来看,主要是通过控制诉讼期间、提升诉讼节奏、简化诉讼程序等措施来贯彻和落实及时性原则的。

第一,控制诉讼期间。刑事诉讼程序实际上就是国家司法机关与诉讼参与人的诉讼行为交互作用的过程。由于诉讼行为的作出需要经过一定的时间,因此,刑事诉讼活动的进行,首先就表现为诉讼期间的延续。诉讼的期间如果过长,相应地就会延长诉讼进行的周期,滞碍诉讼的及时终结。因此,要加快诉讼进程,就必须对诉讼行为进行时间控制。基于此,现代法治国家对司法机关和诉讼参与人的重要诉讼行为,特别是国家司法机关的职权行为设置了严格的诉讼期间,如侦查期间、移送起诉期间等,以保证诉讼的及时终结。

第二,提升诉讼节奏。如果把刑事诉讼进程理解为一个连续发展的动态过程,那么,诉讼程序推进节奏的快慢就直接关系到诉讼的效率。诉讼程序推进的节奏越快,案件就越能及时得到解决,诉讼就越有效率。诉讼的效率性与诉讼的节奏成正比。因此,提升和加快诉讼节奏是实现诉讼效率的重要途径。提升诉讼节奏,一方面,必须加快侦查、起诉与审判各环节之间的衔接,不要几家扯皮、人为地相互制造障碍。这就要求理顺警、检、法三家的关系,使刑事诉讼侦、控、审纵向结构保持线条的流畅。另一方面,则要求在每一诉讼环节内各个诉讼行为之间衔接紧凑。在这方面,最典型的就是集中审理原则的确立。根据集中审理原则的要求,法院应当尽可能不中断地进行开庭审判,中断开庭审理的时间应当受到严格限制。提升审判节奏,不仅需要审理行为之间衔接紧凑,而且需要审理行为和判决行为之间衔接紧凑,即审理结束后,应立即评议,评议结束后应尽快宣告判决。

第三,简化诉讼程序。现代刑事程序的发展趋势是越来越精细化、规范化,但同时,也在一定程度上造成了程序的相对烦琐。程序烦琐必将导致程序运转的低效率,因此,必须谋求程序的简化。根据我国台湾地区学者陈朴生教授的观点,简化程序有两条途径:一为不“重复”;二为不“过剩”。所谓不“重复”,是指避免相同的程序重复开启和运作。避免程序重复的关键,是对相同的程序进行合并。如对牵连案件合并起诉、合并管辖、合并审判,就是为了防止对相互关联的数个案件分别管辖、分别审判所带来的程序的重复运作。在侦查实践中常用的“并案侦查”,也含有合并程序、减少重复的作用。所谓不“过剩”,指减少不必要的程序,如调查证据、询问、传唤等如属于不必要的,则不得为之。这方面最典型的是简易程序的设立。刑事案件本身的案情繁简不一,有些案件案情重大、复杂,有些案件的案情则比较轻微,事实也比较清楚,如果仍然按照刑事诉讼法规定的完整程序进行审理,那么就会因为程序的过于繁复而极大地阻碍诉讼程序的及时终结。随着工业化社会的到来,各国犯罪率大量上升,刑事案件日渐增多,法院案件积压现象严重。在这种情形下,如果还是要求每一个案件都按完整的程序进行审理,就将使众多案件得不到及时处理。因此,必须对刑事案件实行繁简分流,对某些特定类型的刑事案件,应当通过简便易结的刑事简易程序加以解决,以加快诉讼进程,缩短诉讼周期,使案件得到及时解决。从世界各国的规定来看,以简便易结的刑事简易程序来处理大量的刑事案件已成为现代各国刑事司法制度改革的方向和效仿的程式,例如,美国设立了辩诉交易制度,德国也设立了处罚令程序和简易程序。但是,应当注意的是,简化程序必须要有“底限控制”,因为刑事程序实际上是犯罪嫌疑人、被告人的一种权利保障机制，简化刑事程序将损及犯罪嫌疑人、被告人的人权。因此，对刑事程序的简化应当有一个限度。

十、比例原则

所谓比例原则，它是指刑事追究措施，特别是侵犯基本权利的措施在其种类、轻重上，必须要与所追究的犯罪行为相适应。对于轻微的犯罪，不能适用严厉的追究措施，而对于社会危害性严重的犯罪也不能适用较轻的追究措施。有学者主张采用“适度原则”的称谓，但我们认为，比例原则实际上包含了适当与适度两个层面，因此，单纯使用适当或适度原则加以表述，都是不全面的。

刑事诉讼本质上是国家实现刑罚权的专门性强制活动。作为一种国家强制性活动，刑事司法程序的启动与运行势必在一定程度上侵及公民的个人权利。但国家权力的行使，仅仅应以实现其目的为限度，不可过度侵害公民的自由权利，国家权力对公民权利的侵害应当被控制在必要的最低限度之内。为了防止国家滥用刑事司法权给公民权利造成不必要的损害，刑事程序在设计和运作上必须注意刑事司法手段的节制性，不能为查明案件真相而置公民权利于不顾，肆意践踏公民人权。基于此，作为查明事实真相的手段，刑事追究措施在种类和轻重上应当与所追究的犯罪行为保持基本的比例，严厉的追究措施只能适用于社会危害性严重的犯罪行为，不容许对轻微的犯罪行为动用严厉的追究措施，以保证国家刑事司法权力行使的节制性，防止国家权力过度扩张、损及公民人权。从世界范围来看，比例原则已经得到现代各国刑事诉讼法的普遍认可与尊重，而成为现代各国刑事诉讼法的一项法治原则。例如，我国澳门特别行政区《刑事诉讼法典》第 178 条（适当及适度原则）规定：“一、具体采用之强制措施及财产担保措施，对于有关情况所需之防范要求应属适当，且对于犯罪之严重性及预料可科处之制裁应属适度。二、强制措施及财产担保措施之执行，不应妨碍与有关情况所需之防范要求不相抵触之基本权利之行使。三、仅当其他强制措施明显不适当或不足够时，方得采用羁押措施，但不影响第一百九十三条之规定之适用。”有的国家甚至将其提升为一项宪法性原则，如《德国基本法》第 1 条和第 20 条就明文规定了比例原则。根据这一原则，对付犯罪的手段必须同犯罪的严重程度和怀疑的强弱程度以及所涉及的宪法利益相适应。因此，在某些案件中适当的措施，如果用在另一些案件中就不一定合适。在一些国际性文献中，比例原则也得到了表述和宣扬，从而使比例原则成为一项最低限度意义上的正义，即刑事诉讼国际准则之一。1994 年 9 月 10 日世界刑法学协会第十五届代表大会通过的《关于刑事诉讼法中的人权问题的决议》第 3 条宣称：“在预审阶段，无罪推定要求在与一切强制措施有关的活动中适用比例性原则。根据这一原则，必须使政府干预刑事被告基本权利的严重程度与限制的代替性措施的目的存在合理关系。这一点应推动立法者把规定审前羁押的代替性措施置于首位，审前羁押在任何情况下都应视为例外情况。”1979 年 12 月通过的《执法人员行为守则》第 2 条规定：“执法人员在执行任务时，应尊重并保护人的尊严，并且维护每个人的人权。”第 3 条规定：“执法人员只有在绝对必要时才能使用武力，而且不得超出执行职务所必需的范围。”这些规定都是比例原则的直接体现。

具体而言，比例原则包括“适当”与“适度”两层要求：

一是适当。所谓适当，是指刑事追究措施的种类应当与犯罪行为的社会危害性相适应。刑事追究措施，根据其对犯罪嫌疑人、被告人人身和财产强制程度的不同而有严厉程度的差别：对犯罪嫌疑人和被告人的人身、财产的强制越大，则刑事追究措施的性质越严厉。适当原则要求严厉的刑事追究措施只能针对社会危害性严重的犯罪行为而采用,不能为了追究轻微的犯罪行为而采用严厉的追究措施。适当性原则的认识论基础在于:作为追究对象的犯罪行为本身具有质的规定性,因此,作为对犯罪的回应的刑事追究措施也应当具有质的规定性,在某些案件中适当的措施,如果用在另一些案件中就不一定合适。适当性原则在刑事诉讼中体现在:(1)强制侦查措施的配置应当适当。广义上的强制措施包括对人的强制措施和对物的强制措施,前者是指以公民的人身为适用对象的强制性侦查措施,又称人身保全措施,如逮捕、羁押等;后者是指以财物为适用对象的强制性侦查措施,又称证据保全措施,如搜查、扣押以及监听、诱捕等。强制侦查措施本身的强制性仍有强弱之分,因此,侦查机关在实施强制侦查行为时,必须注意侦查手段的适当性,所采用的强制侦查措施的严厉性应当与犯罪嫌疑行为的严重程度相适应。(2)实行起诉便宜主义。作为国家公诉机关,检察院负有对具备犯罪嫌疑与诉讼条件的案件提起公诉的义务,只要案件有足够的犯罪事实,检察院一律应当提起公诉,而不能自行斟酌处理,这被称为起诉法定主义。起诉法定主义是有罪必罚的绝对刑罚报应论思想在刑事诉讼中的体现,其目的在于限制检察院的自由裁量权,保证刑事追诉权的公正行使。但是刑事司法实践的经验却证明:罪无轻重一概予以起诉,并不能达到预防犯罪的目的,因为有些轻微的犯罪行为是没有必要起诉的,如果硬行起诉被判短期自由刑,反而容易使犯罪人遭受短期自由刑的诸多弊害,不利于犯罪人的改造和早日回归社会。因此,21 世纪初以来,随着目的刑论和教育刑论的兴起,各国开始将比例原则贯彻于刑事起诉制度的设计之中,实行起诉便宜主义。要求检察官在审查决定是否起诉时,权衡罪行的轻重、予以区别对待,对于一些轻微的犯罪不需要起诉的,可以对被告人作出不起诉决定,使其免予受到追诉,这就更符合诉讼合理化的目标。另外,对未成年人犯罪适用特殊的刑事司法程序也是比例原则的一个体现。根据未成年人犯罪的特点,有必要根据未成年人犯罪的情况、年龄以及重新做人的需要制定特殊的刑事司法程序,以保障未成年人的权益。

二是适度。如果说适当性原则是对比例原则“质”的规定性的表述,那么适度性原则就反映了比例原则对“量”的规定性的要求。适当是就刑事追究措施的种类而言,它强调适用于特定案件的刑事追究措施的种类具有唯一性,在某些案件中适当的措施,在另一些案件中就不一定合适。但是,一种刑事追究措施在具体运用过程中仍然有一个力度的把握问题,适度性原则就是在适当性的基础之上进一步强调刑事追究措施的合理性和节制性,它要求刑事追究措施实施的程度或曰力度应当与犯罪的社会危害性程度保持一致,刑事追究措施在实施中应当注意不要过度侵犯当事人的权益,不应给当事人的权益造成不必要的损害。我国澳门特别行政区《刑事诉讼法典》第 178 条明确规定,具体采用之强制措施及财产担保措施,除了对于有关情况所须知防范要求应属适当之外,还应当对于犯罪之严重性及预料可科处之制裁应属适度。具体而言,适度原则要求:(1)尊重被追诉人的名誉和人格尊严。由于刑事追究措施本身的强制性,其实施往往会产生一定的负效应,不可避免地会对涉讼人员的名誉和人格尊严造成损害。但是,国家司法机关在具体运用刑事追究措施时仍然要尽量注意对被告人名誉和人格尊严的保护,应当将对被追诉人的名誉、人格尊严造成的损害控制在必要的最低限度之内,不能给被告人的名誉和人格尊严造成不必要的损害。联合国 1979 年 12 月通过的《执法人员行为守则》第 2 条规定:“执法人员在执行任务时,应尊重并保护人的尊严,并且维护每个人的人权。”(2)使用武力不应超过必要的限度。在实施强制侦查措施时,如实施逮捕、拘留时往往允许警察和执法人员使用武力,这是适当的。但即便如此,为实施逮捕和拘留而使用武力也不能超过必要限度，不能为逮捕被追诉人而滥施武力，造成暴力执法。特别是关于致命武器的使用，各国都通过警务条例作出了明确限制。(3)保障被追诉人的其他实体和程序权利。刑事追究措施的行使不仅涉及人格尊严和名誉，还涉及被追诉人的其他实体权利如财产权，对这些实体权利仍然必须加以保障。如我国澳门特别行政区《刑事诉讼法典》第178条第2款规定："强制措施及财产担保措施之执行，不应妨碍与有关情况所需之防范要求不相抵触之基本权利之行使。"这是要求强制措施及财产担保措施的执行应当适度，不得妨碍被执行人行使与之不相抵触的基本权利，如财产权利。同时，无论如何，被追诉人的一些基本诉讼权利应当得到维护，不能以任何理由剥夺这些基本的诉讼权利。例如，尽管允许对轻微的刑事案件适用简易程序，但是适用简易程序也必须尊重被告人的基本诉讼权利，不能为了追求诉讼效率而对被告人的基本诉讼权利，如知悉被指控罪名以及获得律师帮助的权利不加以保障。

十一、一事不再理原则

一事不再理原则的确切含义应当包括两个方面：一是诉讼系属效力，即原告不得就已起诉之案件，于诉讼系属中再行起诉；二是判决的既判力，即判决确定后，当事人不得就已经判决的同一案件再行起诉。一事不再理原则，对于控诉方来说，意味着不能重复起诉，对法院来说，意味着不能重复受理、审判。有学者用"禁止重复追究"来表述这一原则，但我们认为，"禁止重复追究"原则更多的是一项实体法原则，它强调的是对某一犯罪人的犯罪行为只能进行一次刑法评价，用"禁止重复追究"来表述这一原则，不足以将程序原则与实体原则区别开来。因此，我们认为，采用"一事不再理原则"更为合适。

一事不再理原则的确立是基于保障人权和实现诉讼效益的需要。国家因被追诉人的犯罪行为而对其拥有刑罚权，而国家正是通过刑事诉讼来实现其刑罚权的，因此，尽管刑事诉讼程序的启动与进行将会侵及被追诉人的权利，被追诉人也有忍受的义务。但同时，基于对被追诉人合法权利的维护，国家在行使刑事追诉权时也有义务保持手段的节制，在程序上，国家对同一被追诉人的同一犯罪事实只拥有一个刑事追诉权，只有一次追诉机会。一旦国家行使了这一追诉权，对被追诉人提起了追诉，无论结果如何，则该追诉权即告耗尽，嗣后，不得就同一被追诉人的同一犯罪事实再次追诉，否则，即属刑事追诉权的滥用，将过度侵害被追诉人的权利。一事不再理原则的内容正是禁止检察机关对已经追诉过或尚在追诉中的同一被追诉人的同一犯罪事实进行重复追诉，其目的就在于约束和限制国家追诉权，防止因其滥用权力过度侵害被追诉人的人权。同时，一事不再理原则也是实现诉讼效益、保持程序的经济性的重要途径。为实现诉讼效益、保持程序经济，诉讼程序的设计和运作应当避免不必要的重复，已经开启和终结的诉讼程序即不能再次启动。一事不再理原则要求已经开启或者已经终结的刑事诉讼程序不得再次启动，其目的正是避免程序的重复运作，实现诉讼经济。需要注意的是，程序的经济性并不排斥上诉审和再审程序的设置。上诉审并不被视为是一审程序的"重复"，而是被视为一审程序的"继续"；而再审程序则并非普通程序，而属于一种非常程序，因而被视为是一种"必要的重复"，何况，它只有在发现新事实、新证据的情况下才能启动，是对新事实、新证据的审理，不完全是原审的重复。

从刑事诉讼立法实践和诉讼理论上来说，世界各国均主张一事不再理原则只适用于同一案件。诉讼系属的效力只能禁止检察机关就已经起诉的同一案件双重起诉；判决的既判力也只能禁止检察机关就已经判决的同一案件再次起诉。那么，何谓同一案件？从法理上分析，刑事案件是由人的要素(被追诉人)和物的要素(犯罪事实)两部分构成。所谓同一案件,指的是被追诉人与犯罪事实均完全相同的案件,即同一被追诉人的同一犯罪事实。犯罪事实相同但被追诉人不同,或者被追诉人相同但犯罪事实不同的案件均非同一案件,不能适用一事不再理原则。具体而言:

第一,被追诉人同一。原则上,一事不再理的效力只及于同一被追诉人。因此,在共同犯罪案件中,一事不再理的效力只及于已被起诉或已经判决的被告人,而不涉及其他共犯。例如,甲、乙、丙三人共犯一罪,丙于案发后潜逃,检察机关仅对甲、乙两人提起指控,若丙于案件审理过程中被捕,检察机关对其追加起诉的,则法院应当受理,因为两次起诉的犯罪事实虽相同,但是被告人不同,因而并非同一案件,不适用一事不再理原则。不能因为已对甲、乙起诉就对丙产生禁止双重起诉的效力;同样,若丙在甲、乙两人被判决有罪后才被捕,检察机关对其另案起诉的,法院也应当受理,因为甲、乙两人的有罪判决的既判力不及于丙,不能禁止检察机关对丙再次起诉。另外,在被告人系替身犯的情形下,一事不再理的效力也不适用于真正的罪犯。如甲犯罪后,找到乙为其顶罪,乙遂被检察机关起诉至法院,此时若甲被抓获而检察机关又对其提起控诉,那么法院也应当受理,因为乙系冒名顶替,与真正的罪犯甲并非同一被告人,因此两次起诉的并非同一案件,不适用一事不再理,不产生禁止双重起诉的效力;同样,无论乙最终是获得了有罪判决还是无罪判决,判决的既判力均不及于甲,检察机关仍可对甲再次起诉。

第二,犯罪事实同一。原则上,一事不再理的效力只及于该被追诉人已被起诉或已经判决的同一犯罪事实,而不及于被追诉人的其他犯罪事实。例如,甲犯杀人、强奸两项罪名,但检察机关起诉时只指控了杀人罪而遗漏了强奸罪,那么,一事不再理的效力就仅及于杀人罪而不涉及强奸罪。若检察机关在案件审查过程中对甲追加起诉强奸罪的,不属于双重起诉,法院应当受理;若检察机关在审判终结后,就强奸罪另行起诉甲的,也不违背判决的既判力,法院也应当受理。另外,一事不再理的效力适用于同一事实而非同一罪名,也就是说,被告人的同一犯罪事实被检察机关以某种罪名起诉或判决后,检察机关不得就同一犯罪事实以另外的罪名再次起诉,例如,检察机关起诉指控甲犯贪污罪,法院作出无罪判决后,检察机关不得就同一事实又以另外的罪名如挪用公款罪再次起诉。但是,关于一事不再理中的“一事”究竟是指“同一事实”还是“同一罪名”,理论上和实践中尚有争议。例如,在美国,《宪法第五修正案》规定:“任何人都不应因同一罪行而两次遭受危险。”根据这一规定,被告人不得因同一犯罪受到两次起诉和审判,但是,关于“同一罪行”究竟是指“同一犯罪事实”,还是“同一罪名”,立法上的含义并不清楚,美国的司法实务界和学术界对此也意见不一。在这方面,最典型的案例是 1992 年引发美国洛杉矶骚乱的“罗德尼·金”案件。在该案中,洛杉矶市 4 名白人警察被控于 1991 年 3 月 3 日殴打黑人青年罗德尼·金。当地检察官以“使用致命武器和不必要的暴力殴打嫌疑人”的罪名起诉,但是负责审理该案的全部由白人组成的陪审团却判定 4 名被告人无罪,由此引发了震惊世界的洛杉矶骚乱。骚乱发生后,迫于社会舆论的压力,美国联邦检察机关决定再次以“侵犯民权”的罪名对 4 名白人警察提起公诉。对此,有的美国学者认为审判违背了宪法,因为两次审判实际上是就同一犯罪事实进行了审理。同样的情况也出现在加拿大,根据加拿大宪法《权利和自由宪章》第 11 条规定:“任何被控诉的人有权:……(h)如果最终被宣判无罪,就不能再次进行审判;如果最终宣判有罪并受到惩罚,就不应再次受到审判或惩罚。”但是,关于“再次审判”的确切含义,历来存在争议。有学者主张,不得再次审理是指不得就同一事实再次进行审判,哪怕是以其他罪名。

第三节　我国刑事诉讼法的基本原则

一、人权保障原则

我国《刑事诉讼法》第2条规定:“中华人民共和国刑事诉讼法的任务,是保证准确、及时地查明犯罪事实,正确应用法律,惩罚犯罪分子,保障无罪的人不受刑事追究,教育公民自觉遵守法律,积极同犯罪行为作斗争,维护社会主义法制,尊重和保障人权,保护公民的人身权利、财产权利、民主权利和其他权利,保障社会主义建设事业的顺利进行。”该条规定首次在我国明确提出了国家“尊重和保障人权”是刑事诉讼法的目的和任务之一,“人权保障”条款入法,这是中国刑事诉讼法制史上具有里程碑意义的事件。

人权保障原则,具有广义和狭义两层含义:广义上的人权保障原则,是指刑事诉讼法应当尊重和保障所有参与刑事诉讼的诉讼参与人的合法权益;狭义上的人权保障原则,往往与“惩罚犯罪”相对应,被视作现代刑事诉讼法的两大基本任务和目的之一,这个意义上的“人权保障”原则,有其特定含义,指的是刑事诉讼法对被追诉人(犯罪嫌疑人、被告人)合法权益的尊重和保障。我们认为,《刑事诉讼法》第2条中规定的“尊重和保障人权”,是在刑事诉讼法基本任务和目的这个层次上而言的,所指应当是狭义上的人权保障原则。

现代刑事诉讼法之所以将保障被追诉人的基本人权列为刑事诉讼法的两大基本任务和目的之一,主要是因为:第一,在价值上,现代法治国家不容许以“不择手段、不问是非、不计代价”的方法来查明事实、打击犯罪,相反,即使是追究犯罪、处罚犯罪的刑事诉讼活动,仍必须遵循正当、合法的法律程序,以限制国家公权力,防止国家公权力的恣意滥用,甚至可以说,现代法治国家之所以选择用法律来规范刑事诉讼程序,最基本的目的就是防止国家公权力滥用、防止侵犯被追诉人人权。因此,保障被追诉人的基本人权,是刑事诉讼法与生俱来的属性和使命。第二,在经验上,在刑事诉讼中,被追诉人(包括犯罪嫌疑人、被告人)的人权随时面临着来自国家公权力的威胁,存在被侵犯的可能,因为,公安司法机关为了查明案件真相、保全证据所采取的各种强制性侦控措施,在有效揭露事实的同时,往往亦会频繁干预被追诉人的基本人权,例如,逮捕、拘留等人身强制措施,可能干预被追诉人的人身自由,而搜查、扣押等证据保全措施则以限制公民财产权为对象。这些强制性侦控手段,“杀伤力”极大,一旦遭到滥用,就将对被追诉人的基本人权造成重创,因此,刑事诉讼法必须一再强调和突出人权保障的目的,以此对刑事诉讼中国家公权力的运用保持足够的警惕和戒备。第三,在逻辑上,任何人(包括你和我)都有可能因为各种原因而成为刑事诉讼中的被追诉人,如果我们不强调保障被追诉人的基本人权,那么一旦你或者我成为被追诉人,我们每个人的权利也将得不到保障,因此,今天我们强调要保护被追诉人的基本人权,实际上是保护明天可能成为被告的你和我以及其他每一个人。

作为刑事诉讼法基本任务之一的“尊重和保障人权”,不仅明确规定于《刑事诉讼法》第2条,更重要的是体现在刑事诉讼程序设计的各个方面和环节上:

首先,刑事诉讼立法上明确宣示尊重和保障被追诉人的各项基本人权(包括实体权利和程序权利),并严禁国家专门机关违法侵犯其人权。例如,为了保障涉讼公民的基本人身自由不受侵犯,我国《刑事诉讼法》第52条规定:“严禁刑讯逼供和以威胁、引诱、欺骗以及其他非法方法收集证据,不得强迫任何人证实自己有罪。”再如,我国《刑事诉讼法》第14条规定:“人民法院、人民检察院和公安机关应当保障犯罪嫌疑人、被告人和其他诉讼参与人依法享有的辩护权和其他诉讼权利。”我国《刑事诉讼法》第227条第3款规定:“对被告人的上诉权,不得以任何借口加以剥夺。”

其次,为保障涉讼公民基本人权,赋予国家专门机关诉讼关照义务。考虑到诉讼参与人并非法律专家,不一定完全清楚、了解自己依法所享有的各项权利和义务,因此,国家专门机关的工作人员应负有关照和提醒的义务,即诉讼关照义务。例如,我国《刑事诉讼法》第34条第2款规定:“侦查机关在第一次讯问犯罪嫌疑人或者对犯罪嫌疑人采取强制措施的时候,应当告知犯罪嫌疑人有权委托辩护人。人民检察院自收到移送审查起诉的案件材料之日起三日以内,应当告知犯罪嫌疑人有权委托辩护人。人民法院自受理案件之日起三日以内,应当告知被告人有权委托辩护人。”法律要求人民检察院和人民法院告知犯罪嫌疑人有权委托辩护人,就是关照和提醒被告人有权行使自己的合法权利。

最后,为保障被追诉人的基本人身自由和财产自由,在其基本人权遭受国家公权力机关的违法侵犯时,及时提供司法救济途径。对被追诉人基本人权的尊重和保障,不仅体现在立法上对被追诉人权利的一再重申,更体现在权利一旦遭受违法侵犯时,可以及时地为被追诉人救济自身权利提供司法救济的途径。侦查程序尤其是强制性侦查手段的动用,是侵犯公民权利的高发阶段,对此,我国《刑事诉讼法》第117条专门规定:“当事人和辩护人、诉讼代理人、利害关系人对于司法机关及其工作人员有下列行为之一的,有权向该机关申诉或者控告:(一)采取强制措施法定期限届满,不予以释放、解除或者变更的;(二)应当退还取保候审保证金不退还的;(三)对与案件无关的财物采取查封、扣押、冻结措施的;(四)应当解除查封、扣押、冻结不解除的;(五)贪污、挪用、私分、调换、违反规定使用查封、扣押、冻结的财物的。受理申诉或者控告的机关应当及时处理。对处理不服的,可以向同级人民检察院申诉;人民检察院直接受理的案件,可以向上一级人民检察院申诉。人民检察院对申诉应当及时进行审查,情况属实的,通知有关机关予以纠正。”授权当事人及利害关系人在其权利遭受侵犯时向人民检察院申诉的权利,并授权人民检察院对申诉进行审查,实际上就是为公民提供了一种及时的司法救济途径,这种救济机制,在功能上已经接近强制侦查行为的事后司法审查机制,意义非常重大。

二、侦查权、检察权、审判权由专门机关依法行使原则

现代社会摒弃了传统的“私力救济”,而对社会冲突或纠纷的解决实行“公力救济”,即由国家对权益受到损害的公民提供救济的途径。犯罪发生后,不能再由被害人对犯罪者实施武力复仇或者动用私刑,而应该由国家专门机关遵循刑事诉讼法规定的追诉和审判程序,适用刑法对被告人定罪量刑。在这样的社会背景下,发动和进行刑事诉讼的权力,包括侦查、控诉和审判权,就不应再由公民行使,而应由国家专门机关来依法行使。对此,我国《刑事诉讼法》第3条规定:“对刑事案件的侦查、拘留、执行逮捕、预审,由公安机关负责。检察、批准逮捕、检察机关直接受理的案件的侦查、提起公诉,由人民检察院负责。审判由人民法院负责。除法律特别规定的以外,其他任何机关、团体和个人都无权行使这些权力。”这一规定确立了侦查权、检察权、审判权由专门机关依法行使的原则。

侦查权、检察权、审判权由专门机关依法行使原则主要包含以下两个方面的内容：

1. 进行刑事诉讼的权力具有国家专属性

对刑事案件的侦查、起诉和审判的权力只能由公安机关、人民检察院和人民法院行使，其他任何机关、团体和个人，除法律有特别规定外，均不得行使。具体而言：

首先，侦查权主要由公安等机关行使。按照刑事诉讼法的规定，对刑事案件的侦查、拘留、执行逮捕以及预审的权力，属于公安机关。公安机关是我国主要的侦查权主体，除了刑事诉讼法规定由人民法院直接受理的自诉案件和人民检察院自行侦查的案件外，其他刑事案件的侦查工作均由公安机关承担。公安机关在侦查中，可以采用拘留等强制措施，对于经人民检察院批准和人民法院决定逮捕的案件，由公安机关负责执行。案件侦查后的预审工作也由公安机关负责，对于进行侦查后发现有证据证明有犯罪事实的案件，公安机关有权通过审讯嫌疑人和采取必要的侦查手段进一步核实证据，查清犯罪事实和证实犯罪人，最后依法作出移送审查起诉、撤销案件等处理决定。

除公安机关外，当法律有特别规定时，其他一些机关也有权行使侦查权。所谓法律有特别规定，是指根据《刑事诉讼法》第4条、附则以及其他规定：(1)检察机关对《刑事诉讼法》第19条所规定的14种犯罪且具备法定主体身份的情况下，可以行使侦查权；(2)国家安全机关对危害国家安全的案件行使侦查权；(3)军队保卫部门对军队内部发生的案件行使侦查权；(4)中国海警局对海上发生的刑事案件行使侦查权；(5)监狱对罪犯在监狱内犯罪的案件行使侦查权；(6)走私犯罪侦查机关对走私犯罪行使侦查权。

虽然我国刑事诉讼法规定，对于正在实行犯罪或者在犯罪后及时被发觉的、通缉在案的、越狱逃跑的或正在被追捕的人，任何公民都可以立即扭送公安机关、人民检察院或者人民法院处理。但这并非是指公民有权行使侦查权，而只是法律赋予公民在紧急情况下同犯罪作斗争的权利；公民“扭送”虽带有一定的强制性，但理论通说认为它并不是刑事诉讼中的强制措施，也不具有诉讼性质。

资料：万毅：《刑事诉讼权利的类型分析——以分析实证主义法学为视角》，载《政法论坛》2014年第2期。

其次，检察权由人民检察院行使。检察权本身是一种复合性权力，它包括自侦权、批捕权、起诉权、法律监督权等。自侦权是指根据刑事诉讼法的规定，人民检察院在对诉讼活动实行法律监督中发现的司法工作人员利用职权实施的非法拘禁、刑讯逼供、非法搜查等侵犯公民权利、损害司法公正的犯罪，可以由人民检察院立案侦查。对于公安机关管辖的国家机关工作人员利用职权实施的重大犯罪案件，需要由人民检察院直接受理的时候，经省级以上人民检察院决定，可以由人民检察院立案侦查。批捕权是指人民检察院对公安机关提请逮捕的案件按照刑事诉讼法的规定作出是否批准逮捕的决定的权力。起诉权是指人民检察院对于公安机关或人民检察院内部的自侦部门侦查终结、移送起诉的案件，有依法进行审查并决定是否提起公诉的权力。同时，人民检察院还依法享有对刑事诉讼法的贯彻实施进行监督的权力。

最后，审判权由人民法院行使。对于人民检察院提起公诉的案件或者自诉人提起自诉的案件，由人民法院负责进行审理后作出判决。审判权包括初审权、复审权和再审权，它根据审级规定分别由不同的法院行使。案件经过初审后，初审法院的上级法院可以根据当事人的上诉或人民检察院的抗诉而对案件进行复审。由于我国实行两审终审,复审判决即为终审判决。但是对于终审判决,人民法院在符合法定条件的情形下,仍然可以进行再审。

2. 公、检、法三机关之间在行使职权时,应当分工负责,相互之间不得出现权力配置和行使上的混同或合一

具体而言,除非法律有规定,人民检察院不得对法定的自侦案件范围以外的案件展开侦查;人民检察院不能代行审判权,对案件进行任何实体性处置;无论如何,人民法院也不得代行控诉权、自诉自审,否则将导致人民法院集控、审职能为一身,出现职能混淆。在诉讼制度史上,封建纠问式诉讼模式下,侦、控、审三大诉讼职能曾经集于纠问官一身,结果导致诉讼的集权化、被追诉人地位的客体化以及人权保障价值的严重受损,这些都是值得警惕的经验。确立侦查权、检察权、审判权由专门机关依法行使原则的重要意义之一,也就在于防止这一历史悲剧的重演。

三、严格遵守法律程序原则

我国《刑事诉讼法》第 3 条第 2 款规定:"人民法院、人民检察院和公安机关进行刑事诉讼,必须严格遵守本法和其他法律的有关规定。"这一规定确立了严格遵守法律程序的原则。需注意的是,这里所谓的"其他法律"是指规定了刑事诉讼程序的法律,包括《刑法》《人民法院组织法》《人民检察院组织法》等,特定情况下,此处的法律还包括《民事诉讼法》。例如,《刑事诉讼法》第 102 条规定:"人民法院在必要的时候,可以采取保全措施,查封、扣押或者冻结被告人的财产。附带民事诉讼原告人或者人民检察院可以申请人民法院采取保全措施。人民法院采取保全措施,适用民事诉讼法的有关规定。"据此,人民法院在刑事附带民事诉讼程序中采取保全措施,必须遵守《民事诉讼法》的有关规定。

严格遵守法律程序原则是国际通行的程序法定原则在我国刑事诉讼法中的具体体现。现代程序法治要求社会主体对程序法的一体遵行。不仅公民应当遵守刑事诉讼法的规定,公安机关、人民检察院、人民法院作为行使刑事诉讼职权的国家机关,更应当带头遵守法律规定的程序。公、检、法机关在行使侦查权、检察权、审判职权时,必须严格遵守刑事诉讼法或其他法律的有关规定办案。进一步讲,刑事诉讼活动本质上是国家专门机关运用权力进行案件调查和事实查明的过程,为保证诉讼目的和任务的实现,国家权力在刑事诉讼活动中的运用主动而深刻。如同其他权力形式一样,刑事诉讼活动中国家专门机关行使的权力具有较强的扩张性,国家权力的行使往往伴随着对公民个人权利的强制性干预,刑事诉讼活动的展开以及强制措施的采用几乎都是以限制甚至剥夺犯罪嫌疑人、被告人的人身和财产权益为前提的,不可避免地将会给涉讼公民的重要生活权益造成强制性损害。在这样的背景下,一方面必须通过完善的刑事诉讼立法、科学的刑事诉讼程序设置来限制国家权力的恣意行使;另一方面对于已经制定出来的刑事诉讼法程序,公、检、法机关必须严格予以遵守,这样才有利于将刑事诉讼活动纳入法制的轨道,严格规范和控制国家专门机关及其工作人员权力的行使,防止其滥用职权、侵犯犯罪嫌疑人、被告人及其他诉讼参与人的合法权益。

严格遵守法律程序原则,要求公、检、法机关在法律规定的范围内行使职权,不得超出法律的规定而自行其是。法律没有明确赋予的职权,公、检、法机关不得行使;法律明确禁止的行为,公、检、法也不得进行。例如,我国刑事诉讼法明确规定严禁刑讯逼供和以威胁、引诱、欺骗以及其他非法的方法收集证据,那么,公、检、法机关在司法实践中就不能以上述非法方法收集

证据。违背严格遵守法律程序原则,将产生相应的诉讼法律后果并招致程序性制裁:一方面,违背严格遵守法律程序原则,可能导致诉讼行为无效。例如,《刑事诉讼法》第 238 条规定:“第二审人民法院发现第一审人民法院的审理有下列违反法律规定的诉讼程序的情形之一的,应当裁定撤销原判,发回原审人民法院重新审判:(一)违反本法有关公开审判的规定的;(二)违反回避制度的;(三)剥夺或者限制了当事人的法定诉讼权利,可能影响公正审判的;(四)审判组织的组成不合法的;(五)其他违反法律规定的诉讼程序,可能影响公正审判的。”既然法条明确规定,存在上述违反法律规定的诉讼程序的行为,一审判决将被撤销并发回重审,即意味着原判决行为(诉讼行为)无效。另一方面,违背严格遵守法律程序原则,可能导致所获证据材料被作为非法证据予以排除。对此,《刑事诉讼法》第 56 条明确规定:“采用刑讯逼供等非法方法收集的犯罪嫌疑人、被告人供述和采用暴力、威胁等非法方法收集的证人证言、被害人陈述,应当予以排除。收集物证、书证不符合法定程序,可能严重影响司法公正的,应当予以补正或者作出合理解释;不能补正或者作出合理解释的,对该证据应当予以排除。在侦查、审查起诉、审判时发现有应当排除的证据的,应当依法予以排除,不得作为起诉意见、起诉决定和判决的依据。”

四、人民法院、人民检察院依法独立行使职权原则

根据我国《宪法》的规定,人民检察院和人民法院是我国的司法机关,检察权、审判权都是一种司法权。与其他权力形式不同的是,司法权的运作是以事实为依据、以法律为准绳,其目的旨在实现社会公正,需满足司法权行使的客观中立之要求,即必须保障其运行过程的独立性、免受其他机关的干扰和影响。《刑事诉讼法》第 5 条规定:“人民法院依照法律规定独立行使审判权,人民检察院依照法律规定独立行使检察权,不受行政机关、社会团体和个人的干涉。”这一规定确立了人民法院、人民检察院依法独立行使职权的原则。

具体而言,人民法院、人民检察院依法独立行使职权原则主要包括以下含义:

1. 审判权和检察权的行使不受非法干涉

人民法院行使审判权、人民检察院行使检察权,应当独立自主进行,国家行政机关、社会团体和个人不得以任何非法的方式干扰、影响人民法院、人民检察院正常行使职权。但这并不意味着社会不能对人民法院和人民检察院的工作进行监督。社会舆论和人民群众对司法的监督是保证司法公正、防止司法腐败的重要条件,听取社会各方面对检察、审判工作的意见和建议是人民检察院和人民法院日常工作的重要内容。人民法院和人民检察院应当自觉接受社会的监督,并对工作中的疏漏及时改进。刑事诉讼法所反对的是行政机关、社会团体和个人(主要是个别领导者)“以言代法”“以权压法”等影响司法机关正常工作的非法干涉。

保障人民法院、人民检察院依法独立行使职权,并不排斥人民代表大会对司法工作的监督。根据我国《宪法》的规定,我国各级人民检察院和人民法院都是由同级人民代表大会选举产生,并对其负责。据此,各级人民检察院和人民法院应向同级人民代表大会报告工作,自觉接受人民代表大会的监督。人民代表大会对人民检察院和人民法院的监督,不同于一般社会监督,而是一种法律监督。它以法律规定为后盾,对人民检察院和人民法院而言具有法律效力;但同时也必须注意的是,人民代表大会对人民检察院和人民法院工作的监督,应当依照法定程序进行,不得以监督为由干扰人民法院、人民检察院的正常办案,更不能代替人民检察院、人民法院行使检察权、审判权。

保障人民法院、人民检察院依法独立行使职权,还必须处理好执政党领导与司法机关独立行使职权的关系。按照现行《宪法》的规定,中国共产党是我国的执政党,也是我们一切工作的领导者和核心力量。中国共产党对司法工作的领导是其领导地位的重要体现,人民检察院、人民法院必须自觉服从中国共产党的领导。坚持党的领导是人民法院、人民检察院依法独立行使职权的前提。但是,党对司法工作的领导,应当是一种宏观领导,即党通过制定政策、路线、方针来对司法工作进行宏观指导,但各级党委及党的领导人个人不应干预个案的检控和审判,更不能由各级党委代替各级人民检察院、人民法院行使检察权、审判权。

2. 检察官、法官应当独立行使检察权、审判权,树立责任意识,完善责任机制

与国外的司法独立强调的"官员的个体独立"原则不同,长期以来,我国的人民法院、人民检察院依法独立行使职权原则更为强调"官厅的整体独立",即人民检察院和人民法院作为一个组织整体,集体行使独立的检察权和审判权。具体体现这一点的便是检察委员会和审判委员会的设立。根据刑事诉讼法和组织法的规定,检察委员会和审判委员会是对检察工作和审判工作实行集体领导的组织形式。检察委员会和审判委员会实行民主集中制,讨论、决定疑难、复杂、重大的案件。对于检委会和审委会的决定,检察员和合议庭必须服从。由于检委会、审委会委员都是由司法机关中具有多年办案经验的检察官、法官组成,疑难、复杂、重大案件提交检委会和审委会讨论,从该制度设立之初来看,主要是为了体现审慎裁判原则,避免冤假错案的发生。但是,实践中不难发现,该制度的适用情况与设立目的背道而驰。从程序过程论来看,疑难、复杂、重大案件提交检委会和审委会讨论无法实现司法官对刑事案件审理的亲历性要求,从而导致相关的处理意见存在有违案件客观事实之可能;从程序结果论来说,由于检察员和合议庭必须服从检委会和审委会之决定,一旦案件事后被纠错,也可以此为借口免除相应责任。因此,部分检察员、合议庭成员也利用该制度规避职业风险,即使对检委会和审委会的决定存有异议,往往也予以保留。

在新一轮司法改革中,我们注重办案组织和办案方式司法化,期望通过建立办案人员终身责任制来强化检察官和法官的独立意识,提高办案质量。与此同时,在检委会和审委会暂时不会退出刑事诉讼历史舞台的背景下,我们认为从宪法的规定来看,人民法院、人民检察院依法独立行使职权与检察官和法官的个体独立并不矛盾。强调人民检察院和人民法院的整体独立,并不排斥尊重检察官和法官的个体独立意志。我们应当在强调人民检察院和人民法院整体独立性的前提下,通过主任检察官制和主审法官等改革举措,逐步落实并切实保障检察官和法官独立行使职权。

五、分工负责、互相配合、互相制约原则

根据我国《宪法》第140条和《刑事诉讼法》第7条的规定:"人民法院、人民检察院和公安机关进行刑事诉讼,应当分工负责,互相配合,互相制约,以保证准确有效地执行法律。"据此,公、检、法三机关分工负责、互相配合、互相制约原则是调整我国公、检、法三机关关系的指导性准则,也是我国配置侦、控、审三项刑事司法权力的基本原则。根据现行法律的规定和理论上的通说,刑事诉讼中公、检、法三机关分工负责,互相配合,互相制约原则的内容包括以下三个方面:

首先,"分工负责",是指公安机关、人民检察院、人民法院在进行刑事诉讼活动时,根据法律应当有明确的分工,三机关应当在法律规定的职权范围内行使职权,各尽其职,各负其责。

既不能互相取代，也不应互相推诿。分工负责的实质是分权，即将国家所独享的犯罪追究权根据功能的不同划分为三种相对独立的权力：侦查权、起诉权、审判权，并将其分别赋予三个国家机关独立行使。分权的目的是通过权力的分立，将权威分散于不同的决策中心，防止司法权的过分集中，造成司法权的专横擅断，且保障公民不受任意的司法追究。根据我国刑事诉讼法的相关规定，分工负责在刑事诉讼中具体体现在：(1)诉讼职能分工，即公、检、法三机关分别承担不同的诉讼职能。具体而言，公安机关承担主要的侦查职能；人民检察院承担部分侦查职能以及控诉职能；人民法院则承担审判职能。(2)职能管辖分工，即公、检、法三机关在直接受理刑事案件上的权限划分。具体来说，人民法院直接受理自诉案件；人民检察院对诉讼活动实行法律监督中发现的司法工作人员利用职权实施的非法拘禁、刑讯逼供、非法搜查等侵犯公民权利、损害司法公正的犯罪，可以立案侦查，对于公安机关管辖的国家机关工作人员利用职权实施的重大犯罪案件，需要由人民检察院直接受理的时候，经省级以上人民检察院决定，也可以由人民检察院立案侦查；公安机关负责人民法院直接受理的案件、监察机关依法调查案件和人民检察院自侦案件以外的其他案件的立案侦查。

其次，"互相配合"，是指公安机关、人民检察院、人民法院在进行刑事诉讼时，应当在分工负责的基础上，相互支持，协调一致，通力合作，共同完成追究犯罪、惩罚犯罪，保障涉讼公民的合法权益，保障无罪的人不受到刑事追究的任务；而不能各行其是、画地为牢，甚至互相抵消力量。在分工负责的基础上强调相互之间的配合，是基于公、检、法三机关诉讼任务的同向性。国家设立公检法机关的根本目的都是追究和惩罚犯罪，实现保护社会和保障公民合法权益的任务，因此，三机关的行为具有目标指向上的同一性。受这种目标指向同一性的支配，虽然公检法三机关在刑事诉讼中各有职责，各负其责，但同时又必须紧密合作，互动协调，共同指向惩罚犯罪和保障人权的诉讼任务和目标。在这个意义上，可以说分工负责是公、检、法三机关为了更好地完成共同的诉讼任务而在系统内部所作的必要的分工。公、检、法三机关互相配合的基础在于其性质的同一性。尽管公、检、法三机关在机构设置上分属不同的子系统，但是三者同为追究犯罪的国家专门机关，在这一点上，三机关具有同质性和同构性，它能为三机关的通力合作提供必需的人员和制度保障。从宏观上看，互相配合在刑事诉讼中体现为以下制度设计：(1)检、警配合。公安机关的立案、侦查，应为人民检察院审查批准、提起公诉做好准备；人民检察院对于公安机关提请逮捕而又符合逮捕条件的，应及时批准逮捕；人民检察院认为需要拘留、逮捕犯罪嫌疑人的，应由人民检察院作出决定后，由公安机关加以执行；人民检察院需要通缉被告人时，应当通知公安机关执行。(2)检、法配合。人民检察院的起诉应当为法院审判做好准备，法院对检察院提起的公诉，只要起诉书中有明确的犯罪事实和附有相关证据材料的，就应当及时开庭审判；人民法院审理公诉案件，人民检察院除特定情况外应当派员出席法庭支持公诉。

最后，"互相制约"，是指公安机关、人民检察院、人民法院进行刑事诉讼应当按照职责分工，相互制约、相互平衡，以期及时发现工作中存在的问题或错误，并加以纠正，以保证法律的准确实施、正确惩罚犯罪、保障无辜公民不受刑事追究，做到不枉不纵、不错不漏。分权制衡作为现代社会通行的一套权力制约机制，分权和制衡是两个不可分割的部分：分权是前提，制衡是基础，不实现权力的分立，就不能防止集中高压的权力，但是只进行简单的权力分立是不够的，只有分权，没有权力之间的相互制衡，仍不足以防止专断的权力，因此，在分权的基础上，必须进一步寻求权力之间的相互制约与平衡。同样，司法分权也不仅仅意味着公、检、法三机关在诉讼职能和管辖权限上的分工,而且要求三机关之间实现权力上的相互制衡。

根据学术界的共识,在我国,三机关互相制约具有两个特征:一是制约的双向性,即承担侦查、控诉、审判职能的公、检、法三机关之间的制约具有相互性,每一个机关都对其他机关形成一定制约,同时它也成为其他机关制约和监督的对象;二是制约形式的多样性。根据我国刑事诉讼法的规定,三机关之间的互相制约表现为:(1)检、警制约。一是在立案权限上,检察院制约公安机关。人民检察院认为公安机关应当立案侦查的案件或者被害人认为公安机关对应当立案侦查的案件而不立案侦查,向人民检察院提出的,人民检察院应当要求公安机关说明不立案的理由。人民检察院认为公安机关不立案理由不成立的,应当通知公安机关立案,公安机关接到通知后应当立案。二是在逮捕权限上互相制约,公安机关逮捕犯罪嫌疑人,要提请人民检察院批准,如不批准,公安机关认为应当逮捕时,可以要求复议,如果检察院不接受,还可以向上一级人民检察院提请复核。三是在不起诉权限上互相制约,对于公安机关移送起诉的案件,人民检察院决定不起诉的应当将不起诉决定书送达公安机关。公安机关认为应当起诉的,可以要求复议,如果意见不被接受,可以向上一级人民检察院提请复核。四是在侦查行为上,检察院制约公安机关。人民检察院对侦查活动实行监督,如果发现有违法情况,可通知公安机关纠正。(2)检、法制约。一方面,人民法院经过审理,认为检察院的指控案件事实清楚,证据确实、充分,依据法律认定被告人有罪的,应当作出有罪判决;依据法律认定被告人无罪的,应当作出无罪判决。另一方面,人民检察院对人民法院的判决、裁定认为有错误时,有权按第二审程序或审判监督程序提出抗诉。这是检察院对人民法院的一种制约。

公、检、法三机关分工负责、互相配合、互相制约原则的三项内容是辩证统一的。分工负责是前提和基础,没有分工,配合和制约无从谈起;互相配合与互相制约则是一个问题的两个方面,两者不可偏废。

然而,作为一项政策性原则,配合制约原则并不一定完全反映了刑事诉讼发展的客观规律,这就使得配合制约原则虽然具备某种现实合理性,但却可能缺乏法理合理性。当前由于对这一原则的理解偏差,导致我国警、检、法三机关的关系出现了错位、缺位、扭曲等不良现象,现象说明本质,我们因此而有理由质疑配合制约原则的法理合理性。

其一,配合制约原则下的检、警关系。我国在配合制约原则下规划的检警关系与国外通行的检警关系大相径庭。从国外的做法来看,检、警关系的实质是检警一体化。即检察院主导警察机关进行侦查。在检、警一体化体制下,检察院不仅有权自行侦查,而且有权指挥、命令警察机关进行侦查。在大陆法国家,检察院集侦查权和控诉权于一身,检察院是法定的侦查权主体、形式上的侦查机关;而警察机关作为实质的侦查机关,仅仅是为帮助检察院行使侦查权而设的“辅助机关”,警察机关的任务就是协助检察院侦查犯罪或受检察院的指挥、命令侦查犯罪。在侦查程序中,承担控诉职能的检察院是主导和中心,检察院不仅可以自行侦查,而且可以命令、指挥警察机关侦查犯罪。在英美法国家,虽然警察机关不被视为检察院的辅助机关,但检察院与警察机关的关系同样非常密切,检察官不仅有权亲自进行侦查,而且有权对警察机关的侦查发表意见、进行指导。可见,检、警一体化实际上是一种检察院对警察机关的单向制约机制。

检、警一体化的法理基础在于侦、控职能的同质性和隶属性。从法理上说,侦查的最终目的是为控诉服务,侦查阶段查明案件事实、查获证据的目的都是在庭审阶段支持控诉,因此,侦查职能本身并不具有独立性,侦查职能往往被视为是控诉职能的一部分。在定位侦查职能和控诉职能的关系时,控诉职能无疑应当处于主导地位,而侦查职能仅仅是对控诉职能起辅助作用的诉讼职能，侦控关系本质上是一种主从关系。既然侦控关系本质上是一种主从关系，那么行使控诉职能的检察院当然就可以监督、制约行使侦查职能的警察机关；而警察机关却不能反向制约检察院，否则就将导致诉讼关系错位、诉讼机制冲突。

在我国，现行的以配合制约为内容的检、警关系强调检、警之间的平等分立和双向制约，实际上是强调侦查职能相对于控诉职能的平等性和独立性，试图以侦查职能与控诉职能之间的"分工负责、互相配合、互相制约"来代替控诉职能对侦查职能的主导作用，这就违背了侦、控职能的配置规律，模糊和混淆了控诉职能与侦查职能之间应有的主从关系，破坏了检、警一体化的基础。

从实践效果来看，我国现行的检、警关系已经在司法实践中引发了严重的机制冲突即"检、警冲突"，造成了诉讼关系的不顺、侦查机制的不畅。这突出表现在：

其一，由于检察院对公安机关的监督、控制能力不足，不能主导公安机关的侦查活动，导致检控力量的减损、诉讼效率的降低。我国检、警关系的特征是强调检、警地位的平等性和制约的双向性，这就将公安机关抬升至同检察院分庭抗礼的地步，导致公安机关地位托大、难以制约；公安机关往往脱离检控的要求自行其是，造成刑事侦查不能按照检控的要求实施，甚至双方"扯皮""内耗"，减损了检控的能力。比如就检察院的立案监督权而言，根据我国刑事诉讼法的规定，公安机关不立案，检察院通知公安机关立案的，公安机关就应当立案，但在司法实践中，公安机关却用在立案后撤销案件的方法来消极应付，使检察院的这一权力虚置或落空。再如，根据规定，检察院有权向公安机关调阅案件材料，但司法实践中公安机关往往借种种理由予以拒绝；检察院要求公安机关协助侦查，公安机关也以各种借口推诿甚至干脆拒绝；等等。这些现象必然导致检控能力的受损、下降。但是，面对这种窘境，检察院却受制于配合制约原则而束手无策。

其二，配合制约原则下的检、法关系。在现代刑事诉讼法中，控审分离原则是调整检、法关系的基本准则，它强调控诉职能和审判职能之间的分权制衡。一方面，控诉职能要受到审判职能的制约。由于控诉职能本身并不具有实体裁判性和终结性，控诉职能对犯罪的纠举，必须经过法院的审查，才能最终加以认定；如果法官经过审判，发现检察院的控诉不能成立时，可以判决否定检察院的指控。另一方面，审判职能也在一定程度上受制于控诉职能。首先，在审判程序的启动上，奉行不告不理的原则，没有检察院提起控诉，法院不能展开审判，即所谓"没有公诉人，就没有法官"；其次，审判职能的活动范围也受制于控诉职能，遵循诉审同一原则，法院的审判对象必须同检察院起诉指控的对象保持同一，法院不能超出检察院起诉指控的被告人和罪行而作出裁判。可见，检、法关系本质上应当是一种制约关系而非配合关系。

控审分离原则的确立充分体现了现代刑事诉讼的精神和实质——以程序制约权力，即通过程序机制的设置来确保国家追究犯罪的活动按公正的轨道进行，防止国家滥用刑事司法权、侵犯公民人权。现代法治国家之所以在刑事诉讼中实行控审分离原则，就是基于应当由两个相互独立的司法机构审查是否判决有罪的分权制衡思想。国家在法院之外设立检察院来行使控诉权，就是为了防止作为裁判者的法院集审判与控诉职能于一身，重演封建纠问式模式下，法官自诉自审、严重侵犯被告人人权的历史；而国家之所以在设立了警察机关和检察院追究犯罪的情况下，还要设立法院来对警察机关和检察院的追究活动进行审查，其目的正是通过一个相对中立的司法审查机构的设置，来对警察机关和检察院前一阶段工作效果进行审核，防止警察机关和检察院进行不公正的追诉。可见，控审关系或者说检、法关系本质上应当是一种制约关系,单方面强调检法之间的互相配合,即“配合有余、制约不足”将破坏这一关系的基础。

2018 年 3 月,十三届全国人民代表大会第一次会议通过了《中华人民共和国宪法修正案》。本次宪法修改共 21 条修正案,有 11 条和国家监察体制改革相关。修改后的《宪法》第 127 条规定:“监察机关办理职务违法和职务犯罪案件,应当与审判机关、检察机关、执法部门互相配合,互相制约。”这表明,在办理职务违法和职务犯罪案件的过程中,应当坚持公、监、检、法四机关分工负责、互相配合、互相制约原则。这表明,在办理职务违法和职务犯罪案件时,应当坚持“公、监、检、法”四机关配合制约的原则,如《监察法》第 29 条规定,依法应当留置的被调查人如果在逃,监察机关可以决定在本行政区域内通缉,由公安机关发布通缉令,追捕归案。《监察法》第 30 条规定,监察机关为防止被调查人及相关人员逃匿境外,经省级以上监察机关批准,可以对被调查人及相关人员采取限制出境措施,由公安机关依法执行。《刑事诉讼法》第 170 条规定,人民检察院对于监察机关移送起诉的案件,依照本法和监察法的有关规定进行审查。人民检察院经审查,认为需要补充核实的,应当退回监察机关补充调查,必要时可以自行补充侦查。

六、人民检察院依法对刑事诉讼实行法律监督原则

人民检察院作为国家专门法律监督机关,有权对刑事诉讼法的贯彻实施实行法律监督,这一原则被称为人民检察院依法对刑事诉讼实行法律监督原则,简称检察监督原则。我国《刑事诉讼法》第 8 条规定:“人民检察院依法对刑事诉讼实行法律监督。”

检察监督原则是大陆法系国家检察官“国家权力双重控制”功能在我国的具体运用和体现。众所周知,检察制度源于大陆法系国家,是法国大革命的产物。在法、德等大陆法系国家,检察官的基本功能被定位为“国家权力之双重控制”。所谓“国家权力之双重控制”,是指“作为法律之守护人,检察官既要保护被告免于法官之擅断,亦要保护其免于警察之恣意。”[3]即检察官既要监督法官,又要控制警察,对两者分别实施监督、制约。

检察官的这种“国家权力之双重控制”功能,使得检察官不仅是刑事诉讼的参与者,更是程序的监督者,这突出表现在以下两个方面:(1)在侦查程序中,检察官需对警察的侦查活动施以法律监督,防范警察滥用权力演变为权力不受制约的“警察国家”。在大陆法系国家,检察官监督、控制警察的一个最主要手段就是从法律上确立了一种“检主警辅”的侦查权力分配格局,即,使检察官成为侦查程序的主导者和控制者、刑事侦查权的法定主体,而将警察机关定位为检察官的辅助机关,从而使得检察官拥有了指挥、调度警察的权力,这样,警察权再强大,它仍然要受检察权的节制,无法直接危害公民权利与自由。检察官成为侦查权主体,其重大的法治意义在于将检察官对警察的法律监督演变为一种“参与式”监督,而非“外在式”监督,这使得检察官更能够控制警察活动的合法性。(2)在审判程序中,检察官的责任不仅是提出指控,并且负责监督法院遵守程序规则,防止法官专权擅断、枉法裁判。为此,一方面,检察官对法官的程序违法行为可以实施当庭监督,“在审判程序中,其需朗读起诉书。此外,检察官亦需注意,诉讼过程是否合法举行,其对于有违反刑诉法之情形时,异于辩护人,需立即对之加以更正”。[4]另一方面,检察官认为法官的判决违法或不当的,可以通过提起抗告或上诉的方式阻断其生

〔3〕 林钰雄:《刑事诉讼法》(上),元照出版有限公司 2004 年版,第 117 页。

〔4〕 [德]克劳思·罗科信:《刑事诉讼法》,吴丽琪译,法律出版社 2003 年版,第 63 页。

效;即使是在判决生效之后,检察官如果认为有认定事实或法律适用错误的事由时,也可以提起再审或非常上诉,以此动摇生效判决的效力。

我国刑事诉讼法将检察机关的功能定位为“法律监督机关”,其实不过是对欧陆法系国家检察官作为“国家权力之双重控制”(doppelte Kontrolle der Staatsgewalt)功能的另一种表述和称呼,其在监督法律实施、保证法制统一、保障公民人权的基本功能方面并没有本质的不同。因此,在我国语境下的检察监督,应当结合近年来冤假错案高发态势,紧紧围绕司法让人民群众满意的出发点,加强刑事诉讼全过程的监督,尤其是对立案和侦查活动的监督。究其原因,基于我国长期以来形成的侦查中心主义的办案模式,侦查权在一定程度上具有先天扩张的优势,必须受到监督和限制。同时,由于检察权的实施路径在立法技术上以事后监督为主要方式,加之侦查活动本身的隐蔽性,实务中很难实现对侦查活动的有效监督,从而造成了侦查机关在办案过程中以定罪为导向,积极、主动乃至踩踏红线获取定罪证据,筛除有碍侦查、起诉和审判的侦查信息,将案件包装成完全符合证明标准的产品送至法庭质检,进而造成部分冤假错案,不仅侵犯了当事人合法权益,同时也造成社会公众对公权力机关的不信任。以1995～2013年最高人民检察院发布的数据为例(见图4－1),检察机关对侦查过程中存在的违法情况提出纠正意见的数量远高于对审判出错的纠正,并且实际处理的侦查活动违法情况在近两年来呈现增长态势。对此,最高人民检察院出台了《关于贯彻落实〈中共中央关于全面推进依法治国若干重大问题的决定〉的意见》,该意见要求:各级检察机关要紧紧扭住人民群众反映强烈的执法不严、司法不公突出问题,切实做到敢于监督、善于监督、依法监督、规范监督,保障人民权益,伸张正义。加强对刑事立案和侦查活动的监督,重点监督纠正有案不立、有罪不究、越权办案、插手经济纠纷、侵犯人权等问题。认真履行对刑事审判活动的监督职能,加强对二审书面审理案件、人民法院依职权启动再审后改变原审判决案件、判处缓刑和免予刑事处罚案件,以及死刑复核案件的法律监督。加强刑事执行检察工作,全面强化对刑罚执行、刑事强制措施执行和强制医疗执行以及有关监管活动的监督,特别要加强对刑罚交付和变更执行等监督工作。抓好修改后民事诉讼法的贯彻落实,综合运用多种监督手段,统筹推进生效裁判监督、审判程序监督和执行活动监督,重点监督纠正裁判不公、虚假诉讼、恶意诉讼、违法执行和诉讼过程中审判人员违法行为等问题。加大惩治司法腐败力度,依法严肃查处司法人员职务犯罪案件。

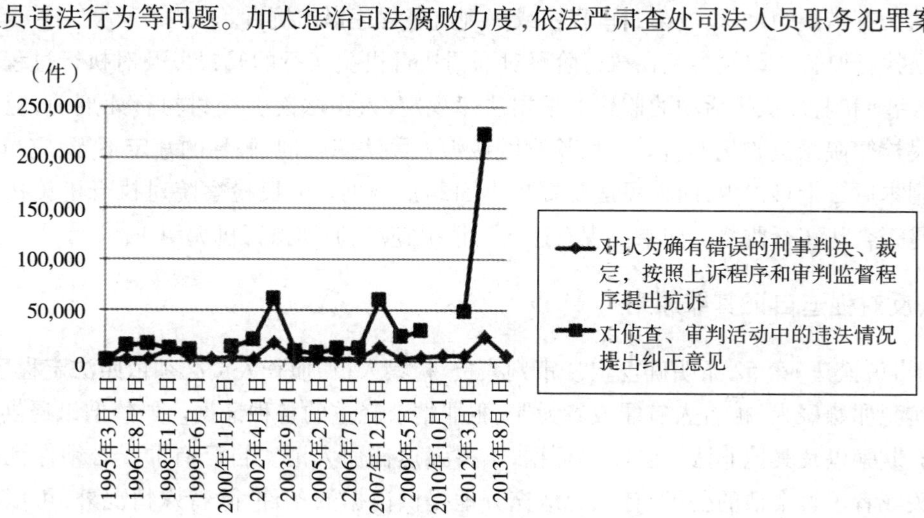

图4－1　1995～2013年最高人民检察院刑事审判监督情况统计

根据我国《刑事诉讼法》的规定,刑事诉讼从侦查、调查、起诉、审判到执行的整个过程,人民检察院都要实施法律监督。具体而言:

一是侦查监督。即检察院在侦查阶段对公安机关实行监督,表现在:(1)立案监督。根据《刑事诉讼法》第113条规定,人民检察院认为公安机关应当立案而不立案或被害人认为公安机关应当立案侦查的案件而不立案侦查的,可以向人民检察院提出,人民检察院应当要求公安机关说明理由。人民检察院认为公安机关不立案的理由不能成立的应当通知公安机关立案,公安机关接到通知后应当立案。(2)侦查行为监督。即人民检察院对公安机关的侦查活动(包括取证活动)是否合法进行监督。同时,人民检察院还通过对公安机关提请批准逮捕的案件进行审查来监督公安机关的逮捕是否符合法律规定的条件,并对逮捕的执行情况进行监督:人民检察院决定批捕或不批捕的,公安机关应当立即逮捕或立即释放,并将执行情况及时通知人民检察院。(3)侦查结果监督。人民检察院对公安机关移送起诉的案件进行审查起诉,以监督公安机关的侦查结果是否符合法律规定。

二是调查监督。即检察院在调查阶段对监察机关进行监督,表现在:(1)调查行为监督。人民检察院有权对监察机关的调查活动是否合法进行监督。同时,人民检察院还通过对监察机关移送起诉并已采取留置措施的案件,审查是否应当逮捕、取保候审或者监视居住。2018年《刑事诉讼法》第170条第2款规定,对于监察机关移送起诉的已采取留置措施的案件,人民检察院应当对犯罪嫌疑人先行拘留,留置措施自动解除。人民检察院应当在拘留后10日内作出是否逮捕、取保候审或者监视居住的决定。(2)调查结果监督。人民检察院同样对监察机关移送起诉的案件进行审查起诉,以监督监察机关的调查结果是否符合法律的规定。《刑事诉讼法》第170条第1款规定,人民检察院对于监察机关移送起诉的案件,依照本法和监察法有关规定进行审查。人民检察院经审查,认为需要补充核实的,应当退回监察机关补充调查,必要时可以自行补充侦查。

三是审判监督。即检察院在审判阶段对法院进行监督,表现在:(1)审判行为监督。人民检察院有权对法院的审判活动是否合法进行监督,发现人民法院审理案件违反法律规定的诉讼程序,有权向人民法院提出纠正意见。(2)审判结果监督。对于人民法院的判决、裁定,人民检察院认为有错误的,可以按第二审程序或审判监督程序提出抗诉。

四是执行监督。即检察院在执行阶段对刑罚执行机关实行的监督以及对执行过程中的减刑、假释活动和监外执行活动的监督。根据法律规定,人民法院在交付执行死刑前,应当通知同级人民检察院派员临场监督。人民检察院认为人民法院减刑、假释的裁定不当,应当在收到裁定书副本后二十日以内,向人民法院提出书面纠正意见。人民检察院对执行机关执行刑罚的活动是否合法实行监督。如果发现有违法的情况,应当通知执行机关纠正。

七、反对强迫自证其罪原则

《刑事诉讼法》第52条明确规定:“审判人员、检察人员、侦查人员必须依照法定程序,收集能够证实犯罪嫌疑人、被告人有罪或者无罪、犯罪情节轻重的各种证据。严禁刑讯逼供和以威胁、引诱、欺骗以及其他非法方法收集证据,不得强迫任何人证实自己有罪。必须保证一切与案件有关或者了解案情的公民,有客观地充分地提供证据的条件,除特殊情况外,可以吸收他们协助调查。”

从目前来看,关于“不强迫自证其罪”条款的解释和适用问题,法律界存在不同的认识和观点：

一种观点认为，从“不强迫自证其罪”条款的立法背景上分析，2012年刑事诉讼法修改，之所以在原法“严禁刑讯逼供”规定的基础上，增加了“不得强迫任何人证实自己有罪”的规定，一方面固然是为强调立法者对刑讯逼供等非法取证行为的禁绝态度，彰显刑事诉讼法“尊重和保障人权”的主旨；另一方面也是为我国正式加入《公民权利和政治权利国际公约》作准备。中国政府已经于1998年10月5日签署该公约，但由于我国现行法律包括《刑事诉讼法》与该公约部分内容存在直接冲突，因此全国人大至今仍没有批准加入该公约。根据《公民权利和政治权利国际公约》第14条第3项庚目之规定：“任何人不被强迫作不利于他自己的证言或强迫承认犯罪。”据此，“不得强迫自证其罪”被确认为缔约国公民的基本人权之一，而作为缔约国的我国在《刑事诉讼法》上不仅未赋予被追诉人（犯罪嫌疑人、被告人）这一权利，反而要求犯罪嫌疑人在侦查讯问时必须如实陈述，这一规定与该公约的相关内容显然存在差异甚至差距。条约神圣，遵守我国已经批准加入的国际公约，在我国《刑事诉讼法》中落实相关国际公约的内容与要求，既是我国应尽的国际法义务，亦是此次刑事诉讼法修改的重要任务之一。正是为实现与国际公约的对接，2012年修正后的《刑事诉讼法》特别增加了关于“不得强迫任何人证实自己有罪”的规定。因此，从规范目的来讲，既然我国《刑事诉讼法》增设“不强迫自证其罪”条款，是为正式加入《公民权利和政治权利国际公约》作准备，且从法条的表述方式看明显继受了《公民权利和政治权利国际公约》第14条第3项庚目的规定，那么，我们在对“不强迫自证其罪”条款进行解释时，自然就应当遵从《公民权利和政治权利国际公约》第14条第3项庚目的立法精神和内容，将其解释为一个“权利型”条款，即该条款之目的在于赋予被追诉人供述（或辩解）与否的选择权，即被追诉人享有保持沉默的权利。

另一种观点则认为，由于《刑事诉讼法》第120条明确规定：“侦查人员在讯问犯罪嫌疑人的时候……犯罪嫌疑人对侦查人员的提问，应当如实回答。”立法上的用语为“应当”，意味着法律在此强加给了犯罪嫌疑人一项义务——如实陈述的义务，本质上是一个“义务型”条款。因此，法律条文本身规定的“义务”与所谓“不强迫自证其罪”的“权利”存在逻辑上的冲突，对此可以解读为犯罪嫌疑人有义务（“应当”）作出供述或辩解，而无保持沉默的权利。换言之，只要侦查机关不动用强迫手段取供，而是依法讯问，则犯罪嫌疑人仍须如实回答，无权保持沉默。这一结论的得出，主要是运用了体系解释的方法。所谓体系解释，即根据刑事诉讼法条文在整个刑事诉讼法中的地位，包括其编、章、节、条、款、项的前后位置关系，联系相关法条的含义，阐明法律用语意旨的解释方法。从体系上看，《刑事诉讼法》第52条隶属于第五章“证据”，条款内容为：“审判人员、检察人员、侦查人员必须依照法定程序，收集能够证实犯罪嫌疑人、被告人有罪或者无罪、犯罪情节轻重的各种证据。严禁刑讯逼供和以威胁、引诱、欺骗以及其他非法方法收集证据，不得强迫任何人证实自己有罪。必须保证一切与案件有关或者了解案情的公民，有客观地充分地提供证据的条件，除特殊情况外，可以吸收他们协助调查。”依据体系解释的方法，既然立法者将“不强迫自证其罪”条款规定在《刑事诉讼法》第五章“证据”第52条之中，且该法条其前后条款之内容皆为禁止非法取证手段的运用，由此可推知立法者对于“不强迫自证其罪”条款，主要是作为一项取证制度来设计的。所谓“不得强迫任何人证实自己有罪”，不过是对其前文“严禁刑讯逼供和以威胁、引诱、欺骗以及其他非法方法收集证据”的重申和强调，意指“不得以刑讯逼供和以威胁、引诱、欺骗以及其他非法方法强迫任何人作出有罪供述”。由此，所谓“不强迫自证其罪”条款所强调的仅仅是不得以法律禁止的强迫手段取供，而非谓犯罪嫌疑人有权保持沉默。换言之,根据体系解释的方法,该条款实质上只是针对侦查机关而设的"义务型"条款,但却并非被追诉人的"权利型"条款,犯罪嫌疑人并不能依据该条款获得沉默权,只要侦查机关不动用强迫手段取供,而是依法讯问,则犯罪嫌疑人仍须如实回答,无权保持沉默。

上述两种观点可谓针锋相对,但却又各有其法解释上的依据,前者以目的解释为方法,着眼于论证制度改革的法理合理性,故多为理论界所主张;后者以体系解释为方法,落脚于维护现行侦查体制的现实合理性,故易为实务部门所接受。但问题在于,主张"不强迫自证其罪"条款与"如实陈述"条款可以"兼容"的观点,仅仅是我国实务部门的"独家之言",违背理论常识,欠缺法理基础,因为,所谓"不强迫自证其罪",本属法律专业术语,无论是在国际公约中,还是在主要法治国家的宪法和刑事诉讼法中,其核心含义都是相对明确的,所指就是沉默权,这已经成为常识。

或许正是因为上述两种观点针锋相对、难分伯仲,且事关2012年刑事诉讼法修正案的实施操作,全国人大常委会委员、全国人大常委会法制工作委员会副主任郎胜在2012年3月8日第十一届全国人大五次会议新闻中心举行的记者会上,专门就"不强迫自证其罪"条款与"如实陈述"条款是否冲突的问题作了说明,根据其解释:不得强迫任何人证实自己有罪,这是我们刑事诉讼法一贯坚持的精神,因为现在的刑事诉讼法里就有严禁刑讯逼供这样的规定。为了进一步防止刑讯逼供,为了进一步遏制可能存在的这样一种现象,这次刑事诉讼法明确规定不得强迫任何人证实自己有罪,这样的规定对司法机关是一个刚性的、严格的要求。至于规定犯罪嫌疑人应当如实回答是从另一层面、另一角度而言的。我们的刑法规定,如果犯罪嫌疑人如实回答了问题,交代了自己的罪行,可以得到从宽处理。刑事诉讼法作为一部程序法,要落实这样一个规定,它要求犯罪嫌疑人如果你要回答问题的话,你就应当如实回答,如果你如实回答,就会得到从宽处理。这是从两个角度来规定的,并不矛盾。据此,对《刑事诉讼法》第120条规定的"如实陈述"义务应当进行限缩解释,即将"如实陈述"义务限缩解释为犯罪嫌疑人自愿供述(或辩解)时的一项义务——"真实性义务",换言之,"犯罪嫌疑人你可以不开口,但如果你开口,就必须讲真话,而不得撒谎"。根据这一限缩解释,可以推导出犯罪嫌疑人据此享有沉默权。

但是,犯罪嫌疑人一旦主张沉默权,侦查机关是否就必须立即停止讯问?我国司法实务界许多人担心,一旦在立法上肯定了犯罪嫌疑人的沉默权,侦查审讯即无法正常进行,因为,犯罪嫌疑人只要主张沉默权,审讯就必须立即停止,而这会直接影响侦查任务的实现。实际上,这种担心有些多余。肯定犯罪嫌疑人的沉默权,并不意味着否定侦查机关的讯问权,我们认为,在将来的司法实务中,遇到犯罪嫌疑人在侦查讯问中主张沉默权、拒不供述(或辩解)的,侦查人员只需将犯罪嫌疑人保持沉默的态度记载于审讯笔录中即可,但审讯并不会因为犯罪嫌疑人主张沉默权即告停止,相反,讯问将继续进行(不管犯罪嫌疑人是否作答),因为,侦查机关的讯问权,并不因犯罪嫌疑人主张沉默权而受影响,对于侦查机关的继续讯问,犯罪嫌疑人虽然可以拒绝作答,但却必须忍受,此即犯罪嫌疑人忍受讯问的义务。

八、各民族公民有权使用本民族语言文字进行诉讼原则

我国《刑事诉讼法》第9条规定:"各民族公民都有用本民族语言文字进行诉讼的权利。人民法院、人民检察院和公安机关对于不通晓当地通用的语言文字的诉讼参与人,应当为他们翻

译。在少数民族聚居或者多民族杂居的地区,应当用当地通用的语言进行审讯,用当地通用的文字发布判决书、布告和其他文件。"这一规定确立了各民族公民有权使用本民族语言文字进行诉讼的原则。该原则是我国宪法规定的"各民族一律平等""各民族都有使用和发展自己的语言文字的自由"等原则在刑事诉讼法中的具体反映和体现。

使用民族语言文字进行诉讼原则主要包括以下含义:

一是各民族公民,无论是作为当事人还是作为其他诉讼参与人,在刑事诉讼中都有权使用本民族的语言文字从事诉讼行为,包括:使用本民族的语言回答公安司法人员询(讯)问或在法庭上发表意见,用本民族文字书写关于案件事实的陈述、证人证言、鉴定结论、自诉状、上诉状、申诉书及其他诉讼文书。由于这是公民的一项基本诉讼权利,因此,如果诉讼参与人不通晓当地通用的语言文字,那么,人民法院、人民检察院和公安机关有义务为其指定或聘请翻译人员为他们翻译。这一规定不仅适用于我国的少数民族公民,也适用于在少数民族地区参加诉讼的汉族公民,以及在我国参加诉讼的外国公民。

二是在少数民族聚居或者多民族杂居的地区,公安司法机关应当用当地通用的语言进行审讯,用当地通用的文字发布判决书、布告和其他文件。我国目前实行民族区域自治制度,在少数民族聚居地实行民族区域自治。由于作为当地多数居民的少数民族习惯使用本民族语言文字,为方便公民参加诉讼,少数民族聚居或多民族杂居地区的公安司法机关有必要使用当地通用的语言进行审讯,并用当地通用的文字发布判决书、布告和其他文件。

九、犯罪嫌疑人、被告人有权获得辩护原则

所谓辩护,是指在刑事诉讼中犯罪嫌疑人、被告人及其辩护人从事实和法律上反驳控诉,提出有利于犯罪嫌疑人、被告人的材料和意见的诉讼活动。保障犯罪嫌疑人、被告人的辩护权,是刑事诉讼法的一项基本原则。《刑事诉讼法》第 11 条规定:"被告人有权获得辩护,人民法院有义务保证被告人获得辩护。"这一规定确立了犯罪嫌疑人、被告人有权获得辩护的原则。

犯罪嫌疑人、被告人有权获得辩护原则包括以下含义:一是犯罪嫌疑人、被告人在刑事诉讼过程中既可以自行辩护,也可以委托辩护。二是犯罪嫌疑人、被告人在刑事诉讼全过程中均有权获得辩护。根据《刑事诉讼法》第 34 条的规定,犯罪嫌疑人自被侦查机关第一次讯问或者采取强制措施之日起,有权委托辩护人;在侦查期间,只能委托律师作为辩护人。被告人有权随时委托辩护人。三是被告人有权获得法律援助。根据《刑事诉讼法》第 35 条的规定,犯罪嫌疑人、被告人因经济困难或者其他原因没有委托辩护人的,本人及其近亲属可以向法律援助机构提出申请。对符合法律援助条件的,法律援助机构应当指派律师为其提供辩护。犯罪嫌疑人、被告人是盲、聋、哑人,或者是尚未完全丧失辨认或者控制自己行为能力的精神病人,没有委托辩护人的,人民法院、人民检察院和公安机关应当通知法律援助机构指派律师为其提供辩护。犯罪嫌疑人、被告人可能被判处无期徒刑、死刑,没有委托辩护人的,人民法院、人民检察院和公安机关应当通知法律援助机构指派律师为其提供辩护。

根据《刑事诉讼法》第 37 条的规定:"辩护人的责任是根据事实和法律,提出犯罪嫌疑人、被告人无罪、罪轻或者减轻、免除其刑事责任的材料和意见,维护犯罪嫌疑人、被告人的诉讼权利和其他合法权益。"

据此,辩护人具有双重责任:一是实体性辩护,即辩护人应"根据事实和法律,提出犯罪嫌疑人、被告人无罪、罪轻或者减轻、免除其刑事责任的材料和意见"。辩护人的实体性辩护责

任,系围绕犯罪嫌疑人、被告人定罪量刑等实体问题而展开。二是程序性辩护,即辩护人应"维护犯罪嫌疑人、被告人的诉讼权利和其他合法权益",包括为犯罪嫌疑人申请取保候审、申请变更解除强制措施、申请排除非法证据以及代为提起上诉等。

为保障犯罪嫌疑人、被告人辩护权的有效实现,2018 年《刑事诉讼法》修改决定 26 项中,有 7 项涉及辩护律师的相关内容,如 2018 年《刑事诉讼法》在第 36 条确立了值班律师制度,"法律援助机构可以在人民法院、看守所等场所派驻值班律师。犯罪嫌疑人、被告人没有委托辩护人,法律援助机构没有指派律师为其提供辩护的,由值班律师为犯罪嫌疑人、被告人提供法律咨询、程序选择建议、申请变更强制措施、对案件处理提出意见等法律帮助。人民法院、人民检察院、看守所应当告知犯罪嫌疑人、被告人有权约见值班律师,并为犯罪嫌疑人、被告人约见值班律师提供便利"。在认罪认罚从宽制度中,强制性地要求辩护人或者值班律师在场,如 2018 年《刑事诉讼法》第 174 条规定,"犯罪嫌疑人自愿认罪,同意量刑建议和程序适用的,应当在辩护人或者值班律师在场的情况下签署认罪认罚具结书"。而在本次刑事诉讼法修改后的缺席审判制度中,明确赋予被告人、被告人的近亲属委托辩护律师的权利,并且要求被告人及其近亲属没有委托辩护人的,人民法院应当通知法律援助机构指派律师为其辩护,如 2018 年《刑事诉讼法》第 293 条规定,"人民法院缺席审判案件,被告人有权委托辩护人,被告人的近亲属可以代为委托辩护人。被告人及其近亲属没有委托辩护人的,人民法院应当通知法律援助机构指派律师为其提供辩护"。

十、未经人民法院依法判决,不得确定有罪原则

我国《刑事诉讼法》第 12 条规定:"未经人民法院依法判决,对任何人都不得确定有罪。"该法条确立了未经人民法院判决不得确定有罪的原则。

未经人民法院依法判决不得确定有罪原则主要包括以下两层含义:

第一,定罪权只能由人民法院统一行使。除人民法院以外,其他任何机关、社会团体和个人都无权确定被告人有罪。定罪权由法院统一行使,是审判权的题中应有之义,因为审判权的重要内容就是通过审理认定被告人是否应当承担刑事责任以及在何种程度上承担刑事责任。前者是定罪问题,后者是量刑问题。定罪权只能由人民法院行使,意味着承担侦查职能的公安机关和承担控诉职能的人民检察院,均不得行使定罪权。公安机关和人民检察院在刑事诉讼中只能对刑事案件作出程序性处理决定,案件的实体处理决定只能由人民法院进行。例如,公安机关在侦查阶段作出的撤销案件或移送审查起诉的决定,以及人民检察院在审查起诉阶段作出的提起公诉或不起诉决定,都是一种程序性处理决定而非实体性处理决定。1996 年《刑事诉讼法修正案》出台之前,检察机关有权对被告人作出免予起诉的决定,这种免诉决定是以有罪认定为前提的,违背了定罪权由法院统一行使的要求,因此,在 1996 年《刑事诉讼法修正案》出台后,取消了检察机关的免予起诉权。

第二,未经人民法院依法判决,对任何人都不得确定有罪,要求在人民法院作出最终判决前,不得将嫌疑人、被告人视为有罪之人。为此,首先,应当区分"犯罪嫌疑人"与"被告人"的概念。公诉案件在人民检察院提起公诉前,称为"犯罪嫌疑人",提起公诉后才称为"被告人",以防止在起诉前对犯罪嫌疑人产生有罪推定。其次,应当由控诉方承担证明责任。证明被告人有罪的责任应当由控诉方承担,被告人不负提供证据证明自己无罪的责任。不能因为被告人无法提供证据证明自己无罪,就推定被告人有罪。对此,《刑事诉讼法》第 51 条明确规定:"公

诉案件中被告人有罪的举证责任由人民检察院承担,自诉案件中被告人有罪的举证责任由自诉人承担。”最后,疑罪从无。当控诉方因为不能提供证据证明被告人有罪时,或者提供的证据不足、不能排除合理怀疑的,应当作出无罪认定。在审查起诉阶段,经过两次补充侦查的案件,检察机关仍然认为证据不足的,应当作不起诉处理;在审判阶段,对于证据不足、不能认定被告人有罪的,人民法院应当作出证据不足、指控罪名不能成立的无罪判决。

十一、具有法定情形不追究刑事责任原则

我国《刑事诉讼法》第 16 条规定,具有法定情形的,不追究刑事责任,已经追究的,应当撤销案件,或者不起诉,或者终止审理,或者宣告无罪。这一规定确立了具有法定情形不追究刑事责任的原则。

具体而言,具有法定情形不追究刑事责任原则有以下要求:

一是情节显著轻微、危害不大,不认为是犯罪的。根据《刑法》第 13 条的规定,情节显著轻微、危害不大的,不认为是犯罪。既然被告人的行为根据实体刑法尚不构成犯罪,那么就不应负刑事责任,因而,以追究刑事责任为目的的刑事诉讼程序就没有必要启动,已经启动的,应当立即停止(撤销案件,或者不起诉,或者终止审理,或者宣告无罪)。

二是犯罪已过追诉时效期限的。从刑法学原理上讲,超过刑法规定的追诉时效期限的,国家即丧失刑罚权,那么在程序上也就不应当再对其追究刑事责任。根据我国刑法的规定,法定最高刑不满 5 年有期徒刑的,经过 5 年;法定最高刑为 5 年以上不满 10 年有期徒刑的,经过 10 年;法定最高刑为 10 年以上有期徒刑的,经过 15 年;法定刑为无期徒刑、死刑的,经过 20 年。超过上述追诉时效期限,即不应再追究犯罪嫌疑人、被告人的刑事责任。但要注意的是,法定刑为无期徒刑、死刑的,经过 20 年后如果认为仍然必须追诉的,报请最高人民检察院核准后,仍然可以追诉。

三是经特赦令免除刑罚的。特赦令具有特别法的效力,对经特赦令免除刑罚之人不应当再追究刑事责任。

四是依照刑法告诉才处理的犯罪,没有告诉或者撤回告诉的。对于告诉才处理的犯罪,实行不告不理,有权告诉的人不告诉或告诉后又撤回的,国家专门机关不应主动追究行为人的刑事责任。根据我国刑法的规定,侮辱罪、诽谤罪、暴力干涉婚姻自由罪、虐待罪、侵占罪,告诉才处理。这五种犯罪以被害人的告诉作为追究刑事责任的前提条件,被害人及其法定代理人没有告诉或者告诉后又撤回告诉的,不予追究刑事责任。

五是犯罪嫌疑人、被告人死亡的。我国刑法实行罪责自负原则,被告人如果已经死亡,那么刑事责任即告消灭,不应再进行刑事诉讼。根据 2018 年《刑事诉讼法》第 297 条的规定,被告人死亡的,人民法院应当裁定终止审理,但有证据证明被告人无罪,人民法院经缺席审理确认无罪的,应当依法作出判决。人民法院按照审判监督程序重新审判的案件,被告人死亡的,人民法院可以缺席审理,依法作出判决。

六是其他法律规定免予追究刑事责任的。如果一个人的行为根据刑法规定虽已构成犯罪,但由于具有某些情节或特殊情况,其他法律规定免除刑事责任的,也不应追究其刑事责任。

根据刑事诉讼法的规定,具有上述法定情形的,不追究刑事责任,已经追究的,应当撤销案件,或者不起诉,或者终止审理,或者宣告无罪。具体而言:在立案阶段中,如果认定具有上述六种情形的,就应当作出不立案的决定;在侦查阶段,应由侦查机关作出撤销案件的决定;在审

查起诉阶段,应当由检察机关作出不起诉决定。

十二、追究外国人刑事责任适用我国刑事诉讼法原则

我国《刑事诉讼法》第 17 条规定:“对于外国人犯罪应当追究刑事责任的,适用本法的规定。对于享有外交特权和豁免权的外国人犯罪应当追究刑事责任的,通过外交途径解决。”这就规定了追究外国人刑事责任适用我国刑事诉讼法基本原则。这一原则是国家主权在刑事司法领域的体现。

根据追究外国人刑事责任适用我国刑事诉讼法基本原则,外国人(包括无国籍人)犯罪,依照刑法规定应当追究刑事责任时,应当适用我国刑事诉讼法的规定,即按照我国刑事诉讼法规定的程序,由公安司法机关进行立案、侦查、起诉和审判,不应对外国人实行差别对待。外国人在刑事诉讼中承担与我国公民一样的诉讼义务,也享有我国公民根据刑事诉讼法所享有的一切诉讼权利。但是,享有外交特权和豁免权的外国人在我国犯罪应当追究刑事责任的,不适用我国刑事诉讼法的规定,而是通过外交途径解决。

所谓享有外交特权和豁免权的人员,其范围包括:外国驻中国使馆的外交代表以及与他们共同生活的配偶和未成年子女;来中国访问的外国国家元首、政府首脑、外交部长及其他具有同等身份的官员;途经中国的外国驻第三国的外交代表和与其共同生活的配偶及未成年子女;持有中国外交签证或者持有外交护照来中国的外交官员;经中国政府同意给予外交特权和豁免的其他来中国访问的外国人。

所谓“通过外交途径解决”,其方式包括:建议派遣国将其召回,依法予以处理;宣布为不受欢迎的人,令其限期出境;由我国政府宣布将其驱逐出境。

十三、刑事司法协助原则

我国《刑事诉讼法》第 18 条规定:“根据中华人民共和国缔结或者参加的国际条约,或者按照互惠原则,我国司法机关和外国司法机关可以相互请求刑事司法协助。”这一规定确立了刑事司法协助原则。

根据法律规定,进行刑事司法协助的前提条件是:有我国参加或者缔结的国际条约规定的,适用该条约规定,但是,我国声明保留的条款除外;无相应条约规定的,按照互惠原则通过外交途径办理。

刑事司法协助的主体是我国司法机关和外国司法机关。这里的司法机关是广义的,包括法院和检察机关。我国已于 1984 年加入了国际刑警组织,因此我国公安机关与外国警察机关的协作通常通过国际刑警组织进行。司法部司法协助局作为我国对外进行司法协助的中央机关负责对外联系。

根据相关司法解释的规定,国际刑事司法协助的内容包括:代为送达文书;代为调查取证;互相委托进行鉴定、勘验、检查、搜查和扣押;互相代为通知证人、鉴定人出庭;互相移交物证、书证等证据,以及法律和国际条约规定的其他司法协助事宜。司法机关对外进行司法协助,应当根据我国有关法律规定决定是否向外国提供司法协助和办理司法协助事务。依照国际条约的规定,在不违背我国法律规定的前提下,也可以按照请求方的要求适用请求书中所示的程序;外国有关机关请求的事项有损中华人民共和国的主权、安全或者社会公共利益以及违反中国法律的,应当予以驳回;不属于我国人民法院和人民检察院职权范围的,应当予以退回或移

送有关机关,并说明理由。另外,广义的刑事司法协助,还包括引渡,所谓引渡,是指一国将当时在其境内而被他国指控犯有罪行或者判过刑的人,根据他国的请求,移送该国进行审判或者处罚的制度。我国与外国的引渡以与外国签订的引渡条约为依据。

思考题

1. 刑事诉讼法基本原则在整个刑事诉讼法典中具有什么地位?
2. 刑事诉讼公理性原则与我国刑事诉讼法基本原则的关系。

第五章　刑事诉讼主体

导　读

刑事诉讼的主体，是指刑事诉讼中的有关机关和诉讼参与人。刑事诉讼是国家专门机关与当事人以及其他诉讼参与人共同进行的活动，每一诉讼主体在此活动中都有自己的权利和义务，在此意义上，可以说，刑事诉讼法是宣告和规范诉讼主体权利义务的法律。因此，了解刑事诉讼主体在诉讼中的地位，对于在司法实践中准确理解和执行刑事诉讼规则，具有重要意义。

第一节　概　　述

刑事诉讼是在国家专门机关的主持下，在当事人以及其他诉讼参与人的参加下，依照法定程序，围绕犯罪嫌疑人、被告人是否实施了犯罪，是否应当承担刑事责任，是否应当受到刑罚的处罚以及应当受到何种刑罚处罚而展开的事实调查、证据收集、审查、核实以及依据有关法律规定对案件作出处理的专门活动。在此过程中，国家专门机关的活动是代表国家行使侦查权、起诉权、审判权、刑罚执行权，他们体现和维护的是国家意志，并在刑事诉讼中承担着不同的诉讼职能，主持并主导着刑事诉讼的发展进程和最终结局。同时，诉讼当事人也是刑事诉讼中不可或缺并伴随诉讼过程始终的参加者，他们与诉讼结果有着直接的利害关系，在诉讼中也承担着一定的诉讼职能，行使权利，承担义务，维护自己的合法权益，对诉讼的进程产生直接的影响。此外，在刑事诉讼中还需要证人、鉴定人、翻译人员等一些其他诉讼参与人的参加，他们或与案件事实本无任何联系，或与诉讼结果没有直接利害关系，但为了保证诉讼的正常进行，维护司法公正，也要参加诉讼活动，协助国家专门机关和诉讼当事人进行诉讼活动。

我们将以上三个方面即国家专门机关、当事人以及其他诉讼参与人在理论上称为“刑事诉讼的主体”。他们在刑事诉讼中享有一定权利，承担一定义务，其中国家专门机关和当事人承担着控诉、辩护、裁判三种基本诉讼职能，是主要诉讼主体；其他诉讼参与人协助诉讼活动的正常进行，是一般诉讼主体。

刑事诉讼中的国家专门机关，是指依据刑事诉讼法及其他有关法律规定，有权进行刑事诉讼活动的国家机关，包括人民法院、人民检察院和公安机关。同时，《刑事诉讼法》第 4 条规定：“国家安全机关依照法律规定，办理危害国家安全的刑事案件，行使与公安机关相同的职权”；

该法第308条还规定："军队保卫部门对军队内部发生的刑事案件行使侦查权。中国海警局履行海上维权执法职责，对海上发生的刑事案件行使侦查权。对罪犯在监狱内犯罪的案件由监狱进行侦查。军队保卫部门、中国海警局、监狱办理刑事案件，适用本法的有关规定。"因此，国家安全机关、军队保卫部门、中国海警局和监狱在办理上述特定范围的刑事案件时，是刑事诉讼的专门机关。此外，为了加强对走私犯罪的打击力度，建立一支高素质、专业性强的走私犯罪侦查力量，1998年起国家在海关系统设立了专门的走私犯罪侦查部门，并分布在各级海关，专门从事走私犯罪案件的侦查工作，在此范围内，行使与地方公安机关相同的职权。因此，海关系统所属的走私犯罪侦查机构也属于刑事诉讼中的国家专门机关。在刑事诉讼中，上述专门机关依法分别行使侦查、检察、审判和执行职能，实行分工负责、互相配合、互相制约的原则，共同完成刑事诉讼的任务。

刑事诉讼中的当事人是指与案件的诉讼结果有着直接利害关系，并对诉讼进程或诉讼结果能够产生较大影响、作用的参与人，包括公诉案件的被害人、犯罪嫌疑人、被告人，自诉案件的自诉人、被告人以及附带民事诉讼的原告人和被告人。虽然在不同的诉讼中，基于不同诉讼的性质和特点，当事人享有不同的诉讼权利，承担不同的诉讼义务，但由于他们与案件的诉讼结果有着直接的利害关系，在诉讼中或者处于原告的地位，或者处于被告的地位。这就要求在立法上应当赋予他们广泛的诉讼权利，并且在诉讼中切实保障他们的诉讼权利，维护他们的合法权益。

其他诉讼参与人是指当事人以外参加诉讼活动并在诉讼中享有一定诉讼权利、承担一定诉讼义务的参与人，包括法定代理人、诉讼代理人、辩护人、证人、鉴定人和翻译人员。他们与当事人不同，与案件的诉讼结果没有直接的利害关系，之所以参加诉讼活动，有的是受当事人的依法委托，维护当事人的合法权益；有的是应国家专门机关的合法要求，协助国家专门机关查明案件事实；有的是因与当事人存在特定的法律关系，代理当事人行使诉讼权利，承担诉讼义务。这些诉讼参与人的诉讼行为，虽不具有独立的诉讼职能的属性，但对于诉讼活动的正常进行也是不可或缺的。因此，在诉讼中也应当赋予并切实保障他们的诉讼权利。

在刑事诉讼主体概念及其范围上，理论界存在不同的认识和主张，一种观点认为，在刑事诉讼中，具有独立诉讼地位并承担相应诉讼职能，对诉讼程序的开始、发展和结局起决定性作用和影响的国家专门机关和诉讼当事人，才是刑事诉讼的主体。另一种观点认为，所有参与刑事诉讼活动，在刑事诉讼中享有一定权利、承担一定义务的国家专门机关和诉讼参与人包括当事人和当事人以外的其他诉讼参与人都是刑事诉讼的主体。二者的不同在于是否将当事人以外的其他诉讼参与人纳入刑事诉讼主体的范围之中，前者是否定的，后者是肯定的。[1] 我们采取后一种观点。

鉴于刑事诉讼主体的范围比较广泛，其中的一般诉讼主体本书后面在介绍、阐述有关刑事诉讼制度中还将涉及，本章着重对主要诉讼主体即国家专门机关和当事人介绍分析。此外，由于刑事诉讼中的国家专门机关在诉讼中承担着不同的诉讼职能和职责，并且其诉讼活动又是通过所属侦查人员、检察人员、审判人员和其他相关人员具体实施的，本章还将对国家专门机关在刑事诉讼中的管辖和侦查人员、检察人员、审判人员及其他相关人员在刑事诉讼中的回避制度专门加以阐述。

---

〔1〕 陈光中、徐静村主编：《刑事诉讼法学》，中国政法大学出版社1999年版，第56页。

第二节 公安机关和国家安全机关

一、公安机关在刑事诉讼中的任务和职权

公安机关是国家的治安保卫机关,是武装性质的行政执法机关,其任务是维护社会和治安秩序,预防犯罪,侦查和打击犯罪,保护国家、集体和个人所有的合法财产,保护公民的人身安全和其他合法权益,保卫人民民主政权,保卫社会主义制度,保障社会主义现代化建设的顺利进行。

在体制上,公安机关是从中央到地方各级人民政府的组成部分和职能部门。因此公安机关的组织体系是:在中央人民政府即国务院设公安部,从业务上负责组织领导全国各级公安机关的工作;地方各级人民政府也分别设置相应的公安机关,包括省、自治区、直辖市公安厅(局),省辖市、自治州公安局(处),县、自治县、县级市公安局以及市辖区公安分局。各级公安机关在本行政区内经批准可设立派出机构,如省公安厅可在地区行署设立公安处,县公安局、市辖区公安分局可下设公安派出所。此外,国家还在铁路、民航、交通、林业等一些特殊行业系统及一些特殊企业、事业单位中设立了公安机关,负责本系统或本单位的治安保卫工作。

作为肩负国家社会治安保卫任务并隶属于各级人民政府的职能部门,公安机关实行双重领导体制,一方面,各级公安机关要接受本级人民政府的领导;另一方面,下级公安机关还要接受上级公安机关的领导。

根据刑事诉讼法的有关规定,公安机关在刑事诉讼中的主要职权是:

第一,对依法应当由公安机关直接受理的案件立案、侦查、预审。立案是指公安机关对于依法属于自己管辖的案件,在认为有犯罪事实发生且需要追究刑事责任时,有权决定立案以启动侦查程序。侦查是指公安机关针对已经作出立案决定的案件,依法开展的调查案件事实,发现、收集证据,采取强制措施与一系列专门活动。例如,依法讯问犯罪嫌疑人,询问证人,对发案现场进行勘验、检查,对与案件有关的场所进行搜查、扣押物证、书证,冻结存款、汇款,对犯罪嫌疑人采取拘传、取保候审、监视居住等强制措施。预审是对有证据证明有犯罪事实发生并且犯罪嫌疑人已经归案的案件,进行核实、审查,对符合法定条件的案件,作出侦查终结的决定。

第二,对依法应当由公安机关直接受理的刑事案件的犯罪嫌疑人有权进行拘留,对人民检察院、人民法院依法批准或决定的拘留、逮捕负责执行。这里包括四个方面:一是公安机关对自己立案侦查的案件的犯罪嫌疑人有权进行拘留;二是公安机关对自己立案侦查并报请人民检察院批准逮捕的犯罪嫌疑人执行逮捕;三是人民检察院在办理依法直接受理的案件和审查起诉的案件中所作的对犯罪嫌疑人的拘留、逮捕决定由公安机关负责执行;四是人民法院在依法审理案件中所作的对被告人的逮捕决定由公安机关负责执行。

第三,对于被人民法院判处管制、剥夺政治权利、宣告缓刑、假释的罪犯及有关机关决定暂予监外执行的罪犯,由公安机关负责执行、监督或考察。

综上所述,由于公安机关的性质、任务和分布特点,刑事诉讼法将大部分刑事案件的立案、

侦查权及刑事诉讼中对犯罪嫌疑人、被告人剥夺人身自由的强制措施的执行权赋予了公安机关。因此，可以说公安机关在刑事诉讼中是主要的侦查机关，其对刑事案件的侦查活动是检察机关起诉和人民法院审判的前提和基础。同时，公安机关也是刑事诉讼中的强制措施和刑罚的执行机关之一，其执行行为，对于保证诉讼活动的正常进行，保障当事人在诉讼中的人权及实现刑罚的目的，都有重要的意义。

二、国家安全机关在刑事诉讼中的任务和职权

国家安全机关是我国国家安全工作的主管机关，依法担负着与危害国家安全的违法犯罪行为作斗争，保卫国家安全，巩固人民民主专政，维护社会主义制度的重要任务。国家安全机关也是各级人民政府的组成部分和职能部门。在中央人民政府设有国家安全部，作为国务院的重要职能部门之一，负责领导和管理全国的国家安全工作。在省、自治区、直辖市设有国家安全厅（局），在省、自治区、直辖市以下，根据需要设立国家安全机构和人员。地方各级国家安全机关是地方各级人民政府的职能部门，业务上受国家安全部领导。

《刑事诉讼法》第 4 条规定："国家安全机关依照法律规定，办理危害国家安全的刑事案件，行使与公安机关相同的职权。"根据这一规定，国家安全机关对于危害国家安全的刑事案件，行使立案权、侦查权、拘留权、预审权和执行逮捕权，其职权内容与公安机关的相关职权相同，以后各章中凡论及公安机关的相关职权，均与国家安全机关一致，不再另外论及。

第三节　人民检察院

一、人民检察院的性质、任务和组织体系

根据我国《宪法》和《人民检察院组织法》的有关规定，中华人民共和国人民检察院是国家的法律监督机关，代表国家行使检察权，依法监督、保障宪法和法律的正确实施，维护社会主义法律的统一和尊严。人民检察院的任务是通过行使检察权，惩治一切犯罪分子，维护国家的统一，维护人民民主专政，维护社会主义法制，维护社会秩序、生产秩序、教学科研秩序和人民群众的生活秩序，保护社会主义的全民所有的财产和劳动群众集体所有的财产，保护公民私有的合法财产，保护公民的人身权利、民主权利和其他权利，保卫社会主义现代化建设的顺利进行。

人民检察院属于国家的司法机关，由国家权力机关——全国和地方各级人民代表大会及其常务委员会产生并对其负责和报告工作，依法独立行使检察权，不受行政机关、社会团体和个人的干涉。

根据《人民检察院组织法》的规定，人民检察院的组织体系由最高人民检察院、地方各级人民检察院和专门人民检察院组成。最高人民检察院是我国的最高检察机关，其主要职责是：领导地方各级人民检察院和专门人民检察院的工作；对全国性的重大刑事案件行使检察权；对各级人民法院已经发生法律效力的判决和裁定，如果发现确有错误，按照审判监督程序提出抗诉；依法对监狱、看守所的活动实行监督；依法对民事诉讼、行政诉讼实行监督；对检察工作中

具体应用法律的问题进行解释;制定检察工作条例、细则和规定,规定和管理各级人民检察院的人员编制。地方各级人民检察院包括:(1)省、自治区、直辖市人民检察院;(2)省、自治区、直辖市人民检察院分院,自治州、省辖市人民检察院;(3)县、县级市、自治县和市辖区人民检察院。此外,根据工作需要,省一级人民检察院和县一级人民检察院,经提请本级人民代表大会常务委员会批准,可以在工矿区、农垦区、林区等区域设置人民检察院,作为派出机构。为了履行宪法和法律赋予人民检察院法律监督的职责,地方各级人民检察院还可在监狱、劳教所、看守所等羁押场所设立驻监、驻所检察室,在乡镇、税务机关设立检察室等。这些检察室都是检察机关的派出机构,依法履行检察职责。地方各级人民检察院的主要职责是:对本辖区内的重大刑事案件行使检察权;对需要提起公诉的案件进行审查并决定是否提起公诉;依法对刑事诉讼、民事诉讼和行政诉讼实行法律监督。

专门检察院是在最高人民检察院领导下,在特定的组织系统或行业内设立的检察机关,包括军事检察院和铁路运输检察院。军事检察院设置在中国人民解放军系统内,专门负责对现役军人违反职责罪案件和其他法定有关刑事案件依法行使检察权。铁路检察院设置在全国铁路运输行业内,专门负责对依法应由其管辖的案件行使检察权。

根据《宪法》和《人民检察院组织法》的有关规定,人民检察院实行双重管理体制:一方面,各级人民检察院均由本级人民代表大会产生,对它负责,受它监督;另一方面,在人民检察院系统内部实行上级人民检察院领导下级人民检察院的体制,即最高人民检察院领导全国范围地方各级人民检察院和专门检察院的工作,在地方各级人民检察院和专门检察院体系中,上级人民检察院领导下级人民检察院的工作。

根据《人民检察院组织法》的规定,在各级人民检察院内部实行检察长负责制,统一领导本院工作。同时,各级人民检察院设立检察委员会,组成人员由检察长提请本级人民代表大会常务委员会任免。检察委员会实行民主集中制,在检察长的主持下,讨论重大案件和其他重大问题。如果检察长在重大问题上不同意多数人的决定,可以报请本级人民代表大会常务委员会决定。

二、人民检察院在刑事诉讼中的任务和职权

根据刑事诉讼法的有关规定,在刑事诉讼中,人民检察院依照法律规定独立行使检察权,不受行政机关、社会团体和个人的干涉。同时,人民检察院依法对刑事诉讼实行法律监督。具体来讲,人民检察院在刑事诉讼中的主要职权是:

第一,对于依法应由人民检察院直接受理的部分刑事案件进行侦查,主要是《刑事诉讼法》第 19 条所规定的可以由检察机关立案侦查的职务犯罪的案件,并在侦查终结后对案件进行审查,决定起诉或者不起诉。

第二,对于公安机关侦查的案件进行审查,决定是否逮捕、起诉或者不起诉,对于公安机关的侦查活动是否合法,实行监督;对于监察机关移送起诉的案件进行审查,对于已采取留置措施的案件依法决定是否逮捕、取保候审或者监视居住,认为需要补充核实的,应当退回监察机关补充调查,必要时可以自行补充侦查。

第三,对于决定起诉的刑事案件提起公诉,支持公诉,对于人民法院的审判活动是否合法,实行监督。

第四,对于刑事案件判决、裁定的执行和监狱、看守所的活动是否合法,实行监督。

由此可见,人民检察院在刑事诉讼中,既是侦查机关,又是公诉机关,还是法律监督机关,它的职权活动贯穿于刑事诉讼的全过程,在刑事诉讼中居于特殊的重要地位。

第四节 人民法院

一、人民法院的性质、任务和组织体系

根据《宪法》和《人民法院组织法》的有关规定,中华人民共和国法院是国家的审判机关,代表国家依法独立行使审判权。人民法院的任务是审判刑事案件、民事案件和行政案件,并且通过审判活动,惩办一切犯罪分子,解决民事纠纷和行政争议,以保卫人民民主专政制度,维护社会主义法制和社会秩序,保护社会主义的全民所有的财产、劳动群众集体所有的财产,保护公民私人所有的合法财产,保护公民的人身权利、民主权利和其他权利,保障国家社会主义革命和社会主义建设事业的顺利进行。同时,人民法院用它的全部活动教育公民忠于社会主义祖国、自觉地遵守宪法和法律。

与人民检察院一样,人民法院同属于国家的司法机关,由国家权力机关——全国和地方各级人民代表大会及其常务委员会产生并对其负责和报告工作。人民法院依照法律规定独立行使审判权,不受行政机关、社会团体和个人的干涉。

根据《人民法院组织法》的规定,人民法院的组织体系由最高人民法院、地方各级人民法院和专门人民法院组成。

最高人民法院是国家最高审判机关,其主要职责是:监督地方各级人民法院和专门人民法院的审判工作;审判法律、法令规定由它管辖的和它认为应当由自己管辖的第一审案件;审判由高级人民法院、专门人民法院判决和裁定的上诉案件和抗诉案件;审判对最高人民检察院按照审判监督程序提出的抗诉案件;对于在审判过程中如何具体应用法律、法令的问题,进行解释。

地方各级人民法院分为基层人民法院、中级人民法院、高级人民法院。基层人民法院包括县人民法院、市人民法院、自治县人民法院,市辖区人民法院。基层人民法院根据地区、人口和案件情况可以设立若干人民法庭。人民法庭是基层人民法院的组成部分,它的判决和裁定就是基层人民法院的判决和裁定。基层人民法院审判依法应由它审理的第一审案件。中级人民法院包括:在省、自治区内按地区设立的中级人民法院,在直辖市内设立的中级人民法院,省、自治区辖市的中级人民法院,自治州中级人民法院。中级人民法院审判下列案件:法律、法令规定由它管辖的第一审案件;基层人民法院移送审判的第一审案件;对基层人民法院判决和裁定的上诉案件和抗诉案件;按照审判监督程序提起的再审案件。高级人民法院包括省高级人民法院、自治区高级人民法院、直辖市高级人民法院。高级人民法院审判下列案件:法律、法令规定由它管辖的第一审案件;下级人民法院移送审判的第一审案件;对下级人民法院判决和裁定的上诉案件和抗诉案件;按照审判监督程序提起的再审案件。

专门人民法院是根据全国人民代表大会常务委员会的决定,在特定的组织系统和行业内

设立的审判机关,包括军事法院、海事法院等,它们在法定职权范围内各自行使审判权,其中海事法院不具有对刑事案件的管辖权。

根据《宪法》和《人民法院组织法》的规定,最高人民法院对全国人民代表大会及其常务委员会负责并报告工作,地方各级人民法院对本级人民代表大会及其常务委员会负责并报告工作。人民法院系统内部各级人民法院之间,下级人民法院的审判工作受上级法院的监督,即上级人民法院监督下级人民法院的审判工作,最高人民法院监督地方各级人民法院和专门人民法院的审判工作。应当指出,人民法院系统内部上下级法院之间的这种监督关系与人民检察院系统内部上下级检察院之间的领导关系是完全不同的。一方面,这种监督主要通过二审程序、审判监督程序、死刑复核程序及经最高人民法院核准减轻刑罚等程序加以实现。另一方面,在这种监督关系之外,各级人民法院在法定权限范围内依法独立行使审判权,上级法院不应命令下级法院对某一具体案件如何处理,下级法院也不应就某一具体案件如何处理向上级法院请示。

二、人民法院在刑事诉讼中的职权和审判组织

根据刑事诉讼法的规定,人民法院在刑事诉讼中负责对刑事案件的审判,并且人民法院依照法律规定独立行使审判权,不受行政机关、社会团体和个人的干涉。可见,审判刑事案件是人民法院在刑事诉讼中最基本的职权。由于对刑事案件的审判是确定被告人是否有罪、应否判处刑罚和判处什么刑罚的司法活动,未经人民法院审判,对任何人不得确定有罪,因此审判活动是刑事诉讼的重心和最重要的阶段,在刑事诉讼中居于非常重要的地位。

具体来讲,人民法院在刑事诉讼中的主要职权是:

第一,依法受理人民检察院提起的刑事公诉案件,对其进行审理和作出裁判;

第二,依法直接受理刑事自诉案件和刑事附带民事诉讼案件,对其进行审理和作出裁判;

第三,在审判活动中,有权决定对被告人采取拘传、取保候审、监视居住和逮捕措施;

第四,在审判活动中,有权调查、核实证据;

第五,在审理附带民事诉讼案件中,必要的时候可以查封、扣押被告人的财产;

第六,依法主持和指挥审判活动,对违反法庭秩序的人,有权予以警告制止,强行带出法庭,罚款、拘留,直至追究刑事责任;

第七,对生效的判决、裁定,依法交付执行机关执行,对罚金、没收财产以及其他依法应由法院执行的判决,有权直接执行;

第八,对确有错误的生效判决,依法按照审判监督程序进行再审。

人民法院在刑事诉讼中的职权只有通过一定的审判组织具体实施才能实现。审判组织是人民法院审判案件的具体组织形式。它既是审判权的具体行使者,也是人民法院与其他专门机关、当事人和其他诉讼参与人发生诉讼权利义务关系的具体代表。根据《刑事诉讼法》和《人民法院组织法》的有关规定,我国的刑事审判组织有独任庭、合议庭、审判委员会三种。

1. 独任庭

独任庭是由审判员 1 人独任审判案件的组织形式。根据《刑事诉讼法》第 183 条的规定,独任审判只限于基层人民法院适用简易程序、速裁程序审理的第一审刑事案件。这是由于适用简易程序、速裁程序审理的案件,大都案情简单、事实清楚、情节轻微,不需要采用合议庭进行审判,因而由审判员 1 人独任审判。适用简易程序、速裁程序的案件,也可以根据案情,由审判员组成合议庭进行审判,并不一定必须采用独任审判的形式。我国 2018 年《刑事诉讼法》第

214 条规定:“基层人民法院管辖的案件,符合下列条件的,可以适用简易程序审判:(一)案件事实清楚、证据充分的;(二)被告人承认自己所犯罪行,对指控的犯罪事实没有异议的;(三)被告人对适用简易程序没有异议的。人民检察院在提起公诉的时候,可以建议人民法院适用简易程序。”第 222 条规定:“基层人民法院管辖的可能判处三年有期徒刑以下刑罚的案件,案件事实清楚,证据确实、充分,被告人认罪认罚并同意适用速裁程序的,可以适用速裁程序,由审判员一人独任审判。人民检察院在提起公诉的时侯,可以建议人民法院适用速裁程序。”因此,决定适用简易程序、速裁程序审理案件,既可以由审判员一人独任审判,也可以采用合议庭审判,视案件复杂难易程度而定。同时,如果已经决定采用简易程序、速裁程序审理案件,在审理过程中发现不宜适用简易程序、速裁程序的,应当及时进行程序变更,原来适用简易程序审理的应当变更为第一审普通程序重新审理案件,原来采用速裁程序审理的应当变更为简易程序或第一审普通程序重新审理案件。

2. 合议庭

合议庭是由 3 名以上的审判人员集体审判案件的组织形式。根据刑事诉讼法的规定,人民法院审判案件除适用简易程序可采用独任庭外,其他案件均采用合议庭审判。可见,合议庭是人民法院审判案件的基本组织形式。由合议庭审判刑事案件,可以充分发挥审判人员的集体智慧,防止主观片面和独断专行;可以使审判人员互相制约,防止徇私舞弊、枉法裁判,从而保证案件的审判质量。

合议庭的组成有单一制和混合制两种。单一制是指全部由人民法院的专职审判员组成的合议庭;混合制是指由人民法院专职审判员和人民陪审员共同组成的合议庭。鉴于法院的级别、所管辖的案件及所适用的审判程序不同,刑事诉讼法对各级法院、各种审判程序规定了不同人数、不同组成人员的合议庭:基层人民法院、中级人民法院审判第一审案件,应当由审判员 3 人或者由审判员和人民陪审员共 3 人或者 7 人组成合议庭进行;高级人民法院审判第一审案件,应当由审判员 3 人至 7 人或者由审判员和人民陪审员共 3 人或者 7 人组成合议庭进行;最高人民法院审判第一审案件,应当由审判员 3 人至 7 人组成合议庭进行;第二审人民法院审判上诉和抗诉案件,由审判员 3 人至 5 人组成合议庭进行;审判监督程序合议庭的组成按照生效裁判的审级确定,如原生效裁判为第一审裁判,按照第一审合议庭的组成开庭,如原生效裁判是第二审裁判,即按照第二审合议庭的组成开庭;复核、核准死刑、死缓案件的合议庭全部由审判员 3 人组成。合议庭的成员人数应当是单数。合议庭由院长或者庭长指定审判员一人担任审判长。院长或者庭长参加审判案件的时候,自己担任审判长。审判长主持和组织合议庭的活动并指挥法庭审判的进行。人民陪审员在人民法院执行职务时,同审判员有同等的权利。除依法提请院长决定提交审判委员会讨论决定外,合议庭开庭审理并且评议后,应当作出判决。合议庭进行评议的时候,如果意见产生分歧,应当按多数人的意见作出决定,但是少数人的意见应当写入笔录。全体合议庭成员应在评议笔录上签名并在判决书上署名。

3. 审判委员会

审判委员会是人民法院内部对审判工作实行集体领导的组织形式。《人民法院组织法》第 36 ~ 38 条规定,各级人民法院设立审判委员会,实行民主集中制,其任务是总结审判经验,讨论重大的或者疑难的案件和其他有关审判工作的问题。由于审判委员会有权讨论决定重大、疑难案件,因此,它也是人民法院的一种审判组织。

根据《刑事诉讼法》第 185 条的规定,审判委员会讨论决定具体的刑事案件是以该案属于疑难、复杂、重大案件,并且合议庭认为难以作出决定,提请院长决定提交审判委员会讨论决定为前提。没有这个前提,审判委员会不能主动讨论决定具体的案件。审判委员会讨论决定案件的情况,应当记入笔录,并由参加讨论的审判委员会委员签名。审判委员会中多数人的意见为审判委员会的意见。经合议庭提请审判委员会讨论决定的案件,审判委员会作出的决定,合议庭应当执行,据此作出判决或裁定。

审判委员会不直接开庭审理案件,却有权讨论决定具体案件,法学界相当多的学者对此提出了异议。他们认为,这种情况实际上造成审与判的分离,即审者不判、判者不审。这样做不符合审判公开、直接言词审理、辩论、合议、回避等审判原则和审判制度,不利于司法公正的实现。同时,审判委员会的成员并不是全才,并非对刑事、民事、行政审判工作都精通熟悉,由他们共同讨论决定某一方面的案件,并不能真正保证案件的审判质量。因此,有人提出了改革甚至废除审判委员会制度的意见。〔2〕 这是一个涉及我国审判制度改革的重大课题,需要进一步深入研究。

第五节 犯罪嫌疑人和被告人

一、犯罪嫌疑人、被告人的概念及诉讼地位

犯罪嫌疑人和被告人都是在刑事诉讼中因涉嫌犯罪而受刑事追诉的人。从外延上讲,犯罪嫌疑人只存在于公诉案件的侦查阶段和审查起诉阶段,是指因涉嫌犯罪被侦查机关立案侦查和被检察机关审查是否提起诉讼的人。被告人则既存在于公诉案件也存在于自诉案件并且都是存在于审判阶段中,是指因涉嫌犯罪被检察机关或自诉人正式向审判机关提起诉讼,要求审判机关依法追究其刑事责任的人。

“犯罪嫌疑人”和“被告人”虽然是对因涉嫌犯罪而受刑事追诉的人的两种称谓,但这两种称谓有着深刻的程序意义和实质意义。

一方面,从程序上来讲,“犯罪嫌疑人”的称谓表明所涉案件还处于侦查或审查起诉阶段,案中因涉嫌犯罪而受刑事追诉的人还没有被起诉到法院。因此,侦查机关和检察机关的工作主要是发现、收集证据和审查、核实证据,并在此基础上依据有关法律确认涉嫌犯罪的人是否构成了犯罪,是否应当向法院提起诉讼。从诉讼原理上看,“犯罪嫌疑人”的称谓还意味着与其相关的侦查阶段和审查起诉阶段还没有形成典型的控诉、辩护和审判三方共存的诉讼法律关系,也可以说尚不存在严格意义上的诉讼特征。正因如此,侦查阶段和审查起诉阶段的诉讼活动有着明显不同于审判阶段诉讼活动的特点,被追诉人所享有的诉讼权利也不及审判阶段那样广泛、充分。“被告人”的称谓则表明所涉案件已进入审判阶段,因涉嫌犯罪而受刑事追诉的人被检察机关或自诉人认为其行为已经构成了犯罪,应当承担刑事责任,因而被正式起诉到法院要求依法追究其刑事责任。此时,控诉、辩护、审判三方共存的诉讼法律关系已经形成,并且通过三方依法进行相关诉讼活动,行使权利,承担义务,履行职权,最终确定被告人是否有罪、

---

〔2〕 贺卫方:《司法的理念与制度》,中国政法大学出版社 1998 年版,第 139 页。

是否应当承担刑事责任及怎样承担刑事责任。正因如此，审判阶段的诉讼活动较之侦查阶段和审查起诉阶段的诉讼活动呈现出公开、透明、直接、参与等明显特点，并且被告人享有广泛、充分的诉讼权利。“犯罪嫌疑人”和“被告人”的称谓不仅表明各自所处的诉讼阶段不同，而且相互间还有独立的意义，即“犯罪嫌疑人”并不必然发展演变为“被告人”。有的案件的“犯罪嫌疑人”经过侦查和审查起诉，最终确定不应当追究刑事责任、不需要追究刑事责任或者不具备追究刑事责任的条件，诉讼就将终止，不再进入审判阶段。

另一方面，从实质意义上看，“犯罪嫌疑人”和“被告人”虽然都表明他们因涉嫌犯罪而受刑事追诉，但在诉讼过程中，无论是侦查阶段、审查起诉阶段，还是审判阶段人民法院作出有罪的生效判决之前，他们都不是“罪犯”。由此充分体现了《刑事诉讼法》第 12 条规定的“未经人民法院依法判决，对任何人都不得确定有罪”的原则。这就要求在诉讼中赋予犯罪嫌疑人、被告人广泛、充分的诉讼权利，以维护自身的合法权益；同时还要求控诉方在诉讼中应当承担证明犯罪嫌疑人、被告人有罪的举证责任，而且人民法院只有经过法定审判程序才能最终确定一个人有罪并承担刑事责任。可见，将刑事诉讼过程中的受刑事追诉者称为“犯罪嫌疑人”和“被告人”是彻底否定有罪推定、充分保障人权、追求诉讼民主、文明、公正的重要标志。

犯罪嫌疑人和被告人是刑事诉讼的中心人物，刑事诉讼中的一切活动都是围绕确定犯罪嫌疑人和被告人是否有罪以及是否应当承担刑事责任展开的。因此，应当充分认识犯罪嫌疑人、被告人在刑事诉讼中的诉讼地位。

首先，如前所述，“犯罪嫌疑人”“被告人”并不是“罪犯”，“未经人民法院依法判决，对任何人都不得确定有罪”。因此，他们在诉讼中应当享有诉讼主体的地位。在立法上应当赋予他们广泛的诉讼权利，在司法上应当充分保障他们的诉讼权利，使他们在诉讼中与控诉方展开积极、平等的对抗，以维护自身的合法权益，促使审判机关作出公正的裁判，而不能视他们为诉讼的客体，被动、消极地等待、接受控诉和审判。

其次，虽然犯罪嫌疑人、被告人还不是罪犯，但是他们进入刑事诉讼领域毕竟是因为涉嫌犯罪而处于被追诉者的地位。无论他们是否真正实施了犯罪，作为公民他们有义务协助国家查明事实真相，作为被追诉者，他们有义务配合国家专门机关依法进行刑事追诉活动，包括承受拘留、逮捕等强制措施，接受讯问、搜查、扣押等调查措施，按时出庭接受审判等。

最后，作为因涉嫌犯罪而受刑事追诉的犯罪嫌疑人和被告人，他们最清楚自己是否实施了犯罪以及是怎样实施犯罪的。因此，他们所作的供述和辩解在刑事诉讼中是不同于其他证据的重要的证据材料。为了确保他们所作的供述和辩解的真实性，在刑事诉讼中，一方面，严禁办案人员以刑讯逼供或以威胁、引诱、欺骗及其他非法方法取得犯罪嫌疑人、被告人的口供；另一方面，也要求犯罪嫌疑人在诉讼中如实回答侦查人员有关案情的提问。

二、犯罪嫌疑人、被告人的诉讼权利和义务

犯罪嫌疑人、被告人在刑事诉讼中既是诉讼的主体，应当享有并保障其享有必要的诉讼权利，同时又是刑事诉讼的被追诉者，应当配合、协助公安司法机关依法进行诉讼活动，承担相应的诉讼义务。此外，由于不同诉讼阶段具有不同的诉讼任务和功能，犯罪嫌疑人、被告人在刑事诉讼中享有的权利和承担的义务，既有共性又有个性，了解和掌握犯罪嫌疑人、被告人的这些权利和义务，对于充分保障其诉讼权利，保证刑事诉讼活动的正常进行都是非常重要的。

犯罪嫌疑人在刑事诉讼中的主要权利有：(1)在被侦查机关第一次讯问或者采取强制措施

之日起,有权委托律师担任辩护人,有权在法定条件下获得司法机关为其指定辩护人提供的辩护,有权拒绝辩护人为其辩护,有权另行委托辩护人。(2)犯罪嫌疑人没有委托辩护人,法律援助机构没有指派律师为其提供辩护的,由值班律师为犯罪嫌疑人提供法律咨询、程序选择建议、申请变更强制措施、对案件处理提出意见等法律帮助,当犯罪嫌疑人的身份转变为被告人之后,同样拥有上述权利。人民法院、人民检察院、看守所应当告知犯罪嫌疑人、被告人有权约见值班律师,并为犯罪嫌疑人、被告人约见值班律师提供便利。(3)对侦查人员在对其讯问中提出的与本案无关的问题,有权拒绝回答。(4)犯罪嫌疑人系聋、哑人的,有权要求通晓聋、哑手势的人参加。(5)有权核对侦查人员对其讯问所作的讯问笔录,没有阅读能力的犯罪嫌疑人有权要求侦查人员向其宣读讯问笔录;如果记载有遗漏或者差错,有权提出补充或者改正。(6)有权要求自行书写供述。(7)对于侦查机关用作证据的鉴定结论有权要求向其告知并有权申请补充鉴定或者重新鉴定。(8)对于人民检察院依照《刑事诉讼法》第173条第2款规定作出的不起诉决定,有权向人民检察院提出申诉。

被告人在刑事诉讼中的主要权利有:(1)参加法庭调查,有权就指控的事实进行陈述,经审判长许可,对证人、鉴定人发问,有权辨认、鉴别物证,听取未到庭的证人的证言笔录、鉴定人的鉴定结论、勘验检查笔录和其他证据文书,并就上述证据发表意见,有权申请通知新的证人到庭,调取新的物证,申请重新鉴定或者勘验;(2)参加法庭辩论,有权对证据和案件情况发表意见并与公诉人、被害人及其诉讼代理人展开互相辩论;(3)有权向法庭做最后陈述;(4)自诉案件的被告人有权对自诉人提出反诉;(5)有权对地方各级人民法院的第一审判决、裁定提起上诉;(6)有权对各级人民法院已经发生法律效力的判决、裁定,依法提出申诉等。

犯罪嫌疑人、被告人的诉讼权利,按其性质和作用划分,有的旨在保障犯罪嫌疑人、被告人在诉讼中了解知悉案情、获得公正对待的保障性权利,例如,用本民族语言文字进行诉讼的权利、获知被指控的罪名的权利、对于侦查机关用作证据的鉴定结论要求向其告知的权利等;有的旨在对抗追诉者所做诉讼行为的防御性权利,例如,自行辩护及委托辩护人辩护的权利、对侦查人员在对其讯问中提出的与本案无关的问题拒绝回答的权利、要求侦查人员补充或修改讯问笔录的权利等;还有的旨在推翻、改变追诉机关所作诉讼决定的救济性权利,例如,对驳回回避申请的决定申请复议的权利、对有关的不起诉决定提出申诉的权利,对一审判决提出上诉的权利等。无论何种诉讼权利,作为权利,犯罪嫌疑人、被告人既可以主张、行使,也可以不主张或者放弃。如果不是犯罪嫌疑人、被告人可以不主张、可以放弃的事项,就不属于犯罪嫌疑人、被告人诉讼权利的范畴。例如,未经人民法院依法判决不得确定有罪、公开审判、上诉不加刑等事项,虽然对于犯罪嫌疑人、被告人在诉讼中获得法律保障和公正处理有非常重要的意义,但不能将它们视为犯罪嫌疑人、被告人的个人的诉讼权利,因为这是犯罪嫌疑人、被告人无权放弃的,是我国刑事诉讼应当遵循的原则。有的教科书将其视为犯罪嫌疑人、被告人所享有的推定性权利的做法是值得商榷的。[3]

作为刑事诉讼中的被追诉者,犯罪嫌疑人、被告人在依法享有广泛的诉讼权利的同时,也应当承担相应的诉讼义务,以确保诉讼活动的正常进行并完成刑事诉讼的任务。根据《刑事诉讼法》的规定,犯罪嫌疑人、被告人在刑事诉讼中应当承担的诉讼义务主要有:(1)对于公安司

---

〔3〕 樊崇义主编:《刑事诉讼法学》,中国政法大学出版社1999年版,第85页。

法机关依法采用的强制措施,以及检查、搜查、扣押等侦查措施,应予合作;(2)对于侦查人员在讯问中所提与本案有关的问题应当如实回答;(3)对于侦查人员的讯问笔录经核对并承认没有错误后应当签名或者盖章;(4)承受检察机关的起诉,依法出席并接受法庭审判;(5)对于人民法院已经生效的判决、裁定,有义务执行或协助执行等。

第六节　被　害　人

一、被害人的概念及诉讼地位

对被害人这个概念应当从事实意义和诉讼意义两个方面来界定和理解。

在事实意义上,被害人是指其人身、财产及其他权益遭受犯罪行为侵害的人。从这个意义上讲,被害人不仅存在于公诉案件中,也存在于自诉案件中,还存在于刑事附带民事诉讼中;被害人不仅有自然人,也有法人和非法人单位。但是,事实意义上的被害人在各类诉讼中担任着不同的诉讼角色:在刑事公诉案件中,被害人仍以“被害人”的名义参与诉讼;在自诉案件中,被害人是以“自诉人”的名义参与诉讼;在刑事附带民事诉讼中,被害人则又以“附带民事诉讼的原告人”的名义参与诉讼。不同的诉讼角色,在诉讼中居于不同的诉讼地位,因而也享有不同的诉讼权利,承担不同的诉讼义务。

鉴于事实意义上的被害人在刑事公诉案件以外的其他诉讼中都以不同名义参与诉讼活动,仍以被害人名义参与诉讼活动的仅有刑事公诉案件中的被害人,又因为公诉案件的被害人可以是自然人,也可以是法人或者其他非法人单位,而自然人被害人与法人、非法人单位被害人在各方面存在不同的特点,故本节所讲的被害人仅指公诉案件中的自然人被害人,法人、非法人单位被害人在下一节专门分析介绍。

在我国,公诉案件的被害人是刑事诉讼的当事人,一方面,与犯罪嫌疑人、被告人一样,具有独立的诉讼地位,享有一定的诉讼权利,也承担一定的诉讼义务;另一方面,由于刑事公诉案件的特殊性,又要对其诉讼地位做必要的限制。

首先,被害人与所涉刑事案件有着直接的利害关系。一方面,作为被害人,其合法权益包括生命权、健康权、人身自由权、人格名誉权、财产权等均受到犯罪的直接侵害,使其不能正常地生存、生活、工作、学习,因而具有排除犯罪侵害,惩罚犯罪人,获得利益赔偿或补偿的基本要求。另一方面,案件的诉讼结局如何对于其上述要求能否实现以及实现的程度有着直接的影响。因此,无论作为一个公民还是作为犯罪行为的直接受害者,他都有权要求国家法律给予保护,并且使他能够通过直接参与诉讼活动,充分主张权利,切实维护自身的合法权益。

其次,作为刑事公诉案件的被害人,一方面,由于其自身的合法权益受到犯罪的直接侵害,应当赋予其参加诉讼、维护自己合法权益的诉讼地位和诉讼权利;另一方面,在被害人的生命权、健康权等合法权益受到犯罪直接侵害的同时,包含被害人合法权益在内的国家的、社会的和公共的利益也受到了犯罪的直接侵害,需要国家的专门机关直接出面与犯罪作斗争。检察机关在公诉案件中对被告人提起诉讼就是代表国家维护国家的、社会的、公共的利益以及被害人的合法权益。这就需要在刑事公诉案件中协调处理好国家检察机关与被害人在诉讼中的关系。由于公诉案件一般较为疑难、复杂,被害人个人往往无力独立承担揭露犯罪、证实犯罪的控诉职能,就由检察机关作为公诉机关承担提起诉讼的职能,被害人则积极协助并与检察机关共同行使控诉职能。

与此同时,还需要协调平衡控辩双方的关系。在刑事公诉案件中,由于强大的国家专门机关的介入,加之被害人一并参加诉讼,使得犯罪嫌疑人、被告人面临来自两方面的巨大压力和指控。为了平衡控辩双方,保障犯罪嫌疑人、被告人的诉讼权利,维护司法公正,一方面应当赋予被害人独立诉讼主体的地位,使其能够直接参与诉讼,维护自身的合法权益;另一方面也要对其诉讼地位进行必要的限制,使其并不完全享有原告人的诉讼地位。

最后,被害人作为遭受犯罪直接侵害的人,对于犯罪的发生有着不同程度的直接感受,对于犯罪事实有着不同范围的了解,因此,被害人在刑事诉讼中也是重要的特殊的证人,他对案件事实的陈述,也应当是诉讼中的证据之一。

二、被害人的诉讼权利和义务

基于被害人在刑事诉讼中的诉讼地位,被害人作为诉讼当事人既享有与犯罪嫌疑人、被告人共同的诉讼权利,也享有一些特有的诉讼权利。

根据刑事诉讼法的规定,被害人享有的与犯罪嫌疑人、被告人共同的诉讼权利主要有:(1)有用本民族语言文字进行诉讼的权利;(2)申请侦查人员、检察人员、审判人员、书记员、鉴定人、翻译人员回避的权利及对驳回申请回避的决定申请复议的权利;(3)对于侦查人员、检察人员和审判人员侵犯其诉讼权利和人身侮辱的行为,有权提出控告;(4)有权参加法庭调查,就起诉书指控的犯罪进行陈述,经审判长许可向被告人、证人、鉴定人发问,对公诉人、辩护人向法庭出示的物证进行辨认,对当庭宣读的未到庭的证人的证言笔录、鉴定人的鉴定结论、勘验笔录和其他作为证据的文书发表意见,有权申请通知新的证人到庭,调取新的物证,申请重新鉴定或者勘验;(5)有权参加法庭辩论,对证据和案件情况发表意见并与公诉人、被告人及其辩护人展开互相辩论;(6)有权对各级人民法院已经发生法律效力的判决、裁定,依法提出申诉等。

根据刑事诉讼法的规定,被害人在刑事诉讼中享有的特有的诉讼权利主要有:(1)对侵犯其人身、财产权利的犯罪事实或者犯罪嫌疑人,有权向公安机关、人民检察院或者人民法院报案或者控告。(2)对于公安机关、人民检察院不立案的决定,有权获知原因;如果不服,可以申请复议。(3)认为公安机关对应当立案侦查的案件而不立案侦查的,有权向人民检察院提出,要求公安机关说明不立案的理由。(4)自案件移送审查起诉之日起,有权委托诉讼代理人。(5)对于人民检察院所作的不起诉的决定,有权获得不起诉决定书,如果不服,有权向上一级人民检察院申诉,请求提起公诉,对于上一级人民检察院维持不起诉决定的,有权向人民法院起诉,也可以不经申诉,直接向人民法院起诉。(6)对有证据证明被告人侵犯自己人身、财产权利的行为应当依法追究刑事责任,而公安机关或人民检察院不予追究被告人刑事责任的案件,有权向人民法院提起自诉。(7)对地方各级人民法院第一审的判决不服的,有权请求人民检察院提出抗诉,人民检察院在收到请求后5日内,应作出是否抗诉的决定并答复请求人等。

被害人在享有上述诉讼权利的同时,也要承担一定的诉讼义务,主要有:(1)如实向公安司法机关陈述案件事实;(2)接受公安司法机关对其进行人身检查;(3)接受司法机关的传唤;(4)在法庭上接受询问;(5)遵守法庭秩序等。

第七节　单位当事人

一、单位犯罪嫌疑人、单位被告人

单位能否成为犯罪的主体，过去在我国刑法上没有规定，理论界一段时期曾有过争论。后来随着刑法的不断修改完善，这一问题逐渐有了明确的答案。我国现行《刑法》第 30 条规定："公司、企业、事业单位、机关、团体实施的危害社会的行为，法律规定为单位犯罪的，应当负刑事责任"，第 31 条规定："单位犯罪的，对单位判处罚金，并对直接负责的主管人员和其他直接责任人员判处刑罚。本法分则和其他法律另有规定的，依照规定。"根据上述规定，单位是可以成为犯罪主体的，但是构成单位犯罪必须以法律有规定为前提；同时对单位犯罪实行"双罚制"，既对构成犯罪的单位判处罚金，又对对单位犯罪直接负责的主管人员和其他直接责任人员判处刑罚。

应当指出的是，单位犯罪与法人犯罪是两个不同的概念。"法人"是民法上的概念，有着严格的法律含义，而"单位"则是一个比较宽泛的概念，其中自然包括法人单位，也包括非法人单位。从现实生活来看，实施犯罪行为的单位不仅有法人单位，也有非法人单位。正因如此，我国现行刑法规定的是"单位犯罪"而不是"法人犯罪"，具体包括了"公司、企业、事业单位、机关、团体实施的危害社会的行为"。刑法关于单位犯罪的上述规定，为刑事诉讼上将单位纳入当事人的范畴奠定了基础。既然单位能够成为犯罪主体，并且对单位犯罪实行"双罚制"，既处罚单位，又处罚直接责任人员，那就要求在刑事诉讼中单位犯罪的诉讼主体中的犯罪嫌疑人、被告人应当由单位和对单位犯罪直接负责的主管人员和其他直接责任人员两个方面组成，即由单位犯罪嫌疑人、被告人和自然人犯罪嫌疑人、被告人共同组成。这是因为在单位犯罪中，虽然单位与作为直接责任人员的自然人密不可分，但二者毕竟是不同的利益主体，在"双罚制"下也是两个完全独立的处罚对象，二者之间不能相互代替或等同。因此，在刑事诉讼中应当赋予它们不同的诉讼地位，即以不同的主体身份参与诉讼，以使它们一方面可以维护共同的利益，譬如共同对抗控方，认为控方指控的单位犯罪不能成立，从而不仅排除单位的刑事责任，也排除自然人的刑事责任，另一方面也可以维护各自不同的利益，譬如单位方面认为所指控的犯罪并非单位行为而是所涉自然人的个人行为，应当排除单位的刑事责任，追究自然人的刑事责任，而所涉自然人方面则认为无论单位犯罪是否成立，应否承担刑事责任，都与自己无关，因为自己没有参与所涉单位犯罪或者自己不是对单位犯罪直接负责的主管人员和其他直接责任人员，应当排除对自己追究刑事责任。在刑事诉讼中单位犯罪的犯罪嫌疑人、被告人主体表现为以上两个方面，这是刑事诉讼中单位犯罪不同于个人犯罪或自然人犯罪的重要特点。

单位因涉嫌犯罪成为刑事诉讼中的被追诉者，其如何参与刑事诉讼，我国刑事诉讼法尚无明确的规定。司法实践中，在单位犯罪案件中，被告单位参与刑事诉讼：(1)应当确定代表被告单位出庭的诉讼代表人。(2)代表被告单位出庭的诉讼代表人，应当是单位的法定代表人或者主要负责人；如果该法定代表人或者主要负责人被指控为单位犯罪直接负责的主管人员的，应当由该单位的其他负责人作为被告单位的诉讼代表人出庭。在人民检察院提起诉讼中,若被告单位的诉讼代表人与被指控为单位犯罪直接负责的主管人员是同一人的,人民法院应当要求人民检察院另行确定被告单位的诉讼代表人出庭。(3)人民法院决定开庭审理单位犯罪案件,应当通知被告单位的诉讼代表人出庭。被告单位的诉讼代表人应当出庭,拒不出庭的,人民法院在必要的时候,可以拘传到庭。(4)人民法院审理单位犯罪案件时,被告单位被注销或者宣告破产,但单位犯罪直接负责的主管人员和其他直接责任人员应当负刑事责任的,应当继续审理。(5)在人民法院审理单位犯罪案件时,被告单位的诉讼代表人享有刑事诉讼法规定的有关被告人的诉讼权利,包括依法委托辩护人参与诉讼,为被告单位进行辩护的权利。

由上可见,在单位犯罪案件的审理程序中,被告单位是通过其诉讼代表人参与诉讼活动,诉讼代表人也有权行使自然人被告人依法享有的诉讼权利,譬如行使辩护权、申请回避权、上诉权等诉讼权利;同时也要承担相应的诉讼义务,譬如代表被告单位依法按时出庭参加诉讼活动,接受法庭审理,对于人民法院已经生效的判决、裁定,有义务执行或协助执行等。在单位犯罪案件的审理程序中,除了诉讼代表人代表被告单位参与诉讼活动,行使诉讼权利、承担诉讼义务外,被指控对单位犯罪直接负责的主管人员和其他直接责任人员作为自然人被告人也要参与诉讼活动,并与其他自然人被告人一样行使诉讼权利,承担诉讼义务。

以上所讲的是关于单位被告人如何参与法庭审理活动,在诉讼中享有、行使何种诉讼权利并承担何种诉讼义务的问题。在此之前还有一个单位犯罪嫌疑人如何参与审前程序包括侦查阶段和审查起诉阶段诉讼活动的问题。应该说和参与审判阶段诉讼活动一样,也是由诉讼代表人代表犯罪嫌疑单位和对涉嫌犯罪的单位直接负责的主管人员和其他直接责任人员分别参与侦查阶段的诉讼活动和审查起诉阶段的诉讼活动,享有、行使与自然人犯罪嫌疑人一样的诉讼权利,譬如在侦查阶段聘请律师提供法律帮助的权利,在审查起诉阶段聘请辩护人为自己辩护的权利,同时也承担相应的诉讼义务。

二、单位被害人

在前面阐述自然人被害人时我们已指出,刑事诉讼中的被害人不仅有自然人被害人,也有单位被害人。但是在理论上对于单位能否成为刑事诉讼中的被害人有着不同的观点。我们认为,单位虽然与自然人有所不同,但是,与单位能够成为刑事诉讼中的犯罪嫌疑人、被告人一样,单位也能够成为刑事诉讼中的被害人。

首先,单位无论是公司、企业、事业单位还是机关、团体,都有一定的财产和经费,这就为单位成为犯罪行为事实上的被害人奠定了物质基础。因为单位既然有独立的财产和经费,那么,完全可能成为犯罪的被害者,犯罪者在进行犯罪时不可能因为侵害对象是单位而放弃侵害,只侵害自然人被害人。事实上,在我国刑法分则规定的具体罪名中,有相当一部分罪名单位是可以成为被害人的,而在司法实践中,也确有相当多的单位成为犯罪的实际被害人。譬如非法经营同类营业罪、徇私舞弊造成破产、亏损罪、贷款诈骗罪、保险诈骗罪、侵犯商业秘密罪、合同诈骗罪,如此等等。

其次,被害单位完全有能力参与刑事诉讼活动,行使诉讼权利,承担诉讼义务。单位不仅有一定的财产和经费,而且能够进行独立的民事活动并独立承担民事责任,这就为单位成为刑事诉讼中的被害人提供了行为能力。因为既然单位可以进行民事活动,行使权利,承担义务,那么,也当然能够参与刑事诉讼活动,行使诉讼权利,承担诉讼义务。与自然人被害人所不同的是，单位被害人参与刑事诉讼活动，无论行使诉讼权利还是承担诉讼义务，都是通过授权诉讼代表人进行的，而这恰恰也是单位进行民事诉讼活动的特点。

最后，被害单位完全有理由成为刑事诉讼中的被害人，通过参加诉讼活动，维护自己的合法权益。如前所述，既然单位能够成为犯罪侵害的对象，既然被犯罪侵害的单位有能力参与刑事诉讼，那么，它就完全有理由参与刑事诉讼。因为它的合法权益一旦受到犯罪的侵害，就使它与案件形成了直接的利害关系，它势必要求追究犯罪者的责任，不仅要求依法惩罚犯罪者，而且因为受到犯罪侵害要求获得赔偿或补偿；此外，它也势必密切关注案件的诉讼结果，关切犯罪者是否受到应有的惩罚，关切自己受到的侵害是否能得到应有的赔偿或补偿。另外，作为国家也应当为受到犯罪侵害的单位提供法律保护，不仅要保护它受到犯罪侵害的合法权益，而且还应当向它提供为保护自己合法权益参与诉讼、主张权利的机会。据此，我们完全可以说，被害单位具有成为刑事诉讼中的当事人之一——被害人的权利能力。虽然，在刑事诉讼中，单位既可以成为犯罪嫌疑人、被告人，即所谓单位犯罪嫌疑人、单位被告人，也可以成为被害人，即所谓单位被害人，但是在参与刑事诉讼的具体方式上，单位被害人与单位犯罪嫌疑人、单位被告人完全不同。单位被害人参与刑事诉讼，行使诉讼权利，承担诉讼义务，由其法定代表人或主要负责人作为诉讼代表人直接参与即可，而单位犯罪嫌疑人、单位被告人参与刑事诉讼则既要有诉讼代表人参与，还要有对单位犯罪直接负责的主管人员和其他直接责任人员同时参与；并且作为被告单位的诉讼代表人，并非一律由该被告单位的法定代表人或主要负责人直接担任，一旦该单位的法定代表人或主要负责人与被指控为单位犯罪直接负责的主管人员是同一人的，就要另行确定诉讼代表人代表被告单位参与诉讼。可见，单位被害人参与刑事诉讼的方式更为直接，更为便利。

从事实层面看，单位被害人不仅存在于公诉案件中，也存在于自诉案件、附带民事诉讼案件中。但从程序法的角度看，单位被害人在自诉案件和附带民事诉讼案件中其称谓不再是单位被害人而是自诉人或原告人了。它们在不同的诉讼中享有不同权利，承担不同义务。就刑事公诉案件中的单位被害人而言，它在刑事诉讼中的诉讼权利和诉讼义务与自然人被害人基本相同，譬如它也可以委托诉讼代理人参加诉讼，有权申请办案人员回避，有权参加法庭调查和法庭辩论，等等。

第八节　其他诉讼参与人

诉讼参与人，是指除司法机关以外的所有依法参加刑事诉讼活动并且享有一定的权利和承担一定义务的人。根据我国《刑事诉讼法》第108条的规定，诉讼参与人包括当事人、法定代理人、诉讼代理人、辩护人、证人、鉴定人和翻译人员。以诉讼参与人与案件结局的利害关系不同为标准，可以将诉讼参与人划分为当事人和其他诉讼参与人两大类。

当事人，是指在刑事诉讼中执行控诉职能或辩护职能，并且与案件结局有直接利害关系的诉讼参与人。根据《刑事诉讼法》第108条第2项的规定，刑事诉讼中的当事人有被害人、自诉人、犯罪嫌疑人、被告人、附带民事诉讼的原告人和被告人。当事人与案件结局有切身的利害关系,因而,与其他诉讼参与人相比,享有更多的诉讼权利,承担更多的诉讼义务。同时,由于当事人在刑事诉讼中分别处于指控和被指控的地位,这就决定了他们在刑事诉讼中的作用和活动方向不同甚至相反。因此,法律不仅规定其广泛的诉讼权利和义务,而且,针对其不同的诉讼地位和职能,规定其特定的权利和义务。

其他的诉讼参与人,是指除当事人以外的诉讼参与人,包括辩护人、法定代理人、证人、鉴定人、翻译人员。其他诉讼参与人不是执行诉讼职能的诉讼主体,他们本身与案件结局也无直接利害关系,他们参与诉讼的目的,并不是保护自己的实体权利,而是在某一方面某一环节协助刑事诉讼的进行。其他诉讼参与人不以起诉或应诉方式参与刑事诉讼,因而他们的诉讼行为并不能启动诉讼程序或对诉讼进程产生直接影响。为了保障刑事诉讼的顺利进行,法律赋予了其他诉讼参与人相应的诉讼权利。

一、法定代理人

法定代理人,是由法律规定的、对被代理人负有专门保护义务,并代理其进行诉讼活动的人。其代理权的产生是基于法律的规定,而不是被代理人的意思表示。法定代理人包括被代理人的父母、养父母、监护人和负有保护责任的机关、团体的代表。

在刑事诉讼中,法律一般只对未成年人、无行为能力人或限制行为能力人设立法定代理人,而且,代为行使诉讼权利的权限也由法律规定。法定代理人有独立的诉讼地位,享有法律赋予的诉讼权利和承担相应的诉讼义务。法定代理人既对被代理人的合法权益负有保护责任,又对被代理人的行为承担监护义务。当被代理人作为诉讼中的当事人时,法定代理人参加诉讼,是履行其对被代理人的保护责任和监护义务。一般而言,法定代理人的诉讼行为被视为被代理人的诉讼行为,具有相同的法律效果。但是,法定代理人不得为被代理人承担与其人身有关的特定诉讼义务,如不得代替被代理人进行供述、辩解或陈述等。

二、诉讼代理人

诉讼代理人,是指当事人及其法定代理人或者近亲属依法委托的、代理其参加诉讼的人。

诉讼代理人不同于法定代理人。诉讼代理是基于被代理人的委托,依据委托协议而进行的代理,而不是依据法律的规定。因此,诉讼代理也称意定代理或授权代理。诉讼代理人的职责,是帮助被代理人行使诉讼权利,在被代理人授权或者委托范围内进行诉讼活动,既不能超越代理权限,也不能违背被代理人的意志。

根据我国法律的规定,律师、当事人的近亲属、亲友、有关的社会团体或者所在单位推荐的人,都可以被委托为诉讼代理人。但是,无民事行为能力人、限制民事行为能力人或可能损害被代理人利益的人以及人民法院认为不宜作诉讼代理人的人,不能作为诉讼代理人。当事人委托他人代为诉讼的,必须向人民法院提交授权委托书。

三、辩护人

辩护人,是指接受犯罪嫌疑人、被告人及其法定代理人或者近亲属的委托,或者受人民法院指定,帮助犯罪嫌疑人、被告人行使辩护权,以维护其合法权益的人。

根据《刑事诉讼法》第 37 条的规定,辩护人的责任是根据事实和法律,提出证明犯罪嫌疑人、被告人无罪、罪轻或减轻、免除其刑事责任的材料和意见,维护犯罪嫌疑人、被告人的合法权益。

辩护人既可以是律师,也可以是人民团体或者犯罪嫌疑人、被告人所在单位推荐的人,还可以是犯罪嫌疑人、被告人的监护人、亲友。由律师担任辩护人,是委托辩护的主要形式。辩护人具有独立的诉讼地位,他既不从属于犯罪嫌疑人、被告人,也不从属于人民检察院和人民法院。法律赋予了辩护律师较其他辩护人更为广泛的诉讼权利。

四、证人

在刑事诉讼中,证人是指向公安司法机关陈述自己所知道的案件情况的第三人。根据我国法律的规定,凡是知道案件情况的人,都有作证的义务。生理上、精神上有缺陷或者年幼,不能辨别是非、不能正确表达的人,不能作证人。

证人作证的基本条件,是知道案件情况。谁有资格作证人,既不取决于当事人或者证人本人的意思,也不能由公安司法机关任意指定和选择,而是由谁知道案件情况这一特定事实来决定。因此,证人不能代替、指定、更换。

证人必须是自然人。一方面,只有自然人才可能用自己的感觉器官感知与案件有联系的某个现象或情况;另一方面,由于了解案件情况而产生的作证义务是公民的法定义务,故意作伪证、隐匿罪证,必须负法律责任。因此,法人或其他组织不能作为证人,因为它们既无感觉器官,不能感知案件情况,也不能承担作伪证的法律责任。

我国法律规定,公诉人、当事人或者辩护人、诉讼代理人对证人证言有异议,且该证人证言对案件定罪量刑有重大影响,人民法院认为证人有必要出庭作证的,证人应当出庭作证。人民警察就其执行职务时目击的犯罪情况作为证人出庭作证,也应当出庭作证。经人民法院通知,证人没有正当理由不出庭作证的,人民法院可以强制其到庭,但是被告人的配偶、父母、子女除外。证人没有正当理由拒绝出庭或者出庭后拒绝作证的,予以训诫,情节严重的,经院长批准,处以十日以下的拘留。被处罚人对拘留决定不服的,可以向上一级人民法院申请复议。复议期间不停止执行。证人作证,审判人员应当告知他要如实地提供证言和有意作伪证或者隐匿罪证要负的法律责任。公诉人、当事人和辩护人、诉讼代理人经审判长许可,可以对证人、鉴定人发问。审判长认为发问的内容与案件无关的时候,应当制止。

人民法院、人民检察院和公安机关应当保障证人及其近亲属的安全。对证人及其近亲属进行威胁、侮辱、殴打或者打击报复,构成犯罪的,依法追究刑事责任;尚不够刑事处罚的,依法给予治安管理处罚。对于危害国家安全犯罪、恐怖活动犯罪、黑社会性质的组织犯罪、毒品犯罪等案件,证人、鉴定人、被害人因在诉讼中作证,本人或者其近亲属的人身安全面临危险的,人民法院、人民检察院和公安机关应当采取以下一项或者多项保护措施:(1)不公开真实姓名、住址和工作单位等个人信息;(2)采取不暴露外貌、真实声音等出庭作证措施;(3)禁止特定的人员接触证人、鉴定人、被害人及其近亲属;(4)对人身和住宅采取专门性保护措施;(5)其他必要的保护措施。

证人、鉴定人、被害人认为因在诉讼中作证,本人或者其近亲属的人身安全面临危险的,可以向人民法院、人民检察院、公安机关请求予以保护。人民法院、人民检察院、公安机关依法采取保护措施,有关单位和个人应当配合。证人因履行作证义务而支出的交通、住宿、就餐等费用,应当给予补助。证人作证的补助列入司法机关业务经费,由同级政府财政予以保障。有工作单位的证人作证,所在单位不得克扣或者变相克扣其工资、奖金及其他福利待遇。

证人在刑事诉讼中承担的义务有:(1)证人应当根据公安司法机关的通知按时到指定地点接受询问,不得拖延或无故不到;(2)证人应当向公安司法人员如实陈述自己所知道的案件情况,有意作伪证或者隐匿罪证的,要负法律责任;(3)证人应当保守案件秘密。

五、鉴定人

鉴定人,是指根据公安司法机关的指派或者聘请,运用自己的专门知识或技能,对案件中的专门性问题进行分析判断并提出科学意见的人。

鉴定人必须具有一定的资格:具有解决案件中某些专门性问题的知识和技能;必须是自然人,机关、团体、单位、组织等不能作为鉴定人;鉴定人必须与本案没有利害关系;鉴定人应由公安司法机关指派或聘请。

公诉人、当事人或者辩护人、诉讼代理人对鉴定意见有异议,人民法院认为鉴定人有必要出庭的,鉴定人应当出庭作证。经人民法院通知,鉴定人拒不出庭作证的,鉴定意见不得作为定案的根据。

鉴定人在刑事诉讼中的权利有:(1)使用本民族的语言、文字进行鉴定的权利。(2)了解为进行鉴定所必需的案件材料的权利。(3)因鉴定需要,经公安司法人员许可,询问当事人和证人的权利。(4)必要时,要求参加现场勘验、检查和侦查实验等的权利。(5)一个案件有几个鉴定人时,有共同讨论并提出鉴定意见的权利;在意见有分歧的情况下,有单独提出鉴定意见的权利。

六、翻译人员

翻译人员,是指刑事诉讼中接受公、检、法机关的指派或聘请,为参与诉讼活动的外国人、少数民族人员、聋人、哑人等进行语言、文字或手势翻译的人员。

《刑事诉讼法》第 9 条规定:"各民族公民都有用本民族语言文字进行诉讼的权利。人民法院、人民检察院和公安机关对于不通晓当地通用的语言文字的诉讼参与人,应当为他们翻译。"因此,翻译人员必须具备通晓诉讼参与人所使用的语言文字(包括哑语)和当地通用的语言文字并正确传达被翻译人意愿的能力。

翻译人员进行翻译活动时,必须实事求是,力求准确无误。因此,翻译人员不能与案件或案件当事人有利害关系。否则,应当回避。

翻译人员的诉讼权利主要有,要求公安司法机关提供与翻译内容有关的材料并了解案件有关情况,有权获取相应报酬。

七、专家证人

根据我国《刑事诉讼法》第 197 条的规定,公诉人、当事人和辩护人、诉讼代理人可以申请法庭通知有专门知识的人出庭,就鉴定人作出的鉴定意见提出意见。自此,我国确立了专家证人制度。所谓专家证人,是指由一方当事人委托的具有相应专业知识和实践经验的专家就某些专门性问题在法庭上运用专业知识发表意见作出推论或结论的一项法律活动。专家证人制度是现代科技发展的结果,诉讼与科技的联系突出地表现在专家证据方面。现代科技的迅猛发展决定了专家证据的扩张趋势。就证据法而言,现代科技已成为并将更加成为一股不可忽视的革命性力量。随着现代科技的日益发展,涉及高科技的纠纷及需运用科技手段解决的纠纷日益增加,如环境污染、医疗事故、交通事故等。但法官只不过是从事纠纷解决的法律专业人员,没有可能也没有必要拥有技术背景,以自己的技术知识解决纠纷,从专家证据的功能来看,专家证据能扩大法官的感知能力,帮助法院查明有关事项的因果关系,进行事实认定,如查出客体的共同特征和差别,测定受测客体质量和数量,客观记录和复制痕迹,进行同一认定,运算和处理各种信息等。

【示例】

姚某(男)与赵某(女)是夫妻,生育有姚女(15 岁)、姚子(12 岁)。姚某与赵某夫妻关系紧张,在此期间,赵某与其女、其子也合不来,赵某对其女、其子偏向其夫的态度不满。2014 年赵某、姚某关系到了再也不能继续下去的地步,遂讲好离婚,但一双儿女没有一个愿意随赵某生活,且态度更加敌视。赵某想到自己已经 40 岁了,将落个独身一人的下场,既悲又愤,遂走向极端。有一天趁姚某不在家之际,做子女的思想工作,希望其能随自己生活,遭到拒绝。赵某就拿一榔头,要打 12 岁的儿子,被 15 岁的女儿拉住,赵某用榔头朝女儿头上猛击一下,将她打倒。儿子见状,冲进卧室关上了房门。赵某已失去理智,又将卧室门砸开,用榔头把儿子活活打死。待走出卧室,准备再杀女儿时,女儿已苏醒过来外逃了。邻居甲、乙、丙知道了情况,冲进赵某的家,看到现场的惨状。赵某当场自杀未遂,被群众扭送至公安机关。公安机关对现场进行了勘查,并请鉴定人丁对姚子的死进行了鉴定。侦查完毕后,将案件移送检察机关审查起诉。案中,赵某聘请律师李某为其提供法律咨询和辩护。人民法院经审查开庭审理认为被告人赵某的行为构成故意杀人罪,故判处死刑缓期二年执行。

在本案中,公安机关、检察机关、人民法院是刑事诉讼的专门机关;当事人是在刑事诉讼中执行控诉职能或辩护职能,并且与案件结局有直接利害关系的诉讼参与人,在本案中当事人为被告人赵某和被害人姚女。而公诉人虽然在刑事诉讼中处于原告一方的地位,但这是职责的要求,并非私人利益受到了犯罪行为的直接侵害,与案件之间不存在直接利害关系,故公诉人不是当事人;其他诉讼参与人具体有姚女的法定代理人姚某,赵某的辩护人李某,证人甲、乙、丙,以及鉴定人丁。他们不是执行诉讼职能的诉讼主体,与案件结局无直接利害关系。

思考题

1. 当事人与诉讼参与人、其他诉讼参与人是什么关系?
2. 当事人在刑事诉讼中的权利和义务有哪些?
3. 人民检察院在刑事诉讼中有哪些职权?
4. 人民法院在刑事诉讼中有哪些职权?
5. 辩护人在刑事诉讼中具有什么地位?

第六章 刑事诉讼行为

导 读

诉讼行为是组成诉讼程序的基本要素,刑事诉讼行为既包括法院和控辩双方的诉讼行为,也包括其他诉讼参与人的诉讼行为,同时,起诉前的侦查行为和审判后的执行行为也属于刑事诉讼行为。刑事诉讼行为的无效是指某一刑事诉讼行为不符合法律规定的构成要件不能产生预期的法律效果,我国刑事诉讼法虽然并没有将诉讼行为无效制度作为一项基本制度加以规定,但是从二审撤销一审原判、发回重审方面可以体现出诉讼行为无效制度的基本要求。刑事诉讼行为必须以法律明确规定的特定方式表现出来,刑事诉讼行为的程式包括诉讼中特定的语言文字、文书、期限等要素。

第一节 刑事诉讼行为的概念

一、诉讼行为理论的产生

诉讼行为理论在诉讼法学研究中具有重要的地位,因为诉讼行为是组成诉讼程序的基本要素,是实现诉讼程序目的和价值的基本载体。有学者甚至认为,“刑事诉讼与诉讼行为共存,或者说,刑事诉讼即是一系列的诉讼行为所构成。因此,诉讼行为贯穿于整个《刑事诉讼法典》中”。[1]

一般认为,诉讼行为理论源自民事法律行为理论。民事法律行为理论最早可追溯到古罗马时代。虽然罗马法中并没有出现完整的法律行为概念,但罗马法通过对不同表意行为具体的规范性概括,已经建立起了实质意义上的法律行为制度,为后世法律行为理论与法律行为规范的产生奠定了坚实的基础。现代意义上的民事法律行为概念和系统的法律行为理论的创立是由德国学者完成的。随着民事法律行为理论在民法领域的成熟,诉讼法领域的学者也开始从法律行为的角度来研究诉讼程序。较早在理论上实现对刑事诉讼行为理论研究突破的是1900年德国学者贝宁出版的《德国刑事诉讼法教程》一书,该书首次比较系统地论述了刑事诉

〔1〕 徐京辉、程立福:《澳门刑事诉讼法》,澳门基金会1999年版,第50页。

讼行为的概念、分类及效力。[2]

二、刑事诉讼行为的概念

刑事诉讼行为的概念一直存在争议。从现有资料来看，大致有三种观点：第一种观点认为只要是能引起诉讼法律效果的行为就是诉讼行为。日本学者谷口安平认为："能够在诉讼法上引起一定效果的行为就是诉讼行为。"[3]第二种观点将诉讼行为限定为合法行为，即要求除了能发生诉讼法上的效果外，还必须符合诉讼法规定的构成要件的才是诉讼行为。我国台湾地区学者陈朴生将诉讼行为界定为："构成诉讼程序所实施合乎诉讼法上定型之行为，并足以发生诉讼法上之效果者。"[4]第三种观点对诉讼行为能够引起的诉讼效果进行了限制，认为诉讼行为必须是能够发生"预期的"诉讼效果的行为，但不要求是合法行为。德国学者克劳思·罗科信将诉讼行为界定为："在诉讼程序中能够按照意愿达到所期望之法律效果，并促使诉讼程序继续进行之意思表示。"[5]

资料：最高人民检察院职务犯罪侦查工作八项禁令（全文）。

在上述三种观点中，我们认为第一种观点比较妥当。理由是，虽然从法律的角度来说，参与诉讼的各主体应当严格依法行事，但由于法律素养以及利益和立场等因素的差异，诉讼主体实施的行为既可能是合法的，也可能是非法的，而为了维护程序的有序运作，一旦这些行为具备基本的法律形式，有权机关就不得对这些行为置之不理，而必须采取符合法律规定的方式加以处理，或认可其有效，或宣布其无效。也即从维护程序有序运作的角度出发，无论是合法行为，还是非法行为，只要其已具备一些最基本的法律形式，有权机关就必须加以处理。而且，诉讼行为作为以整个诉讼程序为研究对象的诉讼行为理论体系中的基本概念，当然应当将所有可能引起一定的诉讼后果的行为，无论是合法的还是非法的都纳入自己的研究视野。

资料：最高人民检察院发布《人民检察院对指定居所监视居住实行监督的规定》。

刑事诉讼行为的范围既包括法院和控辩双方的诉讼行为，也包括其他诉讼参与人的诉讼行为，而且，除法院、控辩双方及其他诉讼参与人的行为外，起诉前的侦查行为和审判后的执行行为也属于刑事诉讼行为。它们都是刑事诉讼程序必要的组成部分。刑事诉讼行为规范化的问题也是研究刑事诉讼行为的重要内容之一，我国刑事诉讼中出现了侦查、起诉以及审判等行为的不规范问题，尤其是刑讯逼供禁而不止、诉讼过程中违法问题等都应当引起足够的重视，应当按照党的十八届四中全会提出的"推进严格司法"的要求，使刑事诉讼行为走向规范化。十八届四中全会以来，我国公、检、法机关

---

〔2〕 樊崇义主编：《诉讼原理》，法律出版社 2003 年版，第七章。

〔3〕 [日]谷口安平：《程序的正义与诉讼》，王亚新、刘荣军译，中国政法大学出版社 1996 年版，第 135 页。

〔4〕 陈朴生：《刑事诉讼法实务》，台北，海天印刷厂有限公司 1981 年版，第 114 页。

〔5〕 [德]克劳思·罗科信：《德国刑事诉讼法》，吴丽琪译，台北，三民书局 1998 年版，第 437 页。

在推动严格司法方面,进行了规范司法行为的专项行动,出台了一批规范司法行为的司法解释,如最高人民检察院 2015 年 8 月 4 日发布的《职务犯罪侦查工作八项禁令》,2015 年 12 月 28 日发布的《人民检察院对指定居所监视居住实行监督的规定》等,都是对司法行为的规范化措施。

三、刑事诉讼行为的种类

刑事诉讼行为依据不同的标准可分为以下几种:

根据主体的不同,诉讼行为可以分为法院的行为、控辩双方的行为以及第三人的行为。法院的行为主要包括审理和裁判以及为进行审理和裁判而实施的附属行为,如调查证据、传唤、拘留、决定逮捕等。法院的行为又可分为法官的行为和辅助人员的行为,辅助人员的行为主要包括书记员、翻译人员、法警的行为等。控辩双方的行为主要包括侦查人员、公诉人、自诉人及犯罪嫌疑人和被告人的行为。辩护人和代理人所进行的行为也属控辩双方行为的组成部分。控辩双方的行为大致包括申请、立证、陈述和主张四类。第三人的行为是指前两类主体以外的主体所实施的行为,如报案、控告、举报、证人作证和鉴定人进行鉴定等。

根据意思表示与行为效果之间关系的不同,诉讼行为可以分为法律行为与事实行为。法律行为是指以产生某种诉讼法律效果的意思表示为要素,且行为后果的发生与主体的意思表示直接相关的诉讼行为。如被害人控告、检察机关起诉、法院判决、控辩双方上诉的意思表示分别是立案、法院受理案件、被告人被认定有罪或无罪及上诉审程序启动的直接依据,因而这些行为均是法律行为。事实行为是指不以行为人的意思表示为要素,且行为后果的发生与当事人的意思表示无关的诉讼行为。如被告人陈述和证人证言的内容与讯问被告人和进行证据调查的主体的意思表示是无关的,因而讯问被告人和证据调查是事实行为。此外根据内容的不同,事实行为又可进一步分为表示行为与单纯事实行为两种。表示行为,是指虽然包含有行为主体的意思表示(如证人证言、检察官的法庭辩论等),但其最终的法律效果不是由主体的意思所决定的,因而属于与法律行为不同的事实表示行为。而单纯事实行为则不要求主体的任何意思表示,如执行拘留、执行逮捕等。

根据作用和功能的不同,诉讼行为可分为决定性行为、条件性行为和执行性行为。决定性行为是指那些旨在产生法律效力的行为人的意愿性行为,如自诉、放弃上诉等。条件性行为是指那些在特定条件下才能实施或者某种决定性行为效力的产生取决于某种条件性行为的完成的行为,如申请准许等。执行性行为是指赋予某种具有法律效力的行为以实质的物质性表现的行为,如送达、执行拘留等。

根据作用机理的不同,诉讼行为可以分为实质性行为和声明性行为。实质性行为是指通过事实状况的变更而产生诉讼效果的行为,声明性行为则是指通过行为人的意识活动才能产生诉讼效果的行为。声明性行为又可分为意向性声明、单纯意向性声明和认知性声明。认知性声明是表达主体对特定事项的认识,意向性声明是为了产生一定的法律效果,而单纯意向性声明则是为了表达主体本身的意愿。绝大多数诉讼行为都属认知性声明或单纯意向性声明,意向性声明在诉讼活动中极少。这种分类方法在诉讼行为的分类中具有重要的意义,尤其是当行为人的意向有瑕疵时,因为意向有瑕疵即意味着诉讼行为有瑕疵。例如,在上诉及放弃上诉时,如果上诉人是因胁迫而放弃的,则此诉讼行为有瑕疵应认定为无效。[6]

---

〔6〕 徐京辉、程立福:《澳门刑事诉讼法》,澳门基金会 1999 年版,第 52 ~ 53 页。

此外,诉讼行为还可划分为起始行为、展开行为和结束行为;侦查行为、预审行为、审判行为、上诉行为和执行行为;可重复性行为和不可重复性行为;决定性行为和非决定性行为;等等。

第二节　刑事诉讼行为的要素

一、刑事诉讼行为的构成要件

刑事诉讼行为的构成要件是指刑事诉讼行为必须符合法律规定的条件才能成立和发生预期的法律效果。由于不同国家的诉讼目的观不同,对刑事诉讼行为的构成要件的界定和划分也有所不同。综合各方面相关研究,我们认为,刑事诉讼行为的成立包括以下要件:

(一)主体合格

主体是诉讼行为的实施者,主体资格的瑕疵将直接影响行为的表意功能及实施效果,直接导致诉讼行为不成立或不生效。

主体合格通常包括以下内容:

第一,主体行为适格。许多诉讼行为只有特定的主体才有资格实施;该类主体可以实施或应当实施特定行为的资格即为主体行为适格,如刑事自诉必须由被害人及其代理人或近亲属提起,审判笔录只有书记员才有权制作等;否则诉讼行为的成立或生效就会受到影响。

第二,诉讼能力符合法律的规定。所谓诉讼能力,是指诉讼主体使其行为发生诉讼法律效果其自身所应当具备的能力。诉讼能力又分为当事人能力与第三人能力两种情况。当事人能力是指主体在诉讼中可成为当事人的能力。对于不同的当事人,法律所要求的当事人能力程度是不一样的。不过,诉讼能力的欠缺通常只是影响诉讼行为的效力,而不影响诉讼行为的成立。并且,诉讼能力的欠缺通常只影响程序形成行为的效力,而不影响实体形成行为的效力。因为实体形成行为重在发现真实,行为效果的发生重在与事实是否相符,而与当事人的意思表示无关。[7]

第三,诉讼主体组成合法。这主要是指侦查、起诉及审判主体组成方式合法。这一要求包括两个方面:一是构成这些主体的自然人具有法定能力。德国法学家绍尔认为司法人员的能力应与当事人的能力相同,狭义的法院以外的司法人员,如检察官等也应当具有当事人能力。二是组织性主体在构成方式上符合法律规定。如合议庭组成不合法、应回避人员没有回避则会导致诉讼行为无效。并且,司法主体组织上的瑕疵与一般诉讼主体能力上的瑕疵不同,不仅其程序形成行为无效,其实体形成行为也应归于无效。

(二)意思表示合格

意思表示合格对诉讼行为的影响有两种情形。一是影响诉讼行为的成立,因为诉讼行为必须是意思活动的结果,无意识的行为不成为诉讼行为。二是影响诉讼行为的效力。这主要是指意思表示的欠缺或瑕疵。通常情况下,意思表示的欠缺或瑕疵只影响诉讼行为的效力而

---

〔7〕 曹鸿兰:《刑事诉讼行为之基础理论(2)——判决以外之诉讼行为的效力》,载《法商学报》1972年第8期。

不影响诉讼行为的成立,且通常只影响程序形成行为而不及于实体形成行为。学说认为,实体形成行为受实体真实主义及职权主义所支配,重在行为内容与客观真实是否一致,而不在于与主体的真实意思是否有出入,即使行为意思有瑕疵或欠缺,只要其与客观真实一致也是有效的,而与客观真实是否一致应由法官自由判断,而不能根据行为与行为人本意是否一致来衡量。而程序形成行为重在保护诉讼参与人的权利,如果无视主体意思的欠缺或瑕疵而认定其有效必然会损害当事人的合法利益。对于法官及其他公职人员的行为,如果忽视其意思表示的欠缺或瑕疵不仅不利于保护诉讼参与人,特别是犯罪嫌疑人、被告人的合法权益,而且不利于实现司法的公平和正义。以上是处理意思表示欠缺或瑕疵与诉讼行为是否成立及是否生效关系的一般原则。

具体而言,意思表示欠缺或瑕疵对诉讼行为的影响又可以分为三种情形:

第一,对行为要素认识的错误。战前日本多数学者认为,对行为要素认识的错误不得成为认定诉讼行为无效的原因,战后主流学说认为,对诉讼行为要素认识的错误,原则上应成为诉讼行为无效的原因,但有一项例外,即因错误而撤回公诉时,如果认定其撤回无效,势必会使被告地位陷于不稳定状态,并侵害法的安全性,因而不宜认定为无效。

第二,基于欺诈、胁迫、心中保留或虚伪表示等原因导致的意思表示错误。主流观点认为应分别处理。对于欺诈,应在因欺诈而使相对方发生错误的范围内认定诉讼行为无效。对于胁迫,应当视为欠缺诉讼能力的一种情形予以处理。对于心中保留及虚伪表示,应在从外表上即可发现其意思欠缺的范围内认定为无效。

第三,违法的意思表示。主流观点认为,违法意思不足以作为法律效果的基础,因而基于违法意思而实施的诉讼行为应认定为无效。如检察官收受被告贿赂而撤回公诉即属无效。

(三)行为形式合格

法律对诉讼行为的实施通常都设置了严格的形式要件,以规范和限制国家权力的行使,保护诉讼参与人特别是犯罪嫌疑人、被告人的合法权利。但如果过分强调诉讼行为的形式,又可能影响诉讼程序对案件事实的发现能力,影响诉讼效率的提高,因而立法和司法者又经常通过对安全与自由、公正与效率等价值进行权衡来决定特定诉讼形式的违反是否应作为影响诉讼行为成立或生效的因素。

形式的错误对诉讼行为的影响表现在以下几个方面:

第一,对少数基本形式的违反会导致诉讼行为不成立,如向警察机关或检察机关提起自诉,属根本性的对象错误,会导致诉讼行为不成立。[8]

第二,对多数形式规则的违反会导致诉讼行为不生效。从主要国家和地区的立法来看,因形式违反法律的规定导致诉讼行为无效的情形主要有:(1)时间的错误,在诉讼中,因超越法定的诉讼期限导致诉讼行为无效的情形非常普遍;(2)地点的错误,诉讼中大量发生的是地域管辖的错误;(3)对象的错误;(4)语言的错误;(5)方式的错误;(6)程序的错误;(7)条件的错误,如起诉是审判的条件,对未被起诉的被告进行审判即属条件的错误;(8)其他错误,如应该公开审判却未公开,起诉书应记载犯罪嫌疑人、被告人姓名却未记载等。需要说明的是,以上形式方面的错误也并非绝对导致诉讼行为无效,如许多学者认为,管辖的错误会导致法院的准备行

---

〔8〕 骆永家:《当事人诉讼行为之评价》,载《法学丛刊》第184期。

为无效,但如果法院进行实体审理,则不得仅仅因管辖的错误而认定审判无效,其目的是兼顾诉讼的效率及对程序安定性的维护。

第三,对有些非根本性错误,法律通常允许行为人补正而不认定其无效。例如,诉讼文书应采用法院所属国许可的文字写成而未采用,起诉书仅仅是时间记载的错误,而不是没有记载犯罪嫌疑人、被告人姓名,等等。

(四)行为内容合法

即行为内容符合法律规定,主要包括以下方面:

第一,行为内容明确、合理。诉讼行为前后关联,诉讼一方的行为往往是另一方行为的前提和基础,一方行为内容的模糊不定或不合情理将使相对方难以把握其要旨以决定自己的行为,因此对内容模糊、不合情理,甚至是相互矛盾的行为应认定为无效,以保护相对方的利益、程序的安定性和可预测性。

第二,不得附条件或附期限。诉讼行为具有很强的关联性,行为之间相互依存,构成一个完整的程序锁链。如果允许诉讼行为附条件或附期限,那么在该条件或期限成就之前,所有后续行为在效力上都将处于不稳定状态,特别是当该条件未成就而导致该行为不能生效时,那么所有后续行为都有可能随之无效,而引起程序的震荡和反复。

第三,符合法律作出的其他规定。一是所有实体形成行为及绝大多数程序形成行为的实施都必须符合法定的条件和理由,否则,将难以产生预期的法律效果,甚至会引起一定的法律责任,如自诉行为理由不充分法院将不予立案。二是所有诉讼文书,特别是官方制作的诉讼文书必须包含法定的内容,否则也难以产生预期的法律效力。

二、刑事诉讼行为的无效

刑事诉讼行为的无效是指某一刑事诉讼行为不符合法律规定的构成要件不能产生预期的法律效果。如非法搜查、起诉不合法、合议庭组成不合法等都会导致刑事诉讼行为无效。依据不同国家的不同分类标准,刑事诉讼行为无效主要有三种:

第一,法定无效和实质无效。法定无效是指法律明文规定如不遵守某项程序将"以无效论处"的无效。实质无效是指法定无效之外的,被认为侵犯了刑事诉讼法的"实质性条款"而将"以无效论处"的无效。法国根据无效原因的不同,将刑事诉讼行为无效分为"法律条文明文规定的无效"和"实质性无效"。

第二,绝对无效和相对无效。绝对的无效又称不可补正的无效,是指违法程度严重,可在诉讼的任何阶段和审级中提出的无效。相对无效又称可补救的无效,是指违法程度较轻,当事人可在法定期限内提出抗辩的无效。意大利《刑事诉讼法典》根据无效行为违法程度的不同把刑事诉讼行为的无效分为绝对的无效和相对的无效。

第三,原始无效和后发性无效。原始无效是指诉讼行为自实施时即无效。原始无效可分为两种:一是不需要进行审判的当然无效,如检察官以口头起诉;二是需要进行审判的非当然无效。后发性无效是指诉讼行为成立时有效,后来无效。后发性无效也可分为不需要进行审判的当然无效和需要进行审判的非当然无效两种情况。〔9〕 日本和我国台湾地区诉讼理论根据

〔9〕［日］田口守一:《刑事诉讼法》,刘迪等译,法律出版社2000年版,第131~132页。

无效原因出现时间的不同,把无效分为原始无效和后发性无效。

不同国家和地区对诉讼行为无效进行的分类不一样,但这些分类方法都是有其各自的理论基础及实践意义的。相比较而言,法国的法定无效与实质无效相结合的立法模式更为科学合理。一方面,由法律明确规定部分诉讼行为生效要件的欠缺将导致无效的法律后果,便于操作;另一方面,又规定其他虽不属法定无效的范围,但只要违反了法律的实质性条款,也可认定为无效,从而为法官根据司法实践的复杂情况来灵活认定诉讼行为的效力,最大限度地实现诉讼程序的多元价值目标具有重要的意义。法国这种将无效分为法定无效与实质无效的立法模式,反映了诉讼行为无效标准由传统的法定无效制度向实质无效制度的发展,反映了诉讼行为理论及立法的深化和完善。

三、刑事诉讼行为无效的法律后果及其救济

诉讼行为一旦被认定为无效,将无法产生预期的法律效果,也即不能产生该诉讼行为的构成要件本来的法律效力。

诉讼行为无效范围的界定,应具体情况具体分析。原则上,只能在无效原因所涉及的范围内认定诉讼行为无效;无效原因及于其他行为的,应认定瑕疵行为及受其影响的所有诉讼行为无效;无效原因只及于诉讼行为的一部分的,就只应认定受无效原因影响的诉讼行为的部分无效,而不得扩及其他诉讼行为。通常,诉讼行为一旦被认定为无效,诉讼程序将恢复原状,即返回到该行为没有实施的状态。与此同时,许多国家和地区立法还规定,行为被认定无效后,行为人通常可重新实施该行为。但为了防止对重新实施诉讼行为毫无限制引起诉讼拖延,损害其他诉讼参与人的合法权利,许多国家和地区的立法又规定,对诉讼行为的补充实施必须在法律原规定的诉讼时限内进行,也即超过法定的时间限制,除非存在法律规定的除外事由,有关机关和当事人就丧失了重新实施该行为的机会。此外,为了防止无效诉讼行为及相关案卷材料对后续诉讼程序产生不良影响,许多国家和地区还确立了相应的保障制度和制裁机制。

诉讼行为一旦被认定为无效,有关机关或诉讼参与人就必须重新实施该行为。但为了防止程序的反复过于频繁以致影响程序的安定和诉讼效率的提高,大陆法系各国一方面限制可被宣布无效的行为的范围,另一方面又规定,即使是那些可被宣告无效的行为,也可基于一定的事实而取得法律效力,即治愈行为的无效。从世界主要国家和地区的立法及理论来看,诉讼行为无效的救济有以下几种方式:

其一,补正和追认。即通过后续行为弥补先行行为的缺陷,从而使先行行为取得预期的法律效力。其中,补正是指先行行为在构成要件上存在瑕疵时,后续行为通过弥补先行行为在构成要件上的瑕疵,从而使先行行为取得预期的法律效力,如提起公诉应采取书面形式而未采取时,通过补交书面起诉书来弥补先行起诉行为在形式上的瑕疵。所谓追认,是指后续行为以先行行为为条件,未实行先行行为导致后续行为无效时,可通过补正先行行为而使后续行为产生预期的法律效力。如无权代理人的代理行为和非辩护人的辩护行为都可因当事人的追认而取得法律效力。

其二,放弃异议。即无效诉讼行为的利害关系人放弃提出异议而使有瑕疵的行为产生法律效力。放弃异议权在理论和立法上又被许多国家认为属广义的补正。从主要国家和地区的立法和学说来看,放弃异议权又可分为以下几种不同情形:一是明确放弃对该行为的无效提出异议;二是关系人明确表示接受可撤销的行为的法律效力;三是有关权利确已实现,即当一定的法律

规则是为实现某一特定的诉讼权利而设置时,如果该行为规则的瑕疵并未影响当事人对其法定权利的行使,那么该无效行为也可获得补正;四是法定期限内未提出异议即视为放弃异议。

其三,诉讼状态的变更。即特定法律事实的发生使原本无效的行为取得法律效力。如按西方许多国家证据法的规定,庭前取得的证言笔录是不具有证据效力的,但是如果该证人在审判过程中死亡、患疾病或发生了其他某种情况导致证人无法出庭时,则该证言笔录即获得了证据能力。

四、我国刑事诉讼中的诉讼行为无效制度

从总体而言,我国刑事诉讼法并没有将诉讼行为无效制度作为一项基本制度加以规定,但1996年后立法和司法解释中有些规定体现了诉讼行为无效制度的基本要求。

我国《刑事诉讼法》第238条规定,第二审人民法院发现第一审人民法院的审理有下列违反法律规定的诉讼程序的情形之一的,应当裁定撤销原判,发回原审人民法院重新审判:(1)违反本法有关公开审判的规定的;(2)违反回避制度的;(3)剥夺或者限制了当事人的法定诉讼权利,可能影响公正审判的;(4)审判组织的组成不合法的;(5)其他违反法律规定的诉讼程序,可能影响公正审判的。《民事诉讼法》第170条也规定:"……(二)原判决、裁定认定事实错误或者适用法律错误的,以判决、裁定方式依法改判、撤销或者变更;(三)原判决认定基本事实不清的,裁定撤销原判决,发回原审人民法院重审,或者查清事实后改判;(四)原判决遗漏当事人或者违法缺席判决等严重违反法定程序的,裁定撤销原判决,发回原审人民法院重审。"《行政诉讼法》第89条也作了类似规定。

与其他国家和地区的规定相比,我国的诉讼行为无效制度在可被宣告无效的诉讼行为范围、宣告诉讼行为无效的程序和主体等方面规定都不甚明确,已有的规定在实践中难以得到贯彻执行。从严格限制公安司法机关的诉讼行为,充分保障当事人及其他诉讼参与人的诉讼权利,规范诉讼活动的高效、有序进行的角度出发,我国应当逐步完善诉讼行为无效制度。包括:扩大可被宣告无效的诉讼行为的范围,规范宣告诉讼行为无效的具体程序、明确认定诉讼行为无效的证明责任和证明标准等方面。

第三节　刑事诉讼行为的程式

刑事诉讼行为的程式是指刑事诉讼行为作为一种具有法律意义和效果的行为,它必须以法律明确规定的特定方式表现出来。强调刑事诉讼行为的程式,其意义在于,通过刑事诉讼行为的程式使刑事诉讼行为明确化,排除司法机关的恣意妄为,有助于保障当事人及其他诉讼参与人的权利,同时也有利于诉讼活动的稳定性。刑事诉讼行为的程式是通过诉讼中特定的语言文字、文书、期限等要素具体表现的,分述如下。

一、诉讼行为之语言文字

为体现国家主权,各国均要求在本国进行的刑事诉讼使用本国通用的语言文字进行。对

于外国人、少数民族、盲聋哑人等特殊情况下语言文字的使用立法也作出明确规定。依据有关规定,在我国,国家机关进行刑事诉讼活动如审判、讯问、询问、笔录制作等原则上使用汉语进行,依据《刑事诉讼法》第9条规定,在少数民族聚居或者多民族杂居的地区,应当用当地通用的语言进行审讯,用当地通用的文字发布判决书、布告和其他文件。因为,各民族公民都有用本民族语言文字进行诉讼的权利。人民法院、人民检察院和公安机关对于不通晓当地通用的语言文字的诉讼参与人,应当为他们翻译。对于聋哑人,这一规定同样适用。

二、诉讼行为之时间

刑事诉讼行为的开始,原则上不受时间的限制,但其继续进行,有时却受时间的限制。对于刑事诉讼行为进行的时间,刑事诉讼法规定了期间和期日,以促使法院和其他诉讼主体在一定时间内,实施相关刑事诉讼行为。

(一)期间和期日的概念

期间,在一般意义上说,指从某一特定时间起至另一特定时间止的时间期限。我国刑事诉讼中的期间是指法律规定的人民法院、人民检察院和公安机关,以及当事人和其他诉讼参与人进行某种诉讼活动所必须遵守的时间期限。法律规定的期间有两类:一类是公安司法机关应当遵守的期间;另一类是当事人以及其他诉讼参与人应当遵守的期间。与期间密切相关的概念是期日。期日是指公安司法机关指定的和诉讼参与人共同进行刑事诉讼活动的特定时间。

期日和期间的区别是:(1)期日是一个特定的单位时间,如某日、某时;而期间则是一定期限内的时间,即一个期日起至另一个期日止的一段时间;期日往往是在法定期间内所确定的进行某一诉讼行为的具体日期,例如,人民法院在法律规定的一审期间内指定某一日对案件开庭审理。(2)期日是公安司法机关和诉讼参与人在一定场所会合,共同进行或实施某项诉讼行为之时间点;期间则是公安司法机关和诉讼参与人分别进行某种诉讼行为的时间。(3)期日一般是由公安司法机关根据案件具体情况在期间内指定,遇有特定理由时,可以变更或者延期,例如,法庭审理中遇有特定情况的,可以延期审理;期间由法律明确规定,除非有法定理由和经过法定程序,不得超过或变更。(4)期间以规定的起、止时间为始期和终期;而期日只规定开始的时间,不规定终止的时间,以诉讼行为的实际完毕为结束,例如,传唤犯罪嫌疑人到指定地点接受讯问,只指定开始讯问的时间,讯问何时结束则无法事先确定,当然,一般不得超过法律规定的12小时的期间规定,案情特别重大、复杂,需要采取拘留、逮捕措施的,传唤持续的时间不得超过24小时。

刑事诉讼法对期间的规定,并非仅是单纯的技术规范和时间制度,而是诉讼活动严肃性和强制性的具体体现,是衡量一个国家刑事诉讼制度是否科学、严密的重要标志之一,具有重要的意义:

第一,有利于增加公安司法机关及其工作人员的责任感和负责精神,督促其提高工作效率,加快办案进度,防止诉讼拖延,保证诉讼活动顺利进行。这样的规定既可以及时揭露、证实和惩罚犯罪,又可以克服和纠正以拘代侦,以捕代罚,久押不决,超期羁押的违法现象和保护公民的合法权益,还可以使诉讼参与人免遭讼累。

第二,有利于当事人和其他诉讼参与人进行诉讼活动,及时行使诉讼权利,履行诉讼义务,以配合公安司法机关准确、及时地查明案件事实,正确处理案件。

第三,有利于维护诉讼活动的严肃性,保证执法的统一。诉讼期间的规定绝不是可遵守可不遵守的,而是公安司法机关和诉讼参与人都应当严格遵守的规范,违反了法定期间的诉讼行为也是一种违法行为,将直接产生相应的法律后果。例如,人民法院、人民检察院、公安机关对犯罪嫌疑人、被告人采取强制措施超过法定期限的,犯罪嫌疑人、被告人及其法定代理人、近亲属或者犯罪嫌疑人、被告人委托的律师及其他辩护人有权要求解除或变更强制措施;人民法院、人民检察院、公安机关对于被采取强制措施超过法定期限的犯罪嫌疑人、被告人应当予以释放、解除取保候审、监视居住或者变更强制措施。又如除被害人以外的当事人及其法定代理人在法定期间内不提出上诉,若无正当理由即失去上诉权。

第四,诉讼期间的明确、具体规定,有利于保证公安司法机关执法的统一,防止各行其是,变相规避法律行为的发生,保障法律统一正确的实施。

(二)期间的计算

1. 计算单位

《刑事诉讼法》第105条规定:“期间以时、日、月计算。”据此,我国刑事诉讼的期间以时、日、月为计算单位。年、分钟、秒等其他时间计算单位不是刑事诉讼中期间的计算单位。以时计算的,如公安机关、人民检察院对于被拘留的人应当在拘留后的24小时以内进行讯问;以日计算的,如第二审人民法院应当在开庭10日以内通知人民检察院查阅卷宗;以月计算的,如对犯罪嫌疑人逮捕后的侦查羁押期限一般情况下不得超过2个月。

2. 计算方法

对于期间的计算,期间开始的时和日不计算在期间以内,也即是说,对于期间的计算从期间开始的下一时或日起计算。例如,拘传犯罪嫌疑人持续的时间最长不超过12小时,12小时应当从拘传讯问开始时的下一个小时进行计算。不服判决的上诉和抗诉的期限为10天,这10天的期间应当从接到判决书的第2日起计算。对于以月为计算单位的期间,从何时开始法律没有明确规定,但从立法原意来看,期间开始的月应当计算在内,因为《刑事诉讼法》第105条只规定期间开始的时和日不计算在期间以内,并没有包括月。而且,如果将期间开始的月不计算在法定期间以内会导致有的期间事实上大大延长,不利于对当事人权益的保障和维护。比如,刑事诉讼法规定:对犯罪嫌疑人逮捕后的侦查羁押期限不得超过2个月。如果某一犯罪嫌疑人在月初被逮捕,而被逮捕时的这1个月又不计算在法定的2个月之内,犯罪嫌疑人事实上就会被羁押将近3个月的时间。为了保证诉讼活动的及时进行,节假日应当计算在期间以内。但是,期间届满之日如果是法定节假日的,应当顺延至法定节假日之后的第一个工作日。但是,对于犯罪嫌疑人、被告人或者罪犯在押期间,应当至届满之日为止,不得因节假日而延长在押期限至节假日后的第一天。上诉状或者其他诉讼文件在期满前已经交邮的,应当以交邮的时间即当地邮局盖印邮戳的时间为标准,而不能以邮件到达的时间为标准。如果交邮的时间是在法定期限以内,邮件到达司法机关的时间已过了法定期限,不算过期。对于法定期间的计算,不包括路途上的时间。例如,当事人的住处或者工作地如果距离公安司法机关比较远,则他们为参加诉讼在路途上所花费的时间,应当从法定期间内扣除;公安机关在异地执行拘留后带回本地,则返回途中所需的时间就不能计算在拘留后应当在24小时以内讯问的时间内。

3. 特殊情况下期间的计算

我国刑事诉讼法规定了以下几种因诉讼中出现特殊情况时办案期间的计算方法:(1)在侦

查期间,发现犯罪嫌疑人另有重要罪行的,自发现之日起依照《刑事诉讼法》第 160 条的规定重新计算侦查羁押期限;(2)犯罪嫌疑人不讲真实姓名、住址,身份不明的,侦查羁押期限自查清其身份之日起计算,但是不得停止对其犯罪行为的侦查取证;(3)对于补充侦查的案件,补充侦查完毕移送人民检察院后,人民检察院重新计算审查起诉期间;(4)人民检察院审查起诉的案件,改变管辖的,从改变后的人民检察院收到案件之日起计算审查起诉期限;(5)人民法院改变管辖的案件,从改变后的人民法院收到案件之日起计算审理期限;(6)人民法院审判案件过程中,人民检察院补充侦查的案件,补充侦查完毕移送人民法院后,人民法院重新计算审理期限;(7)对犯罪嫌疑人、被告人作精神病鉴定的期间不计入办案期限;(8)犯罪嫌疑人、被告人被羁押的案件,不能在刑事诉讼法规定的侦查羁押、审查起诉、一审、二审期限内办结,需要继续查证、审理的,对犯罪嫌疑人、被告人可以取保候审、监视居住,但取保候审、监视居住期间,不得中断对案件的侦查、起诉和审理,取保候审、监视居住期限届满的,应当及时解除取保候审、监视居住;(9)人民检察院审查起诉和人民法院审理的公诉案件,犯罪嫌疑人、被告人没有被羁押的,不受刑事诉讼法规定的审查起诉期限、审判期限的限制,但是不能中断对案件的审理;(10)对犯罪嫌疑人、被告人、被害人及案件事实作司法鉴定的时间超过 3 个月以上的,鉴定时间不计入办案期限。

(三)期间的恢复

期间的恢复,是指刑事诉讼过程中,当事人因某种特殊的原因未能在法定期间内进行特定的诉讼活动,经人民法院审查批准,可以继续进行这种诉讼活动。《刑事诉讼法》第 106 条规定:“当事人由于不能抗拒的原因或者有其他正当理由而耽误期限的,在障碍消除后五日以内,可以申请继续进行应当在期满以前完成的诉讼活动。前款申请是否准许,由人民法院裁定。”

根据这一规定,期间恢复的条件是:

其一,只有当事人才有权提出恢复诉讼期间的申请,而且必须以在法定期间内未能进行特定诉讼行为为前提,其他诉讼参与人无权提出这种申请。

其二,当事人未能进行诉讼行为而耽误期间的原因,必须是由于不能抗拒的原因或者其他正当理由,例如,遭受水灾、火灾、地震、意外事故、患有严重疾病,没有接到诉讼文书的送达,等等。

其三,当事人的申请应当在妨碍其遵守法定期间的原因消除后 5 日以内,向审判本案的人民法院提出。

其四,必须经人民法院裁定准许。人民法院在接到当事人的申请后,经过审查,认为当事人申请中所述情况确实属于不能抗拒的原因或者其他正当理由的,应当裁定准许其继续进行在原期间内未完成的诉讼活动。如果认为当事人不是因为不能抗拒的原因或者其他正当理由而耽误期限的,则裁定驳回。

三、诉讼行为之文书

(一)诉讼文书的概念和意义

诉讼文书是指在诉讼中由公安司法机关和诉讼参与人所制作的具有法律意义的书面文件或者材料的总称。

诉讼文书与诉讼文件是相互联系而又不尽相同的两个概念。诉讼文件一般是指公安司法机关依其职权范围,按照法定程序制作的,具有相应的法律效力和一定强制性的书面文件,是诉讼文书最重要的一部分,是公安司法机关在刑事诉讼中全部办案活动的文字反映。诉讼文件的格式和内容一般由法律、法规或者公安司法机关的内部规定加以明确。而诉讼参与人所制作、应用的各种文书如刑事自诉诉状、上诉状、申诉状、辩护词、代理词等,也是诉讼文书但不能称为诉讼文件,其原因是它并不是行使刑事司法职权活动的反映,不具有强制性和必然的法律效力,在内容与格式上也不像诉讼文件那样严格,只要能表达制作者的意思和要求即可。

诉讼文书作为诉讼行为的载体,具有重要法律意义,它不仅可以反映案件情况,还可以反映诉讼过程和结果。有的反映专门机关对案件事实和诉讼行为的法律评价,有的反映诉讼参与人的意见和要求。因此,无论是对公安司法机关还是诉讼参与人,依法认真制作诉讼文书,对保证诉讼的顺利进行,提高诉讼质量,都是十分重要的。

诉讼文书制作的一般要求是形式完整,格式正确,内容真实,法律根据充分,文字简洁明了,制作程序合法。

(二)诉讼文书的种类

刑事诉讼过程中的诉讼文书,依据不同标准可分为三类:

一是依据诉讼文书制作者身份不同,诉讼文书可分为公务员制作的文书和非公务员制作的文书。公务员制作的文书是公务员以国家机关的名义制作的文书,具有公信力,有些具有执行力,可作为刑事执行之依据。非公务员制作的文书是指自诉人、被告人、被害人、辩护人、代理人或鉴定人所制作之文书,因其非公务员所制作,所以其效力通常不及于公务员所制作的诉讼文书。

二是依据法律有无规定程式,诉讼文书分为法定程式文书与意定程式文书。文书有由法律规定其程式者,亦有未经法律规定其程式者。前者称为法定程式文书,如裁判书;后者称为意定程式文书,如自白书。

三是依据同一内容的诉讼文书之间的相互关系,诉讼文书分为原本、正本、缮本与节本。原来或最初做成的诉讼文书,称为原本。为代替原本而被赋予与原本同样法律效力的诉讼文书,称为正本。为证明原本的存在及其内容的真实性,而照录原本全部内容的诉讼文书,称为缮本。仅节录原本一部分内容的诉讼文书,称为节本。

(三)诉讼文书的送达

刑事诉讼文书的送达,是指公安机关、人民检察院、人民法院按照法定程序以一定的方式将诉讼文书送达诉讼参与人和有关单位的行为。

诉讼文书的送达,同样是一项严肃的诉讼活动,是诉讼程序的重要组成部分。只有按照刑事诉讼法规定的期间和送达方式,将有关的诉讼文件送达收件人,才能使该文件发生法律效力,并使收件人及时了解其中的内容,保证刑事诉讼活动的顺利进行。诉讼文件的送达直接与一定的法律后果相联系。例如,传唤当事人的传票至迟应当在人民法院开庭3日以前送达,如果当事人在法定期间内收到传票,其必须出席法庭;反之当事人可以拒绝出庭。根据《刑事诉讼法》第107条和有关规定,诉讼文书送达的方式有以下几种:

第一,直接送达。其是指公安司法机关派员将诉讼文书直接交给收件人。直接送达的特点是承办案件的公安司法机关将诉讼文件直接送达收件人,而不通过中介人或中间环节。根据法律规定,直接送达的程序是,送达人员将诉讼文件交给收件人本人,收件人本人在送达回证上记明收到日期,并且签名或者盖章。如果收件人本人不在,由他的成年家属或所在单位的负责人代收,代收人也应当在送达回证上记明收到日期,并且签名或者盖章。收件人本人或者代收人在送达回证上签收的日期为送达的日期。

第二,留置送达。其是指收件人本人或者代收人拒绝接收诉讼文件或者拒绝签名、盖章时,送达人员将诉讼文件放置在收件人或代收人的住处的一种送达方式。留置送达必须具备一定条件,即收件人或代收人拒绝接受诉讼文件或者拒绝签名、盖章时才能采用。找不到收件人,同时也找不到代收人时,不能采用留置送达。留置送达的程序是在收件人本人或者代收人拒绝接收或者拒绝签名、盖章的情况下,送达人员邀请他的邻居或者其他见证人到场,说明情况,把文件留在他的住处,并在送达证上记明拒绝的事由、送达日期,由送达人签名,即认为已经送达。诉讼文件的留置送达与交给收件人或代收人具有同样的法律效力。

第三,委托送达。其是指承办案件的司法机关委托收件人所在地的司法机关代为送达的一种方式。委托送达一般是在收件人不住在承办案件的司法机关所在地,而且直接送达有困难的情况下所采用的送达方式。其程序是,委托送达的司法机关应当将委托函、送达的诉讼文件及送达回证送达收件人所在地的司法机关。受委托的司法机关收到委托送达的诉讼文件,应当登记,并由专人及时送交收件人,然后将送达回证及时退回委托送达的司法机关。受委托的司法机关无法送达时,应当将不能送达的原因及时告知委托的司法机关,并将诉讼文件及送达回证退回。

第四,邮寄送达。其是司法机关将诉讼文件挂号邮寄给收件人的一种送达方式。邮寄送达一般是在直接送达有困难的情况下采用的送达方式。其程序是,司法机关将诉讼文件、送达回证挂号邮寄给收件人,收件人签收挂号邮寄的诉讼文件后即认为已经送达。挂号回执上注明的日期为送达的日期。

第五,转交送达。其是指针对特殊的收件人由有关部门转交诉讼文件的送达方式。特殊的收件人是指军人、正在服刑的罪犯和正在被劳动教养的人。根据有关司法解释,转交送达的程序是,诉讼文件的收件人是军人的,应当通过所在部队团级以上单位的政治部门转交。收件人正在服刑的,应当通过所在监所或者其他执行机关转交。收件人正在被劳动教养的,应当通过劳动教养单位转交。代为转交的部门、单位收到诉讼文件后,应当立即交收件人签收,并将送达回证及时返回送达的司法机关。采取转交送达的方式主要是考虑到收件人的特殊情况。收件人是军人的,通过转交送达有利于维护部队的机密,同时还有利于部队政治机关及时了解情况,做好收件人的思想工作,保持部队的稳定。对服刑和正在被劳动教养的人通过转交送达,有利于有关单位了解情况,及时掌握收件人的思想、情绪动向,防止发生意外情况。

思考题

1. 什么是刑事诉讼行为? 刑事诉讼行为有哪些种类?
2. 什么是刑事诉讼行为的无效? 应当如何救济?
3. 试述我国刑事诉讼中的诉讼行为无效制度。

第七章 管　辖

导　读

刑事诉讼中的管辖是国家专门机关在受理刑事案件方面的权限划分和职责分工。刑事诉讼法对管辖的确定，一般是根据刑事案件的性质、复杂程度、社会影响大小等因素以及公安机关、人民检察院、人民法院等国家专门机关在刑事诉讼中的职能和职责来确定的。我国刑事诉讼中的管辖分为立案管辖和审判管辖两大类，科学、合理地确定刑事案件的管辖，有助于保障诉讼活动的顺利进行，准确、及时地处理案件。

第一节　管辖概述

一、管辖的概念与意义

我国刑事诉讼中的管辖，是指公安机关、人民检察院和人民法院等国家专门机关立案受理刑事案件的权限划分以及人民法院系统内部对第一审刑事案件审判权划分的一种诉讼制度。从本质上来看，刑事诉讼中的管辖是国家专门机关在受理刑事案件方面的权限划分和职责分工。公安机关、人民检察院和人民法院等国家专门机关受理刑事案件的范围，称为管辖范围，立案受理刑事案件的职权，称为管辖权。

管辖是刑事诉讼中一项重要的诉讼制度，科学、合理地划分刑事案件的管辖权限，有如下意义：

首先，明确规定公安机关、监察机关、人民检察院和人民法院等国家专门机关各自受理刑事案件的权限和职责范围，有利于它们依法行使自己的职权，防止在受理案件上互相争执或推诿扯皮，防止因管辖不明而使案件迟迟得不到处理，也有利于增强它们的责任感，充分发挥它们的积极性，从而做到各司其职、各尽其责，保证各类案件都能得到及时、公正的处理。

其次，明确规定公安机关、监察机关、人民检察院和人民法院等国家专门机关各自的案件管辖范围，便于各个机关、团体、企事业单位和公民个人按照管辖范围向公、检、法对应机关报案、控告、举报犯罪，避免或减少不必要的案件移送环节，有利于保障各个单位和公民个人行使报案、控告和检举的权利，有利于充分发挥人民群众同犯罪作斗争的积极性。

最后，科学、合理地确定刑事案件的管辖，有助于保障诉讼活动的顺利进行，准确、及时地处理案件。管辖是刑事诉讼活动顺利进行首先要解决的问题,因为在发现有犯罪事实或者犯罪嫌疑人,需要追究刑事责任时,最初面临的程序问题就是应由公安机关、人民检察院和人民法院等国家专门机关中的哪一个机关、哪一级别的机关立案受理,管辖明确了公、检、法等国家专门机关受理刑事案件的权限和职责范围,有利于它们及时展开调查取证,及时采取相关措施缉获犯罪嫌疑人,也便于相关单位和公民个人参与诉讼,行使诉讼权利和履行诉讼义务,从而使刑事诉讼活动顺利进行。

二、管辖的分类

依照刑事诉讼法的规定,我国刑事诉讼中的管辖分为立案管辖和审判管辖两大类。立案管辖又称职能管辖,是指公安机关、监察机关、人民检察院和人民法院等国家专门机关在直接受理刑事案件上的权限划分;审判管辖是指人民法院系统内部普通人民法院之间、普通人民法院与专门人民法院以及专门人民法院之间在审判第一审刑事案件上的权限划分。在审判管辖之下,按照普通人民法院和专门人民法院的设置不同,又分为普通人民法院的审判管辖和专门人民法院的审判管辖;按照管辖的级别和地域不同,可分为级别管辖和地域管辖。

立案管辖和审判管辖的关系包括以下几点:(1)立案管辖解决的是公、监、检、法等国家专门机关之间在直接受理刑事案件权限上的职能分工,而审判管辖解决的是人民法院系统内部对刑事案件审判权限的划分。(2)对于自诉案件,人民法院的立案管辖和审判管辖是重合的,都是审判权的具体落实。(3)对于公诉案件,这两种管辖的关系,实质上是侦查权和审判权相互关系的反映。一方面,公安机关、人民检察院监察机关的立案管辖和人民法院的审判管辖,并不是同时发生的,而是先后发生在不同的诉讼阶段,即侦查和审判两个阶段。另一方面,立案管辖并不必然导致或引起审判管辖。例如,有的案件侦查终结后按照刑事诉讼法的规定被撤销,有的案件在审查起诉阶段作出了不起诉决定等,这些案件并不进入审判程序,不会发生审判管辖的问题。(4)人民法院审判管辖中确定级别管辖和地域管辖的依据也是确定不同级别和不同地域的公安机关和人民检察院立案管辖的主要参考依据。

三、确定管辖的原则

刑事诉讼法对管辖的确定,一般是根据刑事案件的性质、复杂程度、社会影响大小等因素以及公安机关、人民检察院、人民法院等国家专门机关在刑事诉讼中的职能和职责来确定的。具体而言,确定管辖的基本原则包括:

(一)有利于刑事诉讼任务的顺利完成

2018年《刑事诉讼法》第2条明确规定了我国刑事诉讼法的任务是保证准确、及时地查明犯罪事实,正确应用法律,惩罚犯罪分子,保障无罪的人不受刑事追究,教育公民自觉遵守法律,积极同犯罪行为作斗争,维护社会主义法制,尊重和保障人权,保护公民的人身权利、财产权利、民主权利和其他权利,保障社会主义建设事业的顺利进行。因此,刑事诉讼中管辖的确定,无论是立案管辖还是审判管辖,抑或是审判管辖中的普通管辖和专门管辖,都必须以完成刑事诉讼法的任务为指导,以保障刑事诉讼任务的顺利完成为出发点,使刑事诉讼活动能够高效、公正地进行。

(二)便于充分发挥公、监、检、法等国家专门机关的诉讼职能

公安机关、监察机关、人民检察院和人民法院等国家专门机关在刑事诉讼中承担着不同的

诉讼职能,其组织体系、人员素养、物质配备和技术装备等存在显著不同,不同级别的国家专门机关之间所承担的职责也不相同。因此,刑事诉讼中管辖的确定,应当将刑事案件的数量、复杂程度等因素与各个国家专门机关担负的工作量和业务能力结合起来全面考虑,做到分工明确、设置合理,使公、监、检、法等国家专门机关的诉讼职能能够得到充分发挥,从而准确、及时地查明案件真实情况,正确适用法律,保证案件质量,提高办案效率,进而实现刑事诉讼法所规定的惩罚犯罪、保护人民的根本任务。

(三)便于当事人、其他诉讼参与人及社会公众参与刑事诉讼

刑事诉讼管辖的确定应当便于各个机关、团体、企事业单位和公民个人按照管辖范围向公、检、法等国家专门机关报案、控告、举报犯罪,便于人民群众充分发挥同犯罪作斗争的积极性;应当有利于当事人和其他诉讼参与人参加诉讼,行使诉讼权利和履行诉讼义务,维护自己的合法权益;应当便于人民群众旁听审判,监督公安机关、人民检察院和人民法院等国家专门机关的诉讼活动。

(四)确定性与灵活性相结合

作为一种法律制度,在立法上无疑应当采用明确、具体规定的形式确定管辖,以保障刑事诉讼活动的顺利进行。但是,刑事案件往往错综复杂,随着社会的进步与发展,实践中往往也会遇到一些较为特殊的情况,如果过于强调确定性,有时候并不利于刑事诉讼活动的顺利进行。因此,对于管辖权的规定,立法在总体上采取确定性规定的前提下,还采取了一定的灵活性规定,赋予公安机关、人民检察院和人民法院一定的裁量权,以适应不断发展变化的刑事诉讼实践的需要,更为有效地实现刑事诉讼法的目的和任务。

第二节 立案管辖

一、立案管辖的概念和划分依据

立案管辖,又称职能管辖或部门管辖,是指公安机关、监察机关、人民检察院和人民法院等国家专门机关之间在直接受理刑事案件范围上的权限划分。具体而言,立案管辖所解决的是哪些案件应当由公安机关立案侦查,哪些案件应当由监察机关立案调查,哪些案件应由人民检察院立案侦查,哪些案件不需要经过侦查而由人民法院直接审判的问题。

划分立案管辖的依据主要是下列因素:(1)案件的性质和复杂程度。刑事案件复杂多样,性质各异,有的案件不需要侦查就能作出处理,有些则需要通过侦查才能作出处理,但对不同案件侦查的难易程度不尽相同。一般而言,案件性质比较严重、案情复杂,侦破难度较大的犯罪案件,由社会治安基础工作扎实、技术装备和人员配备较好的公安机关立案侦查;国家工作人员涉及的职务犯罪案件的犯罪主体通常比较明确,由监察机关立案侦查;不需要侦查的轻微刑事案件,被害人往往掌握有相应证据,由人民法院直接立案审理即可。(2)与公、监、检、法等国家专门机关的性质和诉讼职能相适应。我国的公、监、检、法等国家机关作为刑事诉讼的专门机关,在刑事诉讼中承担着不同的诉讼职能。公安机关是国家的治安保卫机关和刑事诉讼

中的侦查机关,各级监察委员会是行使国家监察职能的专责机关,人民检察院是宪法确定的法律监督机关,人民法院是审判机关。因此,立案管辖中对直接受理的案件范围的划分应当与它们的法律性质和诉讼职能相适应,以保障刑事诉讼活动的顺利进行和实现刑事诉讼法的任务。

此前,2012 年《刑事诉讼法》第 4 条、第 18 条和第 290 条对公安机关、人民检察院和人民法院等国家专门机关的立案管辖范围作了概括性的规定。为了便于在实际工作中应用和执行这些法律规定,最高人民法院《刑诉法解释》、最高人民检察院《刑诉规则》、六机关《规定》等司法解释对立案管辖作出了更为具体的规定。2018 年《监察法》的出台使得国家公职人员职务犯罪的管辖权由人民检察院转隶至监察机关。而 2018 年《刑事诉讼法》也对检察机关的管辖作出了相应调整。

二、公安机关立案侦查的案件范围

2018 年《刑事诉讼法》第 19 条第 1 款规定:“刑事案件的侦查由公安机关进行,法律另有规定的除外。”这一规定表明,刑事案件的侦查由公安机关负责进行是立案管辖的一项原则,其他国家机关负责部分刑事案件的侦查是例外,也就是说,除了法律另有规定的以外,刑事案件应当一律由公安机关负责立案侦查。

从整体看,上述“法律另有规定的案件”仅占刑事案件总数的少部分,公安机关承担了绝大多数刑事案件的立案侦查,这是与公安机关的性质和在刑事诉讼中的职能相适应的。在我国,公安机关是国家最主要的治安保卫机关,承担着维护社会秩序、保卫社会治安的任务和职责,拥有严密的组织系统、良好的侦查设备、技术装备和人员配备,这些为公安机关承担绝大多数刑事案件的立案侦查任务提供了坚实的基础和保障。此外,从国际范围来看,由警察机关具体负责侦查或调查绝大部分刑事案件是一种普遍做法,我国刑事诉讼法对立案管辖的规定与国际上的普遍做法是一致的。

三、监察机关立案侦查的案件范围

2012 年《刑事诉讼法》第 18 条第 2 款规定:“贪污贿赂犯罪,国家工作人员的渎职犯罪,国家机关工作人员利用职权实施的非法拘禁、刑讯逼供、报复陷害、非法搜查的侵犯公民人身权利的犯罪以及侵犯公民民主权利的犯罪,由人民检察院立案侦查。对于国家机关工作人员利用职权实施的其他重大的犯罪案件,需要由人民检察院直接受理的时候,经省级以上人民检察院决定,可以由人民检察院立案侦查。”但随着 2018 年《监察法》的出台,人民检察院的上述侦查职能转归监察机关。《监察法》第 11 条规定监察机关有权对涉嫌贪污贿赂、滥用职权、玩忽职守、权力寻租、利益输送、徇私舞弊以及浪费国家资财等职务犯罪进行监督、调查和处置。

四、人民检察院立案侦查的案件范围

为了与《监察法》的内容相衔接,2018 年《刑事诉讼法》修改的过程中,删去由人民检察院管辖的“贪污贿赂犯罪、国家工作人员的渎职犯罪”,将其转为监察机关管辖。但与此同时,2018 年《刑事诉讼法》也保留了检察机关的部分侦查权,即人民检察院在对诉讼活动实行法律监督中发现的司法工作人员利用职权实施的非法拘禁、刑讯逼供、非法搜查等侵犯公民权利、损害司法公正的犯罪,可以由人民检察院立案侦查。对于公安机关管辖的国家机关工作人员利用职权实施的重大犯罪案件,需要由人民检察院直接受理的时候,经省级以上人民检察院决定,可以由人民检察院立案侦查。值得注意的是,对于上述犯罪的管辖权问题,2018 年《刑事诉讼法》在修改的过程中,规定了是“可以”由检察机关侦查,而非“应当”由检察机关侦查,这也就意味着,对这 14 项罪名的管辖,并非一定由检察机关进行,而是应当同监察机关进行协商后确定。

五、人民法院直接受理的案件范围

人民法院直接受理的刑事案件是自诉案件。自诉案件与公诉案件相对应,是指被害人及其法定代理人、近亲属,为追究被告人的刑事责任而直接向人民法院提起诉讼的案件。自诉案件的特点是,被害人及其法定代理人或近亲属直接向人民法院起诉,经人民法院审查立案后即进入审理阶段,不需要经过公安机关或人民检察院立案侦查,也不需要人民检察院提起公诉。2018 年《刑事诉讼法》第 19 条第 3 款规定:“自诉案件,由人民法院直接受理。”第 114 条规定:“对于自诉案件,被害人有权向人民法院直接起诉。被害人死亡或者丧失行为能力的,被害人的法定代理人、近亲属有权向人民法院起诉。人民法院应当依法受理。”

根据 2018 年《刑事诉讼法》第 210 条等相关规定,自诉案件的范围包括:

(一)告诉才处理的案件

告诉才处理的案件,又称亲告乃论案,是指被害人直接向人民法院提出控告或起诉,人民法院才予以受理的案件。如果被害人没有告诉或者告诉后又撤回的,人民法院不予追究。如果被害人死亡或者丧失行为能力,或者因受到强制、威吓而无法告诉的,人民检察院或者被害人的法定代理人、近亲属也可以告诉。

从《刑法》的规定来看,告诉才处理的案件范围包括:《刑法》第 246 条第 1 款规定的侮辱、诽谤案(但是严重危害社会秩序和国家利益的除外);第 257 条第 1 款规定的暴力干涉婚姻自由案;第 260 条第 1 款规定的虐待案,但是被害人没有能力告诉,或者因受到强制、威吓无法告诉的除外;第 270 条规定的侵占案。

需要说明的是,告诉才处理的案件与自诉案件并不相同。主要区别是:(1)告诉才处理的犯罪案件的认定依据是实体法即刑法的规定,而自诉案件的认定依据是程序法即刑事诉讼法的规定;(2)自诉是与公诉相对应的一种诉讼程序或诉讼制度,而告诉才处理是刑法上对某些犯罪追究刑事责任所施加的限制条件,与自诉或公诉分属不同的部门法;(3)从范围上来看,自诉案件的范围要比告诉才处理的案件范围宽。

(二)被害人有证据证明的轻微刑事案件

依据相关规定,此类自诉案件的成立必须符合三个条件:(1)案件性质必须是轻微刑事案件,所谓轻微刑事案件,一般是指犯罪的性质和罪名不严重,情节和后果也不严重,社会影响小的刑事案件;(2)被害人必须有相应的证据证明被告人有罪,能够承担举证责任;(3)人民检察院没有提起公诉,如果人民检察院已经提起公诉,则应当按照公诉案件处理,不能按照自诉案件处理。只有全部符合这三项条件的案件,人民法院才能予以直接受理。

这类自诉案件的范围包括:《刑法》第 234 条第 1 款规定的故意伤害案;《刑法》第 245 条规定的非法侵入住宅案;《刑法》第 252 条规定的侵犯通信自由案;《刑法》第 258 条规定的重婚案;《刑法》第 261 条规定的遗弃案;刑法分则第三章第一节规定的生产、销售伪劣商品案(但是严重危害社会秩序和国家利益的除外);《刑法》分则第三章第七节规定的侵犯知识产权案(但是严重危害社会秩序和国家利益的除外);属于刑法分则第四章、第五章规定的,对被告人可能判处3年有期徒刑以下刑罚的案件。

对于上述案件,被害人直接向人民法院起诉的,人民法院应当依法受理。对其中证据不足、可以由公安机关受理的,或者认为对被告人可能判处3年有期徒刑以上刑罚的,应当告知被害人向公安机关报案,或者移送公安机关立案侦查。

(三)被害人有证据证明对被告人侵犯自己人身、财产权利的行为应当依法追究刑事责任,且有证据证明曾经提出控告,而公安机关或者人民检察院不予追究被告人刑事责任的案件

这类自诉案件就其性质而言,实质上应当是公诉案件。1996年刑事诉讼法修改时将这类公诉案件列为自诉案件之一(理论上一般称为"公诉转自诉案件"),其目的是保障被害人的控告权,维护被害人的合法权益,解决实践中一定程度存在的被害人"告状无门"的问题。

依据相关规定,这类自诉案件的成立应当同时符合下列条件:(1)被害人能够提供证据证明被告人侵犯自己人身权利或财产权利的行为构成了犯罪;(2)被告人的行为应当依法追究刑事责任,不属于刑法和刑事诉讼法所规定的不应当追究刑事责任的情形;(3)被害人有证据证明曾经提出控告,而公安机关或者人民检察院不予追究被告人刑事责任,如不立案、不起诉等。

六、其他国家机关立案管辖的案件范围

在规定了公安机关、监察机关和人民法院立案管辖的案件范围之外,刑事诉讼法还规定了以下国家专门机关立案管辖的案件范围。

国家安全机关立案侦查的案件范围:2018年《刑事诉讼法》第4条规定,国家安全机关依照法律规定,办理危害国家安全的刑事案件,行使与公安机关相同的职权。

军队保卫部门负责立案侦查的案件范围:2018年《刑事诉讼法》第308条第1款规定,军队保卫部门对军队内部发生的刑事案件行使侦查权。

中国海警局负责立案侦查的案件范围:2018年《刑事诉讼法》第308条第2款规定,中国海警局履行海上维权执法职责,对海上发生的刑事案件行使侦查权。

监狱负责立案侦查的案件范围:2018年《刑事诉讼法》第308条第3款规定,对罪犯在监狱内犯罪的案件由监狱进行侦查。

此外,需要说明的是,海关走私犯罪侦查局对走私案件行使侦查权。海关走私犯罪案件的侦查较为特殊,由专门的海关走私犯罪侦查局立案侦查。根据《国务院关于缉私警察队伍设置方案的批复》(国函〔1998〕53号)和《国务院办公厅关于组建缉私警察队伍实施方案的复函》(国办函〔1998〕52号),海关总署、公安部组建成立了走私犯罪侦查局,纳入公安部编制机构序列,设在海关总署。走私犯罪侦查局既是海关总署的一个内设局,又是公安部的一个序列局,实行海关与公安双重垂直领导、以海关领导为主的体制。海关走私犯罪侦查机构管辖中华人民共和国海关境内发生的涉税走私犯罪案件和发生在海关监管区内的非涉税走私犯罪案件。

七、立案管辖中特殊情况的处理

在实践中,刑事案件立案管辖的情况相当复杂,例如,有些案件涉及多起犯罪行为和多个罪名,公安机关、监察机关或人民法院对其中的一起或多起犯罪行为分别拥有立案管辖权,在

有些案件的处理过程中新发现了应当由其他国家机关管辖的犯罪案件。对于这些错综复杂的立案管辖问题,原则上应当按照《刑事诉讼法》所规定的立案管辖的职能分工予以分开处理。具体而言,应当注意以下几种情况的处理:

第一,为保障刑事案件得到及时处理,公安机关、监察机关、人民检察院或者人民法院对于报案、控告、举报、自首等,都应当接受。对于不属于自己管辖的,应当移送主管机关处理,并且通知报案人、控告人、举报人、自首人;对于不属于自己管辖而又必须采取紧急措施的,应当先采取紧急措施,然后移送主管机关。

第二,公安机关、法院和监察机关立案管辖交叉时一般由监察机关为主进行调查,其他机关予以协助。2018 年《监察法》第 34 条规定:“人民法院、人民检察院、公安机关、审计机关等国家机关在工作中发现公职人员涉嫌贪污贿赂、失职渎职等职务违法或者职务犯罪的问题线索,应当移送监察机关,由监察机关依法调查处置。被调查人既涉嫌严重职务违法或者职务犯罪,又涉嫌其他违法犯罪的,一般应当由监察机关为主调查,其他机关予以协助。”

第三,在一些情况下对立案管辖交叉的案件并案处理。尽管存在立案管辖分工,但为了便于尽快查明案件事实真相,及时追诉犯罪和保障被害人的合法权益,对于具有下列情形之一的案件,人民法院、公安机关可以在其职责范围内对立案管辖交叉的案件进行并案处理:一人犯数罪的案件;共同犯罪的案件;共同犯罪的犯罪嫌疑人、被告人还实施其他犯罪的案件;多个犯罪嫌疑人、被告人实施的犯罪存在关联,并案处理有利于查明案件事实的案件。

八、立案管辖的完善

对于刑事诉讼中的立案管辖,以下两个问题值得进一步探讨。

(一)立案管辖错误问题

立案管辖错误,是指没有相应的管辖权,不应当立案侦查而进行立案侦查的。立案管辖错误不同于《刑事诉讼法》已有的立案监督,2018 年《刑事诉讼法》第 113 条规定的立案监督针对的是公安机关应当立案侦查而不立案侦查的案件。[1] 对于这种管辖错误,现行《刑事诉讼法》及相关司法解释没有规定相应的解决途径和救济方式,但实践中争夺管辖权或者管辖权错误的案件是存在的。对此,理论界有不同观点,有的观点认为,应当通过强化检察机关对立案管辖的监督予以解决;有的观点认为,可以通过设立管辖异议制度予以解决。这一问题比较复杂,我们认为,一方面可考虑通过强化检察监督来解决,另一方面可考虑规定立案管辖异议制度,并将其纳入程序性裁判机制,比如规定:对于立案管辖错误的案件,当事人及其法定代理人或当事人聘请的律师有权向公安机关或人民检察院提出管辖权异议,由人民检察院审查决定,不服人民检察院决定的可以向人民法院起诉,由人民法院作出裁决。

(二)公诉转自诉问题

2018 年《刑事诉讼法》第 113 条规定:“人民检察院认为公安机关对应当立案侦查的案件而不立案侦查的,或者被害人认为公安机关对应当立案侦查的案件而不立案侦查,向人民检察

---

[1] 2018 年《刑事诉讼法》第 113 条规定:“人民检察院认为公安机关对应当立案侦查的案件而不立案侦查的,或者被害人认为公安机关对应当立案侦查的案件而不立案侦查,向人民检察院提出的,人民检察院应当要求公安机关说明不立案的理由。人民检察院认为公安机关不立案理由不能成立的,应当通知公安机关立案,公安机关接到通知后应当立案。”

院提出的,人民检察院应当要求公安机关说明不立案的理由。人民检察院认为公安机关不立案理由不能成立的,应当通知公安机关立案,公安机关接到通知后应当立案。”第210条第3项规定的“公诉转自诉”制度,国内一些刑事诉讼学者持批判态度,主要理由在于:(1)这种做法在一定意义上是对检察机关公诉权的一种质疑,对检察机关不起诉决定的稳定性和终止诉讼的权威性会造成损害。(2)这类案件往往性质较为严重,案情较为复杂,调查取证有一定难度,因为,经过追诉机关侦查或审查起诉后尚未获得充分的证据,凭借被害人个人力量去获取充分的证据则难度更大。而且,要求法院依职权进行调查取证也不甚妥当,一方面法院并无侦查权,另一方面如果由人民法院积极进行调查取证很容易造成审判的“纠问化”,从而有悖于审判改革的初衷。(3)在一定程度上会导致当事人滥用起诉权利。

我们认为,这类自诉案件的立法目的在于解决实践中被害人告状无门的难题,加强对国家追诉机关权力滥用的监督和制约,这一规定是符合我国国情的,有利于维护被害人的合法权益。而且,从法理上看,对检察机关作出的不起诉决定是否妥当,法院拥有一定的司法审查权是大陆法系国家的普遍做法,如《德国刑事诉讼法》第172条规定了强制起诉制度,[2]《日本刑事诉讼法》第262条规定了准起诉制度。[3] 这两种制度都允许被害人对检察机关的不起诉决定向法院提出审查申请,要求继续进行公诉,法院经审查后如果认为检察机关的不起诉决定不妥,有权要求检察机关继续进行公诉。

目前,这类自诉案件在司法实践中存在的主要问题是被害人举证困难,难以通过人民法院的立案审查。2018年《刑事诉讼法》第180条规定,被害人对人民检察院维持不起诉决定的,可以向人民法院起诉。被害人也可以不经申诉,直接向人民法院起诉。人民法院受理案件后,人民检察院应当将有关案件材料移送人民法院。在这一规定中,人民检察院向人民法院移送案件材料是在人民法院受理案件之后,而被害人在人民法院立案之前很难掌握相关的证据。因为这类案件原来是公诉案件,公安机关、人民检察院已经进行过调查取证,证据主要掌握在公安机关和人民检察院手中,被害人很少能够掌握较为充分的证据,难以通过人民法院的立案审查。而且,立法只规定了人民检察院移送案件材料的义务,没有规定其他追诉机关如公安机关等有此义务。2012年最高人民法院《刑诉法解释》第268条规定,自诉案件当事人因客观原因不能取得的证据,申请人民法院调取的,应当说明理由,并提供相关线索或者材料。人民法院认为有必要的,应当及时调取。与原来的规定相比,[4]这一规定没有再要求受理案件之后,有

---

〔2〕《德国刑事诉讼法》第172条的规定,对于检察机关的不起诉决定,被害人有权提起强制起诉程序进行制约。当被害人接到检察官终止诉讼的决定时(《德国刑事诉讼法》第171条要求检察机关必须将终止诉讼的决定告知被害人,阐明理由,并告知其可以表示不服及作出不服声明的期限),他有权在2周之内向该检察官的上级检察官(通常是州一级检察官)提出申诉。上级检察官审查后可以继续诉讼程序,也可以维持不起诉的决定。如果被害人对上级检察机关维持不起诉的决定不服,可以在1个月以内向州高级法院申请作出强制起诉的决定。申请书应说明理由,附上有关证据,并要求1名律师签名。州高级法院接到申请后,有权调阅卷宗,自行调查或委托调查。必要时,应将该程序的提起和进行情况通知犯罪嫌疑人。州高级法院以决定的形式作出裁决,可以裁定驳回申请,也可以决定提起公诉。当做出提起公诉的决定时,检察官必须执行该决定,正式提起公诉。

〔3〕《日本刑事诉讼法》第262条的规定,对于《刑法》第193~196条(滥用职权)和《防止破坏活动法》第45条(公安调查官滥用职权)所规定的犯罪进行控告的人,如对不起诉处分不服,可在法定期限内请求检察官提起公诉。检察官坚持不起诉的,被害人可以申请由有管辖权的地方法院依法确定是否将该案件交付法院审判;决定交付审判的,由法院指定律师公诉。

〔4〕最高人民法院1998年9月2日公布的《刑诉法解释》第195条规定:人民法院受理自诉案件后,对于当事人因客观原因不能取得并提供有关证据而申请人民法院调取证据,人民法院认为必要的,可以依法调取。

助于解决这一问题。

针对上述不足,我们认为,借鉴德国刑事诉讼法中的强制起诉制度,立法可作相应完善:(1)规定在被害人起诉后,人民法院受理案件前,人民法院有权调取案件相关材料,人民检察院、公安机关等追诉机关有义务按照要求向人民法院移送相关案件材料;(2)可以通过严格规定人民法院受理此类案件的条件以及设定被害人有权提起自诉的期限等措施,适当限制可能存在的被害人滥用自诉权等问题。

第三节　审 判 管 辖

一、审判管辖概述

审判管辖,是指普通人民法院之间、普通人民法院与专门人民法院之间以及专门人民法院之间对第一审刑事案件审判权限的划分。与立案管辖不同,审判管辖解决的是人民法院系统内部在受理刑事案件方面的权限划分,它所要解决的问题是第一审刑事案件具体应当由哪一种、哪一级、哪一个人民法院进行审判。至于第二审刑事案件的管辖,根据刑事诉讼法的规定,只能是第一审人民法院的上级人民法院,因此,明确了第一审刑事案件的管辖,第二审刑事案件的审判管辖也就得到解决。

根据《人民法院组织法》的规定,我国人民法院的组织体系包括最高人民法院、地方各级人民法院和军事法院等专门人民法院。地方各级人民法院又分为基层人民法院、中级人民法院和高级人民法院。按照人民法院的这种设置体系和 2018 年《刑事诉讼法》第 20 ~ 28 条的规定,我国刑事案件的审判管辖分为级别管辖、地域管辖和专门管辖。

依据 2018 年《刑事诉讼法》第 176 条的规定,人民检察院决定起诉的案件,应当按照审判管辖的规定,向人民法院提起公诉。由于我国的公安机关、人民检察院和人民法院的设置原则上是按照行政区划和专门业务类型相互对应设置的,因而,明确了审判管辖,也就相应地确定了提起公诉的检察机关和进行侦查的公安机关等侦查机关。

同理,刑事诉讼法对于人民法院的级别管辖、地域管辖和专门管辖的确定原则和划分依据,也应当对应适用于公安机关和人民检察院。也就是说,公安机关、人民检察院系统内部对刑事案件立案侦查权限的划分,原则上也要与人民法院的级别管辖、地域管辖和专门管辖相对应。当然,由于侦查工作有着自身的一些特殊性,必然要求在管辖上保持一定的灵活性,以适应不同情况的处理。

二、级别管辖

级别管辖是指各级人民法院对审判第一审刑事案件的权限划分。它解决了上下级人民法院之间刑事审判权的分配问题。

对于级别管辖的划分依据,从国外的情况来看,各国一般都是按照被告人犯罪行为的轻重确立级别管辖。例如,法国的刑事审判法庭按照所处理的犯罪行为轻重分为违警罪法庭、轻罪法庭与重罪法庭三级;英国负责处理刑事案件的法院主要包括治安法院和刑事法院,治安法院审理较轻的刑事案件,刑事法院则负责审理较重的刑事案件。我国刑事诉讼法在划分级别管辖时主要考虑了以下因素:(1)刑事案件的性质、涉及面和影响的大小;(2)罪行的轻重和可能判处刑罚的轻重;(3)不同级别的法院在刑事审判体系中的地位和职责;(4)确定性与灵活性相结合等。

我国刑事诉讼法对级别管辖的规定包括以下内容:

(一)基层人民法院管辖的第一审刑事案件

2018年《刑事诉讼法》第20条规定:"基层人民法院管辖第一审普通刑事案件,但是依照本法由上级人民法院管辖的除外。"这一规定表明,除依照刑事诉讼法规定由上级人民法院管辖的少量案件之外,绝大多数刑事案件由基层人民法院进行第一审。法律之所以这样规定,是由于基层人民法院是人民法院系统中的基层机关,最接近犯罪行为发生地,与人民群众关系最为密切,由它们承担绝大多数普通刑事案件的第一审,便于当事人和其他诉讼参与人参加诉讼,便于人民法院结合审判工作进行法制宣传和法制教育,便于人民法院调查核实证据,迅速、及时地审结案件。

(二)中级人民法院管辖的第一审刑事案件

依据2018年《刑事诉讼法》第21条、第291条、第299条的规定,中级人民法院管辖下列第一审刑事案件:(1)危害国家安全、恐怖活动案件。(2)可能判处无期徒刑、死刑的案件。(3)对犯罪嫌疑人、被告人逃匿、死亡案件中涉案财产进行处理的案件。2012年《刑事诉讼法》增设特别程序"犯罪嫌疑人、被告人逃匿、死亡案件违法所得的没收程序",规定没收违法所得的申请由犯罪地或者犯罪嫌疑人、被告人居住地的中级人民法院组成合议庭进行审理(现调整为2018年《刑事诉讼法》第299条)。(4)适用缺席审判程序的案件。2018年《刑事诉讼法》修改的过程中,在第五编"特别程序"中增加一章,作为《刑事诉讼法》第三章,构建了缺席审判程序。2018年《刑事诉讼法》第291条规定:"对于贪污贿赂犯罪案件,以及需要及时进行审判,经最高人民检察院核准的严重危害国家安全犯罪、恐怖活动犯罪案件,犯罪嫌疑人、被告人在境外,监察机关、公安机关移送起诉,人民检察院认为犯罪事实已经查清,证据确实、充分,依法应当追究刑事责任的,可以向人民法院提起公诉。人民法院进行审查后,对于起诉书中有明确的指控犯罪事实,符合缺席审判程序适用条件的,应当决定开庭审判。前款案件,由犯罪地、被告人离境前居住地或者最高人民法院指定的中级人民法院组成合议庭进行审理。"之所以将缺席审判程序的案件交由中级人民法院管辖,主要也是考虑中级人民法院的审判人员专业娴熟,能够更为规范地保证被告人的人权。

(三)高级人民法院管辖的第一审刑事案件

2018年《刑事诉讼法》第22条规定:"高级人民法院管辖的第一审刑事案件,是全省(自治区、直辖市)性的重大刑事案件。"

由高级人民法院管辖的第一审刑事案件,应具备两个条件:(1)案件具有全省(自治区、直辖市)性影响;(2)案情重大、罪行严重。

高级人民法院是地方各级人民法院中的最高一级,承担对本辖区内下级人民法院审判工作进行监督的任务;担负对不服中级人民法院第一审判决、裁定的上诉、抗诉案件的第二审工作;担负死刑缓期两年执行案件的复核和核准工作;等等。因此,刑事诉讼法只将影响大、涉及面广但数量不多的全省(自治区、直辖市)性重大案件划归高级人民法院管辖,是与高级人民法院所处的位置和工作负担量相适应的。

(四)最高人民法院管辖的第一审刑事案件

2018年《刑事诉讼法》第23条规定:"最高人民法院管辖的第一审刑事案件,是全国性的重大刑事案件。"

最高人民法院是全国最高的审判机关,主要任务是监督、指导地方各级人民法院和专门人民法院审判工作,负责对审判过程中的法律适用问题作出司法解释,审判上诉、抗诉案件,核准死刑案件,等等。因此,刑事诉讼法把犯罪性质极其严重、案情十分复杂、具有全国性影响的刑事案件划归最高人民法院管辖是恰当的。实践中,最高人民法院直接审判第一审刑事案件的情况十分少见。

(五)级别管辖的变更及案件的移送

为适应审判实践中的复杂情况,《刑事诉讼法》对于级别管辖在作了上述原则性规定之外,还按照确定性与灵活性相结合的原则,规定了一些情况下级别管辖的变更,以保障案件审判的质量。2018年《刑事诉讼法》第24条规定:"上级人民法院在必要的时候,可以审判下级人民法院管辖的第一审刑事案件;下级人民法院认为案情重大、复杂需要由上级人民法院审判的第一审刑事案件,可以请求移送上一级人民法院审判。"

级别管辖的变更包括两种情况:(1)上级人民法院在必要的时候可以审判应当由下级人民法院审判的第一审刑事案件。必要的时候一般是指案情比较重大、复杂或者社会影响较大,涉及本院院长需要回避,以及下级人民法院遇到自然灾害等困难无法顺利开展审判工作等个别情况。上级人民法院决定审判下级人民法院管辖的第一审刑事案件的,应当向下级人民法院下达改变管辖决定书,并书面通知同级人民检察院。(2)下级人民法院把属于自己管辖的第一审刑事案件,请求移送上级人民法院审判。这种移送的条件是案情重大、复杂、疑难或者涉及本院院长需要回避等原因,并且取得上级人民法院的同意。

对于级别管辖的变更,以下几点需要予以注意:

第一,级别管辖的变更只能是由上级人民法院审理下级人民法院管辖的案件,上级人民法院不能将应当由自己管辖的第一审案件交给下级人民法院审判。

第二,人民检察院认为可能判处无期徒刑、死刑,向中级人民法院提起公诉的案件,中级人民法院受理后,认为不需要判处无期徒刑、死刑的,应当依法审判,不再交基层人民法院审判。这样规定有利于案件的及时处理。

第三,对于一人犯数罪、共同犯罪和其他需要并案审理的案件,只要其中一人或者一罪属于上级人民法院管辖的,全案均应当由上级人民法院管辖。

三、地域管辖

地域管辖又称地区管辖,是指同级人民法院之间在审理第一审刑事案件上的权限划分。级别管辖是从纵向方面解决刑事案件应由哪一级人民法院管辖的问题,而地域管辖则是在明确了案件的级别管辖的前提下,确定由该级人民法院中的哪一个人民法院管辖,是从横向方面解决刑事案件的管辖问题。级别管辖和地域管辖互为补充,只有级别管辖和地域管辖都明确了,案件的管辖权才能最终落实。

从国外的情况来看,在地域管辖的确定上,各国一般是按照被告人犯罪地来确定法院的管辖权。例如,《美国联邦刑事诉讼规则》第18条规定,除立法和本规则另外允许的外,起诉应当在犯罪地提起。法院应当在考虑便利被告人和证人参加诉讼和迅速审判的基础上,在该地区内确定审判的地点。《德国刑事诉讼法》第7条规定,犯罪行为地属地法院拥有地域管辖权。《意大利刑事诉讼法》第8条规定,地域管辖根据犯罪既遂时的地点加以确定;如果属于未遂犯罪,最后一个旨在实施该项犯罪的行为完成地的法院拥有管辖权。

我国刑事诉讼法同样将犯罪地作为确定人民法院地域管辖的主要依据,其原因在于:(1)犯罪地作为被告人实施犯罪行为的地点,证据集中,便于人民法院调查核实证据,迅速查明案情,正确处理案件;(2)便于证人、被害人等诉讼参与人参加诉讼活动;(3)便于社会公众通过旁听等方式了解案件,便于国家专门机关结合当地情况进行法制教育和法制宣传,平息、化解民怨民愤,提高刑事审判的社会效益;(4)便于国家专门机关系统了解和分析研究犯罪地所属地区的犯罪情况,从而采取相应措施加强防范以便更有效地同犯罪作斗争。

具体而言,我国刑事诉讼中地域管辖的处理原则有以下几个:

(一)以犯罪地人民法院管辖为主,被告人居住地人民法院管辖为辅

2018年《刑事诉讼法》第25条规定:"刑事案件由犯罪地的人民法院管辖。如果由被告人居住地的人民法院审判更为适宜的,可以由被告人居住地的人民法院管辖。"

刑事案件一般应由犯罪地人民法院管辖,这是确定地区管辖的首要原则。对于犯罪地的具体含义,学理上一般认为,犯罪地是指构成某一犯罪的主要行为实施地或者完成地;在不作为犯罪中,犯罪地是指犯罪嫌疑人、被告人应该作为的地点。2012年最高人民法院《刑诉法解释》第2条规定,犯罪地包括犯罪行为发生地和犯罪结果发生地。针对或者利用计算机网络实施的犯罪,犯罪地包括犯罪行为发生地的网站服务器所在地,网络接入地,网站建立者、管理者所在地,被侵害的计算机信息系统及其管理者所在地,被告人、被害人使用的计算机信息系统所在地,以及被害人财产遭受损失地。但是,考虑到我国地域辽阔,人口流动较大,案件情况复杂,犯罪人跨地区流窜作案的情形较多等因素,仅规定由犯罪地人民法院管辖难以全面解决实践中遇到的地域管辖问题。为此,作为例外,《刑事诉讼法》灵活地规定了可以由被告人居住地的人民法院管辖。被告人居住地是指被告人的户籍地。经常居住地与户籍地不一致的,经常居住地为其居住地。经常居住地,是指被告人被追诉前已连续居住一年以上的地方,但住院就医的除外。对于单位犯罪而言,居住地是指被告单位登记的住所地,主要营业地或者主要办事机构所在地与登记的住所地不一致的,主要营业地或者主要办事机构所在地为其居住地。

(二)以最初受理的人民法院优先管辖为主,主要犯罪地人民法院管辖为辅

2018年《刑事诉讼法》第26条规定:"几个同级人民法院都有权管辖的案件,由最初受理的人民法院审判。在必要的时候,可以移送主要犯罪地的人民法院审判。"

按照前述第一项原则,有时候仍然不能确定某一案件的管辖权,如一个犯罪涉及数个犯罪地点,按照犯罪地管辖原则,几个人民法院都有审判管辖权,而以被告人居住地确定也可能出现多个法院都具有管辖权的情形。遇到这种情况,原则上由最初受理的人民法院优先管辖,这样可以避免因管辖争议或者相互推诿而影响及时审判,符合诉讼经济原则。但是,如果最初受理的人民法院发现由本院审理不利于查清案情和及时处理案件的,也可以将案件移送到主要犯罪地的人民法院审判。所谓主要犯罪地,包括案件涉及多个地点时对该犯罪的成立起主要

作用的行为地或者主要情节发生地，也包括被告人犯有数罪时，主要犯罪行为的实施地。这种移送可在同级人民法院之间直接进行，无须经上级人民法院批准或者指定。2012 年最高人民法院《刑诉法解释》第 17 条明确规定了这种管辖权交叉的处理方式，即两个以上同级人民法院都有管辖权的案件，由最初受理的人民法院审判。必要时，可以移送被告人主要犯罪地的人民法院审判。管辖权发生争议的，应当在审理期限内协商解决；协商不成的，由争议的人民法院分别层报共同的上级人民法院指定管辖。

（三）指定管辖

指定管辖是对地域管辖中前两个处理原则的补充，是指出现管辖不明或者有管辖权的人民法院不宜行使管辖权或者管辖权发生争议而又协商解决不成等情况时，上级人民法院以指定的方式确定案件的管辖权。2018 年《刑事诉讼法》第 27 条规定："上级人民法院可以指定下级人民法院审判管辖不明的案件，也可以指定下级人民法院将案件移送其他人民法院审判。"2012 年最高人民法院《刑诉法解释》第 18 条规定："上级人民法院在必要时，可以指定下级人民法院将其管辖的案件移送其他下级人民法院审判。"

一般而言，指定管辖适用于以下几种情况：

第一，由上级人民法院以指定的方式确定管辖不明的案件的管辖权。管辖不明的情况，一般是指刑事案件发生在两个或多个法院管辖范围的交界处，由于行政区划没有确切的界限，犯罪地属于哪个法院的管辖范围不能确定，或者犯罪地不能确定、被告人又无固定居住地等情况。在这些情况下，由上级人民法院指定某一个下级人民法院审判可以避免因案件管辖不明而造成的延误。

第二，两个以上同级人民法院都有权管辖的案件，对案件管辖权发生争议，而又协商解决不成的，由有争议的人民法院分别逐级报请共同的上一级人民法院指定管辖。

第三，有管辖权的人民法院由于特殊原因不能行使管辖权，由上级人民法院以指定的方式改变管辖权。实践中有时会出现有管辖权的法院不宜行使审判权的情况，比如，有些案件涉及本院院长需要回避，有些案件如果在该法院审判会受到其他原因的严重干扰，整个法院均不宜行使管辖权等。在这种情况下，下级人民法院可以请求上一级人民法院管辖，上一级人民法院可以自行管辖，也可以指定与提出请求的人民法院同级的其他人民法院管辖。

第四，第二审人民法院发回重新审判的案件，人民检察院撤回起诉后，又向原第一审人民法院的下级人民法院重新提起公诉的，下级人民法院应当将有关情况层报原第二审人民法院。原第二审人民法院根据具体情况，可以决定将案件移送原第一审人民法院或者其他人民法院审判。

对于指定管辖的具体程序，2012 年最高人民法院《刑诉法解释》第 19 条、第 20 条进行了规定：上级人民法院指定管辖，应当将指定管辖决定书分别送达被指定管辖的人民法院和其他有关的人民法院。原受理案件的人民法院在收到上级人民法院指定其他人民法院管辖决定书后，对公诉案件，应当书面通知同级人民检察院，并将案卷材料退回，同时书面通知当事人；对自诉案件，应当将案卷材料移送被指定管辖的人民法院，并书面通知当事人。

（四）几种特殊案件的地域管辖

为解决地域管辖中存在的一些特殊情况，2012 年最高人民法院《刑诉法解释》规定了以下几种特殊案件的地域管辖：

(1)在中华人民共和国领域外的中国船舶内的犯罪,由该船舶最初停泊的中国口岸所在地的人民法院管辖。(《刑诉法解释》第4条)

(2)在中华人民共和国领域外的中国航空器内的犯罪,由该航空器在中国最初降落地的人民法院管辖。(《刑诉法解释》第5条)

(3)在国际列车上的犯罪,根据我国与相关国家签订的协定确定管辖;没有协定的,由该列车最初停靠的中国车站所在地或者目的地的铁路运输法院管辖。(《刑诉法解释》第6条)

(4)中国公民在中国驻外使、领馆内的犯罪,由其主管单位所在地或者原户籍地的人民法院管辖。(《刑诉法解释》第7条)

(5)中国公民在中华人民共和国领域外的犯罪,由其入境地或者离境前居住地的人民法院管辖;被害人是中国公民的,也可由被害人离境前居住地的人民法院管辖。(《刑诉法解释》第8条)

(6)外国人在中华人民共和国领域外对中华人民共和国国家或者公民犯罪,根据《中华人民共和国刑法》应当受处罚的,由该外国人入境地、入境后居住地或者被害中国公民离境前居住地的人民法院管辖。(《刑诉法解释》第9条)

(7)对中华人民共和国缔结或者参加的国际条约所规定的罪行,中华人民共和国在所承担条约义务的范围内,行使刑事管辖权的,由被告人被抓获地的人民法院管辖。(《刑诉法解释》第10条)

(8)正在服刑的罪犯在判决宣告前还有其他罪没有判决的,由原审地人民法院管辖;由罪犯服刑地或者犯罪地的人民法院审判更为适宜的,可以由罪犯服刑地或者犯罪地的人民法院管辖。罪犯在服刑期间又犯罪的,由服刑地的人民法院管辖。罪犯在脱逃期间犯罪的,由服刑地的人民法院管辖。但是,在犯罪地抓获罪犯并发现其在脱逃期间的犯罪的,由犯罪地的人民法院管辖。(《刑诉法解释》第11条)

四、专门管辖

专门管辖与普通管辖相对应,是指各种专门人民法院在第一审刑事案件受理范围上的权限划分。它解决的是哪些刑事案件应当由哪些专门人民法院审判的问题。2018年《刑事诉讼法》第28条规定:“专门人民法院案件的管辖另行规定。”

设置专门人民法院行使刑事案件管辖权的原因在于,有些案件与某些类型的专门业务有密切联系,涉及的专门性问题较多,交由普通人民法院审判有一定的困难和不便。专门人民法院不是像普通法院系统那样按照行政区划进行设置的,而是按照各种专门业务的需要建立起来的审判机关。根据《人民法院组织法》的规定,我国目前已经建立的专门人民法院主要有军事法院、铁路运输法院和海事法院,其中具有刑事案件管辖权的专门法院是军事法院和铁路运输法院。

(一)军事法院管辖的案件范围

军事法院是基于军队的体制和作战任务的特殊性而设立的。其具体任务是通过审判危害国家与损害国防力量的犯罪分子,保卫国家安全,维护国家法制和军队秩序,巩固部队战斗力,维护军人和其他公民的合法权益。

军事法院管辖的刑事案件主要是刑法分则第十章中规定的军人违反职责罪和军队内部发

生的刑事案件，包括现役军人的刑事案、军队在编职工的刑事案以及最高人民法院授权审判的刑事案件等。

对于军队与地方互涉的案件，原则上实行分开管辖，即现役军人（含军内在编职工）和非军人共同犯罪的，分别由军事法院和地方法院或者其他专门人民法院管辖，但涉及国家军事秘密的，全案由军事法院管辖。对于非军人、随军家属在部队营区内犯罪的，军人在办理退役手续后犯罪的，现役军人入伍前犯罪的（需与服役期内犯罪一并审判的除外），以及退役军人在服役期内犯罪的（犯军人违反职责罪的除外，这种犯罪由军事法院管辖）的这几类案件，由地方人民法院管辖或者军事法院以外的其他专门法院管辖。

（二）铁路运输法院管辖的案件范围

按照铁路运输法院设置的目的，铁路运输法院对刑事案件的管辖，应从保护铁路运输的任务出发，体现其专门性。目前主要受理铁路运输系统公安机关负责侦破的刑事案件，主要包括危害和破坏铁路运输和生产的案件，破坏铁路交通设施的案件，火车上发生的犯罪案件，违反铁路运输法规、制度造成重大事故或严重后果的案件，以及铁路局在编职工的刑事案件等。如果铁路运输法院与地方人民法院对管辖发生争议，由双方人民法院协商解决。[5]

在国际列车上的犯罪，根据我国与相关国家签订的协定确定管辖；没有协定的，由该列车最初停靠的中国车站所在地或者目的地的铁路运输法院管辖。

需要注意的是，铁路运输法院包括铁路检察院作为特定历史时期的产物，经过多年的运行后，其设置体制在诸多方面已经不符合时代的进步和社会主义法制建设的要求，如作为铁路系统自己设立的机构，办理与铁路运输相关的案件明显存在中立性严重不足，其管辖权的合理性遭到越来越多的质疑等问题。2010 年 12 月 7 日，中央机构编制委员会办公室、最高人民法院和最高人民检察院联合发出《关于铁路法院检察院管理体制改革若干问题的意见》，明确了铁路法院和铁路检察院的改革目标，要求铁路两院同铁路运输企业全部分离，一次性整体纳入国家司法管理体系。最高人民法院、最高人民检察院和原铁道部也发出通知，要求有关机构和部门要贯彻中央决策部署，平稳有序地推进改革工作，要求截至 2012 年 6 月 30 日，铁路法院包括铁路检察院全部移交到地方司法系统。

五、我国审判管辖制度的完善

对于我国的刑事审判管辖制度，以下两个问题值得进一步探讨。

（一）关于确立审判管辖异议制度的问题

审判管辖异议是指被告人及其辩护人认为审理该案的法院对该案没有管辖权，而向法院提出申请，要求法院将该案移送到有管辖权的法院进行审理的一种诉讼制度。审判管辖异议是被告人及其辩护人的一项诉讼权利。这一制度对于纠正管辖错误，保障公正审判，维护当事人的合法权益具有重要意义。国外的刑事诉讼法中便规定有这一制度，如《德国刑事诉讼法》第 6 条规定，审判程序开始之后，法院只有根据被告人的异议才允许宣告自己无权管辖；被告人只能在审判程序中对他就案情予以讯问之前提出异议。《日本刑事诉讼法》第 331 条规定，

---

〔5〕参见 1982 年 4 月 23 日最高人民法院《关于铁路运输法院办案问题的通知》以及 1982 年 7 月 9 日最高人民法院、最高人民检察院、公安部、司法部、铁道部发布的《关于铁路运输法院、检察院办案中有关问题的联合通知》。

如果没有被告人的申请,法院不得就地区管辖作出错误管辖的宣告。管辖错误的申请,在被告案件已经开始调查证据后,不得提出。我国刑事诉讼法中没有规定这一制度,有必要予以完善,规定被告人及其辩护人有权对管辖权提出异议,并规定具体的告知程序、处理程序及救济措施。

(二)关于明确审判管辖错误的法律后果问题

审判管辖错误的法律后果,是指在刑事审判中由于管辖错误没有得到纠正而导致的程序性法律制裁,例如,撤销原判决交给有管辖权的法院重新审判等。明确规定审判管辖错误的法律后果不仅可以使程序性法律规范的逻辑结构完整,而且有利于保证审判管辖制度充分发挥作用,进而保障公正审判。我国审判管辖制度中没有规定管辖错误的法律后果,没有纠正管辖错误的相关规定,因此有必要予以完善,例如,将管辖错误规定为被告人上诉和申请再审的法定理由;明确规定如果因审判管辖错误造成被告人实体权益受损或者造成了其他严重不良后果,可以撤销原生效判决,把案件交给有管辖权的人民法院重新审理;如果审判管辖错误对被告人的实体权益没有影响,则可以驳回被告人的申请;等等。

思考题

1. 公安机关立案侦查刑事案件如何确定级别管辖和地域管辖?

2. 犯罪嫌疑人涉嫌实施了多种犯罪行为,其中有些属于检察机关立案管辖,有些属于公安机关立案管辖,应当如何处理?

第八章　回　　避

导　读

回避制度是为保障案件得以公正处理的一项制度，对于本章，应当重点了解回避制度的种类，审判人员、检察人员、侦查人员回避的法定情形、回避决定的作出以及回避程序等，除此之外，《监察法》也规定监察人员在法定情况下应当回避，但并未就回避程序作出详细规定。

第一节　回避制度概述

一、回避制度的概念

刑事诉讼中的回避，是指为保障案件的公正处理，依据刑事诉讼法和相关法律的规定，侦查人员、检察人员、审判人员等因与案件存在法定利害关系或者其他可能影响案件公正处理的关系，从而不得参与该案诉讼活动的一种诉讼制度。

诉讼活动中的回避制度历史悠久，英美普通法早期的“自然正义”观的要求之一就是任何人均不得担任自己案件的法官，以此来保障法官的中立性和诉讼过程的公正性。现代世界各国的刑事诉讼法普遍确立了回避制度。我国《刑事诉讼法》、最高人民法院《刑诉法解释》、最高人民检察院《刑诉规则》、公安部《刑事案件程序规定》、最高人民法院2011年发布的《关于审判人员在诉讼活动中执行回避制度若干问题的规定》以及2011年最高人民法院发布的《关于对配偶子女从事律师职业的法院领导干部和审判执行岗位法官实行任职回避的规定（试行）》等规范性文件中详细地规定了刑事诉讼回避制度。

二、回避制度的意义

刑事诉讼中的回避制度具有十分重要的意义：

首先，回避制度是实现刑事诉讼实体公正的基本保障。刑事诉讼的任务之一是保障侦查人员、检察人员、审判人员能够准确、及时地查明、证实案件事实真相，正确适用法律，使犯罪人得到客观、公正的处理，保障无罪的人不受刑事追究。但是，如果办案人员同案件本身或案件当事人有法定利害关系或其他特殊关系，就很可能自觉或不自觉地偏袒一方，曲解事实和证据，或者形成先入为主的偏见，难以做到实事求是、公正执法、秉公办案，甚至造成冤假错案。

其次,回避制度是程序公正的体现和要求。回避制度保障了执法人员的中立性,使其能够客观公正地处理案件,使正义不仅得到实现,而且用人们看得见的方式得到实现。这种公正的程序必然会提高社会公众对刑事侦查、起诉以及审判过程和结果的尊重和认同,提升国家公、检、法机关进行刑事诉讼活动的权威性和正当性。

再次,回避制度有利于保障人权,确保当事人和其他诉讼参与人在刑事诉讼过程中受到客观、公正的对待。回避制度将与案件有利害关系或存在其他可能影响案件公正处理关系的办案人员排除在刑事诉讼程序之外,避免和减少了与案件存在各种利害关系的执法人员在处理案件时可能态度蛮横、不讲情理地对待犯罪嫌疑人、被告人、被害人、证人的情况,有助于减少威胁、引诱、欺骗甚至刑讯逼供等违法、侵犯人权现象的发生。

最后,从诉讼效益的角度来看,回避制度通过促进实体公正和程序公正,促进人权保障等方式使案件获得公正处理,能够有效地减少当事人的上诉、申诉、上访等活动,减少了不必要的二审、再审等程序,从而从整体上节约了诉讼成本和司法资源,提高了诉讼效益。

三、回避制度的种类

按照不同的标准,各国刑事诉讼中的回避制度可作不同的种类划分。一般而言,以下两种划分具有较高的理论价值和实践意义。

(一)有因回避和无因回避

以回避的成立是否必须具备法定的理由和证据为标准,可以将回避制度分为有因回避和无因回避。有因回避是指回避的成立必须附有证据证明的理由和事实根据,否则不能成立。无因回避则是指回避时不需要特定的事实和理由,在一定的次数范围内,只要权利人提出要求,相关人员就应当回避。例如,《法国刑事诉讼法》第 297 条规定:“每当从签壶中抽取一张卡片并呼唤其上所载陪审员的名字时,首先由被告人或其律师,然后由检察机关,指名申请该陪审员应当回避,但第 298 条规定的除外。被告人或其律师以及检察院,均不得陈述申请回避的理由。”

在英美法系和大陆法系国家,无因回避和有因回避这两种制度都存在。一般而言,对于陪审员较多地适用无因回避,针对陪审员的遴选,控辩双方都可以行使一定次数的无因回避权。对于职业法官一般适用有因回避,提出回避要求的律师或当事人必须提供一定的理由和证据,证明法官具有存在偏见的“可能性”,才能使回避成立。我国刑事诉讼中的回避制度采取的是有因回避,没有实行无因回避。

(二)自行回避、申请回避和指令回避

根据回避实施方式的不同,可以将回避制度划分为三种:自行回避、申请回避和指令回避。我国刑事诉讼中的回避制度包括了这三种方式的回避。

自行回避是指侦查人员、检察人员、审判人员等回避对象遇有法定的回避情形时,主动要求退出该案件诉讼活动的一种诉讼制度。2018 年《刑事诉讼法》第 29 条规定:“审判人员、检察人员、侦查人员有下列情形之一的,应当自行回避……”自行回避制度的目的在于通过侦查人员、检察人员、审判人员等回避对象的职业自律自觉地消除影响案件公正处理的主体因素。

申请回避是指当事人及其法定代理人、诉讼代理人、辩护人认为处理案件的侦查人员、检察人员、审判人员等回避对象存在法定的回避理由时,向公安机关、人民检察院或者人民法院

提出回避申请，要求他们退出该案诉讼活动的一种诉讼制度。2018年《刑事诉讼法》第29条规定："审判人员、检察人员、侦查人员有下列情形之一的……当事人及其法定代理人也有权要求他们回避……"申请回避是当事人及其法定代理人一项法定的诉讼权利，可以在整个刑事诉讼过程中行使。2018年《刑事诉讼法》第32条第2款规定："辩护人、诉讼代理人可以依照本章的规定要求回避、申请复议。"这一规定是2012年《刑事诉讼法》修改时增加的规定，其目的是通过赋予诉讼代理人、辩护人申请回避权及复议权从而更好地维护当事人的合法权益。尊重和保障当事人及其法定代理人、诉讼代理人、辩护人回避申请权的行使是公安机关、人民检察院和人民法院的一项职责。

指令回避是指侦查人员、检察人员、审判人员等回避对象存在法定的回避事由但没有自行回避，当事人及其法定代理人也没有申请其回避，公安机关、人民检察院和人民法院的负责人等依职权命令其退出该案诉讼活动的一种诉讼制度。指令回避是前两种回避制度的必要补充。我国《刑事诉讼法》没有对指令回避作出明确规定，但相关司法解释和部门规章对此作出了明确规定。2012年最高人民法院《刑诉法解释》第29条规定："应当回避的人员，本人没有自行回避，当事人和他们的法定代理人也没有申请其回避的，院长或者审判委员会应当决定其回避。"2012年最高人民检察院《刑诉规则》第20条规定："检察人员在受理举报和办理案件过程中，发现有刑事诉讼法第二十八条或者第二十九条规定的情形之一的，应当自行提出回避；没有自行提出回避的，人民检察院应当按照本规则第二十四条的规定决定其回避，当事人及其法定代理人有权要求其回避。"第26条规定："应当回避的人员，本人没有自行回避，当事人及其法定代理人也没有申请其回避的，检察长或者检察委员会应当决定其回避。"2012年公安部《刑事案件程序规定》第30条规定，公安机关负责人、侦查人员有刑事诉讼法第28条规定的应当回避的情形之一的，应当自行提出回避申请，没有自行提出回避申请的，应当责令其回避。

第二节　回避的适用对象和事由

一、回避的适用对象

回避的适用对象是指刑事诉讼中回避制度适用的人员范围，即刑事诉讼中哪些人员可能需要适用回避。由于各国法律传统、诉讼文化、司法体制等方面存在诸多不同，各国法律对于回避所适用的对象范围的规定也存在一定的区别。

在我国，依据2018年《监察法》第58条，2018年《刑事诉讼法》第29条、第32条及相关司法解释和部门规章的规定，回避制度适用于下列人员：

一是侦查人员。侦查人员的范围包括公安机关直接负责本案侦查工作的侦查人员和公安机关的负责人。国家安全机关、军队保卫部门和监狱按照刑事诉讼法的规定行使侦查权时，相关侦查人员也属于回避对象。

二是监察人员。办理监察事项的监察人员是监察对象或者检举人的近亲属的，担任过本案的证人的，本人或者其近亲属与办理的监察事项有利害关系的，或有可能影响监察事项公正处理的其他情形的,应当自行回避,监察对象、检举人及其他有关人员也有权要求其回避。

三是检察人员。检察人员的范围既包括直接负责本案审查批准逮捕、审查起诉和出庭支持公诉等工作的检察员、助理检察员,也包括对本案有权参与讨论和作出处理决定的检察长、副检察长和检察委员会委员。

四是审判人员。审判人员的范围包括人民法院院长、副院长、审判委员会委员、庭长、副庭长、审判员、助理审判员和人民陪审员。在我国,人民法院的院长、副院长、庭长和副庭长作为独任审判员、合议庭成员或者审判委员会委员直接参与某一具体案件的审判时,自然应当适用回避制度。但是,法院院长、副院长、庭长和副庭长这些行政负责人即使没有在某一具体案件中担任独任审判员、合议庭成员或者审判委员会委员,也应当适用回避制度,这是由我国的刑事司法体制所决定的。因为,我国目前实行的是人民法院独立审判,而不是法官独立审判,在人民法院内部,院长、副院长、庭长、副庭长通常要对案件的审判逐级"把关",如听取承办法官的汇报、签发法律文书。他们对案件的裁判结果往往有着重大甚至是决定性影响,将这些人员纳入回避的适用对象有利于保障审判主体的中立性,有利于刑事诉讼活动的公正进行。

五是鉴定人员。依据2005年全国人大常委会通过的《关于司法鉴定管理问题的决定》和2005年司法部发布的《司法鉴定人登记管理办法》的规定,司法鉴定人是指运用科学技术或者专门知识对诉讼涉及的专门性问题进行鉴别和判断并提出鉴定意见的人员。鉴定人员的鉴定意见作为一种科学证据,对于案件事实的认定具有十分重要的作用,为保障鉴定人员能够客观、公正地作出鉴定意见,应当适用回避。

六是勘验人员。勘验人员承担着调查、收集、固定证据的重要职责,客观、准确地记载勘验、检查笔录对于分析案情、确定侦查方向以及认定案件事实具有重要意义。2011年最高人民法院发布的《关于审判人员在诉讼活动中执行回避制度若干问题的规定》第13条规定勘验人员属于回避的对象。侦查机关所属的勘验人员的回避应当参照前述侦查人员的回避要求执行。

七是翻译人员。翻译人员在刑事诉讼过程中承担语言、文字或手势的翻译工作,是侦查、检察和审判人员与当事人和有关诉讼参与人进行沟通、交流的桥梁,客观、准确的翻译对于保障案件的公正处理具有十分重要的作用。翻译人员既包括在侦查、起诉阶段讯问犯罪嫌疑人、被告人和询问证人、被害人时担任翻译的人员,也包括在法庭审判时担任翻译的人员。

八是司法警察。为保障案件的公正处理,人民检察院和人民法院中的司法警察遇有法定回避情形时应当回避,2012年最高人民检察院《刑诉规则》第33条明确了司法警察属于回避对象。人民法院中的司法警察,相关规定目前尚未明确是否属于应当回避的对象。[1] 但随着司法警察性质和任务的进一步明确,在审判工作中的作用进一步加强,应当将司法警察作为回避的对象明确规定下来,参照审判人员的回避规定执行。

九是执行员。2011年最高人民法院发布的《关于审判人员在诉讼活动中执行回避制度若干问题的规定》第14条规定,执行员在执行过程中遇到的回避问题参照审判人员回避的有关内容执行,因此执行员也属于回避的对象。

---

〔1〕 从现有规定来看,2001年10月颁布的《法官职业道德基本准则》第48条明确规定司法警察同样适用此准则,此准则的第3条规定的是回避制度;2011年最高人民法院《关于审判人员在诉讼活动中执行回避制度若干问题的规定》第13条第2款规定:"本规定所称法院其他工作人员,是指审判人员以外的在编工作人员。"这一规定应当是包括了司法警察。

十是书记员。书记员在侦查、起诉或审判阶段所担任的记录工作是一项关系案件质量的重要工作,为了使其所记录的内容能够尽可能客观、准确、全面地反映诉讼活动的真实情况,侦查、起诉或审判阶段的书记员都应当属于回避的适用对象。

鉴定人员、勘验人员、翻译人员、司法警察、执行员、书记员的回避理由和程序原则上参照侦查人员、检察人员和审判人员的回避规定执行。

二、回避的事由

回避的事由或理由是指回避的法定原因。我国现行刑事诉讼法实行的是有因回避,无论是申请回避、指令回避还是自行回避都必须具备法定的理由和根据。根据2018年《刑事诉讼法》和相关司法解释的规定,回避的事由包括以下情形:

第一,是本案的当事人或者当事人的近亲属。侦查人员、检察人员、审判人员等如果是本案的当事人或者当事人的近亲属,很难做到客观、公正地履行职责,依法办案。而且,即使其能够严格自律,秉公执法,当事人和社会公众也难以信服,因此,这种情况下不回避会导致刑事诉讼程序缺乏最基本的公正性。对于当事人和近亲属的范围,依据2018年《刑事诉讼法》第108条的规定,当事人是指被害人、自诉人、犯罪嫌疑人、被告人、附带民事诉讼的原告人和被告人;近亲属是指夫、妻、父、母、子、女、同胞兄弟姐妹。为保障刑事诉讼活动的公正性,严格回避制度的适用,2011年最高人民法院《关于审判人员在诉讼活动中执行回避制度若干问题的规定》第1条进一步将审判人员的"近亲属"的范围扩大解释为与当事人有直系血亲、三代以内旁系血亲及姻亲关系的亲属。

第二,本人或者他的近亲属和本案有利害关系。此处"近亲属"的范围应当适用前述规定。利害关系则是指本案的处理结果会直接影响侦查人员、检察人员、审判人员以及书记员、翻译人员、鉴定人等回避对象本人的或者其近亲属的利益。

第三,担任过本案的证人、鉴定人、辩护人或诉讼代理人。在同一个案件中,如果某人已经担任或者履行过本案的证人、鉴定人、辩护人或诉讼代理人的义务和职责,必然会对案件事实和证据形成较为固定的认识和看法,如果再让其以侦查人员、检察人员或审判人员等办案人员的身份参与对该案件的处理,很难做到客观、公正。因此,为避免先入为主形成的片面性和主观性认识和看法影响案件的公正处理,自然应当回避。

第四,与本案当事人有其他关系,可能影响公正处理案件。此处的"其他关系",是指上述三类情形之外的某种关系,其内容比较广泛。大致可以分为两类:(1)与本案当事人存在比较友好的关系,如与当事人是远亲、同事、同学、战友、同乡或朋友关系等;(2)与当事人存在不友好关系,如与当事人发生过矛盾、纠纷等。回避对象与本案当事人存在上述某种关系时是否需要回避,其判断标准是这种关系是否可能会影响其公正处理案件。

第五,接受当事人及其委托的人的请客送礼,或者违反规定会见当事人及其委托的人。接受当事人及其委托的人的请客送礼,或者违反规定会见当事人及其委托的人,不仅严重损害公安机关、人民检察院和人民法院等国家专门机关的清廉、公正形象,而且极易导致徇私舞弊、枉法裁判的行为。针对实践中存在的问题,1996年《刑事诉讼法》修改时增加了现行《刑事诉讼法》第29条,该条规定:"审判人员、检察人员、侦查人员不得接受当事人及其委托的人的请客送礼,不得违反规定会见当事人及其委托的人。审判人员、检察人员、侦查人员违反前款规定的,应当依法追究法律责任。当事人及其法定代理人有权要求他们回避。"为保障此条规定的贯彻落实,在刑事诉讼法已有规定的基础上,相关司法解释和部门规章作出了更为详细的规定。2012 年最高人民法院《刑诉法解释》第 24 条:"审判人员违反规定,具有下列情形之一的,当事人及其法定代理人有权申请其回避:(一)违反规定会见本案当事人、辩护人、诉讼代理人的;(二)为本案当事人推荐、介绍辩护人、诉讼代理人,或者为律师、其他人员介绍办理本案的;(三)索取、接受本案当事人及其委托人的财物或者其他利益的;(四)接受本案当事人及其委托人的宴请,或者参加由其支付费用的活动的;(五)向本案当事人及其委托人借用款物的;(六)有其他不正当行为,可能影响公正审判的。"2012 年公安部《刑事案件程序规定》第 31 条规定:"公安机关负责人、侦查人员不得有下列行为:(一)违反规定会见本案当事人及其委托人;(二)索取、接受本案当事人及其委托人的财物或者其他利益;(三)接受本案当事人及其委托人的宴请,或者参加由其支付费用的活动;(四)有其他不正当行为,可能影响案件公正办理。违反前款规定的,应当责令其回避并依法追究法律责任。当事人及其法定代理人有权要求其回避。"

第六,参加过本案侦查的侦查人员,不能再担任本案的检察人员,参加过本案侦查、起诉的侦查人员和检察人员不能再担任本案的审判人员。2012 年最高人民检察院《刑诉规则》第 30 条、第 33 条规定,参加过本案侦查的侦查人员,不得承办本案的审查逮捕、起诉和诉讼监督工作。该规定同样适用于人民检察院书记员、司法警察和人民检察院聘请或指派的翻译人员和鉴定人。2012 年最高人民法院《刑诉法解释》第 25 条、第 33 条规定,参加过本案侦查、起诉的侦查人员、检察人员,如果调至人民法院工作,不得再担任本案的审判人员。该规定同样适用于书记员、翻译人员和鉴定人。

第七,在一个审判程序中参与过本案审判工作的审判人员,不能再参与本案其他程序的审判。2018 年《刑事诉讼法》第 239 条规定:"原审人民法院对于发回重新审判的案件,应当另行组成合议庭,依照第一审程序进行审判……"第 245 条规定:"人民法院按照审判监督程序重新审判的案件,由原审人民法院审理的,应当另行组成合议庭进行……"这两条规定也属于回避的事由。据此规定,对于经过第二审程序裁定发回重审的案件,原审法院中负责审理此案的原合议庭组成人员不得再参与对该案件的审理;对于人民法院按照审判监督程序重新审理的案件,原负责审理此案的合议庭组成人员也不得再参加对该案的处理。在此规定的基础上,2012 年最高人民法院《刑诉法解释》第 25 条第 2 款明确规定:"在一个审判程序中参与过本案审判工作的合议庭组成人员或者独任审判员,不得再参与本案其他程序的审判。但是,发回重新审判的案件,在第一审人民法院作出裁判后又进入第二审程序或者死刑复核程序的,原第二审程序或者死刑复核程序中的合议庭组成人员不受本款规定的限制。"并且,该规定也适用于书记员、翻译人员和鉴定人。〔2〕

第八,法院领导干部和审判执行岗位法官实行的任职回避。为维护司法公正和司法廉洁,2011 年 2 月 10 日,最高人民法院依照《中华人民共和国公务员法》、《中华人民共和国法官法》和《中国共产党党员领导干部廉洁从政若干准则》,制定并发布了《关于对配偶子女从事律师职业的法院领导干部和审判执行岗位法官实行任职回避的规定(试行)》(以下简称《规定》)。该

〔2〕 2011 年最高人民法院《关于审判人员在诉讼活动中执行回避制度若干问题的规定》第 3 条、第 14 条规定:凡在一个审判程序中参与过本案审判工作的审判人员,不得再参与该案其他程序的审判。人民陪审员、书记员、翻译人员、司法鉴定人员、勘验人员的回避问题,参照执行。

规定自发布之日起实施，要求人民法院领导干部和审判、执行岗位法官，其配偶、子女在其任职法院辖区内从事律师职业的，应当实行任职回避。《规定》中所称法院领导干部，是指各级人民法院的领导班子成员及审判委员会专职委员；审判、执行岗位法官，是指各级人民法院未担任院级领导职务的审判委员会委员以及在立案、审判、执行、审判监督、国家赔偿等部门从事审判、执行工作的法官和执行员；从事律师职业，是指开办律师事务所、以律师身份为案件当事人提供诉讼代理或者其他有偿法律服务。《规定》要求人民法院在选拔任用干部时，不得将具备任职回避条件的人员作为法院领导干部和审判、执行岗位法官的拟任人选，已经在任的法院领导干部和审判、执行岗位的法官符合任职回避要求的，应当在《规定》实施后一年以内调整完毕。

此外，2011 年最高人民法院《关于审判人员在诉讼活动中执行回避制度若干问题的规定》对于审判人员的回避还规定了以下几种情形：(1)审判人员与本案的诉讼代理人、辩护人有夫妻、父母、子女或者同胞兄弟姐妹关系的，也应当回避。(2)审判人员及法院其他工作人员离任 2 年内，担任诉讼代理人或者辩护人的，人民法院不予准许；审判人员及法院其他工作人员离任 2 年后，担任原任职法院审理案件的诉讼代理人或者辩护人，对方当事人认为可能影响公正审判而提出异议的，人民法院应当支持，不予准许本院离任人员担任诉讼代理人或者辩护人。但是作为当事人的近亲属或者监护人代理诉讼或者进行辩护的除外。对此，2017 年《法官法》第 17 条对此做了更为细致的规定：“法官从人民法院离任后二年内，不得以律师身份担任诉讼代理人或者辩护人。法官从人民法院离任后，不得担任原任职法院办理案件的诉讼代理人或者辩护人。法官的配偶、子女不得担任该法官所任职法院办理案件的诉讼代理人或者辩护人。”[3](3)审判人员及法院其他工作人员的配偶、子女或者父母，不得担任其所在法院审理案件的诉讼代理人或者辩护人。另外，人民陪审员、书记员、翻译人员、司法鉴定人员、勘验人员，参照审判人员回避的有关内容执行。

第三节　回避的程序

一、回避程序的启动及其法律效力

(一)回避程序的启动

在我国，由于回避的适用对象涵盖了侦查人员、检察人员、审判人员等，因而无论是自行回避还是申请回避，抑或是指令回避，只要存在法定的回避事由，在整个诉讼过程中都可以启动回避程序。

---

[3] 2017 年《检察官法》作了类似规定，该法第 20 条规定，检察官从人民检察院离任后二年内，不得以律师身份担任诉讼代理人或者辩护人。检察官从人民检察院离任后，不得担任原任职检察院办理案件的诉讼代理人或者辩护人。检察官的配偶、子女不得担任该检察官所任职检察院办理案件的诉讼代理人或者辩护人。2017 年《律师法》第 41 条也规定，曾经担任法官、检察官的律师，从人民法院、人民检察院离任后二年内，不得担任诉讼代理人或者辩护人。

对于自行回避,侦查人员、检察人员和审判人员等在办案过程中发现自己属于法定的回避情形之一时,应当及时、主动地提出回避要求并说明理由,回避要求用书面或口头方式提出均可,口头方式提出的应当记录在案。

对于申请回避,当事人及其法定代理人认为侦查人员、检察人员、审判人员及其他回避对象存在刑事诉讼法及相关解释规定的回避事由时,可以依法提出回避申请。提出申请回避的方式,既可以用书面方式提出,也可以用口头方式,用口头方式提出申请的,应当记录在案。为便于当事人及其法定代理人通过行使申请回避权维护自己的合法权益,刑事诉讼法及相关解释对于申请回避的程序作出较为详细的规定。一方面,人民法院、人民检察院和公安机关应当及时告知当事人及其法定代理人享有申请回避的权利。2012 年最高人民法院《刑诉法解释》第 26 条规定:“人民法院应当依法告知当事人及其法定代理人有权申请回避,并告知其合议庭组成人员、独任审判员、书记员等人员的名单。”2012 年最高人民检察院《刑诉规则》第 22 条规定:“人民检察院应当告知当事人及其法定代理人有依法申请回避的权利,并告知办理相关案件检察人员、书记员等的姓名、职务等有关情况。”2018 年《刑事诉讼法》第 190 条规定,开庭的时候,审判长应当告知当事人有权对合议庭组成人员、书记员、公诉人、鉴定人和翻译人员申请回避。侦查机关也应当及时告知当事人及其法定代理人享有申请回避的权利。另一方面,申请回避的主体既包括当事人及其法定代理人,也包括诉讼代理人、辩护人。

当事人及其法定代理人提出回避申请的,应当说明理由。2012 年最高人民法院《刑诉法解释》第 28 条还要求:“当事人及其法定代理人依照刑事诉讼法第二十九条和本解释第二十四条规定申请回避,应当提供证明材料。”

对于指令回避,有决定回避权的组织或者个人,在办案人员未主动提出回避请求、当事人及其法定代理人也没有提出回避申请的情况下,对办案人员是否属于法定的回避情形应当主动进行审查,一旦发现具有法定应予回避的情形而未回避的,应立即作出决定,指令相关人员回避,相关人员应当服从并执行该决定。2012 年公安部《刑事案件程序规定》第 30 条规定:“公安机关负责人、侦查人员有刑事诉讼法第二十八条规定的应当回避的情形之一的,应当自行提出回避申请,没有自行提出回避申请的,应当责令其回避。”2012 年最高人民检察院《刑诉规则》第 20 条规定:“检察人员在受理举报和办理案件过程中,发现有刑事诉讼法第二十八条或者第二十九条规定的情形之一的,应当自行提出回避;没有自行提出回避的,人民检察院应当按照本规则第二十四条的规定决定其回避。”第 26 条规定:“应当回避的人员,本人没有自行回避,当事人及其法定代理人也没有申请其回避的,检察长或者检察委员会应当决定其回避。”2012 年最高人民法院《刑诉法解释》第 29 条对审判人员的指令回避作了类似的规定。

(二)回避程序启动后的法律效力

回避程序启动后的法律效力是指回避程序启动后对公安司法机关的诉讼行为和回避对象的法律效力。回避程序启动后,无论是自行回避还是申请回避,抑或是指令回避,被申请回避的人员一般应暂停参与本案的处理,等待相关组织和人员作出是否回避的决定。但是,较为特殊的是,对侦查人员的回避作出决定前,侦查人员不能停止对案件的侦查。2012 年公安部《刑事案件程序规定》第 36 条第 1 款规定:“在作出回避决定前,申请或者被申请回避的公安机关负责人、侦查人员不得停止对案件的侦查。”2012 年最高人民检察院《刑诉规则》第 29 条规定:“人民检察院直接受理案件的侦查人员或者进行补充侦查的人员在回避决定作出以前或者复议期间，不得停止对案件的侦查。”之所以这样规定，是由刑事案件侦查的特殊性所决定的，侦查活动必须保持它的及时性，如果仅仅因为启动了回避程序而要求侦查人员停止进行侦查，犯罪现场就可能因为没有及时勘验、检查而遭到破坏，犯罪痕迹、物证可能被毁灭，相关言词证据难以调查收集，犯罪嫌疑人也可能趁机逃跑，进而贻误破案最佳时机，不利于侦查工作的顺利进行，严重影响对犯罪活动的追究。当然，这里的侦查人员既包括公安机关的侦查人员，也包括人民检察院直接受理案件的侦查人员或者进行补充侦查的人员，并且适用于在侦查中履行职务的书记员、翻译人员、鉴定人等。

二、回避申请的审查与决定

侦查人员、检察人员、审判人员等自行回避以及当事人及其法定代理人、辩护人、诉讼代理人申请回避的要求提出后，都需要按法律的有关规定，由有关组织或个人审查，依法作出批准回避的决定或者依法作出驳回申请回避的决定，然后才能予以执行。

关于回避的决定权主体，根据2018年《刑事诉讼法》第31条、第32条及其他有关规定，审判人员、检察人员、侦查人员的回避，应当分别由院长、检察长、公安机关负责人决定；院长的回避，由本院审判委员会决定；检察长和公安机关负责人的回避，由同级人民检察院检察委员会决定；人民检察院办理自侦案件的侦查人员的回避由检察长决定。分别在侦查、起诉、审判活动中担任记录、翻译、鉴定、勘验等工作的书记员、翻译人员、鉴定人员、勘验人员、司法警察、执行员的回避，应当分别由公安机关负责人、检察长、法院院长审查决定。对于在庭审阶段属于检察机关的检察人员和书记员的回避，仍由其所属的检察机关决定。2012年最高人民法院《刑诉法解释》第31条规定，当事人及其法定代理人申请出庭的检察人员回避的，人民法院应当决定休庭，并通知人民检察院。最终由其所属的检察机关根据相关规定作出决定。

对于回避申请的审查与决定，需要注意的是：(1)检察委员会讨论检察长回避问题时，由副检察长主持，检察长不得参加。(2)法院的院长、检察机关的检察长不应包括副职，因为根据《人民法院组织法》和《人民检察院组织法》的有关规定，正职与副职的产生方式及职权明显不同。但在正职缺额或不在岗位，由副职依法代行正职职权时，比照适用正职的回避审查决定程序。(3)公安机关负责人是指县级以上公安机关负责人，其回避由同级人民检察院检察委员会决定。这样规定的主要原因在于：一方面，公安机关内部没有类似人民法院审判委员会或人民检察院检察委员会的集体性组织；另一方面，人民检察院是国家的法律监督机关，应当对公安机关的侦查活动是否合法进行监督，监督的内容自然应当包括公安机关对回避制度的执行和落实。因此，由同级人民检察院检察委员会决定公安机关负责人应否回避是合理的。

三、对驳回申请回避决定的复议

对于当事人及其法定代理人、诉讼代理人、辩护人提出的回避申请，有回避决定权的组织或个人经过审查以后，应当依法作出批准或者驳回回避申请的决定。一般而言，刑事诉讼中的“决定”一经作出就具有法律效力。但是，为保障当事人的合法权益，纠正可能出现的错误，对于回避决定，可以申请复议一次。2018年《刑事诉讼法》第31条第3款规定：“对驳回申请回避的决定，当事人及其法定代理人可以申请复议一次。”因此，驳回申请回避的决定作出后，有关机关应告知当事人及其法定代理人有申请复议一次的权利，当事人及其法定代理人如果对驳回申请回避的决定不服，可以申请复议。对于复议的要求和程序，2012年最高人民检察院《刑诉规则》第28条、第29条和2012年公安部《刑事案件程序规定》第35条规定,当事人及其法定代理人在收到《驳回申请回避决定书》后5日内可向原决定机关申请复议一次,决定机关应在3日内作出复议决定书并书面通知申请人。[4] 2012年最高人民法院《刑诉法解释》第30条规定,当事人及其法定代理人申请回避被驳回的,可以在接到决定时申请复议一次,不属于《刑事诉讼法》第28条、第29条规定情形的回避申请,由法庭当庭驳回,并不得申请复议。

在回避复议期间,侦查人员不能停止对案件的侦查。在审查起诉、审判等其他阶段,则应暂时停止诉讼程序的进行,待有关组织或者个人作出复议决定后,再继续进行诉讼活动。对复议的处理决定,公安机关、人民检察院和人民法院应当及时告知提请复议的当事人及其法定代理人。

四、违反回避规定的法律后果及其救济

违反回避制度相关规定的法律后果涉及违反回避规定所进行的诉讼程序、诉讼行为是否具有法律效力,收集的证据材料是否具有证据能力等问题。就现有规定来看,主要内容包括:

2012年公安部《刑事案件程序规定》第37条规定,被决定回避的公安机关负责人、侦查人员在回避决定作出以前所进行的诉讼活动是否有效,由作出决定的机关根据案件情况决定。

2012年最高人民检察院《刑诉规则》第31条规定,因符合《刑事诉讼法》第28条或者第29条规定的情形之一而回避的检察人员,在回避决定作出以前所取得的证据和进行的诉讼行为是否有效,由检察委员会或者检察长根据案件具体情况决定。

2018年《刑事诉讼法》第238条规定,第二审人民法院发现第一审人民法院的审理违反回避制度的,应当裁定撤销原判,发回原审人民法院重新审判。

显然,现行《刑事诉讼法》及相关规定中对于违反回避规定的法律后果及其救济措施的规定比较简单,存在一些不够完整,不够明确、具体的地方。[5] 但是,这是一个较为复杂的问题,涉及我国刑事诉讼中程序性制裁和程序性裁判机制的建立。而且,在侦查、起诉、审判不同阶段违反回避制度造成的危害后果也不尽相同,也不宜全盘否定已经进行的诉讼程序、诉讼行为

---

[4] 公安部《刑事案件程序规定》第35条第2款要求的是:"公安机关应当在收到复议申请后5日以内作出复议决定并书面通知申请人。"

[5] 在我国刑事诉讼中,回避制度还存在一些问题和不足,需要进一步探讨和完善,主要有:(1)《刑事诉讼法》第30条所规定的回避情形在实践中难以落实。《刑事诉讼法》第30条规定,审判人员、检察人员、侦查人员不得接受当事人及其委托人的请客送礼,不得违反规定会见当事人及其委托人;审判人员、检察人员、侦查人员违反上述规定的,应当依法追究法律责任;当事人及其法定代理人有权要求他们回避。但在实践中,当事人很少申请这些公安司法人员回避,即使提出了回避申请,也很少获得成功。其原因在于申请这种回避需要有证据证明,但当事人及其法定代理人往往很难获得相关证据。对此问题的解决,我们认为,可以考虑在一定程度上确立无因回避制度,即允许当事人及其法定代理人行使一定次数的无因回避权,这可以有效解决当事人及其法定代理人在申请回避中的举证难问题。当然,考虑到刑事案件处理的特殊性,在侦查阶段不适宜采用无因回避制度,在审查起诉阶段和审判阶段,尤其是审判阶段可以适用。(2)在制度上没有明确解决机关全体回避的问题。现行回避制度针对的是单个侦查人员、检察人员和审判人员等回避对象。但是,实践中有时候会出现某一起案件因社会舆论的影响或者公安机关负责人、检察机关检察长、法院院长本人属于回避对象而导致公、检、法机关难以做到公正处理案件,或者说社会公众难以相信案件能够得到公正处理,对于这些情况,有必要探讨通过机关全体回避制度来予以解决。(3)从前述回避的事由来看,在《刑事诉讼法》已有规定的基础之上,最高人民法院通过司法解释(如2011年最高人民法院《关于审判人员在诉讼活动中执行回避制度若干问题的规定》)对审判人员的回避作出了更为严格的规定,有利于保障审判活动的公正进行,但公安部和最高人民检察院尚未出台类似的规定,其应当结合本系统的实际情况作出类似的规定。(4)对于违反回避规定的程序性法律后果及其救济措施,立法和相关研究均不足,有待进一步深入。

的法律效力和已收集的证据材料的证据能力,应当如何科学、合理地规定需要进一步研究和探讨。在现有规定的情况下,为促进回避制度的全面落实,应从以下两方面进行:一方面,应当充分发挥人民检察院的诉讼监督职能,如人民检察院在审查批捕或者审查决定逮捕的过程中,或者在审查起诉时,发现公安机关负责人、负责本案侦查的人员应当回避而没有回避的,应当以程序违法为由要求负责侦查的机关或部门予以纠正、进行补充侦查;在行使审判监督职能的过程中,发现人民法院的有关人员应当回避而没有回避的,应当及时地向人民法院提出,要求其纠正。另一方面,人民法院在审理案件的过程中,如果发现人民检察院有违反回避规定的情形,可以建议人民检察院撤回起诉,予以纠正或补充侦查,在一些情况下也可否定相关证据材料的证据能力。

思考题

1. 在一起刑事案件中的侦查过程中,被害人提出犯罪嫌疑人是侦查机关负责人的近亲属,要求负责办案的侦查机关的全体侦查人员回避,应当如何处理?

2. 在人民法院审理过程中,被告人的辩护律师提出,在案件的侦查阶段,负责办理案件的侦查人员属于应当回避的对象但没有回避,该侦查人员调查收集的证据不具有证据资格。这种情况应当如何处理?

第九章　刑事强制措施

导　读

刑事强制措施是国家刑事诉讼专门机关为保证刑事诉讼活动的顺利进行，而对犯罪嫌疑人、被告人实施的强制性限制人身自由或暂时剥夺人身自由的各种强制方法。由于强制措施的实施关乎公民人身自由权的实现和行使，因此各国对其均进行了较为详细的规定。我国2012年对《刑事诉讼法》进行第二次修改时，涉及强制措施的种类、实施条件和程序规定的条文修订从数量上来说，由27个增加到35个，2018年《刑事诉讼法》进行第三次修改时保留了上述规定，以确保相关措施的正确实施，进而全面保障犯罪嫌疑人、被告人的基本人权。

第一节　刑事强制措施概述

一、刑事强制措施的概念与特征

(一)我国刑事诉讼法上强制措施的概念与特征

刑事诉讼中的强制措施，是指公安机关、人民检察院、人民法院为保证刑事诉讼活动的顺利进行，依法对犯罪嫌疑人、被告人或者现行犯、重大嫌疑分子所采取的强制性限制其人身自由或者暂时剥夺其人身自由的各种法定强制方法。我国刑事诉讼法规定了五种强制措施，按照强制力度从轻到重的顺序排列依次为拘传、取保候审、监视居住、拘留和逮捕。

根据我国刑事诉讼法之规定，强制措施具有以下特点：

第一，适用主体具有特定性。根据我国刑事诉讼法的规定，有权适用强制措施的主体只能是公安机关(包括国家安全机关、军队保卫部门、监狱)、人民检察院和人民法院，其他任何机关、团体或个人都无权采取强制措施，否则即构成对公民人身权利的侵犯，严重的构成犯罪。

第二，适用对象具有唯一性。强制措施的适用对象只能是犯罪嫌疑人、被告人，对于犯罪嫌疑人、被告人以外的诉讼参与人和其他案外人不得动用强制措施。有些国家规定对证人可以进行拘传，但我国法律没有作此规定。拘留的适用对象是现行犯或重大嫌疑分子，这里的现行犯、重大嫌疑分子实际上也属于犯罪嫌疑人的范畴。据此，公安司法机关在适用强制措施的过程中，要注意严格控制强制措施的适用对象，不得扩大其适用对象的范围。

第三，适用目的具有特定性。刑事强制措施是一种诉讼保障措施，而不具有实体处罚性，适用强制措施的目的是保障诉讼顺利进行,防止犯罪嫌疑人、被告人逃避侦查、起诉和审判,进行毁灭、伪造证据、继续犯罪等妨害刑事诉讼的行为,而不是为了对犯罪嫌疑人、被告人进行惩罚。也正因如此,刑事强制措施与刑罚措施和行政处罚措施存在本质上的区别。

第四,适用程序具有法定性。强制措施是一种法定措施,我国刑事诉讼法对各种强制措施的适用机关、适用条件和程序都作出了严格的限制性规定,其目的就是严格控制强制措施的适用过程,防止因为强制措施被滥用而侵犯公民合法权利。

第五,适用时间具有临时性。强制措施的法律效果是强制性限制其人身自由或者暂时剥夺其人身自由,但无论是限制人身自由还是暂时剥夺人身自由,都是临时性的,因为它不是一种惩罚,而仅仅是为了保证诉讼活动的顺利进行,诉讼都是有期限的,所以强制措施的期限不可能是无期的,也不可能比诉讼期限更长,随着刑事诉讼的推进,当适用强制措施的必要性减弱或者消除时,公安司法机关应当及时将强制措施予以变更或者解除。

(二)刑事强制措施概念之检讨

长期以来,在“强制措施”的概念和体系上,我国传统刑事诉讼立法和理论坚持认为,刑事诉讼中的强制措施,是指公安机关、人民检察院和人民法院为了保证刑事诉讼的顺利进行,依法对刑事案件的犯罪嫌疑人、被告人的人身自由进行限制或剥夺的各种强制性方法。根据这一定义和现行强制措施立法谱系,我国的“强制措施”概念具有两个突出的特点:一是强制措施只能针对犯罪嫌疑人、被告人而适用,不得适用于其他诉讼参与人;二是强制措施限于拘传、取保候审、监视居住、拘留、逮捕五种干预(限制或剥夺)人身自由的强制性方法,其他干预人身自由的强制性方法如身体检查、监听等以及干预财产自由的强制性方法如搜查、扣押等,均不在“强制措施”概念的外延之内。我们认为,这一“强制措施”概念存在重大的理论缺陷,并已经对我国刑事诉讼立法、司法实践以及理论研究造成了消极影响:

首先,这一概念褊狭地将强制措施局限于拘传、取保候审、监视居住、拘留、逮捕五种人身强制措施,无法将实践中广泛存在的诸多干预(限制或剥夺)公民宪法性基本权利的强制侦查手段,如搜查、扣押等证据保全措施以及通信监听等新型侦查取证措施纳入“强制措施”的概念和体系内予以规范,从而导致这些强制性侦控手段本身所具有的强制性及其对公民基本人权的潜在威胁完全被忽略,其程序运作的正当化问题亦被“遮蔽”或“掩盖”。例如,与拘留、逮捕等人身保全措施剥夺了被追诉人的人身自由相同,搜查、扣押等证据保全措施实际上也限制或剥夺了被追诉人的人身自由、居住自由或财产自由,同样构成对公民宪法性基本权利的干预,两者在基本权利干预上具有同质性,本应一体立法予以规范。然而,我国刑事诉讼法在立法体例上却以“专门性调查工作”为名,将搜查、扣押等证据保全措施置于《刑事诉讼法》第二编第二章“侦查”程序中进行规定,视其为单纯的侦查措施,有意无意地忽略了其对公民基本权利的干预性,“掩盖”了其所具有的强制性特征。同时,根据《刑事诉讼法》第80条的规定,逮捕犯罪嫌疑人、被告人,必须经过人民检察院批准或者人民法院决定。这种“准司法审查”机制的建立,表明立法者基于人权保障理念而强调逮捕因干预基本权而应受(准)司法抑制的立法态度。但问题是,同样可能干预公民基本权的强制性侦查手段如搜查、扣押等,刑事诉讼法却规定由侦查机关自行决定适用,无须经过人民检察院批准因而不受(准)司法抑制。立法上“厚此薄彼”,逻辑上似乎很难自圆其说。我们认为,刑事诉讼立法之所以不“一视同仁”,很大程度上就是因为我国传统强制措施概念将搜查、扣押等证据保全措施排除在外,从而“遮蔽”了这些证据保全措施本身所具有的强制力特性及其对公民基本权利的潜在威胁性。

其次,这一概念将强制措施的适用对象限定为被追诉人(犯罪嫌疑人、被告人),直接造成司法操作上的困境。例如,修正后的《刑事诉讼法》第193条规定:“经人民法院通知,证人没有正当理由不出庭作证的,人民法院可以强制其到庭,但是被告人的配偶、父母、子女除外。”本条修法确立了强制证人出庭作证制度,对于证人没有正当理由不按人民法院通知出庭作证的,法条规定人民法院可以强制其到庭,但问题是,法条本身并未指明人民法院应当采用何种强制性措施确保证人到庭。其实,无论是从法理还是比较法的角度讲,强制证人出庭作证,实际就是强制证人到庭并保全其证言,类似于拘传被追诉人到场应讯,因而强制证人出庭作证最适当的强制措施就是拘传,这也是域外法治国家的普遍做法,例如,《日本刑事诉讼法》第152条规定:“对于不接受传唤之证人,得再传唤或拘提(即拘传——笔者注)。”然而,按照我国传统强制措施概念,作为强制措施的拘传,适用对象应当限定为被追诉人(犯罪嫌疑人、被告人),而不能适用于证人,这就带来一个现实操作上的问题,如果不用拘传,那么人民法院究竟该用何种强制措施强制证人到庭呢?在我们调研过程中,曾问起法官如何解决这一问题,他们也感到“无可奈何”。难道立法上还要独辟蹊径专门为此另创一种全新的强制措施?我们认为,与其多此一举新创强制措施类型,不如修正传统的强制措施概念,使拘传得以适用于证人、自诉人等其他诉讼参与人。[1]

最后,这一概念模糊了强制措施的本质和目的,导致理论研究中出现认识错位。例如,近年来,有学者提出应将我国的强制措施体系区分为“强制到案措施”和“强制候审措施”,前者包括盘查、拘传、拘留和逮捕,而后者包括羁押、取保候审和监视居住。该观点同时认为,强制到案措施属于侦查机关的职权,可由其自行决定适用,而强制候审则属于法院的职权,只能由法院批准后决定适用。然而,强制措施的本质即在于对基本权利的干预,因而,无论是“强制到案措施”还是“强制候审措施”理论上皆应受法院的司法审查,概念上区分“强制到案措施”与“强制候审措施”,并将“强制到案措施”划为侦查机关的职权,反而可能模糊了我们对强制措施本质的认识,进而使“强制到案措施”脱离司法抑制的对象和范围。况且,强制措施的目的本在于通过强制力保全被追诉人人身(确保被追诉人于审判时到场并确保刑罚之执行)以及保全证据,因而,理论上一般根据上述目的的不同而将强制措施分类为“人身保全措施”和“证据保全措施”。对于人身保全措施而言,强制被追诉人到案是保全其人身的前提,因而,事实上所有的人身保全措施都具有强制被追诉人到案的功能,所谓“到案”无非是保全被追诉人人身的一种手段或形式而已。打破传统的“人身保全措施”和“证据保全措施”的两分法,另行提出“强制到案措施”或类似的“侦查到案措施”等概念,学术上是否有必要?不无疑义。此外,因为传统的列举式概念模糊了强制措施的本质、“压缩”了强制措施的外延,致使理论上对于“口头传唤”“抓捕”“提取证据”等实践中经常采用的强制犯罪嫌疑人到案的措施,往往无法作出正确的解释,于是部分学者在研究中轻易地将其定位为规避或替代法定强制措施的一种“非法定强制措施”予以批判。然而,“口头传唤”其实不过是作为间接强制措施的传唤的一种执行方法,“抓捕”实际上不过是拘传或拘留的一种特殊形式,而所谓“提取证据”也不过是搜查、扣押的前置程序——“命令交付”,其本质上也是一种强制措施(间接强制措施)。

---

〔1〕 我国台湾地区著名学者林山田教授指出:“拘提(拘传)乃强制被告、证人或自诉人到一定场所之强制处分。”参见林山田:《刑事程序法》(增订第五版),台北,五南图书出版股份有限公司2004年版,第275页。

由此可见,我国传统的强制措施概念存在重大的理论瑕疵,以此概念为基础构建的强制措施制度和侦查程序立法更是存在逻辑性和实用性两方面的根本缺陷。

域外法治国家尤其是与我国同源的大陆法系成文法国家的立法经验,向来是我国变革现行法制的重要参照和基本路径。强制措施,本是大陆法系职权主义诉讼模式下的一个学术概念,英美法系国家虽有类似的制度设计,但却并无"强制措施"的概念和理论体系,因而,我们要反思和评判我国传统的强制措施概念,必须首先返回该概念和理论的起始原点,从大陆法系职权主义诉讼模式下的强制措施概念和体系出发,寻求相关启示。

强制措施,在大陆法系刑事诉讼理论中一般称为"强制处分"或者"强制侦查",概念上一般将其定义为:"在刑事程序中,刑事追诉机关或审判机关为了探索犯罪事实或保全刑事证据,确保刑事程序之顺利进行,使用限制或剥夺基本自由或权利之强制手段,而针对犯罪嫌疑人、被告或其他诉讼关系人以及犯罪有关之物或通讯所为之强制措施。"根据这一定义,强制处分具有以下特点:

第一,目的特定性。即强制处分措施的适用,目的在于通过保全被追诉人人身或保全证据"确保刑事程序之顺利进行"。理论上往往根据上述目的的不同而将强制处分分为"人身保全措施"和"证据保全措施"。所谓保全被追诉人人身,则是指确保被追诉人于审判时到场以及确保刑罚执行。现代刑事诉讼实行直接审理和在场原则,被告人不到庭,不得举行审判,因此,对于有逃亡之虞、审判时可能不到庭的被追诉人,必须于审前程序中即采用强制力手段限制或剥夺其人身自由,以确保其在后续的审判活动中到庭应诉。同时,对于大多数被追诉人而言,其本身就存在一定的人身危险性,尤其对于暴力型犯罪的被追诉人,诉前的人身保全能够有效地避免被追诉人再犯。此外,被追诉人可能因为法院的有罪判决而成为刑罚的被执行人,如果被追诉人在审前程序中逃亡,则后续的刑罚执行活动将因为丧失执行对象而落空,国家刑罚权也将因之而被空置,因此,为确保刑罚得到执行,也应当在审前程序中通过强制力手段限制或剥夺被追诉人的人身自由,此等强制力手段即强制处分,典型如逮捕、羁押。所谓保全证据,即收集、提取、保存证据,以供追诉、审判之用。在刑事诉讼中,犯罪人为逃避追诉,势必竭尽所能隐藏、转移、伪造、湮灭证据,甚至不惜采用武力抗拒取证,而侦查机关为了完成收集、提取、保存证据的任务,必要时只能动用强制力手段限制、剥夺当事人的人身自由或财产自由,以排除障碍、确保罪案调查的顺利进行,此等强制取证手段即强制处分,典型如搜查、扣押。

第二,对象区别性。根据强制处分适用对象的不同,理论上将强制处分区分为"对被追诉人之强制处分"和"对第三人之强制处分",前者仅能对被追诉人(犯罪嫌疑人、被告人)适用,如逮捕、羁押等;而后者不仅可对被追诉人适用,对其他诉讼关系人如证人甚至案外第三人等均可适用,例如,拘传作为一项强制措施,不仅对被追诉人适用,也可适用于证人,而住宅搜查不仅可以对被追诉人的住宅适用,也可以对藏匿罪证或赃物的第三人住宅适用。

第三,手段强制性。强制处分,顾名思义,自是以强制力的行使为其显著的外在特征,所谓"强制"一语,实际有两层含义:

一是强制力。所谓强制,即以人力或物力限制或剥夺人之自由,是故,人力或物力等强制力的使用,遂成为强制处分的显著外在特征。强制处分中强制力的使用,既可以表现为对被处分对象施加某种直接、有形的物理力(人力或物力),例如,使用戒具(物力)限制人身自由、使用抓捕(人力)剥夺人身自由等;也可以表现为以强制力为后盾而要求被处分对象依法定义务作出某种行为,例如传唤,虽然并不直接使用有形力,但一经传唤,被追诉人即负有到场之义务,如不遵守即可能引发具有直接强制力的拘传,因此,传唤虽然不具有直接强制力,但却具有间接强制力,一旦传唤不到即可能转换为拘传,因而实际上具有限制被追诉人人身自由的性质,理论上一般也将其归入强制处分的概念和体系,称为“间接强制处分”(以区别于“拘传”等“直接强制处分”)。与此类似的还有“命令交付”。扣押,是对可为证据或应没收之物的强制剥夺、占有,但扣押的具体实施,并不一定非要使用强制力,因为被扣押人可能会同意合作、自动交出扣押物,这便是所谓的“命令交付”程序。对此,《日本刑事诉讼法》第99条第2款规定,法院可以指定应当予以查封的物品,命令物品的所有人、持有人或者保管人提出该物品。《德国刑事诉讼法》第94条、第95条也规定,凡保管扣押物品的人员,负有依要求出示、交出物品的义务。拒绝交出时,需要进行扣押。并对该人员科处秩序罚款、强制措施。可见,“命令交付”虽不具有直接强制力,但“命令”一经作出,被处分人即负有交付义务,如不合作就将遭受强制扣押,因此,其也具有间接强制力,属于“间接强制措施”。

二是强行力。强制处分中的“强制”一语,还意指可以不经被处分人同意即强行实施。换言之,被处分人的意愿不构成强制处分适用的前提,即便被处分人不愿配合,强制处分仍可强行实施,例如监听,其实施无须征得被监听人同意即可强行实施,因而亦构成强制处分。反之,若一强制处分行为在实施前获得了被处分人的同意而以被处分人自愿配合为前提实施,则亦可能“软化”为一项非强制处分(任意侦查)。所谓任意侦查,系与强制处分(或强制侦查)相对而称,强制处分指的是对被处分人重要权益进行强制性干预的措施,而任意侦查则是指不会对被处分人的重要权益造成强制性干预的措施。判断是否构成任意侦查有两条标准:其一,不会侵犯被处分人的重要生活权益,如跟踪、监视等;其二,不采用强制力而是以被处分人自愿配合为前提实施,如询问证人(知情人)等。根据第二项标准,一些原本应为强制处分的行为,可能因为被处分人的自愿配合而“软化”为任意侦查,典型如同意搜查。搜查,本为刑事诉讼法明文规定的一种强制处分,可由搜查机关强行实施,但如果被搜查人自愿配合,则搜查机关自不必动用强制力即可达成目的,从而将搜查由一种强制处分“软化”为一项任意侦查。

第四,权利干预性。强制处分中因为强制力手段的动用,必然在法律后果上对涉讼公民的基本人权(人身自由和财产自由)造成一定程度的干预(限制或剥夺),例如,羁押剥夺了被追诉人的人身自由,住宅搜查限制了被追诉人的居住自由,监听侵犯了被追诉人的通信自由,而扣押则剥夺了被追诉人的财产自由。权利干预性,既是强制处分的本质特征,也是判断一项诉讼行为是否构成强制处分的重要标准。正是在这个意义上,日本学者田口守一才言简意赅地指出:“所谓强制措施,就是侵犯个人重要利益的措施。”也正是基于同样的原因,德国学者 Amelung 才提出,刑事诉讼法应该根本放弃“强制措施”“强制处分”等传统用语,改以“刑事诉讼上之基本权干预”替代,唯有如此才能精确描述这种公法行为的特性。[2]

根据上述标准判断,刑事诉讼中几乎所有具有基本权干预性质的强制性手段都应被纳入强制处分的概念和体系中予以规范,包括“人身保全措施”(对人强制处分)和“证据保全措施”(对物强制处分),前者典型如(传唤)拘传、逮捕、羁押、身体检查、鉴定留置等;后者典型如搜查、扣押、监听等。受到 Amelung 教授观点的启发,我们认为,可以在保留“强制措施”传统用语的前提下,对其性质和特征进行重新界定,即以人权保障为导向重创刑事强制措施概念体系,将刑事强制措施定义为在刑事诉讼过程中干预公民基本权利的公法行为,其外延包括人身强

---

〔2〕 林钰雄:《刑事诉讼法》(上册),元照出版有限公司2004年版,第268页。

制措施、证据保全措施和暂时性处分措施。

其一,有助于正确定位搜查、扣押等证据保全措施以及通信监听、监视录像等新型侦查手段的性质。我国传统的强制措施概念,无法容纳搜查、扣押等证据保全措施,只能称为"专门性调查工作",从而忽略了其手段强制性和对基本权的干预性,造成人权保障功能方面的"盲点"。而根据强制处分的概念,搜查、扣押等证据保全措施所具有的基本权干预的本性而毫无疑问应认定为一种强制处分,理应纳入司法抑制的对象和范围,与逮捕一道接受(准)司法审查。同时,我国传统的强制措施概念,并不能涵括许多现代形态的国家干预行为,例如,通信监听、监视录像等新型侦查取证手段,与传统形态的拘留、逮捕等明显使用直接、有形力的强制措施不同,其并不带有直接的、外显的强制力,称为"强制措施",似乎颇为勉强,但如果按照强制处分的概念,基本权干预方为强制处分的本质特征,因而,严重干预通信自由和隐私权的通信监听等新型侦查取证手段,毫无疑问应当构成强制处分。

其二,有利于揭示暂时处分措施的本质。我国现行刑事诉讼法并未对暂时剥夺执业或营业资格等暂时处分措施作出明确规定,但是随着宪法上新财产权概念和理论的发展,由刑事诉讼法对暂时处分措施进行规范,已经势成必然,但对于暂时处分措施,我国传统的强制措施概念显然是无力容纳的,亦无力对其性质作出合理的解释与界定。虽然大陆法系职权主义诉讼理论对于暂时处分措施究竟应属强制处分还是预防性措施仍存争议,但无论如何,其具有干预公民宪法性基本权利(新财产权)的性质却是共识,由这一本质特征出发,将暂时处分措施纳入强制处分的概念和体系,在法理上似乎并无障碍,反而更有利于揭示暂时处分措施的本质,在观念上将其与逮捕、羁押等典型的强制处分一并纳入法律规制和司法抑制的对象与范围,以此凸显人权保障目的。

其三,对于刑事诉讼立法更具指导意义。在大陆法系刑事诉讼模式下提出强制处分的概念,以及在概念上明确区分强制处分与任意侦查,其目的在于引出和贯彻"强制侦查法定主义"与"司法令状主义",直接指导刑事诉讼立法。从人权保障目的出发,强制处分因干预公民基本人权而必须受到法律规制和司法抑制,因而其适用应有双重授权:一方面,强制处分必须有法律的抽象授权,即侦查机关只能采用法律有明文授权的强制处分,法律没有明文授权的强制处分,侦查机关不得采用,此即立法上的"强制侦查法定主义",如《日本刑事诉讼法》第179条之规定,"为了实现侦查的目的,可以进行必要的调查。但是,如本法无特别规定时,不得进行强制处分"。另一方面,实施强制处分还必须有司法机关的具体授权,由于强制处分干预了公民的宪法性基本权利,为保障和救济公民权利,强制处分实施之前,应当由司法机关介入对强制处分的合法性和有效性加以审查,侦查机关采用强制处分,应当持有司法机关颁发的授权"令状",此即立法上的"司法令状主义"。据此,在刑事诉讼立法上,强制处分,包括人身保全措施、证据保全措施和暂时处分措施,都必须严格贯彻"强制侦查法定主义"和"司法令状主义",以此凸显刑事诉讼法的人权保障功能。

正因为强制处分的概念较之我国传统的强制措施概念在内涵和外延上更具解释力,对刑事诉讼立法亦更具指导意义,因此,笔者建议借鉴强制处分概念的合理内涵,对我国传统的强制措施概念进行修正,即在保留"强制措施"这一立法用语的同时将强制措施的定义修正为:"在刑事诉讼过程中为保障刑事诉讼顺利进行而干预(限制或剥夺)公民基本权利的各种强制性行为。"为此,在立法体例上应当将证据保全措施包括搜查、扣押、监听、身体检查、鉴定留置等置于第六章强制措施中予以规定。

二、刑事强制措施与其他相关法律措施的区别

(一)刑事强制措施区别于刑罚和行政处罚

刑事强制措施与刑罚和行政处罚虽然都是国家的强制方法,其适用都会导致适用对象的人身自由受到限制或剥夺,但是它们之间存在本质区别:

第一,适用目的不同。刑事强制措施是一种诉讼保障措施,其适用的目的是保证刑事诉讼的顺利进行;而刑罚和行政处罚具有惩罚性,适用刑罚和行政处罚的目的是处罚实施了犯罪行为和有行政违法行为的人。

第二,适用对象不同。刑事强制措施适用于刑事诉讼过程中尚未被人民法院的生效判决确定有罪的犯罪嫌疑人、被告人;而刑罚适用于已经被人民法院的生效判决确定为有罪的犯罪人;行政处罚适用于违反行政法律、法规的公民个人、法人和其他组织。

第三,有权适用的机关不同。刑事强制措施由公安机关、人民检察院和人民法院依法适用;而刑罚只有人民法院有权判处;行政处罚由国家行政机关依法作出。

第四,适用条件不同。刑事强制措施的适用条件是犯罪嫌疑人、被告人有社会危险性或者可能实施妨害刑事诉讼的行为;而刑罚适用的条件是犯罪人违反刑法并被法院认定有罪;行政处罚的适用条件是行为人违反有关行政法律、法规。

第五,稳定性不同。刑事诉讼强制措施可以根据案件情况、证据掌握程度等因素的变化随时变更、解除或者撤销;而刑罚和行政处罚相对稳定,一经作出非经法定程序不得改变。

(二)刑事诉讼强制措施与民事诉讼和行政诉讼强制措施不同

刑事强制措施与民事诉讼和行政诉讼强制措施都是在诉讼过程中适用的法定强制方法,都以保障诉讼的顺利进行为主要目的,但它们之间也存在重大差别:

第一,适用主体不同。刑事强制措施依法由公安机关、人民检察院和人民法院适用;而民事诉讼和行政诉讼强制措施只能由人民法院适用。

第二,适用对象不同。刑事强制措施仅仅适用于犯罪嫌疑人、被告人;而民事诉讼和行政诉讼强制措施适用于所有实施了妨害诉讼行为的人,不仅包括当事人,而且包括其他诉讼参与人,甚至包括案外人。

第三,适用条件不同。刑事诉讼中只要犯罪嫌疑人、被告人可能实施妨害刑事诉讼的行为即可适用强制措施;而民事诉讼和行政诉讼强制措施的适用条件比较严格,必须是已经实施了妨害诉讼的行为,并且该行为具有一定的严重程度,方可适用。

第四,种类不同。刑事强制措施有拘传、取保候审、监视居住、拘留和逮捕;而民事诉讼强制措施有拘传、训诫、责令退出法庭、罚款和拘留,行政诉讼强制措施有训诫、责令具结悔过、罚款和拘留。

(三)公民扭送并非刑事强制措施

1. 我国刑事诉讼法对公民扭送的定性

所谓公民扭送,是指公民将当场抓获的现行犯罪分子强制送交公安机关处理的行为。公民扭送虽然也是针对犯罪嫌疑人而采用并且也具有人身强制性,但根据我国刑事诉讼法及主流理论,扭送并非刑事强制措施、不具有诉讼性质,而是法律赋予公民在紧急情况下同犯罪分子作斗争的一项权利,也是公民应尽的义务,是公安司法机关依靠群众查获犯罪分子、及时制

止和打击现行犯罪活动的重要手段,也是专门机关和群众路线相结合方针的具体体现。

根据《刑事诉讼法》第84条规定:“对于有下列情形的人,任何公民都可以立即扭送公安机关、人民检察院或者人民法院处理:(一)正在实行犯罪或者在犯罪后即时被发觉的;(二)通缉在案的;(三)越狱逃跑的;(四)正在被追捕的。”对于在上述四种情形下,公民当场抓获的犯罪分子,应当及时扭送公安司法机关处理,公安司法机关对于公民扭送来的犯罪分子,应当收留并立即进行讯问,如果认为应当拘留、逮捕的,应当分别办理拘留、逮捕手续;认为不应当拘留、逮捕的,应当向扭送的公民说明理由,做好工作,将被扭送人放回。

2. 对公民扭送性质的法理反思

我国刑事诉讼法和传统诉讼理论之所以否定“公民扭送”的强制措施性质,主要是立足于传统法理学对于“权力”的认识。在他们看来,只有公安机关、人民检察院、人民法院才有权采用强制措施,公民不是适用强制措施的主体。

但是,从诉讼法理上分析,否认公民扭送之强制措施性质的观点,在一定程度上带来了逻辑上的混乱,因为公民扭送,既允许公民对现行犯实施人身强制,但又否认其属于诉讼强制措施,这在理论上是前后矛盾、难以自圆其说的。正是由于这种概念和理论逻辑上的矛盾、混乱,许多公民对扭送的真正性质无从了解,也不知道自己是否拥有无证拘留现行犯罪分子的权利。

现代社会摒弃传统的“私力救济”,而对社会冲突或纠纷的解决实行“公力救济”,即由国家对权益受到损害的公民提供救济的途径。犯罪发生后,不能再由被害人对犯罪者实施武力复仇或者动用私刑,而应该由国家司法机关遵循刑事诉讼法规定的追诉程序,适用实体刑法对被告人定罪量刑。

但是,犯罪往往具有突发性,在某些突发的紧急情况下,公民往往无法及时获得国家的公力救济,这时,就应当允许公民进行私力救济、自行对犯罪行为展开反击。为此,国家在实体刑法上规定了正当防卫制度,而在程序法上则规定了无证拘留(国外一般称为无证逮捕)制度。所谓无证拘留,是相对于有证拘留而言,它是指在不需要持有拘留证的情况下对现行犯或准现行犯实施的拘留。现代法治国家基于司法审查的理念,强调拘留等强制措施的采用,必须持有由法官签发的拘留证等司法令状,因此,一般的拘留也称为有证拘留(或有证逮捕)。但在司法实践中,面对现行犯等紧急情况,往往来不及事先向法官申请逮捕令,为保护公民合法权益免遭犯罪侵害,这时就应允许侦查官员或任何公民无须持有拘留证就对犯罪人予以拘留。

从国外的做法来看,无证拘留是侦查机关和公民打击现行犯罪的一项重要手段。《法国刑事诉讼法》第73条规定:“遇有现行重罪或者处以徒刑的现行轻罪案件时,任何人都有资格拘捕罪犯,扭送最近的司法警察官。”《德国刑事诉讼法》第127条规定:“某人现行时被发觉或者被追捕,如果他有逃跑嫌疑或者身份不能立即确定时,任何人都有权即使无法官的命令也将他暂时逮捕。”《日本刑事诉讼法》第213条规定:“任何人都可以没有逮捕证而逮捕现行犯。”《意大利刑事诉讼法》第383条规定,当某人被当场发现实施犯罪时,如果涉及的是可提起公诉的犯罪,任何人均可当场捉捕犯罪人。实行捉捕的人应当立即将被捉捕人和构成犯罪物证的物品送交司法警察,后者制作移交笔录并出具该笔录的副本。

如前所述,对于普通公民的无证拘留权,我国传统的立法和理论一直予以否认,而代之以“公民扭送”,这在理论和实践上均带来了许多问题。我们认为,“公民扭送”,本质上就是普通公民在面对现行犯等紧急情况下采用的一种限制人身自由的强制措施,与公安机关采用的拘留在性质上并无二致,没有必要讳言这一点。在这里,有个观念转变的问题。在我国,理论上一直强调,拘留权、逮捕权属于侦查权的权能,而侦查权作为一种国家权力,只能由国家专门机关行使,其他任何机关、团体和个人,均不得行使。同时,由于法律在制度层面提供了强制措施的救济机制,但是对于公民扭送来说,基于专业训练的缺失和技术装备的限制,很难以要求公权力机关实施强制措施的标准要求普通社会公众,更不能对普通社会公众适用相同的追错机制,因此,我国刑事诉讼法虽然规定了公民无证拘留的内容,但却没有采用无证拘留的理论加以解释,而是"羞羞答答"地称为"公民扭送",使公民权利的行使名不正、言不顺。我们认为,采用强制侦查措施的权力,虽然原则上只能由国家机关行使、普通公民不得行使强制侦查权,但在例外情况下,也应当允许公民行使一定的强制侦查权,这一例外情况就是无证拘留。因此,我们应当正视公民扭送的性质,应当承认它实际上就是一种强制措施,是普通公民所实施的无证拘留。这不仅是一个概念表述的问题,而且是一种观念转变的问题。

另外,还需注意的是,我国刑事诉讼法中的"公民扭送",不仅针对现行犯,而且还包括通缉犯和越狱犯,而国外的无证逮捕,往往仅针对现行犯,通缉犯和越狱犯的逮捕权限仅属于检察官、司法警察官或司法警察,一般人无法为之。如前所述,"无证逮捕"或者说"无证拘留"系针对现行犯等紧急情况而行使,而通缉犯或越狱犯似乎并不属于情况紧急、亟须动用"私力"对权利进行救济的情形,一般民众如若发现疑似通缉犯或越狱犯之人,电话报警即可,似乎没有必要赋予一般民众无证拘留,而且该人究竟是否即属通缉犯或越狱犯,尚需侦查机关予以查实,一般民众未经查实,即径行逮捕,对于公民权利人身自由之保障似有不妥之处。

三、刑事强制措施的适用原则

(一)强制措施法定原则

刑事强制措施是以限制或剥夺公民人身自由为内容,其指向犯罪嫌疑人、被告人的人身权,因而也潜藏着因国家专门机关滥用权力而侵犯公民权利的危险,"刑事诉讼法既是追诉与审判的程序法,因此实际运作上必定会侵犯人民的基本权利,尤其是强制处分的运用",正因为"强制处分实施之结果,使得接受处分者之意思受到妨害,或使其身体自由受到拘束,或使其秘密受到侵害,故从剥夺法益之观点言,强制处分无异于刑罚。因此,强制处分之行使,时常会有基本权的侵犯,应遵循'法律保留原则'"〔3〕。

所谓法律保留原则,是指国家对经济社会和公民自由的干预,必须得到法律的授权。没有议会法律的授权,国家不得干预。〔4〕 简言之,国家行为涉及宪法对公民基本权之侵害时必须要有法律依据,以此凸显国家行为的实施已经获得作为民意代表的立法机关的授权。法律保留原则在刑事强制措施适用中的具体体现就是"强制措施法定原则",即强制措施因为可能干预公民的基本人身自由,其实施必须获得法律的明确授权,法律没有明文规定的强制措施,公安司法机关绝对不能采用。例如,《日本刑事诉讼法》第179条规定:"为了实现侦查的目的,可以进行必要的调查。但是,如本法无特别规定时,不得进行强制处分。"为了查明犯罪事实以及查获犯罪证据,公安司法机关在必要时得限制或剥夺犯罪嫌疑人、被告人的人身自由,从而对公民人身权构成强制性干预。为了维护社会秩序与安全,保障刑事诉讼的顺利推进,这种强制性干预为法律所容许,公民也应当忍受。但是,对公民人身权的强制性干预,只能在刑事诉讼法

---

〔3〕 张丽卿:《刑事诉讼法理论与运用》,台北,五南图书出版股份有限公司2004年版,第255页。

〔4〕 于安编:《德国行政法》,清华大学出版社1999年版,第3页。

有明文授权的情况下才能进行,并且必须严格遵循刑事诉讼法设定的程序要件进行,例如,逮捕必须持有逮捕证,拘传最长只能扣留嫌疑人 24 小时等,否则即属违法。

(二)比例原则

现代刑事诉讼的一项重要目的在于保障公民的正当权利免受不必要的侵害,因而,在适用强制措施时,应当严格遵循比例原则:一方面,强制措施的严厉程度应当与犯罪嫌疑人、被害人涉嫌的犯罪的严重程度及其实施妨害刑事诉讼的行为的可能性的大小相适应;另一方面,只有在不采取强制措施即无法防止出现妨害刑事诉讼的行为时才可适用强制措施,并且在各种强制措施中,应当尽可能选择对公民权利损害较小的手段,尤其是逮捕(羁押)因为涉及对公民基本人身自由较长时间的剥夺,因此其适用尤其应当慎重。例如,我国澳门特别行政区《刑事诉讼法典》第 178 条(适当及适度原则)规定:“一、具体采用之强制措施及财产担保措施,对于有关情况所须之防范要求应属适当,且对于犯罪之严重性及预料可科处之制裁应属适度。二、强制措施及财产担保措施之执行,不应妨碍与有关情况所需之防范要求不相抵触之基本权利之行使。三、仅当其他强制措施明显不适当或不足够时,方得采用羁押措施。”

我国刑事诉讼法虽然没有明文规定比例原则,但作为一项公理性法治原则,我国强制措施的运用仍然应当遵守这一原则。具体而言,在实践中适用强制措施时应当充分斟酌、考虑以下因素:

第一,犯罪嫌疑人、被告人涉嫌犯罪的严重程度。强制措施的强制力度应当与犯罪嫌疑人、被告人涉嫌的犯罪的严重程度呈正相关关系。犯罪嫌疑人、被告人涉嫌的犯罪越严重,可以适用的强制措施的力度就越大,反之,适用的强制措施的力度就应越小。

第二,犯罪嫌疑人、被告人是否有可能实施妨害刑事诉讼的行为及其可能性的大小。可能性越大,适用的强制措施力度就应越大,反之就应越小。对没有实施妨害刑事诉讼行为可能性的犯罪嫌疑人、被告人不得采用强制措施。

第三,犯罪嫌疑、被告人的个人情况。例如,其身体健康状况是否适宜采用强制措施及应当采用何种强制措施,如果犯罪嫌疑人、被告人患有严重疾病,或者是正在怀孕或者哺乳自己婴儿的妇女,即使不对其采取强制措施,也不会发生妨害诉讼的结果,就可以不适用强制措施。

第二节　拘　传

一、拘传的概念和特点

拘传是指在刑事诉讼中,公安机关、检察院、法院对未被逮捕、拘留的犯罪嫌疑人、被告人依法强制其到案接受讯问的强制措施。

拘传具有以下特点:

第一,拘传的对象是未被羁押的犯罪嫌疑人、被告人,对于已被拘留、逮捕的犯罪嫌疑人,由于其已经处于被羁押状态,可以直接进行讯问,无须再经过拘传程序。

第二,拘传的目的是强制犯罪嫌疑人、被告人到案接受讯问,在讯问结束后(12 小时之内),应当将被拘传人立即放回。拘传并非羁押,因而将人拘传到案后不立即进行讯问,以及讯问完毕不立即放人的做法都是错误的。

拘传不同于传唤,传唤是人民法院、人民检察院和公安机关使用传票通知犯罪嫌疑人、被告人到案接受讯问。传唤不是直接强制措施,仅具有间接强制性,[5]因而不得使用戒具,而拘传可使用戒具。传唤除适用于犯罪嫌疑人、被告人以外,还适用于其他当事人,而拘传只适用于犯罪嫌疑人、被告人。这里要注意把刑事诉讼中拘传与民事诉讼中的拘传区别开来。刑事诉讼当中的拘传和传唤之间并没有必然联系,公、检、法机关可以先传唤,被传唤人没有正当理由拒绝到案的,再改为拘传。但当公、检、法机关根据案情认为有必要时,也可以直接适用拘传。而民事诉讼法规定必须先经过传唤,传唤不至方可采用拘传,换言之,传唤是适用拘传的必经程序。

二、拘传的适用程序

根据我国刑事诉讼法及相关司法解释的规定,拘传应当按以下程序进行:

首先,案件的经办人填写呈请拘传报告书,经本部门负责人审核后,由县级以上公安机关负责人、人民检察院检察长、人民法院院长批准,签发拘传证。

其次,拘传应当在被拘传人所在的市、县内的地点进行。犯罪嫌疑人、被告人的工作单位、户籍地与居住地不在同一市、县的,拘传应当在犯罪嫌疑人、被告人的工作单位所在的市、县进行;特殊情况下,也可以在犯罪嫌疑人、被告人户籍地或者居住地所在的市、县内进行。公安机关、人民检察院或人民法院在本辖区以外拘传犯罪嫌疑人、被告人的,应当通知当地的公安机关、人民检察院或人民法院,当地的公安机关、人民检察院、人民法院应当予以协助。换言之,异地拘传,必须经过上述协助程序。

再次,执行拘传的公安司法人员不得少于 2 人。拘传时,应当向被拘传人出示拘传证,并责令其在拘传证上签名(盖章)、按指印。对在现场发现的犯罪嫌疑人,经出示工作证件,可以口头传唤,但应当在讯问笔录中注明。对于抗拒拘传的,可以使用戒具,强制其到案。

复次,被拘传人到案后,应当责令其在拘传证上填写到案时间,然后应当立即进行讯问,讯问结束后,应当由其在拘传证上填写讯问结束时间。被拘传人拒绝填写的,公安司法人员应当在拘传证上注明。一次拘传的持续时间不得超过 12 小时;案情特别重大、复杂,需要采取拘留、逮捕措施的,传唤、拘传持续的时间不得超过 24 小时。不得以连续传唤、拘传的形式变相拘禁犯罪嫌疑人。传唤、拘传犯罪嫌疑人,应当保证犯罪嫌疑人的饮食和必要的休息时间。在司法实践中,尤其应当注意防止侦查机关通过连续、长时间拘传的形式对犯罪嫌疑人进行疲劳审讯。需要注意的问题是,拘传的目的本为强制犯罪嫌疑人到案接受讯问,实践中存在一个问题,即如果侦查机关在拘传犯罪嫌疑人到案后却不立即进行讯问,该如何处理?如果拘传后却不立即讯问,拘传岂非演变成为拘禁。对此,我国现行刑事诉讼法缺乏相应的程序性制裁措施。在这方面,《法国刑事诉讼法》的规定值得借鉴,该法第 126 条规定:“根据拘传证被拘传的任何人,如果被拘禁于看守所超过 24 小时而未经讯问,应视为被非法拘禁。”据此,建议大陆刑事诉讼法在修改时也明确规定:拘传后 24 小时内不讯问,视为非法拘禁,并应追究相关人员的法律责任。

---

[5] 因为传唤不至,将导致拘传,因此,理论上也有称传唤为“间接强制措施”。

最后,讯问结束后,如果被拘传人符合其他强制措施如拘留、逮捕的条件,应当依法采取其他强制措施。需要对被拘传人变更为其他强制措施的,应当在拘传期间内作出批准或不批准的决定;拘传时限届满仍不能作出批准决定的,应当立即结束拘传。如果不需要采取其他强制措施的,应当立即将被拘传人放回。

三、特殊的拘传——通缉

通缉,是公安机关通令缉拿依法应当逮捕而在逃犯罪嫌疑人的一种侦查活动。我国《刑事诉讼法》第155条:"应当逮捕的犯罪嫌疑人如果在逃,公安机关可以发布通缉令,采取有效措施,追捕归案。"

在我国主流刑事诉讼理论和教科书中,一直将"通缉"视为一种独立的侦查行为,并放在"侦查行为"这一章节中进行阐述。但实际上,从诉讼法理上讲,通缉并非一项独立的侦查行为,而只是一种强制已逃亡或藏匿的犯罪嫌疑人到案接受讯问的方式,只是因为此时犯罪嫌疑人业已逃亡或藏匿,现所在地不明,侦查机关无法按照通常的拘传方法强制其到案,故唯有进行通缉,但其目的仍然在于强制犯罪嫌疑人到案,其性质是一种特殊(针对外逃犯罪嫌疑人)的拘传。

通缉的对象,是罪该逮捕而在逃的犯罪嫌疑人。具体包括:(1)已决定逮捕而逃跑以及在采取取保候审、监视居住期间逃跑的犯罪嫌疑人;(2)已决定拘留而逃跑的重大嫌疑分子;(3)从羁押场所逃跑的犯罪嫌疑人;(4)在讯问或者押解期间逃跑的犯罪嫌疑人。

通缉与一般拘传的区别就在于,通缉是针对罪该逮捕而在逃的犯罪嫌疑人,正因为其外逃,因而一般拘传无法奏效,方才动用通缉的方式强制其到案接受讯问。

第三节　取保候审

一、取保候审的概念和适用条件

刑事诉讼中的取保候审是公安机关、人民检察院和人民法院责令犯罪嫌疑人、被告人提出保证人或者交纳保证金,以保证其不逃避和妨碍侦查、起诉和审判,并随传随到的一种强制措施。

取保候审在一般情况下,适用于可能判处管制、拘役或者独立适用附加刑的犯罪嫌疑人、被告人;或者犯罪嫌疑人、被告人虽然可能被判处有期徒刑以上刑罚,但采取取保候审不至于发生社会危险性。对于取保候审的条件,根据我国《刑事诉讼法》第67条的规定,"人民法院、人民检察院和公安机关对有下列情形之一的犯罪嫌疑人、被告人,可以取保候审:(一)可能判处管制、拘役或者独立适用附加刑的;(二)可能判处有期徒刑以上刑罚,采取取保候审不致发生社会危险性的;(三)患有严重疾病、生活不能自理,怀孕或者正在哺乳自己婴儿的妇女,采取取保候审不致发生社会危险性的;(四)羁押期限届满,案件尚未办结,需要采取取保候审的"。同时,根据《刑事诉讼法》第90条的规定,人民检察院应当自接到公安机关提请批准逮捕书后的7日以内,作出批准逮捕或者不批准逮捕的决定。人民检察院不批准逮捕的,公安机关应当在接到通知后立即释放,并且将执行情况及时通知人民检察院。对于需要继续侦查,并且符合取保候审、监视居住条件的,依法取保候审或者监视居住。同法第96条规定,犯罪嫌疑人、被告人被羁押的案件,不能在本法规定的侦查羁押、审查起诉、一审、二审期限内办结的,对犯罪嫌疑人、被告人应当予以释放;需要继续查证、审理的,对犯罪嫌疑人、被告人可以取保候审或者监视居住。但是,严重危害社会治安的犯罪嫌疑人,以及其他犯罪性质恶劣、情节严重的犯罪嫌疑人,不得适用取保候审,包括累犯、犯罪集团的主犯,以自伤、自残办法逃避侦查的犯罪嫌疑人,危害国家安全的犯罪、暴力犯罪,以及其他严重犯罪的犯罪嫌疑人。

二、取保候审的方式

《刑事诉讼法》第68条规定:"人民法院、人民检察院和公安机关决定对犯罪嫌疑人、被告人取保候审,应当责令犯罪嫌疑人、被告人提出保证人或者交纳保证金。"据此,取保候审有保证人保证和保证金保证两种方式。但要注意的是,根据相关司法解释的规定,对于同一犯罪嫌疑人、被告人的同一犯罪事实,不能同时使用保证人保证与保证金保证。

(一)人保——保证人保证

保证人保证,又俗称人保,是指公安机关、人民检察院、人民法院责令犯罪嫌疑人、被告人提出保证人并出具保证书,担保被取保人在取保候审期间不逃避和妨碍侦查、起诉和审判,并随传随到的取保候审方式。

根据《刑事诉讼法》第69条的规定,保证人必须符合下列条件:

第一,与本案无牵连。所谓"与本案无牵连",是指在涉嫌的犯罪事实上,保证人并非本案的共犯(广义的共犯,包括牵连犯罪,如本罪与销赃罪),而不是指保证人与被取保人在人身关系上没有牵连,恰恰相反,保证人与被取保人在人身关系上应当有比较密切的关系,如此方便监督被取保人遵守履行相关法定义务。

第二,有能力履行保证义务。有能力履行保证义务,要求保证人必须年满18周岁,精神正常。

第三,享有政治权利,人身自由未受到限制。

第四,有固定的住处和收入。所谓"固定",既要求住所固定,也要求收入固定。

只有同时具备这四个条件才能充当保证人。

根据《刑事诉讼法》第70条之规定,保证人在担保期间,应当履行以下义务:

第一,监督的义务。即保证人应当监督被取保人履行法律规定的取保候审期间的义务。

第二,报告的义务。即保证人发现被取保人可能发生或者已经发生违反法定义务的行为时,应当及时向执行机关报告。

保证人未履行保证义务的,对保证人处以罚款,构成犯罪的,依法追究刑事责任。

(二)财产保——保证金保证

保证金,俗称财产保,是指公安机关、人民检察院、人民法院责令犯罪嫌疑人、被告人交纳保证金并出具保证书,保证被保证人在取保候审期间不逃避和妨碍侦查、起诉和审判,并随传随到的保证方式。

根据我国《刑事诉讼法》第72条的规定,取保候审的决定机关应当综合考虑保证诉讼活动正常进行的需要,被取保候审人的社会危险性,案件的性质、情节,可能判处刑罚的轻重,被取保候审人的经济状况等情况,确定保证金的数额。

三、被取保人的义务

根据《刑事诉讼法》第 71 条之规定,“被取保候审的犯罪嫌疑人、被告人应当遵守下列义务:(一)未经执行机关批准不得离开所居住的市、县;(二)住址、工作单位和联系方式发生变动的,在二十四小时以内向执行机关报告;(三)在传讯的时候及时到案;(四)不得以任何形式干扰证人作证;(五)不得毁灭、伪造证据或者串供”。对于上述五项义务,执行机关在执行取保候审时应当告知被取保候审人并告知其一旦违反上述义务所可能导致的法律后果。

除此之外,“人民法院、人民检察院和公安机关可以根据案件情况,责令被取保候审的犯罪嫌疑人、被告人遵守以下一项或者多项规定,此可称为附随义务:(一)不得进入特定的场所;(二)不得与特定的人员会见或者通信;(三)不得从事特定的活动;(四)将护照等出入境证件、驾驶证件交执行机关保存”。

如果被取保人违反上述义务,将导致以下法律后果:(1)已经交纳保证金的,由执行机关没收保证金。(2)被取保候审人违反规定的,还可以区别情形,责令犯罪嫌疑人、被告人具结悔过,重新交纳保证金、提出保证人或者监视居住、予以逮捕。(3)被取保候审人违反取保候审规定,被依法没收保证金后,公安司法机关仍决定对其取保候审的,取保候审的期限应当连续计算。(4)犯罪嫌疑人、被告人在取保候审期间具有下列情形的,应当予以逮捕:企图自杀、逃跑,逃避侦查、审查起诉的;实施毁灭、伪造证据或者串供、干扰证人作证行为,足以影响侦查、审查起诉工作正常进行的;未经批准,擅自离开所居住的市、县,造成严重后果,或者两次未经批准,擅自离开所居住的市、县的;经传讯不到案,造成严重后果,或者两次经传讯不到案的;在取保候审期间故意实施新的犯罪行为的,必须予以逮捕,已交纳保证金的,同时通知公安机关没收保证金。

四、取保候审的程序

取保候审应当遵循以下程序规定:

(一)有权申请取保候审之人

被羁押的犯罪嫌疑人、被告人及其法定代理人、近亲属以及犯罪嫌疑人被逮捕后聘请的律师均可以为犯罪嫌疑人、被告人申请取保候审。有权决定的机关应当在收到书面申请后 7 日以内作出是否同意的答复。

(二)有权决定及执行取保候审之机关

对犯罪嫌疑人、被告人适用取保候审,由公安机关、人民检察院和人民法院根据案件的具体情况依法作出决定,并由公安机关、国家安全机关等机关执行。

(三)取保候审的执行程序

首先,公安司法机关对犯罪嫌疑人、被告人决定取保候审的,应当向其本人宣布,并由其本人在取保候审决定书上签名。

其次,公安司法机关决定取保候审的,应当及时通知犯罪嫌疑人居住地公安机关派出所执行。执行取保候审的公安机关应当责令被取保候审的犯罪嫌疑人、被告人定期报告有关情况并制作笔录。

最后,在侦查或者审查起诉阶段已经采取取保候审的,案件移送至审查起诉或者审判阶段时,如果需要继续取保候审,或者需要变更保证方式或强制措施的,受案机关应当在7日内作出决定。受案机关决定继续取保候审的,不再重新收取保证金。取保候审的期限应当重新计算并告知犯罪嫌疑人、被告人。

对犯罪嫌疑人、被告人决定取保候审的,不得中断对案件的侦查、起诉和审理。

(四)取保候审的解除

其一,取保候审期限届满或者发现不应追究犯罪嫌疑人、被告人的刑事责任的,应当及时解除或者撤销取保候审。在解除取保候审的同时,应当将保证金如数退还给犯罪嫌疑人、被告人。

其二,犯罪嫌疑人、被告人及其法定代理人、近亲属或者犯罪嫌疑人、被告人委托的律师及其他辩护人认为取保候审超过法定期限,要求解除取保候审的,决定机关应当在7日内审查决定。

(五)取保候审的期间

人民法院、人民检察院和公安机关对犯罪嫌疑人、被告人取保候审最长不得超过12个月。

第四节　监视居住

一、监视居住的概念和适用条件

监视居住,是指公安机关、人民检察院和人民法院在刑事诉讼过程中对犯罪嫌疑人、被告人采取的,命令其不得擅自离开住所或者居所并对其活动予以监视和控制的一种强制方法。

原刑事诉讼法规定,监视居住和取保受审的适用范围相同,凡是能够适用取保候审的,也能够适用监视居住。一般情况下,在犯罪嫌疑人、被告人既提不出保证人,又交纳不起保证金时,方适用监视居住。可见,监视居住实际上是取保候审的一种替代性措施。但2012年《刑事诉讼法》进行第二次修改时对监视居住的适用条件和范围作了重新设置。

根据2018年《刑事诉讼法》第74条和第75条的规定,我国的监视居住分为两种:

第一,一般监视居住。根据2018年《刑事诉讼法》第74条的规定,人民法院、人民检察院和公安机关对符合逮捕条件,有下列情形之一的犯罪嫌疑人、被告人,可以监视居住:(1)患有严重疾病、生活不能自理的;(2)怀孕或者正在哺乳自己婴儿的妇女;(3)系生活不能自理的人的唯一扶养人;(4)因为案件的特殊情况或者办理案件的需要,采取监视居住措施更为适宜的;(5)羁押期限届满,案件尚未办结,需要采取监视居住措施的。对符合取保候审条件,但犯罪嫌疑人、被告人不能提出保证人,也不交纳保证金的,可以监视居住。

第二,指定居所监视居住。根据2018年《刑事诉讼法》第75条的规定,监视居住应当在犯罪嫌疑人、被告人的住处执行;无固定住处的,可以在指定的居所执行。对于涉嫌危害国家安全犯罪、恐怖活动犯罪，在住处执行可能有碍侦查的，经上一级公安机关批准，也可以在指定的居所执行。但是，不得在羁押场所、专门的办案场所执行。据此，指定居所监视居住的适用条件，除了必须满足《刑事诉讼法》第74条的规定外，还必须具备三个条件：一是特定案件类型，即必须是涉嫌危害国家安全犯罪、恐怖活动犯罪；二是在住处执行可能有碍侦查；三是程序上必须经上一级公安机关批准。但是，当前在指定居所监视居住的适用中存在的主要问题是关于指定居所的选定上，对于采用相对集中并“羁押化”的管理的居所必须要加以纠正。

二、被监视居住人的义务

根据2018年《刑事诉讼法》第77条的规定，被监视居住的人在监视居住期间具有以下义务：(1)未经执行机关批准不得离开监视居住的处所，有固定住处的，不得离开住处，无固定住处的，未经批准不得离开指定的居所。所谓“住处”，是指犯罪嫌疑人、被告人在办案机关所在的市、县内的合法住所；所谓“居所”是指办案机关根据案件情况，在办案机关所在的市、县内给被监视居住人指定的生活居所。这也就意味着公安司法机关不应建立专门的监视居住场所，对犯罪嫌疑人进行变相羁押，也不得在看守所、行政拘留所、留置室或者其他工作场所执行监视居住。需要指出的是，取保候审只要求被取保受审人不得离开所居住的市、县，而监视居住要求被监视居住人未经执行机关批准不得离开住处或居所。显然，监视居住对犯罪嫌疑人、被告人的人身自由限制更为严格。(2)未经执行机关批准不得会见他人或者通信。这里的“他人”是指与被监视居住人共同居住的家庭成员和聘请的律师以外的人。需要指出的是，取保候审并没有这一项要求。(3)在传讯的时候及时到案。(4)不得以任何形式干扰证人作证。(5)不得毁灭、伪造证据或者串供。(6)将护照等出入境证件、身份证件、驾驶证件交执行机关保存。

如果被监视居住人在监视居住期间违反上述义务，可能导致以下法律后果：(1)公安机关执行监视居住时，如果发现被监视居住的犯罪嫌疑人、被告人违反上述规定，情节较轻的，可以予以训诫、责令具结悔过。(2)如果被监视居住人违反上述义务，情节严重的，予以逮捕；需要予以逮捕的，可以对犯罪嫌疑人、被告人先行拘留。根据最高人民检察院、公安部《关于依法适用逮捕措施有关问题的规定》第1条第5项之规定，被监视居住的犯罪嫌疑人有下列情形之一的，属于“情节严重”，应当予以逮捕：故意实施新的犯罪行为的；企图自杀、逃跑、逃避侦查、审查起诉的；实施毁灭、伪造证据或者串供、干扰证人作证的行为，足以影响侦查、审查起诉工作正常进行的；未经批准，擅自离开住处或者指定的居所的；未经批准，擅自会见他人，造成严重后果，或者两次未经批准，擅自会见他人的；经传讯不到案，造成严重后果，或者两次经传讯不到案的。

三、监视居住的程序

人民法院、人民检察院和公安机关对犯罪嫌疑人、被告人采取监视居住，应当遵循以下程序：

(一)有权决定与执行监视居住之机关

根据刑事诉讼法之规定，监视居住由公安机关执行。人民法院和人民检察院决定监视居住的，人民法院和人民检察院应当将“监视居住决定书”和“执行监视居住通知书”及时送达公安机关。

(二)监视居住的执行

向被监视居住人本人宣布“监视居住决定书”,并由其本人在监视居住决定书上签名或者盖章。指定居所监视居住的,除无法通知的以外,应当在执行监视居住后 24 小时以内,通知被监视居住人的家属。

根据 2018 年《刑事诉讼法》第 78 条的规定,执行机关对被监视居住的犯罪嫌疑人、被告人,可以采取电子监控、不定期检查等监视方法对其遵守监视居住规定的情况进行监督;在侦查期间,可以对被监视居住的犯罪嫌疑人的通信进行监控。

(三)监视居住折抵刑期

根据 2018 年《刑事诉讼法》第 76 条的规定,指定居所监视居住的期限应当折抵刑期。被判处管制的,监视居住 1 日折抵刑期 1 日;被判处拘役、有期徒刑的,监视居住 2 日折抵刑期 1 日。

(四)监视居住的解除

监视居住期限届满或者发现不应追究犯罪嫌疑人、被告人的刑事责任的,应当及时解除或者撤销监视居住。

犯罪嫌疑人、被告人及其法定代理人、近亲属或者犯罪嫌疑人、被告人委托的律师及其他辩护人认为监视居住超过法定期限的,有权向人民法院、人民检察院、公安机关提出申诉,要求解除监视居住。经审查情况属实的,应对犯罪嫌疑人、被告人解除监视居住。

(五)监视居住的期间

人民法院、人民检察院和公安机关对犯罪嫌疑人、被告人监视居住最长不得超过 6 个月。

第五节　刑 事 拘 留

一、刑事拘留的概念和特征

刑事诉讼中的拘留是公安机关、人民检察院在侦查过程中,在紧急情况下,依法临时剥夺某些现行犯或者重大嫌疑分子人身自由的一种强制措施。

值得注意的是,虽同名为“拘留”,且都会造成短期剥夺人身自由的法律后果,但实际上刑事诉讼中拘留与行政法规定的行政拘留以及民事诉讼法、行政诉讼法规定的司法拘留之间存在较大差别,要点如下:

(一)刑事拘留区别于行政拘留

第一,性质和目的不同。刑事拘留是一种强制措施,其目的是保证刑事诉讼的顺利进行,本身不具有惩罚性;行政拘留是治安管理的一种处罚方式,属于行政制裁的范畴,其目的在于对实施了轻微违法行为者加以惩罚。

第二,适用对象不同。刑事拘留适用于刑事诉讼中的现行犯或者重大嫌疑分子;而行政拘留适用于有一般违法行为之人。

第三,法律根据不同。刑事拘留是依据刑事诉讼法的规定而采用的;行政拘留则是根据行政处罚法、治安管理处罚条例等行政法律、法规而采用的。

(二)刑事拘留区别于司法拘留

第一,有权采用的机关不同。刑事拘留依法由公安机关、人民检察院决定,并由公安机关执行;司法拘留依法由人民法院决定并由人民法院司法警察执行。

第二,适用对象不同。刑事拘留适用的对象仅限于刑事诉讼中的现行犯或者重大嫌疑分子;司法拘留的适用对象则是所有在诉讼过程中实施了妨害诉讼行为的人,既包括诉讼当事人和其他诉讼参与人,也包括案外人。

第三,法律根据不同。刑事拘留是根据刑事诉讼法的规定采用的;司法拘留则可以根据刑事诉讼法、民事诉讼法和行政诉讼法的规定而采用。

第四,与判决的关系不同。刑事拘留的期限可以折抵刑期;司法拘留仅仅是对有妨害诉讼行为人的惩戒,并不影响判决结果,也不受判决结果的影响。

二、刑事拘留的适用条件

刑事拘留的适用对象限于现行犯或者是重大嫌疑分子。所谓现行犯,是指正在实施犯罪之人。所谓重大嫌疑分子,则是指有证据证明具有重大犯罪嫌疑之人。根据《刑事诉讼法》第80条的规定,拘留适用于以下情形:(1)正在预备犯罪、实行犯罪或者在犯罪后即时被发觉的;(2)被害人或者在场亲眼看见的人指认他犯罪的;(3)在身边或者住处发现有犯罪证据的;(4)犯罪后企图自杀、逃跑或者在逃的;(5)有毁灭、伪造证据或者串供可能的;(6)不讲真实姓名、住址,身份不明的;(7)有流窜作案、多次作案、结伙作案重大嫌疑的。

然而,关于所谓"有流窜作案、多次作案、结伙作案重大嫌疑的",是否应为拘留的适用对象,一直是理论上争议较大的问题。作为一项人身强制措施,拘留的主要功能是为应付现行犯等诉讼中的紧急情况,属于一种临时限制犯罪嫌疑人人身自由的强制性措施,其主要适用于现行犯包括准现行犯,同时也扩及住所不明或姓名不明以及有逃跑可能等紧急情形,它强调的是案情的紧急性。而所谓"流窜作案、多次作案、结伙作案重大嫌疑的",更多反映的是案情的复杂性,将其也列为拘留对象,实非适宜。同时,由于立法上并未也无法界定"流窜作案、多次作案、结伙作案"的明确内涵,加上刑事诉讼法规定,对于流窜作案、多次作案、结伙作案的重大嫌疑分子,提请逮捕审查批准的时间可以延长至30日,这对侦查机关办案是有利的,因此,侦查机关在实践中不断扩大解释其适用范围。据一项调查统计,侦查实践中大多数案件的刑事拘留均被延期至30日,这一比例占到所有拘留案件的65%。[6] 这种违背立法原意的解释和做法,也是违背诉讼法理的。

三、刑事拘留的程序

公安机关和人民检察院适用刑事拘留应当遵循以下程序:

---

〔6〕 陈卫东:《刑事诉讼法实施问题调研报告》,中国方正出版社2001年版,第13页。

(一)有权决定和执行拘留之机关

其一,有权决定拘留的机关包括公安机关和人民检察院,但根据2018年《刑事诉讼法》第165条的规定,人民检察院只有在以下情况下,才能决定适用拘留:(1)犯罪后企图自杀、逃跑或者在逃的;(2)有毁灭、伪造证据或者串供可能的。公安机关依法需要拘留犯罪嫌疑人的,由县级以上公安机关负责人批准,签发《拘留证》。人民检察院决定拘留的案件,由检察长决定。人民检察院决定拘留的案件,由公安机关负责执行。

其二,根据《全国人民代表大会组织法》和《地方各级人民代表大会和地方各级人民政府组织法》以及有关司法解释的规定,公安机关、人民检察院在决定拘留下列有特殊身份的人员时,需要报请有关部门批准或者备案:(1)县级以上各级人民代表大会的代表如果是因现行犯被拘留,决定拘留的机关应当立即向其所在的人民代表大会主席团或者常务委员会报告;因为其他原因需要拘留的,决定拘留的机关应当报请该代表所属的人民代表大会主席团或者常务委员会许可。(2)决定对不享有外交特权和豁免权的外国人、无国籍人采用刑事拘留时,要报有关部门审批。西藏、云南及其他边远地区来不及报告的,可以边执行边报告,同时要征求省、自治区、直辖市外事办公室和外国人主管部门的意见。(3)对外国留学生采用刑事拘留时,在征求地方外事办公室和高教厅、局的意见后,报公安部或国家安全部审批。

(二)拘留的执行程序

首先,公安机关执行拘留时,必须出示拘留证,并责令被拘留人在拘留证上签名(盖章)、按指印。拒绝签名(盖章)或者按指印的,执行拘留的人员应当予以注明。被拘留人如果抗拒拘留,执行人员有权使用强制方法,包括使用戒具。

其次,拘留后,应当立即将被拘留人送看守所羁押,至迟不得超过24小时。除无法通知或者涉嫌危害国家安全犯罪、恐怖活动犯罪通知可能有碍侦查的情形以外,应当在拘留后24小时以内,通知被拘留人的家属。有碍侦查的情形消失以后,应当立即通知被拘留人的家属。所谓有碍侦查的情形是指:(1)同案的犯罪嫌疑人可能逃跑,隐匿、毁弃或者伪造证据的;(2)不讲真实姓名、住址,身份不明的;(3)其他有碍侦查或者无法通知的。在上述情形下,可以不予通知,但上述情形一旦消除,即应当立即通知被拘留人的家属或者他的所在单位。

最后,公安机关、人民检察院对于被拘留的人,应当在拘留后的24小时以内进行讯问。在讯问过程中,发现不应当拘留时,必须立即释放,发给释放证明;对需要逮捕而证据还不充足的,可以取保候审或者监视居住。

(三)拘留的期间

根据《刑事诉讼法》第91条之规定,公安机关对被拘留的人认为需要逮捕的,应当在拘留后的3日以内,提请人民检察院审查批准。在特殊情况下,经县以上公安机关负责人批准,提请审查批准的时间可以延长1日至4日。对于流窜作案、多次作案、结伙作案的重大嫌疑分子,经县以上公安机关负责人批准,提请审查批准的时间可以延长至30日。犯罪嫌疑人不讲真实姓名、住址、身份不明,在30日内不能查清提请批准逮捕的,经县级以上公安机关负责人批准,拘留期限自查清其身份之日起计算,但不得停止对其犯罪行为的侦查。对有证据证明有犯罪事实的案件,也可以按其自报的姓名提请批准逮捕。

人民检察院应当自接到公安机关提请批准逮捕书后的7日以内,作出批准逮捕或者不批准逮捕的决定。人民检察院应当自接到公安机关提请批准逮捕书后的7日以内,作出批准逮捕或者不批准逮捕的决定。人民检察院不批准逮捕的,公安机关应当在接到通知后立即释放,并且将执行情况及时通知人民检察院。对于需要继续侦查,并且符合取保候审、监视居住条件的,依法取保候审或者监视居住。

根据《刑事诉讼法》第 167 条的规定,人民检察院对直接受理的案件中被拘留的人,认为需要逮捕的,应当在 14 日以内作出决定。在特殊情况下,决定逮捕的时间可以延长 1 日至 3 日。对不需要逮捕的,应当立即释放;对需要继续侦查,并且符合取保候审、监视居住条件的,依法取保候审或者监视居住。《刑事诉讼法》第 170 条第 2 款规定,对于监察机关移送起诉的已采取留置措施的案件,人民检察院应当对犯罪嫌疑人先行拘留,留置措施自动解除。人民检察院应当在拘留后的 10 日以内作出是否逮捕、取保候审或者监视居住的决定。在特殊情况下,决定的时间可以延长 1 日至 4 日。人民检察院决定采取强制措施的期间不计入审查起诉期限。

第六节　逮　　捕

一、逮捕的概念和特征

逮捕,是指公安机关、人民检察院和人民法院,为了防止犯罪嫌疑人或者被告人逃避或妨害侦查、起诉、审判的进行,防止其发生社会危险性,依法采取的暂时剥夺其人身自由,予以羁押的强制措施。

逮捕具有以下特征:

第一,逮捕是人身自由限制最为严重的羁押性强制措施。与拘传、取保候审、监视居住等强制措施不同,逮捕将暂时剥夺犯罪嫌疑人、被告人的人身自由,是我国强制措施体系中最严厉的一种强制措施。

第二,逮捕将导致羁押的效果。由于我国未将逮捕与羁押作区分,而是将羁押视为逮捕的法定后果,因而实践中犯罪嫌疑人、被告人一旦被逮捕,必定产生羁押的后续效果,在法定羁押期限内,其人身自由将被剥夺。

二、逮捕的适用条件

(一)逮捕适用的法定条件

逮捕是刑事诉讼强制措施中最严厉的一种,为了防止逮捕的过量适用,我国《刑事诉讼法》第 81 条对逮捕的适用条件作出了明确的限定,根据该法条的规定,对有证据证明有犯罪事实,可能判处徒刑以上刑罚的犯罪嫌疑人、被告人,采取取保候审尚不足以防止发生下列社会危险性的,应当予以逮捕,据此,适用逮捕必须具备以下三个条件:

第一,有证据证明有犯罪事实。至于何谓"有证据证明有犯罪事实",是指同时具备下列情形:(1)有证据证明发生了犯罪事实,犯罪事实既可以是单一犯罪行为的事实,也可以是数个犯罪行为中任何一个犯罪行为的事实;(2)有证据证明犯罪事实是犯罪嫌疑人实施的;(3)证明犯罪嫌疑人实施犯罪行为的证据已有查证属实的。

第二,可能判处徒刑以上刑罚。如果犯罪嫌疑人、被告人仅仅可能被判处管制、拘役、独立适用附加刑等较轻刑罚,不应逮捕。

第三,采取取保候审、监视居住等方法,尚不足以防止发生社会危险性,而有逮捕必要。至于何谓"有逮捕必要",2018 年《刑事诉讼法》第 81 条作出了列举式规定:(1)可能实施新的犯罪的;(2)有危害国家安全、公共安全或者社会秩序的现实危险的;(3)可能毁灭、伪造证据,干扰证人作证或者串供的;(4)可能对被害人、举报人、控告人实施打击报复的;(5)企图自杀或者逃跑的。

同时,2018 年《刑事诉讼法》第 81 条第 2 款、第 3 款还规定,对有证据证明有犯罪事实,可能判处十年有期徒刑以上刑罚的,或者有证据证明有犯罪事实,可能判处徒刑以上刑罚,曾经故意犯罪或者身份不明的,应当予以逮捕。被取保候审、监视居住的犯罪嫌疑人、被告人违反取保候审、监视居住规定,情节严重的,可以予以逮捕。

(二)社会危险性的证明

如前所述,逮捕的法定要件分为三项:一是事实要件。即有证据证明有犯罪事实。二是刑罚要件。即根据已经获得的证据所能认定的事实,依照刑法规定可能对犯罪嫌疑人或者被告人的行为判处有期徒刑以上的刑罚。三是社会危险性要件。即采取取保候审尚不足以防止发生社会危险性的,应当予以逮捕。在逮捕的上述三要件中,所谓刑罚要件,实际上就是对犯罪嫌疑人、被告人犯罪行为的法律评价问题,与事实和证据问题无关,不构成逮捕的证明对象。逮捕环节的证明对象实际上主要是两项:一是是否有犯罪事实;二是是否有社会危险性。

当前司法实践中的主要问题在于部分实务部门尤其是提请逮捕的公安机关没有认识到社会危险性要件本身也是逮捕环节的证明对象之一,实践中部分公安机关在提请批准逮捕时,基本上不提供存在社会危险性的相关证据材料,在提捕书上只笼统表述"有社会危险性",而很少阐述具体理由,更没有针对"有社会危险性"提供证据予以证明。这表明,部分实务人员仍然没有认识到社会危险性要件本身也是证明对象之一,是需要举证证明的待证事实之一。但实际上,社会危险性要件本身亦是逮捕环节的证明对象之一,提请逮捕的公安机关必须另附提捕理由书,并对用以证明有社会危险性的证据予以列明,以供检察机关审查、判断。

在对社会危险性要件的证明方式和证明方法上,实务操作中要注意把握以下几点:

第一,对社会危险性的证明,是对社会危险性发生的具体的可能性的证明。关于社会危险性的证明问题,实践中还存在一种错误认识,如有的侦查人员和检察官认为,根据修改后刑事诉讼法的规定,任何一个犯罪嫌疑人(被告人)都有逮捕的必要,因为根据日常生活经验和趋利避害的本能,任何一个犯罪嫌疑人(被告人)都有实施新的犯罪的可能,尤其是毁灭、伪造证据、干扰证人作证或者串供、逃跑的可能,尽管可能性有大有小,因人因案而异,但谁也不能说一个犯罪嫌疑人(被告人)绝对没有实施这五种行为的可能。这种观点是违背证据裁判原则的。因为,社会危险性要件中的"可能",是一种现实的、具体的、紧急的可能,而不是抽象的可能。对此,学者林钰雄先生曾经指出:"抽象而言,任何被告都有'可能'不当改变证据形态或影响共犯、证人,然而,单单抽象可能并不足以肯认此种危险存在,而是必须于具体个案中依照客观的事实或迹象认定。"[7]日本学者田口守一也曾经指出:"可能销毁罪证的含意。不单是销毁罪证的抽象的可能性,而且还必须有具体的可能性,即犯罪嫌疑人在客观上可能销毁罪证,并且

---

〔7〕 林钰雄:《刑事诉讼法》(上),中国人民大学出版社 2005 年版,第 344 页。

他本人也承认有此意图。"[8]

第二,对社会危险性的证明,在结构上多数情况下呈现为"证明(基础事实)+推论(待证事实)"的模式,即社会危险性的存否,本身并非运用证据直接予以证明,而是基于基础事实进行推论的结果。因而,实务中我们的证明对象实际上并非社会危险性本身,而是与其在逻辑和经验上存在密切联系的基础事实,我们只需举证证明基础事实的存在,即可依据经验法则合理地推论出社会危险性的存在。例如,我们要证明犯罪嫌疑人企图逃跑,只需提供证据证明嫌疑人没有家庭关系、没有固定工作等事实即可,然后根据嫌疑人没有家庭关系、没有固定工作这一基础事实,推论出其可能外逃。基于此,实务中侦查机关提捕时对社会危险性的举证,应当围绕基础事实而进行,注意收集那些能够证明诸如嫌疑人没有家庭关系、没有固定工作等基础事实的证据,而检察机关在审查批捕时,对社会危险性存否的审查、判断,也应当将证据审查的重点放在基础事实是否已经得到证明上。

第三,作为推论社会危险性存在的基础事实,一定要与待证事实之间存在逻辑和经验上的密切。从联系我国司法实务中的作法来看,由于办案经验的长期积累,实践办案中对于推论社会危险性存在与否的基础事实,已经进行了有意识的经验总结和类型化的思考,具体考量因素包括:(1)是否为本地人,有无固定工作或住所;(2)是否有前科劣迹,是否累犯;(3)是否刑事和解;(4)案发后是否逃跑;(5)同案犯是否在逃;(6)是否多次作案;(7)是否为未成年人或在校学生;(8)是否共同犯罪;(9)是否自首;(10)被害人是否有过错;(11)其他因素。包括嫌疑人认罪态度、是否如实供述、有无悔罪表现、情节恶劣,被害人是否未成年人、是否要求追究刑事责任等。不得不指出的是,上述对基础事实的经验化总结和类型化思考,并非我国所独有,而是法治国家的普遍经验,例如,在德国,检察官和法官经常依据第二种标准来确定"逃避的危险"。他们假设,嫌疑人在一些情况下会有强烈的逃跑动机.例如,没有家庭关系,没有工作,并且,或者在社区里没有永久住所,与某外国国家有密切关系(具有该国国籍、持有该国护照、在该国有房产或有重要投资等)。而对于可能毁灭或变造证据的危险,一般认为在下列情况中存在,例如,共同犯罪人仍然逍遥法外,或者嫌疑人已经毁灭了某些证据(并且将毁灭更多的证据),或者嫌疑人有可能威胁或者贿赂证人作伪证。[9] 有的国家如日本更是直接将"住所不定"明确列为是否羁押的理由之一。

其中,值得注意的是,实务操作中对上述因素或标准的权衡、判断,不应当是僵化、呆板的,不能说只要嫌疑人具备某一情形,就必须作出某种判断,而应当结合个案情况对多种因素进行综合权衡。例如,嫌疑人是否认罪以及是否如实供述,跟他的社会危险性之间并无必然联系,实践中不能因为嫌疑人保持沉默或拒不认罪,就简单地推论他可能妨碍诉讼进行。对于犯罪嫌疑人保持沉默的,能否逮捕,必须区分不同情形分别予以处理:如果犯罪嫌疑人的沉默,导致其姓名、住所等不详,可视其为住所不定或可能逃跑,据此可决定逮捕;但如果犯罪嫌疑人对其基本身份信息(姓名、住所)积极作答,而仅对案情保持沉默,或者虽然犯罪嫌疑人对基本身份信息保持沉默,但公安司法机关根据其他相关信息能够判明他的姓名、住所等时,都不能据此决定逮捕。此外,有的基础事实存在,可以推论嫌疑人不可能妨碍诉讼进行,但却不能据此作反向推论,即该基础事实一旦不存在,就推论该嫌疑人可能妨碍诉讼进行。例如,嫌疑人与被

---

〔8〕［日］田口守一:《刑事诉讼法》,刘迪等译,法律出版社2000年版,第54页。

〔9〕［德］托马斯·魏根特:《德国刑事诉讼法》,岳礼玲、温小洁译,中国政法大学出版社2004年版,第98页。

害人双方达成了刑事和解,固然可以推论嫌疑人不太可能妨碍诉讼进行,但却不能反过来讲,只要双方未达成刑事和解协议,即表明嫌疑人可能妨碍诉讼进行。

第四,我国司法解释明确规定了“无社会危险性”的基础事实,据此可以推论嫌疑人无社会危险性。如《人民检察院刑事诉讼规则》第 144 条规定:“犯罪嫌疑人涉嫌的罪行较轻,且没有其他重大犯罪嫌疑,具有以下情形之一的,可以作出不批准逮捕的决定或者不予逮捕:(一)属于预备犯、中止犯,或者防卫过当、避险过当的;(二)主观恶性较小的初犯,共同犯罪中的从犯、胁从犯,犯罪后自首、有立功表现或者积极退赃、赔偿损失、确有悔罪表现的;(三)过失犯罪的犯罪嫌疑人,犯罪后有悔罪表现,有效控制损失或者积极赔偿损失的;(四)犯罪嫌疑人与被害人双方根据刑事诉讼法的有关规定达成和解协议,经审查,认为和解系自愿、合法且已经履行或者提供担保的;(五)犯罪嫌疑人系已满十四周岁未满十八周岁的未成年人或者在校学生,本人有悔罪表现,其家庭、学校或者所在社区、居民委员会、村民委员会具备监护、帮教条件的;(六)年满七十五周岁以上的老年人。”如此一来,实践中就可能会出现一个提捕案件中若干有社会危险性的基础事实和若干无社会危险性的基础事实同时并存的情形,那么在这种情况下,检察机关如何判断社会危险性的有无?为防止这一评判过程的随意性和恣意性,有观点提出建立社会危险性的评估机制,即将影响社会危险性的各种因素及其影响力进行量化,并建立起一定的权重指标体系,由检察机关工作人员严格打分计算,得出所谓的风险等级或指数,进而据此作出社会危险性的判定。这种风险评估机制的建立类似于量刑规范化建设,是试图以量化的方式规范社会危险性的评判过程。

(三)实践中试行的有条件批准逮捕制度

逮捕是一项重要的刑事强制措施,它对于保障刑事诉讼活动的顺利进行具有重要意义,但由于逮捕的实施将附随产生羁押的效力,因而一旦滥用或误用,将导致对犯罪嫌疑人、被告人人身自由的侵犯,因此,严格设定逮捕的程序和实体条件,对于确保逮捕的合法适用至关重要。

但是,随着近年来严重刑事犯罪的高发态势,为严厉打击严重刑事犯罪,实践中开始探索实行一种“有条件批准逮捕”制度。该制度是在 2005 年全国检察机关第二次侦查监督工作会议上首先提出,并要求在全国实行的一项工作制度。所谓有条件批准逮捕,是指检察机关办理公安机关提请批准逮捕的案件时,对严重的刑事犯罪嫌疑人,认为证明其犯罪的事实证据尚未达到批准逮捕的一般标准,但确实具备补充、完善证据的条件和可能,公安机关已有侦查计划与方案的,检察机关可先予作出批准逮捕决定,同时要求公安机关进一步提供补充证据材料的一种措施。从实践来看,有条件批准逮捕制度适用的案件范围限于重罪,包括:(1)故意杀人、故意伤害致人重伤或者死亡、抢劫、强奸、放火、爆炸、绑架、投放危险物质等严重侵犯人民生命安全和财产安全的严重刑事犯罪;(2)涉黑恶势力的团伙犯罪;(3)涉毒类犯罪,可能判处十年徒刑以上的案件;(4)严重破坏社会主义市场经济秩序的犯罪,可能判处十年徒刑以上的案件;(5)其他性质恶劣、情节严重、社会影响大的案件。从实践中的做法来看,虽然也要求适用有条件逮捕的案件应当坚持“有证据证明有犯罪事实”的逮捕条件、以“证据所证明的事实构成犯罪”为原则,但同时又规定以“证据所证明的事实基本构成犯罪”为特例,即在证明犯罪的事实证据尚未达到批准逮捕的法定标准时,仍然允许先予作出批准逮捕决定,这实际上就降低了逮捕的法定证明标准。因此,有条件逮捕制度实际上是对刑事诉讼法规定的逮捕证明标准的一种修正,即将刑事诉讼法规定的“证据所证明的事实构成犯罪”降格为“证据所证明的事实基本构成犯罪”,其目的是应宽严相济刑事政策严厉打击严重刑事犯罪的需要,而对法定逮捕证明标准进行降格处理,以便于检控机关加强对严重刑事犯罪分子的人身控制与隔离。

三、逮捕的权限

由于逮捕是人身强制程度最高的强制措施,为了防止逮捕权的滥用侵及公民基本人权,我国刑事诉讼法对逮捕的权限实行了决定权与执行权的分离,即逮捕决定权由人民检察院、人民法院行使,而逮捕执行权则交由公安机关行使。根据我国2018年《刑事诉讼法》第80条之规定:“逮捕犯罪嫌疑人、被告人,必须经过人民检察院批准或者人民法院决定,由公安机关执行。”

其一,逮捕犯罪嫌疑人的决定权在人民法院和人民检察院。具体而言,对于公安机关移送要求审查批准逮捕的案件,由人民检察院行使批捕权。人民检察院在侦查及审查起诉中,认为犯罪嫌疑人符合法律规定的逮捕条件,应予逮捕的,依法有权自行决定逮捕。人民法院直接受理的自诉案件中,对被告人需要逮捕的,人民法院有决定权。对于人民检察院提起公诉的案件,人民法院在审判阶段发现需要逮捕被告人的,有权决定逮捕。公安机关无权自行决定逮捕。

其二,逮捕的执行权属于公安机关,人民检察院和人民法院决定逮捕的都必须交由公安机关执行。

四、逮捕的批准、决定和执行程序

（一）逮捕的批准和决定程序

1. 人民检察院对公安机关提请逮捕的批准程序

(1)公安机关要求逮捕犯罪嫌疑人的时候,应当经县级以上公安机关负责人批准,制作提请批准逮捕书一式三份,连同案卷材料、证据,一并移送同级人民检察院审查。(2)对公安机关提请批准逮捕的犯罪嫌疑人已被拘留的,人民检察院应当在7日内作出是否批准逮捕的决定;未被拘留的,应当在接到提请批准逮捕书后的15日以内作出是否批准逮捕的决定,重大、复杂的案件不得超过20日。(3)检察机关经审查应当分别作出相应的决定:对于符合逮捕条件的,作出批准逮捕的决定,制作批准逮捕决定书。对于不符合逮捕条件的,作出不批准逮捕的决定,制作不批准逮捕决定书,说明不批准逮捕的理由,需要补充侦查的,应当同时通知公安机关。(4)对于人民检察院决定不批准逮捕的,公安机关在收到不批准逮捕决定书后,应当立即释放,并且将执行情况及时通知人民检察院。对于需要继续侦查,并且符合取保候审、监视居住条件的,依法取保候审或者监视居住。公安机关对人民检察院不批准逮捕的决定,认为有错误的时候,可以要求复议,但是必须将被拘留的人立即释放。如果意见不被接受,可以向上一级人民检察院提请复核。上级人民检察院应当立即复核,作出是否变更的决定,通知下级人民检察院和公安机关执行。

2. 人民检察院决定逮捕的程序

(1)为了加强人民检察院的内部制约,对于人民检察院直接立案侦查的案件,侦查与逮捕应当分别由不同的部门负责,同时,自侦案件的逮捕决定权一律上提一级,即由侦查办案检察院的上级检察院对该案件行使逮捕决定权。(2)人民检察院对直接受理的案件中被拘留的人,认为需要逮捕的,应当在14日以内作出决定。在特殊情况下,决定逮捕的时间可以延长1日至3日。对不需要逮捕的,应当立即释放;对需要继续侦查,并且符合取保候审、监视居住条件的,依法取保候审或者监视居住。(3)对于监察机关移送起诉的已采取留置措施的案件,人民检察院应当对犯罪嫌疑人先行拘留,留置措施自动解除。人民检察院应当在拘留后的10日以内作出是否逮捕、取保候审或者监视居住的决定。在特殊情况下,决定的时间可以延长1日至4日。

3. 人民法院决定逮捕的程序

(1)对于公诉案件中未予逮捕的被告人,人民法院认为符合逮捕条件应予逮捕的,可以决定逮捕。对于自诉案件中未予逮捕的被告人,认为需要逮捕被告人时,由办案人员提交法院院长决定,对于重大、疑难、复杂案件的被告人的逮捕,提交审判委员会讨论决定。(2)人民法院作出逮捕决定后,应当将逮捕决定书送交公安机关执行。将被告人逮捕后、人民法院应当将逮捕的原因和羁押的处所,在24小时内通知被逮捕人的家属或者其所在单位;确实无法通知的,应当将原因记录在卷。(3)对人民法院决定逮捕的被告人,审判人员必须在逮捕后的24小时内进行讯问。如果发现不应当逮捕的,应当报经院长批准后,变更强制措施或者立即释放。立即释放的,应当发给释放证明。

4. 逮捕人大代表的审批程序

根据《全国人民代表大会和地方各级人民代表大会代表法》、《刑事诉讼法》及有关司法解释的规定,如果被逮捕的犯罪嫌疑人、被告人是人民代表大会代表,无论是批准逮捕,还是决定逮捕,都应当遵循一些特定的程序。具体而言:人民检察院对担任本级人民代表大会代表的犯罪嫌疑人批准或者决定逮捕,应当报请本级人民代表大会主席团或者常务委员会许可。对担任上级人民代表大会代表的犯罪嫌疑人批准或者决定逮捕,应当层报该代表所属的人民代表大会同级的人民检察院报请许可。对担任下级人民代表大会代表的犯罪嫌疑人批准或者决定逮捕,可以直接报请该代表所属的人民代表大会主席团或者常务委员会许可,也可以委托该代表所属的人民代表大会同级的人民检察院报请许可。对担任乡、民族乡、镇的人民代表大会代表的犯罪嫌疑人批准或者决定逮捕,由县级人民检察院报告乡、民族乡、镇的人民代表大会。对担任办案单位所在省、市、县(区)以外的其他地区人民代表大会代表的犯罪嫌疑人批准或者决定逮捕,应当委托该代表所属的人民代表大会同级的人民检察院报请许可;担任两级以上人民代表大会代表的,应当分别委托该代表所属的人民代表大会同级的人民检察院报请许可。对担任本单位所在省、市、县(区)以外的其他地区人民代表大会代表的犯罪嫌疑人批准或者决定逮捕,应当委托该代表所属的人民代表大会同级的人民检察院报请许可。

(二)逮捕的执行程序

逮捕犯罪嫌疑人、被告人,一律由公安机关执行。公安机关执行逮捕的程序是:

首先,对于人民检察院批准或者决定,人民法院决定逮捕的犯罪嫌疑人、被告人,应当由县级以上公安机关负责人签发《逮捕证》,立即执行,并将执行回执及时送达作出批准逮捕的人民检察院。如果未能执行,也应当将回执送达人民检察院,并写明未能执行的原因。

其次,执行逮捕的侦查人员不得少于2人。执行逮捕时,必须向被逮捕人出示《逮捕证》,并责令被逮捕人在《逮捕证》上签名(盖章)、按指印,拒绝签名(盖章)、按指印的,应当注明。

再次,逮捕犯罪嫌疑人、被告人后,提请批准逮捕的公安机关、批准或决定逮捕的人民检察院或者人民法院,应当在24小时之内进行讯问。对于发现不应当逮捕的,应当变更强制措施或者立即释放。立即释放的,应当发给释放证明。

最后,逮捕后,应当立即将被逮捕人送看守所羁押。除无法通知的以外,应当在逮捕后24小时以内,通知被逮捕人的家属。

五、人民检察院的羁押复查权

根据2018年《刑事诉讼法》第95条的规定，犯罪嫌疑人、被告人被逮捕后，人民检察院仍应当对羁押的必要性进行审查。对不需要继续羁押的，应当建议予以释放或者变更强制措施。有关机关应当在10日以内将处理情况通知人民检察院。由此确立了人民检察院的羁押复查权。根据法条规定，人民检察院的羁押复查权具有以下内容和特点：

第一，羁押复查权的主体只能是人民检察院。该权力系人民检察院的专属权力，该权力源于人民检察院在刑事诉讼法中的法律监督地位。

第二，羁押复查权的客体包括人民检察院批准逮捕的案件、决定逮捕的案件以及人民法院决定逮捕的案件，对于上述案件，人民检察院均有权对其羁押必要性进行复查。

第三，羁押复查权的内容是由人民检察院对羁押的必要性进行复查，而不是对之前的逮捕决定是否合法进行审查，因为，有些案件虽然在当初批准或决定逮捕时符合法定逮捕条件，但时过境迁，案件事实和证据都有可能发生变化，或者出现了新事实，从而使得继续羁押犯罪嫌疑人、被告人变得没有必要。

第四，经人民检察院复查后，对不需要继续羁押的，应当建议予以释放或者变更强制措施。有关机关应当在10日以内将处理情况通知人民检察院。

六、逮捕的变更、撤销或解除

2018年《刑事诉讼法》第96条规定："人民法院、人民检察院和公安机关如果发现对犯罪嫌疑人、被告人采取强制措施不当的，应当及时撤销或者变更。公安机关释放被逮捕的人或者变更逮捕措施的，应当通知原批准的人民检察院。"据此，公、检、法机关发现采取逮捕措施不当的，应当及时撤销或变更。公安机关释放被逮捕的人或者变更逮捕措施的，应当通知原批准的人民检察院。

根据2018年《刑事诉讼法》第98条之规定，犯罪嫌疑人、被告人被羁押的案件，不能在本法规定的侦查羁押、审查起诉、一审、二审期限内办结的，对犯罪嫌疑人、被告人应当予以释放；需要继续查证、审理的，对犯罪嫌疑人、被告人可以取保候审或者监视居住。据此，在上述情形下，决定或批准逮捕的机关应当将逮捕变更为取保候审或监视居住。

当然，除了公、检、法机关在发现对犯罪嫌疑人、被告人采取强制措施不当可以依职权变更或撤销逮捕外，2018年《刑事诉讼法》第97条还规定，犯罪嫌疑人、被告人及其法定代理人、近亲属或者辩护人有权申请变更强制措施。人民法院、人民检察院和公安机关收到申请后，应当在3日以内作出决定；不同意变更强制措施的，应当告知申请人，并说明不同意的理由。

思考题

1. 什么是强制措施？强制措施与刑罚、行政处罚有何异同？
2. 什么是拘传？拘传与传唤有何异同？
3. 取保候审适用的范围有哪些？
4. 被监视居住人应当遵守哪些规定以及违反规定的后果是什么？
5. 拘留的适用条件有哪些？
6. 逮捕应当具备哪些条件？

第十章 刑事辩护与代理

导 读

刑事辩护是刑事诉讼制度的重要组成部分,经历了从自行辩护向辩护人辩护、从委托辩护向法律援助辩护、从实体辩护向程序辩护的历史发展过程,已成为现代刑事诉讼制度的一项基本诉讼职能。其基本内容是通过在立法上和司法上赋予并保障犯罪嫌疑人、被告人及其辩护人充分行使诉讼权利,使他们与控方展开平等对抗,确保处于中立地位的审判机关客观、全面地查明案件事实,正确适用法律,对案件作出公正裁判。同时,为了维护司法公正,在刑事诉讼中也建立了刑事代理制度,通过法定和委托代理人的诉讼代理活动,维护公诉案件被害人、自诉案件自诉人、刑事附带民事诉讼原被告双方当事人的合法权益。

第一节 刑 事 辩 护

一、刑事辩护概述

(一)刑事辩护的概念及理论根据

刑事辩护的概念是一个历史的范畴。现代刑事诉讼中的辩护,是指犯罪嫌疑人、被告人及其辩护人在刑事诉讼中,依法针对控方的指控,根据事实和法律,从实体上和程序上,提出有利被指控人的证据和意见,论证控方的指控不能成立,维护被指控人的合法权益,使其免受不公正对待和处理的一系列诉讼行为的总和。

对于辩护的概念可以从四个方面加以理解:

其一,刑事辩护是一种针对指控进行的对抗性诉讼活动。所谓对抗性的诉讼活动,是指刑事辩护是一种被动性、针对性、反驳性的诉讼活动。它是由控诉引起而又针对控诉、反驳控诉的活动。没有控诉就没有辩护;辩护就是针对控诉并且为了反驳控诉,对抗控诉。控诉与辩护作为一对基本矛盾,存在于刑事诉讼的过程中,也解决于刑事诉讼的过程中。

其二,刑事辩护是宪法和法律赋予犯罪嫌疑人、被告人及其辩护人在刑事诉讼中享有的一项基本诉讼权利。在现代民主、法治社会,公民权利是国家产生的基础,也是国家存在的目的。国家对公民负有保护的责任和义务。这种保护体现在刑事诉讼领域,一方面要维护公民的人身权利、财产权利等合法权益不受非法侵犯,因而需要打击、惩罚犯罪;另一方面也要维护刑事诉讼中处于被追诉地位的犯罪嫌疑人、被告人的合法权益,使他们中无罪的人不受追究,有罪的人受到公正的追究。为达此目的,不仅要赋予犯罪嫌疑人、被告人自身充分、广泛的辩护权,而且还赋予他们获得律师帮助的权利。否则,处于被追究地位,又缺乏法律专业知识和诉讼经验、技能的犯罪嫌疑人、被告人难以有效地维护自己的合法权益。

其三,刑事辩护是维护、实现司法公正不可或缺的一项诉讼职能。人类自有诉讼以来,从没有放弃过对司法公正的追求,但是直到现代刑事诉讼制度产生,才开始走上正确轨道,这就是因为建立了控审分离、控辩平等对抗、审判居中裁断的科学、民主的诉讼结构。控诉、辩护、审判三种诉讼职能缺一不可,互相作用,彼此依存,共同维系、支撑着司法公正的大厦。其中的辩护职能若不能得到真正的确立,不能与控诉职能相互抗辩,维护、实现司法公正就将成为一句空话。

其四,刑事辩护是现代刑事诉讼制度的重要组成部分。刑事辩护无论作为诉讼活动、诉讼权利还是诉讼职能,如果没有制度化的安排和保障,就可能因人而异、因案而异、因地而异、因时而异。因此,现代刑事诉讼制度中当然包含了刑事辩护制度,其目的在于使辩护活动规范化、辩护权利法制化、辩护职能全程化。其内容一般包括对辩护权、辩护人、辩护种类、辩护方式、辩护人的责任、辩护人的权利与义务等一系列有关辩护的基本问题所作的法律规定。在当今世界范围内,刑事辩护制度不仅是各国刑事诉讼制度的重要组成部分,而且刑事辩护制度的完善程度如何,往往是衡量一国刑事诉讼制度科学、民主、公正程度的重要标志。

在刑事诉讼中,为什么要赋予犯罪嫌疑人、被告人以辩护权,进而又为什么要建立刑事辩护制度,并且将刑事辩护确立为刑事诉讼的三项诉讼职能之一,这些问题都涉及刑事辩护的理论根据。

首先,这是人类认识活动的客观规律,特别是刑事诉讼活动客观规律的内在要求。自从人类产生了阶级、国家和法律,犯罪就成为一种普遍存在的社会现象。刑事诉讼正是为了应对解决这一社会现象应运而生的法律制度。但是,无论应对还是解决,都要以对刑事案件的正确认识为前提。而刑事案件又表现为一个个具体的个案,当把它们纳入刑事诉讼活动时,它们往往都是已经发生过的事实。刑事诉讼的过程首先表现为对这些已经发生过的事实进行认识,并且力求使这种主观认识最大限度地与案件的客观事实相一致。为此,就要求在刑事诉讼中不仅要重视收集、听取受到犯罪侵害、控诉犯罪一方的当事人及有关国家机关、有关办案人员对案件的指控和意见,而且也要关注被指控犯罪并被要求承担刑事责任的另一方当事人即犯罪嫌疑人、被告人一方对于指控的立场和态度,听取他们的主张和意见。只有认真听取对立双方的意见,才有可能"兼听则明",对案件形成正确、客观的认识。反之,只听取控诉方的意见,排斥被控方的意见,势必发生"偏听则暗",对案件形成片面的认识。辩护权乃至辩护制度的设立对于保障犯罪嫌疑人、被告人在刑事诉讼中能充分表达自己的意见,反映案件的事实,使刑事诉讼能够正确、客观地认定案件事实具有非常重要的意义。

其次,这是人类人权意识觉醒,人权观念加强,人权保障要求的客观需要。在人类发展史上相当漫长的一段时期里,人与人之间的不平等不仅是公开的,而且是合法的。在刑事诉讼中更是如此,被指控为犯罪的人根本不是权利主体,他们无权对犯罪指控进行反驳、提出辩护,而完全被当作追究的客体,承受刑讯逼供,任凭有罪推定。资产阶级的启蒙思想家们提出了"天赋人权""社会契约""主权在民""法律面前人人平等"等口号,不仅唤起了资产阶级革命的发生,而且在资产阶级革命胜利以后集中体现在国家的立法和司法活动中。在刑事诉讼中,确立了无罪推定原则,赋予被告人辩护权,使其与控诉方形成平等对抗,以维护自身在刑事诉讼中的合法权益,使无罪的人不受刑事追究,使有罪的人受到公正的裁判。进入20世纪特别是经历了第二次世界大战以后,国际社会基于法西斯大肆践踏人权的历史教训,更加重视和加强人权保障领域的国际合作,联合国及其他国际组织为主体签署了一系列有关人权保障的国际公约和文件,其中包括旨在加强对犯罪嫌疑人、被告人保护的刑事辩护的基本准则。

最后,这是维护和实现司法公正的基本保障。刑事诉讼本质上是国家追究犯罪、惩罚犯罪的一种专门活动,是由国家专门机关发起并主导的一种强制性的活动。在此过程中,不可避免地会发生权力的滥用或错用,进而导致冤、假、错案的发生。为了防止这类情况的发生,就需要对国家专门机关在刑事诉讼中的权力给予制约和抗衡,否则,难以维护和实现司法公正。而刑事诉讼中的犯罪嫌疑人和被告人在各个方面都处于劣势和弱势地位,远不足以对国家专门机关滥用或错用权力形成制约和抗衡,这就需要从制度上为他们提供权利和权利保障,辩护权乃至辩护制度即由此而生。它的建立和发展,对控诉机关形成了有效的制约和抗衡,从而维护和保障司法公正的实现。

(二)辩护概念的历史发展

前文已指出,辩护概念是一个历史的范畴,不同历史时期的辩护有着各自时代的烙印和不同的含义。同时,辩护概念又是一个不断丰富、发展的概念。回顾辩护概念的历史发展,对于加深对辩护权的理解,完善辩护制度,强化辩护职能有重要的意义。

1. 从自行辩护向辩护人辩护发展

"如果将辩护视为一种活动或者一种行为,那么可以说,辩护现象从古至今都存在。"从这个意义上讲,自从有了诉讼,就有了辩护,辩护是伴随诉讼而产生的。在人类最初的弹劾式诉讼中,诉讼没有刑民之分,原被告双方在诉讼中地位平等,原告有起诉被告的权利,被告相应地也有为自己申辩、反驳原告起诉的权利。被告这种针对起诉为自己进行的申辩和反驳的行为实质上就是辩护。但是,这种辩护与其说是一种权利,不如说是一种本能。正因如此,这种辩护仅限于被告自行辩护,尚没有他人包括职业辩护人为他辩护。由于出身、背景、社会地位、受教育程度等各方面的不同,被告自行辩护的能力和发挥的作用也有相当大的差别。

为了弥补这一不足或扭转对被告不利的情形,并非为自己而是为他人的专业辩护人应运而生。一般认为,在公元前4~6世纪,古罗马共和时期,能言善辩的"代理人""代言人"应运而生,帮助原、被告进行诉讼。随着法律的演进,职业法学家兴起,辩护逐渐为法律确认。《十二铜表法》中关于辩护人进行辩护的条文,是历史上对此最早的法律记载。当今世界辩护制度已相当发达,其中一个重要的标志就是辩护人辩护制度的成熟和完善,而辩护人辩护实质上又集中体现为律师辩护。律师作为职业法律工作者,不仅精通法律,而且富有诉讼经验和技巧;不仅享有人身自由,可以在法律范围内进行辩护所需要的一切活动,而且地位独立,可以提出任何有利于犯罪嫌疑人、被告人的辩护意见和诉讼主张。

2. 委托辩护向法律援助辩护发展

委托辩护是与辩护人辩护相伴而生的。在刑事辩护制度发展史上,很长一段时期,除被告人自行辩护外,主要是委托辩护。被委托的对象可以是执业律师,也可以是非律师人员。由于委托辩护的主要对象是执业律师,而委托执业律师需要付出经济上的代价。如果被告人经济比较困难,就难以进行委托辩护。20世纪以来,在刑事司法领域加强人权保障的呼声越来越高,刑事法律援助制度应运而生。当今世界,各主要国家都普遍建立了刑事法律援助制度,主要由政府出资为那些因为经济原因请不起律师的被告人免费提供律师。所采取的形式则因各国经济发展水平和政治法律制度不同而有所差别。有的国家由政府出资设立公设辩护人机构,由隶属该机构的公设辩护人专事为贫困被告人提供辩护,有的向贫困被告人提供律师名单由其选定律师,由政府向律师支付律师费;还有的国家,当被告人提出辩护需求时,由政府为其指定辩护人,费用由政府承担;等等。

在提供法律援助的案件范围上,各国也有所不同,有的对所有刑事案件基本上都可以提供免费律师;有的则主要对可能判处监禁刑以上刑罚的案件,还有的则从被指控人的自行辩护能力出发,强调对未成年被告人、老年被告人、生理或精神有一定缺陷的被告人给予法律援助。除了向被告人提供法律援助外,有的国家还向被害人提供法律援助。如今,各国政府应当为一定条件的贫困被告人无偿提供法律援助已成为国际社会公认的国际刑事司法准则的最低要求之一。

3. 审判中的实体辩护向侦查中的程序辩护发展

刑事诉讼是以控诉方认为被告人的行为构成了犯罪,要求审判机关对其追究刑事责任为初始起因的,因此,无论是自行辩护还是辩护人辩护,以往主要是在审判阶段围绕被告人是否构成犯罪、应否承担刑事责任、如何承担刑事责任展开的。在诉讼理论上将这种辩护称为实体辩护。第二次世界大战以后,随着国际性人权保障运动的蓬勃发展,各主要国家纷纷展开刑事司法改革,在刑事辩护方面,表现为扩大和强化律师在审前程序特别是侦查程序中的地位和作用,使刑事辩护从审判走向侦查,实体向程序发展。

伴随刑事辩护从审判走向侦查,辩护的内涵也从实体扩展到程序。一方面,在审前程序中,绝大多数案件尚不具备进行实体辩护的条件;另一方面,在审前程序特别是侦查程序中,"在追诉犯罪,维护社会公众利益的神圣外衣下",侦讯机关的权力不断扩大,伸展到社会生活的各个方面。在此过程中,人们切身感受到侦讯机关可能滥用或者已经滥用权力,威胁到以被追诉者身份表现出来的公众的正常生存和生活。于是,从程序上保护被追诉者的权利就成为审前程序中刑事辩护的侧重点。

审前程序特别是侦查中的程序辩护主要表现为赋予犯罪嫌疑人在侦查程序中获得律师帮助的权利和赋予辩护律师通过参与侦查程序对侦讯机关、侦讯人员进行制约和监督的权利,具体包括:(1)律师在侦讯人员对犯罪嫌疑人进行讯问时有权在场并向犯罪嫌疑人提供法律咨询的权利;(2)犯罪嫌疑人与辩护律师在侦查程序中的秘密或单独会见权;(3)辩护律师在侦查程序中向侦讯人员获悉犯罪嫌疑人涉嫌的罪名及有关案件事实、证据材料的权利以及进行必要的调查取证的权利;(4)辩护律师在侦查程序中参加或见证某些侦查活动的权利;(5)辩护律师就审前程序的有关诉讼行为提出意见的权利等。

资料:关于辩护概念的含义、辩护制度的历史发展,参见顾永忠:《刑事辩护的现代法治涵义解读》,载《中国法学》2009 年第 6 期。

二、我国刑事辩护制度

(一)辩护制度的建立与发展

漫长的中国古代社会虽然有过我们今天可称为自行辩护甚至辩护人辩护的现象和文字记

载,但并不存在现代意义上的辩护权乃至辩护制度。中国的刑事辩护制度是伴随近代帝国主义列强入侵而产生的。最初完全是列强行使其在中国的领事裁判权时直接从外国照搬到中国。从严格意义上讲,这还不属于本土意义上的中国刑事辩护制度。清朝末年,沈家本受命主持修订大清律例,先后于1906年制定出《大清刑事民事诉讼法》(草案)及1910年制定出《大清刑事诉讼律草案》,其中都规定了刑事被告人不仅自己而且可以委托律师为其辩护,但由于清朝灭亡,未及正式通过并实行。辛亥革命后,1912年9月民国政府颁布了《律师暂行章程》,不仅创立了中国近代的律师制度也创立了中国近代的刑事辩护制度。北洋政府及南京政府时期都通过并颁行《律师暂行章程》、《律师法》、《刑事诉讼条例》及《刑事诉讼法》,共同构建以律师辩护为核心的刑事辩护制度。

我国社会主义辩护制度的建立,早在民主革命时期红色根据地建设中就已开始。第二次国内革命战争时期,中华苏维埃共和国中央执行委员会颁布的《裁判部暂行组织及裁判条例》第24条就曾规定:"被告人为本身的利益,可派代表出庭辩护,但须得法庭的许可。"抗日战争时期,各根据地也都颁布了有关司法组织和诉讼程序的法律、法令、政策,其中包括在刑事诉讼中实行公开审判制度,公开审判时准许群众旁听和发言,准许当事人请其家属或有法律知识的人出庭充任辩护人,人民团体对于所属成员的诉讼也可派人出庭帮助辩护。解放战争时期,随着根据地的不断扩大和红色政权的发展,刑事辩护制度也有所发展。

中华人民共和国成立后,一方面废除伪法统,推翻旧法制;另一方面着手建立社会主义新法制。在刑事辩护制度方面,1950年7月,中央人民政府政务院公布的《人民法庭组织通则》第6条规定:"县(市)人民法庭及其分庭审判时,应保障被告有辩护和请人辩护的权利。"1954年我国第一部《宪法》颁布,其中第76条明确规定:"被告人有权获得辩护。"同期公布的《中华人民共和国人民法院组织法》也规定:"被告人除自己行使辩护权外,可以委托律师为他辩护,可以由人民团体介绍的或者经人民法院许可的公民为他辩护,可以由被告人的近亲属、监护人为他辩护。人民法院认为必要的时候,也可以指定辩护人为他辩护。"这些规定,为社会主义刑事辩护制度奠定了宪法和法律基础,其后我国刑事辩护制度特别是律师辩护制度得以蓬勃发展。但是20世纪50年代后期,由于"左"倾路线的干扰和影响,刚刚建立起来的刑事辩护制度受到严重摧残,基本夭折。

随着1978年党的十一届三中全会的召开,我国迎来了社会主义民主与法制建设的春天。1979年7月第一部《刑事诉讼法》诞生,重新强调被告人在刑事诉讼中享有辩护权,不仅其本人有权自行辩护,而且有权委托辩护人为他辩护,还要求人民法院有义务保证被告人获得辩护。1980年8月《中华人民共和国律师暂行条例》颁布实施,使律师制度得以恢复,特别是其中的律师辩护制度得以重建。1996年3月,鉴于社会主义民主与法制建设的需要,我国立法机关对《刑事诉讼法》进行了系统修改,其中包括对刑事辩护制度作了重大修改和完善。同年5月又审议通过了《律师法》,以法律的形式确立了社会主义律师制度的基本框架,其中包括对律师辩护制度的丰富和完善。此后,《律师法》在2001年12月和2007年10月两次被修改。2008年6月1日起施行的《律师法》对刑事辩护律师的阅卷权、会见权、调查权和辩护言论依法享有保护权等,都作出了新的规定。2017年9月1日,根据第十二届全国人民代表大会常务委员会第二十九次会议《关于修改〈中华人民共和国法官法〉等八部法律的决定》,《律师法》进行了第三次修正。2012年3月14日第十一届全国人民代表大会第五次会议审议通过的《关于修改〈中华人民共和国刑事诉讼法〉的决定》再次对刑事诉讼法进行了一次大修,其中对刑事辩护制度作出了重要的修改、完善,成为我国现行立法关于刑事辩护制度的基本内容,也是我国刑事司法活动中刑事辩护制度正常运行的基本依据。2018 年 10 月 26 日,中华人民共和国第十三届全国人民代表大会常务委员会第六次会议通过了《全国人民代表大会常务委员会关于修改〈中华人民共和国刑事诉讼法〉的决定》,律师辩护制度得到进一步完善。

（二）刑事辩护的种类

根据 2018 年《刑事诉讼法》第 33 条、第 35 条、第 278 条的规定,我国刑事诉讼中的辩护可分为三种:

1. 自行辩护

自行辩护是指犯罪嫌疑人、被告人自己针对侦控机关对其涉嫌犯罪的怀疑、指控及所采取的相关强制措施或其他强制性措施,依法进行的反驳、申辩、解释、要求解除、纠正等一系列行为的总和。

犯罪嫌疑人、被告人是被侦查机关、检察机关怀疑涉嫌犯罪或指控实施犯罪的人,他们对于自己是否涉嫌、实施了犯罪以及如何实施犯罪最为清楚,因此,就针对案件事实和有关证据方面进行辩护而言,由他们自行辩护一般比其他人进行辩护具有更有利的条件。同时,在刑事诉讼中任何公民一旦被确定为犯罪嫌疑人、被告人身份,就时时刻刻成为被侦查、被指控的对象,随时处于侦查措施、强制措施的监控之下。在此过程中,他对于自己人身权利和其他权利是否受到非法侵犯了解和感受最直接,因而也最能及时进行自行辩护,依法维护自己的合法权益,而其他辩护人是做不到这一点的。正因如此,犯罪嫌疑人、被告人自行辩护可以贯穿于刑事辩护的全过程,包括侦查阶段、审查起诉阶段、审判阶段。

但是,自行辩护在充分有效地维护犯罪嫌疑人、被告人合法权益方面,有很大的局限性。首先,一般而言,犯罪嫌疑人、被告人不熟悉、不精通法律,不具有诉讼经验,不掌握诉讼技巧。其次,犯罪嫌疑人、被告人在刑事诉讼中通常都被采取某种强制措施,人身自由受到限制甚至剥夺,无法进行必要的调查取证工作。最后,由于犯罪嫌疑人、被告人与案件有着密切的关系,特别是与诉讼结果有着直接的利害关系,从而使他们自身在诉讼中对案件事实的陈述、申辩往往得不到办案人员的信任,进而可能导致他们的自行辩护往往不受重视。

2. 委托辩护

委托辩护是指犯罪嫌疑人、被告人依法委托律师或其他公民担任辩护人为其进行辩护。由于委托辩护是由犯罪嫌疑人、被告人以外的人进行辩护,其身份、立场都是独立的,并且由于委托辩护人主要是由律师担任,他们精通法律知识,富有诉讼经验,熟悉辩护技巧,因而委托辩护较之自行辩护有着明显的优势。

委托辩护产生于犯罪嫌疑人、被告人的委托。委托的发生一般有两种情形:

其一,公诉案件自犯罪嫌疑人被侦查机关第一次讯问或者采取强制措施之日起,有权委托辩护人。但是,在侦查期间只能委托律师担任辩护人。被告人则有权随时委托辩护人。为了保障犯罪嫌疑人、被告人知悉并及时委托辩护人,2018 年《刑事诉讼法》第 34 条要求"侦查机关在第一次讯问犯罪嫌疑人或者对犯罪嫌疑人采取强制措施的时候,应当告知犯罪嫌疑人有权委托辩护人。人民检察院自收到移送审查起诉的案件材料之日起三日以内,应当告知犯罪嫌疑人有权委托辩护人。人民法院自受理案件之日起三日以内,应当告知被告人有权委托辩护人。犯罪嫌疑人、被告人在押期间要求委托辩护人的,人民法院、人民检察院和公安机关应当及时转达其要求。犯罪嫌疑人、被告人在押的,也可以由其监护人、近亲属代为委托辩护人”。

其二,自诉案件的被告人有权随时委托辩护人。为了保障其知悉并行使该项诉讼权利,人民法院自受理案件之日起3日以内,应当告知被告人有权委托辩护人。

应当指出,以上情形是从何时开始委托辩护人的角度来讲的,并不意味着在此之后就不可以再委托或者委托之后就不可以变更。委托辩护人既然是犯罪嫌疑人、被告人的一项诉讼权利,那么在整个诉讼过程中随时都可以委托辩护人,或者在已经委托之后如果对辩护人感到不满意可以变更、委托新的辩护人。

在保障犯罪嫌疑人、被告人依法行使委托辩护人诉讼权利的同时,为了保证诉讼活动的正常进行,提高诉讼效率,刑事诉讼法对委托对象和委托人数也做了必要的限制。在委托对象方面只能在法律规定的可以充当辩护人的人员范围内进行选择。在委托的人数上,可以委托1人也可以委托2人。

3. 指派辩护

指派辩护是指对于没有委托辩护人的犯罪嫌疑人、被告人,人民法院、人民检察院和公安机关在法律规定的范围内,通知法律援助机构指派律师担任辩护人为犯罪嫌疑人、被告人进行辩护,以及经犯罪嫌疑人、被告人提出申请,法律援助机构指派律师担任辩护人为犯罪嫌疑人、被告人进行辩护。根据刑事诉讼法的规定,指派辩护包括强制指派辩护和申请指派辩护两种情形。

强制指派辩护是指对于下列案件,如果犯罪嫌疑人、被告人没有委托辩护人的,人民法院、人民检察院和公安机关应当通知法律援助机构为犯罪嫌疑人、被告人指派律师担任辩护人:(1)犯罪嫌疑人、被告人是盲、聋、哑人的;(2)犯罪嫌疑人、被告人是尚未完全丧失辨认或者控制自己行为能力的精神病人的;(3)犯罪嫌疑人、被告人是未成年人的;(4)犯罪嫌疑人、被告人可能被判处无期徒刑、死刑的。这些犯罪嫌疑人、被告人有的因为生理缺陷,有的因为尚未成年,都不能有效地为自己进行辩护,还有的因为被指控的罪行特别严重可能被判处无期徒刑或者死刑,但他们都没有委托辩护人。为了充分保障他们的合法权益,提高办案质量,维护司法公正,2018年《刑事诉讼法》第35条第2款、第3款及第278条要求办案机关“应当通知法律援助机构指派律师为其辩护”。在这里,法律提出的要求是“应当通知”并“指派”,此即为强制指派辩护之意。

申请指派辩护是指,对于以上几类案件范围以外的案件,犯罪嫌疑人、被告人因经济困难或者其他原因没有委托辩护人的,本人及其近亲属可以向法律援助机构提出申请,对符合法律援助条件的,法律援助机构应当指派律师为其提供辩护。由于我国现阶段经济发展水平还不高,能够办理刑事辩护案件的律师人数也有限,尚不能为所有犯罪嫌疑人、被告人一律提供强制指派辩护。为此,又规定了申请指派辩护制度。比起强制指派辩护,通过申请获得法律援助辩护的条件是:(1)不属于强制指派辩护的范围;(2)要由本人或其近亲属提出申请;(3)经法律援助机构审查符合法律援助条件。

此外,在司法实践中还有一种酌情指派辩护。2012年12月20日最高人民法院《关于适用〈中华人民共和国刑事诉讼法〉的解释》第43条规定:“具有下列情形之一,被告人没有委托辩护人的,人民法院可以通知法律援助机构指派律师为其辩护:(一)共同犯罪案件中,其他被告人已经委托辩护人;(二)有重大社会影响的案件;(三)人民检察院抗诉的案件;(四)被告人的行为可能不构成犯罪;(五)有必要指派律师辩护的其他情形。”

无论何种指派辩护,都属于刑事法律援助制度的范畴。它体现了国家对因经济困难或其他原因没有委托辩护人的犯罪嫌疑人、被告人的一种人文关怀,也是保障人权、实现社会正义、维护司法公正的客观要求。我国的刑事法律援助制度起步时间还不长,距离社会需求还有相当的差距,应当随着我国经济的发展,不断扩大法律援助案件的范围,完善刑事法律援助制度。

资料:*顾永忠:《我国刑事法律援助的实施现状与对策建议》,载《法学杂志》2015 年第 4 期。*

(三)辩护人的范围

如前所述,辩护制度的历史沿革,经历了一个由犯罪嫌疑人、被告人自行辩护向辩护人辩护的发展过程。由于自行辩护存在的局限性,现代刑事诉讼制度中的辩护是以辩护人辩护为核心的。委托辩护、指派辩护都是以辩护人辩护的存在为前提的。辩护人的范围,是指哪些人可以接受犯罪嫌疑人、被告人的委托,或者接受办案机关、法律援助机构的指派,担任犯罪嫌疑人、被告人的辩护人,在诉讼中为他们辩护。在我国,辩护人的范围较广且因诉讼阶段不同而有所区别:

1. 律师

律师是指依法取得律师执业证书,为社会提供法律服务的执业人员。与其他人相比,律师一般都受过系统的法学教育,经过严格的律师资格考试,又受过专门的执业技能培训,是职业法律工作者。特别是一些执业多年的律师,往往具有丰富的办案经验,掌握娴熟的辩护技巧。此外,律师还有政府主管部门和行业协会的管理,有着严格的职业道德和执业纪律要求。这些方面决定了律师担任刑事案件的辩护人较其他人担任辩护人有着明显的优势。首先,由于律师在业务能力上的优势,使他们更能切实有效地履行辩护职责,维护犯罪嫌疑人、被告人的合法权益。其次,由于组织管理和职业道德、执业纪律上的优势,法律将会赋予律师较其他辩护人更广泛的诉讼权利,从而使律师担任辩护人有更大的空间,并得以发挥更大的作用。例如,刑事诉讼法规定,律师担任辩护人,自人民检察院对案件审查起诉之日起,可以查阅、摘抄、复制本案的案卷材料,而其他人担任辩护人须经办案机关许可,才可以查阅、摘抄、复制上述材料。此外,律师可以在诉讼的各个阶段担任辩护人,特别是侦查阶段,只能由律师担任辩护人,其他人不能在侦查阶段担任辩护人。律师还能接受指派担任法律援助制度中的辩护人,其他人则不能担任此类辩护人。

2. 人民团体或者犯罪嫌疑人、被告人所在单位推荐的人

人民团体是指工会、妇联、共青团等群众性团体。这些团体或者犯罪嫌疑人、被告人的所在单位,往往与犯罪嫌疑人、被告人有一定的关系,或者是犯罪嫌疑人、被告人参加的组织,或者是犯罪嫌疑人、被告人工作的地方,相互间有一定的了解,甚至有一定的信任基础。此外,由于我国律师队伍的发展虽然较快,但整体数量上还比较有限,难以完全满足社会法律服务的需求。在此情况下,由人民团体或者犯罪嫌疑人、被告人所在单位推荐的人担任辩护人,可以弥补现阶段律师人数不足的问题。当然,与律师相比,这类辩护人总体上在业务能力方面会有一定的局限性。这个问题随着普法工作的广泛、深入开展,公民法律意识、法律知识的提高,也会

逐步得到改善。

3. 犯罪嫌疑人、被告人的监护人、亲友

在刑事诉讼中,一些未成年人、无行为能力或者限制行为能力的精神病人可能会成为犯罪嫌疑人、被告人。为了切实、有效地维护他们的合法权益,由他们的监护人,即根据《民法总则》的规定对他们的人身、财产和其他合法权益承担保护责任的人或单位,包括他们的亲属或有关的机关、团体或单位担任辩护人,是比较适宜的。由于存在这种监护与被监护的关系,监护人在担任辩护人时一般更具责任心。此外,犯罪嫌疑人、被告人的亲戚、朋友与犯罪嫌疑人、被告人有着特殊的关系,相互间比较了解、比较信任,由他们担任辩护人,也有利于维护犯罪嫌疑人、被告人的合法权益。

以上三类人员即是我国现行法律规定的辩护人的范围,这是从总体上讲的。具体而言,并不是凡属于上述三类人员都可以担任辩护人。2018 年《刑事诉讼法》第 33 条规定:“正在被执行刑罚或者依法被剥夺、限制人身自由的人,不得担任辩护人。”《律师法》第 11 条第 2 款规定:“律师担任各级人民代表大会常务委员会组成人员的,任职期间不得从事诉讼代理或者辩护业务。”第 41 条规定:“曾经担任法官、检察官的律师,从人民法院、人民检察院离任后二年内,不得担任诉讼代理人或者辩护人。”这些规定应当适用于刑事诉讼活动的全过程。

此外,2012 年 12 月 20 日最高人民法院《关于适用〈中华人民共和国刑事诉讼法〉的解释》第 35 条对于人民法院审判案件过程中不得被委托担任辩护人的人员也作了规定:(1)正在被执行刑罚或者处于缓刑、假释考验期间的人;(2)依法被剥夺、限制人身自由的人;(3)无行为能力或者限制行为能力的人;(4)人民法院、人民检察院、公安机关、国家安全机关、监狱的现职人员;(5)人民陪审员;(6)与本案审理结果有利害关系的人;(7)外国人或无国籍人。以上第(4)、(5)、(6)、(7)项规定的人员,如果是被告人的监护人、近亲属,由被告人委托担任辩护人的,人民法院可以准许。2018 年修改的《刑事诉讼法》第 33 条第 3 款规定,被开除公职和被吊销律师、公证员执业证书的人,不得担任辩护人,但系犯罪嫌疑人、被告人的监护人、近亲属的除外。

以上从正反两个方面对辩护人的范围从外延上作了界定。可以看出,尽管有一定的限制,我国辩护人的范围还是比较广泛的,不像有的国家辩护人只能由律师担任。这是符合我国现阶段实际情况的。一方面,我国的整体经济发展水平和人均国民收入还不高,既无法由国家拿出足够的资金为所有犯罪嫌疑人、被告人免费提供辩护律师,也无法由犯罪嫌疑人、被告人拿出足够的资金为自己委托辩护律师;另一方面,我国的律师人数总体上还不多,不足以满足刑事辩护的社会需求。这就需要在加强律师队伍发展、建设的同时,允许其他一些非律师人员担任辩护人。这样,既有利于维护、保障犯罪嫌疑人、被告人的合法权益,也可以减轻犯罪嫌疑人、被告人的经济负担。但是,以往开除公职和被吊销律师、公证员执业证书的人,仍可以辩护人的身份开展刑事辩护业务,一定程度上破坏了司法公正和司法公信力,2018 年《刑事诉讼法》修改中关注到了这一现象,也从正、反两个方面进行了调整。

(四)辩护人的责任

辩护人参加到刑事诉讼中的目标只有一个,就是依法为犯罪嫌疑人、被告人进行辩护,维护犯罪嫌疑人、被告人的合法权益。因此,无论是由当事人委托的辩护人,还是由人民法院、人民检察院、公安机关通知法律援助机构指派的辩护人,也无论是由律师担任的辩护人,还是由非律师人员担任的辩护人,他们在刑事诉讼中承担着共同的责任。为此,《刑事诉讼法》第 37

条规定:“辩护人的责任是根据事实和法律,提出犯罪嫌疑人、被告人无罪、罪轻或者减轻、免除其刑事责任的材料和意见,维护犯罪嫌疑人、被告人的诉讼权利和其他合法权益。”根据这一规定,辩护人的责任具体表现在以下两个方面:

第一,从实体上为犯罪嫌疑人、被告人进行辩护,维护犯罪嫌疑人、被告人的合法权益。所谓从实体上进行辩护,是指围绕犯罪嫌疑人、被告人的行为在实体法上是否构成犯罪、构成什么犯罪、是否应当处罚、如何进行处罚,从维护犯罪嫌疑人、被告人合法权益的角度提出有利于犯罪嫌疑人、被告人的材料和意见。具体可以表现在两个方面:(1)根据事实和法律,提出证明犯罪嫌疑人、被告人无罪、罪轻或者减轻、免除其刑事责任的材料,这是指通过提供证据,从事实上质疑、推翻指控证据或控方起诉认定的事实,维护犯罪嫌疑人、被告人的合法权益。(2)根据事实和法律,提出并论证犯罪嫌疑人、被告人无罪、罪轻或者减轻、免除其刑事责任的意见。这是指通过发表意见,从法律适用上或事实认定上分析、论证犯罪嫌疑人、被告人无罪、罪轻或者对其减轻、免除刑事责任,维护犯罪嫌疑人、被告人的合法权益。

第二,从程序上为犯罪嫌疑人、被告人进行辩护,维护犯罪嫌疑人、被告人的合法权益。刑事诉讼不仅要解决犯罪嫌疑人、被告人是否有罪以及相关的刑事责任问题,而且刑事诉讼本身必然涉及对犯罪嫌疑人、被告人在刑事诉讼过程中的人身权利、财产权利以及其他合法权益的限制或剥夺,涉及犯罪嫌疑人、被告人的诉讼权利能否依法得到保障。因此,辩护人不仅要从实体上为犯罪嫌疑人、被告人进行辩护,而且也要从程序上为犯罪嫌疑人、被告人进行辩护,具体包括:(1)对于犯罪嫌疑人、被告人在诉讼中人身权利、财产权利和其他合法权益受到不合法、不适当的限制、剥夺提出证据材料和意见,要求办案机关和办案人员依法制止、纠正或改变,并对其中侵犯犯罪嫌疑人、被告人合法权益的违法犯罪行为代理控告。(2)当犯罪嫌疑人、被告人的诉讼权利受到侵犯或者剥夺时,依法向公安司法机关提出意见,依法要求纠正或改变,保障犯罪嫌疑人、被告人依法充分行使诉讼权利。

对于辩护人的“责任”二字,可以从不同角度来理解。首先,这是法律赋予辩护人的一种责任。它要求辩护人在刑事诉讼中应当尽职尽责,通过维护犯罪嫌疑人、被告人的合法权益,实现社会正义,维护司法公正。其次,这是辩护人接受犯罪嫌疑人、被告人的委托或接受指派充当辩护人而对犯罪嫌疑人、被告人应当承担的一种责任。它要求辩护人在刑事诉讼中应当尽心尽力依法充分维护犯罪嫌疑人、被告人的合法权益,使无罪的人不受追究,使有罪的人免受不公正的追究。相对于控方来说,辩护人的责任应当说是一种权利,行使与否、怎样行使,一切以有利于维护犯罪嫌疑人、被告人的合法权益为出发点。譬如在诉讼中辩护人提出证明犯罪嫌疑人、被告人无罪、罪轻或者减轻、免除其刑事责任的证据材料,它是辩护人的一项权利,而不是一项义务。不能把控方应当承担的证明犯罪嫌疑人、被告人有罪的举证责任转嫁为辩护人承担证明犯罪嫌疑人、被告人无罪、罪轻或者减轻、免除其刑事责任的举证责任。

还应当指出,提出并强调辩护人的责任还在于确定辩护人在刑事诉讼中的基本诉讼立场:一切诉讼行为都应当在法律允许的范围内以有利于维护犯罪嫌疑人、被告人的合法权益为出发点和追求目标,不得违背犯罪嫌疑人、被告人的意愿,从事不利于犯罪嫌疑人、被告人的行为。这是由辩护人的身份所决定的,也是由辩护制度的本质属性所决定的。

(五)辩护人的诉讼地位

辩护人的责任虽然是为犯罪嫌疑人、被告人进行辩护,维护他们的合法权益,但辩护人不

同于犯罪嫌疑人、被告人,在刑事诉讼中是一种完全独立的诉讼参与人。这种独立的诉讼地位可以从以下三个方面来认识:

第一,辩护人是完全独立于并对立于控诉方的一种诉讼参与人。刑事诉讼是由控诉方发动的,没有控诉就没有刑事诉讼。由此,控诉成为一项重要的诉讼职能,同时,也产生了辩方及辩护职能。辩方除了犯罪嫌疑人、被告人之外还有辩护人,而且辩护人是为了加强犯罪嫌疑人、被告人的抗辩能力才产生并加入到诉讼中的。这就决定了辩护人天生就是独立于控诉方并对立于控诉方的。所谓独立于控诉方,是指辩护人的产生及诉讼行为都不受制于或取决于控诉方的意志。所谓对立于控诉方,是指辩护人的产生及诉讼行为是针对控方的指控,以维护犯罪嫌疑人、被告人的合法权益为出发点和追求目标的,这就与控诉方形成了天然的对立关系。由此决定了辩护人在诉讼中必须以维护犯罪嫌疑人、被告人的合法权益为天职,而不能充当第二控诉人,从事不利于犯罪嫌疑人、被告人的行为。当然,辩护人与控诉方的对立是诉讼立场的对立,并不是诉讼目标的对立。从诉讼目标上来讲,控辩双方的目标应当是一致的,都是为了维护司法公正,实现社会正义。

第二,辩护人也是独立于犯罪嫌疑人、被告人的一种诉讼参与人。虽然,从总体上来说,辩护人与犯罪嫌疑人、被告人在诉讼中同属于辩方,并且辩护人能够参加到诉讼中来主要是来源于犯罪嫌疑人、被告人的委托或在其认可下由法律援助机构的指派,但这并不等于辩护人与犯罪嫌疑人、被告人成了不分彼此的一家人,或者辩护人在诉讼中应当听命于犯罪嫌疑人、被告人的意志。相反,辩护人在诉讼中仍然是独立于犯罪嫌疑人、被告人的一种诉讼参与人。他们在诉讼中是以自己的名义,根据对案件事实的了解、掌握和对有关法律规定的理解,独立提出辩护意见,独立进行辩护,而不是在诉讼中完全服从于犯罪嫌疑人、被告人的主观意志。但是辩护人的这种独立是在有利于维护犯罪嫌疑人、被告人的合法权益的大目标下的独立,是在犯罪嫌疑人、被告人同意、认可,或者至少不反对前提下的独立。如果辩护人拟提出的辩护意见、拟进行的辩护行为,犯罪嫌疑人、被告人不同意,他们则有权解除与辩护人的委托关系,有权拒绝辩护人为其辩护。因此,辩护人与犯罪嫌疑人、被告人的关系应当是独立但不对立的关系,而辩护人与控诉方的关系是独立加对立的关系。

第三,辩护人也是独立于审判人员的一种诉讼参与人。从诉讼结构上讲,审判人员是属于控辩对立双方之间的中立的第三方,辩护人不可能、也不应该站在审判人员一方,而是独立的一方。即使是由人民法院通知法律援助机构依法指派参加诉讼的辩护人,也不能因此而失去独立性,按照审判人员的意愿或者自己对审判人员主观意愿的分析判断进行辩护,而仍然应当根据案件事实和法律规定独立地提出辩护意见,进行辩护活动。但是,辩护人与审判人员的独立关系,是一种独立加协助、加制约的关系,而不是独立加对立的关系。所谓独立加协助,是指辩护人的辩护是为了协助审判人员全面、客观地了解、查明案件事实,兼听控辩双方的不同意见,从而对案件作出公正、合法的裁判。所谓独立加制约,是指通过辩护人的辩护,防止审判人员偏听偏信控方一面之词,或者防止审判人员主观臆断,对案件作出不公正甚至枉法的裁判。

(六)辩护人的诉讼权利和诉讼义务

辩护人既然是一种独立的诉讼参与人,必然享有独立的诉讼权利,承担独立的诉讼义务,否则就无以体现、保障其独立的诉讼地位。了解、掌握辩护人的诉讼权利和诉讼义务,对于辩护人独立开展辩护活动,履行辩护职责是非常重要的。

1. 辩护人享有的诉讼权利

根据《刑事诉讼法》、《律师法》及其他有关法律的规定，辩护人在刑事诉讼中享有以下诉讼权利：

第一，职务保障权。2018 年《刑事诉讼法》第 14 条规定："人民法院、人民检察院和公安机关应当保障犯罪嫌疑人、被告人和其他诉讼参与人依法享有的辩护权和其他诉讼权利"；"诉讼参与人对于审判人员、检察人员和侦查人员侵犯公民诉讼权利和人身侮辱的行为，有权提出控告"。2018 年《刑事诉讼法》第 49 条还明确规定："辩护人、诉讼代理人认为公安机关、人民检察院、人民法院及其工作人员阻碍其依法行使诉讼权利的，有权向同级或上一级人民检察院申诉或者控告。人民检察院对于申诉或者控告应当及时进行审查，情况属实的，通知有关机关予以纠正。"辩护人作为一种独立的诉讼参与人，其依法履行辩护职责当然应当受到法律的保护。

第二，阅卷权。根据 2018 年《刑事诉讼法》第 40 条的规定，辩护律师自人民检察院对案件审查起诉之日起包括到审判阶段，可以查阅、摘抄、复制本案的案卷材料。其他辩护人经人民法院、人民检察院许可，也可以查阅、摘抄、复制上述材料。

第三，会见、通信权。根据 2018 年《刑事诉讼法》第 39 条的规定，辩护律师可以同在押的犯罪嫌疑人、被告人会见和通信。其他辩护人经人民法院、人民检察院许可，也可以同在押的犯罪嫌疑人、被告人会见和通信。不仅如此，2018 年《刑事诉讼法》第 39 条还针对辩护律师与犯罪嫌疑人、被告人的会见问题作出了如下具体规定：(1)除危害国家安全犯罪、恐怖活动犯罪案件，在侦查期间辩护律师会见在押的犯罪嫌疑人，应当经侦查机关许可外，其他案件无论处于何种诉讼阶段，辩护律师持律师执业证书、律师事务所证明和委托书或者法律援助公函要求会见在押的犯罪嫌疑人、被告人的，看守所应当及时安排会见，至迟不得超过 48 小时。(2)辩护律师会见在押的犯罪嫌疑人、被告人，可以了解案件有关情况，提供法律咨询等；自案件移送审查起诉之日起，可以向犯罪嫌疑人、被告人核实有关证据。辩护律师会见犯罪嫌疑人、被告人时不被监听。所谓"不被监听"，是辩护律师与犯罪嫌疑人、被告人的会见交流应当保密，办案机关既不能进行技术监听，也不应派人在场，可以在"看得见但听不见"的地方观察。(3)辩护律师同被监视居住的犯罪嫌疑人、被告人会见、通信，适用除涉及在看守所会见手续以外的上述其余规定。

第四，调查取证权。根据 2018 年《刑事诉讼法》第 43 条的规定，辩护律师经证人或者其他有关单位和个人同意，可以向他们收集与本案有关的材料，也可以申请人民检察院、人民法院收集、调取证据，或者申请人民法院通知证人出庭作证。辩护律师经人民检察院或者人民法院许可，并且经被害人或者其近亲属、被害人提供的证人同意，可以向他们收集与本案有关的材料。其他辩护人没有这项权利。对于该条的理解应当特别注意两点：(1)辩护律师的调查取证权是"权利"而不是"权力"，因此不具有强制性，需要取得被调查对象的同意。这是由律师职业性质所决定的。(2)该条规定的辩护律师的调查取证权适用于诉讼的全过程包括侦查阶段。2012 年 3 月刑事诉讼法修改以前，侦查阶段的律师不是辩护人或辩护律师，而是所谓的"为犯罪嫌疑人提供法律帮助的律师"，因此，当时的法律没有规定其有调查取证权。2012 年《刑事诉讼法》修改以后，侦查阶段的律师已成为辩护人或辩护律师，完全属于现行《刑事诉讼法》第 43 条规定的"辩护律师"的范围，其当然享有调查取证权。此外，现行 2018 年《刑事诉讼法》第 41 条还规定："辩护人认为在侦查、审查起诉期间，公安机关、人民检察院收集的证明犯罪嫌疑人、被告人无罪或者罪轻的证明材料未提交的，有权申请人民检察院、人民法院调取。"

第五,提出辩护意见权。根据2018年《刑事诉讼法》第88条、第161条、第173条、第245条等规定,公安机关在侦查终结、人民检察院在审查批捕、审查起诉等环节以及人民法院在死刑复核程序中,辩护律师有权向办案机关就案件有关问题提出意见,办案机关应当听取辩护律师的意见。

第六,获得出庭通知权。根据2018年《刑事诉讼法》第187条的规定,人民法院决定开庭审判后,应当至迟在开庭3日以前将开庭通知书送达辩护人。这意味着辩护人有权在开庭3日之前获得开庭通知。

第七,出庭辩护权。根据刑事诉讼法关于开庭审判活动的有关规定,辩护人有权出庭为被告人进行辩护,具体内容包括:在法庭调查阶段,辩护人经审判长许可,可以向被告人发问,可以对证人、鉴定人发问;可以对控方提供的其他证据进行质证,可以向法庭提供、出示、宣读证据;有权申请通知新的证人到庭、调取新的物证、重新鉴定或者勘验;在法庭辩论阶段,辩护人可以对证据和案件情况发表意见并且可以与他方展开互相辩论。

第八,辩护豁免权。《律师法》规定,律师担任诉讼代理人或者辩护人,在法庭上为代理、辩护目的而发表的意见,不受民事和刑事责任追究,但危害国家安全、公共安全以及藐视法庭的除外。

第九,拒绝辩护权。根据《律师法》第32条的规定,在刑事诉讼中,被告人委托事项违法或者利用律师提供的服务从事违法活动或者隐瞒事实的,律师有权拒绝辩护。

第十,要求公安司法机关对采取强制措施超过法定期限的犯罪嫌疑人、被告人解除强制措施的权利。根据2018年《刑事诉讼法》第99条的规定,犯罪嫌疑人、被告人的辩护人对于人民法院、人民检察院、公安机关采取强制措施超过法定期限的,有权要求解除强制措施。人民法院、人民检察院、公安机关对于被采取强制措施超过法定期限的犯罪嫌疑人、被告人应当予以释放、解除取保候审、监狱居住或者依法变更强制措施。

第十一,对于司法机关及其工作人员实施的违法办案行为属于《刑事诉讼法》第117条规定范围的,辩护人有权提出申诉或者控告。

第十二,根据2018年《刑事诉讼法》第32条的规定,辩护人享有依照法律的规定要求有关办案人员回避及申请复议的权利。

第十三,根据2018年《刑事诉讼法》第48条的规定,辩护律师对在执业活动中知悉的委托人的有关情况和信息,有权予以保密。但是,辩护律师在执业活动中知悉委托人或者其他人,准备或者正在实施危害国家安全、公共安全以及严重危害他人人身安全的犯罪的,应当及时告知司法机关。

资料:2015年9月6日最高人民法院、最高人民检察院、公安部、国家安全部、司法部《关于依法保障律师执业权利的规定》。

第十四,其他诉讼权利。根据刑事诉讼法的其他有关规定,辩护人在刑事诉讼中还享有其他诉讼权利:诸如征得被告人同意后,可以对第一审判决、裁定提出上诉;有权得到有关的诉讼文书,包括起诉书、抗诉书副本,判决书、裁定书副本等。

2. 辩护人承担的诉讼义务

根据刑事诉讼法、律师法的有关规定,辩护人在刑事诉讼中,主要承担以下诉讼义务:

第一,律师在接受委托或被指派担任辩护人后,有义务为犯罪嫌疑人、被告人进行辩护,无正当理由,不得拒绝辩护。

第二,辩护律师和其他辩护人,不得帮助犯罪嫌疑人、被告人隐匿、毁灭、伪造证据或者串供,不得威胁、引诱证人作伪证以及进行其他干扰司法机关诉讼活动的行为。

第三,律师担任辩护人应当保守在执业活动中知悉的国家秘密和当事人的商业秘密,不得泄露当事人的隐私。

第四,辩护人应当遵守诉讼纪律,按时出庭,在法庭上服从审判长的指挥,会见在押的犯罪嫌疑人、被告人应当遵守羁押场所的规定等。

第五,辩护律师不得私自接受委托,私自向委托人收取费用,收受委托人的财物。

第六,辩护律师不得违反规定会见法官、检察官。

第七,辩护律师不得向法官、检察官及其他工作人员请客送礼或行贿,或者指使、诱使当事人行贿。

第二节　刑 事 代 理

一、刑事代理概述

刑事诉讼中的代理,是指代理人接受被代理人的委托,或者代理人基于与被代理人之间存在的法律规定的特定关系,以被代理人的名义参加诉讼活动,进行诉讼行为,由被代理人承担代理行为法律后果的一项法律制度。

刑事代理从代理关系的产生上看,分为委托诉讼代理和法定诉讼代理两种。委托诉讼代理是基于被代理人对代理人的委托授权行为而产生的代理。法定诉讼代理则是基于被代理人与代理人之间业已存在的法律规定的某种特定关系而产生的代理。法定诉讼代理不论是代理人一方还是被代理人一方都必须符合法律规定的条件,任何一方不符合法律规定的条件,法定诉讼代理关系就不能产生和存在。就法定代理人而言,一般是由被代理人的父母、养父母、监护人和负有保护责任的机关、团体的代表担任。委托诉讼代理与法定诉讼代理,由于代理关系产生的根据不同,代理人的范围、代理人的权限、代理人在刑事诉讼中的权利和义务等都有所不同。但代理人凡是在合法权限范围内进行的代理活动,无论是委托诉讼代理还是法定诉讼代理,都是合法有效的代理,其法律后果都由被代理人承担。

由于法定诉讼代理是基于被代理人与代理人之间存在的法律规定的某种特定关系而产生,代理人必须在法律规定的权限范围内进行代理活动,而法定代理权限往往就是被代理人作为诉讼当事人的诉讼权利范围,因此本节不再对法定诉讼代理进行阐释,主要围绕委托诉讼代理展开分析论述。

根据 2018 年《刑事诉讼法》第 46 条的规定,刑事诉讼中的委托诉讼代理包括公诉案件中被害人的代理、自诉案件中自诉人的代理和刑事附带民事诉讼中原告人和被告人的代理。该三种诉讼代理虽然在委托人即被代理人一方的身份上有所不同,但在委托对象即代理人的身份上则是一致的。根据2018年《刑事诉讼法》第47条的规定,下列人员可以被委托为诉讼代理人:(1)律师;(2)人民团体或者被代理人所在单位推荐的人;(3)被代理人的亲友。每一名被代理人可以委托1人至2人作为诉讼代理人。正在被执行刑罚或者依法被剥夺、限制人身自由的人,不得担任诉讼代理人。被开除公职和被吊销律师、公证员执业证书的人,不得担任辩护人,但系犯罪嫌疑人、被告人的监护人、近亲属的除外。

2012年12月20日最高人民法院《关于适用〈中华人民共和国刑事诉讼法〉的解释》第55条规定:“当事人委托诉讼代理人的,参照适用刑事诉讼法第三十二条和本解释的有关规定”,其中关于不得被委托担任辩护人的情形在委托诉讼代理人中也要参照执行。

委托诉讼代理不仅是基于被代理人对代理人的委托关系而产生,而且代理人在诉讼中的一切代理活动必须得到被代理人的授权,即代理人在诉讼活动中只能在委托人的授权范围内进行诉讼代理活动。代理权限一般分为一般代理和特别代理两种。在一般代理授权下,代理人只能代理委托人进行一般诉讼行为,无权在诉讼中处分委托人的实体权利。在特别代理授权下,代理人除代理委托人参加诉讼外,还可以在委托人的特别授权范围内,代为处分其相关的实体权利。

《律师法》对于律师担任诉讼代理人提出了一些具体的要求:(1)律师担任诉讼代理人,应当在受委托的权限内,维护委托人的合法权益;委托人可以拒绝律师为其代理,也可以另行委托代理人。(2)律师接受委托后,无正当理由的,不得拒绝代理;但委托事项违法,委托人利用律师提供的服务从事违法活动或者委托人隐瞒事实的,律师有权拒绝代理。(3)曾担任法官、检察官的律师,从人民法院、人民检察院离任后两年内,不得担任诉讼代理人。(4)律师担任诉讼代理人,应当保守在执业活动中知悉的国家秘密和当事人的商业秘密,不得泄露当事人的隐私。(5)律师不得在同一案件中,为双方当事人担任代理人。(6)律师不得私自接受委托,私自向委托人收取费用,收受委托人的财物。(7)律师不得利用提供法律服务的便利,谋取当事人争议的权益,或者接受对方当事人的财物。(8)律师不得违反规定会见法官、检察官,不得向法院、检察官以及其他有关工作人员请客送礼或者行贿,或者指使、诱使当事人行贿。(9)律师不得提供虚假证据,隐瞒事实或者威胁、利诱他人提供虚假证据,隐瞒事实以及妨碍对方当事人合法取得证据。(10)律师不得扰乱法庭秩序,干扰诉讼活动的正常进行。

根据2018年《刑事诉讼法》第14条规定,人民法院、人民检察院和公安机关应当保障诉讼代理人依法享有的诉讼权利。诉讼代理人对于审判人员、检察人员和侦查人员侵犯其诉讼权利和人身侮辱的行为,有权提出控告。根据《律师法》的有关规定,律师参加诉讼活动,依照诉讼法律的规定,可以收集、查阅与本案有关的材料,出席法庭、参与诉讼以及享有诉讼法律规定的其他权利。律师担任诉讼代理人,其辩论的权利应当依法得到保障,其在执业活动中的人身权利不受侵犯。

二、公诉案件中的代理

公诉案件中的代理,是指公诉案件的被害人及其法定代理人或者近亲属,依法委托诉讼代理人代理被害人参加诉讼活动,维护被害人的合法权益。

根据2018年《刑事诉讼法》第46条的规定,公诉案件自案件移送审查起诉之日起,被害人及其法定代理人或者近亲属有权委托诉讼代理人。为了保障被害人及时获知并行使这一诉讼权利,法律要求人民检察院自收到移送审查起诉的案件材料之日起3日以内,应当告知被害人及其法定代理人或者其近亲属有权委托诉讼代理人。这是就审查起诉阶段而言的。但是,公诉案件中被害人的代理不限于审查起诉阶段,还包括审判阶段。

根据《刑事诉讼法》等有关规定,被害人的诉讼代理人在审查起诉阶段享有以下诉讼权利:(1)律师担任诉讼代理人的,经人民检察院许可,可以查阅、摘抄、复制本案的诉讼文书、技术性鉴定材料。(2)律师担任诉讼代理人,需要收集、调取与本案有关的材料的,可以申请人民检察院收集、调取,也可以经人民检察院同意,由自己直接收集。(3)在人民检察院审查案件期间,诉讼代理人有权向审查人员提出对案件的意见,提出意见可以采用口头方式,也可以采用书面方式。(4)在人民检察院对案件作出不起诉决定时,诉讼代理人有权要求人民检察院向其送达不起诉决定书。(5)被害人一方对于人民检察院不起诉决定不服的,诉讼代理人可以在7日以内代理其向上一级人民检察院申诉,请求提起公诉。对于人民检察院维持不起诉决定的,可以代理被害人向人民法院起诉。也可以不经申诉,代理被害人直接向人民法院起诉。

根据《刑事诉讼法》等有关规定,被害人的诉讼代理人在审判阶段享有以下诉讼权利:(1)律师担任诉讼代理人,可以查阅、摘抄、复制与本案有关的材料,了解案情。其他诉讼代理人经人民法院许可,也可以查阅、摘抄、复制本案有关材料,了解案情。(2)诉讼代理人需要收集、调取与本案有关的材料,因证人或者其他有关单位或个人不同意,可以申请人民法院收集、调取。(3)诉讼代理人至迟在开庭3日以前获得人民法院送达的出庭通知书。(4)诉讼代理人有权出庭,参加法庭调查和法庭辩论,维护被害人的合法权益,具体内容包括:经审判长许可,可以向被告人、证人、鉴定人发问;对公诉人、辩护人当庭出示、宣读的证据,发表意见;可以向法庭举证;在法庭审理过程中,有权申请通知新的证人到庭、调取新的物证,申请重新鉴定或者勘验;经审判长许可,在法庭辩论中可以对证据和案件情况发表意见并且可以与他方互相辩论。

公诉案件中被害人的诉讼代理人参加诉讼,总体上属于在刑事诉讼中履行控诉职能,与公诉人的总目标是一致的;但其与公诉人的诉讼地位又不完全相同。公诉人出庭支持公诉,一方面是代表国家行使指控犯罪、追究犯罪的职能,另一方面还负有法律监督的职能。被害人的诉讼代理人出庭参加诉讼,从大的方面来说是协助公诉人行使控诉职能,具体来讲,则侧重于维护被害人个人的合法权益。因此,其所提出的诉讼意见或主张可能与公诉人相同,也可能与公诉人不同,甚至还会与公诉人冲突。无论何种情形,都是正常的、合法的。这也正是1996年《刑事诉讼法》修改后将被害人纳入刑事诉讼当事人的范围,并允许其委托诉讼代理人参加诉讼的立法精神所在。所以,在刑事诉讼中,特别是在法庭审判过程中,被害人的诉讼代理人与公诉人的诉讼地位是平等的,有权独立发表代理意见,有权与被告人、辩护人甚至与公诉人展开辩论。

此外,被害人的诉讼代理人与被害人虽然是代理与被代理的关系,但在诉讼活动中,他们仍然是两个独立的诉讼主体,享有各自不同的诉讼权利,承担不同的诉讼义务。因此,在诉讼中应当保障他们充分行使各自的诉讼权利,而不能以某一方代替另一方。例如,在审查起诉阶段中,人民检察院既应听取被害人的意见,也应听取被害人委托的诉讼代理人的意见。在法庭审判活动中,被害人有权参加法庭调查和法庭辩论,被害人委托的诉讼代理人也有权参加法庭调查和法庭辩论。

三、自诉案件中的代理

自诉案件中的代理,是指自诉人及其法定代理人依法委托诉讼代理人代理自诉人参加诉讼活动,维护自诉人的合法权益。

根据2018年《刑事诉讼法》第46条的规定,自诉案件的自诉人及其法定代理人,有权随时委托诉讼代理人。人民法院自受理自诉案件之日起3日以内,应当告知自诉人及其法定代理人有权委托诉讼代理人。

自诉案件中自诉人的代理人主要是协助自诉人行使控诉职能,对被告人提起诉讼,要求人民法院追究其刑事责任。因此,自诉人的代理人享有的诉讼权利来源于自诉人的委托授权,包括一般授权和特别授权。在一般授权范围内,诉讼代理人有权参加诉讼活动,维护自诉人的合法权益。凡是涉及自诉人处分自己的权利,包括程序性权利和实体性权利,诉讼代理人都须取得自诉人的特别授权,如自诉人申请回避的权利、撤回起诉的权利、与被告人和解的权利、接受法院调解的权利以及承认被告人提出反诉的权利等。未经自诉人授权,自诉人的诉讼代理人不得行使这些权利。

四、附带民事诉讼中的代理

附带民事诉讼中的代理,是指附带民事诉讼的当事人及其法定代理人依法委托代理人参加诉讼,维护当事人的合法权益。

根据2018年《刑事诉讼法》第46条的规定,附带在刑事公诉案件中的民事诉讼的当事人及其法定代理人,自公诉案件移送审查起诉之日起,有权委托诉讼代理人。人民检察院自收到移送审查起诉的案件材料之日起3日以内,应当告知附带民事诉讼的当事人及其法定代理人有权委托诉讼代理人。附带在自诉案件中的民事诉讼的当事人及其法定代理人,有权随时委托诉讼代理人。人民法院自受理自诉案件附带民事诉讼之日起3日以内,应当告知附带民事诉讼的当事人及其法定代理人有权委托诉讼代理人。

刑事附带民事诉讼是在刑事诉讼中一并解决因犯罪行为对被害人造成的物质损失而给予赔偿的混合诉讼。其中的附带民事诉讼本质上仍然是民事诉讼,因而附带民事诉讼中的当事人及其法定代理人委托的诉讼代理人在本质上与普通民事诉讼中的当事人委托的诉讼代理人在诉讼地位、诉讼权利和诉讼义务上没有什么不同。不同的是,附带民事诉讼的诉讼代理关系在刑事诉讼案件进入人民检察院审查起诉阶段就可以建立。在此阶段,虽然人民检察院不能对附带民事诉讼部分进行审理并作出处理,但附带民事诉讼的当事人之间可以就损害赔偿问题进行协商、交涉,自行解决。在此过程中,双方当事人可以委托诉讼代理人协助他们进行协商、交涉,争取获得解决。如果达成一致,则不再进入审判阶段;如果协商、交涉未能解决,则必须进入审判阶段,通过法庭审判加以解决。

附带民事诉讼中当事人的诉讼代理人享有以下诉讼权利:

第一,律师担任诉讼代理人的,可以查阅、摘抄、复制与本案有关的材料,了解案情。其他诉讼代理人经人民法院准许,也可以查阅、摘抄、复制本案有关材料,了解案情。

第二,诉讼代理人需要收集、调取与本案有关的材料的,因证人、有关单位和个人不同意,可以申请人民法院收集、调取,也可以直接申请人民法院收集、调取。

第三,在法庭调查中,附带民事诉讼的原告人的诉讼代理人可以代理原告人宣读附带民事诉状。

第四,在法庭调查中,附带民事诉讼的原告人的诉讼代理人经审判长准许,可以就附带民事诉讼部分的事实向被告人发问。

第五,在法庭调查中,附带民事诉讼的原告人的诉讼代理人经审判长准许,可以提请传唤尚未出庭作证的证人、鉴定人和勘验、检查笔录制作人出庭作证，或者出示公诉人未出示的证据，宣读未宣读的书面证人证言、鉴定结论及勘验、检查笔录。

第六，在法庭进行附带民事诉讼部分的辩论时，附带民事诉讼原告人的诉讼代理人有权先发言，其后附带民事诉讼被告人的代理人有权答辩，双方有权进行辩论。

附带民事诉讼的当事人的诉讼代理人在诉讼中应当向法庭提供委托人的授权委托书。授权范围包括一般代理和特别代理。当事人的申请回避权、和解权、撤诉权、反诉权、调解权、上诉权等多项权利只有经过特别授权诉讼代理人才可以行使。

思考题

1. 如何理解、掌握刑事辩护的概念和历史发展？
2. 我国刑事辩护制度中辩护人的诉讼地位、责任、权利、义务是什么？
3. 刑事代理的种类有哪些？它与刑事辩护的主要区别是什么？

第十一章　证　　据

导　读

2012 年《刑事诉讼法》将证据的定义由“事实说”修改为“材料说”,2018 年《刑事诉讼法》沿用了该规定,证据是指可以用于证明案件事实的材料,该规定使证据的概念更加符合司法规律与认识原理。证据是诉讼的基础和核心。刑事诉讼法历经两次修改,刑事证据由 1979 年《刑事诉讼法》规定的 6 种,到 1996 年《刑事诉讼法》的 7 种,再到 2012 年《刑事诉讼法》的 8 种,证据的种类的规定由“封闭式”走向了“开放式”,电子证据等新兴证据也取得了正式的法律地位。证据的分类不同于证据的种类,是指在理论研究上将证据按照不同的标准划分为不同类别,对于研究不同类别证据的特点及其运用规律,以便于指导办案工作有着重要的意义。

第一节　证据的概念和意义

一、证据的概念

(一)证据与诉讼证据

在日常生活、工作和科学研究当中,人们经常广泛地运用着证据,常常要举出自己知道的事实,来证明另一些事实的存在。所以,一般意义上的证据,顾名思义,就是指证明的凭证,用已知的事实,来证明未知的事实。但是,仅仅用一般证据的概念来理解诉讼证据还是很不够的,因为诉讼的特殊性决定了诉讼证据有其特殊的本质和特征。诉讼证据,是审判人员、检察人员、侦查人员等依照法定的程序收集并审查核实,能够证明案件情况的根据。其法律根据,如 2012 年《刑事诉讼法》的规定有二:一是该法第 48 条规定:“可以用于证明案件事实的材料,都是证据。证据包括:(一)物证;(二)书证;(三)证人证言;(四)被害人陈述;(五)犯罪嫌疑人、被告人供述和辩解;(六)鉴定意见;(七)勘验、检查、辨认、侦查实验等笔录;(八)视听资料、电子数据。证据必须经过查证属实,才能作为定案的根据。”二是该法第 50 条规定:“审判人员、检察人员、侦查人员必须依照法定程序,收集能够证实犯罪嫌疑人、被告人有罪或者无罪、犯罪情节轻重的各种证据。”

根据上述规定,对诉讼证据概念应作如下理解:(1)从证据所反映的内容方面看,证据是客观存在的材料;(2)从证明关系看,证据是证明案件事实的凭据,是用来认定案情的手段;(3)从表现形式看,证据必须符合法律规定的表现形式,诉讼证据是客观事实内容与表现形式的统一;(4)从证据属性来看,证据作为反映案件事实的载体,而不一定是案件事实本身,可能有真有假;(5)从证据的种类看,2012年《刑事诉讼法》采用了开放式立法模式,为新的材料被认定为证据,确立了法律依据。

(二)与证据概念相关的几个基本概念

其一,证据与证据材料。在理解证据的概念时,对我国2018年《刑事诉讼法》第50条、《民事诉讼法》第63条、《行政诉讼法》第33条中所列举的各种证据材料规定:"证据必须经过查证属实,才能作为定案的根据",及最高人民法院《关于民事诉讼证据的若干规定》第1条所使用的"证据材料"等用语和表述,要严格加以区分。我们所说的证据,应该同定案的证据加以区别,凡是未经查证属实的物证、书证、证人证言等各种证据形式,统统称为证据资料,或曰证据材料,这些材料,在未经查证属实之前,也可能是不真实的,当然不能直接作为定案的根据。因此,要严格区分证据材料和定案的证据的不同。

其二,证据方法。所谓证据方法,是指诉讼中可以作为调查对象的有形物。如物证、书证,各种人证等。其实,按照辩证唯物主义的世界观和方法论,证据就是客观存在的实实在在之物,不宜把证据问题,概括为证据方法。

其三,证据力(或曰证据能力)。证据力是指证据在法律上可作为定案根据的资格和条件。例如,证人证言的资格条件,各种证据来源的程序和运用的主体是否合法等。

其四,证明力。证据的证明力是指证据对案件事实的证明的价值和功能。亦即证据的可靠性、可信性和可采性。

其五,证据原因。证据原因是法官对于当事人主张的事实是否属实形成的心证的原因。证据原因来自办案人员对证据证明力(或曰证明价值)的判断。这种判断,当然和每位办案人员的认识能力和总结水准紧密相连。

二、证据的特征

证据具有三方面的特征:证据的客观性、关联性和合法性。

(一)证据的客观性

证据的客观性,是指证据事实必须是伴随着案件的发生、发展的过程而遗留下来的,不以人们的主观意志为转移而存在的事实。证据客观性的根据有二:一是由案件本身的客观性决定的,任何一种行为都是在一定的时间和空间内发生的,只要有行为的发生,就必然要留下各种痕迹和影像,即使行为诡秘,甚至毁灭证据,也还会留下毁灭证据的各种痕迹和影像。这是不以人们的意志为转移的客观存在。二是辩证唯物主义哲学观告诉我们,对证据的认识,同对任何事物的认识一样,必须坚持物质存在第一、认识第二的基本路线和方法,按照这一基本理论的要求,从证据的来源考察,其客观性是必然存在的。没有客观存在为依据的任何一种陈述,是理所当然的谎言,不能作为定案的证据使用,从这种意义上讲,客观性就是审查判断证据的一条基本标准。总之,证据反映的是客观存在的事实,对于客观存在的事实任何人都是无法改变的,所以,客观性是证据最基本的因素和特征。[1]

承认和认识证据的客观性,在办案实践中的作用和意义有三:一是办案人员不能把个人主观的判断,或人们的想象、假设、推理、臆断、虚构等作为定案的证据适用。二是在查办经济犯罪案件中,不能把"算大账",即某人或某单位收入多少、支出多少,加减得出的差数,就作为证据使用,因为算大账还不真正具备客观性。查办经济犯罪案件从算大账开始入手是可以的,经过算账得出的差数,只能作为我们进一步查证的线索,就经济犯罪案件的认定而言,客观性标准要求办案人员必须是一笔一笔地从时间、地点、手段、结果等各个环节,一一查清才算真正具备了客观性。三是按照客观性的要求,证据必须要有正确的来源,对于没有正确来源的,如匿名信、小道消息、马路新闻、道听途说等,由于无法进行查证,不具备客观真实性,当然不能作为证据使用。

(二)证据的关联性

证据的关联性,指证据必须同案件事实存在某种联系,并因此对证明案情具有实际意义。证据对于案件事实有无证明力,以及证明力之大小,取决于证据与案件事实有无联系,以及联系的紧密、强弱程度。也就是说,证据不仅是客观存在的事实,而且必须是与案件事实存在某种联系的事实。

证据的关联性的根据有二:一是由于证据是伴随着刑事案件的发生过程形成的,所以,它和案件事实之间应当具有必然的客观联系。正如作案的工具,在作案后必然要遗留下与工具相吻合的痕迹一样,这是伴随着案件的发生必然要形成的后果,行为的工具和痕迹,就是本案的重要物证。二是按照辩证唯物主义的世界观和方法论来认识证据关联性,也就是要认识到世界上的万事万物,因果联系是普遍的。"自然界和社会中的一切现象,不管如何错综复杂,千奇百怪,它们之间都有着严格的不依人的主观意志为转移的因果联系。客观世界的任何现象都有产生的原因,任何原因也都必然产生一定的后果。即使有些现象的原因暂时还没有被人们发现,这也并不是说这些现象的出现是没有原因的。事实上出现这些现象的原因是客观存在的,只是我们现在还没有认识而已。随着科学技术的发展和人们认识能力的提高,总有一天是会被人们所发现的。"[2]由此可见,证据与案件事实之间的关联性之存在,是一个颠覆不破的真理,在收集、判断证据和查明案件事实真相的过程中,必须紧紧把握住证据的关联性,才能使案情真相大白。2012年《刑事诉讼法》强调"可以用于证明案件事实的材料,都是证据"。其中的"可以用于"意味着证据与案件事实存在形式上的证明关系,至于证据实质上能否证明案件事实,只有经过审查判断以后才能确定。换言之,某些材料在形式上与案件事实毫不相关,就不可以用于证明案件事实,也不具有相关性,因此,相关性是证据的本质属性,只不过在新的定义中更强调形式意义。

在办案过程中,正确认识和理解证据的关联性时,须注意以下几点:

第一,证据事实与案件事实之间的关联性是客观存在的,其联系是不依人们的主观意志为转移的,办案人员分析认识这种联系时,既不能主观臆造,又不能牵强附会,更不能强加,否则

---

〔1〕 学界亦有部分学者认为,虽然证据的载体形式是客观实在的,但证据所包含的思想内容却不一定都是客观真实的。因为连生效裁判中认定案件事实的证据都未必符合客观真实,所以客观性只能是一种理想主义,不构成证据的基本特征。

〔2〕《马克思主义哲学》,四川人民出版社1984年版,第234页。

就会导致冤假错案的发生。

第二，证据的关联性是完全可以认识的，根据辩证唯物主义认识论关于普遍联系的理论，关于世界的可知性原理，那种不可知论，以及在一个复杂疑难的案件面前，退却、畏难，无所作为的情绪和论调，是站不住脚的。其关键在于必须承认，案发以后所遗留下来的证据事实以及证据事实与案件事实之间的关联性是客观存在的，有了这个信念以后，就在于功夫下得如何。当然，我们也承认，科学技术的发展水平，办案人员的认识能力是有限的。但是，这只是一个时间问题，随着科学的不断发展，认识能力的不断提高，证据事实与案件事实的关联性最终是会被发现、被认识的。

第三，证据事实与案件事实之间关联的形式、途径和方法是多种多样的。在联系的范围上，有时间和空间之分；在联系的途径上，有直接关联和间接关联之分；在联系的规律上，有的是因果关系的必然关联，也有个别情形下偶然的巧合而形成偶然关联；在联系的功能和作用上，有肯定关联和否定关联，还有重合关联之说，即证据既表现为证据事实，又表现为案件事实，二者是完全重合的。例如，一张被改动的票据，它既反映了行为人作案的时间、方法及后果，它又是一份证明行为人作案的有力的书证。

第四，确定证据的关联性是一个非常重要又极为复杂的问题，因为有的事实比较明显，容易判明；有的事实比较复杂，不大容易判明；有的事实需要经过仔细地检查、辨认、检验和鉴定才能确定；有些言词证据，每个作证主体的背景不同，同本案的关系不同，所提供的证据的关联性的确定，要经过对比、分析、推理、实物验证等，才能确定下来。因此，发现和确定证据的关联性，是办案人员的一个基本功，它直接反映着办案人员的业务能力和认识水平。同时，确定证据的关联性是办案必经和办案必须正确解决的问题，只有正确地解决证据的关联性，在侦查阶段才能明确调查和收集证据的方向和范围，保证及时收集各种证据，查明案件真相；在起诉和审判阶段，才能防止错案，保证起诉和判决的质量。

（三）证据的合法性

证据的合法性，也称证据的许可性。证据是查明案件事实的根据，所以，证据本身必须真实可靠。合法性是指证据只能由审判人员、检察人员、侦查人员依照法律规定的诉讼程序，进行收集、固定、保全和审查认定。即运用证据的主体要合法，每个证据来源的程序要合法，证据必须具有合法形式，证据必须经法定程序查证属实。证据的合法性，是证据客观性和相关性的重要保证，也是证据具有法律效力的重要条件。

为了确保证据的合法性，刑事诉讼法对于收集证据、固定和保全证据、审查和判断证据、查证核实证据等，都规定了严格的程序和制度。法律规定只有司法人员才有权收集证据，审查和运用证据，但是司法人员也必须依照法律规定的诉讼程序，去收集、固定、保全和审查运用证据，并且经过查证属实以后，才能作为逮捕、起诉和判决的根据。因此，我国立法规定严格禁止司法人员以刑讯逼供和暴力、威胁等非法的方法收集证据，并确立了不得强迫自证其罪的原则。2018 年《刑事诉讼法》第 52 条明确规定：“审判人员、检察人员、侦查人员必须依照法定程序，收集能够证实犯罪嫌疑人、被告人有罪或者无罪、犯罪情节轻重的各种证据。严禁刑讯逼供和以威胁、引诱、欺骗以及其他非法方法收集证据，不得强迫任何人证实自己有罪。”一切用严重违法的方法收取的材料，原则上都不能作为定案的证据。司法人员只有依照法定程序来收集证据，审查和运用证据，才能具有法律效力。2012 年《刑事诉讼法》确立了非法证据排除规则,该法从第54条到第58条(2018年《刑事诉讼法》第56条到第60条)分别规定了非法证据的概念、排除非法证据的范围、排除非法证据的方法、程序等。这些规定不仅为证据的合法性提供了法律依据,更重要的是从立法上昭示了我国刑事证据制度的进步与发展。

关于非法证据可采性,世界各国的做法也不一致,例如英美法系各国,特别是美国严禁采用非法证据作为定案的根据,《美国宪法修正案》第4条规定,采用非法搜查、扣押得来的证据,不允许采纳。大陆法系一些国家,一方面立法规定禁止采信非法证据,另一方面规定在有必要采信时,必须经过合法的转化,把非法证据转化为合法证据之后,方可采用。同时,对非法收集证据的侦查人员,还要根据违法程度依法处理。

证据的合法性关系到证据力(或曰证据能力)问题,更关系到证据的证明力,即证据的证明作用和价值,它是证据的客观性和关联性的法律保障。因此,作为诉讼证据,必须具有合法性,但是我国有些诉讼法学者不承认诉讼证据的合法性。他们认为承认证据的合法性,就会妨碍甚至否定证据的客观性。这种观点是没有法律根据的。因为诉讼中的证据,是由诉讼法来规定和调整的。诉讼法规定了证据的来源、收集证据和审查证据的程序,以保证诉讼证据的事实性,并使它具有法律上的稳定性。离开法律的有关规定去收集和审查的一切材料,都不能作为诉讼中的证据。所以说,合法性是诉讼证据的一个重要特征。

综上所述,诉讼证据的特征是由证据的客观性、关联性和合法性三个基本因素构成的。这三个因素是互相联系、缺一不可的。客观性和关联性是证据的内容,合法性是证据的形式。证据的内容需要通过诉讼程序加以审查、检验和鉴定来确定。合法性是证据真实性和相关性的法律保证。客观性、关联性和合法性完整说明了证据的基本要素,表明了证据内容和形式的统一。只有这样来理解证据的概念,才能明确什么样的事实可以作为证据,哪些人有权收集证据、审查和运用证据,应当怎样去收集和审查证据。正确认识和理解证据的概念,就为正确地运用证据查明案件事实,指明了方向和途径。证据的三个基本特征,实际上就是我们收集、审查和判断每个证据的基本标准,掌握了这三项标准,判明整个案件事实真相就有了可靠的基础。否则,就会一错百错,甚至会导致冤假错案的发生。

三、证据的意义

(一)证据是诉讼的基础和核心

证据是整个诉讼活动的基础和核心,也是诉讼实务中最实际的问题,因为证据同诉讼任务的落实紧密联系在一起。例如,在刑事诉讼中,要实现刑事诉讼法的任务,做到准确惩罚犯罪,保障无罪的人不受刑事追究,不放纵犯罪,不冤枉好人,正确地执行刑事法律,首先就要正确地运用证据,查明案件事实真相。所以,证据是正确进行刑事诉讼活动的事实根据,从立案、侦查、起诉到审判,每一个诉讼阶段和诉讼程序,都离不开证据的运用。如果在运用证据上出现差错那就不可能对案件作出正确的处理。在刑事诉讼中怎样才能使一切刑事案件都真相大白呢?怎样才能真正做到以事实为根据呢?这个问题经常尖锐地摆在司法人员的面前,它要求依靠、运用证据来加以正确解决。所以,在刑事诉讼过程中,证据问题总是从各个方面被一次又一次地提出来,反复地进行调查研究,查证核实,使司法人员所进行的活动具有客观依据。在刑事诉讼活动中,无论是实体问题还是有关程序问题所作出的一切决定都要建立在充分、确实的证据基础之上,如果不解决证据问题,没有证据,或者是证据不够充分、确实,刑事诉讼就难以继续进行。即使有办好案件的主观愿望,如果没有客观证据,也难以查明案件事实,作出正确的结论。因为无论处理什么案件,要想查明案件事实,除了调查研究证据之外,再没有其他办法。由此可见,证据问题是司法人员进行办案活动的核心和基础。

证据在诉讼中具有重要的意义:

第一,证据是公安司法机关进行立案、侦查、起诉和审理,以及定罪判刑和正确认定事实的依据,是司法人员查明和认定案件事实的基础。无论处理什么样的案件,首先都要运用证据,查明和认定案件事实,以作为正确适用法律的基础。案件的主要事实没有查清,绝不能定案径行处理;哪怕案件的某些重要情节存在疑问,也不能勉强定案径行处理。这是因为若对案件事实情节认定错误,在认定案件性质和适用法律上就不可能正确。只有查明案件全部事实,才能正确应用法律处理案件。

第二,证据是在刑事诉讼中揭露犯罪、证实犯罪的重要手段,是迫使犯罪分子认罪服法、接受改造的有力武器。在刑事诉讼中,犯罪分子在作案前后,总是要掩盖罪迹,千方百计地逃避侦查、起诉和审判。尽管犯罪分子诡计多端,行动狡猾,但是,既然他实施了犯罪行为,就必然要在客观外界留下痕迹和影像,即留下一系列的相应证据,这是不以犯罪分子的意志为转移的,这些证据也是我们用来揭露犯罪、证实犯罪的重要手段。有的犯罪分子在作案后企图破坏现场,毁灭、隐匿证据,但是,他所进行的破坏、毁灭和隐匿行为,又会留下新的证据。只要司法人员及时赶赴现场,进行勘验、搜查,深入细致地调查研究证据,并有效发动群众,就可以揭露真相,有效地揭露犯罪,证实犯罪。有些犯罪分子自以为作案手段诡秘,司法人员掌握不到证据,因而存有侥幸心理,百般抵赖,拒不认罪。一旦把确实的证据摆在他们面前,面对铁证如山的事实,他们便难以继续抵赖下去,不得不被迫交代自己的罪行,认罪服法,接受改造。由此可见,抓住适当的时机,正确运用证据,对于改变犯罪分子的态度,破除其侥幸心理,促使其交代自己的罪行,认罪服法,接受改造是有重要作用的。

但是,查明案件事实是一项十分复杂而重要的任务。对于办案人员来说,任何案件事实都是已经发生而不再重现的事实,办案人员不可能亲自观察到案件的事实情况。尤其是当前对于经济犯罪案件、走私、骗汇、套汇、毒品等一系列新型犯罪案件,由于种种复杂的因素,给查明案件事实,收集证据带来更多更大的困难。因此,侦查人员一要有坚定的信心,二要有深入细致的作风,三要全心全意地依靠群众,四要善于运用先进的科学技术手段。只有这样才能拿到真凭实据,才能揭露事实真相,才能使犯罪分子认罪服法。同时,证据是保障无罪的人不受刑事追究,保护公民合法权益不受侵犯,防止冤假错案发生的重要保证。要做到这一点,刑事诉讼法必须规定不允许无根据地对公民进行立案、侦查、逮捕、起诉和审判。因此,要全面地进行调查研究,掌握案件的真实凭据,使刑事诉讼活动从始至终都以客观证据为基础,以案件事实为根据,就可以有效地防止无根据地任意进行刑事诉讼。实践证明,在过去发生的冤假错案中,很多是由于证据不够确实、充分,或者是在运用证据上发生偏差造成的。所以,正确地运用证据,对于防止冤假错案,保护公民的合法权益,保障无罪的人不受刑事追究,都有重要的作用。

(二)证据是对公众进行法制教育的工具

在刑事诉讼中,只要犯罪分子实施了犯罪行为,不管他是怎样地隐蔽和狡猾,终究会被司法人员运用证据揭露出来,受到应有的惩罚,从而增强公众同犯罪分子作斗争的积极性和主动性。通过运用各种犯罪材料对公众进行生动实际的法制教育,可以使公众了解犯罪行为给国家和人民利益造成的损害,了解犯罪分子的作案动机、手段和特点,教育公众提高警惕性,积极参加社会治安综合治理工作,增强法制观念,做好预防犯罪工作;在民事诉讼中,人民法院通过各种民事、经济案件的审判,以证据为根据,对各种争议的案件事实做到公正裁判,公众就会从中得到教育,以此为戒,指导自己的民事法律行为和各种经济活动,最终维持整个社会秩序得到良性发展;在行政诉讼中,通过诉讼活动中被告人的举证,教育各个行政机关依法行政,提高执法水平的作用,更是显而易见的。

第二节 刑事证据的种类

一、物证

(一)物证的概念

物证是指据以查明案件真实情况的一切物品和痕迹。这些物品和痕迹包括作案的工具、行为所侵害的客体物、行为过程中所遗留的痕迹与物品以及其他能够揭露和证明案件发生的物品和痕迹等。物证是以其存在的形状、质量、规格、特性等外部特征证明案件事实,这个证据种类在刑事诉讼法中是单列出来的。

在刑事诉讼中,常见的物证主要有:(1)犯罪使用的工具。例如,犯罪分子杀人时所使用的凶器、毒药,盗窃时使用的钳子、万能钥匙等。(2)犯罪遗留下来的物质痕迹,即犯罪分子在作案过程中留在某种物体上的犯罪痕迹。例如,犯罪分子留在犯罪现场上的指纹、脚印、血迹,强奸案件中的精斑,使用犯罪工具留下的破坏痕迹,等等。(3)犯罪行为侵犯的客体物。例如,被犯罪分子所杀害的尸体,抢劫的财物,盗窃的赃款、赃物,窃取的机密文件,等等。(4)犯罪现场留下的物品。例如,犯罪分子留在犯罪现场上的衣服、帽子、手绢、纽扣、烟头、火柴棒、票证、纸屑,等等。(5)其他可以用来发现犯罪行为和查获犯罪分子的存在物。例如,人体的特征,物体的位置、大小、颜色、气味,等等。

随着科学技术的不断发展,可以作为证据使用的物品和痕迹也在逐步扩大。在司法实践中,勘验现场拍摄的现场照片,对某些难以移动或易于消失的物品、痕迹复制的模型或拍摄的照片,都是对物证的固定和保全。在运用时,作为物证发挥证明作用的,当然不是这些照片和模型本身,而是被拍摄的照片、复制的模型所固定和保全下来的原物品和痕迹。但是,这些照片和模型是在诉讼过程中制作出来的,能够正确地反映客观存在的事物,同样可以起到物证的作用。

(二)物证的意义

物证在整个证据体系或曰证据制度中的地位和作用,可谓举足轻重。由于其客观性、直观性的特点,同各种言词证据相比,特别是同可变性较大的嫌疑人、被告人的口供相比,同双方当事人的陈述相比,其证明力强于各种言词证据。尤其是当今世界在证人、当事人多变的情况下,口供作为“证据之王”正处于逐渐衰弱的发展趋势中,我们要逐渐地确立物证是“证据之王”的观念。有了确实可靠的物证,不管双方当事人如何巧夺善辩,也不管证人如何见风使舵,更不管被告人真真假假，甚至翻供，都可以认定案件事实。因此，物证是制服翻证、翻供的有力武器。

物证是检验言词证据是否真实的依据。案件中的各种言词证据，各说各有理，甚至以假代真，虚实并存，真真假假，各执其言，千变万化，错综复杂。唯有物证的客观性较强，它可检验真假，衡量虚实，去伪存真。因此，许多学者近年来都纷纷指出，在证据的立法中，应把"实物验证"作为运用证据的一个规则加以规定。物证是查明或证明案件事实的有效手段。任何违法的犯罪行为，民事、行政行为，在实施的过程中，必然要在客观外界留下各种痕迹和映象，甚至留下各种物品。这些物品、痕迹是伴随着案件事实的发生而产生的，它必然同案件事实产生一定的关联性，反过来它对于查明或者证明案件事实又起着重要的证明作用。例如，在民事诉讼中，根据对物证的辨认和分析，可以查明当事人的诉讼请求和答辩是否有理有据，以便正确确定当事人的权利、义务关系。在行政诉讼中，根据一般违法行为所侵害的客体的轻重，可以认定行政处罚决定的正确性、合法性。在刑事诉讼中，根据现场勘验所扣押、提取的各种物品和痕迹，可以确定侦查方向，提供侦查线索，推断作案手段，判定作案性质，同其他证据相结合，可以查获罪犯，确定犯罪嫌疑人，甚至可以判决其有罪、无罪，或者罪行轻重。

物证是制服犯罪嫌疑人、被告人的有力武器，也是促使当事人如实陈述的有力根据。在刑事诉讼中，犯罪嫌疑人、被告人一般都希望大事化小，小事化了，时时刻刻都在反调查、反侦查，对抗侦查、起诉和审判。但是，事实胜于雄辩，真理总会战胜邪恶，在铁的事实面前，在客观真实的物证面前，不仅能打消其侥幸心理，而且会从根本上制服犯罪分子，使其认罪服法，坦白交代。在民事、行政诉讼中，当事人出于各种原因，也会作虚假的陈述，审判人员运用已经查证属实的物证，可以查明事实真相，可以揭露其陈述的虚假性，以促使其如实陈述。

另外，有了物证，在诉讼过程中，可以使公众了解作案的手段、方法、原因、结果，可以帮助公众充分认识双方当事人争议的关键所在，以充分发挥诉讼的宣传教育作用，增强公众的法制观念。

（三）物证证明力的特点

物证同其他证据种类相比更直观，更容易把握；同言词证据相比，它更客观、真实性更大。言词证据的运用一般要靠实物证据来检验，言词证据同实物证据相结合，才能发挥其证明作用，物证则可以不依赖于言词证据而存在。在西方国家的历史上，曾把物证称为"哑巴证人"，并将它作为最有证明力的证据来使用。

物证的证明力按照物证的不同形态，可分为两种情况：一种情况是，凡有一定固定形状的证物，是以其外部特征同案件事实产生的关联性而发挥证明作用的。所谓外部特征，是指本证物的外部形态、规格、大小、结构、商标、图案、出厂日期等特殊的标志。另一种情况是，凡没有一定的固定形状的证物，是以其所使用的物质材料的特殊属性同案件事实产生的关联性而发挥证明作用的。例如，各种毒杀案件中所使用的毒品、毒气，就是通过技术鉴定所作的鉴定意见而确定属性的同一性，来认定案件事实。

（四）物证的收集和保管

1. 物证的收集

物证的收集是指执法人员或者律师发现、提取、固定、保管和保全证物的专门活动。它是诉讼专门的重要环节。物证收集应当遵守客观、细致、及时、依靠群众和善于用科技手段的原则。调查收集物证的方法多种多样,体现在一是主体的多样性,不仅是公、检、法的司法人员,而且还包括律师;二是适用方法手段的多样性。但是,由于物证的收集、调查,多数关系到人身权利和物权的问题,其中物权不仅涉及该证物的所有权,还涉及使用权。因此,物证的收集、调查是一项十分严肃的诉讼活动,是一项重要的法律行为,必须严格遵守法律规定的程序。根据我国三大诉讼法的规定,收集、调查物证的方法可归纳为以下几种:

(1)勘验、检查。勘验是司法人员在诉讼的过程中,对与案件有关的场所、物品等进行查看和检验,以发现、收集、核实证据的活动。我国2018年《刑事诉讼法》第128~135条规定了侦查人员勘验现场的程序和方法;《民事诉讼法》第80条规定:“勘验物证或者现场,勘验人必须出示人民法院的证件,并邀请当地基层组织或者当事人所在单位派人参加。当事人或者当事人的成年家属应当到场,拒不到场的,不影响勘验的进行。有关单位和个人根据人民法院的通知,有义务保护现场,协助勘验工作。勘验人应当将勘验情况和结果制作笔录,由勘验人、当事人和被邀参加人签名或者盖章。”最高人民法院《关于民事诉讼证据的若干规定》第30条规定:“人民法院勘验物证或者现场,应当制作笔录,记录勘验的时间、地点、勘验人、在场人、勘验的经过、结果,由勘验人、在场人签名或者盖章。对于绘制的现场图应当注明绘制的时间、方位、测绘人姓名、身份等内容。”《行政诉讼法》第33条同样把勘验笔录、现场笔录规定为法定的八种证据记录之一。最高人民法院《关于行政诉讼证据若干问题的规定》第33条、第34条也作了与民事诉讼证据规定相同的规定。由此可见,由于刑事、民事案件的差异,我国三大诉讼法关于勘验的规定详略也有所不同。但是,勘验却是三大诉讼法中收集、调查物证的共同方法,而且勘验的基本程序,如现场保护,勘验人员不能少于两人,邀请见证人参加,出示勘验证件,勘验中对物证的扣押、提取,制作勘验笔录等,都是必须遵守的法律程序。检查是执法人员检查人身或者在特定场所进行的专门调查活动。刑事诉讼中的检查仅指人身检查,即检查人身以确定被害人、犯罪嫌疑人的某些特征、伤害情况或者生理状态,目的是收集与犯罪有关的物证。检查必须依法定程序进行。如检查人员不能少于二人,检查妇女的身体,应当由女工作人员或医师进行,检查必须出示证件,犯罪嫌疑人和刑事被告人拒绝检查的,侦查人员可以依法强制检查,检查要制作检查笔录,由参加检查的人员签名或盖章等。在行政诉讼和行政执法中,检查通常是针对特定的场所和物品进行的。但检查者有义务为被检查者保守技术秘密和业务秘密。

(2)搜查。根据2018年《刑事诉讼法》第136条的规定,为了收集犯罪证据、查获犯罪人,侦查人员可以对犯罪嫌疑人以及可能隐藏罪犯或者犯罪证据的人的身体、物品、住处和其他有关的地方进行搜查。《民事诉讼法》第248条第1款规定:“被执行人不履行法律文书确定的义务,并隐匿财产的,人民法院有权发出搜查令,对被执行人及其住所或者财产隐匿地进行搜查。”该条第2款还规定:“采取前款措施,由院长签发搜查令。”在行政诉讼中,搜查是行政监督检查的一种方法。例如,《工商行政管理机关处理投机倒把违章案件程序的规定(试行)》第10条规定,办案人员可以对当事人的财物进行检查。必须进行人身搜查时,应由公安机关进行,工商行政管理机关予以协助。从上述法律规定可以看出,搜查是收集调查物证的主要方法之一。但是,由于搜查是一种极为严肃的法律行为,它关系到公民的人身权利和财产利益,特别是刑事诉讼中的搜查,涉及人权保障的问题。因此,一要严格控制适用,二要严格依照法律规定的程序进行,特别要严格批准程序,搜查时要依法制作笔录,搜查中的扣押要开列清单,等等。

(3)扣押、查封。扣押、查封通常是结合勘验、检查、搜查等同时进行,它是执法机关依法暂时扣留、封存与案件有关的财物的一种专门调查活动。2018 年《刑事诉讼法》第 141 条规定："在侦查活动中发现的可用以证明犯罪嫌疑人有罪或者无罪的各种财物、文件,应当查封、扣押;与案件无关的财物、文件,不得查封、扣押。"第 142 条还规定:"对查封、扣押的财物、文件,应当会同在场见证人和被查封、扣押财物、文件持有人查点清楚,当场开列清单一式二份,由侦查人员、见证人和持有人签名或者盖章,一份交给持有人,另一份附卷备查。"为了收集调查物证的扣押,主要适用于刑事诉讼。在民事、行政执法中,扣押通常只是一种执行措施。由于刑事诉讼中的扣押,关系到公民的物权问题,因此,必须按刑事诉讼法规定的程序进行,特别是对于扣押的各种物品,或者冻结的存款、汇款,一旦经查明与案件无关,2018 年《刑事诉讼法》第 145 条明确规定,必须在 3 日以内解除扣押、冻结,退还原主。同时,该法第 141 条第 2 款还规定:"对查封、扣押的财物、文件,要妥善保管或者封存,不得使用、调换或者损毁。"这些规定,都说明扣押、查封是一种严肃的法律行为,必须严格依法进行。

(4)提供与调取。根据 2018 年《刑事诉讼法》第 54 条的规定,人民法院、人民检察院和公安机关有权向有关单位和个人收集、调取证据。有关单位和个人应当如实提供证据。凡是隐匿证据的,必须受法律追究。当事人向人民法院提供物证的,应当符合下列要求:提供原物,若提供原物确有困难的,可以提供与原物核对无误的复制件或者证明该物证的照片、录像等其他证据;原物为数量较多的种类物的,提供其中的一部分。由于物证在案发前是掌握在有关的单位或者个人的手中,按照上述规定,不仅公安司法机关有权调取,而且有关单位和个人也有法定的义务向公安司法机关提供同本案有关的物证等证据。在民事诉讼和行政诉讼中,人民法院有权向有关单位和个人调取物证:涉及可能有损国家利益、社会利益或者他人合法权益的事实;涉及依职权追加当事人、中止诉讼、终结诉讼、回避等与实体争议无关的程序事项。

2. 物证的保管

对于诉讼过程中收集到的各种物证,一定要妥善地保管,其目的是保证其对案件的证明作用,保证其证明力的发挥。否则证物变形、变态就会丧失其证明价值。物证的保管是指将用作证据的物品和痕迹固定后妥善加以保管和封存的活动。物证的种类不同,保管的具体方法也不同。主要有:

(1)对于一般物证,如凶器、血衣、有精液的衣裤等,应当密封保管,并开列清单,贴上标签、年度和档案号等;

(2)对于缴获的赃款、赃物,严禁私分、变卖、调换和挪用,待案件处理完毕后退还失主、上缴国库或者销毁;

(3)对于体积大、笨重不易搬动的物证,应当拍制成照片,并注明实物存放的地点;

(4)对易损坏、消失、变质的物证,应当复制模型、照片、绘图、记录,并且迅速处理,如尸体尽快火化,伤痕及时治疗,贵重药材交有关部门销售等;

(5)对于易燃、易爆物品,将照片、鉴定意见等保存下来,将实物交有关部门处理;

(6)对于缴获的枪支、弹药、毒品等,将照片及鉴定意见等保管好,然后把原物交有关部门保存;

(7)黄色书刊、淫秽照片画片等,应当由专人保管,不准扩散,在法庭审判中,不得当庭出示,结案后应当在专人的监督之下销毁,并在原案卷中载明。

(五)物证的审查判断

物证同各种言词证据相比,在证明力上所体现的客观性更强。但是,它是一种不会说话的证据,人称“哑巴证据”,容易被人们冒名顶替,特别是那些相似物、类似物,更易为人们所更换,此其一;其二是物证作为证明手段和证明方法,它不能直接用来证明案件事实,它同案件事实的关联性,还要通过办案人员审查、判断加以确定和认证。因此,对物证的审查、判断是运用证据证明案件事实的重要环节。关于审查判断物证的内容及方法,可归纳为以下几个方面:

其一,审查认定物证的来源是否合法。物证的来源主要是指物证的出处、由何人提供和收集而来,特别是来源的程序是否合法。例如,勘验、检查、搜查中的扣押是否依法进行等。由于物证是一种客观存在的实在物,因此,它既可能出现在室内现场,也可能来自野外,既可能来自当事人一方的身上或住处,又可能来自证人,或者为其他单位或个人所持有。从物证的来源上进行审查,即对物证分别是在何时、何地、何种情况下,由何人提供或收集,使用何种调查或侦查措施所查获,以此来认定物证在来源上是否合法。物证的来源如何是决定其是否具备证据能力的重要因素之一。在诉讼中,公安司法机关对物证的证据力进行认定之前必须彻底查清物证的来源,是否为经正当途径获取的,是否为出于栽赃陷害他人的目的而伪造、变造的,是否因疏忽而搞错的,是否为非法所得。以上这些因素或情形都直接影响某一特定物证的证据能力。

其二,认真仔细地审查物证的外部特征,以确定其同案件事实的关联性。物证最重要的特征在于采用其本身所固定的外部特征、形状、品质、状态等来证明案件事实;但是,各种客观因素或环节,常常限制或阻碍了物证这一客观属性的映现程度,从而影响了其证明力的大小与强弱。因此,在审查认定物证的证据效力时应注意:一是要查明为待证事实所要求的物证的本质特征或内在属性在定案时是否已发生了实质性的变化,以及是否达到了足以影响其证明力的程度。二是要查明物证是否为原物。一般而言,物证具有不可替代性,物证是否为原物、原件,是否经过辨认、鉴定;物证的照片、录像、复制品或者书证的副本、复制件是否与原物、原件相符,是否由二人以上制作,有无制作人关于制作过程以及原物、原件存放于何处的文字说明和签名。在诉讼上如采用的是复制品或类似物、相似物将影响物证的证明力。当然,基于法律上所规定的特殊情形,则可作为一种例外来对待。三是要确认物证是否经过伪造。凡伪造的物证除了影响物证的证据能力外,同时将导致该物证在客观属性上丧失证明力。伪造产生于以下两种情形:(1)犯罪分子或民事诉讼的当事人基于逃避法律的制裁或受利益所驱使而对物证加以伪造或变造;(2)基于诬告、陷害他人或实现某种利益而告发他人或使他人处于不利的境地而伪造或变造物证。例如,在民事诉讼中,当事人基于胜诉的欲望所驱使而故意改变原物形状、规格、品种,甚至用他物来冒充、替代原物。物证同案件事实的关联性,按其表现形式可划分为直接的方式和间接的方式。凡是物证以其存在足以影响发现案件事实的重要部分或其中一部分的,为具有直接的关联性;而凡是物证以其存在有助于查明案件事实,或构成发现案件事实线索的,则为具有间接的关联性。在间接方式下,物证只有与其他证据结合起来,相互印证,才可以达到认定案件事实的目的。如对现场遗留与犯罪有关的具备鉴定条件的血迹、体液、毛发、指纹等生物样本、痕迹、物品,是否已作DNA鉴定、指纹鉴定等,并与被告人或者被害人的相应生物检材、生物特征、物品等比对。通常而论,单一的物证不能起证明案件事实的作用,必须与包括其他物证在内的证据综合证明、互为依存条件、互为证明关系,才能体现某一物证的证明力。

其三,审查判断物证的方法,通常采用交付辨认、技术鉴定和比较印证等方法。(1)交付辨认。在诉讼中,辨认是指在公安司法机关的主持下,由有关诉讼法律主体对提供、收集到的物证材料进行识别、判断,辨明其真伪以及阐述与案件事实是否具有关联性的认识活动。这种认识活动是辨认人通过自己大脑中的印象判断与案件事实有关的物证材料是否为他所曾经感知过的。辨认的认识过程一般分为感知、记忆和辨识三个阶段。关于采用辨认作为辅助法官审查证据的必要手段,我国2018年《刑事诉讼法》第195条规定:“公诉人、辩护人应当向法庭出示物证,让当事人辨认,对未到庭的证人的证言笔录、鉴定人的鉴定意见、勘验笔录和其他作为证据的文书,应当当庭宣读。审判人员应当听取公诉人、当事人和辩护人、诉讼代理人的意见。”最高人民法院《第一审经济纠纷案件适用普通程序开庭审理的若干规定》第24条规定:“双方当事人就争议的事实所提供的书证、物证、视听资料,应经对方辨认,互相质证。”(2)科学技术鉴定。所谓科学技术鉴定是指鉴定人运用自己的专门技术知识、技能、工艺以及各种科学仪器、设备等,根据法庭的指派或聘请对在诉讼中出现的物证材料所涉及的专门性问题进行分析、鉴别后提供的结论性意见。关于采用鉴定手段作为辅助公安司法机关对物证审查手段,我国2018年《刑事诉讼法》第146条规定:“为了查明案情,需要解决案件中某些专门性问题的时候,应当指派、聘请有专门知识的人进行鉴定。”(3)比较和印证。公安司法机关在审查物证过程中,当发现物证与其他证据以及证据与案件事实出现矛盾时,应当进行全面的、细致的分析。当物证作为直接证据时,应比较该物证与其他证据之间存在矛盾的根源所在,确认是其他证据缺乏真实可靠性,还是物证本身的问题。当物证作为间接证据时,需与包括物证在内的其他证据加以互相印证,形成一条具有内在必然性的逻辑性严密的证明锁链。当物证与其他证据发生冲突时,如何解决其证明力问题,我国最高人民法院有关司法解释认为:“物证、历史档案、鉴定意见、勘验笔录或者经过公证、登记的书证,其证明力一般高于其他书证、视听资料和证人证言。”但是这种前提条件是物证必须真实可靠。

二、书证

(一)书证的概念和意义

书证是指能够根据其表达的思想和记载的内容查明案件真实情况的一切物品。这些物品大致可包括:用文字记载的内容来证明案情的书证,以符号表达的思想来证明案情的书证,以及用数字、图画、印章或其他方式表露的内容或意图证明案情的书证。

通常在诉讼中适用的书证有:(1)反映行为人主体身份的书证,如出生证、工作证、身份证、护照、户口本、营业执照、任职免职的文件等;(2)反映人们各种民事经济关系的书证,如行为人之间来往的账册、票据、小金库的各种白条、收据、经济合同、书面遗嘱等;(3)诬告、陷害案件的诬告信、大字报、小字报等;(4)反映人与人之间关系的车、船票、飞机票、个人日记、工作日志等;(5)产品质量的认证书、检验文书,乃至各种文字广告等;(6)村规、民约、各种章程、管理制度等;(7)各种红头文件、公证文书、裁判文书等。

诉讼中的书证所具有的特征是:

第一,表现形式及制作方法的多样性,即外部特征。反映书证所记载内容的表现方式,既可以是文字、图形,也可以是符号;书证内容的载体,既可以是纸张,也可以是木头、石头、金属或其他材料;用以制作书证的工具,既可以是笔,也可以是刀、印刷机等;制作书证的方法,既可以是写,也可以是刻、雕或印刷等。因此,简单地把书证的外在表现形式限定为书面文字记载的材料是错误的,把日常生活中常见的以纸张为外在表现形式的书面材料等同于书证也是不正确的。

第二,书证所记载的内容和反映的思想必须同案件互相关联,能够证明案件事实的全部或部分。例如,当事人之间在发生借用关系时借用方所立的借据,该借据能证明双方发生过借用关系。再如,在侵权损害案件中,受害人向法院提供的诊断书,该诊断书能证明受害人受伤的轻重程度。上列事例中的借据、诊断书,都可列为书证。

第三,书证所记载的内容或表达的思想,是可供人们认知和了解的。在通常情况下,书证所记载的内容或表达的思想,以文字的方式呈现,如合同文书、遗嘱文书、信件、证明文书等;也有以符号、图形的方式呈现,如设计图、地图、路标等。应当注意的是,可供人们认识和理解的内容,不是仅指人们普遍熟知的文字或符号,在某些特定的情况下不被通常使用的密码、暗号、标记,也表达了制作者或使用者的思想,也应属于可供人们认识和理解的范围。但无论以何种方式表现,表达的内容或思想是否容易被人们认识或理解,其所表达的内容或思想,应当是可以被人们认识或理解的。如果书面记载的内容不表达任何思想或意思,就不能作为书证。

从书证的特征中可以看出,书证是以其所记载的内容和所表达的思想来证明待证事实的。书证的这一本质特征决定了书证在诉讼中具有十分重要的意义:

一是书证所记载的内容或表达的思想往往能直接证明有关的案件事实。因为书证的特征就是以其所记载的内容或所表达的思想来证明案件事实的。书证是伴随着案件事实的发生而产生的,书证所反映的思想和记载的内容,往往是案件事实的部分或全部,它同案件事实直接是一种重合关系。所以,对书证审查核实清楚了,案件事实也就真相大白了。由此可见,书证在诉讼证明中的证明作用之大。

二是书证同其他证据相比,其证明力更强,证明作用发挥得更为充分。因为书证通常是以文字的形式来表现的,而书面文字相对于口语而言,具有意思更为清楚、明确,表现的思想更具有逻辑性的特点。就当事人而言,如果其行为或意思表示须以文字形式来表现时,通常会采取一种比较慎重的态度,尽量追求所形成的文字能切实反映自己行为或意思表示的效果。就此而言,书证往往能比较准确地反映出它所需证明的案件的有关事实,即书证反映待证事实的准确性比较强。另外,书证是以一定的物质材料作为载体,将一定的内容或思想固定下来。同时,书证的形成通常是在案件或纠纷发生之前,此时,当事人之间的利害关系并未直接发生冲突,对相关的事实并不存在争议。因此,在书证中所记载的内容或表达的思想,在通常情况下是符合当时的真实情况或当事人的思想状况的。而在案件或纠纷发生后,当事人之间往往有直接的利害冲突,基于趋利避害的心理,此时当事人主观上往往只承认案件中有利于自己的事实,而对案件中不利于自己的事实不予承认或是否认。基于上述原因,书证要较当事人的陈述更具有真实性。基于书证具有以一定形式将一定内容或思想固定下来的特性,能使这些内容或思想被真实地保存下来,即使记载内容或思想的物质材料有破损,只要未影响反映内容或思想的文字、符号、图形等,其内容或思想就仍能得到真实地反映。而人证、物证等证据则有可能因主客观条件的变化,或随着时间推移而发生变化,其所证明的案件事实就有可能失真或失实。书证所反映的内容或思想长久不变的这一特性,使书证证明的可靠性大大加强。应该承认书证的证明力要高于各种言词证据和实物证据。

(二)书证证明力的特点和分类

物证主要是以其外部特征发挥证明作用,书证则是以其内容来证明案情的。而且这种证明关系的表现形式,多数是属于重合关联,即书证所表达的思想和记载的内容,既是证据事实,也是案件事实,二者是重合的。主要表现在以下三个方面:(1)书证所表达的思想内容和意图同案件事实有联系;(2)书证所记载的内容可以被认知;(3)书证要有明确的制作者。

书证与物证既有联系又有区别。其相互联系的表现是,书证也是广义的物证,因为它也是实物证据。同时,有的书证还具备物证和书证的共同特征,既可作书证,又可作物证运用。其证明力的共同特点是客观真实性比言词证据强。书证同物证的区别主要表现为:书证是以其内容来证明案情的,物证则是以其外部特征、形状、性质及其存在的方式和状态来证明案情的。

书证的分类是一个比较复杂的问题,世界各国的分类标准也不尽相同,依据不同的划分标准,可将书证划分为不同的类别,不同类别的书证,其运用规则或曰证明力有所不同。

1. 以书证的表达方式为划分标准,可将书证划分为文字书证、图形书证、符号书证等

文字书证,是指以文字记载的内容来证明案件有关事实的书证。这是一种最常见的书证,如传单、信件、合同、遗嘱、账册、票据等。

图形书证,是指以图形表现的内容来证明案件有关情况的书证。如刑事案件中的淫秽图画,犯罪嫌疑人为实施犯罪而绘制的地图;民事案件中,房屋建筑的设计图、机械产品的构造图等。

符号书证,是指以符号作为内容来证明案件有关情形的书证,如路标、标记、记号等。与文字书证、图形书证相比较,符号书证所表达的内容通常更不容易被人们所认识,对符号书证的认识和理解,往往需要结合其他证据来破译该符号书证所代表的真正含义,然后才能发挥其证明作用。

2. 以书证是否依国家职权制作作为划分标准,可以将书证划分为公文书证和私文书证

公文书证。国家机关、企事业单位、人民团体,在法定的权限范围内所制作的文书,以此文书作为证明案件有关情况的书证,即为公文书证。如民政部门颁发的结婚证书、离婚证书;法院制作的判决书、调解书;行政机关颁布的任免书、奖惩文书;行政管理部门作出的处罚决定书;等等。公文书证的特点是,通常情况下产生一定的法律后果,如结婚证书的颁发,意味着当事人双方婚姻关系成立;法院制作的判决书生效后产生既判力等。从制作程序和形式上讲,一般也有较严格的制作程序,文书也具有一定的法定形式。按照最高人民法院《关于民事诉讼证据的若干规定》第77条第1项的规定,国家机关、社会团体依职权制作的公文书证的证明力一般大于其他书证。

私文书证,是指公文书证之外的书证。私人制作的或国家机关、企事业单位、社会团体不是基于职权而制作的文书,该文书作为书证时即为私文书证,如单位之间、个人之间签订的经济合同、个人开出的借款收据等。与公文书证相比较,私文书证的制作在程序上或形式上都不够严格,在有的情况下,具有一定的随意性。因此,在一般情况下,私文书证的证明力比公文书证弱。

3. 以书证的内容所体现的性质作为划分标准,可以将书证划分为处分性书证与报道性书证

处分性书证是书证中所记载或表述的内容,以发生一定的法律后果为目的的书证。例如,国家工商行政管理机关颁发的营业执照、许可证,人民法院制作的发生法律效力的判决书、调解书,公民个人之间签订的合同文书、公民个人所立的遗嘱文书等,均属于处分性书证。处分性书证的特点就在于,它所表述的内容,与一定的法律后果相联系,即会引起一定法律关系的产生、变更或消灭,产生相应的法律效力。

报道性书证是书证中所记载或表述的内容,反映的只是制作人的见闻、感想、体会等。如日记、会议记录、诊断书等,均属于报道性书证。报道性书证的特点,主要在于它是制作者对客观事实认识所作的表述,它虽然不能直接反映出一定的法律关系状态如何,但对于认识一定的客观事实当时的状态是具有参考价值的。报道性书证作为一种证据与其他证据相印证,往往也能起到比较好的作用。

4. 以书证形成的方法为标准,可将书证划分为原本、正本、副本、节录本、影印本和译本等

原本,是指文书的制作人最初所制成的文书。例如,合同当事人签字盖章的书面合同,借款人亲笔书写表达借款意愿的借条等。原本是文书的初始状态,最客观地反映文书所记载的内容,因此,收集书证,应尽量收集原本。

正本,是指照原本全文抄录或印制并与原本具有同等法律效力的文件。正本出自原本,其效力也等同于原本,只是在日常生活中的使用有所不同:原本一般保留在制作者手中或存档备查,正本则发送给收件人。

副本,是照原本全文抄录或印制但效力不同于原本的文件。制作副本的目的,是告知有关单位知晓原本文件内容,即副本一般是发送给主收件人以外的其他须知晓原本内容的有关单位或个人。

节录本,是指制作者以摘抄的方式,节录原本或正本文书内容的一部分而形成的文书。节录本只反映原本内容之一部分,就此而言,其证明作用与原本作用是有较大差异的。

影印本,是指运用影印技术,将原本、正本摄影或复印而形成的文书。

译本,是指运用其他国家或民族的文字将原本或正本翻译而形成的文书。

(三)书证的提供、收集和审查判断

2018年《刑事诉讼法》第51条规定:“公诉案件中被告人有罪的举证责任由人民检察院承担,自诉案件中被告人有罪的举证责任由自诉人承担。”第54条规定:“人民法院、人民检察院和公安机关有权向有关单位和个人收集、调取证据。有关单位和个人应当如实提供证据。”第137条规定:“任何单位和个人,有义务按照人民检察院和公安机关的要求,交出可以证明犯罪嫌疑人有罪或者无罪的物证、书证、视听资料等证据。”第141条规定:“在侦查活动中发现的可用以证明犯罪嫌疑人有罪或者无罪的各种财物、文件,应当查封、扣押;与案件无关的财物、文件,不得查封、扣押。”根据这些规定,刑事诉讼法中的公诉案件,证据的提供与收集主要就由有关的机关负责。即书证主要是由公安机关和司法机关通过搜查、勘验、扣押等方法来收集,此外,刑事诉讼法还要求有关的机关、团体、企事业单位和公民提供。刑事诉讼法除了对书证的提供与收集的方式作了规定外,还对采取这些方式提出了要求。2018年《刑事诉讼法》第138条规定:“进行搜查,必须向被搜查人出示搜查证。”2018年《刑事诉讼法》第139条第2款规定:“对查封、扣押的物品、文件,要妥善保管或者封存,不得使用或者损毁。”2018年《刑事诉讼法》第142条规定:“对查封、扣押的物品和文件,应当会同在场见证人和被查封、扣押物品持有人查点清楚,当场开列清单一式两份,由侦查人员、见证人和持有人签名或者盖章,一份交给持有人,另一份附卷备查。”2018年《刑事诉讼法》第143条规定:“侦查人员认为需要扣押犯罪嫌疑人的邮件、电报的时候,经公安机关或者人民检察院批准,即可通知邮电机关将有关的邮件、电报检交扣押。”“不需要继续扣押的时候,应即通知邮电机关。”2018年《刑事诉讼法》第145条规定:“对查封、扣押的财物、文件、邮件、电报或者冻结的存款、汇款、债券、股票、基金份额等

财产,经查明确定与案件无关的,应当在三日以内解除查封、扣押、冻结,予以退还。"《刑事诉讼法》对书证的收集、提供作了如此严格的规定,其目的一是从程序上保证书证对案件事实的证据力和证明力;二是维护诉讼参与人的合法权利,以保障人权。

刑事诉讼中的自诉案件,根据诉讼中举证责任的原理,证明被告人有罪的书证原则上应当由自诉案件的原告人负责提供,必要时,公安机关和司法机关也可以收集。

关于书证的审查判断,2018 年《刑事诉讼法》第 195 条作了规定,强调在法庭审判的过程中,对于作为判决根据的书证,一要出示,二要经过双方质证和辩论。从我国法律的相关规定中,我们可以得出:(1)我国法律对公文书和私文书的审查、判断的要求是一视同仁的,并无不同的标准;(2)除公证文书外,其他各类文书无论是形式上还是效率上都是相同的。比较而言,公证文书有较强的证明力,在通常情况下,应确认其证明力。

我国刑事诉讼法对书证的审查判断未作详细规定,但是,总结实际工作中的经验和做法,对书证的审查判断一般应做到以下几点:

首先,应当查明书证的制作人是否具有制作该种书证的资格。书证的制作理应具有特定的目的,因此应调查该书证是否确系某人所制作,如果书证载明的制作人并未制作书证时,该种书证将失去其证明能力。如果书证系检举、揭发他人违法犯罪的匿名信时,则应对检举、揭发所涉及的内容认真加以研究,并结合其他证据加以审查后才能作出相应的结论。有的书证经审查和事后确定为某人所书写,但应审查和理解该书证的内容与制作人的身份是否相当、吻合,并且应注意是否存在暴力、威胁、利诱、欺骗的情形。如经审查确有以上违法情形时,则该书证失去证据能力。在查明制作人的主体身份是否合法以后,再审查制作书证的手续是否完备。例如,书证中的签名是否为本人亲笔书写,有关书证是否按照其特有的格式进行制作等。审查有关单位和个人制作的书证上有无加盖公章和有关人员的签名、盖章以及签字笔迹、印章是否属实,是否存在私刻公章、私盖公章的情形。如需核对印章,鉴别笔迹时,应适用有关科学技术鉴定的规则,交由专门的鉴定人作出鉴定意见。书证是否为原件持有人、原始签名人、书写人所制作;当书证是由私人所制作时,应当向参与该制作的当事人或目击制作过程的证人进行了解、核查。如果书证为公文性书证,法院可向原制作单位进行核查,以查清这些书证所记载的是否属实。

其次,审查书证的内容。一是明确该书证所记载的内容表述的含义为何。二是查明该书证的内容是否为有关人员的真实意思表示。该文书的审查,可以通过询问当事人、书证制作者来进行,若双方当事人对该书证所表述的内容有歧义,则可以要求双方当事人就书证所表述的内容进行说明,乃至进行辩论。该方面的审查,主要是要查明书证所反映的真实、确切的内容是什么,以便确定该书证对案件事实的证明价值和作用。三是审查书证与待证事实之间的关系,确认该书证同案件事实的关联性。通常情况下是要求书证提供者说明书证的全部或部分内容与待证事实之间有何内在的、本质的联系,即该书证可证明案件的哪一部分事实。该方面的审查,是法院确定是否要对书证进一步审查的基础。如果法院通过这部分审查,认为该书证与案件无关联,那么,就无须进一步对该书证进行审查;反之,则进一步进行审查。

最后,审查书证有无伪造、变造的痕迹。所谓伪造就是模仿他人的笔迹或以其他手段制造假书证,所谓变造就是以涂改、加字、减字、剪贴等手段以改变书证内容所表现的外部特征来达到篡改书证内容的目的。在刑事诉讼中,由于犯罪分子出于各种动机,有可能对书证加以伪造或对原有书证所涉及内容的关键部分加以篡改或者变造;因此,对载有犯罪事实的书证,如从事诈骗、威胁、收受贿赂的信件、收据或诬告他人的书面材料,应审查是否为犯罪人本人所书写,有无栽赃、陷害、嫁祸于他人的情形。在民事诉讼中,如果当事人提出对方伪造书证,则应负举证责任,提供充分、必要的证据来证明该书证确系伪造。对此类书证是否系伪造存在争议时,法院要认真审查。对国家机关、团体、企事业单位、其他组织所制作的书证,应向原制作单位核对,审查其内容是否符合实际情况和有关法律、法规的规定,还可借助该书证所记录的证明人进行核实、查询,并对书证的笔迹、印章进行核查、确认。如需委托鉴定的,则应适用有关鉴定制度的规定。如果经审查后认为有关书证确系伪造或者变造,应依法追究行为人的刑事责任。

三、证人证言

(一)证人证言的概念和意义

证人证言是指知道案件真实情况的人,向办案人员所做的有关案件部分或全部事实的陈述。

证人证言的内容包括对查清案件真相的一切事实,与案件无关的内容,或者是证人的估计、猜测、想象等,不能作为证言的内容。办案人员只能要求证人陈述案件事实,而不能要证人对这些事实作出判断。证人陈述的情况,可以是亲自听到的或看到的,也可以是别人听到或看到而转告的。但转告的情况,必须说明来源,说不出来源的,或者道听途说的消息,不能作为证人证言使用。

证人证言具有以下特点:

第一,证人证言必须是证人对案件事实所感知和记忆的情况,向公安司法机关所作的陈述,至于证人对案件情况的分析、判断、评论等,均不能作为证人证言使用。最高人民法院《关于适用〈中华人民共和国刑事诉讼法〉的解释》第75条第2款规定:“证人的猜测性、评论性、推断性的证言,不得作为证据使用,但根据一般生活经验判断符合事实的除外。”

第二,证人证言具有不稳定性和多变性,即使一个最诚实的人,提供的证言也可能有失真的时候。其原因有三:一是言词证据本身所固有的特征,每个证言都要受到客观因素和主观因素的影响、干扰而导致其不稳定与多变;二是受到各种不正之风的干扰;三是每份证言的形成过程,即对案件事实的感知、记忆表述,每个阶段都可能要出现误差。

第三,证人具有不可代替性,只有了解案件情况的人才能成为证人。证言的来源是多样的,既有自己亲自听到看到的,也有从他处获悉的,证人作证必须事先说明来源,否则,不能作为证言使用。另外,由于证人具有不可替代性,在诉讼活动中,必须坚持“证人优先”原则。

证人证言具有怎样的意义呢?证人证言同诉讼中其他证据相比,特别是同案件的其他言词证据比较,其客观性更强。因为证人不像案件中当事人那样,与案件结果的利害关系那样密切;证人证言同物证、书证等实物证据相比,更为生动、具体、形象,对案件事实真相揭露得更为深入。由此可见,证人证言在诉讼中的作用和意义独具特色。从其内容上看,它可能同案件的部分或全部相联系,往往能证明案件所涉法律关系的部分或全部,即使证明不了部分或全部,它还可以反映案件的有关线索,为公安、司法机关进一步调查收集证据提供帮助;就证据运用而言,它还可以与本案其他证据加以对照、比较,起到一个印证和核实的作用,为公安、司法机关提供审查判断证据的手段。因此,证人证言在诉讼中的作用、意义是不可忽视的。

(二)证人的资格条件、权利和义务

1. 证人的资格条件

也即哪些人能够作为证人,哪些人不能作为证人。2018 年《刑事诉讼法》第 62 条规定:"凡是知道案件情况的人,都有作证的义务。生理上、精神上有缺陷或者年幼,不能辨别是非、不能正确表达的人,不能作证人。"可见,证人是有义务把自己所了解的案件情况告诉司法机关的诉讼参与人。要正确理解证人的资格,应当掌握以下几点:

(1)凡是知道案件情况并有作证能力的人,都可以作为证人。"知道案件情况",能够"辨别是非",能够"正确表达"的人,是取得证人资格的绝对条件。是否作为证人,既不受性别、年龄、民族、出身、成分、文化程度、财产状况、思想觉悟、表现好坏、社会地位等限制,也不受是否与犯罪嫌疑人、被告人、被害人有亲属关系或其他利害关系的影响,只要符合证人的条件,都可以作为证人。对案件的同一事实,如果有几个人同时知道,那么他们都可以作为证人,而不能互相代替。证人不分政治地位高低,即便是各级领导干部同样有作证的义务,没有拒绝作证的特权。

(2)生理上、精神上有缺陷或者年幼,不能辨别是非、不能正确表达的人,不能作为证人。这是因为这些人由于感觉器官或者精神上的障碍,或者由于年龄关系,对于客观事物分不清是非,不能正确反映,不能正确表达思想,所以,不能提供对查明案件事实有意义的证言,不能作证人。如果在生理上或精神上虽然有某种缺陷,但是还能够辨别是非,能够正确表达的人,仍然可以作为证人。不能因为有些知情人在生理上、精神上有缺陷或者年幼,就一律取消他们作证的资格。这些人能不能作为证人,关键要看他们对客观事物能不能分清是非,能不能正确表达。根据这一标准,对具体人员的具体情况进行具体分析以后,才能够确定其能否作为证人。"生理上、精神上有缺陷或者年幼"只是丧失作证资格的相对条件,而不是绝对条件。

(3)证人只能是当事人以外知道案件情况的人。只有知道案件情况的人,才能作为证人,但知道案件情况的人,并非都是证人。案件的当事人由于与案件有直接利害关系,不能作为证人。证人是与案件没有直接利害关系而知道某一案件或某些案件情况的第三人。证人是由其知道案件事实决定的,因此,证人永远都是特定的人,具有不可代替性,他既不能由司法机关自由选择和指定,也不能由别人来代替和更换。

(4)证人在刑事诉讼中占有优先地位。由于证人是以知道案件情况为特征的,具有不可代替性,因而决定了凡是在刑事诉讼开始以前知道案件情况的人,都应当优先地作为证人参加诉讼,而不应当作为本案的侦查人员、检察人员、审判人员、辩护人、鉴定人、翻译人员参加诉讼。因为这些人员都是可以自由选择和替换的。同时,这也符合刑事诉讼法关于证人具有作证义务和司法人员回避的有关规定。

(5)证人只能是公民个人。法人和非法人团体不具有证人资格。《民事诉讼法》第 72 条规定:"凡是知道案件情况的单位和个人,都有义务出庭作证。"据此,有的学者提出单位也可以作为证人。但我们坚持认为证人只能是公民个人,单位不具有证人资格。这是因为只有公民个人才能借感官感知案件事实,而法人和非法人团体本身并无这种感知能力。同时,由于了解案件情况而产生的作证义务,是公民个人的法定义务,故意作伪证、隐匿罪证,必须负伪证的法律责任,而法人和非法人团体则无法承担这种法律责任。因此,证人只能是公民个人,任何机关、团体、企事业单位等都不能作为证人。实践中,它们所提供的档案材料、证明文件和其他书面材料,属于书证的范围,而不能是证人证言。

(6)刑事诉讼中的见证人应视为“特殊的证人”。见证人,是指与案件无关,而仅在勘验、检查、搜查、扣押和侦查实验等诉讼活动中,被司法人员邀请在现场观察并为此作证的人。这种人被邀请到现场见证,是可以选择和代替的,这与证人具有差异。但是,一旦被邀请到现场见证之后,他就成为了解有关诉讼活动的特定人,具有不可代替性,这与证人又有相似之处。尤其是见证人与证人具有类似的诉讼权利和义务。因此,可将见证人视为一种“特殊的证人”。另外,我们认为,刑事案件的侦查人员和其他执法人员有义务就其执行职务时直接了解的案件情况以及就案件有关侦查过程和采取侦查措施的情况出庭作证。

2. 证人的义务

根据我国刑事诉讼法的规定,证人应当履行的诉讼义务主要有:

(1)证人,包括因履行职务而作为证人的警察,有出庭作证的义务。2018 年《刑事诉讼法》第 62 条规定:“凡是知道案件情况的人,都有作证的义务。”第 192 条规定:“公诉人、当事人或者辩护人、诉讼代理人对证人证言有异议,且该证人证言对案件定罪量刑有重大影响,人民法院认为证人有必要出庭作证的,证人应当出庭作证。人民警察就其执行职务时目击的犯罪情况作为证人出庭作证,适用前款规定。”其中,警察也要出庭作证是我国与世界接轨的一项全新的规定。一般而言,警察出庭作证包括两种情况:一是警察在日常生活中碰巧看到了犯罪情况的发生,或者把犯罪嫌疑人抓住了,这种情况下要出庭作证;二是控辩双方对某项在讯问中得到的证据存在异议,如认为是刑讯逼供所得,此时侦查人员应根据相关规定出庭说明情况,如果侦查人员说不清楚,这个存在异议的证据会被视为“非法证据”,而不被采信。这个规定将极大约束侦查人员的行为,对减少刑讯逼供产生积极的影响。我们认为,符合以下情形之一的,经人民法院准许,证人也可以不出庭作证,向法庭提交证人的书面证言:双方当事人一致同意该证人不出庭的;不满 14 周岁的未成年人。对于曾经在庭前作证的证人,如果该证人死亡的,可以向法庭提供对该证人的询问笔录或者该证人的书面证言。证人出庭作证的,在其作证前,除依法写保证书外,还应当当庭宣誓。未成年人出庭作证的,可以不写保证书,也可以不宣誓。因为未成年证人的诉讼行为能力,受到了未成年因素的影响,在作证程序上要区别于成年人。当然,这种情况只能是针对一般证人,若重要证人不到庭,只念书面材料是不可取的。

(2)证人有向司法人员如实陈述和回答所提问题的义务,即证人有如实作证的义务。2018 年《刑事诉讼法》第 125 条规定:“询问证人,应当告知他应当如实地提供证据、证言和有意作伪证或者隐匿罪证要负的法律责任。”根据这一规定,证人有义务向司法机关如实地陈述所知道的案件情况,实事求是地提供证据、证言。知道多少陈述多少,既不能扩大,也不能缩小。2018 年《刑事诉讼法》第 194 条规定:“证人作证,审判人员应当告知他要如实地提供证言和有意作伪证或者隐匿罪证要负的法律责任。”证人在法庭上既要接受审判人员的询问,也要接受公诉人、当事人、辩护人、诉讼代理人的发问。证人应当如实回答他们提出的问题。证人不得作伪证,不得隐匿罪证,否则要负法律责任。根据《刑法》第 305 条的规定,在刑事诉讼中,证人对与案件有重要关系的情节,故意作虚假证明,意图陷害他人或者隐匿罪证的,处 3 年以下有期徒刑或者拘役;情节严重的,处 3 年以上 7 年以下有期徒刑。必须指出,证人构成伪证罪,必须是“故意作虚假证明”,即“故意作伪证”。因此,证人只要主观上愿意如实陈述,即使有时由于对事物没有看清、听清或者由于记忆不清、表达不准确等,而提供了不完全准确甚至错误的证言,也不构成伪证罪。对此,《刑事诉讼法》第 111 条第 2 款规定:“接受控告、举报的工作人员,应当向控告人、举报人说明诬告应负的法律责任。但是,只要不是捏造事实,伪造证据,即使控告、举报的事实有出入,甚至是错告的,也要和诬告严格加以区别。”这一规定有利于保证证人提供证言。

(3)证人有义务保守司法机关向他询问的情况以及他所陈述内容的秘密,不得向无关人员泄露。证人与证人之间也不能互相串通,互相了解陈述的内容。其目的是防止证人将有关案件的情况泄露后造成不良的社会影响,干扰其他证人作证,影响被告人,妨碍司法机关侦查、起诉和审判工作的顺利进行。

(4)证人有遵守法庭秩序的义务。2018 年《刑事诉讼法》第 199 条规定:“在法庭审判过程中,如果诉讼参与人或者旁听人员违反法庭秩序,审判长应当警告制止。对不听制止的,可以强行带出法庭;情节严重的,处以一千元以下的罚款或者十五日以下的拘留……”根据这一规定,作为诉讼参与人之一的证人,如果在法庭审理过程中违反法庭秩序,就将受警告、罚款或者拘留的处罚。所以,遵守法庭秩序,维护人民法院审判工作的顺利进行,是证人应尽的一项义务。

(5)证人有应到庭而不到庭的法律责任。2018 年《刑事诉讼法》第 193 条规定:“经人民法院通知,证人没有正当理由不出庭作证的,人民法院可以强制其到庭,但是被告人的配偶、父母、子女除外。证人没有正当理由拒绝出庭或者出庭后拒绝作证的,予以训诫,情节严重的,经院长批准,处以十日以下的拘留。被处罚人对拘留决定不服的,可以向上一级人民法院申请复议。复议期间不停止执行。”可见,证人逃避作证义务可能被强制到庭、训诫或拘留。

3. 证人的权利

根据我国三大诉讼法和司法解释的规定,证人的合法权益依法应予保护,证人依法享有以下诉讼权利:

(1)司法人员到证人所在单位或者住处进行询问时,证人有权要求他们出示司法机关的证明文件。2018 年《刑事诉讼法》第 124 条规定:“侦查人员询问证人,可以在现场进行,也可以到证人所在单位、住处或者证人提出的地点进行,在必要的时候,可以通知证人到人民检察院或者公安机关提供证言。在现场询问证人,应当出示工作证件,到证人所在单位、住处或者证人提出的地点询问证人,应当出示人民检察院或者公安机关的证明文件。”人民法院对于应当出庭作证但由于各种法定原因无法按人民法院通知出庭作证的,可以另行确定时间通知证人出庭作证,实践中也有通过视频、音频等方式进行远程作证,或者到证人住处等其他地点听取证言的做法。到证人住处或者其他地点听取证言的,应当通知公诉人和辩护人到场。

(2)证人有权用本民族的语言、文字提供证言。2018 年《刑事诉讼法》第 9 条第 1 款规定:“各民族公民都有用本民族语言文字进行诉讼的权利。人民法院、人民检察院和公安机关对于不通晓当地通用的语言文字的诉讼参与人,应当为他们翻译。”对于聋哑证人,还允许用哑语、手势等作证,并要求通晓哑语、手势的人参加诉讼,为他们提供翻译。

(3)证人有权按照自己知道的案件情况提供证言,不受任何机关、单位和个人的干涉。2018 年《刑事诉讼法》第 52 条规定:“审判人员、检察人员、侦查人员必须依照法定程序,收集能够证实犯罪嫌疑人、被告人有罪或者无罪、犯罪情节轻重的各种证据。严禁刑讯逼供和以威胁、引诱、欺骗以及其他非法方法收集证据,不得强迫任何人证实自己有罪。必须保证一切与案件有关或者了解案情的公民,有客观地充分地提供证据的条件,除特殊情况外,可以吸收他们协助调查。”证人在行使这一权利时,可以补充、修改对其陈述记录不实的部分,提交其持有的与案件有关的物证、书证。对其证言笔录,可以要求阅读或者请司法人员向其宣读,如果认为有遗漏或错误时,可以要求补充或修正。证人有权请求自己书写证言。

(4)证人有权要求对其个人情况予以保密。刑事诉讼中,证人在侦查期间,有权要求对自己的姓名保密和在整个诉讼阶段对自己报案、举报的行为保密。根据2018年《刑事诉讼法》第111条第3款的规定,在侦查期间,证人不愿公开自己姓名的,有权要求侦查机关为其保密。在整个刑事诉讼阶段,证人作为报案人、控告人、举报人,如果不愿公开自己的报案、控告、举报的行为,有权要求司法机关为其保密。司法机关必须为证人保密。这一规定既有利于鼓励和保护公民举报犯罪,防止被举报人打击报复,又有利于侦查机关调查核实举报的真实性,防止因举报的事实有出入而造成不良影响。但是,在审判阶段,证人没有要求为其姓名保密的权利。因为证人要到庭受控、辩双方的询问和质证,因故未到庭的证人,法庭要依法宣读其证言。

(5)证人对司法人员侵犯其诉讼权利和人身侮辱的行为,有权提出控告。2018年《刑事诉讼法》第14条第2款规定:"诉讼参与人对于审判人员、检察人员和侦查人员侵犯公民诉讼权利和人身侮辱的行为,有权提出控告。"

(6)证人有权要求司法机关保障自身及其近亲属的安全。对于人身安全和财产安全可能受到威胁的证人及其近亲属,应当根据情况,采取相应的保护措施,如不公开证人的住址和工作单位;对证人及其近亲属的人身和居所采取专门性的保护措施;经证人申请,可以在证人作证时采取不暴露该证人外貌、真实声音的措施;在证人作证后为证人变更姓名和居住地;以及其他保护证人及其亲属的措施。人民法院根据保障证人及其近亲属的人身和财产安全和保证证人出庭作证的需要,经申请或者依职权作出要求特定人员在一定期限内不得接触某证人及其近亲属的命令。对证人及其近亲属进行威胁、侮辱、殴打或打击报复的,证人有权要求对行为人予以制裁。刑事诉讼法对这方面的规定有了一个长足的进步。2018年《刑事诉讼法》第63条规定:"人民法院、人民检察院和公安机关应当保障证人及其近亲属的安全。对证人及其近亲属进行威胁、侮辱、殴打或者打击报复,构成犯罪的,依法追究刑事责任;尚不够刑事处罚的,依法给予治安管理处罚。"第64条规定:"对于危害国家安全犯罪、恐怖活动犯罪、黑社会性质的组织犯罪、毒品犯罪等案件,证人、鉴定人、被害人因在诉讼中作证,本人或者其近亲属的人身安全面临危险的,人民法院、人民检察院和公安机关应当采取以下一项或者多项保护措施:(一)不公开真实姓名、住址和工作单位等个人信息;(二)采取不暴露外貌、真实声音等出庭作证措施;(三)禁止特定的人员接触证人、鉴定人、被害人及其近亲属;(四)对人身和住宅采取专门性保护措施;(五)其他必要的保护措施。证人、鉴定人、被害人认为因在诉讼中作证,本人或者其近亲属的人身安全面临危险的,可以向人民法院、人民检察院、公安机关请求予以保护。人民法院、人民检察院、公安机关依法采取保护措施,有关单位和个人应当配合。"这个条款被视为赋予证人"秘密"出庭的权利和申请司法保护的权利,这在立法上是一大突破。

(7)证人出庭作证的通知书至迟应在开庭3日以前送达。2018年《刑事诉讼法》第187条第3款规定,通知证人出庭的通知书至迟在开庭3日以前送达证人。

(8)证人有权向公安、司法机关要求补偿因到案作证所支出的费用,以及所减少的劳动收入。证人出庭作证的,其所在单位不得以任何理由进行阻挠,不得因为证人出庭作证而克扣或者变相克扣其工资、奖金及其他福利待遇。2018年《刑事诉讼法》第65条规定:"证人因履行作证义务而支出的交通、住宿、就餐等费用,应当给予补助。证人作证的补助列入司法机关业务经费,由同级政府财政予以保障。有工作单位的证人作证,所在单位不得克扣或者变相克扣其工资、奖金及其他福利待遇。”

4. 证人出庭作证与证人拒证权

我国刑事诉讼法将证人界定为诉讼参与人,在法庭上享有一定的诉讼权利并承担一定的诉讼义务。然而,由于我国证人制度的不完善,引发了实践中的众多问题和矛盾,在这些问题中最突出的是证人出庭作证得不到切实履行和保障的问题。如前所述证人出庭作证是证人主要的作证义务之一,但实践中证人出庭率较低,以刑事案件为例,平均为5%。这种现象给我国诉讼法的贯彻和诉讼机制的良性运行带来了严重的后果。一方面,使得明文规定证人应当出庭作证的法律流于形式,导致有法不依的恶果;另一方面,破坏了诉讼的直接言词原则,控辩对抗的庭审无法落实,剥夺了双方当事人尤其是被告人与证人对质的权利。此外,证人不出庭作证还不利于法官查明案情,可能导致冤假错案的发生。

产生证人不出庭作证的原因是多方面的,归纳起来主要有以下几点:(1)立法上的前后矛盾。以刑事诉讼为例,2018年《刑事诉讼法》第61条规定:“证人证言必须在法庭上经过公诉人、被害人和被告人、辩护人双方质证并且查实以后,才能作为定案的根据。法庭查明证人有意作伪证或者隐匿罪证的时候,应当依法处理。”而2018年《刑事诉讼法》第195条规定:“……对未到庭的证人的证言笔录、鉴定人的鉴定意见、勘验笔录和其他作为证据的文书,应当当庭宣读。审判人员应当听取公诉人、当事人和辩护人、诉讼代理人的意见。”立法上一方面规定证人的出庭义务;另一方面又规定证人不出庭的证言经查证属实可以采纳,这种矛盾的立法是证人不出庭作证的立法根源。(2)儒家“和为贵”、“以无讼为德行,以涉讼为耻辱”的观念根深蒂固。中国两千多年的封建传统尊崇的是“和为贵”的儒家思想,在这种思想影响下,人与人之间在感情和心理上有极强的相互依赖性,具有凝重的群体意识和浓厚的人情观念。尤其在中国这样一个熟人社会中,公民个人都遵循“多一事不如少一事”的处世哲学,导致公民不愿涉讼出庭作证,尤其是不愿出庭直接面对当事人双方提供对一方当事人不利的证言。(3)立法上未能明确证人作证的范围,尤其是不作证的范围,没有科学规范。在西方国家,法律一般会明文规定警察应当出庭作证,我国却没有涉及。对此,我们认为应当完善。此外,对于证人可以不出庭作证的情形,民事诉讼法和行政诉讼法的司法解释作了具体规定,但这仅是司法解释层面的规范,其地位还有待提升。(4)立法和实践中对证人保护不足。虽然法律规定证人的人身和财产安全受到法律保护,但没有规定相应的具体保护制度和措施,实践中打击报复证人的情况严重,客观上使证人不敢出庭作证。(5)证人出庭作证未能与当事人双方的举证责任实现有效联系,未能规定无正当理由不出庭作证的证人证言的排除性效力。

针对上述情况的分析,完善证人作证制度可以从以下几个方面着手:(1)重申出庭作证是证人应尽的法律义务。(2)确立证人不出庭作证的例外性规定,明确规定证人可以不出庭作证的情形。(3)建立和完善配套机制。这些机制包括以下内容:设置审前程序、完善简易程序;建立证人保护制度,对证人的人身、财产及名誉权进行切实的保障;明确对证人的经济补偿;完善庭外取证,过程作证的适用;加强对证人出庭作证的强制措施,以立法明确无正当理由拒不出庭作证的证人的法律责任;规定警察出庭作证的义务,要求警察就执行工作中所了解掌握的案情出庭作证;强化双方的举证责任,促使当事人协助证人出庭作证;最根本的措施是相信群众和依靠群众,办案人员要加强对证人的思想政治工作,加强对证人的沟通和思想发动,坚持教育提高为主、惩罚为辅的方针,启发证人出庭作证的觉悟,使其分清是非,勇于作证。总而言之,证人出庭作证制度的完善是审判方式改革的核心与关键,因此,应当切实保证证人出庭作证,避免使庭审改革流于形式。

与证人出庭作证义务相对应的,我们认为,证人应当享有法定情况下的拒绝作证的特权。拒绝作证特权不同于无正当理由故意不作证的情况,其主要差别在于证人的主观方面是否恶意违反法定的作证义务。我们主张无论是从诉讼的公正性、诉讼理论的完整性出发,还是从实践情况出发,都应当允许特定情况下,证人享有拒绝作证的权利。不能依照“凡是知道案件情况的单位和个人都有义务出庭作证”的规定,机械地要求所有的知情人出庭作证,对于有正当理由的证人可以拒绝作证。

对于证人拒绝作证的权利,在国外也是有规定的,他们称为“证言特免权”或“拒绝作证权”。综合各国的立法和实践,证人拒证权主要适用于:(1)因亲情血缘关系而产生的拒证权;(2)因特定职业而产生的拒证权;(3)因个人原因而产生的拒证权。我国现行诉讼法对于证人拒绝作证的特权没有直接规定,只是在《律师法》中规定:“律师应当保守在执业活动中知悉的国家秘密、商业秘密,不得泄露当事人的隐私。”这主要是出于律师职业的特殊性而作的考虑。事实上,我国古代就有证人拒证特权的规定,儒家奉行的“亲亲相为隐”“亲亲得相首匿”就要求直系三代血亲之间和夫妻之间,除犯谋反、大逆外,均可相隐匿犯罪行为,而且减免刑罚。自汉代以来,孔子所主张的“父为子隐,子为父隐,直在其中矣”成为历代封建统治者的立法原则之一,充分体现了对儒家伦理道德的尊重。

我们认为,在现代法治社会,出于社会公德和民族的传统伦理的考虑,应当在诉讼法中规定特殊情况下,证人享有拒绝作证的特权。2018 年《刑事诉讼法》第 193 条第 1 款规定:“经人民法院通知,证人没有正当理由不出庭作证的,人民法院可以强制其到庭,但是被告人的配偶、父母、子女除外。”可见,出于对于亲情关系的稳定、家庭和睦和传统伦理道德的考虑,法律已经规定不得强制配偶、父母和子女出庭作证。我们认为,这是立法的进步,当然,这种不得强制还可以推广至祖孙、兄弟姐妹。此外,这些特殊情况应当包括以下几个方面:(1)基于特殊职业而获取的秘密的拒证权。这主要包括:律师与当事人之间;医生与病人之间;神父与忏悔者之间。这些是出于保守职业秘密而需要的拒证权。(2)事关公务秘密的拒证权。这是指证人有权基于保守有关公务秘密不泄露而拒绝作证的权利。这类人主要是国家党政机关的公务员、政协、工会、妇联和有关社会团体等机关中的工作人员,企事业单位的国家工作人员、单位、警察、国家安全、检察院、法院等机关从事公务的人员,这些人需经其主管机关领导批准,才能享有拒绝作证权。

(三)证人的保护〔3〕

1. 证人保护的界定与立法例

狭义的证人保护是指司法机关对依法履行作证义务的证人及其近亲属的人身安全、财产安全等方面应当依法提供法律保护的制度。广义的证人保护还应该包括对证人作证费用的补偿,以及对报案人、举报人、控告人的保护和特定情形下的公民拒绝作证权等。在刑事诉讼中建立和完善证人保护制度具有重要的诉讼价值。此处的证人保护是从广义上界定的,涵盖了证人的补偿问题,只是从侧重于狭义的保护进行阐述。

事实上,证人保护并不是一个新的话题,国际社会对这一问题早已有所认识。早在 1985

〔3〕 此处的保护涵盖了证人的经济补偿。

年的联合国大会就认识到"全世界千百万人民深受罪行和滥用权力行为之害,这些受害者的权利未得到适当承认",并且"罪行受害者和滥用权力行为受害者,往往还有他们的家属、证人和帮助他们的其他人,不公道地遭到损失、损害或伤害,而且还可能在协助检举告发罪犯时遭受苦难",[4]因此,联合国通过了《为罪行和滥用权利行为受害者取得公理的基本原则宣言》,该宣言第6条规定,应当"采取各种措施,尽可能减少对受害者的不便,必要时保护其隐私,并确保他们及其家属和为他们作证的人安全而不受威吓和报复",以"便利司法和行政程序来满足受害者的需要"。联合国《有效防止和调查法外、任意和即决处决的原则》第15条规定:"应保护原告、证人、进行调查的人及其家属不受暴力、以暴力相威胁或任何其他形式的恐吓。凡可能牵连到法外、任意或即决处决的人均应调离任何对原告、证人及其家属以及对进行调查的人直接或间接进行控制或拥有权限的职位。"联合国《禁止酷刑和其他残忍、不人道或有辱人格的待遇或处罚公约》第13条也规定:"每一缔约国应确保凡声称在其管辖的任何领土内遭到酷刑的个人有权向该国主管当局申诉,并由该国主管当局对其案件进行迅速而公正的审查。应采取步骤确保申诉人和证人不因提出申诉或提供证据而遭受任何虐待或恐吓。"此外,联合国《预防和控制有组织犯罪准则》第11条规定:"保护证人免遭暴力和恐吓的办法在刑事侦查和审讯过程中及打击有组织犯罪的执法工作中越来越重要。此办法包括为掩护证人身份以免被告及其律师获悉的方法、提供受保护人的住所的人身保护,转移住所和提供资金援助。"联合国《打击国际恐怖主义的措施》第25条规定:"各国应采取措施和政策,有效地保护恐怖主义行为的证人。"联合国《反腐败公约》第32条也规定:"各缔约国均应当根据本国法律制度并在其力所能及的范围内采取适当的措施,为就根据本公约确立的犯罪作证的证人和鉴定人并酌情为其亲属及其他与其关系密切者提供有效的保护,使其免遭可能的报复或者恐吓。"这些规定,都对刑事诉讼中证人的保护具有很大的借鉴意义。

除了联合国的有关文件以外,如何保护证人一直也是世界各国法律面临的重要问题。例如,英国早在1892年就制定了《证人保护法》,而1996年《刑事侦查与诉讼法》又专门对特殊人群的作证进行了规定。美国司法部则在1970年依据《有组织犯罪控制法案》第5条的规定确立了联邦证人保护程序,1984年又通过了《证人安全改革法案》,修正了联邦证人保护程序的诸多弊端。此后,菲律宾于1991年通过了《证人保护、安全和利益法》,澳大利亚在1993年颁布了《证人保护法》,加拿大在1996年实施了《证人保护项目法》,1998年专门的《证人保护法》在德国开始生效,同样在1998年,南非颁布了《证人保护法》以取代之前的《证人保护计划》,泰国的新《证人保护法》也于2003年12月18日生效,俄罗斯已制定了《国家保护被害人、证人和其他刑事诉讼参与人法草案》,对被保护对象规定了安全保护措施。此外,我国香港和台湾地区也于2000年和2001年分别颁布了《证人保护条例》和"证人保护法"。

总的来看,各国不仅纷纷制定有关证人保护的法律,甚至开展联合保护证人的计划。在1996年14国首脑参加的加勒比海共同体会议上,为更有效地对付日益猖獗的犯罪,一致决定推行证人保护计划。

2. 证人保护的必要性

在司法实践中,证人出庭作证现实地存在受到恐吓和报复的现象。这种现象的存在与蔓延,客观上使得要解决证人出庭作证问题首先要解决证人的安全保证问题。而这种安全的需

[4] 转引自王进喜:《刑事证人证言论》,中国人民公安大学出版社2002年版,第220~221页。

求在刑事诉讼中更为明显和迫切。这是因为,在各国的刑事司法实践中,普遍确立了传闻规则或者直接言辞原则,这就要求证人应当就他们的证言出庭接受当事人双方的质询、质证。证人出庭作证,其证言必然对一方当事人(刑事诉讼中往往是被告人)不利,从而可能导致因作证而遭受不利后果的可能,这些不利的后果既有人身安全方面的,又有经济安全方面的。而国家则对那些履行了法定作证义务的人员及其有密切关系的人员负有保护其安全的职责。如果对这一职责履行不力,那么证人在刑事诉讼中受到伤害的可能性也就越大,其对安全的渴求也就越大。因此,在证人安全问题解决之前,谈论对证人经济补偿、惩戒措施等问题,都为时过早。

在刑事司法领域,尤其是因腐败行为引发的犯罪以及有组织犯罪中,证人作证的行为对于案件事实的查清具有积极的意义。[5] 证据是定罪量刑的依据,证人提供的物证、证言、书证以及其他证据,经过司法机关查证属实后,可作为定罪的依据。因此,证人在案件侦查、起诉、审理中及在确定犯罪嫌疑人是否有罪和罪行轻重时,将起重要作用。在腐败而引发的犯罪中,证人是否如实提供证据,对于准确打击这类犯罪异常重要。目前普遍存在证人不作证或不愿意作证的问题,其原因是多方面的,也是非常复杂的。但法律对证人保护不力却是其中一个重要的、关键的因素,证人面临着因作证而导致遭受恐吓、报复的危险。

应当说,当法律只规定权利,而不规定权利运用的具体制度时,权利人的权利还只能是空中楼阁。所以,法律必须先规定对证人作证保护的具体措施,以免证人因出庭作证遭受现实存在的证人恐吓和报复,从而为证人作证解决后顾之忧。

证人保护的直接目的是防止证人遭受恐吓和报复。所谓证人恐吓,是指为了达到阻止证人向执法机关或司法机关提供不利于己的有关案件情况信息的目的,而对证人及其近亲属以及其他有关人员所采取的暴力、威胁等行为。证人恐吓与报复的区别主要是行为的时间段的不同,恐吓发生在作证之前,而报复则是发生在作证之后。证人恐吓与证人报复都是法制社会的毒瘤,影响了刑事司法的正常运行,破坏了法律秩序。

被追诉者及其家属对证人的恐吓和报复在生活中的案例已为人所共知,但来自司法界,尤其是追诉机关对证人的恐吓也是有目共睹的。

《南方周末》曾有一则报道,其中作者讲到两个真实的案例:

几年前,笔者在北京承办一起刑事案件……证人甲最初作为公诉方的证人,证明被告人确有寻衅滋事、强买强卖等行为。后来,证人甲表示愿出庭作证,推翻原来的证词来证明被告人没有寻衅滋事、强买强卖等。我把证人甲出庭的通知书送到法院,当天晚上公诉人给我打电话,说如果证人甲出庭改变原来的证词,他会马上报告检察长,要求休庭并把证人甲带回检察院……为证人安全考虑,我只得放弃让证人甲出庭……还有一次,在山东某地,被告人被指控犯有受贿罪、贪污罪,证人乙最初作为公诉方证人,证明被告人确实收了钱;后来证人乙在法庭上彻底推翻了原来的证词,证明被告人没有收钱。原来的证词是被侦查机关殴打、逼迫的结

---

〔5〕 在反腐败案件中,对举报人的保护同样显得迫切和必要。在中纪委 2003 年度公布的程维高案件中,举报人郭光允曾因举报腐败被劳教过两年,受到了不公正的待遇,至今重病缠身。中纪委于 2003 年 8 月 9 日正式公布的开除程维高党籍、撤销其正省级职级待遇的决定当中还特意提到了郭光允,指出程维高对郭光允的打击迫害是违法的。但郭光允因反腐而受到影响的政治待遇、职称待遇等问题仍未得到解决。由于“举报人”与证人不同,不属于严格意义上的诉讼法中的概念,因此,本书对此不展开论述。但将举报人的保护纳入法制轨道,其重要性与证人保护是相同的。

果。证人作完证，法庭让其当庭核对证言笔录并签字。这时，检察院、公安局的人一拥而上将证人乙推进早已准备好的警车里，在大庭广众之下，在证人乙亲属的叫骂哭喊声中将证人乙带走，并押了很长时间……〔6〕

其实，这两个案例还是发生在审理阶段的证人恐吓，有的甚至是发生在法官面前，理由仅仅是因为证人改变了证言，作了或是准备作对追诉机关不利的陈述。当然，追诉机关堂而皇之的依据是：《刑法》第305条规定的“伪证罪”。在此，我们不论证人是否真正触犯了刑法规定的伪证罪，还有一点是可以肯定的，那就是如果让具有职业倾向性的追诉机关越过中立的法官，成为证人是否作伪证的裁判者——因为事实就是一旦证人在法庭上改变证言或者作出对追诉机关不利的证言，就会以伪证罪直接被追诉机关当庭抓捕——那么，不论追诉机关的初衷如何，都难逃对证人实施恐吓的嫌疑了。而且无一例外地，那些原来曾向追诉机关证明被告人有罪而在法庭上推翻了原来的证词的证人，往往对此前所作的证言（有罪证言）不成立提出一个重要理由，即自己原来的证言是受到追诉机关威胁、利诱甚至刑讯逼供所致。不仅如此，由追诉机关产生的证人恐吓，还可能针对那些辩护方的证人发生，这些辩方证人往往会受到追诉机关的核实询问，在询问的过程中证人经常受到警察、检察官的威胁、恐吓甚至刑讯逼供。其结果大多就是迫使证人改变证言，或者放弃在法庭上为被告人作证的机会。

不可否认，证人恐吓的存在，是诉讼制度产生的副产品，无论是被告人对证人所作的恐吓，还是司法界的恐吓，都是人性“趋利避害”的利益选择。但在本质上，它又阻碍了诉讼的良性运行，因此，阻止证人恐吓成为现在社会必须解决的重要命题，设立证人保护制度就是人们所做出的努力之一。

3. 证人保护的价值

首先，证人保护契合了人性趋利避害的本质，是对证人合法权利救济的必然要求，体现的是证人自身价值的保护和实现。证人保护制度可以有效防止出现“证人被害人化”〔7〕以及“被害人二次被害化”现象，确实保障证人等的合法权益，避免证人因履行法定义务而招致不利的后果。

其次，证人保护是防止证人恐吓，实现刑事诉讼正当程序的必然要求。依据正当程序的要求，刑事审判的正当性就在于诉讼的对抗性，确保诉讼双方通过权利的充分行使对证据开展充分的辩论。证人保护制度的实施为这种对抗提供了配套保障，以“保护换取证人在法庭上的诚实”，这样有助于案件以正当程序的方式得到公正处理。

再次，实施证人保护制度具有积极的社会价值。现实生活中，因为侵害证人事件层出不穷，从而导致证人不敢作证的恶局。产生这种现象的原因，在很大程度上是因为对证人的打击

---

〔6〕 许兰亭：《不敢作证》，载《南方周末》2000年10月26日，第5版。

〔7〕 “证人被害人化”现象在我国有一个广为报道的经典案例：山东省日照市莒县东莞镇大池庄村民刘桂安，于1995年6月因强奸罪（未遂）被莒县人民法院判处有期徒刑3年，村民胡秀娟在该案中作为证人依法出具了证言，刘桂安因此对胡秀娟怀恨在心。1998年1月，刘桂安被减刑释放回村后，就扬言报复胡秀娟：“不是你作证，我怎么会去坐牢！我早晚要收拾了你！”胡秀娟和丈夫分别找过村治保主任，找过村支部书记，找过村委会主任，还找过东莞镇派出所以寻求保护，但是，面对刘桂安的种种威胁，村干部和派出所并未采取任何切实的保护措施。1998年7月9日下午，刘桂安路经胡家门口时，见胡秀娟8岁的儿子刘绍星正与其他儿童一起玩耍，顿生报复杀人之恶念，遂用随身携带的镢头朝刘绍星头部猛砸数下，致刘绍星颅骨粉碎性骨折、脑挫裂伤当场死亡。胡秀娟见状，急忙逃跑躲藏。刘桂安追上后用镢头猛砸其头部，致其颅骨粉碎性骨折、脑挫裂伤当场死亡。这种“证人被害人化”的恶果就是：1998年9月23日，刘桂安报复杀害证人一案在莒县法庭开庭，法院事先给该案直接证人发了“出庭通知书”。他们都收到了，也按了手印，可开庭那天，四个证人一个也没到庭。莒县公安局刑警队多次寻找两个女证人取证，两人均拒绝作证，并将调查人员拒之门外。参见《羊城晚报》1998年10月29日报道。

报复行为预防无方、惩治不力,而这种状况反过来会使潜在的证人产生恐惧,如此恶性循环必将使证人作证陷入窘境。这样整个社会就会出现社会公众不敢站出来指证犯罪,维护社会正义的情况,无法给社会的发展创造一个良性的氛围。在这个意义上,实施刑事证人保护制度,鼓励证人出庭作证,不仅对个案来说具有具体价值,而且还具有弘扬社会正气,鼓励社会公众同违法犯罪作斗争的社会价值。

最后,实行证人保护也是维护法律权威的一种手段。证人作证是证人履行对国家的义务,作证法律关系是证人和法院之间的关系,法律理应保护证人的安全。任何恐吓、威胁、伤害证人的行为不但是对证人本身的侵犯,也是对法律权威的挑衅。法律对证人保护无所作为,实际上就宣告了法律的软弱无力、威严扫地;法律惩治报复证人行为的规定令行禁止,就昭示了法律神圣不可侵犯的权威。给予证人必要的安全保护,不仅意味着法律对证人的人身安全负责,而且表明法律在为证人作证提供一个强有力的后盾。

4. 证人保护的措施

联合国《反腐败公约》关于证人保护的规定是可以借鉴的。根据该公约的规定,“在不影响被告人权利包括正当程序权的情况下,可以对证人采取适当的保护措施”从而“使其免遭可能的报复或者恐吓”。该公约对证人的保护措施从以下两个方面进行了规范:

第一个方面的措施是,制定为这种人提供人身保护的程序。这种人身保护的程序主要是将证人、鉴定人的身份隐匿起来,其主要的方式为在必要和可行的情况下将证人、鉴定人、被害人转移,并在适当情况下允许不披露或者限制披露有关其身份和下落的资料。这种做法在世界各国的立法中都有所体现。美国专门的被害人及证人保护法规定,联邦政府在可能利用的财源范围内,在不损害被告人各种宪法权利的情况下,可以为证人提供人身保护、经济资助,包括为其提供新的生活空间,新的职业与工作,甚至为其改换身份等。

第二个方面的措施是,规定以确保证人和鉴定人安全方式作证的取证规则。这些取证规则打破了传统的面对面的取证方式,它借助现代的科学技术手段,如视频网络、闭路电视等视听技术,从而有力地确保了证人鉴定人的人身安全。英国1996年《刑事侦查与诉讼法》第62条规定,“儿童证人可以通过电视网络或录像提供证据……”〔8〕1998年12月1日,专门的证人保护法在德国开始生效实施,为证人的保护提供了较系统完善的法律依据。该法“首次明确规定可以对不出席法庭程序的证人进行录像询问。对于需要特别保护的证人,如儿童,使用录像询问的方法,可以免除他们亲自出庭作证的必要性”。〔9〕 我国台湾地区的“证人保护法”对证人的保密,除“笔录或文书不能记载有关证人身份之数据”外,更规定“于侦查或审事中为讯问时,应以蒙面、变声、变像、视讯传送或其他适当隔离方式为之。而于其依法接受对质或诘问时,亦同”。

当然,对证人保护的措施并不局限于上述两种,在各国的司法实践中,还有诸如,针对特定案件设立专门的保护小组,在法庭审理过程中,给证人以特别的人身保护。〔10〕 再如,设立证人

---

〔8〕 丁辉:《论刑事审判中证人出庭作证的立法完善》,载《政法论丛》1996年第4期。

〔9〕 刘立宪、谢鹏程主编:《海外司法改革的走向》,中国方正出版社2000年版,第88页。

〔10〕 我国典型的设立专门的证人保护小组的案例发生在1998年11月,当时广东省广州市中级人民法院对由花都市人民检察院侦破,经广州市人民检察院起诉的一起涉嫌重大职务侵占案进行了开庭审理。人民法院要求该案的主要证人出庭作证。该案的主要证人是香港特别行政区商人,他在接到出庭通知后要求检察机关对其人身安全进行保护。花都市检察院为此组成了证人保护小组,从证人进入罗湖口岸即对其进行保护。证人出庭作证完毕后,由保护小组护送证人顺利出关返回香港特别行政区,保护任务即告结束。这是迄今为止,媒体报道的唯一一件我国实施证人专门保护的案例。

保护的常设性机构,如1995年4月28日,香港警务处宣告成立证人保护小组,负责为证人提供广泛的保护,具体包括提供一个紧急电话号码和提供一间24小时由警方特殊保护的安全居所等,以适应证人的需要和个别情况,防范任何形式的威胁。再如,南非《1998年证人保护法》就明确规定设立证人保护机关,由主任、副主任、证人保护官员和安全官员组成,专门负责证人和相关人员的保护。此外,各国在为证人提供必要的保护时还应当考虑开展国际合作,与其他国家订立有关本条人员的移管的协定或者安排。

需要注意的是,对证人的保护应当防止另一种侵犯证人合法权益的情况出现,那就是来自官方机构的侵害和恐吓,侵害的方式通常是发动拘留、逮捕、羁押、起诉等刑事追诉行为,而恐吓的行为往往表现为追诉机关在取证时的威胁、利诱甚至刑讯,其后果是使证人放弃辩护方证人的角色,甚或改变证言成为控方的证人。对于这一种证人恐吓,也应当予以防止,保护证人的自由、财产不受到政府机构任意的、非法的限制和剥夺,使其享有一个公民所应当享有的"法律安全"。

如前所述,我国刑事诉讼法对证人的保护和补偿已经作出规定,其效果拭目以待。

(四)收集证言的基本程序

收集证人证言就是对证人进行的询问。询问证人应按以下程序进行:

其一,对证人的询问应由指定的办案人员进行。为了保证证言的客观性,询问证人时不能少于两名办案人员。

其二,询问证人前应做好充分的准备工作,拟订询问提纲,认真分析案件,尤其是对询问的重点要明确,还要对证人与本案和本案当事人的关系,了解清楚,做到心中有数。

其三,询问证人要深入实际,深入群众,最好到证人所在的单位或在本人住所进行。询问时必须出示询问的证明文件;必要时,可通知证人到指定地点接受询问。

其四,询问证人必须个别进行,不许采用讨论会、座谈会的形式互相启发诱导进行询问。

其五,询问时,应当告知证人如实提供证据,实事求是作证是每个公民的义务。如果有意作伪证或隐匿罪证要负法律责任。

其六,询问时,还要查明证人的身份及基本情况,以及证人与本案的关系,不得启发、诱导、指名问证,要让其全面、客观地叙述他所了解的案件情况,然后,再根据询问提纲要解决的问题,向证人提问。

其七,询问证人要制作询问笔录,并交给证人核对或向他宣读,允许补充、改正。在承认无误后,由证人在笔录上签名或按手印。

其八,询问未成年证人时,要有他父母或监护人在场,要选择他们习惯的场所。询问的方法也要适应未成年人的特点,尽量消除他们不必要的顾虑。询问聋哑证人,应当有懂得聋哑手势的翻译,并且将这种情况记入笔录。

(五)证人证言证明力的确定

证人证言属于言词证据,它同实物证据相比,其优点是生动形象、具体,但在证明力上客观性较差,特别是在社会风气不正的情况下,证人要受到各种客观因素的影响,同时,每个证人的情况不同,在对案件事实的感觉能力、记忆能力、表达能力等方面,都是千差万别的,即使一个最诚实的人提供的情况,也有失真的可能。因此,证人证言的证明力,反映在真与假的程度上,具有不确定性。办案的过程中,必须认真审查判断。

一是按照证人证言形成的过程。按照证人证言形成的三个阶段即感受、记忆、陈述,判断证据力的大小与强弱。即使一个如实提供证言的人,其陈述的内容也有不符合客观事实的可能,这主要是因为,证言的形成过程是一个复杂的、主观能动地反映客观事物的感知、记忆和陈述过程。

(1)在感知阶段,证人在生理、心理、神经、精力上是千差万别的。对事物的感知有的敏感,有的迟钝,有的准确,有的时常发生差错,有的对某一种事物特别敏感,见其所长,而对另一种事物尤感迟钝,见其所短。

(2)在记忆阶段,即人通过大脑将感知到的客观事物记录保存下来。从生理学的角度,大脑的记忆力是因人而异的。一般而言,人的记忆力与遗传因素、年龄、职业、健康状况具有直接的关系。例如,健康的人往往比长期患病的人有更好的记忆能力,年轻人往往比老年人有更好的记忆能力。同时,从记忆的方式上而言,凡是采取积极、主动记忆的一般比被动、消极的记忆会有更为长久的准确性和记性。另外,当客观事物发生时,某人对此是否保持高度的注意力或者是否努力地进行细心的观察,也对记忆的长久性与准确性产生很大影响。并且,随着时间的推移,人对某一客观事物的记忆会逐渐淡忘或模糊,这也是属于不以人的意志为转移的客观规律。对此种因素也绝不能忽略。

(3)在陈述阶段,它涉及人们之间通过语言交流思想的传递系统。因此,证人证言的证据力的大小与强弱也与此阶段具有很大关系,这主要取决于证人对发现的客观事物加以再现的表达能力。这种表达能力与证人的语言文字水平和逻辑思维模式具有密切关系,即凡语言文字水平高的证人就能够客观、准确地表达案件事实情况,凡逻辑思维能力高的证人便能够按照一定的逻辑程序,紧扣问题的实质部分,清晰地展现出案件事实的原貌,使其证言具有较高的证据价值。否则,证人在作证时语言表达能力差,用词不当,逻辑思维混乱,颠三倒四,导致证言内容的含糊不清,令人费解,将极大地削弱其证明力强度。

二是审查判断证人证言的关联性。审查证人证言所表达的内容与案件事实有无关联性,有何种关联性;以及证人证言与其他证据之间有无矛盾之处,证人证言与被确认的案件事实之间是否相互吻合,有无矛盾之处。如果证人证言与案件事实本身并无关联,即使在内容上是符合客观事实的,也无证据价值。当证人证言与其他证据出现矛盾,或者与已发生的案件事实相抵触的,应结合其他证据相互印证,必要时还可依法补充收集证据。例如,2018 年《刑事诉讼法》第 197 条第 1 款规定:“法庭审理过程中,当事人和辩护人、诉讼代理人有权申请通知新的证人到庭,调取新的物证,申请重新鉴定或者勘验。”在立法上,我国已认识到,证人证言作为最为复杂的证据种类,证人对法庭所作陈述,主客观各方面的因素都会给这类证据的证明力造成影响,因此必须结合证人的各项因素加以综合分析。唯有如此,才能依据证据对案件作出正确判断。

三是审查判断证人与案件当事人或案件本身是否具有利害关系。从广义上而言,这种利害关系包括亲属关系、朋友关系以及存有恩怨的对立关系等。如果存在这类关系,就有可能影响证人证言的客观真实性,以至于削弱证据力的程度。在各国的立法例中,有亲属关系的证人与当事人之间适用免于强迫出庭作证的特殊规则。这类证人在法律上具备证人资格,并不因为与当事人有亲属关系而剥夺作证资格。与案件有利害关系,尤其是亲属关系的,是否会影响证人资格或作证能力,这在理论界有不同的认识。苏联有学者认为利害关系将使某人丧失证人资格,因此将证人定义为在法律上同案件结果没有利害关系的、被传唤出庭陈述其直接了解或别人告知他的对案件有意义的事实材料的人。我国也有学者认为,诉讼中的原告、被告、第三人,由于与案件处理结果有利害关系,所以不得以证人身份作证。但我国台湾地区学者则认为,对于证人资格,不必加以何种限制,无论何人都具有证人资格。我们主张,与案件有利害关系并不能否定作证能力,但对这类证据的真实性、可靠性应当结合其他证据予以综合判断,但就单个证据而言,这类证据的证明力一般要低一些,不能单独作为定案依据。

四是审查认定证人的品格、操行对其证言是否产生影响。证人的证言从本意上应有助于客观地再现案件事实。但是,由于人的社会属性决定了人的这种表达能力往往会受到证人的品格、操行的影响。这种品格和操行是指人所享有的为社会所广泛认知的声誉和一贯的处事方式。总体而言,凡是品格、操行一贯优良的证人,其证言则具有更大的真实性、可靠性;反之,其证言的真实性、可靠性较弱,即证明力不强。但是,对此不能一概而论,针对具体情况还应具体分析、判断,不应以证人的身份、地位、荣誉作为认定其证言证明力的唯一标准。对此,最高人民法院《关于民事诉讼证据的若干规定》第78条规定,"人民法院认定证人证言,可以通过对证人的智力状况、品德、知识、经验、法律意识和专业技能等的综合分析作出判断"。可见,在立法上,我国已认识到,证人证言作为最为复杂的证据种类,证人对法庭所作陈述,主客观各方面的因素都会给这类证据的证明力造成影响,因此必须结合证人的各项因素加以综合分析。唯有如此,才能依据证据对案件作出正确判断。

五是审查判断证人的作证能力。证人的作证能力与其民事行为能力基本上是相适应的。根据自然人生长发育的不同年龄阶段和智力状态如何,可判断某自然人是否具有作证能力即证人资格。与自然人即公民的民事行为能力不同的是,证人的实际作证能力主要取决于证人智力的发育程度或状态,而并非完全取决于证人的年龄。我国诉讼法对证人的年龄没有作明确的限制性规定,而主要是从证人的智力状态来判断证人资格的,这与世界上大多数国家的做法是吻合的。显然,那些完全丧失正常理智,大脑神经功能已完全失调的精神病患者则不具有作证能力;而间歇性精神病人,在一定的范围内仍具有正常的思维、辨别能力,因此,其作证能力应与其智力状态相适应。另外,除了完全没有作证能力的人不具备证人资格外,凡有作证资格的人,还应当具有与他所提供证言相适应的作证能力。可见,对于证人作证能力的认证,应当根据案件的复杂程度、作证能力对证人智力发育的要求程度,并结合有关证人的生理、心理、性格、习惯、受教育的条件和程度,以及证言形成的当时客观环境因素,据情加以裁量。

六是综合对比,实物验证。从根本上来说,证人对案件事实的认识和反映,由于种种因素的影响,其客观真实性会产生变化,尤其是社会各种不正之风的干扰;怎样才能实事求是地提取证言,已经成为社会关注的一个热点问题。在诉讼活动中证人作证有"三难",即通知证人到案难,到案后说实话难,通知证人到法庭上接受质证就更难。即使提供了证言,翻证的也屡见不鲜。针对证人证言在证明力方面存在的缺点,即不稳定性和多变性,有人说它是法定证据种类中最危险的一种证据,只靠证言定案也是一种最冒险的做法。这种看法是有一定道理的。所以,对证人证言的审查判断必须做到全案证据综合对比,并贯彻实物检验的规则,任何一份证言都必须经得起实物验证,以达"确有此事、确有此款、确有此物"的标准,才能作为定案的根据,除此之外,别无他法。只有这样才能使案件的质量得以保证。

四、被害人的陈述

(一)被害人陈述的概念和意义

被害人陈述,是指受犯罪行为直接侵害的人向公安机关、人民检察院或人民法院就其遭受犯罪行为侵害的事实和有关犯罪嫌疑人、被告人的情况所作的陈述。

根据我国刑事诉讼法的规定,被害人作为诉讼的主体,具有独立的当事人的地位,被害人的陈述是刑事诉讼中一种独立的诉讼证据。凡是有被害人的案件,如果被害人能够陈述案情,这一陈述便成为认定该案的根据。

被害人的特征有:

第一,被害人应当是遭受犯罪行为直接侵害的人。在刑事案件中,被害人包括刑事公诉案件中的被害人与自诉案件中的自诉人,被害人的父母、子女或配偶及其他亲友虽然也受到某种程度的损害,但这些人不属于刑事案件的被害人。

第二,被害人必须是其合法权益遭受到侵害的人,即法律所保护的生命、健康、荣誉、尊严、财产权利,根据刑事诉讼法的规定,包括其人身权利、民主权利、财产权利和其他合法权利。

第三,被害人既可以是自然人,也可以是法人。传统的刑事诉讼理论一直把自然人作为被害人。近年来,关于法人能否作为被害人,我国诉讼法学界有不同的认识,有些学者仍坚持传统的刑事诉讼理论,认为法人不能作为被害人。但是,我国1987年公布的《海关法》和此后公布的全国人大常委会有关决定或补充规定以及1997年10月1日生效的《刑法》都明确规定法人(单位)可以成为某些犯罪的主体,为法人能否成为犯罪主体的争论画上一个句号。我们认为,被害人中应包括法人,法人被害人应当而且可以有自己的陈述,这一陈述由其法定代表人作出,也可以委托并授权诉讼代理人参与诉讼,代理授权的诉讼行为。

第四,由于被害人的身份是犯罪行为造成的,因而被害人应当是特定的人,具有不可代替性。被害人的特定性决定了其陈述的专属性,即不能由其他人来代替被害人陈述案件事实和被害的经过。如果其他人感知了这一犯罪事实,也只能以证人身份来作证。即使是被害人的法定代理人或诉讼代理人有权代理被害人参加诉讼活动,提出具体的诉讼要求,也不能代替被害人陈述案情,提供被害人陈述这种诉讼证据。

由于被害人的诉讼地位的特殊性,即他是犯罪的直接受害者,又与犯罪嫌疑人和犯罪行为有过直接或间接的接触,因此,被害人的陈述可以为案件的侦破提供线索。协助侦破案件,确认犯罪人,证实犯罪事实,在诉讼证明中,可以鉴别真伪,排除矛盾,使案件的证据达到确实、充分的程度。同时,它对控诉犯罪,教育群众,具有更为生动、具体、深刻的作用。

(二)被害人陈述证明力的特点

在刑事诉讼中,由于被害人的当事人的地位,他不仅是违法犯罪行为直接受害者,而且在诉讼法律关系上,他要直接参加诉讼,或者委托授权诉讼代理人参加诉讼;同时由于其身受其害,遭到了犯罪行为的侵害,案件的处理结果,与他也有着一定的关系。因此,这种证据,一般说来是比较客观真实的,而且具有直接、形象、具体、生动的特点,对犯罪行为作案的时间、地点、方法、过程、结果,揭露得比较深刻。特别是那些同犯罪分子有过直接接触,如抢劫、强奸、绑架、伤害等暴力犯罪案件;但是,在一些案件中,由于各种主客观因素的影响,被害人的陈述有可能是虚假的,不真实的。

其具体表现为:(1)由于身受犯罪行为的侵害,而产生了报复心理,情绪偏激,夸大事实情节,导致陈述的虚假性;(2)在一些案件中,由于被害人精神高度紧张,观察不细,记忆模糊,而导致陈述不清,甚至是主观推断的虚伪陈述;(3)个别被害人出于个人私利或其他不可告人的目的,无事生非,陷害他人,制造假陈述诬告陷害他人;(4)有的被害人出于个人的种种考虑,前途、名誉、家庭关系、子女利益等,羞于言表,不敢理直气壮地揭露犯罪,而是大事化小,小事化了;(5)有的被害人出于亲情或者请客送礼,或者金钱收买,或者外力干扰,威逼恐吓,而作虚假陈述等。

(三)被害人陈述的收集和审查判断

1. 被害人陈述的收集

根据2018年《刑事诉讼法》第127条的规定,对被害人陈述的收集,主要是通过询问的方式,适用询问证人的程序,制作询问笔录或制作录音、录像带加以固定和保全。

(1)公安司法人员、律师询问被害人。2018年《刑事诉讼法》第52条规定:"审判人员、检察人员、侦查人员必须依照法定程序,收集能够证实犯罪嫌疑人、被告人有罪或者无罪、犯罪情节轻重的各种证据。严禁刑讯逼供和以威胁、引诱、欺骗以及其他非法方法收集证据,不得强迫任何人证实自己有罪。必须保证一切与案件有关或者了解案情的公民,有客观地充分地提供证据的条件,除特殊情况外,可以吸收他们协助调查。"据此,只有公安司法人员才有权询问被害人。需要说明的是,只有承办本案件的公安司法人员才能询问该案的被害人,非本案的办案人员即使是公安司法人员未经组织安排或指派也不能询问被害人。2018年《刑事诉讼法》第43条第2款规定:"辩护律师经人民检察院或者人民法院许可,并且经被害人或者其近亲属,被害人提供的证人同意,可以向他们收集与本案有关的材料。"这说明辩护律师经司法机关的许可并经被害人同意,可以向被害人收集与本案有关的材料。这种收集应当包括询问被害人。当然,如果被害人不同意,则这种询问无法进行,从这种意义上来说,辩护律师对被害人的询问是有限的,而且不具有法律上的强制作用。

(2)出示证明文件。根据《刑事诉讼法》第124条和第127条的规定,如果公安司法机关将询问被害人的地点确定在被害人所在单位或者住处进行,则进行询问的公安司法人员必须向被害人及其所在单位出示证明文件,以便该单位安排被害人接受询问和被害人对有权调查案件的公安司法人员提供陈述。我们认为,证明文件必须明确两个问题:一是公安司法机关对现已发生的刑事案件有调查权;二是参与询问的公安司法人员是受公安司法机关指派承担该案的调查任务。

(3)确定询问的地点。根据2018年《刑事诉讼法》第124条和第127条的规定,询问被害人的地点主要有三个:一是被害人的所在单位;二是被害人的住处;三是公安机关、人民检察院和人民法院的办公地点。应当说,公安司法人员在上述三个地点中的任何一个地点询问被害人都是可以的。由于实践中客观情况比较复杂,有的被害人是个体工商业主或者农民,无工作单位,或者到住处询问可能不方便,或者从有利于调查考虑就只能到公安司法机关提供陈述。这就是刑事诉讼法所说的"必要时"。总之,公安司法人员既要考虑办案的需要,在被害人有利于提供陈述的地点进行询问,也要充分考虑被害人自身的特点,尽量选择便利被害人的地点进行询问。

(4)告知权利、义务。根据2018年《刑事诉讼法》第108条第2项的规定,被害人是刑事诉讼中的当事人。因此,被害人有权依据2018年《刑事诉讼法》第29条之规定,要求审判人员、检察人员、侦查人员及书记员、翻译人员回避。上述人员也有义务自行回避以确保被害人的回避权,可以消除被害人的不信任心理,积极提供陈述,也可以保证公安司法人员客观公正地查处案件。但是,2018年《刑事诉讼法》第31条第2款也明确规定:"对侦查人员的回避作出决定前,侦查人员不能停止对案件的侦查。”公安司法人员应当在询问被害人之前明确告知被害人这一权利,并且应将这一告知内容和被害人的反应如实记录在询问被害人笔录之中,一般应在询问案件事实内容之前完成此项工作。2018年《刑事诉讼法》第127条规定,询问被害人适用有关询问证人的规定。而2018年《刑事诉讼法》第125条明确规定:“询问证人,应当告知他应当如实地提供证据、证言和有意作伪证或者隐匿罪证要负的法律责任。”可见如实提供陈述,不得作虚伪陈述或隐匿罪证是被害人的法定义务。公安司法人员必须告知讲明这一法定义务及其法律后果。关于告知这一法定义务的时间,法律没有明文规定。我们认为,应当在询问被害人之前告知比较妥当。这样可以使被害人对自己陈述的义务及其法律后果有清楚的了解,以便实事求是地陈述。

(5)个别询问。根据2018年《刑事诉讼法》第124条第2款和第127条的规定,询问被害人应当个别进行。所谓个别进行有两层含义:一是同一案件中有数个被害人的,应当是各个被害人依次进行询问,不能将两名以上的被害人同时通知到场,在同一时间、同一场所内进行询问,更不能以座谈会的方式来询问被害人;二是询问被害人时,与案件调查无关的人员不得在场,即除参加询问的公安司法人员和法律允许在场的情况以外,不应当有其他人员在场。个别询问的目的在于保证被害人能够排除外界干扰和互相影响,如实提供陈述,以保证证据的质量。

(6)通知法定代理人到场。根据2018年《刑事诉讼法》第124条和第281条的规定,询问不满18岁的证人、被害人,应当通知其法定代理人到场。这样规定的目的是消除未成年证人、被害人的恐惧心理,以便如实提供证据。在司法实践中,对未成年被害人的询问,有通知其学校老师在场的情况。应当说法律并未这样规定,老师也无此项义务,公安司法人员应当根据案件情况选择具体处理的方法,不可强求对未成年被害人的询问一律要求其法定代理人或老师到场。

(7)制作询问笔录。询问被害人的活动应当制成笔录,以便将被害人陈述的内容固定和保全下来。询问笔录要交给被害人核对,对于没有阅读能力的,应当向他宣读。允许他补充和改正。在被害人认为没有错误时,应让他陈述意见并签名或盖章。如果被害人请求自行书写陈述的,应当准许。必要时,办案人员也可要求其亲笔书写陈述。根据案件的需要和实际情况,也可以辅以录音、录像,以便更好地固定和保全被害人陈述。

2. 被害人陈述的审查判断

根据被害人的诉讼地位及其陈述的证明力的特点,作为定案根据使用的被害人的陈述必须认真审查判断,以免将那些虚假的陈述作为定案的根据。

(1)审查被害人陈述的来源及其形成过程。对被害人的陈述一方面要查明被害人陈述的收集方式是否合法。具体来说,要查明是否由合法的询问主体依法定程序予以收集;如果是被害人自行书写的陈述,是否能够较为全面地说明被害经过及犯罪的事实,是否是被害人的亲笔书写,录音、录像有无篡改剪辑的情况。另一方面要查明被害人陈述的内容是被害人亲自感知的,还是由他人转告,或是自己想象、推测的。如果是被害人亲身直接感知的,当时的环境如何,即当时是白天还是夜晚,夜晚有无月光或灯光,能见度如何。被害人是面对犯罪嫌疑人还是背向犯罪嫌疑人,当时的距离如何,等等。被害人陈述是否可靠,通常与被害人距离感知的对象的远近或者在亲身感知时的能见度及自己的身体状况有关。

(2)审查被害人陈述的内容是否符合情理。所谓情理审查判断,就是看被害人的陈述是否合乎情理,以此来鉴别其陈述的真伪。任何事物的发生、发展及消灭都有其内在的规律性。犯罪案件的发生、发展也有其内在的规律。因此，对被害人陈述从情理方面进行审查判断，既简便易行，又可立见成效。如果查明被害人陈述的内容纯系主观想象、估计或无端推测，甚至是有意捏造，并无客观依据，那么这种证据即便与案件事实貌似具有关联性，也不得加以采纳。在确定被害人陈述同案件事实的关联性时，应当把案件事实的发生、发展的过程和结果，即何人、何事、何时、何地、何法、何因、何果，同被害人陈述的时间、地点、方法、手段、原因与结果对照起来，逐一比照，以确定二者的内在联系。在确定这种关联性时，既不能生拉硬扯，又不能牵强附会，一定要找出其内在的必然的关联，揭开其事实真相。

(3)审查被害人与犯罪嫌疑人、被告人的关系。一般而言，如果被害人与犯罪嫌疑人素不相识或关系正常，则作虚假陈述的可能性较小。如果被害人与犯罪嫌疑人素有仇隙，则可能作虚假的陈述，夸大犯罪事实，甚至捏造犯罪事实，以加重犯罪嫌疑人的罪责。如果被害人与犯罪嫌疑人关系密切，则可能在其告发后又出于对犯罪嫌疑人的怜悯，特别是在其他人劝说、引诱之下而隐瞒事实真相，把有说成无，为犯罪嫌疑人开脱罪责。对于后者，如果是自诉案件，司法机关应允许自行和解。如果是公诉案件则应当查清被害人与犯罪嫌疑人的关系，以判断被害人陈述是否受到影响，鉴别其真伪。

(4)审查被害人的作证能力与品格。生理上、精神上有缺陷或者年幼，不能辨别是非，不能正确表达的人，虽然可能成为被害人，但由于缺乏应有的作证能力，其陈述的可靠性应当认真分析判断。对生理上有缺陷的被害人的陈述的证明力应具体分析，只有不能辨别是非、不能正确表达的被害人所作的陈述，才不能作为证据。盲人被害人可就其听到的情况作陈述，聋哑人可就其所见进行陈述，由懂哑语手势的人进行翻译。在审查幼年被害人陈述时，应当查清幼年被害人是自动向家长、老师讲述的，还是在家长、老师发现异常情况下查问时讲述的；被害人陈述的词汇是否为同一年龄段的幼年人通常使用的；被害人陈述的内容与被害人的感知事物的能力、记忆、陈述表达的能力是否相称等，以便从中发现幼年被害人有无因受威吓、利诱、胁迫而作虚假陈述的情况。发现上述问题，应有针对性地做好幼年被害人的教育工作，使其在无干扰的条件下如实陈述。在审查幼年被害人陈述时，我们应当注意与其他证据结合起来进行分析，不能简单地主观臆断幼年被害人的陈述是真是假或有真有假。总之，应当注意被害人的作证能力的特点和可能影响其正确陈述的因素，同时注意结合其他证据有针对性地审查判断，查微析疑，及时收集真实可靠的被害人的陈述。被害人的品格，即被害人的品质与人格。品格如何也会影响被害人陈述的可靠性。公安司法人员在审查判断被害人陈述时也应注意这一点。当然不能因为认定被害人的人品有问题，就简单、武断地推断其陈述是虚假的，而应根据案件中的有关证据进行分析判断。发现其陈述自相矛盾或不合情理的时候，应当仔细询问，查清问题，排除矛盾。

(5)综合全案证据审查被害人陈述与其他证据有无矛盾。将被害人陈述与其他证据结合起来进行分析判断，看被害人陈述与其他证据是否相印证，如有矛盾应当分析矛盾产生的原因，以便分析研究作出取舍判断，或进一步收集证据，排除矛盾，从而对被害人陈述作出肯定或否定的评断。

五、犯罪嫌疑人、被告人的供述和辩解

(一)犯罪嫌疑人、被告人供述和辩解的概念和意义

犯罪嫌疑人、被告人供述和辩解，是指犯罪嫌疑人、被告人就有关案件情况，向侦查人员、

检察人员和审判人员所作的陈述,即通常所说的口供。口供主要包括以下三方面内容:

一是承认。承认即犯罪嫌疑人、被告人承认对他控告的犯罪事实,并向司法机关讲清他实施犯罪的全部事实和情节。供述表现为自首、坦白和承认。犯罪嫌疑人、被告人的供述应当是出于自愿的,完全没有外力强迫的。

二是辩解。辩解即犯罪嫌疑人、被告人否认自己有犯罪行为,或者虽然承认自己犯了罪,但有为依法不应追究刑事责任以及为从轻、减轻或者免除处罚等所作的申辩和解释。表现为否认、申辩、反驳、提供反证等。

三是攀供。犯罪嫌疑人、被告人可能在承认自己犯罪以后,揭发共犯或者举报他人有犯罪行为;也可能是否认自己犯罪,而举报他人犯罪。犯罪嫌疑人、被告人揭发举报他人犯罪的动机是各种各样的。其中有的是经过政策法律教育之后,为了表示立功悔罪,有根有据地举报他人的犯罪行为;有的是为了推脱自己的罪责,毫无根据地举报他人有犯罪行为,目的是报复、陷害他人,利用举报嫁祸于人。关于揭发、检举他人犯罪行为的陈述,如果这种检举揭发的内容与检举揭发者自己的犯罪行为有一定联系,可以在本案中当证据使用,因此可作为犯罪嫌疑人、被告人供述和辩解的组成部分。但是,如果是对非同案犯罪嫌疑人、被告人的检举揭发,或者是对同案犯罪嫌疑人、被告人与检举揭发者共同犯罪以外的罪行的检举揭发,因这种检举揭发的内容与本案事实无关,不能作为证明本案真实情况的证据使用,不属于犯罪嫌疑人、被告人供述和辩解的组成部分。当然这种检举揭发可以作为查破案件的线索,作为证据使用时应当让检举揭发者以证人身份提供证人证言。

由于犯罪嫌疑人、被告人在诉讼活动中是中心人物,他对犯罪行为是有是无、是轻是重最了解、最清楚。因此,按照法定的程序正确地讯问犯罪嫌疑人、被告人,收集其供述和辩解,对案件事实的认定有着重要的作用和意义。

第一,犯罪嫌疑人、被告人的供述有助于公安司法机关确定侦查范围。犯罪嫌疑人、被告人对自己所犯罪行的如实供述,有利于公安司法机关缩小侦查范围,收集必要的证据,提高办案效率,迅速查明案件事实。如犯罪嫌疑人、被告人供述藏匿赃款或作案工具,可以使公安司法人员在办案中少走弯路,及时查获证据。

第二,犯罪嫌疑人、被告人的辩护和辩解意见,可以起到兼听则明的作用。犯罪嫌疑人、被告人的辩解,可以使公安司法人员克服主观臆断,做到兼听则明,及时发现和纠正办案中的偏差,防止无罪的人受到错误的刑事追究或者有罪的人罚不当罪。

第三,犯罪嫌疑人、被告人的供述和辩解,对查明案件事实也有一定的作用。一是有利于审查、核实本案中的其他证据,更好地对其他证据作出正确判断,有利于发现和排除矛盾点,使本案中的证据相互认证,对案件作出正确处理决定;二是犯罪嫌疑人、被告人的供述和辩解,有利于公安司法机关衡量犯罪嫌疑人、被告人是否认罪、悔罪以及立功的表现情况,从而有利于区分不同的情况,对案件作出正确的处理。特别是被告人的认罪态度和悔罪或者立功表现是人民法院量刑酌定的法定情节。

第四,犯罪嫌疑人、被告人的检举揭发,有利于公安司法人员发现新的情况和证据线索,查破案件,使隐藏很深的犯罪分子受到应有的惩罚。

(二)犯罪嫌疑人、被告人供述和辩解证明力的特点

由于犯罪嫌疑人、被告人是刑事诉讼中的中心人物,案件的结局如何,同他有着切身的利

害关系,他所处的特殊诉讼地位,决定了犯罪嫌疑人、被告人供述和辩解具有以下主要特点:

第一,可能是真实的。犯罪嫌疑人、被告人是案件的当事人,他对自己是否犯罪,罪行的轻与重以及犯罪的具体过程和情节,比任何人都知道得更清楚。因此,他所作的有罪供述,会更直接、更全面地反映出其犯罪的动机、目的、手段、时间、地点、后果等事实情况;他所作的无罪或罪轻的辩解,也会提出一些具体的事实根据和申辩理由,使司法人员了解案件的全貌;他所作的揭发举报他人犯罪行为的陈述,可以反映其犯罪的形成、分工和具体实施犯罪的全过程,还可以反映其认罪态度和思想状态。因此,只要办案人员收集这种证据的方法正确,程序合法,充分而正确地运用好审讯策略,犯罪嫌疑人、被告人的供述和辩解就有可能是真实的。

第二,虚假性较大。犯罪嫌疑人、被告人作为刑事诉讼中被追诉的对象,他深知案件的处理结果与他有极大的利害关系,他在诉讼中无论是供述还是辩解,以及如何供述和辩解,都直接影响到司法机关对他的处理,因此,一般的规律是犯罪嫌疑人、被告人为了逃避法律制裁,往往要隐瞒罪行、避重就轻,或者否认犯罪的事实,甚至编造谎言,进行狡辩。但在少数情况下,犯罪嫌疑人、被告人出于其他的目的和用意,或为了掩盖某种私利,把本来不是犯罪的行为供认为犯罪,或者为了给亲属开脱罪责,冒充犯罪人到司法机关投案自首,或者出于"哥们儿义气",把别人的犯罪行为包揽在自己身上。从否认有罪或罪重的辩解方面来看,这又有两种情况:一种是犯罪嫌疑人、被告人确实是无罪或罪轻,而进行的辩解。这种情况下,我们不能简单地认为犯罪嫌疑人、被告人的辩解是狡辩,而要看它是否合情合理,符合事实。有的情况下,犯罪嫌疑人、被告人否认有罪或罪重,但又提不出证据,说不出理由,公安司法人员对此也不能轻易地得出否定的结论。另一种是犯罪嫌疑人、被告人确实犯了罪或犯了重罪而作无罪或罪轻的辩解。有的情况下,可能是犯罪嫌疑人、被告人由于认识错误而提出这样的辩解,这时公安司法人员应当进行必要的法制教育,使之对自己的行为有一个明确的认识。有的情况下,犯罪嫌疑人、被告人是为了掩盖罪行,逃避惩治,或为了减轻罪责而进行无罪或罪轻的辩解,如否认自己的主观犯意;把犯罪行为辩解成正当防卫或意外事件,等等。从检举他人犯罪的方面来看,有的犯罪嫌疑人、被告人为了推卸责任,佯装检举揭发犯罪而嫁祸于人;有的犯罪嫌疑人、被告人为拖人下水而故意虚构犯罪事实,陷害好人;有的犯罪嫌疑人、被告人为了得到从宽处理,争取立功而在检举他人违法犯罪时往往夸大犯罪事实。当然,也不排除有的犯罪嫌疑人、被告人在坦白从宽、抗拒从严、立功受奖的刑事政策感召下,如实地检举他人犯罪事实或提供查破案件的重要线索,从而查破有关案件。总之,犯罪嫌疑人、被告人检举他人犯罪的动机不同,有真有假,公安司法人员必须慎重对待,不可轻信,也不可不信,正确的方法应当是认真查证,以免冤枉无辜或放纵犯罪。基于上述原因,口供虚假的可能性较大,或者真假不定,真假混杂。这是口供不同于其他证据的又一特点。

由于犯罪嫌疑人、被告人的供述和辩解具有上述特点,公安司法机关在诉讼中要正确对待这一诉讼证据,务必保持清醒的认识,既不能对其一概不信,也不能盲目轻信,一定要同其他证据互相对照、互相印证,经过查证属实,才能作为定案的根据。

(三)对犯罪嫌疑人、被告人的讯问

1. 讯问的方法和程序

(1)讯问要由法定的主体进行。讯问犯罪嫌疑人、被告人是公安司法人员的职权行为,具有强制性,必须由法定的主体依法定的程序进行;否则会损害犯罪嫌疑人、被告人合法权益。

根据2018年《刑事诉讼法》第118条、第191条第1款和第3款、第251条的规定,侦查人员、检察人员、审判人员有权讯问犯罪嫌疑人、被告人。这里的侦查人员、检察人员、审判人员是指承办本案的公安司法人员,非本案的办案人员未经本机关的领导安排或者指派不得讯问本案的犯罪嫌疑人、被告人。在侦查阶段,讯问犯罪嫌疑人的任务主要由侦查人员承担。在审查起诉阶段,讯问犯罪嫌疑人的任务主要由检察人员承担,根据2018年《刑事诉讼法》第173条规定,人民检察院审查案件,应当讯问犯罪嫌疑人,听取被害人或者犯罪嫌疑人、被害人委托的人的意见。在审判阶段,讯问被告人的任务主要由作为公诉人的检察人员来承担,这是庭审改革的重要内容,公诉人承担着当庭举证和法庭调查的重要任务,当然,审判人员在主持法庭审判的同时也参与法庭调查,也可以讯问被告人。需要说明的是,犯罪嫌疑人、被告人委托的辩护人可以同犯罪嫌疑人、被告人会见,辩护人为了准备辩护意见可以同犯罪嫌疑人、被告人谈话并制作谈话笔录。

(2)选择讯问地点。2018年《刑事诉讼法》第119条规定,对于不需要逮捕、拘留的犯罪嫌疑人,可以传唤到犯罪嫌疑人所在的市、县内的指定地点或者到他的住处进行讯问。如果犯罪嫌疑人、被告人已经被羁押的,应当在看守所内讯问。这时公安司法人员应当开具公安司法机关的提押证,通过看守人员在审讯室内讯问犯罪嫌疑人、被告人。对于在看守所以外的提讯,要认真慎重对待,要按照有关的规定进行,不得随意外提讯问。如果需要外提犯罪嫌疑人、被告人到公安司法机关进行讯问的,公安司法人员应当开具公安司法机关的提押证(外提证)将犯罪嫌疑人、被告人押解到公安司法机关进行讯问。如果犯罪嫌疑人没有被羁押,可以将犯罪嫌疑人、被告人传唤到其所在的市、县的指定地点或者到他的住处进行讯问。如何理解“指定地点”呢?我们认为,这里的指定主体是公安司法机关,具体地点由公安司法机关指定。通常为公安司法机关的办公地点,犯罪嫌疑人、被告人的所在单位或者其他适当的地点。它既可以是犯罪嫌疑人、被告人的居住地,也可以是他的居所地或者案发地。如果是未成年犯罪嫌疑人、被告人,可以在他的住处进行。

(3)讯问人员不得少于两人。2018年《刑事诉讼法》第118条明确规定,讯问犯罪嫌疑人、被告人的侦查人员、检察人员、审判人员一般不得少于两人。当然这种要求并不以讯问人都是检察人员或审判人员为前提,由检察人员一名、书记员一名或者审判员和书记员各一名进行讯问即可,但不能由一人进行讯问,也不宜由两名书记员进行讯问。坚持办案“二人行”的原则,主要有以下好处:一是有利于防止发生意外。一人讯问时,自问自记,往往难以应付突发事件。实践中曾经发生过一人讯问时,被讯问人对讯问人行凶、逃跑的情况。二是有利于就讯问中出现的问题互相商量解决,力求获得最佳的讯问效果。三是有利于就讯问中有无刑讯逼供问题进行必要的证明。四是有利于防止被讯问人腐蚀拉拢讯问人或者讯问人遭到被讯问人诬陷有不适当行为而说不清楚的情况发生。

(4)讯问应当个别进行。尽管刑事诉讼法关于讯问犯罪嫌疑人、被告人的规定没有像询问证人那样要求个别讯问,但为了防止同案犯罪嫌疑人、被告人之间的互相影响,形成串供给讯问工作带来困难,因此,除对质外,讯问犯罪嫌疑人、被告人应当个别进行。

(5)出示证明文件。2018年《刑事诉讼法》第119条明确规定,讯问犯罪嫌疑人,应当出示检察院或者公安机关的证明文件。如果是对没有拘留、逮捕的犯罪嫌疑人、被告人在其所在的市、县指定的地点或者他的住处进行讯问,公安司法人员应当出示公安司法机关的证明文件。

(6)先予告知申请回避权和聘请律师权。应当说,犯罪嫌疑人、被告人在刑事诉讼中享有的诉讼权利是比较广泛的,将回避权和聘请律师权单独提出来说明,并要求公安司法人员告知,是因为这两项权利既关系被讯问人权益的保护,也涉及诉讼行为的有效性与合法性;同时,一旦被讯问人得到了律师的帮助,则各项权利的告知与行使就有相当的保障,所以,对这两项较为重要的权利是应当先予告知的。关于申请回避权,2018 年《刑事诉讼法》第 29 条明确规定,当事人及其法定代理人对于具有法定情形之一的公安司法人员有权要求他们回避。为了保证讯问犯罪嫌疑人、被告人的诉讼行为有效地进行,防止因当事人提出回避而导致已经完成的诉讼行为归于无效,讯问前,公安司法人员应当告知当事人有申请回避的权利。如果当事人对参加讯问的侦查人员提出回避并说明理由,而该讯问又必须立即进行的,侦查人员在向侦查机关负责人报告此事的同时,可以依法进行讯问。因为 2018 年《刑事诉讼法》第 31 条第 2 款规定:"对侦查人员的回避作出决定前,侦查人员不能停止对案件的侦查。"如果讯问不是必须立即进行的,侦查人员应当立即报告侦查机关的负责人来决定是否回避,并停止讯问。关于聘请律师权,2018 年《刑事诉讼法》第 34 条规定:"犯罪嫌疑人自被侦查机关第一次讯问或者采取强制措施之日起,有权委托辩护人;在侦查期间,只能委托律师作为辩护人。被告人有权随时委托辩护人。"因此,侦查人员在讯问时(通常是在讯问后)告知被讯问人享有此项权利。告知上述权利之后,公安司法人员应当做好记录,特别是犯罪嫌疑人提出聘请律师的,应当依法及时向其所委托的人员或者所在的律师事务所转达该项请求。犯罪嫌疑人仅有聘请律师的要求,但提不出具体对象的,也应当及时通知当地律师协会或者司法行政机关为其推荐律师。此外,诉讼法学界对于是否赋予犯罪嫌疑人、被告人另外一项主要权利——沉默权,一直是有争议的。目前,大多数学者主张应当根据我国司法实践情况,赋予犯罪嫌疑人、被告人沉默权。从各国立法司法实践和联合国国际刑事司法准则看,沉默权是犯罪嫌疑人、被告人应当享有的权利之一。在我国,立法虽然没有明确规定沉默权,但规定"严禁刑讯逼供和以威胁、引诱、欺骗以及其他非法的方法收集证据";而且还规定"不得强迫任何人证实自己有罪",据此,可以视为已经赋予了犯罪嫌疑人、被告人沉默权。我们认为,沉默权的规定可以增强犯罪嫌疑人、被告人的防御力量,保障他们的基本人权,也有利于控诉方加强合法科学地侦查取证方面的努力,使刑事司法文明化。尤其是,我国已签署联合国《公民权利和政治权利国际公约》,该公约第 14 条第 3 款(庚)项规定:"不被强迫作不利于他自己的证言或强迫承认犯罪。"因此,应当遵守公约中的规定。同时,2018 年《刑事诉讼法》第 52 条规定"不得强迫任何人证实自己有罪",有利于保证犯罪嫌疑人、被告人陈述的自愿性,有利于增强陈述的真实性与合法性。

(7)讯问分三步进行。第一步先讯问自然情况(或者基本情况);第二步就其犯罪情况,即是否有罪、犯罪的事实经过进行陈述或辩解;第三步就揭发、检举的问题提出问题,让其回答。犯罪嫌疑人、被告人的自然情况,通常是指被讯问人的姓名、年龄、职业、家庭住址和个人简历等自然情况,如实问明填写讯问笔录的有关事项。对于不讲真实姓名、住址的,可按其自报姓名填写并加注明。2018 年《刑事诉讼法》第 120 条规定:"侦查人员在讯问犯罪嫌疑人的时候,应当首先讯问犯罪嫌疑人是否有犯罪行为,让他陈述有罪的情节或者无罪的辩解,然后向他提出问题。"提问针对被讯问人供述的情节不具体、不清楚而进行的。如果被讯问人否认犯罪事实,又不进行辩解的,就应当及时提问。如果被讯问人部分或全部否认犯罪事实进行辩解的,应当允许其辩解,并让其作完整陈述,然后针对其辩解与事实的矛盾点进行提问迫使其如实供述。司法实践中,我国有一项重要的刑事政策叫"坦白从宽,抗拒从严"。我们认为这一提法值得商榷。如前所述,被告人的沉默权是刑事司法文明进步的标志,被告人、犯罪嫌疑人有保持沉默以保护自己的权利。而且从诉讼证明责任理论来看,刑事诉讼中应由控方承担举证责任,因而如实供述不应是犯罪嫌疑人、被告人的义务。那么,在犯罪嫌疑人、被告人拒不如实回答时,就不应当讲“抗拒从严”。我们主张只将“坦白从宽”作为一项刑事政策,且立法应规定司法机关应明确告知犯罪嫌疑人、被告人如实回答的,可以从轻或减轻处罚,即确认坦白从宽的法定原则。2003 年 3 月 14 日最高人民法院、最高人民检察院、司法部联合发布的《关于适用普通程序审理“被告人认罪案件”的若干意见(试行)》和《关于适用简易程序审理公诉案件的若干意见》就明文规定:“人民法院对自愿认罪的被告人,酌情予以从轻处罚。”这就以司法解释的形式确认了“坦白从宽”的原则。

(8)拘捕后必须在 24 小时内进行讯问。根据 2018 年《刑事诉讼法》第 86 条、第 94 条、第 166 条的规定,公安机关对于被拘留的人以及经人民检察院批准逮捕的人,必须在拘留、逮捕后的 24 小时以内进行讯问;人民检察院对于自行决定拘留、逮捕的人,必须在拘留、逮捕后的 24 小时以内进行讯问;人民法院自行决定逮捕的人,必须在逮捕后的 24 小时以内进行讯问。刑事诉讼法这样规定的目的在于防止错捕、错拘无辜。

(9)讯问聋、哑的犯罪嫌疑人、被告人。讯问聋、哑的犯罪嫌疑人、被告人,应当有通晓聋、哑手势的人参加,并且将这种情况在笔录中记明。此外,根据 2018 年《刑事诉讼法》第 281 条之规定,对于未成年人刑事案件,在讯问和审判的时候,应当通知未成年犯罪嫌疑人、被告人的法定代理人到场。

(10)传唤和讯问时间。侦查中传唤讯问的时间最长不得超过 12 小时,不得连续传唤变相拘禁犯罪嫌疑人。12 小时没有讯问完毕,可采用变更强制措施的方法,延长讯问的时间,不得连续传唤或连续拘传。由于立法没有对传唤之间间隔多长时间作出明文规定,导致实践中侦查机关对传唤的适用有随意性,两次传唤之间间隔较短,事实上产生了变相连续长时间传唤的现象。对此,我们认为,应当明确规定两次传唤之间的间隔时间至少不少于 12 小时,而且为体现保障人权和人文关怀的诉讼理念,应尽可能避免在夜间传唤和讯问。

(11)制作讯问笔录。按照 2018 年《刑事诉讼法》第 122 条的规定,制作的讯问笔录,应当交犯罪嫌疑人核对、阅读,对于没有阅读能力的,应当向他宣读,并允许其补充、改正。当其承认没有错误时,应当签名或盖章,侦查人员也应当在笔录上签名。还允许犯罪嫌疑人亲笔写出供词。讯问时,还可以运用视听技术制作录音、录像以便更客观、更全面、更准确地固定和保全口供材料,尤其对于可能判处无期徒刑以上刑罚的案件和其他有必要的案件,应当对讯问过程进行录音或者录像。录音、录像的制作,应当是在讯问过程中连续不间断地进行,制作完毕后,由讯问人员、犯罪嫌疑人或者被告人以及其他参加讯问的人员签字或盖章。在讯问犯罪嫌疑人、被告人的过程中,除了严格遵守上述规定的诉讼程序以外,对犯罪嫌疑人、被告人诉讼中的权利必须给予保障,不得以任何借口加以剥夺。认真听取其辩解和辩护意见,严禁刑讯逼供,反对指名问供、诱供、骗供等,这其中都涉及诉讼中的人权保障问题,更关系到案件证据的质量问题,必须予以高度重视。

2. 讯问中的“律师在场、录音、录像”三项制度

2002 年,中国政法大学诉讼法学研究中心在樊崇义教授的主持下,与珠海市人民检察院合作率先展开侦查讯问时“律师在场、录音、录像”三项制度的试点工作。随后,又分别在北京、河南、甘肃三地选取公安机关继续进行试点。经过试点,我们发现建立“三项制度”确实有利于公

安机关严格、公正、文明执法。

一是充分保证了犯罪嫌疑人的合法权利,杜绝了指供、诱供、刑讯逼供现象的发生。与公安机关相比,犯罪嫌疑人无疑处于弱势,在公安机关对其讯问时,犯罪嫌疑人的心理压力是十分巨大的。通过建立“三项制度”,使公安机关的整个审讯过程处在一种监督之下,可以消除犯罪嫌疑人的恐慌心理,杜绝公安机关刑讯逼供,有利于保护犯罪嫌疑人的合法权利。

二是有效防止犯罪嫌疑人翻供,有利于提高公安机关的办案质量。从第一次讯问犯罪嫌疑人开始,建立“律师在场、录音、录像”三项制度,等于是将公安机关侦查讯问的全过程用更直观的方式全面、客观地记录下来,这有效避免了犯罪嫌疑人在审查起诉阶段和审判阶段为逃避打击而诬告办案人员或者翻供。例如,此次试验中,某一起介绍、容留妇女卖淫案,犯罪嫌疑人郭某在公安机关的多次讯问中均如实供述其犯罪事实,而此案移送至检察机关后,犯罪嫌疑人立即翻供,理由是公安机关刑讯逼供,检察机关为此要将本案退回补充侦查。办案侦查员将试验中讯问郭某的视听资料送至检察机关,证明整个讯问过程没有刑讯逼供现象后,检察院决定不再退补,并依法提起公诉。

三是有利于规范执法行为,提高侦查员的办案水平。“三项制度”试验前,侦查人员讯问犯罪嫌疑人时,讯问方式、方法随意性较强,有吸烟、打电话等与讯问活动无关的行为。通过“三项制度”试验,侦查员的整体素质显著增强,而且每次讯问之前,侦查员都事先熟悉案情,准备好详细的讯问提纲,为审讯工作做充分准备,遇到疑难案件时,侦查员集体议案,制定审讯计划,保证了讯问的效果。

创建侦查讯问中的“三项制度”,其重大意义是在制度这个层面上解决刑讯逼供问题。从而将使证据制度产生一场变革,引导办案人员逐渐淡化口供的应用,引导大家不断消除口供主义的影响,把收集证据的精力转移到现实生活中去,转移到经济活动的每一个流程、每一个环节中去,最终从“口供本位”转向“物证本位”。同时,讯问中“律师到场”还会使现在封闭式的侦查模式转向公开性的侦查模式。因此,我们对“三项制度”实施的意义不可低估。

可喜的是,2012 年《刑事诉讼法》部分地采纳了“三项制度”的相关做法,即建立了讯问时录音录像制度。其第 121 条规定:“侦查人员在讯问犯罪嫌疑人的时候,可以对讯问过程进行录音或者录像;对于可能判处无期徒刑、死刑的案件或者其他重大犯罪案件,应当对讯问过程进行录音或者录像。录音或者录像应当全程进行,保持完整性。”2014 年 9 月 5 日《公安机关讯问犯罪嫌疑人录音录像工作规定》第 7 条规定:“各级公安机关应当积极创造条件,尽快实现对所有刑事案件讯问过程全程录音录像。装备财务、警务保障、科技、信通等部门应当为讯问录音录像工作提供保障和支持。”2018 年《监察法》第 41 条吸收了录音录像制度:“调查人员采取讯问、询问、留置、搜查、调取、查封、扣押、勘验检查等调查措施,均应当依照规定出示证件,出具书面通知,由二人以上进行,形成笔录、报告等书面材料,并由相关人员签名、盖章。调查人员进行讯问以及搜查、查封、扣押等重要取证工作,应当对全过程进行录音录像,留存备查。”可见,全程录音录像制度既是办案的实际需要,也是侦查、调查程序改革的趋势。

(四)犯罪嫌疑人、被告人供述和辩解的审查判断

第一,严格遵守“重证据,重调查研究,不轻信口供”的原则。2018 年《刑事诉讼法》第 55 条规定:“对一切案件的判处都要重证据,重调查研究,不轻信口供。”由于刑事诉讼是围绕犯罪嫌疑人、被告人的刑事责任而展开的,作为刑事诉讼中被追诉的对象,案件的处理结果与其有

着直接的利害关系,因此,犯罪嫌疑人、被告人口供的虚假性极大。同时犯罪嫌疑人、被告人的口供也是证据的一种形式,查证属实的,也可以作为定案根据,特别是司法实践中,由于受封建社会司法制度中“无供不录案”“罪从供定”思想的影响,有的公安司法人员总认为有口供定案才踏实,为求口供而导致刑讯逼供等违法犯罪行为的发生,这又使口供的真实性受到影响。为了消除口供主义的影响,2018 年《刑事诉讼法》第 55 条还规定,只有被告人供述,没有其他证据的,不能认定被告人有罪和处以刑罚;没有被告人供述,证据充分确实的,可以认定被告人有罪和处以刑罚。这一规定,是我们在办案实践中确定口供材料证明力的主要指导原则。当前公、检、法机关在办理刑事案件过程中,过分倚重口供的现象还十分严重,如何克服口供主义,转变办案模式,应当适应以审判为中心的诉讼制度改革的需要。而其根本的出路在于应当加强信息化证据的运用,转变工作重点重心,剔除“口供是证据之王”的观念。

第二,从口供材料的来源上,审查其讯问的程序是否合法。审查口供在什么情况下提供的,是哪一次审讯时讲的,供认的动机目的,有无攻守同盟、有无串供的情况;有无刑讯逼供、诱供、骗供、指名问供的情况;有无翻供,翻供的原因等。

第三,要进行情理推断,审查其供述与辩解是否合情合理。在当时、当地的情况下是否会出现被告人供述或辩解的情况;对于口供的时间、地点、手段、过程、动机、目的、后果等,要结合被告人的身份及其与被害人的关系,分析这些情节有没有可能发生和存在,是否符合情理;口供前后是否矛盾等。

第四,共同被告人口供的审查。审查判断几个共同被告人的口供时,既要考虑到他们有共同的利害关系,又要考虑到他们每个人在共同行为中的地位和作用的不同而有矛盾的状况。如果他们供述一致,要严防他们串供或有攻守同盟;如果供述有矛盾,则应注意他们是否有互相推卸责任、嫁祸于人的情况。当然也有个别人大包大揽,一人承担,包庇他人的情况,也应引起注意。在司法实践中,同案犯罪嫌疑人、被告人互相检举揭发他人犯罪的情况很普遍,对此学界主要有三种意见:第一种意见认为,犯罪嫌疑人、被告人在交代自己罪行的同时,检举揭发同案其他人的犯罪事实的,应当作为口供对待。第二种意见认为,同案犯之间的攀供,其内容是犯罪嫌疑人、被告人就其了解的案件事实所作的陈述,因此应当作为证人证言使用。第三种意见认为,从原则上来说,同案犯罪嫌疑人、被告人之间的攀供,仍然是同案犯口供的一部分,但在一定的情况下,可以作为证人证言使用,其标准是,如果口供的内容与自己的犯罪有关,则属于犯罪嫌疑人、被告人供述;如果口供的内容与自己的犯罪没有牵连,则应当作为证人证言使用。

第五,审查被告人的品质。被告人的品质及其一贯表现如何,是他对案件事实能否作如实陈述的主观因素之一。

第六,审查犯罪嫌疑人、被告人的口供与其他证据有无矛盾。审查判断证据常用而有效的方法是结合全案证据进行综合审查判断,看证据之间有无矛盾。用这种方式审查口供时,应当注意两点:(1)审查犯罪嫌疑人、被告人的口供与同案其他犯罪嫌疑人、被告人的口供有无矛盾。如有矛盾,要看矛盾的具体表现和产生的原因,即是因为推诿罪责而产生的矛盾,还是因为参与犯罪的程序不同,了解情况的差异而产生的矛盾。对于这些矛盾应当结合本案中的其他口供和其他证据进行分析判断。必要时须进一步收集证据,排除矛盾。(2)审查犯罪嫌疑人、被告人的口供与其他证据有无矛盾。如有矛盾,应当认真分析矛盾的具体表现形式及其产生的原因,必要时须进一步收集证据,排除矛盾。如果口供与其他证据相互一致,要分析这种一致性是表面的联系,还是客观联系,是本质上的一致,还是表象上的一致。

第七,翻供的审查。在确定口供的证明力时,如何对待和正确处理翻供问题,是值得我们思考和研究的问题。一方面,要正确认识犯罪嫌疑人、被告人翻供的两重性。尽管犯罪嫌疑人、被告人翻供的情况较为复杂,但一般说来大都具有两重性,即有的翻供具有对抗性,是为了逃避或减轻罪责而狡辩,干扰诉讼的正常进行;有的翻供具有抗辩性,是行使辩护权的具体表现,如纠正原先陈述中某些虚假的内容。翻供可能延缓案件的审理,增加办案的难度,但是如果前供为虚,后翻为实,则翻供对正确认定和处理案件具有积极意义。我们应本着"有错必纠"的原则,先供为虚则应坚决纠正。另一方面,要保持清醒的头脑,搞清翻供的真实原因,翻供现象是我们违法办案造成的,还是来自嫌疑人、被告人的反调查、反侦查,对抗诉讼所造成的,针对原因,区别真假,确定口供的证明价值。不过,要从根本上解决这一问题,必须消除历史遗留给我们的口供主义,即从将口供作为"证据之王",转变到物证是"证据之王"上来,改变传统的侦查模式和取供方法,转变观念,加大投入,强化科技取证手段,从根本上消除"无供不定案"的做法。

六、鉴定意见

(一)鉴定意见的概念和意义

1. 鉴定意见的概念

鉴定意见是指鉴定人根据公安司法机关的指派或者聘请,运用自己的专门知识和技能对案件中需要解决的专门性问题进行鉴定后所作出的判断。2012 年《刑事诉讼法》修改的过程中,其将"鉴定结论"修正为"鉴定意见"是一大进步。众所周知,鉴定受鉴定人本身知识水平、经验程度等限制,受获得检材的时间、检材状况,以及外界诸多因素的影响,形成的鉴定结果完全有可能存在误差。在我国的司法实践中,常常出现一个问题存在多个相互矛盾的"鉴定结论"的情况。一个问题有多个鉴定结论,等于没有"结论",也让人无所适从。而且,"结论"一词具有强烈的终局性和排他性,因此把鉴定人的判断作为具有终局性和排他性的"结论",作为这种特殊证据的名称,是不妥当的,鉴于此,2005 年全国人大常委会《关于司法鉴定管理问题的决定》将"鉴定结论"称为"鉴定意见",2012 年《刑事诉讼法》修改采纳了这种说法。鉴定意见是一种独立的证据种类。鉴定意见又称鉴定人意见,是一种独立的诉讼证据。鉴定意见和证人证言,虽然在证据分类上同属人证,但二者各有特点,其区别如下:

(1)鉴定意见是鉴定人对与案件事实有关的某些专门性问题进行鉴别、分析后所作出的判断。在鉴定过程中鉴定人要运用自己的专门知识和技能。因此,鉴定意见是一种具有科学根据的意见。而证人证言是证人就其所知道的案件事实情况所作的陈述,是对案件事实的如实反映,而不是对案件事实的评断。

(2)鉴定意见是司法机关为解决案件中的专门性问题指派或聘请鉴定人而作出的书面意见。鉴定人是司法机关有选择地指派或聘请的,具有可代替性,因而鉴定意见也具有可代替性。而证人证言因证人的不可代替性而具有不可代替性。

(3)鉴定意见的内容是鉴定人对案件中某些专门性问题所作的判断,而不是对有关事实作出法律评价,并且是在案件发生后形成的。而证人证言是证人对案件事实所作的陈述,是在案件发生过程中形成的。

2. 我国诉讼中经常使用的鉴定意见

根据刑事诉讼法规定,凡是为了查明案情需解决的专门问题,都应当进行鉴定。刑事诉讼

中需要鉴定的专门问题很多。实践中经常遇到的需要鉴定解决的专门性问题主要有以下几种:

(1)法医鉴定。主要用于确定死亡原因、伤害情况等。

(2)司法精神病鉴定。目的在于确定犯罪嫌疑人、被告人、被害人、证人的精神状态是否正常,以便确定被鉴定人有无行为能力和责任能力。《刑事诉讼法》第 147 条取消了对人身伤害的重新鉴定和精神病鉴定机构的资格限制,即不限于省级人民政府指定的医院。

(3)痕迹鉴定。包括对指纹、脚印、工具、枪弹、轮胎等痕迹进行鉴定,确认是否同一。

(4)化学鉴定。目的在于确定毒物的化学性质和剂量,对人体的危害程度、伤害性质。

(5)会计鉴定。确定账目、表册是否真实,是否符合有关规定。

(6)文件书法鉴定。用于确定文件的书写、签名是否伪造或同一。

(7)其他鉴定。解决案件中的其他专门问题所进行的鉴定。比如建筑、交通运输、产品质量、物价、责任事故等方面的鉴定。

随着科学技术的不断发展,需要鉴定的专门性问题日益增多,鉴定的范围会不断扩大。

3. 鉴定意见的作用和意义

其一,鉴定意见是正确认识和处理案件的重要根据之一。在公安司法机关办案的过程中,无论是犯罪嫌疑人的确定,还是案件事实的认定,甚至是一些经济、民事案件中双方当事人之间争议的解决,最终真相大白,无不依赖于科学的技术鉴定,揭开事实真相,鉴定意见的作用是显而易见的。其具体表现为,有时可为办案人员提供侦查、调查的线索,有时可以确定行为人是谁,有时可以查明作案的手段和方法,有时可以确定责任事故的原因,有时可以明确行为的危害结果,等等。它在查明整个案件事实情节中,都能起到其他证据不可代替的作用。

其二,鉴定意见是查明案件事实,确定案件性质,明确责任的重要根据。现实生活中发生的刑事案件,经济往来中出现的民事、经济纠纷以及行政管理中发生的行政争议及其引发的行政诉讼等,往往都会涉及要查清有争议案件事实,认定案件性质,以便分清责任的问题。而这些问题的解决往往有赖于各种专门知识。而公安司法人员不可能通晓专门知识。当案件中某些专门性问题不能解决时,就需要有关专家运用专门知识和科技手段进行鉴定。司法人员就可以根据鉴定意见查明案件事实,分清案件的性质和责任。例如,刑事案件中的法医鉴定可以确定人身伤害的有无和轻重;民事、经济纠纷中的亲子鉴定、合同鉴定等,可以确定亲子关系、合同的有效性等。又如,对行为人的精神状态的鉴定,对确定其是否具有行为能力,应否承担其行为的法律后果具有重要作用。

其三,鉴定意见是审查判断其他证据的重要手段。由于鉴定意见是对案件中的专门性问题进行检测、分析、鉴别的结果,具有科学性的特点,因而成为审查案件中其他证据真实性的重要手段。如物证或书证的真伪,有时需要鉴定手段来鉴别;刑事案件的被告人口供、被害人的陈述、民事和行政诉讼中当事人的陈述以及证人证言的真实性,通常要结合鉴定意见来分析判断作出取舍的决定。

(二)鉴定人的资格条件、权利和义务

1. 鉴定人的资格条件

2018 年《刑事诉讼法》第 146 条规定:“为了查明案情,需要解决案件中某些专门性问题的时候,应当指派、聘请有专门知识的人进行鉴定。”《关于司法鉴定管理问题的决定》第 3 条、第 4 条、第 5 条作了比较明确的规定,司法鉴定是具有专门知识的人依照法定程序对专门性问题

进行分析评断的活动，因此，要求鉴定人必须是具有法定资格并依法登记、在一定的鉴定组织机构中从事鉴定业务的人员。在我国现行鉴定体制下，鉴定人有专职鉴定人和兼职鉴定人之分。专职鉴定人是指在公安司法机关系统内专门设置的从事科学技术鉴定的人员（如法医、痕检、文检、化验等人员），他们受到指派后即对案件中的专门性问题进行鉴定。兼职鉴定人是指临时受公安司法机关聘请就案件中有争议的专门性问题进行鉴定并写出鉴定意见后，仍然从事自己本职工作的人。例如，精神病鉴定，通常聘请精神病院的医生进行，在鉴定时，精神科的医生就是兼职鉴定人，鉴定后他仍然从事医疗工作。由此可以看出，我国诉讼中的鉴定人是指根据公安司法机关的指派或者聘请或当事人的委托，运用专门知识和科技手段，对案件中有争议并具有专门性的问题进行检测、分析、鉴别并写出鉴定意见的人。鉴定人应具备以下条件：

（1）鉴定人必须是被指派或者被聘请。2018 年《刑事诉讼法》第 146 条规定："为了查明案情，需要解决案件中某些专门性问题的时候，应当指派、聘请有专门知识的人进行鉴定。"对此，学界的一般理解是，凡是公安司法机关需要由本机关的鉴定人进行鉴定的，则"指派"本机关的鉴定人进行鉴定；凡是公安司法机关需要外单位的鉴定人进行鉴定的，则"聘请"鉴定人进行鉴定。我们认为，结合《关于司法鉴定管理问题的决定》所做出的："侦查机关根据侦查工作的需要设立的鉴定机构，不得面向社会接受委托从事鉴定业务"，"人民法院和司法行政部门不得设立鉴定机构"的规定，不能以本单位和外单位来区分指派与聘请，因为只有侦查机关有权设立鉴定机构，而且除公安司法机关根据需要指派、聘请鉴定人外，法律也赋予了当事人委托鉴定人的权利。《刑事诉讼法》第 192 条规定："法庭审理过程中，当事人和辩护人、诉讼代理人有权申请通知新的证人到庭，调取新的物证，申请重新鉴定或者勘验。"

（2）鉴定人与鉴定的案件之间无依法应当回避的情形。为了保证鉴定人能够客观、公正地进行鉴定，确保鉴定意见的科学性和准确性，2018 年《刑事诉讼法》第三章明确规定了鉴定人应当回避的情形，即鉴定人如果与鉴定的案件及其当事人有利害关系或者其他关系，可能影响客观公正鉴定的，鉴定人应当自行回避，有关的当事人也有权申请鉴定人回避。在有应当回避的情形下，鉴定人不能担当本案的鉴定工作。此外，鉴定人不得具有其他诉讼参与人的诉讼身份，不得同时担任本案的侦查、起诉或审判人员。

（3）鉴定人具有客观公正的工作态度和作风。鉴定过程中，鉴定人必须不为人情所动，不为权势所屈服，排除各种可能出现的干扰，客观公正地进行鉴定。鉴定人只有工作认真负责，一丝不苟，才能在复杂鉴定工作中精益求精，准益求准，作出准确、科学的鉴定意见。

2. 鉴定人的诉讼权利

鉴定人的权利是鉴定人圆满完成鉴定任务的必要保障，世界上许多国家都非常注意对鉴定人权利的保护。从国外的立法情况看，鉴定人通常享有独立鉴定权、了解案情权、参与诉讼权利、人身受保护权及获得报酬权。从我国的立法及司法实践看，鉴定人主要有以下权利：

（1）鉴定人有权了解鉴定对象（如送鉴材料）的来源。必要时可以查阅勘验、检查等笔录和其他有关材料。

（2）鉴定人根据鉴定的需要，经公安司法人员许可，可以询问证人、当事人。

（3）鉴定人有权要求提供鉴定所必需的充足的材料。当送鉴的材料不足，难以进行鉴定时，鉴定人有权要求送鉴的单位提供充足的材料。

（4）鉴定人有发表独立见解的权利。当一个案件有几个鉴定人共同进行鉴定时，他们可以互相讨论，意见一致时，可以共同给出鉴定意见；意见不一致时，每个鉴定人都有权单独写出自己的鉴定意见。鉴定人应当独立进行鉴定,对鉴定意见负责并在鉴定书上签名或者盖章。多人参加的鉴定,对鉴定意见有不同意见,应当注明。

(5)鉴定人有权拒绝鉴定。鉴定人由于自身的原因,如工作繁忙、身体不适,专门知识有限,或因技术设备条件差难以进行鉴定,或要求鉴定的单位提供鉴定的材料不足,无法进行鉴定时,鉴定人有权拒绝鉴定。

(6)鉴定人有权获得必要的劳务报酬和费用补偿的权利。尽管有些鉴定人受指派进行鉴定,鉴定亦是其本职工作,但他也应当依法有权取得必要的费用补偿,如尸检鉴定费等。受公安司法机关聘请参加鉴定的人有权取得必要的劳务报酬。

(7)鉴定人人身财产安全不受侵犯的权利。由于鉴定意见对定案处理有着至关重要的作用,因而在司法实践中,如同对证人一样,对鉴定人的威胁、引诱及打击报复现象也时有发生,因此西方许多国家都为鉴定人制定了严密的人身保护制度。我国最高人民法院关于民事诉讼与行政诉讼证据的司法解释就明确规定对鉴定人的司法权益依法予以保护,这些合法权益包括了鉴定人的人身和财产安全。

3. 鉴定人的诉讼义务

鉴定人一旦接受委托就成为诉讼法律关系的主体,对诉讼价值目标的实现会产生重要的,甚至是关键性的影响。因此,设置明确的义务性机制对鉴定人的行为进行规范和制约是必要的。结合我国的立法和司法实践,鉴定人的诉讼义务包括以下几个方面:

(1)认真负责,实事求是,客观公正地鉴定。2018 年《刑事诉讼法》第 147 条第 2 款规定:"鉴定人故意作虚假鉴定的,应当依法承担法律责任。"

(2)依法按期作出鉴定意见,并签名、加盖单位印章。

(3)客观公正作出鉴定意见,符合法定情形的应当依法回避。

(4)依法按时出庭,接受各方的询问和发问。2018 年《刑事诉讼法》第 192 条第 3 款规定:"公诉人、当事人或者辩护人、诉讼代理人对鉴定意见有异议,人民法院认为鉴定人有必要出庭的,鉴定人应当出庭作证。经人民法院通知,鉴定人拒不出庭作证的,鉴定意见不得作为定案的根据。"

(5)合理使用妥善保管鉴定材料,不得丢失损毁或挪用。

(6)依法保密,对鉴定事项涉及国家秘密或商业秘密的,应当严格保密。

(7)不收受贿赂,不吃请受礼,不徇私情,不弄虚作假;否则,应当负法律责任,甚至承担伪证罪的刑事责任。

(三)鉴定人与专家证人

在我国刑事诉讼中,存在一种有别于鉴定人的,但又是以其专门知识为法庭提供帮助的人,我们称为专家证人,具有诉讼辅助人员的性质。允许诉讼当事人聘请专家证人参与庭审中鉴定意见的质证,其目的在于保障鉴定意见质证质量与有效性。

2018 年《刑事诉讼法》第 197 条第 2 款规定:"……公诉人、当事人和辩护人、诉讼代理人可以申请法庭通知有专门知识的人出庭,就鉴定人作出的鉴定意见提出意见。……第二款规定的有专门知识的人出庭,适用鉴定人的有关规定。"

这个法律条款提到了"专门知识的人",而且在立法技术上明显是与鉴定人作了区分的。这种具有专门知识的人员就是专家证人,是指在科学、技术以及其他专业知识方面具有特殊的专门知识或经验的人员，根据当事人的请托并经法院准许，出庭辅助当事人对讼争的案件事实所涉及的专门性问题进行说明或发表专业意见和评论的人。

从专家证人应具有的专门知识和经验以及须接受法官和当事人的询问来看，相当于鉴定人的地位；但从其可以对鉴定人进行询问的规定来看，则其池位明显不同于鉴定人。但是专家证人又不同于证人，证人是因为知道案件情况而参加诉讼，而专家证人则是因为其专业知识而参加诉讼。

（四）鉴定意见证明力的特点

鉴定意见的证明力具有以下特点：

第一，鉴定意见是鉴定人运用自己的专门知识和技能，凭借科学的设备和仪器，分析、检测、研究案内专门性问题所作的判断。因此在证明力上，具有客观性和科学性的特点。

第二，有的鉴定意见，由于受到送验材料、技术能力、设备条件、客观干扰、主观条件、业务水平等方面的限制，其科学性、准确性受到了影响。因此，在证明力上也存在一定缺陷，甚至虚假性，不能把鉴定意见作为唯一的定案根据，它只是众多证据种类中的一种。

第三，鉴定意见是对案件中需要解决的专门性问题所作的结论，其证明力具有解决事实问题的专门性，而不是对法律适用问题提出处理意见。

（五）鉴定意见的审查判断

根据鉴定意见证明力的特点，我们既要看到鉴定意见是具有专门知识的人提供的一种科学的判断，具有较强的证明力和可信性，也要看到鉴定意见可能存在的虚假性。特别是当前，我国鉴定体制多元化，鉴定人员的资格不规范，自审自鉴，多次鉴定，重复鉴定等，尤其是在社会风气不正的情况下，鉴定人作为社会中的一员必然与其他人发生各种联系。这种社会关系网，也会对其鉴定活动产生影响，导致鉴定意见出现差错。同时，鉴定人的知识水平和鉴定采用的设备和方法的先进性和科学性都制约着鉴定意见的准确性。实践中出现的一案历经 9 次鉴定就充分说明鉴定意见必须进行审查判断。另外，根据孤证不能定案的法则，只有鉴定意见没有其他证据的，同样不能定案。因为鉴定意见仅仅解决案内涉及科学技术的某些具体问题，只能据以认定案件中的个别部分事实，而不是全部案件事实。坚持对鉴定意见进行审查判断，有利于促进公安司法机关对全案证据进行审查判断，查明事实真相，正确适用法律。

审查判断鉴定意见，应当重点从以下几方面进行：

第一，鉴定人的条件是否具备。鉴定人的鉴定活动应当以鉴定人具有资格符合条件为前提。如果鉴定人不合格，则必然导致鉴定意见无效。

第二，鉴定意见所依据的送鉴材料是否充分、真实。送鉴材料是鉴定的前提和对象，也是鉴定意见形成的基础。如果送鉴的材料不充分，则难以作出鉴定意见，或只能得出不准确的鉴定意见。如果送鉴的材料不真实，是假的，则只能得出错误的鉴定意见。

第三，鉴定的设备是否先进，鉴定的方法是否科学。有些鉴定意见必须出自较先进的技术设备，并非一般的设备所能完成。有些鉴定意见在一般设备上能够完成，但此项鉴定意见已有更为先进技术设备，有条件的单位是否采用，没有采用的原因何在。即使有了先进的技术设备，鉴定的方法是否科学也同样重要。因为方法不科学如违反操作规程，或减少必要的环节等都可能导致错误的鉴定意见。

第四，鉴定意见的依据是否科学。鉴定意见是以一定的科学成果为依据的。这就要求我们要注意审查目前的科技领域是否提供了鉴定意见所依据的科技成果,这种科技成果的稳定性和实用性如何。因为鉴定意见的准确率受制于鉴定所依据的科技成果的科学性。另外,就鉴定意见本身而言,我们还应当注意审查鉴定意见的论据与结论之间有无矛盾。依据现有的论据能否必然推导出现在的结论。防止将自相矛盾的鉴定意见作为诉讼证据使用。

第五,综合全案证据进行审查判断。对鉴定意见,应当由法庭根据对该鉴定意见的质证情况,并综合全案的其他证据进行认定。从形式上看,2018 年《刑事诉讼法》第 189 条第 3 款明确规定了"公诉人、当事人或者辩护人、诉讼代理人对鉴定意见有异议,人民法院认为鉴定人有必要出庭的,鉴定人应当出庭作证。经人民法院通知,鉴定人拒不出庭作证的,鉴定意见不得作为定案的根据。"可见,审查判断存有异议的鉴定意见时,鉴定人是否出庭是一个关键;从实质上看,要判断证据与证据之间、证据与案件事实之间有无矛盾。这样有利于发现矛盾,排除矛盾,使案件得到正确处理。法庭在认定鉴定意见时,不应受鉴定人身份及其所在鉴定机构级别的影响。

在诉讼中,当有两名以上的鉴定人作出鉴定意见而各自的鉴定意见又相互矛盾时,应如何认定。我国现行法律无明确规定,通常的做法是,法院在认定鉴定意见时,考虑鉴定人身份及其所在鉴定机构级别的影响,往往采纳级别高的鉴定机构所作的鉴定意见。这种鉴定机构级别影响在刑事诉讼法中最为明显,如刑事诉讼法规定,对人身和精神病鉴定由省级人民政府指定医院进行。我们认为,这种规定虽然考虑到了鉴定人员技术能力问题,但带有明显的鉴定级别的限制,并不合理,应当取消鉴定级别的限制。在审查判断鉴定意见时与其他证据结合进行是十分必要的,这样有利于发现鉴定意见本身的问题,以便及时补充鉴定或重新鉴定,对此,2018 年《刑事诉讼法》第 148 条明确规定:"侦查机关应当将用作证据的鉴定意见告知犯罪嫌疑人、被害人。如果犯罪嫌疑人、被害人提出申请,可以补充鉴定或者重新鉴定。"这说明,鉴定意见的审查要听取犯罪嫌疑人、被害人的意见,说到底是将鉴定意见与犯罪嫌疑人供述和辩解、被害人的陈述进行对比分析。综合全案证据来审查判断鉴定意见的同时,也是对其他证据进行审查判断。因为经过综合分析、比对,案中证据的矛盾就会显现,从而有利于公安司法机关分析矛盾产生的原因,进一步收集证据,排除矛盾,查清案件事实,对案件作出客观公正的处理。

七、勘验、检查、辨认、侦查实验等笔录

(一)勘验、检查、辨认、侦查实验等笔录的概念和意义

1. 勘验、检查、辨认、侦查实验等笔录的概念

勘验、检查、辨认、侦查实验等笔录,又称"笔录证据",是指办案人员对与案件有关的场所、物品、人身进行勘验、检查、辨认或进行侦查实验时,所作的文字记载,并由勘验、检查人员、辨认人员、实验人员和在场见证人签名的一种书面文件。

我国刑事诉讼法所规定的勘验、检查、辨认、侦查试验等笔录,就其实质而言,它是一种固定保全证据的方法和手段,其证据作用在于它固定和保全的内容同案件事实所产生的关联性。因此对这种证据的基本要求,就是要客观全面、准确地加以固定,不能有任何疏漏。

勘验、检查、辨认笔录,包括对勘验、检查和辨认等侦查行为或调查所作的记录。勘验,是指公安司法人员针对同案件有关的场所、物品、尸体等"死"的物体所进行观察、测量、检验、拍照、绘图等活动。其目的是直接了解案件的有关场所、物品、尸体,发现和收集证据材料。检

查,是指公安司法人员针对与案件有关的“活”着的人所进行的观察、检验等活动。其目的在于确定犯罪嫌疑人、被害人的某些特征、伤害情况或者生理状态。辨认,是指在侦查中为了查明案情,必要时让被害人、证人以及犯罪嫌疑人对与犯罪有关的物品、文件、尸体、场所或者犯罪嫌疑人进行辨认的一种侦查行为。对这些侦查或调查行为所作的书面记录,都归于勘验、检查、辨认笔录这种证据形式。此外,侦查实验是为验证在其种条件下某一事件或现象是否发生和后果如何,而实验性地重演该事件的侦查行为。由于其目的在于证实某种条件下案件事实能否发生和怎样发生,以及发生何种结果的一项侦查措施,因而记载实验经过和结果的笔录就是侦查实验笔录。

勘验、检查等笔录是一种独立的诉讼证据,不能与物证、书证、鉴定意见相混淆。勘验、检查等笔录虽然与物证、书证和鉴定意见有着密切的联系,但是,它是一种独立的证据,与其他证据有明显的区别。勘验、检查等笔录不同于物证。勘验、检查等笔录虽然客观地记载物证资料,但它只是反映物证和保全物证的一种方法。比如物证的特征、所处空间位置、物证之间的外部联系等,并且它是在案件发生后由司法人员制作的;而物证是在案件发生过程中使用的物品或形成的痕迹。因此,勘验、检查等笔录不是物证本身,与物证不同。勘验、检查等笔录也不同于书证。勘验、检查等笔录虽然是以其内容来证明案件事实的书面材料,这与书证有些相似。但是,它与书证又有着本质的区别。因为,书证形成于案件发生之前或发生过程中,一般是由证人、被害人、犯罪嫌疑人提供的;而勘验、检查等笔录是在案件发生之后,由司法人员通过勘验、检查客观地作出的一种“特殊的书面材料”。显然,二者是不同的。勘验、检查等笔录也与鉴定意见不同。勘验、检查等笔录与鉴定意见的对象,虽然在某种情况下是相同的,比如对人身的检查,但是,二者是有区别的。其一,二者制作的主体不同。勘验、检查等笔录制作的主体是司法人员,而鉴定意见制作的主体是鉴定人。其二,二者运用的方法不同。勘验、检查等笔录是司法人员运用自己的感官或器材直接观察和测量时所作的如实记录,不具有分析、判断的因素。而鉴定意见则是鉴定人运用其专门知识对某种特定事物进行检验、分析后所作的一种判断。

在刑事诉讼中,经常使用的勘验、检查等笔录有:(1)现场勘验笔录。对于客观准确地反映现场的实际情况,证明犯罪案件的事实情节具有重要意义。(2)尸体检验笔录。有助于查明死亡原因、死亡时间、致死方法和手段。(3)物证检验笔录。对于查明物证的性质、特征,证实犯罪,查明犯罪嫌疑人具有重要意义。(4)人身检查笔录。有助于查明被害人、犯罪嫌疑人的某些特征、伤害情况、生理状态等。(5)侦查实验笔录。有助于查明在一定条件下某一事件或现象是否发生以及后果如何。

2. 勘验、检查、辨认、侦查实验等笔录的意义

在刑事诉讼中,常常会遇到与案件有关的物证或者现场,由于某种原因不便于或根本不可能提交法庭,为了弄清事实真相,就要求公安司法人员必须到现场勘验。通过勘验以便对现场情况进行了解,并将现场情况制成笔录,使与案件有关的现场和物品得以再现。这对案件事实的认定和纠纷的解决,有着重要的意义。

(二)勘验、检查、辨认、侦查实验等笔录证明力的特点

勘验、检查等笔录是公安司法机关依照法定程序制作的,它又是现场物证、书证的固定和保全,因此,它的证明力相对比较客观,作为证据表现形式的笔录,具有很强的证明力。但是,由于笔录是对诉讼活动的记载,而诉讼活动的对象如物品、痕迹可能被人为地更换、损坏或伪

造等,如果公安司法人员未发现这些情况,则诉讼活动是在假象下进行的,这样的笔录也难以保证真实。再有公安司法人员的业务素质、工作责任心和采用的工作方法是否科学等都影响诉讼行为的质量,从而影响笔录的质量,因为这些都会在笔录中得到记载和体现。另外,笔录制作者的工作责任心和业务水平也影响着笔录的质量。由此可知,这种证据在有些情形下,也可能具有虚假性的特点。

(三)勘验、检查、辨认、侦查实验等笔录的内容和制作

1. 勘验、检查等笔录的内容必须客观、全面、准确

(1)现场勘验笔录。现场勘验笔录的内容,一般包括现场笔录、现场照相和现场绘图。具体内容分为前言、叙事、结尾三个部分,包括:接到报案的时间,案件发生或者发现的时间、地点,报案人、被害人或当事人的姓名、职业、住址以及他们叙述的案件发生、发现的情况;现场人员的姓名、职业,到达现场的时间和采取了何种保护措施以及保护过程中发现的情况;现场勘验指挥人员和参加现场勘验人员的姓名、职务,见证人的姓名、职业和住址;勘验工作开始和结束的时间,勘验的顺序以及当时的气候和光线条件;现场所在地的位置及其周围环境;现场中心及有关场所的情况,现场变动和变化的情况以及反常现象;现场的遗留物和痕迹的情况;提取物证(包括物品和痕迹)、书证的名称、数量;现场拍照的内容、数量;绘制现场图的时间、方位、种类和数量。现场图应写明名称、图例及说明事项,并由绘图人签名。现代科学技术的飞速发展,用于现场勘验的科技手段也逐渐增多。如激光发现指纹、录音、录像技术的具体应用等。无论在现场勘验中使用何种科技手段,对勘验所见与案件有关的情况均应记录在卷。

(2)物证检验笔录。它是侦查、审查人员到物品所在地进行勘验所作的记录,其主要内容是记载勘验时所见到的物品的性质、形状、位置和其他特征等。对其拍照时应附照片。

(3)尸体检验笔录。它是验尸人员就检验尸体所见和提取何物而作的如实记录。在我国,验尸由侦查或审判人员组织进行,必须有法医参加。检验尸体的笔录,应由参加尸体检验的法医制作。勘查有尸体的现场时,尸体检验笔录应由法医单独制作。在尸体检验笔录中,除记明检验的时间、地点,参加检验的人员和见证人的姓名等事项外,主要应记载死者的衣着状况,尸体的外表现象,伤痕的形状、大小和位置,按印指纹、掌纹和提取血、尿、胃内容的情况。对于无名尸体,还应记载其相貌特征,生理、病理特征,携带物品等特征。尸体检验笔录有助于查明死者死因,致死工具、手段和方法,死亡时间,进而为判断死亡性质,揭露、证实犯罪提供依据。

(4)人身检查笔录。它一般应包括:检查的时间、地点,检查人员的姓名、职务,被检查人的姓名、职业、住址,检查的内容和检查所见等。在刑事被告人拒绝检查时,侦查或审判人员认为有必要,予以强制检查的,此种情况也应在笔录中记明。

(5)侦查实验笔录。它是侦查机关为验证在一定条件下某一事件或现象能否发生及其后果而进行试验的如实记录。侦查实验笔录一般应包括:实验的时间、地点、环境、条件和工具,实验的目的,批准实验的机关,指挥和参加实验人的姓名、职务,实验过程和结果等。同时应附上通过照相、录像、录音、绘图及制作模型等方法加以固定的实验情况。

2. 勘验、检查等笔录和现场笔录的制作程序

根据刑事诉讼法及相关司法解释的有关规定,制作勘验、检查等笔录的程序主要是:

(1)由侦查、审判人员主持制作。刑事诉讼中的勘验、检查,在侦查阶段是一种侦查行为,应由侦查人员进行。虽然在必要的时候,侦查机关可以指派或者聘请具有专门知识的人参加,但他们应在侦查人员的主持下进行勘验、检查。将勘验、检查的情况制作笔录,无论由何人书写,也应由侦查人员主持,以利于全面准确地记载各种情况。人民法院办理刑事案件,在必要的时候,也可以进行勘验、检查。在司法实践中,勘验、检查等笔录一般是由负责勘验、检查的侦查、检察、审判人员指定专人制作,并应与勘验、检查同步进行。勘验现场时,勘验人必须出示公安司法机关的证件。

(2)邀请见证人见证。为了确保客观、公正地进行勘验、检查和笔录的制作,应当邀请与案件无关的公民作见证人。

(3)应由勘验人等签字或者盖章。为了确保勘验、检查等笔录的客观、准确,保证有关人员对勘验、检查等笔录负责和便于核查,根据2018年《刑事诉讼法》第133条的规定,参加勘验、检查人和见证人,都应当在勘验、检查等笔录上签名或者盖章。

(四)勘验、检查、辨认、侦查实验等笔录的审查判断

根据勘验、检查等笔录在证明力上的特点和它的制作过程,可能出现的问题,作为定案的证据使用,必须要经过严格的审查判断。

首先,审查认定勘验、检查、辨认、侦查实验等笔录在制作上是否符合法定程序。这包括:

(1)勘验、检查、辨认、侦查实验等笔录的制作主体是否符合法律规定,即所谓的主体是否合法。具体而言,应审查进行勘验、检查的行为人所从事的行为是否有法律依据,有无进行勘验、检查的权力。对此,2018年《刑事诉讼法》第128条规定:"侦查人员对于与犯罪有关的场所、物品、人身、尸体应当进行勘验或者检查。在必要的时候,可以指派或者聘请具有专门知识的人,在侦查人员的主持下进行勘验、检查。"第130条规定:"侦查人员执行勘验、检查,必须持有人民检察院或者公安机关的证明文件。"

(2)审查当时有无见证人在场。这是决定勘验、检查、辨认、侦查实验等笔录具有客观、公正性的必要保障。

(3)审查认定勘验人员和见证人是否在笔录上签名或者盖章,现场笔录是否经过当事人核实、确认并签名或者盖章,否则将影响这些笔录证据的证据能力。对此,2018年《刑事诉讼法》第133条规定:"勘验、检查的情况应当写成笔录,由参加勘验、检查的人和见证人签名或者盖章。"

其次,审查现场的保护情况。笔录中所记载的现场情况、物品、痕迹等有无受到自然环境或人为的破坏,在人身特征或者生理状态上有无故意制造假象或者伪装的情形,笔录上有无篡改或者伪造现象的发生等。以上情形如发生,将直接影响有关笔录的证明能力。

再次,审查勘验、检查、辨认、侦查实验等笔录所记载的内容是否具有客观性、完整性和准确性。例如,笔录上所记载的物证、痕迹、场地环境情况等与从现场收集到的实物证据是否吻合;采用文字记录以及绘图、现场录像、拍照等所反映案件事实的各个部分是否相互照应,有无相互抵触的情形;现场所记录的重要情况有无遗漏之处,所使用的文字表述是否确切,采用数字是否准确无误;笔录所表述的内容有无推测、臆断。

最后,审查勘验及现场笔录的制作人的业务水平与工作态度如何。作为具体的勘验、检查、辨认、侦查实验等笔录,是制作人员的工作态度、业务素质、专业技术水平等情况的综合反

映。如果制作人的业务素质不高、技术能力不强,甚至工作粗枝大叶,勘验、检查不细,其反映案件事实的真实性、可靠性就会较低,在证明力上就会较弱。

八、视听资料

(一)视听资料的概念和意义

视听资料是采用现代技术手段,将可以重现案件原始声响、形象的录音录像资料和储存于电子计算机的有关资料及其他科技设备提供的信息,用来作为证明案件真实情况的资料。这是一种更接近于案件的真实情况的证据。

对视听资料是否为一种独立的证据,尚有争论。根据司法实践的需要和高精技术证据时代的来临,以及我国诉讼法学界对视听资料的研究成果,我国三大诉讼法已将视听资料确认为独立的证据,并在司法实践中把它作为独立的证据使用。其理由如下:

第一,随着科学技术的发展,“控制论”“系统论”“信息论”为中心的新技术革命的来临,人们用录像、录音和电子计算机储存资料,或用其他科学技术手段提供信息,日益增多,这是一个客观存在的事实,它必然要反映到诉讼中来。

第二,视听资料不能划属为物证。视听资料虽然也是一种物体(磁带、录像带),但它在刑事诉讼中的证明作用并不是通过它的外部形态、质量、规格和特征来实现的,它能起证明作用的,是它的内容,即它的音、像、信息和存储的资料。因此,不能认为它是物证,它是独立于物证之外的一种证据。

第三,视听资料也不能划属于书证。因为书证是以文字、符号、图画所表示的内容和含义来证明案件事实的,视听资料则是以它的声调、图像、存储的资料、信息,来证明案件事实的。它具备“望之有形、听之有声、查之有据”的特殊性能,就其表现形式和证明作用来说,都是书证所无法比拟的。因而,视听资料不能划归为书证的范围。由此可见,把视听资料列为独立的一种证据,是理所当然的。

视听资料是一种重要的诉讼证据,在现代刑事诉讼中的地位和作用越来越明显。其具体表现是:(1)这种证据容量大,内容丰富,直观性强,可以接连不断地播放,具有高度的连续性。办案人员无论是侦查破案,还是定罪量刑,使用起来方便、快捷、可靠。(2)这种证据同其他证据相比,由于客观性强,其准确性和可靠性就大。(3)这种证据也便于保存和使用,由于它体积小,重量轻,同其他证据相比,更易于保存。(4)视听资料是法制宣传教育的有效手段。

(二)视听资料的种类

根据当前的科技水平和视听资料的应用,按照表现的不同形式可以把视听资料划分为以下几种:

一是录音资料。其是运用声学、电学、机械学等方面的科学技术,把正在进行的演说、唱歌、爆炸、对话、自然声响、机械摩擦等声音如实地记录下来,然后经过播放,再现原来的声迹,以证明案件的真实情况的证据。录音资料是原始声音的真迹再现,它能逼真地反映出讲话人的音质、音素、语言习惯、讲话时的心情以及当时当地各种因素的影响。当播放这些录音时,熟悉情况的人很快就能作出辨认,讲话人也不能随意加以否认。其证明力远远超过其他证据。因此,被人们称为“会说话的证据”。

二是录像资料。其是运用光电效应和电磁转换的原理,将事物运动、发展、变化的客观真实情况原原本本地录制下来，再经过播放，重新显示原始的形象，来证明案件真实情况的证据。录像资料具有准确、完整、连贯再现原状的特点。因为它是运用摄像机、录像机、监视器等多方面的综合性技术方法录制的。它的内容广泛丰富，容量较大，有连续运动的人、物、形象，有变动着的背景作参照物，可以提供许多客观情况，供司法人员观察分析。由于录像资料可以直接收录，随时输出，同步观看，所以它在侦查破案、认定案情，甚至在监管改造罪犯中，都具有非常重要的意义。

三是电子计算机存储资料。这类资料是运用电子计算机的存储功能，将与犯罪有关的资料，编制成一定的程序，输入存储器内，一旦需要从这些资料中检查出某些信息时，就可以操纵输出设备，在终端显示器上显现出图像和数据，或者打印出来，以证明案件的真实情况。存储在电子计算机里的信息资料，主要是国家电脑档案中心和与之相联系的全国各分支系统，将与刑事犯罪有关的各种数据，大案、要案的现场，罪犯作案及逃窜情况，有前科和劣迹的人或重点控制对象的指纹、血型、体貌特征、籍贯等信息资料集中到大型存储器内，供办案时查找、比对和使用。运用电子计算机存储的资料进行检索，以确定现场提取的指纹、鞋印、血迹、毛发等是否属于某人的过程与鉴定后得到的结论很相似。但是，这并不是鉴定和鉴定意见。因为这种资料是依靠现代化科学技术设备自行存储和从千百万份档案中自动检索得到的，这里面不反映任何专家或管理人员的主观意志。

四是运用专门技术设备得到的信息资料。操纵专门设备检测被检对象，经过仪器的自身运动，显示出检测结果而得到的信息和数据，作为证明案件事实真相的科学依据。这种直接通过技术装置显示出来，作为认定案情的信息资料，是视听资料的一种新的表现形式。现代科学技术的飞速发展，使犯罪手段也逐步趋向技术化，已经出现了运用电子计算机诈骗大量款项，利用放射性元素、激光、毒品制造医疗事故，使病人猝死的犯罪活动，而且在日趋增加。为了弄清被害人的死因和查获犯罪分子，就必须使证据现代化，就必须借助现代科学技术装置，进行检测和定量定性分析，提供准确的数据资料。例如，英国科学家运用中子活化分析的方法，将拿破仑的头发裁成一毫米长的小段，分别放入原子反应堆中，接受中子束照射，在经过仪器自动分析后，显示出头发中含砷量比正常人高达40倍，证明拿破仑是长期砷中毒死亡的。有的人可能也认为这类证据应属于鉴定意见，其实这种检测过程并非某技术人员个人技术发挥的结果，完全是仪器自行运动分析后显示出的数据资料。对于这种资料根本不需要具体操作人承担法律上的责任。因此，它不属于鉴定意见。再如，人们在机场、海关所通过的安全检查，当犯罪分子携带走私物品、违禁物品，通过"安全门"时，检测装置就会发出报警和图像显示，以此为根据，即可查获和证实犯罪。这种信号和资料不能说是鉴定意见，而是视听资料的一种。

（三）视听资料证明力的特点

由于视听资料是通过高精技术手段制作的，它除了具有证据的共同属性，即客观性、关联性、合法性之外，其证明力还有直观、形象、准确、科学和综合性的特点。

所谓直接，是指视听资料直接来源于案件事实，是案件事实的直接反映，而且可以作为证明案件主要事实的直接证据使用。直接性是视听资料与证人证言、被害人陈述和被告人供述的相同之处，与书证和物证的区别所在。

所谓形象，是指视听资料可以直观地、生动地反映和再现案件事实的发生过程。形象性是视听资料与当事人陈述、证人证言的类似之外,与书证和物证的区别所在。视听资料所表达的思想内容是以原声、原貌再现一定的法律行为或案件事实,通过人们对其作出的直接判断,借助于生动的感性认识,对案件作出准确的认定。

所谓准确,是指视听资料对案件事实的记录和反映细致入微,比较客观和可靠。视听资料是采用现代科技手段与设备记载的案件的原始材料,或使用高精技术设备制作的与案件有关的信息和资料。除非伪造或者操作失误,视听资料反映案件事实既不受执法办案人员的思想感情左右,也不受任何诉讼参与人的主观意志制约。只要操作符合技术规程,对象准确,设备仪器精良,最后得出的结论必然是准确可靠的。视听资料的这种准确性是书证、物证和言词证据无法比拟的。

所谓科学,是指视听资料的制作和使用都需要依赖现代科技设备,遵守科学技术规程。视听资料的产生和发展是现代科学技术发展在法律领域中的体现。无论是制作视听资料的设备,还是记载微电子信息的录音带、录像带、光盘等,都具有一定的科学原理,隐含着现代科学技术。运用电子计算机的网络系统所存储的资料和检索设备,可以在短暂的时间内查找存放于遥远地区与案件有关的信息资料。而安装和使用先进的侦查设备,进行现场监视、报警监视、监所监视、遥控跟踪卫星摄录、X射线探测、红外线照相等,可以及时发现犯罪线索,掌握犯罪情况,并可准确地认定案件事实。

由于视听资料的上述特征,它对案件事实的证明的另一特征是证明过程简单,一看就明白,一放就清楚,无须经过推理的过程,或者逻辑演绎的过程。

(四)视听资料的调查收集及其证明力的确定

1. 视听资料的调查收集

视听资料的调查收集是指执法人员或者律师按照法定程序和方法制作或者依法向有关单位或者个人调取视听资料的专门活动。

根据国家法律赋予执法机关的职权,在诉讼中,公安司法机关有权利、也有义务及时向有关的单位和个人调查收集视听资料。任何国家机关、社会团体、企业事业单位和公民个人,对于司法机关向其调取的有证据意义的视听资料,都有义务提供,不得拒绝。我国2018年《刑事诉讼法》第137条规定:“任何单位和个人,有义务按照人民检察院和公安机关的要求,交出可以证明犯罪嫌疑人有罪或者无罪的物证、书证、视听资料等证据。”按照我国《国家安全法》和《人民警察法》的规定,国家安全机关和公安机关,经过严格的批准手段,执法人员可以在采取监听或者监视措施过程中制作视听资料。律师在出示证件、征得对方同意的情况下,可以制作录音或者录像资料。

收集和制作视听资料必须遵守相应操作规程,并且不得侵犯他人的合法权益,视听资料的制作方法多种多样,因其种类和需要采用的技术设备而异。调取视听资料的方法与收集物证、书证一样,主要是勘验、搜查、扣押或者向有关的单位或者个人调取。不过鉴于我国目前有关这方面的立法尚不完善的状况,对视听资料的收集与调查必须注意根据案件的实际需要,坚持必要性原则,即只有通过其他调查、侦查手段尚不足以查明或者证明案件事实的情况下,方可经过严格的批准手续而采用这种手段。在采用这种手段时,还必须遵守合法性原则,即必须遵守法律规定的范围、程序和方法,不得侵害公民的合法权益,包括批准手续、制作笔录、详细登记、记明时间、地点和见证人,视听资料的调取要征得个人的同意,等等。

需要指出的是，这里所说的合法性原则针对的是执法人员和律师，而不是公民。对于公民个人秘密录制的视听资料，应当具体问题具体分析。公民自行录制他人谈话和行为的做法原则上应当严格禁止，但出于与犯罪作斗争和自我保护的需要而录制视听资料的，则其行为具有正当性，因此而制成的视听资料，经过查证属实并且对证明案件情况有实际意义的，可以作为证据使用。对公民录制的视听资料，一方面要看它的来源是否经过对方同意或事后认可，另一方面要经过合法的转化，才能作为定案的根据。

2. 视听资料证明力的确定

视听资料这种证据的优点是比较客观、准确、直接、形象、科学。但是，它的制作和形成有合法和非法之分。同时，在制作形成的过程中，容易受到机器设备、制作技术、客观环境和条件的影响。即使形成的视听资料，也容易被人们剪辑、编纂，而失去其真实性。因此，视听资料的证明力，必须经过严格的审查判断，查证属实以后才能作为定案的根据。

关于视听资料的证明力的确定，首先，要审查制作该资料的机器设备是否完善、正常，技术水平是否先进，这些设备、技术水平是否直接影响视听资料的准确性；其次，审查该视听资料形成的时间、地点及其周围的环境，因为周围的环境条件、地形、山脉、空气的干湿程度，环境的嘈杂程度等都会影响视听资料的准确性；再次，分析研究视听资料的内容，把视听资料的内容同案件的发生、发展的过程和结果对照起来，审查其是否被删节、剪接、编纂而失去了真实性；最后，审查视听资料的制作过程是否符合收集和调查的程序，对于那些非法的视听资料，未经合法的转化，不能作为定案的根据。

我们认为，对于未经对方当事人同意私自录制的视听资料，只要不侵害他人的合法权益，不违反法律的禁止性规定，就不能视为非法证据，从而应当具有证据能力和证明力，经过质证，可以作为定案依据。当然，对于存有疑点的视听资料，没有其他证据予以佐证，则不能单独作为认定案件事实的依据。

九、电子证据

（一）电子证据的概念和意义

1. 电子证据的概念及其表现形式

20 世纪晚期以来，随着社会的发展和技术的进步，犯罪形态愈加多样化、复杂化、智能化，造就了一个高风险的社会，也开启了高精技术证据的时代。计算机及网络技术的迅猛发展和普及，在丰富与便捷人们生活的同时，也使网络犯罪有了一定的生存空间，于是电子证据以迅雷不及掩耳之势进入了刑事诉讼领域。但我国 1996 年《刑事诉讼法》第 42 条并未将电子证据列为法定证据种类之一，导致了电子证据的合法性危机。为了解决电子证据在司法实践中的现实需要问题，传统观点将其归入视听资料。2011 年颁布的《刑事诉讼法修正案（草案）》首次承认了电子证据的法律地位，2012 年 3 月 14 日通过的《中华人民共和国刑事诉讼法修正案》最终以基本法律的形式将“电子数据”与“视听资料”并列，正式规定为法定证据种类之一，2018 年《刑事诉讼法》的修改延续了该证据种类规定。

电子证据是指以电子形式存在的，可以用于证明案件事实的一切材料及其衍生物。“电子数据”即电子形式的数据信息，所强调的是记录数据的方式而非内容。以电子数据为基础的各种存在形式可以统称为电子证据。电子数据是各类电子证据的本质，是各种外在表现形式的内在属性和共同特征。电子证据在本质上是电子数据，其外在表现形式具有多样性和不确定性。具体而言,诸如 BBS 留言、网络聊天记录、EDI 电子邮件、软件使用界面、手机短信、网页等等,都属于电子证据的范畴。在类型上可以分为电子计算机存储资料和运用电子技术设备得到的信息资料。

从内涵而言,电子形式是指具有电子、数字、磁性、无线、光质、电磁或类似性能的科技形式;数据信息包括在本质上是以无纸化形式生成、存储或通信的所有类型的信息。从外延来看,电子证据应当具有开放性。电子证据是科技发展的产物,系属科技证据的下位概念,而科技证据本身就是一个开放性的概念,以证据形成过程和存在形式是否涉及高端科技为标准,其研究对象不具有恒定性,而应当时时更新,随着科技的发展吐旧纳新。电子证据的范围也随着电子技术的发展而不断扩充。

2. 电子证据的特点

电子证据除具备一般证据的客观性、关联性和合法性特征外,还具有非物质性、高科技性、脆弱性等特征:

第一,非物质性。电子证据的本质是电子数据,即按编码规则处理成的 0、1 数字组合,它的产生和重现必须依赖于特定的电子介质,不能直接为人所认知,只有通过转换、复制而显示在显示屏或者打印到其他介质上才能被肉眼所见。

第二,高科技性。电子证据以电子设备为存储介质,许多电子设备都具有智能性,在进行设定后可以自动运行程序,并且自动生成电子证据。在整个过程中,只需要完成最初设定,全程都无须人工操作,在很大程度上弥补了人类在生理上的限制。例如,运用电子计算机的网络系统所存储的资料和检索设备,可以在短暂的时间内查找存放于遥远地区与案件有关的信息资料。而安装和使用先进的侦查设备,进行现场监视、报警监视、监所监视、遥控跟踪卫星摄录、X 射线探测、红外线照相等,可以及时发现犯罪线索,掌握犯罪情况,并可准确地认定案件事实。

第三,脆弱性。传统证据,如书证,使用纸张为载体,不仅真实记录有签署人的笔迹和各种特征,而且可以长久保存,如有任何改动或添加,都会留下"蛛丝马迹",通过专家或司法鉴定等手段均不难识别。但电子证据依托于电子介质而存在,容易因人为或环境因素而损毁、修改、灭失。以电子计算机证据为例,对其存储数据的修改简单而且不易留下痕迹,这就导致当有人利用非法手段入侵系统、盗用密码时,或者当操作人员出现差错或供电系统和网络发生故障、病毒等情况时,电子证据均有可能被轻易地盗取、修改甚至全盘毁灭,而不留下任何证据。在计算机和网络技术日益进步的今天,破坏数据变得更加容易,而事后追踪和复原变得越发困难。

3. 电子证据的意义

电子证据是现代社会科技发展的产物,继人证、物证之后,电子证据已经成为一种重要的诉讼证据,在现代刑事诉讼中的地位和作用越来越明显。首先,电子证据容量大,内容丰富,为办案人员的侦查破案和定罪量刑等司法活动提供了必要信息。其次,电子证据的高度智能性在一定程度上实现了取证自动化,弥补了传统侦查取证活动的不足,增强了办案人员的侦查能力。最后,电子证据的表现形式具有较强的直观性,使用起来方便、快捷,有利于提高诉讼效率。

(二)电子证据证明力的特点

电子证据具有多样性,可以体现为各种传统证据的电子形式,在证明机制上与传统证据并无本质区别。比如,电子邮件属于电子证据,但将邮件内容打印至纸面,在外形上与传统书证并无区别。更典型的例子是数码照片,使用数码相机拍摄的照片可以在相机上显示,也可以通过计算机显示,还可以通过打印机打印出来。无论是哪种形式的照片,如果根据其外部形态、特征发挥证明作用,则应属于物证;如果以其呈现的思想内容发挥证明作用,则应属于书证。

但使电子证据区别于传统证据的本质特征在于其文字、照片的外表可以还原成0、1数字组合的电子数据,而电子数据本身证据力的特点则体现在电子数据的认证作用上。从其内容看,电子数据可以分为内容数据信息和附属数据信息。内容数据信息记载一定社会活动内容,例如电子邮件的正文、网上聊天记录等。附属数据信息是指记录电子证据的形成、处理、存储、传输、输出等与内容数据信息相关的环境和适用条件等附属信息,例如Word文档的文件大小、文件位置、修改时间,电子邮件的发送、传输路径、邮件的ID号、电子邮件的发送者、日期等电子邮件的信息等。[11] 内容数据信息通过转化为各种形式,可以体现为不同的传统证据类型,但均属传统证据类型的电子形式,因此可以统称为电子证据。附属数据信息则可以直接以电子数据的形式成为一种独立的证据类型。例如,附属数据信息包括"哈希值"(hash values)和"元数据"(metadata)。哈希值是一个以适用于数据组特点的标准数学算法为基础的专属数字识别码,可以分配给一个文件、一组文件或一个文件的一部分,是一种可以对电子文件进行同一认定的计算方法。而元数据是描述电子文件历史、踪迹或管理的信息,又被称为"关于数据的数据",即用于描述数据及其环境的数据,可以将之视为电子文件的"档案"。

因此,虽然电子证据的外在表现形式是多样的,但都可以还原为电子数据的本质,并以此为基础进行认证。例如,电子文档可以打印为书证,而两份生成时间、制作主体不同的电子文档,只要内容相同,那么在转化为书证后就已经无法体现出任何区别。此时,就需要通过电子数据,如哈希值、元数据等对电子证据进行认证。

(三)电子证据的收集与保全

电子证据的收集与保全是指执法人员或者律师按照法定程序和方法发现、提取、制作,或者依法向有关单位或者个人调取电子证据,并对其进行固定、保存、和保管的专门活动。

与传统证据相比,调查收集电子证据既具有调查收集证据行为的共性又具有其特殊性。共性在于调查收集电子证据的主体、程序、方法、手段等必须合法。特殊性在于电子证据具有高科技性,在调查收集电子证据的过程中应当考虑到取证对象的具体属性,借助特定技术,通过适当方法,甚至聘请或委托具有专门技术的人,保障调查收集电子证据的完整性、全面性、准确性。虽然我国三大诉讼法并未直接针对电子证据规定取证措施,但根据相关条文的类推适用以及欧洲委员会《网络犯罪公约》中规定的电子证据取证手段,收集、调查电子证据的方法可以总结为勘验、检查,搜查,查封、扣押,以及提供与调取。按照主体不同,可以分为具有法定权限的人员自行收集调取电子证据和要求有关单位、个人提供电子证据。

具有法定权限的人员自行取证可以分为两种:一种是在犯罪现场直接对电子设备进行勘验、检查、搜查,现场收集、现场输出;另一种是在犯罪现场查封、扣押涉案电子设备,或对电子设备存储内容进行全面复制,在查封期间或将相关设备带回办公地点后,再对电子设备或其存储内容进行后续搜查。国际权威的计算机调查专家国际协会公布的《电子检验程序》特别强调

---

〔11〕 皮勇:《刑事诉讼中的电子证据规则研究》,中国人民公安大学出版社2005年版,第13页。

“基于各种原因的制约,检验员要对介质上所有数据实施彻底检验常常得不到授权或者不可能、不必要、不可行。这时,检验员就只能进行有限制检验”。[12] 这实际上确立了扣押电子证据的“有限性”原则。其实各项强制性措施均有范围限制问题,只是在电子扣押中尤为明显,因为不仅涉及所要扣押的电子数据的范围,还涉及是否需要扣押存储介质这一物质载体,特别是在涉及计算机系统相连的情况下,电子设备可能不止一台。由此而导致的权利侵犯,不仅涉及隐私权,还涉及传统的财产权。例如,犯罪证据可能存储在网络服务提供商的电脑系统中,但是如果查封、扣押全部电脑系统,可能导致网络服务经营活动瘫痪。在此情况下,应当尽可能限定查封、扣押范围并及时解除不必要的查封、扣押。

2018年《刑事诉讼法》第54条第1款规定:“人民法院、人民检察院和公安机关有权向有关单位和个人收集、调取证据。有关单位和个人应当如实提供证据。”第137条也规定:“任何单位和个人,有义务按照人民检察院和公安机关的要求,交出可以证明犯罪嫌疑人有罪或者无罪的物证、书证、视听资料等证据。”在收集调取电子证据的过程中,通常会由于涉案证据的存储位置而涉及第三方,如网络服务提供商。按照上述规定,不仅公安司法机关有权调取,而且有关单位和个人也有法定的义务向公安司法机关提供同本案有关的电子证据。在欧洲委员会制定的《网络犯罪公约》中就规定了存储数据快速保存和提交命令这两种对于电子证据的取证手段,我国也在多部法规、规章中规定了计算机数据的快速保护和命令提供措施,如国务院发布的《互联网信息服务管理办法》第14条;信息产业部、公安部、文化部、国家工商行政管理局联合发布的《互联网上网服务营业场所管理办法》第10条;信息产业部发布的《互联网电子公告服务管理规定》第14条、第15条等都规定,互联网信息服务提供者和互联网接入服务提供者、互联网上网服务营业场所经营者应当记录上网用户的上网时间、用户账号、互联网地址或者域名、主叫电话号码等信息,记录备份应当保存60日,并在国家有关机关依法查询时,予以提供。[13] 应当注意的是,公安司法机关有权要求第三方予以协助,但是必须以该方现有技术所能达到的程度为限,不应向第三方提出超越其现有技术能力的要求,勉为其难。

2018年《刑事诉讼法》第245条对于查封、扣押、冻结的当事人财物及其孳息的保管和处理作出了一般性的规定:“公安机关、人民检察院和人民法院对查封、扣押、冻结的犯罪嫌疑人、被告人的财物及其孳息,应当妥善保管,以供核查,并制作清单,随案移送。任何单位和个人不得挪用或者自行处理。对被害人的合法财产,应当及时返还。对违禁品或者不宜长期保存的物品,应当依照国家有关规定处理。对作为证据使用的实物应当随案移送,对不宜移送的,应当将其清单、照片或者其他证明文件随案移送。人民法院作出的判决,应当对查封、扣押、冻结的财物及其孳息作出处理。人民法院作出的判决生效以后,有关机关应当根据判决对查封、扣押、冻结的财物及其孳息进行处理。对查封、扣押、冻结的赃款赃物及其孳息,除依法返还被害人的以外,一律上缴国库。司法工作人员贪污、挪用或者私自处理查封、扣押、冻结的财物及其孳息的,依法追究刑事责任;不构成犯罪的,给予处分。”但没有针对电子证据的特点作出特殊规定。实际上,电子证据自身的脆弱性对于保管条件、程序及环境都提出了更高的要求,应当针对其特性采取特殊的固定、封存措施,如设置密码或保存为只读文件等,以保证其证明力,避免由于载体和外在环境的变化导致电子证据的毁损、灭失。

---

〔12〕 刘品新主编:《电子取证的法律规制》,中国法制出版社2010年版,第43页。

〔13〕 皮勇:《〈网络犯罪公约〉中的犯罪模型与中国大陆网络犯罪立法比较》,载《月旦法学杂志》2002年第11期。

（四）电子证据的审查、判断

我国三大诉讼法对电子证据的审查判断尚未作出详细规定，但是，根据电子证据的自身特点，关于审查判断电子证据的内容及方法，可归纳为以下几个方面。

其一，审查判断电子证据的真实性。电子证据因人为或环境因素而易于损毁、修改、灭失，因此其真实性和可靠性成为审查、判断的重中之重。相对于传统证据形式，司法工作人员可能更需要关注电子证据的保管主体、存储环境、交接过程等，不是将眼光囿于电子证据本身，而是及于其外在环境和条件。对证据的认定应当建立在恢复完整证据链的基础上，即将证据从产生、发现、收集、保管、提交的全过程呈现在事实审理者面前，以保障其真实性和同一性。而电子证据的高速流转使得证据链更为复杂，司法工作人员对于证据链的建立和恢复更加困难。审查判断电子证据的证据链包括：电子证据的来源和出处，是来自当事人一方的住所或持有物，还是来自保管电子数据的第三方或其他证人；电子证据的收集、调取过程，即在何时、何地、何种情况下，由何人提供或收集，采取何种提取方式所查获；电子证据的固定、保管方式，即明确电子证据的存在形式，交接时间、地点、方式以及交接双方，存储环境等。

其二，审查判断电子证据的合法性。证据的合法性包括主体、程序、形式和内容等方面，其中程序合法是重中之重。电子证据的无形性及其信息的丰富性，导致了电子取证的范围大幅度扩大。因此，公安司法机关可能更易于突破程序的限制，造成违法取证。在电子取证中，应更着重审查取证程序的合法性、取证对象的具体性以及取证范围的有限性。在对取证主体和手段等进行审查时，应注意到电子证据的高科技性。如何证明某项电子技术的科学性、可靠性，如何证明依托于该技术的电子设备的稳定性、准确性，如何证明使用电子技术、操作电子设备的工作人员的专业性、客观性，也都需要仔细审查。

其三，审查判断收集调取电子证据的全面性。电子证据具有海量存储性，其所包含的海量信息也对证据的审查、判断构成了巨大挑战。以计算机为代表，电子证据在各种介质中的存储量与普通证据不可同日而语。与同样大小的纸张相比，电脉冲或磁性材料存储的数据量是纸张的数十万倍甚至数十亿倍。就传统证据而言，某个场所、某件物品或某份文件所包含的证据信息是有限的；但就电子证据而言，相同物理范围内所能获取的信息量发生了几何级膨胀。司法工作人员不仅需要承担工作量的增加，还要甄别各种信息的关联性，一方面要保障进入诉讼的证据的全面性、完整性，另一方面也要兼顾诉讼效率，明确案件争点，并根据电子证据的证明价值和与案件相关程度对其进行取舍。例如，司法人员应当考虑：电子证据旨在证明案件的哪方面问题，是否能够证明，案件事实的争议问题是什么，电子证据对争议问题的解决是否具有实质性意义，等等。

十、行政执法证据

（一）行政执法证据的概念

行政执法证据，是指行政机关在执法过程中收集、形成的证据。一般来讲，行政执法证据只在行政机关办理行政案件，或者进行行政处罚、实施行政强制等过程中运用。但是，由于行政案件在实践中会转化成刑事诉讼案件，行政执法证据就会进入刑事诉讼程序。

行政执法证据不是一种独立的证据种类。但由于这类证据在诉讼过程中经常使用，因此有必要进行研究。

我国行政机关承担大量的行政执法任务,比如公安部门在社会治安管理、工商行政部门在市场秩序管理、税务部门在税收秩序管理过程中,会进行大量行政调查、行政许可、行政处罚、行政强制等执法活动,因而产生了大量的行政执法证据。

行政执法证据的产生有两种途径:一种是行政执法机关在执法过程中收集而来,比如物证、书证、视听资料等;另一种是行政执法机关自行制作产生,比如现场笔录、检查笔录、询问笔录、决定文书等。

行政执法证据进入刑事诉讼程序,有两种途径:一种是行政机关移交,比如行政机关在查处违法行为过程中发现涉嫌犯罪,移交侦查机关处理的,一并移交有关证据;另一种是司法机关向行政机关调取,比如公安机关在侦查过程中,法院在审判过程中发现有关证据在行政机关的,可以依职权调取,有关行政机关应当提供。

对进入刑事诉讼程序的证据如何使用,应当认真对待。由于刑事诉讼对证据的要求较高,一般情况下,除依职权从行政执法机关调取的证据外,对行政执法机关移送的证据,不直接作为证据使用,而仅作为线索参考,需要作为证据使用的,侦查机关会重新进行调查取证。但这样浪费国家资源,增加诉讼成本,降低诉讼效率。为此,2018 年《刑事诉讼法》第 54 条第 2 款规定:“行政机关在行政执法和查办案件过程中收集的物证、书证、视听资料、电子数据等证据材料,在刑事诉讼中可以作为证据使用。”有效解决了行政执法证据在刑事诉讼中的运用问题。

可见,在诉讼过程中有效使用行政执法证据,有利于衔接行政执法程序和诉讼程序,发挥行政执法机关和司法机关的合力,降低诉讼成本,提高诉讼效率。

(二)行政执法证据的特征

行政执法证据具有以下特征:

第一,证据收集的主体是行政执法机关。这与诉讼过程中证据收集的主体是诉讼主体明显不同。行政执法机关,是指承担行政执法任务,包括行政调查、行政许可、行政处罚、行政强制的行政机关,范围非常广。目前在我国,几乎所有的行政机关,以及法律、法规授权管理公共事务职能的组织,都是行政执法机关。

第二,证据收集的程序是行政执法程序。这与诉讼过程中证据收集的程序是诉讼程序明显不同。行政执法程序,是指我国《行政许可法》、《行政处罚法》、《行政强执法》、《治安管理处罚法》以及其他行政法规定的行政执法程序。

第三,证据的种类多种多样。行政执法证据不是诉讼法规定的一种独立的证据种类。行政执法证据的种类是由相应行政法规定的,比如《行政处罚法》规定了检查笔录、询问笔录等,《治安管理处罚法》规定了询问笔录、检查笔录、物证、鉴定意见等。从《行政诉讼法》的规定推理,行政执法证据主要包括书证、物证、视听资料、证人证言、当事人陈述、鉴定结论、勘验笔录、现场笔录等。除此之外,还有电子数据、公文书等。

第四,证据的真实性各有不同。由于行政执法证据的收集主体、程序、种类多种多样,在实际工作中,其真实性也各有不同。因此,行政执法证据在诉讼过程中没有预设的真实性,对其真实性仍应进行审查判断。

第五,证据的合法性也有不同。在诉讼过程中,行政执法证据也没有预定的合法性,对其合法性仍应进行审查判断。

(三)行政执法证据的审查判断

在诉讼过程中审查判断行政执法证据,主要解决审查判断的内容及其法律依据问题。

其一,审查证据的合法性。审查行政执法证据的合法性,主要包括两个方面:一是行政执法机关收集、形成证据是否合法。主要审查收集、制作证据的主体、程序以及证据的表现形式、构成要素是否合法,如询问笔录是否由具有行政执法权限的执法人员制作,是否有当事人或者见证人签名等。对这方面的审查,主要依据有关行政法关于收集、制作证据的规定进行。二是行政执法证据进入诉讼程序的过程是否合法。主要审查证据是通过何种途径进入诉讼程序,有关的程序是否合法。比如对行政执法机关移送至侦查机关的证据,要依照国务院《关于行政执法机关移送涉嫌犯罪案件的规定》,审查有关的移送程序是否合法。对从行政机关调取的证据,要依照有关诉讼法的规定,审查调取程序是否合法。

其二,审查证据的真实性。审查行政执法证据的真实性,与审查其他诉讼证据的真实性并无不同,比如审查其来源是否清楚,收集、形成、保管、移送过程是否有差错,是否是原物、原件,复制件是否与原物、原件核实无误,证据是否具内在的一致性,与其他证据是否矛盾、能否相互印证等。由于审查证据的真实性主要不是法律问题,而是运用逻辑推理和经验规则问题,因此,从理论上说,这方面的审查判断并不需要区分是依照有关行政法的规定,还是诉讼法的规定进行。当然,有关诉讼法对此有规定的,要依照有关规定进行。

其三,审查特殊证据。在审查判断行政执法证据合法性和真实性过程中,还须注意以下特殊情形:

(1)关于实物证据。审查实物证据的复制件,一般要求是应当与原件核对无误。但对行政执法机关已经核对无误的复制件,司法机关是否仍应核对无误?我们的答案是肯定的。因为司法机关进行司法活动,是独立进行的,行政执法机关所作的决定,对司法机关没有预设效力。行政执法机关对证据的审查判断结论,对司法机关也没有预设效力。因此,对实物证据的复制件,司法机关仍应与原件核对无误。这一点,在行政诉讼中尤为突出。因为行政诉讼必须对行政机关据以作出行政决定的证据的真实性和合法性进行全面审查。非法取得的实物证据在诉讼中能否使用?答案是应当依照诉讼法的规定取舍。在刑事诉讼中,不符合法定程序,严重影响司法公正,且不能补正或者作出合理解释的证据,应当予以排除。以上"法定程序"中的"法",应作广义理解,即不仅包括有关诉讼法,还包括其他有关程序法和实体法。

(2)关于言词证据。对行政执法过程中取得的言词证据,原则上应当重新收集。这是因为,诉讼法对收集言词证据规定了比行政法更为严格的标准,比如刑事诉讼法严格规定了讯问犯罪嫌疑人的主体、时间、地点等。而且,言词证据不同于实物证据,实物证据不可以重新收集,言词证据可以重新收集。另外需要注意,刑事诉讼法对证人资格作了严格规定,但行政法却没有相应规定。因此,在刑事诉讼过程中,对于证人证言,要特别注意审查证人是否具有证人资格。

(3)关于公文书。行政执法机关依职权制作的公文书,包括各种决定书,在诉讼过程中没有预定效力。一般来讲,公文书的证明力大于其他书证,如果没有反证,原则上可以认定公文书认定的事实成立。但应当注意,在刑事诉讼中,如果作为证明对象的事实与行政执法机关公文书中记载的据以作出行政决定的事实重合,该公文书不能作为直接认定案件事实的证据使用,有关案件事实应当通过其他证据认定。这是因为,在刑事诉讼中,对公民人身和财权权益的处理,也就是刑罚,要比行政处理和处罚严重得多,证明标准事实上也比行政执法机关进行执法活动的证明标准严格,因此,不得用行政执法机关决定书中认定的事实作为证据证明该事实成立。

此外,对于行政执法证据审核后作为诉讼证据来用,在理论上还有三个问题需要注意:一是诉讼权与行政执法权的区别;二是诉讼证据与行政执法证据的区别;三是行政执法证据(包括违纪证据)与诉讼证据收集、运用程序的不同。因此,对于行政执法证据不能简单地拿来就用,应当经过法律程序的严格检验后方能转化。

第三节 刑事证据的分类

刑事诉讼理论对证据依据不同的规则有不同的分类。证据的分类,是指在理论研究上将证据按照不同的标准划分为不同类别。其目的在于研究不同类别证据的特点及其运用规律,以便于指导办案工作。研究证据的分类,实质是深入研究运用证据的客观规律,以便提高运用证据查明事实真相的能力。证据的分类研究是一项科学的并在不断发展中的课题,随着科学技术的发展和司法实践的深入,以及人们认识能力水平的不断提升,有可能产生新的证据分类。例如,近年来随着一批刑事冤假错案的发现与纠正,在纠正的过程中,办案部门逐渐认识到了客观性证据与主观性证据的差别,这是值得我们深入研究的。[14]

证据的分类有别于法定的证据种类。2018年《刑事诉讼法》第50条把刑事证据分为八种:物证,书证,证人证言,被害人陈述,犯罪嫌疑人、被告人供述和辩解,鉴定意见,勘验、检查、辨认、侦查试验等笔录,视听资料、电子数据。法律规定的证据种类,也是对证据的一种分类,是立法者根据我国科学技术的发展水平以及证据的存在和表现形式对证据所作的法律上的划分;而证据的分类并非法律的规定,而是从理论上对证据进行的分类研究。证据的种类具有法律上的效力,不具备法定表现形式的证据不得作为定案的根据;而证据的分类仅仅是学理上的解释。证据的种类的区分标准是单一的;而证据的分类则是从多角度按照不同的标准,以两分法对证据进行分类研究。因此,证据的分类与法律上的证据种类的区别是明显的。同时两种划分又是交叉的,同是一种证据,由于分类的标准和角度不同,其类属也不完全相同,具有多重性。在理论上对证据按照不同的标准加以区分,这是深入研究证据的一种方法,其目的在于研究不同类别证据在证明力和证据力上的特点,以及运用的规则,亦即研究运用各类证据的客观规律,以保证案件审理的质量。

一、原始证据与传来证据

按照证据的来源划分,凡是直接来源于案件事实,未经复制、转述的证据是原始证据;凡是间接来源于案件事实,经过复制、转述的证据,是传来证据。常见的原始证据有:亲眼目睹犯罪活动的证人证言,被害人陈述,犯罪嫌疑人、被告人供述和辩解,物证的原物,书证的原件,勘验

---

〔14〕 客观性证据是指除人以外之物为证据内容载体的证据,这些证据内容的载体通常是客观之物,虽然也会受到自然之影响,但是在有限的诉讼时限内,在没有人为因素介入的情况下,其外部特征、性状及内容等基本稳定,所包含的证据内容受人的主观意志的影响较小,因而客观性较强。主观性证据是指以人为证据内容载体的证据,需要通过对人的调查来获取其所掌握的证据信息,由于人的认知会随着外部环境和内在动机的变化而发生改变,因此主观性证据的特点表现为变动有余而稳定不足。参见樊崇义、赵培显:《论客观性证据审查模式》,载《中国刑事法杂志》2014年第1期。

笔录等。常见的传来证据有:物证的复制品,文件的副本、影印件、抄件,非亲自感受案件事实的证人所作的证言等。

一般而言,直接来源于案件事实的原始证据比传来证据可靠。就来自同一来源的证据而言,距原始证据越近的通常越可靠,转手和复制的次数越多,离证明对象越远,其所含信息发生减损或者扭曲的可能性越大。传来证据的作用有:可以作为发现原始证据的线索;在特定情形下,可以作为审查原始证据是否真实的手段;在原始证据无法取得或取得确有困难时,可以代替原始证据;可以强化原始证据的证明作用。传来证据的运用,应当遵循以下规则:(1)没有正确的来源或者来源不明的传说、文字材料,不能作为定案的根据;(2)只有在原始证据不能取得或者取得确有困难时,才能用传来证据代替;(3)应当收集和运用距原始证据最近的传来证据;(4)如果案内只有传来证据而没有原始证据,不能认定犯罪嫌疑人、被告人有罪。

二、言词证据与实物证据

根据证据事实形成的方法、表现形式、存在状况、提供方式的不同,可以把证据分为言词证据和实物证据。

言词证据,是指以人的陈述为存在和表现形式的证据,因而又称为人证。它包括以人的陈述形式表现出来的各种证据,如刑事被害人陈述、犯罪嫌疑人、被告人供述和辩解、民事当事人的陈述、行政诉讼当事人陈述、证人证言、鉴定意见等。言词证据的内容,是陈述人直接或间接感知的与案件有关的事实,通过询问或讯问而取得,而陈述又往往固定于笔录(记录材料)中,如对犯罪嫌疑人、被告人的讯问笔录,对证人的询问笔录等。

鉴定意见是一种较为特殊的言词证据。它与当事人的陈述、证人证言等言词证据有所不同,它的内容不是陈述人对案件事实的直接或间接的感知,而是鉴定人对司法和执法人员提交的与案件有关的专门性问题进行鉴定后出具的书面结论。但这并不影响鉴定意见属于言词证据的范畴。首先,鉴定意见是鉴定人以书面陈述的形式对案件中的专门性问题发表的意见或看法,实质上仍是一种人证。在英美法系国家中,鉴定意见就属于证人证言的范畴,称为"专家证言"或"专家意见"。其次,鉴定意见在一定场合也直接表现为人的陈述。在法庭审理中,鉴定人要出庭宣读鉴定意见,接受控辩双方的质询,当庭阐述鉴定的过程和作出结论的依据。因此,鉴定意见应划入言词证据。

实物证据,是指以实物形态为存在和表现形式的证据,又称作广义上的物证。它包括各种具有实物形态的证据:物证、书证、音像证据、勘验笔录等。物证、书证、音像证据都是以实物形态存在的,自然应归属于实物证据。勘验笔录是由司法和执法人员对案件有关的场所、物品、人身、尸体进行实地查看、检验、调查后所作的记录,通常表现为一定的书面材料、照片、绘图。而且就其内容而言,它是对有关场所、物品、人身、尸体情况的客观记载,而非司法和执法人员的意见或判断,因而也应归入实物证据。

言词证据的特点是:由于言词证据属人证的范畴,作为人的认识和反映,其优点是生动、形象、具体,因此言词证据的一个突出特点是其能够从动态上证明案件事实。它是当事人、证人等对其直接或间接感知的案件事实的复述,往往能够较为形象生动、详细具体地反映案件事实;尤其当事人是案件事实的亲历者,其陈述不仅可以把案件发生的过程及许多具体情节复述出来,而且往往还能把案件发生的前因后果、来龙去脉叙说清楚,反映得比较深入,司法和执法人员通过广泛听取和综合分析各种知情人的陈述,可以迅速地从总体上以至于在细节上把握案件的全貌,这是实物证据所无法比拟的。但是,言词证据容易受各种主客观因素的影响而出现虚假或失真。从主观因素的影响看,陈述人与案件的利害关系有可能使陈述人有意作虚假陈述。刑事诉讼中的被害人、犯罪嫌疑人、被告人,民事、行政诉讼中的当事人,都与诉讼的结果有利害关系,这种利害关系有可能导致他们作虚假陈述。证人虽然一般与案件没有直接的利害关系,但也会由于证人个人的品质,或受到威胁、利诱而不如实作证。鉴定人也存在同样的问题。从客观因素的影响看,言词证据的形成是一个相当复杂的过程,一般要经过感知、记忆、陈述三个阶段,在这三个阶段都可能会因各种客观因素的影响而出现失真,使言词证据与案件真实情况不符。

实物证据的特点是:与言词证据相比,实物证据最突出的特点是客观性、稳定性强,不易失真。实物证据都是客观存在的物,且往往是伴随着案件的发生而形成的,一般难以伪造,不像言词证据那样易受人的主观因素的影响而出现虚假或失真;而且实物证据往往是经司法和执法人员勘验或搜查、扣押而到案的,一经收集保全后,就可以长期保持其原有形态,成为证明案件事实的有力证据。这是实物证据的突出优点。但是,实物证据又称"哑巴证据",很容易被人们毁灭、伪造、顶替,等等。实物证据是客观存在之物,其存在离不开一定的外界条件,一旦外界条件发生了变化,实物证据就可能灭失,再也无法收集;实物证据也会因人为的毁弃而灭失。这是实物证据在收集中的不利方面。针对这一特点,在实物证据的收集中必须强调迅速、及时,否则就可能因时过境迁而丧失收集证据的时机。因此,在对实物证据的运用中就要着力揭示实物证据与案件事实的关联,并注意把实物证据与言词证据结合起来使用。

关于言词证据与实物证据的运用,最佳途径和方法是把言词证据与实物证据结合起来使用,相互印证,相互补充,发挥各自的优势,规避各自的弱点。言词证据有动态证明的优点,能直接证明案件主要事实的证据可以成为直接证据,司法和执法人员据此可直接、迅速地认识案件的主要事实。但言词证据又容易出现虚假或失真,为避免在认定案情上出现差错,在运用言词证据时,就要把它与实物证据相互印证,运用实物证据客观性、稳定性强的优点,克服言词证据的弱点。在运用实物证据时,则要注意运用言词证据挖掘实物证据的证明力,如用鉴定、辨认的方式,揭示实物证据与案件事实的联系,用当事人的陈述说明现场的情况,等等。实物证据具有较强的客观性和稳定性,一旦其证明意义被揭示出来,便成为证明力很强的证据。

总之,在证据的运用中,一定要综合运用证据,充分发挥两种不同证据各自的优势,克服各自的弱点,从而取得最佳的证明效果。

三、有罪证据与无罪证据

根据证据的证明作用是肯定还是否定犯罪嫌疑人、被告人实施了犯罪行为,可以将证据分为有罪证据与无罪证据。凡是能够证明犯罪事实存在和犯罪行为系犯罪嫌疑人、被告人所为的证据,是有罪证据。在立案和侦查阶段,犯罪嫌疑人尚不明确的情况下,可以说证明发生了犯罪事件的证据也是有罪证据。凡是能够否定犯罪事实存在,或者能够证明犯罪嫌疑人、被告人未实施犯罪行为的证据,是无罪证据。

应当指出,有罪证据和无罪证据的分类,是根据证据的内容和作用划分的,并不是根据诉讼当事人的哪一方提供证据来划分的。例如,犯罪人自首、被告人供认自己犯罪,经过查证属于有罪证据,而不是无罪证据。

把证据分为有罪证据和无罪证据的意义,是使办案人员全面客观地收集和运用证据,防止主观片面性。根据2018年《刑事诉讼法》第52条规定,审判人员、检察人员、侦查人员必须全面地收集能够证实犯罪嫌疑人、被告人有罪或者无罪,犯罪情节轻重的各种证据。对于每个案件,既要查明犯罪嫌疑人、被告人有罪和加重罪责的情况,又要查明犯罪嫌疑人、被告人无罪和减轻罪责的情况;既要收集对犯罪嫌疑人、被告人不利的证据,又要收集对犯罪嫌疑人、被告人有利的证据。只有全面地收集和运用证据,才能查明案件的事实真相。犯罪嫌疑人、被告人是否有罪,或罪轻、罪重是刑事诉讼中的一个核心问题,解决这一核心问题的关键还是要靠证据。有罪证据和无罪证据截然不同的区分,为办案人员认定案件的性质和适用法律提供了一个坚实的基础。但是,运用有罪证据和无罪证据认定案件事实,必须遵守运用证据的规则。

就无罪证据和有罪证据而言,在使用时要做到以下三点:(1)在证据的收集上,要坚持客观、全面的原则,在指导思想和具体的侦查或调查工作中,克服先入为主,既要注意收集同本案有关联的有罪证据,又要注意收集无罪证据,在两类证据的比较和鉴别之中,分清是非、划清界限,准确地认定案件事实。(2)在证明标准和要求上,要注意有罪证据和无罪证据所固有的特征,即两者是相互排斥的,不管是有罪,还是无罪,只有达到证明的要求和标准,即证据确实、充分的时候,才能否定对方。具体来说,就是只有有罪证据达到了确实、充分的程度,才能排斥无罪证据的存在;反之,只有无罪证据达到确实、充分的程度,才能排斥有罪证据的存在。(3)在证明的过程中,当有罪证据与无罪证据势均力敌,定也定不了、否也否不掉,尽了最大的努力仍不能收集到新证据来否定掉一方时,只有按照"疑罪从无"的原则,宣告无罪。

四、直接证据与间接证据

根据证据与案件主要事实的证明关系的不同,可以将证据划分为直接证据与间接证据。所谓刑事案件的主要事实,是指犯罪行为是否系犯罪嫌疑人、被告人所实施;所谓证明关系的不同,是指某一证据是否可以单独地直接地证明案件的主要事实。

直接证据与间接证据的划分同证据是否直接来源于案件事实无关,传来证据可以是直接证据,原始证据也可以是间接证据。前者如口耳相传了多次的目击证言;后者如犯罪现场的凶器。直接证据和间接证据与原始证据和传来证据是依据不同的标准对证据的划分,其关系需要辨别清楚。

直接证据是能够单独地直接证明案件主要事实的证据。直接证据应具备三个条件:(1)单独一个证据;(2)能够证明案件的主要事实;(3)证明方式是直接的,无须经过推理过程,即可以直观地说明犯罪行为是不是犯罪嫌疑人、被告人所实施。例如,某犯罪嫌疑人供认他持刀将被害人杀死,某证人称他目睹犯罪嫌疑人用木棍打伤了被害人,都属于直接证据。其中,证明某人有罪的直接证据必须能够肯定犯罪事实确已发生、该人为犯罪人两个因素;证明某人无罪的直接证据则只需否定其中一个因素即可。因此,否定犯罪存在或否定犯罪嫌疑人、被告人实施犯罪的直接证据,可以是七种证据中的任何一种。而肯定犯罪的直接证据则往往表现为言词证据。

间接证据是不能单独地直接证明刑事案件主要事实,需要与其他证据相结合才能证明的证据。例如,案件现场有某人的指纹,只能说明该人到过案发现场,而不能说明该人就是作案人。因此,属于间接证据。

在实践中,直接证据的存在形式主要有:犯罪嫌疑人、被告人所作的有罪供述;被害人所作的能证明犯罪系何人所为的陈述;能证明某犯罪分子实施犯罪的证人证言;共同犯罪中共犯之间对彼此的犯罪行为的供述;能够直接证明犯罪分子如何犯罪的视听资料及某些书证等。

直接证据能够单独地、直接地证明案件主要事实,但根据“孤证不能定案”的原则,只有一个直接证据,因其本身的真实性得不到其他证据印证,不得据此认定案件事实。

间接证据的特点是:其与案件主要事实的联系是间接的,一个间接证据只能证明案件主要事实的某个片段。间接证据都需要与其他证据相结合,才能证明案件主要事实;由于间接证据关联方式的间接性,决定了运用间接证据证明案件主要事实,必须经过推理过程。在刑事诉讼中,多数证据属于间接证据。根据证明理论和司法实践经验,在完全运用间接证据认定有罪的情况下,必须遵守以下规则:(1)应审查间接证据的客观性、相关性和法律性,只有客观存在的、与案件事实存在客观联系且为法律所容许的证据方可采用;(2)间接证据必须形成一个完整的证明体系,即有关犯罪时间、地点、过程、手段、工具、后果、目的、动机、犯罪嫌疑人、被告人的个人情况等,都有相应的证据证明;(3)间接证据与案件事实之间,间接证据与间接证据之间必须协调一致,没有矛盾,如有矛盾必须得到合理地排除;(4)间接证据的证明体系必须足以排除其他可能性,得出的结论必须是唯一的,确凿无疑的。

思考题

1. 试述证据的概念。
2. 刑事证据有何特征与意义?
3. 物证有何证明特点?它与书证有何区别?
4. 证人证言有何特点?
5. 我国2012年《刑事诉讼法》的修改对于证人出庭作证机制是如何规定的?
6. 犯罪嫌疑人、被告人供述和辩解有何特点?
7. 试述鉴定意见在刑事诉讼中的特点和作用。
8. 试述视听资料与电子证据的异同。
9. 刑事证据在理论上有哪些分类?

第十二章　证　　明

|导　读|

诉讼证明是指诉讼主体按照法定的程序和标准,运用已知的证据和事实来认定案件事实的活动。2012 年《刑事诉讼法》的修改,明确了公诉案件的证明责任由检察机关来承担。证明对象即待证事实,刑事诉讼的证明对象包括被指控犯罪行为构成要件的事实、与犯罪行为轻重有关的各种量刑情节事实、排除行为的违法可罚性和行为人刑事责任的事实以及刑事诉讼程序事实。证明要求即证明标准,2012 年《刑事诉讼法》修改后,对证明标准增加了"排除合理怀疑"的规定,更加符合司法的规律与认识原理,2018 年《刑事诉讼法》修改保留了上述规定。证据在收集、审查、判断等过程中,离不开证据规则的约束,在借鉴吸收国外证据规则的基础上,我国的刑事证据规则在不断地完善与发展。

第一节　证明的概念

一、证明的概念

一般来讲,"证明"一词有两种含义:一是指"用可靠的材料来表明或者断定人或事物的真实性";二是指"证明书"或者"证明信"。前者是该词的动词含义;后者是该词的名词含义。证明是人类所特有的认识活动。证明通过两种途径实现:一种是证明材料本身就可以表明要证明的结论,如计划书就是从事某项活动的目的和动机的证明;另一种是必须根据证明材料进行推论之后,才能得出要证明的结论。这两种途径都是人类特有的认识活动。证明这一概念在社会生活中使用极其广泛。在科学研究中,任何成果的出现都必须有相应的证明。在日常生活中,人们有时候也会为了确认一些事实的真实性进行证明活动。可以说,证明在某种程度上就是人类认识世界、获取真理的行为和过程。

证据法或者诉讼领域中的证明称为诉讼证明,诉讼证明有特定的含义,它是指诉讼主体按照法定的程序和标准,运用已知的证据和事实来认定案件事实的活动。这种证明,人们有时候又称为"司法证明"。诉讼证明有如下几个特征:

1. 证明主体的特定性

证明主体是指在诉讼中提出自己的诉讼主张,并提供证据证明其诉讼主张,而且在诉讼程序结束之际,如果案件事实处于真伪不明的状态,由其承担败诉或不利后果的一方当事人。

一个普通的诉讼主体要成为证明主体至少需要满足两个条件:一是凡属证明主体者必须有自己的诉讼主张;二是证明主体必须实际承担证明责任。

首先,证明主体必须有自己的诉讼主张。只有提出了明确的诉讼主张,证明才能有针对性地进行,审判者才能明确审判事项的范围。

其次,证明主体必须实际承担提供证据证明自己所主张的事实成立的行为责任。这是任何一个证明主体在客观外在表现上的共性,具体体现为在刑事诉讼中发现、收集和保全证据的各种诉讼行为上。

最后,证明主体有可能承担案件事实真伪不明时的结果证明责任,即证明主体未能充分履行证明责任以说服事实裁判者相信其诉讼主张时,需承担败诉或对他不利的诉讼后果。

一般认为,我国刑事诉讼中的证明主体应当限于控诉机关和负有证明责任的当事人。证明主体首先是公诉案件中的公诉人和自诉案件中的自诉人,因为只有他们才应依照法定程序承担证明犯罪事实是否发生、犯罪嫌疑人或被告人有罪、无罪以及犯罪情节轻重的责任,这是证明责任理论中"谁主张,谁举证"的古老法则在刑事诉讼中的直接体现。此外,根据"否认者不负证明责任"的古老法则和现代无罪推定原则的要求,犯罪嫌疑人、被告人不负证明自己无罪的责任。因此,从整体上看,刑事诉讼中的证明责任是一个专属于控诉方的概念。但是遵循"有原则必有例外"的规律,在少数法律推定其有罪的特定案件(如巨额财产来源不明案件)中,犯罪嫌疑人和被告人也负有证明自己无罪的义务,这在各国刑法以及刑事诉讼法中大都有所规定。刑事附带民事诉讼当事人对民事赔偿部分的事实按照"谁主张,谁举证"的原则分担证明责任,附带民事原告人和被告人都有可能成为证明主体。

在我国,司法机关包括人民法院和人民检察院。人民法院是审判机关,在诉讼活动中,行使对案件事实以及相关法律责任或法律关系的最终认定职能。根据法律规定,人民法院在诉讼活动中负责主持法庭调查,主要包括举证和质证两个环节,在法庭调查之后,应当依据证据对案件事实作出认定,并在此基础上作出判决或者裁定。在必要的时候,人民法院还可以自行收集证据。人民检察院是法律监督机关,在诉讼中主要承担监督职能,即对其他司法机关的诉讼活动是否合法进行监督,这种监督主要通过抗诉(二审抗诉和再审抗诉)的方式进行。在刑事诉讼中,人民检察院还承担批捕、起诉、派员出庭支持公诉等职责。这些活动,都需要通过对证据的收集、审查和判断来完成。公安机关是行政机关,但当其参加刑事诉讼活动时,承担的则是司法职能。在刑事诉讼中,公安机关主要负责侦查,侦查就是收集证据,查明犯罪嫌疑人是否实施了犯罪活动。

当事人作为证明主体在刑事诉讼中有明确的范围。在刑事诉讼中,当事人包括被害人、自诉人、犯罪嫌疑人、被告人、附带民事诉讼的当事人以及他们的法定代理人,他们都有举证的权利,有权参加质证和辩论。

2. 证明对象是诉讼客体或者案件事实

诉讼客体是否等于案件事实,在学理上有争论。一种意见认为诉讼客体就是案件事实;另一种意见认为诉讼客体除案件事实以外,还应当包括法律责任,即诉讼客体包括案件事实及相关的法律责任。我们持第一种观点,即认为两者应当是一致的。案件事实,是指法律规定司法机关为了正确作出裁判或者决定必须查明的事实,是适用法律不可缺少的基础,案件事实又称要件事实或者待证事实。如刑事诉讼中的被指控犯罪行为构成要件的事实,民事诉讼中民事法律关系构成要素的事实,行政诉讼中具体行政行为合法性的事实等。

需要注意的是,司法人员在处理案件过程中查明的所有事实并不都是案件事实。案件事实与全案事实、案情事实不同。全案事实是司法人员通过调查取证所了解到的所有情况,其中部分事实可能与本案有关,也可能与本案无关;案情事实是指司法人员通过调查取证了解到的与本案有关的一切事实;案件事实是案情事实中为法律规定必须查明的要件事实,也就是待证事实。查明案件事实并非诉讼证明的最终目的,其目的是正确适用法律、保护公民的合法权益。对于司法人员来说,正确适用法律是首要的职责;对于当事人来说,保护自己的合法权益不受侵犯,或者实现自己的合法权益,是参与诉讼证明的真正目的。随着审判方式改革的不断深化,当事人的诉讼主体地位也越来越明显,医此,在证明的目的中,"保护当事人合法权益"就会显得越来越突出。在多数情况下,查明案件事实与正确适用法律、保护公民的合法权益是一致的,但是,两者有时候也会发生冲突,比如,案件事实一时无法查清,但诉讼期限又要届满时,就应当在案件事实不能查明的情况下依法结案,不能无限期地将案件拖延下去。

3. 证明必须按照法定的范围、程序和标准进行

首先,证明的法律性。证据法学上的证明是一种法律活动,因此,这种活动的进行要受到法律的严格约束,即具有法律性。证明的法律性表现在:(1)证明的主体由法律规定。谁享有证明的权利,承担证明的义务,由法律明确规定。由于证明是诉讼程序的主要方面和环节,所以,诉讼主体通常就是证明的主体。(2)证明的对象由法律规定。司法人员必须查明哪些案件事实,当事人应当证明哪些事实,由法律特别是实体法明确规定。比如,在刑事诉讼中,犯罪行为构成要件的事实是必须查明的,否则不能作出有罪判决。(3)证明的标准由法律规定。司法人员查明案件事实必须到什么程度才算合格,当事人履行证明责任到什么程度为止,都需要有一个明确的衡量标准。我国刑事诉讼法规定的标准是"案件事实清楚,证据确实、充分"。(4)证明的主要程序由法律规定。如调查收集证据的程序、法庭调查中的举证和质证程序等。(5)证明的方法和手段由法律规定。证明的方法和手段包括逻辑推理、司法认知和推定等。

其次,证明主体和证明责任。证明主体是依法承担证明义务、享受证明权利的主体。证明责任与证明主体不可分离,谈到证明责任,必然涉及证明主体。证明责任解决的问题是,从事证明活动、完成证明过程的证据应当由哪方主体提供。证明责任如何分配,由实体法和程序法共同解决。实体法规范当事人的权利义务关系,因而也规范当事人证明责任的分配;程序法规定查明案件事实是司法人员的职责,但也规定了当事人的证明责任。

再次,证明标准。证明标准,是指司法人员查明案件事实、当事人证明案件事实需要达到的程度。这种程度一般被称作"案件事实清楚,证据确实、充分"或"排除合理怀疑"或"占优势的盖然性"等。对司法人员来说,对案件事实的证明没有达到证明标准而认定的,属于违法;对承担证明责任的当事人来说,对案件事实的证明没有达到证明标准的,应当承担败诉的后果。

复次,证明方法。证明方法包括逻辑推理、司法认知、推定等。逻辑推理是最重要的证明方法。司法认知,是指司法人员对当事人不能提出争议的事实直接以裁定或者临时决定的方式予以确认,从而提高证明的效率。推定,是指法律明确规定,当确认某种事实存在时,就应当假定另一种事实存在,而这种被假定存在的事实不用再加以证明。推定和司法认知的特点是

省略一般的取证、举证、质证的复杂程序,是一种快捷的证明方法。在证明方法中,形式逻辑具有重要的意义。运用形式逻辑的思维方法必须做到概念明确、遵守逻辑规则、了解案件事实等。具体的方法包括归纳和演绎、分析和综合、反证和排除等。

最后,证明程序。证明程序通常在诉讼法中与一般诉讼程序混合规定在一起。因为诉讼的过程就是证明的过程,诉讼与证明很难截然分开,所以,证明程序通常表现为诉讼程序。证明程序是证据法与诉讼法密切联系的集中表现。

二、证明的真理性和正当性原理

只有对案件事实的真理性认识,才能保证对法律规范的正确适用,从而作出恰如其分的判决结果。但是,受自然条件、经济条件和科学技术条件等客观因素和人的主观能动性、认识水平等因素的限制,证明的结果总是与案件事实真相存在差距,也就是说,证明的案件事实与实际上发生的事实不可能完全吻合。所以,就证明结果的真理性来说,只能达到一种相对的真实性。具体来说,这种情况的出现,有以下几个方面的原因:

其一,人的认识具有主观性和客观性,主观的认识结果必须符合客观情况,认识才具有绝对的真理性。但是,不管从理论上还是从经验上,我们都做不到这一点,因为主观和客观的两极对立永远无法消除。因此,作为主观的人的认识,与客观世界或者客观发生的事情,不可能一致,而是只能达到最大限度的一致性。从真理的绝对性与相对性看也是如此,辩证唯物主义认为人的思维是至上的,是能够认识客观世界的,但这里的思维不是单个人的思维,而是“作为无数的过去、现在和未来的人的个人思维而存在”。也就是说,辩证唯物主义可知论是从人类在整体上、在无止境的时代更迭中所具有的对客观世界的无限认识能力或所能实现的终极认识目标上来说的,而不是每一次具体认识活动都能发现或达到绝对真理。具体到诉讼领域,一次诉讼所能查明的事实只能具有相对意义上的客观性,对案件的认识也只能达到一种“相对真理”,证明结果也只能是达到一种相对性。

其二,诉讼证明制度本身的特点决定了其结果的相对性。在诉讼领域,案件事实必须通过证据来证明,但是,证据本身的真实性不可能是先验的,它仍然要通过其他证据来证明,而其他证据的真实性还需要其他证据来证明……如此推演下去,诉讼证明从逻辑上说就是不可能完成的任务。但是,人类的理性却会在一个可以接受的水平上让这种无限推演的证明活动停止下来。这是因为人们具有共同的知识框架或背景,它们是公认的、不用证明即可接受的规则。这些作为共同知识框架或背景的东西,就是证明领域中所谓的经验规则,它们构成了证明推理中的大前提。但这些经验规则并不是绝对的,因此,关于诉讼证明的结论,也只能是相对的。

其三,法律价值的冲突和协调也造成了证明的相对性。一种诉讼程序不仅要追求对案件事实的真理性的认识,而且还要在正义、秩序、效率等价值之间作出适当协调,如果以牺牲这些法律价值为代价,则会造成物极必反的效果。比如,单纯为了发现案件的真实情况,将诉讼过程无限期地拖延下去,则对于当事人来说,未必称得上是正义的,因为,迟来的正义并非正义;同时,在案件持续期间,秩序和效率也会遭到破坏。这是任何一个正常人都无法容忍的。实际上,法律并不要求完全发现案件的客观真实情况。就刑事案件而言,只要证明达到法律规定的标准,如刑法关于犯罪构成要件的规定,主要事实或者基本事实查清,就可以定案了。如果在法定的诉讼期限内完不成证明任务,也应当依法结案。

其四,司法活动与科学研究不同。科学研究的对象是客观存在的事物,司法活动的证明对象不仅包括客观存在的事物,还包括当事人的心理活动;科学研究揭示的规律具有普遍性,因而可以轻易地进行检验,司法活动证明的对象具有不可回复性,一旦发生,根本无法将其复原;科学研究的唯一目的是追求真理,司法活动在此之外,还要协调各种价值;科学研究可以采取人类所能承受的各种手段,甚至不计成本,而司法活动则必须使用法律允许的手段,而且有严格的期间甚至人员限制。

总之,与科学研究相比,诉讼上的证明在客观上是不全面的,是相对的。但是,仅具有相对性的认识或者证明结果是无法具有合理的可接受性的。我们的诉讼证明如果仅仅具有这样的相对性,则会从根本上削弱司法活动的权威性和严肃性。司法活动不仅要靠国家的强制力来维护,还要靠它的理性来维护。我们认为,这种理性,一方面,存在于诉讼证明的相对性之中,因为相对性蕴含着绝对性,绝对性通过相对性表现出来;另一方面,则是靠诉讼证明过程的正当性实现的。所谓正当性,就是在伦理上具有道德性。正当性有时又称为合法性。具体来说,诉讼证明的正当性体现在以下几个方面:

第一,证据要合法,也就是说证据要具有证据能力或者可采性。证据合法,包括两个方面:来源合法与表现形式合法。如果一个证据是非法获得的,则不能被当作证据使用。

第二,证明的程序必须正当、合法。由于证明的程序就是诉讼程序,所以,诉讼程序必须体现一定的法律价值,遵守一定的原则,比如,裁判中立、控审分离、控辩对等、直接言辞等,而且依据这些原则建立的诉讼程序必须在实际的证明过程中被遵守。就严格的法律调查和事实认定过程来说,举证、质证、辩论以及评议等必须符合法律的要求。

实际上,诉讼程序或者证明过程的正当性最典型地体现在当事人对证明的参与以及对当事人各项权利和利益的保护上。尊重公民的尊严和利益,正是法律价值或者正当性的核心意义所在。由于有了当事人的充分参与,也就是说当事人可以充分地对证明结果施加影响,使得这种结果能够合理地为当事人和公民所接受。也就是说,证明结果仅具有相对性是不够的,还必须具有正当性,才能最终具有合理的可接受性。

三、证明的种类

根据一定的标准,可以对证明进行以下分类:

第一,行为意义上的证明和结果意义上的证明。这是以证明的表现形态为标准所作的分类。行为意义上的证明是证明行为,指证明主体根据已知事实查明案件事实的活动。结果意义上的证明(proof),是指运用已知事实查明案件事实的结果,特别是指司法人员对案件事实形成确信的心态。行为意义上的证明可以进一步分为取证、举证、质证和认证等行为,这些行为表现为连续的证明过程;而结果意义上的证明可以进一步分为严格证明与自由证明。

第二,严格证明与自由证明。根据证明对象所属领域不同,可以将证明分为严格证明和自由证明。前者是针对实体法事实的证明,证明标准较高;后者是针对程序法事实的证明,证明标准较低。严格证明和自由证明派生于证明客体的性质,体现为不同的证明标准,至于在证明责任、证明主体、证明方法等诸环节,二者在原理上没有实质性差异。但是,由于自由证明的标准不高于民事诉讼中的盖然性优势的标准,它几乎失去了作为证明的本来含义,所以,有学者把自由证明从证明概念中分离出来,称为“释明”或者“稀明”.与此同时,严格证明则称为“证明”。

第二节　证明责任

一、证明责任的概念

证明责任,是指公安司法机关收集或者提供证据证明主张的案件事实成立或者有利于自己的主张的责任,否则,将承担其主张不能成立的风险。证明责任是证明制度的重要组成部分。

在证据制度的发展过程中,由于诉讼性质、结构的不同,决定了证明责任的承担者有所不同,证明责任的概念也随之发生了变化,成为当今证据法理论中的难题。

从证明责任的概念来看,证明责任有如下几个特征:

第一,证明责任总是与一定的法律职责和义务相联系。比如,在刑事诉讼中,检察机关对犯罪提出指控,这是行使法律赋予的职权,也是履行法定的职责。根据权利义务相统一的原则,检察机关在行使这一职权的同时,必须承担提出证据证明指控事项的义务。

第二,证明责任总是与一定的法律风险相联系。也就是说,证明责任既包括行为责任,即提出证据证明主张成立的责任,也包括结果责任,即负有证明责任的主体,如果不履行证明责任,或者在事实真伪不明时,就要承担其提出的主张不能成立的风险。比如,被害人向法院提出自诉,如果缺乏罪证又提不出补充证据,就可能不被法院受理或者被驳回诉讼请求。而对司法机关来说,如果不能按照法律的要求履行证明责任,其认定的案件事实就不能成立,其作出的有关决定就可能被否定或者撤销。

关于证明责任的概念,在理论界争论很大,尤其在民事诉讼领域更是研究的重点。争论的焦点,集中在如何认识证明责任与举证责任这两个概念之间的关系上面。影响较大的,有如下几种观点:第一种观点同一说认为,证明责任就是举证责任,也就是指谁负有提出证据证明案件事实的义务。第二种观点并列说认为,证明责任和举证责任是两个完全不同的概念。证明责任专指刑事诉讼中公、检、法机关承担的收集运用证据证明犯罪嫌疑人、被告人是否有罪的法律义务,犯罪嫌疑人、被告人及其他当事人、诉讼参与人不承担证明责任。举证责任是指当事人向司法机关提供证据的责任。第三种观点大小说认为,不应将证明责任等同于举证责任,而是证明责任包含了举证责任。证明责任是指司法机关或者某些当事人应当收集或提供证据证明案件事实或者有利于自己的主张的责任,不负证明责任将承担其认定或主张不得成立的后果。举证责任仅指当事人提供证据证明有利于自己的主张的责任。第四种观点包容说认为,举证的目的是证明,而证明是举证的结果,因此两者之间具有互相包容的特征。第五种观点前后说认为,证明责任和举证责任是两个独立的概念,但两者之间存在一种前后关系。举证责任主要是指提出和收集证据,证明责任主要是指判断和适用证据。从认识论的角度讲,前者属于感性认识,后者属于理性认识。

我们认为,证明责任和举证责任基本上是一个概念,两者可以在同一的意义上使用。这是因为:第一,并列说和大小说将证明责任和举证责任仅从证明或者举证的主体来区别,意义并不大。虽然国家司法机关在承担证明责任方面可能具有比普通公民强大得多的能力和优势,但是,加强公民或者诉讼当事人的证明责任,弱化司法机关尤其是法院的证明责任,是包括我国在内的世界各国诉讼制度发展的潮流。第二,并列说、包容说和前后说将提出证据的责任作为举证责任,而不与其承担的诉讼风险联系在一起,则会使举证责任这一概念显得没有任何意义,因为如果举证责任与诉讼风险没有关系,当事人根本就不会理会举证一事。这样一来,收集和提供证据的责任只能落在裁判者身上,这与诉讼的根本原理是相矛盾的。

另外,关于证明责任概念的含义的争论,还可以从另外一个角度考察,即行为责任说、结果责任说和双重责任说。行为责任说认为,证明责任就是当事人提供证据进行诉讼的责任,至于当事人是否败诉,与证明责任没有直接关系。这种观点偏重于当事人的举证行为,而不顾及证明责任与诉讼后果之间的关系。结果责任说认为,证明责任就是法律预先规定,在案件事实真假难以确定的情况下,由一方当事人承担不利的后果。这种观点偏重于当事人的证明后果上,而不顾及诉讼后果与举证行为之间的关系。双重含义说认为,证明责任应当包括行为与后果两个方面,即行为意义上的证明责任与结果意义上的证明责任。前者指当事人对所主张的事实负有提供证据证明的责任;后者指在事实处于真伪不明状态时,主张该事实的人承担不利的诉讼后果。由于双重含义说比较全面地说明了证明责任的含义和诉讼意义,也比较符合司法实际情况,因而得到了多数人的赞同。本书也同意这种观点。

二、公诉案件证明责任的承担

公诉案件证明责任的承担:2018 年《刑事诉讼法》第 51 条明确规定,“公诉案件中被告人有罪的举证责任由人民检察院承担”。2018 年《刑事诉讼法》第 52 条规定:“审判人员、检察人员、侦查人员必须依照法定程序,收集能够证实犯罪嫌疑人、被告人有罪或者无罪、犯罪情节轻重的各种证据。”可见,刑事诉讼中公、检、法三机关分别行使国家赋予的权力,履行法定的职责。

我国刑事诉讼中的证明责任是与无罪推定原则联系在一起的。2018 年《刑事诉讼法》第 12 条规定:“未经人民法院依法判决,对任何人都不得确定有罪。”据此,大多数学者认为该条款明确体现了无罪推定的基本精神,或者说吸收了无罪推定的合理内核。我国加入的《公民权利和政治权利国际公约》也规定,被告人未经依法确定其有罪之前,应假定其为无罪。所以,司法机关对被告人所指控的罪行要有充分的证据加以证明,否则,被告人就应被视为无罪。

通过 2018 年《刑事诉讼法》第 200 条的规定,我们可以很清楚地发现谁是证明责任的主体。该条规定:“在被告人最后陈述后,审判长宣布休庭,合议庭进行评议,根据已经查明的事实、证据和有关的法律规定,分别作出以下判决:(一)案件事实清楚,证据确实、充分,依据法律认定被告人有罪的,应当作出有罪判决;(二)依据法律认定被告人无罪的,应当作出无罪判决;(三)证据不足,不能认定被告人有罪的,应当作出证据不足、指控的犯罪不能成立的无罪判决。”从本条规定可以发现,在刑事诉讼中,证明责任由控诉方承担。这是刑事诉讼中关于证明责任分配和承担的核心原则。这是因为:一方面,刑事诉讼法规定在审判过程中,公诉人和当事人都可以向法庭提供证据,但是,当事人提供证据,显然不是证明责任,而是诉讼权利。同时,刑事诉讼法规定法院对证据有疑问时,可以调查核实,但并非单独提供新的证据,因此,法院也不可能承担证明责任,所以,承担证明责任的,只可能是检察机关和自诉人。另一方面,如果证据不足,法院要作出证据不足、指控的犯罪不能成立的无罪判决,这种判决结果,与检察机关或自诉人的起诉主张联系起来，非常明确地表明了，在公诉案件中，由检察机关承担证明责任；在自诉案件中，由自诉人承担证明责任。

由检察机关承担证明责任，是与其承担的诉讼职能联系在一起的。在刑事诉讼中，检察机关承担控诉职能。为了使这种职能得以顺利地实现，国家赋予检察机关审查起诉的职责，同时，由公安机关负责侦查，专门收集证据，确认犯罪嫌疑人的犯罪事实。检察机关决定提起公诉，必须做到犯罪事实清楚，证据确实、充分，否则，法院将会作出无罪判决。

应当注意，公安机关也承担一定的证明责任，这种证明责任，主要涉及有关的程序法事实。比如，根据刑事诉讼法的规定，公安机关需要逮捕犯罪嫌疑人时，应当向检察机关提供证据证明有犯罪事实。这种事实，是检察机关决定是否逮捕的依据。公安机关侦查终结，将案件移送检察机关审查起诉，必须就所认定的犯罪事实提供确实、充分的证据。人民检察院审查以后，认为事实不清、证据不足的，可以退回公安机关补充侦查，也可以自行侦查。

人民法院不负有证明责任。这在我国诉讼法学界曾有过争议，我国有学者在一本颇有影响的教材中写道："在我国的审判制度中，法官有义务采用法律所允许的必要手段查明案件客观事实，因此也承担证明责任，但这种证明责任因法院担负的裁判职能而表现为审理义务。这是证明责任的个性。"此外，也有人根据 2018 年《刑事诉讼法》第 52 条的规定，即"审判人员、检察人员、侦查人员必须依照法定程序，收集能够证实犯罪嫌疑人、被告人有罪或者无罪、犯罪情节轻重的各种证据"，认为法院也承担证明责任，我们认为这种观点值得商榷。首先，这一条的规定，并不是关于证明责任的规定，而仅仅涉及收集证据这一环节，将收集证据的规定理解为关于证明责任的规定，并不妥当。其次，就证明责任的概念来说，它除了收集证据之外，主要包括就提出的主张提供证据，如果不能提供证据要承担不利后果等内容。这一条规定，并没有涉及证明责任最重要的内容，而且人民法院在诉讼中并不会因为不能提供证据而承担不利的后果。再次，就上面对 2018 年《刑事诉讼法》第 200 条的分析来看，刑事诉讼法规定的证明责任是很明确的，即由控诉方承担证明责任。最后，至于 2018 年《刑事诉讼法》第 52 条规定的收集证据，并不一定就是为了履行证明责任而收集证据，根据刑事诉讼法的规定，法院只有在对证据有疑问时，才涉及收集证据的问题，这显然不是为了履行证明责任。因此，我们认为人民法院是不承担证明责任的。

犯罪嫌疑人、被告人一般不承担证明责任，也就是没有提出证据证明自己无罪的义务，不能因为犯罪嫌疑人、被告人不能证明自己无罪便据此得出犯罪嫌疑人、被告人有罪的结论。但是，犯罪嫌疑人并不享有沉默权。刑事诉讼法明确规定，对于侦查人员的讯问，犯罪嫌疑人应当如实回答。犯罪嫌疑人必须如实回答，与其是否承担证明责任完全没有关系。即便犯罪嫌疑人不如实回答，从法律上和逻辑上都不会因此导致其承担不利于自己的后果。确认犯罪嫌疑人和被告人无证明责任从立法与理论上否定了刑讯逼供，赋予了他们自愿陈述的权利，是对个人合法权利的有效保护。如果被告人不自愿陈述，司法机关也不得以刑讯或威胁等非法手段逼取口供。

作为犯罪嫌疑人、被告人不承担证明责任的例外，是涉及"巨额财产来源不明罪"的案件。《刑法》第 395 条第 1 款规定："国家工作人员的财产、支出明显超过合法收入，差额巨大的，可以责令该国家工作人员说明来源。不能说明来源的差额部分以非法所得论，处五年以下有期徒刑或者拘役；差额特别巨大的，处五年以上十年以下有期徒刑。财产的差额部分予以追缴。"根据这一规定，对于此类案件，首先承担证明责任的仍然是控诉方，当控诉方收集到足够的证据证明国家工作人员的财产或者支出明显超过合法收入且差额巨大时,证明责任即转移到犯罪嫌疑人或者被告人身上,他必须说明或者证明差额部分的来源是合法的,若不能说明或证明,差额部分即以非法所得论。这样规定,是为了加大打击贪污贿赂犯罪的力度,在国际上是一种惯例。

另外,犯罪嫌疑人或者被告人对于一些程序法事实,要承担证明责任。比如,被告人提出有关的司法人员应当回避,他应当就回避的事实依据提出证据进行证明。但是,这种证明责任与控诉方承担的责任相比,在证明标准上有很大不同。后者要求的证明标准很高,而前者应当比较低。对于有些程序法事实,被害人也可以提出请求,在这种情况下,被害人也负有举证责任。在刑事诉讼中关于证明责任倒置的问题,从理论到实践必须持慎重的态度,只有在个别例外情形如巨额财产来源不明、非法持有型等犯罪中,才可以适用。

三、自诉案件证明责任的承担

自诉人负有证明责任。根据2018年《刑事诉讼法》第51条明确规定,"自诉案件中被告人有罪的举证责任由自诉人承担"。自诉人向法院提出控诉,必须提供证据。人民法院认为缺乏罪证,而自诉人又提不出补充证据时,法院应当说服自诉人撤回自诉,或者裁定驳回起诉。可见,自诉案件中作为控诉方的自诉人应当承担证明责任。如果自诉案件中的被告人提出反诉,则他在反诉中便成为自诉人,因此,对反诉要承担证明责任,必须提供证据来证明反诉的主张和待证事实。

第三节 证 明 对 象

一、证明对象的概念

证明对象,是证明活动中需要证明的事实,又称待证事实或者要证事实。诉讼中的证明对象,是指司法人员和诉讼当事人及其律师在诉讼中必须用证据加以证明的各种案件事实。刑事诉讼的证明对象主要是有关犯罪行为构成要件和量刑情节的事实。为了客观全面地查明和确认已经发生而又存在争议的案件事实,司法人员只能通过调查收集证据、审查判断证据的方法,即通过证明的方法加以实现。因而,查明案件事实就成了诉讼证明的首要任务,而那些与本案相关的诸事实,就成了待证事实、要证事实,成了诉讼中的证明对象。

证明对象是作为证明的最初环节而产生的。正是在观念上首先设定了证明对象,才产生诸如证明责任、证明主体等概念。证明对象和证明标准共同形成了证明的方向、内容和目标。因此,证明对象既是证明的出发点,又是证明的归宿,它决定着诉讼证明活动如何进行,需要什么证据,谁负举证责任,如何调查、收集证据等。至于证据是否充分,更要受本案证明对象的制约。

从司法实践的意义来说,由于证明对象问题是实现证明任务的首要问题,司法机关在办案过程中如果能够准确地确定本案所要证明的案件事实,就能保证在整个证明过程中始终目标明确,有目的、有重点地全面调查、收集有关的证据,及时查明案件事实的真相;就能做到既不疏漏案件中必须证明的事实,也不致为与案件无关或者细枝末节的事实所干扰。这就有利于正确、合法地处理案件,提高办案的质量和效率。

二、证明对象的特征

从以上关于证明对象的定义可以看出,证明对象有以下几个特征:

其一,证明对象是与当事人的主张相联系的概念。在诉讼过程中,当事人依其诉讼地位提出自己的诉讼请求或者抗辩请求,也就是权利主张。为了使这些请求得以实现,当事人就必须主张足以支持其请求的实体事实。在学理上,这被称为当事人的主张责任。依照主张责任的分配原则,当事人应当针对各自的诉辩请求分别主张相应的事实,这是实现其诉辩请求的第一步。第二步是当事人利用证据证明所提出的事实主张,即举证、质证。这是程序法提出的要求。在这种情况下,证明便将证据和事实主张联系起来了。在这个联系当中,事实主张处于接受证据论证的被动状态,因而成了证明对象。

其二,证明对象与证明责任密切联系。证明对象在获得确证之前处于真假不明的未决状态,为了化解这一未决状态,有必要把证据的提供落实在特定的诉讼主体身上,这就是证明责任。可见,证明责任始终是与证明对象联系在一起的。只有对证明对象而言,才有所谓证明责任;谈到证明责任,必定指向证明对象。二者在范围上是一致的。

其三,证明对象是指需要证据证明的要证事实。证明对象需要用证据进行论证,证明对象和证据之间存在目的和手段的关系。就这一关系而言,证明对象是未知的事实或者不确定的事实,证据是已知的、确定的事实。可见,证明对象的概念自身包含需用证据加以论证和探知的期待性,因而又称为待证事实或者要证事实。证明对象需要用证据加以证明,是证据和证明对象关系的常态。在特定情况下,一些证明对象不需要当事人举证证明,可以由司法机关直接认定,这就是免证事由或者不要证事项。

其四,证明对象是法律规定的要件事实。这里所说的法律,包括实体法和程序法。所谓要件事实,就是司法人员合法处理案件必须查明的事实。比如,在刑事诉讼中,是有关犯罪行为构成要件和量刑情节的事实。除此之外,程序法事实也是司法人员作出合法判决、裁定和决定必不可少的要件事实。如果说实体法规定的要件事实是实体要件事实,那么,程序法规定的要件事实就是程序要件事实。要件事实,总体上包括实体要件事实和程序要件事实两个方面。

三、程序法事实、证据事实与证明对象

程序法事实,比如回避的事实、管辖的事实、审判组织组成的事实、期限是否可以延长的事实、采取强制措施的事实、申请财产保全和先予执行的事实等,能否成为证明对象,学理上有三种观点:

第一种观点持肯定态度认为,程序法事实属于证明对象,理由是:(1)诉讼法是实体法的实施法,查明程序法事实有利于监督司法机关遵守法定程序,保证实体法正确、公正的实施;(2)当事人可能对程序法事实发生争议,从而使程序法事实构成系争事实;(3)诉讼中有争议的程序法事实,有关司法机关也要在查清事实的基础上作出裁决,对其中有的裁决不服,可以申诉或者申请复议,对有的裁定甚至可以上诉或者申请再审。由于以上三个原因,故应把程序法事实作为证明对象。

第二种观点持否定态度认为,程序法事实不能成为证明对象,理由是:(1)确定证明对象的目的在于明确取证、举证、质证和认证等证明活动的方向,以利于案件事实的查明。只有将证明对象限于实体法事实,即为案件的实体处理所必不可少的事实,才有利于司法人员分清主次,集中注意力。(2)程序法事实,特别是那些据以作出决定或裁定的事实,虽然也存在查明的问题,但与证明对象不能混同。许多程序法事实不查自明或者司法人员可以认知。而且,并非每个案件都会遇到程序法事实,如果没有发生某些程序问题,就不需要对有关的事实加以证明。(3)由于程序法事实的证明标准低于盖然性优势的标准,这种证明不是严格的证明,而仅仅是"释明"或者"稀明"。所以,严格意义的证明对象,应当限于实体法事实,不包括程序法事实。

第三种观点持折中态度认为,证明对象包含着程序法事实,但举证责任分配的问题仅与实体法有关,就这一问题而言,程序法事实不是证明对象,理由是:(1)尽管程序法事实也存在举证责任的分配问题,但相当简单,根据"谁主张,谁举证"的一般原则即可解决;(2)实体法事实是由当事人作为诉讼请求根据事实提出的,直接关系到当事人之间法律关系的产生、变更或消灭。查明这些事实是否存在,是整个民事诉讼的中心环节。总之,程序法事实与证明责任的研究无关。

我们同意肯定说,认为程序法事实属于证明对象,理由是:首先,上述折中说存在自相矛盾之处,既然把程序法事实作为证明对象,便不能将其与证明责任的分担相隔离,证明责任的分担在逻辑上当然适用于程序法事实。其次,我国现行诉讼法均明确规定程序违法是撤销第一审判决并且发回重审的理由,这就明确地将程序法事实纳入第二审人民法院必须查明的对象即证明对象的范围。再次,将程序法事实纳入证明对象,有助于督促司法人员遵守法定程序。因为将程序法事实纳入证明对象的范畴,实际上是将司法人员的程序行为也纳入证明或者阐明的范围,具有监督的作用。另外,对于程序法事实的证明,虽然称为"释明"或者"稀明",但是,说这种证明的标准低于盖然性优势的标准,并因此将这种证明排除在证明概念之外,是没有根据的。实际上,对于程序法事实的证明标准,即使低于盖然性优势标准,但诉讼程序仍然为各种程序法事实设定了证明的要求。比如,《德国刑事诉讼法》规定对于回避事实,当事人应当提供证据,使之具有"可信性"。因此,程序法事实仍然属于证明对象的范畴。最后,将程序法事实纳入证明对象,有助于提高对程序法的重视,摆正程序法与实体法的关系。程序法本身的作用和意义不限于实体法的实施手段,程序法具有独立的价值和地位。

证据事实,也就是证据本身所记载和反映的事实能否成为证明对象,也是一个有争议的问题。概括起来,主要有三种观点:

肯定说认为,证据事实是证明对象,理由是:任何证据的真实性都需要其他证据确证,而当某个证据成为其他证据验证的客体时,便成为证明对象。也就是说,在证据事实与案件事实、证据事实与证据事实之间,存在手段与目的的因果锁链,处于中间环节的证据事实,具有证据事实和证明对象的双重身份,是证明手段和证明对象的统一体。

否定说认为,证据事实只能是证明手段,不能列为证明对象。

折中说认为,证据事实依其与案件事实的证明关系,它可以表现为直接证据,也可以表现为间接证据。直接证据是直接反映和证明案件主要事实的证据,因而它与案件主要事实重合,所以,尽管它是证明对象,也不必单独列出。相反,间接证据不能单独证明案件的主要事实,而必须与其他的间接证据相联系,方能对案件主要事实起证明作用。因为间接证据需要证明,所以便成为证明对象。

我们赞同否定说,即证据事实不能成为证明对象,这是因为:

(1)证明对象与证明手段之间是目的与手段的关系,不能将目的与手段混同。证明对象是由证据事实来探知、认识和推导的案件事实,是未知事实,而证据是阐明或查明案件事实的手段,是已知事实。两者之间的界限十分清楚。如果把证据事实也说成证明对象,则必然会模糊这种界限,使证明理论变得混乱。

(2)证据需要查证属实,但并非需要查明的所有事实都能成为证明对象;查证属实只是证据作为证明手段的资格条件,而不是其作为证明对象的充分条件。证明对象之所以成为证明对象,是因为包含着诸多确定的标准,需要查明只是其中之一。2018 年《刑事诉讼法》第 50 条第 3 款规定:"证据必须经过查证属实,才能作为定案的根据。"这并不意味着处在查证属实之中或者之前的证据是证明对象,而是说明只有经过查证属实的证据才能作为定案根据,才能作为证明案件事实的手段,否则,不享有作为定案证据或者手段的资格。因此,查证属实没有超出证据事实作为证明手段的范围。另外,证据事实,无论是直接证据或者间接证据,都需要成为证明手段的资格,这种资格就是法律对证据提出的采用标准即所谓客观性、关联性和合法性。任何证据最终要成为有效的证明手段,都必须同时具备这三个属性。当某个证据因其合法性、关联性或者客观性发生争议、需要其他证据印证时,在这种印证与被印证的关系中,存在目的与手段的关系。这种关系仍然是证明手段范围内的关系,是在本质相同的范围内形成的关系,它们在性质相异的更高层面有一个总的目的,即案件事实。对于后者来说,前二者皆为手段,是诸手段的统一体,所区别的只是层次和距离而已。

(3)将证据事实排除在证明对象之外,有助于证据法学理论揭示证据和证明对象各自的特殊规则。证据事实实际上是证据概念、采用标准和种类问题,而证明对象实际上是取证、举证、质证和认证等证明活动的目标问题,两者具有不同的规律和规则。将两者区别开来,有助于证据法学的研究,也有助于推动司法实践的科学化。

四、刑事诉讼的证明对象

2018 年《刑事诉讼法》第 52 条规定:"审判人员、检察人员、侦查人员必须依照法定程序,收集能够证实犯罪嫌疑人、被告人有罪或者无罪、犯罪情节轻重的各种证据。"该条规定了刑事诉讼证明对象中的实体要件事实。该法第 227 条规定:"第二审人民法院发现第一审人民法院的审理有下列违反法律规定的诉讼程序的情形之一的,应当裁定撤销原判,发回原审人民法院重新审判:(一)违反本法有关公开审判的规定的;(二)违反回避制度的;(三)剥夺或者限制了当事人的法定诉讼权利,可能影响公正审判的;(四)审判组织的组成不合法的;(五)其他违反法律规定的诉讼程序,可能影响公正审判的。"该条规定了刑事诉讼证明对象中的程序要件事实。具体来说,刑事诉讼证明对象包括如下事实:

1. 被指控犯罪行为构成要件的事实

构成要件,是指被指控的犯罪行为成立的要件。刑法规定的各种犯罪之所以成立并且相互区别,是因为它们各自的构成要件不同。每一种犯罪行为都有自己的构成要件,使犯罪得以被确认,并且在概念上有所区别。被指控的犯罪不同,证明对象所包含的要件事实也就不同。学理认为,一般的犯罪行为的构成要件有四个:(1)犯罪客体,是指刑法所保护的、犯罪行为所侵害的具体的社会关系、政治关系、经济关系等;(2)犯罪主体,是指实施了危害社会的行为、依法应负刑事责任的人;(3)犯罪的客观方面,是指犯罪嫌疑人、被告人所实施的危害社会的行为,以及与犯罪行为有关的各项客观事实,如犯罪的时间、地点、手段、危害社会的结果等;(4)犯罪的主观方面,是指犯罪嫌疑人、被告人实施犯罪行为时所持的主观心理态度,如故意、过失等。对于以上四个方面的构成要件,有的学者总结了一个便于掌握的、可操作性的公式:(1)何人——犯罪的主体要件;(2)何种动机与目的——犯罪的主观方面要件;(3)何时——犯罪的时间,属于客观方面的要件;(4)何地——犯罪的地点,属于客观方面的要件;(5)何种手段——犯罪方法,属于客观方面的要件;(6)何种行为——犯罪行为的表现形式,如杀人、盗窃等,属于客观方面的要件;(7)何种危害后果——犯罪行为造成的损害,属于客观方面的要件。以上七个方面连贯起来,可以把刑事诉讼证明对象概括为:何人基于何动机与目的,在何时、何地,用何种方法实施了何种行为,产生了何种危害后果。当然,在这七个要件中,并不是所有因素对于每个犯罪都不可或缺,或处在相同的重要地位。只有犯罪行为构成的四个一般要件,才是必不可少的。

2. 与犯罪行为轻重有关的各种量刑情节事实

量刑是在定罪基础上进一步产生的问题。关于量刑的事实与关于定罪的事实有不同的意义。前者是关于犯罪行为的量的规定,后者是关于犯罪行为的质的规定,前者只是在后者的基础上才起对后者的补充作用。

根据我国刑法的规定,有关量刑的事实称为情节事实,分为法定情节事实和酌定情节事实,具体包括:(1)从重处罚的事实。如教唆不满 18 周岁的人犯罪,累犯等。(2)从轻、减轻处罚或者免除处罚的事实。如犯罪未遂、犯罪中止,在共同犯罪中起次要或者辅助作用的从犯或者系被胁迫诱骗参加犯罪的胁从犯等,犯罪人在犯罪时不满 18 周岁的,犯罪人是又聋又哑的人或者是盲人的,犯罪以后自首等其他可以从轻、减轻、免除处罚的事实或情节。

3. 排除行为的违法性、可罚性和行为人刑事责任的事实

2018 年《刑事诉讼法》第 2 条规定:“中华人民共和国刑事诉讼法的任务,是保证准确、及时地查明犯罪事实,正确应用法律,惩罚犯罪分子,保障无罪的人不受刑事追究……”惩罚犯罪和保障无罪的人不受刑事追究,是我国刑事诉讼法所要完成的两大并重的任务。据此,证明行为人有罪的事实应当全面查清,排除行为人行为的可罚性的事实也应当查清。

第一,排除行为违法性的事实。某些行为在外观上类似犯罪行为,但由于客观条件和支配这些行为的目的、动机等主观意志具有正当性,刑法明确否定这类行为的犯罪性质。行为既然因排除了其中的违法性因素而不构成犯罪,当然也就排除了受刑事追究的可能性。根据刑法规定,这类行为有正当防卫、紧急避险等。

第二,排除可罚性的事实。这类事实一经发生,尽管构成犯罪,但并不产生相应的刑事处罚责任。例如,犯罪行为被实施后已过多年,超出了刑法所规定的追诉时效;经特赦令免除刑罚的;依照刑法告诉才处理的犯罪,被害人没有告诉,或者告诉后又撤诉的;被告人已经死亡等。

第三,排除或减轻刑事责任的事实。如果犯罪嫌疑人、被告人没有达到法定的刑事责任年龄,或者行为人在实施犯罪行为时,处于精神不正常状态,根据刑法的规定,行为人即属于无刑事责任的人或限制刑事责任的人。对于他们的行为所造成的危害结果,刑法规定不追究刑事责任或减轻刑事责任。根据我国刑法的有关规定,行为人不满 14 周岁,不负刑事责任;已满 14 周岁但不满 16 周岁,只有在犯罪行为属于故意杀人、故意伤害致人重伤或者死亡、强奸、抢劫、贩卖毒品、放火、爆炸、投放危险物质罪的,才负刑事责任;可判处死刑的责任年龄,必须是在实

施犯罪的时候年满18周岁等。

4. 刑事诉讼程序事实

刑事诉讼程序事实,是指有关刑事诉讼程序是否合法进行的事实,具体包括:(1)有关管辖的事实;(2)有关回避的事实;(3)有关对犯罪嫌疑人、被告人采取强制措施的事实;(4)有关审判组织组成的事实;(5)有关诉讼程序的进行是否超越法定期限的事实;(6)司法机关侵犯犯罪嫌疑人、被告人等当事人诉讼权利的事实;(7)与执行的合法性有关的事实,如犯人"是否怀孕"的事实;(8)其他与程序的合法性或者公正审判有关的事实,如延期审理的事实等。

第四节 证明要求

一、证明要求的概念与意义

(一)证明要求的概念

证明要求又称证明标准、证明任务,是指承担证明责任的人提供证据对案件事实加以证明所要达到的程度。如果当事人提供的证据达到了证明要求,就意味着当事人履行了证明责任,他提出的主张就会成立,也就是不会因为待证事实的证明问题而受到诉讼中的不利益;相反,如果当事人提供的证据未能达到证明要求,就意味着他没有完成证明责任,他的主张将不会成立,并会因为待证事实的证明问题而受到诉讼中的不利益。

从证明要求的概念看,证明要求和证明责任之间存在密切的联系,或者说,它们在本质上是一物两面的概念。证明责任解决的问题是,对于待证事实,谁来提供证据加以证明;证明要求解决的问题是,对于待证事实,应当证明到什么程度。从逻辑上说,证明要求是在证明责任基础上产生的概念,没有真正意义上的证明责任制度,便没有真正意义上的证明要求制度。同时,证明要求又是证明责任的方向和准绳,证明责任因为证明要求而具体化和富有可操作性。

对于案件事实能够证明到什么程度,或者说达到证明要求的事实的性质是或者应当是什么,国内外在学理上有不同的概括和争论。概括来说,有三种不同的观点:客观真实说、主观真实说和法律真实说。

客观真实说认为,诉讼中对事实的证明,应当达到客观真实的程度。查明案件的客观真实,不但是必要的,而且是完全可能的,这是因为:(1)马克思主义认识论认为,存在是第一性的,意识是第二性的,存在决定意识;人类具有认识客观世界的能力,能够通过调查研究认识案件的客观真实。查明客观真实具有科学的理论根据。(2)客观上已经发生的案件事实,必然在外界留下这样或那样的物品、痕迹,或者为某些人所感知,为查明案件客观真实提供了事实根据。(3)我国司法机关有党的坚强、统一的领导,有广大具有觉悟的群众的支持,有一支忠实于人民利益、忠实于法律、忠实于事实真相,具有比较丰富的经验,掌握一定科学技术的司法干部队伍,这是查明案件客观真实的有力的组织保证。(4)随着社会主义法制的加强,总结司法工作正反经验、反映现实需要的《刑事诉讼法》、《民事诉讼法》和《行政诉讼法》已先后颁布,提供了查明案件客观真实的法律依据。总之,司法人员只要依法正确收集和审查判断证据,完全有可能对案件事实作出符合客观实际的认定。这种观点在国外也有不少人支持。

主观真实说认为,在诉讼中证明的案件事实,实际上是一种主观事实。所谓主观事实,是指法官或者事实认定者发现的事实,并不是诉讼之前在特定时间、地点发生的“客观事实”。这是因为,事实认定者首先是从对事实预先得出的模糊结论出发,然后才寻找有关的证据支持的,如果有关的证据不支持原来的结论,就会放弃这一结论而寻找其他的结论。其次,事实认定者在运用证据对案件事实进行推理时,直觉或者预感占有非常重要的位置。另外,每个法官由于学识、经验、信仰等不同,也就是个性不同,他们的思维方式也就会不同,因此,对于同一个案件事实,即使有相同的证据,不同的法官也会得出不同的结论。

法律真实说认为,在法律世界中,没有什么“绝对的”事实,有的只是有关机关在法律程序中所确定的事实。这是因为,事实只有首先通过法律程序加以确定,才能被赋予法律上的效果。也就是说,确定事实的机关,是在“法律上”认定事实。所以,通过法律程序确定的事实,具有一定的构成性。法律真实观更有其深刻的哲理基础,即诉讼的认识论原理。案件发生在过去而又不能再现是客观事实,人们的认识能力具有相对的局限性,办案人员的主观认识在一定程度上也是有限的。在法定的办案期限内查明案件事实,而又要追求客观真实的标准,在某些情况下是很难实现甚至是无法实现的。因此,证明要求只能以法律真实为标准。

(二)证明要求的意义

证明要求在诉讼过程中具有重要的意义,它是诉讼证明活动的方向和准绳,指导着当事人和事实认定者实施正确的诉讼行为。具体表现在以下几个方面:

第一,证明要求是当事人履行证明责任的灯塔,凭借证明要求提出的衡量标准,当事人知道何时应当举证,何时可以暂停举证;对方当事人也可以知道何时应当提供相反的证据进行反驳,何时可以停止举证性的反驳,而等待负有证明责任的当事人继续提供证据。

第二,证明要求是事实认定者决定具体事实能否认定的行为准则。根据当事人提供的证据,如果事实认定者认为这些证据对待证事实的证明达到了证明要求,则认定该事实为真;反之,如果证明责任承担者提供的证据未能满足证明要求,则认定该事实为伪。事实之真伪,就在于与证明要求是否吻合。

二、刑事诉讼中的证明要求

我国2018年《刑事诉讼法》第200条规定:“在被告人最后陈述后,审判长宣布休庭,合议庭进行评议,根据已经查明的事实、证据和有关的法律规定,分别作出以下判决:(一)案件事实清楚,证据确实、充分,依据法律认定被告人有罪的,应当作出有罪判决;(二)依据法律认定被告人无罪的,应当作出无罪判决;(三)证据不足,不能认定被告人有罪的,应当作出证据不足、指控的犯罪不能成立的无罪判决。”可见,刑事诉讼中法院作出有罪判决的证明要求是案件事实清楚、证据确实、充分。关于证据确实充分,2018年《刑事诉讼法》第55条规定应当符合三个条件:(1)定罪量刑的事实都有证据证明;(2)据以定案的证据均经法定程序查证属实;(3)综合全案证据,对所认定事实已排除合理怀疑。

在司法实践中对案件事实清楚,证据确实、充分也有以下理解:(1)据以定案的证据均已查证属实。这是指作为定案根据的每一个证据都具有证据的本质属性,即客观性、关联性和合法性。(2)案件事实均有必要的证据予以证明。这是指司法机关所认定的对解决争议有意义的事实均有证据作根据,没有证据证明的事实不得认定。(3)证据之间、证据与案件事实之间的矛盾得到合理的排除。办案中收集到的证据可能与其他证据或案件事实有矛盾,这时,必须进一步补充证据,有根据地排除矛盾,查明事实真相;否则,不得认定有关的事实。(4)对案件事实的证明结论是唯一的,排除了其他的可能性。以上四点必须同时具备,才能认为是达到了案件事实清楚,证据确实、充分的标准。

在司法实践中,对于案件事实的证明,应当按照以上理解进行。对于司法实践中的一些提法和做法,这里有必要进行分析。

一种观点认为,案件事实清楚,证据确实、充分,就是基本事实清楚,基本证据确实、充分,这是正确的。因为在司法实践中,我们根本做不到完全发现或者证明原来客观上发生的事实。这是符合证明的相对性原理的。但是,应当注意,基本事实清楚,基本证据确实、充分,并不等于事实基本清楚,证据基本确实、充分。因为诉讼必须对于基本的事实,实际上也就是实体法规定的要件事实作出清楚地证明,但是,事实基本清楚,则是对于案件事实本身大大降低了证明的标准和要求。两者是性质不同的事实认定标准,不可同日而语。

另一种观点认为,证据充分,就是证据越多越好,这是不准确的。案件证据再多,如果不符合上述对案件事实清楚,证据确实、充分的四点理解,则不能认为达到了证明标准。相反,如果符合上述标准,三五个证据也可以定案。另外,证据确实、充分也不意味着必须对所有的证据都要收集,收集的证据只要能满足以上四个要求即可。不一定要事无巨细,统统收集。这不但是不必要的,而且还会浪费人力、物力,降低诉讼效率。我们知道,证据确实、充分不单是对证据的量的方面的要求,更重要的是对证据总体上质的方面的要求。

还有一种观点认为,在刑事诉讼中,虽然我国刑事诉讼法规定在侦查终结、提起公诉、法院判决时都实行统一的证明标准,但是,这样规定是不正确的,证明标准应当有一种阶段性,即审判阶段的证明标准最高,依次往前,审查起诉、侦查终结、逮捕、立案的证明标准应该相应降低。我们认为,这种观点有一定的道理,但并不完全正确。实际上,决定起诉和有罪判决的证明标准是一致的,因为承担证明责任的主体都是检察机关,只不过判断证明是否达到标准的主体不同而已。但是,立案、逮捕、侦查终结、移送审查起诉等的证明标准应当与上述标准不同,这是因为,立案、逮捕、侦查终结、移送审查起诉时的证明,在本质上并不是对实体法事实所作的证明,而是对这些程序法事实是否成立所作的证明。实体法事实和程序法事实是两种不同性质的事实,它们的证明标准也应当不同。前者适用严格证明的标准,后者适用自由证明的标准。证明标准是否分层次问题,还涉及对"证明"这一概念的理解。狭义的证明是否包括审前程序?立案、逮捕、侦查等阶段是叫查明还是叫证明,学界的认识不一,如果审前程序不属于证明,又谈何证明标准的层次性呢?

三、疑难案件的处理

在司法实践中,有时由于条件的限制或出于各种主、客观原因,有些案件不可能查得水落石出,或者因案情错综复杂,一时难以查清,这是不可避免的。承认这种现实的存在,才是辩证唯物主义实事求是的态度。对于这些事出有因、查无实据,或者证据不足、处断难明的"疑案"或"疑罪",不同诉讼制度采取不同的做法。在实行有罪推定的封建专制诉讼中,是按照"疑罪从有"来处理的,即尽管不能确定被告人犯罪,却仍然可以将被告人作为罪犯来处罚。这充分暴露了封建诉讼的专制、黑暗和对人权的践踏。与有罪推定相对的无罪推定,要求对疑难案件应当从有利于被告人的角度来解释和处理。即被告人有罪无罪难以确定时，按被告人无罪处理；被告人罪重罪轻难以确定时，按被告人罪轻处理。

在我国，原刑事诉讼法强调以客观事实为依据，在程序的设置上规定对被告人做出任何最终的法律处理，都必须建立在案件事实清楚，证据确实、充分的基础上。对于事实不清、证据不足的，要求继续侦查，补充侦查，直至查清为止。立法这样严格要求的出发点当然是好的，但对于那些因各种原因确实无法查清的案件，客观上造成案件久拖不决、被告人长期得不到解脱甚至被超期羁押的状况，不利于社会的安定和对被告人权益的保护。1996 年、2012 年以及 2018 年修改《刑事诉讼法》，对疑案的处理作了明确规定。首先，《刑事诉讼法》在基本原则部分的第 12 条规定："未经人民法院依法判决，对任何人都不得确定有罪。"这被认为是规定了有限的无罪推定原则。其次，在审查起诉阶段增加了关于补充侦查次数的规定，以两次为限，明确对于补充侦查的案件，人民检察院仍然认为证据不足，不符合起诉条件的，可以作出不起诉的决定。最后，疑罪从无还表现在法庭审理阶段，在法庭审理过程中，法院认为证据不足的不能要求检察院退回补充侦查，而只能建议补充侦查。审理完毕以后，如果仍然认为证据不足，不能认定被告人有罪的，应当作出证据不足、指控的犯罪不能成立的无罪判决。从而在立法上很好地解决了疑案处理的问题。

可见，在我国刑事诉讼中，疑难案件的处理遵循了"有利被告"的国际刑事司法准则，体现了疑罪从无的现代司法理念。

第五节　证据的收集与审查判断

一、收集证据

收集证据是办案的必经阶段，也是完成证明任务、查明案件事实的基础与前提。只有确实发生了犯罪行为，司法机关才会立案查处。因此，侦查、检察、审判等人员在立案时必须对案件涉及的犯罪事实进行调查，收集与案件有关的各种证据。从这个意义上讲，收集证据是正确办理刑事案件的首要工作。

（一）收集证据的概念

刑事诉讼中收集证据，是指在诉讼中证明的主体（包括侦查、检察、审判人员）运用法律许可的方法和手段，发现、采集、提取证据和固定与案件有关的各种证据材料的活动。这一概念包括以下内容：

第一，收集证据的主体是公安、司法机关的工作人员。在我国，收集证据是司法机关运用证据认定案件事实的基础工作。我国刑事诉讼法对收集证据的主体及权利作了明确的规定，目的是维护社会主义法制，切实保障公民的人身权利、民主权利和其他权利免遭侵犯。在刑事诉讼中，公安机关、人民检察院、人民法院有责任收集、查明案情。2018 年《刑事诉讼法》第 52 条规定，"审判人员、检察人员、侦查人员必须依照法定程序，收集能够证实犯罪嫌疑人、被告人有罪或者无罪、犯罪情节轻重的各种证据"。可见在刑事诉讼中，收集证据的主体主要是司法机关的司法人员。

第二,收集证据的方法必须合法。刑事证据的收集可使用各种合法侦查和调查手段,民事、行政证据只能通过调查的方法取得。2018 年《刑事诉讼法》第 52 条规定,“严禁刑讯逼供和以威胁、引诱、欺骗以及其他非法的方法收集证据”。

第三,收集到的仅为证据材料。通过收集获得证据材料,尚不能称为证据,就是说还不能作为定案的根据。证据材料只有在经过了法庭查证,通过了审查判断,核实了真伪之后,才能作为定案的证据。

(二)收集证据的原则和要求

收集证据是一项重要的诉讼活动,是正确处理案件的前提。因此,收集证据必须遵循正确的原则。根据立法精神和司法实践的经验,主要应遵循以下几个原则:

第一,必须依照法律规定的程序和权限进行。我国刑事诉讼法对收集证据的法定程序作出了明确规定,甚至还就收集证据的具体行为规定了方式、方法等。这些规定都是为了确保与案件有关或了解案情的一切公民有客观、充分地提供证据的条件,防止可能出现的偏差和错误,使收集证据工作能够有效地进行。例如,根据 2018 年《刑事诉讼法》第二编第二章第二节、第三节的规定,在侦查阶段,讯问犯罪嫌疑人必须由人民检察院或者公安机关的侦查人员负责进行。讯问的时候,侦查人员不得少于 2 人;而侦查人员询问证人,可以到证人的所在单位或住处进行,但是必须出示人民检察院或者公安机关的证明文件。在必要的时候,也可以通知证人到人民检察院或者公安机关提供证言。询问证人应当个别进行,应当告知他应当如实地提供证据、证言和作伪证、隐匿罪证要负的法律责任,等等。为确保收集证据工作有效进行,法律还对非法收集证据的行为规定了制裁措施。如 2018 年《刑事诉讼法》第 52 条规定:“审判人员、检察人员、侦查人员必须依照法定程序,收集能够证实犯罪嫌疑人、被告人有罪或者无罪、犯罪情节轻重的各种证据。严禁刑讯逼供和以威胁、引诱、欺骗以及其他非法的方法收集证据……”而《刑法》第 246 条则规定了刑讯逼供罪和暴力取证罪:“司法工作人员对犯罪嫌疑人、被告人实行刑讯逼供或者使用暴力逼取证人证言的,处三年以下有期徒刑或者拘役。致人伤残、死亡的,依照本法第二百三十三条、第二百三十一条的规定定罪从重处罚。”可见,司法人员若不依法收集证据,而采用非法甚至刑讯逼供的方法收集证据,不仅应该受到刑事制裁,而且其非法收集的口供无效,不能作为证据使用。同样,当事人不依法收集的证据材料也不得作为证据使用。因此,只有依照法定程序收集证据,才能保证收集证据的诉讼活动客观、公正、有效。

第二,收集证据必须依靠群众。例如,我国 2018 年《刑事诉讼法》第 6 条确立了“必须依靠群众”的基本原则,并在第一编第五章第 52 条规定,“必须保证一切与案件有关或者了解案情的公民,有客观地充分地提供证据的条件,除特殊情况外,并且可以吸收他们协助调查”。除此之外,2018 年《刑事诉讼法》第 54 条还规定了人民法院、人民检察院和公安机关有权向有关的机关、团体、企业事业单位、公民个人调取证据。这些规定,一方面,说明法律赋予了这些收集证据的主体一定的权力;另一方面,也说明收集证据的活动只有依靠群众才能顺利进行。从刑事诉讼角度看,所查办的任何犯罪都发生在一定的时间、空间内,人民群众最了解犯罪发生的有关情况,并且犯罪分子就隐藏在人民群众中,他们的犯罪给国家、集体、人民的利益造成的危害是人民群众所痛恨的。因此,人民群众最具有同犯罪分子作斗争的积极性,会将犯罪分子及与其犯罪行为等有关的情况揭发出来。依靠群众才会顺利收集证据,及时侦破、处理案件。

第三,司法人员收集证据和当事人举证相结合。这一原则在刑事诉讼、民事诉讼和行政诉讼中均有体现,既符合三种诉讼案件的特点,又能充分发挥当事人提供证据的积极作用和调动法院收集证据的主动性,以查明案件事实,保证办案质量,提高办案效率。在刑事诉讼中,进行侦查的公安机关和人民检察院,都应当收集证据。公诉案件中,人民检察院认为应当追究犯罪嫌疑人刑事责任的,向人民法院提起公诉时,应向人民法院提供充分的证据。自诉案件中,自诉人提起自诉时负有举证责任。

收集证据是一项重要的诉讼活动。调查人员为了保证其顺利进行,根据诉讼法的规定和司法实践经验,除了必须遵守法律的有关规定外,还应符合以下基本要求:

其一,必须依照法律规定的程序收集证据。证据由谁收集,收集证据要遵守什么程序等,法律上都有明确规定。这是为了保证证据客观、真实,为正确认定案件事实提供可靠的依据,法律规定了收集证据的行为规范。2018 年《刑事诉讼法》第 124 条第 2 款规定:"询问证人应当个别进行。"这就是一种法定程序,必须遵守,不能采取集体座谈或者把两个证人叫在一起同时询问等非法方法。因为只有个别询问证人,才能保证证人按自己的意愿提供证言,不受他人影响,从而保证证言的客观性。法律对证据除了程序上的要求外,还有质量上的要求。此外,在收集证据时,法律对于公民人身权利、民主权利和其他权利给予充分的保障。2018 年《刑事诉讼法》第 52 条规定,"严禁刑讯逼供和以威胁、引诱、欺骗以及其他非法的方法收集证据"。刑讯逼供的严重后果已为历史所证明。为了使案件得到正确处理,维护人的尊严和合法权益,严禁采用刑讯逼供等非法手段获取证据。司法人员应当自觉遵守法律规定,认清采用非法手段收集证据的危害性。

其二,收集证据必须主动、及时。所谓主动、及时,就是指案件发生后,赶赴现场要快,要立即着手收集证据,快速进行深入调查,以免失去收集证据的机会。如前所述,证据的内容是会随着时间的推移而发生变化甚至消失的,所以调查人员必须迅速及时地收集证据。及时收集证据,既包括从正面收集证据,也包括及时从反面、从排除其他可能性方面收集证据。刑事被告人翻供、变供后,要及时查证。发现新证人还要及时询问,发现新物证还要及时收集。刑事案件的犯罪嫌疑人、民事案件的当事人,为了逃避惩罚或逃避承担民事责任,往往是千方百计毁坏、隐匿和伪造证据。同时,因为自然因素和其他客观情况的变化,某些证据会自然灭失或变形,有些当事人的记忆也会因为时间的推移而失真。强调迅速、及时地收集证据,有两方面的意义:一是离案件发生的时间越近,与案件有关的痕迹、物品就越容易发现和提取,了解案情的人也就越容易查找;二是离案件发生的时间越近,证据内容的变化就越小,因而收集到的证据也就越可靠。由此可见,迅速、及时地收集证据,既可以提高收集证据的容易程度,也可以提高收集到的证据的可靠程度。所以刑事案件发生后,司法人员主动、及时、迅速地收集证据,才能抓住破案的有利时机。例如,犯罪现场还未遭到破坏;犯罪嫌疑人还未来得及串供;犯罪嫌疑人遗留下来的各种痕迹还比较明显;知情人的印象、记忆还比较清楚。这样才能够收集各种有价值的证据或线索,为迅速侦破案件提供有利条件。否则,时过境迁,由于自然条件变化、人为因素的影响或其他原因,有些证据可能灭失,或者难以寻找,势必给收集证据的工作带来困难,甚至有些关系到案件定性的重要证据根本无法再取得。因此,收集证据必须主动、及时。特别是对刑事证据,因为现场易遭受破坏,所以更要及时、主动地收集证据。及时地收集证据,就掌握了破案的主动权,案件的侦结就有了较大的可能性。在 2000 年 9 月,北京某商业大厦发生了抢劫案,犯罪嫌疑人在电梯里抢劫了商场会计的手提包,内有现金10余万元。犯罪嫌疑人在得逞后,把会计推出电梯,自己企图乘电梯逃跑。会计立即打电话报警,警察在接到报警后,3分钟即赶到现场,并立即封锁大厦的出口,盘查出入人员。20分钟后,就将犯罪嫌疑人捉拿归案。在这一案例中,公安人员行动的及时和主动,是本案顺利破获的关键。

其三,收集证据必须客观、全面。所谓客观地收集证据,就是要从客观实际情况出发去收集客观存在的证据材料,既不能用主观猜想去代替客观事实,也不能按主观需要去收集证据,更不能弄虚作假去伪造证据。收集证据是为了查明和证明案件事实。无论调查人员在诉讼中处于何种地位,都应该采取实事求是的科学态度,客观全面地收集证据。无论刑事案件还是民事案件,无论经济纠纷还是行政诉讼案件,只有客观、全面地收集证据才能正确认识案件事实,为正确处理案件奠定基础。所谓全面地收集证据,就是要从不同的角度去收集能证明所有案件事实要素的证据,既不能只收集支持某事实主张的证据而不收集能否定该事实的证据,也不能只收集证明案件主要事实的证据而不收集证明案件次要事实的证据。也就是说,司法人员在收集证据时应注意收集的范围和内容两方面,对于能够反映案件真实情况的一切证据材料都应收集。要做到这一点就应注意:(1)围绕证明对象、基本事实,全面收集证据,不要有遗漏。(2)本证、反证都要收集,对证明有罪的证据要收集,对证明无罪的证据也要收集。(3)要收集排除其他可能性的书证、物证、音像证据等,物证一定要保持原状;勘验笔录一定要忠实于现场实际;对刑事被害人的控诉,被告人、犯罪嫌疑人的供述和辩解,以及证人证言一定要如实记录;等等。司法人员不能只凭主观想象,先入为主,更不能弄虚作假,歪曲事实真相,这事关收集到的证据是否真实、准确的问题。只有这样,司法人员才能从不同种类、正反方面、多种角度的证据上入手,综合判断,真正了解案件的真实情况,为进一步确定案件性质、正确处理案件奠定基础。

其四,收集证据必须深入、细致。证据的存在形式一般比较隐蔽。无论是物证还是书证,往往都是被隐藏、被覆盖的,有的甚至埋在地下。有的证据十分细小,肉眼看不见。即使是言词证据,证人也往往不肯轻易讲出来。与案件有关的痕迹、物品隐存于大千世界之中,了解案情的证人混藏于芸芸众生之中,再加上某些当事人故意隐匿证据并制造假象,调查人员若不深入、细致地进行调查研究,恐怕很难完成收集证据的任务。在刑事案件中,大多数犯罪分子在犯罪后都要伪造、破坏现场或毁灭、转移罪证。有的刑事案件随着时间的推移、自然条件的变化或其他原因,现场可能出现复杂的情况,影响侦查和定性。因此,收集证据本身是一项深入细致的调查研究工作。要把这些不易发现而在证明案件中具有重要作用的证据收集起来,没有严密细致、不畏艰难的工作作风,不做深入细致的思想工作是无法办到的。要做到深入、细致,必须注意以下问题:(1)凡是与案情有关的地方都要认真检查、勘验,凡是与案情有关的物品和痕迹都要提取,凡是与案情有关的一切单位和个人都应调查、询问,不放过任何细微的情况和线索。应对每一个证据认真弄清来龙去脉,既要知道它的现在,又要了解它的过去;既要看清它的表象,又要认清它的本质,以做到既不遗漏证据,又不盲目收集。(2)收集证据要深入、细致,不仅指实物证据的收集,而且包括言词证据的收集。收集言词证据时,问得要深,要问到要害处、实质处;问得要细,具体到时间、地点、行为、对象、情节、后果等,尤其是关键情况更要细。(3)深入、细致地对待正反两方面的证据。这样可以防止伪造证据,去伪存真,有利于证据的查证。反之,则会造成收集证据不全面甚至错误,不利于查明案情甚至产生冤假错案。

其五,收集证据必须依靠群众。任何案件都是在一定的时空条件下发生的,必然会在一定的社会环境中留下痕迹、产生影响，这就为查明案件真相提供了客观可能性。因此，必须到群众中去调查了解，依靠群众提供线索和证据。深入群众，依靠群众，进行调查研究，这是战胜困难、查明案件真相的法宝。在人民群众的支持下收集证据，侦破案件，是我们国家一贯的做法，是我们收集证据的优势。

其六，收集证据必须充分运用现代科学技术手段。现代科学技术的发展日新月异，这使得人类得以繁荣、发展。但是违法和犯罪分子也在利用高科技手段从事违法、犯罪活动，如利用计算机网络犯罪，已经成为一种新的犯罪形式。此外，还有利用高科技手段逃避侦查、反侦查的情况，如先利用计算机系统犯罪后又用病毒破坏计算机系统反侦查。间谍分子以及其他刑事犯罪分子，他们常常采用窃听、缩微拍照、远距离摄影等技术窃取国家机密。这些犯罪分子实施犯罪的证据，采用一般的方法难以发现和收集，必须注意运用技术手段。许多证据单靠传统的方法是无法收集的，必须将科学技术的最新成果运用到收集证据中来，用现代科学技术手段提取证据。如运用紫外线检验法判断被检查物的发光性能，恢复被掩盖或消退的文字和血迹，辨别伪造的钞票、证券、票证，鉴别肉眼看不清的印迹、被洗掉或刮掉的文字，辨别商品的真伪、纸张、墨水、胶水等的种类，还可以用紫外线摄影来收集、固定这些证据。红外线检验法，是利用不可见的长光波的反射、吸收、透射、散透等特性，以显示被涂污、掩盖的字迹和模糊不清的印文、看不见的字迹，判别添写、改写的文字、暗色纺织品上的斑点等。利用红外线热成像法，还可以根据人留存的体热或某些物体留下的余温拍摄出已经移去的人或物的形象。诸如X射线拍照、激光拍照、缩微拍照、全息拍照等方法，对各种毒物、物品的检验方法，对血型、指纹、唇纹、声纹的同一性鉴定方法，利用DNA手段鉴定，等等。这些科学方法都有助于我们收集和识别证据，在证据的收集上具有极大的作用。这些都迫使司法人员在收集证据时必须运用现代科学技术手段。要做到这一点，司法人员应就专门问题，请专业技术部门和人员协助解决、鉴定。但目前存在的问题是，现代科学技术手段并不是包治百病的良药。在运用高科技侦查手段的过程中，该技术的可靠性、准确性以及执行者的公正性一直为人们所关注，也成为诉讼中争议的焦点。例如，在美国O. J. 辛普森的案件中，DNA鉴定已证明遗留在其妻被害现场的血迹与辛普森的相同。但辛普森的辩护律师抓住DNA鉴定的RFLP方法是不准确的，且负责侦查的警官具有种族倾向，采证程序有漏洞，有偷换证据的嫌疑，最终导致该证据不被采用。

其七，收集证据要抓住本质，分清主次，并要注意保密。证据虽然都能对案件起到一定的证明作用，但也有主、次之分。我们要注重收集那些对案件有决定作用的关键证据，不要主、次不分。有趣的是，在由国家法官学院主办的“美德刑事审判展示”中，两个犯罪嫌疑人有抢劫银行的嫌疑，警察在他们身上发现了手枪和写有“给我钱，不然就开枪”的字条；他们的面部特征也与银行人员的指认一致。但银行人员说两个抢劫犯身材相似，而两个嫌疑犯实际上却是一高一矮。在德国的展示中，身材的证据成为次要证据，犯人被定罪；而在美国的展示中，辩护方以身材的证据为突破口，最终得到了无罪判决。可见，不同的司法制度，对主、次证据的区分也不同。另外，在收集证据的过程中要注意保密。泄露证据不但会产生不良的社会影响，更重要的是会影响案件的查明。通常包括保守国家秘密和保守个人秘密。收集证据要保守国家秘密可分为两个方面：(1)所收集的证据本身是涉及《保守国家秘密法》规定的文件、事项、物品，司法人员必须遵守《保守国家秘密法》的规定，不得扩散；(2)按照《保守国家秘密法》第8条规定，追查刑事犯罪中的秘密事项也属于《保守国家秘密法》中规定的国家秘密。办理刑事案件，在收集证据时必须保守国家秘密,否则,不利于侦破案件。

其八,在收集证据的过程中要注重效率。由于国家诉讼资源有限,效率始终是诉讼追求的一项目标。在收集证据时也应讲求经济效益,提高工作效率并降低成本消耗,特别是在民事案件和经济纠纷案件中,调查人员在收集证据时应该努力去提高效率并降低消耗,尽量减少那些不必要的支出。在实行社会主义市场经济的今天,侦查、调查人员也应自觉地把高效低耗作为收集证据的一项基本要求。

(三)收集证据的范围和渠道

证据的收集范围因各个案件的情况和性质不同而有所区别。总的来说,凡是同案件事实存在联系、可以证明案件客观事实的证据材料,都属于收集的范围,大致有以下几方面:(1)有关能证明案件对象的事实;(2)肯定案件事实方面的证据材料(有罪方面);(3)否定案件事实方面的证据材料(无罪方面);(4)和案件处理有关的一切证据材料。

收集证据的渠道也是多方面的,一般来说有以下主要渠道:一是现场勘查或勘验。在刑事案件中,这是普遍收集证据的渠道。大部分物证或书证都通过此渠道而获得。二是搜查和侦查。搜查、扣押以及应用现代科学技术手段,是获得证据的重要渠道。随着现代科学技术在侦查中的广泛运用,这个渠道的威力越来越大,开辟了收集证据的广阔前景。三是深入群众调查。这是传统的最广泛的取得证据的渠道。因为案件发生在特定的场合,必然为群众所了解,群众提供证据的事例几乎是每个案件的侦破过程中都有的。依靠群众收集证据,要求司法人员认真做到三点:(1)深入群众、虚心听取群众意见,取得群众的信任和支持。(2)不怕困难、知难而进。依靠群众,广泛调查访问,详尽地收集一切与案件有关的证据。这是一项基础性很强的工作。(3)广泛开展法制宣传,耐心细致地做好群众的思想工作,使广大群众提高认识,如实反映案件真实情况。只有广泛发动群众、依靠群众,才能做好收集证据的工作。四是审讯被告人。这也是取得证据的渠道之一。因为被告人大多是亲身经历者,提取证据当然不能离开他们。五是机关单位或公民主动提供证据。这是常见的证据来源,是我们不可忽视的渠道。

(四)收集证据的方法

虽然我们在理论上和实践中都有区分发现证据和提取证据的必要,但是二者在调查措施或方法上又是很难截然分开的。换言之,各种证据调查措施或方法往往同时具有发现证据和收集证据的功能。因此,我们将其统称为收集证据的措施和方法。常用的方式如下:

第一,询问,是各类案件中都经常使用的证据收集措施和方法。无论刑事案件还是民事案件,无论经济纠纷还是行政诉讼案件,收集证据的其他措施和方法都可以不用,唯独询问是必不可少的。因此,有人称询问是收集证据的“常规武器”,也有人称询问是调查人员的“基本功”。询问的对象一般为案件中的证人和被害人。

第二,讯问,是指执法机关要求犯罪嫌疑人或者刑事被告人如实交代案情的方法。讯问是刑事案件中必不可少的证据收集措施和方法,其对象只能是刑事案件中的犯罪嫌疑人或被告人。讯问所收集的证据,既包括犯罪嫌疑人或被告人的有罪供述,也包括他们的无罪辩解。

第三,辨认,是指要求证人在若干类似的物品、场所或人员中,挑选出自己曾经所见所闻的部分。辨认是很多案件中都可以采用的证据收集措施和方法,因为,辨认结论及其相关的证言和笔录都可以成为案件中的证据。辨认的主体可以是案件中的当事人和证人;辨认的对象可以是案件中的当事人或者与案件有某种关联的人,也可以是与案件有关的物品或场所。

第四,勘验,是指执法人员亲临现场,发现和提取证据的专门活动。勘验的主体仅限于执法机关,律师无权进行勘验。勘验也是很多案件中都可以采用的证据收集措施和方法。勘验的对象一般为与案件有关的场所、物品和尸体。从收集证据的角度来讲,勘验具有双重意义:一方面,勘验是发现和提取各种物证的重要途径;另一方面,勘验笔录本身也是证据的一种形式。

第五,检查,是指执法机关依法对与案件有关的人身进行检查的专门活动。检查是主要在与人体状况有关的案件中使用的证据收集措施和方法,如人身伤害案件和造成人体损伤的责任事故案件等。检查的对象一般为人的身体,所以,又称为人身检查。人身检查笔录是其主要的证据形式。

第六,搜查,是指执法机关依法对与案件有关的场所或人身进行强制性的寻查、寻找和提取证据材料的专门活动。搜查的对象可以是场所,也可以是人身,还可以是车船等物体。搜查也具有双重的证据收集功能:一方面,搜查是发现和提取各种物证、书证的重要途径;另一方面,搜查笔录本身也是证据的一种形式。

第七,实验,是指执法机关模拟再现犯罪现场、犯罪过程或者案件发生过程的专门活动。实验多用于刑事案件的侦查过程中,所以又称为侦查实验。但是,在其他种类的案件中也可能需要用这种再现性实验方法来查明事故的原因或验证当事人或证人的陈述。实验笔录是其主要的证据形式。

第八,鉴定,是指专门的机构或者人员利用其专业技术知识和科学技术设备,对有关问题进行检测,并作出鉴定结论的活动。鉴定也是很多案件中都可以采用的证据收集措施和方法。鉴定的对象多种多样,既可以是物证,也可以是书证;既可以是活人,也可以是尸体。鉴定的主体是各学科或专业领域内的专家。证据调查中常用的鉴定有物证技术鉴定、法医鉴定、司法精神病鉴定、司法会计鉴定等。目前,最具效力的 DNA 鉴定就是技术鉴定的一种。鉴定结论是其主要的证据形式。

上述措施和方法不仅可用来收集证据,还可用来查明案件事实和审查、判断证据。从某种意义上讲,它们也可以说是证据调查的措施和方法。

不同的主体,收集证据的方法也是不同的。在刑事诉讼中,司法人员收集证据的方法主要是现场勘验、尸体检验、活体检验、询问证人、讯问犯罪嫌疑人、被告人、询问被害人、检查、搜查、扣押和鉴定。在民事和行政诉讼中,则主要是询问当事人和证人、调取书证、物证和音像证据、进行勘验和鉴定等。律师在诉讼中收集证据的基本方法是调查研究。调查应采取有效的手段,一般有以下几种:(1)通过会见、访问、座谈,进行谈话,制作记录。(2)复印、抄录资料。对可用作证据的书面材料,如文件、函电、账簿、图表等,律师虽无权调取、扣押,但可以在征得持有人同意的情况下加以复制。(3)拍照。它主要适用于书证、物证的收集。(4)录音、录像。音像证据比谈话记录更能真实地反映谈话内容,尤其能如实反映谈话的具体环境和全过程。(5)鉴定。对于应当鉴定但未予鉴定的问题,或者对卷中鉴定结论的正确性有疑问的,除了申请重新鉴定、补充鉴定外,还可以向有关专家进行咨询,请专家作出说明,这种说明制作成笔录后可以作为证据提请法庭审查。

(五)收集证据的意义

其一,为正确适用法律提供可靠的事实基础。收集证据,对查明案件事实、正确处理案件,具有十分重要的意义。从司法实践的角度看,相当一部分冤假错案是没有依法正确、合理、全面收集证据造成的;从法律规定的角度看,证明主体依照法律积极主动采取相应措施、运用各种方法,深入、细致地调查研究,以发现和取得与案件相关的各种证据,是正确处理案件的必经阶段和基本前提。只有这样才能查明案件事实,认定案件事实,使案件依法得到公正处理,使犯罪分子受到应得的惩罚,让无罪的人不受刑事追究,以维护社会秩序,保护社会主义市场经济的健康发展。同时,它也是一个国家法制健全与否的重要标志。

其二,规范执法程序,保障执法机关依法履行职责,保护公民合法权益。执法人员在获取证据时,需要公民、法人和其他经济组织的配合。但由于这种职责行为具有直接强制性,容易对公民、法人和其他经济组织造成伤害。所以,加强这方面的调查,找出其中具有规律性的东西,有利于揭示调查取证的一般原理和方法,使之上升为法律,从而更有利于指导实践。

其三,收集证据是审查、判断证据的基础。收集证据是和审查、判断证据紧密相连的。一般而言,收集证据在前,审查证据在后。但在有些情况下,收集证据就是要对证据进行审查、判断。比如,侦查人员在凶杀现场发现了一根木棍,它是不是证据,应否予以收集,就需要判断;如仅凭现有的证据无法确定,还必须进一步收集其他证据来验证。

二、证据的审查判断

(一)证据审查判断的概念

证据的审查判断,就是指司法人员对于收集的证据进行分析、研究和鉴别,找出它们与案件事实之间的客观联系,找出证据材料的证据能力和证明力,从而对案件事实作出正确认定的一种活动。换句话说,审查判断证据,就是对所收集的证据,根据证据的本质属性,结合案件的具体情况,进行分析、鉴别,是一个“去粗取精,去伪存真,由此及彼,由表及里”的逐步深入的认识过程。最高人民法院的司法解释要求审判人员依照法定程序,全面、客观地审核证据,依照法律的规定,遵循法官职业道德,运用逻辑推理和日常生活经验,对证据有无证明力和证明力大小独立进行判断,确定证据材料与案件事实之间的证明关系,排除不具有关联性的证据材料,准确认定案件事实,并公开判断理由和结果。

证据审查判断的概念有以下基本含义:

一是证据的审查判断与运用是司法人员为履行职责而运用职权进行的一项重要诉讼活动。证据的审查判断与运用是由办案人员通过科学的分析研究、鉴别来完成的。审查判断证据首先是在收集证据的基础上进行的。如果说收集证据是认识过程(也即证明过程)的第一阶段,即感性认识阶段的话,审查判断证据则是认识过程的第二阶段,即理性认识阶段。在证明过程中,充当证据的客观事实只有通过正确的审查判断,才能起到证明的作用。

二是证据的审查判断的目的在于鉴别证据真伪,查明事实真相,认定案件事实。审查判断证据,就其内涵来说,既包括对各个证据的审查判断,也包括对整个案件中所有证据的综合审查判断。

三是证据的审查判断也是司法工作人员的一种思维活动,是司法人员通过科学的分析、鉴别和判断而完成的。

(二)证据审查判断的标准

从现行的法律规定和学理研究来看,审查判断证据可分为对个别证据审查判断的标准和对全案证据审查判断的标准。个别证据审查判断的标准,即刑事诉讼中对单一证据进行审查判断的内容,主要包括:证据是否原件、原物,复印件、复制品与原件、原物是否相符;证据与本案事实是否相关;证据的形式、来源是否符合法律规定;证据的内容是否真实;证人或者提供证据的人与当事人有无利害关系等。

1. 定案证据必须具有客观性

2018 年《刑事诉讼法》第 50 条第 3 款明确规定,证据必须经过查证属实,才能作为定案的根据。最高人民法院的司法解释和司法实践要求,法庭应当根据案件的具体情况,从以下几个方面审查证据的真实性:(1)证据形成的原因;(2)发现证据时的客观环境;(3)证据是否为原件、原物,复印件、复制品与原件、原物是否相符;(4)提供证据的人或者证人与当事人是否具有利害关系;(5)影响证据真实性的其他因素。在审查判断证据的客观真实性时,执法人员应注意的是,上述法律规定的"属实"是指客观真实。法律法规规定的真实可以分为两种情况:(1)客观的真实,即符合案件实际情况的真实,不以当事人和审判人员的意志和认识为转移,因此当事人和审判人员不能反驳它,而只能通过不断的证明活动认识它。(2)法律的真实。法律规定一旦某一种情况得到了证明,就假定另一种情况是真实的,如推定。法律的真实允许当事人反驳,一旦当事人提出了可成立的反证,法律的真实就不复存在。从判决的需要来看,作为定案根据的证据必须经得起各种各样的反驳,而要做到这一点,定案证据就必须符合客观的真实。可以说,客观真实是证据的最基本属性之一。

需要指出的是,定案证据的客观真实性与执法人员的主观能动性并不矛盾。客观真实性是从唯物论的角度认识定案证据所得出的结论,而主观能动性是从认识论的角度认识定案证据所得出的结论。事实材料只有经过当事人的举证和执法人员的收集活动,才能够进入执法程序,才能成为定案的证据;对于执法人员已经调查收集的证据,哪些可以作为定案的根据使用以及应当如何使用,实际上仍然需要审判人员发挥主观能动性,予以甄别、筛选和判断。实际上,定案证据的客观真实和执法人员的主观认识是相统一的关系。

2. 定案证据必须具有关联性

定案证据必须与本案相关,即具有相关性。所谓相关性是指证据与特定的证明对象有关,关系着证据对特定的案件事实的证明作用和价值,据此,对查明案件事实有意义的事实材料即具有相关性;而对案件事实或者其他证据没有任何影响的事实材料,与本案无关,没有相关性。

在审查判断定案证据的相关性时,执法人员应当将其与证据的真实性区别开来,逐一审查。在认定某一个证据是否具有相关性之前应当弄清该证据的证明对象是什么,如果该证据的证明对象不是本案实体法或者程序法规定的事实,该证据就没有相关性。

3. 定案证据必须具备合法性

定案证据的合法性表现在两个方面:(1)定案证据必须是通过合法的手段调查收集的事实材料,通过刑讯逼供等非法手段调查收集的证据是非法证据。(2)定案证据必须符合法律规定的表现形式。不符合法律规定的表现形式的事实材料只能是一般的证据材料,而不是定案证据,即使其具有真实性和相关性。只有做到这一点,才能保证诉讼的程序公正,并有效树立司法的权威。法庭应当根据案件的具体情况,从以下方面审查证据的合法性:(1)证据是否符合法定形式;(2)证据是否符合法律、法规、司法解释和规章的要求;(3)是否有影响证据效力的其他违法情形。

4. 定案证据必须经控辩双方质辩,由法庭予以认定

只有经过控辩双方口头或者书面质辩的事实材料才能作为定案证据。据此,执法机关在认定定案证据之前,应当告知当事人有关情况,并且为当事人提供表达意见的充分机会。这是诉讼公正、民主的一个体现。

个别证据经过审查判断以后,法庭应当判断该证据有无证明力以及证明力的大小。一般而言,一方当事人提出的下列证据,对方当事人提出异议但没有足以反驳的相反证据的,人民法院应当确认其证明力:(1)书证原件或者与书证原件核对无误的复印件、照片、副本、节录本;(2)物证原物或者与物证原物核对无误的复制件、照片、录像资料等;(3)有其他证据佐证并以合法手段取得的、无疑点的视听资料或者与视听资料核对无误的复制件;(4)一方当事人申请人民法院依照法定程序制作的对物证或者现场的勘验笔录。

但是,经过审查判断以后,下列证据不得单独作为认定案件事实的依据,这些证据是:(1)未成年人所作的与其年龄和智力状况不相当的证言;(2)与一方当事人或者其代理人有利害关系的证人出具的证言;(3)存有疑点的视听资料;(4)无法与原件、原物核对的复印件、复制品;(5)应当到庭而无正当理由未出庭作证的证人证言。对于这些证据必须在有其他证据印证的情形下,与其他证据相结合才可成为认定案件事实的依据。这是对定案证据在数量上的要求,即证据充分性方面的要求,需要指出的是,数量上的要求既不是指每一类证据都要齐备,也不是指证据越多越好,而是指案件事实都有相应的证据加以证明;证据之间的矛盾都可得到合理排除,得出的结论是唯一的。

(三)全案证据审查判断的标准

此部分内容请参见本章第四节“证明要求”相关论述,在此不再赘述。

(四)审查判断证据的意义

审查判断证据是证明过程中的关键环节,是证据制度的基础和核心部分。它的主要意义有:

第一,通过审查判断证据,可以鉴别证据的真伪,去伪存真,以保证采用的证据具有客观真实性。只有经过对证据的审查判断,才能运用证据对案件事实作出正确的认定,从而使案件的结论建立在可靠的事实基础上。对证据的审查判断与运用是完成认定案件事实这个任务的必经程序。案件事实的再现,不是案件的重复,而是通过收集证据,并经过对证据的审查判断,去伪存真,运用证据证明的结果。没有对证据的审查判断,没有证明活动,确认案件事实是不可能的。

第二,可以确定证据的相关性及其证明力的大小,排除无关的证据,发挥与案情有关的证据的证明作用。只有通过对证据的审查判断,才能确保证据的确实充分。证据的真伪、与案件有无联系、证明力的强弱等,证据本身无法证明,必须通过司法人员及诉讼参与人的鉴别、查实与分析研究才能确定。

第三,有利于根据确实、充分的证据定案,为正确适用法律奠定坚实基础,从而顺利地完成刑事诉讼的任务。

第六节　证 据 规 则

一、外国证据规则简介

证据制度经历了由神证到人证到物证的转变。在人类社会的早期,由于人类认识能力的局限,判断证据主要是使用神明裁判的方法。神明裁判实际上还是由人主持的审判,折磨性考验的结果是为了使法官的结论得到神的证明。如果证明制度所寻求的不仅仅是对纠纷的解决,而且还需要按照事实真相来解决纠纷,那么神明裁判的不合理性就很容易暴露出来。在这个阶段,审判并不需要盘问证人、逼取口供或者提取物证,唯一判明事实的方法就是神的启示,所以这时的证明制度是不存在现代意义上证据规则的限制的。

在法定证据制度时代,则完全依靠证据规则来定案。法定证据制度,是指法律根据证据的不同形式,预先规定了各种证据的证明力和判断证据的规则,法官必须据此作出判决的一种证据制度。法定证据制度的主要特点是法律预先规定了各种证据的证明力和判断证据的规则,而法律对证据证明力和判断证据规则的规定是审查、判断证据绝对性的依据。作为法定证据制度之代表的1532年《加洛林纳刑法典》列举了很多会引起嫌疑并构成半个证明的旁证,如具有作案动机、逃离犯罪现场、持有带血的凶器、拥有赃物等。法定证据制度脱离个案实际而剥夺了法官审查、判断证据的自由权。

英国证据制度的重要特点是,为了适应陪审审判的要求,对证据能力,即证据的可采性问题加以严格限制。在长期的历史发展中,英美法系形成了一整套烦琐、复杂的证据规则。英国自13世纪以后,建立了陪审制度。陪审审判实行公开审理,并且由诉讼双方互相对抗,而不采用欧洲大陆的纠问式的诉讼程序。为了适应陪审审判的要求,避免陪审员的偏见、臆断,并为了保护被告人的权利,对证据的可采性早已经开始重视。直至17世纪,证据规则才在民事法庭第一次出现,接着又出现于刑事法庭,并随之比在民事法庭具有了更重要的意义。基于18世纪和19世纪判例法发展的结果,对证据的可采性和判断证据证明力的具体规定更加详细,其作用在于防止无用或者不适当的证据出现在法庭上,致使陪审员对事实的判断出现偏差。即使是提交到法庭的证据,也应当给予当事人适当的辩论机会,以使陪审员能够作出公平的判断。因此,这些规则,是为了决定证据能否提供给法庭调查而设立的,并不是单纯的证明的理论,也不是为了评价证据证明力而设立的规则。

法国革命胜利后,建立了新的刑事诉讼制度。1808年《法国刑事诉讼法》就吸收了英国法中对抗制的因素(与其革命前的诉讼制度相比),规定控辩双方在诉讼中地位平等,法院应当根据双方当事人的辩论作出裁判。但是审判程序分为预审和审判两个阶段,在预审阶段由预审法官调查证据,仍然采用纠问方式,并不公开,在预审程序所做成的笔录,在审判中可以用作证据;并且基于职权主义,允许法院依职权自行调查证据,并且实行自由心证主义,对证据的价值通过自由心证进行判断,以避免因烦琐的证明规则而导致查明实体真实方面的困难,使裁判流于形式。自由心证,指证据的取舍和证明力的大小,以及案件事实的认定,均由法官根据自己的良心、理性自由判断,形成确信的一种证据制度。

日本原来属于职权主义的诉讼模式,而且也实行自由心证制度,所以其刑事证据规则的简略程度,与法国差不多。但是第二次世界大战以后,因为受英美诉讼模式的影响,非常重视对人权的保障。比如,其在宪法中明确规定:"绝对禁止公务员施行拷问及残酷刑罚。"(《日本宪法》第36条)"对于一切刑事案件,被告人享有接受法院公正迅速的公开审判的权利。刑事被告人享有询问所有证人的充分机会,并享有使用公费依强制程序为自己寻求证人的权利。"(《日本宪法》第37条)"不得强制任何人作不利于本人的陈述。以强迫、拷问或威胁所得的口供,或经非法的长期拘留或拘禁后的口供,均不得作为证据。任何人如对其不利的唯一证据为本人口供时,不得被定罪或科以刑罚。"(《日本宪法》第38条)日本战后的刑事诉讼法致力于职权主义与当事人主义的调和,一方面仍维持其职权主义的诉讼结构,另一方面对当事人主义通行的程序和证据规则尽量采用。

目前,许多证据规则已成为国际条约的内容,成为有关诉讼程序公正的国际标准,比如,在联合国所公布的《公民权利和政治权利国际公约》第14条的规定之中,与证据规则相关的有:凡受刑事控告者,在未依法证实有罪之前,应有权被视为无罪;控、辩双方的证人出庭作证并接受询问和质证;受审人不被强迫作不利于自己的证言或强迫承认犯罪等。我国已经于1998年10月参加了联合国《公民权利和政治权利国际公约》,并正待全国人大批准,因此该公约中规定的证据规则我国理应加以吸收。那些中国已经参加或承认的国际公约中确立的公正审判标准对中国政府确实具有法律约束力。因为根据国际法的基本原则,一国参加或批准的国际公约在该国具有高于其他法律的效力,所有与该国际公约相冲突的法律或规定均属无效。换言之,我国证据法应当补充规定该公约中载明的规则,这不再是一个学理上应当争论的问题,而是履行国际义务的问题。

二、我国证据规则的现状与发展

"没有规矩,不成方圆;没有规则,无以证明。同日常生活中的证明相比,司法证明的重大不同在于有着丰富的人为规则。无论是取证、举证、质证,还是认证,无不是在既定规则的框架下进行。英美法系国家的证明规则迄今为止已经蔚为大观;大陆法系国家自20世纪中期以来也确立了不少证明规则;我国则仍处在初创证明规则的阶段,未来构建证据规则任重道远。"[1]我国法律对证据制度的规定可以说是十分简单的,目前在刑事诉讼法中仅有十六个条文,行政诉讼法中的条文更少,对于证据证明力的判断应当由谁来进行、是否由判断者自由判断、何种证据具有证据能力等都没有进行明确的规定。中共中央2008年关于司法改革的决定中,把证据规则特别是非法证据排除规则的确立,作为证据改革的一项重要任务。"两个证据规定"[2]根据中央司法改革的决定,总结了我国刑事司法的经验,以及实务工作的客观所需,比较系统地初步建构了我国刑事证据规则体系,此外还有2012年《刑事诉讼法》修改后确立对刑事证据规则的完善和补充,我们认为可以将这一体系分为两类:一是规定中明确规定、已经形成条文化的证据规则;二是审查判断证据的程序中所体现出的证据规则。

---

〔1〕 何家弘主编:《证据法学》,法律出版社2008年版,第343页。

〔2〕 即2010年最高人民法院、最高人民检察院、公安部等颁布的《关于办理死刑案件审查判断证据若干问题的规定》和《关于办理刑事案件排除非法证据若干问题的规定》。

1. 第一类证据规则

其有四项：

（1）非法证据排除规则。“两个证据规定”之一就是“非法证据排除规定”，它不仅明文确立了“非法证据排除”规则，而且还对什么是“非法”、非法证据排除的范围和排除的程序一一作了明确具体的规定。2018 年《刑事诉讼法》第 56 条规定，采用刑讯逼供等非法方法收集的犯罪嫌疑人、被告人供述和采用暴力、威胁等非法方法收集的证人证言、被害人陈述，应当予以排除。收集物证、书证不符合法定程序，可能严重影响司法公正的，应当予以补正或者作出合理解释；不能补正或者作出合理解释的，对该证据应当予以排除。在侦查、审查起诉、审判时发现有应当排除的证据的，应当依法予以排除，不得作为起诉意见、起诉决定和判决的依据。同时，法律还对非法证据排除的证明责任、审理程序、排除的决定的作出等问题予以明确规定。可见，在我国刑事诉讼中，已经确立了非法证据排除规则，其内容包括适用范围、手段禁止、证据禁止、举证责任、启动程序、个人责任等重要组成部分。应当看到，我国刑事诉讼中非法证据排除规则的确立，是我国刑事司法的重大进步，对于实现刑事诉讼法惩罚犯罪和保护人权的诉讼目的具有重大意义。关于我国非法证据排除规则的具体内容，将在下面章节中详细介绍。

（2）证据裁判原则。《办理死刑案件证据规定》第 2 条规定：“认定案件事实，必须以证据为根据。”采取非法手段取得的证据，不仅侵犯了犯罪嫌疑人、被告人的合法权利，也影响对案件事实的准确认定。对此，2012 年修改的《刑事诉讼法》确立了不得强迫任何人证实自己有罪的原则，并完善了非法证据排除规则，维护了司法的纯洁性。此外，2012 年修改的《刑事诉讼法》还完善了证人、鉴定人出庭作证制度和专家辅助人制度，2018 年《刑事诉讼法》的修改延续了上述规定，这些都为证据质证提供了制度保障。

（3）程序法定原则。《办理死刑案件证据规定》第 3 条在《刑事诉讼法》第 3 条规定的基础上，增加规定：“侦查人员、检察人员、审判人员应当严格遵守法定程序，客观、全面地收集、审查、核实和认定证据”。

（4）证据质证原则。《办理死刑案件证据规定》第 4 条规定：“经过当庭出示、辨认、质证等法定调查程序查证属实的证据，才能作为定罪量刑的根据”。以上四项规则，在“两个证据规定”中已经条文化，此四项规则不仅是我国刑事司法运用证据经验的科学总结和升华，更重要的是在立法上有突破有创新，证据裁判原则是对《刑事诉讼法》第 3 条所规定的“人民法院、人民检察院和公安机关进行刑事诉讼，必须严格遵守本法和其他法律的有关规定”这一规定的突破。因为程序法定原则，不仅包含“严格遵守法律问题”，更重要的内容是要充分地认识到“证据问题也是程序问题”，以及证据的收集、保管、保全、移送、返还、辨认、出示、质证、认定等各个环节都是一个严格的行为规范和法定程序问题，这一原则的确立把诉讼证据的立法、守法、执法全部囊括其中，它是正当法律程序原理在证据法中的具体运用和体现。非法证据排除规则的形成和确定，如前所述更是我国民主与法治史上一个重要的里程碑，它标志着我国司法程序的进步、文明、民主进入一个新的历史阶段，其现实意义和历史意义不可低估；庭审交叉询问的质证规则，突出规定了证据的出示、辨认、质证等环节，并明确规定只有经过法庭调查程序查证属实的证据，才能作为定罪量刑的根据。这一规定主要是针对当前在证据的运用中“重庭下，轻庭上”，“重庭外，轻庭内”的偏向，庭审程序异化，法庭审判走过场、形式主义的一些错误做法，把质证规则作为诉讼进行的一项重要的证据规则，以确保证据的质量。另外，质证规则的确立，对证人出庭难，律师辩护难，书面审理盛行等种种诉讼痼疾的医治，将会起到更大的作用,以促进刑事审判方式的改革。

2. 第二类证据规则

其是在运用证据的程序规定中体现出来的,有以下五项,这五项规则均在各种证据的审查判断的程序中有所体现或明示:

(1)关联性或相关性规则。《办理死刑案件证据规定》第6条第4项规定:"物证、书证与案件事实有无关联。对现场遗留与犯罪有关的具备检验鉴定条件的血迹、指纹、毛发、体液等生物物证、痕迹、物品,是否通过DNA鉴定、指纹鉴定等鉴定方式与被害人的相应生物检材、生物特征、物品等作同一认定。"第5项规定:"与案件事实有关联的物证、书证是否全面收集。"第23条第8项规定的"鉴定意见与案件结论事实有无关联",第24条第4项规定的"鉴定意见与证明对象没有关联的"不能作为案件的根据。第27条规定"内容与案件事实无关联性的"视听资料不能作为定案的证据等,都充分明确地体现了证据关联性规则。我们认为,关于证据关联性规则,无论是立法,还是司法实务,都必须加以高度的重视,因为证据事实与案件事实之间的关联性问题,是认定案件事实的生命之所在,它直接关系到案件的质量问题,从某种意义上讲,关联性决定着证据的可采性和定罪量刑案件事实的质量,而且这一规定的运用,不仅涉及案件的每一个证据,而且还与全案证据的运用息息相关,因此,从立法到实务,必须对关联性规则倍加重视。

(2)意见证据规则。《办理死刑案件证据规定》第12条第3款规定:"证人的猜测性、评论性、推断性的证言,不能作为证据使用,但根据一般生活经验判断符合事实的除外。"我国现行刑事诉讼法没有关于意见证据的规定。这次增加这一规定,有利于规范证人如实提供他们所感知的案件事实的证明活动,以避免将自己主观的推断、评论、猜测、估计、假设、想象作为证言使用,从而对案件事实做出错误的判断。

(3)原始证据优先规则。《办理死刑案件证据规定》第8条规定:"据以定案的物证应当是原物。只有在原物不便搬运、不易保存或者依法应当由有关部门保管、处理或者依法应当返还时,才可以拍摄或者制作足以反映原物外形或者内容的照片、录像或者复制品。物证的照片、录像或者复制品,经过与原物核实无误或者经鉴定证明为真实的,或者以其他方式能证明其真实的,可以作为定案的根据。原物的照片、录像或者复制品,不能反映原物的外形和特征的,不能作为定案的根据。"还规定:"据以定案的书证应当是原件。只有在取得原件确有困难时,才可以使用副本或者复制件。书证的副本、复制件,经与原件核实无误或者经鉴定证明为真实的,或者以其他方式确能证明其真实的,可以作为定案的根据。书证有更改或者更改迹象不能作出合理解释的,书证的副本、复制件不能反映书证原件及其内容的,不能作为定案的根据。"第9条规定:"不能证明物证、书证来源的,不能作为定案的根据。"把原始证据优先规则引入刑事诉讼,其目的在于促使侦查机关更加努力地收集具有真实性的原始证据,从而更准确及时地查明案件事实,实现实体正义。

(4)补强证据规则。《办理死刑案件证据规定》第22条规定:"对被告人供述和辩解的审查,应当结合控辩双方提供的所有证据以及被告人本人的全部供述和辩解进行。""被告人庭前供述一致,庭审中翻供,但被告人不能合理说明翻供理由或者其辩解与全案证据相矛盾,而庭前供述与其他证据能够相互印证的,可以采信被告人庭前供述。""被告人庭前供述和辩解反复,但庭审中供认的,且庭审中的供述与其他证据能够印证的,可以采信庭审中的供述;被告人庭前供述和辩解反复,庭审中不供认,且无其他证据与庭前供述印证的,不能采信庭前供述。"

这些规定明确地按照补强证据规则的要求,不能只靠口供定案,所有的口供必须与其他证据相印证,用其他证据加以补充和强化,才能认定案件事实。

(5)直接言词原则。"两个证据规定"确立了有限的直接言词规则,规定了证人应当出庭作证的情形。《办理死刑案件证据规定》第15条规定:"具有下列情形的证人,人民法院应当通知出庭作证;经依法通知不出庭作证证人的书面证言经质证无法确认的,不能作为定案的根据:(一)人民检察院、被告人及其辩护人对证人证言有异议,该证人证言对定罪量刑有重大影响的;(二)人民法院认为其他应当出庭作证的。证人在法庭上的证言与其庭审前证言相互矛盾,如果证人当庭能够对其翻供作出合理解释,并有相关证据印证的,应当采信庭审证言。对未出庭作证证人的书面证言,应当听取出庭检察人员、被告人及其辩护人的意见,并结合其他证据综合判断。未出庭作证证人的书面证言出现矛盾,不能排除矛盾且无证据印证的,不能作为定案的根据。"这一规定针对当前我国证人出庭难、质证难的现状与问题,确立了有限的直接言词规则,即控辩双方有异议的和对定罪量刑有重大影响的证人应当出庭接受质证。这一规定完全符合我国当前的实际情况,也解决了实际问题。从实体上说有利于保障正确认定案件事实,从程序上说更有利于保障当事人的质证权。

以上所涉及的九大证据规则的出台,之所以被称为刑事证据规则体系初步形成,主要是因为这些证据规则有运用证据的基本原则——证据裁判原则和程序法定原则;有审查判断证据的排除规则——非法证据排除规则、意见证据规则;有审查判断证据的运行规则——质证规则、关联性规则、原始证据优先规则、补强证据规则、有限的直接和言词证据规则。从基本原则到证据排除再到证据审查判断的运行过程已经涵盖了运用证据认定案件事实的全过程,反映了办案的客观规律。所以,我们认为,虽然还尚不健全,"以程序法定原则的规定而言,其未能凸显'正当法律程序'的意蕴。程序法定原则是刑事证据法中的中心原则,它需要靠具体的证据规则、收集、审查判断证据的具体程序加以体现"。[3] 为适应我国司法改革的需要和国际刑事司法新发展,我国的刑事证据规则体系在构建的过程中逐渐走向完善,但不可否认的是,目前我国的刑事证据规则同国外的刑事证据规则有着类似也有着很大的不同。因此,结合我国的实际,我们选择性地介绍国外的几个证据规则,主要是相关性规则、司法令状规则、非法证据排除规则、传闻证据规则以及不得强迫自证其罪规则等。

三、相关性规则

(一)相关证据规则的概念

广义上讲,相关证据规则是指只有与本案有关的事实材料才能作为证据使用,其是证据规则体系中的一项基础性规则。在美国,所谓相关性(relevancy),或者说关联性,是指证据必须与案件的待证事实有关,从而具有能够证明案件的待证事实的属性。《美国联邦证据规则》第401条对相关证据的定义是:"相关证据"指证据具有某种倾向,使决定某项在诉讼中待确认的争议事实的存在比没有该证据时更有可能或更无可能。相关性规则的意义在于明确本案的证据的范围,避免当事人在不相关的问题上花费时间,而且也要求执法人员在调查收集证据时,应当限于与本案有关的证据材料;在审查、判断证据时,应当注意及时排除与本案无关的证据材料。

---

〔3〕 熊秋红:《刑事证据发展中的阶段性进步》,载《证据科学》2010年第5期。

由此可见,相关性并不涉及证据是否真实的问题,其重点是要解决证据与证明对象的形式关系问题,即证据对于证明对象是否具有实质性和证明性。检验证据是否有相关性,有下面几个标准:(1)所提的证据是用来证明什么的?(2)这是本案的实质性问题吗?(3)所提的证据对该问题有证明性吗?法官们在决定大多数相关性问题时的根据,是对所提证据的感觉和可能存在的已确立的司法判例或法典化规则。相关性有时依赖于人类的知识和在特殊领域内的专门知识。例如,在过去,弹道学证据被认为不具有相关性,甚至是荒谬的。现在,弹道学证据已经被几乎所有的国家所接受。再如,人体 DNA 的鉴定结论也被认为是可靠的,它也具有关联性。

(二)外国有关相关证据规则的规定

英美法系证据法对证据的关联性极为重视,即凡对自己的主张提出证据的,所提的资料须与其主张及争议事实有关联性,以此来限制辩论的范围。英美法理论认为,作为证据,必须既具有关联性,又具有可采性。有相关性的证据能否被采纳,首先看它是否被传闻证据规则、意见证据规则、最佳证据规则和特权证据规则等排除规则予以排除,如果被这些证据规则排除了的话,当然就不可采。即使是没有被上述规则排除,相关证据也有可能不被采纳,这就是《美国联邦证据规则》第 403 条规定的因偏见、混淆或浪费时间而排除相关证据。该条规定,证据虽然具有相关性,但可能导致不公正的偏见、混淆争议或误导陪审团的危险大于该证据可能具有的价值时,或者考虑到过分拖延、浪费时间或无须出示重复证据时,也可以不采纳。

英美法之所以要求证据必须具有关联性才可以采纳,其主要理由有两个方面:(1)因英美法实行陪审团审判的制度,由陪审团来认定案件事实,为了防止当事人将没有关联性的证据提供给陪审团考虑,导致陪审团错误地认定案件事实,所以要有关联性规则,以免陪审团受当事人提出的无关联性证据的误导。(2)要求证据必须具有关联性是为了限定调查证据的范围。英美法实行当事人主义,证据的提出是当事人的责任,提出何种证据完全由当事人决定,如果不加以限制,会导致案件证据的调查没有终结,导致审判旷日持久,影响诉讼的顺利进行。

有些国家对证据的关联性规定十分严格,如英美证据制度认为必须在逻辑上绝对相关才能作为证据。由此产生如下排除规则:过去的行为不能用来证明现在的行为,从而被告以前的犯罪也不能用来证明现在犯同种类或不同种类的犯罪。只是过去的行为可以用来证明现在同种类行为的动机,所以被告以前的犯罪可以证明现在同种类行为也出于同一种类的犯意。

品格证据是最为常见的相关性难题之一。一般的规则是,一个人的品格或者一种特定品格(如暴力倾向)的证据在证明这个人于特定环境下实施了与此品格相一致的行为上不具有相关性。"一次做贼,永远是贼"的说法不是得到承认的法律原则。由此推论,被告人过去一般的不良品格都不得提出来证明现在的犯罪事实。关于诉讼的一般证人,无论是由哪一方提出的,对方如果对其不良品格有所攻击,则可以提出证据,不在排除之列。因为这类证据的目的是评价证言的可信性,不能说是与本案无关。攻击证人的不良品格,当然也不是没有限制,通常都是关于其为人不诚实,或与本案有利害关系,或指明其对同一事件以前曾有不一致的陈述,等等。证人被对方当事人指证为与案件有利害关系或者前后陈述矛盾的,本方当事人不得再提出证据进行反驳,因为这种指证一般都比较具体,能否成立很容易判明,不允许当事人反复予以争辩是为了防止诉讼拖延。再者,任何一方提出证人时,不得先举证证明证人的品格良好,更不能指证其在过去某场合曾有过相同的陈述。因为前一种情形违反了关于所有人的品格都是良好的一般常识性推定,会增加诉讼的负担,后一种情形也不一定会增加证言的可信性,这些都不能成为合理的证据。当然,和其他证据规则一样,排除使用品格证据的规则也有一些重要的例外。它们包括:

第一,被告人自己提出其具有良好品格的证据的,或曾攻击控告人的品格的,以及曾指证他人或共同被告是犯罪人的,则被攻击的一方或原告可以质问被告人过去的品行,并提出关于其品格不良的证据,在这种情况下,可以视为被告人实施犯罪行为的佐证,或者用来证明被告自行作证的证言是不可信的。被告人定罪之后,法院在判刑之前,可以查询和采纳有关其前科和品格的证据。

第二,被害人的品格。在美国,有关提出强奸指控之被害人以前的具体性行为的证据一般也不能采用,除非该证据属于下列情形:(1)宪法规定应予采用的;(2)发现该被告人不是该精液来源的证据或者该被告人并没有造成控告人所受伤害的证据;(3)表明被告人自己过去与该控告人的性关系的证据。

第三,关于其他犯罪、错误或行为的证据。《美国联邦证据规则》第404条(b)规定,关于其他犯罪、错误或行为的证据不能用来证明某人的品格以说明其行为的一贯性。但是,如果出于其他目的,如证明动机、机会、意图、预备、计划、知识、身份,或缺乏过失,或意外事件等,可以采纳。比如,作为犯罪计划或阴谋之部分的劣迹或犯罪前科。有关以前的犯罪行为或其他不端行为的证据可以提出来证明一种正在实行的阴谋或计划的存在,而且该被告人受控的犯罪正是其一部分或一个方面。

(三)我国相关性规则的现状

确切地说,我国刑事诉讼法或相关的证据立法中并没有明确规定相关性规则,且目前国内学者多赞同应当将其称作关联性规则。在2010年《关于办理死刑案件审查判断证据若干问题的规定》中,对于证据的相关性问题较为关注。第6条规定:“对物证、书证应当着重审查以下内容:……(四)物证、书证与案件事实有无关联。对现场遗留与犯罪有关的具备检验鉴定条件的血迹、指纹、毛发、体液等生物物证、痕迹、物品,是否通过DNA鉴定、指纹鉴定等鉴定方式与被告人或者被害人的相应生物检材、生物特征、物品等作同一认定。(五)与案件事实有关联的物证、书证是否全面收集。”第7条规定:“对在勘验、检查、搜查中发现与案件事实可能有关联的血迹、指纹、足迹、字迹、毛发、体液、人体组织等痕迹和物品应当提取而没有提取,应当检验而没有检验,导致案件事实存疑的,人民法院应当向人民检察院说明情况,人民检察院依法可以补充收集、调取证据,作出合理的说明或者退回侦查机关补充侦查,调取有关证据。”第9条规定:“经勘验、检查、搜查提取、扣押的物证、书证,未附有勘验、检查笔录,搜查笔录,提取笔录,扣押清单,不能证明物证、书证来源的,不能作为定案的根据。物证、书证的收集程序、方式存在下列瑕疵,通过有关办案人员的补正或者作出合理解释的,可以采用:(一)收集调取的物证、书证,在勘验、检查笔录,搜查笔录,提取笔录,扣押清单上没有侦查人员、物品持有人、见证人签名或者物品特征、数量、质量、名称等注明不详的……对物证、书证的来源及收集过程有疑问,不能作出合理解释的,该物证、书证不能作为定案的根据。”可以看出,对于物证、书证在进行证据审查的时候,相关性审查是其中的一项重要内容,而根据后项规定可以看出,来源不明的证据不能作为定案的根据,来源有疑问的证据必须作出合理解释,否则也是不能成为定案的根据。

从我国2018年《刑事诉讼法》第52条可以隐约看出证据相关性的要求,该条规定:“审判人员、检察人员、侦查人员必须依照法定程序,收集能够证实犯罪嫌疑人、被告人有罪或者无罪、犯罪情节轻重的各种证据。”从中可以看出,司法人员对于证据的收集应当与犯罪嫌疑人、被告人有罪或无罪以及犯罪情节的轻重的事实具有相关性。2018年《刑事诉讼法》第120条规定:“侦查人员在讯问犯罪嫌疑人的时候,应当首先讯问犯罪嫌疑人是否有犯罪行为,让他陈述有罪的情节或者无罪的辩解,然后向他提出问题。犯罪嫌疑人对侦查人员的提问,应当如实回答。但是对与本案无关的问题,有拒绝回答的权利。”本条规定从犯罪嫌疑人权利的角度出发,要求侦查人员只能讯问与案件有关的问题,在一定程度上确立了犯罪嫌疑人供述这一刑事证据与案件事实之间的关联性。此外,该法第141规定:“在侦查活动中发现的可用以证明犯罪嫌疑人有罪或者无罪的各种财物、文件,应当查封、扣押;与案件无关的财物、文件,不得查封、扣押。”可以看出,该条款以明令禁止的形式规定了不具备相关性的证据以及涉案财物等,不得进行强制处理。

2012年最高人民法院《关于适用〈中华人民共和国刑事诉讼法〉的解释》对我国2012年《办理死刑案件证据规定》和2012年《刑事诉讼法》关于证据相关性的规定进行了消化吸收,并予以发展。该解释第69条规定:“对物证、书证应当着重审查以下内容:……(四)物证、书证与案件事实有无关联;对现场遗留与犯罪有关的具备鉴定条件的血迹、体液、毛发、指纹等生物样本、痕迹、物品,是否已作DNA鉴定、指纹鉴定等,并与被告人或者被害人的相应生物检材、生物特征、物品等比对;(五)与案件事实有关联的物证、书证是否全面收集。”第72条规定:“对与案件事实可能有关联的血迹、体液、毛发、人体组织、指纹、足迹、字迹等生物样本、痕迹和物品,应当提取而没有提取,应当检验而没有检验,导致案件事实存疑的,人民法院应当向人民检察院说明情况,由人民检察院依法补充收集、调取证据或者作出合理说明。”第73条规定:“在勘验、检查、搜查过程中提取、扣押的物证、书证,未附笔录或者清单,不能证明物证、书证来源的,不得作为定案的根据。物证、书证的收集程序、方式有下列瑕疵,经补正或者作出合理解释的,可以采用:(一)勘验、检查、搜查、提取笔录或者扣押清单上没有侦查人员、物品持有人、见证人签名,或者对物品的名称、特征、数量、质量等注明不详的……(四)有其他瑕疵的。对物证、书证的来源、收集程序有疑问,不能作出合理解释的,该物证、书证不得作为定案的根据。”此外,该司法解释规定,在对鉴定意见、视听资料以及电子数据进行审查时,其与待证事实有无关联是证据审查的一项重要内容。在证据的综合审查与运用方面,该解释第104条第2款和第3款规定:“对证据的证明力,应当根据具体情况,从证据与待证事实的关联程度、证据之间的联系等方面进行审查判断。证据之间具有内在联系,共同指向同一待证事实,不存在无法排除的矛盾和无法解释的疑问的,才能作为定案的根据。”

由此可见,我国刑事诉讼法以及相关司法解释虽然对证据的相关性提出了较为明确的要求,但目前的规定仍旧仅仅处于笼统、抽象的规定阶段,对于应当从什么角度依照什么标准进行证据的相关性审查,没有明确之规定,这也是导致司法实践中对于证据相关性审查缺乏相应指导与规范的重要原因所在。证据的相关性规则,无论是立法还是实践需要,都应当高度重视,证据与案件事实的相关性问题,是认定案件事实的前提所在,很大程度上决定了证据的可采性,也关系到案件办理的质量。因此,对于证据的相关性问题,我们还应当进行细化研究,如由该规则衍生出来品格证据的处理等,都值得进行深入探讨,以为立法的完善建言献策。

四、司法令状规则

（一）司法令状规则的含义

司法令状规则是指执行侦查职能的警察和检察官（或其他侦查人员）只有获得了法官签发的令状（warrant）的许可，才能执行逮捕、搜查和扣押收集证据。具体而言，司法令状规则要求：（1）对公民自由权、财产权和隐私权的限制，必须根据令状才能进行；（2）对公民自由权、财产权和隐私权的限制的决定，只能由中立的法官作出，不能由侦查机关自己决定；（3）法官在签发上述令状时必须根据法律规定的理由；（4）禁止签发普遍适用的逮捕、搜查、扣押的令状，即司法令状必须指定具体的被逮捕、搜查、扣押的人或物或地点。

（二）国外立法及国际条约的规定

在英美法系国家和现代的大陆法系国家，司法令状规则普遍得到适用。《美国宪法修正案》第 4 条规定，人民有权保障其人身、住所、文件和财物不受无理搜查和扣押。除有以宣誓或正式证词为依据的可能的理由，其中特别说明应予搜索的地点、拘捕的人等或者查封的物件外，不得颁发搜查证、拘捕证和扣押证。根据这一规定，警察或其他侦查官员在执行逮捕、搜查、扣押之前，必须获得令状。而且，除了传统意义的搜查和扣押外，必须获得令状的情况还包括电子和机械窃听、搭线窃听等侦查活动。令状由司法官（Magistrate）签发，警察需要提供给司法官足够的证据，证明有可成立的理由（probable cause）的存在，司法官才可能签发令状，准许警察进行搜查、扣押或者逮捕。当然，在紧急状况下允许严格限制下的无证搜查，包括逮捕附带的搜查。

在英国，在一般情况下，警察对嫌疑人进行逮捕、搜查时，必须事先向治安法官（Justice of Peace）提出书面申请，由治安法官批准后签发逮捕证和搜查证，由警察负责执行。搜查证自签发后 1 个月以内有效，每张搜查证只能使用一次。如果是有证逮捕，则可以逮捕后进入犯罪嫌疑人的房屋进行搜查而不必另用搜查证。但如果是无证逮捕，则不允许在逮捕后直接对嫌疑人的人身与车辆进行搜查。无证逮捕适用的范围是非常有限的，只在紧急情况下适用。

在德国的刑事诉讼中，所有对人身、财产、隐私权利的限制都必须由法官作出，如扣押和搜查，还包括排查、传送数据，对电讯往来的监视、录制，秘密侦查手段的运用等。依照《法国刑事诉讼法》的规定，搜查、扣押和逮捕以及其他强制性的侦查行为的决定权由预审法官行使。而且，对于预审法官的司法行为当事人可以上诉到上诉法院审查起诉庭请求审查。

《日本刑事诉讼法》规定，查封、扣押、搜查都必须由法庭决定。逮捕、搜查、羁押、查封、勘验、鉴定处分和拘禁鉴定等强制行为，都必须由检察官、检察事务官和司法警察提出请求，法官认为请求合法且有理由时，才予以签发令状。

不仅如此，世界刑法学协会第十五届代表大会《关于刑事诉讼法中的人权问题的决议》第 8 条规定，影响被告人基本权利的任何政府措施，包括警察所采取的措施，必须有法官授权，并且可受司法审查。第 9 条规定，除第 8 条所述的情况外，任何由警察采取的措施或起诉机关的关于强制措施的决定，均应在 24 小时内取得法官的认可。根据这两条规定，警察采取的侵犯公民人身权利、财产权利和隐私权的行为都必须事先获得法官的授权，换句话说，侦查人员进行强制限制公民人身权利、财产权利和隐私权的行为，必须依照法官签发的令状进行。

（三）司法令状规则的理论基础

其一，司法令状规则是权力制衡原则的必然要求。司法令状规则是司法权与行政权相互分离和制约的结果。在现代法治社会中,司法权独立于行政权,并且对行政权进行制约和平衡。孟德斯鸠指出,"如果司法权不同立法权和行政权分立,自由也就不存在了"。因此,行政机关的权力只限于行政行为,而确认不法行为及对其进行制裁的权力,则保留于法院,这样就符合了分权原则。也就是说,通过确定"国家行政机关所代表的国家,在法院面前处于和私人一样的地位",从而形成"司法控制下的行政"的状态。

其二,司法令状规则体现了对公民基本权利的司法保护原则。公民的基本权利是宪法赋予的,不能轻易限制和剥夺。刑事诉讼中出于追究犯罪的需要而限制公民的基本权利,必须依照严格的法定理由,并且由合适的机关作出这种决定。如果允许行政机关自行决定对公民基本权利的限制行为,那么公民的基本权利就很难得到保障,因为行使侦查权的目的就在于追究犯罪,它将很轻率地导致对公民的权利进行侵犯。司法令状规则要求,限制公民的权利只能依据法官的令状实施,在紧急的情况下检察院也有决定权,但必须在事后获得法官的确认,否则无效,而且,由法官决定的侦查行为不仅包括逮捕,因此,必须将是否允许进行这种侵犯的决定权交给中立的法院。因为,在法治社会中,法院是防止政府暴政的重要力量,正如波斯纳所说:"令状的意义在于,合理根据的决定(更实际地看)是由司法长官作出的,他不是警方人员,所以就会更公正地检查那些促使警察决定搜查的证据。"正因如此,现代的刑事诉讼几乎毫无例外地规定对公民进行逮捕、搜查和扣押必须根据法官签发的令状进行,即"司法令状规则"。

(四)我国司法令状规则缺失

目前大多数学者赞同我国并不存在司法令状规则,尤其是在刑事侦查阶段体现得最为明显。侦查是指公安机关、人民检察院在办理案件过程中,依照法律进行的专门调查工作和有关的强制性措施,无论是公安机关的侦查活动,还是检察机关的自侦活动,都带有较强的封闭性。如我国2018年《刑事诉讼法》第135条第1款规定:"为了查明案情,在必要的时候,经公安机关负责人批准,可以进行侦查实验。"第153条规定:"为了查明案情,在必要的时候,经公安机关负责人决定,可以由有关人员隐匿其身份实施侦查。"根据我国2012年《公安机关办理刑事案件程序规定》第74条第2款规定:"需要拘传的,应当填写呈请拘传报告书,并附有关材料,报县级以上公安机关负责人批准。"第76条第1款规定:"拘传持续的时间不得超过十二小时;案情特别重大、复杂,需要采取拘留、逮捕措施的,经县级以上公安机关负责人批准,拘传持续的时间不得超过二十四小时。不得以连续拘传的形式变相拘禁犯罪嫌疑人。"第106条第1款规定:"对犯罪嫌疑人监视居住,应当制作呈请监视居住报告书,说明监视居住的理由、采取监视居住的方式以及应当遵守的规定,经县级以上公安机关负责人批准,制作监视居住决定书。"第121条第1款规定:"拘留犯罪嫌疑人,应当填写呈请拘留报告书,经县级以上公安机关负责人批准,制作拘留证。"对于搜查和查封、扣押等,我国2012年《公安机关办理刑事案件程序规定》第217条规定:"为了收集犯罪证据、查获犯罪人,经县级以上公安机关负责人批准,侦查人员可以对犯罪嫌疑人以及可能隐藏罪犯或者犯罪证据的人的身体、物品、住处和其他有关的地方进行搜查。"第223条第1款规定:"在侦查过程中需要扣押财物、文件的,应当经办案部门负责人批准,制作扣押决定书;在现场勘查或者搜查中需要扣押财物、文件的,由现场指挥人员决定;但扣押财物、文件价值较高或者可能严重影响正常生产经营的,应当经县级以上公安机关负责人批准,制作扣押决定书。"由此可见,公安机关在对公民的人身或财产采取强制措施的过程中,几乎是无须除公安机关以外的司法机关的令状即可执行的,这也是我国长期以来形成的

"以侦查为中心"的原因所在。至于公安机关侦查完结后提请检察机关批准逮捕,虽然是以司法审批的形式,但是出于和公安机关一样的追诉目的,检察机关往往将目光集中于对犯罪嫌疑人有罪的证据上,从而难以全面顾及有利和不利于犯罪嫌疑人的两方面的证据。

由此可见,在"以侦查为中心"的背景下,出于控诉为目的的公安和检察机关自己侦查、自己逮捕,难以称得上是实质意义上的诉讼。但随着 2012 年修改的《刑事诉讼法》尊重和保障人权以及十八届四中全会以审判为中心诉讼制度改革的提出,国内专家学者更多地将目光集中于公诉对于侦查的引导以及审判为中心对于侦查的制约,司法令状规则,应当成为以审判为中心制度改革的一项内容。

五、非法证据排除规则

(一)非法证据排除规则的含义

非法证据排除规则(Exclusionary Rule of Illegally Obtained Evidence),是对非法取得的供述与非法搜查和扣押取得的证据予以排除的规则的统称。也就是说,非法证据排除规则,是指除非法律另有规定,否则执法机关不得采纳非法证据,将其作为定案的证据。非法证据的范围包括:(1)执法机关违反法定程序制作或者调查收集的证据材料;(2)执法机关在超越职权或者滥用职权时制作或者调查收集的证据材料;(3)律师或者当事人采取非法手段制作或者调查收集的证据材料;(4)执法机关以非法的证据材料为线索调查收集的其他证据。

非法取得的证据材料,能否在法庭上作为证据提出,能否作为对被告人定罪的根据,是在诉讼中特别是刑事诉讼中最易发生价值冲突的问题。我国 1995 年 3 月 6 日最高人民法院《关于未经对方当事人同意私自录制其谈话取得的资料不能作为证据使用的批复》规定,"未经对方当事人同意私自录制其谈话,系不合法行为,以这种手段取得的录音资料,不能作为证据使用"。这个司法解释可以视为我国非法证据排除规则的萌芽。另外,除了要排除以刑讯逼供等非法的方法取得的被告人供述以外,以上述方法取得的证人证言、被害人陈述也不能作为定案的根据,而应当予以排除。但另一种观点认为,非法证据排除规则,是指在刑事诉讼中,违法搜查、扣押的物证依法应予排除,不能作为证据采纳。因为在美国宪法中,第 4 条修正案涉及此原则,而关于非法获得的证言的排除,在本质上属于第 5 条修正案规定的范畴。本书采用第一种观点。

(二)非法证据的可采性

非法证据的可采性,是指执法机关是否可以将非法证据作为定案证据使用。对此,学理上存在采纳说、排除说、衡量采证说和例外说。

采纳说认为,应当将调查收集的方法与证据本身区别开来,非法证据如果具有真实性和相关性,对案件事实具有证明作用,应当采纳。理由是在个别案件中非法证据往往是唯一可以用来定案的证据,如果排除,可能放纵违法犯罪分子,从而使公共利益和当事人的合法权益遭受重大的损失。从这一点来看,排除非法证据的成本大于收益。排除说认为,从保护公民、法人或者其他组织的合法权益、监督执法机关严肃执法的角度出发,非法证据应当一律排除,不能作为证据使用。衡量采证说认为,执法人员可以根据案件的实际情况确定是否采纳非法证据,以保证执法的社会效果。裁量的主要标准是调查取证行为违法的程度、案件的社会影响以及采纳非法证据的成本等。例外说认为,首先应当肯定非法证据排除规则的普遍适用性,在此基础之上方可确定一些例外。

我们认为,非法证据的可采性应从以下三个方面进行介绍,才能体现其复杂性和权衡性。

其一,非法取得的言词证据的可采性。英国证据法上的被告人供述,是指被告人就其被指控的犯罪所作的对自己不利的供认和陈述。由于实行有罪答辩制度,被告人在法庭审判之前的答辩程序中一旦作出有罪的答辩,也就是承认自己有罪,法庭一般直接对其作出有罪裁断,而不再对案件的事实问题举行法庭审判。但是这种供述必须是可以信赖的,而保证供述可信性的关键在于确保被告人自由、自愿地供述自己的罪行。如果警察采用强制或者压迫的手段,供述的自愿性就会大受影响,司法程序的公正性就会受到损害。因此,从 18 世纪开始,将以刑讯、强迫等方式获取的证据予以排除就被英国法官作为保障被告人权利的重要手段。目前,规范这一领域的法律主要是 1984 年《警察与刑事证据法》以及根据这一法律制定的《司法执业法典》(Codes of Practice)。它实际上确定了有关对非法取得的被告人供述的自动排除(automatic exclusion)原则。也就是说,法庭遇有上述规定的任一情况,都必须无条件地将被告人供述予以排除,而不享有任何自由裁量权。上述规定实际上包含了以下几个方面的内容:(1)排除这种非法所得的被告人供述是法庭的义务,除非控诉一方能够证明他提出的作为指控根据的供述并非采用这种手段所得;(2)为了确保被告人获得公正的审判,法庭甚至可以在辩护一方没有提出任何有关请求的情况下,自行要求控诉一方证明被告人供述的可采性;(3)对被告人供述的可采性的检验标准并非它的可靠性,而是获得它的方式,不论供述真实可靠与否,它都必须被排除,除非控诉一方能够证明它不是采用上述手段取得的,至于供述本身是否真实可靠,要由陪审团加以判断,而可采性问题,必须由法官事先作出判断;(4)如果被告人一方提出异议或者法庭自行提出要求,证明被告人供述的可采性的责任就在控诉一方,而且证明标准要达到排除一切合理怀疑的程度。对于被告人供述的可采性问题,除了上述自动排除的原则以外,在英国普通法中还存在一种原则,即所谓的“自由裁量的排除”(judicial discretion to exclusion)。这通常是指被告人供述的取得方式违背了 1984 年《警察与刑事证据法》以及《司法执业法典》的其他规定,导致供述的取得方式对于诉讼的公正性产生了不利影响,因而法庭可以运用自由裁量权,对供述加以排除。美国对被告人供述的可采性问题的规定可以说是十分复杂的。对被告人的讯问可以分为两个阶段:

(1)向法院正式起诉之前。在美国,众所周知的米兰达警告必须在“羁押性讯问”之前告知给每一个犯罪嫌疑人。那些警告不需要以一种特定的形式告知,只要警察以合理的方式告知犯罪嫌疑人他享有的权利即可。这些权利包括:保持沉默的权利,他所说的每一句话都可能被用作不利于他的证据;他有权请律师,并且如果他无法负担请律师的费用,将为他指定一名律师。但由于对米兰达权利的放弃,以及讯问和供述都不要求录音或以书面形式记载,警方可以简单地否认犯罪嫌疑人曾经主张过这些权利。对于警察以威胁、承诺、欺诈行为所取得的言词证据,均应予以排除。但其中一项影响公共安全的例外是,有关武器和其他破坏性装置的案件,对米兰达警告不作要求。

(2)被告人被正式起诉之后。作为正式的“被告人”,按照宪法第 6 条修正案的规定,他“在所有的刑事起诉中”的律师帮助权已经发生效力(在这以前,他所受到的宪法保护,包括米兰达规则的要求,只是从宪法第 5 条修正案中规定的反对自我归罪权引申出来的)。因而,此时的被告人不需要主张他的律师帮助权,因为这项权利自动生效。最高法院已经表明,在讯问中没有告知被告人他有一名律师正在试图会见他将导致第 6 条修正案而不是第 5 条修正案的权利放弃无效。强迫获得的口供完全不能使用,甚至也不能根据它进行引申,也不能在法庭上反驳被告人证言的真实性。与之相对比，违反米兰达以及相关的案例所规定的规则获得的口供或陈述也不能在政府的主诉中使用，但可以用作辅助的目的，因为“毒树之果”的限制并不适用于对米兰达规则的违反。法国、德国对于以刑讯逼供和其他非法手段取得的言词证据，立法和判例均持否定态度。联合国的《禁止酷刑和其他残忍、不人道或有辱人格的待遇或处罚公约》第 15 条规定，每一缔约国应确保在任何诉讼程序中不得援引任何确属酷刑逼供作出的陈述为证据，但这类陈述可引作对被控施用酷刑逼供者起诉的证据。这一规定是对有关国家禁止违法取证和排除违法所获证据的肯定，也为各缔约国提供了处理这一问题应遵守的规则。需要注意的是，该公约将证据排除的范围限于言词证据，并未包括违法搜查、扣押获得的物证、书证。

其二，非法搜查、扣押获得的物证的可采性。英国在对待非法搜查、扣押取得的证据问题上，将是否排除证据的决定权交给主持审判的法官，由他来自由裁量。法官在行使这种自由裁量权方面所要把握的基本尺度是：保证被告人获得公正的审判，并排除所有严重妨碍被告人获得公正审判的证据。美国对违法搜查、扣押所获得的证据采取的是强制排除的态度。美国宪法第 4 条修正案禁止无理搜查。事实上，最高法院已经把“搜查”定义为警方侵入某人有“预期合理的隐私”的一定范围的场所。构成合法搜查的条件是：(1) 获得搜查证。这是进行建筑物搜查的必备条件，其唯一的例外是紧急情况。(2) 无证搜查。它适用于紧急情况、室外的搜查和有逮捕证的情况。无证搜查需要提供可成立的理由。(3) 经同意的搜查。如果警方能够让嫌疑人同意搜查，包括同意对他家的搜查，以上规则就都不适用了。然而，对同意有一个推定的限制：如果警方非法临时扣留或逮捕嫌疑人，任何同意都将是无效的。对于非法搜查、扣押获得的物证的可采性，德国以权衡原则为标准予以处理，对侵犯人的尊严和人格自由所得的证据应予禁用，但对于重大犯罪，非法取得的物证具有可采性。

其三，对“毒树之果”的处理。“毒树之果”(Fruits of the Poisonous Tree) 一词中的毒树指的是违法收集的刑事证据，毒树之果指的是从毒树的线索中获得的证据。换句话说，凡经由非法方式取得的证据，是“毒树”；由其中获取资料进而获得的其他证据，则为“毒树”的“果实”。这种证据与非法搜查、扣押取得的证据相比较，其不同点在于非法证据排除规则所排除的证据其收集程序本身是违法的，而“毒树之果”的收集程序本身是合法的，只是在发现该证据之前的程序有违法的情形。这种现象，在美国称为“毒树之果”，在德国称为“波及效”。英国在对待“毒树之果”的问题上，在普通法和成文法中都采取了排除“毒树”但食用“毒树之果”的原则，即对于从被排除的被告人供述中发现的任何证据和事实，只要具备相关性和其他条件，就可以采纳为定案的根据。美国的证据排除规则不仅适用于违反证据规则而获得的实物证据或者言词证据，而且适用于“毒树之果”。但存在两项例外：(1) 最终或必然发现的例外，是指即使不发生政府官员违反宪法的行为，证明被告人有罪的证据最终或必然是会被发现的；(2) 善意的例外，是指政府官员合乎逻辑地依据一位公正的法官签发的、最终发现是无效的搜查证，进行搜查所取得的证据。

(三) 非法证据排除规则的作用

第一，有助于控制警察的非法取证行为。确立非法证据排除规则，使执法人员在实施违法行为之前就想到其后果。非法证据的排除，是对执法机关调查取证工作的最终否定和谴责。非法证据排除规则也有利于公民、法人或者其他组织监督执法机关正确行使职权。在执法机关采取非法手段调查收集证据时,公民、法人或者其他组织有权拒绝,并且有权在以后的诉讼程序中要求排除该非法证据。要想否定一项诉讼行为,最有效的莫过于宣告其无效。而要想制止警察的非法取证行为,最有效的办法就是宣告警察违法获得的证据不具有可采性。有学者认为对非法证据可采用双管齐下的办法,即证据仍然可以使用,但同时采用由警察承担民事的或者刑事的法律责任的形式来制止非法取证。有的学者就提道:“在我国,对侦查违法行为的实体制裁规定已基本完善,除刑事法律外,还有行政及内部纪律规定的处分。从机构设置上看,制裁机构既有内部的,也有外部的;既有专司刑事的,也有专司行政及内部纪律处分的。因此,对行为人本人的制裁,可以向主管机构或者机关申请作出。”但是,无论是其他国家刑事诉讼发展的历史,还是我国刑事诉讼的现状,都已经证明了其他替代排除规则的方法是有缺陷的,并不能起到制止警察非法取证的作用。

第二,有利于督促执法机关守法,保持法律规范的完整性和司法尊严。众所周知,作为法现象细胞的法律规范须具备三个要素(适用条件、行为模式、法律后果)方能对相应的社会关系作出有力度的调整。规定这种程序性法律后果是维护新法设计的诉讼模式的权威性保障。我国法律虽然设定了不少禁止性规范,但并不都具备完整的法律规范三要素,许多都缺乏否定性的制裁后果;有的虽有制裁后果,却仅是实体的而非程序的。

第三,有利于防止或减少冤假错案。非法证据排除规则可能放纵罪犯,但其最大的优点是能够保证有罪判决的准确性。这对于我们准确适用法律是有重要意义的。目前,非法取证的手段主要是刑讯逼供,古人云:“捶楚之下,何求不得。”刑讯逼供造成的冤假错案是大量存在的,而非法证据排除规则的设立,就是要保证言词证据的自愿性,从而达到保证定罪处刑准确性的目的。

第四,有利于切实保障诉讼参与人的权利。在诉讼中,国家机关对公民人身、财产、自由的侵犯,主要存在于采用非法手段收集、提取证据的过程中。通过非法证据排除规则的规定,排除了此类证据的使用,就从根本上保护了公民的上述权利,有利于程序公正的实现。

第五,能够促进公安司法机关及其工作人员法制观念的转变。非法证据排除规则能否在刑事诉讼法中得以确立,存在一个价值权衡的问题。如果允许将非法取得的证据作为定案根据,对查明案件的真实情况、实现国家的刑罚权是有益的,但这样做是以破坏国家法律所确立的秩序和侵犯宪法保障的公民基本权利为代价的。反过来,如果对非法证据予以排除,又会阻碍对犯罪的查明和惩治。因此,一个国家是否确立非法证据排除规则,以及在多大程度上排除非法取得的证据,与该国的刑事诉讼的目的、主导价值观念、对公民个人权利的重视程度等因素都是相关的。非法证据排除规则的确立,是一国文明水平的标志,它体现了司法机关及其工作人员法制观念的转变,即从注重惩罚犯罪到注重保护人权的诉讼观念的进步。

(四)非法证据排除规则的确立

确立非法证据排除规则,严格依法办案,是世界上任何一个法治国家都必须做的一件事,是依法治国的一个重要的条件和里程,差异只在时间早晚而已。在中华人民共和国成立六十年后确立这一规则,我国已经是比较快的国家之一。

同美国相比,美国 1776 年 7 月 4 日发表独立宣言,1914 年通过威克斯案正式在联邦确立了非法证据排除规则,认为通过违反第四修正案的不合理的搜查扣押所取得的证据不能在联邦法庭上使用去反对被告人。这一规定直至 1961 年的马普案中,美国最高法院将违反宪法第四修正案而导致的非法证据排除规则全面适用于联邦和各州。

1964年通过马修案,明确对抗诉讼中,如果未经被告同意在律师不在场的情况下进行讯问所取得的口供,侵犯了律师帮助权,则为非法证据,要予以排除。

直至1966年米兰达规则的产生。[4] 1966年,美国最高法院审理了米兰达诉亚利桑案,创造了米兰达警告,也称为米兰达规则。该规则确认了非法证据排除规则也适用于非法取证的言词证据。1966年6月13日,宣布了对米兰达案的判决。美国最高法院撤销了原判,开创了对犯罪嫌疑人在第一次讯问时必须明确给米兰达警告的先例,即明确告诉被逮捕人:(1)你有权保持沉默;(2)你所讲的一切都可在法庭上作为不利于你的证据;(3)你有权获得律师帮助,讯问时律师可以在场;(4)如果没有钱委托律师,我们将为你指定一名律师。违背以上四条之一的,均为非法证据。美国的非法证据排除规则,从1914年产生到真正推广执行,经历了一百多年的历史,真正执行也是近五十年的事情,即从20世纪50年代的"正当程序革命"开始,重申"人权保障原则"而展开的。

非法证据排除规则并非美国所独有,1984年12月10日,第39届联合国第93次全体会议通过了《禁止酷刑和其他残忍、不人道或有辱人格的待遇或处罚公约》。第15条要求:"每一缔约国应确保在任何诉讼程序中,不得援引任何业经确定系依酷刑取得的口供为证据,但这类口供可用作被控施行酷刑者刑讯逼供的证据。"但在美国的定义和要求有所不同,2003年美国《乔治敦大学法律杂志》第32版刑事诉讼年度评论认为,排除规则的具体要求是:通过直接或者间接违反第四修正案、第五修正案或者第六修正案而获得的证据,控方不得在审理中用来证明被告人有罪。当法庭不恰当地采纳了违反排除规则的证据,将会导致判决的撤销,除非能够排除合理怀疑的证明该错误属于无害错误。根据这一定义,美国非法证据排除规则的法律依据是美国联邦宪法第四修正案、第五修正案和第六修正案,其适用范围仅限于刑事诉讼,并且在刑事诉讼中也只是"不得在审理中"作为"用来证明被告人有罪"的实体证据,但是这一规则不仅适用于违反宪法权利所直接获得的证据,也适用于通过违法证据得到的其他证据。

由此可以看出,任何一个法治国家,在刑事诉讼法中确立非法证据排除规则,势在必行。非法证据排除规则的确立,标志着民主与法治的进程和进步,更是诉讼民主、诉讼文明的必然要求。

就我国民主与法治的进程而言,确立非法证据排除规则,其历史意义和现实意义更为显现。2012年刑事诉讼法修改的过程总结了我国公安司法机关长期以来严禁刑讯逼供,排除非法证据的经验,吸收了"两高三部"于2010年6月13日颁行的《关于办理刑事案件排除非法证据若干问题的规定》的主要内容,共用五条八款比较完整地确立了中国的"非法证据排除规则"。2018年刑事诉讼法的修改保留了该证据规则。何谓"刑讯逼供等非法方法",最高人民法院解释为:使用肉刑或者变相肉刑,或者采用其他使被告人在肉体或者精神上遭受剧烈疼痛或者痛苦的方法,迫使报告人违背意愿供述的。我们认为,任何一个法治国家,在刑事诉讼法中确立非法证据排除规则,其历史意义和现实意义更为明显。非法证据排除规则,在我国实行严禁刑讯逼供的机制中,起着重要的作用,它不仅告知办案人员如何收集和运用证据,还是对非法取证行为的一种法律制裁和救济,其历史意义不可低估。

我国的非法证据排除规则主要内容和特色如下:

---

〔4〕 杨宇冠:《非法证据排除规则研究》,中国人民公安大学出版社2002年版,第29页。

第一,界定了非法言词证据排除的内涵和范围。非法证据包括非法的言词证据和非法的实物证据。我国关于非法言词证据的界定方式也主要是针对取证手段而言的,我国2018年《刑事诉讼法》第56条规定:“采用刑讯逼供等非法方法收集的犯罪嫌疑人、被告人供述和采用暴力、威胁等非法方法收集的证人证言、被害人陈述,应当予以排除。”何谓“刑讯逼供等非法方法”,最高人民法院司法解释为:使用肉刑或者变相肉刑,或者采用其他使被告人在肉体上或者精神上遭受剧烈疼痛或者痛苦的方法,迫使被告人违背意愿供述的。可见,非法言词证据概念的核心问题是如何界定“非法”问题,“非法”有轻有重,有一般违法和严重违法,所取得的证据有非法证据与瑕疵证据。是否侵犯了被讯(询)问人的宪法所规定的基本权利,是非法证据与瑕疵证据区分的重要判断尺度,不能把一般的程序违法的证据统统称为非法证据加以排除。如果取证主体、证据形式或取证程序违反了法律规定,可以参照《关于办理死刑案件审查判断证据若干问题的规定》(以下简称《办理死刑案件证据的规定》)进行处理,严重的也要予以排除不能作为定案的根据。因此,分析非法言词证据的内涵,必须从界定非法取证手段的范围入手。例如,“两高三部”关于《办理死刑案件证据的规定》第14条规定的“证人证言的收集程序和方式有下列瑕疵,通过有关办案人员的补正或者作出合理解释的,可以采信:(一)没有填写询问人、记录人、法定代理人姓名或者询问的起止时间、地点的;(二)询问证人的地点不符合规定的;(三)询问笔录没有记录告知证人应当如实提供证言和有意作伪证或者隐匿罪证要负法律责任内容的;(四)笔录反映出在同一时间段内,同一询问人员询问不同证人的。”另外,关于“非法方法”的内涵和表述问题,也是界定非法证据概念的一个关键问题。在司法实践中,公安司法机关对“非法方法”的内涵有自己的理解和体会。最高人民检察院《关于渎职侵权犯罪案件立案标准的规定》规定,刑讯逼供罪是指司法工作人员对犯罪嫌疑人、被告人使用肉刑或者变相肉刑逼取口供的行为。涉嫌下列情形之一的,应予立案:(1)以殴打、捆绑、违法使用械具等恶劣手段逼取口供的;(2)以较长时间冻、饿、晒、烤等手段逼取口供,严重损害犯罪嫌疑人、被告人身体健康的;(3)刑讯逼供造成犯罪嫌疑人、被告人轻伤、重伤、死亡的;(4)刑讯逼供,情节严重,导致犯罪嫌疑人、被告人自杀、自残造成重伤、死亡,或者精神失常的;(5)刑讯逼供,造成错案的;(6)刑讯逼供3人次以上的;(7)纵容、授意、指使、强迫他人刑讯逼供,具有上述情形之一的;(8)其他刑讯逼供应予追究刑事责任的情形。在司法实践中,检察机关要对侦查人员的刑讯逼供行为提起公诉,通常需要以情节严重、造成严重后果为前提,在这种情况下获取的被告人供述应当然予以排除。但是,确立非法言词证据规则的主要功能在于维护司法尊严,保障基本人权,因此,即使刑讯逼供行为没有达到情节严重的程度,没有构成犯罪,但如果其侵害了公民的宪法性权利,影响了被告人供述的真实性和自愿性,也应当予以排除。可见,我们习惯于把“非法”界定为“刑讯逼供”和威胁、引诱、欺骗以及其他非法方法。其实这种界定与我国参加并批准实施的一些国际条约对非法所规定的内容相比,仍不够明确。综合一些国际条约关于非法的界定,一般包括:(1)暴力取证;(2)精神折磨的方法取证;(3)用不人道的方法所获取的证据;(4)使用药品取证;等等。这样规定会更加完备、科学。

第二,明确规定了排除非法证据的诉讼阶段。从理论上讲,证据的可采性问题解决的是某一项证据是否能够被法庭采纳的问题,在域外一些国家,关于非法证据排除的职能主体问题也主要是针对法院而言的。但是,为了进一步严格规范侦查机关的取证行为,规范检察机关提起公诉的行为,维护国家法律的统一正确实施,我国2018年《刑事诉讼法》第56条第2款规定:“在侦查、审查起诉、审判时发现有应当排除的证据的,应当依法予以排除,不得作为起诉意见、起诉决定和判决的依据。”这是我国非法证据排除的一个重要的特征,就是在整个诉讼的过程中,侦查、起诉、审判的各个阶段均可以排除非法证据。

第三,系统确定了排除非法证据的范围。修改后的2018年《刑事诉讼法》第56条规定:“采用刑讯逼供等非法方法收集的犯罪嫌疑人、被告人供述和采用暴力、威胁等非法方法收集的证人证言、被害人陈述,应当予以排除。收集物证、书证不符合法定程序,可能严重影响司法公正的,应当予以补正或者作出合理解释;不能补正或者作出合理解释的,对该证据应当予以排除。”何谓“可能严重影响司法公正”,最高人民法院解释为:应当综合考虑收集物证、书证违反法定程序以及所造成后果的严重程度等情况作出认定。为了保证这一规定在司法实践中真正得到贯彻执行,从根本上杜绝违法取证行为,必须规定相应的制裁措施,明确规定违法取证的消极后果,这种消极后果就是“经依法确认的非法言词证据,应当予以排除,不能作为定案的根据”。也即对于非法言词证据,包括犯罪嫌疑人、被告人的陈述、证人证言、被害人的陈述,适用绝对排除的原则。这是因为,公安司法机关人员的取证行为是代表国家行使公共权力,以国家强制力为后盾的诉讼行为,相对而言,被追诉人则处于弱势地位,因此必须通过设置一定的程序规则对公权力予以制约,并对其违反法律取得的证据采取消极评价,从而防止为达到定罪结局而不择手段的司法行为,保证控辩双方在理性基础上的平等对抗。之所以要依法排除非法取得的言词证据,不仅是因为其客观真实性受到影响,更为主要的是因为非法的取证方法侵犯了公民最基本的人权,直接违反了刑事诉讼法的规定,破坏了法制的尊严。另外,对于非法实物证据,适用相对排除,即附条件排除的原则,即物证、书证的取得方法违反法律规定,致使严重影响司法公正的必须补正或作出合理解释。否则,对该实物证据应当予以排除。2012年最高人民法院《关于适用〈中华人民共和国刑事诉讼法〉的解释》第73条规定,“在勘验、检查、搜查过程中提取、扣押的物证、书证,未附笔录或者清单,不能证明物证、书证来源的,不得作为定案的根据。物证、书证的收集程序、方式有下列瑕疵,经补正或者作出合理解释的,可以采用:(一)勘验、检查、搜查、提取笔录或者扣押清单上没有侦查人员、物品持有人、见证人签名,或者对物品的名称、特征、数量、质量等注明不详的;(二)物证的照片、录像、复制品,书证的副本、复制件未注明与原件核对无异,无复制时间,或者无被收集、调取人签名、盖章的;(三)物证的照片、录像、复制品,书证的副本、复制件没有制作人关于制作过程和原物、原件存放地点的说明,或者说明中无签名的;(四)有其他瑕疵的。对物证、书证的来源、收集程序有疑问,不能作出合理解释的,该物证、书证不得作为定案的根据”。以是否严重影响公正和补正与合理解释为条件,这样规定是由于实物证据不同于言词证据,当前我国取得实物证据的手段、条件尚不完备,因为我国刑事侦查的科学技术手段和秘密侦查手段,无论是从立法还是科学技术的发展程度,还远远落后于同刑事犯罪斗争的实际需要,落后于刑事犯罪智能化水平。所以,我们对非法证据排除的范围还不能全部实行绝对排除,对非法实物证据只能实行有限、附条件地排除。这也是打击犯罪和保护人权原则的具体体现。

第四,具体设计了排除非法证据的程序。对如何排除非法证据,刑事诉讼法规定了具体的操作规程:(1)程序的启动。在开庭审理前或庭审过程中,被告人及其辩护人有权提出其审判前供述是非法取得的意见,并提供相关线索和证据。修改后的2018年《刑事诉讼法》第58条第2款规定:“当事人及其辩护人、诉讼代理人有权申请人民法院对以非法方法收集的证据依法予以排除。申请排除以非法方法收集的证据的,应当提供相关线索或者材料。”这一规定表明:启动的主体包括当事人及其辩护人、诉讼代理人;启动的形式可以是书面申请,也可以是口头申请;启动的时间,可以在开庭前也可以在开庭中,根据其第182条的规定,在开庭以前,审判人员可以召集控辩双方,对“非法证据排除等与审判相关的问题,了解情况,听取意见”。据此规定,申请人有权在开庭前提出;启动的内容“应当是提供相关的线索或者证据,”即涉嫌非法取证的人员、时间、地点、方式、内容等相关线索或者证据。对于由辩方启动并提供相关线索或者证据,笔者认为这是当事人行使辩护权的一项重要的诉讼权利,不能混同为举证责任,更不能随意认为是“证明责任倒置”。(2)法庭审查并进行法庭调查。程序启动后,法庭应当进行审查,合议庭对被告人审判前供述取得的合法性没有疑问的,则对起诉指控的犯罪事实进行调查;对供述取得的合法性有疑问的,则由公诉人对取证的合法性举证。修改后的2018年《刑事诉讼法》第58条规定:“法庭审理过程中,审判人员认为可能存在本法第五十四条规定的以非法方法收集证据情形的,应当对证据收集的合法性进行法庭调查。”(3)控方举证和证明的方法。公诉人应当提供必要的证据对被告人供述取得的合法性予以证明,包括向法庭提供讯问笔录、原始的讯问过程录音录像或者其他证据,提请法庭通知讯问时其他在场人员或者其他证人出庭作证,仍不能排除刑讯逼供嫌疑的,提请法庭通知讯问人员出庭作证。公诉人举证后,控辩双方可以就被告人审判前供述的取得是否合法的问题进行质证、辩论。我国2018年《刑事诉讼法》第59条规定:“在对证据收集的合法性进行法庭调查的过程中,人民检察院应当对证据收集的合法性加以证明。”这一规定把排除非法证据的证明责任,明确由控方承担,而且在该条第2款还规定证明的方法,即“现有证据材料不能证明证据收集的合法性的,人民检察院可以提请人民法院通知有关侦查人员或者其他人员出庭说明情况;人民法院可以通知有关侦查人员或者其他人员出庭说明情况。有关侦查人员或者其他人员也可以要求出庭说明情况。经人民法院通知,有关人员应当出庭”。司法实践中,根据我国法律规定法庭对于控辩双方提供的证据有疑问的,可以对证据进行调查核实,但这并不意味着法院实际上承担了一部分证明责任。法院的责任就在于裁断控诉方是否已完成其证明责任从而作出裁判,在事实出现真伪不明时,法官所要做的就是根据证明责任分配原理,作出有利于被告人的认定。可见,法院并不会承担举证不能的不利后果和风险,其依法所作的调查活动只是为了最大限度地查明案件真相,从而保证控辩双方的平等对抗。(4)法庭经过审理的处理程序。我国2018年《刑事诉讼法》第60条规定:“对于经过法庭审理,确认或者不能排除存在本法第五十六条规定的以非法方法收集证据情形的,对有关证据应当予以排除。”根据这一规定,对于经过庭审,即当事人等的申请、法庭调查、控方举证、质证和辩论,如果法庭能够确认为非法证据的,应当予以排除;不能排除存在以非法方法收集证据情形的,即该证据的合法性控方不能提供证据加以证明,或者已提供的证据不够确实、充分的,该证据也不能作为定案的根据,亦应当依法予以排除。我们认为,在刑事诉讼中,公诉机关承担提供证据指控被告人犯罪的职责,对于被告人及其辩护人所提被告人庭前供述系非法取得的线索和证据,理应同样承担证明被告人庭前供述系合法取得的证明责任。在公诉机关不举证,或者已提供的证据不够确实、充分的情况下,就应承担不能以该证据证明指控的犯罪事实的法律后果。

对于非法证据排除的程序,2012年最高人民法院《关于适用〈中华人民共和国刑事诉讼法〉的解释》第96条至第102条进行了规定:当事人及其辩护人、诉讼代理人申请人民法院排除以非法方法收集的证据的,应当提供涉嫌非法取证的人员、时间、地点、方式、内容等相关线索或者材料。人民法院向被告人及其辩护人送达起诉书副本时,应当告知若其需要申请排除非法证据的,应当在开庭审理前提出,但在庭审期间才发现相关线索或者材料的除外。开庭审理前，当事人及其辩护人、诉讼代理人申请人民法院排除非法证据的，人民法院应当在开庭前及时将申请书或者申请笔录及相关线索、材料的复制件送交人民检察院。开庭审理前，当事人及其辩护人、诉讼代理人申请排除非法证据，人民法院经审查，对证据收集的合法性有疑问的，应当依照《刑事诉讼法》第182条第2款的规定召开庭前会议，就非法证据排除等问题了解情况，听取意见。人民检察院可以通过出示有关证据材料等方式，对证据收集的合法性加以说明。法庭审理过程中，当事人及其辩护人、诉讼代理人申请排除非法证据的，法庭应当进行审查。经审查，对证据收集的合法性有疑问的，应当进行调查；没有疑问的，应当当庭说明情况和理由，继续法庭审理。当事人及其辩护人、诉讼代理人以相同理由再次申请排除非法证据的，法庭不再进行审查。对证据收集合法性的调查，根据具体情况，可以在当事人及其辩护人、诉讼代理人提出排除非法证据的申请后进行，也可以在法庭调查结束前一并进行。法庭审理过程中，当事人及其辩护人、诉讼代理人申请排除非法证据，人民法院经审查，不符合本解释第97条规定的，应当在法庭调查结束前一并进行审查，并决定是否进行证据收集合法性的调查。法庭决定对证据收集的合法性进行调查的，可以由公诉人通过出示、宣读讯问笔录或者其他证据，有针对性地播放讯问过程的录音录像，提请法庭通知有关侦查人员或者其他人员出庭说明情况等方式，证明证据收集的合法性。

诚然，已经确立的非法证据排除规则，尚存几处不尽如人意、不够完善的地方，诸如，非法证据排除的范围有限，排除的方法措施还不太完善，排除非法证据的配套措施还未出台等。但是，我们认为，瑕不掩瑜，任何一个国家对非法证据排除问题，都经历了一个从“确立到完善”的发展过程。我们应当首先肯定确立非法证据排除规则的历史意义，然后再通过实践针对问题，找出不断完善的方法与措施，包括各种配套措施的出台。贯彻实施非法证据排除规则，除了从方法和程序方面对这一措施加以完善，在观念认识方面也应当及时转变，对于当前存在的“不敢排、不想排、不愿排、不会排”的现象，应当从思想认识上予以解决。

六、传闻证据规则

（一）传闻证据规则的概念

传闻证据规则（Rule of Hearsay Evidence）最早产生于英国，并在美国得到了极大的发展。当事人主义的诉讼常因为考虑证据的真实性而排除不可靠的证据资料，使其根本不能成为证据，其中最为重要的就是排除传闻证据。

有的学者认为，传闻证据是指证人在本案法庭审理之外作出的用以证明其本身所主张的事实的各种陈述，其特征是：(1)传闻证据的主体是证人；(2)传闻证据是证人所作的各种陈述；(3)传闻证据是证人在本案法庭审查之外所作的陈述；(4)传闻证据是用来证明其本身所主张事实的陈述。我们认为，这种学说是不全面的。所谓传闻证据，通常是指证人的陈述，不是陈述其亲身经历的事实，而只是转述传闻的内容，也就是将其他人的陈述在法庭上提出，作为自己作证的证言。英国证据法学者麦克米克认为，“传闻证据是指在法院之外作出、在法院之内作为证据使用的陈述，或者是口头的，或者是书面的，用于证明该陈述本身所声明的事件的真实性”。

传闻证据规则一方面要求证人就某一事实作证，必须陈述自己耳闻目睹的该事实的情况，如果陈述者所作的陈述是由他人就该事实的感知而转告给他的，就属于传闻，不能作为证据。因为他人的感知应当由感知的人亲自进行陈述，如果允许代替陈述或者进行复述就不可避免地会导致失实,从而失去可信性。另一方面,传闻证据规则的要求是,证人必须出庭,他人的陈述即使以书面的形式存在,也不能由他人在法庭上代为陈述。因为证言必须直接在法庭上陈述,如果转述他人的陈述,无论他人的陈述是书面的还是口头的,都是间接提出的,陈述者本人并没有到法庭进行陈述,事实真相究竟是怎样的,无法当面向陈述者进行发问,这样不但很难使对方当事人信服,而且与辩论式诉讼的宗旨不符,当然不能够被允许。因此,将任何人就待证事实所作的书面陈述或其他有关的举动向法院提出,而不是由该陈述者本人当庭作言词陈述的,也属于传闻证据,原则上也应当排除。

排除传闻证据的理由主要有:(1)因为其没有经过原供述人的宣誓,缺乏确实性或可信性,所以不承认其可采信。(2)实行直接审理的结果,导致传闻证据的排除。因为对传闻证据不能进行交叉询问。(3)传闻证据具有很大的误传的危险性,不足以采信。因此,对传闻证据一般是予以排除的。

传闻证据排除规则在我国刑事诉讼中的规定主要是,证人证言必须在法庭上经过公诉人、被害人和被告人、辩护人双方询问、质证,听取各方证人的证言并且经过查实以后,才能作为定案的根据。这一条可以理解为,在法律上,证人不出庭而以书面陈述代替出庭作证,该书面陈述是不具有证据能力的,但刑事诉讼法随后关于可以当庭宣读不出庭证人证言的规定,无疑极大地削弱了此规定的作用。

传闻规则在民事诉讼中的规定主要是,出庭作证的证人应当客观陈述其亲身感知的事实。证人为聋哑人的,可以其他表达方式作证。最高人民法院《关于民事诉讼证据的若干规定》中的这一规定,通过明确证人作证的形式,确认证人应当以言词方式对其亲身感知的事实进行客观陈述,不能宣读事先准备的书面证词。

(二)传闻证据排除规则的例外

在某些情况下,如果复述或者间接提出他人的言语举动而不妨碍其确实性的,传闻证据也是可以接受的。因此,这一规则又存在大量的例外情况。在法定例外情况下,执法机关可以采纳传闻证据。下面对传闻证据排除规则的例外作概括性的介绍。

根据《美国联邦证据规则》,传闻证据规则有两种例外:一为陈述者可否作证无关紧要;二为陈述者不能到庭作证。第一种例外包括了以下24种情况:表达感觉印象,刺激的发泄,当时的精神、感情和身体状态,出于医疗或治疗目的的陈述,被记录的回忆,关于日常生活、行为的记录,在日常行为的记录中没有记载,公共的记录和报告,重要的统计资料,没有公共记录或没有记载,宗教组织的记录,婚姻、洗礼和类似的证明,家庭记录,有关财产利益的文件记录,文件中反映财产的陈述,在陈旧文件中的陈述,市场报告,学术论文,关于个人、家庭历史的名誉,关于边界、一般的历史名声,性格方面的名声,先前定罪的判决,关于个人、家庭、一般历史或边界的判决,其他的例外。第二种例外有5种情况,即先前证词、临终遗言、对己不利的陈述、关于个人和家庭历史的陈述、其他例外。

在此,我们主要介绍以下几种传闻证据排除规则的例外。

其一,先前证词。在前一诉讼程序中被提出并被证明的证人证言是传闻,但可在后一程序中使用。此例外的适用条件是:(1)先前证词必须是前一诉讼程序中经宣誓提出或经正式确认;(2)该证言必须经过当事人双方的直接询问和交叉询问;(3)不同审判程序所涉及的争议点必须是相同的;(4)后一程序中存在证人不能出庭作证的情况。

其二,死者生前所作的陈述。它来源于刑事诉讼中的临终陈述。在刑事诉讼中,临终陈述的例外只适用于谋杀案中庭外陈述者说出凶手的名字或极为详细的描述凶手的特征。随后扩大到民事案件,且在刑事诉讼中也不限于谋杀案件,受害者也不再要求必须死亡,但必须具有不能作证的情况。在民事诉讼中,死者生前在法庭之外所作的陈述是传闻证据,但是在下述三种情况下可以采纳:(1)对公众关心的事务所作的陈述。为了证明传统的或习惯上的权利、公共权利、出身(家谱、血统等)和其他类似的事实,死者生前的陈述可以采纳。(2)死者生前所作的不利于自己的声明可以采纳,但必须在作出的当时对声明者本人不利,而且陈述者当时对所声明的对自己的不利事实是了解的。(3)死者在履行义务或者职责过程中的声明。如果死者负有记录其行为的义务,而且记录的行为事实上是由死者本人作出,死者对该行为的声明可以采纳为证据。

其三,对己不利的陈述。这条例外的根据是,人们不会说出可能于己不利的话,除非他们说的是事实。对己不利的例外也需要有几个成立的要件:(1)该陈述不利于陈述者的所有权或其他重大的利益;(2)陈述人已经认识到这种不利;(3)陈述是依据事实所作的表达,而不是推测和意见;(4)陈述人没有说谎的动机;(5)在审判时陈述人无法出庭。

其四,公共文件。公共文件中记载的陈述属于传闻证据,但可以作为初步证据采纳,条件是:(1)制作和保存公共文件的目的是公共使用,其内容必须是有关公共利益的事务;(2)必须对公众开放,以接受监督;(3)必须是在事件发生之后立即制作的;(4)记录必须是由专司其责的人制作的,而且制作人对记录内容的真实性充满确信。《美国联邦证据规则》第803条规定,公共文件包括公共记录或者报告、统计资料、宗教组织的记录、婚姻、洗礼或者类似的证明、反映财产利益的记录、市场报告和商业出版物、关于边界和一般历史的声明、先前定罪的判决和关于个人、家庭或者一般历史及边界的判决等。其中,最后两种规定具有美国的特色,英国的普通法和制定法都没有明确的规定。

其五,视听资料。这是英国制定法规定的例外。1968年《英国民事证据法》第5条规定,如果关于某项事实的口头陈述可以作为证据采纳,计算机对该事实所作的陈述(记录)就可以作为证据采纳。1984年《英国刑事司法法》第69条、第71条进一步作出详细的规定,将对视听资料的采纳扩大到刑事诉讼中。第69条规定,在任何诉讼过程中,计算机制作的文件当中所记载的陈述,作为证明该陈述所反映事实的证据是不能被采纳的,除非:(1)没有合理的来源确信因计算机的不正确使用致使该陈述不准确的;(2)在所有的相关时间之内,计算机都在正确地运行,或者运行不正确、不能运行对文件的制作及其内容的准确性没有任何影响的。第71条规定,在任何诉讼过程中,文件内容的可靠性(无论该文件是否存在)都可以通过展示该文件的一部分或者全部、微缩胶卷的放大件等为法院所许可的方式予以证明。

其六,心理状态的例外。此例外的理论依据是,传闻证据的不可靠的风险在此并不存在。关于陈述人当时的心理状态的陈述,既不存在感知力的问题,也不存在记忆力的问题。当其心理状态成为争论的焦点时,除了其本人的陈述外,没有更好的方法去证明它。该类庭外陈述可以作为证据的条件是:(1)其证明对象是该人在特定时间的心理状态;(2)该陈述是在其诚实得到证明的情况下作出的。

(三)传闻证据规则的价值

在16世纪和17世纪,英美法系的对抗式审判制度完全确立起来。其结果是使调查职能

(控诉职能)和判决职能(审判职能)被严格地区分开来,证人和陪审团成员被严格区分,陪审团成员不能是证人,不能再根据自己在法庭之外所了解的情况作出判决。同时,也产生了让证人在公开的法庭上作证的强烈要求。传闻证据的可靠性受到了当事人的严峻挑战,法院也开始怀疑传闻证据的证明价值。到17世纪,传闻证据排除规则终于确立起来。不仅口头传闻证据必须排除,就是本来可以采纳的经宣誓的书面证言也在排除之列。

从传闻证据排除规则的产生过程可以看出,诉讼职能的划分是传闻证据排除规则产生的前提,对抗式审判制度是传闻证据规则得以确立、发展的基础,而传闻证据本身存在的缺陷是排除规则产生的直接原因。

经过数百年的发展,传闻证据排除规则已经成为一个庞大复杂的证据规则体系。但实际上,传闻证据规则的适用范围却越来越小,法院一方面通过缩小传闻证据本身的范围限制传闻证据规则的作用;另一方面又通过设定例外情况限制传闻证据规则的适用。对此,英国证据法学者墨菲所作的解释是:"例外情形的产生原因有两个:一是如果不对某些传闻证据设立例外规定,有些事实就难以证明,或者不可能证明,审判因此无法进行下去。二是即使没有设立例外,也可以设置各种限制。"由于例外和限制众多,传闻证据排除规则实际上已经处于名不副实的境地。但不可否认的是,传闻证据排除规则具有深厚的价值内涵:

首先,传闻证据排除规则是对抗式审判制度得以实现的重要手段。传闻证据规则要求证人应当尽可能在法庭作证,以便法官或者当事人观察其诚实信用性、记忆力、表达能力、观察能力等,从而对证人证言的可靠性作出切实的判断。对抗式审判制度是当事人主导程序的一种诉讼模式,具有明显的对抗性,直接言词原则正是保证这种竞赛顺利进行的必不可少的规范之一,当庭对质(confrontation)和质辩(cross-examination)由此成为当事人的基本的诉讼权利。一切证据都必须在公开的法庭上,以口头的方式作出,一切证人都必须接受当事人的询问和反询问,陪审团和法官只能根据在法庭上了解到的事实作出裁判。传闻证据不能满足上述要求,与直接言词原则冲突。传闻证据排除规则却能做到这一点,它有利于确保法官和当事人直接与提供陈述的证人接触,尽可能地与证据的来源接触,通过亲身的观察和感受来审查、判断证据。

其次,传闻证据排除规则有利于案件裁判的准确性。排除传闻证据的使用是一种司法价值的选择。传闻证据本身具有的先天性弱点限制了它的证据价值。一方面,传闻证据是证人对他人的陈述的转述,由于人的可靠性、表达能力、记忆能力各不相同,转述的次数越多,陈述的内容越复杂,出现错误的可能性就越大,误判的风险也就越大。另一方面,作出传闻陈述的人实际上不可能受到询问和反询问。因此,有关他的可靠性、表达能力和记忆能力等情况,陪审团、法官和当事人都无从得知,对有关陈述的可信性也无法进行有效的鉴别。原则上排除传闻证据的使用,有利于案件的准确处理,从而达到公正处理案件的目的。

最后,传闻证据排除规则有利于诉讼公开、诉讼平等和诉讼民主等价值的实现。传闻证据排除规则能够使法庭审判更具有平等性和民主性。传闻证据排除规则为当事人的对抗和竞赛提供了公平的条件,使案件事实在当事人的对抗和竞赛过程中逐步被显示出来。如果一方当事人提供证言,而另一方当事人不能与该证人接触,特别是与证人对质,这对另一方当事人是不公平的,因为另一方当事人无法知道什么样的人在何种条件下提供了证言。法庭的对抗有助于揭示矛盾,有利于法官全面掌握案件事实,从而最终有利于解决矛盾。同时,传闻证据排除规则能够增加法庭审判的公开性,确保当事人的知情权。传闻证据排除规则的目的之一是使任何一方当事人都可以及时了解另一方当事人的行为,将双方的对抗置于法庭指挥和监督之下，成为公开的竞争。同时，也将法官置于当事人的监督之下，如果法官的行为违反了证据规则，当事人可以及时提出异议，并且可以提请上诉程序纠正。因此，传闻证据排除规则对于民主、公正等诉讼价值的实现具有重要的意义。

（四）传闻证据规则在我国的适用

1. 我国理论界对引入传闻规则的期望

普通法系国家的诉讼证明以证人出庭为主要证据方法，通过当事人及其律师对证人的询问和交叉询问展开案情论证，庭审过程生动活跃、唇枪舌剑，事实裁判者在当事人法庭质证的基础上得出事实结论。

我国目前刑事庭审改革的目标是超越职权主义的束缚，赋予当事人更多的参与权和尊重，在证据调查方面尤其是询问证人的方式上，希望由原来的法官主导式询问变成控辩双方主导式询问。但是，证人出庭率极低，使被告人的对质权无法实质化，辩护权能也几近失效，控辩双方平等对抗的愿望无法实现。在保障和改善被告人权利地位、促进事实发现、提高效率等方面，现阶段的法庭诉讼制度和实践现状与改革理想之间还有很大差距。

第一，保证证人出庭的法律制度尚未完善，审判中，证人不出庭、采用书面证言是普遍现象，严重侵蚀着当事人尤其被告人的质证权，法庭质证规则也因此难以真正落实和发展。

第二，当事人主义对被告人的法律辅助人——律师的帮助权有很高的要求。只有在律师帮助权能够普遍化并实质化的情况下，真正的对抗才可能实现，并保障被告人的合法利益以及人们对司法公正期待的实现。而我国现阶段还没能建立起完善的律师帮助制度。首先是律师的数量还不充足；其次是律师帮助权（尤其在侦查阶段）受到较大限制、调查权也很有限；最后是律师身份、地位和意见的分量还比较低。这些原因导致律师尚不能有效地辅助被告人。

第三，刑事审前程序未能建立健全、案件分流体系还不成熟，法庭实质审理的案件数量巨大，造成诉讼资源紧张、耗费，诉讼效率较低。

第四，对控诉方的证明责任要求较低，证明标准掌握比较宽松，定案质量不高。实践中，高度依赖控诉证据、被告人在庭审活动中的作用微弱、法院对公诉机关起诉的刑事案件定罪率极高，判决说理言辞模糊或者根本不说理。

近年来，很多学者对以美国法为代表的传闻证据规则进行研究和介绍，期待未来将其纳入中国证据法，以解决证人不出庭问题、减少书面审理的范围。应该说，这种想法是符合当前审判方式改革的需求的，因为我们审判方式改革的目标之一是尊重和实现被告人的对质权，加之为了发现事实必然强调证据的可靠性，确立传闻证据规则的确能够抑制书面证言的泛滥，引起法庭对当事人质证权的重视。但是，我们如果全盘照搬普通法系的传闻证据规则，法律职业者恐怕还难以完全理解和适应，而且传闻规则的某些理念和要求也会与我国的法律传统和文化有所冲突，使我们所移植的制度失去生命力和适应性。因此，我们的引进必须朝着审判方式改革的目标方向，本着尊重法律文化的历史继承性和地域发展性的原则，将传闻证据规则的确立与相关制度的改革一并结合起来，综合考量公正与效率的需求，有侧重并稳步、持续地进行。

2. 引进传闻证据规则的基本思路

首先，应当明确规定传闻证据的基本原则。该基本原则的确立有两种方案：第一种方案是立法规定什么是“传闻”，并确立传闻不可采纳的一般原则。规定“传闻，是指陈述人在庭审外作出的用以证明所主张事项之真实性的陈述。法庭不得采纳传闻作为认定事实的证据，法律另有规定的除外”。但笔者担心这种表述可能会给读者的理解带来一些困难;此外,如果采用“传闻”的概念,势必要将传闻规则的体系完整加以规定,而这样做既耗费资源也不可行。

第二种方案是不援引“传闻”定义,只是在现有法律规定的基础上加以改良就可以确立反对传闻的原则。我国有类似于传闻规则的法律规定,只是这些法律条文之间存在矛盾、缺乏严密逻辑。1996 年《刑事诉讼法》第 47 条规定,证人证言必须在法庭上经过控辩双方讯问、质证并查证属实后才能作为定案根据。这与禁止传闻的机理是一致的,无非为了保证当事人的质证权和证据的可靠性。第 48 条还规定“知道案件情况的人,都有作证的义务”,这是对证人提出的出庭作证的法律要求。但是第 157 条却无条件地允许当庭宣读未到庭证人的证言笔录、鉴定结论、勘验笔录等作为证据的文书。后来出台的最高人民法院《关于执行〈中华人民共和国刑事诉讼法〉若干问题的解释》第 141 条关于证人不出庭理由的规定很宽泛(未成年人,身患重病或行动极为不便,其证言对案件的审判不起直接作用,有其他原因),且未能实际执行。法律一方面规定了证人出庭义务;另一方面却广泛地允许证人不出庭,允许阅读庭外陈述。既然书面证言具备证据资格,自然就可能成为定案根据。1996 年《刑事诉讼法》第 157 条和上述司法解释第 58 条的规定使《刑事诉讼法》第 47 条成了摆设,而法院采纳这类传闻证据既损害了当事人的程序权利,又增加了事实认定的错误危险性。因此,2012 年《刑事诉讼法》试图改善这一状况,在第 187 条中规定:“公诉人、当事人或者辩护人、诉讼代理人对证人证言有异议,且该证人证言对案件定罪量刑有重大影响,人民法院认为证人有必要出庭作证的,证人应当出庭作证。”同时,法律要求人民警察就其执行职务时目击的犯罪情况作为证人出庭作证,也适用前款规定。如果公诉人、当事人或者辩护人、诉讼代理人对鉴定意见有异议,人民法院认为鉴定人有必要出庭的,鉴定人应当出庭作证。经人民法院通知,鉴定人拒不出庭作证的,鉴定意见不得作为定案的根据。另外,2012 年《刑事诉讼法》还规定了出庭作证的例外情况和不出庭作证的后果和责任。其第 188 条规定,经人民法院通知,证人没有正当理由不出庭作证的,人民法院可以强制其到庭,但是被告人的配偶、父母、子女除外。证人没有正当理由拒绝出庭或者出庭后拒绝作证的,予以训诫,情节严重的,经院长批准,处以 10 日以下的拘留。被处罚人对拘留决定不服的,可以向上一级人民法院申请复议。复议期间不停止执行。通过这些规定,努力减少不出庭作证人员的范围,加大证人出庭的保证力度,对于落实直接言辞原则具有积极意义,也是传闻证据规则的有效弥补。这是刑事诉讼法修订的另一项积极成果。

其次,还要注意一些必要的例外情形的规定:

(1)一般情形。证人(或被害人,下同)因以下原因不能到庭作证的,可以向法庭提供书面证言:证人已经死亡;证人下落不明的;证人患有重病、行动不便,不能到庭的;证人不在中国境内,无法到庭的;因路途遥远,交通不便,无法到庭的;因自然灾害等客观原因无法到庭的;证人有遭到威胁或报复危险的。如果证言是关键证据(关于案件事实的实质性、关键性、唯一或主要的证据),法庭应当尽可能通过视听传输系统进行询问或者在审前程序为当事人提供询问机会。关键证人没有到庭并且没有赋予被告人其他质证机会的,一般不得作为定案的决定性根据。

(2)特殊主体制作的陈述笔录。《日本刑事诉讼法》确立传闻规则时,遵循本国法律文化和司法传统,给法官和检察官制作的笔录以特殊处理,赋予额外的证据资格(第 321 条)。我国可以借鉴这种做法,规定:审判外在法官面前所作的陈述,可以作为证据;审判外在检察官面前所作的陈述,如果原陈述人确有正当理由无法到庭并且具有可信性的,可以作为证据使用。

(3)如果控辩双方都同意,法庭可以许可证人到庭转述原陈述人的陈述。这是关于传闻证人(道听途说的证人)的规定。因为我国的证据理论和制度一向认可传来证据的证据资格,并对其在实践中的运用总结出了一些合理可行的应用规则。所以可以继续采用,但是应当规定严格的条件,即控辩双方都同意。当事人在主询问终了之前以及反询问中都没有提出异议的,可以视为默示同意。

(4)具有高度可信性的文书,可以作为证据:公务员对其职务上能够证明的事实而制作的文书,如户籍副本和公证书副本;在正常业务过程中制作的文书,如商业账本和航海日志;与上述文书具有同等可信程度的文书,如被广泛使用的名册、年表、数据表等。

必须指出,以上所列书面陈述虽然可以作为证据,但是其证明价值如何还需要法官据情综合判断。另需要说明的是,被告人的庭外供述除了用来质疑其庭审上陈述的可信性之外,不可以直接作为认定案件事实的根据。

此外,应当赋予法官一定的裁量权。审理法官根据证人证言的关联性大小、要求原陈述者出庭作证是否将造成不适当的花费或拖延,以及衡量司法公正的利益,可以决定是否许可书面证言或传闻证人。

七、不得强迫自证其罪规则

(一)不得强迫自证其罪的含义

不得强迫自证其罪又称"任何人不受强迫自证其罪"或者"反对自证其罪的特权"。所谓自证其罪,是指"在审判中作为证言或者在审判程序中一个人以此表明自己构成犯罪的行为和声明";反对强迫自证其罪则是指"要求政府在没有被告人作为反对自己的证人的情况下证明其犯罪,尽管该特权仅仅保护言词证据而不是诸如笔迹和指纹等物证。任何违背其意愿被传唤到证人席的证人都可以求助于这一权利,无论在审判程序、大陪审团听证程序中,还是在调查前的程序中,但当证人自愿作证时该特权放弃"。[5]

根据西方学者的解释,不得强迫自证其罪包含以下含义:一是被告人没有义务为追诉方向法庭提出任何可能使自己陷入不利境地的陈述和其他证据,追诉方不得采取任何非人道或有损被告人人格尊严的方法强迫其就某一案件事实作出供述或提供证据;二是被告人有权拒绝回答追诉官员或法官的讯问,有权在讯问中始终保持沉默,司法人员应及时告知犯罪嫌疑人、被告人享有该项权利,裁判官也不得因被告人沉默而使其处于不利的境地或作出对其不利的裁判;三是犯罪嫌疑人、被告人有权就案件事实作出有利或不利于自己的陈述,但这种陈述是有前提的,即须出于真实的意愿,并在意识到其行为后果的情况下作出,法院不得把非出于自愿而是迫于外部强制或压力所作出的陈述作为定案根据。从权利内容来看,不得强迫自证其罪的重要权利保障就是犯罪嫌疑人、被告人的沉默权,换句话说,在某种意义上,不得强迫自证其罪就是沉默权。

从适用主体上看,不自证其罪原则不仅适用于犯罪嫌疑人、被告人,也适用于证人。对于犯罪嫌疑人、被告人而言,通常只要其自愿作证或回答问题就意味着他放弃了这个权利。这又分两种情况:一是在审前的讯问中,犯罪嫌疑人放弃权利进行陈述后,但在陈述过程中,他可以随时表明不再陈述,则不可以强迫其继续陈述,但已经陈述的部分作为合法证据是可以采纳

[5] 《布莱克法律大辞典》(第5版),明尼苏达州圣保罗,西方出版公司1979年版,第1078页、第1220页。

的。二是在法庭审理过程中,一旦被告人开始回答问题,即意味着他放弃了不强迫自证其罪的权利,而且在随后的审理中不得再主张不自证其罪的权利。即一旦开始就不能放弃,被告人在法庭上只要开始回答问题,就必须回答随后所有的问题,作证的过程中不能引用不强迫自证其罪权拒绝回答其中的一些问题。对于证人而言,如果其证言可能导致他自己有罪,那么该证人可以引用不强迫自证其罪的权利保护自己,拒绝透露有关事实。

从适用阶段来看,不自证其罪原则不仅适用于审判阶段,也适用于审前阶段。通常从犯罪嫌疑人被限制人身自由时开始,包括在侦查和起诉阶段都不得强迫犯罪嫌疑人或被告人向司法人员作出不利于自己的陈述;如果陈述人不是在法庭上或其人身自由没有处于执法人员的控制之下,则不适用这条规则。

联合国有关文件解释了何谓“强迫”。强迫是指使用各种直接的或间接的身体或心理压力的形式,包括刑讯逼供、敲诈、威胁以及以强加司法制裁等方式,迫使人招供。与此相联系的,《公民权利和政治权利国际公约》第7条规定:“任何人均不得加以酷刑或施以残忍的、不人道的或侮辱性的待遇或刑罚,特别是对任何人均不得未经其自由同意而施以医药或科学实验。”该公约第10条第1款的规定是:“所有被剥夺自由的人应给予人道及尊重其固有的人格尊严的待遇”,这意味着对被剥夺自由者以不人道待遇得到的口供也可能构成强迫自证其罪。可见,以强迫的方式自证其罪的形式是多样的,常见的主要有:(1)酷刑。酷刑是指为了向某人或第三者取得情报或供状,为了他或第三者所作或涉嫌的行为对他加以处罚,或为了恐吓或威胁他或第三者,或为了基于任何一种歧视的任何理由,蓄意使某人在肉体或精神遭受剧烈疼痛或痛苦的任何行为,而这种疼痛或痛苦是由公职人员或官方身份行使职权的其他人所造成或在其唆使、同意或默许下造成的。因法庭制裁而引起或法律制裁所固有或附带的疼痛或痛苦不包括在内。[6] (2)其他残忍、不人道或有辱人格的待遇或处罚。一般而言,对犯罪嫌疑人、被告人和囚犯施加不符合最低国际标准的待遇则可能被认为是其他残忍、不人道或有辱人格的待遇或处罚。(3)医药或科学试验。医药或科学试验与不强迫自证其罪的关系比较小,以医药或科学试验的方式获取被试验者的口供才构成强迫自证其罪。《公民权利和政治权利国际公约》第7条禁止对任何人未经其自由同意而施以医药或科学试验。这与《世界人权宣言》第5条、《欧洲人权公约》第3条是相同的。(4)其他强迫自证其罪的方式。

不自证其罪原则的实现与沉默权、自白规则以及非法证据排除规则等是联系在一起的。简言之,裁判者得到因被告人行使沉默权而作出对他不利的判决和处理,被告人的有罪供述应当是在自愿、明知和明智的情况下作出的,否则有关人员应当承担由此而引发的不利益。

违反不自证其罪原则的后果主要是对于违法取得的证据,尤其是通过任何形式的刑讯或强迫行为获取的任何供认有罪的陈述应予以排除,不得作为定案的依据。可见,不受强迫自证其罪原则仅保护具有言词性或语言交流性的证据,而不保护诸如指纹、笔迹之类的实物证据,对一个人的身体构成则不在此限。[7]

(二)不得强迫自证其罪的立法例

不得强迫自证其罪原则的确立最早可以溯及英国17世纪的利尔伯恩案件。在17世纪的英国,在星座法庭上,被告人作无罪宣誓是必须的,否则法庭就可以直接裁判被告人有罪。

---

〔6〕 参见《禁止酷刑和其他残忍、不人道或有辱人格待遇或处罚公约》第1条。

〔7〕 [美]乔恩·R. 华尔兹:《刑事证据大全》,何家弘等译,中国人民公安大学出版社1993年版,第170页。

1639 年星座法庭指控利尔伯恩贩运煽动性书籍,利尔伯恩否认犯罪并拒绝回答可能导致其自我归罪的讯问,他声称:我完全理解,这一誓言与高等委员会的誓言完全一致,我知道这一誓言既违反神法又违反英格兰本地法;所以,尽管我也许会因为拒绝宣誓而判处死刑,但是我仍然敢于拒绝进行这样的宣誓。星座法庭以拒绝宣誓为由判处利尔伯恩藐视法庭罪,将其监禁并施以肉刑。在执行鞭笞的过程中,利尔伯恩向周围人群痛斥审判的不公,赢得民众的同情和支持,使舆论倒向议会一方。不到两年的时间,议会掌握了政权。1641 年,议会宣布利尔伯恩一案的判决不合法,废除了星座法庭和高等委员会,并且禁止在刑事案件中使用"依职权宣誓"。随后通过一系列的案件,在英国确立了反对强迫自证其罪的原则。如英国法官规则规定,警察在讯问犯罪嫌疑人时,必须告知其享有沉默权。法官在审判时不应对嫌疑人的沉默发表反对的看法,而是应当提醒陪审团嫌疑人的沉默不等于有罪,而且每个嫌疑人都有保持沉默的权利。1984 年英国议会通过的《警察与刑事证据法》再次重申了嫌疑人同普通公民一样享有沉默权。

如今,各国都相继将不自证其罪作为刑事司法的重要原则,如美国联邦宪法第 5 条修正案规定了任何人不得被迫自证其罪的原则,在刑事程序中,公民享有反对自我归罪的特权。此外,《法国刑事诉讼法》《德国刑事诉讼法》《意大利刑事诉讼法》《日本刑事诉讼法》《俄罗斯刑事诉讼法》等也都有相关的规定。任何人不受强迫自证其罪原则,不仅为各国立法所规定,而且其精神也为联合国有关文献及其他国际性文献所确认。《联合国少年司法最低限度标准规则》(《北京规则》)第 7 条、世界刑法学协会第 15 届代表大会《关于刑事诉讼法中的人权问题的决议》第 17 条,都有关于任何人不受强迫自证其罪原则的规定。《公民权利和政治权利国际公约》第 14 条第 3 款(庚)项也规定:(被告人有权)不被强迫作不利于他自己的证言或强迫承认犯罪。这表明,任何人不受强迫自证其罪原则已成为国际社会的一种共识。

（三）不得强迫自证其罪与我国刑事司法

我国 1996 年《刑事诉讼法》第 43 条规定:"审判人员、检察人员、侦查人员必须依照法定程序,收集能够证实犯罪嫌疑人、被告人有罪或者无罪、犯罪情节轻重的各种证据。严禁刑讯逼供和以威胁、引诱、欺骗以及其他非法的方法收集证据。必须保证一切与案件有关或者了解案情的公民,有客观地充分地提供证据的条件。除特殊情况外,并且可以吸收他们协助调查。"在刑事诉讼法再修改中,许多学者和实务工作者主张在本条后面增加规定:"任何人不得强迫承认有罪"。这一呼声得到立法承认,2012 年《刑事诉讼法》第 50 条明确提出,不得强迫任何人证实自己有罪。必须保证一切与案件有关或者了解案情的公民,有客观地充分地提供证据的条件,除特殊情况外,可以吸收他们协助调查。它将与此前的一些司法解释相结合共同构成我国法律体系中关于不得强迫自证其罪的证据规则。2018 年刑事诉讼法的修改延续了该规定。我国《刑法》还将国家司法工作人员通过刑讯逼供等暴力方式逼取证据的行为规定为犯罪,这充分说明了我国对强迫公民自证其罪行为的严厉否定态度。

对于我国不得强迫自证其罪原则的准确理解,要把握以下四点内容:(1)"强迫"的内涵是采用羁押、刑讯、威胁、引诱、欺骗以及其他非法方法获取证言,也就是一般所说的司法工作人员通过刑讯逼供等暴力方式逼取证据。(2)该原则适用于刑事诉讼的侦查、起诉、审判等诉讼阶段,审判人员、检察人员、侦查人员作为职能人员,在办理刑事案件过程中均不得强迫公民自证其罪。(3)该原则适用的对象是"任何人",也就是说,在刑事诉讼中,既包括被告人和犯罪嫌疑人,也要包括证人。不过,需要指出的是,不得强迫自证其罪原则仅适用于自然人,不适用于法人。如果法人犯罪或者单位犯罪,作为犯罪嫌疑人或被告人的法人、单位有义务向司法机关如实提供相关证据。2018 年《刑事诉讼法》第 54 条第 1 款规定:"人民法院、人民检察院和公安机关有权向有关单位和个人收集、调取证据。有关单位和个人应当如实提供证据。"并明确行政机关在行政执法和查办案件过程中收集的物证、书证、视听资料、电子数据等证据材料,在刑事诉讼中可以作为证据使用。(4)强迫的目的是"证实自己有罪",也就是证明自己有罪。这与联合国《公民权利和政治权利国际公约》的有关规定不同,公约既反对强迫任何人作不利于自己的证言,又反对强迫任何人承认自己有罪。而我国新的刑事诉讼法反对核心内容是"被迫承认犯罪",并不包括作不利于自己的证言的内容。这是因为我国并没有采纳任何人享有近亲属拒绝作证的特权,而是在刑事诉讼中规定法院不得强制被告人的配偶、父母、子女出庭作证,但并未赋予犯罪嫌疑人、被告人有广泛的近亲属拒绝作证的特权。

可以说,不得强迫自证其罪原则在我国刑事诉讼法中的确立,是我国刑事诉讼法发展史上的一件具有划时代意义的大事,是我国刑事程序法与国际社会接轨的重要标志,必然对我国的刑事诉讼法的发展产生深远的影响。当然,在我国的刑事诉讼法中彻底地贯彻不得强迫自证其罪还是有障碍的。例如,在 1996 年《刑事诉讼法》第 93 条的基础上,我国修改后的 2012 年《刑事诉讼法》第 118 条规定,侦查人员在讯问犯罪嫌疑人的时候,应当首先讯问犯罪嫌疑人是否有犯罪行为,让他陈述有罪的情节或者无罪的辩解,然后向他提出问题。犯罪嫌疑人对侦查人员的提问,应当如实回答。但是对与本案无关的问题,有拒绝回答的权利。侦查人员在讯问犯罪嫌疑人的时候,应当告知犯罪嫌疑人如实供述自己罪行可以从宽处理。这一规定确立犯罪嫌疑人的"如实回答义务"。尽管有学者声称这是一个"口号性"义务,因为犯罪嫌疑人如实供述自己罪行可以从宽处理。但毕竟这个规定与犯罪嫌疑人、被告人的沉默权是格格不入的,而是刑讯逼供在法律上的借口之一。因此,为了与不得强迫自证其罪原则相适应,犯罪嫌疑人、被告人"如实回答义务"应当废除。

思考题

1. 试述我国刑事诉讼证明责任的内容和特点。
2. 试述证明对象的概念和范围。
3. 试述我国刑事证明标准。
4. 简述我国刑事证据规则的构建。
5. 试述刑事证据相关性规则。
6. 试述非法证据排除规则的概念以及我国的规定。
7. 试述传闻证据规则与我国的规定。
8. 试述不得强迫自证其罪及我国的规定。

第十三章　立案与侦查程序

导　读

刑事诉讼活动依次需要经过立案、侦查、起诉、审判和执行五个诉讼阶段。立案是刑事诉讼的启动程序，侦查是刑事程序展开的基础。因此，立案程序是侦查以及刑事诉讼程序的“入口”；侦查又是对立案中获取的材料进一步核实、挖掘。当案件一旦被认定为刑事案件，并适用刑事诉讼程序时，即意味进入公权力管辖，犯罪嫌疑人相应的人身权利、财产权利受到强制的限制。因此，依照审慎原则，必须严格设置刑事案件的准入门槛，涉及可能侵害犯罪嫌疑人基本人权的侦查措施必须明确适用条件和程序，保证无罪之人免受刑事诉讼程序的不当干预，确保有罪之人的权利受到恰当的限制。

第一节　立案程序概述

一、立案的概念与特征

所谓立案，是指公安司法机关依照各自法定的职能管辖范围，对报案、控告、举报、自首以及自诉人起诉等材料进行审查，认为有犯罪事实发生并需要追究刑事责任时，决定将其作为刑事案件进行侦查或审判的诉讼活动。

作为我国刑事诉讼的启动程序，立案具有以下特征：

第一，立案是刑事诉讼程序中的一种专属职权。立案，代表着刑事诉讼程序的正式启动，意味着后续侦查或审判行为的启动，因此，立案权与侦查权、审判权一样具有某种专属性，只能由《宪法》和《刑事诉讼法》明文规定的承担侦查和审判职能的公安司法机关行使。对此，我国2018年《刑事诉讼法》第109条规定：“公安机关或者人民检察院发现犯罪事实或者犯罪嫌疑人，应当按照管辖范围，立案侦查。”第112条规定：“人民法院、人民检察院或者公安机关对于报案、控告、举报和自首的材料，应当按照管辖范围，迅速进行审查，认为有犯罪事实需要追究刑事责任的时候，应当立案；认为没有犯罪事实，或者犯罪事实显著轻微，不需要追究刑事责任的时候，不予立案，并且将不立案的原因通知控告人。控告人如果不服，可以申请复议。”据此，刑事案件的立案权，应当统一由公安司法机关行使，其他任何机关、团体、企事业单位和个人都不得享有立案权，不得对刑事案件进行侦查或审判。

第二,立案是刑事诉讼程序中的一个独立阶段,是刑事诉讼活动的启动程序。依据我国刑事诉讼法设立的程序流程,刑事诉讼活动要依次经过立案、侦查、起诉、审判和执行五个诉讼阶段,而立案正是其中一个独立的诉讼阶段,标志着整个刑事诉讼程序的正式开始。

第三,立案是刑事诉讼活动的一个必经程序。所谓必经程序,是指公安司法机关办理任何刑事案件都必须经过立案程序。刑事诉讼流程分为立案、侦查、起诉、审判、执行五个相对独立的阶段,并不是每一个刑事案件都要完整地经历这五个诉讼阶段,但所有的刑事案件无一例外都必须经历立案阶段,因为,立案是刑事诉讼的启动程序,不经过立案,刑事诉讼程序就无法正式启动。例如,刑事自诉案件由自诉人直接向人民法院提起,并无须经过侦查和提起公诉程序,但是刑事自诉仍然必须经由人民法院审查立案之后,方得以进入审判程序,因此,立案仍为其必经之程序环节。

二、立案程序的意义

我国主流诉讼理论认为,刑事诉讼法将立案确立为刑事诉讼的独立和必经程序,对于实现刑事诉讼的任务,保障刑事诉讼活动的正确进行具有重要意义:

首先,立案程序是保护公民合法权益不受非法侵犯,保障无罪的人不受刑事追究的重要制度设计。立案程序的设置,是苏联刑事诉讼法的一项特色,我国刑事诉讼法关于立案程序的设置,实际上是向苏联学习、借鉴的结果。之所以在刑事诉讼法中设立立案程序,根本原因在于苏联以及我国刑事诉讼法对强制侦查不采行司法审查原则,即刑事诉讼程序一经公安司法机关启动,公安司法机关即可随意采取侦查行为或强制措施,缺乏制约,势必给公民合法权益造成重大侵害。因此,立法者是希望以一个专门的启动程序,来严格控制侦查以及刑事诉讼程序的"入口",要求试图发动刑事侦查以及刑事诉讼的公安司法机关,必须严格审查有关线索和材料,确保刑事诉讼程序只有在确有犯罪事实发生并需要追究刑事责任时,方得以发动,避免公安司法机关随意发动侦查及刑事诉讼程序,保障公民合法权益不受非法侵犯。在此,苏联刑事诉讼法以及受苏联刑事诉讼法影响的我国刑事诉讼法特地将立案设置为刑事诉讼的启动程序、必经程序,要求公安司法机关只有在审查了有关材料,依法认定有犯罪事实发生并需追究刑事责任并作出立案决定后,才能正式开始一个案件的诉讼活动,后续进行的侦查、提起公诉或审判等诉讼行为也才合法有效,否则便属程序违法。

其次,立案程序有利于及时、准确地揭露、证实和惩罚犯罪。立案程序的存在,要求公安司法机关一旦发现有犯罪事实发生,并且这种犯罪行为需要追究刑事责任,就必须准确、及时地立案,迅速组织力量进行必要的侦查,采取必要的强制措施,以便及时发现和收集证据,从而充分揭露、证实和惩罚犯罪。反之,该立案而不立案或者立案不及时,就会贻误战机,放纵罪犯,甚至可能因继续犯罪而给社会造成新的危害。

最后,立案程序的存在有利于提高司法效率,节约司法资源,便于国家进行司法统计,制定和出台正确的刑事政策。立案程序的存在,为案件进入刑事诉讼领域设立门槛,避免不符合法定条件或不足以动用刑法惩戒的行为受到刑事诉讼的制裁,从而节约了有限的司法资源,提高司法效率。同时,通过对立案数据的统计分析国家能够及时、准确地了解、掌握各个时期、各个地区刑事案件的发案情况、不同犯罪的活动规律、特点和发展情况,从而在宏观上准确把握和评价社会治安形势,制定和出台正确的刑事政策。

三、立案程序之检讨

在比较法视野下，各国刑事诉讼程序的启动存在随机型模式与程序型模式之别。

1. 随机型启动模式

随机型启动模式的主要特点是强调刑事诉讼程序在启动上的随机性和主动性。在随机型模式下，刑事追诉程序的启动以获悉犯罪消息为前提，一旦追诉机关通过各种途径获悉有犯罪消息，就立即启动程序加以调查，因此，刑事追诉程序是直接从侦查程序开始启动的，并不需要经过特别的案件处理程序如立案程序等。在随机型启动模式下，程序的及时性和效率价值得到重视，刑事诉讼程序的启动表现出高度的机动性和应急性，不必要的程序环节得到简省。

例如，在日本，侦查主要是由司法警察职员即各都道府县警察机关的警察官担任。检察官则对警察官移送来的案件及由于检举揭发等自己发现的案件展开侦查。侦查从侦查机关认为存在犯罪的理由开始，称为侦查的开端。根据《日本刑事诉讼法》第189条的规定，司法警察职员在知悉有犯罪发生时，应即侦查犯人及证据。据此，侦查的开端应当是基于对犯罪消息的知悉，只要获悉侦查机关通过各种途径获悉了犯罪消息，即可开始侦查，而无须经过特别的案件处理程序。根据《日本刑事诉讼法》的规定，侦查的开端，主要分为两种：一是侦查机关通过现场辨认、职务讯问、交通盘问、验尸等手段自行发现犯罪。另外，侦查机关也可以通过打听、传闻、报纸记载及在调查中得知其他事件等途径获悉犯罪消息，《犯罪侦查规范》中规定，警察官在注意报纸及其他出版物的记事、匿名举报、传闻及其他广泛的社会现象的同时，也应大力展开职务调查，努力获取调查线索，“在广泛的社会情况中，凡认为与犯罪有关系的，都不妨碍成为侦查的端绪”。二是非侦查机关发现犯罪并通过受害人报案、告诉、检举、自首等方式报告侦查机关。它也包括两种情况：一种是有法律规定的控告、检举、请求、自首等；另一种是法律没有规定的情况，如犯罪被害人报案、保安公司报案、目击者等第三人报案或匿名举报等。对于非侦查机关的报告，侦查机关应当予以记载，只要侦查机关通过犯罪消息的获取，在主观上认为存在犯罪的，即可发动侦查程序，展开调查。

2. 程序型启动模式

与随机型启动模式形成鲜明对照的是，程序型启动模式排斥侦查程序在启动上的随机性而强调程序性，通常必须经过一道专门的开启程序（一般称为“提起刑事案件程序”、“提起追究刑事责任程序”、“提起刑事诉讼程序”或“立案程序”）之后，才能正式启动侦查程序，展开侦查。在采用程序型启动模式的国家中，侦查程序往往不被视为刑事诉讼程序的首要环节，而是提起程序或立案程序的后续程序。

采用程序型启动模式的典型国家是苏联以及全面继受苏联制度模式的社会主义国家。苏联的刑事诉讼法在侦查程序之前专章规定了“提起刑事案件（提起追究刑事责任）”程序，其内容包括提起刑事案件的材料来源和根据，对相关材料的审查处理，提起刑事案件的程序、提起诉讼后对案件的处理，对是否提起刑事诉讼的合法性进行监督等内容。根据苏联刑事诉讼法的规定，提起刑事案件或曰提起刑事诉讼程序是刑事诉讼的首要环节，“只有在作出了提起刑事案件的决定后，权力机关才能进行刑事诉讼法典所授权进行的一切诉讼行为”。换句话说，“提起刑事案件（提起追究刑事责任）是刑事诉讼程序的开端。只有在完成这一行为后，侦查机关才有权进行侦查行为，并对公民采取强制措施”。而在提起刑事案件程序之前，侦查机关不得展开刑事诉讼法规定的侦查活动。

对于程序型启动模式的意义,苏联的诉讼学者认为,“刑事诉讼的开始时期,是具有非常重大的意义的”,因为侦查机关的侦查行为有许多会严重触及公民的利益,而且还可以依强制程序来进行。“因此确定刑事诉讼的开始时期,也即确定国家侦查机关开始获得广泛权限的时期,这是很重要的。”这有利于保障公民权益不受任意启动的侦查程序的侵害(从这里可以看出,立案程序的机能实际上主要是规制侦查程序的)。对此,苏联学者之间的认识是比较统一的,“苏维埃刑事诉讼的结构总是把提起刑事诉讼作为它的开始阶段。在尚未按照适当的程序提起刑事诉讼以前,无论是调查,还是侦查都不得进行,当然也就更谈不到进行审判了。在刑事诉讼中,这是保障法制和增强对人身权利的保障的一个重要途径,这种认识是完全正确的。”并甚为自负地指出,“在苏维埃刑事诉讼中,开始每一个刑事案件时,要制作明确地叙述提起追究刑事责任的文件,规定有这种制作的义务。与此相反,在资产阶级的诉讼中,无论是英美式的或法国式的,却完全没有这样的文件。由于没有这种文件,所以资本主义国家的检察机关和警察机关便有广泛的可能开始并进行刑事案件,因而在正式文件中也就看不出来有提起案件的充分依据。当然,这样一种处理案件的程序,其所带来的一切痛苦,都是压在劳动阶级代表的身上的。”[1]

3. 立案程序之检讨

然而,抛开因意识形态层面的分歧带来的相互攻讦,程序型启动模式异于随机型启动模式的根本原因其实还在于:采用程序型启动模式的苏联等国家在侦查程序中缺乏司法审查机制,强制侦查措施的采用无须经由法官的司法审查,而是由侦查机关(包括检察机关)自行决定,这种缺乏外部权力制约机制的内部审批模式在人权保障方面是一个重大的缺陷,因此强制侦查措施的动用隐含着巨大的危险。为此,苏联等国只能通过强化同体监督的方式,在侦查程序之前专门附设一个独立的侦查启动程序——“提起刑事案件”或“立案”程序,试图以此前置程序来确保侦查权启动的慎重性,因为如果在启动环节上再不慎重,后续程序中又缺乏司法审查机制、缺乏法官对强制侦查措施的控制,那么侦查权就会像脱轨的列车一样完全失去制约、任意侵犯公民人权。也正是基于此种现实,才使得从理论上对立案程序的正当性进行论证成为必要。可见,“立案程序”的设立不过是苏联等国为弥补其侦查程序中司法审查机制缺位的制度缺陷而构建的一项实践证明并不太成功的制度设计方案,我们在对立案程序的正当性进行分析、评判时,首要的就是不应忽略这一背景和前提。

基于此,我们认为:首先,“立案程序是刑事诉讼的开始和必经程序”是个伪命题,因为这是制度设计的产物,而非设计制度的基础。立案程序作为我国刑事诉讼的开始和必经阶段,它是立法者秉承特定的程序理念通过立法塑造的结果,因此,它是本质先于存在的,并不能用来论证立案程序本身的价值。

其次,认为立案程序有利于“正确、及时立案,有利于迅速揭露犯罪,证实犯罪和惩罚犯罪”,这是不符合经验事实的。程序启动模式的缺陷恰恰在于不能及时对犯罪作出反应,无法及时揭露犯罪、证实犯罪和惩罚犯罪。从根本上讲,国家设立刑事侦查程序的最原始动机就是通过侦查机关的活动侦破罪案,惩罚犯罪,维护社会的安全与秩序。由于犯罪行为本身具有隐秘性、突发性特征,以及刑事诉讼程序包括侦查程序在启动上的相对滞后性(总是在犯罪后,才能启动刑事诉讼程序进行追诉),因此,为了对犯罪行为作出及时、迅捷的反应,刑事侦查机制

[1] [苏]M. A. 切里佐夫:《苏维埃刑事诉讼》,中国人民大学刑法教研室译,法律出版社1957年版,第299页。

必须保持常备的警戒性,并能在事发时作出机动性反应。为此,对刑事侦查程序的启动不应当附加不必要的程序性限制。刑事诉讼程序应当从侦查程序直接启动,而无须经过特别的案件处理程序;侦查机关一旦发现犯罪消息,就应及时启动侦查程序、展开调查。而立案程序的存在,使得侦查机关必须经过一个正式、完整的程序环节(内含一系列法律文书的制作与审批),方能发动侦查及刑事诉讼,这只会阻碍刑事诉讼程序对犯罪作出最直接的反应。

再次,立案作为司法统计和社会治安综合治理的资料来源和信息供应的功能,完全可以通过建立犯罪消息登记制度来予以替代。

最后,也是最重要的,立案程序存在的表面上最为充分的理由,即"正确、及时立案,可以有效地保护公民的合法权益不受侵犯",这一结论实际上仅仅在理论上成立,由于始终无法建立有效的操作标准,导致这一目的在实践中的落空,甚至适得其反。例如,根据我国刑事诉讼法之规定,立案必须具备两个条件:一是有犯罪事实发生,二是需要追究刑事责任。二者同时具备才能立案。严格立案条件的目的是将不具备追诉条件的案件在立案阶段就将其挡在刑事程序之外。但是,目的不能决定过程、动机不能取代手段,一项动机良好的制度安排可能因为缺乏可供操作的标准而在实践中完全走样甚至落空。我国关于立案条件的规定由于违背人的认识规律而存在逻辑上的悖论,因为"是否有犯罪事实存在以及是否需要追究刑事责任",这是需要通过侦查程序的运作来予以查明的,它是侦查的结果而非侦查的前提。如果将之作为侦查程序启动的前提条件,那么无疑是违背了人的认识规律、倒果为因。

从我国目前立案程序运作的实际情况来看,立案程序在司法实践中主要呈现出射线式异化:

一是违背立案程序本身设立的初衷,而服务于另外的目的(通常是立案权力行使者的非法目的)。在我国当前法治环境总体不甚理想的背景下,立案程序的异化,带来的是权力的失控,在司法实务中主要有两种突出表现:一种情况是侦查人员或机关利用立案的高标准将应当按照刑事案件处理的案件当成一般治安案件来处理,从而达到"大案化小、重罪化轻、以罚代刑"的效果,或者基于内部不科学的考评机制,侦查人员或机关利用立案的高标准,"不破不立""破了才立",从而规避相应的法律风险;另一种情况是由于立案标准的模糊性、概念性,也存在侦查人员或机关肆意解读法律之内涵,降低立案标准,使得不应当受到刑事责任追究的当事人进入刑事诉讼程序。

二是以立案目的异化为出发点,操作流程、方式也常常脱离法律的规定而自行其是。由于我国刑事诉讼法对立案标准的控制条件存在一定可解释的空间,因此实务中侦查机关往往通过制定司法解释或其他内部作业规范的方式自行改变侦查程序启动的标准,常见的形式是规定在立案阶段,侦查机关有权进行"初查"。根据1999年最高人民检察院《关于检察机关反贪污贿赂工作若干问题的决定》的界定,"初查是检察机关对案件线索在立案前依法进行的审查,包括必要的调查",这种"初查"(包括询问、查询、勘验、鉴定、调取证据材料等)与正式的侦查行为比较起来,很难有本质上的区别(从理论上讲,它其实就是任意性侦查),但是,由于初查可以仅仅根据举报线索而发动,具有较强的随机性特征,这就使侦查机关可以绕过立案程序,随机性地启动侦查程序,而立法所规定的正式程序——立案程序却被虚置了。

其实,立案程序及其理论仍然在我国刑事诉讼机制中存留的根本原因还在于程序理念和程序结构的僵化、保守。正是因为在程序架构上的司法审查机制缺位,才导致立案程序存在的问题一直得不到正视和纠正。

为此,我们主张根据侦查程序本身的特点来建构侦查启动程序,就当前而言,应当逐渐淡化立案程序的案件分流功能,取消其作为刑事诉讼程序的一个独立阶段的地位,将之改造为侦查程序的前期工序,即只作为一种犯罪消息登记程序,用以获悉和记载犯罪消息,作为侦查程序发动的信息来源,而侦查程序则应当在侦查机关获悉犯罪消息后即直接发动。至于侦查程序启动之后,侦查机关自可实施询问、查询、勘验、鉴定等各种侦查行为,但是,任意性侦查行为固然可由侦查机关自行决定实施,唯对逮捕、搜查、扣押等强制侦查行为的实施必须通过构建司法审查机制予以控制,因此,立案程序的改革,必定是一个系统工程,在废除立案程序的同时,还必须构建强制侦查的司法审查机制,使涉讼公民的基本人权得到尊重和保障。

第二节　立案的材料来源和条件

一、立案的材料来源

根据我国2018年《刑事诉讼法》第110条及第111条之规定,立案的材料来源主要包括:

1. 被害人的报案或者控告

报案或控告是刑事案件被害人寻求国家司法保护和救济的一项基本权利,同时,被害人的报案或控告也是刑事诉讼立案最主要的线索和材料来源。我国2018年《刑事诉讼法》第110条第2款明确规定:"被害人对侵犯其人身、财产权利的犯罪事实或者犯罪嫌疑人,有权向公安机关、人民检察院或者人民法院报案或者控告。"

曾有国外学者统计,刑事案件的案发80%以上来自被害人的报案。这是因为被害人(包括被害单位)是受犯罪行为直接侵害的人,具有追究犯罪的强烈愿望和积极主动性,同时,由于被害人往往与犯罪嫌疑人有所接触,了解的案件情况较多,因而能够提供较为具体详细的关于犯罪事实和犯罪嫌疑人的情况,这些案件信息,有助于公安司法机关掌握案件线索、排查犯罪嫌疑人、锁定侦查方向。此外,被害人在报案或控告时对案情的陈述,本身也是证明案件事实的一项重要证据。

从法解释学上讲,"报案"和"控告"的含义略有不同。所谓报案,是指有关单位或者个人(包括被害人)发现有犯罪事实发生,但犯罪嫌疑人尚不明确时,向公安机关、人民检察院、人民法院揭露和报告的诉讼行为。可见,报案所针对的是已经发生、发现的犯罪事实。而所谓控告,则是指被害人对侵犯其人身或财产权利的犯罪事实或者犯罪嫌疑人,向公安司法机关进行报告,要求追究侵害人的法律责任的诉讼行为。报案与控告就其内容而言基本一致,但两者仍存在细微区别:控告是由遭受犯罪行为直接侵害的被害人所提出,且有明确、具体的被控告人(犯罪嫌疑人),而报案则既可由被害人提出,也可由与案件无直接利害关系的单位或个人提出,犯罪嫌疑人可能也不明确;控告是被害人要求公安司法机关追究犯罪行为人刑事责任的一种明确的意思表示,而报案只是知情人向公安司法机关所反映的一种犯罪信息和线索。

2. 公安机关或者人民检察院自行主动获取的材料

公安机关和人民检察院是法定的侦查机关,负有纠举犯罪之法定职责,因此,在其履行职务过程中如发现犯罪线索或信息，应当立案进行侦查。例如，公安机关依据《警察法》进行盘查时，一旦发现有犯罪嫌疑需要追究刑事责任，必须主动立案追查或者移送有管辖权的机关处理。对此，我国2018年《刑事诉讼法》第109条明确规定："公安机关或者人民检察院发现犯罪事实或者犯罪嫌疑人，应当按照管辖范围，立案侦查。"司法实践表明，大量的窝案、串案、共同犯罪和集团犯罪案件的侦破，其线索都是公安机关、人民检察院主动发现、获取的。公安机关在侦查、预审工作中历来强调"深挖余罪"的工作方法，这其实也是主动发现犯罪线索的一项重要途径。

3. 单位和个人的举报

所谓举报，是指当事人以外的有关单位或者个人将其发现的犯罪事实及犯罪嫌疑人向公安机关、人民检察院或者人民法院揭发、报告的行为。与报案不同，报案的主体包括被害人，且主要是被害人，而举报的主体是当事人以外的单位和个人，不包括被害人；同时，举报往往针对明确、具体的犯罪嫌疑人而提出，举报人所提供的犯罪事实和材料往往也比报案更为详细和具体。单位和个人的报案或者举报材料也是司法机关审查决定是否立案的主要材料来源之一。对此，我国2018年《刑事诉讼法》第110条第1款规定："任何单位和个人发现有犯罪事实或者犯罪嫌疑人，有权利也有义务向公安机关、人民检察院或者人民法院报案或者举报。"

4. 犯罪人的自首

自首是指实施犯罪行为的人犯罪以后，自动投案，如实交待自己的罪行，接受司法机关审查和裁判的行为。自首虽然是由我国刑法所规定的一项制度，但它其实同时也是一项刑事诉讼法上的制度，具有双重属性，一方面，作为一项实体法制度，犯罪人的自首首先将产生刑法上的效力——自首将作为量刑情节产生对犯罪人从轻、减轻甚至免除处罚的实体法律效果；另一方面，自首同时也是刑事诉讼法上的一项制度，因为犯罪人的自首也将产生程序法上的效力——启动刑事立案程序。因此，犯罪人的自首也是重要的立案材料来源。同时，犯罪行为人自首时，对其犯罪行为的如实供述，也是具有法律效力的证据形式——犯罪嫌疑人、被告人的供述。

5. 其他来源

在我国司法实践中，立案的材料来源还包括以下几种方式：(1)上级机关交办的案件(往往通过指定管辖的方式进行)。(2)公民对现行犯的扭送。(3)纪检监察部门查处违纪违法行为后移送追究刑事责任的案件。在我国，纪检、监察机关对于查处公职人员的违纪、违法案件具有特殊职能，但由于纪检、监察机关并不具有对职务犯罪行为的侦查权，因此，对于认为构成职务犯罪的，纪检、监察机关应当将涉嫌构成犯罪的犯罪嫌疑人移送公安司法机关处理。纪检监察机关的这种移送，也构成公安司法机关立案的材料来源。(4)行政执法部门移送的涉嫌犯罪、需要追究刑事责任的案件。行政执法部门在其行政执法过程中，如果发现案件涉嫌刑事犯罪、需要追究刑事责任的，应当向公安司法机关移送。

二、立案的条件

所谓立案的条件，是指刑事诉讼法规定的立案的理由和根据。对此，2018年《刑事诉讼法》第112条规定："人民法院、人民检察院或者公安机关对于报案、控告、举报和自首的材料，应当按照管辖范围，迅速进行审查，认为有犯罪事实需要追究刑事责任的时候，应当立案；认为没有犯罪事实，或者犯罪事实显著轻微，不需要追究刑事责任的时候，不予立案，并且将不立案的原因通知控告人。"据此，我国刑事案件的立案条件是：

1. 事实条件:有犯罪事实发生

所谓“有犯罪事实发生”,是指有依照刑法的规定构成犯罪的行为发生,并且该犯罪事实的存在一定的事实材料证明。因为刑事诉讼程序总是因客观、确实的犯罪事实而发动的,因此,有犯罪事实发生,是立案的事实条件,也是立案的首要条件。

是否确有犯罪事实发生,需要一定的证据材料予以证明,而不能仅凭报案人、举报人的捕风捉影、凭空捏造,也不能任由公安司法人员的猜测、臆断。但是,立案毕竟只是刑事诉讼的启动环节、初始阶段,在这一阶段,案情刚刚揭露,不可能要求报案人、举报人提供详尽的证据材料,因侦查取证工作尚未展开,也不可能要求公安司法机关掌握充分的证据,因此,立案所要求的有证据证明“有犯罪事实发生”,只要求有证据表明一种“简单的、初期的”怀疑即可。至于犯罪的整个过程、具体的犯罪情节、犯罪嫌疑人的具体情况等问题,并不要求在立案时即全部查清,更为详细的案情和证据,应留待后续进行的侦查程序去查明。

2. 法律条件:需要追究刑事责任

所谓“需要追究刑事责任”,是指依照实体法和程序法规定应当追究行为人的刑事责任。并非所有揭发的违法犯罪行为,都需要追究刑事责任,因而并非所有的违法犯罪行为,均需要立案。只有依照刑法和刑事诉讼法规定,需追究刑事责任的犯罪行为才应当立案,而依法不需要追究刑事责任的则无须立案。

根据我国2018年《刑事诉讼法》第16条之规定,有以下情形之一的,不追究刑事责任,不应当立案:(1)情节显著轻微、危害不大,不认为是犯罪的;(2)犯罪已过追诉时效期限的;(3)经特赦令免除刑罚的;(4)依照刑法告诉才处理的犯罪,没有告诉或者撤回告诉的;(5)犯罪嫌疑人、被告人死亡的;(6)其他法律规定免予追究刑事责任的。既然刑事诉讼法明文规定具备上述情形,便不追究刑事责任,那么,实践中,如果公安司法机关在立案审查中发现存在上述情形,便不应当立案。

自诉案件的立案除了要具备上述两个条件外,还应当具备以下条件:(1)属于自诉案件的范围;(2)属于该人民法院管辖;(3)刑事案件的被害人告诉的;(4)有明确的被告人、具体的诉讼请求和能证明被告人犯罪事实的证据。此外,如果是“公诉转自诉”案件,还应当符合2018年《刑事诉讼法》第180条的规定,即应当有公安机关和检察机关对刑事案件不立案、撤案、不起诉决定的证明。之所以作此规定,是因为,人民法院的立案,不同于侦查机关的立案,而是一种起诉审查,它需要审查自诉人提起的自诉是否具备诉讼条件和要件。

第三节 立案程序

立案程序是指刑事案件立案所要经过的具体步骤。根据我国刑事诉讼法的规定,立案程序包括对于立案材料的接受、审查和处理、立案监督。

一、对立案材料的接受

首先,报案、控告、举报既可以用书面形式提出,也可以用口头形式提出,二者在法律上具有同等效力。为便于公民行使报案、控告、举报的权利，我国2018年《刑事诉讼法》第111条第1款规定："报案、控告、举报可以用书面或者口头提出。接受口头报案、控告、举报的工作人员，应当写成笔录，经宣读无误后，由报案人、控告人、举报人签名或者盖章。"据此，报案、控告、举报既可以用书面，也可以口头方式提出。如果是口头报案、控告、举报的，应当制作笔录，笔录经宣读无误以后，应由报案、控告、举报人签名或盖章，必要的时候可以录音，以固定证据资料。单位的书面报案、控告、举报，应由单位盖上公章，并由单位负责人签名或盖章，防止事后无人负责和诬告陷害。

其次，公安司法机关有接受报案、控告、举报、自首之义务。报案、控告、举报是公民寻求国家司法保护与救济的基本权利，相应地，公安司法机关也就承担着接受报案、控告、举报之义务；公民将现行犯等扭送公安司法机关相当于一种报案，公安司法机关亦有接受之义务；而自首作为犯罪行为人在犯罪后自动投案、自愿接受司法机关审查、裁判的一种诉讼行为，当然具有按照其意愿引发、产生相应诉讼法律关系（司法机关审查、裁判）之效果，为此，公安司法机关也有接受自首之义务。虽然根据刑事诉讼法之规定，公、检、法各有其案件管辖权，但无论是否属自身管辖之案件范围，对于单位或个人的报案、控告、举报以及犯罪行为人的自首，公、检、法三机关均有接受的义务，然后再依据法定管辖权移送主管机关处理。对此，我国2018年《刑事诉讼法》第110条第3款明文规定："公安机关、人民检察院、人民法院对于报案、控告、举报，都应当接受。对于不属于自己管辖的，应当移送主管机关处理，并且通知报案人、控告人、举报人；对于不属于自己管辖而又必须采取紧急措施的，应当先采取紧急措施，然后移送主管机关。"具体而言，公安司法机关接受报案、控告、举报、扭送和自首后，对于不属于自己管辖的，应当移送主管机关并通知报案人、控告人、举报人和自首人；公安司法机关接受报案、控告、举报和自首后，发现必须先采取紧急措施的，应当先采取紧急措施，然后移送主管机关。

再次，公安司法机关应善尽告知、告诫义务。不排除存在公民滥用报案、控告、举报、诬告陷害无辜他人的可能，因此，公安司法人员在接受报案、控告、举报时，应当向控告人、举报人说明诬告应负的法律责任，以善尽告知、告诫义务。但要注意的是，公民可能于无助中方才寻求公安司法机关的保护与救济，报案、控告、举报时可能因为担心错告、报复等而心有顾虑，对此，公安司法机关既要讲明诬告应负的法律责任，又要解除报案、控告、举报人的思想顾虑，让他们能够如实陈述。对此，我国2018年《刑事诉讼法》第111条第2款明确规定："接受控告、举报的工作人员，应当向控告人、举报人说明诬告应负的法律责任。但是，只要不是捏造事实，伪造证据，即使控告、举报的事实有出入，甚至是错告的，也要和诬告严格加以区别。"

最后，公安司法机关应同时履行保密和安全保障义务。公民报案、控告、举报后，可能招致犯罪行为人的打击报复，因此，公安司法机关应同时履行安全保障和保密义务。对此，我国2018年《刑事诉讼法》第111条第3款规定："公安机关、人民检察院或者人民法院应当保障报案人、控告人、举报人及其近亲属的安全。报案人、控告人、举报人如果不愿公开自己的姓名和报案、控告、举报的行为，应当为他保守秘密。"

二、对立案材料的审查和处理

（一）立案审查决定的程序

公安司法机关接受报案、控告、举报和自首，即应立即对相关材料进行审查，并根据法定立案条件作出是否立案的决定。

第一,对于属于公安机关立案管辖的案件,公安机关对立案材料进行审查后,如果认为有犯罪事实,需要追究刑事责任且属自己管辖的,由接受单位制作《刑事案件立案报告书》,经县级以上公安机关负责人批准予以立案;如果经过审查,认为没有犯罪事实,或者犯罪情节显著轻微不需要追究刑事责任,或者具有其他依法不追究刑事责任情形的,接受单位应当制作《不予立案报告书》,经县级以上公安机关负责人批准,不予立案;有控告人的案件应当制作《不予立案通知书》,7日内送达控告人。十八届四中全会后的司法改革中,2015年12月29日公安部印发了《公安部关于改革完善受案立案制度的意见》,该意见明确规定对于群众报案、控告、举报、扭送,违法犯罪嫌疑人投案,以及上级机关交办案件或者其他机关移送的案件,属于公安机关管辖的,各办案警种、部门都必须接受并依照有关规定办理,不得推诿。并规定,行政案件受案审查期限原则上不超过24小时,疑难复杂案件受案审查期限不超过3日。

第二,对于属于人民检察院立案管辖的案件,经过侦查部门的初查,认为有犯罪事实、需要追究刑事责任的,经检察长批准,决定立案侦查,并应制作《立案决定书》。人民检察院决定对人民代表大会代表立案的,应当向该代表所属人民代表大会主席团或者常务委员会通报。如果经过初查,认为没有犯罪事实,或者事实不清、证据不足,或者有2018年《刑事诉讼法》第16条规定情形之一、不需要追究刑事责任的,经检察长决定,不予立案。如果是被害人控告的,应当制作不立案通知书,写明案由和案件来源、将决定不立案的原因和法律依据,在15日内由侦查部门送达控告人。

第三,对于属于人民法院立案管辖的自诉案件,根据我国2018年《刑事诉讼法》第211条的规定,人民法院对于自诉案件进行审查后,按照下列情形分别处理:(1)犯罪事实清楚,有足够证据的案件,应当开庭审判;(2)缺乏罪证的自诉案件,如果自诉人提不出补充证据,应当说服自诉人撤回自诉,或者裁定驳回。

如果控告人对公安机关、人民检察院、人民法院不予立案的决定不服的,可以向原决定机关申请复议。对此,我国2018年《刑事诉讼法》第112条明确规定,控告人如果对公安机关、人民检察院、人民法院不予立案的决定不服,可以申请复议。被害人如果对公安机关不予立案的决定不服的,可以提请人民检察院进行立案监督;如果被害人对公安机关、人民检察院不予立案的决定不服,且控告的内容符合"公诉转自诉"的法定条件的,被害人可以直接向人民法院起诉。

(二)初查程序的合理性问题

初查是在立案之前对案件线索进行初步的筛选和过滤,以判断是否达到立案条件,并为正式侦查作准备的调查活动,它已成为我国当前刑事办案(尤其是职务犯罪和经济犯罪)中不可或缺的前置程序。但在学理界,初查的法律地位却备受争议。持肯定意见的学者认为,初查在大陆侦查实践中发挥着重要的程序分流和人权保障功能,同时又有法律和司法解释的授权,因此初查程序的合法性毋庸置疑。最高人民检察院的司法解释和公安部的部委规章多次对初查作出规定,肯定其合法性。持否定意见的学者则认为:(1)对于"初查",刑事诉讼法没有明文规定,现有的司法解释系由刑事司法机关自行制定,通过司法解释赋予初查合法性,无异于司法机关"自我授权",因而不能采用;(2)刑事诉讼法规定了"立案"程序,立案后侦查机关才获得"侦查权",才可以展开"侦查",这意味着立案前的初查是不合法的。但问题在于,刑事诉讼法的明文授权是否构成初查合法化的必要前提?立案程序的存在是否足以阻却初查的合法性?

初查中究竟可以采用哪些侦查手段？初查所获证据究竟有无证据能力？这些初查中极具争议的问题，亟待从理论上展开检讨。

我们认为，初查程序具有合法性和合理性，理由如下：

1. 初查作为一种任意侦查措施，其合法性并不取决于其程序是否法定化

我们认为，从诉讼原理上讲，初查本质上是一种任意侦查措施，因此，初查措施的类型、要件与程序等完全没有必要由法律明确予以规定，换言之，初查作为一种任意侦查措施，其合法性并不取决于其程序的法定化。

在理论上，侦查措施可以分为强制侦查与任意侦查两种。所谓强制侦查，是指其采用会对相对人的“重要权益”进行强制性侵犯或干预的侦查措施，典型如逮捕、羁押、扣押等。与强制侦查措施相反，任意侦查是指不会对相对人的重要权益造成强制性干预或侵犯的侦查措施，典型如询问知情人、询问证人等。

在理论上区分强制侦查与任意侦查措施的重要意义在于：由于强制侦查涉及强制性干预公民的重要权益，为防止侦查机关滥用权力侵犯公民基本人权，必须通过程序法定化来对其类型、要件、程序等进行限制，法律没有明文授权的强制侦查措施，侦查机关不得采用，此即强制侦查法定原则。但任意侦查与此不同，它或以相对人的自愿配合为前提而进行，或以不给相对人的重要生活权益造成强制性干预的方式进行，对公民重要权益的威胁甚小，因此，原则上并不需要法定化。相反，如果将任意侦查比照强制侦查进行立法与司法的双重控制，事无巨细的立法和繁杂的令状程序将使得侦查活动动辄得咎、寸步难行，进而妨碍国家追诉任务的实现。因此，任意侦查措施的“非法定化”是比较法上的通例，这一特征普遍体现在各国刑事诉讼立法之中。以日本为例，其《刑事诉讼法》第 197 条第 1 项仅对任意侦查作了一项概括性授权：“为了达到侦查之目的，得进行必要调查。但关于强制处分，除本法有特别规定以外，不得进行。”而并没有进一步列举任意侦查措施的类型、程序要件等。当然，对任意侦查措施，法律或者政策上也不是绝对不能规定，但任意侦查措施“法无规定得行使，法有规定更得行使”，换言之，法律有无明确规定并非启动任意侦查措施的必要前提。因此，即便我国刑事诉讼法并没有就初查作出明文规定，侦查机关仍得依据任意侦查之法理在立案程序之前进行初查。

2. 立案不是初查的前置程序，因而初查的合法性不取决于是否已经立案

否定初查合法性的另一个重要理由是，根据我国刑事诉讼法，立案是刑事诉讼的开启程序、必经阶段，公诉案件始于立案，经侦查、起诉至审判阶段结束，各诉讼阶段相互衔接、依次进行，前一阶段未达到证明标准，自然不能进入下一阶段。由此可见，立案是侦查的前置程序和启动条件，在没有达到“有犯罪事实需要追究刑事责任”的立案条件下不得进行侦查，这似乎说明在立案之前不得采取任何侦查措施，据此可以推论初查程序的非法性。那么，初查程序与立案程序、侦查程序之间是否真的存在冲突？能否依据立案程序否定初查程序的合法性？

解题的关键在于如何解释我国刑事诉讼法中的“侦查”之含义，即究竟是将“侦查”解释为包括任意侦查和强制侦查在内的一切侦查行为，还是将其限缩解释为强制侦查？如果答案是前者，则“立案”是所有侦查行为的开启程序，唯有立案后方能展开侦查（无论是强制侦查还是任意侦查），据此，立案前的初查无论如何不具有合法性；但如果答案是后者，则立案仅仅构成强制侦查的开启程序，这意味着唯有立案后方得采取强制侦查，而任意侦查并不受此限制，据此，立案前初查的合法性无可非议。那么，何种解释更符合立法原意和诉讼原理呢？

探寻刑事诉讼法的立法原意必须回到法条本身，根据《刑事诉讼法》第 108 条第 1 项的规

定:“侦查是指公安机关、人民检察院在办理案件过程中,依照法律进行的专门调查工作和有关的强制性措施。”可见,我国刑事诉讼立法上的“侦查”一语具有特定内涵,它指的就是两种侦查行为:强制性措施和专门性调查工作:所谓“强制性措施”,具体就是指拘传、取保候审、监视居住、拘留和逮捕这五种人身强制措施;而所谓“专门性调查工作”,按照刑事诉讼法的规定,则是指讯问嫌疑人、勘验、检查、搜查和扣押物证、书证等证据保全措施。按照侦查行为的理论分类,上述两类侦查行为其实都是强制侦查行为,因为,一方面,这两类侦查行为的实施,均可能干预相对人的重要生活权益;另一方面,这两类侦查行为的实施,均不以被追诉人同意为前提,带有强制性。可见,我国刑事诉讼立法上所规定的“侦查”,其实相当于国外和法理上所谓的“强制侦查”,也因此,我国刑事诉讼法规定的、作为侦查前置程序的“立案”程序,其实只是强制侦查行为的前置和开启程序,而非所有侦查行为的前置和开启程序。据此,对于我国刑事诉讼法规定的“立案”程序,应当将其限缩解释为强制侦查的前置程序,唯有如此解释,才是合乎立法原意的。换言之,立案,并非任意侦查的启动门槛,任意侦查行为的启动不受立案所限,立案之前即可开展任意侦查,即初查。亦因此,初查程序与立案程序之间并不矛盾。正因为立案并不是初查的前置程序,所以初查的合法性并不取决于是否已经立案,用立案程序来否定初查合法性的观点在法理上是不能成立的。

3. 在根本意义上,初查程序的合法性基于其对刑事侦查活动规律性的反映

在大陆法系国家中,基于人权保障的需要,虽然不存在独立的侦查前置程序(立案),但同样为侦查程序的正式启动设定了一定的条件,为的是防止侦查机关随意启动侦查,侵犯公民人权。例如,根据《德国刑事诉讼法》第 152 条第 2 项之规定:“除法律另有规定外,检察官对于一切依法得诉追之犯罪,如有充分之事实依据,负有起诉之责任。”据此,案件进入正式侦查阶段的条件是必须达到“充分事实根据”的标准,依据目前德国多数学者的解释,满足侦查机关开始正式侦查的所谓“充分事实根据”,是指某种程度,即虽然仅有少量的真实性,但已足以将事实维持清楚或解释的程度,即便是内容不足或未经调查的陈述、传闻或是单方面的声称如匿名告发亦有可能认为是“充分”的事实根据;事实的澄清只要是可以认为有犯罪的可能即为已足,但如无事实佐证,仅有犯罪的假设、动机或者理论上犯罪行为存在的可能性,则并非“充分”。甚至有人以统计学的观点为依据,认为当具有百分之五十的可能有犯罪时即认为是充分。据此,要开启正式侦查程序,必须要有所谓的“简单的、初期的怀疑”,而为了界定这一“简单、初期的怀疑”以决定是否需要展开正式侦查,德国警察法及警察实务中渐渐尝试用“前置侦查”来解决界定初期的怀疑的问题。这里的前置侦查,其实就相当于我国的初查,即对“简单的、初期的怀疑”的一种调查和核实活动。再如在日本,法律规定为了开始侦查,侦查机关需要“认为存在犯罪”,在司法实践中,警察在作出这一判断前,亦即在开始侦查之前,实际上也可能实施调查、核实活动。由此可见,刑事侦查区分为正式侦查与初步侦查(调查),在正式侦查启动之前,往往需要通过前置初步侦查(初查)来核实程序启动条件是否具备,这已是各法治国家的普遍做法和经验。

那么,初查所获的证据是否具有合法性呢? 即初查所获的证据,是否需要在侦查程序中经过“转换”,才能具备证据能力? 一些学者否定初查证据的合法性,即反对将初查所获证据材料作为合法证据来使用,理由在于:(1)从证据形式与作证主体看,在立案之前,还没有确定犯罪嫌疑人及被告人,证人的身份也不明确,因此在司法实践中人证调查笔录不是“讯问犯罪嫌疑人、被告人笔录”或“询问证人笔录”,而是“调查笔录”。由于被调查人尚未取得“嫌疑人”、“被

告人"及"证人"的身份,因此其调查材料的形式不符合"犯罪嫌疑人、被告人供述与辩解"及"证人证言"的法定证据形式要求,同时这些材料内容的提供主体也不符合法定作证主体要求。(2)从证据功能看,立案前调查获得的证据材料是立案审查所依据的材料,其功能是为确认立案条件是否具备提供根据。一旦决定立案或决定不立案,其使命即已完成,其使命亦应终结。如果要延续其生命,在后续的诉讼阶段继续发挥其证明功用,需有法律依据,但刑事诉讼法并未提供相关依据,因此这些证据材料被无依据地延续其功用是不妥当、不合法的。

但是,我们认为,既然初查是合法化的任意侦查行为,那么初查所获证据当然具有证据能力和资格,可以作为证据使用。如前所述,侦查包括任意侦查和强制侦查,立案是强制侦查的启动要件,而不是任意侦查的门槛,因此无论在立案前还是立案后,任意侦查的手段都是法律所允许的,没有必要排除其作为取证手段所获证据的证据能力,仍然可以把"人证调查笔录"视为"讯问犯罪嫌疑人、被告人笔录"及"询问证人笔录"(其实该两者的区分完全是形式的,实质是相同的,皆属言词证据的范畴,例如在美国两者便统称为人证)。

我国2018年《刑事诉讼法》第54条规定:"行政机关在行政执法和查办案件过程中收集的物证、书证、视听资料、电子数据等证据材料,在刑事诉讼中可以作为证据使用。"上述规定解决了行政执法证据的证据资格问题,即行政机关在行政执法过程中收集的物证、书证等证据,在实务中无须再经"转化"即可直接作为庭用证据使用。但是,刑事诉讼法的上述条文对于侦查机关在初查中收集的物证、书证等证据的证据资格问题,并未予以明确,我们认为,初查证据的证据能力问题可以类推适用刑事诉讼法的上述规定,肯定其所获证据的证据能力。

学界也有观点主张对于初查证据中的物证、书证,可以赋予证据能力,因为物证、书证稳定性强,不管在初查阶段收集还是在立案后的侦查阶段收集,其真实性一般不受影响;而证人证言等言词证据具有易变性,需在侦查阶段予以转化,并同转化后内容不变的证据一起使用才具有证据能力。这种观点实际上已经为立法所采纳,2018年《刑事诉讼法》第54条仅规定物证、书证、视听资料、电子数据等证据材料具有证据能力,而不包括所谓广义的"人证",如当事人陈述、证人证言等。

(三)立案与侦查二者的关系

立案是刑事诉讼启动的标志,经由侦查、起诉、审判直至执行。其中,立案以"有犯罪事实"和"应当受到刑事追究"为基本要件,使得案件正式成为刑事诉讼的对象,紧随其后的侦查活动,则以这两个基本要件为核心,通过询问、讯问、勘查、检验、技术性侦查等多种侦查手段,结合强制措施的使用,查明犯罪事实,初步判定被追诉人的刑事责任问题。因此,立案与侦查的关系可以从两个角度来理解:第一,从程序论来看,我国刑事诉讼法明文规定了刑事案件的处理流程,即立案、侦查、起诉、审判、执行,立案是侦查的前置环节,没有立案,则后续的刑事诉讼活动无法开展;第二,从内容来看,侦查活动应当紧紧围绕犯罪嫌疑人是否构成犯罪以及犯罪事实是否清楚,证据是否确实、充分而开展,实际上侦查是将立案程序中的"有可能"通过一系列侦查活动落实为移送审查起诉的标准,即有证据证明有犯罪事实,犯罪事实为犯罪嫌疑人所为,且犯罪嫌疑人应当承担刑事责任。换言之,侦查是对立案所获得的信息进一步确认和查证,并在此基础上进行深度挖掘。因此,可以说二者的关系如同一条生产线,环环相扣;同时,后续的生产环节对前序的产品进行更为严格的质量控制和复检,以确保进入审查起诉环节和审判环节的案件符合刑事诉讼法之规定。

三、立案监督

公安司法机关的立案审查决定权,关系到刑事诉讼程序能否发动,关系到刑事案件能否得到及时追究查处,在这个意义上,立案决定权其实是一种程序处分权。这也意味着,一旦公安司法机关滥用立案决定权,随意启动或恶意不启动刑事诉讼程序,都可能导致出入罪的后果。因此,在程序上应当对公安司法机关的立案决定权进行监督、制约。从广义上讲,前面述及的控告人申请复议,公诉转自诉等,都是立案监督的一种方式,但除此之外,我国刑事诉讼法还规定一种专门的立案监督机制——人民检察院对公安机关的立案监督权。

根据2018年《刑事诉讼法》第113条规定,人民检察院认为公安机关对应当立案侦查的案件而不立案侦查的,或者被害人认为公安机关对应当立案侦查的案件而不立案侦查,向人民检察院提出的,人民检察院应当要求公安机关说明不立案的理由。人民检察院认为公安机关不立案理由不能成立的,应当通知公安机关立案,公安机关接到通知后应当立案。对于该条规定的确切含义,在理解上应当注意以下几点:

第一,按照刑事诉讼法的规定,人民检察院只能对公安机关的不立案决定进行监督,即只能针对公安机关应当立案而不立案的情况进行监督,而无权对公安机关不应当立案而予以立案的情况进行监督。实践中,公安机关滥用立案权,既可能是“应当立案而不立案”,也可能是“不应当立案而予以立案”,后者如公安机关非法介入民事、经济纠纷,将民事、经济纠纷案件作为刑事案件立案侦查,等等。这同样属于立案权的滥用,因而也应当纳入人民检察院立案监督的范畴。但遗憾的是,刑事诉讼法并未规定相应的监督手段和程序,这是明显的立法疏漏。

第二,人民检察院获取立案监督的材料后,应当根据事实和法律进行审查。审查中可以要求被害人提供有关的材料,进行必要的调查、核实,但不得实施侦查活动。这意味着人民检察院为查实相关材料,有权进行必要的调查,但严禁动用刑事诉讼法规定的强制性侦查手段。但要注意的是,人民检察院要调查、核实相关材料,除了调阅部分书证、物证之外,必然还需要询问控告人、被控告人以及相关知情人,其做成的笔录等同样具有刑事诉讼法上的证据效力。这种调查、核实行为与侦查行为(讯问犯罪嫌疑人、询问证人等)其实难以区分,但可以肯定的是,人民检察院在调查、核实中,不得动用刑事诉讼法规定的具有强制力的侦查手段。据此,我们认为,此处的“不得实施侦查”,似应限缩解释为“不得实施强制侦查”为宜。

第三,立案监督的具体程序如下:人民检察院认为需要公安机关说明不立案理由的,经检察长批准后,可以要求公安机关在7日内书面说明不立案的理由。公安机关应当在收到人民检察院要求说明不立案理由的通知后7日内制作《不立案理由说明书》,经县级以上公安机关负责人批准后,送达人民检察院。人民检察院通过必要的调查、认真审查后,认为公安机关不立案的理由不能成立的,应当通知公安机关立案。人民检察院通知公安机关立案时,应当制作《通知立案书》,送达公安机关,同时抄送上一级人民检察院备案。送达时,还应当将有关证明应该立案的材料同时移送公安机关,并且告知公安机关应在15日以内立案并将立案决定书送达人民检察院。公安机关在接到人民检察院要求立案的通知后,应当在15日内决定立案,并将立案决定书送达人民检察院。人民检察院也应当采取措施,依法对“通知立案书”的执行情况进行监督。对于由公安机关管辖的国家机关工作人员利用职权实施的重大犯罪案件,人民检察院通知公安机关立案,公安机关不予立案的,经省级以上人民检察院决定,人民检察院可以直接立案侦查。

当前司法实践中,人民检察院立案监督难是一个普遍的问题,除了刑事诉讼立法在程序设计上的疏漏,获取相关材料的渠道和来源相对有限也是一个重要原因。为此,2005 年上海检察机关在实践中推广应用“行政执法与刑事司法信息共享平台”,这也为检察机关的立案监督拓宽了新的渠道和途径。“行政执法与刑事司法信息共享平台”设置了专门的模块,要求各行政执法机关对涉嫌犯罪的案件必须在 24 小时内上网移送,对决定不移送的,必须说明理由并在网上公布;公安机关接受行政执法机关移送涉嫌犯罪案件后,15 日内必须作出立案或不立案的决定,对决定不立案的,必须说明理由并上网公布。信息平台还根据工作职能,为检察机关设置了专门的监控窗口,对各行政机关移送的案件和公安机关立案的情况,检察机关可以通过查询进行实时监控,一旦发现该移送不移送、该立案不立案等不严格执法的情形,可以根据系统设置的监督程序,发出建议移送或立案的指令信息。

第四节　侦查程序概述

一、侦查的概念和特征

(一)“侦查”的概念

我国 2018 年《刑事诉讼法》第 108 条规定,侦查是指公安机关、人民检察院对于刑事案件,依照法律进行的收集证据、查明案情的工作和有关的强制性证据。根据这一法律规定,侦查具有以下特征:

第一,侦查只能由国家法定机关进行。侦查是一种专属性权力和工作,唯有法定机关方得行使。根据我国刑事诉讼法的明文规定,公安机关、检察机关、国家安全机关、军队保卫部门、海警局、监狱等机关,是法定的侦查机关,有权对各自管辖范围内的刑事案件行使侦查权,除此之外,其他机关、社会团体和个人,均不得行使侦查权。

第二,侦查的内容包括专门调查工作和有关的强制性措施。按照我国 2018 年《刑事诉讼法》第 108 条第 1 项的规定:“公安机关、人民检察院对于刑事案件,依照法律进行的收集证据、查明案情的工作和有关的强制性证据。”据此,在我国,所谓“侦查”一词的内容是非常明确的,即包括收集证据、查明案情的工作和有关的强制措施两部分。这里所谓的“收集证据、查明案情的工作”,是指刑事诉讼法所规定的为收集证据、查明犯罪而进行的相关调查工作,具体包括:讯问犯罪嫌疑人,询问证人、被害人,勘验、检查,侦查实验,扣押物证、书证,查询、冻结存款及汇款,鉴定,通缉等诉讼活动。所谓的“有关的强制性措施”,则是指刑事诉讼法规定的为收集证据、查明犯罪和查获犯罪人而采用的限制、剥夺人身自由或对人身、财物进行强制的措施,具体包括刑事诉讼法规定的强制措施如拘传、取保候审、监视居住、拘留、逮捕,以及在进行专门调查工作中必要时采取的强制性手段,如强制检查、强制搜查等。

第三,侦查活动必须严格依法进行。在刑事诉讼中,被追诉人(包括犯罪嫌疑人、被告人)的人权随时面临着来自国家权力的威胁,存在被侵犯的可能,因为司法机关为查明案件真相、保全证据所采取的措施,尤其是刑事侦查措施,经常会指向被追诉人的人身权和财产权,例如,逮捕、拘留等人身强制措施,可能干预被追诉人的人身自由,而搜查、扣押等证据保全措施则以限制公民财产权为对象。因此,为了保护诉讼参与人的权利并确保正确惩罚犯罪,现代法治国家都力图通过严密的立法,对各项侦查措施的适用主体、条件、程序及违法救济等作出详细而具体的规定,要求侦查机关必须严格依照法定程序启动和运用侦查权,以此实现对侦查权的管控和约束,进而保障涉讼公民的基本人权不被侵犯。

(二)对"侦查"概念的检讨

"侦查"以及侦查权,在我国刑事诉讼立法和理论研究中是一个长期被误读的概念。按照我国《刑事诉讼法》第108条第1项的立法解释,在我国,所谓的"侦查"及侦查权,是在狭义上而言的,所指涉的实际上是侦查行为实施权,即实施侦查行为的权力。而在国外尤其是在大陆法系国家,所谓的"侦查"以及侦查权,则是在广义上而言的,它不仅涵指侦查行为实施权,而且包括侦查程序的处分权,即侦查程序之启动权与终结权。

对"侦查权"内涵和外延的不同认识与界定,直接影响到侦查权的配置。按照大陆法系国家检察官的角色定位及侦查权配置模式,检察官才是法定的侦查权主体,而警察机关不过是检察官行使侦查权的辅助机关,因此,侦查权包括侦查程序启动和终结的权力,实际上都掌握在检察官手中。在大陆法系国家,作为法定的侦查权主体,唯有检察官才能在侦查程序中作出法律处分,这即是所谓的检察官的"侦查程序处分权",它具体又包含两项权限:一是正式侦查启动权;二是侦查程序终结权。

第一,正式侦查启动权。即唯有检察官才有权决定是否对某一嫌疑行为展开正式的侦查,至于作为辅助机关的警察机关,在发现有犯罪嫌疑时,本于调查犯罪的职权以及侦查辅助机关之角色,一方面应当立即开始调查犯罪嫌疑人,必要时得封锁犯罪现场以便实时勘察,并得通知犯罪嫌疑人到场询问;另一方面必须立即报告该检察官,并由该检察官最后决定是否对该嫌疑人立案展开正式的侦查。换言之,与我国刑事诉讼程序中的公安机关不同,大陆法系国家的警察并没有独立的立案权,立案权即正式侦查程序的启动权掌控在检察官手中。这一制度设计的目的主要是确保检察官在侦查程序中的主导地位以及便于其对警察的控制。例如,在德国,"受欧陆法制之控诉原则与检察官制,以检察官为侦查程序之主导者,负责发动、进行以及终结侦查程序"。[2] 司法警察作为检察官的辅助官员,"当其发现有犯罪行为时,得主动进行侦查之。但其只得采取必要的紧急行动:例如'所有不得延误的措施'(《德国刑事诉讼法》第163条第1项);在采取此种行动后,其需实时告知检察机关。此乃为了确保检察机关在调查程序中的领导地位"。[3]

第二,侦查程序终结权。在大陆法系国家,终结侦查程序的权力同样掌握在检察官的手中,警察作为"辅助机关之功能,主要在于协助检察官侦查犯罪,并不及于终结侦查之处分"。例如,在德国,"基本上,虽然警察负责调查犯罪,但是他们却无权擅自决定是否终止调查,他们必须把所有的调查结果送给检察署,由检察官作最后决定",即警察对刑事案件调查完毕之后,必须将案卷移送该检察官,由检察官以作出起诉或不起诉决定的方式终结侦查,作为辅助机关的警察不得自行终结侦查程序;即使警察不能找出嫌疑犯,他们也要向检察官简单地报告案件内容,并告诉检察官他们无法破案,检察官通常会径行撤销这些案件。换言之,与我国刑事诉

〔2〕 林钰雄:《刑事诉讼法》(上册),元照出版有限公司2004年版,第137页。
〔3〕 [德]克劳思·罗科信:《刑事诉讼法》,吴丽琪译,法律出版社2003年版,第70页。

讼程序中的公安机关不同,大陆法系国家的警察没有侦查程序终结权,不能以“移送审查起诉”或者“撤销案件”的方式终结侦查程序,而只能静待检察官以起诉或不起诉的方式终结侦查程序。

从法理上分析,大陆法系国家之所以将侦查程序处分权赋予检察官而非警察,主要有两个方面的原因:

第一,根据大陆法系国家的刑事诉讼程序构造,刑事诉讼程序可以分为审判程序与审前程序两大阶段,其中,审判程序以法官为主,由法官主持进行;而审前程序则以检察官为主,系检察官的程序,由检察官主持。侦查程序处分权尤其是程序终结权,涉及对犯罪行为的法律判断,是一种具有法律解释活动特征的权力,属于司法权范畴,因而应当由审前程序中的司法官——检察官来行使,而不宜由身为行政机关的警察来行使。

第二,是为了确立检察官在侦查程序中的主导和领导地位,并便于检察官监督、控制警察的侦查活动。在大陆法系国家,创设检察官制度的根本目的之一,就是在侦查程序中监督、控制警察,防止警察国家的重现。而在制度设计上,检察官监督、控制警察的一个最主要的方式就是从刑事诉讼立法上确立一种“检主警辅”的侦查权力配置格局,将检察官定位为侦查程序的主导者和控制者、刑事侦查权的法定主体,并将警察置于检察官的领导之下,作为检察官的一个辅助机关,从而使得检察官拥有了指挥、调度警察的权力,这样,警察权再强大,它仍然要受检察权的节制,无法直接危害公民权利与自由。

我国刑事诉讼法在侦查权配置上的一个最重要的特征,就是检察机关并不享有完整意义上的侦查权。在我国,刑事诉讼法实行的是绝对的诉讼阶段论,即侦查、起诉和审判,被视为完全独立的三个诉讼阶段,分别由公安机关、检察机关和审判机关所主导。在立法上,公安机关是法定的侦查权主体,对一般刑事案件享有完整的侦查权,包括侦查实施权和侦查程序处分权:一方面,公安机关对于一般刑事案件享有程序启动权即立案权,对这类犯罪是否立案并展开侦查,完全由公安机关自主决定,检察机关只能进行立案监督,而不能加以指挥、命令;另一方面,侦查完毕后,公安机关有权通过“移送审查起诉”“撤销案件”等方式,对侦查程序予以终结,即同时享有侦查程序终结权。由于享有完整的侦查权,使得公安机关成为相对独立于检察机关和法院的一个诉讼角色和程序主体,并在某种意义上分割了原本属于检察官的侦查权,排斥了检察官对侦查程序的控制和主导。从实践情况来看,这一侦查权配置模式直接导致了我国检察机关对公安机关的侦查监督乏力:

第一,检察机关不享有侦查程序启动权(立案决定权),而仅仅是进行立案监督,难以杜绝公安机关“有案不立”(应当立案而不立案)以及“违法立案”(不应当立案而予以立案)的现象,导致检察机关对侦查权的法律监督难以实现。

我国司法实践中,立案监督难的一个重要原因就在于,公安机关享有完整的侦查程序启动权即立案决定权,而检察机关仅仅只能进行事后监督。这种“事后型”监督、“外在式”监督模式存在自身难以克服的内在机理障碍:一是难以及时获得案件线索、难以发现公安机关在立案中存在的问题;二是即便是发现了问题并进行了立案监督,但由于立案决定权仍然掌控在公安机关手中,立案后案件侦查的进展,能否提请逮捕、提请审查起诉等,最终仍然需要得到公安机关的配合,一旦公安机关“拒不立案”或者“立而又撤”(在立案后又撤案),又或者虽然立案但“立而不侦”、消极怠职,检察机关也没有更好的监督、控制办法。调查发现,实践中公安机关对于检察机关的立案监督往往进行“打折式”处理。例如,在共同犯罪案件中,公安机关不按检察机关发出的“通知立案书”的要求对全部犯罪嫌疑人立案侦查,而只对部分犯罪嫌疑人采取强制措施,对其余犯罪嫌疑人既不采取强制措施,也不采取任何侦查手段,故意不严格按照“通知立案书”立案;又或者,公安机关虽然依据“通知立案书”的要求立案,但立案后立而不侦,久拖不决,对此,检察机关没有法定措施予以督促;或者公安机关虽然依据“通知立案书”立案,但立案后很快又撤销案件,人民检察院虽经审查认定其撤销案件不当,但由于没有法律的明确授权,检察机关无法对此予以进一步的监督,以至于检察机关的立案监督权实质上被架空,公安机关利用立案权“吃案”等违法行为得不到应有的监督与控制。

第二,公安机关拥有独立的侦查程序终结权,排除了检察机关的法律监督,导致“违法撤案”“撤而不结”等违法行为,架空了检察机关批捕权的法律监督意义。由于这些案件被消化在了提请逮捕之前的侦查环节,检察机关没有侦查程序终结权,公安机关在以上述方式处理、消化案件时,无须报经检察机关同意决定,因而检察机关往往无从了解案件的进展情况,当然也就无法对公安机关执法中是否违法实施法律监督。其实,即便检察机关知悉了公安机关在撤销案件环节中的违法情况(包括“应当撤销案件而不撤销”或者“不应当撤销案件却撤销”),而检察机关也通过“纠正违法通知书”“检察建议”等方式实施了监督,但囿于侦查终结权配置的立法现状,公安机关也完全可以不予配合,致使检察监督落空。

实践中,由于公安机关侦查程序终结权的独立性,检察机关实际上难以对侦查终结后的案件处理情况实施法律监督。造成这一困境的主要原因就是我国现行刑事诉讼法赋予了公安机关独立的侦查程序终结权,终结侦查的权力完全掌控在公安机关手中。在这一权力配置模式下,检察机关仅仅是作为一个“外在”的程序监督者出现的,而不享有侦查程序终结的决定权,无法真正控制公安机关违法撤案行为。

对于我国刑事诉讼法关于侦查权的配置模式,德国学者赫尔曼教授曾颇为感慨地指出:“仅就条文而言,中国和德国的刑事诉讼法所规定的检察院与警察之间的关系似乎是相同的。然而实际上,两国刑事诉讼法在这个问题上有着一个根本的差别。在德国刑事诉讼程序中,警察所起的作用,始终受到限制,仅是一个检察院辅助机构。而在中国的刑事司法实践中,警察却是一个具有自己权威、在很大程度上独立于检察院的权力机构。”他甚至在其论著中将公安机关在刑事诉讼中的独立、强势角色归结为中国刑事诉讼法的特征之一,“中国的诉讼法有两个特征:其一是公安机关的独立角色。根据2018年《刑事诉讼法》第3条第1款、第19条第1款和第91条的规定,公安机关负责刑事案件的侦查和预审(不像在德国,警察仅是检察官的辅助机关),(中国警察的独立的制裁权很能反映出它相对于欧洲标准极强大且不受约束的法律地位的特征)”,“中国的公安机关在刑诉中扮演一个更强有力的领导者角色,而不管警察是否受到足够的法律教育,能否胜任这一工作”。[4]

从我国现实情况来看,基于建设法治国家的政治理想,以及为了加强对刑事诉讼中被追诉人的人权保障,我国一直致力于对传统刑事诉讼制度的改造。在这样的背景下,强化检察机关的权限和地位,将其塑造成为审前程序的主导者和警察权力的控制者,就成为必然的路径选择,尤其是考虑到我国目前警察权恣意、失范,侦查程序缺乏监督、制约的现状,更应当加强检察机关的侦查权而非削弱。据此,我们认为,应当借鉴大陆法系国家关于侦查权配置的基本模

---

〔4〕[德]托马斯·魏根特:《对中华人民共和国刑事诉讼法的比较法评述》,樊文译,载[德]托马斯·魏根特:《德国刑事诉讼程序》,岳礼玲、温小洁译,中国政法大学出版社2004年版。

式，结合检警一体化的改革走向，确立检察机关在侦查程序中的主体和主导地位，否定公安机关享有完整的侦查权，侦查程序的启动权和终结权应当掌控在检察机关手中。

具体程序可以设计为：

首先，在刑事诉讼立法上明确规定：检察机关是侦查权的法定主体，公安机关是检察机关的辅助机关。据此，公安机关在刑事诉讼中仅享有侦查行为实施权，而被还原为一个纯粹的执行机关。同时，这一规定也有利于确立一种"检主警辅"的侦查体制，辅之以检察机关侦查指挥权及相应的惩戒机制，当可以杜绝公安机关"立而不侦"等消极怠职等情况。

其次，侦查程序启动权即立案决定权应当交由检察机关行使（具体可以考虑由检察机关的侦查监督部门行使立案决定权）。刑事诉讼立法上的这一修正，并不需要打乱目前立案管辖分工的大致框架，即一般刑事案件仍然由公安机关管辖、自侦案件仍由检察机关管辖。但对立案程序需要进行一些调整，我们的设想是构建一种"双重立案"制度，即对于一般刑事案件，公安机关仍可以"立案"，但这里的"立案"仅仅只是一种犯罪消息登记程序，而不再是发动侦查权的前提和依据，正式立案决定权交由检察机关行使。公安机关发现犯罪嫌疑后，可以根据管辖规定立案（登记犯罪消息），并可以进行初步调查（包括封锁现场、进行实时勘查等），但必须立即报告检察机关侦查监督部门，再由检察机关决定是否予以正式立案并展开进一步的侦查。由于立案决定权掌控在检察机关手中，对于公安机关"有案不立""违法立案""拒不立案""立而又撤"等违法侦查情况，检察机关当可以有效予以防治、控制。

最后，侦查终结权交由检察机关行使。公安机关侦查完毕后，将案卷移送检察机关，由检察机关以提起公诉或者作出不起诉决定的形式终结侦查。对于检察机关决定不起诉的案件，公安机关必须立即释放犯罪嫌疑人，不得变更为取保候审等其他强制措施。对于那些明显不构成犯罪、不能适用法定不起诉或者酌定不起的情形（如犯罪嫌疑人的行为不构成犯罪，或者犯罪行为并非该犯罪嫌疑人所为），可以借鉴我国台湾地区的做法，检察机关可以决定撤销案件（行政签结）的方式予以终结；[5]对于那些虽然不构成犯罪，但是需要作出行政处罚（如治安处罚）的，则由检察机关提出检察建议并移送公安机关处理。据此，当可以有效杜绝公安机关"违法撤案"（应当撤案而不撤案或者应当不撤案而撤案）、"撤而不结"的情况。

二、侦查的目的与意义

在一般意义上，目的，是指想要达到的境地或想要得到的结果。从现象上看，侦查机关启动侦查程序、进行侦查活动，无非是想要查明案情、收集证据以及查获犯罪人。因此，查明案情、收集证据和查获犯罪人可以说就是国家设立和启动侦查程序想要实现的结果或所欲达致的目标，也可以说就是侦查的目的。但是，这只是在侦查程序系统内考察的结果，更进一步说，从系统整体的角度着眼，侦查毕竟首先是作为刑事诉讼的一个组成部分而存在和发挥作用的，因此，侦查目的的设定不能不认真考量侦查程序与刑事诉讼其他子系统，尤其是与后续的起诉和审判程序的关系。我们不能完全脱离侦查程序与起诉和审判程序的关系来单独评价侦查的目的，相反，侦查的目的只能通过侦查与起诉、审判程序的关系来加以体现。正是在这个意义上，我们认为，侦查的目的就是指侦查阶段查明案情、收集证据和查获犯罪人等活动对于后续

---

〔5〕实践中，对于在审查起诉阶段发现的上述情形，一般只能以退回公安机关补侦的方式"消化"案件，在赋予检察机关侦查程序终结权的前提下，检察机关有权对类似案件直接决定撤销案件，从而终结侦查。

的起诉和审判程序的意义。

从理论谱系来看,由于对侦查在刑事诉讼中的地位和作用存在不同的认识,关于侦查目的,前后相继发展出了三种具有代表性的观念形态,即审判准备观、公诉准备观以及侦查独立观。

1. 审判准备观

该观点主张,侦查程序的设计和运作应当是以服务审判为目的,也就是说,侦查阶段查明案情、收集证据和查获犯罪人是直接为法官审判案件作准备,因此称为审判准备观。审判准备观的理论特点在于强调侦查对于审判的准备性或预备性,要求审判结论直接建立在审查结论之上,从而使侦查对审判具有强大的影响力甚至是决定力。尽管在理论上审判准备观提出的时间较晚,但其内容在诉讼史上却是由来已久,封建纠问式诉讼结构下的侦查目的观就是审判准备说的实践形态。纠问式诉讼程序(procédure de type inquisitoire)的这一名称就取自诉讼的"开始手续"——侦查与讯问(enquête, inquisitio)。而之所以以这一"开始手续"为此命名,正是因为这一"开始手续"对其后诉讼的进展起着支配作用并且将对诉讼的结果产生重大影响。在奴隶制控诉式诉讼中,基本上没有预审阶段,而在纠问式诉讼程序中,预审阶段有所发展,并且占有极为重要的地位。在纠问式诉讼中,进行预审占去了大部分时间,而法庭开庭审理仅仅是必要履行的手续,旨在作出最后陈述并从中得出结论。"纠问式诉讼则是在秘密进行的预审阶段开展'调查',进行调查的过程都要仔细地作成书面记录,调查的目的旨在为裁判决定提供根本基础。"[6]因此,庭审前的侦查和预审阶段对于诉讼的结局起着决定性的作用,而庭审则成为"走过场"的形式。

审判准备观的理论基础是线性诉讼结构观,即将刑事诉讼理解为一个由侦查经起诉到审判、流水作业的工序,而审判由于正位于这一套工序的终端,成为所有前期工序包括侦查的最终目的,侦查阶段查明案情、收集证据和查获犯罪人,最终目的都是移送法院、请求法官的终局裁判,因此,侦查的目的被视为是为诉讼的最终产品——判决作准备的。从原理上讲,观念和制度之间存在互动,一种观念或理论的形成总是以特定的制度结构为背景的。从理论形成的制度背景来看,线性诉讼观以及以此为基础的审判准备观的形成寄生于封建纠问式诉讼结构。封建纠问式诉讼结构是一种典型的线性结构,在纠问式诉讼结构下,"任何法官都是检察官",法官(准确地说,应当是纠问官)集侦查、起诉和审判权于一身,整个刑事诉讼过程就表现为法官自侦自查、自诉自审的线性流程。由于在纠问式诉讼结构下,侦查、起诉和审判权的主体合而为一,所有的程序环节都失去了其原本制约权力和限制恣意的意义,而蜕变为一种可有可无的形式。既然作为审判者的法官直接在侦查阶段进行查明案情、收集证据和查获犯罪人的活动,那么其目的当然就是为自己在审判阶段的审理、判决活动而作准备。由于在侦查阶段法官就亲自主持调查、收集证据,因此法官的心证早在侦查阶段实际上就已经形成,那么,随后进行的审判程序就变质为法官对自己在侦查阶段的工作进行复查、验收的过程,成为一种完完全全的形式。

审判准备观将侦查的结果作为审判的基础,容易导致"书面审理主义"和"侦查中心主义",即侦查阶段成为刑事诉讼最主要、最关键的阶段,案件的处理结果实际上早在侦查阶段就已经决定,法庭审判成为根据侦查阶段形成的调查笔录作出判决的书面审理过程,这一切使得侦查程序带有极强的预备裁判性质。在审判准备观的支配下,侦查构成了审判活动的前提和基础,

〔6〕 [法]卡斯东·斯特法尼:《法国刑事诉讼法精义》,罗结珍译,中国政法大学出版社1999年版,第79页。

侦查中取得的证据和侦查阶段形成的结论通常即成为审判证据和审判结论,法庭审判则成为侦查结论的展示和推演。这样,审判阶段"就会变成仅仅根据侦查阶段做成的调查笔录进行审判,即所谓'书面审判',也就是说,案件在侦查阶段实际上就已经决定了(所谓侦查中心主义),审判程序就被架空",[7]庭审成为走过场,审判的公正性难以得到保障。在审判准备说的指引下,嫌疑人的地位客体化,仅仅是侦查机关调查的对象,而非对等的一方当事人。嫌疑人的权利保障告乏,面对侦查机关强大的侦讯权力,嫌疑人完全无力自保。显然,审判准备说的理论缺陷是致命的,其与现代刑事诉讼保障人权、注重审判程序公正性的使命相背离,必然遭到摒弃。考察诉讼发展史,审判准备观事实上只是在纠问式诉讼模式中才真正得以体现。因此,在意识到"侦查中心主义"及"案卷中心主义"的弊端后,十八届四中全会提出了"以审判为中心"的诉讼制度改革,要求侦查、起诉要围绕审判进行,实现庭审实质化。

2. 公诉准备观

理论是随着实践的深入而不断发展、完善的,侦查目的理论也是随着诉讼实践的发展而不断向前推演的。随着近现代控辩式诉讼模式对封建纠问式诉讼模式的全面取代,继审判准备观之后,公诉准备观开始登上历史舞台,成为主流的侦查目的观。公诉准备观的主要观点是,旨在发现犯人、收集证据的侦查机关的活动,其目的不是为了审判做准备,而是为了提起公诉,因此,侦查不是审判的准备阶段,而是公诉的准备阶段。

公诉准备观实际上是近代控辩式诉讼结构的学理表达与观念反映。控辩式诉讼模式的结构特征(也是其与纠问式诉讼模式的根本区别)是诉讼职能的区分:一方面,侦查、控诉与审判职能分离开来,由不同的国家机关承担,从而避免了纠问式诉讼模式下法官自侦自查、自诉自审带来的诉讼职能的混淆。这主要是通过法官与检察官的功能分离来实现的,在控辩式诉讼模式下,法官不再是追诉人,没有检察官的起诉,法官不得对任何事实进行审理;检察官承担控诉和侦查职能,负责对犯罪事实提起控诉,同时在司法警察的辅助下行使侦查职能。另一方面,在控辩式诉讼模式下,被告人和嫌疑人的辩护职能开始得到尊重,并逐渐充实、发展。以此为契机,犯罪嫌疑人、被告人在诉讼中的地位得到极大改善,由任人决定的诉讼客体、程序对象转化为决定诉讼进程的诉讼主体。这样,控辩式诉讼模式就形成了由控、辩、审三方构成的三角诉讼结构。直观地看,这种三角诉讼结构的突出特征是"审判中心主义",在控辩式三角诉讼结构下,审判自居于中心地位——控辩两造平等对抗,而审判者则居于其间、踞于其上,在控辩双方对抗求证的基础上中立裁判。这样,审判就成为刑事诉讼的中心环节,而控诉和辩护则成为支撑审判的两个基点。由于在控辩式三角诉讼构造下,与审判程序直接相连的是公诉程序,侦查程序与审判程序之间的联系就被阻断了,因此,侦查不再被视为是审判的准备阶段,而是为公诉作准备的预备性阶段。公诉准备观正是对控辩式诉讼这一结构特征的真实反映。

公诉准备观对现代刑事诉讼立法和理论影响深刻,由公诉准备观派生出诸多重要的诉讼制度,从而构成了现代刑事诉讼的基础和脊梁:一是检警一体化制度。由于公诉准备说强调侦查对于公诉的准备性,因此侦查与公诉的关系是一种主从关系,检察机关因承担公诉职能而理所当然地成为侦查权的主体,而警察机关只是检察机关的辅助性机关,侦查工作由检察官统一领导进行,检察官有权自行侦查,也可以指挥、命令警察机关辅助侦查。二是起诉书一本主义。公诉准备观的主要内容之一就是要切断侦查与审判的直接联系,防止引致法官预断的"侦查中

---

[7] [日]田口守一:《刑事诉讼法》,刘迪等译,法律出版社2000年版,第25页。

心主义”和“庭审虚无主义”,因此在起诉制度上必然实行“起诉书一本主义”,要求检察官在提起公诉时只能向法院移送起诉书,而不能附带移送本案的卷宗证物,也不能附带移送任何可能造成法官先入为主的其他文书或内容引用。

相对于审判准备观,公诉准备观的出现是一种进步,以“审判中心主义”取代“侦查中心主义”,对于确保刑事诉讼程序的公正性和实现刑事诉讼人权保障的价值目标而言,无疑是一种巨大的推动;同时,公诉准备观也具有极大的解释能力,运用公诉准备观可以有效诠释现代刑事诉讼控审分离、侦审中断的结构原理。但是,作为一种发展中的观念和理论,公诉准备观又带有一定的过渡性质,这表现在:公诉准备观在反对审判准备观的纠问主义倾向的同时,也未能完全清除纠问主义的遗痕。因为,公诉准备观强调侦查仅仅是为公诉作准备的预备性阶段,主张侦查的所有目的都是提起公诉,这无疑是要求对所有被立案侦查的犯罪嫌疑人均应提起公诉,而忽略了侦查的结果可能是查明嫌疑人无罪从而不应起诉的情形,这就使公诉准备观带有相当强烈的有罪推定色彩,而这对涉讼公民的人权保障是极为不利的。从机理上分析,侦查是一个对历史性事件作回溯证明的艰难历程,由于时间的不可逆性和条件的不充分性,侦查的结果带有一定的偶然性,这表现在,侦查行为指向的对象并不一定就是真正的罪犯,而仅仅是嫌疑人;侦查权运作的结果既可能是查明案情、查获罪犯,也可能是排除嫌疑人的犯罪嫌疑,因此侦查机制的运作并不能确保所有的犯罪嫌疑人都是真正的犯罪行为人,一味强调侦查为公诉作准备,侦查的目的就是提起公诉,容易导致有罪推定。这样,公诉准备观就产生了认知上的盲点,它无法对侦查的结果,例如,可能是排除犯罪嫌疑而非提起公诉的这种情形作出正确说明,随着起诉便宜主义思想的兴起,公诉准备观的处境更加尴尬。

3. 侦查独立观

19 世纪末 20 世纪初在世界刑罚发展史上是一个具有历史意义的转折点,因为目的刑论开始兴起并打破了报应刑论在理论上的绝对支配地位。与报应刑论不同的是,目的刑论并不主张有罪必罚的绝对报应观念,而是强调刑罚的目的在于防止犯罪。刑罚改革的先驱贝卡利亚曾经指出,“刑罚的目的既不是要摧残折磨一个感知者,也不是要消除业已犯下的罪行。……刑罚的目的仅仅在于:阻止罪犯再重新侵害公民,并规诫其他人不要重蹈覆辙。”[8] 这里所谓的“阻止罪犯再重新侵犯公民”,就是指刑罚具有特殊预防的目的,而“规诫其他人不要重蹈覆辙”,则是指的刑罚的一般预防目的。英国思想家边沁也明确主张刑罚的目的在于预防犯罪,“任何惩罚都是伤害,所有的惩罚都是罪恶。根据功利原理,如果惩罚被认为确有必要,那仅仅是认为它可以起到保证排斥更大的罪恶”。[9] 由目的刑论发展而来的教育刑论代表人物李斯特也指出,刑罚不是一种本能或原始的同害复仇,而应以改造罪犯、保全社会为出发点。不但要根据犯罪人的具体情况,进行教育改造,使其尽快复归社会;而且要根据犯罪者的社会危险性所侵害社会利益的程度,适用相应的刑罚,以达到保卫社会的目的。[10] 由于实体法与程序法之间的深刻互动性,刑法领域的理论变迁势必牵动刑事程序制度的相应调整。正是在目的刑论的影响下,各国开始大幅度调整刑事起诉的政策,因为根据目的刑论的观点,有罪必罚既已属不应该或不必要,那么检察机关就没有必要对所有犯罪者均提起公诉,而应当根据犯罪人的

---

〔8〕 [意]贝卡利亚:《论犯罪与刑罚》,黄风译,中国大百科全书出版社 1993 年版,第 42 页。
〔9〕 转引自杨春洗:《刑法基础论》,北京大学出版社 1999 年版,第 420 页。
〔10〕 转引自陈兴良:《刑法哲学》,中国政法大学出版社 1996 年版,第 348 页。

具体情况作出起诉或不起诉的处理决定。由此,起诉便宜主义思想开始兴起,司法实践中检察机关开始广泛运用起诉裁量权,由检察机关根据侦查结论作出不起诉决定的案件日渐增多,而侦查程序只是为了明确嫌疑人嫌疑的有无、进而决定是否起诉的独立目的也开始凸显出来。对于这种情况,强调有罪必罚、侦查就是为了起诉的公诉准备观显然是无法作出正确解释的,因为根据公诉准备观,侦查的目的是起诉,那么从理论逻辑上说,案件一旦被决定不起诉,显然就没有达到侦查的目的,整个侦查阶段的活动就只能认定为是失败,但是这样一来,就与实践中不起诉案件日渐增多的现实产生了矛盾,例如日本每年在侦查阶段有40%多的刑事案件被作不起诉处理,如果以是否达到公诉目的为标准来衡量,能够说这些案件的侦查活动是完全失败了吗?正是基于公诉准备观的"失语",学术界开始寻找新的理论工具,以对现实进行正确的诠释。在这样的背景下,侦查独立观应运而生。

侦查独立观认为,侦查的目的既不是为提起公诉做准备,也不是为审判做准备,而是明确嫌疑的有无,进而决定起诉与不起诉的独立程序。"在贯彻起诉裁量主义的实践中,对多数案件不起诉。如果对案件不起诉,也能恢复法律秩序和社会秩序,解决该案件,那么我们就应该把不起诉作为正式的案件处理方式。而且为了能够以这种方式处理案件,需要在侦查程序中对案件充分调查,因此,这种侦查程序是独立的程序。"〔11〕考察侦查独立观的理论基点,一是侦查的诉讼化或构造化,即主张侦查与审判一样具有诉讼的特性,也是一个独立的、由两造所构成的程序结构,"侦查程序就是由检察官、警察以及被害人组成的诉讼构造,侦查程序是具有独自目的的独立程序"。在这一构造中,警察机关与犯罪嫌疑人构成对立的双方,而检察官则成为监督侦查的第三方。二是人权保障的目标。侦查独立观的逻辑出发点是切实保障涉讼公民的人权,因为独立的侦查程序旨在以嫌疑的不存在、不起诉等理由,撤销没有必要提起的公诉案件,以此在侦查终结阶段就及时将被疑人从诉讼程序中解救出来,从而可以使涉讼公民摆脱"讼累"之苦。

侦查独立观的理论优势在于充分注意到了侦查程序对犯罪嫌疑人权利的保障,顺应了现代刑事诉讼注重人权保障的发展趋势。但是,这一侦查目的观也有其弊端,正如反对者所指出的,侦查独立说强调侦查活动不以公诉为目的,使侦查活动摆脱了法院的司法抑制作用,有造成纠问化侦查的危险。对此,侦查独立观的支持者反驳道,在侦查程序中有检察官监督警察的侦查活动,不会带来纠问化的危险。但是,检察官监督警察的理论前提是在侦查程序中检警分离,即检察官功能与警察功能的相互分离,但是对照侦查机关的现实,这种观点是令人怀疑的。〔12〕从各国检警关系的现状和发展趋势来看,检警一体化是各国检警关系的主流,检警关系紧密化以及检察官兼具侦查和控诉职能是检察权性质以及现代刑事诉讼构造的内在要求,由于检察权与警察权一样在本质上属于一种攻击性权力,即侦控权,因此,由检察官监督警察的侦查活动,本质上是一种同体监督,这种同体监督与法院的司法审查在监督制约的效果上是不可相提并论的,由于检察官不可能像手握审判权的法官一样在侦查程序中保持中立,过分强调检察官对侦查的监督作用可能反过来增加侦查机关的权限,造成检察机关和警察机关的集权,监督变质为检警双方合力对嫌疑人施压、侵犯人权,从而背离侦查独立观保障人权的初衷。因此,不能将侦查程序理解为是检察官居于三角顶端、由检察官控制进行的程序,侦查程序同样

---

〔11〕[日]田口守一:《刑事诉讼法》,刘迪等译,法律出版社2000年版,第25页。

〔12〕[日]田口守一:《刑事诉讼法》,刘迪等译,法律出版社2000年版,第25页。

应当是司法程序,即由法官控制进行的程序,侦查机关的强制侦查行为应当接受法官的司法审查。对于这一现实,侦查独立观显然难以作出合理的解释。

应当指出的是,理论本身不可能完美无缺,目前关于侦查目的的三种观念都是各有利弊的。而且学说往往代表着若干理论模型,而理论模型往往是理想的产物,它并不排斥、否定实践中对两种或两种以上模型的兼采。实际上,考察现代各国的刑事侦查制度,很难找到单采某一种理论模型的,往往都是在采纳一种理论模型的基础上对多种理论的兼容并包,即灰色模型或混合型,因此,在实践中,很难将某一国家对应划归某一理论模型的范畴,例如,英美国家的侦查程序尽管在目的上具有一定程度的独立性,但是并不能就此认定其采纳的就是侦查独立观。因此,前面所作的理论分类仅仅具有相对的意义。从各国的做法来看,公诉准备观是现代各国普遍采纳的侦查目的观,因为它是以现代控辩式诉讼模式为基础的,不管是大陆法国家还是英美法国家,公诉准备观都是指导侦查程序运作和侦查机关行为的基本理念。但是,由于历史传统和司法现实的不同,各国在普采公诉准备观的基础上,又有不同的侧重点。大致说来,英美法国家在公诉准备观的基础上,更倾向于侦查独立观,而大陆法国家则在公诉准备观的基础上兼采了审判准备观的部分特征,由此导致了大陆法国家与英美法国家侦查目的观上的诸多区别。

三、侦查工作的法治原则

侦查机关在进行侦查活动时,应当遵循以下各项法治原则:

(一)侦查法定原则

按照传统的法学理论,所谓的行为法定通常指实施行为的主体、方式、程序、内容必须严格按照法律的明文规定进行,那么侦查法定就是要求侦查人员开展侦查活动必须严格以刑事诉讼法为依据。但在这里,我们强调的侦查法定原则,是与"起诉法定原则"相对应的广义上的概念,该原则要求,一般情况下,一旦知悉犯罪消息、发现犯罪嫌疑,每一位侦查人员(检察官或警察)均有义务启动侦查程序,并按照法律的规定展开侦查。"法定原则一方面规定,当存有犯罪嫌疑时,检察官即需进行调查;另一方面则规定,当调查结果显示有足够的犯罪嫌疑时,检察官即有义务提起公诉。"[13]但是,侦查法定原则与起诉法定原则并不完全相同,如果说检察官的法定起诉义务因为起诉便宜主义的产生而相对化的话,那么,侦查法定原则课予了侦查官员发动侦查的绝对义务,侦查机关无权就是否进行侦查加以权衡,而只能无条件执行,对此,不应有任何例外。[14] 这意味着:

第一,在是否发动侦查的问题上,侦查人员没有裁量权,其对每一项犯罪行为均须加以侦查。这与起诉法定原则不同,起诉法定原则兼容起诉便宜原则,授权检察官,当调查结果显示有足够的犯罪嫌疑时,仍有权裁量决定是否提起公诉或者不起诉。而侦查法定原则是一项绝对义务,侦查人员一旦获悉犯罪消息、发现犯罪嫌疑,即应展开侦查,对此,侦查人员并无裁量权。不管该侦查人员是自己亲身经历犯罪还是通过法院卷宗、报纸的报道而知悉犯罪消息,甚至是并非完全不可信的传闻,均应立即展开侦查。例如,侦查人员意外地成为交通事故的目击证人;或者侦查人员在读报时,从报道中得知,一名遭丈夫遗弃的妇女携其幼年子女用瓦斯器自杀未遂;又或者侦查人员在与友人聚会时,听说某银行的出纳员与10万元现金同时

---

〔13〕[德]克劳思·罗科信:《刑事诉讼法》,吴丽琪译,法律出版社2003年版,第101~102页。

〔14〕林钰雄:《刑事诉讼法》(下),元照出版有限公司2004年版,第9页。

失踪等。无论通过何种途径(即便是在职务外的情况下)只要侦查人员知悉犯罪消息,即应发动侦查。

第二,作为一项绝对的法定职务,违反侦查法定原则的侦查官员,甚至可能构成犯罪,即有追诉、处罚犯罪职务的公务员,如果明知有罪之人而无故不使其受追诉、处罚者,可能构成枉法不追诉的刑事犯罪,法律后果相当严厉。

侦查法定原则对于我国而言,具有诸多启发意义,在我国侦查实践中,无论是公安机关,还是检察机关,侦查人员听命于机构负责人命令而展开或者放弃追诉的情况,并不鲜见,甚至已经制度化。而对此现象,殊少有识之士进行质疑,人们似乎已经习惯于将之归结为侦查权行政性特征的表现而予以认同。然而,这种现象实际上是对侦查法定原则的背离,是行政权对司法程序的干预。

(二)任意侦查原则

从侦查行为本身的效力而言,可以将侦查行为分为强制侦查行为与任意侦查行为。所谓强制侦查行为是指采用强制性手段、对当事人的重要生活权益造成侵害的侦查行为,如逮捕、拘留、搜查、扣押等;而任意侦查行为则是指不使用强制手段,不对当事人的生活权益造成侵犯,而由当事人自愿配合的侦查行为,如讯问犯罪嫌疑人、同意搜查等。强制侦查行为与任意侦查行为的根本区别在于是否可以不受当事人意思约束而强制性干预当事人的基本权利。

区分强制侦查行为与任意侦查行为的实践意义在于,各国基于保障人权的价值目标,均在立法和司法实务中规定,侦查应当以任意侦查为原则,强制侦查行为的采用受到严格的程序控制。例如,《日本刑事诉讼法》第179条规定:“为了实现侦查的目的,可以进行必要的调查。但是,如本法无特别规定时,不得进行强制处分。”这是因为,国家权力的行使以仅达目的为已足,不可过度干预公民权利。任意侦查行为与强制侦查行为相比,由于不使用强制力、不会给当事人的重要生活权益造成损害,因而对当事人权利的侵害较小。在侦查机关采用任意侦查行为与强制侦查行为均能实现侦查目的的情况下,当然应当首选对当事人权利侵害较小的任意侦查行为;而强制侦查行为由于伴随着对当事人权利的强制性侵犯,则应当尽可能避免采用,只有在采用任意侦查行为不能达成侦查目的的情况下,才能考虑使用强制侦查行为。而且,即便是在迫不得已的情况下需要实施强制侦查行为,也应受到严格的法律控制:一方面,侦查机关只能采用法律有明文规定的强制侦查行为,法律没有明文规定的强制侦查行为,侦查机关不得采用,即贯彻“强制侦查法定原则”;另一方面,由于强制侦查行为将对公民权利造成强制性侵犯,因此应当允许司法机关介入,对强制侦查行为的合法性和有效性加以审查,侦查机关采用强制侦查行为,应当持有司法机关的“令状”,即实行“司法令状主义”或“司法审查原则”。

(三)客观公正原则

由于侦查活动是起诉和审判活动的基础,侦查阶段所搜集的每一项证据在起诉和审判机关都可能发挥至关重要的作用。因而,侦查人员在侦查过程中,应当一切从实际情况出发,坚持重事实、重证据、重调查研究的态度,认真分析案情,如实反映案件的客观情况,切忌主观臆断和先入为主。在搜集证据时,更要注意全面性,既要搜集能够证明犯罪嫌疑人有罪、罪重的证据;又要搜集能够证明犯罪嫌疑人无罪、罪轻的证据。在大陆法系国家,这被称为侦查机关的"客观公正义务",即侦查机关(警察和检察官)负有义务,应当不偏袒、公正地采取行动,特别是要全面地侦查事实真相,而不得单方面谋求证明被告人有罪。为此,在进行证据收集时,不仅应当收集对被告人不利的有罪证据,也应当收集对被告人有利的无罪证据。对此,《德国刑事诉讼法》第 160 条第 2 款规定:"检察院不仅要侦查证明有罪的,而且还要侦查证明无罪的情况,并且负责提取有丧失之虞的证据。"值得注意的是,这是侦查机关收集证据与辩护方收集证据的一个重要区别。辩护方作为公民个人,只需收集对犯罪嫌疑人、被告人有利的证据,也就是证明犯罪嫌疑人、被告人无罪、罪轻的证据。

(四)比例原则

关于比例原则的具体要求,可以分为"适当原则"和"适度原则"两个具体的原则:所谓适当原则,是指侦查措施的种类应当与犯罪行为的社会危害性相适应。侦查措施,根据其对被追诉人人身和财产强制程度的不同,而有严厉程度的差别,对被追诉人的人身、财产的强制越大,则侦查措施的性质越严厉。适当原则要求严厉的侦查措施只能针对社会危害性严重的犯罪行为而采用,不能为了追究轻微的犯罪行为而采用严厉的侦查措施。如果说适当性原则是对比例原则"质"的规定性的表述,那么适度性原则就反映了刑事诉讼相应性原则对"量"的规定性的要求。适当是就侦查措施的种类而言,它强调适用于特定案件的侦查措施的种类具有唯一性,在某些案件中适当的措施,在另一些案件中就不一定合适。但是,一种侦查措施在具体运用过程中仍然有一个力度的把握问题,适度性原则就是在适当性的基础之上进一步强调侦查措施的合理性和节制性,它要求侦查措施实施的程度或曰力度应当与犯罪的社会危害性程度保持一致,侦查措施在实施中应当注意不要过度侵犯当事人的合法权益,不应给当事人的合法权益造成不必要的损害。

对此,德国学者托马斯·魏根特先生指出:"同其他对基本权利的侵害一样,扣押证据的权力也受到宪法性的比例原则的限制:国家对财产权的干涉不得超出实现合法目的的合理需要。因此扣押必须受到限制,在它为审判保全了必要的证据的同时,对受到影响的公民只能造成最小的损害。例如,如果某人被指控犯有传播淫秽音像制品罪,那么只能扣押有关的一些电影拷贝而不能扣留嫌疑人的全部物品;如果一个医生因欺骗医疗保险而受到调查,那么带走他全部病人的档案是不符合比例原则的——至少应当允许他保留复印件。"[15] 例如,在搜查、扣押程序中,如果可为证据之物或其他应扣押之物,藏匿于密室、箱库、衣柜或其他封闭、上锁之处,因此,为了达致发现并予以扣押之目的,执行搜查时,可采取开锁、开封等"必要"措施。但是,由于这种"必要处分"措施本身具有强制性,而且是以损害被搜查人的财物作为实施前提的。因此,为保障公民的合法财产权,必须注意必要处分措施运用的合理限度,即必要处分的范围和力度必须是为达成执行搜查目的所必需的,且是社会上也广泛认可的措施。如已发现被告并执行拘捕为目的之搜查,当然可以开启房间门锁,甚至破门而入,但是若进屋后又强行开启上锁的书桌抽屉,这显然就不是必要的处分了。另外,如果被搜查人已经提供了钥匙,就不能再强行破门而入。

---

〔15〕 [德]托马斯·魏根特:《德国刑事诉讼程序》,岳礼玲、温小洁译,中国政法大学出版社 2004 年版,第 107 页。

第五节 侦查行为

一、讯问犯罪嫌疑人

讯问犯罪嫌疑人，是指侦查人员依照法定的程序，以言词的方式对被怀疑犯有罪行的人进行讯问的一种侦查行为。因为犯罪嫌疑人可能就是实施犯罪行为之人，其对案发原因以及案发情况有着最直接的了解，因此，讯问犯罪嫌疑人，是查清案件事实和查获证据的重要手段和方式。

根据我国刑事诉讼法和有关规定，讯问犯罪嫌疑人必须遵守下列程序：

其一，讯问的主体。讯问犯罪嫌疑人应当由侦查人员进行，非侦查人员不得讯问犯罪嫌疑人。讯问犯罪嫌疑人时，侦查人员不得少于二人。之所以要求，讯问犯罪嫌疑人时，侦查人员不得少于二人，按照我国理论界的通说，一是因为侦查人员一人讯问时，自审自记，容易出现篡改笔录、刑讯逼供以及以威胁、引诱、欺骗等非法方法讯问犯罪嫌疑人的情况，因此，讯问时二人同行、互相监督；二是为了确保侦查人员的人身安全，防止犯罪嫌疑人暴起行凶。

其二，讯问的时间、地点。犯罪嫌疑人被送交看守所羁押以后，侦查人员对其进行讯问，应当在看守所内进行。对不需要逮捕、拘留的犯罪嫌疑人，可以传唤到犯罪嫌疑人所在市、县内的指定地点或者到他的住处进行讯问，但是应当出示人民检察院或者公安机关的证明文件。对在现场发现的犯罪嫌疑人，经出示工作证件，可以口头传唤，但应当在讯问笔录中注明。传唤、拘传持续的时间不得超过 12 小时；案情特别重大、复杂，需要采取拘留、逮捕措施的，传唤、拘传持续的时间不得超过 24 小时。不得以连续传唤、拘传的形式变相拘禁犯罪嫌疑人。传唤、拘传犯罪嫌疑人，应当保证犯罪嫌疑人的饮食和必要的休息时间。

其三，讯问犯罪嫌疑人应当隔离、个别进行。对同案犯罪嫌疑人进行讯问时应当进行隔离、个别进行，以防止其相互影响和串供。但在必要时，可以批准或要求同案犯罪嫌疑人相互对质。特别要注意的是，对质，本是犯罪嫌疑人的诉讼权利之一，因此，对于犯罪嫌疑人要求对质的，只要不妨碍侦查，侦查机关均应当批准同意。

其四，讯问的步骤、方法。侦查人员在讯问犯罪嫌疑人之前，应当了解案件情况和证据材料，制订讯问计划，列出讯问提纲。侦查人员在第一次讯问时，应当问明犯罪嫌疑人的姓名、别名、曾用名、出生年月日、户籍所在地、暂住地、籍贯、出生地、民族、职业、文化程度、家庭情况、社会经历、是否受过刑事处罚或者行政处理等情况，同时，应当完整地告知犯罪嫌疑人相应的诉讼权利。侦查人员在问明基本情况后，应当首先讯问犯罪嫌疑人是否有犯罪行为，让他陈述有罪的情节或者无罪的辩解，然后再向他提出问题，此即自然陈述原则。自然陈述原则的主要目的是防止侦查人员先入为主，要求侦查人员在讯问犯罪嫌疑人时，应当不带任何偏见和成见地让他自然陈述，在其承认犯罪的情况下，再详细讯问犯罪的事实和情节；如果犯罪嫌疑人否认犯罪，应当认真听取他申辩的事实和理由。然后，就供述或者辩解中的不清楚、不全面或者前后矛盾的地方向他提问，以保证讯问工作的客观、公正。对于讯问方法的改革，如何由“刚”

变“柔”,贯彻自白自愿原则,这是一个重要的、亟待解决的问题。

其五,犯罪嫌疑人享有不强迫自证其罪的权利。根据我国2018年《刑事诉讼法》第52条的规定:“审判人员、检察人员、侦查人员必须依照法定程序,收集能够证实犯罪嫌疑人、被告人有罪或者无罪、犯罪情节轻重的各种证据。严禁刑讯逼供和以威胁、引诱、欺骗以及其他非法方法收集证据,不得强迫任何人证实自己有罪。”据此,犯罪嫌疑人在审讯中享有不强迫自证其罪的权利。虽然2012年修改的《刑事诉讼法》第50条明确赋予了被追诉人“不强迫自证其罪”的权利,但同时又保留了原《刑事诉讼法》第93条(现改为2018年《刑事诉讼法》第120条)的内容即“侦查人员在讯问犯罪嫌疑人的时候……犯罪嫌疑人对侦查人员的提问,应当如实回答”,由此出现了立法条文上“不强迫自证其罪”权利与“如实陈述”义务并列的少见情形。虽然在文义上,无论是“不强迫自证其罪”,还是“如实陈述”,都存在一定的解释空间,但诉讼法理上一般认为,所谓“不强迫自证其罪”,实质就是赋予了被追诉人供述(或辩解)与否的选择权,保障的是被追诉人供述(或辩解)的自愿性,即被追诉人享有是否“开口”的自由,在面对侦查人员的讯问时,犯罪嫌疑人可以选择“开口”(供述),也可以选择“不开口”(沉默)。在这个意义上,沉默权与“不强迫自证其罪”权之间具有等效性和互释性。而与此相反,“如实陈述”义务则要求犯罪嫌疑人在接受侦查人员讯问时必须如实回答,这意味着犯罪嫌疑人至少在法律上有“开口”(供述或辩解)的义务,而无沉默的权利。由此可见,“如实陈述”义务与“不强迫自证其罪”权利之间在立法精神与内容上均存在一定的抵触。在我国语境下,“不强迫自证其罪”应当理解为侦查人员不得采用我国刑事诉讼法所禁止的侵害犯罪嫌疑人基本人权的讯问方法获取犯罪嫌疑人的有罪供述。

其六,侦查机关应告知犯罪嫌疑人坦白可从宽。根据刑事诉讼法的规定,侦查人员在讯问犯罪嫌疑人的时候,应当告知犯罪嫌疑人如实供述自己罪行可以从宽处理的法律规定。据此,之前在司法实务中实行的“坦白从宽”政策得以合法化,且侦查机关应承担诉讼关照义务,在讯问时应对该政策明确予以告知。

其七,严禁非法取供。2018年《刑事诉讼法》第52条规定,侦查人员在讯问犯罪嫌疑人时,严禁刑讯逼供和以威胁、引诱、欺骗以及其他非法的方法获取犯罪嫌疑人的供述。

其八,讯问未成年和聋、哑等犯罪嫌疑人的特殊要求。对未成年人犯罪的追诉和矫正程序,有其特殊性,讯问未成年犯罪嫌疑人,也应当针对未成年人的身心特点,采取不同于成年人的方式。根据2018年《刑事诉讼法》第281条的规定:“对于未成年人刑事案件,在讯问和审判的时候,应当通知未成年犯罪嫌疑人、被告人的法定代理人到场。无法通知、法定代理人不能到场或者法定代理人是共犯的,也可以通知未成年犯罪嫌疑人、被告人的其他成年亲属,所在学校、单位、居住地基层组织或者未成年人保护组织的代表到场,并将有关情况记录在案。到场的法定代理人可以代为行使未成年犯罪嫌疑人、被告人的诉讼权利。到场的法定代理人或者其他人员认为办案人员在讯问、审判中侵犯未成年人合法权益的,可以提出意见。讯问笔录、法庭笔录应当交给到场的法定代理人或者其他人员阅读或者向他宣读。讯问女性未成年犯罪嫌疑人,应当有女工作人员在场。”讯问聋、哑犯罪嫌疑人,应当有通晓聋、哑手势的人参加,并在讯问笔录上注明犯罪嫌疑人的聋、哑情况,以及翻译人的姓名、工作单位和职业。讯问不通晓当地语言文字的犯罪嫌疑人,应当配备翻译人员。

其九,讯问笔录的制作。刑事诉讼法规定讯问犯罪嫌疑人,应当制作讯问笔录。侦查人员应当将问话和犯罪嫌疑人的供述或者辩解如实地记录清楚。讯问笔录应当交犯罪嫌疑人核对,对于没有阅读能力的,应当向他宣读。如果记载有遗漏或者差错,犯罪嫌疑人可以提出补充或者改正。犯罪嫌疑人承认笔录没有错误后,应当签名或者盖章。侦查人员也应当在笔录上签名。犯罪嫌疑人请求自行书写供述的,应当准许。

其十,讯问犯罪嫌疑人,在文字记录的同时,可以根据需要录音、录像。录音、录像可以更为客观、真实地记录讯问全部过程,对于防止侦查人员采用刑讯逼供、威胁、引诱、欺骗等非法方法收集证据具有重要意义。为此,2018 年《刑事诉讼法》第 123 条规定:"侦查人员在讯问犯罪嫌疑人的时候,可以对讯问过程进行录音或者录像;对于可能判处无期徒刑、死刑的案件或者其他重大犯罪案件,应当对讯问过程进行录音或者录像。录音或者录像应当全程进行,保持完整性。"目前,在 2005 年最高人民检察院发布《人民检察院讯问职务犯罪嫌疑人实行全程同步录音录像的规定(试行)》的基础上,2014 年,公安部下发了《公安机关讯问犯罪嫌疑人录音录像工作规定》,要求对五类重大犯罪案件及犯罪嫌疑人是盲、聋、哑人或社会舆论关注度高的八类特殊案件实施全程录音录像,并对录音录像的制作、储存和出示提出了较为具体的程序要求。并且,按照公安部工作规划,讯问过程的同步录音录像制度待时机成熟后,其适用范围将逐步扩大到全部案件,随案移送。

二、询问证人、被害人

询问证人、被害人是指侦查人员依照法定程序,通过言词方式,就案件有关情况向证人、被害人进行调查了解的一种侦查活动。我国 2018 年《刑事诉讼法》第 62 条规定,凡是知道案情之人都有作证的义务,因而,询问证人、被害人也是一项带有强制性的侦查行为。

根据刑事诉讼法和有关规定,询问证人、被害人应当遵守下列程序:

其一,询问的主体。询问证人、被害人只能由侦查人员进行,询问时侦查人员不得少于两人。

其二,询问的地点。侦查人员询问证人,可以在现场进行,也可以到证人所在单位、住处或者证人提出的地点进行,在必要的时候,可以通知证人到人民检察院或者公安机关提供证言。在现场询问证人,应当出示工作证件,到证人所在单位、住处或者证人提出的地点询问证人,应当出示人民检察院或者公安机关的证明文件。实践中,尤其是在异地办案的情况下,往往存在证人询问地点的考量。特别要注意的是,2012 年刑事诉讼法修正后,对证人询问地点作了修改,规定询问证人可以在"证人提出的地点"进行,这意味着,只要证人自愿,询问证人可以不在现场或证人所在单位、住处等法定地点进行。但实务操作中应注意尊重证人的意愿,不得强迫证人在他明确表示不愿意前往的地点接受询问。当然,从实务操作的角度讲,所谓的证人自愿,也不能仅仅理解为"心甘情愿",只要证人不明确表示拒绝,"半推半就"的情况在法理上也可视为自愿。

其三,询问证人、被害人时应当个别进行。询问多名证人、被害人时,应当分别进行、个别询问,切忌采用"开座谈会"的方式,将多名证人、被害人同时召集在一起进行询问,更不能让多名证人共同出具一份书面证词。[16] 这是因为,证人、被害人是凭借其五官作用对案情的"感

---

〔16〕 从证据的角度讲,被害人同时也是控方证人,尤其在英美法系中,被害人就被视为控方证人。

知”作客观陈述,[17] 如果采用“开座谈会”的方式,将多名证人同时召集在一起进行询问,会导致证人之间相互影响,动摇证言的准确性和真实性。此外,同一案件若有几个证人时,在必要时,可以要求提供相互矛盾的证言、陈述的证人、被害人相互对质。

其四,询问证人、被害人的步骤、方法。首先,询问前,应当了解证人、被害人的身份,证人、犯罪嫌疑人、被害人之间的关系。其次,在询问时,应当告知证人必须如实地提供证据、证言和有意作伪证或者隐匿罪证应负的法律责任。在询问证人时,应当首先让证人就他所了解的案件情况系统、全面地叙述,不要轻易打断。如果证人回答的内容与案件无关,可以作必要的提示、引导。证人讲完之后,侦查人员可以就叙述不清、前后矛盾的地方提出问题,让证人补充说明。最后,侦查人员的提问应当明确、易懂,便于证人回答。侦查人员所提的问题不能带有诱导性,即侦查人员所提出的问题不能带有明示或暗示证人应当如何回答的内容,侦查人员更不得向证人、被害人泄露案情或者表示对案件的看法,因为这样容易使证人提供的证言失去客观性,不利于侦查人员正确认定案件事实。

其五,严禁非法获取言词证据(证人证言、被害人陈述)。我国不仅严禁非法取供,也严禁非法取证,即严禁使用威胁、引诱和其他非法方法询问证人、被害人。2018 年《刑事诉讼法》第 56 条明确规定:“采用刑讯逼供等非法方法收集的犯罪嫌疑人、被告人供述和采用暴力、威胁等非法方法收集的证人证言、被害人陈述,应当予以排除。”

其六,询问未成年以及聋、哑证人、被害人的特殊规定。未成年证人、被害人心智不成熟,因此,询问未成年证人、被害人时,应当通知其法定代理人到场。无法通知、法定代理人不能到场的,也可以通知其他成年亲属,所在学校、单位、居住地基层组织或者未成年人保护组织的代表到场,并将有关情况记录在案。询问聋、哑证人、被害人,应当有通晓聋、哑手势的人做翻译,并将这种情况记入笔录。询问不通晓当地语言文字的人、外国人,应当为其聘请翻译人员。

其七,对证人、被害人的保护。人民法院、人民检察院和公安机关应当保障证人及其近亲属的安全。对证人及其近亲属进行威胁、侮辱、殴打或者打击报复,构成犯罪的,依法追究刑事责任;尚不够刑事处罚的,依法给予治安管理处罚。对于危害国家安全犯罪、恐怖活动犯罪、黑社会性质的组织犯罪、毒品犯罪等案件,证人、鉴定人、被害人因在诉讼中作证,本人或者其近亲属的人身安全面临危险的,人民法院、人民检察院和公安机关应当采取以下一项或者多项保护措施:(1)不公开真实姓名、住址和工作单位等个人信息;(2)采取不暴露外貌、真实声音等出庭作证措施;(3)禁止特定的人员接触证人、鉴定人、被害人及其近亲属;(4)对人身和住宅采取专门性保护措施;(5)其他必要的保护措施。证人、鉴定人、被害人认为因在诉讼中作证,本人或者其近亲属的人身安全面临危险的,可以向人民法院、人民检察院、公安机关请求予以保护。人民法院、人民检察院、公安机关依法采取保护措施,有关单位和个人应当配合。

其八,询问笔录的制作。询问证人、被害人,应当制作笔录。侦查人员应不失原意地制作询问笔录,笔录应交证人、被害人核对或向其宣读。如果记载有遗漏或者有差错,证人、被害人可以申请补充或者改正。笔录核实无误后,应当由证人、被害人签名或盖章,侦查人员也应当在笔录上签名。如果证人、被害人愿意提供书面证言或书面陈述,应当允许。但是,书面证言或者书面陈述不能代替口头询问。

---

〔17〕 根据立法规定,证人是了解案情之人,但证人实际上是通过“视觉”、“听觉”、“味觉”、“嗅觉”以及“触觉”等感知案情的,因此,证人作证,其实是就其对案情的“感知”作客观陈述。

三、勘验、检查

勘验、检查,是指侦查人员对与犯罪有关的场所、物品、尸体或人身等亲临查看、了解与检验,以发现和固定犯罪活动所遗留的各种痕迹和物品的一种侦查行为。勘验、检查的任务,是发现、收集和研究犯罪的痕迹和证物,分析研究罪犯作案情况、作案手段和作案动机,判断案件性质,确定侦查方向和范围,揭露、证实犯罪分子。

勘验与检查的性质是一样的,只是对象有所不同:勘验的对象是现场、物品和尸体;而检查的对象是活体,即活人的身体,主要是被害人、犯罪嫌疑人的身体。勘验、检查并不一定需要强制进行,但若遇抗拒,得使用强制力压制抗拒,强制进行勘验、检查。因此,法治国家往往将勘验、检查也视为一种强制处分措施。

作为一种侦查行为,勘验、检查的结果必须制作成勘验、检查笔录,这也是一种重要的证据形式。根据2018年《刑事诉讼法》第128条的规定,侦查人员对于与犯罪有关的场所、物品、人身、尸体应当进行勘验或者检查。在必要的时候,可以指派或者聘请具有专门知识的人,在侦查人员的主持下进行勘验、检查。换言之,勘验、检查的主体只能是上述法定人员,否则,所获证据将不具有证据能力。

我国的勘验、检查分为现场勘查、物证检验、尸体检验、人身检查和侦查实验。

1. 现场勘查

现场勘查,是侦查人员对犯罪分子实施犯罪的地点以及遗留有与犯罪有关的痕迹和物品的场所进行勘查的一种侦查活动。现场勘查主要包括以下几项工作:对现场及其周围的事主、被害人、证人进行现场调查;实地勘验犯罪场所;制作勘验笔录;对现场进行处理,发现和提取犯罪证据等。

根据刑事诉讼法和相关司法解释的规定,对犯罪现场进行勘查,应当遵守下列程序:

其一,案发后的现场保护。2018年《刑事诉讼法》第129条规定,任何单位和个人,都有义务保护犯罪现场,并且立即通知公安机关派员勘验。发案地派出所、巡警或者治安保卫组织应当妥善保护犯罪现场,注意保全证据,控制犯罪嫌疑人,并立即报告公安机关主管部门。为进行现场保护,可以在案发现场拉起"封锁线",暂时禁止无关人员进入。需要迅速采取搜索、追踪、堵截、鉴别、控制销赃等紧急措施的,应当立即报告负责本案侦查的指挥人员。

其二,现场勘查的主体。现场勘查,由县级以上公安机关、人民检察院等机关的侦查部门负责。一般案件的现场勘查,由侦查部门负责人指定的人员现场指挥;重大、特别重大案件的现场勘查由侦查部门负责人现场指挥。必要时,发案地公安机关负责人应当亲自到现场指挥。

其三,现场勘查的程序。首先,执行勘查的侦查人员接到通知后,应当立即赶赴现场。勘查现场,应当持有《刑事犯罪现场勘查证》,并应邀请两名同案件无关、为人公正的公民到现场作见证人。其次,勘查现场,应当按照现场勘查规则的要求拍摄现场照片,制作《现场勘查笔录》和现场图。对重大、特别重大案件的现场,应当录像。计算机犯罪案件的现场勘查,应当立即停止应用,保护计算机及相关设备,并复制电子数据。

其四,现场勘查笔录的制作。对现场勘验情况应制成笔录,侦查人员、参加勘验的其他人员和见证人都应当在笔录上签名或盖章。

2. 物证检验

物证检验是侦查人员对其在现场所收集到的物品和痕迹,利用科学技术原理和设备进行鉴别和判断一种侦查行为。

犯罪分子总会在犯罪现场留下若干“蛛丝马迹”(物品或痕迹),这是侦查工作展开的前提和基础,侦查机关正是循着这些物品和痕迹展开调查,并提取相关物品和痕迹作为证据用来指控犯罪分子。但犯罪分子在犯罪现场留下的物品和痕迹,可能随着时间的流逝而湮灭,因此,对于侦查人员而言,必须及时地赶往犯罪现场提取、收集案件相关物品和痕迹,并利用科学技术原理和设备进行鉴别和判断。

对物证进行检验时,对物品的特征,如果侦查人员不能判断、需要专门技术人员进行鉴定的,应当指派或者聘请具有专门知识的人进行鉴定,所形成的书面报告称为“鉴定意见”。

检验物证应制作检验笔录,详细记载物证的特征,如物品的材料、形状、尺寸、体积、重量、颜色、商标、号码,痕迹的位置、大小、形状、性质等。参加检验物证的人员和见证人,应当在笔录上签名或者盖章,并注明时间。

3. 尸体检验

尸体检验是通过尸表检验和尸体解剖的检验,以确定或判断死亡的时间和原因、致死的工具和手段、方法等,为侦查破案提供线索和为查明案情提供依据的一种侦查行为。尸体勘验又分为尸表勘验和尸体解剖。尸表勘验是对尸体在现场上的位置、姿势、尸体上的伤痕和尸体衣着、附着物及尸体的变化等进行的检验。对尸体内部脏器进行的勘验则为尸体解剖。

根据2018年《刑事诉讼法》第131条的规定:“对于死因不明的尸体,公安机关有权决定解剖,并通知死者家属到场。”死者家属无正当理由拒不到场或者拒绝签名(盖章)的,不影响解剖或者开棺检验,但是应当在《解剖尸体通知书》上注明。对于身份不明的尸体,无法通知死者家属的应当在笔录中注明。

对于死因不明的尸体,公安机关虽得强制进行尸体检验,但在尸体检验过程中,应当严格遵守国家的法律和有关规定,尊重当地的风俗习惯。对于已查明死因,没有继续保存必要的尸体,应当通知家属领回处理,对无法通知或者通知后家属拒绝领回的,经县级以上公安机关负责人批准,可以及时处理。

尸体检验应当制作笔录。笔录应当记明检验中所见的全部情况及作出的结论,然后由参加检验的侦查人员、法医或者医生、死者的家属等签名或者盖章,并注明年、月、日。

4. 人身检查

根据我国2018年《刑事诉讼法》第132条之规定,为了确定被害人、犯罪嫌疑人的某些特征、伤害情况或者生理状态,可以对人身进行检查,可以提取指纹信息,采集血液、尿液等生物样本。

人身检查并不一定需要借助强制力实施,但如果犯罪嫌疑人拒绝检查,侦查人员认为必要的时候,可以强制检查,因此,人身检查也是一项强制侦查行为。尤其需要注意的是,人身检查并不在刑事诉讼法规定的“不强迫自证其罪权”的保障范围之内,犯罪嫌疑人不得援引“不强迫自证其罪权”作为拒绝检查的理由。

人身检查的适用对象是对活人的身体,其目的是确定被害人、犯罪嫌疑人身体的某些特征、伤害情况或生理状态;其手段是通过对人身进行检查或者提取指纹信息,采集血液、尿液等生物样本进行分析,以查明案发情况,并固定相关证据。

由于人身检查涉及公民基本人身权利和自由,因此,必须严格按照法定程序进行:(1)人身检查只能由侦查人员进行,必要时可以邀请法医或医师参加。(2)人身检查只适用于犯罪嫌疑人和被害人,实践中根据案情需要有时也会对证人的视觉和听觉等进行检查,但该检查并不属于刑事诉讼法规定的作为强制侦查行为的"检查"。同时,被害人如果拒绝进行人身检查的,不能强制进行检查,而只能说服教育。(3)检查妇女的身体,应当由女工作人员或者医师进行。(4)人身检查应作笔录,详细记载检查情况和结果,并由参加检查的人员和见证人签名或者盖章,并注明时间。

特别值得注意的是,在毒品犯罪中经常采用的检查方法是强制采尿。毒品犯罪的主体大致可以分为毒品的提供者和毒品的需求者两类。这两类犯罪的特征具有很大的不同:前者的典型形式是走私、制造、贩卖毒品;后者的典型形式是购买、使用毒品。因此,针对不同的犯罪必须采取不同的、有针对性的侦查手段,如果说控制下交付是打击毒品提供者的有效手段,那么强制采尿就是针对毒品需求者的有力武器。即使在一些个人使用毒品不构成犯罪的国家,通过对使用毒品者的查处,进而发现毒品提供者的"顺藤摸瓜"战略也是被经常采用的。

所谓强制采尿,是指为了证明行为人自己是否使用了毒品,而强制性地从犯罪嫌疑人体内提取尿液的侦查方法。在司法实践中,主要是为了确定是否使用毒品,因为毒品在血液中会存留一段时间,如果从尿液中检验出毒品成分,就可以证明嫌疑人曾经使用毒品的事实。提取、采集犯罪嫌疑人的尿液,如果得到配合,一般无须使用强制力,但如果犯罪嫌疑人拒绝提取尿液时,就只能强制采尿。一般情况下,由几名侦查人员按住拒绝采尿的犯罪嫌疑人的手脚,然后由医生把导尿管插入尿道。

我国刑法虽未规定使用毒品是犯罪,但在证明相关毒品犯罪时,如容留他人吸毒、贩卖毒品等犯罪行为时,也需要进行强制采尿。至于强制采尿措施的性质和程序,在1978年和1996年《刑事诉讼法》中均无明确规定,但在2012年《刑事诉讼法》修正后,刑事诉讼法明确规定人身检查的对象包括提取尿液,据此,强制采尿获得了合法地位,成为一项法定侦查措施,其程序依照人身检查程序进行,但在司法实务操作中应当注意以下几点:(1)只能由医生进行。因为强制采尿需要侵入犯罪嫌疑人的身体内部(阴部),因此,为了保证不对嫌疑人的身体健康造成危害,强制采尿只能由专业医生进行,因为医生比较熟悉导尿技术,只要认真细致地进行导尿是不会对身体或健康造成危害的。(2)必须是"确有必要"。有人认为,强制采尿虽不至于伤害人的身体,但是却对可能给人带来耻辱感或精神上的打击,因此,不应允许采用。但是,损害人的尊严,并不能成为禁止强制采尿的充分理由,因为针对人的身体的检查(人身检查)等措施,也同样侵害人的尊严,但并未禁止使用。据此,在侦查程序中绝对不允许使用这种强制处分是没有理由的,考虑到案件的严重程度、犯罪嫌疑的证据确凿、取证的必要性、没有其他可以代替的方法等因素时,强制采尿可以作为最后手段来使用。[18] 在实践中,应当尽量说服嫌疑人自愿配合侦查机关的调查,只有在嫌疑人拒绝,而又没有其他方法可以代替的情况下,侦查机关最后才能采用强制手段提取尿液。由于强制采尿是在人的身体内(阴部)进行,因此在实施强制采尿时,必须注意维护嫌疑人的人格尊严,不能有伤风化。

5. 侦查实验

侦查实验是为确定案件中的某一特定行为或事件在某种情况下能否发生,而按当时的情况和条件,人为地重新呈现的侦查活动。侦查实验的任务是:(1)确定在一定条件下能否听到

---

〔18〕［日］加藤克佳:《毒品犯罪的侦查》,载西原春夫主编:《日本刑事法的重要问题》(第2卷),金光旭等译,(中国)法律出版社、(日本)国成文堂2000年联合出版。

或者看到;(2)确定在一定时间内能否完成某一行为;(3)确定在什么条件下能够发生某种现象;(4)确定在某种条件下某种行为和某种痕迹是否吻合一致;(5)确定在某种条件下使用某种工具可能或者不可能留下某种痕迹;(6)确定某种痕迹在什么条件下会发生变异;(7)确定某种事件是怎样发生的。

2018 年《刑事诉讼法》第 135 条规定:“为了查明案情,在必要的时候,经公安机关负责人批准,可以进行侦查实验。”进行侦查实验必须严格禁止一切足以造成危险、侮辱人格或有伤风化的行为。侦查实验,在必要的时候可以聘请有关人员参加,也可以要求犯罪嫌疑人、被害人、证人参加。

进行侦查实验的情况应当制作《侦查实验笔录》,由参加实验的人员签名或者盖章。实验所拍摄的照片、绘图等,应当附侦查实验的笔录。《侦查实验笔录》也是法定的证据种类之一,因此,为确保该证据的证据能力,《侦查实验笔录》必须依法制作。

四、搜查

搜查是侦查人员在侦查过程中,为了收集犯罪证据,查获犯罪人,对有关的人身、处所、物品等进行搜索和检查的一种侦查措施。

搜查的任务是发现和收集证据,查获犯罪嫌疑人。《刑事诉讼法》第 135 条规定:“任何单位和个人,有义务按照人民检察院和公安机关的要求,交出可以证明犯罪嫌疑人有罪或者无罪的物证、书证、视听资料等证据。”对于拒不交出的,侦查机关有权决定强制进行搜查、扣押。因此,搜查是一种强制侦查行为。

(一)搜查的分类

在理论上,可以依据不同的标准对搜查进行分类:

一是根据指向的对象不同,可以将搜查分为对人搜查和对物搜查:对人搜查,是指为了在被搜查人衣着上或身体上查找与犯罪有关的物品或者痕迹而以犯罪嫌疑人、被告人、第三人的衣着或身体为对象进行搜索、检查,其具体方式是以拍打、触摸等方式对该人衣服及身体进行搜索、检查。而对物搜查,则是指以物件(包括一切动产和不动产)为对象进行的搜索、检查。

二是根据被搜查人的身份,即其与案件的关联性为标准,搜查可以分为对犯罪嫌疑人、被告人的搜查和对第三人的搜查。搜查行为主要指向与本案有利害关系的当事人,即犯罪嫌疑人和被告人,但同时,也可能旁及案外第三人。无论是对犯罪嫌疑人、被告人的搜查,还是对第三人的搜查,都应当严格按照法定程序进行。但是,从经验常识即可判断,案外第三人与案件的关联性程度远低于当事人,因此,要搜查第三人,往往需要更为严格的程序要件。例如,《德国刑事诉讼法》第 102 条针对搜查犯罪嫌疑人的条件规定,对具有犯罪行为主犯、共犯嫌疑,或者具有庇护、藏匿犯人或者赃物罪嫌疑的人员,为了破获他,或者在推测进行搜查可能收集到证据材料时,可以搜查他的住房与其他房间以及他的人身和属于他的物品。同法第 103 条针对搜查案外第三人的条件规定,对其他人员,只有在为了破获被指控人、追踪犯罪行为线索或者扣押一定的物品,并且只能在依据事实可以推测所寻找的人员、线索或者物品就在应予搜查的房间里的时候,才准许予以搜查。可见,搜查案外第三人,只能出于特定的目的,法律对这些目的作了详尽列举:抓获“被指控人”、追寻“犯罪行为线索”、起获“特定物品”等。法律明确规定,只有在有“事实”支持该人员、线索或物品存在的推断时,才可以这些目的而进行搜查。

三是根据搜查是否强制进行,可以将其分为同意搜查和强制搜查:前者是指在被搜查人同意的情况下所进行的搜查。由于这一类型的搜查是以被搜查人同意为前提进行的,因此,本质上不再属于强制性侵犯公民基本权利的强制侦查行为,而转化为一种任意侦查行为。而后者则是指不以被搜查人同意为前提,而是依靠国家强制力所进行的搜查,这一类型的搜查是一种强制侦查行为。

四是根据搜查是否获得司法令状的授权,可以分为有证搜查和无证搜查。为切实保障公民基本权利,现代法治国家普遍遵奉司法令状主义,以有证搜查为原则,而以无证搜查为例外,同意搜查因其任意性,而无须事前获得司法令状,因而属于无证搜查。但是,要注意的是,无论是有证搜查,还是无证搜查,基于程序法定以及正当程序等理念、原则,各国刑事诉讼法对其程序都作出了较为详尽的规定,也正是在这些详尽甚至繁琐的程序框架下,被搜查人的基本权利,才获得了切实的保障。

(二)搜查的程序

搜查由强制力保障实施,一旦遭到滥用,将给公民的人身自由和财产自由造成侵犯,因此,必须确保搜查严格遵循法定程序进行。

第一,搜查的主体。根据刑事诉讼法的规定,在侦查阶段依法有权搜查的主体是人民检察院、公安机关等侦查机关的侦查人员。此外,任何机关、团体或者个人都无权进行搜查。搜查妇女身体,应当由女侦查人员进行。

第二,搜查的对象。根据我国2018年《刑事诉讼法》第136条的规定,侦查人员可以对犯罪嫌疑人以及可能隐藏罪犯或者犯罪证据的人的身体、物品、住所和其他有关的地方进行搜查。据此,侦查人员可以将可能隐藏罪犯和犯罪证据的一切场所、物品和人身作为搜查对象。

第三,搜查以有证搜查为原则,侦查人员应当持有搜查证才能进行搜查。在我国,搜查需经县级以上侦查机关负责人批准。根据刑事诉讼法的规定,搜查之前,应当向被搜查人出示搜查证。当然,在紧急情况下,在执行逮捕、拘留时,不另用搜查证也可以进行搜查,这被称为附带搜查。

第四,搜查应当有被搜查人或者他的家属、邻居或其他见证人在场。搜查到与案件有关的物品时,应当让见证人过目。

第五,搜查中“强制力”运用的合理限度:(1)为了防止被搜查人逃跑或者转移、销毁被搜查的物品,必要时,可以在被搜查的处所周围设置武装警戒或者临时封锁,以保证搜查顺利进行。(2)搜查时,如果遇到阻碍,可以强制进行搜查。对以暴力、威胁方法阻碍搜查的,应当予以制止,或者由司法警察将其带离现场。对于构成犯罪的,应当依法追究刑事责任。(3)搜查中应注意保护公私财物。

第六,搜查的情况应当制作《搜查笔录》。《搜查笔录》由三个部分构成:第一部分是搜查的时间,执行搜查的人员,搜查证的编号、见证人、搜查地点。第二部分是搜查的方位和实施过程。第三部分是搜查人、见证人、被搜查人签名、盖章。如果被搜查人或者他的家属不在现场,或者拒绝签名、盖章的,侦查人员应当在笔录上注明。

五、扣押

(一)扣押的概念

广义上的扣押,不仅是指扣押物证、书证,还包括查询、冻结存款、汇款以及扣押电子信息、查封不动产或空间等。我国2018年《刑事诉讼法》第141条规定:“在侦查活动中发现的可用以证明犯罪嫌疑人有罪或者无罪的各种财物、文件,应当查封、扣押;与案件无关的财物、文件,不得查封、扣押。”第142条规定:“人民检察院、公安机关根据侦查犯罪的需要,可以依照规定查询、冻结犯罪嫌疑人的存款、汇款、债券、股票、基金份额等财产。”据此,扣押(包括冻结)的对象不再限于物品、文书及存款、汇款,而是包括多种财产形式,如债券、股票、基金等。

从法理上讲,扣押客体的性质和形态具有多样性,因此,各国刑事诉讼法往往针对不同性质和形态的扣押物规定了不同的扣押形式。一般而言,基于动产和不动产所有权宣示的要件不同,动产的扣押以转移占有权为前提,扣押机关可以对扣押物予以强制提取并加以妥善保管。我国澳门特别行政区《刑事诉讼法》第163条第2款规定,扣押之物件须尽可能附于卷宗;如属不能,则交托负责该诉讼程序之司法公务员保管或交托受寄人保管,并将此事记录于有关笔录。但不动产(包括空间)的扣押则无须转移占有,可由扣押机关对拟扣押的不动产或空间予以“查封”(贴封条或禁止进入)。而对于银行账户上的存款、股票、有价证券等予以扣押时也无须转移占有,可由扣押机关以“冻结”的方式对其债权予以扣押。因此,所谓查封、冻结,实际上也是一种扣押,只是三者在适用对象上有所差别:扣押,针对的是动产;查封,针对的是不动产;冻结,针对的是债权(银行存款、有价证券等)。

(二)扣押的效力

我国2018年《刑事诉讼法》第141条规定:“在侦查活动中发现的可用以证明犯罪嫌疑人有罪或者无罪的各种财物、文件,应当查封、扣押。”然而,何谓“扣押”,其具体法律内涵是什么?立法上并未明示。从法理上讲,扣押作为在一种强制处分措施,其实施必然对当事人财产权的行使造成干预,那么,这种干预的具体内容是什么?当事人在这种强制干预下是否还保有以及具体保有何种权利?

就本质上而言,扣押作为一项强制处分措施,是以干预当事人财产权为内容的,这种干预具有两个特征:

第一,扣押,既可能直接剥夺公民财产权的全部权能(占有、使用、收益、处分),也可能仅仅限制公民财产权的部分权能。限制公民财产权部分权能,是扣押的常态。扣押,仅仅是一种程序性强制处分,而非实体判决,因此,被扣押的物品,权利人原则上并不丧失所有权。虽然各国法律均规定被扣押的物品,如果可能,都应当从所有人手中转移并被带到法庭,但是,这仅仅意味着权利人所有权四项权能中的“占有”“使用”“处分”权能被剥夺,而不影响权利人享有其他权能,所有权人仍然可以该物品为标的参与其他民事经济活动,例如,冻结当事人在银行的存款,不应当影响其对利息的收取,因为这时权利人仍然享有收益权(除非最后法院判决剥夺当事人对该存款的所有权,因对原物所有权消灭而导致孳息所有权随之消灭)。在法定情况下,如当事人提供担保的情况下,扣押物还可以返还权利人,权利人可以“占有”和“使用”被扣押物,并获取“收益”,只是不得“处分”。这就提示侦查机关,在采用相关侦查措施限制当事人财产自由的同时,不能妨碍当事人那些与侦查目的无关的财产权利的行使,这是保障当事人财产权的题中应有之义。当然,在特定情形下,扣押也可能直接消灭权利人的所有权,例如,对违禁品的扣押,如果扣押的违禁品是易发生危险之物,如炸药、枪弹等,扣押之后可以立即销毁。由于这时扣押标的物被直接消灭,公民财产权的全部权能(占有、使用、收益、处分)也就随之被全部剥夺。

第二,扣押对财产权的干预,不仅体现在对公民财物所有权的直接侵损,也可能体现为对公民财产权的间接侵损。转移扣押物的占有,是当事人丧失对自己财物的直接支配,当然可以视为是对公民财产权的直接侵害;在扣押执行过程中,一些必要的处分行为包括开锁、启封、破门而入等都有可能给公民财产造成直接损失。但是,在另一些情况下,扣押对权利人财产权的侵害则是间接的,例如在公司犯罪中,往往需要扣押公司大量的账簿(包括现金出纳账、银行会计账、现金账、进货账等)、各种文书(包括收据、请求书、订单、支票、合同等)、公司作出决定时的记录(董事会会议记录)等,对于公司来说,虽然没有直接查封公司房产、禁止营业,但是,这些大量证据被扣押后,营业活动将很难继续进行,其经济收益将间接遭受损失,这仍然是对公民财产权的一种实质侵损。[19]

据此,在法解释学意义上,侦查机关实施扣押,将对当事人的财产权产生如下法律效力:

一是禁止处分。扣押本质上是对公民财产权的一种"强制处分"。在民法上,所谓"处分"一词,指的是依法对物进行处置,从而决定物的命运的一种权能。处分包括事实上的处分(实物形态上的处分)和法律上的处分(价值形态上的处分)两种形式。事实上的处分,是指对物进行消费,包括生产消费和生活消费。它将导致物的形体的变更或消灭。法律上的处分,是指通过不同法律行为对物进行的种种处置,包括转让物的所有权、设定他物权和需要转移物之占有的债权(如买卖)等。[20] 无论如何,对物的处分,将决定物的命运,而这与扣押的目的直接相抵触,因为,扣押最基本之目的就在于保全该物品,防止其转移或湮灭。因此,扣押的法律效力,首先就体现为禁止对被扣押物进行事实上和法律上的处分。对此,《德国刑事诉讼法》第111条c第5款明确规定:扣押,具有《民法典》第136条的禁止拍卖效力;禁止拍卖也包括非变卖的其他处置。[21] 据此,扣押将在民法上产生禁止出让的法律效力。德国诉讼法学界对此条的理论解释是,"扣押不仅是促成公法上交错缠绕的关系,以及一公家对动产之保管——公法上的保管关系,尤其正因此而有民法第136条所规定的相对性的让与禁止"。[22] 即扣押将在扣押机关与权利人之间产生一种公法上的保管关系,进而将因为这种公法上的保管关系而产生禁止转让或其他处分的效力。《加拿大刑事诉讼法》第462条也有类似的规定,即对被扣押的财产,检察官可以向法院申请禁止,法官可以据此作出裁定禁止以非指定的方式转卖或以其他方式处理财产所有权。

二是禁止占有和使用。在民法上,占有,是指实际掌握、控制物的权能。使用,则是指按照物的性能和用途对物加以利用,以满足生产、生活需要的权能。行使物的占有是行使物的使用

〔19〕［日］田口守一:《经济犯罪的侦查与审判程序》,载西原春夫主编:《日本刑事法的重要问题》(第2卷),金光旭等译,(中国)法律出版社、(日本)成文堂2000年联合出版。

〔20〕彭万林主编:《民法学》(第2版),中国政法大学出版社1997年版,第223页。

〔21〕《德国民法典》第135条(法律禁止出让)第1款规定:"如果处分标的物违反了法律为保护特定人所作的禁止出让的规定时,其处分仅对该特定人无效。根据强制执行或者假扣押进行的处分,与根据法律行为进行的处分相同。"第136条(行政机关禁止出让)规定:"法院或者其他行政机关在其职权范围内所作的禁止出让的规定,与第135条规定的法律上禁止出让的效力相同。"

〔22〕［德］克劳思·罗科信:《刑事诉讼法》,吴丽琪译,法律出版社2003年版,第342页。

权能的前提条件,因此,享有物之使用权能,必定同时享有物之占有权能。在扣押程序中,尤其是在对动产的扣押程序中,需要转移对扣押物的占有,扣押将直接产生禁止占有和使用的法律效力;而对于不动产而言,虽无须将扣押物移转由扣押机关占有,但仍会剥夺权利人对该物的占有和使用,例如,对房屋的扣押,可能会通过给房屋贴上封条、禁止进入的方式来剥夺当事人对该房屋的占有和使用;对于一些不便搬运或保管的物品,也可以设置看守人的方式禁止当事人占有和使用。

当然,对于动产扣押,在法定情形下,也可以不移转占有,而允许当事人继续占有和使用,这种情况一般是指当事人提供了担保或作出了承诺。例如《德国刑事诉讼法》第111条c第6款规定,对扣押的动产,可以通过立即缴纳价款而退还给当事人,或者在保留随时可以撤回的条件下,让当事人暂时继续使用至程序终结。依据第1句第1款缴纳的款额可以代替动产。是否依照第1句第2项进行处置,可以取决于当事人是否出具担保或者满足一定的条件。我国澳门特别行政区的刑事诉讼法也有类似的规定。

需要注意的是,扣押物上存在的其他民事法律关系并不影响扣押效力的产生,“所称被告之‘物’,并不取决于民法上的所有权关系。被告所属者、被告事实上管领、持有或占有者、被告单独或共同管领、持有或占有者,皆属被告‘之’物”。[23] 因此,被扣押物的权利人,并不一定是该物的所有权人(无论是单独所有或共同所有),也可能是该物的限制物权享有人,如占有人、持有人、质押权人、经营使用权人等,只要权利人利用该物从事犯罪活动或者该物本身就是违禁品,就应当予以扣押;也不问该物是否为权利人合法所得,合法所得固然可扣押,非法所得(如赌博所得)只要与犯罪活动有关,同样应予扣押。总之,扣押物上的所有权关系并不影响扣押的执行。

研究扣押法律效力的直接目的在于,划定被追诉人财产权被干预的范围,从而保障被追诉人合法的财产权。扣押,仅仅是对扣押物上存在的诸项权利的部分限制,因此,权利人仍得保留并自由行使其未被限制的部分权利,包括:

其一,收益权。扣押,仅仅是一种程序性强制处分,而非实体判决,因此,权利人原则上并不丧失对扣押物的所有权。虽然各国立法上均规定被扣押的物品,如果可能,都应当从所有人手中转移并被带到法庭,但是,这仅仅意味着权利人所有权四项权能(占有、使用、收益、处分)中的“占有”“使用”“处分”权能被剥夺,并不影响权利人享有其他权能,所有权人仍然可以该物品为标的参与其他民事经济活动,例如,冻结当事人在银行的存款,并不影响其对利息的收取,因为这时权利人仍然享有收益权(除非最后法院判决剥夺当事人对该存款的所有权,因原物所有权消灭而导致孳息所有权随之消灭)。因此,扣押并不禁止收益,权利人仍然有权获取被扣押物派生的孳息(包括天然孳息和法定孳息)。除非法院最终判决剥夺权利人对扣押物的所有权,否则,在返还扣押物时,应当将原物连同孳息一并返还。

其二,赔偿请求权。由于国家对扣押物的占有,随之在国家与当事人之间产生了一种公法上的保管关系,据此,国家对扣押物有义务善尽保管责任。如果因为国家没有善尽保管责任,而导致扣押物毁损、灭失的,则国家应承担赔偿责任,当事人有权向国家索赔。但是如果国家已善尽保管责任,但扣押物仍遭到第三人的故意损坏时,则国家不承担赔偿义务。[24]

---

〔23〕　转引自林钰雄:《刑事诉讼法》(上册),元照出版有限公司2004年版,第353页。

〔24〕　[德]克劳思·罗科信:《刑事诉讼法》,吴丽琪译,法律出版社2003年版,第328~329页。

（三）扣押物证、书证的程序

根据我国刑事诉讼法的规定，扣押物证、书证应当严格遵循以下程序进行：

其一，扣押的主体。扣押物证、书证是一种侦查行为，依法只有侦查人员才能实施，其他人员不得实施扣押。执行扣押的侦查人员不得少于二人，必须持本机关的介绍信和本人的工作证，并向被扣押物证、书证的人出示或者宣读。

其二，扣押的对象范围。根据2018年《刑事诉讼法》第141条的规定，扣押的范围是可以证明犯罪嫌疑人有罪或者无罪的各种财物和文件。详言之，对可以证明犯罪嫌疑人有罪、罪重的财物、文件，均应当扣押，对可以证明犯罪嫌疑人无罪、罪轻的财物、文件，也应当扣押。但对明显与案件无关的财物、文件则不能扣押。不能立即查明是否与案件有关的可疑文件、资料和其他物品或者认为可扣押可不扣押的物品、文件，应当先行扣押，待查清后再作处理。对搜查中发现的违禁品，虽与本案无关，也应当扣押，移交有关部门处理。

其三，扣押应当依法办理扣押手续。对于扣押的物品和文件，应当会同在场证人和被扣押物品、文件的持有人查点清楚，当场开列《扣押物品、文件清单》一式三份，写明物品或者文件的名称、编号、规格、数量、重量、质量、特征及其来源，由侦查人员、见证人和持有人签名或者盖章后，一份交给持有人，一份交给侦查机关保管人员，一份附卷备查。对于应当扣押但是不便提取的物品、文件，经拍照或者录像后，可以交被扣押物品持有人保管或者封存，并且单独开具《扣押物品、文件清单》一式二份，在清单上注明已经拍照或者录像，物品、文件持有人应当妥善保管，不得转移、变卖、毁损。清单由侦查人员、见证人和持有人签名或者盖章，一份交给物品、文件持有人，另一份连同照片或者录像带附卷备查。

其四，扣押物的保管。对已扣押的物品、文件，应当认真登记，妥善保管或者封存。对不能随案移送的物证，应当拍成照片；容易损坏、变质的物证、书证，应当用笔录、绘图、拍照、录像、制作模型等方法加以保全。对于可以作为证据使用的录音、录像带、电子数据存储介质，应当记明案由、对象、内容，录制、复制的时间、地点、规格、类别、应用长度、文件格式及长度等，并妥为保管。对容易腐烂变质及其他不易保管的物品，可以根据具体情况，经县级以上公安机关负责人批准，在拍照或者录像后委托有关部门变卖、拍卖，变卖、拍卖的价款暂予保存，待诉讼终结后一并处理。对犯罪嫌疑人违法所得的财物及其孳息，应当依法追缴，并妥善保管，以供核查。任何单位和个人不得挪用、损毁或者自行处理。对扣押的犯罪嫌疑人的财物及其孳息中，作为证据使用的实物应当随案移送；对不宜移送的，应当将其清单、照片或者其他证明文件随案移送。待人民法院作出生效判决后，由扣押的公安机关按照人民法院的通知，上缴国库或者返还受害人，并向人民法院送交执行回单。对被害人的合法财产及其孳息，应当在登记、拍照或者录像、估价后及时返还，并在案卷中注明返还的理由，将原物照片、清单和被害人的领取手续存卷备查。通知被害人后，超过半年未来领取的，予以没收，上缴国库。如有特殊情况，可以酌情延期处理。凡是已经送交财政部门处理的赃款赃物，如果失主前来认领，并经查证属实，由原没收机关从财政部门提回，予以归还。如原物已经卖掉，应当退还价款。

其五，扣押邮件、电报应依法进行。侦查人员认为需要扣押犯罪嫌疑人的邮件、电报时，经县级以上公安机关、人民检察院等部门批准，可通知邮电部门或者网络服务单位将有关的邮件、电报检交扣押。对扣押的邮件、电报应当迅速审查，经查明确实与案件无关的，应当在3日以内将扣押的邮件、电报退还原主、原邮电机关，或通知网络服务单位。

其六,扣押的解除。2018 年《刑事诉讼法》第 145 条规定:“对查封、扣押的财物、文件、邮件、电报或者冻结的存款、汇款、债券、股票、基金份额等财产,经查明确实与案件无关的,应当在三日以内解除查封、扣押、冻结,予以退还。”问题在于,这一规定仅适用于“经查明确实与案件无关的物品”的扣押解除和退还,而对于“与案件有关的物品”何时解除扣押并退还原主,我国刑事诉讼法并未明确规定。那么,能不能依据该法条的规定反向解释为,只要经查明确实与案件有关的物品,就无须及时解除扣押并将扣押物退还权利人呢?实践中,一些侦查机关正是如此理解而未及时将扣押物退还权利人,从而给当事人的财产权造成了不必要的损失。

我们认为,不能做这样的解释。从法理上讲,虽然刑事诉讼法没有明确规定应否以及何时解除扣押并退还权利人,但我们仍然可以通过对扣押这一法律处分行为的性质的解释,弥补立法的空白。一方面,扣押,仅仅是基于犯罪嫌疑而对公民财物占有、使用权的一种暂时剥夺,这种权利剥夺从法律效力上讲,属于一种程序性处分,而非实体性处分,不具有终结效力;扣押物仅仅是由国家机关基于证据和诉讼上的目的而予以暂时保管,国家并不因为扣押而取得对该财物的所有权。因此,根据公法上的比例原则,只要实现了或者说不再妨碍保全证据和保障刑事诉讼进行的目的,原则上国家应当解除扣押并退还扣押物,从而将国家权力对公民财产权的侵损降至最低限度。另一方面,扣押作为刑事诉讼中的一项强制处分措施,在解释论上可以认为刑事诉讼的诉讼期限同时构成了扣押的最长持续期限,刑事诉讼程序的终结就意味着扣押效力的终结。据此,即使是经查明确实是“与案件有关的物品”,但只要没有必要再扣押或者刑事诉讼程序终结,均应当及时解除扣押并退还权利人。具体而言:

第一,一旦审判机关作出生效判决后,除判决宣告予以没收的财物外,扣押物原则上都应当解除扣押并退还权利人。对此,《德国刑事诉讼法》明确规定,扣押之状态最迟于终结诉讼程序的判决效力确定时结束,在此之前,对其撤销则需有相反的措施。《意大利刑事诉讼法》也规定,在作出的判决生效之后,应将被扣押物返还给权利人,除非决定对其加以没收。另需注意的是,由于检察机关作出的不起诉处分具有终结刑事诉讼程序的效力,因此,检察机关一旦做出不起诉处分,就应当退还扣押物,除非对扣押物的继续扣押,有利于对其他案件(如同案犯)的侦查。

第二,即使刑事诉讼程序尚未终结,但是如果没有必要再留置扣押物的,也应当及时解除扣押并将扣押物退还权利人。扣押的基本功能在于保障刑事诉讼的顺利进行,因此,只要这一目的已经得以实现,即便刑事诉讼程序尚未终结,也没有必要再留置该扣押物,而应当退还权利人。例如,在交通肇事案件中,肇事的车辆已经勘验、检查完毕,取证工作已经结束,这时就没有必要再扣押该车辆,因为该车辆可能是犯罪嫌疑人家人谋生的唯一手段。对此,《德国刑事诉讼法》规定,只要该被扣押之物对诉讼程序之目的而言,已不具重要性时,即需立即撤销该项扣押。《日本刑事诉讼法》第 123 条也明确规定,没有扣留必要的扣押物,应当不待被告案件终结,以裁定返还。《意大利刑事诉讼法》第 262 条也规定,当不需要继续为证明的目的维持扣押时,将被扣押物返还权利人,返还也可在判决之前进行。在必要时,司法机关要求物的权利人随时根据要求提交被返还的物品,为此,可以要求他交纳保证金。

至于在符合上述情况下,扣押机关应当在几日内退还,应当类推适用 2018 年《刑事诉讼法》第 145 条的规定,扣押机关应当在 3 日内解除扣押并将扣押物退还权利人。

(四)查询、冻结存款、汇款、债券、股票、基金份额等财产

2018 年《刑事诉讼法》第 144 条规定:“人民检察院、公安机关根据侦查犯罪的需要,可以

依照规定查询、冻结犯罪嫌疑人的存款、汇款、债券、股票、基金份额等财产。”这是关于查询、冻结存款、汇款、债券、股票、基金份额等财产的立法规定，我国刑事诉讼法将“查询、冻结存款、汇款、债券、股票、基金份额等财产”区别于扣押物证、书证，而单列为一项独立的强制侦查行为，但从本质上而言，“查询、冻结存款、汇款、债券、股票、基金份额等财产”就是扣押，是针对银行存款、汇款以及债券、股票、基金份额等财产而实施的一种扣押。

依照我国刑事诉讼法和有关司法解释的规定，查询、冻结存款、汇款、债券、股票、基金份额等财产必须严格遵循以下程序进行：

第一，向银行、其他金融机构、邮电机关查询、冻结犯罪嫌疑人的存款、汇款、债券、股票、基金份额等财产时，应当经县以上公安机关、人民检察院负责人批准，填写查询或冻结犯罪嫌疑人存款、汇款通知书，协助查询或冻结存款、汇款通知书，并通知银行或其他金融机构、邮电机关执行。

第二，2018 年《刑事诉讼法》第 144 条第 2 款规定：“犯罪嫌疑人的存款、汇款、债券、股票、基金份额等财产已经被冻结的，不得重复冻结。”但是，有关银行或其他金融机构、邮电机关在解冻犯罪嫌疑人的存款、汇款、债券、股票、基金份额等财产之前，应当通知人民检察院或者公安机关。

第三，对于在侦查过程中犯罪嫌疑人死亡，对犯罪嫌疑人的存款、汇款、债券、股票、基金份额等财产依法应当予以没收或者返还被害人的，可以申请人民法院裁定通知冻结犯罪嫌疑人存款、汇款、债券、股票、基金份额等财产的银行、其他金融机构或者邮电部门上缴国库或者返还被害人。

第四，对于冻结在银行、其他金融机构或者邮电部门的赃款，应当向人民法院随案移送该银行、其他金融机构或者邮电部门出具的证明文件，待人民法院作出生效判决后，由人民法院通知该银行、其他金融机构或者邮电部门上缴国库。

第五，对于冻结的存款、汇款、债券、股票、基金份额等财产经查明确实与案件无关的，应当在 3 日内通知原银行、其他金融机构、邮电部门解除冻结，并通知被冻结存款、汇款、债券、股票、基金份额等财产的所有人。

第六，冻结存款的期限为 6 个月。有特殊原因需要延长的，侦查机关应当在冻结期满前办理继续冻结手续。每次续冻期限最长不超过 6 个月。逾期不办理继续冻结手续的，视为自动撤销冻结。

六、鉴定

鉴定，是指人民检察院、公安机关等指派或聘请具有专门知识的人，就案件中某些专门性问题，进行鉴别和判断，并出具鉴定意见的一种侦查行为。鉴定，是以鉴定人员的专业知识来弥补侦查人员在相关领域专业知识的不足，辅助司法机关查明案件事实。随着科学技术的发展，鉴定在刑事侦查中的运用越来越普遍，鉴定意见作为一种证据形式在诉讼中的地位也越来越重要，以至于人们称鉴定意见为科学证据。

在我国，鉴定的范围，包括刑事技术鉴定、人身伤害的医学鉴定、精神病的医学鉴定、扣押物品的价格鉴定、文物鉴定、珍稀动植物及其制品鉴定、违禁品和危险品鉴定、电子数据鉴定等。

（一）鉴定人的条件

为了保障鉴定意见的客观性、科学性和准确性，被指定或者聘请的鉴定人必须具备以下四项条件:(1)必须是自然人。鉴定是鉴定人运用自身的专门知识或技能对案件中的专门性问题进行分析和判断,它具有一定的人身属性,因此,鉴定只能由自然人进行,法人或其他单位不能成为鉴定人。(2)必须是具有专门知识或者技能之人。其中,具有专门知识是指具有中级以上技术职称的人;专门技能,是指具有中级以上的技师职称的人。(3)必须是受侦查机关指派或者聘请之人。侦查的鉴定,是一种侦查行为,因此,只有受侦查机关指派或者聘请之人,才能进行鉴定活动。其他具有专门知识或者技能之人虽具有成为鉴定人的资格,但若无侦查机关之指派或者聘请,也不得进行鉴定。(4)必须是与本案没有利害关系之人。否则,可能难以保证作出客观公正的鉴定意见,正因如此,我国刑事诉讼法才将鉴定人也列为回避的对象之一。

(二)鉴定的程序

根据我国《刑事诉讼法》及相关司法解释的规定,鉴定应当依照如下程序进行:

首先,鉴定人的指定或者聘请。侦查中的鉴定,由县级以上公安、检察等机关的刑事技术部门的人员或者其他专职人员负责进行。凡是需要由本机关的鉴定人进行鉴定的,应当经过正式的指定;凡是需要聘请外单位鉴定人进行鉴定的,应当经县级以上公安、检察等机关负责人批准,制作正式的《聘请书》。在指派或聘请鉴定人时,应当告知鉴定人故意作虚假鉴定应当承担的法律责任。

其次,鉴定前的准备工作。侦查机关应当为鉴定人进行鉴定提供必要的条件,及时向鉴定人送交有关检材和对比样本等原始材料,介绍与鉴定有关的情况,并且明确提出要求鉴定解决的问题,但是不得暗示或者强迫鉴定人作出某种鉴定意见。对于鉴定材料不足、鉴定内容不明确而又不能加以补充的,鉴定人有权拒绝鉴定。

再次,鉴定的实施。鉴定人应当按照鉴定规则,运用科学方法进行鉴定,出具鉴定意见。鉴定意见应当对要求鉴定的问题作出明确、肯定的回答,不能模棱两可。几个鉴定人对同一问题进行鉴定的可以互相讨论,作出共同的鉴定意见;如果结论不一致,应分别写明。如果对某一问题不能作出肯定或者否定的结论,应当说明原因。鉴定后,应当出具鉴定意见,由两名以上具有鉴定资格的鉴定人签名或者盖章。

复次,补充鉴定或重新鉴定。办案部门或者侦查人员认为鉴定意见不确切或者有错误,经县级以上侦查机关负责人批准,可以补充鉴定或者重新鉴定。侦查机关应当将用作证据的鉴定意见告知犯罪嫌疑人、被害人。如果犯罪嫌疑人、被害人提出申请,可以补充鉴定或者重新鉴定。

最后,鉴定的期限。对犯罪嫌疑人作精神病鉴定的时间不计入办案期限,其他鉴定时间都应当计入办案期限。对于因鉴定时间较长,办案期限届满仍不能终结的案件,自期限届满之日起,应当对被羁押的犯罪嫌疑人变更强制措施,改为取保候审或者监视居住。

实践中,对于交警部门的交通事故责任认定行为是否属于鉴定行为,理论上存有争议。有学者认为,从行为性质来看,对交通事故责任的认定属于行政确认,交通事故认定书属确认文书。但我们认为,鉴定是指对某些专门性问题,由具有专门知识的人,运用科学技术手段,对专门性问题作出判断结论的一种活动。鉴定解决的是事实问题,而非法律问题。交警部门对交通事故责任的认定,虽谓“责任认定”,其实并非确定相对人的法律责任,并非对刑法上交通肇事人与危害结果之间刑事责任因果关系的认定,实为对交通事故中肇事行为与损害后果之间因果关系的一种认定,这种因果关系是一种事实因果关系,需要由专门科学技术知识的人才能认定。因此，交警部门的交通事故责任认定行为应当属于鉴定行为，而交通事故责任认定书也应当属于一种鉴定意见。

七、辨认

所谓辨认，是指为了查明案情，在必要的时候，侦查人员可以让被害人、犯罪嫌疑人或者证人对与犯罪有关的物品、文件、尸体、场所或者犯罪嫌疑人进行辨别的一种侦查行为。

辨认，是查证犯罪嫌疑人，核实案件证据的一种有效的侦查方法。辨认不仅能为确定侦查方向和确定犯罪嫌疑人提供可靠的线索或证据，而且对查清犯罪事实具有重要意义。但是关于辨认笔录究竟是不是一项独立的证据种类以及属于何种证据种类，理论上一直存有争议。在2012年《刑事诉讼法修正案》出台之前，因为刑事诉讼法对辨认程序以及辨认笔录的证据地位并无明确的规定，因此，实践中并未将辨认笔录视为一种独立的证据种类，而是根据辨认主体的诉讼角色（被害人、证人和犯罪嫌疑人），而分别归类为被害人陈述、证人证言以及犯罪嫌疑人辩解和供述。但2012年《刑事诉讼法修正案》出台之后，第48条明确将“辨认笔录”列为法定证据种类之一，据此，辨认也成为一项法定的侦查行为。

根据诉讼法原理和司法解释的有关规定，辨认应遵循以下程序：

第一，辨认应当在侦查人员主持下进行，并且主持辨认的侦查人员不得少于2人。

第二，公安机关、人民检察院在侦查活动中，需要辨认犯罪嫌疑人时，应当分别经办案部门负责人或者检察长批准。

第三，在辨认前，应当向辨认人详细询问被辨认人或者被辨认物的具体特征，禁止辨认人见到被辨认人或者被辨认物，并应当告知辨认人有意作假辨认应负的法律责任。

第四，几名辨认人对同一被辨认人或者同一物品进行辨认时，应当由每名辨认人单独进行。必要的时候，可以有见证人在场。

第五，辨认应为“选择式辨认”而非“单一指认”（“是非式指认”），应当将辨认对象混杂在其他人员或者物品之中，并不得给予辨认人任何暗示。辨认物品时，同类物品不得少于5件，照片不得少于5张。需要注意的是，供辨认的被辨认物或人，在外形上不得有重大差异。

第六，公安机关侦查的案件，对犯罪嫌疑人的辨认，辨认人不愿意公开进行时，可以在不暴露辨认人的情况下进行，侦查人员应当为其保守秘密。

第七，辨认的情况，应当制作笔录，由参加辨认的有关人员签名或者盖章。有条件的地方，还可以对辨认过程进行录音、录像，以增强辨认的证据效力。

八、特别侦查程序

随着20世纪60年代社会政治经济的发展，犯罪现象也日益复杂起来，在传统的犯罪方式之外，出现了各种新的犯罪方式。白领阶层犯罪增长，把犯罪行为带入许多新的、从前有免疫力的领域，而且其犯罪手段技术化程度高、隐秘性强；同时，有组织犯罪也在新的形势下得到发展。总之，新的犯罪方式日益向组织化、技术化、隐秘化发展，给侦查机关的侦查带来重重困难，严重影响了侦查的效果。为应付犯罪形势的新变化，侦查机关的侦查手段也开始日益向技术化、高隐秘性方向发展，如窃听视听装置与技术、红外线望远镜及电子计算机技术等。对此，我们将其统称特别侦查程序。所谓的特别侦查程序是与常规侦查程序相对应的概念，可以解释为侦查机关采取秘密手段，隐瞒侦查身份和侦查意图，运用技术设备，在侦查对象不知情的情况下,调查和收集犯罪证据的一种特殊侦查方法。基于特别侦查的秘密性、技术性、同步性、直观性和强制性,有学者将其称为秘密侦查或技术侦查。但是,从广义范畴来说,技术侦查仅仅只是特别侦查程序一种类型,凡是侦查机关采用具有一定隐蔽性,与常规侦查手段不同的侦查措施,都应当视为特别侦查措施,如乔装侦查。不过,在我国2012年《刑事诉讼法》修改的过程中,就在第二编第二章第七节后增加第八节"技术侦查措施",从立法者本意来看,旨在将特别侦查措施限于技术侦查手段。这一修法不仅在概念上对特别侦查程序的内容进行了一定程度的明确,同时还突破了传统的"侦查神秘主义"理念的桎梏,凸显《刑事诉讼法》"尊重和保障人权"的主旨,而被誉为我国侦查法制化进程中具有里程碑意义的事件。

(一)技术侦查措施的概念

修正后的刑事诉讼法以"技术侦查措施"明确特别侦查程序的内涵,旨在强调侦查机关、侦查人员采用技术性手段开展侦查活动,弱化技术侦查措施的隐蔽性,同时在立法技术上,采取了"概括授权"的方式,即仅笼统规定侦查机关对于危害国家安全犯罪、恐怖活动犯罪、黑社会性质的组织犯罪、重大毒品犯罪或者其他严重危害社会的犯罪案件,根据侦查犯罪的需要,经过严格的批准手续,有权采取技术侦查措施,而并未明确列举可采取的技术侦查措施的具体种类和手段,以保证技术侦查措施的专属性和秘密性。

我们认为,"技术侦查措施"作为立法上的明确用语,自应严格按照法律解释的基本方法进行解释和适用,而不得任意为之。从"技术侦查措施"这一立法用语的来源看,2012年《刑事诉讼法》修改中出现的"技术侦查措施"一语并非"横空出世",而是自其他相关部门法中移植而来。1993年颁布的《国家安全法》第10条即规定:"国家安全机关因侦察危害国家安全行为的需要,根据国家有关规定,经过严格的批准手续,可以采取技术侦察措施。"1995年颁布的《人民警察法》第16条亦规定:"公安机关因侦查犯罪的需要,根据国家有关规定,经过严格的批准手续,可以采取技术侦察措施。"虽然上述两部法律在立法用语上采用的是"技术侦察措施",而非2012年《刑事诉讼法》中的"技术侦查措施",一字之差,但实际上,无论是理论研究还是实务操作中,均认为这两个概念之间并没有实质差异,进而将两者视为同一概念。[25] 正因为2012年《刑事诉讼法》中的"技术侦查措施"与上述两部法律中的"技术侦察措施",实际上系同一法律概念,根据法解释学上文义解释方法的基本要求:同一法律或不同法律使用同一概念时,原则上应作同一解释;作不同解释,须有特别理由。因此,在内涵与外延上,对2012年《刑事诉讼法》中"技术侦查措施"一语的解释,应当与上述两部法律中的"技术侦察措施"这一概念保持同一性;而在策略与方法上,我们可以通过解释"技术侦察措施"来解释"技术侦查措施"。

然而,无论是《国家安全法》,抑或是《警察法》,同样未在立法上明确规定"技术侦察措施"的内涵与外延,那么,我们又应该依据什么来解释"技术侦查措施"呢?我们认为,虽然法律文本上对"技术侦察措施"没有作出明文的解释性规定,但在司法实践中,侦查机关包括公安机关和国家安全机关,早已经依据《国家安全法》和《警察法》设立了专门的技术侦查部门,并对该部门的权限(业务范围)和侦查手段作了明确的限定,且长期以来已经相沿成习,至少,对于国家安全机关和公安机关来说,所谓"技术侦察措施"的概念,早已经约定俗成,其内涵与外延是相

---

〔25〕 2012年《刑事诉讼法》修正时之所以在立法用语上改称"技术侦查措施"一语而未沿用"技术侦察措施"这一表述,主要是因为立法者受到近年来学界观点的影响,逐渐认识到"侦察"这一表述作为立法用语并不规范,从而作了修正。

对比较明确的,从侦查实践中的习惯性做法来看,国家安全机关和公安机关区分了"刑事技术"和"行动技术",将"技术鉴定"等纳入"刑事技术"的范畴,而将"技术侦查措施"归入"行动技术"的范畴,前者属于刑侦查部门的业务范围和权限,而后者属于技侦部门的业务范围和权限。实践中的"行动技术"侦查手段,主要包括监听、密拍密录、密搜密取、邮检等,即实践中俗称的"六类"技侦措施。由此可见,侦查实践中形成了一种事实上的、行为意义上的"技术侦察措施"概念,即"行动技术",其外延(业务范围和手段)也是相对明确和固定的。从立法原理上讲,立法者制定的法律必然有其现实的生活和观念基础,在没有其他证据反证的情况下,我们可以合理地推论,2012 年《刑事诉讼法修正案》规定的"技术侦查措施"概念,所对应、指涉的应该就是前述侦查实践中形成的"行动技术"。基于此,我们在对 2012 年《刑事诉讼法修正案》》中的"技术侦查措施"一语进行解释和适用时,就必须尊重侦查实践中的习惯或惯例,依据侦查实践中形成的"行动技术"的概念,来界定"技术侦查措施"的内涵与外延,对此,司法实务操作中不得随意予以限缩或扩张。

另外,当前我国的政治、经济、文化等方面快速发展,市场经济条件下,物流、人流、资金流、社会流等快速流转,为适应发展变化之需要,"互联网 + 侦查"成为一个新名词,如何将现代科学技术引入刑事侦查中,这是新形势下一个值得探讨的重要课题。

（二）技术侦查措施的适用条件和程序

由于技术侦查措施的采用往往侵犯公民个人隐私权,因而其适用应当受到更为严格的程序控制。对此,我国刑事诉讼法明确规定了适用条件和程序。

第一,适用的案件范围特定。由于技术侦查措施对于公民人权的高干预性和高风险性,其适用范围原则上应当限定于重大刑事案件。根据 2018 年《刑事诉讼法》第 150 条的规定,公安机关在立案后,对于危害国家安全犯罪、恐怖活动犯罪、黑社会性质的组织犯罪、重大毒品犯罪或者其他严重危害社会的犯罪案件,根据侦查犯罪的需要,经过严格的批准手续,可以采取技术侦查措施。人民检察院在立案后,对于重大的贪污、贿赂犯罪案件以及利用职权实施的严重侵犯公民人身权利的重大犯罪案件,根据侦查犯罪的需要,经过严格的批准手续,可以采取技术侦查措施,按照规定交有关机关执行。但要注意的是,2018 年《刑事诉讼法》第 150 条第 3 款紧接着规定:"追捕被通缉或者批准、决定逮捕的在逃的犯罪嫌疑人、被告人,经过批准,可以采取追捕所必需的技术侦查措施。"在这里,刑事诉讼法实际上将技术侦查措施明确区分为两种类型:"用于侦查犯罪(取证)的技术侦查措施"和"用于追捕的技术侦查措施"。而且对于"用于追捕的技术侦查措施",立法上并未明确限定其适用的案件范围,这意味着,所有刑事犯罪案件,只要是为了追捕被通缉或者批准、决定逮捕的在逃的犯罪嫌疑人、被告人,侦查机关都可以采用追捕所必需的技术侦查措施。我们认为,立法上区分"用于侦查犯罪的技术侦查措施"和"用于追捕的技术侦查措施"是非常必要的。因为两者虽然都属于利用技术设备进行监控,但对公民基本人权的干预程度却存在明显的差异:"用于侦查犯罪的技术侦查措施",典型如通信监听,因为要收集、储存情报(侦查线索)或证据,因而必定会"侵入"通信双方的通话过程并获取通话内容,属"侵入式"监控措施,这种"侵入式"监控措施,对公民人权的干预程度较高;而"用于追捕的技侦措施",典型如手机的跟踪及定位,即利用手机信号定位犯罪嫌疑人、被告人的位置,以便实施抓捕,这类技侦手段,虽然也要利用技术设备对手机信号进行跟踪、监控,但却无须"侵入"手机的通话过程和内容,属"非侵入式"监控措施,这种"非侵入式"监控措施,实际上并不会对公民的基本人权构成实质意义上的干预或限制。第 150 条第 3 款规定的“用于追捕的技术侦查措施”性质上属“非侵入式”监控手段,虽然亦涉及技术手段的使用,但因为并未对公民的基本人权构成实质性的干预或限制,因此,有必要在立法上对两种技术侦查措施的适用案件范围、适用主体等作出区别性规定,“用于侦查犯罪的技术侦查措施”,因为对公民基本人权干预程度高,需要对其适用的案件范围进行严格管控;而“用于追捕的技术侦查措施”因为对公民基本人权干预程度不高,则无须对其适用的案件范围进行限制。

第二,适用主体特殊。根据 2018 年《刑事诉讼法》第 150 条第 1 款的规定,公安机关有权自行决定采取并执行技术侦查措施,但根据该条第 2 款的规定,检察机关在侦查利用职权实施的严重侵犯公民人身权利的重大犯罪案件时有权决定采取技术侦查措施,但并无执行权,检察院机关决定采取技术侦查措施的,应当交有关机关执行,这里的“有关机关”主要是指公安机关和国家安全机关。同样,根据“用于侦查犯罪的技术侦查措施”和“用于追捕的技术侦查措施”的分类,“用于侦查犯罪的技术侦查措施”因为对公民基本人权干预程度高且专业技术性较强,需要进行严格管控,因而立法规定唯有公安机关、国家安全机关可以执行;但“用于追捕的技术侦查措施”因为对公民基本人权干预程度不高且专业技术性并不强,因而检察机关可以自己执行。

第三,适用应经严格批准。根据 2018 年《刑事诉讼法》第 150 条的规定,采取技术侦查措施,必须经过严格的批准。这里所谓的批准程序,不仅是指侦查机关内部上级的审查、批准程序,还指实践中采行的经一定级别党委批准的程序。

第四,适用的对象和期限明确。2018 年《刑事诉讼法》第 151 条和第 152 条规定,批准决定应当根据侦查犯罪的需要,确定采取技术侦查措施的种类和适用对象。批准决定自签发之日起 3 个月内有效。对于不需要继续采取技术侦查措施的,应当及时解除;对于复杂、疑难案件,期限届满仍有必要继续采取技术侦查措施的,经过批准,有效期可以延长,每次不得超过 3 个月。采取技术侦查措施,必须严格按照批准的措施种类、适用对象和期限执行。

第五,对技术侦查资料的保密和销毁。根据 2018 年《刑事诉讼法》第 152 条第 2 款、第 3 款、第 4 款的规定,侦查人员对采取技术侦查措施过程中知悉的国家秘密、商业秘密和个人隐私,应当保密;对采取技术侦查措施获取的与案件无关的材料,必须及时销毁。采取技术侦查措施获取的材料,只能用于对犯罪的侦查、起诉和审判,不得用于其他用途。公安机关依法采取技术侦查措施,有关单位和个人应当配合,并对有关情况予以保密。

(三)与技术侦查手段相关的侦查措施

1. 乔装侦查

刑事诉讼法在“技术侦查措施”这一章节中,不仅明文授权侦查机关采用技术侦查措施,同时还授权侦查机关采用“乔装侦查措施”。对此,2012 年修正后的《刑事诉讼法》第 151 条明文规定:“为了查明案情,在必要的时候,经公安机关负责人决定,可以由有关人员隐匿其身份实施侦查。”这里所谓“隐匿其身份实施侦查”,即侦查学意义上的“乔装侦查措施”。

关于刑事诉讼法明文规定乔装侦查措施的必要性和合理性,学界存有不同意见,有人认为,刑事诉讼法奉行“强制侦查法定”原则,即凡是对公民基本人权构成实质性干预或限制的侦查措施,均应当先由刑事诉讼法作出明文规定和授权,然后侦查机关才能行使,法无明文授权的强制侦查措施,侦查机关不得行使;与此相对,任意侦查措施,因为并不会对公民基本人权构成实质性干预或限制,因而不必由刑事诉讼法作出明文规定,换言之,任意侦查措施,不以刑事诉讼法明文规定为前提，法无明文规定，侦查机关仍然可以行使。以上述标准来衡量，乔装侦查措施，典型如卧底侦查、诱惑侦查、线人侦查等，虽然往往充满“传奇”色彩，具有较强的隐秘性，但却并不会对公民的基本人权构成任何实质性的干预或限制，因而不构成强制侦查措施，理应属于任意侦查措施的范畴。依据“强制侦查法定”原则，只有强制侦查措施，才需要立法的明文授权，而任意侦查措施，即使法无明文规定，侦查机关仍得行使，如控制下交付，由于在控制下交付中，侦查机关既没有让犯罪嫌疑人做任何事情，也没有侵害他的权利和利益。所以，一般认为，这种侦查方法原则上应当属于任意侦查措施，不必遵循“强制侦查法定”原则，即使在法律上没有作出明确规定的情况下采用，也是合法的。

事实果真如此吗？恐怕未必。客观地讲，乔装侦查措施，典型如卧底侦查、诱惑侦查、线人侦查等，确实并不会直接干预或限制公民的基本人权，因而不构成强制侦查措施。那么，为何2012年《刑事诉讼法》还要通过立法明文授权侦查机关有权采用乔装侦查措施呢？我们认为，根本原因在于：

第一，乔装侦查措施虽不构成强制侦查措施，不具有强制性，但其本身却具有欺骗和引诱的因素，而我国2018年《刑事诉讼法》第52条明文禁止“以威胁、引诱和欺骗以及其他非法方法收集证据”，以法律明文禁止的“威胁、引诱和欺骗”等非法方法取证，将构成违法侦查，其所获证据将被视为非法证据予以排除，相关责任人员也必须承担法律责任。据此，具有欺骗和引诱因素的乔装侦查措施，至少在形式上已经构成违法侦查，如果不能阻却其违法性，则证据将被排除，侦查人员将被处罚，但要阻却其违法性，只能由刑事诉讼法在立法上就其作出明文授权，以例外条款、排除条款的方式阻却乔装侦查措施的违法性、豁免相关侦查人员的责任并豁免所获证据的证据能力。

第二，乔装侦查措施不同于一般侦查措施之处在于，它是一种“组合拳”，除了需要有关人员隐匿其真实身份以便于采取常规的侦查取证活动外，它本身还可能涉及违法甚至犯罪手段的动用。例如，在卧底侦查、线人侦查中，实施卧底的侦查员、充当线人的公民，都有可能在行动中实质性地参与犯罪；再如，为了实施诱惑侦查，侦查人员可能需要运输、贩卖毒品，而运输、贩卖毒品本身就是犯罪行为；又如，为实现控制下交付，侦查机关必须允许毒品、走私物等通过边境、海关，而这本身就是违法犯罪行为，因为，侦查机关的职责在于发现犯罪并及时打击犯罪，而在控制下交付行动中，侦查机关发现了一起犯罪行为，不但不查处反而允许该犯罪行为继续实施，这种对犯罪的“放纵”，违背了侦查机关的法定职责，已经构成失职，相关侦查人员将被追究责任。但是，如果刑事诉讼法本身对上述乔装侦查措施已有明文授权，则侦查机关的上述举动，就是依照法律要求行事，其违法性将被阻却，而其责任也将被豁免。例如，《法国刑事诉讼法》在第十六编“毒品犯罪的侦查、起诉和审判”第706条(32)中就明确规定，为了查获刑法典规定的相关毒品犯罪行为，确认犯罪行为人及其共同犯罪行为人，以便采取扣押措施，司法警官或其授权的其他司法警察在通知了共和国检察官以后，有权对毒品犯罪人和毒品进行监管。出于上述相同的目的，经共和国检察官和预审法官的同意并授权，司法警官取得、拥有、运输、寄送或交付毒品给犯罪行为人或贮存、保留毒品的，均不承担任何刑事责任。

因此，对于乔装侦查措施来说，刑事诉讼法的明文规定，不是没有必要，而是非常有必要，因为，只有刑事诉讼法对乔装侦查措施进行明文授权，才能阻却乔装侦查措施的违法性并豁免相关人员的责任，因此，2018年《刑事诉讼法》第153条对乔装侦查措施的明文规定，与其说授权条款,不如说免责条款。

但问题在于,刑事诉讼法在乔装侦查措施的立法技术上同样采取了概括授权的方式,除列举性地规定了作为乔装侦查方式之一的"控制下交付"之外,并未在立法上明文列举乔装侦查措施的具体类型和方式。那么,究竟哪些侦查措施属于乔装侦查措施?在理论上与司法实务中应当如何操作?从一定意义上讲,刑事诉讼法对乔装侦查措施的明文授权,实际上反映的是立法者对乔装侦查措施这种特殊侦查手段的一种适度"容忍",而理论上和实务中探讨乔装侦查措施的内涵与外延,即在追问法律对于这种特殊侦查手段的"容忍度"究竟有多大?基于此,我们认为,界定乔装侦查措施的内涵与外延,可以从积极与消极两个方面来把握:

从积极层面来看,即需要我们从正面分析、判断哪些具有欺骗性和引诱性的侦查手段在法律"容忍"的限度内,从而可以认定为乔装侦查措施。从法律解释的依据来看,虽然我国刑事诉讼法并未明确列举乔装侦查措施的具体行为样态和类型,但相关国际公约中却有明文规定,因此,我们可以依据相关国际公约的规定来解释乔装侦查措施的概念。遵守我国已经批准加入的国际公约,履行国际法义务,在我国刑事诉讼法中落实相关国际公约的内容与要求,是此次刑事诉讼法修改的重要任务之一。基于此,我国已经签署、加入的国际公约的内容,就应当成为我们解释《刑事诉讼法》相关法条的基本依据之一。就"乔装侦查措施"的解释而言,虽然相关国际公约中并没有采用"乔装侦查措施"的用语,但却明确授权侦查机关采用"特殊侦查手段"或"特殊侦查措施"。例如,《联合国打击跨国有组织犯罪公约》[26]第20条规定:"各缔约国均应在其本国法律基本原则许可的情况下,视可能并根据本国法律所规定的条件采取必要措施,允许其主管当局在其境内适当使用控制下交付并在其认为适当的情况下使用其他特殊侦查手段,如电子或其他形式的监视和特工行动,以有效地打击有组织犯罪。"再如,《联合国反腐败公约》[27]第50条亦规定:"为有效地打击腐败,各缔约国均应当在其本国法律制度基本原则许可的范围内并根据本国法律规定的条件在其力所能及的情况下采取必要措施,允许其主管机关在其领域内酌情使用控制下交付和在其认为适当时使用诸如电子或者其他监视形式和特工行动等其他特殊侦查手段,并允许法庭采信由这些手段产生的证据。"上述国际公约中所谓的"特殊侦查手段""特殊侦查措施",主要是指"控制下交付"以及"其他特殊侦查手段,如电子或其他形式的监视和特工行动"。其中,"电子或其他形式的监视"属于技术侦查措施的范畴,而"控制下交付"和"特工行动"则属于乔装侦查措施的范畴。虽然上述国际公约对所谓"特工行动"的内涵与外延并未予以明确,但依据缔约国各国的侦查理论和实践,所谓"特工行动"主要涵指"卧底侦查"、"线人侦查"和"诱惑侦查"。上述侦查手段无一例外均具有两个共性特征:一是实施侦查的有关人员往往需要隐匿其真实身份,所以侦查方式带有欺骗性和引诱性;二是侦查过程往往涉及非法手段的动用,碰触了法律的底限。而这些正是乔装侦查措施的典型特征。

理论上值得进一步讨论的是,"控制下交付"的性质,即控制下交付究竟是否属于乔装侦查措施的范畴?所谓控制下交付,也称为跟踪监控、监视转移或监视转交,在新闻媒体的报道中,有时也称其为"放线侦查",指的是侦查机关虽然知道某种物品是违禁品,但不当场没收,而是

---

〔26〕《联合国打击跨国有组织犯罪公约》于2000年11月15日在第五十五届联合国大会上通过,2003年9月29日正式生效。中国已于2000年12月12日签署了该公约,全国人大常委会于2003年8月27日批准了该公约。

〔27〕《联合国反腐败公约》由第五十八届联合国大会通过,并于2005年12月14日正式生效。第十届全国人大常委会于2005年10月27日批准了该公约。

在侦查机关的监视下允许并追踪其流通，以确定参与非法交易之人。〔28〕 对于控制下交付，《联合国禁止非法贩运麻醉药品和精神药物公约》第 1 条 g 项有明确界定："控制下交付"系指一种技术，即在一国或多国的主管当局知情或监督下，允许货物中非法或可疑的麻醉药品、精神药物、本公约表一和表二所列物质或它们的替代物质运出、通过或运入其领土，以期查明涉及按本公约第 3 条第 1 款确定的犯罪的人。控制下交付，经常被运用于毒品犯罪的侦查。毒品犯罪只是对涉毒犯罪的总称，它包括从毒品制造、经流通到消费的各个环节。因此，缉查毒品犯罪不仅是要打击制造、流通、消费毒品的行为，更重要的是要摧毁毒品生产、交易的整个关系网络。毒品犯罪最容易暴露的是流通环节的犯罪，即在运输毒品过程中被察觉，但是侦查机关对此却面临着难题，因为如果在毒品的流通环节就当场拘捕嫌疑人，那么就只能抓获毒品犯罪最底层的运输人员和携带人员，而无法查获他们背后的秘密贩毒组织和幕后策划者，这样，侦查的效果就会大打折扣。因此，缉查毒品犯罪必须把握有利的战机，在必要的情况下，即使发现了毒品，也不能急于抓捕案犯，而应当采用放线侦查即"放长线、钓大鱼"的侦查策略，采用的侦查措施，积极深挖犯罪的"上线"与"下家"，争取一举捣毁从毒品生产到交易、消费的整个犯罪网络。而"控制下交付"就是实现这一侦查策略的最有效的侦查手段。

对于"控制下交付"，相关国际公约均未将其纳入乔装侦查措施（"特工行动"）的范畴予以规范，而是将其单列为一项独立的"特殊侦查手段"。我国刑事诉讼法对于控制下交付有明文的法律授权，2018 年修正后的《刑事诉讼法》第 153 条第 2 款规定："对涉及给付毒品等违禁品或者财物的犯罪活动，公安机关根据侦查犯罪的需要，可以依照规定实施控制下交付。"但对于该条款与第 153 条第 1 款的关系究竟应当如何解释，却存在歧义。因为，从立法者将控制下交付单独规定在第 153 条第 2 款，从而相对独立于第 153 条第 1 款的角度来讲，可以解释为立法者是刻意将控制下交付作为一种独立的侦查措施来予以规定的，否则没有必要对其单独授权；但是，从体系解释的角度讲，又可以将两者的关系解释为一般条款与特别条款的关系，因为第 153 条第 2 款既是一个授权条款又是一个限权条款，即一方面授权公安机关采用"控制下交付"这一侦查措施，另一方面又将控制下交付的适用对象限制为"涉及给付毒品等违禁品或者财物的犯罪活动"，意即控制下交付作为一种特殊的乔装侦查措施，与一般的乔装侦查措施不同，它只能针对"涉及给付毒品等违禁品或者财物"的犯罪案件而采用。按照后一种解释，控制下交付就是乔装侦查措施的类型之一。面对上述法解释上的分歧，究竟该如何定位控制下交付？我们主张将其纳入乔装侦查措施的范畴予以规范，原因很简单，从"隐瞒真相"也是欺骗的角度讲，控制下交付也是欺骗性侦查，完全符合乔装侦查措施的前述两项典型特征，况且，将控制下交付纳入乔装侦查措施的概念予以规范，只会加强对控制下交付的程序控制而并没有什么不良后果，刻意将两者区别开来，反倒徒增理论上的繁琐。

据此，可将《刑事诉讼法》中的"乔装侦查措施"外延，解释为主要包括"卧底侦查"、"线人侦查"、"诱惑侦查"和"控制下交付"四种侦查方式。这里特别需要指出的是，对"乔装侦查措施"的解释，还必须考虑法政策上的后果，因为，修正案仅明文授权"公安机关"采用"乔装侦查措施"，而未同时授权给检察机关，这意味着检察机关是不得采用"乔装侦查措施"打击职务犯

---

〔28〕 ［日］加藤克佳：《毒品犯罪的侦查》，载西原春夫主编：《日本刑事法的重要问题》（第 2 卷），金光旭等译，（中国）法律出版社、（日本）国成文堂 2000 年联合出版。另参见［日］田口守一：《刑事诉讼法》，刘迪等译，法律出版社 2000 年版，第 76 页。

罪的,但有些秘密侦查措施,如跟踪监视,其实检察机关在职务犯罪侦查实践中,也经常在使用。这就带来一个现实问题,如果将乔装侦查措施的外延解释得过于宽泛,反过来将压缩检察机关在职务犯罪案件侦查中动用特定侦查手段的空间,因此,诸如像跟踪监视这类虽带有隐秘性但却并不涉及违法性手段动用的侦查措施,我们主张将其排除在乔装侦查措施的概念之外。

从消极层面来看,即从反面分析、判断哪些侦查手段突破了法律可"容忍"的底限,因而必须将其排除在乔装侦查措施的概念之外。对此,2018 年修正后的《刑事诉讼法》其实已有明文规定,该法第 153 条规定:"为了查明案情,在必要的时候,经公安机关负责人决定,可以由有关人员隐匿其身份实施侦查。但是,不得诱使他人犯罪,不得采用可能危害公共安全或者发生重大人身危险的方法。"该条款后半段的规定,实际上就是法律为乔装侦查措施设置的底限,超越这一底限,乔装侦查措施将丧失合法性基础而沦为违法侦查。

那么,何为"不得采用可能危害公共安全或者发生重大人身危险的方法"呢?这是从后果上对乔装侦查措施的限制,要求乔装侦查措施的使用,不得造成危害公共安全或者发生重大人身危险的后果。例如,在侦查实务上,往往将控制交付具体区分为两种类型:一种是"原装监控"(live CD),也叫"实物跟踪监控",即不没收毒品而让毒品原封不动地隐藏在货物中流通;另一种是"替换监控"(clean CD),也叫"无害跟踪监控",即将毒品取出,暗换成其他无害物品后任其流通。[29] 比较而言,由于"原装监控"下有时会发生监控对象逃跑、毒品逸失的情况,可能危及公共安全,故而一般认为"替换监控"更为安全,原则上应当尽量采用"替换监控"的方式。

继而,又该如何解释所谓"不得诱使他人犯罪"呢?一般认为,所谓诱使他人犯罪的侦查手段,就是指诱惑侦查,但由于该立法用语内涵不清、语意模糊,因而,部分学者认为,这实际上是否定了诱惑侦查的合法性。我们认为,立法上所谓的"不得诱使他人犯罪",应当解释为不得使用"犯意引诱型"诱惑侦查,换言之,"机会引诱型"诱惑侦查是合法的乔装侦查措施。从程序法理的角度讲,理论上一般将诱惑侦查区分为两大类型:"犯意诱发型"诱惑侦查与"机会提供型"诱惑侦查,前者是指侦查机关引诱原本并无犯罪故意之人产生犯意进而实施犯罪行为,而后者指的是侦查机关为已有犯意之人提供了某种机会或条件诱使其实施犯罪行为。"犯意诱发型"诱惑侦查,系侦查机关采取引诱手段,诱使本无犯意之人产生犯意进而实施犯罪,从因果关系上讲,没有侦查机关的诱惑侦查行为,犯罪本不会发生,因而,"犯意诱发型"诱惑侦查,实质上是国家在"制造"犯罪,国家因此在实体上丧失了刑法处罚的正当性,在程序上构成违法侦查行为,在立法上应作否定评价;而在"机会引诱型"诱惑侦查中,犯罪行为人本已有犯罪之故意,侦查机关不过是为其实施犯罪提供了某种机会,根本上并未改变其犯罪行为发展的轨迹,所以在因果关系上,侦查机关的诱惑侦查行为并非犯罪发生的必要条件,没有侦查机关的诱惑侦查行为的介入,犯罪仍然会发生,如此,国家在实体上对犯罪施加刑法处罚仍然具有正当性,在程序上属合法侦查行为,立法上没有必要也不应当予以明文禁止。由此可见,从程序法理上讲,"机会提供型"诱惑侦查本身具有法理合理性,所谓"不得诱使他人犯罪"一语,应当解释为"不得采取'犯意诱发型'诱惑侦查"。

我国司法实践中长期以来并不区分违法的诱惑侦查与合法的诱惑侦查,虽然根据侦查中的办案习惯将诱惑侦查也分为"机会引诱"、"犯意引诱"、"双套引诱"和"数量引诱"等方式和

---

〔29〕 [日]加藤克佳:《毒品犯罪的侦查》,载西原春夫主编:《日本刑事法的重要问题》(第 2 卷),金光旭等译,(中国)法律出版社、(日本)国成文堂 2000 年联合出版。

类型,但对于上述各种类型的诱惑侦查方式一概视为合法,进而完全认可其所获证据的证据能力。[30] 然而,在2018年修正后的《刑事诉讼法》第153条但书否定"犯意诱发型"诱惑侦查的背景下,司法实务界需要转变观念、改变做法,区别对待"机会提供型"诱惑侦查和"犯意诱发型"诱惑侦查。例如,2008年12月8日最高人民法院印发的《全国部分法院审理毒品犯罪案件工作座谈会纪要》[31](以下简称《审理毒品犯罪纪要》)明确规定:"对特情介入侦破的毒品案件,要区别不同情形予以分别处理。对已持有毒品待售或者有证据证明已准备实施大宗毒品犯罪者,采取特情贴靠、接洽而破获的案件,不存在犯罪引诱,应当依法处理。行为人本没有实施毒品犯罪的主观意图,而是在特情诱惑和促成下形成犯意,进而实施毒品犯罪的,属于'犯意引诱'。对因'犯意引诱'实施毒品犯罪的被告人,根据罪刑相适应原则,应当依法从轻处罚,无论涉案毒品数量多大,都不应判处死刑立即执行。"对于因"犯意引诱"(典型的"犯意诱发型"诱惑侦查)而实施毒品犯罪的被告人,仍然进行定罪处罚,表明我国司法实务中一直以来并不认为"犯意引诱"是违法侦查行为,其所获证据也并不排除,即使行为人完全是因为侦查机关"犯意引诱"而实施犯罪的,该行为人仍然将被定罪处罚,至于《审理毒品犯罪纪要》提出的"对特情介入侦破的毒品案件,要区别不同情形予以分别处理",其实只是在量刑上从轻,而并不影响其罪名的成立。但是,在2018年修正后的《刑事诉讼法》第153条已经明确否定了"犯意诱发型"诱惑侦查的合法性并将其列为违法侦查行为的情况下,司法实务部门必须在程序法和证据法两方面作出有针对性的调整和转向:一方面,侦查机关不得再沿用"犯意引诱"等"犯意诱发型"诱惑侦查方式作为打击犯罪的侦查手段;另一方面,侦查机关一旦违法采用了"犯意引诱"等"犯意诱发型"诱惑侦查,其所获全案证据将被视作非法证据予以排除,而排除了本案的全案证据,再无其他证据可证明被告人罪行,则人民法院只能判决被告人无罪,而不仅仅是从轻量刑。

根据《审理毒品犯罪纪要》的规定,我国司法实务界根据办案习惯将毒品犯罪案件侦查中的诱惑侦查区分为以下四种类型:一是"机会引诱"。对已持有毒品待售或者有证据证明已准备实施大宗毒品犯罪者,采取特情贴靠、接洽的方式破案的,属于"机会引诱"。二是"犯意引诱"。行为人本没有实施毒品犯罪的主观意图,而是在特情诱惑和促成下形成犯意,进而实施毒品犯罪的,属于"犯意引诱"。三是"双套引诱"。行为人在特情既为其安排上线,又提供下线的双重引诱,即"双套引诱"。四是"数量引诱"。行为人本来只有实施数量较小的毒品犯罪的故意,在特情引诱下实施了数量较大甚至达到实际掌握的死刑数量标准的毒品犯罪的,属于"数量引诱"。

上述四种类型诱惑侦查方式,除了"犯意引诱"属典型的"犯意诱发型"诱惑侦查,毫无疑问应当认定为违法诱惑侦查外,"双套引诱""数量引诱""机会引诱"等,实际上也涉嫌或部分涉

---

〔30〕 虽然根据我国司法实务中的惯例和共识,秘密侦查措施因为之前刑事诉讼法并无明文授权,因而通过秘密侦查措施获取的证据并不能直接作为证据使用,而必须经过"转化",但诱惑侦查似乎是个例外,除了因为《毒品犯罪纪要》这一"准司法解释"有明确规定可作为依据外,还跟诱惑侦查取证方式的独特性有关,例如,侦查机关在毒品犯罪中实施犯意引诱,行为人因引诱而实施贩毒行为,在交易现场被人赃俱获。虽然整体侦查方式因为犯意引诱而涉嫌违法侦查,但该案中具体查获相关物证以及人证的侦查取证手段却可能在程序上完全是合法的,如毒品系通过合法扣押手续查获,证人证言也是依法定程序收集的。因而,实践中,诱惑侦查获取的证据并不需要像其他秘密侦查手段获取的证据一样经过转化方能使用,而是可以直接作为证据在刑事诉讼中使用。

〔31〕 严格地讲,该纪要并非司法解释,但从其对各级人民法院的审判工作具有直接的指导意义和实际约束力的角度讲,该纪要具有"准司法解释"的性质。

嫌违法诱惑侦查:

其一,对于"双套引诱"而言,这种同时设置犯罪上线和下线的双重引诱方式,极大地简化了犯罪过程、降低了犯罪难度,极易强化行为人的犯罪决意。由于在这种诱惑侦查中,侦查机关为其提供了一种高于一般社会正常情形的诱因或机会,对犯罪行为的发生起到了决定性作用,可以说,没有侦查机关的引诱,行为人根本就不会实施犯罪行为,因为,行为人可能已有犯意,但却未必有犯罪决意,而正是侦查机关的引诱,加强了行为人的犯罪决意。因此,笔者认为,"双套引诱"应当认定为"犯意诱发型"诱惑侦查。

其二,对于"数量引诱"而言,行为人本来只有实施数量较小的毒品犯罪的故意,但却在特情引诱下实施了数量较大的毒品犯罪,至少,就超出行为人原先犯意的那部分毒品数量而言,完全是侦查机关"造意"的结果,这部分数量的犯罪显然属于国家"制造"的犯罪,理应认定为"犯意诱发型"诱惑侦查。

其三,对于"机会引诱"而言,必须区别两种情形分别评价:对于"已持有毒品待售"的行为人,犯意已经很明显,且犯罪行为已经着手,即使没有侦查机关的特情贴靠、接洽,该犯罪迟早也会发生,因而该诱惑侦查并不违法;对于"有证据证明已准备实施大宗毒品犯罪者",虽已有犯意流露,但仍属犯罪预备阶段,此时若侦查机关采取过度、不当方式引诱,则可能因为强化了行为人的犯罪决意而促使其实施犯罪,例如,行为人虽准备实施大宗毒品交易,但一直因为顾虑重重而未下决心,此时行为人虽有犯意但犯罪决意并不强,这种情形下如果侦查人员介入并"苦口婆心"反复劝诱其实施犯罪,或者侦查人员向其提供了远超行情的犯罪所得利润劝诱行为人实施犯罪,这种引诱显然因为引诱手段过度、不当而应当认定为"犯意诱发型"诱惑侦查。

由此可见,我国司法实务中长期以来习惯采用的"双套引诱""数量引诱""机会引诱"等诱惑侦查方式,都因涉及合法性质疑而有检讨之必要,在修正案通过实施后,侦查机关必须依据2018年修正后的《刑事诉讼法》第153条新确立的诱惑侦查合法性标准,重新设计诱惑侦查的方式和类型,若继续沿用侦查实践中的习惯性做法,将极有可能被判违法侦查。

2. 测谎仪检查

测谎仪的全称是"多参量心理测试仪",它是综合心理学、生理学和现代电子学及其他应用科学技术设计而成的,其基本原理是:人在说谎时的生理变化或者人记忆中的一些事件再现时所产生的心理活动必然引起一系列生理(如血压、呼吸、脑电波、声音、瞳孔、皮肤电等)的变化,它们一般只受植物神经系统的制约,而不受大脑意识的控制。通过仪器测试这些生理参量的变化,可以分析其心理的变化,从而判断被测试人的陈述是真实还是谎言。测谎仪测试的是生理参量,而不是语言本身。

测谎技术最早起源于美国。1923年,美国的一些法律专家接受了19世纪末意大利刑事人类学派的刑法理论,鼓吹使用"科学器械"来取得和审查被告人口供。随后,随着测谎技术的不断完善,侦查机关开始广泛运用测谎检查结果侦破罪案。但是,直至今天,美国司法部门也没有完全接纳测谎检查结果的证明力。这是因为,测谎仪本身的科学原理并未能得到完全揭示,测谎技术的基本前提还未被生理学家和心理学家所普遍承认,这包括说谎与清晰的情绪反应之间是否有直接而牢固的联系;情绪反应与生理反应之间是否有一定的关联作用等。这就使测谎仪检查结果的准确性、可靠性无法得到保证。在日本,尽管判例中认为,只要根据检查者的技术、经验、检查器具的性能所检查的结果值得信赖,并且准确、忠实地记载检查的经过和结果的,承认其证据能力。但是,在理论上,多数学说认为,由于事后难以判断检查结果的科学证据,在关联性即证明力的问题上还是存在疑问。测谎仪检查结果应当看作被告人的供述证据,但被告人有争议时事后证实证明力是很困难的,所以不应当承认检查结果的证据能力。[32]

当测谎仪在国外悄然兴起的时候,我国理论界也对此展开了讨论。目前,国内学术界的通说主张,用测谎仪审查被告人口供不可靠。因为即使是无罪的人在受审的特殊情况下,也会紧张而引起生理参量的变化;如果是一个狡猾老练的惯犯则可能因为心理训练有素,说谎不脸红,而在受审的特殊情况下测试,可能使生理参量变化不大或者没有变化。最高人民检察院于1999 年9 月10 日对四川省人民检察院《关于 CPS 多道心理测试鉴定意见能否作为诉讼证据适用的请示》的批复是:测谎鉴定意见可以帮助审查判断证据,但不能作为证据使用。据此,司法解释明定测谎结论不具有证据资格,不能作为定案根据。

但是,由于测谎仪本身在排查嫌疑、审查证据方面的突出作用,在司法实践中,测谎仪还是逐渐得到了较为广泛的运用,主要用于侦查阶段针对犯罪嫌疑人的供述和辩解、证人证言进行证据的真实性审查、排查嫌疑、形成侦查方向。在司法实践中,测谎仪检测一般遵循自愿原则。测试前一般做好三方面的准备工作:(1)详细了解案情,深入收集材料,认知了网络中的关键点,建立了正确的信息搜索方向,能正确引导测谎问题的编制、设计和操作过程。(2)了解被测试者的个人情况。如被测试者对案件所持的总体态度、对案件具体事实和情节所持的观点、被测试者的个人情况等。(3)依据上述情况编制测谎计划。正式测试开机前,测试者把测试的过程、要求、回答问题的内容、范围及回答要求都让被测试者了解,让其适应环境,做好准备。测试中,由测试者问话,被测试者只回答"是"或"不",由测谎仪测试被测试者回答的问题是"真"还是"假"。

对于测谎仪检查,在其科学原理尚未得到完全证实的情况下,我们认为还是应当持谨慎态度,一方面,只能将其视为审查判断证据的辅助手段,而不能作为认定事实的唯一依据;另一方面,即使在运用测谎仪辅助审查判断证据时,也不能过分迷信其证实案情的能力。在司法实践中,侦查机关有时过分依赖测谎仪排查嫌疑人,结果由于测验结果不可靠而导致侦查方向的错误,甚至在侦查方向错误的情况下,仍然盲目坚信测验结果的正确性,对无辜公民进行刑讯逼供,造成冤假错案。在媒体已经报道较多的杜培武等冤案中,事实证明杀人者另有其人,但司法人员仍然根据测谎结论作出了他撒谎的错误判断,从而导致冤假错案的产生。这些都是值得吸取的教训。

3. 警犬气味鉴别

所谓警犬鉴别气味,是从犯罪现场遗留的物品采取犯人的体味,让警犬嗅闻,在一定距离的地方把带有犯人体味的物品掺杂在其他物品中,从混杂物品中找出带有犯人体味的物品。用警犬进行气味鉴别可以进行同一认定,即证实被告人与犯罪人是不是同一个人。在我国,在毒品等犯罪侦查实践中也经常使用警犬气味鉴别。

利用狗的敏锐嗅觉鉴别气味,从而破获案件,作为一种侦查方法已经有相当长的历史了,但是由于对于警犬嗅觉的原理科学上仍不明确,因此,在近代证据裁判主义原则之下,关于其证明力仍然存在争议。在日本,判例上主张,只要符合以下三个条件,警犬鉴别气味的结果,可以作为认定有罪的证据:(1)指导警犬的人是有专门知识和经验的人;(2)警犬鉴别气味的能力强,而且鉴别气味时状态良好;(3)采取气味、保管过程和气味鉴别的方法得当。但是,理论上一般认为,尽管警犬的嗅觉敏锐,但嗅觉的科学依据尚不明确,而且事后判断也很困难,因此在

---

〔32〕 [日]田口守一:《刑事诉讼法》,刘迪等译,法律出版社 2000 年版,第 239 页。

法律关联性的程度方面(当然,也有人认为是在自然关联性方面的问题)存在质疑。因此,主张只将警犬鉴别气味作为一种侦查方法,即用作排查、确定嫌疑人,而不能用作定案的依据。[33]在我国,实践中一般也是将警犬气味鉴别作为排查、确定犯罪嫌疑人的一种侦查方法。

第六节 侦查终结程序

侦查终结是指刑事案件立案后,侦查机关对采取一系列侦查行为调查取证,认为案件事实已经查清,证据确实、充分,足以认定犯罪嫌疑人是否有罪和应否对其追究刑事责任而决定结束调查,并对案件依法决定移送起诉、不起诉或撤销案件,从而结束侦查活动的一种诉讼行为。侦查终结程序是侦查程序的最后阶段,标志着侦查活动的最终结束,也意味着侦查机关将对整个案件作出事实和法律上的认定。

一、侦查终结的法定条件

根据2018年《刑事诉讼法》第162条的规定,公安机关侦查终结的案件,应当做到犯罪事实清楚,证据确实、充分,并且写出起诉意见书,连同案卷材料、证据一并移送同级人民检察院审查决定;同时,将案件移送情况告知犯罪嫌疑人及其辩护律师。

据此,侦查终结的案件必须具备以下三个条件:

第一,犯罪事实清楚。刑事案件的要素包括人的要素和物的要素。所谓人的要素,是指实施犯罪行为之人的具体情况;所谓物的要素,是指具体的犯罪事实,包括犯罪事实的详细经过以及犯罪的具体情节,如犯罪的时间、地点、动机、目的、情节、手段和危害结果等,共同犯罪的案件,还包括各个犯罪嫌疑人在共同犯罪中的作用和具体分工。所谓犯罪事实清楚,就是要求侦查机关查清犯罪行为人的具体情况以及犯罪事实的详细经过,包括犯罪的具体情节。犯罪事实清楚,是侦查终结的事实条件,因为,侦查程序启动的目的就是查明案件事实真相,如果经过侦查程序,侦查机关认为刑事案件的两个要素已经查清的,则可以终结侦查。

第二,证据确实、充分。刑事案件事实是否查清,不是单凭侦查人员的主观判断,而是依赖客观的证据,即是否有确实、充分的证据表明犯罪事实已经查清,因此,证据确实、充分构成了侦查终结的证据条件,所谓证据确实、充分,形象地讲,就是证明犯罪事实成立的证据锁链是否已经形成,它具体包括以下几项要求:(1)证明犯罪事实、情节的每一项证据来源是否都是可靠的,是否经查证属实。尤其是要注意排除非法取得的证据。(2)各项证据之间是否能够相互印证,进而根据刑法规定的犯罪构成要件形成一个完整的证据锁链。(3)依靠现有证据,能否排除合理怀疑,进而初步认定犯罪嫌疑人有罪或者无罪,罪重或者罪轻。

第三,法律手续完备。法律手续完备,是侦查终结的程序条件。所谓法律手续完备,是指侦查机关进行专门调查工作和有关强制性措施的各种法律文书及其审批、签字、盖章等手续都是齐全、完整并符合法律规定的。

---

〔33〕 [日]田口守一:《刑事诉讼法》,刘迪等译,法律出版社2000年版,第239~240页。

需要指出的是，上述侦查终结的法定条件，与其说是侦查终结的条件，不如说是罪案侦查或者说有罪侦查终结的条件，因为，刑事诉讼法明定的侦查终结的事实条件是“犯罪事实清楚”，而非“案件事实清楚”，因此，若从字面意思解释，当指有罪事实已经查清，即犯罪嫌疑人确实实施了犯罪行为，而不包括无罪调查的结果，即通过侦查查明犯罪嫌疑人不构成犯罪，或者所犯事实不存在，或者查明犯罪嫌疑人没有进行犯罪。但是，侦查机关的侦查活动包括有罪调查与无罪调查两部分内容，对于无罪调查的结果，如果证据确实、充分，同样应当及时终结侦查，否则实有侵犯公民人权之嫌。因此，对于刑事诉讼法规定的“犯罪事实清楚”这一侦查终结条件，应作扩大解释，即解释为“案件事实清楚”，如此，则可将无罪调查之结果，也纳入侦查终结法定条件之内。需要注意的是，对无罪调查之结果实行侦查终结的，仍然需要同时具备“证据确实、充分”以及“法律手续完备”这两项法定条件。

此外，我国修改的《刑事诉讼法》第 161 条规定：“在案件侦查终结前，辩护律师提出要求的，侦查机关应当听取辩护律师的意见，并记录在案。辩护律师提出书面意见的，应当附卷。”这一规定表明，在侦查终结程序的改革下，律师意见得到侦查机关应有的重视也应当是侦查终结的法定条件之一。

二、侦查终结的法定方式

侦查终结本身并非只是一项刑事诉讼法上的程序处分，侦查终结时侦查机关作出的移送审查起诉、撤销案件等方为刑事诉讼法上具有法律效力之程序处分。换言之，侦查程序以侦查机关决定移送起诉、不起诉或撤销案件等方式终结。

根据刑事诉讼法之规定，侦查终结的法定方式包括：

第一，公安机关作出移送审查起诉的决定。根据刑事诉讼法及相关司法解释的规定，由公安机关立案侦查的案件，侦查终结后，对于犯罪事实清楚，证据确实、充分，犯罪性质和罪名认定正确，法律手续完备，依法应当追究犯罪嫌疑人刑事责任的案件，应当写出《起诉意见书》，连同案卷材料、证据，一并移送同级人民检察院审查决定。共同犯罪案件的《起诉意见书》，应当写明每个犯罪嫌疑人在共同犯罪中的地位、作用、具体罪责和认罪态度，并分别提出处理意见。被害人提出附带民事诉讼的，应当记录在案，移送审查起诉时，应当在《起诉意见书》末页注明。对于犯罪情节轻微，依法不需要判处刑罚或者免除刑罚的案件，公安机关在移送审查起诉时，可以注明具备不起诉的条件，由人民检察院审查决定起诉或者不起诉。

第二，人民检察院作出不起诉决定。由人民检察院立案侦查的案件，检察机关自侦部门经过侦查，认为犯罪事实清楚，证据确实、充分，依法应当追究刑事责任的案件，侦查人员应当写出侦查终结报告，并且制作起诉意见书；对于犯罪情节轻微，依照刑法规定不需要判处刑罚或者免除刑罚的案件，侦查人员应当写出侦查终结报告，并且制作不起诉意见书。侦查终结报告和起诉意见书或者不起诉意见书由侦查部门负责人审核、检察长批准后，连同其他案卷材料一并移送本院审查起诉部门。

第三，公安机关或人民检察院作出撤销案件的决定。对于公安机关立案侦查的案件而言，根据 2018 年《刑事诉讼法》第 163 条之规定，在侦查中发现不应对犯罪嫌疑人追究刑事责任的案件，应当作出撤销案件的决定，并制作《撤销案件决定书》；犯罪嫌疑人已被逮捕的，应当立即释放，并发给释放证明，同时通知原批准的人民检察院。经过侦查，发现具有下列情形之一的，应当撤销案件：（1）没有犯罪事实的；（2）情节显著轻微、危害不大，不认为是犯罪的；（3）犯罪已过追诉时效期限的;(4)经特赦令免除刑罚的;(5)犯罪嫌疑人死亡的;(6)其他依法不追究刑事责任的。在实践中,所谓"没有犯罪事实"包括以下两种情形:一是没有犯罪事实的,或者依照刑法规定不负刑事责任和不是犯罪的;二是虽有犯罪事实,但不是犯罪嫌疑人所为的。需要注意的是,对于"虽有犯罪事实,但不是犯罪嫌疑人所为的"撤销案件决定,并非撤销全案,而是仅仅撤销对该犯罪嫌疑人的立案。因为,虽然犯罪事实并非该犯罪嫌疑人所为,但犯罪事实仍然是存在的,既然犯罪事实仍然存在,那么就不应当撤销全案,而仅仅只是撤销对该犯罪嫌疑人的立案。〔34〕 同时,对于"没有犯罪事实的,或者依照刑法规定不负刑事责任和不是犯罪的"情况,如果犯罪嫌疑人的行为是依照刑法规定不负刑事责任和不是犯罪,但仍然构成违法(不够刑事处罚)需要行政处理的,经县级以上公安机关批准,对犯罪嫌疑人依法予以行政处理或者移交其他有关部门处理。对于共同犯罪案件而言,如果发现符合上述情形的犯罪嫌疑人,应当撤销对该犯罪嫌疑人的立案(并非撤销全案,对其他犯罪嫌疑人仍然应当移送审查起诉)。

对于人民检察院立案侦查的案件而言,侦查过程中,发现具有下列情形之一的,应当由检察人员写出撤销案件意见书,经侦查部门负责人审核后,报请检察长或者检察委员会决定撤销案件:(1)具有现行《刑事诉讼法》第 16 条规定情形之一的;(2)没有犯罪事实的,或者依照刑法规定不负刑事责任和不是犯罪的;(3)虽有犯罪事实,但不是犯罪嫌疑人所为的。对于共同犯罪的案件,如有符合本条规定情形的犯罪嫌疑人,应当撤销对该犯罪嫌疑人的立案。撤销案件的决定,应当分别送达犯罪嫌疑人所在单位和犯罪嫌疑人。犯罪嫌疑人死亡的,应当送达犯罪嫌疑人原所在单位。如果犯罪嫌疑人在押,应当制作决定释放通知书,通知公安机关依法释放。

三、侦查羁押期限

根据我国刑事诉讼法之规定,侦查程序未设诉讼期限,而仅设侦查羁押期间,因此,如果犯罪嫌疑人未被羁押则不存在侦查羁押期限的计算问题。

根据刑事诉讼法和相关司法解释的规定,侦查中的羁押期限可以分为一般羁押期限、羁押期限的延长、羁押期限的不计算和羁押期限的重新计算四种。

(一)法定侦查羁押期限

1. 一般羁押期限

2018 年《刑事诉讼法》第 156 条规定:"对犯罪嫌疑人逮捕后的侦查羁押期限不得超过两个月。"这是对一般刑事案件的侦查羁押期限的规定。一般情况下,侦查机关应当在法律规定的侦查羁押期限内侦查终结案件。如果犯罪嫌疑人在逮捕以前已被拘留的,拘留的期限不包

〔34〕 实践中,公安机关的立案分为"对事立案"和"对人立案",前者是指确有犯罪事实发生,但犯罪嫌疑人是谁尚不明确,例如,公安机关接到报案某地发生一起杀人案,此时,犯罪嫌疑人是谁,公安机关并没有明确的怀疑对象,但因为确实存在犯罪事实,公安机关仍应立案,此即为"对事立案";后者如公安机关接获举报某甲在家非法种植毒品原作物,公安机关遂搜查某甲之住宅,发现确有种植毒品原作物之行为,但某甲听闻风声已经外逃,此时,某甲为重大犯罪嫌疑人,公安机关应当以某甲涉嫌犯罪正式立案。就"对事立案"而言,公安机关可能迅速排查嫌疑人,并将某乙列为重大嫌疑人进行侦查,但经过侦查发现本案之犯罪事实实际上并非某乙所为,此时,公安机关即应对某乙作出撤销案件的决定,但因犯罪事实仍然存在,公安机关并不能就此撤销全案,而是重新排查嫌疑人,另行侦查。就"对人立案"而言,如果公安机关抓获重大犯罪嫌疑人某甲后,经鉴定发现某甲种植的其实并非毒品原作物,仅是形似而已。此时,因某甲并无犯罪行为,公安机关应当撤销案件,就此案而言,因为全案并没有犯罪事实发生,因而,公安机关的撤销案件决定,是全案撤销。

括在侦查羁押期限之内。

2. 羁押期限的延长

案件案情本有简单、复杂之分，单一的侦查羁押期限并不能满足侦查实践所需，为此，我国刑事诉讼法规定，根据案件的特殊需要，在符合法定条件时履行相应的审批手续和程序，便可以延长侦查羁押期限，具体适用情形和程序如下：

（1）根据第 156 条的规定，案情复杂、期限届满不能终结的案件，可以经上一级人民检察院批准延长 1 个月。

（2）根据第 157 条的规定，因为特殊原因，在较长时间内不宜交付审判的特别重大复杂的案件，由最高人民检察院报请全国人民代表大会常务委员会批准延期审理。

（3）根据第 158 条的规定，下列案件在第 156 条规定的期限届满仍不能侦查终结的，经省、自治区、直辖市人民检察院批准或者决定，可以延长 2 个月：交通十分不便的边远地区的重大复杂案件；重大的犯罪集团案件；流窜作案的重大复杂案件；犯罪涉及面广，取证困难的重大复杂案件。

（4）根据第 159 条的规定，对犯罪嫌疑人可能判处 10 年有期徒刑以上刑罚，依照第 156 条规定延长期限届满，仍然不能侦查终结的，经省、自治区、直辖市人民检察院批准或者决定，可以再延长 2 个月。

3. 不计算羁押期限的法定情形

（1）犯罪嫌疑人不讲真实姓名、住址，身份不明的，查清其身份之前的侦查羁押期限不予计算。侦查羁押期限自查清其身份之日起计算，但在此期间，不得停止对其犯罪行为的侦查取证。对于犯罪事实清楚，证据确实、充分的，也可以按其自报的姓名移送人民检察院审查起诉。

（2）对被羁押的犯罪嫌疑人作精神病鉴定的时间，不计入侦查羁押期限。其他鉴定时间则应当计入羁押期限。对于因鉴定时间较长，办案期限届满仍不能终结的案件，自期限届满之日起，应当对被羁押的犯罪嫌疑人变更强制措施，改为取保候审或者监视居住。

4. 重新计算羁押期限

根据刑事诉讼法和相关司法解释的规定，在侦查期间，发现犯罪嫌疑人另有重要罪行的，自发现之日起依照 2018 年《刑事诉讼法》第 156 条的规定重新计算侦查羁押期限。公安机关在侦查期间，发现犯罪嫌疑人另有重要罪行，重新计算侦查羁押期限的，由公安机关决定，不再经人民检察院批准。但需报人民检察院备案，并受人民检察院监督。

（二）对不设侦查期限的理论检讨

前已述及，我国刑事诉讼法对于侦查程序仅设侦查羁押期限，而未设侦查期限，因此，如果犯罪嫌疑人未被羁押则不存在侦查羁押期限的计算问题。在司法实践中，如果犯罪嫌疑人未被羁押，则侦查程序的运作不受任何诉讼期间的限制。

关于诉讼期间的设置，我国与其他法治国家的做法大相径庭，这表现在，我国刑事诉讼法规定了起诉和审判的期间，而没有对侦查期间作出规定；而国外恰恰相反，是对侦查的期间作出规定，而不规定审判的具体期限，因为，他们认为审判权作为司法权，是一种判断权，审判的过程就是法官心证形成的过程，而心证形成是一种化学反应，为保证法官心证形成的独立性和充分性，实不宜用物理意义上的时间和期限来加以限制，因此，在国外，除了特殊案件（如妨碍选举案件,因为选举在即,需要在此之前审结案件)以外,审判并无期限。与此相对应,在他们看来,侦查权是一种行政权(或至少带有行政权性质),行政权的行使应当是有时间限制的,否则公民的权利就会始终处于不安定状态,因此,侦查往往设有期限,期限届满,侦查机关的侦查行为即应告终止。例如,意大利刑事诉讼法规定,初期侦查的最长持续期不得超过 18 个月。在下列情形之下,侦查最长持续期限可以延长为 2 年:(1)刑法规定的特定犯罪;(2)在相互牵连的事实较多或者被调查人或被害人的数量较多,有关的犯罪消息使侦查活动变得特别复杂;(3)侦查工作需要在国外展开等。我国澳门特别行政区《刑事诉讼法》第 258 条也规定,如有嫌犯被拘禁,检察官最迟须在 6 个月内终结侦查,而将之归档或提出控诉;如无嫌犯被拘禁,则检察官最迟在 8 个月内作出上述行为。对特定犯罪,侦查最长存续期间延长为 8 个月。

我们认为,规定侦查期间或者说侦查最长持续期间对于保障涉讼公民的合法权益是非常必要的,因为在侦查权存续期间,公民的人身自由、财产自由往往受到较大限制,公民在侦查期间还要经受来自社会舆论对其人格、名誉的"拷问"、质疑,侦查权的存在对于涉讼公民来说,实在是一种负担,因此,对于公民来讲,侦查行为早日结束、侦查程序早日终结实在是一种福音。从保障人权的角度说,侦查期间的设置是非常必要的。同时,侦查期间的设置也有利于解决侦查实践中存在的法律盲点问题,例如,由于我国刑事诉讼法规定侦查终结撤销案件的情形限于"发现不应对犯罪嫌疑人追究刑事责任",因此,对于经过较长时间侦查仍然毫无线索,犯罪嫌疑人不明的案件,无法通过撤销案件的方式加以处理,但这类案件事实上已经成为"悬案",侦查机关受制于司法资源的有限性,不可能无限期地动用人力、物力追查下去,因此,虽然法无明文规定,但实践中一般仍然作为"黑案""悬案"予以撤销。这种"黑案"或"悬案"撤销制度实际上是一种变相的侦查期限制度。与其放任侦查机关在实践中自行其是,还不如建立正式的侦查期限制度,对侦查机关的侦查行为加以规范。但是,有人可能会对我们的观点表示质疑,因为,从侦查本身的特点来讲,带有较强的或然性,有时犯罪事实虽已存在,但犯罪嫌疑人是谁尚未浮出水面,给侦查限定期限,不利于侦查的充分展开,可能会放纵犯罪;还有人担心,一旦侦查期间届满后,又于偶然的机会如通过其他案件的侦查将该案的犯罪嫌疑人带了出来,这时该怎么办?是不是就不能追究犯罪嫌疑人的刑事责任了。对于这些疑问和担心,我们认为,都是合理的但同时也是不必要的,因为这只是具体的制度设计和安排的问题,我们完全可以通过合理的制度设置规避这些问题。

对此,我们考虑应当把握以下几个原则:(1)侦查期限的起算时间应当自侦查转为针对特定人时起,或自有人成为嫌犯时起计算。这就可以有效防止第一个问题的产生。侦查的发动实际上可以区分为以下两种情形:一种情形是对人侦查,即侦查之初已有明确的犯罪嫌疑人,侦查就是针对该嫌疑人而展开的;另一种情形是对事侦查,即侦查之初只知犯罪事实,而不知犯罪嫌疑人为谁,侦查的目的就是要揭露犯罪嫌疑人的真实身份。第一个疑问实际上正是针对第二种情形而言的。如果我们坚持将侦查期间的起算时间划定在自侦查转为针对特定人之时或自有人成为嫌犯时,那么就可以在一定程度上规避这一问题的产生。(2)侦查期间届满撤销的案件不产生一事不再理的效力,如果有新的事实、新的证据,侦查程序可以重开。因侦查期间届满而撤销案件的决定,是一种程序性决定,而非实体性决定,它不受刑事诉讼法上的一事不再理原则的约束,不禁止在撤销案件后再次启动程序、展开侦查。因此,如果案件因侦查期限届满而撤销后,又发现新事实、新证据的,侦查程序当然可以重开。

第七节 人民检察院对直接受理的案件的侦查

人民检察院对直接受理的案件的侦查,是指人民检察院对自己受理的案件,依法进行的专门调查工作和有关的强制性措施。

根据2018年《刑事诉讼法》第164条的规定,人民检察院对直接受理的案件的侦查适用有关公安机关侦查规定。据此,人民检察院对直接受理的案件的侦查程序与公安机关的侦查程序完全相同。

当然,在侦查中强制措施的采用如拘留的适用对象、拘留后决定逮捕的期限方面等,人民检察院的自侦程序与公安机关的侦查程序略有差别,相关内容介绍请参见本书第九章"刑事强制措施"的相关论述,在此不再赘述。

第八节 补充侦查

补充侦查,是指公安机关或者人民检察院依照法定程序,在原有侦查工作的基础上继续补充收集证据的一种侦查活动。补充侦查是在原有侦查工作的基础上继续侦查的一种诉讼活动,是原侦查工作的继续,但仍属于侦查的范畴,因此,仍需遵守刑事诉讼法关于侦查的规定。

补充侦查并非每一个刑事案件都必须经过的程序,它主要适用于以下案件:(1)事实不清或证据不足的;(2)遗漏罪行或遗漏同案犯罪嫌疑人的;(3)原认定的犯罪事实有重大变化的。

一、补充侦查的类型

根据我国2018年《刑事诉讼法》第90条、第167条和第175条之规定,补充侦查依据不同诉讼阶段有以下三种类型:

1. 审查批捕阶段的补充侦查

2018年《刑事诉讼法》第90条规定,人民检察院对于公安机关提请批准逮捕的案件进行审查后,对于不批准逮捕的,人民检察院应当说明理由;需要补充侦查的,应当同时通知公安机关。

审查批捕阶段的补充侦查是附属于不批准逮捕决定的,由检察机关在作出不批准逮捕决定的同时作出。实践中,检察机关的侦查监督部门往往会在作出不批准逮捕决定的同时,为公安机关拟定详细的补充侦查提纲,为公安机关后续的补充侦查活动提供明确的侦查取证方向。

审查批捕阶段的补充侦查,只能退回公安机关进行,而不能由检察机关自行补充侦查。

2. 审查起诉阶段的补充侦查

根据2018年《刑事诉讼法》第175条的规定,人民检察院审查起诉案件,对于需要补充侦查的,可以退回公安机关补充侦查,也可以自行侦查。补充侦查应当在1个月内侦查完毕。补充侦查以两次为限。补充侦查的案件,补充侦查完毕移送人民检察院后,如果人民检察院仍然认为证据不足,不符合起诉条件的,应当作出不起诉决定。这是立法关于审查起诉阶段补充侦查程序的规定。

首先,审查起诉阶段的补充侦查应当在1个月内完毕,且以两次补侦为限。无论是检察机关自行侦查,还是退回公安机关补充侦查,补充侦查总计不得超过两次。不得反复补充侦查,以致案件久拖不决,使犯罪嫌疑人法律地位不稳定。

其次,对于补充侦查的案件,人民检察院仍然认为证据不足,不符合起诉条件的,应当作出不起诉的决定。这意味着,未经退回公安机关补充侦查,人民检察院不得直接作出不起诉决定。但是,对于是不是必须要经过两次退回补充侦查,人民检察院方得作出不起诉决定,理论上尚有争议。实践中,一些地方检察机关在实务操作上要求必须退回补侦满两次方得决定不起诉。但是,对于有些案件来说,某些证据的湮灭是无法弥补的,例如,在一起故意杀人案中,公安机关移送审查起诉后,人民检察院发现公安机关在现场勘验时提取凶手血液的程序不合法,血液样本在保管中又不慎被污染,因而DNA鉴定意见不足采信,遂退回公安机关补充侦查,但公安机关在补充侦查时发现凶案现场已经被破坏,无法再次提取血液,而原来的检材样本因为被污染也无法使用,这种情况下,本案的证据锁链出现明显的环节缺失,但这种证据缺失是无法弥补的,即使检察机关第二次退回公安机关补充侦查,公安机关仍然无法弥补这一证据缺失。因此,如果经过第一次退回补充侦查,公安机关和人民检察院认为本案实在是没有办法再有案情或证据方面的突破的,也应当可以不经过第二次退回补侦即直接作出不起诉决定。可能这一解释更符合司法实践中的真实情况和需要。

最后,审查起诉阶段的补充侦查,人民检察院既可以将案件退回公安机关补充侦查,也可以自行补充侦查。

3. 法庭审理阶段的补充侦查

法庭审理阶段的补充侦查包括以下两种情况:

第一,公诉人主动建议退回补充侦查。2018年《刑事诉讼法》第204条规定,在法庭审判过程中,检察人员发现提起公诉的案件需要补充侦查,提出建议的,法院可以延期审理。同法第205条规定,人民检察院要求补充侦查应当在1个月内补充侦查完毕。

第二,合议庭建议补充侦查。合议庭在案件审理过程中,发现被告人可能有自首、立功等法定量刑情节,而起诉和移送的证据材料中没有这方面的证据材料的,合议庭应当建议人民检察院补充侦查。对于人民法院的"建议"(补充侦查),人民检察院要审查有关理由是否成立(如被告人的自首是否成立),并作出是否退回补充侦查的决定;人民检察院不同意的,可以要求人民法院就起诉指控的犯罪事实依法作出裁判。这是因为,控审职能分离的原则要求作为公诉机关的人民检察院才具有变更起诉、补充起诉的主动性,人民法院作为审判机关,应当谨守"不告不理"的底线,不得直接决定或要求人民检察院提起何种指控事实,而只能建议,决定权掌握在人民检察院手中。

二、关于补充侦查的检讨

关于补充侦查,我国刑事诉讼法没有明确的限制性规定。但从世界各国的立法例和理论来看,本着节制侦查权力的精神,在侦查终结后原则上不允许再启动侦查,即便是补充侦查,也有严格的程序限制。从国外立法例来看,一般均规定,起诉后一般不得再进行侦查,而只能进行补充侦查,同时,补充侦查也受到严格的程序限制,一般只能在庭审之前进行。在法、德等大陆法国家,根据大陆职权主义诉讼的理念,庭审乃是由法官控制的,在庭审阶段,应当由法官决定证据调查,职权式法官的主动性保证他们可以随时调取相关证据,相反,公诉人在审判中的作用消极化,不能再进行补充侦查。因此,在大陆法诉讼模式下,庭审阶段的补充侦查往往是由法官决定的,而不是由检察官或警察提起的,如法国刑事诉讼法规定,如有必要进行一系列复杂的行动(可能包括在必要时进行搜查,或者到本法院辖区之外进行验证、查证等),审判法院将决定进行补充侦查,并自主评判这种措施的适当性。至于检察官,在必要时可以通过请求书,调阅补充侦查任何阶段的诉讼案卷,但应当在24小时内归还。再如《德国刑事诉讼法》第202条(补充侦查)规定,裁判是否开始审判程序之前,为了使案情更臻明了,法院可以命令收集一定的证据。对命令不得要求撤销、变更。而在采用混合式诉讼模式的国家,如意大利,根据审判中心主义和当事人对等原则的要求,补充侦查不能由法官决定,而只能由检察官进行,而且补充侦查的手段或方式受到限制,如在日本不允许采用强制侦查;而在意大利,《刑事诉讼法》第430条规定,在初步庭审阶段,在法官发布审判令之后,公诉人对于自己向法官提出的要求可以进行补充侦查,但需要有被告人或其辩护人参加的侦查活动除外。

我国刑事诉讼法对补充侦查程序的规定的条件较为宽松,在时段上,侦查机关在审查批捕阶段、审查起诉阶段和法庭审理阶段均可以进行补充侦查。在补充侦查的方式上,1979年《刑事诉讼法》允许法官在庭审中退回补充侦查,但是1996年《刑事诉讼法》修改后,废除了这一职权式做法,只保留了检察机关对公安机关的补充侦查和退查程序。但是,从目前的情况来看,刑事诉讼法对补充侦查的程序控制仍然存在一些不足之处。从原理上说,在侦查终结之后,补充侦查的提起应当是例外,而非常态,补充侦查的适用应当受到严格的控制。但是,在我国由于在时段上对补充侦查缺乏严格的控制,补充侦查贯穿于刑事诉讼全过程,在审查批捕阶段、审查起诉阶段和法庭审理阶段,侦查机关均可以进行补充侦查,从实践情况来看,补充侦查的适用相当频繁,这就使本作为例外存在的补充侦查却因为适用过于频繁而成为诉讼中的一种常态,从而使侦查终结失去了应有的意义,侦查程序实际上终而未结。显然,这种情况对于公民的人权保障是不利的。加上我国刑事诉讼法对补充侦查的方式(是否允许采用强制性手段)并未加以限制,在实践中,即使在庭审阶段,侦查机关补充侦查时仍然可以采用强制侦查手段,这就使得补充侦查制度对公民权利保障形成了威胁。在实践中,侦查机关还往往借频繁的退查变相拉长办案期限,当侦查羁押期限届满时,公安机关不向检察机关移送案卷材料,而要求检察机关直接填写《退回补充侦查决定书》,以退查的方式变相延长办案期限;或者在案情尚未查清、证据不足而侦查羁押的期限届满时,有的公安机关将不具备移送审查起诉条件的案件移送审查起诉,借此迫使检察机关退回补充侦查,从而"合法合理"地延展了继续侦查的时间。[35]我们认为,现行的补充侦查制度仍然带有较强的职权主义特征,尤其是补充侦查的手段缺乏限制、允许强制侦查的做法,更是与我国1996年《刑事诉讼法》修改后奉行的带有当事人主义诉讼对抗制因素特征的新型诉讼模式存在机制性"硬冲突",因为根据当事人主义诉讼模式的审判中心主义和当事人对等原则的要求,起诉后的侦查应当以任意侦查为原则,不宜再采用强制

〔35〕　陈卫东主编:《刑事诉讼法实施问题调研报告》,中国方正出版社2001年版,第34~36页。

侦查手段。因此,我们认为,应当从时段和手段上对补充侦查予以适当限制。[36]

第九节 侦查监督

侦查监督是指人民检察院依法对侦查机关的侦查活动是否合法进行的监督。根据我国《刑事诉讼法》第8条的规定,人民检察院依法对刑事诉讼实行法律监督。人民检察院对刑事诉讼活动的法律监督,当然包括了对侦查程序的监督。侦查监督的目的是纠正侦查机关的违法侦查行为、排除侦查机关违法取得的证据、补正有瑕疵的证据,进而确保侦查活动的合法性。

一、侦查监督的对象

侦查监督的对象,是侦查行为。所谓侦查监督,其实就是对侦查机关侦查行为合法性的控制。根据我国刑事诉讼法的规定,侦查程序中,行使侦查权的法定机关除公安机关外,国家安全机关、军队保卫部门、中国海警局、监狱以及人民检察院的侦查部门等依法行使侦查权,因此,人民检察院侦查监督的对象不仅包括公安机关,也包括上述机关和部门的侦查行为。

侦查监督主要发现和纠正以下违法行为:(1)对犯罪嫌疑人刑讯逼供、诱供的;(2)对被害人、证人以体罚、威胁、诱骗等非法手段收集证据的;(3)伪造、隐匿、销毁、调换或者私自涂改证据的;(4)徇私舞弊,放纵、包庇犯罪分子的;(5)故意制造冤、假、错案的;(6)在侦查活动中利用职务之便牟取非法利益的;(7)在侦查过程中不应当撤案而撤案的;(8)贪污、挪用、调换所扣押、冻结的款物及其孳息的;(9)违反刑事诉讼法关于决定、执行、变更、撤销强制措施规定的;(10)违反羁押和办案期限规定的;(11)在侦查中有其他违反刑事诉讼法有关规定的行为的。

二、侦查监督的方式和程序

根据刑事诉讼法和司法解释的规定以及实务上的做法,侦查监督一般依下列方式进行:

(一)提前介入

人民检察院根据需要可以派员参加公安机关对于重大案件的讨论和其他侦查活动,发现违法行为,应当及时通知纠正。

(二)排除非法证据

2018年《刑事诉讼法》第56条规定,采用刑讯逼供等非法方法收集的犯罪嫌疑人、被告人供述和采用暴力、威胁等非法方法收集的证人证言、被害人陈述,应当予以排除。收集物证、书证不符合法定程序,可能严重影响司法公正的,应当予以补正或者作出合理解释;不能补正或者作出合理解释的,对该证据应当予以排除。在侦查、审查起诉、审判时发现有应当排除的证据的,应当依法予以排除,不得作为起诉意见、起诉决定和判决的依据。该法第57条规定,人民检察院接到报案、控告、举报或者发现侦查人员以非法方法收集证据的,应当进行调查核实。对于确有以非法方法收集证据情形的,应当提出纠正意见;构成犯罪的,依法追究刑事责任。

---

[36] 万毅:《程序正义的重心:底限正义视野下的侦查程序》,中国检察出版社2006年版,第26页。

(三)发出纠正违法通知书

人民检察院审查逮捕部门、审查起诉部门在审查逮捕、审查起诉中,应当审查公安机关的侦查活动是否合法。发现违法情况,应当提出意见通知公安机关纠正。检察部门发现侦查中违反法律规定的羁押和办案期限规定的,应当依法提出纠正违法意见。

对于公安机关执行人民检察院批准或者不批准逮捕决定的情况,以及释放被逮捕的犯罪嫌疑人或者变更逮捕措施的情况,人民检察院发现有违法情形的,应当通知纠正。

人民检察院发现公安机关或者公安人员在侦查或者决定、执行、变更、撤销强制措施等活动中有违法情形的,应当及时提出纠正意见。根据2018年《刑事诉讼法》第117条的规定,当事人和辩护人、诉讼代理人、利害关系人对于司法机关及其工作人员有下列行为之一的,有权向该机关申诉或者控告:(1)采取强制措施法定期限届满,不予以释放、解除或者变更的;(2)应当退还取保候审保证金不退还的;(3)对与案件无关的财物采取查封、扣押、冻结措施的;(4)应当解除查封、扣押、冻结不解除的;(5)贪污、挪用、私分、调换、违反规定使用查封、扣押、冻结的财物的。受理申诉或者控告的机关应当及时处理。对处理不服的,可以向同级人民检察院申诉;人民检察院直接受理的案件,可以向上一级人民检察院申诉。人民检察院对申诉应当及时进行审查,情况属实的,通知有关机关予以纠正。

人民检察院发出纠正违法通知书的,应当根据公安机关的回复,监督落实情况;没有回复的,应当督促公安机关回复。人民检察院提出的纠正意见不被接受的,应当向上一级人民检察院报告,并抄报上一级公安机关。上级人民检察院认为下级人民检察院意见正确的,应当通知同级公安机关督促下级公安机关纠正;上级人民检察院认为下级人民检察院纠正违法的意见错误的,应当通知下级人民检察院撤销纠正违法通知书,并通知同级公安机关。

思考题

1. 我国立案的基本条件是什么?如何理解该标准与移送审查起诉、起诉及定罪标准之间的区别与联系?

2. 立案与侦查的关系如何理解?

3. 简述讯问犯罪嫌疑人的程序要求。

4. 简述勘查、检验之间的区别与联系。

5. 如何理解技术侦查措施?

第十四章　职务犯罪的调查与移送

导　读

2018年《刑事诉讼法》的修改，删去原《刑事诉讼法》第18条规定的由人民检察院管辖的"贪污贿赂犯罪、国家工作人员的渎职犯罪"，转隶为国家监察委管辖。与此同时，为保障案件管辖的转隶，对刑事诉讼法与国家监察法的衔接问题，《刑事诉讼法》修改决定也作了详细的规定。监察机关有权对其管辖的职务违法和职务犯罪行为进行调查，关于监察机关调查的性质，调查与侦查的异同，调查与审查起诉的衔接等，都引起了理论界与实务界的热议。此外，虽然监察机关的调查活动不受《刑事诉讼法》调整，但仍有必要对留置与刑事强制措施的衔接、证据的移送与衔接、涉案财物的移送与衔接，进行全面的了解与学习。

第一节　国家监察体制改革与检察职能的调整

2016年12月26日，为在全国推进国家监察体制改革探索积累经验，根据党中央关于深化国家监察体制改革的部署要求，第十二届全国人大常委会第二十五次会议决定，在北京市、山西省、浙江省开展国家监察体制改革试点工作。2017年11月4日，在认真总结北京市、山西省、浙江省改革试点工作经验的基础上，第十二届全国人大常委会第三十次会议进一步决定，在全国各地推开国家监察体制改革试点工作。2018年3月20日，第十三届全国人大第一次会议表决通过了《监察法》，标志着我国监察体制改革在试点与全面铺开后取得的经验与成果，正式进入立法，也标志着我国的反腐监察体制进入一个新的发展阶段。在此之前，我国的反腐工作实行的是"双轨制"：一是纪检监察部门，负责从党的纪律和行政纪律的角度查处干部的腐败行为，二是人民检察院的自侦部门可以依法对侦查贪污、腐败等职务犯罪进行侦查。在很长一段时间里，纪检监察部门采用"双规""双指"的方法，要求涉嫌人员在规定或指定的时间、地点就调查事项涉及的问题作出解释和说明。如果在查处违纪案件过程中发现行为人涉及腐败犯罪，纪检、监察部门便将案件移交检察机关立案侦查。"党的十八大以来，检察机关对周永康、郭伯雄、徐才厚、孙政才、令计划、苏荣等122名原省部级以上干部立案侦查，对周永康、薄熙来、郭伯雄、孙政才、令计划、苏荣等107名原省部级以上干部提起公诉；查办国家工作人员索贿受贿犯罪 59,593 人,较前五年上升 6.7%;查办不作为、乱作为的渎职侵权犯罪 62,066 人。"[1]可见,两套班子的反腐败工作在实践中取得过显著的成效。

但是,一方面"双规""双指"的程序正当性一直备受争议,另一方面纪检、监察和人民检察院双轨制反腐工作模式在实践中难免出现职权划分不明、反贪力量分散的问题,限制了腐败犯罪打击行动的深入展开。为了解决反腐败力量分散、效率不高的问题,同时促使"双规""双指"措施进一步正当化,以习近平同志为核心的党中央就深化国家监察体制改革作出一系列重大决策部署。2018 年 3 月,十三届全国人大一次会议审议通过了《宪法修正案》和《监察法》,将此前试点经验正式写入法律。《宪法修正案》在"国家机构"一节增设"监察委员会",监察法则详细规定了国家监察体制如何依法运行,至此,职务犯罪证据收集的主体发生了重大变化。[2]根据《监察法》第 3 条的规定,"各级监察委员会是行使国家监察职能的专责机关,依照本法对所有行使公权力的公职人员(以下称公职人员)进行监察,调查职务违法和职务犯罪,开展廉政建设和反腐败工作,维护宪法和法律的尊严。"监察委员会职务犯罪调查权的正式确立。

为配合国家监察体制改革,实现法律"两法"的衔接与平稳过渡,2018 年 10 月 26 日我国《刑事诉讼法》进行了重新修订。根据 2018 年修订的《刑事诉讼法》第 18 条之规定,检察机关的职能得以调整,删去了人民检察院对贪污贿赂等案件行使侦查权的规定,保留了检察机关对诉讼活动实行法律监督中发现的司法工作人员利用职权实施的侵犯公民权利损害司法公正犯罪案件的侦查权以及机动侦查。调整后的检察机关侦查权的侦查主体仅限于司法工作人员,即法律规定有侦查、检察、审判、监管职责的工作人员,侵犯公民权利、损害司法公正的犯罪包括 13 种,即非法拘禁罪,非法搜查罪,刑讯逼供罪,暴力取证罪,虐待被监管人罪,司法人员的滥用职权罪和玩忽职守罪,徇私枉法罪,民事、行政枉法裁判罪,执行判决、裁定失职罪,执行判决、裁定滥用职权罪,私放在押人员罪,失职致使在押人员脱逃罪,徇私舞弊减刑、假释、暂予监外执行罪。但值得注意的是,根据《刑事诉讼法》的该条规定,对于上述 13 个罪名"可以"由人民检察院立案侦查,而非"应当"由人民检察院立案侦查。从中不难看出,一方面"可以"暗含着条文的政策导向性,即由检察机关侦查,因为检察机关更贴近诉讼,更容易发现诉讼过程中司法人员相关职务犯罪,同时,查办这类职务犯罪,往往涉及证据合法性判断和诉讼走向,因此,由检察机关立案查办这些案件更为便捷,也有利于及时判断证据合法性,保障诉讼顺利进行。发现、遇到此类须立案查办的案件线索,检察机关就不能推诿,而应当依职责开展立案侦查工作。另一方面"可以"也意味着并非必然一定由检察机关侦查。2018 年 11 月 1 日最高人民检察院第十三届检察委员会第八次会议通过《关于人民检察院立案侦查司法工作人员相关职务犯罪案件若干问题的规定》中指出,"人民检察院立案侦查本规定所列犯罪时,发现犯罪嫌疑人同时涉嫌监察委员会管辖的职务犯罪线索的,应当及时与同级监察委员会沟通,一般应当由监察委员会为主调查,人民检察院予以协助。经沟通,认为全案由监察委员会管辖更为适宜的,人民检察院应当撤销案件,将案件和相应职务犯罪线索一并移送监察委员会;认为由监察委员会和人民检察院分别管辖更为适宜的,人民检察院应当将监察委员会管辖的相应职务犯罪线索移送监察委员会,对依法由人民检察院管辖的犯罪案件继续侦查。人民检察院应当及时将

---

〔1〕 2018 年最高人民检察院工作报告,载 http://www.spp.gov.cn/spp/gzbg/201803/t20180325_372171.shtml,最后访问日期:2018 年 10 月 19 日。

〔2〕 刘艳红:《职务犯罪案件非法证据的审查与排除——以〈监察法〉与〈刑事诉讼法〉之衔接为背景》,载《法学评论》2019 年第 1 期。

沟通情况报告上一级人民检察院。沟通期间,人民检察院不得停止对案件的侦查。监察委员会和人民检察院分别管辖的案件,调查(侦查)终结前,人民检察院应当就移送审查起诉有关事宜与监察委员会加强沟通,协调一致,由人民检察院依法对全案审查起诉。”

第二节　调 查 概 述

一、调查的概念

调查,是指为了了解情况而进行考察。毛泽东同志曾在《农村调查》的“序”和“跋”中指出,“‘没有调查就没有发言权’,这句话,虽然,曾经被人讥为‘狭隘经验论’的,我却至今不悔。”随着时代的发展,“调查”二字的内涵及语义范围也逐渐得以丰富,如对于有的私家侦探就被称为“调查公司”。我国2012年《刑事诉讼法》对侦查的定义,也包含“调查”工作,该法第106条规定,“侦查”是指公安机关、人民检察院在办理案件过程中,依照法律进行的专门调查工作和有关的强制性措施。但随着监察体制改革的全面铺开,且以《监察法》的颁布实施为标志,在我国,“调查”被赋予了新的内涵,我国《监察法》第40条第1款规定:“监察机关对职务违法和职务犯罪案件,应当进行调查,收集被调查人有无违法犯罪以及情节轻重的证据,查明违法犯罪事实,形成相互印证、完整稳定的证据链。”该款规定也被认为是监察机关行使职权的重要依据。与之相应地,2018年《刑事诉讼法》对“侦查”概念的内涵也进行了修改,根据该法第108条的规定,侦查是指公安机关、人民检察院对于刑事案件,依照法律进行的收集证据、查明案情的工作和有关的强制性措施。可见,在我国公安机关所进行的侦查活动是收集证据、查明案情的工作,而非调查工作。因此,可以看出,在我国调查主要指的是监察调查,即各级监察机关在初步核实监察对象涉嫌职务违法、职务犯罪犯罪后,依法收集证据,以证明监察对象有无职务违法以及职务犯罪行为以及情节轻重,从而查明职务违法犯罪事实的活动。

二、调查的属性

监察委机关所实施的调查活动,是其加强对公职人员监督、实现反腐败全覆盖、有效处置腐败案件等职能的体现。监察调查具有以下法律属性:

(一)调查主体具有法定性

在我国,监察机关在性质上既不是行政机关,也不是司法机关,而是代表党和国家行使监察权的专门机关。[3] 监察调查的实施主体是各级监察机关,调查是监察机关按照《监察法》的规定,行使监察权的重要体现。我国《监察法》第4条第1款规定,“监察委员会依照法律规定独立行使监察权,不受行政机关、社会团体和个人的干涉。”可见,我国监察机关行使监察权进行调查工作,具有明显的法定性,除各级国家监察机关外,其他任何机关、单位和个人都无权行使。

---

〔3〕 谢尚果、申君贵:《监察法教程》,法律出版社2019年版,第161页。

(二)调查内容具有特定性

监察机关的调查活动,是通过收集被调查人有无违法犯罪以及情节轻重的证据,来查明被调查人有无违法犯罪事实,如果有违法犯罪事实,就要求形成相互印证、完整稳定的证据链。所以不难看出,监察机关的调查内容,仅限于收集相关的证据,来证明被调查人有无相关的违法犯罪事实,除此之外的活动,既不属于监察调查的内容,也不属于监察权调整的范畴。

(三)调查性质具有独特性

在《监察法》颁布实施前后,理论界对监察机关的调查权性质展开的热议,有学者认为:监察委员会除了主要通过留置措施限制人身自由以外监察委员会的调查权与刑事侦查权具有相似的形式和后果。再加上原检察机关的职务犯罪侦查人员几乎都实现了向监察委员会调查人员的"转隶",原属于检察机关的职务犯罪侦查权也转变成监察委员会的调查权,因此,一般人有正当理由相信监察委员会的调查权具有侦查权的性质和效力。[4] 还有学者认为,在监察体制改革完成之后,监察委员会的调查同时具有党纪调查、政纪调查和刑事调查的性质。[5]

我们认为,对于监察调查的性质,应当结合监察调查的内涵与外延,进行全面理解。从监察调查的定义中不难看出,监察机关所进行的调查活动既包括对职务违法行为的调查,也包括对职务犯罪行为的调查,二者在调查程序上可能差别不大,但在处理结果和对被调查人的影响上,差异不容忽视,因此,对二者要有所区分,不可混淆视之。因此,监察调查性质的独特之处在于,其不仅具有行政属性,有了行政属性,才能实现《监察法》第2条所规定的"依照监察法对所有行使公权力的公职人员进行监察,调查职务违法和职务犯罪,开展廉政建设和反腐败工作,维护宪法和法律的尊严",还具有司法属性,有了司法属性,才能实现对职务犯罪的案件移送审查起诉、提起公诉、严厉打击和惩办腐败犯罪,除此之外,还具有明显的监督属性,有了监督属性,才能实现"国家监察全覆盖"。三种属性之中,监督属性是本质,行政属性和司法属性是实现监督不可或缺的手段,三者缺一不可,相互联系,相互补充。

第三节　调查的对象

监察机关调查的对象是公职人员的职务违法和职务犯罪行为,这里包含两大要素,一是主体要素,即"公职人员",所谓公职人员,是指依法履行公共职务的国家立法机关、司法机关、行政机关、中国共产党和各个民主党派的党务机关、各人民团体、国有企业、事业单位的工作人员。具体包括:中国共产党机关、人民代表大会及其常务委员会机关、人民政府、监察委员会、人民法院、人民检察院、中国人民政治协商会议各级委员会机关、民主党派机关和工商业联合会机关的公务员,以及参照《中华人民共和国公务员法》管理的人员;法律、法规授权或者受国

---

〔4〕　秦前红、石泽华:《监察委员会调查活动性质研究——以山西省第一案为研究对象》,载《学术界》2017年第6期。

〔5〕　左卫民、安琪:《监察委员会调查权:性质、行使与规制的审思》,载《武汉大学学报》(哲学社会科学版)2018年第1期。

家机关依法委托管理公共事务的组织中从事公务的人员;国有企业管理人员;公办的教育、科研、文化、医疗卫生、体育等单位中从事管理的人员;基层群众性自治组织中从事管理的人员;其他依法履行公职的人员。相较之前刑事诉讼中职务犯罪的主体,有了较大范围的扩大,从而实现了监察对象主体身份的全覆盖。二是行为要素,既包括公职人员的职务违法行为,也包括公职人员的职务犯罪行为,根据《监察法》第11条的规定以及2018年4月17日中央纪委国家监委印发的《国家监察委员会管辖规定(试行)》,管辖权发生调整的职务犯罪共包含88种罪名。(见表14-1)对于其中涉嫌职务犯罪的,将调查结果移送人民检察院依法审查、提起公诉;未达到犯罪但是职务违法的公职人员依法作出政务处分决定。

表14-1 监察机关管辖的88种罪名

贪污贿赂犯罪(17种)	贪污罪,挪用公款罪,受贿罪,单位受贿罪,利用影响力受贿罪,行贿罪,对有影响力的人行贿罪,对单位行贿罪,介绍贿赂罪,单位行贿罪,巨额财产来源不明罪,隐瞒境外存款罪,私分国有资产罪,私分罚没财物罪,非国家工作人员受贿罪,对非国家工作人员行贿罪,对外国公职人员、国际公共组织官员行贿罪
滥用职权犯罪(15种)	滥用职权罪,国有公司、企业、事业单位人员滥用职权罪,滥用管理公司、证券职权罪,食品监管渎职罪,故意泄露国家秘密罪,报复陷害罪,阻碍解救被拐卖、绑架妇女、儿童罪,帮助犯罪分子逃避处罚罪,违法发放林木采伐许可证罪,办理偷越国(边)境人员出入境证件罪,放行偷越国(边)境人员罪,挪用特定款物罪,非法剥夺公民宗教信仰自由罪,侵犯少数民族风俗习惯罪,打击报复会计、统计人员罪
玩忽职守犯罪(11种)	玩忽职守罪,国有公司、企业、事业单位人员失职罪,签订、履行合同失职被骗罪,国家机关工作人员签订、履行合同失职被骗罪,环境监管失职罪,传染病防治失职罪,商检失职罪,动植物检疫失职罪,不解救被拐卖、绑架妇女、儿童罪,失职造成珍贵文物损毁、流失罪,过失泄露国家秘密罪
徇私舞弊犯罪(15种)	徇私舞弊低价折股、出售国有资产罪,非法批准征收、征用、占用土地罪,非法低价出让国有土地使用权罪,非法经营同类营业罪,为亲友非法牟利罪,枉法仲裁罪,徇私舞弊发售发票、抵扣税款、出口退税罪,商检徇私舞弊罪,动植物检疫徇私舞弊罪,放纵走私罪,放纵制售伪劣商品犯罪行为罪,招收公务员、学生徇私舞弊罪,徇私舞弊不移交刑事案件罪,违法提供出口退税凭证罪,徇私舞弊不征、少征税款罪
重大责任事故犯罪(11种)	重大责任事故罪,教育设施重大安全事故罪,消防责任事故罪,重大劳动安全事故罪,强令违章冒险作业罪,不报、谎报安全事故罪,铁路运营安全事故罪,重大飞行事故罪,大型群众性活动重大安全事故罪,危险物品肇事罪,工程重大安全事故罪
公职人员其他犯罪(19种)	破坏选举罪,背信损害上市公司利益罪,金融工作人员购买假币、以假币换取货币罪,利用未公开信息交易罪,诱骗投资者买卖证券、期货合约罪,背信运用受托财产罪,违法运用资金罪,违法发放贷款罪,吸收客户资金不入账罪,违规出具金融票证罪,对违法票据承兑、付款、保证罪,非法转让、倒卖土地使用权罪,私自开拆、隐匿、毁弃邮件、电报罪,职务侵占罪,挪用资金罪,故意延误投递邮件罪,泄露不应公开的案件信息罪,披露、报道不应公开的案件信息罪,接送不合格兵员罪

第四节　调查的管辖

根据监察机关调查的属性和对象,已经从宏观上界定了监察调查管辖的范围,既包括公职人员的职务违法行为,也包括其职务犯罪行为,相应地,检察机关可以对司法工作人员涉嫌的包括非法拘禁罪、非法搜查罪等14种犯罪进行侦查,从中不难看出,立法者对监察机关调查所管辖的案件与检察机关依法侦查所管辖的案件,进行了较为明确的区分,但实践中无法避免的是关联案件所带来的管辖竞合问题。所谓关联案件,是指一人犯数罪、共同犯罪、共同犯罪嫌疑、被告人实施了其他犯罪,以及多个犯罪嫌疑人、被告人实施的犯罪存在关联关系,因此两个以上的办案机关都有权管辖的案件。[6] 在2018年《监察法》出台之前,对于管辖竞合的问题,最高人民法院、最高人民检察院、公安部、国家安全部、司法部、全国人大常委会法制工作委员会2012年(联合)发布的《关于实施刑事诉讼法若干问题的规定》规定:"公安机关侦查刑事案件涉及人民检察院管辖的贪污贿赂案件时,应当将贪污贿赂案件移送人民检察院;人民检察院侦查贪污贿赂案件涉及公安机关管辖的刑事案件,应当将属于公安机关管辖的刑事案件移送公安机关。在上述情况中,如果涉嫌主罪属于公安机关管辖,由公安机关为主侦查,人民检察院予以配合;如果涉嫌主罪属于人民检察院管辖,由人民检察院为主侦查,公安机关予以配合。"从中不难看出,对于管辖竞合,所采用的是"主罪为主"的管辖原则。

不过,自2018年《监察法》颁布实施后,对于涉及监察机关调查管辖的案件与其他办案部门出现管辖竞合的情况,确立了"调查为主"的管辖原则,该法第34条第2款规定:"被调查人既涉嫌严重职务违法或者职务犯罪,又涉嫌其他违法犯罪的,一般应当由监察机关为主调查,其他机关予以协助。"有学者认为,这种体现"监察优越"的规定在实践中运用效果如何似乎还有待讨论,因为它不仅与长期的管辖实践和相关规范相冲突,还可能会违背一般管辖规律而造成实践中的困难。例如,一起犯罪嫌疑人不但实施了普通行贿或受贿犯罪,同时实施了杀人、抢劫或组织、领导黑社会性质的组织等重大刑事犯罪的案件,主罪系普通刑事犯罪,涉及大量的侦查工作,而且可能包括多项普通刑事犯罪(如组织、领导黑社会性质组织的犯罪往往同时涉嫌十多项乃至几十项犯罪),如以监察机关"为主"侦查(调查),不但与监察机关的职能不符,而且在主导侦查方面,可能会造成一定的困难。[7] 也有学者认为,"一刀切"地适用以监察机关为主导的原则,可能与监察机关承担的反腐败职能不符,从而不利于案件的办理。[8] 不难看出的是,这种"调查为主"的管辖原则实际上是以保障监察机关办理职务违法与职务犯罪案件为优先,但这一原则在关联案件出现管辖竞合的情况下,该如何灵活运用,还有待于进一步研究。

---

[6] 龙宗智:《监察与司法协调衔接的法规范分析》,载《政治与法律》2018年第1期。

[7] 龙宗智:《监察与司法协调衔接的法规范分析》,载《政治与法律》2018年第1期。

[8] 卞建林:《配合与制约:监察调查与刑事诉讼的衔接》,载《法商研究》2019年第1期。

第五节 调查的措施与程序

一、调查的措施

监察机关进行调查可以采取的措施包括讯问、询问、留置、搜查、调取、查封、扣押、勘验检查等,并且需要严格依照法定程序进行。我国 2018 年《监察法》第 41 条规定,"调查人员采取讯问、询问、留置、搜查、调取、查封、扣押、勘验检查等调查措施,均应当依照规定出示证件,出具书面通知,由二人以上进行,形成笔录、报告等书面材料,并由相关人员签名、盖章。调查人员进行讯问以及搜查、查封、扣押等重要取证工作,应当对全过程进行录音录像,留存备查。"该规定在明确了监察机关调查措施的同时,也明确了监察机关进行调查所应当遵循的程序。

在法定的调查措施中,留置被认为是替代"双规",以摆脱纪法难容困境、整合反腐资源的重要改革举措,[9]也是《监察法》颁布实施前后,引起理论界与实务界共同关注的一项新措施。在这里,有必要对留置这一调查措施,进行简要介绍:

第一,留置的条件。被调查人涉嫌贪污贿赂、失职渎职等严重职务违法或者职务犯罪,监察机关已经掌握其部分违法犯罪事实及证据,仍有重要问题需要进一步调查,且具有案情重大、复杂,或可能逃跑、自杀,或可能妨碍收集证据,或妨碍调查情形的,经监察机关依法审批,可以采取留置措施。

第二,留置的决定。监察机关采取留置措施,应当由监察机关领导人员集体研究决定。设区的市级以下监察机关采取留置措施,应当报上一级监察机关批准。省级监察机关采取留置措施,还应当报国家监察委员会备案。

第三,留置的时间。留置时间不得超过 3 个月,在特殊情况下,可以延长一次,延长时间不得超过 3 个月。省级以下监察机关采取留置措施的,延长留置时间应当报上一级监察机关批准。监察机关发现采取留置措施不当的,应当及时解除。

第四,留置的执行。监察机关采取留置措施,可以根据工作需要提请公安机关配合。公安机关应当依法予以协助。

第五,留置的场所。目前实践中一般选择在监察机关的办案场所或公安机关管理的场所如看守所(专门的留置区域)等地实施留置。[10]

第六,留置的监管。对被调查人采取留置措施后,应当在 24 小时内,通知被留置人员所在单位和家属,但有可能毁灭、伪造证据,干扰证人作证或者串供等有碍调查情形的除外。有碍调查的情形消失后,应当立即通知被留置人员所在单位和家属。监察机关应当保障被留置人员的饮食、休息和安全,提供医疗服务。讯问被留置人员应当合理安排讯问时间和时长,讯问笔录由被讯问人阅看后签名。

---

〔9〕 参见刘艳红、夏伟:《法治反腐视域下国家监察体制改革的新路径》,载《武汉大学学报》(哲学社会科学版)2018 年第 1 期。

〔10〕 卞建林:《配合与制约:监察调查与刑事诉讼的衔接》,载《法商研究》2019 年第 1 期。

第七，留置的折抵。被留置人员涉嫌犯罪移送司法机关后，被依法判处管制、拘役和有期徒刑的，留置 1 日折抵管制 2 日，折抵拘役、有期徒刑 1 日。

留置措施的出台，是对监察机关调查措施的丰富，在我国《监察法》中多处条文都进行了详细的规定，但令人遗憾的是，《监察法》并未对留置期间辩护律师的介入等问题作出明确规定，且尚有许多具体的技术性问题未能落实，如专门留置场所的建设、留置监管人员的确定等。

二、调查的程序

根据 2018 年《监察法》第 41 条的规定，监察机关在进行调查时需遵循以下程序：

第一，出示证件。出示证件在于证明监察调查人员的真实身份，也是监察人员在进行调查工作时，必须可少的一项基本程序，及时告知被调查人的进行身份告知，有利于督促被调查人配合调查工作。

第二，出具书面通知。书面通知是指盖有监察机关的公章，明确了监察调查措施种类的通知性法律文书，是监察机关进行调查工作所必需的法律文书。出具书面通知的目的在于证明监察机关的调查措施已获合法授权，相关的单位及个人必须要配合调查。

第三，二人以上进行。之所以将二人以上作为监察调查的程序要件，一般是出于两个方面考虑，一方面是两人以上有利于开拓办案思路，避免一人办案擅断专行，实践中的办案经验也多次反映出，两人以上办案能够互相配合、集思广益；另一方面是互相配合的同时互相制约，以防止在一人办案情况下，容易出现的非法取证、滥用职权等行为的发生。

第四，形成笔录、报告等书面材料，并由相关人员签名、盖章。调查人员采取的措施进行调查活动，应当及时形成形成笔录、报告等书面材料，同时还要由相关人员签名、盖章，以完善笔录、报告等书面材料的真实性与合法性。

第五，对讯问以及搜查、查封、扣押等重要取证工作全过程进行录音录像。全过程进行录音录像的目的有二，一是规范取证行为，防止违法取证行为的发生；二是对讯问以及搜查、查封、扣押等重要取证程序的合法性进行证明，以避免在有争议的时候难以证明情况的发生。

第六节　调查的终结与处置

一、调查终结的条件

（一）被调查人是否存在职务违法犯罪的事实已经查清

监察调查的目的就是要查明被调查人是否存在职务违法犯罪行为。只有通过法定程序进行调查，被调查人是否存在职务违法犯罪的事实才能查清。如果相关事实没有查清，监察调查活动就不能结束。具体而言，包括：第一，被调查人是否存在职务违法犯罪行为已经查清；第二，被调查人职务违法行为是否构成犯罪已经查清。

（二）证据确实、充分

所谓证据确实充分，是指监察机关通过调查活动收集的证据足以证明被调查人是否存在职务违法、职务犯罪的事实,在证据上既包含着对量的要求,也包含着对质的要求。具体包括以下三个方面:第一,认定被调查人存在职务违法或者职务犯罪的事实,都有对应的证据加以证明;第二,据以认定被调查人存在职务违法或者职务犯罪行为的证据均经法定程序查证属实。这就要求监察机关收集的证据在程序上必须合法,只有经过查证属实的证据才能作为定案的根据,也才能作为终结监察调查的依据;第三,综合全案证据,监察机关所认定的被调查人职务违法或者职务犯罪的事实已经排除合理怀疑。

(三)手续齐全

监察机关终结调查程序,应当办理相应的法律手续。对于不存在职务违法或者职务犯罪的被调查人,应当出具相关文件和手续证明被调查人清白;对于已经构成职务违法或者职务犯罪的被调查人,应当按照法律规定作出相应的处置,并完备相关法律文件和手续。

二、调查终结的处置

监察机关经调查,对没有证据证明被调查人存在违法犯罪行为的,应当撤销案件,并通知被调查人所在单位。但对于构成职务违法、职务犯罪的被调查人而言,也应当根据调查结果的不同,作出相应的处理:(一)对有职务违法行为但情节较轻的公职人员,按照管理权限,直接或者委托有关机关、人员,进行谈话提醒、批评教育、责令检查,或者予以诫勉;(二)对违法的公职人员依照法定程序作出警告、记过、记大过、降级、撤职、开除等政务处分决定;(三)对不履行或者不正确履行职责负有责任的领导人员,按照管理权限对其直接作出问责决定,或者向有权作出问责决定的机关提出问责建议;(四)对涉嫌职务犯罪的,监察机关经调查认为犯罪事实清楚,证据确实、充分的,制作起诉意见书,连同案卷材料、证据一并移送人民检察院依法审查、提起公诉;(五)对监察对象所在单位廉政建设和履行职责存在的问题等提出监察建议。

第七节　职务犯罪调查终结的移送与衔接

监察调查活动终结,对于涉嫌职务犯罪且犯罪事实清楚,证据确实、充分的,制作起诉意见书,监察机关应当将连同案卷材料、证据一并移送人民检察院依法审查、提起公诉。在移送的过程中,也涉及监察机关与检察机关之间衔接的问题。

一、留置与刑事强制措施的衔接

监察机关根据调查结果认定被调查人涉嫌的犯罪事实清楚,证据确实充分的,就应当移送人民检察院依法审查公诉,《监察法》第47条作出了原则性的规定:“对监察机关移送的案件,人民检察院依照《中华人民共和国刑事诉讼法》对被调查人采取强制措施”。为适应《监察法》中关于强制措施的规定,2018年修改的《刑事诉讼法》第170条第2款明确阐释了检察机关对监察机关移送案件强制措施的衔接,该条款规定,“对于监察机关移送起诉的已采取留置措施的案件,人民检察院应当对犯罪嫌疑人先行拘留,留置措施自动解除。人民检察院应当在拘留后的十日以内作出是否逮捕、取保候审或者监视居住的决定。在特殊情况下，决定的时间可以延长一日至四日。人民检察院决定采取强制措施的期间不计入审查起诉期限。”可以看出，对监察机关移送审查起诉的案件，且未采取留置措施的，检察机关可根据案件情况采取对犯罪嫌疑人刑事强制措施，具体包括拘传、取保候审、监视居住、刑事拘留、逮捕；如果已经采取了留置措施的，则应当对犯罪嫌疑人先行拘留，留置措施自动解除。

二、审查起诉的衔接

检察机关应当依法对监察机关移送的案件进行审查，决定是否提起公诉。这既是检察机关履行公诉职责的体现，也是检察机关与监察机关配合制约原则的内在要求。

检察机关经审查，认为犯罪事实已经查清，证据确实、充分，依法应当追究刑事责任的，应当作出起诉决定。人民检察院经审查，认为需要补充核实的，应当退回监察机关补充调查，必要时可以自行补充侦查。对于补充调查的案件，应当在一个月内补充调查完毕。补充调查以二次为限。相应地，在2018年《刑事诉讼法》修改的过程中，明确规定人民检察院对于监察机关移送起诉的案件，依照本法和监察法的有关规定进行审查。人民检察院经审查，认为需要补充核实的，应当退回监察机关补充调查，必要时可以自行补充侦查。

检察机关经审查，认为有《刑事诉讼法》规定的不起诉的情形的，经上一级人民检察院批准，依法作出不起诉的决定。监察机关认为不起诉的决定有错误的，可以向上一级人民检察院提请复议。相较此前《中华人民共和国监察法（草案）》所限定的不起诉条件，以及“征求意见＋报经批准”的不起诉程序，[11]《监察法》正式实施条文关于不起诉程序的规定，更为理性和进步。

三、证据的移送与衔接

监察机关依照监察法规定收集的物证、书证、证人证言、被调查人供述和辩解、视听资料、电子数据等证据材料，在刑事诉讼中可以作为证据使用。但并不意味着监察活动中收集的证据不需要经过合法性、真实性的审查。在证明标准的问题上，《监察法》规定，监察机关在收集、固定、审查、运用证据时，应当与刑事审判关于证据的要求和标准相一致，也就是说监察机关在进行证据移送时，应当达到《刑事诉讼法》第55条所规定的“证据确实、充分”的标准。对此有学者认为，《监察法》第33条规定的监察机关在收集运用证据时“应当与刑事审判关于证据的要求和标准相一致”，从新立法上再次强调了刑事审判对于职务犯罪证据调查的影响，这种“倒逼”效应客观上也符合了‘以审判为中心’对证据收集的要求。为了有罪追诉的便宜，监察委员会按照刑事审判的证据要求进行自我审查，但这并不意味着进入法庭的证据自然符合刑事审判的要求。[12] 因此，监察机关移送审查起诉的案件，仍然经过检察机关的审查，达到“犯罪事实已经查清，证据确实充分”的证据标准方能提起公诉。

对于监察机关移送审查起诉的案件，检察机关在审查的过程中，也应当坚持非法证据排除

---

〔11〕《中华人民共和国监察法（草案）》第45条规定：“……对于证据不足、犯罪行为较轻，或者没有犯罪事实的，应当征求监察机关意见并报经上一级检察机关批准，依法作出不起诉的决定。监察机关认为不起诉的决定有错误的，可以要求复议。”

〔12〕刘艳红：《职务犯罪案件非法证据的审查与排除——以〈监察法〉与〈刑事诉讼法〉之衔接为背景》，载《法学评论》2019年第1期。

规则。《监察法》第 33 条第 3 款规定,以非法方法收集的证据应当依法予以排除,不得作为案件处置的依据。同时该法第 40 条第 2 款规定,严禁以威胁、引诱、欺骗及其他非法方式收集证据,严禁侮辱、打骂、虐待、体罚或者变相体罚被调查人和涉案人员。这两款规定表明,监察调查同样适用非法证据排除规则,因此,检察机关在审查起诉的过程中,有权适用非法证据排除规则对监察机关非法收集的证据予以排除。

四、涉案财物的移送与衔接

《监察法》在第 46 条对监察机关处置涉案财物作出了具体规定,监察机关经调查,对违法取得的财物,依法予以没收、追缴或者责令退赔;对涉嫌犯罪取得的财物,应当随案移送人民检察院。监察机关对涉案财物的处理根据被调查人行为性质有不同方式:(1)对被调查人违法取得的财物,监察机关有权依法予以没收、追缴或者责令退赔。(2)对于被调查人涉嫌犯罪取得的财物,在将被调查人移送人民检察院审查、提起公诉的时候,随案件移送给人民检察院。对随案移送的财物,监察机关应当制作移送登记表。与此相应,2018 年《刑事诉讼法》第 177 条第 3 款规定:“人民检察院决定不起诉的案件,应当同时对侦查中查封、扣押、冻结的财物解除查封、扣押、冻结。对被不起诉人需要给予行政处罚、处分或者需要没收其违法所得的,人民检察院应当提出检察意见,移送有关主管机关处理。有关主管机关应当将处理结果及时通知人民检察院。”第 182 条第 2 款规定:“根据前款规定不起诉或者撤销案件的,人民检察院、公安机关应当及时对查封、扣押、冻结的财物及其孳息作出处理。”由此,关于涉案财物的查封、扣押、冻结、移送等规定涵盖了刑事诉讼的各个阶段,有利于规避对涉案财物的不当处分和保障相关权利人的财产权。

思考题

1. 调查的属性都有什么?
2. 调查终结后处置的方式都有什么?
3. 职务犯罪调查和刑事诉讼的衔接过程中有哪些需要注意的问题?

第十五章　起　诉

导　读

任何刑事案件，只有经由起诉，人民法院才可以给被告人定罪量刑，从程序上说，起诉是连接侦查和审判的重要阶段。起诉分为公诉和自诉，现代国家普遍实行公诉为主自诉为辅，我国也不例外。人民检察院是我国的公诉机关，通过审查，决定案件是否提起公诉或者不起诉。对于自诉案件，公民个人可以根据法律规定向人民法院提起诉讼。

第一节　起诉的概念与意义

一、起诉概述

刑事起诉，是指享有控诉权的国家机关和公民，依法向法院提起诉讼，要求法院对指控的犯罪进行审判，以确定被告人刑事责任并予以刑事制裁的诉讼活动。起诉是刑事诉讼的重要程序之一。

刑事起诉，按照行使追诉权的主体不同，分为公诉和自诉两种方式。公诉就是依法享有刑事起诉权的国家专门机关，代表国家和公众向法院起诉，要求审判机关追究被告人的刑事责任。自诉则是刑事被害人及其法定代理人、近亲属等，以个人的名义向法院起诉，要求保护自己的合法权益，追究被告人刑事责任的诉讼活动。

起诉和起诉方式，是人类司法制度发展到一定历史阶段的产物。最早的起诉方式是自诉，通常由被害人及其法定代理人等有起诉权的个人直接向有管辖权的司法机关控告犯罪人。随着社会经济条件的变化和司法经验的积累，统治者逐步认识到，任何一种犯罪尤其是一些严重的犯罪，不仅危害被害人个人的利益，而且从根本上危害了国家和社会的利益，成为对整个统治阶级的犯罪。如果对犯罪人的追究权仅限于被害人个人，则既不利于保护被害人的利益，也不利于维护统治阶级的统治。同时，追究犯罪是十分复杂的活动，特别是一些重大、复杂的犯罪案件，只凭被害人个人的力量是无法收集到必要的证据的，个人也很难承担起诉的任务。如果由国家设立专门的机构和官员对犯罪人进行追诉，就可以克服单纯自诉的不足，更有利于同犯罪作斗争，以维护国家利益和统治权力。于是，公诉制度应运而生。

目前，在世界各国的起诉方式中，公诉占主导地位。但是，由于各国政治、经济、文化传统的不同,形成了不同法系、不同国家之间在起诉制度上的差异。从起诉权的行使上看,各国的起诉制度大致可分为两类:一是统一公诉制。刑事案件由检察官向法院起诉,不允许私人自诉,如日本。二是公诉兼自诉制。刑事案件的起诉,大都由检察机关代表国家实行公诉,部分案件允许公民个人自诉,国家不主动干预,大多数国家都采取这种方式。

在公诉制度上,存在起诉法定主义和起诉便宜主义之分。起诉法定主义,要求对于凡构成犯罪即具备法定起诉条件的刑事案件,无论犯罪嫌疑人及其罪行有何具体情况,公诉机关都必须毫无例外地提起公诉,而不得作出不予起诉的决定。起诉便宜主义就是允许公诉机关对已构成犯罪,具备起诉条件的刑事案件,从被告人及其罪行等具体情况以及刑事政策等出发,作出不起诉的决定。目前,世界上多数国家都采取起诉便宜主义,但在具体规定上又各有不同。一般来说,起诉法定主义可以避免公诉机关滥用公诉权,保证法律的严肃性。但是,它不问案件的具体情况,硬性要求一律起诉,过于刻板,缺乏灵活性,可能使一些不应开庭审判的人受到开庭审判。起诉便宜主义则便于公诉机关根据刑事政策和具体案情,灵活决定是否起诉,对于实际上没有追诉必要者,可以不提起公诉,从而可以免除许多不必要的诉讼程序。但是,在起诉便宜主义制度下,也存在公诉机关滥用公诉权的可能。因此,许多国家都设计有公诉权力监督制约机制。

我国对刑事诉讼的起诉,实行以公诉为主,自诉为辅的方式。即除了刑事诉讼法规定的,由人民法院直接受理的少数案件以外,对绝大多数刑事案件都实行公诉。人民检察院是行使国家公诉权的专门机关,其他任何机关、团体和个人都不能行使这项国家权力。人民检察院公诉活动的内容,包括审查起诉、提起公诉、出庭支持公诉以及由提起公诉所派生出来的不起诉等活动。其中,提起公诉是人民检察院公诉活动的核心内容,审查起诉是提起公诉的准备和基础,出庭支持公诉则是提起公诉活动在人民法院审判阶段的延伸。

二、起诉的意义

起诉职权的运作和效果,对审判权能有重要影响。起诉,是审判行为的驱动力,是刑事审判产生和存在的前提,没有起诉,也就没有审判。根据现代诉讼原理,当事人或公诉机关行使起诉权可以对审判机关产生拘束力,只要这种权能的行使符合法定条件,均应产生相应的法律效果,审判机关也有义务保证这种效果的产生。

一方面,起诉,决定着对犯罪行为追诉机制的正式启动,是揭露犯罪、惩罚犯罪的必经程序。从本质上说,起诉是国家法律赋予社会主体在其合法权益受到刑事侵害时,请求审判机关通过行使审判权惩罚犯罪和保护合法权益的活动。在公诉案件中,人民检察院通过行使公诉权,一方面,可以对侦查机关侦查终结后移送起诉的案件从认定事实到适用法律进行全面审查,监督侦查工作依法进行;另一方面,将构成犯罪需要追究刑事责任的人起诉到人民法院,以完成惩罚犯罪、保护无辜的任务。提起公诉阶段在诉讼中具有承上启下的作用,也是人民检察院与公安机关及人民法院实行分工负责、互相配合、互相制约的体现。

另一方面,起诉的内容,决定着审判的范围。当社会主体的权益受到犯罪行为的侵害时,就需要借助国家审判力量予以保护,惩罚犯罪,恢复权益的正常状态。因此,起诉,是将犯罪事实引渡到审判机关面前的一种活动。在刑事诉讼中,面对控诉和辩护,审判主体应当是中立的,不能偏倚。中立的审判主体通过审判活动要解决的,是根据国家法律的规定,审视和评断起诉的理由是否充分,起诉的事实是否构成犯罪和如何作出公正的结论。因此,在现代社会中,对某一公民的行为是否形成刑事起诉以及形成何种性质的刑事起诉,取决于享有刑事诉权并在权益冲突中受到损害的公民的公益代表,作为裁决冲突的审判机关,不应也不能干预。审判机关干预起诉或代行起诉职能,这是诉审不分的表现,是纠问式刑事诉讼的特征。在现代民主司法制度下,诉、审分离原则要求审判主体中立,并对控诉与审判的职能有严格的区分。起诉对审判的影响表现在:(1)没有被起诉的事实和人,审判机关不能审判;(2)审判结论所确认的事实和人,必须与起诉指控的事实和人相一致。

【示例】

犯罪嫌疑人张某某、赵某某、宋某、蒋某某、吴某故意伤害(致人死亡)一案,经某市公安局侦查终结,于2014年8月29日移送某市人民检察院审查起诉。某市人民检察院查明:2014年3月25日,辽宁省某市公安干警田某某、王某某、赵某某、王某来河南省某市办案,当晚10时许,四人于饭后又到该市万隆夜总会娱乐。晚12时30分要结账时,田某某因嫌收费不合理向被告人吴某质问未果,又提出找经理解决此事。被告人张某某(该夜总会副总经理)闻讯赶到,再次和田某某发生争执继而相互争斗。争斗中,田某某拔出随身携带的六四式手枪,张某某见状下令工作人员夺枪、锁门,对田某某殴打。被告人蒋某某从身后拦腰抱住了田某某。张某某右手拽着田某某的左肩,左右摁着田某某的右胳膊,三人扭打在一起。被告人宋某趁机夺下田的手枪。田某某手枪被夺后奋力反抗、挣扎,被告人蒋某某用脚将田某某绊倒在地,张某某、赵某某、宋某、吴某一拥而上,对田某某拳打脚踢,被告人赵某某用一暖气管朝田某某身上连打。田某某的同伴王某某欲近前阻拦,再次被张某某、赵某某等人打倒。后由于市公安局干警赶到将田某某送到医院,经抢救无效死亡,经法医鉴定,田某某系钝物作用于腹部致器官破裂发生休克而死亡。于是以故意伤害(致人死亡)罪提起公诉。此案经某市中级人民法院一审及河南省高级人民法院二审后,判处张某某犯故意伤害(致人死亡)罪,判处有期徒刑12年,剥夺政治权利3年;判处赵某某、宋某、蒋某某、吴某故意伤害(致人死亡)罪,分别判处7年、5年、4年、4年有期徒刑。

在本案中,公安机关侦查终结后是以故意伤害(致人死亡)罪移送至人民检察院,人民检察院经过审查后以故意伤害(致人死亡)罪起诉至人民法院,人民法院经过审判后以故意伤害(致人死亡)罪定罪判刑。这里体现了起诉与审判的关系,人民法院的审判范围与人民检察院的起诉内容一致。

第二节 提起公诉的程序

一、提起公诉概述

提起公诉,是指人民检察院代表国家要求人民法院审理指控的被告人的行为,以确定被告人刑事责任并予以刑事制裁的诉讼活动。

我国《刑事诉讼法》第3条规定:“检察、批准逮捕、检察机关直接受理的案件的侦查、提起公诉,由人民检察院负责。”这一规定表明,在我国,提起公诉是国家法律赋予人民检察院专有的一项重要职能,只有人民检察院才能依法行使这项权力。其他任何机关、团体和个人都无权对被告人提起公诉。

公诉,就其诉讼程序而言,包括:对公安机关移送的案件或者自侦终结的案件,从事实和法律上进行全面审查;根据审查情况依法分别作出起诉或不起诉的决定,并制作相应的法律文书;根据作出的决定,按照法律规定对案件作出程序上的移送和处理。提起公诉,作为特定的追诉方式,可以保证国家对犯罪行为的主动追究权,实现国家通过刑事司法活动,打击犯罪,维护社会秩序的目的。作为一个独立的诉讼阶段,提起公诉程序的正确进行,对整个刑事诉讼活动及其结果均具有重要意义。

二、审查起诉

(一)审查起诉的概念和作用

审查起诉,是指人民检察院对于侦查终结需要提起公诉的案件依法进行审查,以决定是否对犯罪嫌疑人提起公诉的诉讼活动。

2018 年《刑事诉讼法》第 169 条规定:“凡需要提起公诉的案件,一律由人民检察院审查决定。”这一规定表明,一方面,提起公诉的决定权只能由人民检察院行使,其他任何机关、团体和个人都无权行使这一权力。另一方面,无论是公安机关侦查终结的案件,还是人民检察院自行侦查终结的案件,决定提起公诉之前,都必须经过严格的审查。

我国的刑事诉讼构造,没有像某些资本主义国家那样,在起诉和审判之间设有预审法庭来防止不当起诉和滥用追诉权力(利)。同时,我国的检察机关还担负着刑事诉讼中的法律监督任务,因此,对于侦查终结的案件必须进行审查,以保证刑事诉讼准确顺利地进行。

审查起诉工作在刑事诉讼中的作用表现在:

第一,通过审查,对那些犯罪事实清楚,证据确实、充分,依法应当追究刑事责任的犯罪嫌疑人提起公诉,交付审判,以实现国家刑罚请求权,追究和惩治犯罪。

第二,作为连接侦查与审判的纽带,办理刑事案件的“第二道工序”,通过审查起诉活动,对侦查阶段的活动进行检查和把关。做到肯定侦查工作的成绩,发现侦查工作中的问题,弥补侦查工作的不足,纠正侦查工作中的错误。

第三,通过审查起诉,保证追诉的公正性和准确性,防止将无罪的人或者依法不应追究刑事责任的人,以及指控犯罪证据不足的人提交审判,保障公民的合法权益。

(二)审查起诉的内容

根据 2018 年《刑事诉讼法》第 171 条和有关司法解释的规定,人民检察院审查移送起诉的案件,必须审明:

其一,犯罪嫌疑人身份状况是否清楚,包括姓名、性别、国籍、出生年月、职业和单位等。

其二,犯罪事实、情节是否清楚,认定犯罪性质和罪名的意见是否正确;有无法定的从重、从轻、减轻或者免除处罚的情节;共同犯罪案件的犯罪嫌疑人在犯罪活动中的责任的认定是否恰当。犯罪事实和情节清楚,是追究犯罪、惩罚犯罪的基本依据,也是进行刑事诉讼的一般条件。犯罪事实、情节清楚,既要求查清主要犯罪事实和情节,又要求查清次要犯罪事实和有关情节;既要查清主犯的犯罪事实,又要查清同案犯的犯罪事实;同时,对每个犯罪嫌疑人的犯罪事实,都要查清其犯罪的时间、地点、目的、动机、手段、后果、情节以及犯罪的全过程。既要求查清犯罪嫌疑人的从重、加重情节；又要查清其从轻、减轻以及免除刑罚的情节；同时，还要查清共同犯罪案件中每个犯罪嫌疑人各自在犯罪中的地位和作用，以及应负的刑事责任等。只有这样，才是查明了全部犯罪事实和情节。司法实践中，以上的基本事实、基本情节已经查清，就可以认为犯罪事实、情节已经查清，而不是要把所有的并不影响定罪量刑的细枝末节都一一查清。

其三，证据材料是否随案移送，不宜移送的证据的清单、复印件、照片或者其他证明文件是否随案移送。

其四，证据是否确实充分。犯罪事实和情节是否清楚，是通过证据加以证明的，只有掌握了确实、充分的证据，才能准确认定犯罪事实。因此，在审查犯罪事实、情节时，必须对侦查中所获得的全案证据进行全面分析、鉴别，看其是否客观、全面、真实；是否与案件事实有关，是否充分；证据的证明效力如何；收集证据的程序是否合法。在审查时，既要注意证明有罪和罪重的证据，也要注意证明无罪和罪轻的证据，并注意各种证据之间有无矛盾，特别是犯罪嫌疑人的供述与其他证据之间有无矛盾。

其五，有无遗漏罪行和其他应当追究刑事责任的人。在刑事案件中，某些特定种类犯罪的犯罪嫌疑人往往不只实施一个犯罪行为，因此，在对这类犯罪案件进行起诉审查时，无论该犯罪嫌疑人是被指控一罪或数罪，均应注意审查是否遗漏了犯罪嫌疑人的其他罪行，以防止犯罪人逃避应有的法律制裁。在共同犯罪中，侦查部门由于种种原因，可能会只对部分犯罪嫌疑人提起公诉，作为起诉审查者，必须首先注意其他未予移送的共同作案人的行为是否构成犯罪，侦查部门不移送提起公诉的原因何在，理由是否充分。另外，还应当充分注意该案是否已查出的一名或数名犯罪嫌疑人所为，是否有隐瞒和包庇其他犯罪嫌疑人的可能。如果确实遗漏了犯罪嫌疑人的罪行和其他应当追究刑事责任的人，应当及时采取措施予以纠正。

其六，是否属于不应当追究刑事责任的情况。根据2018年《刑事诉讼法》第16条的规定，不应当追究刑事责任的情形是指：情节显著轻微，危害不大，不认为是犯罪的；犯罪已过追诉时效期限的；经特赦令免除刑罚的；依照刑法告诉才处理的犯罪，没有告诉或者撤回告诉的；犯罪嫌疑人、被告人死亡的；其他法律规定免予追究刑事责任的。人民检察院在对案件进行审查时，必须查明是否存在这些情况，如果存在，就不应起诉，而应当依法作出不起诉的决定。

其七，有无附带民事诉讼。对于国家财产、集体财产遭受损失的，审查是否需要由人民检察院提起附带民事诉讼。被害人由于被告人的犯罪行为而遭受直接物质损失的，在刑事诉讼过程中，有权提起附带民事诉讼。因此，人民检察院在对案件进行审查时，还必须审查犯罪嫌疑人的犯罪行为是否给国家、集体和公民个人造成财产上的损失以及损失的大小。如果是国家、集体财产受到损失，人民检察院在提起公诉的时候，可以主动提起附带民事诉讼；如果是公民的财产受到损失，被害人没有提起附带民事诉讼的，人民检察院应当告知被害人有提起附带民事诉讼的权利。

其八，采取的强制措施是否适当。如果发现明显不当的，应立即采取措施加以纠正或者弥补。

其九，侦查活动是否合法。对侦查机关的侦查活动是否合法实行监督，是人民检察院的重要职责。这种监督主要是通过提起公诉阶段对侦查机关移送起诉的案件进行审查来实现的。在审查起诉时，如果发现侦查活动有违法情况，应及时通知侦查机关纠正，侦查机关应当将纠正的情况告知人民检察院。根据2018年《刑事诉讼法》第57条的规定，人民检察院发现侦查人员以非法方法收集证据的,应当进行调查核实。对于确有以非法方法收集证据情形的,应当提出纠正意见。实践中,纠正侦查中的违法情形,一般采取以下方法:对于一般轻微违法行为,应同侦查机关的领导、侦查人员交换意见,口头予以纠正;对于较为严重的违法行为,或者多次违法不改的,可以用"纠正违法通知书"的方式通知纠正;对于少数违法乱纪,如徇私枉法、刑讯逼供等,已造成严重后果、构成犯罪的,应当依法追究违法者的刑事责任。

其十,与犯罪有关的财物及其孳息是否扣押、冻结并妥善保管,以供核查。对被害人合法财产的返还和对违禁品或者不宜长期保存的物品的处理是否妥当,移送的证明文件是否完善。

(三)审查起诉的步骤和方法

人民检察院在审查起诉阶段,实行专人审查、集体讨论、检察长决定的制度。根据我国刑事诉讼法的有关规定和司法实践经验,审查起诉的基本步骤和方法是:

第一,对起诉意见书以及全部案卷材料和证据进行全面、认真的审查。审阅案卷材料,是检察机关接触案件、掌握案情的开始,是查清事实、核实证据的基础。为此,人民检察院应将起诉意见书认定的犯罪事实与证据相对照,审查犯罪事实的每个环节是否都有相应证据予以证明;将犯罪嫌疑人的每次口供相对照,以及口供与其他证据相对照,审查口供之间,口供与其他证据之间是否一致;将犯罪事实与侦查机关认定的犯罪性质、罪名相对照,审查犯罪性质与罪名的认定是否正确;将犯罪嫌疑人的犯罪行为与有关法律规定相对照,审查犯罪嫌疑人的行为应否负刑事责任以及侦查机关的处理意见是否正确。

第二,讯问犯罪嫌疑人。2018 年《刑事诉讼法》第 173 条规定:"人民检察院审查案件,应当讯问犯罪嫌疑人。"这一规定表明,讯问犯罪嫌疑人是审查起诉的必经程序和法定方法。审查起诉阶段讯问犯罪嫌疑人与侦查阶段讯问犯罪嫌疑人的侧重点有所不同。主要是通过讯问,直接听取犯罪嫌疑人的供述和辩解,进一步核实口供的可靠性,分析口供与其他证据之间有无矛盾,查清犯罪事实和情节,以便正确认定犯罪性质和罪名,同时了解和掌握犯罪嫌疑人的思想动态和认罪态度,为出庭公诉做好准备。通过讯问,还可以发现遗漏的罪行或罪犯,发现侦查人员侦查活动中有无违法情形。讯问犯罪嫌疑人,应当依照 2018 年《刑事诉讼法》第 118 ~ 123 条的规定进行。

第三,听取被害人的意见。被害人在刑事诉讼中具有双重地位。从与案件的利害关系上来讲,被害人是当事人;就其陈述可以作为证据而言,被害人又是证人。检察机关作为国家公诉机关既代表社会,又代表被害人,有义务保证案件真相得到充分揭示。因此,检察机关在审查起诉时应当听取被害人的要求,以保证其合法权益能得到充分的保护。应当指出的是,听取被害人的意见,不意味着被害人的意见对检察机关具有法律约束力,是否采纳被害人的意见,由检察机关在实事求是的基础上决定。

第四,听取犯罪嫌疑人、被害人委托的人及值班律师的意见。犯罪嫌疑人委托的人是辩护人,被害人委托的人是代理人。刑事诉讼法规定,公诉案件自案件移送审查起诉之日起,犯罪嫌疑人有权委托辩护人;公诉案件的被害人及其法定代理人或者近亲属,自案件移送审查起诉之日起,有权委托诉讼代理人。犯罪嫌疑人的辩护律师自人民检察院对案件审查起诉之日起,可以查阅、摘抄、复制本案的诉讼文书、技术性鉴定材料,可以同在押的犯罪嫌疑人会见和通信。其他辩护人经人民检察院许可,也可以进行上述活动。由于人民检察院审查起诉的活动与法院审判不同,不采取开庭的方式,因此,法律规定,人民检察院应当听取辩护人或者值班律师、被害人及其诉讼代理人的意见。辩护人、代理人既可以用口头形式,也可以用书面形式向检察机关陈述意见。

第五,调查核实其他证据。在阅卷和讯问犯罪嫌疑人、听取被害方和辩护方的意见后,如果发现口供和其他证据之间有矛盾、疑点,办案人员可以通过进一步调查侦查部门已经收集到的其他证据来核实有关问题。在司法实践中,这也是审查起诉的基本方法之一。调查核实其他证据时,应当严格按照有关规定进行,并应注意维护有关诉讼参与人的合法权益。根据《刑事诉讼法》第134条的规定,人民检察院在审查起诉时,对公安机关的勘验进行复查时,可以要求公安机关复验、复查,并且可以派检察人员参加。人民检察院有能力自行勘验、检查的,也可以自行复验、复查。

第六,非法证据排除。2018年《刑事诉讼法》第175条规定,人民检察院在审查起诉中,可以要求公安机关提供法庭审判所必需的证据材料;认为可能存在该法第56条规定的以非法方法收集证据情形的,可以要求其对证据收集的合法性作出说明。法律还规定,在侦查、起诉、审判中发现有应当排除的证据的,应当依法予以排除,不得作为起诉意见、起诉决定和判决的依据。

第七,补充侦查补充调查。补充侦查是指在现有侦查的基础上所进行的进一步调查和收集证据的活动,补充调整活动与之类似。根据2018年《刑事诉讼法》第175条的规定,人民检察院在审查起诉时,如果认为案件事实不清,证据不足,不能作出提起公诉或者不起诉的决定,需要对案件做进一步的侦查时,可以决定补充侦查。退回公安机关补充侦查,主要适用于案件主要事实不清,证据不足,或者有遗漏罪行、遗漏同案犯,或者需要适用技术性较强的专门侦查手段才能查清事实的案件。人民检察院决定退回公安机关补充侦查的案件,应当写出补充侦查意见书,说明需要补充侦查的问题和要求。人民检察院根据案件情况,也可以自行侦查。它主要适用的情形有:侦查中有逼供行为的;口供与其他证据矛盾较大的;经公安机关补充侦查后仍未查清的;与公安机关在认定事实和证据上有分歧的等。刑事诉讼法规定,对于补充侦查的案件,应当在1个月以内补充侦查完毕。补充侦查以两次为限。与之相应的是,2018年《刑事诉讼法》第170条第1款规定,人民检察院对于监察机关移送起诉的案件,依照本法和监察法的有关规定进行审查。人民检察院经审查,认为需要补充核实的,应当退回监察机关补充调查,必要时可以自行补充侦查。《监察法》第47条第3款规定,人民检察院经审查,认为需要补充核实的,应当退回监察机关补充调查,必要时可以自行补充侦查。对于补充调查的案件,应当在1个月内补充调查完毕。补充调查以二次为限。

(四)审查起诉的期限

为了保证刑事诉讼活动迅速及时地进行,防止超期羁押犯罪嫌疑人,《刑事诉讼法》第172条、第175条第3款对审查起诉的期限作了规定。人民检察院对于监察机关、公安机关移送起诉的案件,应当在1个月内作出决定,重大、复杂的案件,可以延长15日;犯罪嫌疑人认罪认罚,符合速裁程序适用条件的,应当在10日内作出决定,对可能判处的有期徒刑超过1年的,可以延长至15日。对于补充侦查的案件,补充侦查完毕移送人民检察院后,人民检察院重新计算审查起诉期限。人民检察院审查起诉的案件,改变管辖的,从改变后的人民检察院收到案件之日起计算审查起诉期限。

(五)审查后的处理

除上述退回补充侦查,由侦查机关作出撤销案件处理的以外,人民检察院审查起诉后,应根据不同情况,依法作出相应的处理决定,在案件事实已经查清,证据确实、充分的前提下,人民检察院对案件的处理有两种:一是提起公诉,二是不起诉。

三、提起公诉

(一)提起公诉的概念和条件

提起公诉,是指人民检察院代表国家,对公安机关侦查终结移送起诉的案件以及自行侦查终结的案件,经过全面审查,认为犯罪事实已经查清,证据确实充分,依法应当追究刑事责任时,向人民法院提起诉讼,要求给被告人以刑事处罚的活动。提起公诉是国家赋予人民检察院的一项专有职权,只有人民检察院才能代表国家对犯罪提起公诉,其他任何机关、团体和个人都无权行使这项权力。

根据2018年《刑事诉讼法》第176条的规定,提起公诉必须具备下列条件:

第一,犯罪嫌疑人的犯罪事实已经查清,证据确实、充分。这是决定提起公诉的基本依据。如果犯罪嫌疑人的犯罪事实没有查清,或者证据不足,就不能对犯罪嫌疑人提起公诉。原则上,起诉时应当尽量将全部案件事实一一查清。但是,在缺乏条件的情况下,可以只将已查清的部分犯罪嫌疑人起诉或起诉其已查清的部分事实。具有下列情形之一的,可以认定犯罪事实已经查清:(1)属于单一罪行的案件,查清的事实足以定罪量刑或者影响定罪量刑有关的事实已经查清,不影响定罪量刑的事实无法查清的;(2)属于数个罪行的案件,部分罪行已经查清并符合起诉条件,其他罪行无法查清的;(3)无法查清作案工具、财物去向,但有其他证据足以对被告人定罪量刑的;(4)证人证言、犯罪嫌疑人供述和辩解、被害人陈述的内容中主要情节一致;(5)只有个别情节不一致且不影响定罪的。

第二,依法应当追究犯罪嫌疑人的刑事责任。人民检察院决定提起公诉的案件,不但是认为犯罪嫌疑人的行为已经构成了犯罪,而且依法应当追究刑事责任。检察机关将犯罪嫌疑人交付审判的目的,是追究刑事责任并使之受到应有的刑罚制裁。如果在提起公诉时发现犯罪嫌疑人虽然构成犯罪,但属于刑法或刑事诉讼法明确规定不应追究刑事责任的情形,则没有交付审判的必要。否则,既造成司法资源的高消费,还可能给公民或国家造成损失。

第三,属于受诉人民法院管辖。人民法院系统内部对一审案件审判有明确分工,起诉时必须符合审判管辖的规定,人民法院才会受理。因此,受诉法院有无管辖权,也是提起公诉的条件之一。

(二)起诉书的制作和移送

人民检察院决定对犯罪嫌疑人提起公诉的,必须制作起诉书。起诉书是人民检察院代表国家向人民法院提出追究被告人刑事责任的诉讼请求的重要法律文书。这是人民法院受理案件对被告人进行审判的依据,也是进行法庭调查和辩论的基础,既直接关系到被告人的切身利益,也关系到国家法律的正确统一实施。因此,是一项十分严肃的工作,必须认真对待,做到忠于事实真相和符合法律要求。

起诉书的内容,应当包括下列几个部分:

第一,被告人的基本情况,包括姓名、性别、出生年月日、出生地、身份证号码、民族、文化程度、职业、工作单位及职务、住址,是否受过刑事处罚,采取强制措施的情况及在押被告人的关押处所等;如果是单位犯罪,应写明犯罪单位的名称,所在地址,法定代表人或代表的姓名、职务;如果还有应当负刑事责任的"直接负责的主管人员或其他直接责任人员",应当按上述被告人基本情况述写。

第二,案由和案件来源。

第三,案件事实,包括犯罪的时间、地点、经过、手段、动机、目的、危害后果等与定罪量刑有关的事实要素。起诉书叙述的指控犯罪事实的必要要素应当明晰、准确。被告人被控有多项犯罪行为的,应当逐一列举,对于犯罪手段相同的同一犯罪可以概括叙写。

第四,起诉的根据和理由,包括被告人触犯的刑法条款,犯罪的性质,依法从轻、减轻或者从重处罚的情节,共同犯罪各被告人应负的罪责等。被告人真实姓名、住址无法查清的,应当按其绰号或者自报的姓名、自报的年龄制作起诉书,并在起诉书中注明。被告人自报的姓名可能造成损害他人名誉、败坏道德风俗等不良影响的,可以对被告人编号并按编号制作起诉书,并在起诉书中附具被告人的照片。

根据2018年《刑事诉讼法》第176条的规定,人民检察院针对具体案件移送起诉时,应当连同起诉书,将案卷材料和证据移送人民法院。

四、不起诉

(一)不起诉的概念

不起诉,是指人民检察院对公安机关侦查终结移送起诉的案件和自己侦查终结的案件进行审查后,依法作出不将案件交付人民法院审判的一种处理决定。

不起诉决定具有终止刑事诉讼的效力,不起诉决定必须依照法定条件作出,才能保证既防止不必要的审判,又不放过应当追究刑事责任的犯罪。

(二)不起诉的情形

2018年《刑事诉讼法》第177条规定:"犯罪嫌疑人没有犯罪事实或者有本法第十六条规定的情形之一的,人民检察院应当作出不起诉决定。对于犯罪情节轻微,依照刑法规定不需要判处刑罚或者免除刑罚的,人民检察院可以作出不起诉决定。"第175条规定:"对于二次补充侦查的案件,人民检察院仍然认为证据不足,不符合起诉条件的,应当作出不起诉的决定。"据此,我国的不起诉决定可以分为以下几种情形:

第一,法定不起诉。法定不起诉,也称绝对不起诉,是指具有2018年《刑事诉讼法》第16条规定情形之一时的处理方式。在这种情况下,人民检察院没有自由裁量权,否则便属于违法。法定不起诉除第16条规定的情形外,还有两种情况:一是根据刑法规定不构成犯罪;二是有确实充分证据证明犯罪嫌疑人没有实施犯罪。

第二,酌定不起诉。酌定不起诉,也称相对不起诉。2018年《刑事诉讼法》第177条第2款规定:"对于犯罪情节轻微,依照刑法规定不需要判处刑罚或者免除刑罚的,人民检察院可以作出不起诉决定。"酌定不起诉的条件,一是犯罪情节轻微;二是依照刑法规定不需要判处刑罚或者免除刑罚的。这两个条件应当同时具备。犯罪嫌疑人的行为不构成犯罪以及虽构成犯罪但不应当追究其刑事责任的,都不能依此款规定作不起诉处理。因此,酌定不起诉是人民检察院行使起诉裁量权的表现。针对2018年《刑事诉讼法》第177条第2款规定的情形,人民检察院可以斟酌具体案情和犯罪嫌疑人悔罪表现来确定,或者提起公诉,追究犯罪嫌疑人的刑事责任;或者不提起公诉,终结诉讼。按此款被不起诉的人应视为作无罪处理。

第三,证据不足不起诉。2018年《刑事诉讼法》第175条第4款规定:“对于二次补充侦查的案件,人民检察院仍然认为证据不足,不符合起诉条件的,应当作出不起诉的决定。”此规定中包含两个条件:一是案件已经经过了补充侦查;二是证据不足,因而不符合起诉条件,如果起诉,法院可能会宣告被告人无罪。具有下列情形之一,不能确定犯罪嫌疑人构成犯罪和需要追究刑事责任的,属于证据不足,不符合起诉条件:(1)据以定罪的证据存在疑问,无法查证属实的;(2)作为犯罪构成要件的事实缺乏必要的证据予以证明的;(3)据以定罪的证据之间的矛盾不能合理排除的;(4)根据证据得出的结论具有其他可能性的。

人民检察院根据2018年《刑事诉讼法》第175条第4款规定,决定不起诉的,在发现新的证据,符合起诉条件时,可以提起公诉。

(三)不起诉的程序

人民检察院决定不起诉的案件,应当制作《不起诉决定书》。《不起诉决定书》的主要内容包括:

第一,被不起诉人的基本情况,包括姓名、年龄、出生年月日、出生地、民族、文化程度、职业、住址、身份证号码,是否受过刑事处罚,拘留、逮捕的年月日和关押处所等;

第二,案由和案件来源;

第三,案件事实,包括否定或者指控被不起诉人构成犯罪的事实以及作为不起诉决定根据的事实;

第四,不起诉的根据和理由,写明作出不起诉决定适用的法律条款;

第五,有关告知事项。

人民检察院决定不起诉的案件,可以根据案件的不同情况,对被不起诉人予以训诫或者责令具结悔过、赔礼道歉、赔偿损失。对被不起诉人需要给予行政处罚、行政处分或者需要没收其违法所得的,人民检察院应当提出检察意见,连同不起诉决定书一并移送有关主管机关处理。

人民检察院根据2018年《刑事诉讼法》第175条第4款、第177条第2款对直接立案侦查的案件决定不起诉后,审查起诉部门应当将不起诉决定书副本以及案件审查报告报送上一级人民检察院备案。

对于不起诉决定书,人民检察院应当公开宣布,并且送达被不起诉人和他的所在单位。不起诉决定一经宣布,立即产生法律效力。如果被不起诉人的财物在侦查中被扣押、冻结的,人民检察院在宣布不起诉决定时,应解除扣押、冻结。

对于公安机关移送起诉的案件,人民检察院决定不起诉的,应当将不起诉决定书送达公安机关。公安机关认为不起诉的决定有错误时,可以要求复议,如果意见不被接受,可以向上一级人民检察院提请复核。

对于有被害人的案件,决定不起诉的,人民检察院应当将不起诉决定书送达被害人。被害人如果不服,可以自收到决定书后7日内向上一级人民检察院申诉,请求提起公诉。人民检察院应当将复查决定告知被害人。对人民检察院维持不起诉决定的,被害人可以向人民法院起诉。被害人也可以不经申诉,直接向人民法院起诉,人民法院受理案件后,人民检察院应当将有关案件材料移送人民法院。

对于人民检察院依照2018年《刑事诉讼法》第177条第2款规定作出的不起诉决定,被不起诉人如果不服,可以自收到决定书后7日内向人民检察院申诉。人民检察院应当作出复查决定，通知被不起诉的人，同时抄送公安机关。

【示例】

犯罪嫌疑人马某系B县人，由于涉嫌盗窃罪由B县公安机关移送B县人民检察院审查起诉。后者于2013年3月24日将本案退回公安机关补充侦查。经补充侦查后，于2013年4月22日将本案再次移送B县人民检察院审查起诉。2013年5月20日，B县人民检察院以盗窃罪向该县人民法院提起公诉。法院审理后，认为该案件事实不清，证据不足，建议检察机关补充侦查。2013年6月13日和7月12日，经过两次补充侦查后该县人民检察院认为该案仍然存在事实不清、证据不足的情况，遂将本案撤回起诉，后对马某作不起诉处理。

本案中，B县人民检察院最后对马某作出的是存疑不起诉处理。存疑不起诉必须同时具备两个条件：(1)必须是证据不足，不符合起诉条件；(2)必须退回补充侦查。退回补充侦查是人民检察院适用存疑不起诉的必经程序。我国刑事诉讼法规定，退回补充侦查以两次为限，但不是每起存疑不起诉的案件都必须退回到公安机关补充侦查两次。

第三节 公 诉 变 更

刑事公诉变更制度实际上是各国基于发现真实的诉讼目标而为弥补诉审分离原则作出的一项配套性制度安排，它使人们在一个控审职能分离的诉讼格局下，仍然能够及时矫正起诉指控中存在的错漏，最终发现实体真实。具体而言，刑事公诉变更权又涵括了以下三项权能：(1)撤回公诉。即检察院在提起公诉后，发现本不应起诉或不必起诉时，可以撤回已经提起的控诉。撤回公诉可以是部分(被告人或罪行)撤回，也可以是全案撤回，其结果将导致对起诉范围的压缩。(2)追加起诉。即检察院在提起公诉后，发现遗漏了被告人或者罪行的，可以在原先起诉的基础上就遗漏的被告人或罪行追加提起公诉。追加起诉将导致对原先起诉范围的扩张。(3)变更起诉。即检察院在提起公诉后，发现起诉指控的被告人或罪行与真实情况不符时，可以对起诉指控的被告人或罪行予以更换。变更起诉将导致对起诉对象的变更。

刑事公诉变更制度的设立体现了现代公诉权的裁量性和主动性。传统的公诉理论曾否定公诉权的裁量性，主张实行起诉法定主义，认为检察院作为国家公诉机关，负有对具备犯罪嫌疑人与诉讼条件的案件提起公诉的义务，只要案件有足够的犯罪事实，检察院一律应当提起公诉，而不能自行斟酌处理，作不起诉处分；而且一旦提起公诉，就不允许检察院以没有必要维持其公诉为理由，予以撤回起诉或变更起诉。[1]

起诉法定主义是有罪必罚的绝对刑罚报应论思想在刑事诉讼中的体现，其目的在于限制检察院的自由裁量权，保证刑事追诉权的公正行使。但是刑事司法实践的经验却表明：对犯罪不加任何区分，一概起诉并不能达到预防犯罪的目的。因此，自21世纪初期以来，随着目的刑论和教育刑论的兴起，各国开始在刑事诉讼中承认公诉权的裁量性而实行起诉便宜主义，在案

〔1〕 陈朴生：《刑事诉讼法实务》，台北，海天印刷厂有限公司1981年版，第351页。

件符合起诉的法定条件的情形下,仍然允许检察院参酌案件的具体情况,决定是否提起公诉,对于综合考量犯罪的轻重及情节、犯罪人的性格、年龄及境遇以及社会效益等因素后,认为没有必要追诉的,可以决定不起诉;同时,对于已经提起的公诉,也允许检察院予以撤回、追加或变更。现代公诉理论认为,公诉权本身是一种复合性权力,它是由公诉提起权(包括不起诉权)、公诉支持权、公诉变更权和抗诉权所组成的一组权力束,公诉变更权是公诉权不可分割的组成部分,它赋予了检察院在发现起诉指控有错漏的情况下,斟酌是否对指控予以变更的权力,这就充分体现了公诉权行使的裁量性特征。同时,公诉变更权的设立也体现了公诉权行使的主动性。在这方面,公诉权区别于审判权,审判权作为一种裁判权,其行使具有消极性,一方面法院不能主动开启审判程序,另一方面法院作出了错误的判决,也不能主动予以纠正,而必须等待被告人的上诉或再审申请,通过上诉审或再审程序加以纠正;在我国,作出判决的法院院长可以向审委会提请再审,由本院审委会决定是否再审,最高人民法院与上级人民法院也可以决定再审。但这是违背审判权运作的规律的。而公诉作为一种追诉权,天生具有主动性特征,它不但主动纠举犯罪,提起控诉启动审判程序;而且在发现指控有错漏的情况下,可以主动予以补正。这就充分体现了公诉权行使的主动性特征,它使检察院获得了控制公诉进行的主导权。

此外,刑事公诉变更制度的设立也是检察院在刑事诉讼中承担“客观性义务”的反映。现代法治国家普遍实行国家追诉主义,即由检察院代表国家对被告人提起控诉、追究其刑事责任。尽管在诉讼理论上检察院被视为在刑事诉讼中与被告人地位平等的当事人,但由于检察院以国家(或社会)代表的身份参与诉讼,因此其诉讼地位又不完全等同于民事诉讼中的原告方,这突出表现在:检察院在诉讼中承担着“客观性义务”,即检察院负有义务,应当不偏袒、公正地采取行动,特别是要全面地查清事实真相,不得单方面地谋求证明被告人有罪。[2]

作为对客观性义务的期望,立法机关设置了严格的审查起诉程序,要求检察院对准备提起的控诉进行谨慎审查,以保证追诉的公正性。但是由于刑事司法主客观因素的影响,检察院经审查后提起的公诉,仍然可能存在错漏,主要有三种情形:一是滥诉,即不应起诉或不必起诉的却起诉了;二是漏诉,即起诉遗漏了被告人或罪行;三是错诉,即起诉指控的被告人或罪行与真实案情不符。在这种情况下,基于“客观性义务”,检察院必须对指控中的错漏加以补正,为此,国家赋予了检察院公诉变更权,分别通过撤回起诉、追加起诉、变更起诉的方式对公诉予以变更。

一、比较法考察:公诉变更的程序机制

权力担当者往往滥用权力,这是已为人类经验所证实的真理。刑事公诉变更权虽然有利于检察院履行控诉职责,但是,如果不对这一权力加以限制,必将导致刑事公诉变更权的滥用而扰乱正常的司法程序。因此,从各国的规定来看,均对刑事公诉变更权的行使施加了一定的程序限制。

其一,时间限定。刑事公诉变更权只能在一定期限内行使,期限届满则不能再对公诉进行变更。从各国对此的规定来看,一般是限定在第一审判决作出前。例如,《日本刑事诉讼法》第257条规定,公诉,可以在做出第一审判决前撤回。这说明检察官只能在法院作出一审判决前

---

〔2〕［德］约阿希姆·赫尔曼:《德国刑事诉讼法》中译本“引言”,载《德国刑事诉讼法》,李昌柯译,中国政法大学出版社1995年版,第5页。

撤回公诉。同法第312条规定,法院在检察院提出请求时,以不妨碍公诉事实的同一性为限,应当准许追加、撤回或者变更记载于起诉书的诉因或者罚条。《德国刑事诉讼法》第266条(追加起诉)也规定,检察官在审判中可以将公诉延伸到被告人的其他行为之上。而我国台湾地区的"刑事诉讼法"则将公诉变更的期限规定得更为靠前,检察官只能在第一审辩论终结前提请变更公诉。其第269条规定,检察官于第一审辩论终结前,发现有应不起诉或以不起诉为适当之情形者,得撤回起诉。其还规定,追加起诉应于第一审辩论终结前提起。

其二,程式特定。变更公诉对被告人权利影响甚大,因此,为了慎重起见,刑事公诉变更权的行使必须以书面形式进行并要求说明理由。根据日本最高法院制发的《刑事诉讼规则》第168条规定,撤销公诉必须提交说明理由的书面材料。第209条规定,诉因或者罚条的追加、撤回或者变更,应当以书面提出。我国台湾地区"刑事诉讼法"第261条第2款也规定,撤回起诉,应当提出撤回书叙述理由。《德国刑事诉讼法》规定,虽然追加起时可以用口头起诉,但同时规定,口头追加起诉的内容必须遵照《德国刑事诉讼法》关于起诉书内容的规定,应当说明被诉人、对他指控的行为、实施行为的时间与地点、犯罪行为的法定特征和适用的处罚规定(罪状)。此外,还应当说明证据、应当开庭审判的法庭的辩护人等,而且对于追加起诉必须载入法庭笔录。

其三,事由法定。刑事公诉变更权必须在法定的事由范围内才能行使。对此,各国有不同的规定,如日本规定检察官变更诉因,必须以不妨碍公诉的同一性为限。超越公诉同一性的,则不能进行公诉变更,据此,在日本,检察官的公诉变更权受到很大限制。根据《德国刑事诉讼法》第266条的规定,检察官只能针对被告人遗漏的犯罪事实进行追加起诉,如果检察院在起诉时遗漏了同案被告人,则不能追加起诉而只能另案起诉。对于撤回起诉,该法列举规定了轻微案件、国外行为、出于政治原因、以行动自责时、不重要的附加刑等都可以成为检察官撤回起诉的理由。而我国台湾地区"刑事诉讼法"则针对撤回公诉规定,撤回起诉以发现有应不起诉或以不起诉为适当之情形者为限。具体而言:(1)曾经判决确定者;(2)时效已完成者;(3)曾经大赦者;(4)犯罪之后法律已废止其刑罚者;(5)告诉或请求乃论之罪,其告诉或请求已经撤回或已逾告诉期间者;(6)被告死亡者;(7)法院对于被告无审判权者;(8)行为不罚者;(9)法律应免除其刑者;(10)犯罪嫌疑不足者;(11)微罪不检举;(12)于执行无重大关系之案件。而对追加起诉则规定,只要是与本案相牵连之犯罪或本罪之诬告罪均可追加起诉。包括:(1)一人犯数罪者;(2)数人共犯一罪或数罪者;(3)数人同时在同一处所个别犯罪者;(4)犯与本罪有关系之藏匿人犯、湮灭证据、伪证、赃物各罪者。

在同一制度体系内,国家权力与个人权利之间往往交织缠绕、牵连互动,因此,在进行制度设计时,特别是在为国家配置一定权力时,必须要考虑它可能给公民个人权利所造成的影响。刑事公诉变更权的设立,在赋予检察院相应的权力的同时,也必将给公民辩护权的行使带来影响,这是因为,检察院起诉指控的对象,同时也就是被告人辩护防御的对象,如果检察院变更了指控的对象,而被告人对此毫无准备,那么必将对被告人造成无辩而判的"突袭裁判"。例如,检察院最初起诉指控被告人犯猥亵罪,那么被告人肯定会围绕猥亵罪展开相关的辩护准备活动,但在庭审过程中检察院突然将指控的罪名变更为强奸罪,那么被告人此前准备的辩护资料实际上将归于无用,这时如果不允许被告人就强奸罪另行准备辩护,那么无疑等于是变相剥夺了被告人的辩护权,这对被告人来说是不公正的。因此,从国外的规定来看,都要求在检察机关变更公诉后,法官应当给予被告人进行辩护的机会。被告人有权向法院申请给予必要时间以准备辩护,必要时得中断审判。法院有义务向被告人告之其享有该项权利。如《德国刑事诉讼法》第266条第2.3款规定,对追加起诉要载入法庭笔录。审判长要给予被告人辩护机会。如果审判长认为有此必要,或者被告人对此申请并且他的申请显然是并非轻率或者仅仅是为了拖延程序的时候,可以中断审判。对被告人要告知拥有申请中断审理的权利。《日本刑事诉讼法》第312条规定,法院认为由于追加或者变更诉因或者罚条可能对被告人的防御产生实质性的不利时,依据被告人或者辩护人的请求,应当裁定在被告人进行充分的防御准备所必要的期间内,停止公审程序。我国澳门特别行政区《刑事诉讼法》第340条第3款专门针对控诉书或者起诉书中所描述事实之实质变更的情形规定:在上款所指之情况下,应嫌疑犯之申请,主持审判之法官给予嫌犯不超逾10日之期间以准备辩护,并在有需要时将听证押后。

二、我国的刑事公诉变更制度

对于刑事公诉变更制度,我国刑事诉讼法未作出明确规定,这不能不说是一个缺憾。但实际上,在我国刑事诉讼实践中,长期以来公诉机关依据相关司法解释一直在行使公诉变更权。出于规范实践的考虑,最高人民检察院对刑事公诉变更制度作出了系统、明确的规定,在人民法院宣告判决前,人民检察院发现被告人的真实身份或者犯罪事实与起诉书中叙述的身份或者指控犯罪事实不符的,可以要求变更起诉;发现遗漏的同案犯罪嫌疑人或者罪行可以一并起诉和审理的,可以要求追加起诉;发现不存在犯罪事实、犯罪事实并非被告人所为或者不应当追究被告人刑事责任的,可以要求撤回起诉。根据这一司法解释,人民检察院在刑事诉讼中可以撤回起诉、追加起诉、变更起诉的方式对公诉进行变更,这就在一定程度上弥补了立法的缺漏,有利于人民检察院正确履行控诉职责。

在我国司法实践中,变更公诉必须遵循以下条件:(1)时限。人民检察院在人民法院第一审判决宣告以前,均可要求变更公诉。(2)程式。变更公诉必须以书面方式向人民法院提出。(3)事由。人民检察院撤回起诉必须是基于以下事由:不存在犯罪事实;犯罪事实并非被告人所为;不应当追究被告人刑事责任的。追加起诉必须基于以下事由:遗漏的同案犯罪嫌疑人;遗漏的罪行可以一并审理的。而变更起诉应当基于以下事由:被告人的真实身份与起诉书中叙述的身份不符的;犯罪事实与起诉书中叙述的指控犯罪事实不符的。

在具体程序上,变更、追加或者撤回起诉应当报经检察长或者检察委员会决定,并以书面方式在人民法院宣告判决前向人民法院提出。在法庭审理过程中,公诉人认为需要变更、追加或者撤回起诉的,应当要求休庭,并记明笔录。变更、追加起诉需要给予被告人、辩护人必要时间进行辩护准备的,公诉人可以建议合议庭延期审理。

第四节 提起自诉的程序

一、提起自诉的条件

自诉案件,是被害人及其法定代理人或近亲属,为追究被告人的刑事责任,自行向人民法院起诉，由人民法院直接受理的刑事案件。

根据刑事诉讼法的有关规定和司法解释，提起自诉必须具备以下条件：

第一，自诉人是本案的被害人或者其法定代理人、近亲属。被害人是遭受犯罪行为直接侵害的人，对于法律规定允许自诉的案件，当然有权直接向人民法院提起自诉，要求追究被告人的刑事责任。现代各国立法都把自诉案件的提起控诉、支持控诉和撤回控诉的权力，交由被害人及其法定代理人。例如，《德国刑事诉讼法》第374条明确规定，对于法律允许自诉的案件，被害人不需要先向检察官申请，可以径行用自诉的方式予以追究。《德国刑法典》第77条规定，犯罪须告诉乃论者，告诉权由被害人行使。我国2018年《刑事诉讼法》第114条也明确规定："对于自诉案件，被害人有权向人民法院直接起诉。"根据我国2018年《刑事诉讼法》第114条的规定："被害人死亡或者丧失行为能力的，被害人的法定代理人、近亲属有权向人民法院起诉。人民法院应当依法受理。"在司法实践中，自诉案件往往由于被害人死亡、丧失行为能力或者其他原因不能行使起诉的权利，不利于处罚犯罪分子和保护被害人的合法权益。因此，赋予被害人的法定代理人、近亲属直接向人民法院起诉的权利，是在被害人自诉机制受到阻却时的一种补救措施，有利于打击犯罪和保护无辜。

第二，属于2018年《刑事诉讼法》第210条和有关司法解释确定的案件范围。根据2018年《刑事诉讼法》第210条的规定，我国的刑事自诉案件包括三类：一是告诉才处理的案件；二是被害人有证据证明的轻微刑事案件；三是被害人有证据证明对被告人侵犯自己人身、财产权利的行为应当依法追究刑事责任，而公安机关或者人民检察院不予追究被告人刑事责任的案件。此外，依照2018年《刑事诉讼法》第180条的规定，被害人对人民检察院不起诉决定不服而向人民法院起诉的案件，也属于自诉案件。自诉的提起，不能超出上述范围。否则，人民法院有权不予受理。

第三，属于受理人民法院管辖范围。自诉人提起自诉，必须向有管辖权的人民法院提出，对于不属于自己管辖的案件，即使具备自诉案件的其他条件，该人民法院也有权不予受理。因此，自诉人提起自诉时，应当遵守刑事诉讼法关于管辖的有关规定。

第四，有明确的被告人、具体的诉讼请求和证明被告人犯罪事实的证据。自诉案件的被告人，必须是被指控侵犯他人正当合法权益，已构成犯罪，并且应当追究刑事责任的人。自诉人不能将与案件无关的其他人作为被告。被告人已经死亡或者被告人下落不明的，自诉都将无法成立。提起自诉时，自诉人必须有具体的诉讼请求，并附有相应的证据。诉讼请求指自诉人对被告人应否承担刑事责任以及承担何种刑事责任的态度，应尽可能明确、具体，有理有据。由于自诉案件的举证责任主要由自诉人负担，因此，自诉人起诉时，应举出有关证据，以证明自己的诉讼请求和主张。

在司法实践中，有下列情形之一的自诉案件，人民法院不予受理：(1)犯罪已过刑法规定的追诉时效期限的；(2)被告人死亡或者下落不明的；(3)除因证据不足撤诉的外，自诉人撤诉后，就同一事实又自诉的；(4)经人民法院调解结案后，自诉人反悔，就同一事实再行自诉的；(5)民事案件结案后，自诉人就同一事实再行提出刑事诉讼的。自诉人明知侵害人是2人以上，但只对部分侵害人提出自诉的，人民法院应当受理，并视为自诉人对其他侵害人放弃诉讼权利。判决宣告后，自诉人对其他侵害人就同一事实提出自诉的，人民法院不再受理。共同被害人中只有部分人自诉的，人民法院应当通知其他被害人参加诉讼。被通知人接到通知后至第一审宣判时未提出自诉的，视为放弃自诉权利。第一审宣判后，被通知人就同一事实又提出自诉的，人民法院不予受理。

二、提起自诉的程序

自诉人应当向人民法院提交刑事自诉状,附带民事诉讼的,应当提交刑事附带民事诉状。自诉人书写自诉状有困难的,可以口头起诉,由人民法院工作人员做出告诉笔录,向自诉人宣读,自诉人认为没有错误后,应当签名或者盖章。

自诉状或者告诉笔录应当包括以下内容:

第一,自诉人、被害人、代为自诉的近亲属和被告人的姓名、性别、年龄、民族、籍贯、出生地、文化程度、职业、工作单位和住址。

第二,被告人犯罪行为的时间、地点、手段、情节和危害后果等。

第三,具体的诉讼请求。

第四,致送人民法院的名称及具体时间。

第五,证人的姓名、住址及其他证据的名称、件数、来源等。如果被告人是 2 人以上的,自诉人在告诉的时候需按被告人的人数提供自诉状副本。人民法院收到自诉人的起诉状或口头起诉后,应立即按受理条件进行立案前的初步审查,对于符合受理条件的,应立即立案审理,并告知自诉人。对于不符合受理条件的,应迅速通知自诉人并告知不受理的理由。自诉人坚持告诉的,人民法院可以裁定驳回起诉。

思考题

1. 如何理解起诉的意义?
2. 公诉案件审查起诉的内容和步骤有哪些?
3. 什么是补充侦查,有什么要求?
4. 什么是不起诉,有哪些类型和程序?

第十六章　刑事一审程序

——|导　读|——

刑事一审程序是刑事审判中基础性、普遍适用性的程序，是刑事审判的必经程序。从案件类型上划分，我国刑事一审程序包括公诉案件的刑事一审程序与自诉案件的刑事一审程序；从程序类型上划分，我国刑事一审程序包括第一审普通程序与简易程序。此外，无论是公诉案件的一审程序和自诉案件的一审程序，还是第一审普通程序和简易程序，一些案件中都可能涉及附带民事诉讼与刑事和解，相应的诉讼程序具有特殊性。

第一节　刑事一审程序概述

一、刑事审判概述

（一）刑事审判的概念

公诉案件经人民检察院提起公诉，自诉案件经自诉人起诉，人民法院立案后，刑事诉讼便进入审判阶段。在整个刑事诉讼过程中，审判是一个极其重要的、具有决定性的诉讼阶段。在我国，刑事审判是指人民法院在控、辩双方及其他诉讼参与人参加下，依照法定的权限和程序，对于依法向其提出诉讼请求的刑事案件进行审理和裁判的诉讼活动。

对刑事诉讼中的“审判”，可以从如下几个方面加以理解：

首先，刑事审判是由法院代表国家行使专门权力的活动。根据刑事诉讼法和人民法院组织法的规定，对刑事案件的审判，是人民法院的职权，是人民法院行使国家审判权的一种活动，其他任何机关、团体和个人都无权进行审判，国家的审判权只能由人民法院行使。审判的任务是全面审查核对证据，查清事实，依照刑事法律的规定，对案件作出裁判，使犯罪分子受到应得的惩罚，无罪的人不受刑事处罚。

其次，刑事审判是刑事诉讼的三大基本职能之一。从诉讼基本职能角度来看，刑事审判是由中立、超然的法官在听取控、辩双方对案件事实和法律适用方面的意见后，审查证据，逐渐形成对刑事责任的争执而展开的。从一定意义上说，刑事审判的目的在于判定控、辩双方的主张是否正确，平息控、辩双方在刑事责任方面的纠纷。由此可见，刑事诉讼的运作绝对不能缺少审判，否则，刑事诉讼毫无意义。

最后,刑事审判是近代国家的一项基本权力。审判权源于国家主权,是国家主权的外化形式和重要组成部分,因此,审判权的行使也是国家行使主权的一种基本形式。审判权由审理权和裁判权两种权力构成。

审理权是指法官在控、辩双方及其他诉讼参与人参加下,审核各种证据,查清案件事实并审查如何正确适用法律的全部诉讼活动。对于审理权,我国有学者主张狭义和广义之分:狭义的审理权主要体现在审判活动中,包括开庭审判和庭外的证据调查活动。广义的审理权不仅体现在开庭审判程序,还体现在开庭前的准备程序中,包括法院为维护诉讼秩序、推动诉讼进程而享有的传唤权、程序控制权等。[1] 裁判权是指人民法院依据查清的案件事实和相关法律,对案件的实体问题和程序问题作出权威性处理决定的活动。审理和裁判是刑事审判不可分割的两个组成部分,审理是裁判的前提和基础,裁判是审理的目的和结果。关于审判在刑事诉讼中的地位,当前,我国正在进行的以审判为中心的诉讼制度改革,确立侦查、起诉、审判,要以审判为中心,而审判活动要以庭审为中心,引导诉讼回归司法规律,凸显审判的地位和作用,解决庭审虚化、质证形式化的问题,要把刑事审判的权威树立起来。

(二)刑事审判的价值基础

刑事审判具有自己独立的价值,其主要反映了诉讼主体与审判程序之间需要与满足的关系范畴。由于诉讼主体的诉讼需要与满足关系的多样性,使刑事审判价值呈现一个复杂的、多层次的体系。作为一种制裁社会中的严重越轨行为,维系法律秩序,同时,保护公民正当权益的机制,刑事审判要完成其社会使命,需遵守以下价值基础:

第一,实现公平、正义。公正性是刑事审判的首要价值,是审判的生命,是法院赖以存在的基础。一般认为,刑事审判程序的公正性具体包含以下两个方面:刑事审判的过程公正和结果公正。[2] 这是从不同角度揭示了刑事审判程序公正性的丰富内涵。以公平、正义作为刑事审判的价值基础,要求法院和法官能够实现真正的独立,法官能够完全对法律负责,切实提高法院和法官的公信性等。

第二,实现诉讼效率。这里所指的诉讼效率,具有双重含义:一是指诉讼经济,即投入产出比,以较小的诉讼成本,实现较大的诉讼效益。或者说为实现特定的诉讼目的,应当选择成本最低的方法与手段。它要求司法机关和诉讼参与人,应以尽量少的人力、财力和物力耗费来完成刑事审判的任务,并实现诉讼的客观、公正。二是指诉讼及时。要求庭审能够较快地推进,使案件得到及时处理。

(三)刑事审判的基本原则

刑事审判原则是用以指导刑事审判活动的规范和准则。这些审判原则贯穿于刑事审判活动的始终或在审判活动的主要阶段起重要作用,从而对审判活动的进行具有普遍的指导意义。现代世界各国的刑事审判中大都规定了某些共同的原则,要求审判机关严格遵守。

由于审判是刑事诉讼活动的中心,其他各诉讼阶段都是为审判做准备的,国家公诉机关的指控是否成立,当事人及其他诉讼参与人的权利是否能够得到实现,都集中体现在审判阶段,

---

〔1〕 徐静村主编:《刑事诉讼法学》(上),法律出版社1997年版,第245页。

〔2〕 也有学者认为,审判的公正性应当包含程序的安定性和公开性。参见刘荣军:《程序保障的理论视角》,法律出版社1999年版,第145~146页。

而且狭义的刑事诉讼就是指审判阶段，故许多刑事审判原则都被上升到刑事诉讼基本原则的高度，在前文有所论述，如“无罪推定原则”“陪审原则”“多重审级原则”等。除上述原则外，刑事审判的原则体系还包括以下几项原则。

1. 审判独立原则

审判独立又称司法独立（judicial independence），是一项为现代法治国家普遍承认和确立的基本法律准则。作为一项宪法原则，它调整着国家司法审判机关与立法、行政等其他职能部门的法律关系，确认司法权的专属性和独立行使性，是现代法治的“基石”。作为一项审判原则，它确保法院审判权的公正行使，防止法官的审判过程和结果受到来自政府权力或其他外界力量的干涉和影响，使法院真正成为公民抵制专横权力，进而维护个人权利的最重要也是最后一道“屏障”。没有审判独立原则，也就没有现代意义上的审判制度和审判程序。

在我国，审判独立原则既是一项宪法原则，也是一项司法审判原则。我国1954年《宪法》第78条曾规定：“人民法院独立审判，只服从法律。”1982年《宪法》第123条也规定：“中华人民共和国法院是国家的审判机关”；第126条规定：“人民法院独立行使审判权，不受行政机关、社会团体和个人的干涉”。但从我国宪法和法律所规定的具体内容和标准来看，我国所实行的审判独立原则与一些为各国普遍承认的国际最低标准仍然存在相当大的差距，如我国的法官实质独立和内部独立的概念，而这些又恰恰是实现审判独立的核心和目标。法院的整体上的实质独立与国际最低标准中所确立的“集体独立”尚存在一些差距。法院还没有从整体上独立于行政机关、立法机关和其他非司法机构，法官的实质独立不具有现实的基础。[3] 党的十八届四中全会以来，所采取的一系列关于司法独立的新举措正是朝着“让审理者裁判、让裁判者负责”这一司法独立方向发展。

2. 审判公开原则

所谓审判公开原则，是指法院在审理案件和宣告判决时都公开进行，公民可以到法庭旁听，新闻记者也可以采访和报道。我国宪法和刑事诉讼法均把它作为一项重要原则加以确认。

从立法的本意和原理上看，审判公开应包括：（1）审理过程公开，即法院审理案件的活动，除法律有特殊规定的以外，一律在公开的法庭上进行。（2）审判结论公开，即判决书和据以判决的事实和理由应以公开的形式宣布。（3）审判公开的对象既包括向当事人公开，也包括向社会公开。对当事人公开要求法官的实质性诉讼活动，尤其是对证据的调查、核实均在当事人在场时进行，如果没有当事人参加，或者当事人实际上难以参加，法官一般不得进行证据的调查，即使搜集了证据，亦不能作为定案的依据；对社会公开则要求，不禁止特定的人出席旁听，审理和判决的过程可以直接向社会通报。

审判公开作为一项重要的审判原则，在世界范围内得到普遍确认和采用。在我国，刑事审判活动要严格遵循审判公开原则。除遇法律规定的情形外，审理案件一律公开进行。根据我国刑事诉讼法及有关司法解释，法律规定的例外情形有：有关国家秘密或个人隐私的案件不公开审理；审判的时候被告人不满18周岁的案件，不公开审理；涉及商业秘密的案件，当事人申请不公开审理的，可以不公开审理。依法不公开审理的案件，任何公民包括与审理该案无关的法院工作人员都不得旁听。但是，未成年人刑事案件，经未成年被告人及其法定代理人同意，未成年被告人所在学校和未成年人保护组织可以派代表到场。无论情形，宣告判决必须一律

---

〔3〕 陈瑞华：《刑事审判原理论》，北京大学出版社1997年版，第163～179页。

公开进行。

3. 陪审原则

陪审原则,是指从公民中产生陪审员参加法院对案件审判的原则。我国《刑事诉讼法》第13条规定:“人民法院审判案件,依照本法实行人民陪审员陪审的制度。”这就是我国的陪审原则。

陪审制度是体现司法民主、防止司法腐败的重要措施。现代陪审制度分为陪审团式和参审式两种类型:陪审团式是由公民和职业法官分工而进行审判的一种制度。陪审团审理事实,而法官适用法律;陪审团只决定“罪的问题”,即定罪,法庭单独决定“罚的问题”,即量刑。在英美法系国家,普遍采用的是陪审团制度。参审式则是公民与职业法官结为一体,以合作方式进行审判,在认定事实和适用法律方面,公民与职业法官拥有相同的权限。在陪审团制度下所具有的陪审团和法庭在罪与罚之间的分工特点在参审制下并不存在。参审制为大陆法系国家所广泛采用。

根据我国2018年《刑事诉讼法》第183条的规定,基层人民法院、中级人民法院审判第一审案件,应当由审判员3人或者由审判员和人民陪审员共3人或者7人组成合议庭进行,但是基层人民法院适用简易程序、速裁程序的案件可以由审判员1人独任审判。高级人民法院审判第一审案件,应当由审判员3人至7人或者由审判员和人民陪审员共3人或者7人组成合议庭进行。可见,我国的人民陪审制是一种参审式陪审制。

4. 多重审级原则

多重审级原则,是指法律所规定的审判机关的级别以及案件应经过几级法院审判才告终结的制度。亦即一个案件经过几级审判后,其判决或裁定即可发生法律效力,交付执行。我国实行两审终审制。世界上其他国家和地区也有实行三审终审制的,各国情况不一。

实行多重审级原则的意义,主要表现在:其一,有利于保证判决、裁定的准确性。其二,有利于发挥上级法院对下级法院审判工作的指导、监督作用。其三,有利于满足当事人的合理要求。当事人对一审判决结果有意见或认为有错而要求重新审理,是可以理解的。设立多级法院,建立多重审级原则,不仅能通过上级法院的审判,纠正下级法院的错误裁判,而且有利于维持一审法院的正确裁判。当一审裁判正确时,上级法院通过重新审理,作出维持原判的裁定,无疑有利于缓解当事人的不满情绪,打消当事人对原判决裁定的疑虑,从而使正确的判决裁定得以生效并顺利执行。如果没有多重审级原则,即使判决裁定是正确的,也难以消除有些当事人的疑虑和抵触情绪,难以使被告人心悦诚服,认罪伏法,从而妨碍刑事诉讼任务的顺利实现。

我国《刑事诉讼法》第10条规定:“人民法院审判案件,实行两审终审制。”两审终审制,是指一个案件最多经过两级人民法院的审判即告终结的一种多重审级原则,具体来说,就是指:地方各级人民法院按照审判管辖的规定对第一审刑事案件作出判决或裁定后,依法享有上诉权的人如果不服,可以在法定期限内向上一级人民法院提出上诉;同级人民检察院认为判决、裁定确有错误时,也可以在法定期限内向上一级人民法院提出抗诉。上一级人民法院按照第二审程序对案件进行审理后所作的判决、裁定,是终审的判决、裁定,任何人都无权再提出上诉,同级人民检察院也无权再提出抗诉,人民法院对一个案件的正常审判程序到此结束。

我国原则上实行两审终审制,但实践中存在两种情况值得注意:其一,最高人民法院是全国最高审判机关,由它审判的第一审刑事案件所作的裁判是终审裁判。其二,判处死刑的案件,即使经过了二审程序,其判决裁定仍未发生法律效力,必须经过死刑复核程序的审判,其判决、裁定才能交付执行。

5. 直接、言词审理原则

直接、言词审理原则的基本含义是，法官必须在法庭上亲自听取被告人、证人及其他诉讼参与人的陈述，案件事实和证据必须以口头方式向法院提出，调查必须以控、辩双方口头辩论、质证的方式进行。直接原则又分为直接审理原则和直接采证原则。直接审理原则是指法官审理案件时，公诉人、当事人及其他诉讼参与人应当在场。除法律有特别规定外，上述人员不在场时，不得进行法庭审理。直接采证原则是指刑事诉讼过程中，证据的调查与采取，应由法官以直接方式进行，只有以直接调查并经过衡量评价后而采取的证据，方能作为判决的依据。言词原则是指法庭审理原则上采取言词陈述的方式进行。控辩双方口头进行提证、问证和辩论，被告人、证人、鉴定人口头进行陈述或作证，法官进行口头讯问和宣判。除法律有特别规定的以外，凡是未经当庭以言词方式调查的证据材料视同未曾发生或不存在，不可作为判决的依据。

通常，英美法系国家的刑事诉讼奉行完整意义上的直接、言词原则。大陆法系国家的刑事诉讼立法也在一定程度上体现了直接、言词原则。在我国，从立法上看，刑事诉讼法尽管没有具体规定这一原则，但从其中的一些规定来看，对此原则是予以肯定的。如 2018 年《刑事诉讼法》第 192 条规定，公诉人、当事人或者辩护人、诉讼代理人对证人证言有异议，且该证人证言对案件定罪量刑有重大影响，人民法院认为证人有必要出庭作证的，证人应当出庭作证。公诉人、当事人或者辩护人、诉讼代理人对鉴定意见有异议的，或者人民法院认为鉴定人有必要出庭的，鉴定人应当出庭作证。经人民法院通知，鉴定人拒不出庭作证的，鉴定意见不得作为定案的根据。第 193 条规定，经人民法院通知，证人没有正当理由不出庭作证的，人民法院可以强制其到庭，证人没有正当理由拒绝出庭或者出庭后拒绝作证的，予以训诫，情节严重的，经院长批准，处 10 日以下的拘留。如关于通知证人、鉴定人出庭的规定（2018 年《刑事诉讼法》第 187 条），关于公诉人、当事人和辩护人经审判长许可可以直接对证人、鉴定人发问的规定（2018 年《刑事诉讼法》第 194 条），关于经审判长许可，当事人和辩护人可以对证据和案件情况发表意见并可以相互辩论的规定（2018 年《刑事诉讼法》第 198 条），强调第二审法院直接开庭审理的规定，都充分体现了这一原则在我国刑事审判程序中的运用。但是应当注意的是，在司法实践中，审判人员审查口供、证人证言、被害人陈述和鉴定结论等，仍较大程度地依赖书面材料，直接言词原则的贯彻还有待进一步深入。

6. 集中审理原则

集中审理原则，是指刑事案件的审判，原则上应当持续不间断地进行，亦即审理程序应尽可能一气呵成，即行判决。实行集中审理，可以避免审判拖延，使案件及早审结，提高刑事诉讼的效率，同时，可以防止来自庭外的不正当干扰，保证法官从开庭连续审理中获得对案件清晰、完整的印象，防止同其他案件混淆，以保证实现准确公正的裁决。许多国家在刑事审判中实行集中审理原则。

我国刑事诉讼法没有规定这一原则，法律不但允许刑事案件在某种情况下可以延期审理，而且，法官在同一时间段内可以交叉审理多起刑事案件的情况极为普遍。从科学性考虑，我国的刑事审判也应创造条件，适度吸收该原则。

7. 辩论原则

辩论原则，是指法庭审理中，起诉方和被告方应以公开的、口头的、对抗性的方式进行辩论,未经充分的辩论,不得进行裁判。辩论原则的基本精神是赋予双方平等的、直接的对抗手段,通过双方充分陈述己方理由,反驳对方主张,使法官真正能够置于两种意见之间,查明案件真相。

贯彻辩论原则的基本要求是:(1)确立听取陈述原则,即在作出判决之前,法官应该听取并审查指控方和被告人双方的陈述;(2)应当保证被告人有获得律师辩护的权利,以强化被告方辩论的手段,平衡双方力量,维系刑事诉讼的合理结构。

在英美法系国家,辩论原则在刑事诉讼中的应用较为充分,因为当事人主义的刑事审判方式本质上就是以控、辩双方的对抗性活动为主线展开的,法官居中听证,消极裁判。大陆法系国家的刑事审判相对突出法官的职权活动,控、辩职能的发挥受到一定的限制,但在庭审中有专门的辩论阶段,加上相关制度保障措施的完善,因此,在很大程度上也体现了辩论原则。

中国传统的审判方式与大陆法系国家相类似,辩论原则主要体现在法庭审理中的专门辩论阶段,但对辩论的方式、范围及时间长短等方面往往有更多的限制。现行刑事诉讼法对辩论原则进行了一定程度的修改,如辩论不仅体现在法庭辩论阶段,而且在法庭调查阶段,控、辩双方就可以就证据和案件事实进行辩论,但法官对此仍有过强的干预,故而,我国的辩论原则仍有较强的职权主义色彩,相关制度的保障仍需要进一步完善。

(四)刑事审判组织

人民法院审判刑事案件,是通过一定的具体组织形式来进行的,这种代表人民法院对刑事案件进行审理和裁判的组织,称为审判组织。根据《刑事诉讼法》和《人民法院组织法》的有关规定,人民法院审判刑事案件的具体组织形式有以下三种,即独任制、合议制和审判委员会。

1. 独任制

依法由审判员一人进行庭审,称独任审判或独任制。基层人民法院适用简易程序的案件可以由审判员一人担任审判。根据2018年《刑事诉讼法》第183条、第216条的规定,基层人民法院适用简易程序、速裁程序的案件可以由审判员一人独任审判,但并非所有的简易程序均适用独任制审理。其中,适用简易程序审理案件,对可能判处3年有期徒刑以下刑罚的,可以组成合议庭进行审判,也可以由审判员一人独任审判。

2. 合议制

合议制也称合议庭,是一种集体审判案件的制度,即案件的审判由审判人员数人组成合议庭进行。合议庭是世界各国通行的审判组织形式,之所以设立合议庭,目的是集中集体智慧,发扬案件审理中的民主,发挥合议庭的合力作用。我国《人民法院组织法》规定:"人民法院审判案件,实行合议制。"所以,合议制是人民法院审判案件的基本组织形式。除法律规定可以适用独任庭之外,其他案件的审判都必须适用合议庭进行审理并作出判决。

由于各级人民法院管辖的第一审刑事案件的情况不同,各种审判程序的任务不同,法律对合议庭的人员构成及组成人数的规定也不相同。根据2018年《刑事诉讼法》第183条、第249条、第256条的规定,合议庭组成如下:(1)基层人民法院、中级人民法院审判第一审案件,应当由审判员3人或者由审判员和人民陪审员共3人或者7人组成合议庭进行;(2)高级人民法院审判第一审案件,应当由审判员3人至7人或者由审判员和人民陪审员共3人或者7人组成合议庭进行;(3)最高人民法院审判第一审案件,应当由审判员3人至7人组成合议庭进行;(4)第二审人民法院审判上诉和抗诉案件,由审判员3人至5人组成合议庭进行;(5)审判监督程序合议庭的组成按照生效裁判的审级确定，如原生效裁判为第一审裁判，按照第一审合议庭的组成开庭，如原生效裁判是第二审裁判，即按照第二审合议庭的组成开庭；(6)复核、核准死刑、死缓案件的合议庭全部由审判员3人组成。

合议庭的组成人员应当是单数。人民陪审员在人民法院执行职务，同审判员具有同等的权利。合议庭应由院长或庭长指定1个审判员担任审判长，院长或庭长参加审判案件的，自己担任审判长。合议庭的评议按少数服从多数的原则表决，如个人有不同意见，可记录在案。如果院长或庭长对合议庭的评议结果有不同意见，可提出由合议庭评议或由院长提交审判委员会讨论。对于审判委员会的决定，合议庭必须执行。

3. 审判委员会

审判委员会是人民法院内部设立的对审判工作实行集体领导的组织。根据人民法院组织法的规定，我国各级人民法院均设立审判委员会。审判委员会由院长、庭长和资深审判员组成，参加审判委员会的成员称为审判委员会委员。地方各级人民法院审判委员会的委员，由院长提请本级人民代表大会常务委员会任免；最高人民法院审判委员会委员，由最高人民法院院长提请全国人民代表大会常务委员会任免。

审判委员会的任务体现在以下三个方面：

第一，讨论重大疑难案件。这是审判委员会日常工作的重点。对下列疑难、复杂、重大的案件，合议庭认为有必要的，可以提请院长提交审判委员会讨论决定：(1)拟判处死刑的；(2)合议庭成员意见有重大分歧的；(3)人民检察院抗诉的；(4)在社会上有重大影响的；(5)其他需要由审判委员会讨论决定的。独任审判的案件，开庭审理后，独任审判员认为有必要的，也可以建议院长提交审判委员会讨论决定。

第二，总结审判工作经验。为了保证办案质量，提高办案人员素质，审判委员会的经常性任务之一，就是通过总结审判工作经验，不断提高审判水平，保证法院审判工作的顺利进行。

第三，有关审判工作的其他问题，如对本院的生效判决，发现有错误，需要提起再审，或决定本院院长回避等问题。

关于审判委员会同合议庭的关系，我国2018年《刑事诉讼法》第185条规定："合议庭开庭审理并评议后，应当作出判决。对于疑难、复杂、重大的案件，合议庭认为难以作出决定的，由合议庭提请院长提交审判委员会讨论决定。审判委员会的决定，合议庭应当执行。"这表明，审判委员会同合议庭之间存在领导与被领导的关系，这一关系还需要进一步加以改革、完善。

二、刑事一审程序概述

（一）刑事一审程序的概念及特征

从世界范围来看，刑事审判程序作为决定诉讼命运的最终环节，始终在各国立法与实践中占据举足轻重的地位，其中，又以刑事一审程序为最。所谓刑事一审程序，又称刑事初审程序，是指人民法院对人民检察院提起公诉或自诉人提起自诉的刑事案件进行初次审判的程序。二审法院发回重审的案件的审理也应遵循第一审程序。

与其他刑事审判程序相比，刑事一审程序具有以下特征：

第一，刑事一审程序是刑事审判的必经程序。所谓必经程序，是指凡是起诉到人民法院的刑事案件，无论是公诉案件，还是自诉案件，可能不一定要经过二审、死刑复核、审判监督等刑事救济程序，但都要经过人民法院的刑事一审程序的审判。同时，也只有经过人民法院第一审程序的审判,才可能进入其后刑事救济程序及执行程序。

第二,刑事一审程序是刑事审判中最为基础的审判程序。所谓基础程序,是指刑事一审程序相比于其他刑事审判程序所具有的奠基性、起点性作用,其他刑事审判程序包括刑事救济程序、刑事执行程序等都是在刑事一审程序的基础上展开的。而且,刑事诉讼法及相关司法解释关于其他刑事审判程序的许多规定都是参照刑事一审程序的相关规定执行。

第三,刑事一审程序是刑事审判中最为核心的审判程序。所谓核心程序,是指刑事一审程序是整个刑事审判程序中最为关键,对被告人而言最为重要的审判程序。这种核心地位主要在于,刑事一审程序具备完整性、全面性,刑事审判的基本原则和制度包括审判公开、法官中立、直接言词原则以及陪审制等得到最为充分、全面的体现,控、辩、审的刑事诉讼三方结构得到完整呈现。在中共十八届四中全会《全面推进依法治国若干重大问题的决定》明确提出要“推进以审判为中心的诉讼制度改革”后,刑事一审程序的核心地位将更加凸显。

(二)我国刑事一审程序的种类

根据所适用的案件性质不同,我国刑事一审程序可以分为以下两种:(1)公诉案件的一审程序。所谓公诉案件的一审程序,是指人民法院对人民检察院提起公诉的案件进行审判所应遵循的诉讼程序。公诉案件的一审普通程序是刑事审判中最为重要和关键的基础环节。相比于自诉案件而言,公诉案件都是比较严重的刑事案件,在数量上也占据我国刑事案件的90%以上,因此,公诉案件的一审程序可以说是我国刑事一审程序的主体。(2)自诉案件的一审程序。所谓自诉案件的一审程序,是指人民法院对自诉人提起自诉的案件进行审判时所应遵循的诉讼程序。自诉案件的一审程序整体上参照刑事诉讼法关于公诉案件的一审程序的规定进行,同时,在程序的启动、进行及审理期限上也有其特殊之处。

根据程序的繁简程度不同,我国刑事一审程序可分为以下两种:(1)第一审普通程序。所谓第一审普通程序,是指人民法院审理刑事案件通常所适用的程序,是最为基础、最具有完整性的刑事诉讼程序。(2)简易程序。所谓简易程序,是相对于普通程序而言的,指第一审程序中的基层人民法院在审理某些简单轻微的刑事案件时所适用的、较第一审普通程序相对简化的程序。

此外,无论是公诉案件的一审程序和自诉案件的一审程序,还是第一审普通程序和简易程序,都有可能涉及附带民事诉讼及刑事和解,其审判程序一般也在此予以介绍。

第二节 第一审普通程序

一、第一审普通程序的概念和意义

第一审普通程序,是指第一审人民法院审理刑事案件所适用的基础程序,其通常是针对公诉案件的审判。第一审普通程序在刑事诉讼中具有重要的意义,表现在:

第一,第一审普通程序是刑事诉讼的中心环节和主要阶段,是人民法院正确行使审判权的关键。刑事案件经人民检察院提起公诉或者自诉人向人民法院起诉,经法院审查受理后,即进入第一审程序。其中由人民检察院提起公诉的案件占据第一审程序的绝大多数,加上适用第一审普通程序以前的立案、侦查、起诉等阶段,虽然都是不可缺少的必经程序,但它们都是为第一审程序正确审判提供材料、准备条件的,而第一审普通程序以后的各个阶段,都是对这一程序审判的检查和监督。

第二,从各国立法来看,关于第一审普通程序的规定总是较其他审判程序更详尽、更完备,往往被立法确立为其他程序中未尽事宜所应参照的程序。

第三,由于第一审普通程序是公诉案件刑事审判的基础程序,在司法实践中具有普遍的适用性,而二审和再审程序的启动则具有不确定性,因而,大多数案件都是通过第一审普通程序的审理而得以解决的。因此,实现刑事诉讼的目的与任务,主要是通过适用第一审普通程序来完成。此外,正确适用这一程序,依法对有罪的被告人处以刑罚,使无罪者不受刑事追究,切实保证案件审判质量,有助于减少上诉、申诉案件,及时终结诉讼,减轻上级法院和当事人的负担,降低诉讼成本,提高诉讼效率。

二、对公诉案件的审查

(一)对公诉案件审查的概念

对公诉案件的审查,是指人民法院在收到人民检察院移送起诉的案件后,对有关材料进行审查,以确定是否开庭审判的诉讼活动。我国没有实行有诉必审的方针,公诉案件都必须经过一定的审查,在符合法律要求后,才能开庭审判。对公诉案件庭前审查的价值和意义表现在以下几个方面:一是对公诉案件是否符合法定的起诉条件进行审查和监督,防止无根据和不必要的起诉;二是通过审查公诉,避免不合法、不合理的控诉启动审判程序而损害当事人的合法权益;三是为正式庭审做好准备,保障诉讼顺利有效地进行。

对于公诉案件的审查程序,各国从立法、理论研究到司法实践均不尽一致。在英美国家,庭前审查程序又称预审程序、移送审判程序或交付审判程序。英国规定,对于重罪案件,必须适用预审程序;预审在治安法院由治安法官主持进行;经过审查,预审法官可以作出两种处理决定:移送刑事法院审判或撤销案件。在美国,预审是重罪案件被告人的一项权利,可以选择放弃;预审在非案件管辖法院的地区法院进行;预审法官不再主持庭审。在大陆法系国家,同样也有关于庭前审查的规定。在德国刑事诉讼中,侦查终结后,如果检察官提起公诉,则应将所有案卷材料随同起诉书一并移送法院,接受审查。在德国,这一程序又称为“中间程序”。〔4〕由于庭前对公诉案件进行审查,容易造成法官先入为主,因此,一些借鉴英美当事人诉讼对抗因素的国家往往取消或不断弱化这一程序。

我国2018年《刑事诉讼法》第186条对开庭前的审查作了明确规定:“人民法院对提起公诉的案件进行审查后,对于起诉书中有明确的指控犯罪事实的,应当决定开庭审判。”这一规定表明,虽然人民检察院在向法院提起公诉时将全部案卷材料都移送给了人民法院,但人民法院并不对案件进行实质审查,而是先对案件是否具备法律规定的开庭审判条件进行形式审查。

(二)对公诉案件审查的性质和内容

对公诉案件的审查是人民法院行使国家审判权的开始程序,其法律性质是对案件的接受

---

〔4〕 王以真主编:《外国刑事诉讼法学》,北京大学出版社1994年版,第172页。

和审查而非审判,其任务是解决是否将被告人交付法庭审判,案件是否符合开庭审判的条件,其本质是属于程序性措施,决不能把审查同审判混为一谈。

我国现行刑事审判庭前审查的特点,是法院限于对法律文书进行程序性审查,而不能审查起诉主张的真实性、正确性,法院在庭前审查阶段不再承担查清全案事实和证据并作出初步法律评价的任务。这种对法官庭前审查方式、内容的限制,减少了法官庭前接触、了解案件的机会,从而促使法官在庭审中重视听取控、辩双方的举证和意见,在听证的基础上形成对案件事实的认定和适用法律的意见。这是符合诉讼公正、民主和科学要求的。

资料:公诉案件审查的相关法条。

根据 2018 年《刑事诉讼法》第 186 条及相关司法解释的规定,对公诉案件的审查以程序性审查为主,主要审查是否具备开庭的条件。其具体内容包括:(1)案件是否属于本院管辖;(2)起诉书是否有明确的指控犯罪事实;(3)起诉书是否载明了被告人被采取的强制措施种类、被羁押的地点、有无扣押、冻结被告人的财物及财物的存放地点,是否列明被害人的姓名、住址、通信处等;(4)已委托辩护人、代理人的,是否附有辩护人、代理人的姓名、性别、年龄、住址、通讯方式等;(5)提起附带民事诉讼的,是否附有相关证据材料;(6)侦查、起诉程序的各种法律手续是否完备;(7)有无《刑事诉讼法》第 16 条第 2 项至第 6 项规定的不追究刑事责任的情形。

(三)对公诉案件审查后的处理

人民法院对公诉案件进行审查后,应当根据案件的具体情况做如下处理:

资料:公诉案件审查后处理的相关法条。

第一,决定开庭审理。案件经过审查后,认为属于本院管辖,符合开庭审判条件的,应当决定开庭审理。

第二,决定退回人民检察院。对于不属于本院管辖或者被告人不在案的,应当决定退回人民检察院。

第三,裁定中止审理或不予受理。对于符合 2018 年《刑事诉讼法》第 16 条第 2 ~ 6 项规定的情形的,以及人民法院裁定准许人民检察院撤诉的案件,没有新的事实、证据,人民检察院重新起诉的,人民法院应当裁定中止审理或者不予受理。

三、开庭审判前的准备

人民法院决定开庭审判的案件,根据 2018 年《刑事诉讼法》第 187 条及相关司法解释的规定和审判工作的实际需要,开庭审判前要做好下列各项准备工作:

第一,确定合议庭的组成人员。人民法院适用普通程序审理的案件,由院长或者庭长指定审判长并确定合议庭组成人员;适用独任庭审理的案件,由庭长指定审判员一人独任审理。

第二,向被告人送达起诉书副本。根据刑事诉讼法的有关规定,人民法院决定开庭审判的案件,应将人民检察院的起诉书副本最迟在开庭 10 天前送达被告人,以便被告人及时了解指控的罪名及有关情况,准备辩护。同时,人民法院应告知被告人有权聘请辩护人,对于被告人未委托辩护人的,在必要时可以指定承担法律援助的律师为其提供辩护。

第三,在开庭 3 日以前通知人民检察院开庭的时间、地点。由于人民法院决定开庭审判的公诉案件,人民检察院要派员出庭支持公诉,并对审判活动是否合法实行监督。因此,人民法院应将开庭的时间、地点,在开庭 3 日前通知人民检察院。出庭支持公诉的检察人员要做好出庭的准备工作。

第四,最迟在开庭 3 日以前送达传唤当事人,通知辩护人、诉讼代理人、证人、鉴定人和翻译人员的传票或者通知书。根据我国刑事诉讼法的规定,当事人及其他诉讼参与人应当出席法庭,参加法庭审理。因此,为了保障诉讼参与人有足够的出庭准备时间,人民法院应及早将传票、通知书予以送达。诉讼参与人收到开庭通知的时间,离人民法院正式开庭审判的时间,不得少于 3 日。

第五,公开审判的案件,在开庭 3 日以前公布案由、被告人姓名、开庭时间和地点。依据审判公开原则的要求,凡是公开审判的案件,要对社会公开,允许公民到庭旁听,允许新闻记者采访。因此,公开审判的案件要在开庭 3 日以前贴出布告,公布案由、被告人的姓名,开庭的时间和地点,使人民群众和其他旁听人员有足够的时间做好工作安排。

资料:开庭前准备程序的相关法条。

第六,在开庭以前,审判人员可以召集公诉人、当事人和辩护人、诉讼代理人,对回避、出庭证人名单、非法证据排除等与审判相关的问题,了解情况,听取意见。根据最高人民法院《刑诉法解释》的规定,当事人及其辩护人、诉讼代理人申请排除非法证据,证据材料较多、案情重大复杂,案件社会影响重大或有需要召开庭前会议的其他情形等情形之一时,审判人员可以召开庭前会议。

上述各项准备工作,都是依法进行的诉讼活动,每一项活动直接涉及诉讼能否顺利进行,关系到法庭审判的质量,甚至影响到判决的效力。因此,人民法院应当制作笔录,由审判长和书记员签名,附卷保存。

四、法庭审判程序

法庭审判是指人民法院采用开庭的方式,在公诉人、当事人和其他诉讼参与人的参加下,通过法庭调查、辩论等,依法确定被告人是否有罪,应否处刑以及处以何种刑罚的诉讼活动。

根据刑事诉讼法的规定,法庭审判程序分为开庭、法庭调查、法庭辩论、被告人最后陈述、评议和宣判五个阶段。

(一)开庭

宣布开庭前,书记员应当依次做好下列工作:查明证人是否已经到达指定地点等候出庭;查明公诉人及诉讼参与人是否已经到达指定地点等候出庭;宣读法庭规则;请审判长、人民陪审员入庭,并当庭向审判长报告开庭前工作的准备情况。

根据 2018 年《刑事诉讼法》第 190 条的规定,开庭阶段的活动程序有:

第一,审判长宣布开庭并传唤当事人到庭,查明当事人的姓名、年龄、民族、原籍、出生地、文化程度、职业、住址;查明被告人是否曾受到过法律处分及处分的种类、时间,是否被采取强制措施及强制措施的种类、时间；被告人收到人民检察院起诉书副本的日期等。

第二，审判长公布案件的来源、起诉的理由及是否公开审理。对于不公开审理的案件，应当当庭宣布不公开审理的理由。

第三，审判长宣布合议庭的组成人员、书记员、公诉人、辩护人、鉴定人和翻译人员的名单。

第四，审判长用通俗的语言告知当事人、法定代理人及辩护人法庭审理过程中依法享有下列诉讼权利：（1）可以申请合议庭组成人员、书记员、公诉人、鉴定人和翻译人员回避；（2）可以提出证据，申请通知新的证人到庭、调取新的证据、重新鉴定或者勘验、检查；（3）被告人可以自行辩护；（4）被告人可以在法庭辩论终结后作最后的陈述。

资料：开庭阶段活动程序的相关法条。

对共同犯罪案件，应当将各被告人同时传唤到庭，向其宣布上述事项，以避免重复，节省开庭时间。如果当事人、法定代理人申请有关人员回避，合议庭认为符合法定情形的，应当依照有关回避的规定处理。认为不符合法定情形的，应当当庭驳回，继续法庭审理。如果申请回避人当庭申请复议的，合议庭应当宣布休庭，待作出复议决定后，决定是否继续法庭审理。

第五，被告人认罪认罚的，审判长应当告知被告人享有的诉讼权利和认罪认罚的法律规定，审查认罪认罚的自愿性和认罪认罚具结书内容的真实性、合法性。

（二）法庭调查

法庭调查是在审判人员主持下，控、辩双方和其他诉讼参与人的参加下，当庭对案件事实和证据进行审查、核实的诉讼活动，其任务是查明案件事实、核实证据。由于刑事诉讼法规定所有证据都必须在法庭上调查核实才能作为定案根据，因此，法庭调查是法庭审判的核心环节。法庭调查的成效，直接关系到案件处理的质量。

法庭调查的范围是人民检察院起诉书中所指控的被告人的犯罪事实和证明被告人有罪、无罪、罪轻、罪重的各种证据。根据2018年《刑事诉讼法》第191～198条及有关司法解释的规定，法庭调查的步骤和程序如下：

第一，公诉人宣读起诉书。审判长宣布法庭调查开始后，首先由公诉人宣读起诉书；有附带民事诉讼的，再由附带民事诉讼的原告人或者其诉讼代理人宣读附带民事诉状。

第二，被告人、被害人陈述。在审判长主持下，被告人、被害人可以就起诉书指控的犯罪事实分别进行陈述。

第三，讯问、询问被告人、被害人和附带民事诉讼原告人。在审判长主持下，公诉人可以就起诉书指控的犯罪事实讯问被告人；被害人及其诉讼代理人经审判长许可，可以就公诉人讯问的情况进行补充性发问；附带民事诉讼的原告人及其法定代理人或者诉讼代理人经审判长准许，可以就附带民事诉讼部分的事实向被告人发问；被告人的辩护人及其法定代理人或者诉讼代理人可以在控诉一方就某一具体问题讯问完毕后向被告人发问。此后，控、辩双方经审判长许可，可以向被害人、附带民事诉讼原告人发问。审判长在主持讯问、发问时，需注意以下几点：（1）起诉书指控的被告人的犯罪事实为两起以上的，法庭调查时，一般应当就每一起犯罪事实分别进行讯问；（2）对于共同犯罪案件中的被告人，应当分别进行讯问，合议庭认为必要时，可以传唤共同被告人同时到庭对质；（3）审判长对于控、辩双方讯问和询问与本案无关的问题的，应当制止；(4)对于控、辩双方认为对方讯问或者发问的内容与本案无关，或者讯问、发问的方式不当并提出异议的，审判长应当判明情况予以支持或者驳回；(5)审判人员认为有必要时，可以向被告人、被害人及附带民事诉讼原告人、被告人讯问或者发问。

第四，询问证人、鉴定人。刑事诉讼法贯彻直接言词原则精神，规定对证人作证、鉴定人的鉴定，要在法庭上经过控、辩双方询问、质证，才能作为定案根据。因而证人、鉴定人应当出庭作证。但证人符合下列情形之一的，经人民法院准许可以不出庭作证：(1)未成年人；(2)庭审期间身患严重疾病或者行动极为不便的；(3)其证言对案件的审判不起直接作用的；(4)有其他原因的。鉴定人事先获得人民法院准许的也可以不出庭。证人、鉴定人到庭后，审判人员应当首先核实证人、鉴定人的身份、与当事人以及本案的关系，告知证人、鉴定人应当如实提供证言、鉴定意见和有意作伪证或者隐匿罪证，以及有意作假鉴定要承担的法律责任。证人、鉴定人作证或者说明鉴定结论前，应当在如实作证或者如实说明鉴定结论的保证书上签字。公诉人、当事人和辩护人、诉讼代理人经审判长许可，可以对证人、鉴定人发问。向证人、鉴定人发问时，应当先由提请或者要求传唤的一方进行，发问完毕后，对方经审判长许可，也可以发问。审判人员认为有必要时，可以询问证人、鉴定人。为避免证人、鉴定人之间相互影响，向证人、鉴定人发问应当分别进行。证人、鉴定人经控、辩双方发问或者审判人员询问后，审判长应当告知其退庭。同时，为防止庭审对证人和鉴定人作证的影响，证人、鉴定人不得旁听对本案的审理。审判长对于向证人、鉴定人发问的内容与本案无关或者发问的方式不当的应当制止，对于控、辩双方认为对方发问的内容与本案无关或者发问的方式不当并提出异议的，审判长应当判明情况予以支持或者驳回。

第五，出示物证、宣读鉴定结论和有关笔录。公诉人、辩护人应当向法庭出示物证，让当事人辨认，对未到庭的证人的证言笔录，鉴定人的鉴定结论、勘验笔录和其他作为证据的文书，应当当庭宣读。当庭出示的物证、书证、视听资料等证据，应当先由出示证据的一方就所出示的证据来源、特征等作必要的说明，然后由另一方进行辨认并发表意见，控、辩双方可以互相质问、辩论。当庭出示的证据、宣读的证人证言、鉴定结论和勘验检查笔录等，在出示、宣读后应立即将原件移交法庭。对于确实无法当庭移交的，应当由要求出示、宣读证据的一方在休庭后3日内移交。

资料：法庭调查的相关法条。

第六，调取新的证据。2018年《刑事诉讼法》第197条规定，“法庭审理过程中，当事人和辩护人、诉讼代理人有权申请通知新的证人到庭，调取新的物证，申请重新鉴定或者勘验。公诉人、当事人和辩护人、诉讼代理人可以申请法庭通知有专门知识的人出庭，就鉴定人作出的鉴定意见提出意见。法庭对于上述申请，应当作出是否同意的决定。第2款规定的有专门知识的人出庭，适用鉴定人的有关规定”。在法庭审理过程中，当事人和辩护人、诉讼代理人有权申请通知新的证人到庭，调取新的物证，申请重新鉴定或者勘验。当事人和辩护人、诉讼代理人申请通知新的证人到庭，调取新的物证，申请重新鉴定或者勘验的，应当提供证人的姓名、证据的存放地点，说明所要证明的案件事实，要求重新鉴定或者勘验的理由。公诉人、当事人和辩护人、诉讼代理人申请法庭通知有专门知识的人出庭，就鉴定人作出的鉴定意见提出意见的，也必须向法庭说明理由。审判人员根据具体情况，认为可能影响案件事实认定的，应当同意该申请,并宣布延期审理;不同意的,应当告知理由并继续审理。

第七,法庭调查核实证据。在法庭调查过程中,合议庭对于证据有疑问的,可以宣布休庭,对证据进行调查核实。人民法院调查核实证据时,可以进行勘验、检查、扣押、鉴定和查询、冻结等。必要时,可以通知检察人员、辩护人到场。附带民事诉讼部分的调查,一般在刑事诉讼部分调查结束后进行,具体程序以民事诉讼法的有关规定进行。

(三)法庭辩论

2018年《刑事诉讼法》第198条规定:"法庭审理过程中,对与定罪、量刑有关的事实、证据都应当进行调查、辩论。经审判长许可,公诉人、当事人和辩护人、诉讼代理人可以对证据、案件情况发表意见并且可以互相辩论。"这一规定表明,法庭辩论不仅集中体现在法庭调查后专门的法庭辩论阶段,而且在法庭调查阶段,控、辩双方就可以对案件事实是否清楚、证据是否确实、充分进行辩论;不仅可以对定罪问题展开辩论,还可以就量刑问题进行辩论。这也是现行刑事诉讼法较原刑事诉讼法规定的重大修改之一。法庭辩论的目的在于使控、辩双方有机会表明己方观点,充分阐述理由和根据,从而在程序上保障当事人和诉讼参与人的合法权益,同时对于法庭查明案情、依法作出公正的裁决也具有重要意义。辩论的内容既包括与定罪、量刑等案件实体问题相关的事实、证据、法律适用等有关问题,也包括证据是否合法等程序性问题。

在法庭调查阶段的辩论(可称为分散辩论),经审判长许可,控、辩双方可随时根据案件具体情况进行。在法庭调查后专门的辩论阶段进行的辩论(可称为集中辩论),由审判长根据法庭审理的具体情况,认为通过法庭调查,案件事实已查清时,宣布结束法庭调查,开始法庭辩论。

资料:法庭辩论的相关法条。

法庭辩论在审判长主持下进行,按照下列顺序进行:(1)公诉人发言;(2)被害人及其诉讼代理人发言;(3)被告人自行辩护;(4)辩护人辩护;(5)控、辩双方进行辩论。前四项活动称为第一回合,反复辩论,直至双方意见阐述完毕。附带民事诉讼部分的辩论应当在刑事诉讼部分的辩论结束后进行,先由附带民事诉讼原告人及其诉讼代理人发言,然后由被告人及其诉讼代理人答辩,也可进行多项反复辩论。

在司法实践中,公诉人的第一次发言通常称为发表公诉词,辩护人的第一次发言称作发表辩护词。发表公诉词时公诉人代表人民检察院,为揭露犯罪,在总结法庭调查的事实、证据和适用法律的基础上,集中阐明人民检察院对追究被告人刑事责任的意见。其重点是阐明指控被告人犯罪的根据和理由,指出犯罪的危害后果,说明犯罪的根源,提出有建设性的预防措施和意见,以达到支持公诉、宣传法制、教育群众的目的。发表辩护词时辩护人以法庭调查情况为基础,综合全案,从保护被告人的合法权益方面出发提出综合性辩护意见。其重点是指出指控的不实之处,说明被告人应当无罪、罪轻、从轻、减轻或者免除处罚的根据和理由,并在最后请求法庭采纳己方辩护意见。

在法庭辩论中,控、辩双方应当以事实为依据,以法律为准绳,围绕双方争论的焦点进行论证与反驳。审判长应当善于抓住双方辩论的焦点,把辩论引向深入,对于控、辩双方与案件无关、重复或者互相指责的发言应当制止。如果合议庭发现新的事实，认为有必要进行调查时，审判长可以宣布暂停辩论，恢复法庭调查，待该事实查清后进行法庭辩论。

对于辩护人依照有关规定，当庭拒绝继续为被告人进行辩护的，合议庭应当准许。如果被告人当庭拒绝辩护人为其辩护，要求另行委托辩护人的，合议庭原则上应当同意，宣布延期审理，由被告人另行委托辩护人或者由人民法院为其另行指定辩护律师。

合议庭认为经过反复辩论，案情已经查明，罪责已经分清或者控、辩双方的意见已经充分发表，审判长应及时宣布辩论终结。从保障被告人权益出发，宣布辩论终结前，审判长应询问被告人和辩护人是否还有新的辩护意见。

（四）被告人最后陈述

2018 年《刑事诉讼法》第 198 条第 3 款规定："审判长在宣布辩论终结后，被告人有最后陈述的权利。"可见，被告人最后陈述不仅是法庭审判的一个独立阶段，而且是法律赋予被告人的一项重要诉讼权利。合议庭应当保障被告人充分行使最后陈述的权利。审判长宣布法庭辩论终结后应当告知被告人享有此项权利，让被告人陈述。被告人最后陈述只要不超出本案范围，一般不应限制其发言时间，或随意打断其发言，而应让被告人尽量把话讲完。但如果被告人在最后陈述中多次重复自己的意见，审判长可以制止。如果陈述内容是蔑视法庭、公诉人，损害他人及社会利益或者与本案无关的，应当制止。在公开审理的案件中，如果被告人最后陈述的内容涉及国家秘密或者个人隐私，也应当制止。

被告人在最后陈述中提出了新的事实、证据，合议庭认为可能影响正确裁判的，应当恢复法庭调查；如果被告人提出新的辩解理由，合议庭认为确有必要的，可以恢复法庭辩论。附带民事诉讼部分可以在法庭辩论结束后当庭调解。不能达成协议的，可以同刑事部分一并判决。

资料：被告人最后陈述的相关法条。

（五）评议和宣判

被告人最后陈述完毕后，审判长应当宣布休庭，合议庭进行评议，法庭审判进入评议和宣判阶段。

1. 评议

评议是合议庭组成人员在已进行的法庭审理活动基础上，对案件事实、证据和法律适用进行讨论、分析、判断并依法对案件作出裁判的诉讼活动。合议庭在评议时，应当根据已经查明的事实、证据和有关法律规定，并在充分考虑控、辩双方意见的基础上进行评议，确定被告人是否有罪，应否追究刑事责任；构成何罪，应否处以刑罚；判处何种刑罚；有无从重、从轻、减轻或者免除刑罚的情节；附带民事诉讼如何解决；赃款、赃物如何处理等，并依法作出判决。

合议庭评议由审判长主持，一律秘密进行。评议时，如果有意见分歧，应当按多数人的意见作出决定，但是少数人的意见应当写入笔录，评议笔录由合议庭组成人员签名。一般情况下，合议庭经过开庭审理并且评议后，应当作出判决，但对于疑难、复杂、重大的案件，合议庭成员意见分歧较大，难以对案件作出决定的，由合议庭提请院长决定提交审判委员会讨论决定，审判委员会的决定，合议庭应当执行。

根据 2018 年《刑事诉讼法》第 200 条及有关司法解释，人民法院应当根据案件的具体情形,分别作出裁判:(1)起诉书中指控的事实清楚、证据确实、充分,依据法律认定被告人的罪名成立的,应当作出有罪判决。(2)起诉指控的事实清楚,证据确实、充分,指控的罪名与人民法院审理认定的罪名不一致的,应当作出有罪判决。对于这一项,需要注意的是,人民法院改变指控罪名必须要经过法定的程序。即如果人民法院要变更罪名,必须征求控、辩双方的意见,在必要时,应恢复法庭辩论阶段。否则,就混淆了审判职能和控诉职能,并且有剥夺被告人辩护权之嫌。(3)案件事实清楚,证据确实、充分,依据法律认定被告人无罪的,应当判决宣告被告人无罪。(4)证据不足,不能认定被告人有罪的,应当以证据不足,指控的犯罪不能成立,判决被告人无罪。(5)案件事实部分清楚,证据确实、充分的,应当依法作出有罪或者无罪的判决;事实不清,证据不足部分,依法不予认定。(6)被告人因不满16周岁或者被告人是精神病人,在不能辨认或者不能控制自己行为的时候造成危害结果,不予刑事处罚的,应当根据刑法和刑事诉讼法的有关规定,判决宣告被告人不负刑事责任。(7)犯罪已过追诉时效期限的,并且不是必须追诉或者经特赦令免除刑罚的,应当裁定中止审理。(8)被告人死亡的,应当裁定中止审理;对于根据已查明的案件事实和认定的证据材料,能够确认被告人无罪的,应当判决宣告被告人无罪。

资料:评议、裁判的相关法条。

根据2018年《刑事诉讼法》第235条的规定,人民法院作出的判决,还应当对查封、扣押、冻结的财物及其孳息作出处理。这是2012年修改后的刑事诉讼法对涉案财物予以司法化保护的新规定,在一定程度上有利于解决实践中存在的诸如将被告人财物随意追缴、没收,或者不及时退还等侵犯被告人财产权的问题,2018年刑事诉讼法的修改沿用了该规定。

2. 宣判

宣判是人民法院将判决书的内容向当事人和社会公开宣告,使当事人和广大群众知道人民法院对案件的处理决定。宣判分为当庭宣判和定期宣判两种。

当庭宣判是在合议庭经过评议并作出决定后,立即复庭由审判长宣告判决结果。当庭宣告判决后,应当在5日内将判决书送达当事人、法定代理人、诉讼代理人、提起公诉的人民检察院、辩护人和被告人的近亲属。当庭宣判符合刑事审判的集中审理原则,有利于发挥法庭审判的法制教育作用。

定期宣判是合议庭经过休庭评议并作出决定后,或者因案情疑难、复杂、重大,合议庭认为难以作出决定,由合议庭提请院长决定提交审判委员会讨论决定,而另行确定日期宣告判决书的活动。定期宣告判决的,合议庭应当在宣判的前一天,先期公告宣判的时间和地点,传唤当事人并通知公诉人以及有关的诉讼参与人;判决书宣告后应立即送达当事人、法定代理人、诉讼代理人、提起公诉的人民检察院、辩护人和被告人的近亲属,还应当送达被告人的所在单位或者原户籍所在地的公安派出所。被告人是单位的,应当送达被告人注册登记的工商行政管理机关。

案件无论是否公开审理,宣告判决一律公开进行。宣判时,法庭内全体人员应当起立。另外,宣判一般应通知公诉人、辩护人、被害人、自诉人或者附带民事诉讼的原告人到庭,如果没有到庭,不影响宣判的进行。在司法实践中,对于有重大影响或者有教育意义的案件,可以召开公开宣判大会,扩大范围进行法制教育。地方各级人民法院在宣告第一审判决时,应当明确告知当事人和他的法定代理人上诉的期限和上诉的法院。

五、法庭审判笔录

法庭审判笔录是由法院书记员制作的记载全部法庭审判活动的诉讼文书。它不仅是合议庭讨论、评议和对案件作出处理决定的重要依据,而且是第二审人民法院和再审人民法院审查一审庭审活动是否合法的重要依据。因而,法律审判笔录必须认真、细致地制作,做到记载清楚、准确,能够如实反映审判活动的全部情况。

法庭审判笔录一般按照庭审活动的顺序进行记录。同时,根据2018年《刑事诉讼法》第207条及有关司法解释的规定,法庭审判笔录还应符合下列要求:(1)法庭审判的全部活动,由书记员作成笔录,经审判长审阅后,由审判长和书记员签名;(2)法庭笔录中的出庭证人的证言部分,应当在庭审后交由证人阅读或者向其宣读,证人确认无误后,应当签名或者盖章;(3)法庭笔录应当在庭审后交由当事人阅读或者向其宣读。当事人认为记录有遗漏或者差错的,可以请求补充或者改正。当事人确认无误后,应当签名或者盖章。

六、法庭秩序

法庭秩序是指在人民法院开庭审判案件时,所有的诉讼参与人和旁听人员都必须遵守的秩序和纪律。法庭审判是人民法院代表国家行使审判权的严肃法律行为,任何诉讼参与人、旁听人员或者采访的记者都必须维护法庭尊严,不得有妨碍法庭秩序的行为。

依据2018年《刑事诉讼法》第199条和有关司法解释的规定,在法庭审理过程中,如果诉讼参与人或者旁听人员违反法庭秩序,合议庭应当按照下列情形分别处理:(1)对于违反法庭秩序情节较轻的,应当当庭警告制止并进行训诫;(2)对于不听制止警告的,可以指令法警强行带出法庭;(3)对于违反法庭秩序情节严重的,经报请院长批准后,对行为人处1000元以下的罚款或者15日以下的拘留;(4)对聚众哄闹,冲击法庭或者侮辱、诽谤、威胁、殴打司法工作人员或者诉讼参与人,严重扰乱法庭秩序,构成犯罪的,应当依法追究刑事责任。

当事人对人民法院罚款、拘留的决定不服的,可以向上一级人民法院申请复议,复议申请可以直接向上一级人民法院提出,也可以通过作出罚款、拘留决定的人民法院提出。通过作出罚款、拘留决定的人民法院向上一级法院申请复议的,该人民法院应当自收到复议申请之日起3日内,将申请人的复议申请,罚款或者拘留决定书和有关事实、证据材料一并报上一级人民法院复议。上一级人民法院复议期间,不停止决定的执行。

资料:法庭秩序的相关法条。

七、审判障碍及其处理

人民法院受理刑事案件之后到评议之前,可能会遇到使审判无法依照诉讼程序进行或者不能进行开庭的情况,这些情况,统称为审判障碍。根据刑事诉讼法的有关规定,出现审判障碍后,可以根据具体情况,延期审理或者中止审理。

(一)延期审理

延期审理是指法庭审理过程中,由于遇到了影响审判继续进行的情况,法庭决定将案件的审理推迟,待影响审理进行的原因消失后,再继续开庭审理。

根据2018年《刑事诉讼法》第204条及有关司法解释的规定,延期审理主要有以下几种情况:(1)需要通知新的证人到庭,调取新的物证,重新鉴定或者勘验的;(2)检察人员发现提起公诉的案件需要补充侦查,提出建议的;(3)由于当事人申请回避而不能进行审判的;(4)辩护人依照有关规定当庭拒绝继续为被告人进行辩护或者被告人当庭拒绝辩护人为其辩护,而被告人要求另行委托辩护或者要求人民法院另行指定辩护律师,合议庭同意的。

另外,在审判实践中,遇有下列情形之一的,也可以延期审理:被告人因患病而神志不清或者体力不能承受审判的;人民检察院变更了起诉范围,指控被告人有新的罪行;被告人、辩护人在审理过程中由于身体原因,审理无法继续进行的等。

人民检察院要求延期审理补充侦查的案件,应当在1个月内补充侦查完毕。延期审理原则上应有一个确定的时间,不能无限期推延,因为延期审理的时间原则上要求计入审理期限。延期审理的开庭日期和地点能当庭确定的,应当当庭通知公诉人、当事人和其他诉讼参与人;不能当庭确定的,应当在确定后另行通知。

(二)中止审理

中止审理指人民法院在审理刑事案件的过程中,由于出现了某些诉讼外的情况,使审判在一定时期内无法继续进行而暂停审判,待这些情况消失后,再恢复审理的一种诉讼上的处理。

根据2018年《刑事诉讼法》第206条规定,在审判过程中,有下列情形之一,致使案件在较长时间内无法继续审理的,可以中止审理:(1)被告人患有严重疾病,无法出庭的;(2)被告人脱逃的;(3)自诉人患有严重疾病,无法出庭,未委托诉讼代理人出庭的;(4)由于不能抗拒的原因。

中止审理的原因消失后,应当恢复审理。中止审理的期间不计入审理期限。中止审理的原因消失后应当恢复审理。中止审理的期间不计入审理期限。

八、第一审普通程序的审理期限

为了保障刑罚目的及时实现,提高审判效率,2018年《刑事诉讼法》第208条对第一审普通程序的审理期限作了明确规定:

第一,人民法院审理公诉案件,应当在受理后2个月内宣判,至迟不得超过3个月。

第二,对于可能判处死刑的案件或者附带民事诉讼的案件,以及有《刑事诉讼法》第158条规定的情形之一的,经上一级人民法院批准或者决定,可以再延长3个月。这些情形是:(1)交通十分不便的边远地区的重大复杂案件;(2)重大的犯罪集团案件;(3)流窜作案的重大复杂案件;(4)犯罪涉及面广,取证困难的重大复杂案件。

第三,因特殊情况还需要延长的,报请最高人民法院批准。

第四,人民法院改变管辖的案件,从改变后的人民法院收到案件之日起计算审理期限。

第五,人民检察院补充侦查的案件,补充侦查完毕移送人民法院后,人民法院重新计算审理期限。

九、判决、裁定、决定

判决、裁定和决定是人民法院、人民检察院、公安机关在刑事诉讼过程中依据事实和法律对案件的实体问题和程序问题作出的三种对诉讼参与人以及其他机构和个人具有约束力的处理决定。

（一）判决

判决是人民法院通过审理，对案件的实体问题作出的处理决定。它是人民法院代表国家行使审判权，在个案适用法律上的具体表现。根据2018年《刑事诉讼法》第200条的规定，人民法院所作的刑事判决分为有罪判决和无罪判决两种。有罪判决是人民法院对案件事实清楚，证据确实充分，依据法律认定被告人有罪时作出的判决。进一步划分，有罪判决又可分为定罪处刑判决和定罪免刑判决。无罪判决是人民法院作出的确认被告人的行为不构成犯罪或者因证据不足、不能认定被告人有罪的判决。无罪判决有以下两种：一是案件事实清楚，证据确实、充分，依据法律认定被告人无罪的判决；二是因证据不足，不能认定被告人有罪时作出的证据不足、指控的犯罪不能成立的无罪判决。后一种无罪判决是刑事诉讼法贯彻疑罪从无原则的具体体现。

判决是人民法院行使国家审判权和执行国家法律的具体结果，具有权威性、强制性和严肃性、稳定性。因此，判决书作为判决的书面表现形式，其制作是一项严肃且慎重的活动，必须严格按照法律规定的格式和要求制作。总的要求是：格式规范；事实叙述清楚、具体、层次清楚，重点突出；说理透彻，论证充分；结论明确，法律条文的引用正确无误；逻辑结构严谨，无前后矛盾之处；行文通俗易懂，繁简得当，标点符号正确。2018年《刑事诉讼法》第53条规定，审判人员制作判决书时，必须忠于事实真相。故意隐瞒事实真相的，应当追究责任。

具体而言，根据最高人民法院审判委员会通过的《法院刑事诉讼文书样式》（样本）的规定，判决书的制作要求和内容有以下几个方面：

第一，首部。首部包括人民法院名称、判决书类别、案号；公诉机关和公诉人、当事人、辩护人、诉讼代理人基本情况；案由和案件来源；审判组织的情况等。

第二，事实部分。事实是判决的基础，是判决理由和判决结果的根据。这部分包括三个方面的内容：人民检察院指控被告人犯罪的事实和证据；被告人的供述辩解以及辩护人的辩护意见；经法庭审理查明的事实和据以定案的证据。其中，对认定事实的证据必须做到：（1）依法公开审理的案件，除无须举证的事实外，证明案件事实的证据必须是指经过法庭公开举证、质证的，未经法庭公开举证、质证的不能认证；（2）要通过对证据的具体分析来证明判决所确认的犯罪事实，防止并杜绝用“以上事实，证据充分，被告人也供认不讳，足以认定”等抽象、笼统的说法或简单地罗列证据的方法来代替对证据的具体分析，法官认证和采证的过程应当在判决书中充分体现出来；（3）证据的叙写要尽可能明确、具体。此外，叙述证据时，还应当注意保守国家秘密，保护报案人、控告人、举报人、被害人、证人的安全和名誉。

第三，理由部分。理由是判决的灵魂，是将事实和判决结果有机联系在一起的纽带，是判决书说服力的基础。其核心内容是针对具体案件的特点，运用法律规定，阐明控方的指控是否成立，被告人的行为是否构成犯罪、犯什么罪、情节轻重与否、依法应当如何处理等。书写判决理由时应当注意：（1）理由的论述要结合具体案情，有针对性和特殊性，说理力求透彻，使理由具有较强的思想性和说服力。切忌空话,套话。(2)罪名确定准确。一人犯数罪的,一般先定重罪,后定轻罪;共同犯罪案件应在分清各被告人在共同犯罪中的地位、作用和刑事责任的前提下,依次确定首要分子、主犯、从犯或者胁从犯、教唆犯的罪名。(3)被告人具有从轻、减轻、免除处罚或从重、加重处罚情节的,应当分别或者综合予以认定。(4)对控、辩双方适用法律的意见应当有分析地表明是否予以采纳,并阐明理由。(5)法律条文(包括司法解释)的引用要完整、准确、具体。

第四,结果部分。判决结果是依照有关法律的具体规定,对被告人作出的定性处理的结论。书写时应当字斟句酌、认真推敲,力求文字精练、表达清楚、准确无误。其中有罪判决应写明判处的罪名、刑种、刑期或者是免除刑罚;数罪并罚的应分别写明各罪判处的刑罚和决定执行的刑罚;被告人已被羁押的,应写明刑期折抵情况和实际执行刑期的起止时间;缓刑的应写明缓刑考验期限;附带民事诉讼的案件,应写明附带民事诉讼的处理情况;有赃款赃物的应写明处理情况。无罪判决要写明认定被告人无罪以及所依据的事实和法律依据;对证据不足、不能认定被告人有罪的应写明证据不足,指控的犯罪不能成立,并宣告无罪。

第五,尾部。这部分写明被告人享有上诉权利、上诉期限、上诉法院、上诉方式和途径;合议庭组成人员或独任审判员和书记员姓名;判决书制作、宣判日期;最后,要加盖人民法院印章。

(二)裁定

裁定是人民法院在案件审理过程中和判决执行过程中,对程序性问题和部分实体问题所作的决定。裁定适用于解决程序性问题,主要是指是否恢复诉讼期限、中止审理、维持原判、撤销原判并发回重审、驳回公诉或自诉、核准死刑等。裁定也适用于解决某些实体性问题,如减刑、假释、撤销缓刑、减免罚金等。

裁定与判决的法律性质和特点基本相同,但二者也有区别,具体表现如下:

第一,适用对象上不同:判决只解决案件的实体性问题,而裁定除了解决部分实体性问题外,主要是解决程序性问题。

第二,适用范围不同:裁定比判决的适用要广泛得多。判决只适用于审判程序终结时,包括第一审、第二审和审判监督程序,而裁定则适用于整个审判程序和执行程序。

第三,适用的方式不同:判决必须采用书面形式,而裁定则可采用书面和口头两种形式。

第四,上诉、抗诉的期限不同:不服判决的上诉、抗诉期限为10日,而不服裁定的上诉、控诉期限为5日。

(三)决定

决定是人民法院、人民检察院、公安机关在诉讼过程中,依法就有关诉讼程序问题所作的一种处理。决定和判决、裁定不同之处在于是否涉及上诉、抗诉问题。一般情况下,决定一经作出,立即发生法律效力,不能上诉或者抗诉。某些决定,如不起诉的决定、回避的决定,为保护当事人的合法权益,防止可能出现的错误,法律允许当事人或有关机关申请复议、复核。决定以其表现形式不同可分为口头决定和书面决定。书面决定应制作决定书,写明处理结论及理由。口头决定应记人笔录,它与书面决定具有同等效力。

根据刑事诉讼法的规定,决定主要有以下几种:是否回避的决定;立案或者不立案的决定;采取各种强制措施或变更强制措施的决定;实施各种侦查行为的决定;撤销案件的决定;延长侦查中羁押犯罪嫌疑人的期间的决定;起诉或不起诉的决定;开庭审判的决定;庭审中解决当事人和辩护人、诉讼代理人申请通知新的证人到庭、调取新的物证、申请重新鉴定或者勘验的决定;抗诉的决定;提起审判监督程序的决定等。

第三节　简　易　程　序

一、简易程序的概念和意义

所谓简易程序,是相对于普通程序而言的,指第一审程序中的基层人民法院在审理某些简单轻微的刑事案件时所适用的、较第一审普通程序相对简化的程序。

在面对犯罪不断增长,而普通程序烦琐、难以应付的情况下,美、英、法、德、日等世界主要国家均根据本国实情采用形式不同的简易程序提高诉讼效率。简易程序的增设是世界刑事诉讼制度的大势所趋。

我国刑事诉讼法对简易程序也作出了相关规定,具有重要意义:

首先,简易程序提高了人民法院审判效率,有助于缓解人民法院面临的日益繁重的审判任务。目前,我国刑事案件的发案率呈上升趋势,人民法院受理的刑事案件数量迅速增长。因此,对那些事实清楚,证据确实充分,控、辩双方无争议的轻微刑事案件,以简易程序审理,可以及时、尽早结案,降低成本,使人民法院可以集中人力、物力、财力投入到重大或复杂案件中去,从而提高了审判效率。

其次,简易程序有利于保护当事人合法权益。审判迅速本身是刑事审判的一项基本要求,采用简易程序一方面使犯罪嫌疑人、被告人早日摆脱缠讼之苦;另一方面也使自诉人能以简便有效的方式行使自诉权来维护自己的实体权益,不致因程序的烦琐望而却步,进而牺牲实体权益。

最后,简易程序使刑事审判程序更加科学化、合理化。从刑事案件本身的情况来看,繁简轻重存在很大差异,对不同案件适用不同程序进行审理,才能使审判更为科学、合理。因而,采用简易程序处理那些案件事实清楚、证据确实充分,争议不大,处刑较轻的案件无疑会促进刑事审判程序的科学化、合理化。

当前,以审判为中心的诉讼制度改革中,全国人大授权十八个城市进行速裁程序的试点,目前,这些试点已经取得了较好的经验,但是在刑事诉讼中,有着“简上加简”之称的速裁程序与简易程序有何区别与联系,我国可否建构速裁、简易、普通、特别等程序并行的体系,这些问题都应当加以深入研究和探讨,以达到刑事诉讼程序更加科学化、合理化的目的。

二、简易程序的适用范围

根据2018年《刑事诉讼法》第214条的规定,符合下列条件的案件,可以适用简易程序审判:(1)必须是基层人民法院管辖的案件;(2)案件事实清楚、证据充分的;(3)被告人承认自己所犯罪行,对指控的犯罪事实没有异议的;(4)被告人对适用简易程序没有异议的。

需要说明的是,对于适用简易程序审理的案件,上述条件缺一不可。案件系基层人民法院管辖是适用简易程序审理的前提。案件事实清楚、证据充分是适用简易程序审理的事实基础。被告人认罪是适用简易程序审理的重要条件,因为只有被告人认罪才有可能对法庭调查、质证、辩论等过程进行简化。由于程序的简化,势必对被告人在法庭审理过程中的诉讼权利形成克减,因此要求被告人对适用简易程序没有异议是为了充分尊重被告人的程序选择权,以更充分地保障被告人的诉讼权利。适用简易程序的案件必须确实能够简化程序,提高诉讼效率,使案件得到及时、公正的处理。不符合条件的,不能适用简易程序。与旧法相比,2012 年修改的刑事诉讼法虽然将适用简易程序的案件仅限定为基层人民法院管辖的案件,但扩大了公诉案件简易程序的适用范围,不再仅限于依法可能判处 3 年以下有期徒刑、拘役、管制、单处罚金的公诉案件,同时,新法又赋予被告人简易程序的选择权,这是体现提高诉讼效率、保障被告人诉讼权利的重要进步。

资料:简易程序适用范围的相关法条。

根据 2018 年《刑事诉讼法》第 215 条的规定,下列案件不能适用简易程序:(1)被告人是盲、聋、哑人或者是尚未完全丧失辨认或者控制自己行为能力的精神病人的;(2)有重大社会影响的;(3)共同犯罪案件中部分被告人不认罪或者对适用简易程序有异议的;(4)其他不宜适用简易程序审理的。

三、简易程序的特点

根据刑事诉讼法的有关规定,简易程序作为对第一审普通程序的简化程序,具有以下特点:

第一,在适用程序上,简易程序只适用于第一审程序,第二审程序、死刑复核程序和审判监督程序均不适用。

第二,在适用法院上,简易程序只适用于基层人民法院,中级以上人民法院不能适用简易程序。

第三,在审判组织上,适用简易程序时,对于可能判处 3 年有期徒刑以下刑罚的案件,可以由审判员一人独任审判。2018 年《刑事诉讼法》第 216 条规定,适用简易程序审理案件,对可能判处 3 年有期徒刑以下刑罚的,可以组成合议庭进行审判,也可以由审判员一人独任审判;对可能判处 3 年以上有期徒刑的,应当组成合议庭进行审判。由此规定可以看出,在审判组织上,人民法院一般采用合议庭形式,但在适用简易程序时,对于可能判处 3 年有期徒刑以下刑罚的案件,可由审判员一人独任审判,这样简化了审判组织,提高了诉讼效率。

第四,在适用案件上,简易程序只适用于那些案件事实清楚、证据充分、被告人承认自己的所犯罪行,对起诉书指控的犯罪事实没有异议的刑事案件。

第五,在控诉职能上,适用简易程序审理公诉案件,人民检察院应当派员出席法庭。

第六,在期间和送达方式上,适用简易程序审理的案件,送达起诉书至开庭审判的时间,不受《刑事诉讼法》第 187 条相关规定的限制。在开庭审判前,人民法院通知有关诉讼参与人开庭的时间、地点时,可以用简便的方式进行,记录在卷即可。整个案件的审理,人民法院应当在受理后 20 日内审结;对可能判处的有期徒刑超过 3 年的,可以延长至 1 个半月。

第七,在庭审程序上大为简化。2018 年《刑事诉讼法》第 219 条规定,适用简易程序审理案件,不受公诉案件第一审普通程序中关于送达期限、讯问被告人,询问证人、鉴定人,出示证据,法庭辩论等程序规定的限制。因此,适用简易程序审理公诉案件时,被告人可以就起诉书指控的犯罪事实进行陈述和辩护,审判员可以出示、宣读主要证据,并听取被告人的意见。经审判长许可,被告人及其辩护人可以同公诉人互相进行辩论。在审理自诉案件时,自诉人宣读起诉书后,经审判长准许,被告人及其辩护人可以同自诉人及其法定代理人互相辩论。总之,刑事诉讼法对于第一审普通程序的规定在简易程序中,大部分可以根据案件的具体情况从简、从略,通过诉讼环节的简化提高庭审效率。对此,值得注意的是,为保障被告人的合法权益,适用简易程序审理案件时,无论如何简化,被告人最后陈述这一庭审环节不能取消。

第八,在宣判形式上,适用简易程序审理案件原则上一般应当采用当庭宣判形式,不采用定期宣判形式。因为简易程序设置的根本目的在于提高诉讼效率,定期宣判形式有违这一目的。

刑事诉讼法关于简易程序的规定,并不是简易程序的全部内容。适用简易程序审理刑事案件时,凡简易程序没有规定的,应当适用普通程序的有关规定。同时,在适用简易程序时,不能任意扩大简易程序的适用范围,要注重保障当事人,尤其是被告人的合法权益。在审理过程中,发现不宜适用简易程序的,应当按照第一审普通程序的规定重新审理。根据 2018 年《刑事诉讼法》第 221 条规定:"人民法院在审理过程中,发现不宜适用简易程序的,应当按照本章第一节或者第二节的规定重新审理。"即人民法院在适用简易程序审理案件的过程中,发现案件事实不清,证据不充分,被告人不认罪,或者被告人不同意适用简易程序审理案件时,应当按照公诉案件或者自诉案件的第一审普通程序重新审理。

转为普通程序审理的案件,审理期限应当以决定转为普通程序之日起计算。

第四节　速裁程序

2014 年 6 月 27 日第十二届全国人大常委会第九次会议通过了《关于授权最高人民法院、最高人民检察院在部分地区开展刑事案件速裁程序试点工作的决定》,在北京、天津、上海等 18 个城市开展了为期两年的刑事案件速裁程序试点工作。速裁程序试点工作于 2016 年业已结束,2018 年《刑事诉讼法》的修改将其作为一项新增程序,正式纳入法典,在第三编第二章增加一节,作为第四节加以规定,使速裁程序与简易程序、普通程序相并列。

一、速裁程序的概念

速裁程序,是相对于普通程序、简易程序而言的概念,是指基层人民法院在第一审程序中审判某些符合法定条件的刑事案件时所适用的,较第一审普通程序和简易程序更为简化的快速审理裁判程序。

二、速裁程序的意义

(一)提高诉讼效率,完善诉讼程序

2018 年《刑事诉讼法》在已有普通程序、简易程序的基础之外,增加了有着"简上加简"之

称的刑事速裁程序,[5]我国刑事诉讼程序得以进一步完善,之所以称速裁程序为"简上加简",是因其是一项比简易程序更简易的程序,在符合法定条件下,可以不再进行法庭调查与法庭辩论,相应的侦查、起诉阶段的办案程序也有所减少。我国2012年《刑事诉讼法》已经规定了普通程序和简易程序,对节省司法资源、提高司法效率发挥了显著成效。但繁重的案件压力与犯罪嫌疑人快速审判权之间仍有一定落差,故而,在成熟的试点经验基础上2018年《刑事诉讼法》将速裁程序写入法典。如果说普通程序的价值取向是公正,简易程序在价值取向上公正与效率价值兼顾,那么刑事速裁程序的构建相较而言更为凸显了以效率作为其价值导向的特点。[6]

(二)减轻当事人诉累,进一步保障人权

迟到的正义非正义,对于刑事诉讼中的被告人和被害人而言,久拖未决的刑事审判难以称得上正义。在国际社会,获得快速、及时的审判也是犯罪嫌疑人、被告人的一项重要人权,同时,也是告慰刑事被害人的一项重要程序。我国加入但尚未批准的《公民权利和政治权利国际公约》第9条第3款规定:"任何因刑事指控被逮捕或拘禁的人,应被迅速带见审判官或其他经法律授权行使司法权力的官员,并有权在合理的时间内受审判或被释放。"刑事速裁程序从侦查阶段就注重提高诉讼效率,因而又有着"速到的正义"之称,对于事实清楚、证据确实充分的案件,对其进行快速审判符合司法认知规律且有助于增强刑罚的警戒作用。

(三)配合认罪认罚从宽制度,优化司法资源配置

在总结了速裁程序试点经验的基础之上,2016年全国人大常委会授权最高人民法院、最高人民检察院在全国18个城市进行认罪认罚从宽制度的试点,试点顺利结束并取得了一系列可复制、可推广的经验,因此,2018年《刑事诉讼法》的修改,在增加了速裁程序的同时也确立了认罪认罚从宽制度。根据2018年《刑事诉讼法》第222条的规定,速裁程序的启动前提之一是"被告人认罪认罚",因此,认罪认罚从宽制度与速裁程序有着密切的联系,对于被告人有可能判处3年有期徒刑以下刑罚,且符合速裁程序条件的案件,及时进行快速审理与裁判,不仅实现了刑事诉讼的繁简分流,优化了司法资源配置,也有利于认罪认罚从宽制度的贯彻落实。

三、速裁程序的适用范围、条件与例外

根据2018年《刑事诉讼法》第222条的规定,适用速裁程序需要满足以下三个条件:

第一,基层人民法院管辖的可能判处3年有期徒刑以下刑罚的案件。之所以规定"可能判处三年有期徒刑以下刑罚"为速裁程序案件的适用范围,是因为目前我国刑法学界,一般以"三年有期徒刑"作为轻罪与重罪的划分界限。并且这一分界线"兼顾了总则与分则的罪、刑结构体系,有现实基础,在刑事立法、司法两方面都具有较强的可接受性"。[7] 实际上,对于结合刑事实体法对于轻罪与重罪的划分,选择不同的刑事诉讼程序进行处理,有助于在实现司法正义的同时提高效率。

第二,案件事实清楚,证据确实充分。速裁程序是一项比简易程序更为简易的程序,没有

---

[5] 叶肖华:《简上加简:我国刑事速裁程序研究》,载《浙江工商大学学报》2016年第1期。

[6] 汪建成:《以效率为价值导向的刑事速裁程序论纲》,载《政法论坛》2016年第1期。

[7] 王文华:《论刑法中重罪与轻罪的划分》,载《法学评论》2010年第2期。

法庭调查、法庭辩论的庭审,难免会削弱速裁程序通过庭审来查明案件事实的功效,为避免因程序简化而致事实认定错误,立法规定了适用速裁程序的证明标准不得降低,仍应达到“案件事实清楚,证据确实充分”的法定标准。在我国刑事诉讼中,侦查终结、提起公诉以及进行判决,都需要达到“事实清楚,证据确实充分”的证明标准,而无论是刑事简易程序、刑事速裁程序,还是刑事和解程序,既要求被告人承认其犯罪事实,也要求案件达到法定的证明标准。

第三,被告人认罪认罚且同意适用该程序。根据2018年《刑事诉讼法》第15条的规定,认罪认罚可以理解为,犯罪嫌疑人、被告人自愿如实供述自己的罪行,承认指控的犯罪事实愿意接受处罚。之所以将被告人同意适用速裁程序作为该程序得以启动的前提要件,是因为速裁程序较普通程序、简易程序省略了一部分程序,比正常的诉讼程序更为简化,为强化对被告人的权利保障,应当将被告人同意作为速裁程序启动的正当性与合法性的要件之一。

速裁程序的首要特征是“速”,也即诉讼效率的提速,但提升诉讼效率的同时也实现公平正义。因此,2018年《刑事诉讼法》的修改,同时也增加了不适用速裁程序的情形,包括下列几个方面:(1)被告人是盲、聋、哑人,或者是尚未完全丧失辨认或者控制自己行为能力的精神病人的;(2)被告人是未成年人的;(3)案件有重大社会影响的;(4)共同犯罪案件中部分被告人对指控的犯罪事实、罪名、量刑建议或者适用速裁程序有异议的;(5)被告人与被害人或者其法定代理人没有就附带民事诉讼赔偿等事项达成调解或者和解协议的;(6)其他不宜适用速裁程序审理的。

四、速裁程序的运行

(一)审判组织

根据2018年《刑事诉讼法》第183条的规定,“基层人民法院、中级人民法院审判第一审案件,应当由审判员三人或者由审判员和人民陪审员共三人或者七人组成合议庭进行,但是基层人民法院适用简易程序、速裁程序的案件可以由审判员一人独任审判”。可见,速裁程序的审理,只能在基层人民法院进行,并且通过独任审理的方式来进行。

(二)审判程序

根据2018年《刑事诉讼法》第224~226条的规定,应当按照下列程序要求审判案件:

一是适用速裁程序审理公诉案件,应当当庭宣判。速裁程序当庭宣判,是本次《刑事诉讼法》修改的一大亮点,2012年《刑事诉讼法》在对简易程序进行修订的过程中,也并没有要求简易程序进行当庭宣判,但速裁程序中被告人一般认罪认罚程度高,且案件情节明了,符合“案件事实清楚,证据确实充分”的证明标准,尤其是被告人已经认罪认罚,控、辩双方已经达成了具结协议,因而法庭也就具备了当庭宣判的基础。

二是适用速裁程序审理案件,不受2018年《刑事诉讼法》第三编第二章第一节规定的送达期限的限制,一般不进行法庭调查、法庭辩论,但在判决宣告前应当听取辩护人的意见和被告人的最后陈述意见。在速裁程序试点的过程中,对于适用速裁程序的案件,拟对开庭通知时间不作限制,法官当庭确认被告人自愿认罪、对适用法律没有争议、同意适用速裁程序的,可不进行法庭调查、法庭辩论,并适当缩短办案期限。2014年8月最高人民法院、最高人民检察院、公安部、司法部联合制发的《关于在部分地区开展刑事案件速裁程序试点工作的办法》第11条规定,“人民法院适用速裁程序审理案件,应当当庭询问被告人对被指控的犯罪事实、量刑建议及适用速裁程序的意见,听取公诉人、辩护人、被害人及其诉讼代理人的意见。被告人当庭认罪、同意量刑建议和使用速裁程序的,不再进行法庭调查、法庭辩论。但在判决宣告前应当听取被告人的最后陈述意见”。此次《刑事诉讼法》的修改,吸收了试点的成熟经验,将“原则上不进行法庭调查、法庭辩论”进行明确,较简易程序而言,能够大幅提升诉讼效率,但同时立法也注重被告人的权利保障,同时要求在判决宣告前应当听取辩护人的意见和被告人的最后陈述意见,以保障被告人辩护权和最后陈述权的实现。

三是适用速裁程序审理案件,人民法院应当在受理后10日内审结;对可能判处的有期徒刑超过1年的,可以延长至15日。2014年8月最高人民法院、最高人民检察院、公安部、司法部联合制发的《关于在部分地区开展刑事案件速裁程序试点工作的办法》第10条规定,“人民法院适用速裁程序审理案件,由审判员一人独任审判,送达期限不受刑事诉讼法规定的限制”。2016年11月最高人民法院、最高人民检察院、公安部、国家安全部、司法部联合发布的《关于在部分地区开展刑事案件认罪认罚从宽制度试点工作的办法》第16条第2款规定,“适用速裁程序审理案件,人民法院一般应当在十日内审结;对可能判处的有期徒刑超过一年的,可以延长至十五日”。此次《刑事诉讼法》修改,吸收了四年来速裁程序和认罪认罚从宽试点的经验,将速裁程序的审结期限规定为10日和15日,不过,在具体修改的过程中,最终《刑事诉讼法》中的表述更为规范化、立法化。

(三)审理程序的转化

对于在审理过程中发现有不适用速裁程序进行审理的案件,应当及时转为普通程序或简易程序进行审理。我国2018年《刑事诉讼法》第226条规定,“人民法院在审理过程中,发现有被告人的行为不构成犯罪或者不应当追究其刑事责任、被告人违背意愿认罪认罚、被告人否认指控的犯罪事实或者其他不宜适用速裁程序审理的情形的,应当按照本章第一节或者第三节的规定重新审理”。这就意味着,在审理的过程中,如果发现适用速裁程序的条件不具备或者被告人明显不具备继续适用速裁程序审理的情况时,审判长应当宣布休庭,并及时转为普通程序进行审理,对于符合简易程序审理条件的,应当转为简易程序进行审理。

五、速裁程序与简易程序的联系和区别

2018年《刑事诉讼法》增设的速裁程序,与2012年《刑事诉讼法》修改后的简易程序,共同成为我国刑事诉讼中两道具备鲜明特色的简化审理程序,速裁程序与简易程序之间存在如下联系与共同之处:

第一,适用两程序的案件均应当由基层人民法院审理。2012年《刑事诉讼法》的修改,将此前并存的“简易程序”与“普通程序简易审”进行了合并,将1996年《刑事诉讼法》所规定的的“可能判处三年以下有期徒刑、拘役、管制、单处罚金的公诉案件”范围,扩大至基层法院管辖的案件,2018年《刑事诉讼法》的修改增加的速裁程序,则是采取了类似于1996年《刑事诉讼法》中简易程序的案件范围,即“基层人民法院管辖的可能判处三年有期徒刑以下刑罚的案件”,显而易见的是,新增加的速裁程序与2012年《刑事诉讼法》修改的简易程序都应当由基层人民法院来审理。

第二,适用两程序的案件均应达到“事实清楚,证据确实充分”的证明标准。如前文所述,在我国刑事诉讼中,无论是侦查终结、提起公诉还是法院进行判决,都需要达到“事实清楚,证

据确实充分”的证明标准，这次《刑事诉讼法》的修改，虽然增加了速裁程序，但并没有改变该程序所适用的证明标准，而适用简易程序审理的案件同样应当达到这样的证明标准。

第三，适用两程序的前提均需被告人自愿认罪。2018 年《刑事诉讼法》第 214 条明确规定适用简易程序的前提之一是，“被告人承认自己所犯罪行，对指控的犯罪事实没有异议的”，第 222 条所规定适用速裁程序的前提之一是，“被告人认罪认罚并同意适用速裁程序”，这说明，被告人自愿认罪是适用两程序的基本前提之一，也就是说，在被告人不自愿认罪的情况下，既无法启动简易程序，也无法启动速裁程序。

第四，适用两程序还必须要求被告人同意。2018 年《刑事诉讼法》第 214 条明确规定适用简易程序的前提还有，“被告人对适用简易程序没有异议的”，第 222 条相应规定了适用速裁程序的前提也需要被告人的同意，这是被告人程序选择权的体现，是因为程序简化的同时被告人的诉讼权利也会面临着一定程度的克减，应当通过让被告人充分了解该程序并在自愿的基础上作出选择。

第五，速裁程序向简易程序的转化。我国 2018 年《刑事诉讼法》第 226 条规定在速裁程序的转化问题，对于符合简易程序审理条件的，应当在审判者宣布休庭以后，及时转为简易程序进行审理。如在运用速裁程序的过程中，发现被告人可能判处的是 3 年以上有期徒刑，但根据案件的具体情况，又符合简易程序的审理条件的，应当及时转化为简易程序进行审理。

与此同时，速裁程序与简易程序还存在以下几个方面的区别：

第一，两程序适用的案件范围不同。对于 2018 年《刑事诉讼法》第 214 条与第 222 条规定可以看出，速裁程序适用于“可能判处三年有期徒刑以下刑罚的案件”，而简易程序适用的案件范围明显更为宽泛，2012 年《刑事诉讼法》修改后，实际上简易程序适用的案件范围已经扩大至“可能判处二十五年有期徒刑以下刑罚的案件”。[8]

第二，两程序的简化程度有所不同。对于适用速裁程序审理的案件，以“不进行法庭调查与法庭辩论”为原则，也就是说，特殊情况下才“进行法庭调查与法庭辩论”，审理时限为当在受理后 10 日以内审结，对可能判处的有期徒刑超过 1 年的，可以延长至 15 日；而适用简易程序审理的案件，则是“不受本章第一节关于送达期限、讯问被告人、询问证人、鉴定人、出示证据、法庭辩论程序规定的限制”，审理时限为受理后 20 日内审结；对可能判处的有期徒刑超过 3 年的，可以延长至 1 个半月。

第三，两程序的庭审组织有所不同。对于适用速裁程序审理的案件，因当由审判员一人独任审理，适用简易程序的则应当区别对待，“对可能判处三年有期徒刑以下刑罚的，可以组成合议庭进行审判，也可以由审判员一人独任审判；对可能判处的有期徒刑超过三年的，应当组成合议庭进行审判”。

---

〔8〕　熊秋红：《刑事简易速裁程序之权利保障与体系化构建》，载《人民检察》2014 年第 17 期。

第五节　自诉案件的审判程序

一、自诉案件的概念和范围

自诉是相对于公诉而言的。刑事自诉案件，是指被害人或其法定代理人、近亲属为追究被告人的刑事责任，直接向人民法院提起诉讼，由人民法院受理的刑事案件。

资料：自诉案件适用范围的相关法条。

根据 2018 年《刑事诉讼法》第 210 条的规定，自诉案件包括下列三类案件：(1)告诉才处理的案件；(2)被害人有证据证明的轻微刑事案件；(3)被害人有证据证明对被告人侵犯自己人身、财产权利的行为应当依法追究刑事责任，而公安机关或者人民检察院不予追究被告人刑事责任的案件。

告诉才处理的案件，是指我国《刑法》"分则"具体犯罪条款中明确规定为"告诉才处理"的犯罪案件。这类案件包括侮辱案、诽谤案(严重危害社会秩序和国家利益的除外，《刑法》第 246 条)；暴力干涉婚姻自由案(《刑法》第 257 条第 1 款)；虐待案(《刑法》第 260 条第 1 款)；侵占他人财物案(《刑法》第 270 条)。

被害人有证据证明的轻微刑事案件，是指犯罪事实较轻，可能判处较轻刑罚，如拘役、管制、单处罚金，3 年以下有期徒刑的案件。这类案件包括轻伤害案(《刑法》第 234 条)；非法侵入住宅案(《刑法》第 245 条)；侵犯通信自由案(《刑法》第 252 条)；重婚案(《刑法》第 258 条)；遗弃案(《刑法》第 261 条)；生产、销售伪劣商品案(严重危害社会秩序和国家利益的除外，《刑法》分则第三章第一节)；属于《刑法》分则第四章、第五章规定的，对被告人可能判处 3 年有期徒刑以下刑罚的案件。

公安机关、人民检察院决定不追究，而依法应当追究，被害人提出控告的案件，是由公诉案件转化成为自诉案件。人民法院受理此类案件必须具备的条件是：(1)被害人有证据证明被告人实施了侵犯自己人身、财产权利的行为；(2)依法应当追究刑事责任；(3)公安机关或者人民检察院已经作出不予追究的决定。

上述三类自诉案件具有以下共同特点：(1)有明确、具体的原告和被告，即自诉人和被告人；(2)案件事实清楚、简单，无须经过专门的侦查；(3)危害后果不严重，可能判处的刑罚较轻；(4)被害人有证据证明应当追究被告人的刑事责任。

自诉案件只要被害人或其法定代理人、近亲属直接向人民法院起诉，并符合有关条件，人民法院就应当受理。

二、提起自诉的条件和程序

（一）提起自诉的条件

自诉人提起自诉必须符合下列条件，否则将不被人民法院受理：

第一，案件属于《刑事诉讼法》第 210 条规定的自诉案件范围。

第二，案件属于受诉人民法院管辖。

第三，自诉人享有自诉权，也就是说，自诉人主体资格合法。根据刑事诉讼法及有关司法解释的规定，自诉案件原则上由被害人提起，如果被害人死亡、丧失行为能力或者因强制、威吓等原因无法告诉，或者是限制行为能力人以及由于年老、患病、盲、聋、哑等原因不能亲自告诉的，由其法定代理人、近亲属代为告诉。当然，这种情况下，代为告诉人应当提供与被害人关系的证明和被害人不能亲自告诉的原因证明。

第四，有明确的被告人、具体的诉讼请求和能证明被告人犯罪事实的证据。

第五，对于公诉转自诉案件，还应当符合《刑事诉讼法》第 110 条、第 176 条规定的立案条件。

（二）提起自诉的程序

自诉人提起自诉时，应当向人民法院提交刑事自诉状；如果提起附带民事诉讼的，还应当提交刑事附带民事自诉状。为便于自诉人告诉，刑事诉讼法规定自诉人书写自诉状确有困难的，可以口头告诉，由人民法院工作人员作出告诉笔录，向自诉人宣读；自诉人确认无误后，应当签名或者盖章。自诉状或者告诉笔录应当包括以下内容：

第一，自诉人、被告人、代为告诉人的姓名、性别、年龄、民族、出生地、文化程度、职业、工作单位、住址。

第二，被告人犯罪行为的时间、地点、手段、情节和危害后果等。

第三，具体的诉讼请求。

第四，致送人民法院的名称和具状时间。

第五，证人的姓名、住址及其他证据的名称、来源等。如果被告人是二人以上的，自诉人在告诉时需按被告人的人数提供自诉状副本。

三、自诉案件的受理

自诉人提起自诉后，案件要经过人民法院审查，符合条件的才能受理和进行审判。自诉案件的受理条件和提起自诉的条件相同，二者的区别在于，前者是从人民法院的角度予以界定，而后者是从自诉人的角度界定。

人民法院收到自诉状或者口头告诉后，应当按照受理条件进行审查，若发现有下列情形之一的，应当说服自诉人撤回起诉，或者裁定驳回起诉：（1）不符合法律规定的提起自诉的条件的；（2）证据不充分的；（3）犯罪已过追诉时效的；（4）被告人死亡的；（5）被告人下落不明的；（6）除因证据不足撤诉的以外，自诉人撤诉后，就同一事实又告诉的；（7）经人民法院调解结案后，自诉人反悔，就同一事实再行告诉的。

人民法院经过审查，认为符合受理条件的，应当作出立案决定，并书面通知自诉人或者代为告诉人。

受理自诉案件需注意以下几点：

其一,在我国,自诉案件的受理即自诉案件的立案,是由人民法院经过审查后依法作出的,审查的期限为人民法院收到自诉状或者口头告诉后 15 日内。无论立案与否,人民法院都应当书面通知自诉人或者代为告诉人。

其二,对于已经立案,经审查缺乏证据证明的自诉案件,如果自诉人提不出补充证据,应当说服自诉人撤回起诉或者裁定驳回起诉;自诉人经说服撤回起诉或者被驳回起诉后,又提出了新的足以证明被告人有罪的证据,再次提起自诉的,人民法院应当受理。

其三,如果自诉人明知有其他共同侵害人,但只对部分侵害人提起自诉的,人民法院应当受理,并视为自诉人对其他侵害人放弃告诉权利。判决宣告后自诉人又对其他共同侵害人就同一事实提起自诉的,人民法院不再受理。共同被害人中只有部分人告诉的,人民法院应当通知其他被害人参加诉讼。被通知人接到通知后表示不参加诉讼或者不出庭的,即视为放弃告诉权利。第一审宣判后,被通知人就同一事实提起自诉的,人民法院不予受理。但当事人另行提起民事诉讼的,不受此限制。

其四,被告人实施的两个以上的犯罪行为,分别属于公诉案件和自诉案件的,人民法院可以在审理公诉案件时,对自诉案件一并审理。

四、自诉案件审理的特点

人民法院对于决定受理的自诉案件,应当开庭审判。除适用简易程序审理的以外,审判程序参照公诉案件第一审程序进行。

由于自诉案件本身具有特殊性,因而自诉案件的审理程序也有一些不同于公诉案件第一审程序的特点,根据 2018 年《刑事诉讼法》第 211 ~ 213 条以及有关司法解释的规定,自诉案件的第一审程序具有以下特征:

第一,对告诉才处理的案件、被害人起诉的有证据证明的轻微刑事案件,可以适用简易程序,由审判员一人独任审判。

第二,人民法院对告诉才处理的案件和被害人有证据证明的轻微刑事案件,可以在查明事实、分清是非的基础上进行调解。调解应当在自愿合法,不损害国家、集体和其他公民合法利益的前提下进行。调解达成协议的,人民法院应当制作刑事自诉案件调解书,由审判人员和书记员署名,并加盖人民法院印章。调解书经双方当事人签收后即发生法律效力。调解没有达成协议或者调解书签收之前,当事人反悔的,人民法院应当进行判决。对 2018 年《刑事诉讼法》第 210 条第 3 项规定的自诉案件,即被害人有证据证明对被告人侵犯自己人身、财产权利的行为应当依法追究刑事责任,而公安机关、人民检察院不予追究被告人刑事责任的案件,不适用调解。

第三,对于告诉才处理的案件、被害人有证据证明的轻微刑事案件,自诉人在宣告判决前可以同被告人自行和解或者撤回起诉。自行和解和撤回起诉是刑事诉讼法赋予自诉人的一项重要诉讼权利。对于已经审理的自诉案件,当事人自行和解的,应当记录在卷;对于自诉人要求撤诉的,经人民法院审查认为确属自愿的,应当准许,经审查认为自诉人系被强迫、威吓等,不是出于自愿的,应当不予准许。人民法院裁定准许自诉人撤诉或者当事人自行和解的案件,被告人被采取强制措施的,应当立即予以解除。自诉人经两次依法传唤,无正当理由拒不到庭的,或者未经法庭许可中途退庭的,按撤诉处理。自诉人是二人以上,其中部分人撤诉的,不影响案件的审理。

第四,人民法院受理自诉案件后,对于当事人因客观原因不能取得并提供有关证据而申请人民法院调取证据的，人民法院认为必要的，可以依法调取。

第五，在自诉案件审理过程中，被告人下落不明的，应当中止审理。被告人归案后，应当恢复审理，必要时，应当对被告人依法采取强制措施。自诉案件审理后，应当参照刑事诉讼法有关公诉案件判决的规定作出判决。对于依法宣告无罪的案件，其附带民事诉讼部分应当依法进行调解或者一并作出判决。

第六，告诉才处理和被害人有证据证明的轻微刑事案件的被告人或者其法定代理人在诉讼过程中，可以对自诉人提出反诉。反诉必须符合下列条件：(1)反诉的对象必须是本案自诉人；(2)反诉的内容必须是与本案有关的行为；(3)反诉的案件必须是告诉才处理的案件和人民检察院没有提起公诉，被害人有证据证明的轻微刑事案件。在诉讼理论上，反诉是指在自诉案件审理过程中，自诉案件的被告作为被害人向受理自诉案件的人民法院控告自诉人犯有与本案有关联的犯罪行为，要求人民法院追究其刑事责任的诉讼。反诉以自诉存在为前提，但反诉本身不是对自诉的答辩，而是一个独立的诉讼。因而，如果原自诉人撤诉的，不影响反诉案件的继续审理。反诉案件的审理适用自诉案件的规定，并应当与自诉案件一并审理。

人民法院审理自诉案件的期限，被告人被羁押的，适用2018年《刑事诉讼法》第208条第1款、第2款的规定；未被羁押的，应当在受理后6个月内宣判。

自诉案件的当事人及有关人员对未生效的判决和裁定不服，可以提出上诉。二审程序的审理原则上适用公诉案件的有关规定。其中需要注意的是，对一审法院判决后，当事人不服提出上诉的刑事自诉案件，第二审人民法院也可以在二审程序中对诉讼的双方进行调解，当事人也可以自行和解。调解结案的，二审法院应当制作调解书，原判决、裁定视为自动撤销；当事人自行和解的，由二审人民法院裁定准许撤回自诉，并撤销原判决或者裁定。第二审人民法院对于调解结案或者当事人自行和解的案件，如果被告人已被采取强制措施的，应当立即予以解除。在第二审程序中，当事人提出反诉的，第二审人民法院应当告知其另行起诉。在第二审附带民事部分审理中，原审民事原告人增加独立的诉讼请求或者原审民事被告人提出反诉的，第二审人民法院可以根据当事人自愿的原则就新增加的诉讼请求或者反诉进行调解，调解不成的，告知当事人另行起诉。

第六节　附带民事诉讼案件审判程序

一、附带民事诉讼概述

(一)附带民事诉讼的概念

附带民事诉讼是指司法机关在刑事诉讼过程中，在解决被告人刑事责任的同时，解决因被告人的犯罪行为所造成的物质损失的赔偿而进行的诉讼活动。由于这种损害赔偿的诉讼请求是在刑事诉讼中提出的，又是在刑事诉讼中附带解决的，因此称作附带民事诉讼。附带民事诉讼实质上属于民事诉讼法，按照民事诉讼法的规定，人民法院可以进行调解，当事人双方可以和解。在一些特殊的公诉案件中，由于经常出现被告人向被害人赔偿损失，获得被害人谅解，并达成和解协议的情况，因此，附带民事诉讼也与刑事和解制度密切关联。

附带民事诉讼制度,来源于古代社会的赎罪制度。现代意义上的附带民事诉讼是在诉讼打破了民刑不分的格局,民事诉讼与刑事诉讼分离,而刑事诉讼被确定为以解决被告人刑罚问题为主要任务之后才出现的。附带民事诉讼最早见于法国的治罪法,1908 年《法国刑事诉讼法》第一次以刑事诉讼法典的形式把它固定下来,称为“私诉”,专指刑事诉讼中提起私法请求权的民事诉讼。

在我国,现代意义上的刑事附带民事诉讼制度是在 1921 年北洋政府公布的《刑事诉讼条例》中出现的:“因犯罪而受损害之人于刑事诉讼程序得提起附带民事诉讼,对于被告人及依法负赔偿责任之人,请求回复其损害。”中华人民共和国成立后,我国对附带民事诉讼制度一直都很重视。1979 年《刑事诉讼法》对附带民事诉讼制度作了专章规定。1996 年《刑事诉讼法》以及随后的有关司法解释都对附带民事诉讼制度作了较为详细的规定。2012 年修正后的《刑事诉讼法》第 99 条规定:“被害人由于被告人的犯罪行为而遭受物质损失的,在刑事诉讼过程中,有权提起附带民事诉讼。被害人死亡或者丧失行为能力的,被害人的法定代理人、近亲属有权提起附带民事诉讼。如果是国家财产、集体财产遭受损失的,人民检察院在提起公诉的时候,可以提起附带民事诉讼。”

根据 2018 年《刑事诉讼法》第 288 ~ 290 条的规定,对于因民间纠纷引起,涉嫌刑法分则第四章、第五章规定的犯罪案件,可能判处 3 年有期徒刑以下刑罚的,以及除渎职犯罪以外的可能判处 7 年有期徒刑以下刑罚的过失犯罪案件,犯罪嫌疑人、被告人可以通过向被害人赔偿损失与被害人达成和解协议,由公安机关、检察机关和人民法院给予从宽处理,理论上称这种制度为“刑事和解”。

(二) 附带民事诉讼的性质

附带民事诉讼就其解决的问题而言,是物质赔偿问题,和民事诉讼中的损害赔偿一样,属于民事赔偿,但它和一般的民事诉讼又有区别。从实体上说,它是一种由被告人犯罪行为而引起的物质损害赔偿的民事诉讼;从程序上说,它是一种在刑事诉讼中提起的,并利用刑事诉讼程序解决的民事诉讼。在实质上,附带民事诉讼是一种特殊的民事诉讼,其特殊性就在于附带民事诉讼是由犯罪行为引起的,是在刑事诉讼过程中提起并同刑事案件一并予以解决。其成立与解决都依附于刑事诉讼,和刑事诉讼紧密联系,不可分割。刑事附带民事诉讼案件的审判所要解决的是,当被告人的犯罪行为引起民事责任时,负有民事责任的被告人及有关人员如何承担民事责任和承担什么样的民事责任问题。因此,附带民事诉讼的成立必须具备以下条件:

第一,以刑事诉讼的存在为前提,在刑事诉讼过程中提起,又在刑事诉讼中附带解决的。因此,只有刑事诉讼已经进行,才有可能进行附带民事诉讼。被害人直接向人民法院提起损害赔偿请求,则成为独立的民事诉讼。

第二,被告人的犯罪行为对被害人或国家、集体造成了物质损失,应当承担赔偿责任。

第三,由被告人的犯罪行为造成的损失,损害事实与被告人的犯罪行为之间必须具有因果关系,这是允许提起附带民事诉讼的前提之一。

第四,具有赔偿请求权的人在刑事诉讼过程中向司法机关提出了损害赔偿的诉讼请求。如果刑事案件尚未立案或者刑事案件已经审结,被害人不能提起附带民事诉讼。因为刑事案件未立案,刑事诉讼尚未开始,谈不上附带民事诉讼的问题。刑事案件审结后,如果再提起附带民事诉讼,不论对当事人或是司法机关,都失去了附带民事诉讼的意义。被害人如果仍坚持要求被告人赔偿损失,只能按民事诉讼程序解决。

二、附带民事诉讼的请求范围

关于附带民事诉讼的请求范围,从刑法、刑事诉讼法和有关司法解释的规定来看,均限定为被告人的犯罪行为所造成的物质方面的损失。具体而言,法律又有不同的表述。2018 年《刑事诉讼法》第 101 条第 1 款规定:“被害人由于被告人的犯罪行为而遭受物质损失的”(用的是“物质损失”);同条第 2 款规定:“如果是国家财产、集体财产遭受损失的”(用的是“财产损失”);《刑法》第 36 条规定:“由于犯罪行为而使被害人遭受经济损失的,对犯罪分子除依法给予刑事处罚外,并应根据情况判处赔偿经济损失”(用的是“经济损失”)。最高人民法院《关于刑事诉讼附带民事诉讼范围问题的规定》指出:“因人身权利受到犯罪侵犯而遭受物质损失或者财物被犯罪分子毁坏而遭受物质损失的,可以提起附带民事诉讼。”同时还明确:“对于被害人因犯罪行为遭受精神损失而提起附带民事诉讼的,人民法院不予受理。”2002 年 7 月 11 日,最高人民法院《关于人民法院是否受理刑事案件被害人提起精神损害赔偿民事诉讼问题的批复》规定,对于刑事案件被害人由于被告人的犯罪行为而遭受精神损失提起的附带民事诉讼,或者在该刑事案件审结以后,被害人另行提起精神损害赔偿民事诉讼的,人民法院不予受理。

根据上述法律规定,对附带民事诉讼的请求范围可以理解为:(1)由被告人的犯罪行为造成的损失,无论是“物质损失”“经济损失”,还是“财产损失”,尽管其表述的概念不同,但都没有超出“物质损失”这一范围,都不包含对精神损失的赔偿。(2)由被告人的犯罪行为直接遭受的损失,而不限于遭受的直接损失。也就是说,被害人因犯罪行为遭受的物质损失包括已经遭受的实际损失和必然遭受的损失两部分内容。

关于附带民事诉讼的赔偿范围问题,法学界有不同意见。有学者主张,应当按照《民法总则》的规定,包括精神损害赔偿。认为在刑事附带民事诉讼中不允许提起精神损害赔偿和我国刑事诉讼法设立附带民事诉讼制度的根本价值相违背;剥夺了部分被害人提起刑事附带民事诉讼的权利;同时也不利于适用民事诉讼程序对精神损害赔偿案件的审判等。此种意见不无道理。对此,国外的一些做法对我国将来的立法修改和完善,具有一定的参考价值。例如,《法国刑事诉讼法》第 3 条第 2 款规定:“民事诉讼应包括作为起诉对象的罪行所造成的物质的、肉体的和精神的全部损失。”《德国刑事诉讼法》也规定,将因“侮辱和伤害身体”而遭受的损失包括在附带民事诉讼的请求范围之内。

关于当事人和解的公诉案件,根据 2018 年《刑事诉讼法》第 288 条的规定,当事人和解的公诉案件诉讼程序只能适用于以下案件类型:(1)因民间纠纷引起,涉嫌《刑法》分则第四章、第五章规定的犯罪案件,可能判处 3 年有期徒刑以下刑罚的。所谓“民间纠纷”,是指家庭邻里、工作同事等之间因为人身、财产关系引发的纠纷。(2)除渎职犯罪以外的可能判处 7 年有期徒刑以下刑罚的过失犯罪案件。

尤其应当注意的是,2018 年《刑事诉讼法》第 288 条明确规定犯罪嫌疑人、被告人在 5 年以内曾经故意犯罪的,不适用该程序。

此外,当事人和解的公诉案件中,法院可以对被告人予以从轻处罚还需要具备以下条件:被告人真诚悔罪;通过向被害人赔偿损失、赔礼道歉等方式获得被害人谅解;被害人自愿和解。

三、附带民事诉讼的当事人

(一)附带民事诉讼的原告人

附带民事诉讼的原告人,是指在刑事诉讼中以自己的名义向司法机关提起附带民事诉讼的人。充当附带民事诉讼原告人,必须具备一定的条件:(1)具有民事诉讼权利能力,即当事人能力;(2)由于被告人的犯罪行为而遭受损失;(3)有权请求赔偿,即对于犯罪造成的损失具有实体权利。

具备上述条件的人,在刑事诉讼过程中提起附带民事诉讼,便取得附带民事诉讼原告人的法律地位。在我国,根据刑事诉讼法和民事诉讼法的规定,可以作为附带民事诉讼原告人的主要有:(1)被害人,包括因被告人犯罪行为而遭受物质损失的一切公民、法人和其他非法人组织。在被害人死亡的情况下,被害人的近亲属可以提起附带民事诉讼。被害人是无行为能力人或者限制行为能力人时,被害人的法定代理人可以提起附带民事诉讼。(2)保险人可以成为附带民事诉讼的原告人。例如,财产保险,保险人与投保人之间签订了财产保险合同,当投保人因犯罪遭受财产损失时,保险人根据投保人的申请要预先支付保险赔偿金。在此情况下,保险人取得向第三人追偿损失的权利,可以作为原告人提起附带民事诉讼。(3)人民检察院可以成为附带民事诉讼的原告。当国家财产、集体财产遭受损失,且受损失的单位未提起附带民事诉讼,人民检察院在提起公诉的时候,可以提起附带民事诉讼。

(二)附带民事诉讼的被告人

附带民事诉讼的被告人,是指在刑事诉讼中因刑事被告人的犯罪行为所造成的损失,被起诉承担民事赔偿责任的人。成为附带民事诉讼被告人需要具备以下几个条件:(1)刑事被告人的犯罪行为给民事原告人造成了物质损失;(2)对刑事被告人的犯罪行为负有民事赔偿责任;(3)在刑事诉讼中被民事原告人提起了要求损害赔偿的附带民事诉讼;(4)具有民事诉讼权利能力。

附带民事诉讼被告人,在一般情况下即为被告人本人,但也不限于此。根据法律的有关规定,附带民事诉讼中依法负有赔偿责任的人包括:(1)刑事被告人(公民、法人和其他组织)及没有被追究刑事责任的其他共同致害人;(2)未成年刑事被告人的监护人;(3)已被执行死刑的罪犯的遗产继承人;(4)共同犯罪案件中,案件审结前已死亡的被告人的遗产继承人;(5)其他对刑事被告人的犯罪行为依法应当承担民事赔偿责任的单位和个人。

四、附带民事诉讼的程序

(一)附带民事诉讼的提起

刑事诉讼法规定,被害人在刑事诉讼过程中,有权提起附带民事诉讼。在刑事诉讼中附带民事诉讼是否应遵守相应的诉讼时效,法律无明文规定。在司法实践中,只要刑事诉讼程序展开,附带民事诉讼通常会一并解决,一般不考虑时效问题。但在理论上,附带民事诉讼也应当受到时效的约束,这是法律公平原则的必然要求。

关于提起附带民事诉讼的时间,理论界认为,被害人可以在广义的刑事诉讼过程中提出,即在侦查阶段向公安或检察机关提出、在起诉阶段向检察机关提出、审判阶段向法院提出,至迟应在第一审判决宣告前提出。我们认为,在侦查或起诉阶段不能称其为提起"诉讼请求",

只能算是提出权利要求。起诉意味着审判，但审判权只能由法院行使。公安、检察机关既不能审判案件，也不能代替法院立案，故其只能对附带民事诉讼请求进行调解。调解不成或因反悔而不执行的，均不影响当事人向法院起诉。起诉的时间可以限制在刑事案件一审合议庭评议前。评议结束后才起诉的，另案处理。刑事案件进入二审才起诉的，应以双方同意调解作为受理的前提。调解不成的，告知当事人另行起诉。在死刑复核期间不允许提起附带民事诉讼。

关于提起附带民事诉讼的方式，刑事诉讼法没有作出明确规定。实践中，提起附带民事诉讼一般应当提交附带民事诉状。书写诉状确有困难的，允许口头起诉。无论以书面或口头方式，都应当说明附带民事诉讼原告人、被告人的姓名、年龄、职业、住址等个人基本情况，控告的犯罪事实，由于犯罪行为而造成的物质损失及相关证据，具体赔偿请求等。如果是口头提起，司法人员应当对原告人的口头诉讼请求详细询问，并制作笔录，向原告人宣读。原告人确认准确无误后，应当签名或者盖章。人民检察院在提起公诉时一并提起附带民事诉讼的，应当在起诉书中写明，不能以口头的方式提起。附带民事诉讼请求部分，应写明被告人犯罪行为与财产损失的因果关系，被告人犯罪行为给国家、集体财产造成损失的情况，代表国家、集体要求被告人赔偿损失的诉讼请求和适用的法律依据。

（二）附带民事诉讼的审判

附带民事诉讼的审判，除刑事诉讼法有特殊规定的以外，应当遵照民事诉讼法规定的程序进行。刑事诉讼与附带民事诉讼的关系，是合并审理，刑主民从的关系。2018 年《刑事诉讼法》第 104 条规定："附带民事诉讼应当同刑事案件一并审判，只有为了防止刑事案件的过分迟延，才可以在刑事案件审判后，由同一审判组织继续审理附带民事诉讼。"这一规定表明两点内容：(1)一般情况下，附带民事诉讼应当同刑事案件一并审判，只有当附带民事诉讼的解决可能影响刑事案件的及时处理时，才允许先解决刑事诉讼，再解决附带民事诉讼。因为刑事审判的期限较民事审判更为严格。(2)如果附带民事诉讼不能同刑事案件一并审判，其后解决附带民事诉讼时，仍应由同一审判组织进行，这是因为同一审判庭熟悉情况，了解案情，由它审理有利于正确处理附带民事诉讼，也有利于节约人力、物力，缩短诉讼时间。

由于附带民事诉讼性质上属于民事诉讼，按照民事诉讼法的规定，人民法院可以进行调解，当事人双方可以和解，民事原告人有权撤诉，被告人可以提起反诉。但反诉的内容必须符合附带民事诉讼的条件，而且要以法院可以与附带民事诉讼本诉合并审理为前提。

关于第二审人民法院对刑事附带民事诉讼案件的审理，应当根据上诉、抗诉的具体情况进行区分，并按照有关司法解释予以不同处理：(1)第二审人民法院审理附带民事上诉案件，如果发现刑事和附带民事部分均有错误需依法改判的，应当一并审理，一并改判。(2)第二审人民法院审理对刑事部分的上诉、抗诉案件，附带民事诉讼部分已经发生法律效力的，如果发现第一审判决或者裁定中的民事部分确有错误的，应当对民事部分按照审判监督程序予以纠正。(3)第二审人民法院审理对附带民事部分的上诉案件，刑事部分已经发生法律效力的，如果发现第一审判决或裁定中的刑事部分确有错误的，应当对刑事部分按照审判监督程序指令再审，并将附带民事诉讼部分发回与刑事案件一并审理。

当事人和解的诉讼程序并不必然是附带民事诉讼程序，可以在未提出附带民事诉讼的前提下进行。对于当事人和解的公诉案件，人民法院应当注意以下操作流程：

一方面,和解协议的审查及和解协议书的制作。双方当事人和解的,人民法院应当听取当事人和其他有关人员的意见,对和解的自愿性、合法性进行审查,并主持制作和解协议书。目前我国司法实践中普遍采行的刑事和解主要存在三种模式:一是“被害方—加害方自行和解”模式,即被告人在认罪悔过的前提下,与被害人经过自行协商,就经济赔偿达成书面协议,使被害方不再追究加害人刑事责任的纠纷解决方式。二是“司法调解”模式,即司法人员通过与加害方、被害方的沟通、交流、教育、劝解工作,说服双方就经济赔偿标准、赔礼道歉等事项达成协议,从而促使被害方放弃追究刑事责任的纠纷解决方式。三是“人民调解委员会调解”模式,即人民法院对于那些加害方与被害方具有和解意愿的轻伤害案件,委托基层人民调解委员会进行调解,对于经过调解达成协议的案件,可不再追究加害人的刑事责任。实践中,试行刑事和解制度的各地区往往是根据各自情况选择不同的和解模式,造成程序上的不统一。现在2018年《刑事诉讼法》第289条明确规定,双方当事人和解的,人民法院应当听取当事人和其他有关人员的意见,对和解的自愿性、合法性进行审查,并主持制作和解协议书。这就意味着在审判环节,应当实行“司法调解”模式,由人民法院主持制作和解协议书。

另一方面,对达成和解协议的案件,人民法院应当对被告人从轻处罚;符合非监禁刑适用条件的,应当适用非监禁刑;判处法定最低刑仍然过重的,可以减轻处罚;综合全案认为犯罪情节轻微不需要判处刑罚的,可以免除刑事处罚。

根据最高人民法院司法解释,共同犯罪案件,部分被告人与被害人达成和解协议的,可以依法对该部分被告人从宽处罚,但应当注意全案的量刑平衡。

思考题

1. 刑事一审程序的概念和特点是什么?我国刑事一审程序包括哪几种?
2. 第一审普通程序的主要内容是什么?
3. 简易程序有什么特点?
4. 简易程序与速裁程序有什么区别与联系?
5. 自诉案件的审判程序的适用范围是什么?
6. 我国的刑事和解与国外“修复性司法”主要区别是什么?

第十七章　认罪认罚从宽制度

导　读

认罪认罚从宽制度是2018年《刑事诉讼法》在总结了两年速裁程序和两年认罪认罚从宽试点经验基础之上，增加的一项新制度。此次《刑事诉讼法》中关于认罪认罚从宽制度的规定，覆盖较为全面，既有总则的规定，也有具体诉讼程序中的规定，贯穿刑事诉讼的全过程。对于何为认罪认罚，如何从宽，从哪个阶段可以认罪认罚，此次《刑事诉讼法》的修改都有了较为明确的规定。

第一节　认罪认罚从宽制度概述

一、认罪认罚从宽制度的概念和立法背景

认罪认罚从宽制度，包括三个方面的含义，即认罪、认罚和从宽。认罪，即犯罪嫌疑人、被告人承认指控的犯罪事实，也可以简称为"认事"，此外，也有学者主张认罪的内容应当包含悔罪；[1]认罚，即犯罪嫌疑人、被告人在承认指控的犯罪事实基础上，自愿接受所认之罪在实体法上带来的刑罚后果；从宽，包括程序从宽和实体从宽两个方面，前者一般可从羁押措施、程序选择方面进行考量，后者则是允许犯罪嫌疑人、被告人获取最终量刑上的优惠。值得注意的是，2018年《刑事诉讼法》第15条规定，"犯罪嫌疑人、被告人自愿如实供述自己的罪行，承认指控的犯罪事实愿意接受处罚的，可以依法从宽处理"。也就意味着，犯罪嫌疑人、被告人认罪认罚的，是"可以"从宽，而非"应当"从宽，也就是说，认罪认罚从宽制度中的从宽，如同《刑法》中所规定的坦白、自首、立功一样，是指可以从宽，并不是一律从宽。

此次《刑事诉讼法》的修改增加了认罪认罚从宽制度，有如下立法背景：

（一）完善以审判为中心的诉讼制度改革

党的十八届四中全会所通过的中共中央《关于全面推进依法治国若干重大问题的决定》，提出"推进以审判为中心的诉讼制度改革，确保侦查、审查起诉的案件事实证据经得起法律的

---

〔1〕 参见陈卫东：《认罪认罚从宽制度研究》，载《中国法学》2016年第2期；王敏远：《认罪认罚从宽制度中的重点、难点问题》，载《人民司法》2019年第10期。

检验。全面贯彻证据裁判规则,严格依法收集、固定、保存、审查、运用证据,完善证人、鉴定人出庭制度,保证庭审在查明属实、认定证据、保护诉权、公正裁判中发挥决定性作用。”同时,还提出要“完善刑事诉讼中认罪认罚从宽制度”。以此为契机,2016 年 9 月 3 日全国人大常委会于授权在我国部分地区开展刑事案件认罪认罚从宽制度试点工作。以审判为中心的诉讼制度改革,并不是要求所有的刑事案件都应当进行烦琐的诉讼程序,而是应当在“当繁则繁、当简则简”扭转之前“以侦查为中心”的诉讼倾向。从本质上来看,认罪认罚从宽制度进入刑事诉讼,有助于我国刑事案件繁简分流制度的进一步发展,对于刑事案件“当繁则繁、当简则简”,将优化后的司法资源集中于解决重大、疑难、复杂的案件,也为集中人力、物力处理大案、要案提供了可能性,以搞好庭审实质化的改革。因此,以审判为中心的诉讼制度与认罪认罚从宽制度实质上是刑事诉讼中对办案机关及办案人员办理案件的应然要求和实然需要的关系。〔2〕

(二)宽严相济刑事政策的制度化与法律化

刑事政策的制度化和法律化是认罪认罚从宽制度发展的新方向。认罪认罚从宽制度充分体现了“宽严相济”中“从宽”精神,但认罪认罚从宽制度不是“宽严相济”“坦白从宽、抗拒从严”的简单重复,而是把“坦白从宽、抗拒从严”“宽严相济”等一系列刑事政策转换为了具体的诉讼制度和诉讼程序,使这样的刑事政策更加法律化、制度化、程序化。此外,认罪认罚从宽制度突破了“从宽”只局限于实体的问题,在程序上也给予犯罪嫌疑人、被告人相应的“从宽”处理,改变以往“坦白从宽、牢底坐穿;抗拒从严,回家过年”的恶习。可以说,认罪认罚从宽制度为宽严相济这一刑事政策指明了新的发展方向,将刑事政策融入到司法程序的建设之中,充分彰显了我国司法文明的进步。

(三)破除案多人少矛盾的重要举措

根据最高人民法院的工作报告,2012 年我国审结的案件数 1239.7 万件,2007 年审结 885.1 万件,五年内数量上升了 40%,而相应的我国法官数量由 2007 年的 18.9 万人上升到 2012 年的 19.7 万人,仅仅增长了 4.4%。〔3〕与此同时,我国司法机关进行的员额制改革,进一步压缩了一线办案人员的比例,以上海法官员额制改革试点的方案为例,法官占 33%,司法辅助人员占 52%,司法行政人员占 15%。按照 33% 的比例确定法官员额制,按照专家的观点,“将有一半左右的法官进不了员额”,〔4〕由此一来,我国司法机关所面临的人案矛盾更为突出。但就实践中的刑事案件而言,又有大部分刑事案件都是轻罪案件和微罪案件,〔5〕在案多人少与刑事案件的实际情况面前,建构认罪认罚从宽程序无疑具有战略意义。

---

〔2〕 顾永忠:《以审判为中心背景下的刑事辩护突出问题研究》,载《中国法学》2016 年第 2 期。

〔3〕 李碧影:《基层一线法官数量有待增加》,载北京周报网:http://www.beijingreview.com.cn/photos/txt/2013-03/14/content_527128.htm,最后访问日期:2019 年 3 月 25 日。

〔4〕 陈卫东:《司法改革的特点和难点》,载《湘潭社会科学》2016 年第 2 期。

〔5〕 这 20 年间,法院每年审理刑事案件的数量从 495741 件猛增至 1050879 件;判处三年以下有期徒刑刑罚的案件约 467993 件,判处拘役的案件约 157915 件,判处缓刑的案件约 363517 件。2012 年,全国法院判处三年有期徒刑以下刑罚达 900021 人,占生效判决人数的 76.65%(其中判处拘役以下刑罚的人数达 504447 人,占 42.96%);2013 年,判处三年有期徒刑以下刑罚达 934011 人,占生效判决人数的 80.61%(其中判处拘役以下刑罚的人数达 528979 人,占 45.66%);2014 年,判处三年有期徒刑以下刑罚达 980004 人,占生效判决人数的 82.73%(其中判处拘役以下刑罚的人数达 549340 人,占 46.37%)。参见袁定波:《刑事速裁试点过半,“简”程序不“减”权利》,载《中国审判》2015 年第 17 期。

二、认罪认罚从宽制度的理论依据

(一)刑事一体化原理

刑事诉讼的过程,也是刑事程序与实体共同运行的过程,随着刑事诉讼阶段的推进,对于犯罪嫌疑人、被告人同时还要进行实体上的评价,最终进行有罪或无罪、罪重或罪轻的判断。认罪认罚从宽制度是刑事一体化的典型演绎,犯罪嫌疑人、被告人选择了认罪认罚之后,既可以程序从宽,也可以实体从宽,因而,刑事一体化原理是认罪认罚从宽这一体系的最基本理论。[6] 对于认罪认罚从宽制度的理论研究,也应当深入研究刑事各个子学科之间的联系与区别,将各子学科的素材、方法论、研究资源有效链接与共享,从而实现各个刑事子学科之间的勾连,促成各刑事子学科之间的有效对话与良性互动,并不断地在实践中进行检验,以实践的经验和试点的成果来丰富认罪认罚从宽制度的理论体系。

(二)繁简分流理论

认罪认罚从宽制度试点的开展,是建立以我国刑事速裁程序试点进行完毕并且经验进行总结的基础之上,在此之前,我国2012年《刑事诉讼法》对刑事简易程序进行了改革,确立了刑事和解制度,加上实践中部分地区进行轻微刑事案件快速办理机制,我国在刑事普通程序外,确立的多种并存的程序来进行刑事诉讼繁简分流的改革,已经形成了“普通程序—简易程序—速裁程序”三级“递简”的格局。[7] 由此,我们认为,刑事诉讼繁简分流的改革在我国已经初具雏形,具体而言,繁简分流在我国可以分为两个步骤:第一步是将认罪认罚案件与不认罪认罚案件进行分流,这在目前理论界基本已经达成共识;第二步是将认罪认罚从宽的案件进行分流,根据案件性质的不同进行三级“递简”的划分,从而合理利用司法资源,正确处理刑事案件和解决刑事纠纷。

(三)司法协商原理

刑事诉讼经过不断地发展与完善,目前逐渐由对抗性司法走向协商性司法,或曰合意性司法。传统刑事诉讼中控、辩双方激烈对抗背景下,使诉讼缺乏可预期性,美国的检察官就此提出了“半个面包”的理论,即控、辩双方达成协商后所获得的“双赢”局面可以视为是一个面包,检察官获得半个,被告人获得半个,双方均能获益。[8] 司法活动若想增加各方当事人的接受程度,就要让各方当事人参与到协商过程之中,控、辩双方进行平等协商,体现了司法宽容的精神,也是以人为本的理念要求。认罪认罚从宽制度的试点,也适当地吸收了合意性司法的理论,允许控、辩双方在协商的基础之上签订具结书,赋予了被告人程序选择权等权利。

(四)公正效率原理

在日益激化的人案矛盾面前,效率一度成为改革的主题词,但同时,公正也是现代司法追究的终极目标。如何在提高诉讼效率的同时,实现公正司法的价值目标,是本轮司法体制改革的重点,也是难点。我们在进行调研的过程中,有实务部门的同志根据多年的经验提出意见,认为有些案件本身就需要程序的简化,甚至还有部分案件根本就没有开庭的必要。以审判为

---

〔6〕 李永升、刘沛谞:《刑事一体化视角中的宽严相济政策》,载《贵州民族学院学报》2008年第6期。

〔7〕 魏晓娜:《完善认罪认罚从宽制度:中国语境下的关键词展开》,载《法学研究》2016年第4期。

〔8〕 樊崇义、李思远:《认罪认罚从宽程序中的三个问题》,载《人民检察》2016年第8期。

中心并不是要求千篇一律地走普通诉讼程序,反观大洋彼岸的美国,每年通过诉辩交易解决掉了90%的案件,剩下的有证人出庭作证的不足10%,但却并没有观点认为美国是一个庭审极度虚化的国家。〔9〕 故而,应当将认罪认罚从宽制度有效贯彻于"普通程序—简易程序—速裁程序"三级"递简"的诉讼模式中,在"简程序"的同时"不减权利",以实现公正与效率的"双赢"。

(五)宽严相济原理

在我国,宽严相济是一项在打击犯罪中长期坚持的形势政策。2005年12月党中央政治局常委罗干同志在全国政法工作会议上的讲话中提出,"宽严相济是我们在维护社会治安的长期实践中形成的基本刑事政策"。〔10〕2006年12月22日检察日报刊载的评论员文章也指出:"宽严相济是我们党和国家的一项重要的刑事司法政策。"〔11〕宽严相济刑事政策的提出在我国刑事司法领域产生的重要的影响,有学者将该项政策系统地解释为"宽严相济的刑事政策在'严'之外加入'宽'之因素,强调宽严之相互配合、协调,有宽有严,宽严配合,以严济宽,以宽济严,该宽则宽,当严则严,轻中有严,重中有宽,宽严适时,宽严有度,宽严平衡,宽严和谐"。〔12〕认罪认罚后的"从宽"就是"宽严相济"刑事政策中"宽"的重要体现。在2016年的中央政法委工作会议上,中央政治局委员、中央政法委书记孟建柱指出,认罪认罚从宽制度是我国宽严相济刑事政策的制度化。〔13〕

任何制度的建构都应当有其理论根据,认罪认罚从宽制度也不例外。因此,必须认真研究上述六大理论,从而不断完善当前的认罪认罚从宽制度。与此同时,我国也应该吸收域外司法实践中有关认罪协商制度的合力内核,并结合自身国情,不断完善具有中国特色的认罪认罚协商制度。

第二节 认罪认罚从宽制度的主要内容

认罪认罚从宽制度在2018年《刑事诉讼法》的修改中,规定内容多,涉及范围广,并且体现出了较强的系统性。此次《刑事诉讼法》的修改,共有13处直接或间接地涉及了认罪认罚从宽制度从宽制度,从诉讼阶段来看,包括侦查、起诉、审判的全覆盖,从诉讼制度来看,相关的强制措施制度、辩护制度等也都进行了完善,从适用范围来看,不仅公安机关向检察机关移送审查起诉的可以适用认罪认罚从宽制度,监察机关向检察机关移送审查起诉的案件同样也可适用认罪认罚从宽制度。

一、认罪认罚从宽制度适用的案件范围

2018年修改的《刑事诉讼法》第15条规定,"犯罪嫌疑人、被告人自愿如实供述自己的罪

---

〔9〕 樊崇义、李思远:《认罪认罚从宽制度的理论反思与改革前瞻》,载《华东政法大学学报》2017年第4期。
〔10〕 参见马克昌:《论宽严相济刑事政策的定位》,载《中国法学》2007年第4期。
〔11〕 参见马克昌:《论宽严相济刑事政策的定位》,载《中国法学》2007年第4期。
〔12〕 赵秉志:《宽严相济刑事政策视野中的中国刑事司法》,载《南昌大学学报》2007年第1期。
〔13〕 李阳:《攻坚之年看司改风向标——聚焦中央政法工作会议》,载《人民法院报》2016年1月23日,第2版。

行，对指控的犯罪事实没有异议，愿意接受处罚的，可以依法从宽处理”。从这次《刑事诉讼法》的修订来看，对认罪认罚从宽制度持有的是开放性的态度，没有限定只适用于哪些刑事案件，即所有的刑事案件都可以适用认罪认罚从宽制度。但从“可以”二字中不难看出，犯罪嫌疑人、被告人到案后“认罪认罚”的，最终的处理结果是可以“从宽”，而非一定从宽。也就是说，有些情况下即使犯罪嫌疑人、被告人到案后认罪认罚，也不一定会得到最终从宽的处理。至于哪些情况下一定会对犯罪嫌疑人、被告人从宽处理，哪些情况下不一定会从宽处理，本次《刑事诉讼法》修改的过程中并没有明确规定。

实际上，2018 年《刑事诉讼法》修改之前进行的两年速裁程序试点中，对适用的案件范围都是有所限制的。按照 2014 年 6 月 27 日第十二届全国人大常委会第九次会议通过的《关于授权最高人民法院、最高人民检察院在部分地区开展刑事案件速裁程序试点工作的决定》，仅有“危险驾驶、交通肇事、盗窃、诈骗、抢夺、伤害、寻衅滋事、非法拘禁、毒品犯罪、行贿犯罪、在公共场所实施的扰乱公共秩序”共计 11 类犯罪，且“犯罪情节较轻、依法可能判处一年以下有期徒刑、拘役、管制的案件，或者依法单处罚金的案件”，可以适用速裁程序进行审理。在 2016 年认罪认罚从宽制度试点的时候，范围作了扩大。在全国人民代表大会常务委员会《关于修改〈中华人民共和国刑事诉讼法〉的决定（草案）》的讨论过程中，开始也是有不同意见的，有观点认为无期徒刑、死刑等重罪不能适用认罪认罚从宽制度，但在后来的讨论中形成了共识：考虑到《刑法》第 67 条、第 68 条所规定的坦白、自首、立功可以从宽是没有案件范围限制的，既然刑法没有限制，那么《刑事诉讼法》限制案件范围的依据何在？因此，《刑事诉讼法》修改最终确立的认罪认罚从宽制度并没有特定的案件范围的限制。[14] 也正是因为 2018 年《刑事诉讼法》修改不限制认罪认罚从宽制度的适用范围，理论界与实务界对两个方面是抱有期待的，一是认罪认罚从宽制度适用的案件量究竟能达到多少，二是在一些重特大案件中，尤其是犯罪嫌疑人、被告人可能被处以极刑的案件中，该如何适用认罪认罚从宽制度。

二、认罪认罚从宽制度适用的诉讼阶段

（一）侦查阶段的认罪认罚从宽

2018 年新《刑事诉讼法》增加了侦查阶段对认罪认罚案件的办理要求，在第 120 条第 2 款规定，“侦查人员在讯问犯罪嫌疑人的时候，应当告知犯罪嫌疑人享有的诉讼权利，如实供述自己罪行可以从宽处理和认罪认罚的法律规定”。被视为是对《关于在部分地区开展刑事案件认罪认罚从宽制度试点工作的办法》（以下简称《认罪认罚从宽制度试点工作办法》）第 8 条的吸收，该办法在第 8 条第 1 款规定，“在侦查过程中，侦查机关应当告知犯罪嫌疑人享有的诉讼权利和认罪认罚可能导致的法律后果，听取犯罪嫌疑人及其辩护人或者值班律师的意见，犯罪嫌疑人自愿认罪认罚的，记录在案并附卷”。与之相应的是，2018 年《刑事诉讼法》修改还在第 162 条增加了一款规定，“犯罪嫌疑人自愿认罪的，应当记录在案，随案移送并在起诉意见书中写明有关情况”。明确了侦查阶段对于认罪认罚情况随案移送制度。

事实上，对于侦查阶段能否适用认罪认罚从宽制度制度，一直以来较有争议。支持者认为，认为认罪认罚从宽制度适用于侦查阶段，虽然在此阶段适用认罪认罚从宽制度可能导致刑讯逼供的现象，但也不能就此否定该制度在侦查阶段的适用，该风险可以通过强化对侦查讯问

---

〔14〕　王敏远：《认罪认罚从宽制度中的重点、难点问题》，载《人民司法》2019 年第 10 期。

程序的监督制度来得以规避。认罪认罚从宽制度适用于侦查阶段,对犯罪嫌疑人认罪认罚可以产生更大的激励性,从而有利于部分案件及早的分流出去,能够节约司法资源,平衡公正与效率的辩证关系;此外,认罪认罚从宽制度适用于侦查阶段使得被追诉人在此阶段的认罪认罚具有法律意义。全国人大常委会第二十二次会议新闻发布会上,最高人民检察院有关部门负责人就认罪认罚从宽制度试点工作答记者问时明确表示:被追诉人可以在侦查、审查起诉、审判等阶段进行认罪认罚。[15] 反对者则认为,长期以来,受侦查水平的限制,我国的多数侦查人员重视犯罪嫌疑人的口供,对口供有很强的依赖性,再加上辩护人在侦查程序中所能发挥的作用很有限,如果允许侦查阶段适用认罪认罚从宽制度,那么侦查人员为了尽早破案,可能采用非法手段获取犯罪嫌疑人的口供,这样一来可能加剧刑讯逼供问题,增加出现冤假错案的概率,此外,对于适用认罪认罚从宽制度的案件,证明标准并没有降低,控方仍要收集证据以达到法定证明标准,若在侦查阶段适用认罪认罚制度程序,侦导致查机关忽视侦查取证,错过侦查取证最佳时期,将不利于指控犯罪。但从实际出发,公安机关因为需要通过认罪认罚从宽制度为其顺利破案以及破获更多案件提供制度支持,所以对于构建侦查阶段的认罪认罚从宽制度从一开始就持积极支持的态度,虽然学界有观点对此则持相对谨慎的态度,经过不断地争论,后来学界和实务界对此问题基本达成了共识,即认可了在侦查阶段构建认罪认罚从宽制度的必要性和可能性。[16]

(二)审查起诉阶段的认罪认罚从宽

2018年《刑事诉讼法》的修改,涉及检察机关(审查)起诉的内容最多,共有7个条文,根据新《刑事诉讼法》的规定,审查起诉阶段的认罪认罚从宽主要包括如下诉讼活动:

第一,在审查起诉阶段,检察机关应当履行侦查监督职能,包括审查侦查阶段进行被追诉人认罪认罚的情况,核实侦查阶段侦查机关是否告知其享有的诉讼权利和认罪认罚可能导致的后果,审查认罪认罚的自愿性。

第二,检察机关应当积极主动告知其享有的诉讼权利和认罪认罚的法律规定。在侦查阶段侦查机关可能已经向犯罪嫌疑人告知其权利和相关法律后果,但在审查起诉阶段此环节不能省略,防止犯罪嫌疑人在并不知悉其享有的诉讼权利和认罪认罚可能导致的后果的情况下做出了违背意愿的认罪认罚。

第三,检察机关告知犯罪嫌疑人的辩护权利,积极支持辩护律师的参与,主动联系值班律师,为犯罪嫌疑人提供法律帮助,确保犯罪嫌疑人认罪认罚的真实性、正确性和自愿性,目前对于值班律师在认罪认罚从宽制度中的定位多为“见证者”,但如果仅仅只是“见证者”显然不符合认罪认罚从宽制度设置的初衷,在新法实施的过程中,还应对值班律师制度进行不断地研究与完善。

第四,检察机关积极协商,与犯罪嫌疑人达成认罪认罚从宽的一致意见。控、辩双方对等协商、沟通、对话,需要吸收美国辩诉交易的合理内核,但又不同于英美的辩诉交易。这就要求司法办案人员以及律师等人员做好当事人的工作、做好被害人家属的工作,这是促成双方对等协商的关键。

---

〔15〕 全国人大常委会第22次会议新闻发布会,载人民网,http://live. people. com. cn/note. php? id = 439160826105359_ctdzb_033,最后访问日期:2018年3月21日。

〔16〕 参见王敏远:《认罪认罚从宽制度中的重点、难点问题》,载《人民司法》2019年第10期。

第五，检察机关应当认真听取犯罪嫌疑人及其辩护人或者值班律师的意见，记录在案并附卷。根据2018年修改的《刑事诉讼法》第173条规定，“人民检察院审查案件，应当讯问犯罪嫌疑人，听取辩护人或者值班律师、被害人及其诉讼代理人的意见，并记录在案。辩护人或者值班律师、被害人及其诉讼代理人提出书面意见的，应当附卷。犯罪嫌疑人认罪认罚的，人民检察院应当告知其享有的诉讼权利和认罪认罚的法律规定，听取犯罪嫌疑人、辩护人或者值班律师、被害人及其诉讼代理人对下列事项的意见，并记录在案：（一）涉嫌的犯罪事实、罪名及适用的法律规定；（二）从轻、减轻或者免除处罚等从宽处罚的建议；（三）认罪认罚后案件审理适用的程序；（四）其他需要听取意见的事项……”

第六，凡是提起公诉的，应当在起诉书中写明被告人的认罪情况、量刑建议，并同时移送具结书等材料到人民法院。2018年修改的《刑事诉讼法》第176条第2款规定，“犯罪嫌疑人认罪认罚的，人民检察院应当就主刑、附加刑、是否适用缓刑等提出量刑建议，并随案移送认罪认罚具结书等材料”。检察机关可以提出相对明确的量刑幅度，也可以根据案件具体情况，提出确定刑期的量刑建议。建议判处财产刑的，一般也应提出确定的数额。

第七，对监察机关移送审查起诉的案件，同样可以适用认罪认罚从宽制度。2018年修改的《刑事诉讼法》第172条规定，“人民检察院对于监察机关、公安机关移送起诉的案件，应当在一个月以内作出决定，重大、复杂的案件，可以延长十五日；犯罪嫌疑人认罪认罚，符合速裁程序适用条件的，应当在十日以内作出决定，对可能判处的有期徒刑超过一年的，可以延长至十五日”。

第八，侦查阶段和审查起诉阶段在特殊情形下撤销案件和不起诉的问题值得关注。2018年修改的《刑事诉讼法》第182条第1款规定，“犯罪嫌疑人自愿如实供述涉嫌犯罪的事实，有重大立功或者案件涉及国家重大利益的，经最高人民检察院核准，公安机关可以撤销案件，人民检察院可以作出不起诉决定，也可以对涉嫌数罪中的一项或者多项不起诉”。这条规定意味着侦查阶段的认罪认罚从宽即便带有可以撤销案件这样终局性的内容，但是对其限制是非常严格的，即不但要如实供述涉嫌犯罪的事实，还要有重大立功或者案涉国家重大利益，而且要经过最高人民检察院的核准。[17] 对该条款的适用，应当注意以下三个方面：一是应当严格遵循“有重大立功或者涉及国家重大利益”这一条件。以前最高人民法院和最高人民检察院出台的司法解释对“重大立功”已作出过解释和界定，但这里所说的“重大立功”在理解时要更加严格，要与涉及国家重大利益的情形相平衡。这里所说的“国家重大利益”是指涉及国家主权、安全、外交、国防等方面的重大利益。因此，必须严格把握“有重大立功或者涉及国家重大利益”这一条件，不得做扩大解释。二是要严格的批准程序，包括以下三点：(1)办理案件的公安机关应当层报公安部，由公安部提请最高人民检察院批准后才能作出撤销案件的决定；(2)办理案件的检察机关应当层报最高人民检察院，由最高人民检察院批准后才能作出不起诉的决定；(3)最高人民检察院需经过严格的审查后才能作出撤销案件或者不起诉决定。三是严格规范撤销案件或不起诉后违法所得的处理。2018年修改后的《刑事诉讼法》第182条第2款规定，“根据前款规定不起诉或者撤销案件的，人民检察院、公安机关应当及时对查封、扣押、冻结的财物及其孳息作出处理。”确认查封、扣押、冻结的财物及其孳息属于违法所得、违禁品或者供作案所用的本人财物，除依法返还被害人的以外，应当在撤销案件或者作出不起诉决定后30日内予以

---

〔17〕 王敏远：《认罪认罚从宽制度中的重点、难点问题》，载《人民司法》2019年第10期。

收缴,一律上缴国库。

(三)审判阶段的认罪认罚从宽

此次《刑事诉讼法》的修改新增了速裁程序,由此在我国刑事诉讼中便呈现出普通程序、简易程序和速裁程序三大程序并存的局面,犯罪嫌疑人、被告人自愿认罪成为简易程序和速裁程序的适用前提,但值得注意的是,认罪认罚从宽案件并不仅限于适用速裁程序、简易程序进行审判,它还可能适用普通程序进行审判。因为2018修改后的《刑事诉讼法》只是规定了认罪认罚从宽案件在何种情况下可以适用速裁程序或简易程序,但并没有排除适用普通程序进行审判。

1. 速裁程序中认罪认罚从宽制度的适用

按照2018年《刑事诉讼法》第222～226条之规定,速裁程序中适用认罪认罚从宽制度,需要明确以下几点:

第一,适用范围仅限于基层人民法院管辖的可能判处三年有期徒刑以下刑罚的案件。

第二,适用条件:(1)案件事实清楚、证据确实充分;(2)当事人对法律适用没有争议;(3)当事人认罪认罚并同意适用速裁程序。如果出现下列情形,则不能适用速裁程序:(1)被告人是盲、聋、哑人,或者是尚未完全丧失辨认或者控制自己行为能力的精神病人的;(2)被告人是未成年人的;(3)案件有重大社会影响的;(4)共同犯罪案件中部分被告人对指控的犯罪事实、罪名、量刑建议或者适用速裁程序有异议的;(5)被告人与被害人或者其法定代理人没有就附带民事诉讼赔偿等事项达成调解或者和解协议的;(6)其他不宜适用速裁程序审理的。

第三,具体程序方面要注意以下几个方面:(1)采用独任制审理;(2)应该以追求诉讼效率为主,尽可能简化庭审,直接省略法庭调查和法庭辩论环节,直接讯问被追诉人对于“犯罪事实的指控、量刑建议、适用速裁程序”三方面的意见,但要“听取被告最后陈述”这一环节不能省略;(3)送达期限不受刑诉法规定的限制;(4)一般情况下案件需在10日内审结,判1年有期徒刑以上可延长至15日;(5)庭审中,有三个环节不能省略:公诉人发表意见、辩护人发表意见以及被告最后陈述。

第四,出现以下几种情况需及时进行程序的转换,人民法院在审理的过程中发现有被告人的行为不构成犯罪或者不应当追究其刑事责任、被告人违背意愿认罪认罚、被告人否认指控的犯罪事实或者其他不宜适用速裁程序审理的情形的,应当及时转换为普通程序或简易程序审理。

2. 简易程序中认罪认罚从宽制度的适用

按照2018年《刑事诉讼法》第214～221条之规定,速裁程序中适用认罪认罚从宽制度,需要明确以下几点:

第一,适用范围限于基层人民法院管辖的,可能判处3年以上25年有期徒刑以下刑罚的案件。

第二,适用条件:(1)案件事实清楚、证据充分;(2)被告人承认自己所犯罪行,对指控的犯罪事实没有异议的;(3)被告人对适用简易程序没有异议的。如果出现下列情形,则不能适用简易程序:(1) 被告人是盲、聋、哑人,或者是尚未完全丧失辨认或者控制自己行为能力的精神病人的; (2) 有重大社会影响的;(3)共同犯罪案件中部分被告人不认罪或者对适用简易程序有异议的; (4) 其他不宜适用简易程序审理的。

第三,程序方面要注意以下几个方面:(1)适用简易程序的认罪认罚从宽案件可以进行法庭调查、法庭辩论环节,但是一般需要经过审判人员同意。如果法官对有关事实的认定存在疑问的,可以选择对被追诉人进行讯问,必要的时候还可以要求控、辩双方进行法庭辩论。(2)为了提高诉讼效率,经过控、辩双方的一致同意,可以变通地贯彻直接言词原则,如允许书面证人证言、书面鉴定意见取代证人、鉴定人亲自出庭,可以直接宣读书面证言和相关鉴定结论。(3)需要注意的是,这种法庭审理程序虽然主要是为了追求诉讼效率,但还是要兼顾诉讼公正,尤其是程序公正,不能一味追求程序简化而不考虑被追诉人在诉讼程序上享有的基本权利,相反应该更加注重被追诉人应有的诉讼权利,在保证实体公正的前提下追求效率。(4)适用简易程序审理案件,不受刑诉法关于送达期限、讯问被告人、询问证人、鉴定人、出示证据、法庭辩论程序规定的限制。但在判决宣告前应当听取被告人的最后陈述意见。(5)适用简易程序审理案件,人民法院应当在受理后20日内审结;对可能判处的有期徒刑超过3年的,可以延长至1个半月。

第四,人民法院在审理过程中,发现不宜适用简易程序的,也应当及时进行程序转换,转为普通程序进行审理。

3. 普通程序中认罪认罚从宽制度的适用

关于适用普通程序的认罪认罚案件范围。《刑事诉讼法》只规定了刑事速裁程序和刑事简易程序适用的案件范围,在速裁程序和简易程序适用范围之外的案件,均应当适用普通程序。因此,即使被追诉人认罪认罚,在实践中,对于重大、疑难、复杂或是社会影响较大的案件审理,也应该谨慎使用简易程序和速裁程序,以发挥庭审在定罪量刑方面的实质作用,贯彻审判中心主义的要求。当然,上述所适用的普通程序与被追诉人不认罪认罚所适用的普通程序之主要区别在于是否对被追诉人进行实体上从宽,对于使用普通程序的被追诉人认罪认罚的案件,检察机关在提出量刑建议时,以及法官在最终裁决时可以对被追诉人进行从宽处罚。

关于采纳检察院的量刑建议问题。量刑建议之采纳,根据2018年新《刑事诉讼法》的规定,对于认罪认罚案件,人民法院依法作出判决时,一般应当采纳人民检察院指控的罪名和量刑建议。这是关于检察机关量刑建议效力的新规定,实际上,在2014年8月最高人民法院、最高人民检察院、公安部、司法部联合制定的《关于在部分地区开展刑事案件速裁程序试点工作的办法》(以下简称《速裁程序试点办法》)的第1条就规定了"当事人对适用法律没有争议,犯罪嫌疑人、被告人同意人民检察院提出的量刑建议的",这首次突出了检察机关在速裁程序中量刑建议的重要价值。2018年《刑事诉讼法修改案(草案)》历经三次审议,检察机关量刑建议也从"可以提出"到"应当提出",明确了犯罪嫌疑人认罪认罚的,检察机关应当提出量刑建议。根据2017年12月最高人民法院、最高人民检察院《关于在部分地区开展刑事案件认罪认罚从宽制度试点工作情况的中期报告》的感喟,法院对量刑建议的采纳率能够达到92%以上。[18]

此外,2018年《刑事诉讼法》在第201条也作出了例外规定,即具有下列情形的,人民法院可以不采纳检察机关的量刑建议:被告人不构成犯罪或者不应当追究刑事责任的;被告人违背意愿认罪认罚的;被告人否认指控的犯罪事实的;起诉指控的罪名与审理认定的罪名不一致的;其他不宜用速裁程序、简易程序审理的情形。

---

〔18〕　陈卫东主编:《2018刑事诉讼法修改条文理解与适用》,中国法制出版社2019年版,第171页。

第三节　辩诉交易中国化与认罪认罚从宽制度

辩诉交易与辩诉交易中国化并不是新话题,在我国曾昙花一现的辩诉交易第一案引起过轩然大波,〔19〕但却很快归于平静。起源于美国的辩诉交易制度则是当事人主义的产物,多是在案件事实不清、证据不足的情况下为提高司法效率和节约司法资源,控、辩双方对定罪及量刑进行讨价还价,从而寻求公正与效率的平衡。我国的刑事简易、速裁、和解程序,以及部分地区探索的轻微刑事案件快速办理机制,都被认为是吸收了辩诉交易的合理内核,认罪认罚从宽制度一度也被称为"中国版的辩诉交易"。〔20〕在当前我国认罪认罚从宽机制进入立法的背景下,重新审视域外的辩诉交易制度,不仅十分必要,也有利于我们对两种制度有更清醒的认识。

一、辩诉交易与认罪认罚从宽制度的相同之处

在速裁程序与认罪认罚从宽制度试点的过程中,国内一些媒体在报道的过程中,一度将认罪认罚称为"中国版的辩诉交易",之所以会产生这样的认识,是因为辩诉交易与认罪认罚从宽制度确实存在以下相同之处:

1. 二者都是为提高诉讼效率而设

在美国,被告人快速接受审判是一项宪法性权利。美国的这一宪法性权利也逐渐取得国际社会的认同,《公民权利和政治权利国际公约》第9条第3款规定:"任何因刑事指控被逮捕或拘禁的人,应被迅速带见审判官或其他经法律授权行使司法权力的官员,并有权在合理的时间内受审判或被释放。"随着社会转型,社会矛盾日益多元化,刑事案件总量居高不下,案多人少也已经成为许多国家面临的司法难题。如何在案件多、司法资源少的情况下保证快速审判权的实现呢? 为了解决这一问题,辩诉交易制度应运而生。通过辩诉交易,被告人可以避免因案件调查而必须接受额外的对人身自由予以限制的审前程序,也可以避免等待审判结果的焦虑和不确定性。我国的人案矛盾同样十分突出,根据《中国法律年鉴》(2007~2016年),近年来全国法院刑事方面的案件压力日益增大,2006年到2015年全国法院一审刑事案件收件数、积案数都大幅增长,2011~2015年增速尤其显著。在案件增加迅速、司法资源又相对紧张的形势下,如何提升司法效率、保证被追诉人的快速审判权,已成为必须司法部门回应的问题。这也是我国建立认罪认罚从宽制度的重要原因之一。

---

〔19〕 2001年的一个晚上,司机孟广虎驾车与小吊车司机王某争道,在绥芬河火车站广场附近发生争吵。孟广虎见对方人多,自己孤身一人,为避免吃亏,打电话叫六个朋友来帮助。一场架打下来,王某严重受伤,小腿骨折,脾脏破裂。警方闻讯赶来,孟广虎的朋友逃之夭夭。孟广虎没有逃掉,被警方刑事拘留。孟广虎供认只打了被害人一拳。王某经司法鉴定认定为重伤,其伤是铁器造成。由于孟广虎的同案嫌疑人没有抓获,被害人的重伤是如何造成的,事实不清。可以肯定的是,孟广虎等七人把王某打成了重伤。警方感到棘手的是,要抓捕到在逃犯罪嫌疑人确有困难,即使抓到,案发在夜晚,当时一场混战,事后取证显然是困难的。该案后来由牡丹江市铁路运输检察院同孟广虎进行了辩诉交易,被称作"中国辩诉交易第一案"。

〔20〕 彭飞:《试水中国版"辩诉交易"》,载 http://news.hexun.com/2016-10-08/186319057.html,最后访问日期:2019年3月21日。

2. 二者都更有利于被害人权利的实现

辩诉交易制度发展之初，被害人之所以愿意接受辩诉交易至少有以下三个方面原因：(1)经济方面，通常情况下被害人必须承担比较昂贵的作证费用，尽管法院在案结后会支付这些费用，但对于很多被害人来说，短期内承担这笔费用也是不小的压力；(2)时间方面，即使庭审本身耗时不长，往返法院也耗时较多，被害人因此要承担额外的误工成本；(3)如果不接受辩诉交易，被害人就可能面临着一定程度败诉风险。我国的认罪认罚从宽制度，既要求犯罪嫌疑人、被告人"认罪"，也要求犯罪嫌疑人、被告人"认罚"，我们认为，退赃退赔，及时赔偿、补偿被害人，同被害人和解等以取得被害人的谅解，也应当成为"认罚"的题中之义，结合犯罪嫌疑人、被告人"认罚"的表现以及对被害人的赔偿、和解程度，可以作为其"悔罪"的表现，最终影响其"从宽"量刑的幅度，从这个角度来看，显然比法院在事后通过附带民事诉讼的强制执行，更为主动与有效。

3. 二者适用的前提都要求被告人主观自愿

被告人主观自愿原则被视为辩诉交易的"帝王条款"，即要求控、辩双方在辩诉交易的过程中，应当保证辩方在主观上"明知且明智"，如果对被告人的自愿性存有疑问，辩诉交易所达成的协议往往会面临着流产的风险。我国2018《刑事诉讼法》第52条规定"不得强迫任何人证实自己有罪"，该条位于《刑事诉讼法》"总则"部分，对刑事诉讼的各个环节都有约束力，认罪认罚从宽制度也不例外。在认罪认罚从宽制度试点阶段，《认罪认罚从宽试点工作办法》便对自愿性作出了明确要求，该办法第1条从正面强调了自愿性原则，第2条从反面罗列了因不具有自愿性而不能适用认罪认罚从宽制度的情形。据此，公安机关、检察机关既不能通过暴力、威胁、欺骗等方式逼迫犯罪嫌疑人、被告人认罪认罚，也不能通过不认罪认罚就从严的方式逼迫犯罪嫌疑人、被告人认罪认罚。2018年《刑事诉讼法》第190条第2款更是正式规定，"被告人认罪认罚的，审判长应当告知被告人享有的诉讼权利和认罪认罚的法律规定，审查认罪认罚的自愿性和认罪认罚具结书内容的真实性、合法性"。第174条亦说明了签署认罪认罚具结书要以犯罪嫌疑人自愿认罪，同意量刑建议和程序适用为前提。可见，同变速交易制度一样，认罪认罚从宽制度也必须建立在被告人自愿之基础上。

4. 最终决定权都赋予法院

美国的辩诉交易制度中，法院对是否接受控、辩双方关于罪名的协商以及如何量刑拥有最终决定权，法官对接受还是拒绝辩诉双方提交的答辩协议拥有决定权：如果接受，就应当通知被告人其协议中商定的处置意见将在判决和量刑中予以体现；如果拒绝，则应当通知辩诉双方其协议被拒绝并将此情况记录在案。2018年《刑事诉讼法》第201条规定："对于认罪认罚案件，人民法院依法作出判决时，一般应当采纳人民检察院指控的罪名和量刑建议，但有下列情形的除外：(一)被告人的行为不构成犯罪或者不应当追究其刑事责任的；(二)被告人违背意愿认罪认罚的；(三)被告人否认指控的犯罪事实的；(四)起诉指控的罪名与审理认定的罪名不一致的；(五)其他可能影响公正审判的情形。人民法院经审理认为量刑建议明显不当，或者被告人、辩护人对量刑建议提出异议的，人民检察院可以调整量刑建议。人民检察院不调整量刑建议或者调整量刑建议后仍然明显不当的，人民法院应当依法作出判决。"由此可见，认罪认罚从宽案件定罪量刑的决定权依然由法院享有。这既是对我国《宪法》第131条"人民法院依照法律规定独立行使审判权，不受行政机关、社会团体和个人的干涉"的尊重，也是对目前"以审判为中心"司法改革理念的贯彻。人民法院是我国唯一拥有审判权的国家机关，定罪量刑是审判权的组成部分,因此,是否从宽的决定主体只能是人民法院,其他组织和个人均不得干涉人民法院的量刑工作。

二、辩诉交易与认罪认罚从宽制度的不同之处

随着认罪认罚从宽制度试点工作的推进,越来越多的人逐渐认识到,我国的认罪认罚从宽制度并非是美国的辩诉交易,在适用的关键点上,认罪认罚从宽制度紧密结合我国刑事诉讼法,如诉讼证明的区别,是显而易见的,具体而言,二者有着以下不同之处:

1. 二者在罪名、罪数商榷问题上有所不同

在美国,辩诉交易包括控罪交易和判刑交易,在控罪交易中,检察官可以撤销起诉书记载的多项罪状中的一项或多项,这是美国实体法对罪名的规定所产生的结果,控罪和判刑的交易在司法实践中往往同时进行。因此,控方既可以对指控罪名作出减少或降低等级以进行交易,也可以对量刑作出让步进行交易。但在我国刑事司法领域,罪刑法定是一项重要原则,罪刑法定原则的积极内涵在某种程度上限制了对罪名进行商榷的余地,我国认罪认罚从宽制度至少在理论上是不能像美国那样秉持实用主义原则来商榷罪名的。[21] 因此,在我国,无论通过何种刑事诉讼程序,都不能对罪名进行交易,而是应当“以事实为依据,以法律为准绳”。

2. 二者在证明标准问题上有着明显不同

“事实清楚、证据充分”不仅是侦查终结、提起公诉以及进行判决的证明标准,也是认罪认罚从宽制度实施的重要前提。在刑事普通程序,无论被告人认罪与否,都将要接受法庭的审判,对被告人定罪量刑都要达到“事实清楚、证据充分”的证明标准;而在认罪认罚从宽的三大典型程序,包括刑事简易程序、刑事速裁程序以及刑事和解程序,一方面要求被告人承认其犯罪事实,另一方面仍旧要求案件要达到法定的证明标准。[22] 相比之下,英美法系国家的辩诉交易制度并没有将“案件事实清楚、证据充分”作为启动交易程序的必要条件,而是要求接受以辩诉协议为基础的被告人有罪答辩必须有事实基础,此外,在英美法系国家,法官对事实基础的审查具有浓厚的形式性,仅以被告人认罪答辩涵盖的犯罪事实为准,而且不会为查清案件事实进行开庭审理。[23] 可以说,在英美法系国家的辩诉交易程序中,并不强调要“事实清楚、证据充分”,甚至很多的案件是在案件事实不清、证据不足的不确定情况下,为提高司法效率、节约司法资源而采取的一项措施。美国联邦最高法院在1971年Santobell v. New York一案的判决中指出:“如果每一项刑事指控均要经受完整的司法审判,那么州政府和联邦政府需要将其法官的数量和法庭设施增加许多倍。”[24] 由此也就不难看出,在证明标准的问题上,辩诉交易与认罪认罚从宽制度存在显而易见的区别。

3. 二者从宽的实际操作不同

域外辩诉交易制度对认罪认罚的时间点和内容、认罪态度对定罪量刑的影响,都有明确规定。如英国实行逐级折扣制度,通过区分认罪时间对量刑折扣力度的影响来督促那些明知自己有罪的被告人及早作出有罪答辩,从而节省司法资源。“被告人作出有罪答辩的阶段越早,

---

〔21〕 樊崇义、徐歌旋:《认罪认罚从宽制度与辩诉交易制度的异同及其启示》,载《中州学刊》2017年第3期。

〔22〕 樊崇义、李思远:《认罪认罚从宽程序中的三个问题》,载《人民检察》2016年第8期。

〔23〕 郭明文:《论审判阶段的程序分流——以被告人认罪案件处理程序为视角》,载《暨南学报》2007年第3期。

〔24〕 Santobell v. New York, 404 U1S1257, 260 (1971).

所能享受到的量刑折扣就越大”,“如果有罪答辩是在最后一刻或审判过程中作出的,或是在被告人意识到定罪是不可避免时才作出的,甚至可以不给予被告人的这种‘策略性’答辩以任何量刑上的优惠”。我国认罪认罚从宽制度刚刚起步,关于认罪时间、认罪内容、认罪态度的从宽标准以及相应的从宽量刑幅度的法律规定还处于相对空白状态。但值得肯定的是,已有不少实践部门在试点阶段摸索出了可供借鉴的操作标准。比如厦门集美法院推出了“321”阶梯式从宽量刑机制,即犯罪嫌疑人、被告人在侦查阶段认罪,最多可以减少基准刑的30%;在审查起诉阶段认罪,最多可以减少基准刑的20%;在审理阶段认罪,最多可以减少基准刑的10%。认罪后翻供不得从宽处罚,但在一审判决之前又能认罪的,则以其最后认罪的阶段来考虑从宽幅度,法院对其从宽处罚幅度应从严掌握。根据量刑规范化的量化标准,投案自首的最多可以减40%,两者可衔接成“4321”阶梯式从宽量刑机制。“使得认罪认罚从宽的幅度公开化、具体化,幅度设定通俗易懂、简明扼要,便于犯罪嫌疑人、被告人理解接受,知晓‘早认罪、从宽多’‘晚认罪、从宽少’‘翻供不从宽’的道理,容易形成有力政策感召,促使被告人真正自愿认罪,使得认罪认罚从宽制度更加深入人心。”〔25〕

4. 二者在协商效力上有所不同

很多学者将辩诉交易理解为控、辩双方之间的合同、契约,认为就像订立民事合同之前合同双方要对合同的权利、义务有充分的了解一样,在达成辩诉交易之前,控、辩双方也要对“要价”和“对价”进行充分的了解和商榷。犯罪嫌疑人、被告人在信息掌握上处于明显的弱势,为了保证辩诉交易公平,就要保障犯罪嫌疑人、被告人作有罪答辩的自愿性、明知和理性。“根据美国最高法院判例以及州的规定,被告人应该了解认罪答辩的直接后果,也就是明确的、即时的、多数情况下自动发生的且与量刑的性质或者刑期有关的影响。”在辩诉交易达成后,控、辩双方有依照“合同”内容履行各自职责的义务。如果一方违约,另一方就没有义务履行相关约定。譬如,“被告不遵守协商时,检察官亦无须履行协商的约定,若已履行可请求法院恢复原状”,如果“被告人没有享受到对辩诉交易所预期的起诉或判决让步,抑或检察官未能谋求辩诉交易承诺的让步或又对这些让步提出了反对意见”,则被告人有权撤回答辩。〔26〕不难看出,国外的辩诉交易制度在“交易”达成前,控、辩双方就将被告人即将获得的利益明确告知,多数甚至是公开的,而我国的认罪认罚制度则并不完全具备这种预期利益的明确性,在强职权主义的影响下,有时从轻或从宽处理成了国家对被告人的一种“恩惠”,被告人并没有讨价还价的余地,难以称为“协商”或是“交易”。总之,认罪认罚尚未形成一种制度,或法律的强制性条款。〔27〕

三、辩诉交易中国化与认罪认罚从宽制度的完善

在党的十八届四中全会《决定》提出要“完善刑事诉讼中认罪认罚从宽制度”之初,我国刑事诉讼领域便开始了对认罪认罚从宽制度的热烈讨论,在研究的过程中,学者们将目光集中于美国的辩诉交易程序,认为我国的认罪认罚从宽制度有必要借鉴美国的辩诉交易程序,通过对比二者之间的联系与区别,我们认为,我国的认罪认罚从宽制度一方面需要接受实践的检验,另一方面也应不断完善。

---

〔25〕 樊崇义、徐歌旋:《认罪认罚从宽制度与辩诉交易制度的异同及其启示》,载《中州学刊》2017年第3期。

〔26〕 樊崇义、徐歌旋:《认罪认罚从宽制度与辩诉交易制度的异同及其启示》,载《中州学刊》2017年第3期。

〔27〕 樊崇义、李思远:《认罪认罚从宽程序中的三个问题》,载《人民检察》2016年第8期。

(一)辩诉交易难以“中国化”的深层次根源

早在2002年的4月,有着“中国辩诉交易第一案”之称的黑龙江省牡丹江市孟广虎故意伤害案就曾经进行了辩诉交易的尝试。[28] 在该案的办理过程中,牡丹江市铁路运输检察院认为,此案基本事实是清楚的,孟广虎本人也承认事情因他而起,现在因事实不清、证据不足就作出不起诉决定,感觉并不妥当。检察机关试图借鉴辩诉交易来解决这一难题,于是跟孟广虎的辩护律师进行协商。孟广虎的辩护律师征求孟广虎的意见。孟广虎表示同意。孟广虎不仅认罪,而且表示愿意赔偿王某的损失,以此换取法院从轻判处。检察官和孟广虎的辩护律师经过协商达成合意:孟广虎承认自己的行为构成故意伤害罪,愿意接受法院的审判,自愿赔偿王某因重伤而遭受的经济损失,请求法院对其从轻处罚;孟广虎的辩护律师放弃无罪辩护观点,同意检察院指控的事实、证据及罪名,要求对孟广虎从轻处罚并适用缓刑;检察机关同意孟广虎及其辩护律师的请求,建议法院对孟广虎从轻处罚并适用缓刑。控、辩双方达成协议后,检察官在开庭前向法院提交“辩诉交易”申请,请求法院确认双方达成的“辩诉交易”协议。法院审查控、辩双方的协议,予以认可,并就刑事附带民事赔偿部分,进行庭前调解。孟广虎同意赔偿被害人4万元。在法庭审理中,审判长询问了辩诉交易达成的过程和内容,未经法庭调查即转入定罪量刑,开庭时间只用了25分钟。法官当庭询问孟广虎是否了解辩诉交易是怎么回事,达成的协议是否出于自愿;再询问王某是否已经得到赔偿金,对孟广虎的刑事处罚有何意见。最后,法院开庭宣判,以故意伤害罪判处孟广虎有期徒刑3年,缓刑3年;赔偿被害人4万元。[29]

通过“中国版辩诉交易”方式处理的孟广虎故意伤害一案,看似取得了控、辩、审三方皆大欢喜的结果,但这种处理案件的方式却很快被叫停。从中可以看出,虽然我国有对于辩诉交易确实有现实需要的“市场”,但如果忽视我国现有的刑事实体法、刑事诉讼法及证据制度的实际情况。有学者认为,这种大胆的尝试终究还是“黑市交易”,是同现行法律相背离的,其获得的个案正义是以牺牲了普遍正义为代价。[30] 无论从刑事实体法的角度出发,还是从刑事程序法的角度来看,辩诉交易制度在中国化的进程中都存在无法回避的障碍。直接引入美国的辩诉交易制度,在我国现行法中确实看起来没有生存的土壤,因为从刑法的角度来看,虽然自首、坦白、立功、承认罪行和积极赔偿等是法定的量刑从轻、减轻情节,但实践中却是要求对所有被告人都应当平等适用,而不允许在个案中进行交易,同时,辩诉交易也与刑法中罪刑法定、罪责刑相适应的基本原则相悖;从刑事诉讼法的角度来看,无论侦查终结、提起公诉以及进行判决,即使被告人认罪认罚也不能动摇“案件事实清楚、证据确实充分”的证明标准,而美国的辩诉交易如果在事实不清、证据不足的不确定情况下进行,只要被告人自愿作出有罪答辩,仍然可以正常适用。

---

〔28〕 2001年的一个晚上,司机孟广虎驾车与小吊车司机王某争道,在绥芬河火车站广场附近发生争吵。孟广虎见对方人多,自己孤身一人,为避免吃亏,打电话叫六个朋友来帮助。一场架打下来,王某严重受伤,小腿骨折,脾脏破裂。警方闻讯赶来,孟广虎的朋友逃之夭夭。孟广虎没有逃掉,被警方刑事拘留。孟广虎供认只打了被害人一拳。王某经司法鉴定认定为重伤,其伤是铁器造成。由于孟广虎的同案嫌疑人没有抓获,被害人的重伤是如何造成的,事实不清。可以肯定的是,孟广虎等七人把王某打成了重伤。警方感到棘手的是,要抓捕到在逃犯罪嫌疑人确有困难,即使抓到,案发在夜晚,当时一场混战,事后取证显然是困难的。

〔29〕 张建伟:《回眸中国“辩诉交易”第一案》,载 http://china. caixin. com/2014 - 11 - 05/100747119. html,最后访问日期:2019年3月21日。

〔30〕 孙长永:《“正义”无价,如何“上市”——关于我国刑事诉讼引入“辩诉交易”的思考》,载陈光中主编:《辩诉交易在中国》,中国检察出版社2003年版,第265页。

实事求是地说,认罪认罚从宽中的证明标准问题,正是实践中司法实务部门尤其是检察机关中所遇到的困惑,从“中国辩诉交易第一案”中可以看出,在一些事实未完全查明、证据也不足够充分的案件中,极有可能产生疑案的情况,这种局面下检察机关在起诉与否的问题上,会产生进退两难的局面。尤其像孟广虎这种共同犯罪致人伤害的案件,在实践中很可能出现无法完全查明案件事实的情况,而如果被告人又认罪认罚、积极主动赔偿,是否还应当恪守我国《刑事诉讼法》第55条第2款所规定的证明标准,这正是美国的辩诉交易制度和我国认罪认罚从宽制度区别的关键点。根据我国《刑事诉讼法》第55条第2款的规定,无论是适用普通程序、简易程序还是速裁程序的案件,也无论是案件侦查终结、提起公诉还是进行判决,都应当以“案件事实清楚、证据确实充分”的证明标准为前提,认罪认罚从宽制度的试点也不能动摇该标准。有学者以简易程序为例,认为在被告人认罪的情况下,对其定罪证明标准的认定可以适当低于我国刑事诉讼法所规定的“排除合理怀疑”,也就是“并非要求依据现有的证据材料对被告人有罪的事实不存在任何合理怀疑,而是根据生活经验、常识、常理相信存在基本犯罪事实、相信该事实是被告人所为”,在这种情况下,实现被告人的“最佳利益”。[31]

除“证明标准降低说”之外,理论界还一直有“证明标准分阶层、分阶段”的主张,该说认为,结合我国刑事诉讼线性的诉讼模式,侦查、起诉和审判三阶段所承担的任务有所不同,因而对证据的把握也各有所异,故侦查、起诉、审判三阶段应当坚持由低到高的证明标准,与之相适应的是,各个诉讼阶段还应当将过滤机制落实到位,即在前一阶段达到了较低证明标准的,经后一阶段审核,未达到更高的证明标准,也应当即使将犯罪嫌疑人、被告人变更强制措施或及时释放。但我们认为,之所以要坚持“案件事实清楚、证据确实充分”的证明标准不动摇,主要有以下几个原因。第一,结合我国的实际情况,证明标准阶段化并不可行。我国实行逮捕羁押一体化,不仅逮捕率高,羁押率更高,侦查阶段抓获的犯罪嫌疑人轻易不肯放出去,往往要走完所有的程序后,才会变更强制措施,若在侦查阶段降低证明标准,侦查机关的办案数量与压力倍增,羁押人数更会增多,反而会给刚刚建构的人权司法保障制度带来更多障碍。第二,美国的“辩诉交易”中所采用的证明标准并非放之四海而皆准,在美国,自辩诉交易制度产生之日起便争议不断,其中一种声音便是这种“协商后降格”的处理方式容易使司法人员懈怠履职,降低打击犯罪、有效追诉的能力与积极性。第三,近年来随着一批冤假错案的纠正,使我们看到中央在防范与纠正冤假错案方面的信心和勇气,疑罪从无的理念在我国逐步确立,但疑罪从无的实施,不仅仅局限在法院最终的宣判阶段,在侦查和公诉阶段,如果发现犯罪嫌疑人、被告人符合疑罪从无的标准与条件,也应当及时落实,证明标准的松动则有可能产生更多的疑罪问题,并不利于冤假错案的防范,也不利于刚刚树立的疑罪从无理念的深入推广。“两院三部”颁布的《关于推进以审判为中心的刑事诉讼制度改革的意见》,也提出要统一证明标准的要求,从理论上来看,统一司法裁判的证明标准,一方面可以推动侦查、审查起诉按照审判程序的法定定案标准全面、规范收集证据,另一方面则有利于法院利用审判权实现对侦查和公诉的有效制约,推动以审判为中心诉讼制度改革的实现。[32]

(二)认罪认罚从宽中证明模式的转型

在我们进行调研的过程中,有实务部门的同志提出,标准不降,一律采用传统的严格证明

---

〔31〕 谢登科:《论刑事简易程序中的证明标准》,载《当代法学》2015年第3期。

〔32〕 樊崇义:《认罪认罚从宽与刑事证据的运用》,载《南海法学》2017年第1期。

的模式和方法,诉讼效率难以提高,“案多人少”的矛盾仍然解决不了。公诉部门的同志反映,法官庭审程序简化了,但证据审查、举证责任、证明过程前移,公诉审查要严格把关,检察机关的负担越来越重,改革的成效甚微!这也引起了我们的反思,我国近年来的刑事诉讼制度改革,不断地吸收英美法系和大陆法系的有益经验,在对英美法系国家辩诉交易制度进行研究的同时,我们也在关注大陆法系国家中严格证明与自由证明的模式和方法。我们经过研究后认为,在我国认罪认罚从宽制度证明标准不降的前提下,在证明模式和方法上,无须采用严格证明,可适用自由证明的方法,以真正提高诉讼的效率,满足实践的需要。

何为自由证明?是相对于严格证明而言。严格证明的概念由德国学者迪恩茨于1926年提出,被日本借鉴引进后,日本学者小野清一郎结合构成要件予以发展,并在我国台湾地区广泛适用。德国学者克劳思·罗科信认为,“严格证明应当同时遵守两种限制,一是有关法定证据的限制,即被告人、证人、鉴定人、勘验及文书证据,二是证据须经法定的调查程序才能够使用。”〔33〕日本学者田口守一认为,“用有证据能力的证据并且经过正式的证据调查程序作出的证明,就是‘严格证明’;其他的证明,是‘自由证明’。”〔34〕我国台湾地区学者杨云骅指出,“所谓严格证明,关键点就是‘严格’两个字,它‘严格’在三大部分,证据种类的决定,调查程序的严格性,有罪判决中心证程度的严格性。”〔35〕简言之,严格证明意味着两个方面的限制:“一是法定证据形式的限制,二是法定调查形式的限制。”〔36〕与严格证明所相应的是,自由证明则在多个方面凸显灵活性,日本学者田口守一进一步指出,“自由证明是用某种证据经某种程序的证明;自由证明的证据是否在法庭出示,出示后用什么方式调查,由法院裁量。”〔37〕具体而言,自由证明的诉讼模式下,裁判者在证据调查的方法和程序上可以不受严格证明中证据程序、规则的约束,拥有较大程度的自由裁量权。

刑事诉讼既要解决被告人定罪的问题,也要解决被告人量刑的问题。一般认为,对于定罪事实,要采用严格证明的方法,对于量刑事实,允许进行自由证明。从程序上来看,严格证明的模式要求法庭对于证据的调查需要严格依照法定程序的要求进行,即应当经历完整的举证、质证、辩论、认证等诉讼环节,并受到证据裁判原则、公开审判原则、直接言词原则、疑罪从无原则以及其他相应证据原则、规则的约束。〔38〕从这个角度来看,采用简易程序处理被告人认罪认罚的案件已不再符合严格证明的程序性要求,对于简易程序、已经废止的普通程序简易审程序中采用自由证明模式在理论上已经没有太大争议。在有着“简上加简”之称的速裁程序试点的过程中,〔39〕更是明确提出了可以省略“法庭调查”与“法庭辩论”两个阶段,对于被告人已经认可的证据,也不必再进行质证。如果被告人已经作出了“自认”,承认公诉机关指控的犯罪事实,且对适用的法律没有异议,那是否还需要对定罪事实进行严格证明?答案显然是并无必要的。

鉴于此,我们认为,目前的证明标准不能降低,被告人的认罪认罚并不意味着相关的证据可以不再收集,更不意味着案件的事实呈“一团乱麻”的情况下也能定罪处罚。认罪认罚从宽

---

〔33〕 [德]克劳思·罗科信:《刑事诉讼法》(第24版),吴丽琪译,法律出版社2003年版,第208页。

〔34〕 [日]田口守一:《刑事诉讼法》,刘迪等译,法律出版社2000年版,第219~221页。

〔35〕 参见林钰雄等:《严格证明的映射:自由证明法则及其运用》,载《国家检察官学院学报》2007年第5期。

〔36〕 参见王维:《论严格证明及其相关问题》,载《广东社会科学》2006年第5期。

〔37〕 [日]田口守一:《刑事诉讼法》,法律出版社2000年版,第220页。

〔38〕 闵春雷:《严格证明与自由证明新探》,载《中外法学》2010年第5期。

〔39〕 “简上加简”的提法,参见叶肖华:《简上加简:我国刑事速裁程序研究》,载《浙江工商大学学报》2016年第1期。

制度的功能之一,在于通过“从宽”这种激励机制,来鼓励被告人承认犯罪事实、主动交代犯罪线索,从而使侦查机关、检察机关能够按图索骥,而不需要采用大范围摸排、拼命查找相关线索等破案方法,而是直截了当就能查明案件事实,固定案件证据,大大提升了办案效率。在证明标准不降的前提下,认罪认罚从宽处理的案件,可适用自由证明的证明模式或方法,以提高诉讼效率、推动诉讼改革。这是因为,认罪认罚从宽制度的适用前提是被告人“认罪”和“认罚”,因而控、辩双方在“定罪”问题上的矛盾已经消除,“有争议必有证明”已经失去了“争议”的前提,如果一味坚持严格证明,将会造成讼累的形成和诉讼效率的低下。但是,在自由证明适用的过程中,应当注意两个方面的问题,一是自由证明之“自由”是相对自由,而并非是完全自由,对该证明模式的运用也应当在我国现有的法律规定和诉讼制度范围内进行,在提高诉讼效率的同时一定要注意对被告人应有权利的保障,不能使公正与效率的天平失衡;二是出现被告人不适用认罪认罚从宽情形的,包括被告人认罪认罚后反悔,以及出现其他非因被告人主观因素所产生的不适用认罪认罚处理的,应当在定罪问题上适用严格证明,对于犯罪行为的时间、地点、方式、过程、原因、结果等各个环节应当严格把握。

(三)认罪认罚从宽中量刑程序的相对独立

证据裁判原则是贯穿于刑事诉讼的基本原则,坚持证据裁判原则,无论事实还是程序都应当以证据为根本依据,不经被告人有罪还是无罪的问题需要证据来证明,被告人能否适用“从简、从快、从宽”的程序,也需要有证据予以佐证。如何在认罪认罚从宽制度中运用证据裁判原则,涉及“定罪”“量刑”两个阶段中证据运用的问题。根据证据在刑事审判过程中所要证明事实的性质不同,可以将其分为定罪证据和量刑证据。所谓定罪证据就是指证明被告人所被指控的行为是否构成犯罪、构成何种犯罪的证据,而量刑证据则是指在已经认定被告人犯所指控罪行的基础上,对被告人应当科以何种等级的刑罚所依赖的证据。

我国刑事诉讼制度的设计,并没有从程序上将定罪与量刑两个阶段进行明确区分,实践中也经常出现“定罪量刑一体化”或“量刑依附定罪”的情况,法庭审理中的“法庭调查”和“法庭辩论”两大环节也主要是针对被告人罪与非罪的问题展开,因而实务界对于定罪程序的重视要明显多于量刑程序;而在理论界中,有学者从最高人民法院工作报告公布的刑事案件无罪判决率低于1%的基础上,进而认为“定罪问题尽管影响重大,但由于控、辩双方在绝大多数案件中对此不存在明显的争议,因此,那些为限制法院定罪权所确立的一系列程序设计,在这些案件中都失去了用武之地”,并且得出结论,“中国刑事审判的核心问题是量刑问题,而不是定罪问题”。[40] 由此可知,定罪程序是庭审中的基本环节,能够受到各方面的重视,因而围绕着定罪证据一般能够进行较为充分地举证、质证、认证和辩论活动,而相比之下,量刑程序却呈现“隐形化”,成为庭审中接近于消失的一个环节,缺少围绕量刑证据进行的举证、质证、认证和辩论等活动,这是需要引起我们重视的。

在认罪认罚从宽的案件中,被告人的“认罪认罚”导致控、辩双方在定罪的问题上排除了分歧,争议的焦点自然会转移到被告人量刑的问题上来。因为在犯罪嫌疑人、被告人认罪认罚的前提下,控、辩双方对于指控的犯罪事实在庭前就能达成一致意见,这使案件呈现在法庭上的时候关于定罪事实及证据的争议已经降至最低可能。在刑事速裁程序中,更是可以直接省略

〔40〕 陈瑞华:《论量刑程序的独立性——一种以量刑控制为中心的程序理论》,载《中国法学》2009年第1期。

法庭调查与法庭辩论阶段,而在刑事简易程序、普通程序中,虽然并不能直接略过这两个阶段,但是那些为被告人定罪问题而设计的理论制度、证据规则,也会因为被告人已经认罪而显得没有那么重要。只是不同于美国的诉辩交易制度的是,我国刑事诉讼中即使被告人作出了认罪的答辩,案件仍旧要开庭审理,这种情况下,开庭审理的焦点就会落到被告人的量刑程序中,由于一般来说对认罪认罚的情况应当进行从宽处理,因而也就可以确切的说,适用了认罪认罚从宽制度进行开庭审理的焦点必将落到对被告人如何从宽上。鉴于量刑程序在实际中的重要性,有法院曾针对量刑进行了专门的答辩程序的探索,即在判决作出以前专门听取控、辩双方就量刑建议提出的辩论意见,但由于这种量刑答辩设置在法庭辩论的缓解,因此其独立性并没有得以明确显现。因此,笔者认为,下一步改革的过程中,对于被告人庭前已经认罪的案件,应当着重凸显庭审中量刑的作用与功能,推动量刑程序的相对独立,速裁程序中虽然可以不再进行法庭调查与辩论,但也应当就量刑的问题听取控、辩双方的意见,简易、普通程序中,则应当允许控、辩双方就量刑的证据进行质证,围绕量刑事实进行辩论,这不仅有利于被告人对即将判处的刑罚更产生合理的心理预期,减少认罚后反悔现象的发生,同时也有利于加强控、辩双方对量刑问题的参与,推动庭审的实质化运行。

(四)认罪认罚从宽的自愿性风险及其防范

认罪认罚从宽制度试点开始前的刑事速裁程序的试验,实际上已经是对被告人认罪认罚案件程序性处理的一种"先行先试"。之所以需要对刑事诉讼程序进行"从简、从快、从宽"改革,一来是司法机关"案多人少"的矛盾日益尖锐,二来是与我国犯罪轻刑化的发展趋势有关。在速裁程序的试点中,有的法官在总结经验时就提出,有些事实清楚、被告人认罪认罚且情节轻微的案件,甚至根本就没有开庭的必要,但如果不进行"从简、从快、从宽"的改革,这些案件仍会占用大量的司法资源。然而效率与公正是司法改革中长存的话题,如何在提高效率的同时降低风险,是关系到认罪认罚从宽制度能否取得公正结果的重要前提。认罪认罚从宽制度中的风险,主要源于两个主体层面,即认罪认罚一方的犯罪嫌疑人、被告人认罪自愿性中存在的风险,以及办案机关非法取证所带来的风险。对于后者来说,由于认罪认罚从宽制度在平衡较高的证明标准和司法实践中的实际需要面前,能够起到司法激励的作用,通过鼓励、激励犯罪嫌疑人、被告人如实供述自己的犯罪行为,可以在不降低证明标准的前提下,降低办理案件的难度,反而有助于降低刑事案件中非法取证或是刑讯逼供的风险。因此,对于认罪认罚从宽制度中风险防范的重点,应当立足于"认罪"与"认罚"的风险的反思与防范上。

认罪认罚从宽制度要求犯罪嫌疑人、被告人既要"认罪"也要"认罚",可以在审判阶段既"认罪"又"认罚",也可以在审前阶段先"认罪"在审判阶段中再"认罚",虽然从形式上来看"认罪"与"认罚"是捆绑在一起的,但是在实际上二者在实践中有所分离。如果两者保持同步存在的情况下,才给予从宽处理,将大大限制认罪认罚从宽制度适用的范围。[41] 犯罪嫌疑人、被告人"认罪"可以理解为承认自己的罪罪行,"认罚"则可以视为是与控方提出的量刑建议达成一致意见。在前期关于认罪认罚从宽制度的研究中,谈及犯罪嫌疑人、被告人在该制度中的自愿性问题,一般并不区分是"认罪"的中自愿还是"认罚"中的自愿。但是在试点进行的过程中,理论与实践之间的差距逐渐显现,在理论界及学者的研究中,多关注的"认罪"又"认罚"是否自

〔41〕 陈瑞华:《"认罪认罚从宽"改革的理论反思——基于刑事速裁程序运行经验的考察》,载《当代法学》2016 年第 4 期。

愿，但在实践中，对犯罪嫌疑人、被告人影响更大的则是“认罚”是否自愿，以及“认罚”后的执行问题等。

关于“认罪”自愿性的问题，可以说是办案机关尤其是审判机关较为关注的一项问题，无论是按照我国认罪认罚从宽制度试点办法中的规定，还是最高人民法院所颁布的量刑指导意见，被告人“认罪”与否都是法庭审查的一项重要内容。我国在 2012 年《刑事诉讼法》修改的过程中，增加了“不得强迫任何人证实自己有罪”的规定，通过五条八款确立了非法证据排除规则规则，通过一系列的司法改革加强了犯罪嫌疑人、被告人的人权司法保障制度，扩大了法律援助的范围，完善了律师辩护制度等，虽然目前我国《刑事诉讼法》仍旧保留着第 120 条仍然强调“犯罪嫌疑人对侦查人员的提问，应当如实回答”的规定，但毋庸置疑的是，犯罪嫌疑人、被告人在认罪的主动性、自愿性上得到了很大程度的保障。但是实践中如何评价“认罪”自愿，多是从形式上进行审查，有学者在对山东省某一基层法院 2014 年审结的 420 件刑事案件进行调研后发现，“超过 36% 的案件的被告人因‘认罪态度好’或‘自愿认罪’被酌情从轻处罚，其中 66% 以上宣告缓刑，适用了‘认罪从宽’的这些被告人中，部分被告人存在自首、坦白、退赃等情节，而 90% 以上的被告人仅仅是有认罪的表示，而无其他从轻、减轻情节。”[42] 如果单从犯罪嫌疑人、被告人认罪与否的角度考察，着重考虑的其认罪态度及形式，这种态度或形式可以表现为被告人在开庭前向审前机关表达自愿认罪、审理过程中提出自己认罪的意思表达、向法庭递交“认罪书”等形式，事实上被告人主观方面是否真诚认罪悔罪也很难从客观上进行评价，因此“认罪认罚从宽”在实践中就有可能变成“认罪即可从宽”。

关于“认罚”自愿性的问题，则是犯罪嫌疑人、被告人及被害人十分关心的一个方面。犯罪嫌疑人、被告人能够同意控方提出的量刑建议，是因为经过一番衡量后认为这种量刑的程度对自己有利，而在有被害人介入的案件中，犯罪嫌疑人、被告人“认罚”有利于被害人所遭受的损失能够获得更加及时的赔偿。这种“认罚”其实是被告人在判决作出前对可能判处的刑罚的一种认可，但被告人的“认罚”有时并不能产生诉讼各方主体都满意的局面，有的被告人先“认罚”再反悔，在获得宽缓的处罚后，在缓刑考验期内并不在乎，拒不执行应有的缓刑处罚，最终被法官撤销了缓刑；而有的案件中，被告人认为自己“认罚”后获得的刑罚并不理想，因而一审宣判后提起上诉，一般来说一审法院并不愿意看到被告人对认罪认罚后的判决提出上诉的情况，而二审程序的进行，虽然是被告人合法权利的行使，但相对来说司法资源的消耗显然要比未上诉的案件要多。

以上两个方面问题的出现，提醒我们在推行“从简、从快、从宽”改革的时候，切不可一味求快。针对“认罪”自愿性中存在的问题，我们认为，应当从主客观方面加强对被告人认罪态度的审查，在一起“田某某故意伤害案”中，开庭时被告人紧闭双眼一言不发，仅在最后陈述时表示认罪，结果庭审后被告人就跑到被害人家中进行恐吓与骚扰，[43] 对于这种情况，应当重视从被告人客观行为方面的评价，虽有庭审中认罪的意思表示，但是庭外却有与认罪相反的行为，就不足以认定被告人已经认罪，最起码不能认为这种情况下被告人还是“认罪态度良好”，此外，如果被告人的认罪是避重就轻、推卸责任或是“只认小罪”，也不宜视为认罪态度良好。对于“认罚”自愿性的问题，应当加强对被告人从宽处罚后的监督与管理，被告人认罪认罚后获得从

---

〔42〕 王瑞君：《“认罪从宽”实体法视角的解读及司法适用研究》，载《政治与法律》2016 年第 5 期。
〔43〕 王瑞君：《“认罪从宽”实体法视角的解读及司法适用研究》，载《政治与法律》2016 年第 5 期。

宽的出发,即使是较为轻缓的刑罚,也并不是免除刑罚,对于被告人来说也不意味着宣判结束后就可万事大吉,一方面法院在作出从宽判决的时候应当提出被告人及时接受相关部门的监管,使被告人提高主动执行刑罚的意识,另一方面则需要与社区矫正等制度结合,加强对管制、缓刑、监外执行等人员的监管。

思考题

1. 认罪认罚从宽的基本含义是什么?
2. 认罪认罚从宽制度有哪些意义?
3. 认罪认罚从宽制度与辩诉交易制度有哪些异同点?
4. 认罪认罚从宽制度需要坚持什么证明标准?
5. 认罪认罚从宽制度适用的案件范围是什么?

第十八章　刑事救济程序

导　读

由于存在诸多主客观原因，有关研究成果表明，如果刑事案件经过一次审判即发生法律效力，法院裁判发生错误的概率将大大超过多次审判。因此，现代刑事诉讼制度在强化一审程序的功能，力求最大限度地减少错判的同时，都设置了旨在防止和纠正一审错判的救济程序包括上诉程序和再审程序。我国实行两审终审制，设置了针对一审裁判的普通救济程序即二审程序和针对死刑案件裁判的特别救济程序即死刑复核程序。此外，还有针对生效裁判的审判监督程序。这一切都是为了防错、纠错，维护司法公正。

第一节　第二审程序

一、第二审程序的概念和特点

刑事案件经过一审程序后，法院作出的裁判如果立即生效，一旦发生错判就铸成错案。同时，如果"一锤定音"不可再更改，则对一审程序起不到约束作用，客观上会助长一审案件发生错判。此外，也对认为一审裁判是错误的因而不服的有关当事人及有关诉讼参与人是不公正的。基于以上原因，世界各国的刑事诉讼程序中都设置了上诉程序，即对于一审裁判不服的有关当事人及其他诉讼参与人可以提起上诉，以寻求上级法院对一审案件重新审理，纠正错误，作出公正、合法的裁判。为此，联合国《公民权利和政治权利国际公约》第 14 条也要求"凡被判定有罪者，应有权由一个较高级法庭对其定罪及刑罚依法进行复审"。可见上诉程序是一种救济程序，即主要是对不服一审裁判的有关当事人及其他诉讼参与人提供一个救济的机会。同时，由于它是赋予每一个一审案件的有关当事人及其他诉讼参与人的救济机会，又称为普通救济程序。

根据刑事诉讼法及人民法院组织法的规定，我国实行两审终审制，即地方各级人民法院审理第一审案件所作的判决和裁定，如果当事人不服，或者人民检察院认为有错误，在法定期限内，可以向上一级人民法院提出上诉或抗诉。原审的上一级人民法院根据上诉或者抗诉，对下一级人民法院所作的第一审未生效的判决、裁定进行重新审判的诉讼程序，就称为第二审程序。除判处死刑的案件外，其他经过二审程序审理的案件，法院作出的裁判即为生效裁判，不可再提出上诉或者抗诉。因此,我国的二审程序就是一种普通救济程序。

与第一审程序相比,第二审程序具有以下特点:

第一,案件来源不同。第一审程序审理的案件是由人民检察院提起的公诉案件和自诉人提起的自诉案件;第二审程序审理的案件则是由下一级人民检察院提起的抗诉案件或者是由依法有权提起上诉的人提起的上诉案件。

第二,审理的对象不同。第一审程序是审理公诉机关或自诉人以起诉书指控被告人的犯罪事实和诉讼请求,其内容集中反映在起诉书的范围内;第二审程序则是就一审裁判认定的事实是否清楚,适用法律是否正确、处理是否恰当进行审理,其内容集中表现在一审的判决书或裁定书中。

第三,有权进行审理的法院不同。第一审程序可以由符合管辖条件的任何一级人民法院进行;第二审程序只限于原审人民法院的上一级人民法院,所以基层人民法院无权审判第二审案件。

第四,应遵守的诉讼原则不同。第二审程序除必须遵守第一审程序中的有关原则外,还必须执行全面审查和上诉不加刑等二审特有原则。

第五,审理案件的程序和对案件处理的法律效果不同。根据法律规定,凡一审案件必须开庭审理;二审案件则视不同情况,有的案件还需开庭审理,有的案件可以采用调查讯问的方式审理。一审程序法院作出的裁判,在法定期限内,检察机关依法可以提出抗诉,有关当事人及其他有关诉讼参与人依法可以提出上诉;二审程序法院所作的裁判除死刑案件外是终审的裁判,不可以再提起抗诉或上诉。

二、提起二审程序的主体

第二审程序是继第一审程序之后的一个独立的诉讼阶段。它是普通刑事案件的终审程序,但并不是每一个普通刑事案件都必须经历这一程序。法律对有权提起这一程序的主体作了限定:只限于当事人等的上诉或检察院的抗诉。上诉是指当事人及其法定代理人不服第一审法院的判决或裁定,在法定期限内依法定程序提请上一级法院重新审理和裁判该案的一种诉讼权利或活动。抗诉是指法律授权特定的机关代表国家行使监督权,对其认为有错的第一审法院的判决或裁定,在法定期限内依法定程序提请上级人民法院重新审理和裁判原案的一种诉讼活动。

第一,提起上诉的主体。根据刑事诉讼法的有关规定,有权提起上诉的主体有两类:一是被告人、自诉人,附带民事诉讼的原告和被告以及他们的法定代理人;二是被告人的辩护人和近亲属。这两类主体在刑事诉讼中,由于所处地位不同,其上诉权限也有所不同。其中第一类主体,又称独立上诉主体,法院的判决对他们有直接的利害关系,因此,法律赋予他们有自主决定是否上诉的独立上诉权。第二类主体,又称非独立上诉主体,这类主体只有在得到被告人的同意和授权后,才可以代被告人提出上诉。法律这样规定是因为被告人往往对上诉存有种种顾虑,且多数已被羁押,不便行使上诉权。辩护人和近亲属对案情一般都比较了解,特别是作为辩护人的委托律师,他们对法律熟悉,又有办案经验,允许他们代为上诉,可以更好地保护被告人的合法权益。但他们的上诉是为被告人服务的,上诉的结果直接影响到被告人的利益,因此,必须经被告人同意后才能行使上诉权。

第二,提起抗诉的主体。根据刑事诉讼法的规定,有权提起抗诉的主体,只能是向原审人民法院提起公诉的人民检察院。因此抗诉的主体相对于上诉的主体具有特定性和单一性。不仅如此，抗诉的主体还具有不完全独立的特性。根据刑事诉讼法的规定，对一审裁判提出抗诉的检察院，应将抗诉书抄送上一级人民检察院，上级人民检察院如果认为抗诉不当的，可以向同级人民法院撤回抗诉，并且通知下级人民检察院。上级人民检察院如果认为抗诉有理，则予以支持并在开庭时派员出庭支持抗诉。此外，在我国被害人享有申请抗诉权。我国2018年《刑事诉讼法》第219条规定，被害人及其法定代理人不服地方各级人民法院第一审判决、裁定的，有权请求人民检察院提出抗诉。这一规定一方面有助于保护被害人的切身利益，另一方面可以协调被害人的利益与国家利益可能存在的矛盾。

三、提起二审程序的理由和方式

一般而言，对提起上诉、抗诉的理由和方式是否有特定的限制，体现着一国刑事诉讼制度所追求的价值观念，同时也涉及一国刑事诉讼制度的发展程度。如果重视追求效率，则会限制当事人和国家机关适用上诉权和抗诉权；如果重视追求公正与权利，则会对上诉权和抗诉权不加和少加限制。对此不同的国家有不同的选择。

我国刑事诉讼所奉行的原则，一方面，对上诉权不加任何限制，无须任何理由，采取任何方式都可以上诉，并且当事人在上诉期限内要求撤回上诉的，人民法院应当准许，目的在于完全彻底地保护公民的权利；另一方面，对抗诉权则有所限制，必须有法定的理由和采用特定的形式，目的在于确保国家权力的正当使用。具体来讲，我国刑事诉讼法为了保障当事人上诉权利的充分实现，方便当事人行使权利，对上诉理由未作任何预先的限定。当事人可以在上诉中阐述任何可以保护其权益的理由，至于这些理由是否合法、是否充分，都不影响上诉的效力。此外，法律对当事人的上诉方式也无限制，可以任意用书面或者口头形式提起上诉，而且既可以通过原审人民法院提出上诉，也可以直接向第二审法院提出上诉；而对于检察机关的抗诉，刑事诉讼法及有关司法解释则予以明确的规定。人民检察院认为同级人民法院第一审判决、裁定有下列情形之一的，应当提出抗诉：(1)认定事实不清、证据不足的；(2)有确实、充分证据证明有罪而判无罪或者无罪判有罪的；(3)重罪轻判，轻罪重判、量刑不当的；(4)认定罪名不正确，一罪判数罪，影响量刑或者造成严重的社会影响的；(5)免除刑事处罚或者适用缓刑错误的；(6)人民法院在审理过程中严重违反法律规定的诉讼程序的；(7)审判人员在审理案件期间，有贪污受贿、徇私舞弊、枉法裁判行为的。此外，提出抗诉的方式必须是书面形式，并且只能通过原审人民法院向其上一级人民法院提出。

四、提起二审程序的期限

对地方各级人民法院第一审判决、裁定的上诉或者抗诉，应当在法定的上诉或抗诉期限内提出。2018年《刑事诉讼法》第230条规定："不服判决的上诉、抗诉期限为十日，不服裁定的上诉、抗诉期限为五日，从接到判决书、裁定书的第二日起算。"法律规定提起二审程序的期限的目的是让提起主体有一定的期间充分考虑是否提出上诉、抗诉和准备上诉、抗诉的理由，以保障他们行使上诉、抗诉权；同时，也是为了保证上级人民法院能够迅速地审判上诉、抗诉案件，使确有错误的判决、裁定能及时地得到纠正，以免拖延诉讼。如果原附带民事部分是另行审判的，上诉期限应当按照民事诉讼法规定的期限执行。

五、二审程序的审判

(一)审判的范围

在现代诉讼中,二审的审判范围因“是否受提起理由的限制”而分为两种:部分审查(包括事实审和法律审)和全面审查。事实审是指二审法院对案件重新作实体审查;法律审则是指二审法院只对案件适用法律是否正确进行审查。这两种审查都是部分审查,即仅限于当事人在上诉状或复审申请书中声明不服的部分。对于上诉状或复审申请书中没有涉及的部分,即使其错误十分明显,上诉审也不作重新审理和改正。目前,绝大多数国家都实行部分审查,对法律问题予以普遍救济,但在对事实问题的认定与救济上略有区别,表现为:(1)第二审程序只救济法律问题而不管事实问题,英美国家的陪审团制度是一个典型的例证。在英美法系国家,“事实上之认定完全在陪审团之手中,加以陪审团来诸民间,代表相当程度的社会正义,是以对于陪审员所为之事实认定,不许再提出上诉,除非其所为之事实认定明显违反法令,但此种情形几不可能发生”。(2)第二审程序既救济法律问题也救济事实问题,但事实救济受到法定的限制。立法对第二审程序事实救济的范围予以限制与特定的诉讼文化和诉讼理念密切相关。不同国家在“检察官能否对第一审无罪判决提起上诉”这一问题上的截然对立充分体现了这一点。例如,在英国,除了针对治安法院的裁判,以向上诉法院刑事庭陈述法律问题的方式提请上诉的权利外,控诉方不享有针对无罪判决的上诉权。(3)第二审程序对法律问题和事实问题都提供救济。此种模式的典型形态主要存在于大陆法系国家,如法国轻罪案件的第二审程序、日本简易法院和地方法院第一审案件上诉后适用的第二审程序,德国地方法院第一审案件上诉后适用的第二审程序。

我国2018年《刑事诉讼法》第233条规定:“第二审法院应当就第一审判决认定的事实和适用法律进行全面审查,不受上诉或者抗诉范围的限制。共同犯罪的案件只有部分被告人上诉的,应当对全案进行审查,一并处理。”所以,我国实行的是全面审查原则,它要求二审法院既要审查原裁判认定事实是否正确,又要审查适用法律有无错误。既要审查已上诉、抗诉的部分,又要审查未上诉、抗诉的部分以及共同犯罪案件中涉及未上诉被告人的部分。通过全面了解案情,通盘考虑上诉、抗诉的理由是否充分和一审裁判是否正确,使上诉或抗诉中已指出和未指出的情节、涉及已上诉和未上诉的被告人的错误判决都能得到纠正。对二审案件全面审查,不受上诉、抗诉的限制,主要是考虑到我国实行的是两审终审制,赋予有关当事人及其他诉讼参与人的救济机会很有限;同时,提起上诉的有关当事人及其他诉讼参与人的文化、法律水平又有限,难以有针对性、有充分根据地提出上诉理由。全面审查原则则可以充分保障他们的上诉权,也有利于维护是司法公正。

(二)审判方式

根据2018年《刑事诉讼法》第234条规定,第二审人民法院对于下列案件,应当组成合议庭,开庭审理:(1)被告人、自诉人及其法定代理人对第一审认定的事实、证据提出异议,可能影响定罪量刑的上诉案件;(2)被告人被判处死刑的上诉案件;(3)人民检察院抗诉的案件;(4)其他应当开庭审理的案件。第二审人民法院决定不开庭审理的,应当讯问被告人,听取其他当事人、辩护人、诉讼代理人的意见。第二审人民法院开庭审理上诉、抗诉案件,可以到案件发生地或者原审人民法院所在地进行。

开庭审理是指第二审人民法院在合议庭的主持下，由检察人员和诉讼参与人参加，通过法庭调查和法庭辩论审理案件，与第一审程序基本类似。从诉讼原理上讲，开庭审理案件主要是为了审理案件事实，需要有关证人、鉴定人等出庭作证并接受控、辩双方的质证，并在此基础上就有关事实、证据、法律适用等问题由控、辩双方充分展开辩论，进而使合议庭能亲历法庭调查，查明案件事实，充分听取诉讼双方的意见，便于全面考虑定罪量刑的问题，最终对案件作出合法、公正的裁判。因此，开庭审理最适合也最有利于对一审判决认定事实、采信证据提出异议的二审案件。同时，对于一审法院判处死刑的案件、检察机关提出抗诉的案件等，基于这些案件的特殊性，在二审程序中采用开庭审理方式，更有利于维护当事人的合法权益，维护法律的正确实施。

开庭审理固然有好处，但需要付出的司法资源也多，同时对于一审判决在认定事实、采信证据上没有异议的二审案件而言，开庭审理案件的必要性并不大。所以，刑事诉讼法规定对于此类案件可以采用不开庭的审理方式。其具体内容包括对一审案卷材料的书面审查，还要讯问被告人，听取其他当事人、辩护人、诉讼代理人的意见，对有疑问或未弄清的事实、证据进行庭外调查核对。因此，这一方式也能有效保护当事人的诉讼权利，保证审判的公正、正确。同时，这一审理方式避免了对某些案件开庭审理所带来的复杂性，符合诉讼经济和效率原则，有利于更及时、有效地实现二审职能。

对二审案件开庭审理与不开庭审理的利弊得失已如上述。但从倾向性上，应当更加注重开庭审理的方式。因为，开庭审理更体现出程序公正，也更有利于实现实体公正。因此，在司法实践中，要特别注意保障上诉方符合法律规定提出的开庭审理的要求。另外，对于开庭地点可灵活选择，可到案发地或原审法院所在地开庭，这样能方便诉讼当事人及参与人，免除其长途跋涉，最大程度地解决开庭审理的困难，同时也能更好地起到法制宣传与教育的作用。

（三）开庭审判程序

2018年《刑事诉讼法》第242条规定："第二审人民法院审判上诉或者抗诉案件的程序，除本章已有规定的以外，参照第一审程序的规定进行。"根据上述法律规定，二审的开庭审理原则上"参照"一审程序，但参照不是原样照搬，可以根据二审程序的任务，做适当变动。审判实践中，二审的开庭审理除参照第一审程序的规定外，由于在审理上不是围绕起诉书的指控，而是围绕一审裁判内容来进行，并且是基于上诉或抗诉才启动开庭审理程序，所以在具体程序上较一审程序有如下变动：

第一，法庭调查阶段，审判人员宣读第一审判决书后，由上诉人陈述上诉理由或者由检察人员宣读抗诉书。如果既有上诉又有抗诉的案件，则先由检察人员宣读抗诉书，再由上诉人陈述上诉理由。法庭重点是听取上诉或者抗诉的理由，全面核对事实和证据。在其后的法庭调查中一般也是按照上述顺序进行举证、质证。

第二，法庭辩论阶段，上诉案件应先由上诉人、辩护人发言，再由检察人员及对方当事人发言；抗诉案件，应当由检察人员发言，再由被告人、辩护人发言；既有上诉，又有抗诉的案件，应当先由检察人员发言，再由上诉人和辩护人发言，依次进行辩论。

第三，辩论结束后，上诉人（原审被告人）最后陈述。

第四，最后陈述后，审判长宣布休庭，合议庭进行评议，依法作出判决、裁定。

共同犯罪案件中，没有上诉的和没有对他的判决提出抗诉的原审被告人，也可以参加法庭审理活动。

(四)审判结果

根据2018年《刑事诉讼法》第236~238条的规定,第二审法院对不服第一审判决的上诉、抗诉案件进行审理后,应按下列情形分别作出处理:

第一,原判决认定事实清楚和适用法律正确,量刑适当的,应当裁定驳回上诉或抗诉,维持原判。

第二,原判决认定事实没有错误,但适用法律有错误或者量刑不当的,应当改判。例如,混淆了罪与非罪的界限,认定犯罪性质不准,罪名不当,量刑畸轻、畸重,或者重罪轻判、轻罪重判等,第二审法院应当撤销原判,重新判决,并在判决中阐明改判的理由和根据。

第三,原判决事实不清或者证据不足的,可由二审人民法院查清事实后改判,也可以裁定撤销原判,发回原审人民法院重新审判。原审人民法院对于发回重新审判的案件作出判决后,被告人提出上诉或者人民检察院提出抗诉的,第二审人民法院应当依法作出判决或者裁定,不得再发回原审人民法院重新审判。

第四,发现一审法院有下列违反法律规定的诉讼程序的情形之一的,应当裁定撤销原判,发回原审人民法院重新审判:(1)违反刑事诉讼法有关公开审判的规定的;(2)违反回避制度的;(3)剥夺或者限制了当事人的法定诉讼权利,可能影响公正审判的;(4)审判组织的组成不合法的;(5)其他违反法律规定的诉讼程序,可能影响公正审判的。

对于发回原审人民法院重新审判的案件,应当另行组成合议庭审理,按第一审程序进行审理,对其判决、裁定仍可以上诉或者抗诉。

第二审人民法院可以自行宣告判决,也可以委托原审人民法院代为宣告。第二审人民法院作出的判决或者裁定,除死刑案件外,均是终审的判决和裁定,一经宣告即发生法律效力,上诉人及其法定代理人等不得再行上诉,人民检察院也不得再按二审程序提起抗诉。

(五)审判期限

第二审人民法院受理上诉、抗诉案件,应当在2个月内审结。对于可能判处死刑的案件或者附带民事诉讼的案件,以及有《刑事诉讼法》第158条规定情形之一的,经省、自治区、直辖市高级人民法院批准或者决定,可以再延长2个月;因特殊情况还需要延长的,报请最高人民法院批准。最高人民法院受理上诉、抗诉案件的审理期限,由最高人民法院决定。

六、上诉不加刑

(一)上诉不加刑的概念

2018年《刑事诉讼法》第237条规定:“第二审人民法院审理被告人或者他的法定代理人、辩护人、近亲属上诉的案件,不得加重被告人的刑罚。第二审人民法院发回原审人民法院重新审判的案件,除有新的犯罪事实,人民检察院补充起诉的以外,原审人民法院也不得加重被告人的刑罚。人民检察院提出抗诉或者自诉人提出上诉的,不受前款规定的限制。”这就是上诉不加刑原则在我国刑事诉讼制度中的基本含义。

上诉不加刑原则是从“禁止不利益变更”原则中引申出来的,它首先为大陆法系的法国和德国采用,是民主、自由、人道精神在刑事诉讼中的体现,它设立的目的是使被告人能够毫无顾忌地行使上诉权,保证被告人的诉讼地位不会由于上诉而更加恶化。目前,世界各国已普遍采用了这一原则。

贯彻上诉不加刑原则，应当正确理解和掌握“不加刑”的具体含义。根据最高人民法院《关于适用〈中华人民共和国刑事诉讼法〉的解释》第325条的规定，审理只有被告方上诉的案件，“不得加重被告人的刑罚，并应当执行下列规定”：(1)同案审理的案件，只有部分被告人上诉的，既不得加重上诉人的刑罚，也不得加重其他同案被告人的刑罚；(2)原判事实清楚，证据确实、充分，只是认定的罪名不当的，可以改变罪名，但不得加重刑罚；(3)原判对被告人实行数罪并罚的，不得加重决定执行的刑罚，也不得加重数罪中某罪的刑罚；(4)原判对被告人宣告缓刑的，不得撤销缓刑或者延长缓刑考验期；(5)原判没有宣告禁止令的，不得增加宣告；原判宣告禁止令的，不得增加内容、延长期限；(6)原判对被告人判处死刑缓期执行没有限制减刑的，不得限制减刑；(7)原判事实清楚，证据确实、充分，但判处的刑罚畸轻、应当适用附加刑而没有适用的，不得直接加重刑罚、适用附加刑，也不得以事实不清、证据不足为由发回第一审人民法院重新审判。必须依法改判的，应当在第二审判决、裁定生效后，依照审判监督程序重新审判。但是，人民检察院抗诉或者自诉人上诉的案件，不受上述规定的限制。

(二)上诉不加刑的意义

在刑事诉讼中确立上诉不加刑原则，有着十分重要的意义。

首先，上诉不加刑原则有利于保障被告人的上诉权，保证上诉制度和两审终审制度的贯彻执行。司法实践表明：第二审程序除少数由检察院提起抗诉引起外，绝大多数是由被告人一方的上诉引起的。因此，上诉制度和两审终审制度能否真正发挥作用，很大程度上取决于被告一方的上诉权能否充分、顺利地行使。如果没有上诉不加刑原则，被告人一方提起上诉后，二审法院不仅没有减轻或免除刑罚，反而加重了刑罚，就必然会增加被告一方对上诉的思想顾虑，甚至在一审判决不正确的情况下也不敢上诉，这在客观上会限制被告人行使上诉权，同时也使得一审的错误因为没有上诉而得不到及时的发现和纠正，两审终审制就会流于形式。

其次，上诉不加刑原则的存在有利于促进检察机关履行法律监督职责。由于上诉不加刑还包含着检察机关同时提出了抗诉的案件不受上诉不加刑限制的内容，二审法院审理抗诉案件如果原判量刑确属过轻，可以改判加重被告人的刑罚。如果检察机关对原判确有错误，量刑过轻的案件没有抗诉，二审法院就不能改判加重被告人的刑罚。可见，上诉不加刑原则可以加强检察机关的责任感，促使其发挥监督作用，及时做好对量刑过轻案件的抗诉工作。

最后，有利于促使法院加强责任心，提高办案质量。第一审法院如果对被告人量刑过轻，第二审法院受上诉不加刑的限制，不能改判加重刑罚，就有可能产生放纵犯罪的结果。为避免这种结果的出现，就必须提高一审办案质量。

第二节　死刑复核程序

一、死刑复核程序概述

(一)死刑复核程序的概念及特点

死刑，又称生命刑或极刑，是剥夺犯罪分子生命、惩罚犯罪的一种最严厉的刑罚，具有不可挽救的特点。自意大利著名法学家贝卡利亚在《论犯罪与刑罚》一书中首次倡导废除死刑以来,人们对死刑的功能及价值进行深刻的反思。从世界范围看,减少、限制乃至废除死刑已成为不可逆转的潮流。据了解世界上已有109个国家废除了死刑,有21个国家实际上长期未执行过死刑。我国在死刑存废问题上坚持不废除死刑,但要从严控制死刑的适用以及坚持少杀、慎杀、防止错杀的政策。这一政策在实践中的体现是我国不仅在实体法的立法上减少死刑罪名,从司法上严格控制死刑的适用,而且在程序上也对死刑的适用进行严格控制,死刑复核程序就是为此而设。

死刑复核程序,是指人民法院经一审、二审程序已经判处死刑的案件并不能生效执行,还需报请对死刑有核准权的人民法院进一步审查以最终决定已作出的死刑判决正确与否以及死刑判决是否执行的一种特别程序。由于该程序是在经历了一审、二审程序后仍然不能终审且是专门针对死刑案件才启动的特别程序,因而,它也是一种特别救济程序。

死刑复核程序既包括对判处死刑立即执行案件的核准程序,也包括对判处死刑缓期两年执行案件的核准程序。根据刑事诉讼法的规定,死刑复核程序与其他审判程序相比,具有以下特点:

第一,适用对象单一。死刑复核程序审理的对象仅是按照普通审判程序已审结的判处被告人死刑的案件,包括:第一审判处被告人死刑,过了上诉、抗诉期限,被告人没有上诉,人民检察也没有抗诉的案件;第二审人民法院判处被告人死刑的案件;依审判监督程序审结的判处被告人死刑的案件。

第二,死刑复核权由特定的法院行使。只有最高人民法院、高级人民法院才能对死刑(死缓)案件行使核准权。

第三,死刑复核程序由法院主动报请引起。死刑复核程序的启动,既不像一审程序那样非经起诉不得进行审判,也不像二审程序那样只有通过上诉或抗诉才能引起,抑或像审判监督程序那样必须经有权提起再审的人民法院或人民检察院提起;死刑复核程序是人民法院逐级上报复核,无须附加任何条件。

第四,死刑复核程序有特定的任务。表现在有核准权的人民法院对下级人民法院报请复核的死刑判决或裁定在认定事实和适用法律上是否正确进行全面审查,然后根据复核结论,依法核准正确的死刑判决或裁定,变更、纠正错误的或不当的死刑判决或裁定,并制作相应的法律文书,以保证准确地适用死刑。

第五,死刑复核程序是死刑案件的终审程序。死刑案件除由最高人民法院判处的死刑和死缓案件以及高级人民法院判处的死缓案件外,经过两级人民法院的普通程序审理后,并不生效,还必须经过有核准权的人民法院复核后,才能生效。因此,对死刑案件来说,死刑复核程序是其必经的终审程序。

(二)死刑复核程序的意义

死刑复核程序是决定被判处死刑的人生与死的关键环节,也是对于彰显我国司法公正、人权保障程度极具标志性的诉讼程序,具有非常重要的意义:

首先,有助于严格控制死刑的适用。死刑复核是从审判程序上保证严格控制死刑的一项重要措施,可以使那些不需要对罪犯处以死刑或虽然罪该处死但不应立即执行的裁判得到纠正,有利于贯彻少杀、慎杀的方针,将执行死刑减少到最低程度。

其次,有助于防止错杀,保障人权。犯罪是一种极其复杂的社会现象。由于各种主客观原因的影响，很难绝对保证法院作出的死刑判决、裁定不出任何差错；而死刑又是刑罚中最为严厉的刑种，一旦错判执行，其后果无法弥补。因此，死刑复核程序可以有效地防止错杀无辜，从程序上设立一道防止错杀的有效防线。

最后，有助于保证死刑案件的办案质量。死刑复核的权力由最高和高级人民法院行使，有助于统一理解和适用死刑的法律和政策，了解下级人民法院审判死刑案件的水平和质量。有利于上级人民法院指导下级人民法院正确理解和适用死刑，保证死刑案件的办案质量。

（三）死刑核准权的概念和变化

死刑核准权是指对死刑判决、裁定由哪一级审判机关进行复核与批准的权限，其中包括死刑立即执行的核准权和死刑缓期两年执行的核准权。死刑核准权是死刑复核程序中最核心的问题，关系到设立这一程序的根本目的能否实现。对于死刑缓期执行的核准权，我国1979年、1996年、2012年以及2018年的《刑事诉讼法》均规定由高级人民法院行使。由于死缓并不具有死刑立即执行的那种极端严厉性和不可挽回性，所以法律将死缓的核准权赋予高级人民法院执掌，既是合理的，也是可行的，对于减轻最高人民法院的工作负担，提高审判效率以及更好地发挥最高人民法院的作用，都是有利的。但是，对于死刑立即执行的核准权在我国法律上经历多次变化，与此相伴随在理论界和审判实践中也存在异议。

中华人民共和国成立以来，我国在死刑立即执行的核准权问题上几经变化。1954年《人民法院组织法》第11条规定，死刑案件的复核和核准权根据不同情况由最高人民法院和高级人民法院共同行使。1957年第一届全国人民代表大会第四次会议决定，今后凡判处死刑立即执行的案件，都由最高人民法院判决或核准。1979年颁布的《刑法》和《刑事诉讼法》都对死刑核准权的问题作出了明确规定。《刑法》第43条以及《刑事诉讼法》第144条、第145条将判处死刑立即执行的案件的核准权明确规定统一由最高人民法院掌握和控制；但这些规定尚未实施便几成空文。进入20世纪80年代后，我国治安形势恶化，恶性刑事案件迅速上升，为了及时打击现行的杀人、抢劫、强奸、爆炸、放火等严重破坏社会治安的犯罪分子，维护社会稳定，1981年通过的全国人大常委会《关于死刑案件核准问题的决定》对死刑案件核准问题作了如下规定："一、在1981年至1983年内，对犯有杀人、抢劫、强奸、爆炸、放火、投毒、决水和破坏交通、电力等设备的罪行，由省、自治区、直辖市高级人民法院终审判决死刑的，或者中级人民法院一审判决死刑，被告人不上诉，经高级人民法院核准的，以及高级人民法院一审判决死刑，被告人不上诉的，都不必报最高人民法院批准。二、对反革命犯和贪污犯等判处死刑，仍然按照刑事诉讼法关于死刑复核程序的规定，由最高人民法院核准。"1983年，全国人大常委会修改了《人民法院组织法》，第13条规定："死刑案件除由最高人民法院判决的以外，应当报请最高人民法院核准，杀人、强奸、抢劫、爆炸以及其他严重危害公共安全和社会治安判处死刑的案件的核准权，最高人民法院在必要的时候，得授权省、自治区、直辖市的高级人民法院行使。"其后，最高人民法院据此发出了《关于授权高级人民法院核准部分死刑案件的通知》，规定：在当前严厉打击刑事犯罪活动期间，为了及时严惩严重危害公共安全和社会治安的罪大恶极的刑事犯罪分子，除由本院判决的死刑案件，各地对反革命案件和贪污等严重经济犯罪案件（包括受贿案件、走私案件、投机倒把案件、贩毒案件、盗运珍贵文物出口案件）判处死刑的，仍应由高级人民法院复核同意后，报本院批准；对杀人、强奸、抢劫、爆炸以及其他严重危害公共安全和社会治安判处死刑的案件的核准权，本院依法授权各省、自治区、直辖市高级人民法院和解放军军事法院行使。1991 年至 1997 年,最高人民法院还分别授权云南省、广东省、广西壮族自治区、甘肃省、四川省高级人民法院行使对部分毒品案件的死刑核准权。在此过程中,理论界和法律界对于死刑立即执行的核准权实际上主要下放至高级人民法院行使一直存在异议。首先,历次刑法、刑事诉讼法都明确规定,死刑立即执行的核准权由最高人民法院行使,这是经全国人大制定的国家基本法的规定,不应以其他方式改变。其次,死刑核准权是针对死刑案件设立的特别救济程序,由高级人民法院行使死刑立即执行的核准权,实际上致使死刑二审程序与死刑复核程序合二为一,已使死刑核准权名存实亡。最后,由于我国有三十余家高级人民法院,由高级人民法院行使死刑立即执行核准权,致使判处并执行死刑的尺度不统一,甚至发生冤杀无辜的判例。基于此,多年来一直存在着强烈呼声:最高人民法院应当收回死刑核准权。

2005 年 10 月 26 日,最高人民法院发布的《人民法院第二个五年改革纲要》(以下简称《纲要》)明确规定,将死刑核准权统一收归最高人民法院行使。2006 年 10 月 31 日,全国人大常委会将《人民法院组织法》第 12 条修改为"死刑除依法由最高人民法院的以外,应当报请最高人民法院核准",将死刑核准权正式收归最高人民法院行使,自 2007 年 1 月 1 日起施行。

资料:内蒙古呼格吉勒图故意杀人冤案。

现行 2018 年《刑事诉讼法》第 246 条规定:"死刑由最高人民法院核准。"第 248 条规定:"中级人民法院判处死刑的第一审案件,被告人不上诉的,应当由高级人民法院复核后,报请最高人民法院核准。高级人民法院不同意判处死刑的,可以提审或者发回重新审判。高级人民法院判处死刑的第一审案件被告人不上诉的,和判处死刑的第二审案件,都应当报请最高人民法院核准。"此外,第 248 条规定:"中级人民法院判处死刑缓期两年执行的案件,由高级人民法院核准。"司法实践中就是按照上述规定由高级人民法院和最高人民法院分别行使死刑立即执行和死刑缓期两年执行案件的核准权的。

二、判处死刑(死缓)案件的复核程序

根据《刑事诉讼法》和有关司法解释的规定,中级人民法院、高级人民法院和最高人民法院在对死刑(死缓)案件的报请复核、复核和对案件复核后的处理上,应当依照下列程序进行:

(一)报送诉讼案卷材料和各种法律文书

中级人民法院或高级人民法院报请复核死刑(死缓)案件,应当一案一报。报送的材料应当包括:报请复核的第一、二审裁判文书,死刑案件案件综合报告以及全部诉讼案卷和证据。共同犯罪的案件,也应当报送全部诉讼案卷和证据。具体内容如下:

其一,报请复核报告应当包括下列内容:(1)案由;(2)简要案情;(3)审理过程;(4)判决结果。

其二,案件综合报告包括下列内容:(1)被告人、被害人的基本情况。被告人有前科或者曾受过行政处罚的,应当写明。(2)案件的由来和审理经过。案件曾经发回重新审判的,应当写明发回重新审判的原因、时间、案号等。(3)案件侦破情况。通过技术侦查措施抓获被告人、侦破案件,以及与自首、立功认定有关的情况,应当写明。(4)第一审审理情况。包括控、辩双方意见,第一审认定的犯罪事实,合议庭和审判委员会意见。(5)第二审审理和高级人民法院复核情况。包括上诉理由、检察机关意见,第二审审理或者高级人民法院复核认定的事实,证据

采信情况及理由,控、辩双方意见及采纳情况。(6)需要说明的问题。包括共同犯罪案件中另案处理的同案犯的定罪量刑情况,案件有无重大社会影响,以及当事人的反应等情况。(7)处理意见。写明合议庭和审判委员会的意见。

其三,诉讼案卷和证据,根据具体案件情况应当包括下列内容:(1)拘留证、逮捕证、搜查证的复印件;(2)扣押赃款、赃物和其他在案物证的清单;(3)起诉意见书或者人民检察院的侦查终结报告;(4)人民检察院的起诉书;(5)案件审查报告、法庭审理笔录、合议庭评议笔录和审判委员会讨论决定笔录;(6)上诉状、抗诉状;(7)人民法院的判决书、裁定书和宣判笔录、送达回证;(8)能够证明案件具体情况并经过查证属实的各种肯定的和否定的证据,包括物证或者物证照片、书证、证人证言、被害人陈述、被告人供述和辩解、鉴定结论以及勘验检查笔录等。

(二)复核的内容和方式

根据最高人民法院《关于适用〈中华人民共和国刑事诉讼法〉的解释》第 348 条的规定,人民法院复核死刑、死刑缓期执行案件时,应当全面审查以下内容:

第一,被告人的年龄,被告人有无刑事责任能力、是否系怀孕的妇女;

第二,原判认定的事实是否清楚,证据是否确实、充分;

第三,犯罪情节、后果及危害程度;

第四,原判适用法律是否正确,是否必须判处死刑,是否必须立即执行;

第五,有无法定、酌定从重、从轻或者减轻处罚情节;

第六,诉讼程序是否合法;

第七,应当审查的其他情况。

根据 2018 年《刑事诉讼法》第 249 条的规定,最高人民法院复核死刑案件,高级人民法院复核死刑缓期执行案件,应当由审判员三人组成合议庭进行。2018 年《刑事诉讼法》第 251 条还规定,最高人民法院复核死刑案件,应当讯问被告人,应当听取律师的意见。在复核死刑案件过程中,最高人民检察院可以向最高人民法院提出意见。最高人民法院应当将死刑复核结果通报最高人民检察院。此外,在死刑复核程序中,如果被判处死刑的被告人没有委托辩护律师,根据 2015 年 6 月中共中央办公厅和国务院办公厅印发的《关于完善法律援助制度的意见》的有关规定,应当为其提供法律援助律师。

资料:中共中央办公厅、国务院办公厅 2015 年 6 月 29 日《关于完善法律援助制度的意见》。

(三)复核后的处理

根据 2018 年《刑事诉讼法》第 250 条的规定,最高人民法院复核死刑案件,应当作出核准或者不核准死刑的裁定。对于不核准死刑的,最高人民法院可以发回重新审判或者予以改判。最高人民法院《关于适用〈中华人民共和国刑事诉讼法〉的解释》第 349 条和第 350 条分别就高级人民法院复核死刑缓期执行的案件后如何处理案件和最高人民法院复核死刑案件后如何处理案件作出了列举式的具体规定,人民法院应当根据这些规定分别情况依法作出处理。

资料:最高人民法院《关于适用〈中华人民共和国刑事诉讼法〉的解释》第 349 条、第 350 条及其他有关条文的规定。

第三节 审判监督程序

一、审判监督程序的概念和意义

在我国,刑事案件经过两审终审后,裁判即发生法律效力,进入执行阶段。但是,如果仍然发生错判怎么办？是否可以对其进行再审？如果不允许,势必错上加错,造成不可挽回的后果。为了防止此种情况发生,法律上专门规定了一种对已生效裁判的案件进行再审的程序,其目的就是纠正错判,维护司法公正。由于它是在一审、二审裁判生效后又启动再审程序,故也是一种特殊的救济程序。此种再审程序,也称为审判监督程序,是指人民法院、人民检察院对于已经发生法律效力的判决和裁定,如果发现在认定事实或适用法律上确有错误,依法提出并进行重新审理的程序。按照审判监督程序审理的案件称作刑事再审案件。

虽然审判监督程序与二审程序都属于特别救济程序,但与二审程序比较,具有以下主要特点:(1)审判监督程序审理的对象是已经发生法律效力的判决和裁定,无论其是否已执行完毕,二审程序审理的对象则是尚未生效的一审裁判;(2)提起审判监督程序必须具有法定理由,即生效的判决和裁定在认定事实或适用法律上“确有错误”,这与提起二审程序则有所不同,提起上诉不需要说明法定理由,只要不服一审裁判就可以提出上诉;提起抗诉也只要检察机关“认为”一审裁判“确有错误”就行;(3)提起审判监督程序一般没有时间限制,只有因发现新罪行或原判处刑罚畸轻的案件,需要提起审判监督程序时,才受刑法规定的追诉时效的限制,但提起二审要受到上诉期和抗诉期的限制。

判决和裁定是法院依据法律规定针对个案实体问题或程序问题作出的决定性的结论,是法院代表国家行使审判权的具体结果,因而具有权威性和严肃性,一旦发生法律效力,就具有稳定性,任何国家机关和个人都不能任意变更或撤销。但生效判决和裁定的稳定性应当建立在正确性的基础上。由于各种主客观原因,如司法人员的工作失误、国家政策的变化等,生效判决和裁定即使经过了一审、二审,仍可能出错。如果确实有错,就没有理由去维护这种错误判决和裁定的稳定性,而应当按照有错必纠的原则和法定的程序及时加以纠正。否则,将会有悖于刑事诉讼的目的,侵犯公民的合法权益,损害司法机关的形象和权威,影响当事人和社会公众对国家司法机关及法律的尊重和信任。从刑事诉讼程序的体系来讲,审判监督程序的设立正是保证法律正确实施的最后一道防线。

二、审判监督程序的提起和决定

(一)提起审判监督程序的材料来源

已经生效的裁判如何才能提起再审,也就是如何启动审判监督程序对案件重新审判,首先要有提起审判监督程序的材料来源。根据我国法律规定和司法实践,提起审判监督程序的材料来源包括:当事人及法定代理人、近亲属的申诉;法院、检察院和公安机关通过办案或者检查案件对错案的发现;各级人民代表大会代表提出的纠正错案议案;以及人民群众的来信来访和机关、团体、企业、事业单位和新闻媒体等对生效裁判反映的意见。上级检察院和上级法院对下级法院所判处的案件,以及法院、检察院、公安机关对自己所办理的案件,本着监督、负责的精神,应当定期或不定期地进行检查,并应依据公民对案件提出的意见和反映进行对照检查,如果发现错误,也就成为再审的另一个主要材料来源。有了材料来源,并不一定必须进行再审,是否再审,应视材料有无事实根据,理由是否合乎法律规定而最后确定。

在以上提起审判监督程序的材料来源中,当事人及其法定代理人、近亲属的申诉是指他们对已经发生法律效力的判决和裁定不服,向人民法院或人民检察院提出重新审查的请求,这种材料来源在实践中占很大的比例,是进行再审的重要材料来源。

（二）提起审判监督程序的理由和主体

审判监督程序是一种特殊程序,不能轻易提起,因此,在现代刑事诉讼理论和各国的立法中,对审判监督程序的提起理由和主体都给予了严格的限制,只是具体规定各有不同。

再审的理由一般是法定的,且比上诉的理由更为严格。

如前所述,当事人及其法定代理人、近亲属对生效裁判提起的申诉是提起审判监督程序的重要材料来源。并且根据 2018 年《刑事诉讼法》第 252 条的规定,申诉既可以向人民法院提出,也可以向人民检察院提出。但是,不论向谁提出申诉,都不能停止原生效判决、裁定的执行。对于申诉,经人民法院和人民检察院审查后符合法律规定的才可以正式提起审判监督程序,但是启动的方式有所不同。就人民法院而言,根据 2018 年《刑事诉讼法》第 253 条的规定,符合下列情形之一的申诉,人民法院应当决定重新审判:(1)有新的证据证明原判决、裁定认定的事实确有错误,可能影响定罪量刑的;(2)据以定罪量刑的证据不确实、不充分、依法应当予以排除,或者证明案件事实的主要证据之间存在矛盾的;(3)原判决、裁定适用法律确有错误的;(4)违反法律规定的诉讼程序,可能影响公正审判的;(5)审判人员在审理该案件的时候,有贪污受贿,徇私舞弊,枉法裁判行为的。至于人民检察院,经对申诉进行审查,符合法律规定的条件的,则可以通过向人民法院提起抗诉而启动审判监督程序。

与申诉一样,其他提起审判监督程序的材料来源也不能当然能够启动审判监督程序,都需要经人民法院或人民检察院审查后,认为符合法定条件的才可以依法提起审判监督程序。

可见,根据我国刑事诉讼法的规定,能够决定提起审判监督程序的主体只限于人民法院和人民检察院。

（三）审判监督程序的提起

根据 2018 年《刑事诉讼法》第 254 条及有关司法解释规定,提起再审的程序是:

首先,各级人民法院院长对已经发生法律效力的判决和裁定,如果发现在认定事实或者在适用法律上确有错误,必须提交审判委员会,由审判委员会决定是否再审。

其次,最高人民法院对各级人民法院已经发生法律效力的判决和裁定,上级人民法院对下级人民法院已经发生法律效力的判决和裁定,如果发现确有错误,有权决定提审或指令下级人民法院再审。

最后,最高人民检察院对各级人民法院已经发生法律效力的判决和裁定,上级人民检察院对下级人民法院已经发生法律效力的判决和裁定,如果发现确有错误,有权直接向同级人民法院提出抗诉。对于人民检察院提出的抗诉,接受抗诉的人民法院应当对案件重新审判,对于原判决事实不清楚或者证据不足的,可以指令下级人民法院再审。

此外,根据2018年《刑事诉讼法》第257条的规定,人民法院按照审判监督程序审判的案件,可以决定中止原判决、裁定的执行。这意味着是否中止原判决、裁定的执行,由人民法院裁量决定。

三、依照审判监督程序对案件的重新审判程序

(一)重新审判的程序

首先,重新审判的法院。根据2018年《刑事诉讼法》第254条的规定,确定重新审判的法院有三种情形:其一,各级人民法院对本院生效裁判提起再审的案件,由本院作为重新审判的法院;其二,由最高人民法院对各级人民法院生效裁判提起再审的案件,可以由最高人民法院提审,也可以由最高人民法院指令下级人民法院再审;其三,由上级人民法院对下级人民法院生效裁判提起再审的案件,可以由上级人民法院提审,也可以由上级人民法院指令下级人民法院再审。对于上级人民法院指令下级人民法院再审的问题,2018年《刑事诉讼法》第255条进一步规定,"上级人民法院指令下级人民法院再审的,应当指令原审人民法院以外的下级人民法院审理;由原审人民法院审理更为适宜的,也可以指令原审人民法院审理"。

其次,重新审判的程序。2018年《刑事诉讼法》第256条规定:"人民法院按照审判监督程序重新审判的案件,由原审人民法院审理的应当另行组成合议庭进行。如果原来是第一审案件,应当依照第一审程序进行审判,所作的判决、裁定,可以上诉、抗诉;如果原来是第二审案件,或者是上级人民法院提审的案件,应当依照第二审程序进行审判,所作的判决、裁定是终审的判决、裁定。"可见,我国再审程序原则上是按照一审或二审的程序进行。但是,再审时必须另行组成合议庭,不得由原合议庭的审判人员审理。这是因为原审判人员对案件可能有先入为主的固定看法或其他个人的顾虑,以致影响案件的公正处理。

再次,重新审判的内容、方式。根据上述规定,按照审判监督程序审判案件实际上又分别不同情况回到一审、二审程序中审判,那么审判的内容、方式与原审的一审、二审程序就是一样的,也就是应当按照法律规定的一审、二审程序进行审判。

最后,重新审判的期限。依照2018年《刑事诉讼法》第258条的规定,人民法院按照审判监督程序重新审判的案件,应当在作出提审、再审决定之日起3个月内审结,需要延长期限的,不得超过6个月。明确再审期限,有利于防止再审的拖延和案件的积压,及时审结各类案件,保护公民的合法权益和提高诉讼效率。

(二)重新审判的结果

根据最高人民法院《关于适用〈中华人民共和国刑事诉讼法〉的解释》第389条的规定,再审案件经过重新审理后,应当按照下列情形分别处理:

第一,原判决、裁定认定事实和适用法律正确、量刑适当的,应当裁定驳回申诉或者抗诉,维持原判决、裁定;

第二,原判决、裁定定罪准确、量刑适当,但在认定事实、适用法律等方面有瑕疵的,应当裁定纠正并维持原判决、裁定;

第三,原判决、裁定认定事实没有错误,但适用法律错误,或者量刑不当的,应当撤销原判决、裁定,依法改判;

第四,依照第二审程序审理的案件,原判决、裁定事实不清或证据不足的,可以在查清事实

后改判，事实仍无法查清，证据不足，不能认定被告人有罪的，应当撤销原判决、裁定，判决宣告被告人无罪。认为必须判处被告人死刑的，应当发回第一审人民法院重新审判或者指定有管辖权的人民法院依照第一审程序重新审判。

此外，根据最高人民法院《关于适用〈中华人民共和国刑事诉讼法〉的解释》第 391 条的规定，对再审改判宣告无罪并依法享有申请国家赔偿权利的当事人，人民法院宣判时，应当告知其在判决发生法律效力后可以依法申请国家赔偿。

审判监督程序作为普通救济程序之外的特殊救济程序，其设置的基本目标有二：一是维护人民法院已经发生法律效力的裁判的稳定性；二是使错误的裁判能够得到纠正，有效保障当事人尤其是被告人的合法权益。以此衡量，理论界对于我国审判监督程序提出了以下问题需要研究、完善：

一方面，应当确立再审不加刑，充分保障被告方申诉权的行使。再审的结果能否加重被告人的刑罚，刑事诉讼法和有关的司法解释对此都没有规定。理论界传统的观点和司法实践的做法是：再审不同于二审，再审根据实事求是的原则和案件的具体情况，可以减轻被告人的刑罚，也可以加重被告人的刑罚。但是从世界刑事诉讼的发展趋势来看，许多国家（如德国、日本）都规定了与上诉不加刑相类似的再审不加刑，即为了被告人利益提出的或由被告人提出的再审不得加刑。这种趋势所依据的理论是，再审程序的设立主要是为了救济被错判而蒙冤的人，明确规定再审不加刑，可使被判刑人放弃顾虑、大胆申诉，以取得最后的纠正机会；同时，再审不加刑也是上诉不加刑原则的延伸和保证，可以以此杜绝司法实践中种种变相加刑的做法；而且，这种趋势代表了保护当事人利益和完善刑事诉讼制度的合理性要求。

资料：最高人民法院再审刘涌案《刑事判决书》（2003 年 12 月 20 日）。

另一方面，应当限制再审程序的启动，维护人民法院裁判的稳定性。人民法院的判决和裁定一旦发生法律效力，便具有稳定性和权威性，一般情况下不能随意变动和更改，这是法治社会中对法院判决、裁定效力的基本要求，也是司法权威性地位得以确立和维持的重要保障。不仅如此，在刑事诉讼中，对被告方而言，更有国际通行的禁止重复追究原则保障其合法权益。所谓禁止重复追究原则，是指对于被追究者的同一行为，一旦司法机关作出生效裁判，原则上不得再次对同一行为予以审判或处罚。禁止重复追究原则设立的主要目的在于保护受追究者的合法权利，防止国家权力滥用。然而，我国现行的再审程序的启动却没有次数、时间的限制，这种做法虽然体现了"有错必纠"的思想，但是，这种无期限、无次数的启动再审程序与法院裁判既判力的确立、被告方权利的保护以及司法权威的树立是背道而驰的，因而有必要对再审程序的启动予以限制。无论是当事人及其法定代理人、近亲属，还是人民检察院或人民法院启动再审程序都必须有严格的理由，再审次数应限定为两次为宜。当然，基于目前我国的司法现状，短期内不宜确立保护被告人权利的禁止重复追究原则，但应当对这一原则的价值予以正确的认知。

思考题

1. 我国二审程序的基本内容和特点是什么？
2. 我国死刑核准权的"下放"、"收回"及现状如何？为何有此变化？
3. 我国审判监督程序如何提起？如何重新审判？

第十九章　刑事执行程序

导　读

刑事执行是落实国家刑罚权的最后过程，在一定程序上是刑事诉讼程序终结的标志。由于刑事执行涉及对罪犯的监管、教育以及对被犯罪行为所侵害的社会关系的修复，从性质上更倾向于司法行政事务。因此，作为刑罚落实的程序设计，必须立足于严格的法律规定，及时执行法院生效的裁判文书，以确保刑事诉讼目标的实现；同时，也应当尊重人格尊严，保障执行对象的基本人权，体现刑事诉讼全过程的人道主义精神。

第一节　刑事执行程序概述

一、刑事执行程序的概念和特征

刑事诉讼，本为国家实现刑罚权之动态、连续过程。国家刑罚权，经由侦查、起诉而审判，直至执行方告实现，包含了制刑权、求刑权、量刑权和行刑权。因此，执行，表征着刑事诉讼目的之达成，并从广义上构成了刑事诉讼流程的最后阶段。[1] 刑事执行程序，事关国家刑罚权的实现，历来是一个国家刑事诉讼制度的重要组成部分。

根据我国刑事诉讼法的规定，刑事执行程序具有以下特征：

1. 刑事执行的依据是已经发生法律效力的刑事裁判文书

刑事执行是对已经发生法律效力（既判力）的刑事裁判的执行，因此，刑事执行程序的依据是已经发生法律效力的刑事裁判文书，刑事裁判文书未生效，不存在执行的问题。根据 2018 年《刑事诉讼法》第 259 条的规定，下列判决和裁定是发生法律效力的判决和裁定：（1）已过法定期限没有上诉、抗诉的判决和裁定；（2）终审的判决和裁定；（3）最高人民法院核准的死刑的判决和高级人民法院核准的死刑缓期 2 年执行的判决。

---

〔1〕 但是，对于刑事执行程序的性质，一直以来也存在另一种认识，即认为，刑事执行虽然属于广义的刑事诉讼程序的最后阶段，但实际上，无论就其学科的特殊性与实务之重要性而言，刑事执行程序都应当从刑事诉讼立法中独立出来，单独制定统一的刑事执行法，由此与刑事实体法、刑事诉讼法并列为刑事法的三大领域。参见林钰雄：《刑事诉讼法》（下册），元照出版有限公司 2004 年版，第 445 页。

2. 刑事执行只能由法定的执行机关负责进行

刑事执行机关是指将人民法院已发生法律效力的判决、裁定付诸实施的机关。在我国，刑事诉讼法依据各种刑罚的不同特点和刑罚执行的流程，将刑事执行机关分为：交付执行机关、执行机关和执行监督机关。

第一，交付执行机关。其是指将生效裁判及罪犯依照法定程序移交有关机关执行刑罚的机关。根据我国《宪法》和《刑事诉讼法》的规定，人民法院是国家审判机关，承担作出各种判决、裁定的职能，同时也承担将各种生效裁判交付执行的职能，是刑事裁判的交付执行机关。根据刑事诉讼法和相关司法解释的有关规定，发生法律效力的判决和裁定一般由原第一审人民法院交付执行，但是，如果罪犯关押在第二审人民法院所在地的，也可由第二审人民法院交付执行。

第二，执行机关。其是指将生效裁判所确定的刑罚内容付诸实施的机关，即具体负责和实施刑罚执行活动的机关。根据法律规定，执行机关包括人民法院、监狱、公安机关及其转交的其他有关单位和组织等。各执行机关及其具体职能分工如下：(1)人民法院。人民法院负责对无罪、免予刑事处罚、罚金、没收财产和死刑立即执行判决的执行。(2)监狱、拘役所、未成年犯管教所。监狱负责对有期徒刑和无期徒刑、死刑缓期 2 年执行判决的执行；拘役所负责对被判处拘役罪犯的执行；已满 14 周岁不满 18 周岁的未成年犯由未成年犯管教所负责执行；此外，看守所虽然不是刑罚执行机关，但是为了减少押解负担、节省资源，2018 年《刑事诉讼法》第 264 条规定，对被判处有期徒刑的罪犯，在被交付执行刑罚前，剩余刑期在 3 个月以下的，由看守所代为执行(所谓的"留所服刑")。在未设拘役所的地方，拘役判决也由看守所代为执行。(3)公安机关。2018 年《刑事诉讼法》第 270 条规定，对被判处剥夺政治权利的罪犯，由公安机关执行。执行期满，应当由执行机关书面通知本人及其所在单位、居住地基层组织。此外，2018 年《刑事诉讼法》第 272 条还规定，没收财产的判决，无论附加适用或者独立适用，都由人民法院执行；在必要的时候，可以会同公安机关执行。(4)社区矫正机构。根据 2018 年《刑事诉讼法》第 269 条的规定，对被判处管制、宣告缓刑、假释或者暂予监外执行的罪犯，依法实行社区矫正，由社区矫正机构负责执行。

第三，执行监督机关。2018 年《刑事诉讼法》第 276 条规定："人民检察院对执行机关执行刑罚的活动是否合法实行监督。如果发现有违法的情况，应当通知执行机关纠正。"据此，人民检察院成为刑事执行的监督机关，负责对执行程序进行法律监督，这也是宪法赋予人民检察院的法律监督职能在执行程序中的具体体现。根据现行刑事诉讼法之规定，检察机关的刑罚执行监督职能主要体现在以下几个方面：

(1)刑场执行检察监督。刑场执行检察监督即通常所说的"临场监督"，是人民检察院依法对人民法院负责执行的死刑立即执行案件在行刑现场进行监督。监督的意义在于贯彻国家死刑政策，杜绝错杀并防止意外事件的发生，保证死刑立即执行的正确实施。监督的内容是：死刑立即执行的活动是否合法(包括死刑立即执行的法律手续是否完备，执行场所、方法、对象是否正确，执行完毕时的活动是否合法)以及死刑立即执行的停止执行和恢复执行是否合法。

(2)监所执行检察监督。监所执行检察监督即通常所说的"监所监督"，是人民检察院对负责死缓、无期徒刑、有期徒刑和拘役刑的监狱、未成年管教所、看守所和拘役所的刑罚执行及矫正活动的合法性进行的法律监督。监督的意义在于保证国家刑事法律(尤其是监狱法)的正确实施，保障罪犯及其家属的合法权利并督促罪犯履行其义务，防止监所警察违法犯罪。从对罪犯的刑罚执行或变更执行活动到对罪犯的监禁管理、教育改造和劳动改造活动,从对罪犯及其家属的人权保护到对刑罚执行警察的纪律要求,从对罪犯又犯罪或漏罪的侦查起诉到罪犯及其家属提出申诉、控告和检举案件的处理,都属于监所执行监督的工作范围。检察机关在履行检察执行监督职责时有下列权利:行刑监督权,监管改造监督权,立案侦查及逮捕权,狱内侦查监督权,公诉权,对罪犯及其亲属提出申诉、控告与检举的受理与处理权,对暂予监外执行决定的监督权,对法院减刑、假释裁定的监督权。监所监督是刑罚执行检察监督的重点所在,目前由专门监所检察部门及驻监检察室进行。

(3)监外执行检察监督。监外执行检察监督是人民检察院依法对由法院、公安机关负责执行的管制、罚金、没收财产、剥夺政治权利、驱逐出境等刑罚,以及缓刑、监外执行、假释等监外执行活动的合法性进行监督。监外执行监督的意义在于避免和减少再犯罪行为的发生,维护社会治安秩序的稳定,确保监外刑罚执行的实效。

3. 刑事执行的对象是有刑判决

从诉讼法理上讲,所谓刑事执行权,实际上指的是刑罚执行权,因而原则上是针对有刑判决而言的,因为只有在有刑判决中,才存在刑罚执行的问题,对于无罪判决和免予刑事处罚的判决而言,由于并没有刑罚需要执行,因而也就不存在"行刑"的问题。对于一审宣告无罪、免刑判决这两类判决的被告人,各国法律都规定应当立即释放,但这里的"立即释放",并不是对未生效裁判的"立即执行",而应当理解为刑事诉讼法的一项特殊规定(有学者称为"强制措施的立即解除和撤销")。

我国 2018 年《刑事诉讼法》第 260 条规定:"第一审人民法院判决被告人无罪、免除刑事处罚的,如果被告人在押,在宣判后应当立即释放。"据此,一旦人民法院作出无罪、免除刑事处罚的判决,即使该判决尚未生效,也应当立即释放在押的被告人。即便在判决宣告后当事人提出上诉或者人民检察院提出抗诉,人民法院也应当将判决书立即送达公安机关,由公安机关通知看守所,看守所在接到上述法律文书后,应当立即释放在押的被告人,并填写好《释放证明》发交被告人。据此,即使一审判决尚未生效,也不影响立即释放被告人,不得等到判决生效后才予以执行;如果第二审人民法院根据上诉或抗诉对案件改判有罪或被告人需要服刑的,再将被告人收监执行。在实践中,为了避免上诉、抗诉导致改判使得被告人因立即释放难以到案的情况发生,第一审法院通常在释放被告人时,往往要求被告人及其家属填写取保候审保证书。

二、对我国刑事执行体制之检讨

我国现行的刑罚执行体制,既不同于英美法系国家的法官指挥执行之体制,也不同于大陆法系国家的检察官指挥执行的体制,而是一种独具特色的分散型(而非集中化)、监督型(而非指挥型)执行体制。它具有以下两项特点:一是刑罚执行权分散。如前所述,我国负责刑罚执行的机关可以分为三类:即交付执行机关、执行机关和执行监督机关。据此,我国现行的刑事执行体制实质是一种分散型体制,即执行权依据刑罚种类分散由多个机关行使,执行主体呈多元化特征,而没有一个集中的、统一指挥执行的权力主体。二是检察机关对刑事执行实施法律监督。按照我国刑事诉讼法的规定,人民检察院是执行监督机关,而非执行指挥机关,它仅负责对刑罚执行活动之监督,而不承担具体的执行职能,无法指挥执行之进行。

但是,从实践效果来看,大陆实行的这种分散型、监督型的刑罚执行体制并不尽如人意,在实践中暴露出一系列问题,造成了刑罚执行体制的运转不畅:

一方面，分散型执行体制弱化了执行权、减损了执行效果。分散型执行体制所形成的执行主体多元化格局，导致刑罚执行权过于分散，容易造成“一人一把号，各唱各的调”的弊端，既不利于总结经验、统一领导和科学管理，也不利于保障各种刑罚执行的统一和不同改造形式的前后相继。[2] 更为严重的是，刑罚执行权的分散，直接导致刑罚执行权的弱化，减损了刑罚执行的效果。由于缺乏一个统一指挥刑罚执行的机构主体，各种刑罚分别由多个机构具体负责执行，而这些机构往往又并非专门的刑罚执行机关，司法资源配置有限的现实，决定了其工作的主要精力肯定不会放在执行上，从而影响到刑罚执行的效果，例如刑事诉讼法虽然将拘役、管制、缓刑、假释和监外执行等交由公安机关执行，但公安机关本身的基本职能是进行侦查和社会治安管理，在目前严峻的社会治安形势下，其本职任务已经十分繁重，实际上根本无暇顾及刑罚执行工作，加上又缺乏一个统一的执行机关的领导、督促和协调，从而使立法赋予的拘役、管制、缓刑和假释的执行及其考察监督管理工作基本流于形式，产生了刑罚执行权“空转”和“虚置”的问题。实践中，在社会上执行的罪犯由于脱离管教而造成严重后果的现象已经比较严重。

另一方面，检察机关仅仅监督执行，难以实现对刑罚执行权的制约和过程控制。监督型刑罚执行体制的一个突出问题是，检察机关仅仅作为监督者而非刑罚执行的指挥者，无法真正对刑罚执行程序实施有效的权力制约和过程控制，这是因为，这种“事后型”“外在式”监督者的立场和身份，决定了检察机关在刑罚执行程序中无法行使执行指挥权，而只能在具体执法环节中提出“纠正意见”或“检察建议”，至于执行机关最终是否纠正以及如何纠正，检察机关则并无置喙之余地，因为法律并没有明确规定要求刑罚执行机关必须服从检察机关的“纠正意见”或“检察建议”，以及刑罚执行机关不作为时应当承担怎样的责任。如此这般均使检察机关对刑罚执行的法律监督和控制极大削弱，相反，监狱执行机关则在执行程序中占据主导地位、对执行程序之进行拥有绝对的控制权。例如，执行机关在收到监督部门的“纠正违法通知书”等检察监督意见后，往往采取拖延办理和答复的策略，甚至不了了之的消极态度，而对此，检察机关受制于监督者的身份和职权范围，并没有进一步的追究办法。例如，在司法实践中，检察机关对监狱报批的减刑、假释提出否定意见后，监狱机关仍然报请法院予以减刑、假释，对此类现象检察机关事先根本无法掌握，而法院一旦作出裁定同意减刑、假释，检察机关则更加无法予以有效监督。再如，对于暂予监外执行，人民检察院的监督往往作用甚微，因为，人民检察院的监督仅仅只能针对批准暂予监外执行决定中的不当之处进行，而且检察机关收到抄送的暂予监外执行的决定时，罪犯往往已经出狱；同时，对于暂予监外执行罪犯的管理进行监督也较难，因为检察机关往往难以及时认定暂予监外执行的情形是否已经消失，以致一些暂予监外执行情形已经消失、应当及时收监继续执行刑罚的服刑人员却未能及时收监。监督、制约机制的弱化，为执行程序中的权力滥用和权力“寻租”提供了空间，当前执行程序中暴露出来的诸多弊端，尤其是在暂予监外执行、减刑、假释等程序中滋生的较为严重的腐败问题，都是与执行程序缺乏强有力的监督、制约机制密切相关的。

从比较法的角度讲，大陆法系国家的刑罚执行体制普遍采行“检察官指挥执行”的体制，即检察官在刑罚执行程序中居于主导地位，负有刑罚执行之指挥权，司法警察、监狱等机构处于从属地位，是检察官的辅助机构，而法官原则上不行使刑罚执行权。之所以赋予检察官刑罚执行指挥权，来源于大陆法系国家检察官角色的基本定位：其一，刑罚执行权属于行政权的范畴，

[2] 肖胜喜、郭祖汉：《刑事执行程序论》，中国政法大学出版社 1991 年版，第 7～10 页。

按照法治国家的理念,刑事司法程序中的行政权都需要加以防范和监控,以免因其滥用而危害人权,因此,如同刑事诉讼中的警察权一样,执行权需要受到法律的控制,而在大陆法系国家,检察官是国家的"法律守护人",由其指挥刑罚执行,可以确保执行权的公正行使(其内在原理与检察官控制警察权相似);其二,更为重要的是,按照职权主义诉讼的理念,刑事诉讼系由检察机关所提起,实现国家刑罚权是检察机关提起公诉的根本目的之所在,因此,作为实现国家刑罚权的执行权,往往也同时被视为检察机关的专属职权,在动态上构成了公诉权的延伸。从大陆法系国家的刑事诉讼立法和理论来看,均趋向于将检察机关定位为执行权的真正主体,而将监狱等司法行政机关视为检察机关行使执行权的辅助机关,"刑罚之执行官署为检察机关。而在检察机关的刑罚之执行事项,原则上均由司法辅助人员处理之"。[3] 例如,《德国刑事诉讼法》第451条(执行机关)规定:"刑罚的执行,由作为执行机关的检察院依据书记处书记员发放的、附有可执行性证书和经过核实的判决主文副本付诸实施。"《日本刑事诉讼法》第472条(指挥执行)规定:"裁判的执行,由与作出该项裁判的法院相对应的检察厅的检察官指挥。"该法第473条接着规定,检察官指挥裁判的执行,应当以书面进行,并附具裁判书或者记载裁判的笔录的副本或者节本。据此,在日本,裁判之执行由检察官指挥,检察事务官、司法警察职员或执行刑罚机关的职员具体承担执行任务。[4]

由此可见,所谓检察指挥执行的体制,其核心是检察官的刑罚执行指挥权,它主要包括决定刑罚执行的顺序、决定停止执行自由刑等诸项权能。根据德国、日本、韩国等国家的立法规定,检察官的执行指挥权包括了以下权能:

一是决定刑罚执行的顺序。两个以上主刑的执行,除罚金及罚款外,原则上应先执行其中重的刑罚。但检察官可以停止执行重的刑罚,而命令执行其他刑罚。[5]

二是决定停止执行自由刑。受惩役、监禁或者拘留宣判的人处于心神丧失的状态时,依据作出刑罚宣判的法院相对应的检察厅的检察官或者受刑罚宣判人现在地的管辖地方检察厅的检察官的指挥,可以在其状态恢复以前,停止执行刑罚。

三是为执行而传唤以及发出收监证。受死刑、惩役、监禁或者拘留宣判的人没有被拘禁时,检察官应当为执行该项裁判而予以传唤。受传唤的人不接受传唤时,应当发出收监证。如果有逃亡或者有逃亡的可能时,检察官可以直接发出收监证,或者使司法警察员发出收监证。

四是执行财产刑。关于罚金、罚款、没收、追征、罚锾、没收保释金、诉讼费用、赔偿费用或者暂先交纳的裁判,依据检察官的命令执行。该项命令,与有执行力的关于债务的公文书有同等的效力。

五是处分没收物。例如,在日本,应当没收之物已经被扣押的,因裁判的生效,物的所有权归属于国库,不需要另行执行。相反,该物没有被扣押的,检察官命令提交该物;不提交时,用没收命令书强制执行。

较之我国现行的分散型执行体制和检察监督执行体制,这种检察官指挥执行的体制具有两个突出的功能优势:一是将执行权统一于检察官,从而化解了执行权分散行使带来的权力弱

---

〔3〕[德]克劳思·罗科信:《刑事诉讼法》(第24版),吴丽琪译,法律出版社2003年版,第552页。

〔4〕[日]松尾浩也:《日本刑事诉讼法》(下卷),丁相顺译,金光旭校,中国人民大学出版社2005年版,第334~335页。

〔5〕这个顺序的变更,主要是考虑让犯人尽快取得假释的资格。例如,被判处6年惩役其中4年监禁的刑罚时,先执行2年惩役刑,然后执行4年监禁刑。——参见[日]松尾浩也:《日本刑事诉讼法》(下卷),丁相顺译,金光旭校,中国人民大学出版社2005年版,第340页。

化、执行效果减损等问题;二是检察官直接“指挥”而不仅仅是“监督”执行,增强了执行中的权力制约和过程控制,从而可以有效防止执行中的权力腐败现象。反思我国现行刑事执行体制上产生的种种问题,实际上都与检察机关在执行程序中的地位和作用受限直接相关。为此,我们认为,应当加强检察机关在执行程序中的地位和作用,但是,并非如有的学者所倡导的以加强检察机关在刑事执行中的法律监督地位为思路,而是主张在借鉴德、日、韩等大陆法系诸国经验的基础上、以确立检察官指挥执行的新体制为基本思路来重新设计和架构我国刑罚执行体制。

至于死刑立即执行判决的执行,我们认为,不宜再由人民法院行使。从各国的规定来看,刑法上保留死刑的国家,在死刑执行权的配置上虽然做法不一,但都没有规定由法院执行死刑的,多数规定由监狱负责具体的执行工作,而由检察官临场指挥。例如,日本刑事诉讼法规定,执行死刑,应当依据法务大臣的命令。死刑以在监狱内绞首的方法执行,并且不公开进行。检察官用死刑执行指挥书指挥监狱长执行死刑。在执行时,检察官、检察事务官、该监狱负责人或代理人,必须临场。未经检察官或者监狱长许可的人,不得进入刑场。执行死刑时在场的检察事务官应当制作执行情况书,并与检察官及监狱长或者代理人共同在执行情况书上签名、盖章。对此规定,我国刑事诉讼立法可予以借鉴,规定死刑立即执行的判决由监狱具体负责执行,而检察机关临场指挥。

至于死缓判决的执行、无期徒刑和有期徒刑判决的执行,应由监狱和未成年人管教所辅助检察机关进行;拘役判决的执行由拘役所辅助检察机关进行;对被判处有期徒刑缓刑、拘役缓刑、管制、剥夺政治权利、假释和暂予监外执行等罪犯的执行则由公安机关辅助检察机关进行,公安机关应当及时向检察机关汇报罪犯执行的有关情况,检察机关基于执行指挥权有权督促公安机关对在社会上执行的罪犯进行管束(包括决定是否予以收监)。

对于在实践中争议较大的赃款赃物的移送问题,我们认为,也应当由检察机关来加以处分,公安机关应当在将案件移送检察机关审查起诉的同时将赃款赃物移交给检察机关处理;对作为证据使用的赃款赃物,检察机关将其以拍照的方式固定下来,做齐法律文书后随案移送,而赃款赃物本身并不需要移交至法院。判决生效后,对于赃款赃物,检察机关予以没收;在执行没收后3个月内,有权利的人请求返还时,除应当销毁、废弃的物品外,检察官应当返还。赃物已经处理的,检察官应当返还拍卖所得的价金。对于扣押物的所有人所在不明或者有其他事由不能返还该物品时,检察机关应当设立6个月的公告期,自公告之日起,在6个月内无人请求返还时,该物品即收归国库。

第二节 各种判决、裁定的执行程序

一、死刑立即执行判决的执行

死刑是对人生命权的直接剥夺,无论是作出死刑判决或者执行死刑,都应当慎重。我国历来坚持“少杀慎杀”、防止错杀的死刑政策,为了从程序上确保死刑的正确适用,刑事诉讼法对死刑立即执行判决的执行程序作了严格的规定。

(一)执行死刑应当由最高人民法院院长签发执行死刑命令

2018年《刑事诉讼法》第261条规定:“最高人民法院判处和核准的死刑立即执行的判决,应当由最高人民法院院长签发执行死刑的命令。”据此,死刑立即执行判决即使是由终审法院作出也不得立即执行,还必须经过死刑复核程序,由最高人民法院作出核准死刑立即执行的裁定,再经最高人民法院院长签发死刑执行令后,方能交付执行。

(二)执行死刑的机关与期限

根据2018年《刑事诉讼法》第262条和相关司法解释的规定,最高人民法院的执行死刑命令,应当由高级人民法院交原审人民法院执行。如果人民法院不具备执行条件的,可以请同级公安机关协助执行。原审人民法院接到执行死刑命令后,应当在7日内交付执行。

(三)执行死刑的场所与方法

根据2018年《刑事诉讼法》第263条第2款以及相关司法解释的规定,死刑采用枪决或者注射等方法执行。采用注射方法执行死刑的,应当在指定的刑场或者羁押场所内执行。具体程序,依照有关规定。采用枪决、注射以外的其他方法执行死刑的,应当事先报请最高人民法院批准。

(四)执行死刑的具体程序

其一,公布。2018年《刑事诉讼法》第263条第5款规定:“执行死刑应当公布,不应示众。”最高人民法院《关于执行〈中华人民共和国刑事诉讼法〉若干问题的解释》规定:“执行死刑应当公布,禁止游街示众或者其他有辱被执行人人格的行为。”

其二,死刑罪犯同近亲属会见。“执行死刑前,罪犯提出会见其近亲属或者其近亲属提出会见罪犯申请的,人民法院可以准许。”这一规定是司法人道性的重要体现,据此,执行前与亲属会见也是死刑罪犯的一项权利,司法机关应当予以保障。

其三,验明正身。根据2018年《刑事诉讼法》第263条第3款的规定,执行死刑由人民法院的审判人员负责指挥:“指挥执行的审判人员,对罪犯应当验明正身,讯问有无遗言、信札,然后交付执行人员执行死刑。在执行前,如果发现可能有错误,应当暂停执行,报请最高人民法院裁定。”据此,执行前首先应对罪犯验明正身,核实罪犯姓名、别名、性别、年龄、职业、拘留、逮捕时间等,其目的旨在进一步核实罪犯身份,防止错杀;然后,应讯问罪犯有无遗言、信札,并制作笔录,交付执行人员执行死刑。

其四,停止执行和恢复执行。执行死刑除了遵循以上特别程序外,为了体现执行死刑的慎重性,尽可能地防止错杀,法律还规定了停止执行和恢复执行的程序。《刑事诉讼法》第262条规定,有下列情形之一的,应当停止执行,并且立即报告最高人民法院,由最高人民法院作出裁定:(1)在执行前发现判决可能有错误的;(2)在执行前罪犯揭发重大犯罪事实或者有其他重大立功表现、可能需要改判的;(3)罪犯正在怀孕。正在怀孕的罪犯应当停止执行死刑,主要是基于司法人道性的考虑。此外,如果是在审判时即已发现被告人在押受审时已经是孕妇的,即使已经做了人工流产,仍然应当视作怀孕的妇女,而不得对其适用死刑。对于怀孕妇女已经判处死刑的,应当停止执行,并报请最高人民法院依法改判;需要改判的案件,应当由有死刑复核权的人民法院适用审判监督程序依法改判或者指令下级人民法院再审。要注意的是,死刑停止执行后,即使经过查证停止执行的原因并不成立,死刑执行程序也不能自动恢复,而必须重新报请最高人民法院院长签发执行死刑命令后方能恢复执行。

其五，死刑执行的临场监督。根据2018年《刑事诉讼法》第263条的规定，人民检察院有权对死刑的执行进行临场监督。人民法院在交付执行死刑前，应当通知同级人民检察院派员临场监督。

其六，执行死刑后的处理。执行死刑完毕，应当由法医验明罪犯确实死亡后，在场书记员制作笔录。负责执行的人民法院应当将执行死刑情况（包括执行死刑前后照片）及时逐级上报最高人民法院。

二、死刑缓期二年执行、无期徒刑、有期徒刑和拘役判决的执行

（一）执行的法定机关

死刑缓期二年执行、无期徒刑、有期徒刑和拘役判决的法定执行机关为监狱、拘役所、未成年犯管教所。监狱负责对有期徒刑和无期徒刑、死刑缓期2年执行判决的执行；拘役所负责对被判处拘役罪犯的执行；已满14周岁不满18周岁的未成年犯由未成年犯管教所负责执行；此外，看守所虽然不是刑罚执行机关，但是为了减少押解负担、节省资源，对被判处有期徒刑的罪犯，在被交付执行刑罚前，剩余刑期在3个月以下的，由看守所代为执行。在未设拘役所的地方，拘役判决也由看守所代为执行。

（二）执行的具体程序

其一，交付执行。2018年《刑事诉讼法》第264条第1款规定，罪犯被交付执行刑罚的时候，应当由交付执行的人民法院在判决生效后10日内将有关的法律文书送达公安机关、监狱或者其他执行机关。实践中，由公安机关在接到人民法院判处死刑缓期2年执行、无期徒刑、有期徒刑的判决书、裁定书、执行通知书后，在1个月内将罪犯送交监狱执行，对未成年犯则送交未成年犯管教所执行刑罚。对于被判处拘役的罪犯，公安机关收到人民法院的判决书、裁定书、执行通知书后，将罪犯送交拘役所执行。没有拘役所的地区，由看守所执行。

其二，将未逮捕的罪犯收监。根据相关司法解释的规定，人民法院应当将收监执行决定书分别送达交付执行的公安机关和监狱。罪犯需要羁押执行刑罚，而判决确定前罪犯没有被羁押的，人民法院应当根据生效的判决书或者裁定书将罪犯羁押，并送交公安机关。

（三）死刑缓期二年执行判决在执行中的变更

2018年《刑事诉讼法》第261条第2款规定，被判处死刑缓期二年执行的罪犯，在死刑缓期执行期间，如果没有故意犯罪，死刑缓期执行期满，应当予以减刑，由执行机关提出书面意见，报请高级人民法院裁定；如果故意犯罪，情节恶劣，查证属实，应当执行死刑的，由高级人民法院报请最高人民法院核准。据此，被判处死刑缓期二年执行的罪犯，在死刑缓期执行期间，如果故意犯罪，情节恶劣，并经生效判决确定，则应当将死刑缓期二年执行变更为死刑立即执行，但在程序上，仍然应当报请最高人民法院核准，最高人民法院核准死刑后，应当由最高人民法院院长签发执行死刑命令，并交付执行死刑；对于故意犯罪未执行死刑的，死刑缓期执行的期间重新计算，并报最高人民法院备案。

（四）有期徒刑缓刑、拘役缓刑的执行

根据刑法规定，对于被判处3年以下有期徒刑、拘役刑罚的罪犯，可以宣告缓刑。缓刑并

不是一个独立的刑种,而是刑罚的一种特殊执行方式。

缓刑的执行机关。根据2018年《刑事诉讼法》第269条的规定,对被判处宣告缓刑的罪犯,依法实行社区矫正,由社区矫正机构负责执行。

缓刑执行的考察。执行机关应当向被宣告缓刑的罪犯宣布,在监督考察期限内应当遵守下列规定:(1)遵守法律、行政法规和公安部制定的有关规定,服从监督;(2)按照公安机关的规定,定期报告自己的活动情况;(3)遵守公安机关关于会客的规定;(4)离开所居住的市、县或者迁居,应当报经县级公安机关批准;(5)附加剥夺政治权利的缓刑罪犯还必须遵守关于被剥夺政治权利之人的相关限制性规定(见下文);(6)遵守公安机关制定的具体监督管理措施。

对被宣告缓刑的罪犯,负责执行的社区矫正机构应当定期向罪犯原所在单位或者执行地街道居民委员会、村民委员会了解其表现情况,建立监督考察档案。

被宣告缓刑的罪犯,在缓刑期限内,发现判决宣告前还有其他罪没有判决的,负责执行的机关应当及时移送人民检察院处理,并通知原判决的人民法院。

被宣告缓刑的罪犯在缓刑考验期限内,违反法律、行政法规的有关规定,尚未构成新的犯罪的,执行机关应当向人民法院提出撤销缓刑的建议。人民法院裁定撤销缓刑、假释的,执行机关应当及时将罪犯送交原关押的监狱、看守所、拘役所收监执行。

被宣告缓刑的罪犯,在缓刑考察期限内没有《刑法》第77条规定的情形,缓刑考验期满,原判的刑罚就不再执行。如果被判处附加刑,附加刑仍须执行。缓刑考验期满,执行机关应当向本人宣布并通报原判决的人民法院。

三、管制、剥夺政治权利判决的执行

管制是指对轻微犯罪分子不予关押、在公安机关管束和社会公众的监督下实行改造的一种刑罚。剥夺政治权利是我国刑法规定的一种附加刑,是指对罪犯某些政治权利予以剥夺的一种刑罚,主要包括剥夺其选举权和被选举权;言论、出版、集会、结社、游行、示威自由的权利;担任国家机关职务权;担任国有公司、企业、事业单位和人民团体领导职务等权利。

(一)管制、剥夺政治权利判决的执行机关

2018年《刑事诉讼法》第269条规定,对被判处管制的罪犯,依法实行社区矫正,由社区矫正机构负责执行。

(二)管制、剥夺政治权利判决执行程序

负责执行管制、剥夺政治权利的执行机关,应当按照人民法院的判决,向罪犯及其原所在单位或者居住地群众宣布其犯罪事实、被管制或者剥夺政治权利的期限,以及罪犯在执行期间应当遵守的规定。

执行机关应当向被管制的罪犯宣布,在执行期间应当遵守下列规定:(1)遵守法律、行政法规的有关规定,服从监督;(2)未经执行机关批准,不得行使言论、出版、集会、结社、游行、示威自由的权利;(3)定期向监督考察小组报告自己的活动情况;(4)遵守公安机关关于会客的规定;(5)离开所居住的市、县或者迁居,应当报经公安机关批准;(6)遵守公安机关制定的具体监督管理措施。

执行机关应当向被剥夺政治权利的罪犯宣布,在执行期间应当遵守下列规定:(1)遵守国

家法律、行政法规的有关规定，服从监督；(2)不得享有选举权和被选举权；(3)不得组织或者参加集会、游行、示威、结社活动；(4)不得出版、制作、发行书籍、音像制品；(5)不得接受采访，发表演说；(6)不得在境内外发表有损国家荣誉、利益或者其他具有社会危害性的言论；(7)不得担任国家机关职务；(8)不得担任国有公司、企业、事业单位和人民团体的领导职务；(9)遵守公安机关制定的具体监督管理措施。

被管制、剥夺政治权利的罪犯，执行期满，执行机关应当通知本人，并向其所在单位或者居住地的群众宣布解除管制或者恢复政治权利。

四、财产刑(罚金、没收财产)判决的执行

罚金是人民法院依法判决犯罪公民或犯罪单位向国家缴纳一定数额金钱的刑罚。没收财产，是指将犯罪分子个人所有财产的一部或全部依法无偿地收归国有的一种刑罚。

(一)财产刑的执行机关

在我国，财产刑的执行机关是人民法院。根据我国刑法的规定，罚金判决由人民法院执行。2018年《刑事诉讼法》第272条规定，对于没收财产的判决，无论附加适用还是独立适用，都由人民法院执行。必要的时候，可以会同公安机关执行，以防止和排除各种干扰。此外，发生法律效力的刑事判决、裁定和调解书中涉及财产内容需要执行的，也由原审人民法院负责执行。附带民事判决中财产的执行，依照民事诉讼法和最高人民法院的有关规定进行。

(二)财产刑的执行程序

罚金刑的执行，以自愿缴纳为原则。罚金应在判决规定的期限内一次或者分期缴纳。期满无故不缴纳的，人民法院应当强制缴纳。经强制缴纳仍不能全部缴纳的，人民法院在任何时候，包括在判处的主刑执行完毕后，发现被执行人有可以执行的财产的，应当追缴。如果由于遭遇不能抗拒的灾祸缴纳罚金确实有困难的，犯罪分子可以向人民法院申请减少或者免除。人民法院查证属实后，可以裁定对原判决确定的罚金数额予以减少或者免除。行政机关对被告人就同一事实已经处以罚款的，人民法院判处罚金时应当予以折抵。

没收财产刑在执行时，其执行范围应当限于犯罪分子个人所有财产的一部或全部。没收全部财产的，应对罪犯个人及其扶养的家属保留必要的费用，不得没收属于罪犯家属所有或者应有的财产。对于没收财产以前犯罪分子所负的正当债务，需要以没收的财产偿还的，经债权人请求，应当偿还。对于没收的财产，人民法院应当按照有关规定及时上缴国库或财政部门。

第三节　刑罚变更执行程序

刑罚变更执行程序，是指法定执行机关在刑罚执行过程中，由于法定条件或情形的出现，需要对原先判决和裁定确定的刑罚执行内容或方式予以变更的法定程序。根据我国《刑事诉讼法》的规定，刑罚变更执行程序的主要分为暂予监外执行、减刑、假释。

一、暂予监外执行

(一)暂予监外执行的适用对象和条件

所谓暂予监外执行,是将罪犯暂时放在监外交由公安机关执行。它不仅变更了执行场所,而且变更了执行方式,属于刑罚的一种变通执行方法。据此,暂予监外执行的期间应当计入刑罚执行期间。暂予监外执行的情形消失,如果刑期未满,则由公安机关通知执行机关将罪犯收监执行余刑;如果刑期已满,不再收监,由原执行机关办理释放手续。

暂予监外执行的适用对象,只能是被判处有期徒刑或者拘役的罪犯,对于被判处死缓和无期徒刑的罪犯,不得适用监外执行。根据2018年《刑事诉讼法》第265条的规定,被判处有期徒刑或者拘役的罪犯,有下列情形之一的,可以适用暂予监外执行:

第一,有严重疾病需要保外就医的。所谓严重疾病,是指病危或者患有恶性传染病、不治之症等,不宜在监狱或其他执行机关的医院治疗。罪犯是否患有严重疾病而需要保外就医,必须由省级人民政府指定的医院开具证明文件,依照法律规定的程序审批。同时,罪犯还必须提出保证人担保其在监外执行兼治病,期间不得违反有关规定。此外,法律明文禁止以下两类罪犯不得予以保外就医:一是适用保外就医可能有社会危险性的罪犯;二是自伤自残的罪犯。发现被保外就医的罪犯不符合保外就医条件的,或者严重违反有关保外就医规定的,应当及时收监执行。

第二,怀孕或者正在哺乳自己婴儿的妇女。因该种情形需要暂予监外执行的,其监外执行期间一般自分娩之日起,到婴儿1周岁以前。

第三,生活不能自理,适用暂予监外执行不致危害社会的罪犯。所谓生活不能自理,是指罪犯由于老、弱、病、残等原因需要他人照顾才能生活的。

暂予监外执行的罪犯,必须承担如下义务:必须遵守国家法律、法规和公安机关的监督管理办法;因患严重疾病而保外就医的罪犯应当在指定的医院接受治疗;不准外出住宿,确因治疗需要离开居住区域的,必须经公安机关批准,经批准外出的,外出时间计入执行期,对于擅自离开、情形严重的,严肃处理。

(二)暂予监外执行的决定机关和执行机关

其一,有权作出暂予监外执行决定的机关:

(1)人民法院。被判处有期徒刑或者拘役的罪犯,在交付执行刑罚前或者交付执行时,发现具备适用暂予监外执行的法定情形的,由人民法院在宣告判决的同时或者之后,作出暂予监外执行的决定。人民法院决定暂予监外执行的,应当制作《暂予监外执行决定书》,载明罪犯基本情况、判决确定的罪名和刑罚、决定暂予监外执行的依据等内容,并抄送人民检察院和罪犯居住地的公安机关。

(2)省级以上监狱管理机关。被判处有期徒刑或者拘役的罪犯,在刑罚执行的过程中,发现具备适用暂予监外执行的法定情形的,由监狱或者未成年犯管教所,提出书面意见,报省、自治区、直辖市的监狱管理机关审批、决定。

(3)设区的市一级以上公安机关。在看守所、拘役所服刑的罪犯需要暂予监外执行的,应由看守所或拘役所提出书面意见,报主管的设区的市一级以上公安机关批准。公安机关决定对罪犯暂予监外执行的,应当将《暂予监外执行通知书》交被暂予监外执行的罪犯和罪犯居住地派出所，同时将《暂予监外执行决定书》送同级人民检察院。

其二，负责执行暂予监外执行的机关。根据2018年《刑事诉讼法》第269条的规定，对于暂予监外执行的罪犯，依法实行社区矫正，由社区矫正机构负责执行。据此，暂予监外执行决定作出后，即应交付由罪犯居住地的社区矫正机构负责执行。

（三）暂予监外执行的收监及刑期计算

根据《刑事诉讼法》第268条的规定，对暂予监外执行的罪犯，有下列情形之一的，应当及时收监：(1)发现不符合暂予监外执行条件的；(2)严重违反有关暂予监外执行监督管理规定的；(3)暂予监外执行的情形消失后，罪犯刑期未满的。

对于人民法院决定暂予监外执行的罪犯应当予以收监的，由人民法院作出决定，将有关的法律文书送达公安机关、监狱或者其他执行机关。

不符合暂予监外执行条件的罪犯通过贿赂等非法手段被暂予监外执行的，在监外执行的期间不计入执行刑期。罪犯在暂予监外执行期间脱逃的，脱逃的期间不计入执行刑期。

（四）暂予监外执行之理论检讨

为了体现刑罚执行中的人道性，各国都在刑罚执行制度中规定了执行变更制度。尤其是当服刑罪犯的身体状况已经不适宜再留在监狱内服刑时，各国均规定了刑罚的暂时中止制度。

例如，《德国刑事诉讼法》第455条（推迟自由刑的执行）规定："（一）受判决人患精神病者，其自由刑之执行予以延期。（二）受判决人患其他疾病，如因执行而有致生命危险之虞者亦同。（三）受判决人之身体状况不便在监狱之设备内予以即时执行者，得延期为刑之执行。（四）有下列情形，且预料受判决人之疾病于相当期间内将继续存在者，执行官署得缓执行自由刑：(1)受判决人患精神病者；(2)受判决人患疾病，如因执行而有致生命危险之虞者；(3)受判决人患其他重大疾病，且其疾病在监狱或其他医院内不能诊断或治疗者。如有重大之反对理由，尤其是公共安全之理由，不得缓执行。"该法第456条规定："（一）如因即时执行，将使受刑人或其家属遭遇刑罚目的以外之重大损害时，得因受刑人之声请而为延期之执行。（二）执行之延期不得逾四月。（三）对于延期执行之核准，得命交保或附带其他条件。"

《日本刑事诉讼法》第480条（因心神丧失而停止执行自由刑）也规定："受惩役、监禁或者拘留宣判之人，处于心神丧失状态时，依据与作出刑罚宣告之法院相对应之检察厅之检察官或受刑罚宣判人所在地之该管地方检察厅之检察官之指挥，在其状态恢复以前，停止执行。"同法第481条接着规定（对于因心神丧失经停止执行自由刑之人之处理）："（一）依据前条之规定停止执行刑罚时，检察官应将受刑罚宣告之人提交给监护义务人或地方公共团体之长官，或使之进入医院或其他适当之场所。（二）被停止执行刑罚之人，在作出前项处分以前应将其拘禁在监狱内，此一期间应算入刑期内。"

我国顺应国际人权保障的基本要求，也将暂予监外执行作为刑罚的一种变通执行方式，但是，与大陆暂予监外执行制度不同的是，我国将监外执行的期间亦计入刑罚执行期间，而德国的自由刑延期执行制度，抑或日本的自由刑停止执行制度，所延期或者暂停执行的期间原则上都不记入刑期（除在作出停止执行处分以

资料：被告人李宏办理暂予监外执行案件中玩忽职守案。

前将被停止执行刑罚人留置于监狱内的期间应计入刑期外),因为它属于刑罚执行的中断,而非刑罚的变通执行,因而一旦延期或停止执行的情形消失,不论刑期是否届满,刑罚执行机关都应将罪犯收监继续执行中断的刑罚。

这种差异实际上是为被判刑的罪犯逃避服刑"打开了一道口子",由于有了不用在监内服刑就可以将刑罚"执行"完毕的捷径,服刑罪犯必定会寻求通过权力和金钱与执行机关进行交易,以换取暂予监外执行之机会,结果在实践中诱发了大量的"执行腐败"问题。

尽管为了防止罪犯在监外危害社会和保外就医被滥用,在制度层面,我国2018年《刑事诉讼法》第265条第3款作了限制性规定,即对于适用保外就医可能有社会危险性的罪犯或者自伤自残的罪犯,不得适用保外就医;同时还规定,对于罪犯确有严重疾病,必须保外就医的,由省级人民政府指定的医院开具证明文件,依照法律规定的程序审批。此外,最高人民法院、最高人民检察院、公安部、司法部、国家卫生计生委联合印发了《暂予监外执行规定》,对暂予监外执行的条件及保外就医严重疾病范围详尽规定。但是,在实务中我们发现,基于审批、报备的程序设置,对于罪犯在服刑过程中发现需要暂予监外执行的,往往由执行机关提出书面意见,报省、自治区、直辖市的监狱管理机关审批,这样,申请和批准实际上都是由监狱管理系统内部作出,批准机关仅仅只需将批准决定通知公安机关、原审人民法院以及抄送人民检察院即可,整个暂予监外执行的审批在程序上缺乏监督,根本无法防止执行腐败的发生。

因而,我们主张废除暂予监外执行制度,代之以自由刑暂停执行制度。设立这一制度的根本目的就在于改变目前暂予监外执行制度中将监外执行期间也计入刑罚执行期间的做法,而实行执行期间中断的原则。在自由刑暂停执行制度中,罪犯保外就医、哺乳等期间,原则上不计入刑罚执行期间,而保外就医、哺乳等也不再是刑罚的一种变通执行方式,而只是刑罚执行的暂时中止,一旦中止的事由消失,则应将罪犯收监继续执行中断的余刑。这就在根本上切断了当前暂予监外执行中出现腐败的利益动因。因为,自由刑暂停执行并不能产生刑罚执行的效力,即便罪犯获准暂时出狱,但不论该期间内刑期是否届满,最终仍然要回到监狱中继续服刑。如此,服刑罪犯试图通过暂予监外执行的方式逃避服刑的企图,就彻底落空了。

二、减刑

减刑,是指被判处管制、拘役、有期徒刑和无期徒刑的罪犯在执行期内确有悔改或立功表现,由人民法院依法适当减轻其原判刑罚的制度。我国2018年《刑事诉讼法》第273条第2款规定:"被判处管制、拘役、有期徒刑或者无期徒刑的罪犯,在执行期间确有悔改或者立功表现,应当依法予以减刑、假释的时候,由执行机关提出建议书,报请人民法院审核裁定,并将建议书副本抄送人民检察院。人民检察院可以向人民法院提出书面意见。"

(一)减刑的适用对象和条件

减刑的对象必须是被判处管制、拘役、有期徒刑或者无期徒刑的罪犯。死缓减为无期徒刑或有期徒刑,是一种特殊形式的减刑。

根据法律和司法解释的规定,被判处管制、拘役、有期徒刑的罪犯,在执行期间,如果认真遵守监管规定,接受教育改造,确有悔改表现或者立功表现的,执行机关可以提出减刑建议。所谓"确有悔改表现",一般是指服刑人同时具备以下四个方面的情形:(1)认罪服法;(2)一贯遵守罪犯改造行为规范和监狱纪律;(3)积极参加政治、文化、技术学习;(4)积极参加劳动,爱护公物,完成劳动任务。所谓“确有立功表现”,一般是指检举揭发他人的犯罪行为,既包括同案犯的其他犯罪,也包括提供侦破其他案件的重要线索,但必须都需经查证属实。既包括阻止他人犯罪活动,也包括协助司法机关抓捕人犯。只要服刑罪犯具有上述情形之一,执行机关就可以提出减刑建议,既然是“可以”提出减刑建议,即为“得减”而非“必减”,裁量权在执行机关。如果服刑的罪犯有下列重大立功表现之一的,执行机关应当提出减刑建议:(1)阻止他人重大犯罪活动的;(2)检举监狱内外重大犯罪活动,经查证属实的;(3)有发明创造或者重大技术革新的;(4)在日常生产、生活中舍己救人的;(5)在抗御自然灾害或者排除重大事故中,有突出表现的;(6)对国家和社会有其他重大贡献的。既然是“应当”提出减刑建议,即为“必减”。

此外,法律还规定了一种法定减刑,即被判处死刑缓期2年执行的罪犯在死刑缓期2年执行期间,如果没有故意犯罪,死刑缓期执行期满,应当予以减刑。需要注意的是,既然是一种法定减刑,即为“必减”,只要被判处死刑缓期2年执行的罪犯在死刑缓期2年执行期间内没有故意犯罪,就应当被减为无期徒刑。具体而言:对判处死刑缓期2年执行的罪犯,在死刑缓期2年执行期间内,如果没有故意犯罪,依法应当减为无期徒刑;对于既没有故意犯罪又有悔改和立功表现的,如检举、揭发监内犯罪的,制止罪犯逃跑自杀的,有重大发明或技术革新以及生活中舍己救人等表现的,2年期满的,减为25年有期徒刑。如果死刑缓期2年执行期满后尚未裁定减刑前又犯新罪的,应当依法减刑后对其所犯新罪另行审判。

(二)减刑的程序

根据刑事诉讼法和相关司法解释的规定,减刑建议的提起和审理,依照下列情形分别进行:

第一,对于被判处死刑缓期2年执行的罪犯的减刑,由省、自治区、直辖市监狱管理部门审核同意后,报当地高级人民法院审核裁定;

第二,对于被判处无期徒刑的罪犯的减刑,由省、自治区、直辖市监狱管理部门审核同意后,报当地高级人民法院审核裁定;

第三,对于被判处有期徒刑(包括减为有期徒刑)的罪犯的减刑,由罪犯服刑地的中级人民法院根据当地执行机关提出的减刑建议书裁定;

第四,对于被判处抗税的罪犯的减刑,由罪犯服刑地的中级人民法院根据当地同级执行机关提出的减刑建议书裁定;

第五,对于被判处管制的罪犯,符合减刑条件的,由执行管制的派出所提出减刑建议书,经县级以上公安机关审查同意后,报请所在地中级以上人民法院审核裁定;

第六,被宣告缓刑的罪犯,在缓刑考验期限内确有重大立功表现,需要予以减刑,并相应缩短缓刑考验期限的,应当由负责考察的公安机关派出所会同罪犯的所在单位或者基层组织提出书面意见,由罪犯所在地的中级人民法院根据当地同级执行机关提出的减刑建议书裁定;

第七,对于被判处拘役或者有期徒刑余刑1年以下的罪犯,符合减刑条件的,由拘役所、看守所提出减刑建议书,经县级以上公安机关审查同意后,报请所在地中级以上人民法院审核裁定。

人民法院审理减刑案件,应当依法组成合议庭。人民法院应当自收到减刑建议书之日起1个月内依法裁定。对于被判处无期徒刑的罪犯的减刑,如果案情复杂或者情况特殊的,可以延长1个月;对于被判处有期徒刑(包括减为有期徒刑)的罪犯的减刑,如果案情复杂或者情况特殊的,可以延长1个月。

人民法院作出减刑裁定后,应当及时送达执行机关、同级人民检察院以及罪犯本人。人民检察院认为人民法院的减刑裁定不当,应当在收到裁定书副本20日内,向人民法院提出书面纠正意见。人民法院收到书面纠正意见后,应当重新组成合议庭进行审理,并在1个月内作出最终裁定。

三、假释

假释,是指对于被判处有期和无期徒刑的罪犯,在经过一定期限的服刑改造以后,确有悔改表现且不致再危害社会的,附条件地将其予以提前释放的制度。

(一)假释的适用对象和条件

根据我国《刑法》第81条的规定,假释的对象只能是被判处有期徒刑和无期徒刑的罪犯,不包括被判处拘役的罪犯。但是,对累犯以及因杀人、爆炸、抢劫、强奸、绑架等暴力性犯罪被判处10年以上有期徒刑、无期徒刑的犯罪分子,不得假释。

假释必须同时满足以下两个条件:(1)已执行一定的刑期,即被判处有期徒刑的犯罪分子,实际执行原判刑期1/2以上;被判处无期徒刑的犯罪分子,实际执行13年以上。(2)认真遵守监规,接受教育改造,确有悔改表现,释放后不致再危害社会。犯罪分子同时具备以下四个方面情形的,应当认为"确有悔改表现":一是认罪服法;二是一贯遵守罪犯改造行为规范和监狱纪律;三是积极参加政治、文化、技术学习;四是积极参加劳动,爱护公物,完成劳动任务。所谓"不致再危害社会",是指罪犯在劳动改造期间一贯表现好,确有悔改表现不致重新犯罪的,或者老弱病残并丧失作案能力的。但是,如果有特殊情况,经最高人民法院核准,可以不受上述执行刑期的限制。

(二)假释的程序

根据《刑法》第82条的规定,假释依照减刑程序进行。因此,假释的程序原则上适用减刑程序。根据法律规定,被判处有期徒刑的罪犯,原则上应当执行原判刑期二分之一以上,被判处无期徒刑的罪犯应当已执行13年以上,但该原则并非绝对,如果有特殊情况,经最高人民法院核准,可以不受上述执行刑期的限制。

报请最高人民法院核准因犯罪分子具有特殊情况不受执行刑期限制的假释案件,按照下列情形分别处理:(1)中级人民法院依法作出假释裁定后,应即报请高级法院复核。高级人民法院同意假释的,应当报请最高人民法院核准;高级人民法院不同意假释的,应当裁定撤销中级人民法院的假释裁定。(2)高级人民法院依法作出假释裁定的,应当报请最高人民法院核准。最高人民法院予以核准的,作出核准裁定书;不予核准的,应当作出撤销原裁定,不准假释的裁定书。

此外,对于被判处有期徒刑由看守所代为执行的罪犯,执行原判刑期二分之一以上,如果认真遵守监管规定、接受教育改造,确有悔改表现,假释后不致再危害社会,可以假释的,由执行的看守所提出假释建议书,经县级以上公安机关审查同意后,报请所在地中级以上人民法院审核裁定。

（三）被假释罪犯的监督与考察

2018 年《刑事诉讼法》第 269 条规定，被假释的犯罪分子，在假释考验期内，依法实行社区矫正。犯罪分子的假释考验期限因原判刑罚及执行的不同而有所不同。根据《刑法》第 83 条的规定，被判处有期徒刑的犯罪分子，其假释的考验期为原判刑罚没有执行完毕的刑期，即在宣告假释时原判刑罚的剩余时期。刑法对无期徒刑的假释考验期限则作了明确而具体的规定。被判处无期徒刑的犯罪分子，其假释的考验期限为 10 年。

被假释的罪犯在缓刑、假释考验期限内，违反法律、行政法规或者国务院有关部门制定的有关规定，尚未构成新的犯罪的，依法撤销假释，收监执行。

资料：罪犯黎满泉不予假释案。

在假释考验期间，假释犯犯新罪或发现判决宣告以前的漏罪，分别依据《刑法》第 70 条、第 71 条的规定实行数罪并罚。

第四节　新罪、漏罪的处理

2018 年《刑事诉讼法》第 273 条规定："罪犯在服刑期间又犯罪的，或者发现了判决的时候所没有发现的罪行，由执行机关移送人民检察院处理。"据此，对于罪犯在服刑过程中所犯新罪及发现确有漏罪的，都应当依法追究其刑事责任。所谓新罪，是指罪犯在服刑期间又犯的罪。所谓漏罪，是指罪犯在服刑期间被发现的在判决宣告以前所犯的未经审判的罪行。

依据法律规定，对于罪犯在服刑过程中的新罪和漏罪，原则上遵循以下方式处理：

一、新罪、漏罪的侦查与起诉

2018 年《刑事诉讼法》第 308 条第 2 款规定："对罪犯在监狱内犯罪的案件由监狱进行侦查。"监狱办理刑事案件，适用刑事诉讼法的有关规定。据此，在监狱、未成年犯管教所服刑的罪犯，在服刑期间发现犯新罪，应当由监狱和未成年犯管教所立案侦查。侦查终结后，移送人民检察院审查起诉，并向有管辖权的人民法院提起公诉。

二、新罪、漏罪的管辖与审判

发现正在服刑的罪犯在判决宣告前还有其他犯罪没有受到审判的，由原审人民法院管辖；如果罪犯服刑地或者新发现罪的主要犯罪地的人民法院管辖更为适宜的，可以由服刑地或者新发现罪的主要犯罪地的人民法院管辖。

正在服刑的罪犯在服刑期间又犯罪的，由服刑地的人民法院管辖。

正在服刑的罪犯在脱逃期间的犯罪，如果是在犯罪地捕获并发现的，由犯罪地的人民法院管辖；如果是被缉捕押解回监狱后发现的，由罪犯服刑地的人民法院管辖。

人民法院对人民检察院提起公诉的新罪、漏罪审理后,作出的生效判决,判决书除送达罪犯外,还应将副本送达原审人民法院、人民检察院和执行机关。

三、发现错判和对申诉的处理

根据2018年《刑事诉讼法》第275条的规定,监狱和其他执行机关在刑罚执行中,如果认为判决有错误或者罪犯提出申诉,应当转请人民检察院或者原判人民法院处理。

思考题

1. 如何理解分散型执行体制和监督型执行体制对刑罚权内容的实现?

2. 执行的基本原则是什么?

3. 刑事执行落实国家刑罚权的最后过程,那么对于无罪判决执行的性质应当如何理解?

4. 对于没收财产以前犯罪分子所负的正当债务,需要以没收财产偿还的,经债权人请求,应当予以偿还,是否受到诉讼时效和除斥期间的限制?为什么?

5. 人民检察院如何对执行实施有效监督?

第二十章 特别程序

——|导 读|——

我国2012年《刑事诉讼法》第十六章新增“未成年人刑事诉讼程序”、“刑事和解程序”、“没收财产审理程序”及“精神病人强制医疗程序”四种特别程序,2018年《刑事诉讼法》在该章增加了“缺席审判程序”,以构建具有中国特色的刑事诉讼程序。该章的制度设计立足于诉讼对象的特殊性及特定诉讼目的之实现,在程序结构上区别于普通程序,从而保证诉讼活动的顺利进行,保障诉讼主体的权利,回应新时期打击犯罪的趋势要求。

第一节 特别程序概述

一、特别程序的概念

所谓特别程序,在概念上是相对普通刑事诉讼程序而言的,指的是区别于普通刑事诉讼程序的特殊诉讼程序。2012年我国《刑事诉讼法》修正时,专门增设了第五编“特别程序”,2018年《刑事诉讼法》的修改增加了“缺席审判程序”,因此,在我国,特别程序指的就是《刑事诉讼法》第五编的五种程序:(1)未成年人刑事案件诉讼程序;(2)当事人和解的公诉案件诉讼程序;(3)缺席审判程序;(4)犯罪嫌疑人、被告人逃匿、死亡案件违法所得的没收程序;(5)依法不负刑事责任的精神病人的强制医疗程序。

二、特别程序的特点

我国刑事诉讼法上的特别程序具有以下几个特点:

第一,适用于特殊的诉讼对象。特别程序之所以特别,首先是针对特殊的诉讼对象而适用。例如,未成年人刑事案件诉讼程序,就是专门适用于未成年犯罪嫌疑人、被告人的刑事案件;犯罪嫌疑人、被告人逃匿、死亡案件违法所得的没收程序,是适用于犯罪嫌疑人、被告人逃匿、死亡的案件。

第二,诉讼标的上存在特殊性。普通刑事诉讼程序的标的是被告人的刑事责任问题即定罪与量刑问题,而特别程序的标的则否。例如,犯罪嫌疑人、被告人逃匿、死亡案件违法所得的没收程序,其诉讼标的是涉案财物的归属;而依法不负刑事责任的精神病人的强制医疗程序,其诉讼标的则是是否对精神病人实施强制医疗的问题。

第三,程序结构上存在特殊性。特别程序之所以特别,还在于其诉讼程序的结构上存在特殊性。这种程序结构上的特殊性系基于诉讼对象和诉讼标的不同,增加或减少了普通程序的标准化环节,甚至另行构造了专门的诉讼程序解决待诉争议。例如,普通刑事诉讼程序一定是对席审判程序,而犯罪嫌疑人、被告人逃匿、死亡案件违法所得的没收程序则是一种缺席审判程序;未成年人刑事案件诉讼程序,在程序结构上也区别于普通刑事诉讼程序,作了诸多特殊化的要求和处理。

三、特别程序的意义

我国刑事诉讼法上设置特别程序,具有重要意义:

第一,彰显对特殊诉讼主体的权利保障。例如,立法上设置未成年人刑事案件诉讼程序,就是为了更好地保障未成年犯罪嫌疑人、被告人的诉讼权利;又如,设立依法不负刑事责任的精神病人的强制医疗程序,以一个相对中立的司法机关来决定精神病人是否应实施强制医疗,能够更好地保障精神病人的基本权利。

第二,实现特定的司法政策。例如,设立未成年人刑事案件诉讼程序,能够更好地体现对犯罪的未成年人实行教育、感化、挽救的方针,体现教育为主、惩罚为辅的政策;设置犯罪嫌疑人、被告人逃匿、死亡案件违法所得的没收程序则是一种缺席审判程序,则能够更好地体现对贪污贿赂犯罪、恐怖主义犯罪等严重刑事犯罪的一种"从严打击"的刑事政策。

第三,保障诉讼程序的顺利进行。例如,对犯罪嫌疑人、被告人逃逸、死亡的案件没收违法所得采取的缺席审判设置,有助于及时恢复犯罪行为所侵害的社会关系,避免刑罚难以执行;又如,对当事人和解的刑事案件在程序上进行必要的简化,避免了诉讼的拖延,有助于保证刑事诉讼"效率"的实现。

第二节 未成年人刑事案件诉讼程序

一、未成年人刑事案件诉讼程序的概念和特征

未成年人刑事案件是指未成年人所实施的触犯刑律的案件。未成年人刑事案件审判程序,是指由法律专门规定审理未成年人犯罪案件的特有程序。从世界各国的情况来看,成年人如果触犯刑律,一般都要按照刑事诉讼程序追究刑事责任,但对未成年人,各国则采取了不同的处理模式。

第一种是"法庭模式",主张一般的未成年人刑事案件由法庭按照一定的程序审理,代表国家有美国、日本、德国和中国。因其处理方式的严肃性,又称"蓝色模式"。

第二种是"福利治疗模式",或称"委员会模式",主张一般的未成年人刑事案件由行政性的福利机构来处理,只有少量严重的刑事案件由刑事法庭来审理。即使审理,适用刑罚的可能性也很小,处罚程度很轻微,代表国家主要是北欧各国,如瑞典、芬兰、挪威、丹麦。因其处理方式

的缓和性,又称"红色模式"。

第三种是"社区参与模式",强调社区和公众积极参与案件的处理,而国家机构(包括司法机构和行政机构)的干预减少到最低限度。例如,在新西兰,通过运用集体会议制度以及司法协调制度,将大部分未成年人刑事案件从司法程序中分离出来,运用社区资源进行解决。因其处理方式的新颖性,又称"绿色模式"。[1]

未成年人犯罪,是世界各国普遍存在的一个严重的社会问题。因此,世界各国刑事实体法对于未成年人的刑事责任和处罚原则都作了明确的规定,以确定未成年人犯罪的处理方法。虽然各国的这些规定不尽相同,但它们都从对未成年人的保护出发,根据未成年人正处在成长发育过程中,尚未完全成熟,辨别是非能力和自我控制能力差,具有较大的可塑性和接受教育的可能性等特点,对未成年犯罪作出特别的规定。现今许多国家的刑事诉讼法典都设立了有关未成年人案件诉讼程序的专门规定,虽然它们的法律名称不尽相同,其内容也各具特色,但也具有很多共同的特点。在内容上突破了传统的分类方法.从未成年人专门法规来看,既有处理未成年人违法的规定,又有处理未成年人犯罪的规定;从刑事诉讼法典中规定的未成年人犯罪的诉讼程序来看,也不局限于传统的刑事诉讼程序,而特别设置了刑事诉讼前的处理程序。

我国刑事诉讼法中未对未成年人案件的诉讼程序作专章规定。与英美、西欧等国较为发达的未成年人刑事审判程序相比,我国内地未成年人刑事审判程序起步较晚。1991 年 1 月 26 日最高人民法院颁布了我国首部比较完整的关于未成年人刑事审判程序的规范性文件,即《关于办理少年刑事案件的若干规定(试行)》。1991 年 9 月 4 日《未成年人保护法》颁布。1999 年 6 月 28 日通过了《预防未成年人犯罪法》。最高人民法院公布的于 2001 年 4 月 12 日起施行的《关于审理未成年人刑事案件的若干规定》,对原来的试行规定作了重大修改。通过上述法律和规范性文件的颁布和实施,推动了我国未成年人刑事审判程序的发展,初步建立了具有中国特色的未成年人的刑事审判程序,其具有以下特征:

第一,未成年人刑事案件诉讼程序是专门针对未成年人刑事案件而适用的刑事诉讼程序。之所以设立未成年人刑事案件诉讼程序,主要是为了体现对犯罪的未成年人的教育、感化、挽救。2018 年《刑事诉讼法》第 277 条规定:"对犯罪的未成年人实行教育、感化、挽救的方针,坚持教育为主、惩罚为辅的原则。"基于此,刑事诉讼法根据未成年人的生理和心理特点专门设计了一套特别的诉讼程序,这一特别程序更符合未成年人的生理和心理特点,更能保障未成年人的合法权益,更能体现国家对犯罪的未成年人的教育、感化、挽救政策。

第二,未成年人刑事案件诉讼程序是一套完整的诉讼流程,包括侦查、起诉、审判、执行等程序。这是未成年人刑事案件诉讼程序区别于其他特别程序之处,其他特别程序往往只涉及诉讼流程的某一个环节,例如,犯罪嫌疑人、被告人逃匿、死亡案件违法所得的没收程序,实际上仅仅涉及审判环节,实质上是一种特别审判程序。

二、未成年人刑事案件诉讼程序的内容和要求

(一)未成年人刑事案件诉讼程序的适用条件

未成年人刑事案件诉讼程序,只能针对未成年人犯罪的案件而适用,这是其程序启动和适用的前提条件。

---

[1] 郭祥:《美国的少年审判制度及其特点》,载《青少年犯罪研究》1988 年第 7 期。

所谓特别程序中的未成年人,是指按照我国《刑法》刑事责任年龄四分法划分下的未成年人,即已满14周岁但不满18周岁之人。根据最高人民法院《关于办理未成年人刑事案件适用法律的若干问题的解释》的规定:“未成年人犯罪,是指已满十四周岁不满十八周岁的人实施了法律规定的犯罪行为。实施犯罪时的年龄,一律按照公历的年、月、日计算。过了周岁生日,从第二天起,为已满××周岁。”据此,在认定未成年犯罪的年龄时,有几个原则和标准:(1)未成年应以实施犯罪时的年龄为准,即实施犯罪时已满14周岁但不满18周岁,而不是指侦查、起诉或者法庭审判时的年龄;(2)未成年年龄一律按照公历而不是按照农历来计算;(3)明确规定了周岁年龄的计算方法,即过了周岁生日,从第二天起,为已满××周岁。

由于年龄问题成为能否适用未成年人刑事案件诉讼程序的关键事实,因此,在立案、侦查、起诉和审判环节,公安机关、人民检察院和人民法院都必须重点查明犯罪嫌疑人、被告人的确切出生时间,进而核实其实施犯罪行为时的年龄。对此,人民检察院《关于办理未成年人刑事案件的规定》第9条规定,审查批准逮捕未成年人犯罪嫌疑人,应当把是否已满14周岁、16周岁的临界年龄,作为重要事实予以查清。对难以判断未成年犯罪嫌疑人实际年龄,影响案件认定的,应当作出不批准逮捕的决定,退回公安机关补充侦查。最高人民法院《关于审理未成年人刑事案件的若干规定》第28条规定,法庭调查时,审判人员应当核实未成年被告人在实施被指控的行为时的年龄。

(二)未成年人刑事案件诉讼程序的内容与要求

1. 坚持教育为主,惩罚为辅原则

办理未成年人刑事案件时,对未成年人应当本着教育、感化、挽救的原则,这也是处理未成年人刑事案件的主导思想。根据《关于审理未成年人刑事案件的若干规定》的有关规定,少年刑事案件的处理与成年人刑事案件的处理最大不同在于诉讼过程中的教育、感化和挽救,尤其在法庭审理过程中,法庭调查和法庭辩论后增设了一个教育阶段,以体现少年案件审理的寓教于审的办案特色。

根据《关于审理未成年人刑事案件的若干规定》的规定:“少年法庭可以借助家庭和社会的力量,采取座谈会等多种形式,对少年被告人进行法制宣传和教育,并提供必要的帮助。”“少年法庭应当针对少年被告人的思想顾虑、畏惧心理、抵触情绪进行疏导和教育。”在庭审过程中,增设专门的庭审教育阶段,《关于审理未成年人刑事案件的若干规定》规定,“经过法庭调查和辩论后,根据案件情况,可以进行庭审教育”。教育的内容针对法庭调查和辩论所查清的案件的有关事实进行,并没有涉及少年被告人有罪与否。(1)应着重就少年被告人的行为对社会、对受害人所造成的危害、其行为应受到的处罚以及为什么要受到处罚等问题进行深刻的剖析,对被告人进行针对性的法制教育;(2)辩护人基于其特殊地位及其与被告人的特殊关系,使其在教育中处于更为有利的角色,辩护人主要围绕着少年被告人为什么会走上被告席的主客观原因进行道德教育;(3)法定代理人及其他监护人、教师、亲友等与被告人有着血缘关系或亲密关系的人,则应对少年被告人进行亲情教育,以此唤起少年被告人的良知;(4)在法庭教育之后,审判员可以进行总结性的教育,即把各方面的教育串联起来,形成教育的合力。

关于宣判教育特别是宣判有罪判决时的教育。《关于审理未成年人刑事案件的若干规定》规定:“宣告有罪判决时,应当对少年被告人进行认罪服法、接受改造、悔过自新的教育。”宣判教育的主体主要是少年法庭,内容侧重于认罪服法及接受刑罚和投入劳改生活的心理承受能力的教育。少年法庭应向少年被告人说明判决认定的犯罪事实、判处的刑罚的法律依据和理由,并且对少年被告人指明劳改场所严格的纪律、艰苦的劳动、特殊的人际关系、长时间的思想改造,使其对此有充分的思想准备,以增强其心理承受能力。[2]

2. 坚持全面调查原则

全面调查原则,是指人民法院在审理未成年人案件时,除对案件事实和证据进行调查、审查外,还应就导致未成年人犯罪的主客观因素及其形成、发展、演变过程,以及对未成年人特殊性格的形成产生过重要影响的人和事件的详细情况进行全面、彻底的调查,必要时,还可以进行医学、心理学及精神病学等方面的鉴定。全面调查应当贯穿未成年人刑事诉讼的各个阶段,主要通过讯问未成年犯罪嫌疑人、被告人,询问与未成年犯罪嫌疑人、被告人有“密切关系”的人员,在刑事案件的立案、侦查、提请逮捕、审查起诉和审判过程中都应当对未成年人情况进行全面调查,充分考虑未成年实施犯罪的动机、犯罪时的年龄、是否初犯、悔罪表现、个人经历等因素,遵循教育为主、惩罚为辅的原则,合理处理未成年人刑事案件。

在未成年人刑事案件审理中,国际上大多数国家和地区均规定有社会调查这一必经程序。根据最高人民法院《关于审理未成年人刑事案件的若干规定》,开庭审理前,控、辩双方可以分别就未成年被告人的性格特点、家庭情况、社会交往、成长经历以及实施被指控的犯罪前后的表现等情况进行调查,并制作书面材料提交合议庭。必要时,人民法院也可以委托有关社会团体、组织就上述情况进行调查或者自行进行调查。以安阳市殷都区人民法院 2003 ~ 2008 年受理未成年人犯罪案件家庭情况统计数据来看,溺爱型家庭占 16%,失和型家庭占 17.7%,打骂型家庭占 19.5%,放任型家庭占 31.5%,留守型家庭占 15.3%。由此可见,未成年犯罪嫌疑人、被告人的成长经历、家庭环境对其实施犯罪起到主导性的决定作用。因此,在处理未成年人刑事案件中必须着重考虑与之相关的因素。

贯彻全面调查原则的目的是找出诱发未成年人犯罪的主客观根源,并予以根除,确保未成年人得到彻底的矫治,不再犯罪,这也是教育、感化、挽救原则派生的一个重要原则。

3. 应当充分保障未成年犯罪嫌疑人、被告人享有的特别诉讼权利

作为法律特别关照和保护的对象,未成年犯罪嫌疑人、被告人除了享有与成年犯同样的诉讼权利外,还享有一些特别的诉讼权利,办案机关应该依法保障未成年犯罪嫌疑人、被告人享有的特别诉讼权利,包括:

一是获得指定法律援助的权利。未成年人生理和心理都不成熟,不能为自己展开有效辩护,因此,有权要求国家为其提供法律援助,国家也有义务为其提供法律援助。对此,2018 年《刑事诉讼法》第 278 条规定,未成年犯罪嫌疑人、被告人没有委托辩护人的,人民法院、人民检察院、公安机关应当通知法律援助机构指派律师为其提供辩护。

二是讯问和审判时合适成年人在场权。未成年人生理和心理不成熟,讯问和审判时其法定代理人或其他合适成年人在场,有助于他(她)保障并行使自己的合法权利,也有助于讯问和审判活动的顺利进行。对此,2018 年《刑事诉讼法》第 281 条规定,对于未成年人刑事案件,在讯问和审判的时候,应当通知未成年犯罪嫌疑人、被告人的法定代理人到场。无法通知、法定代理人不能到场或者法定代理人是共犯的,也可以通知未成年犯罪嫌疑人、被告人的其他成年

---

〔2〕 曹加雄等:《针对少年被告人特点开展审判活动》,载雷迅主编:《中国少年刑事审判》,人民法院出版社 1991 年版,第 61 ~ 62 页。

亲属，所在学校、单位、居住地基层组织或者未成年人保护组织的代表到场，并将有关情况记录在案。到场的法定代理人可以代为行使未成年犯罪嫌疑人、被告人的诉讼权利。到场的法定代理人或者其他人员认为办案人员在讯问、审判中侵犯未成年人合法权益的，可以提出意见。讯问笔录、法庭笔录应当交给到场的法定代理人或者其他人员阅读或者向他宣读。讯问女性未成年犯罪嫌疑人，应当有女工作人员在场。审判未成年人刑事案件，未成年被告人最后陈述后，其法定代理人可以进行补充陈述。因此，我们认为，2012 年《刑事诉讼法》有关合适成年人在场制度的设立要求在场的成年人能够积极参与对未成年人刑事案件的讯问、审判，是一种实质化的参与。在实务操作中应当注意两点：其一，立法上所谓"合适成年人"，即指未成年犯罪嫌疑人、被告人的法定代理人之外的，未成年犯罪嫌疑人、被告人的其他成年亲属，所在学校、单位、居住地基层组织或者未成年人保护组织的代表。其二，立法上规定的"应当通知"，即指合适成年人在场是未成年人讯问和审判合法性的构成要件之一，若应当通知而未通知，那么，讯问和审判行为将构成违法讯问和违法审判。违法讯问获得的口供应作为非法证据予以排除；违法审判将导致审判行为无效。

三是分别关押的权利。为防止在羁押中交叉感染，也是为了便于感化、教育、挽救未成年人，对被拘留、逮捕和执行刑罚的未成年人与成年人应当分别关押、分别管理、分别教育。对此，2018 年《刑事诉讼法》第 280 条第 2 款规定："对被拘留、逮捕和执行刑罚的未成年人与成年人应当分别关押、分别管理、分别教育。"

四是诉讼不公开的权利。公开审判，是被告人享有公正审判权的内涵之一，但是对于未成年人而言却相反，为保障未成年人的利益，不公开审判是未成年被告的法定权利之一。

根据《刑事诉讼法》、《未成年人保护法》及其他司法解释，审理未成年人违法犯罪案件，应当保护未成年人的名誉，不得公开披露涉案未成年人的姓名、住所和影像；在判决前，新闻报道、影视节目、公开出版物不得披露未成年人的姓名、住所、照片及可能推断出该未成年人的资料；审判的时候被告人不满 18 周岁的案件，不公开审理。但是，经未成年被告人及其法定代理人同意，未成年被告人所在学校和未成年人保护组织可以派代表到场。

不公开审理原则充分考虑未成年人的生理、心理特点，避免给未成年人造成过大的精神压力。从加强对未成年被告人身心的特殊保护出发，着眼于未成年人今后发展的长远利益，不仅能够保证刑事审判活动的顺利进行，也是诉讼文明的一种体现。

4. 未成年人刑事案件必须由专门机构或专职人员承办

2018 年《刑事诉讼法》第 277 条第 2 款明确规定："人民法院、人民检察院和公安机关办理未成年人刑事案件，应当保障未成年人行使其诉讼权利，保障未成年人得到法律帮助，并由熟悉未成年人身心特点的审判人员、检察人员、侦查人员承办。"

人民检察院《关于办理未成年人刑事案件的规定》第 6 条规定，人民检察院应当指定专人办理未成年人刑事案件。未成年人刑事案件一般由熟悉未成年人特点、善于做未成年人思想教育工作的女检察人员承办。目前，很多地方基层人民检察院都设立了专门办理未成年人刑事案件的未检科（处）。

最高人民法院《关于审理未成年人刑事案件的若干规定》第 6 条规定，中级人民法院和基层人民法院可以建立未成年人刑事审判法庭。条件尚不具备的，应当在刑事审判庭内设立未成年人刑事案件合议庭或者由专人办理未成年人刑事案件。高级人民法院可以在刑事审判庭内设立未成年人刑事案件合议庭。最高人民法院和高级人民法院设立少年法庭指导小组，指导少年法庭的工作,总结和推广未成年人刑事审判工作的经验。少年法庭指导小组应当有专人或者设立办公室负责具体指导工作。第 8 条要求,审判未成年人刑事案件合议庭的审判长,应当由熟悉未成年人特点、善于做未成年人思想教育工作的审判员担任,并且应当保持其工作的相对稳定性。审判未成人刑事案件的人民陪审员,一般由熟悉未成年人特点,热心于教育、挽救失足未成年人工作,并经过必要培训的共青团、妇联、工会、学校的干部、教师或者离退休人员、未成年人保护组织的工作人员等担任。

在办案过程中,办案人员应仔细核对未成年人在案发时的年龄,进行全面审查。全程应当注意其态度和语言,并对有关人员干扰未成年人正常回答和陈述的不当行为予以阻止和进行批评。在法庭审理过程中,少年被告人在法庭上可以坐着回答问题,并不得使用械具,司法警察也可以不站庭。休庭时,可以允许法定代理人或其他监护人等会见被告人,并对其进行教育,审判人员或者司法警察应当在场。

5. 未成年人刑事案件应严格限制适用强制措施

对未成年犯罪嫌疑人应当严格限制适用强制措施,尤其是逮捕,应尽量少用或者不用。对此,2018 年《刑事诉讼法》第 280 条规定:"对未成年犯罪嫌疑人、被告人应当严格限制适用逮捕措施。"最高人民检察院《关于办理未成年人刑事案件的规定》第 13 条规定,审查批准逮捕未成年犯罪嫌疑人时,对于罪行较轻、具备有效监护条件或者社会帮教措施,能够保证诉讼正常进行,并具有下列情形之一的,可以作出不批准逮捕的决定:过失犯罪;犯罪预备犯、中止犯、未遂犯、胁从犯;犯罪后自首或者有立功表现的;犯罪后有明显悔罪表现,能够如实交代罪行,认识自己行为的危害性、违法性,积极退赃,尽力减少和赔偿损失的;具有其他没有逮捕必要的情节的。

6. 未成年人刑事案件可适用附条件不起诉

根据 2018 年《刑事诉讼法》第 282 条的规定:"对于未成年人涉嫌刑法分则第四章、第五章、第六章规定的犯罪,可能判处一年有期徒刑以下刑罚,符合起诉条件,但有悔罪表现的,人民检察院可以作出附条件不起诉的决定。"据此,在未成年人刑事案件中可适用附条件不起诉,其内容和要求包括:

(1)附条件不起诉的适用条件。根据刑事诉讼法的规定,未成年人刑事案件适用附条件不起诉应当具备以下条件:一是所犯之罪为刑法分则第四章、第五章、第六章规定的犯罪,且可能判处一年有期徒刑以下刑罚;二是符合起诉条件,即犯罪嫌疑人的犯罪事实已经查清,证据确实、充分,能够排除合理怀疑,依法应当追究刑事责任的,符合 2018 年《刑事诉讼法》第 176 条规定的起诉条件;三是未成年犯罪嫌疑人确有悔罪表现。

(2)附条件不起诉的程序。人民检察院在作出附条件不起诉的决定以前,应当听取公安机关、被害人的意见。对附条件不起诉的决定,公安机关要求复议、提请复核或者被害人申诉的,适用 2018 年《刑事诉讼法》第 179 条、第 180 条的规定。未成年犯罪嫌疑人及其法定代理人对人民检察院决定附条件不起诉有异议的,人民检察院应当作出起诉的决定。

(3)附条件不起诉的考验。在附条件不起诉的考验期内,由人民检察院对被附条件不起诉的未成年犯罪嫌疑人进行监督考察。未成年犯罪嫌疑人的监护人,应当对未成年犯罪嫌疑人加强管教,配合人民检察院做好监督考察工作。附条件不起诉的考验期为 6 个月以上 1 年以下,从人民检察院作出附条件不起诉的决定之日起计算。被附条件不起诉的未成年犯罪嫌疑人,应当遵守下列规定:遵守法律法规,服从监督;按照考察机关的规定报告自己的活动情况;

离开所居住的市、县或者迁居,应当报经考察机关批准;按照考察机关的要求接受矫治和教育。

(4)附条件不起诉决定的撤销。被附条件不起诉的未成年犯罪嫌疑人,在考验期内有下列情形之一的,人民检察院应当撤销附条件不起诉的决定,提起公诉:实施新的犯罪或者发现决定附条件不起诉以前还有其他犯罪需要追诉的;违反治安管理规定或者考察机关有关附条件不起诉的监督管理规定,情节严重的。被附条件不起诉的未成年犯罪嫌疑人,在考验期内没有上述情形,考验期满的,人民检察院应当作出不起诉的决定。

值得指出的是,立法上的问题在于,并未明确规定附条件不起诉所附"条件"的具体内容为何。从之前改革试点中的做法来看,所附"条件"五花八门,不一而足,我们认为,附条件不起诉是一种刑事司法制度,目的是帮助、教育、感化、挽救未成年人犯罪嫌疑人,因此,所附"条件"应具有一定的准刑罚的性质,例如,赔偿损失、从事社区服务等,而不能是带有鼓励、奖励性质的条件。

7. 未成年人刑事案件实行犯罪记录封存制度

为挽救未成年犯罪人,其犯罪记录原则上应当被封存,对此,2018 年《刑事诉讼法》第 286 条规定:"犯罪的时候不满十八周岁,被判处五年有期徒刑以下刑罚的,应当对相关犯罪记录予以封存。犯罪记录被封存的,不得向任何单位和个人提供,但司法机关为办案需要或者有关单位根据国家规定进行查询的除外。依法进行查询的单位,应当对被封存的犯罪记录的情况予以保密。"

第三节　当事人和解的公诉案件诉讼程序

一、当事人和解的公诉案件诉讼程序的概念和特征

所谓当事人和解的公诉案件诉讼程序,是指对于因民间纠纷引起,涉嫌刑法分则第四章、第五章规定的犯罪案件,可能判处 3 年有期徒刑以下刑罚的,以及除渎职犯罪以外的可能判处七年有期徒刑以下刑罚的过失犯罪案件,犯罪嫌疑人、被告人可以与被害人达成和解协议,可以由人民检察院作出不起诉或由人民法院作出从宽处理的一种程序。理论上一般称为"刑事和解"程序。

从我国推行刑事和解制度改革的历程来看,与学界通常认为的我国的刑事和解制度改革系受国外"修复式司法"(也称为"恢复性司法")理念影响而兴起的观点不同,司法实务中推行刑事和解改革完全是一种本土自觉行为。我国司法实践中之所以兴起刑事和解制度改革,盖因现行的被害人损失回复制度存在重大瑕疵,无法及时、充分恢复被害人所遭受的损失,质言之:一是我国一直以来《犯罪被害人补偿法》及犯罪被害人补偿制度缺位,在刑事案件中,被害人在遭受犯罪行为侵犯后,无从获得国家的补偿;二是现行的刑事附带民事诉讼制度因执行不力而被虚置,被害人无法借由司法途径恢复损失。虽说在理论上被害人所遭受之损失可以通过刑事附带民事诉讼程序向加害人求偿,但由于主客观方面的原因,现行刑事附带民事诉讼制度的损失恢复功能基本失效,被害人所遭受的损失事实上难以通过刑事附带民事诉讼程序得

到及时、充分的救济和补偿。上述制度的缺位或虚置造成实践中被害人及家人往往因为损失得不到补偿而出现现实生活困难,进而引发被害人自残或涉讼上访等现象。实践中发生的大量案例表明,由于被害者遭受犯罪侵犯而死亡或致残,家庭失去经济收入,民事赔偿无望而又无法获得其他补偿,很多人将怨气归结于司法机关,并采取自残或上访的极端方式以求解决困难。以唐海燕、徐仁阶杀人焚尸案为例,被害人亲属周来凤因不满法院关于赔偿部分的处理不断上访,即使获得广东省高级人民法院5万元司法救济款,周来凤也明确表示:“要么就是杀人偿命,要么就是给钱。不论如何,我都要为哥哥讨个说法。为了他的孩子,我不能放弃。如果就这样放弃了,我会遗憾一辈子的。”这种“案结事未了”情况的客观存在,给司法机关造成极大压力,也在客观上呼唤一种能够补偿被害人损失,进而解决被害人及家人现实生活困难、避免被害人自残或涉讼上访的诉讼内或诉讼外制度的产生。从法理上讲,这一制度要求具备两项特征:第一,该制度要尽可能补偿被害人所遭受的损失;第二,该制度必须与现行的刑事诉讼体制不发生根本性冲突。而刑事和解制度正好符合了上述两项条件:其一,刑事和解以双方自愿达成和解协议为前提条件,双方互谅互让、各退一步,被告人及其家人为了换取从轻处罚,往往愿意尽可能赔付被害人所遭受之损失,从而在一定程度上满足被害方在经济补偿方面的要求;其二,刑事和解本就是现行刑事诉讼法规定的轻伤害自诉案件的法定程序之一,现在只不过是强化其适用而已,不存在明显的违法问题。

从现实层面来看,虽然我国的刑事和解制度改革与国外的“修复式司法”运动存在某些形式上的相似性,例如,都要求加害人与被害人之间达成某种和解协议,以及加害人由此可以获得某种程序上或实体上的从轻处罚,但在价值理念和具体程序构造、运作方面却又存在重大差异。

资料:美国犯罪被害人政府补偿制度介评。

国外的“修复式司法”(Restorative Justice),是指在犯罪发生后,被害者、加害者与所在社区主动参与谴责犯罪行为、要求犯罪者负起责任、补偿被害者与小区,以及使犯罪者复归社会的一系列解决冲突的过程。“修复式司法”理念的产生于对传统刑罚理论的否思。在对犯罪的理解方面,与传统刑罚理论认为犯罪是违反刑罚法规的行为、所侵害的是抽象法益的观点不同的是,“修复式司法”理念认为,“犯罪并不只是违反刑罚法规的行为,更重要的是它侵害了具体的被害人,使原本的人际关系无法再保持平衡,不仅对被害人及其身边的人带来实际的伤害与损失,也对于加害人本身以及被害人与加害人的社区造成伤害”[3]。在这方面,修复式司法理念“提供了另一种面对犯罪的典范,促使我们重新思考犯罪的特质,并构思如何才能最妥善地处理犯罪所带来的影响”。同理,在对犯罪的处理方面,“修复式司法”理念认为,现行的刑罚制度以国家对加害人的制裁为中心,虽然这满足了社会的报应观念,但对于犯罪所造成的个人与社区的实际损害,却未能充分加以修复,因而主张“处理犯罪的方法,并非仅由国家来处罚加害人,而是透过被害人、加害人及社区的参与,将犯罪的实际影响明确化,并在社区的协助下要求加害人予以修复”[4]。

---

〔3〕　谢如媛:《修复式司法的现状与未来》,载《月旦法学杂志》2005年第3期。
〔4〕　谢如媛:《修复式司法的现状与未来》,载《月旦法学杂志》2005年第3期。

与“修复式司法”理念不同,在对犯罪的理解方面,我国的刑事和解制度并非像“修复式司法”理念一般从本源上质疑和颠覆对犯罪性质和刑罚功能的传统认识,而主要是从“社会和谐”“化解矛盾”的角度认识和论证刑事和解制度存在的必要性的,其基本逻辑是将轻伤害刑事案件定位为“人民内部矛盾”,进而从有效化解人民内部矛盾的角度主张对其进行轻缓化处理,而刑事和解制度主要就是作为一种轻缓化处理的方式提出来的。

按照“修复式司法”的理念,犯罪系伤害社区与人际的关系,因此,犯罪处理的目的应该是修补伤害并“透过修补恶害而创造出一个新的和谐关系”、回复遭到破坏的人际信任关系,为了达到修补伤害的目的,“修复式司法”将受到犯罪影响的利害相关人(被害者、加害者与小区)聚集在一起,讨论应如何处置该犯罪,并鼓励参与者表达意见,描述他们的经验与感受、讨论犯罪的影响。由此可见,“修复式司法”在程序构造上所强调的是,与犯罪有关的所有利害相关人(被害者、加害者与小区)共同参与并充分讨论的过程,换言之,“修复式司法”程序的核心在于对话与参与之过程。而在我国司法实践中,推行刑事和解制度改革的一个主要目的在于有效地化解社会矛盾,解决被害人及家人的现实生活困难、避免其自残和涉讼上访。因此,刑事和解在程序运作上更强调如何使当事人就赔偿问题达成协议,在程序构造上则是以金钱赔偿为中心、追求案件处理上的“案结事了”,至于加害人与被害人之间的对话及其关系修复则成为“附属品”。从实践中推行的刑事和解程序来看,当事人双方往往更关注经济赔偿的数额大小,而对被害方的心理修复以及加害方的真诚悔过重视不足,甚至大多数情况下被害人与加害人之间并不直接面对面进行交流和沟通,而是完全交由双方近亲属代理本人就经济赔偿问题进行谈判、达成和解协议;对于司法机关而言,也更关心被害人及其家人的损失是否得到了足够的补偿、现实生活是否得到了解决。显然,这与国外的“修复式司法”在程序构造和运作上存在重大差异。

正由于刑事和解制度实际上发挥着补偿被害人损失的功能,因此,在实践运作中,它必然呈现出一些相应的特点,其中最主要的就是金钱赔偿成为程序的核心环节,也成为和解能否达成的决定性因素,而国外“修复式司法”所强调的加害人与被害人的“面对面对话”反倒成为附属、可有可无,即使被害人与加害人从头到尾并未“照面”,和解协议在双方亲属的“讨价还价”下仍可达成,而对于公、检、法机关来讲,只要加害人承诺并履行了赔偿,即可解决被害人及其家人的现实生活困难并避免被害人自残或涉讼上访的发生。

综上可见,我国推行的刑事和解制度在价值定位与程序构造上与国外的“修复式司法”均存在较大差别,不能简单地因其形式上的相似性就将刑事和解在我国的兴起视为国外“修复式司法”在中国的衍生。

刑事和解制度的意义是非常重要的:

第一,充分保障了被害方的权益。对于被害方来说,刑事和解最大的优势就在于能够充分保障被害方的权益,在解决矛盾方面体现了被害方的主动性和实效性。在一般刑事案件中,加害方往往会对经济赔偿百般推脱,而被害方往往也面临打赢了官司却得不到赔偿的窘境。但在刑事和解程序中,加害方为了得到司法机关的轻缓处理,往往会千方百计地求得被害方的谅解,不仅会积极主动地赔偿被害方的经济损失、尽量满足被害方提出的经济赔偿要求,而且会通过赔礼道歉、忏悔罪过等方式寻求被害方的宽恕、原谅。通过刑事和解,被害方不仅可以得到物质上的赔偿,而且加害方的道歉悔过也使被害方得到心灵上的慰藉。

第二,有利于加害人回归社会。对于部分悔罪的加害人而言,刑事和解制度为其回归社会提供了机会与契机。刑事和解所产生的轻缓处理结果尤其是不起诉决定，使他们不再担心终生被贴上“罪犯”的标签，也不再对前途产生绝望情绪。因此，在刑事和解案件中，加害人往往表现出强烈的赎罪心理和悔过自新的愿望，这就削弱了加言人的反社会意识，从而有利于其回归社会。

第三，促进了纠纷的一次性解决，节约诉讼成本，同时恢复了社会关系的稳定与平衡，促进社会和谐。刑事和解制度对于妥善处理加害人与被害人之间的矛盾，避免了当事人因申诉、申请抗诉产生额外支出，及时、充分化解社会矛盾，维护社会和谐稳定具有特定的制度优势，因而取得了较好的社会效果与法律效果。

二、当事人和解的公诉案件诉讼程序的内容与要求

（一）当事人和解的公诉案件诉讼程序的适用条件

1. 该程序只能适用于特定案件类型

根据 2018 年《刑事诉讼法》第 288 条的规定，当事人和解的公诉案件诉讼程序只能适用于以下案件类型：(1) 因民间纠纷引起，涉嫌《刑法》分则第四章、第五章规定的犯罪案件，可能判处 3 年有期徒刑以下刑罚的。所谓“民间纠纷”，是指家庭邻里、工作同事等之间因为人身、财产关系引发的纠纷。(2) 除渎职犯罪以外的可能判处 7 年有期徒刑以下刑罚的过失犯罪案件。

尤其应当注意的是，2018 年《刑事诉讼法》第 288 条明确规定犯罪嫌疑人、被告人在 5 年以内曾经故意犯罪的，不适用该程序。

2. 犯罪嫌疑人、被告人真诚悔罪，通过向被害人赔偿损失、赔礼道歉等方式获得被害人谅解，被害人自愿和解的

立法上在此强调的是“犯罪嫌疑人、被告人真诚悔罪”，因此，司法实务操作中，经常将犯罪嫌疑人、被告人是否如实供述犯罪事实，协助侦查机关查获证据和其他同案犯罪嫌疑、被告人作为重要衡量指标。但是，我们应当注意的是，和解程序的适用切忌仅仅关注金钱赔偿，不能简化地操作为只要犯罪嫌疑人、被告人向被害人赔偿了损失，就视为“真诚悔罪”。因为完全以金钱赔偿为中心、追求解决案件的效率，而将当事人双方的对话与关系的修复置于附属地位，却可能反过来损害有效化解社会矛盾这一制度目的，因为仅仅是在金钱方面进行谈判和赔偿，可能使被害人无法彻底原谅加害人，加害人也无法真正认识到自己的加害行为给被害人造成的痛苦，从而使双方之间的矛盾无法真正得到彻底的解决。在一些地方司法机关试行的刑事和解实践中已经暴露出当事人之间因缺乏充分的对话交流，在达成协议后反悔或嗣后不履行并造成程序回转等问题。

更重要的是，理论界对刑事和解的正当性一直有所诘难，即法律上允许行为人采取“物质赔偿”的方式换取从轻处罚会否导致“花钱买刑”以及“刑事司法商业化”的现象，换言之，富人可能因为能够支付更多金钱予以赔偿从而可以获得更多减轻处罚，而穷人因为无力支付赔偿金而无从获得减轻处罚，这可能造成法律适用上的不平等。对于这一问题，原本可以通过立法来予以防范，但刑事诉讼法对此却并无有针对性的制度设计。这方面应当向德国刑法借鉴、学习。依据《德国刑法典》第 46 条 a 之规定，当行为人有下列情形之一时，法院即得依刑法第 49 条第 1 项减轻其刑，或甚至免除其刑：(1) 致力于与被害人达成和解，对其行为全部或大部分进行损害回复，或对于损害回复作出诚挚的努力；(2) 借由个人之显着给付或个人利益之放弃，而对于被害人为全部或大部分之损害回复。根据《德国刑法典》的上述规定，所谓“个人之显著给

付”或“个人利益之放弃”,并非指金钱赔偿数额的多少,而是指犯罪行为人个人人格上的付出,例如额外的劳动给付,或原定旅行计划的放弃。因此,法官在判断是否给予减免刑罚时,重点考察的并非犯罪行为人给付金钱的多少,并不是说“赔得越多、减得越多”,而是看行为人的赔付对于其个人而言是不是具有重要性,只有在行为人的赔付对该行为人而言影响是显著的,或其放弃的事项对其个人而言确属影响重大的,才能借由赔偿达成刑事和解。在这里,立法者传递的信息是,行为人的损害赔偿,仍然必须发挥与刑罚相类似的效用,要具有一种“准刑罚”的性质,行为人所付出的损害赔偿,应当让其产生某种“被剥夺感”。因此,在法解释上,《德国刑法典》第46条a第2款被认为是“穷人的特权”,对于富有的犯罪行为人,反倒无法依该条款要求减免刑罚,因为,对于一个富有的犯罪行为人来说,单纯金钱的付出,根本不足以显示其对行为后果负责的认真态度,因此,这样的付出并不是正义的,不应被允许。富有的犯罪行为人,除了金钱赔付之外,还必须再用金钱以外的“真挚的努力”(第46条a第1款)如真诚的道歉、悔过、一定时间的社区服务等,来证明其对行为后果负责的认真态度,唯有如此,法律才看得见他与被害人和解的诚意,也唯有如此安排,才能确保该制度的运作无损于正义。相反,对于穷人而言,虽然可能因为经济能力方面的原因,无法向被害人赔付大量金钱,但只要行为人的赔付对其个人而言是显著的,或其放弃的事项对其个人而言确属有重要影响的,仍然可以认为符合和解要求,例如,行为人为了补偿被害人损失,卖掉了自己的住房,或者被告人承诺,将以自己每月收入的大多数(而不论其收入多寡)用于赔偿被害人,均可视为显著给付,从而成立刑事和解。如此,方可防范“花钱买刑”“刑事司法商业化”的隐忧。基于此,建议刑事诉讼法或司法解释借鉴《德国刑法典》的规定,对此作出明确规定。

(二)当事人和解的公诉案件诉讼程序的操作流程

第一,和解协议的审查及和解协议书的制作。双方当事人和解的,公安机关、人民检察院、人民法院应当听取当事人和其他有关人员的意见,对和解的自愿性、合法性进行审查,并主持制作和解协议书。

在之前的司法实践中,刑事和解存在不同的操作模式,极不统一。目前,我国司法实践中普遍采行的刑事和解主要存在三种模式:一是“被害方—加害方自行和解”模式,即嫌疑人、被告人在认罪悔过的前提下,与被害人经过自行协商,就经济赔偿达成书面协议,使得被害方不再追究加害人刑事责任的纠纷解决方式。检察机关经过认真审查后,可以接受双方的协议和被害人的请求,对嫌疑人、被告人不起诉或者建议公安机关撤销案件。二是“司法调解”模式,即司法人员通过与加害方、被害方的沟通、交流、教育、劝解工作,说服双方就经济赔偿标准、赔礼道歉等事项达成协议,从而促使被害方放弃追究刑事责任的纠纷解决方式。三是“人民调解委员会调解”模式,即公检法机关对于那些加害方与被害方具有和解意愿的轻伤害案件,委托基层人民调解委员会进行调解,对于经过调解达成协议的案件,可不再追究加害人的刑事责任。实践中,试行刑事和解制度的各地区往往是根据各自情况选择不同的和解模式,造成程序上的不统一。现在2018年《刑事诉讼法》第289条明确规定,双方当事人和解的,公安机关、人民检察院、人民法院应当听取当事人和其他有关人员的意见,对和解的自愿性、合法性进行审查,并主持制作和解协议书。这就意味着在司法环节,应当实行“司法调解”模式,由公安机关、人民检察院、人民法院主持制作和解协议书。

第二,对于达成和解协议的案件,公安机关可以向人民检察院提出从宽处理的建议。人民检察院可以向人民法院提出从宽处罚的建议;对于犯罪情节轻微,不需要判处刑罚的,可以作出不起诉的决定。人民法院可以依法对被告人从宽处罚。

第四节 缺席审判程序

2014 年,中央反腐败协调小组会议提出了建立刑事缺席审判制度的任务。2016 年 7 月,全国人大常委会法工委提出了关于建立刑事缺席审判制度的研究报告。2018 年刑事诉讼法修正案经过三次审议,这三次审议都对第 291 条进行了修改。2018 年 10 月,全国人大常委会第六次会议通过了修改刑事诉讼法的决定,从立法层面确立了缺席审判制度,这是我国诉讼制度改革中具有里程碑意义的重大事件。党中央高度重视反腐败和国际追逃追赃的法律制度建设,将缺席审判制度专章写入刑事诉讼法,是落实党的十九大精神,全面推进依法治国、推进反腐败国家立法、推进国际追逃追赃工作的需要。从立法上确立缺席审判制度是我国刑事诉讼制度的重大创新,对切实加大反腐败斗争的力度、维护国家安全、树立司法权威、提高诉讼效率都具有十分重要的意义。

一、缺席审判的概念

刑事诉讼中的缺席审判程序是指刑事被告人未到庭出席审判的情况下,法庭仍旧依照法定程序对案件进行审理并作出判决的程序。我国 2018 年《刑事诉讼法》第 291 条规定,对于贪污贿赂犯罪案件,以及需要及时进行审判,经最高人民检察院核准的严重危害国家安全犯罪、恐怖活动犯罪案件,犯罪嫌疑人、被告人在境外,监察机关公安机关移送起诉,人民检察院认为犯罪事实已经查清,证据确实、充分,依法应当追究刑事责任的,可以向人民法院提起公诉。人民法院进行审查后,对于起诉书中有明确的指控犯罪事实,符合缺席审判程序适用条件的,应当决定开庭审判。除贪污贿赂犯罪案件和经最高人民检察院核准的严重危害国家安全犯罪恐怖活动犯罪案件外,2018 年《刑事诉讼法》第 296 条规定,因被告人患有严重疾病无法出庭,中止审理超过六个月,被告人仍无法出庭,被告人及其法定代理人、近亲属申请或者同意恢复审理的,人民法院可以在被告人不出庭的情况下缺席审理,依法作出判决;2018 年《刑事诉讼法》第 297 条规定,被告人死亡的,人民法院应当裁定终止审理,但有证据证明被告人无罪,人民法院经缺席审理确认无罪的,应当依法作出判决。人民法院按照审判监督程序重新审判的案件,被告人死亡的,人民法院可以缺席审理,依法作出判决。

二、缺席审判的意义

1. 有助于构建完整的追责体系

在 2012 年《刑事诉讼法》修改以前,对于犯罪嫌疑人、被告人逃匿或者死亡而无法到案的案件,既无法启动"对人"的诉讼程序,也无法启动"对物"的财产没收程序。我国 2012 年《刑事诉讼法》在修改的过程中,增加了犯罪嫌疑人、被告人逃匿、死亡案件违法所得的没收程序,一定程度上弥补了刑事诉讼法在打击腐败犯罪程序滞后的缺陷。但 2012 年《刑事诉讼法》所确立的违法所得没收程序只局限于财产的追究,对于犯罪嫌疑人、被告人逃匿或者死亡而无法到案的情况,无法启动相应"对人"的诉讼程序。此次刑诉法修改,缺席审判程序的确立,构建起"犯罪人"与"违法所得"的完整追责体系。

2. 有助于及时固定证据

此前我国尚未建立缺席审判制度,对于犯罪嫌疑人、被告人逃匿的贪污贿赂犯罪等案件,会随着诉讼程序的中断导致证据无法及时收集、妥善保管。贪污贿赂犯罪案件的犯罪嫌疑人,在相应的职务背景下一般会具备一定的反侦查能力,特别是随着时代的发展,电子证据大量出现在贪污贿赂犯罪等案件,这类证据具备海量储存性需要及时固定、妥善保管,而物证、书证等客观性证据在保管的过程中也会随着时间流逝而面临着被毁损、遗失的可能。可以说,距离犯罪行为时间越久,还原事实真相的难度越大。而缺席审判程序可以及时启动诉讼程序,在犯罪嫌疑人、被告人逃匿的情况下第一时间固定证据,有利于事实真相的发现。有利于在案件早期对于那些不易保存、容易灭失的重要证据进行收集和保存,对于案件的侦破和纠纷的及时解决具有重大作用。

3. 有助于震慑贪污贿赂犯罪等行为的发生

自党的十八大以来,严厉打击腐败犯罪一直都是党的重要任务和目标,近年来,持续进行到监察体制改革以及2018年颁布的《监察法》,都旨在打击不正之风。在面对犯罪嫌疑人、被告人"一逃了之"的局面,以往的刑事诉讼程序显得有些被动,因而出逃境外几乎成为外逃贪官的一致选择。缺席审判程序的确立,正是服务于打击腐败犯罪这一目的,即使在犯罪嫌疑人、被告人已经出逃的情况下,仍能及时启动诉讼程序进行追责,能够更好起到威慑作用和预防作用。全国人大常委会法制工作委员会沈春耀主任在第十三届人大常委会第二次会议上指出,增设刑事缺席审判制度主要针对的是外逃贪官,即增设缺席审判基于高度重视反腐败和国际追逃追赃的需要。缺席审判程序将那些潜逃国外的犯罪嫌疑人纳入刑事责任追究的法网之中,彰显了我国法律的威严,让所有潜逃的犯罪嫌疑人都不能有侥幸的心理,有利于威慑贪腐等犯罪的发生。

4. 有助于我国与国际公约相衔接

我国早在2005年就批准的《联合国反腐败公约》第57条第3款第(二)项规定:"对于本公约所涵盖的其他任何犯罪的所得,被请求缔约国应当在依照本公约第55条实行没收后,基于请求缔约国的生效判决,在请求缔约国向被请求缔约国合理证明其原对没收的财产拥有所有权时,或者当被请求缔约国承认请求缔约国受到的损害是返还所没收财产的依据时,将没收的财产返还请求缔约国,被请求缔约国也可以放弃对生效判决的要求"。由此可见,对于外逃资产的追回,原则上要求有对犯罪人定罪的生效裁判为前提。虽然按照上述规定被请求缔约国也可以放弃对生效判决的要求,但是如果被请求国坚持此要求才予以合作,而我国又不能提供判决,在追回外逃资产上就会陷入僵局。事实上,司法实践中不少西方国家就是以没有"已经生效的裁判"为由拒绝我国追回外逃资产的合理请求。尽管我国2012年刑事诉讼法修改时增设了违法所得的没收程序,但由于违法所得没收程序的裁定只针对违法所得本身,而不涉及被告人的定罪问题,判决的权威性和认可度必然不如法院对被告人所作的定罪判决,被请求国仍旧有可能以没有"已经生效的有罪判决"为由拒绝配合我国的合理请求。2018年刑诉法确立的缺席审判制度,将使我国向被请求国提出追回外逃资产要求时拥有更为权威的刑事判决,有助于消减以上所述的追回外逃资产的所面临的国际障碍,从而更好地打击腐败犯罪。

三、缺席审判的范围与条件

缺席审判是被告人不到庭仍进行审理的特殊诉讼制度，但这项新程序新制度已经打破了对席审判的常态，是普通诉讼程序的一个例外情况，有着自身情况的“天然缺陷”，因此，应当严格控制适用缺席审判的案件范围。

按照2018年《刑事诉讼法》第291条、第296条和第297条的规定，适用缺席审判程序的案件有三种，第一种是犯罪嫌疑人、被告人潜逃境外的贪污贿赂犯罪案件和经最高人民检察院核准的严重危害国家安全犯罪、恐怖活动犯罪案件；第二种是被告人患有严重疾病，无法出庭的原因中止审理超过6个月，被告人仍无法出庭，同时被告人及其法定代理人、近亲属申请或者同意恢复审理的案件；第三种是被告人死亡，人民法院宣告无罪或按照审判监督程序重新审判的案件。对于第一种情况，需要同时满足三项条件，犯罪嫌疑人、被告人在境外；监察机关、公安机关移送起诉，人民检察院认为犯罪事实已经查清，证据确实、充分，依法应当追究刑事责任的；人民法院进行审查后，认为起诉书中有明确的指控犯罪事实。对于第二种情况，因被告人患有严重疾病无法出庭，中止审理超过6个月，被告人仍无法出庭，同时需要被告人及其法定代理人、近亲属申请或者同意恢复审理的情况下，人民法院可以对该案件进行缺席审理。对于第三种情况，被告人死亡的，人民法院应当依法裁定终止审理，但有证据证明被告人无罪，人民法院经缺席审理确认无罪的，应当依法作出判决，按照审判监督程序重新审判的案件，以及按照再审程序重新审判的案件，如果被告人已经死亡，人民法院也可以依法审理并作出裁判。

在“缺席审判”的三种情况中，只有第一种缺席审判设置的最主要目的也是惩治外逃的腐败犯罪嫌疑人，在刑诉法修改决定公布之前，由于缺席审判制度的缺失，一些贪污贿赂等刑事案件的嫌犯、被告人潜逃境外躲避法律制裁，严重地影响了反腐惩治和打击力度。刑事缺席审判制度的建立，加强了境外追逃工作的力度和手段，对贪污贿赂、危害国家安全、恐怖活动犯罪的犯罪嫌疑人和被告人形成了强力震慑，如今，通过建立缺席审判程序，外逃贪官即使逃到天涯海角，也将受到应有的法律制裁，此外，经最高人民检察院核准的严重危害国家安全犯罪、恐怖活动犯罪案件也在缺席审判的审理范围之内。后两种情况的缺席审判，实际上是由于在诉讼过程中遇到的一些客观因素，如被告人患有严重疾病、无法出庭或被告人死亡，导致庭审无法继续进行，在无法排除这些因素的情况下，因此，在本质上这两种缺席审判属于普通程序的一个环节，系普通程序处置审判障碍时的一项诉讼措施。[5]

四、缺席审判的程序

为了确保缺席审判制度的正确实施，2018年修改后的《刑事诉讼法》对犯罪嫌疑人、被告人潜逃境外的缺席审判的具体程序等作了明确的规定：

1. 缺席审判的管辖

按照2018年《刑事诉讼法》第291条的规定，对于缺席审判案件，由犯罪地、被告人离境前居住地或者最高人民法院指定的中级人民法院组成合议庭进行审理。“中级人民法院”指的是省、自治区内按地区设立的中级人民法院，直辖市内设立的中级人民法院，以及省、自治区辖市的中级人民法院和自治州的中级人民法院。之所以要由中级人民法院来审理，是由于2018年

---

〔5〕　孙谦：《检察机关贯彻修改后刑事诉讼法的若干问题》，载《国家检察官学院学报》2018年第6期。

《刑事诉讼法》第 291 条规定的案件都是性质比较严重或是影响重大的案件,放在中级人民法院来审理,能够保证审判质量。从司法实践的角度来看,将缺席审判案件交由中级人民法院来审理,也并不会过度加剧中级人民法院的“人案矛盾”,因为缺席审判案件的案件量在目前来看还是有限的。

2. 缺席审判的文书送达

2018 年《刑事诉讼法》第 292 条规定,“人民法院应当通过有关国际条约规定的或者外交途径提出的司法协助方式,或者被告人所在地法律允许的其他方式,将传票和人民检察院的起诉书副本送达被告人。”对于被告人潜逃境外的案件,无法按照普通的诉讼程序进行文书送达,按照我国《刑事诉讼法》第 18 条的规定,根据中华人民共和国缔结或者参加的国际条约,或者按照互惠原则,我国司法机关和外国司法机关可以相互请求刑事司法协助。按照上述方式将传票和人民检察院的起诉书副本送达后,被告人仍不回国接受审判的,才可以进行缺席审判。传票和人民检察院起诉书副本的送达,不仅是为了保障被告人的知情权、辩护权等基本诉讼权利,在本质上也是一种督促、劝导手段,与利于促使被告人及时回国接受审判。

3. 缺席审判的重新审理

按照 2018 年《刑事诉讼法》第 295 条的规定,有两种情况人民法院应当在缺席审判的基础之上进行重新审理,一是在审理过程中,被告人自动投案或者被抓获的,人民法院应当重新审理;二是罪犯在判决、裁定发生法律效力后到案的,人民法院应当将罪犯交付执行刑罚。交付执行刑罚前,人民法院应当告知罪犯有权对判决、裁定提出异议。罪犯对判决、裁定提出异议的,人民法院应当重新审理。这说明,如果是在缺席审判的审理过程中,被告人主动或被动归案,法院应当重新审理;但如果在审判生效之后,重新审理则要以罪犯提出异议为前提。这也就意味着,如果是在缺席审判的审理过程中,被告人主动或被动归案,或者是在审判生效之后、交付执行前,罪犯提出异议,便自动获得启动重新审理的资格。

五、缺席审判的权利保障

在刑事审判中,被告人在场是常态,缺席是例外,因而缺席审判由其无法避免的“缺陷”。为充分保障被告人的诉讼权利,2018 年《刑事诉讼法》在创设缺席审判程序的同时,从以下几个方面对被告人的诉讼权利进行了规定:

1. 知情权

缺席审判的正当性立基于对出庭权利的自我放弃,而只有保障了被告人的知悉权才能保证其自我弃权是真实的,因而保障被告人的知情权是缺席审判程序的前置条件 2018 年《刑事诉讼法》第 292 条既是一道诉讼程序,也是被告人的一项权利保障。在域外,被告人知晓相关诉讼的存在以及不出庭的后果也是缺席审判制度设计必须达到的公正标准,否则,可能出现缺席判决被他国拒绝承认的后果。[6]

2. 辩护权

辩护制度是我国刑事诉讼中的一项重要制度,对于保证案件得到公正准确的处理,维护犯罪嫌疑人、被告人的诉讼权利和其他合法权益,具有十分重要的意义。[7] 不仅如此,被告人的

〔6〕 黄风:《对外逃人员缺席审判需注意的法律问题》,载《法治研究》2018 年第 4 期。

〔7〕 参见郎胜主编:《中华人民共和国刑事诉讼法修改与适用》,新华出版社 2012 年版,第 79 页。

辩护权也是一项宪法性权利。我国2018年《刑事诉讼法》第293条规定,“人民法院缺席审判案件,被告人有权委托辩护人,被告人的近亲属可以代为委托辩护人。被告人及其近亲属没有委托辩护人的,人民法院应当通知法律援助机构指派律师为其提供辩护。”根据法条规定,适用缺席审判程序的案件都必须有律师为被告人提供辩护,包括委托辩护和指定辩护。律师对法律知识的专业掌握能够一定程度上弥补被告人不在场所带来的弊端。

3. 上诉权

上诉权是国际社会所认可的,为保护被告人合法权益所设的救济性权利,缺席审判制度最终要同国际社会接轨,因而被告人的上诉权也必不可少。被告人潜逃境外而无法与之取得联系的,其上诉权行使面临着客观上的障碍,为避免在其辩护人或其近亲属也无法获得其同意情况下,无法行使上诉权,我国2018年《刑事诉讼法》第294条规定,“人民法院应当将判决书送达被告人及其近亲属、辩护人。被告人或者其近亲属不服判决的,有权向上一级人民法院上诉。辩护人经被告人或者其近亲属同意,可以提出上诉。”被告人作为案件的当事人当然享有独立的上诉权,该制度的创新之处在于,被告人的近亲属在缺席审判制度中也享有独立的上诉权。被告人近亲属的上诉应当以被告人的名义提出,其法律后果也应当由被告人来承担,而非被告人的近亲属承担。

第五节 犯罪嫌疑人、被告人逃匿、死亡案件违法所得的没收程序

一、犯罪嫌疑人、被告人逃匿、死亡案件违法所得的没收程序的概念与特征

所谓犯罪嫌疑人、被告人逃匿、死亡案件违法所得的没收程序,是指对于贪污贿赂犯罪、恐怖活动犯罪等重大犯罪案件,犯罪嫌疑人、被告人逃匿,在通缉一年后不能到案,或者犯罪嫌疑人、被告人死亡,依照刑法规定应当追缴其违法所得及其他涉案财产的,人民检察院可以向人民法院提出没收违法所得的申请的一种程序。理论和实务上可简称为独立没收程序。

作为一种特别程序,犯罪嫌疑人、被告人逃匿、死亡案件违法所得的没收程序具有以下特征:

第一,该程序本质上是一种缺席审判程序。我国传统刑事诉讼制度实行“对席审判”,以被告人到庭为开启审判的前提条件,若被告因为外逃或自杀而缺席,则诉讼出现障碍,不得再举行审判。但是,犯罪嫌疑人、被告人逃匿、死亡案件违法所得的没收程序,则是一种缺席审判,是在被告人缺席(外逃或自杀)的情况下举行的审判。刑事诉讼立法上增设独立没收程序,主要是为了建立一种缺席审判程序、一种对物诉讼,授权司法机关在犯罪嫌疑人、被告人因逃匿或死亡而缺席审判时没收其违法所得以及其他涉案财物,克服实践中因“贪官外逃、自杀”等造成的诉讼障碍问题。据中国社会科学院的调研资料披露:自20世纪90年代中期以来,外逃党政干部,公安、司法干部和国家事业单位、国有企业高层管理人员,以及驻外中资机构外逃、失踪人员数目高达16000~18000人,携带款项达8000亿元人民币。

第二,该程序本质上是一种对物诉讼。从诉讼标的来看,刑事诉讼程序的标的是被告人的

刑事责任问题即定罪与量刑问题,是一种对人诉讼,而犯罪嫌疑人、被告人逃匿、死亡案件违法所得的没收程序的诉讼标的是涉案财物的权利归属问题,本质上是一种对物诉讼,该程序中的被告,并非利害关系人,而是"财物"("违法所得及其他涉案财产")。

第三,该程序性质上应当归属为一种民事诉讼。有观点认为,既然立法者已将独立没收程序作为特别程序之一规定于《刑事诉讼法》第五编("特别程序"),那么,独立没收程序当然就应当类属于刑事诉讼程序。但我们认为,这一论断过于武断,在程序法理上碍难成立,因为,一项程序是否由刑事诉讼法作出规定,并非判定该程序性质的唯一依据和标准,以刑事附带民事诉讼程序为例,虽然刑事附带民事诉讼程序也是由刑事诉讼法所明文规定,但学界公认,刑事附带民事诉讼程序在本质上仍属民事诉讼程序而非刑事诉讼程序。

在程序法理上,区别刑事诉讼程序与民事诉讼程序的依据或曰标准,关键在于诉讼标的即诉讼程序所要解决的纠纷的性质不同:刑事诉讼所要解决的是国家与被追诉人之间就被追诉人的刑事责任问题而产生的"纠纷",[8]涉及对被追诉人基本人身自由甚至生命权的剥夺等重大事项,而民事诉讼是以解决双方当事人之间的民事纠纷,涉及的主要是私人之间的利益纠纷甚至经常是金钱性质的纷争,正如有观点所明确指出的:"刑事诉讼程序所调整的是由社会对某种犯罪的行为人提起的、以适用刑罚或保安处分措施为目的的刑事诉讼;而民事诉讼程序所规定的则是涉及两个对立人之间财产性质或财产外的私人利益的民事诉讼的规则。"[9]

以上述标准来衡量,犯罪嫌疑人、被告人逃匿、死亡案件违法所得的没收程序显然应当类属于民事诉讼程序而非刑事诉讼程序:

从诉讼标的来看,刑事诉讼程序的标的是被告人的刑事责任问题即定罪与量刑问题,是一种对人诉讼,而独立没收程序的标的是涉案财物的权利归属问题,本质上是一种对物诉讼,两者的诉讼标的泾渭分明。犯罪嫌疑人、被告人逃匿、死亡案件违法所得的没收程序所处理的涉案财物的权利归属问题,虽然亦是由犯罪行为引起的、可归责于犯罪行为的一种责任追究,但没收裁定的作出并不以认定犯罪行为人的刑事责任为前提,换言之,犯罪嫌疑人、被告人逃匿、死亡案件违法所得的没收程序并不直接处理犯罪行为人的刑事责任,而仅仅是确认涉案财物的权利归属,因此,其本质上仍然是一种财产性质的纠纷,与民事诉讼程序的标的具有同质性,类属于民事诉讼中的确权之诉。正是在这个意义上,我们认为,独立没收程序应当类属于民事诉讼程序而非刑事诉讼程序。当然,可能会有学者对上述观点提出质疑:民事诉讼处理的是平等主体之间的纠纷,而在独立没收程序中,作为原告的人民检察院具有国家公权力机关的身份和属性,与对方即利害关系人之间的法律地位显然不平等。对于这一质疑,我们认为:(1)当事人的身份并不影响诉讼程序的性质。作为国家公权力机关的人民检察院提起的诉讼,亦未必就不构成民事诉讼,例如,根据2018年《刑事诉讼法》第101条第2款之规定:"如果是国家财产、集体财产遭受损失的,人民检察院在提起公诉的时候,可以提起附带民事诉讼。"在该程序中,人民检察院仍然是作为原告提起附带民事诉讼的,但该程序仍然类属于民事诉讼程序。此外,近年来我国检察机关屡屡尝试在环境等侵权诉讼中作为原告提起民事公诉,这类诉讼虽名为"公诉",但其实仍然是一种民事诉讼,并不因为检察机关作为原告提起诉讼,就改变了该诉

---

[8] 这一"纠纷"可以形象地理解为,国家认为被告人犯了罪应当处以刑罚,而被告人认为没有犯罪或者应当减轻刑罚,双方因为意见分歧而发生"纠纷"。

[9] [法]卡斯东·斯特法尼等:《法国刑事诉讼法精义》,罗结珍译,中国政法大学出版社1999年版,第15页。

讼的性质。(2)犯罪嫌疑人、被告人逃匿、死亡案件违法所得的没收程序中的被告,并非利害关系人,而是“财物”(“违法所得及其他涉案财产”),在作为“人”的原告(人民检察院)与作为“物”的被告(财物)之间,不存在两者法律地位是否平等的问题,也可以说,两者地位天然就是平等的。因此,以检察机关的身份和法律地位为由质疑该程序应当类属于民事程序的观点,在法理上是不能成立的。区分程序性质的关键还是诉讼标的即所要解决的纠纷的性质和类型,就此而言,犯罪嫌疑人、被告人逃匿、死亡案件违法所得的没收程序当属民事诉讼程序无疑。

从比较法的角度来看,在具有代表性的主要法治国家的立法或相关国际公约中,犯罪嫌疑人、被告人逃匿、死亡案件违法所得的没收程序又被称为“民事没收”,之所以在用语上称为“民事没收”而区别于“刑事没收”,主要就是因为该程序仅仅处理涉案财物的权利归属,而不过问和追究财物获取人或者持有人的其他法律责任。

二、犯罪嫌疑人、被告人逃匿、死亡案件违法所得的没收程序的内容与要求

(一)犯罪嫌疑人、被告人逃匿、死亡案件违法所得的没收程序的适用条件

根据2018年《刑事诉讼法》第298条的规定,对于贪污贿赂犯罪、恐怖活动犯罪等重大犯罪案件,犯罪嫌疑人、被告人逃匿,在通缉一年后不能到案,或者犯罪嫌疑人、被告人死亡,依照刑法规定应当追缴其违法所得及其他涉案财产的,人民检察院可以向人民法院提出没收违法所得的申请。

据此,犯罪嫌疑人、被告人逃匿、死亡案件违法所得的没收程序在启动上应当具备以下条件:

第一,适用于特定案件类型,即贪污贿赂犯罪、恐怖活动犯罪等重大犯罪案件。这类案件往往具有以下两个特征:一是属于重大犯罪案件;二是属于侵财类犯罪案件。从立法目的的角度来讲,司法实务操作中应当严格控制适用的案件类型,原则上除了法律明确列举的贪污贿赂犯罪、恐怖主义犯罪以及实务中涉案财产较大的毒品犯罪、“涉黑”犯罪等有组织犯罪之外,不应扩张及于其他犯罪类型。

第二,犯罪嫌疑人、被告人逃匿,在通缉一年后不能到案,或者犯罪嫌疑人、被告人死亡。对于犯罪嫌疑人、被告人逃匿的,必须是在通缉一年后不能到案的情况下,才能启动该程序;犯罪嫌疑人、被告人死亡的,无论是自然死亡还是自杀,均可以再确认死亡结果后启动该程序。

这里有一个问题需要注意,2018年《刑事诉讼法》第298条规定:“对于贪污犯罪、恐怖活动犯罪等重大犯罪案件,犯罪嫌疑人、被告人逃匿,在通缉一年后不能到案,或者犯罪嫌疑人、被告人死亡,依照刑法规定应当追缴其违法所得及其他涉案财产的,人民检察院可以向人民法院提出没收违法所得的申请。”据此,在法解释上,犯罪嫌疑人、被告人逃匿、死亡案件违法所得的没收程序似乎只能适用于刑事案件,因为只有经过正式立案后,犯罪行为人方得被称为“犯罪嫌疑人、被告人”,检察机关才能据此启动该程序。但如果这样僵化地理解法条,就可能带来一个现实问题:假若贪污贿赂犯罪行为人在立案前的纪检调查期间死亡,[10]那么,还能否启动该程序对其赃款赃物予以没收?从表面看,2018年《刑事诉讼法》第16条明确规定:行为人死亡的,不追究刑事责任,已经追究的,应当终止刑事诉讼程序。据此,犯罪嫌疑人在立案前死亡

〔10〕 至于行为人在纪检调查期间逃匿的,则不存在类似问题,因为即使行为人在纪检调查期间逃匿,有证据证明涉嫌犯罪的,仍然可以将案件移送检察机关立案,正式立案后即可依法启动独立没收程序。

的,依法应当不予立案,而不予立案,就无法成为"刑事案件",也就无法启动后续的犯罪嫌疑人、被告人逃匿、死亡案件违法所得的没收程序,进而造成独立没收程序在司法适用上的一个"死角"。考虑到在我国现行体制下,纪检监察程序已经事实上成为查处贪污贿赂犯罪的司法前置程序,僵化地执行《刑事诉讼法》第 16 条,将对独立没收程序的启动构成重大法律障碍。因此,我们主张对《刑事诉讼法》第 16 条作限缩解释,即该法条仅适用于刑事普通程序,而不及于作为特别程序之一的犯罪嫌疑人、被告人逃匿、死亡案件违法所得的没收程序,该程序本身是刑事诉讼法规定的"特别程序"之一,在体系解释上构成了《刑事诉讼法》第 16 条之例外,可不受《刑事诉讼法》第 16 条之拘束。据此,贪污贿赂犯罪行为人在纪检调查期间死亡的,可以作为一种例外,由检察机关"因事立案",进而启动独立没收程序。就另一个层面而言,犯罪嫌疑人、被告人逃匿、死亡案件违法所得的没收程序从本质上来说实属民事诉讼,只不过被法律拟制于刑事诉讼程序之中,即便部分案件尚未立案,正式进入刑事诉讼领域,但是仍旧可以依照"不当得利返还"请求启动该项程序。

第三,该案件存在依照刑法规定应当追缴其违法所得及其他涉案财产的。犯罪嫌疑人、被告人逃匿、死亡案件违法所得的没收程序,是一种对物诉讼,是一种财产诉讼,若案件本身并不存在依照刑法规定应当追缴其违法所得及其他涉案财产的,则毋庸启动该程序。

所谓"违法所得",包括:一是通过实施犯罪而直接产生或者获得的财产,包括"因犯罪所得"和"自犯罪所得"。所谓"因犯罪所得",举例而言,受人委托杀人而收取报酬,是为"因犯罪所得"。所谓"自犯罪所得",举例而言,公务员收受贿赂所取得的金钱,是为"自犯罪所得"。[11] 二是通过实施犯罪而间接产生或者获得的财产,即犯罪所得的三种转换形态包括犯罪收益。《联合国反腐败公约》第 2 条第 5 项实际上已经对作为没收对象的"犯罪所得"作出了明确的解释性定义:"'犯罪所得'系指通过实施犯罪而直接或间接产生或者获得的任何财产。"该公约第 31 条还补充规定了"犯罪所得"的三种转换形态,并同样将其列为没收的适用对象:其一,混合财产,即犯罪所得已经与从合法来源获得的其他财产相混合;其二,替代财产,即由犯罪所得全部或部分转变或转化的其他财产;其三,收益财产,即由上述犯罪所得转变或转化而成的财产或者已经与犯罪所得相混合的财产所产生的收入或其他利益。《联合国反腐败公约》对"犯罪所得"的解释性定义,在司法实务上极具操作性,据此,我们完全可以援引该公约对"犯罪所得"的定义来解释和界定《刑事诉讼法》第 298 条中"违法所得"一语的内涵与外延。

所谓"其他涉案财产"一语,本非严格的法律用语,故而语义较为含混,实务中恐难以操作,准确解释其文义显得更为重要。我国《刑法》第 64 条规定:"犯罪分子违法所得的一切财物,应当予以追缴或者责令退赔;对被害人的合法财产,应当及时返还,违禁品和供犯罪所用的本人财物,应当予以没收。"据此,除了"违法所得"之外,在可没收范围内的对象尚包括"违禁品"和"供犯罪所用的本人财物",由于违禁品例如枪支、弹药、毒品本身即具有显然的违法性,固无须经独立没收程序即可径直予以没收,当排除在独立没收程序之外,故《刑事诉讼法》第 300 条所谓的"其他涉案财产",实际上指的主要就是"供犯罪所用之财物"即"犯罪工具"。

但是,关于该事项的举证和证明,在实务操作上仍有几点需要强调:

首先,所谓"涉案财产"一语,应作广义解释,包括物和权利,前者包括动产和不动产,后者如在银行的存款等。对此,《联合国反腐败公约》曾针对作为"犯罪所得"的"财产"一词专门定

---

[11] [德]柯尔纳:《德国刑事追诉与制裁》,许泽天、薛智仁译,元照出版有限公司 2008 年版,第 74 页。

义:"'财产'系指各种资产,不论是物质的还是非物质的、动产还是不动产、有形的还是无形的,以及证明对这种资产的产权或者权益的法律文件或者文书。"司法实务中应循此定义进行操作。

其次,《刑法》第64条规定的没收对象是"供犯罪所用的本人财物",而2018年《刑事诉讼法》第300条中的"涉案财物",除了"(犯罪嫌疑人、被告人)本人的财物"外,还应扩及案外"第三人的财物"即"利害关系人的财物",因此,"涉案财物"的外延要广于"供犯罪所用的本人财物"。这里所谓的"第三人"或"利害关系人",指的是对犯罪有可非难的关联,但未正式参与的第三人。[12] 例如,某甲将自己名下的汽车长期借与他人,并对汽车用途不闻不问,后他人驾驶该车抢劫银行。某甲并未参与该抢劫犯罪,也对他人可能实施犯罪不知情,但他轻率地将自己名下的汽车借与他人并对其用途不闻不问,以致该汽车成为犯罪工具,某甲的行为与犯罪行为的发生即存在可非难的关联,该汽车因涉案而成为独立没收的对象,而某甲也因此成为独立没收程序的利害关系人。当然,如果涉及"混合财产"即犯罪所得已经与从合法来源获得的家庭成员的财产相互混合,则作为家庭成员的犯罪嫌疑人、被告人的近亲属也是本案利害关系人。

最后,所谓"供犯罪所用之物",实际指的就是"犯罪工具",但其具体范围则有待进一步明确。一般认为,犯罪工具,系以行为人使用该客体以达成单纯使用以外的目的为前提,例如,同为交通工具的汽车,驾驶汽车载运抢劫同伙到犯罪现场,则该汽车就是抢劫罪的犯罪工具,而司法因为过失犯交通肇事罪,则该汽车并非犯罪工具。[13] 但实际上各法治国家在其刑法理论和实务上对于"犯罪工具"外延的界定均存在一定的差异。从独立没收程序的性质和立法目的来看,我们主张,对"犯罪工具"一语,适当作更为广义上的解释,即除了预备、实际用于犯罪之物外,还应包括使犯罪容易实施或使犯罪难以侦查的财物,其具体外延的界定,可借鉴美国的做法。美国在1978年及1984年修正毒品犯罪规定,首次将民事没收的范围扩及犯罪所得(proceeds)及帮助犯罪所用的工具(facilitating property)。所谓帮助犯罪所用的工具,除了实际上用于犯罪之物外,也包括使犯罪容易实施或使犯罪难以侦查的财产,例如藏放毒品的建筑物、清点非法赌博赌金的场所、计算洗钱金额的处所等。[14] 对"犯罪工具"采取上述广义解释,有助于解决司法实践中的诸多难题。例如,贩卖毒品的犯罪嫌疑人通过实施犯罪获取了高额利益,共计现金3000余万元,为反侦查并掩饰犯罪所得,该嫌疑人将现金藏匿于其之前在邻市购买的一商品房内,假设该案犯罪嫌疑人在侦查阶段自杀,而检察机关确实又无法查清犯罪嫌疑人究竟是否是用犯罪所得在邻市购买的商品房,那么,实践中就会产生一个问题:该用于藏匿犯罪所得现金的商品房是否构成涉案财产而可启动独立没收程序予以没收?从狭义上讲,该商品房并非直接用于实施犯罪的工具,不可没收,但若不没收,今后毒品犯罪嫌疑人均会采取用合法收入购买商品房,并用来藏匿毒品或现金,这样一来,将会极大地加大毒品犯罪的侦查难度,给毒品犯罪分子以可乘之机。因此,我们主张采取广义犯罪工具说,该商品房既然是为"藏放违法所得之用",自然属于"使犯罪难以侦查的"财物,理应予以没收。

(二)犯罪嫌疑人、被告人逃匿、死亡案件违法所得的没收程序的操作流程

其一,该程序只能由人民检察院以向人民法院提出申请的方式启动。公安机关认为有前

---

〔12〕［德］柯尔纳:《德国刑事追诉与制裁》,许泽天、薛智仁译,元照出版有限公司2008年版,第77页。

〔13〕［德］柯尔纳:《德国刑事追诉与制裁》,许泽天、薛智仁译,元照出版有限公司2008年版,第73页。

〔14〕吴协展:《美国犯罪所得民事没收法制之介绍》,载《检察新论》2009年第6期。

款规定情形的,应当写出没收违法所得意见书,移送人民检察院。

其二,人民检察院提出没收违法所得申请的,应当同时提供与犯罪事实、违法所得相关的证据材料,并列明财产的种类、数量、所在地及查封、扣押、冻结情况,对可查证的利害关系人的相关情况也应当一并说明。

其三,人民法院在必要的时候,可以查封、扣押、冻结申请没收的财产。

其四,对于人民检察院提出的没收违法所得的申请,应由犯罪地或者犯罪嫌疑人、被告人居住地的中级人民法院组成合议庭进行审理。人民法院受理没收违法所得的申请后,应当发出公告。公告期间为6个月。犯罪嫌疑人、被告人的近亲属和其他利害关系人有权申请参加诉讼,也可以委托诉讼代理人参加诉讼。人民法院在公告期满后对没收违法所得的申请进行审理。利害关系人参加诉讼的,人民法院应当开庭审理。

其五,人民法院经审理,对经查证属于违法所得及其他涉案财产,除依法返还被害人的以外,应当裁定予以没收;对不属于应当追缴的财产的,应当裁定驳回申请,解除查封、扣押、冻结措施。对于人民法院依照前款规定作出的裁定,犯罪嫌疑人、被告人的近亲属和其他利害关系人或者人民检察院可以提出上诉、抗诉。

其六,在审理过程中,在逃的犯罪嫌疑人、被告人自动投案或者被抓获的,人民法院应当终止审理。

其七,没收犯罪嫌疑人、被告人财产确有错误的,应当予以返还、赔偿;人民检察院依法对没收违法所得程序进行监督。

第六节 依法不负刑事责任的精神病人的强制医疗程序

一、依法不负刑事责任的精神病人的强制医疗程序的概念与特征

所谓依法不负刑事责任的精神病人的强制医疗程序,是指对于实施暴力行为,危害公共安全或者严重危害公民人身安全,经法定程序鉴定依法不负刑事责任的精神病人,有继续危害社会可能的,可以由人民法院作出予以强制医疗决定的程序。理论上和实务中可简称为“强制医疗程序”。

依法不负刑事责任的精神病人的强制医疗程序,具有以下特征:

第一,该程序虽仍然采取了“诉讼”的形式,要求由人民检察院向人民法院提出申请,由人民法院经审查后作出决定,但其目的不在于审理并认定刑事责任是否成立,而是审查并决定是否对精神病人实施强制医疗。因此,该程序与普通刑事诉讼程序存在重大区别。

第二,该程序的意义一方面有助于防止精神病人继续实施危害社会的行为;另一方面,确立并彰显司法审查的原则,切实保障精神病人的诉讼权利,避免以往实务中出现的“被精神病”现象,规范司法精神病的认定和强制医疗的实施。所谓的司法审查原则,即司法裁判,是指凡涉及对公民长时间基本人身自由和财产自由的限制、干预或剥夺的决定,都只能由一个中立的司法机关作出。强制医疗,虽然不涉及刑事责任认定及刑法处罚,但一旦决定对公民实施强制

医疗,即意味着该公民基本人身自由将长时间被限制和剥夺,因此,强制医疗决定只能由法院作出。

二、依法不负刑事责任的精神病人的强制医疗程序的内容与要求

(一)依法不负刑事责任的精神病人的强制医疗程序的适用条件

根据2018年《刑事诉讼法》第302条的规定,依法不负刑事责任的精神病人的强制医疗程序的适用对象是实施暴力行为,危害公共安全或者严重危害公民人身安全,经法定程序鉴定依法不负刑事责任的精神病人。

首先,适用对象必须是经法定程序鉴定依法不负刑事责任的精神病人。所谓经法定程序鉴定,是指经过刑事诉讼法明文规定的鉴定程序作出明确的不负刑事责任的鉴定结论。

其次,该精神病人必须实施了暴力行为,且危害公共安全或严重危害公民人身安全。

最后,精神病人存在继续危害社会的可能性。

(二)依法不负刑事责任的精神病人的强制医疗程序的操作流程

第一,依法不负刑事责任的精神病人的强制医疗程序,只能由基层人民检察院向实施暴力行为所在地或被申请人居住地的人民法院提出申请,由人民法院决定。公安机关发现精神病人符合强制医疗条件的,应当写出强制医疗意见书,移送人民检察院。对于公安机关移送的或者在审查起诉过程中发现的精神病人符合强制医疗条件的,人民检察院应当向人民法院提出强制医疗的申请。人民法院在审理案件过程中发现被告人符合强制医疗条件的,可以作出强制医疗的决定。

第二,对实施暴力行为的精神病人,在人民法院决定强制医疗前,公安机关可以采取临时的保护性约束措施。所谓保护性约束措施,本质上应为一种医疗保护措施,虽然可以具有一定的强制性,包括对精神病人进行体力控制或机械控制,例如可以使用约束带、约束背心、保护衣,但实务操作中应注意,公安机关采取临时的保护性约束措施,原则上应当由有经验的医护人员协助进行,且应注意不要过度损害精神病人的身体和心理,尤其应当注意保护精神病人的隐私。

第三,人民法院受理强制医疗的申请后,应当组成合议庭进行审理。人民法院审理强制医疗案件,应当通知被申请人或者被告人的法定代理人到场。被申请人或者被告人没有委托诉讼代理人的,人民法院应当通知法律援助机构指派律师为其提供法律帮助。

第四,人民法院经审理,对于被申请人或者被告人符合强制医疗条件的,应当在1个月内作出强制医疗的决定。

第五,被决定强制医疗的人、被害人及其法定代理人、近亲属对强制医疗决定不服的,可以向上一级人民法院申请复议。

第六,强制医疗机构应当定期对被强制医疗的人进行诊断评估。对于已不具有人身危险性,不需要继续强制医疗的,应当及时提出解除意见,报决定强制医疗的人民法院批准。被强制医疗的人及其近亲属有权申请解除强制医疗。

第七,人民检察院对强制医疗的决定和执行实行监督。

思考题

1. 简述未成年人刑事诉讼程序的特点。

2. 简述刑事和解制度的适用条件。
3. 如何理解刑事和解制度与辩诉交易的区别与联系?
4. 简述缺席审判制度的适用条件与范围。
5. 简述特定案件没收财产程序的条件。
6. 简述强制医疗程序条件。

图书在版编目(CIP)数据

刑事诉讼法学/樊崇义主编. --5版. --北京:法律出版社, 2020(2024.5重印)
ISBN 978-7-5197-2471-9

Ⅰ.①刑… Ⅱ.①樊… Ⅲ.①刑事诉讼法-法的理论-中国-高等学校-教材 Ⅳ.①D925.201

中国版本图书馆CIP数据核字(2020)第018187号

刑事诉讼法学(第五版)
XINGSHI SUSONG FAXUE(DI-WU BAN)

樊崇义 主编

责任编辑 刘 琳
装帧设计 乔智炜

出版发行 法律出版社
编辑统筹 法律教育出版分社
责任校对 陆帅文
责任印制 刘晓伟
经　　销 新华书店

开本 787毫米×1092毫米 1/16
印张 34 75　　**字数** 818千
版本 2020年4月第5版
印次 2024年5月第3次印刷
印刷 永清县金鑫印刷有限公司

地址:北京市丰台区莲花池西里7号(100073)
网址:www.lawpress.com.cn
投稿邮箱:info@lawpress.com.cn
举报盗版邮箱:jbwq@lawpress.com.cn
销售电话:010-83938349
客服电话:010-83938350
咨询电话:010-63939796

书号:ISBN 978-7-5197-2471-9
定价:68.00元
凡购买本社图书,如有印装错误,我社负责退换。电话:010-83938349